鲁甸年鉴

LUDIAN YEARBOOK

鲁甸县人民政府　主　办　**2010**

德宏民族出版社

年鉴编纂委员会

顾　　问	江先奎（县委书记）
主　　任	保　剑（县人民政府县长）
常务副主任	巫运松（县人民政府副县长）
副 主 任	王富泰（县委常委、县委办主任） 庄清海（县委常委、宣传部长） 刘雅芸（县委常委、组织部长） 晏正权（县政府办主任） 晏　权（县方志办主任、编　审）
委　　员	袁　江（县委办副主任） 张　荣（县委办副主任、保密局长） 赛永殿（县委政法委副书记） 李顺银（县委党史征研室主任） 丁永帅（县政府办副主任） 邓益虎（县政府办副主任、档案局长） 饶智祥（县人劳局长） 罗发洪（县文体局长） 雷选金（县统计局长） 白金孝（县民宗局长） 余朝坤（县经贸局长） 代建敏（县发改局长） 高爱国（县建设局长） 马长伦（县教育局长） 王　燕（县卫生局党委书记） 余朝明（县国土资源局长） 黄国礼（县科技局长） 杨　斌（县财政局长） 陈富华（县交通局长） 马真贤（县民政局长） 周明卉（县水利局长） 张顺云（县农业局长） 朱宗能（县林业局长） 赵　林（县广电局副局长） 田朝华（县方志办副主任）

编纂人员

主　　编	晏　权
副主编	饶利琼
编　　辑	晏　权（卷首、特载、年内要事、全县概况、乡镇概览） 饶利琼（政治部类一） 田朝华（经济部类） 刘　维（政治部类二、文化部类、人物部类） 李峻峰（军事、法制、社会部类）
图片编辑	晏　权
英文目录	晏　京
封面摄影	陈忠平
封底摄影	马梦麟
图片摄影	丁永帅　马梦麟　丁世新　程　洁　云　鹏　撒兰忠　周迎春 马立俊　李友彪　马勋恒　费荣彬　马殿昭　陈忠平
责任校对	饶利琼　刘　维　李峻峰　晏　权　田朝华
目录索引	田朝华

撰稿人员名单

（以文稿刊出先后为序）

晏　权　饶利琼　胡万友　赵柄鸿　李树平　陈　莉　李才文　饶　勇　房劲松

段　飞　李勤民　钟大林　王　敏　赛福泉　李才荣　邓其昌　马殿考　李友彪

王　玥　马勋恒　高继承　马　涛　张玉林　文成敏　庄连伟　聂诗海　陈大娇

马　杰　吴　俭　胡昌荣　何　羚　曾　颢　赵泽莲　阮金署　丁永曜　刘德昌

刘其维　赵　悟　沈远东　汪　丹　石　磊　刘　维　王　辉

提供综合资料人员名单

张　荣　袁　江　丁永帅　马玉惠　康　堃　雷选金　李才雄　但　骊　杨　韬

吴　波　顾帮琳　洪开成　李朝先　马光曙　赵　林

2009年9月，鲁甸县委获国务院“全国民族团结进步模范集体”荣誉称号。

上级领导在鲁甸

2010年8月3日，云南省委副书记、省长秦光荣率出席省政府昭通专题工作会议的省委常委、副省长李江，省人大常委会常务副主任晏友琼，副省长孔垂柱、刘平、顾朝曦，省政协副主席曾华，省政府秘书长丁绍祥，省直有关部门和市委政府主要领导到小寨乡检查指导整乡推进工作。（丁永帅 摄）

秦光荣一行到文屏镇马鹿沟村视察粮食样板工程。（云鹏 摄）

秦光荣一行听取县长保剑对昭鲁城市走廊建设工作汇报。（丁世新 摄）

上级领导在鲁甸

1

2

3

1.2010年5月9日，云南省委副书记李纪恒、副省长孔垂柱率出席全省扶贫攻坚现场会与会领导到小寨视察。

（撒兰忠　摄）

2.2010年5月9日，云南省委副书记李纪恒、副省长孔垂柱率出席全省扶贫攻坚现场会与会领导到小寨视察。

（周迎春　摄）

3.2010年5月31日，云南省委常委、统战部部长黄毅一行到鲁甸检查指导工作。

（马梦麟　摄）

4.2010年7月3日，云南省伊斯兰教第八届“卧尔兹”演讲比赛在鲁甸县少数民族文化中心举行，省政协副主席、省伊协主席马开贤到会并讲话。（马梦麟　摄）

5.2010年2月19日，昭通市委书记夜礼斌一行深入小寨乡调研。（撒兰忠　摄）

4

5

上级领导在鲁甸

2010年2月19日，昭通市委书记夜礼斌一行到小寨乡检查指导整乡推进工作。（马梦麟　摄）

2010年5月19日，昭通市委书记夜礼斌一行到小寨乡调研。（马梦麟　摄）

2010年8月6日，昭通市委书记夜礼斌一行到江底乡调研，到农户徐礼明家座谈。（丁永帅　摄）

1.2010年8月6日，昭通市委书记夜礼斌到江底乡调研集镇建设。（丁永帅　摄）

2.2010年4月2日，全市春耕生产现场会在鲁甸召开，市委副书记、市长王敏正，市委副书记张登亮、副市长邬永飞一行到会指导。（撒兰忠　摄）

3.2010年4月8日，昭通市委副书记、市长王敏正，市委副书记张登亮、副市长邬永飞等领导到新街乡调研渔洞水库水源保护工作。（撒兰忠　摄）

上级领导在鲁甸

2009年12月30日，昭通市委副书记、市长王敏正，副市长韩梅一行到新街乡调研。（撒兰忠　摄）

2010年3月2日，云南农业大学校长朱有勇一行到龙树片区调研粮食高产样板创建工作。（撒兰忠　摄）

2010年4月25日，云南农业大学校长朱有勇一行到龙树省级生物多样性示范样板调研。（撒兰忠　摄）

1.2010年8月4日，西南民族大学副校长、博士生导师莎拉马毅一行到马厂营头考察彝族历史。（云鹏　摄）

2.2010年7月21日，中国工程院院士一行到龙树、文屏调研粮食生产样板。（丁永帅　摄）

3.2010年8月7日，国家水利部稽查特派员一行到渔洞大型灌区鲁甸干渠检查工作。（丁永帅　摄）

上级领导在鲁甸

2010年7月14日，云南省纪委常委王云山一行到小寨乡调研创先争优工作。（丁永帅　摄）

2010年3月11日，昭通市委副书记张登亮、市政协副主席赵洪乖一行到龙树乡调研。（撒兰忠　摄）

2010年3月13日，昭通市委常委、组织部部长李勇一行到小寨乡检查指导工作。（丁世新　摄）

2010年2月5日，昭通市委常委、宣传部部长陆琴雯，市政府副市长文雅芹一行到新街乡慰问。（丁世新　摄）

2010年5月7日，云南省委农办秘书综合处处长晏玲一行在市政府副市长邬永飞的陪同下到鲁甸查看新农村建设情况。（程洁　摄）

2010年2月3日，昭通市级领导到鲁甸慰问民族宗教人士。（马梦麟　摄）

重点工程

2009年12月17日，昭通至巧家二级公路工程建设在鲁甸举行开工仪式。

（丁世新　摄）

2009年12月24日，鲁甸、巧家两县在鲁甸召开牛栏江水电开发协调会。

（撒兰忠　摄）

1.2009年12月30日，昭通市委、市政府在新街乡召开大山包景区景前区建设项目踏勘选址座谈会，市长王敏正出席会议并讲话。（撒兰忠　摄）

2.2010年1月9日，昭通市政府召开牛栏江水能资源开发洽谈会，县长保剑等领导参会。（撒兰忠　摄）

3.2010年2月5日，县委、县政府举行第一批廉租房入住仪式，县委副书记、县长保剑出席仪式并致辞。

（撒兰忠　摄）

重点工程

2010年3月12日，全县启动特色水果种植暨3.12植树活动，县委书记江先奎、县长保剑等领导参加启动仪式。（撒兰忠　摄）

1.2010年5月19日，县委、县政府在新街乡召开全县蔬菜产业发展现场会。（撒兰忠　摄）

2.2010年6月8日，鲁甸招商引资工作成效显著。县委常委、副县长铁朝曙代表县政府与投资方签字。（马梦麟　摄）

3.2010年6月29日至7月1日，县委、县政府组团赴南京雨润集团考察畜牧项目，县长保剑等领导在南京与雨润集团领导座谈。（丁永帅　摄）

2010年7月23日，县委、县政府召开烤烟收购暨现代烟草农业建设工作会议。（丁永帅　摄）

重点工程

1.牛栏江黄角树水电站建设工地
（马梦麟　摄）

2.昭鲁连接线建设进展顺利
（丁世新　摄）

3.2009年12月24日，鲁甸工业园区举行挂牌成立仪式。（云鹏　摄）

4.订单农业——辣椒　（云鹏　摄）

5.茨院工业园区　（云鹏　摄）

6.2010年4月18日，万隆化工有限公司举行第一期项目竣工投产庆典仪式。
（马梦麟　摄）

1

2

3

4

5

6

抗旱救灾

2010年2月25日，全市抗大旱、保民生、保春耕现场办公会议在鲁甸召开。（撒兰忠　摄）

2010年2月28日，县委、县政府在县城电子政务中心举行抗旱救灾捐款仪式。（撒兰忠　摄）

2010年2月28日，县委、县政府在县城电子政务中心举行抗旱救灾捐款仪式，昊龙集团捐赠250万元。（撒兰忠　摄）

2010年2月，鲁甸遭受百年不遇的特大旱灾，县委、县政府组织全县机关单位和各族干部打井送水，抗旱救灾。（马立俊　摄）

2010年2月，鲁甸遭受百年不遇的特大旱灾，县委、县政府组织全县机关单位和各族干部积极抗旱救灾。（马立俊　摄）

2010年2月，鲁甸供电公司第一时间成立抗旱救灾突击队。（马立俊　摄）

2010年2月，电力部门连夜架设钻井取水电源。（马立俊　摄）

2010年2月，送水进校园。（马立俊　摄）

会　议

2009年12月17日，昭通市委、市政府在鲁甸召开全省扶贫开发工作现场会筹备工作推进会。（撒兰忠　摄）

2010年1月29日，昭通市工经联一届四次常务理事会暨工业经济发展座谈会在鲁甸召开。（撒兰忠　摄）

2010年4月2日，全市春耕生产现场会在鲁甸召开。（撒兰忠　摄）

2010年1月18日，鲁甸县企业家座谈暨企业家协会成立大会在县电子政务中心会议室举行。（周迎春　摄）

2010年4月11日，县文联举行一届四次全会。（周迎春　摄）

2010年4月20日，《鲁甸文学作品选》首发式在县地税局会议室举行。（李友彪　摄）

会 议

2010年4月28日，县政府和开发商在太阳湖银海湾财富中心举行购房认筹庆典暨抗旱赈灾仪式。（周迎春 摄）

2010年5月25日，全县新任村官培训班开班。（撒兰忠 摄）

2010年5月21日，县政协举行文史资料作者座谈会。（丁世新 摄）

2010年5月31日，鲁甸县伊斯兰教协会第二届代表大会召开。（马梦麟 摄）

2010年6月30日，县委在文化广场会务中心举行庆祝建党89周年文艺晚会。（马梦麟 摄）

2010年3月10日，全县第三次文物普查验收会召开。（周迎春 摄）

会 议

2010年7月23日下午，县委、县政府召开全县扶贫开发暨小寨整乡推进总结表彰大会。（丁永帅　摄）

2010年7月25日，全县彝族语言文字培训班开班。（丁世新　摄）

2010年8月8日，全县政企合作共同扶持青年创业活动启动仪式在太阳湖畔举行。（马梦麟　摄）

2010年8月9日，县委理论中心组集中学习。（丁永帅　摄）

2009年9月22日，昭通市政协提案工作调研座谈会在县政协会议室举行。（丁世新　摄）

2010年6月26日，县政法委召开严打整治动员部署暨退赃大会。（马勋恒　摄）

文化活动

2010年1月29日，县委、县政府举行春节“四下乡”慰问演出活动。（马梦麟 摄）

2010年3月5日，“江山杯”书画摄影大赛颁奖晚会在文化广场会务中心举行。（周迎春 摄）

2010年7月8日，“昊龙杯”摄影大赛颁奖晚会在县城文化广场举行。（周迎春 摄）

2010年3月8日，全县综治维稳宣传月活动启动仪式在文化广场举行。（周迎春 摄）

2010年4月21日，全县举行百场演出进百村活动。（马梦麟 摄）

县农业银行向农户发放惠农卡（费荣彬 摄）

2010年7月27日，送文化进企业。（丁世新 摄）

2010年春节“四下乡”活动中为群众写春联。（马梦麟 摄）

2010年春节游园（马梦麟 摄）

《住房公积金管理条例》颁布10周年纪念活动（费荣彬 摄）

民族节日

2009年12月1日，回族“古尔邦”节在县城文化广场举行。（马殿昭　摄）

2010年6月16日，苗族花山节在水磨举行。（马殿昭　摄）

2010年8月14日，彝族火把节在县城文化广场举行。（马殿昭　摄）

2010年8月14日，彝族火把节篝火晚会在县城文化广场举行。（马殿昭　摄）

新农村建设

实施村容村貌整治后的民房 （程洁 摄）

新农村建设中的文化墙创作（丁世新 摄）

农村民宅（程洁 摄）

江底乡新农村建设 （马梦麟 摄）

桃源乡铁家塆村小岩洞自然村独具穆斯林特色的住宅 （程洁 摄）

昊龙十年

2010年5月28日，云南昊龙大酒店开业。（马梦麟　摄）

2010年7月27日，2010昊龙论坛在鲁甸举行。论坛由中央电视台著名主持人任鲁豫主持。昭通市委副书记、市长、云南大学经济学博士王敏正，美国宾西法尼亚大学沃顿商学院博士、香港中文大学教授、公司治理顶级学者郎咸平，中医师经济学博士生导师、云南大学经济学院教授、优秀国际学者徐光远，北京清华大学人文学院哲学系教授、国学研究院副院长刘东等知名人士出席论坛并作演讲。

（马梦麟　摄）

2010年7月28日，云南昊龙集团成立10周年大型文艺晚会在文化广场隆重举行，昭通市委书记夜礼斌、市长王敏正、县委书记江先奎、昊龙集团董事长马永升按下启动电钮。（马梦麟　摄）

2010年7月28日，央视节目主持人到鲁甸主持昊龙集团成立10周年大型文艺晚会。

（马梦麟　摄）

2010年7月28日，昊龙集团成立10周年，众多明星参加大型文艺晚会。

城乡建设

鲁甸县城全景（陈忠平 摄）

鲁甸县城一角（云鹏 摄）

新建成的小寨乡集镇（马梦麟 摄）

龙树乡集镇建设 （丁世新 摄）

县城新区一角（马梦麟 摄）

改建中的龙树乡集镇 （丁世新 摄）

建设中的江底乡集镇 （马梦麟 摄）

编纂说明

一、《鲁甸年鉴》(以下简称《年鉴》)是在中共鲁甸县委、县人民政府直接领导下，由县地方志办公室组织编纂出版的一部全县性的综合资料工具书。具有权威性、时代性和地方特点。

二、《年鉴》以马列主义毛泽东思想邓小平理论和“三个代表”重要思想为指导，坚持科学发展观，遵循党的十一届三中全会以来制定的路线方针政策。汇年度精华，展全县风貌，收改革成果，集续志资料，供志士利用。

三、《年鉴》1995年创刊，16开本，两年刊。2002年起，改为年刊。已出版12部，2010年版《年鉴》正文为2009年的内容。

四、《年鉴》全书设特载、年内要事、全县概况、政治、军事、法制、经济、文化、社会、人物、乡镇概览11个部类。每单位或部门第一条目为机构人员和领导任职情况。

五、《年鉴》采用分类编排法，基本体例为一二三级目，以条目为主。一级目，如中国共产党鲁甸县委员会，鲁甸县人大常委会等，以二号黑体字排印；二级目，如中共鲁甸县委会下的组织工作、宣传工作等，以三号黑体字排印；三级目为条目，以五号黑体字加【】号排印；正文用五号字排印，英文目录置前、索引殿后、便于查阅。

六、《年鉴》所载资料、数据，由县直各部门及有关企业确定专人提供，经各单位领导审定盖章后交县志办，统计数据由县统计局提供；县级四套班子、各乡镇、县直各委办局、企事业单位正副职领导干部任职情况，由县委组织部、县人大办、县政府办和有关企业提供，领导任职无标注时间的均属2009年1～12月在职，表彰人物收至县处级以上表彰；年内要事、全县概况、乡镇概览由县志办根据各部门和乡镇提供的资料整理而成。正文中均署名。有关新闻照片，由县志办组织征集。

七、《年鉴》编辑完稿后，由县直各部门初审，主编统稿复审，县年鉴编纂委员会终审，德宏民族出版社出版。

目　录

特　载

年内要事

全县概况

政　治

中共鲁甸县委

办公室工作

组织工作

宣传工作

统战工作

政策研究

保密工作

信访工作

直属机关党委

党史研究

老干部工作

县委党校

纪检监察

鲁甸县人大常委会

鲁甸县人民政府

决 定

请 示

报 告

批 复

会议纪要

函

办公室工作

政协鲁甸县委员会

群众团体

文学艺术联合会

军事 法制

军 事

武装部

武警中队

法 制

政 法

公 安

交通管理

经 济

农牧林水

林　业

水　利

农业综合开发

工矿业乡镇企业

工业园区管委会

工　业

电　力

乡镇企业

交通　邮电

交　通

环　保

贸　易

供销商业

粮油经营

烟草经营

财税　金融　保险

财　政

国　税

文 化

教 育

科学技术

地方志

防震减灾

档 案

人 物

职称人物

表彰人物(已知)

乡镇概览

索 引

CONTENTS

Special Issue

Major Events of the year

General situation of Ludian county

Politics

Military and Legal System

Economy

Culture

society

Figures

Township Overview

Index

特　　载

编　辑:晏　权

2010 年 8 月 10 日,县委七届十次全体(扩大)会议在县城召开

（丁永帅　摄）

坚定信心 振奋精神 再接再厉
奋力开创鲁甸经济社会跨越发展新局面

——在中共鲁甸县委七届九次全体(扩大)会议上的报告

(2010 年 2 月 1 日)

中共鲁甸县委书记 江先奎

同志们:

这次县委全会的主要任务是:深入学习贯彻党的十七届四中全会、中央经济工作会议、省委八届八次全会和市委二届十次全会精神,全面总结去年工作,安排部署今年任务,动员和组织全县广大党员干部和各族群众,更加坚定自觉地深入贯彻落实科学发展观,更加积极主动地应对各种困难和挑战,坚定信心、振奋精神、再接再厉,奋力开创鲁甸经济社会跨越发展新局面。

下面,我受县委常委会委托,向全委会作工作报告。

一、沉着应对,举措有力,各项工作在极其困难的条件下取得显著成绩

2009 年,面对极为复杂和严峻的形势,我们坚决贯彻落实党中央、国务院、省委、省政府和市委、市政府扩大内需保增长的一系列政策措施,准确判断、沉着应对、迎难而上、共克时艰,努力化挑战为机遇,变压力为动力,在鲁甸发展历程中留下了浓墨重彩的一笔。

2009 年是极其困难的一年。鲁甸经济结构单一,资源型产业比重较大,受金融危机影响深重,保增长、保民生、保稳定遇到了前所未有的压力。一季度全县有色金属采选业产值同比下降了 61.8%,工业增加值同比下降了 11.1%,企业亏损 2 191 万元,规模以上工业企业停产、半停产高达 40%,直接导致地方财政一般预算收入同比下降了 43%,保增长形势严峻。随着金融危机不断扩散和蔓延,沿海大量企业关停、倒闭,全县 40.4% 的农民工失业返乡,保民生压力剧增。去年重大、敏感节点多,国庆安保要求高,保稳定任务十分繁重。

2009 年是团结奋斗的一年。在严重困难面前,我们没有畏难、没有退缩。在市委、市政府的正确领导下,县委常委会准确把握形势,在挑战中寻机遇,在困境中求突破,在危机中谋发展,把保持经济平稳较快发展作为首要任务,突出重点,统筹兼顾,作出了一系列重要部署,采取了一系列重大举措,团结带领全县广大干部群众奋力拼搏、共克时艰。

2009 年是经济社会发展取得显著成绩的一年。全县保增长成效明显,保民生力度空前,保稳定措施扎实。这一年,全县经济保持快速发展,实现生产总值 18.86 亿元,增长 16.8%,比全省高 4.7 个百分点,比全市高 4.1 个百分点,增幅居全市第二;这一年,粮食生产创历史新高,达 13.74 万吨,增长 10.9%,农民人均纯收入实现 2 356 元,增长 18.4%;这一年,工业经济发展经历了止跌、回暖、趋稳到快速回升的积极变化,实现工业产值 15.6 亿元,增长 34.8%,增幅居全市第二;这一年,项目争取和投资创历史最好水平,共争取扩大内需项目 32 个、2.08 亿元,占全市的 14.4%,完成固定资产投资

15.7亿元，增长20.3%，办成了一大批多年来想办而未能办成的事，为鲁甸发展插上了腾飞的翅膀；这一年，财政收支创单年历史之最，财政总收入完成2.34亿元，增长10.4%，地方一般预算收入首次突破亿元大关，达1.09亿元，增长15.6%，财政支出8.79亿元，增长32.7%；这一年，群众得到实惠最多，全年新建校舍5.1万平方米、文化、卫生、老有所养设施1.2万平方米，解决了7.9万人的饮水问题；这一年，社会继续保持和谐稳定，党的建设显著加强，学习实践科学发展观活动和"三个一"主题实践活动深入开展，"机关作风建设年"、"基层组织整顿年"活动收到明显成效。实践证明，鲁甸的干部是敢干事、会干事、能干事的，鲁甸的各族群众是坚韧不拔、团结奋进的。

回望2009年，我们倾洒的是汗水、奠定的是基础，付出的是艰辛、收获的是希望。这些成绩的取得，是省委、省政府和市委、市政府坚强领导、亲切关怀的结果，是县四家班子精诚团结、科学决策的结果，更是全县广大党员和干部群众凝心聚力、克难攻坚的结果。在此，我代表县委常委会向为鲁甸经济社会发展作出贡献的广大干部群众和社会各界人士，表示衷心的感谢并致以崇高的敬意！

在万众一心、共克时艰的生动实践中，我们深切体会到。一是必须坚持解放思想、开拓创新，这是推动鲁甸科学发展、跨越发展的不竭动力。一年的实践证明，县委七届七次全会所确定的"12345"的跨越发展思路，应对金融危机所采取的一系列举措，全面完成保增长各项目标任务，无一不是解放思想、开拓创新的结果。二是必须坚持改善基础、加快发展，这是推动鲁甸科学发展、跨越发展的关键。一年的实践证明，昭巧二级路、昭鲁快捷通道、现代烟草农业延伸工程、小寨整乡推进等一系列改善发展条件的重大项目启动建设，大山包景前区建设落户鲁甸，220KV变电站开展前期工作，推动了经济社会平稳较快发展，无一不是我们始终坚持打牢基础、谋求鲁甸长远发展的结果。三是必须坚持上下同心、众志成城，这是推动鲁甸科学发展、跨越发展的基础。一年的实践证明，在极其困难的情况下，我们之所以克服了前进道路上的一个又一个困难，夺取了一个又一个胜利，无一不是全县上下思想合心、决策合谋、工作合拍、发展合力的结果。四是必须坚持创优争先、争创一流，这是推动鲁甸科学发展、跨越发展的精神支撑。一年的实践证明，全县民族团结进步事业得到了党中央、国务院表彰，举办省级生物多样性示范样板、城市建设和基层党建等工作得到了省委、市委的充分肯定，主要经济指标在全市排名靠前，无一不是全县上下瞄准一流，奋勇争先的结果。五是必须坚持以人为本、改善民生，这是推动鲁甸科学发展、跨越发展的根本目的。一年的实践证明，"两基"攻坚顺利通过省政府验收，建成了一批教育、卫生、文化和老有所养设施，解决了一系列群众关心关注的问题，无一不是我们始终坚持以人为本、改善民生的结果。六是必须坚持维护社会稳定、促进民族团结，这是推动鲁甸科学发展、跨越发展的保障。一年的实践证明，全县之所以能在安定和谐的环境中战胜挑战、加快发展，无一不是我们始终致力于维护社会和谐稳定、民族团结融洽的结果。以上六条基本经验，是我们在应对重大考验、进行艰苦实践探索总结出来的，全县上下应倍加珍惜，继续坚持。

在肯定成绩的同时，我们必须清醒地认识到，与科学发展观的要求相比，与人民群众的期盼相比，我们还有很大差距，发展不足、发展不充分、发展不全面依然是我们面临的最大问题，基础设施滞后、产业结构单一、农民持续增收困难依然是我们最需要破解的难题，经济向好的基础还不牢固，经济发展方式转变和经济结构调整的任务还相当繁重，维护社会和谐稳定的任务还十分艰巨。在新的一年里，我们要清醒地看到这些困难和问题，采取切实有效的措施认真加以解决。

二、开拓进取、真抓实干，扎实抓好2010年各项工作

做好今年各项工作，对于巩固经济向好基础，推动经济发展方式转变，实现富民强县新跨越至关重要。纵观国际国内形势，2010年，我们机遇大于挑战，利好多于困难。一是经济形势逐步向好。全球经济正缓慢复苏，我国经济总体保持回升势头，逐渐进入新一轮经济周期的上升通道，全省、全市经济平稳较快发展，全县经济发展速度明显加快，质量明显提高，极大地增强了我们应对危机、科学发展的信心。二是各项政策普遍利好。国家继续实施积极的财政政策和适度宽松的货币政策，继续实施西部大开发战略，加快经济和产业结构调整，加快发展新兴产业、低碳经济，尤其是市委、市政府强势推进昭鲁一体化，为我们进一步打基础、转方式、调结构提供了极为有利的条件。三是加快发展态势较好。近年来，我们致力于经济结构调整，取得了阶段性成效，为转变发展方式提供了可能；面对国际金融危机，我们判断准、出手快、措施实，抢得了新一轮发展的先机；在未来一年半内，将建成昭鲁快捷通道、昭巧二级公路等一大批重大基础设施项目，发展后劲显著增强，我们的比较优势日益凸显，鲁甸正处于加快发展的“黄金期”。四是干事创业氛围良好。通过深入开展学习实践科学发展观活动，全县各级干部进一步树立了科学发展的理念，增强了科学发展的能力，凝聚了科学发展的力量，营造了风清气正、奋发图强的干事创业良好氛围。同时，经过金融危机的洗礼和近年来的改革发展，积累了应对各种困难复杂局面的经验，我们完全有信心、有条件、有能力克服困难，战胜挑战，推动鲁甸经济社会实现跨越式发展。

2010年工作的总体要求是：深入贯彻党的十七届四中全会、中央经济工作会议、省委八届八次全会和市委二届十次全会精神，坚持以科学发展观为统领，以调结构为主线，以增投资、促转变为重点，以快发展为目标，以重民生为根本，以建和谐为基础，以强党建为保障，全面开创鲁甸跨越发展新局面。

2010年经济社会发展的主要预期目标建议为：全县生产总值增长15%以上；固定资产投资增长40%以上；地方财政一般预算收入增长15%以上；社会消费品零售总额增长15%以上，城镇居民人均可支配收入增长8%以上；农民人均纯收入增长15%以上，城镇登记失业率控制在4.5%以内，人口自然增长率控制在7.5‰以内，单位生产总值能耗下降3.6%以上。

围绕上述目标任务，重点抓好以下十个方面的工作：

（一）以夯实农业基础为核心，着力抓好“三农”工作

要深入贯彻中央、省委农村工作会议精神，按照“稳粮保供给、增收惠民生、改革促统筹、强基增后劲”的基本思路，认真落实各项强农惠农政策，进一步加大投入，夯实农业基础，确保今年粮食生产不滑坡、农民收入不徘徊、农村发展好势头不逆转。大力开展农业科技进村入户工程，力争农业科技措施覆盖率达95%以上，提高单产，增加总产，确保粮食增产7%。加大农业内部结构调整力度，着力巩固提升烤烟、畜牧、马铃薯等传统优势产业，大力发展蔬菜、水果等新兴产业。继续实施好“农民三年增收”计划，全面落实各种惠农补贴，加快扶贫开发步伐，发展壮大劳务经济，确保农民增收15%以上。在依法自愿有偿的基础上，推进土地适度规模经营和土地承包经营权流转。巩固深化集体林权制度改革，全面推进林权制度配套改革，发展壮大以核桃、花椒为主的特色经济林产业。积极探索统筹城乡协调发展的新机制，扎实推进新农村建设。积极争取中央、省、市的支持，扎实推进中低产田地改造，大力实施病险水库除险加固和山区“五小水利”工程，加快农村道路、电网改造、沼气等基础设施建设，切实改善农业发展条件。

（二）以实现工业三年倍增为目标，着力加快工业经济发展

全县上下要充分认识发展工业经济的重要性和紧迫性，更加坚定不移地走新型工业化道路，更加坚定不移地实施“工业强县”战略，采取过硬措施，确保今年工业产值完成24亿元以上，实现工业增加值9亿元以上。坚持抓大不放小，在抓好以昊龙为代表的规模以上企业生产经营的同时，要着力加快发展一批投资少、见效快的中小企业，最大限度扩大工业经济总量。要把今年工业经济发展目标任务按月下达到企业、到挂钩领导，实行一月一检查，一季度一考核，确保目标任务全面完成。要进一步细化任务，责任到人，人盯人、人盯事、人盯企业加快推进在建和拟建工业项目进度，尽快形成产能，尽快形成新的经济增长点。继续完善扶持工业发展的政策措施，着力破解电力供应难、融资难、审批难、落地难等突出问题。进一步理顺工业管理体制，形成以新型工业化领导组为主体，以工业园区管委会为平台的管理格局；全力改善园区基础设施条件，使大项目、大产业向园区集聚，着力打造园区经济“航母”。

（三）以项目建设为依托，着力增强发展后劲

要紧紧抓住国家继续实施积极的财政政策和适度宽松的货币政策的重大机遇，牢牢把握国家扩大内需投资的重点领域和基本方向，积极争取支持，确保今年固定资产投资完成22亿元以上，增长40%以上，力争在此轮政策机遇中把鲁甸该办的事办好。认真研究国家宏观政策走向，用好、用活项目储备发展基金，继续加大项目前期工作，提前做好项目规划、储备和报批工作，积极争取国家扩大内需项目，超前谋划一批带动力强、发展后劲足的大项目。要把项目落实作为头等重要的大事来抓紧抓实。交通上:要把加快推进昭鲁快捷通道和昭巧二级路建设作为首要任务,全面实现乡乡通油路目标,完成通达工程,确保完成交通投资6亿元。水利上:重点抓好昭鲁大型灌区和昭鲁大河治理项目建设,完成现代烟草农业延伸工程和农村人饮安全等项目。能源上:要把启动建设220KV变电站作为重中之重的任务,加快天花板、黄角树电站建设进度,启动陡滩口电站建设,确保实现能源投资4亿元。社会事业上:重点抓好中小学校舍安全、铁厂希望小学、县医院住院楼等项目建设,确保实现社会事业投资1.3亿元。继续落实县级领导挂钩固定资产投资项目责任制,全面落实每季度一次的投资分析制度,严格考核,严格奖惩,确保目标任务圆满完成。

（四）以昭鲁一体化为载体,着力统筹城乡协调发展

要按照统筹城乡协调发展和昭鲁一体化的新要求,紧扣城市建设"二次创业"的思路目标,一年一变样,三年上台阶,着力打造精品县城,积极承接昭阳中心城市部分功能。基本完成太阳湖环湖片区开发和湖滨安置小区、文屏山森林公园建设,加快三角花园片区开发,尽快启动教师小区、政法小区等建设,确保实现城镇基础设施投资5.7亿元。制定更加严格的城市管理办法,巩固提升省级甲级卫生县城成果;深入实施提升市民文明素质行动计划,广泛开展"树文明新风、做文明市民"系列活动,改善鲁甸人文环境。坚持走高端发展路子,引进开发商建立特色高档娱乐场所,鼓励有条件的部门积极参与城市经营,发展壮大城市三产,繁荣城市经济;进一步放宽城镇户籍管理,吸纳农村人口向城镇有序转移,增加城镇人口,活跃城镇消费。继续实施"以奖代补"激励措施,全面加快乡镇集镇建设,完善集镇功能,提高集镇承载能力,推动农村人口向集镇转移,统筹城乡协调发展。要重点加快小寨、龙头山、龙树、新街、江底集镇建设,确保今年5月中旬全面打造完成,为全市小集镇建设现场会提供好参观点。

（五）以建设文化鲁甸为基础,着力加快文化旅游产业发展

今年必须在建设"文化鲁甸",全面提升鲁甸文化软实力上迈出实质性步伐。进一步深化文化体制改革,加快体育文化中心和乡镇文化站建设,充分发挥文化艺术团作用,广泛开展"送戏下乡"活动,用先进文化占领农村文化市场。建立文艺创作奖励基金,加大对各类艺术创作人才的培养和扶持力度。大力实施"五个一"文化工程,即谱一首赞美鲁甸的歌、拍一部宣传鲁甸的专题片、制一张反映鲁甸民风民俗的光碟、演一台展示鲁甸发展成果的戏、建一批具有鲁甸特色的农家文化大院和文化示范点。精心组织好广场文化系列活动,丰富广场文化内容,提升广场文化层次。以大山包国家公园开发为契机,大力挖掘和弘扬鲁甸厚重的历史文化和丰富的民族民间文化,依托丰富的自然、人文景观资源和区位优势,强势推进文化旅游产业发展。坚持正确的宣传舆论导向,切实把内宣工作的触角伸到经济发展的主战场,宣传典型、提振信心,鞭策后进、推动工作;积极创新外宣方式,改造提升传统宣传手段,努力在展示鲁甸形象,扩大鲁甸影响力上取得新成效。

（六）以提高对外开放水平为关键,着力转变经济发展方式

提高对外开放水平是破解制约鲁甸经济社会发展最大因素的关键,也是我们实现经济发展方式转变的抓手。要按照省委提出的"把云南建设成为中国面向西南开放的重要桥头堡"的战略部署,坚持"走出去"与"请进来"相结合,抓住承接发达地区产业和资本转移的新机遇,制定更加优惠的政策,采取以商招商、以政策招商、以感情招商、网上招商等多种形式,确保招商引资取得实质性突破,实现到位资金在去年的基础上翻番。要充分利用昆交会、泛珠会等平台,宣传推介鲁甸的优势资源,大力引进和培育发展前景好、产业链长、附加值高、资源消耗低、环境污染小、投资少、见效快的科技型、劳动密集型企业落户鲁甸,实现速度、结构、质量和效益相统一,经济、社会、资源和环境相协调的可持续发展。

（七）以改善民生为根本,着力加快社会事业发展

坚持教育优先,巩固扩大"两基"成果;以推进鲁一中改革为突破口,大力发展高中教育,打造鲁甸教育品牌,办人民满意的教育。稳步推进医疗卫生体制改革,进一步扩大城镇医保参保率和新农合参合率;加强乡村医疗服务基础设施建设,努力为群众提供安全、方便、价廉的医疗卫生服务。坚持计划生育"一票否决"制度,巩固扩大来之不易的计

划生育成果，全面实现人口控制目标。加大廉租房等保障性住房建设力度，大力实施农村民居地震安全工程，认真做好茅草房消除工作。坚持以创业带动就业，千方百计增加就业岗位。加快推进社会保障体系建设，切实保障城乡贫困人口的基本生活。稳步提高村干部、交警协管员和宗教教职人员的补助标准。高度重视老龄工作，认真筹备好全市第十届老年人运动会。全面完成县城中心敬老院建设，不断提高"五保老人"供养水平。进一步加强防灾减灾工作，妥善安排好受灾群众的生产生活。

（八）以构建平安鲁甸为保障，着力维护社会和谐稳定

要充分认识鲁甸维护社会稳定的重要性、特殊性、复杂性和艰巨性，更加坚决地贯彻落实"经济要发展、社会要稳定、民族要团结、宗教要和谐"的总体要求，紧紧围绕"不出事，更不能出大事"的总体目标，全面加强社会治安综合治理，严厉打击各类违法犯罪，全力维护社会和谐稳定。深入实施"和谐细胞工程"，全方位、宽领域开展平安创建活动，推动平安和谐鲁甸创建向纵深发展。深入推进社会矛盾化解、社会管理创新、公正廉洁执法三项重点工作，着力解决源头性、根本性和基础性问题，牢牢掌握工作主动权。高度重视民族宗教工作，依法管理宗教事务，严密防范和坚决打击非法宗教的渗透活动，进一步完善扶持民族地区加快发展的政策措施，促进各民族共同团结奋斗、共同繁荣发展。高度重视安全生产工作，坚决遏制重特大安全事故的发生。坚持"教育从严、管理从严、待遇从宽"的原则，进一步加强政法队伍建设。

（九）以编制"十二五"规划为支撑，着力绘制富民强县宏伟蓝图

随着"十一五"规划的全面完成，全县实现跨越发展的基础更加坚实。可以预见，经过"十二五"的努力，我们将实现富民强县新跨越的奋斗目标，县域经济综合实力跨入全省50强，全县人民过上幸福殷实的日子。要完成这一艰巨而光荣的历史使命，编制好"十二五"规划是关键。要坚持以科学发展观为指导，以富民强县为目标，敏锐把握国家投资导向、投资重点和产业政策，牢牢抓住省市对"十二五"经济发展的战略布局和重点，深刻分析鲁甸经济社会发展阶段性特征和发展规律，立足当前，着眼长远，以开阔的视野、创新的思路，高水平、高标准编制"十二五"规划，使规划真正成为指导实现富民强县新跨越的纲领性文件。

（十）以开展"深化管理年"活动为抓手，着力加强效能建设

当前，全县存在对"人"管理不严、对"财"管理不紧、对"事"管理不明等突出问题。为此，县委决定在全县开展以科学化、精细化、规范化管理为核心，以"全面、严格、重点、科学、规范"为目标的"深化管理年"活动。县委办、政府办要加强调研、认真研究，结合鲁甸实际，提出全县"深化管理年"活动的实施意见和方案。各级各部门要结合本地实际和部门行业特点，完善管理制度，创新管理手段，深化各层次、各领域、各方面、各环节的管理，以管理促执行，实现"人"的效能最大化；以管理促规范，实现"财"的效益最大化；以管理促落实，实现"事"的效果最大化，确保全面完成今年的各项目标任务。

三、以贯彻落实党的十七届四中全会精神为契机，全面加强和改进党的建设

以改革创新的精神，全面加强和改进党的建设，是做好今年工作，实现富民强县新跨越的根本保证。要深入贯彻落实党的十七届四中全会精神，扎实开展"强管理、树形象、守信念、讲奉献、有本领、重品行"实践活动，全面加强党的思想、组织、作风、制度和反腐倡廉建设，使全县各级党组织，始终成为带领全县人民团结奋进的坚强领导核心。

（一）加强思想政治建设，在理论武装上取得新成效

始终坚持用党的理论创新成果武装头脑、指导实践、推动工作，继续巩固深入学习实践科学发展观活动成果，认真践行"三个一"的要求，着力提高各级领导班子和干部队伍推动科学发展、处理复杂矛盾、维护社会稳定的能力和本领。进一步健全各级党委（党组）中心组学习制度，创新学习方法，拓展学习形式，推进学习型党组织、学习型领导班子和学习型领导干部建设。按照"讲党性、重品行、作表率"的要求，进一步加大党纪党规教育力度，切实增强各级干部特别是领导干部"四个服从"的意识，坚决查处上有政策、下有对策，有令不行、有禁不止的错误行为。

（二）加强民主政治建设，在团结干事上实现新提高

认真贯彻民主集中制，充分发挥党委总揽全局、协调各方的领导核心作用，大力支持人大及其常委会改进和加强监督工作，大力支持人民政协围

绕团结和民主两大主题提高参政议政实效，大力支持法、检“两院”维护社会公平正义。切实加强新形势下的统一战线、党管武装工作，充分发挥工会、共青团、妇联等人民团体的桥梁纽带作用，组织动员全县各界群众在推动鲁甸新一轮发展中建功立业。

（三）加强干部队伍建设，在选人用人上谋求新突破

按照民主、公正、竞争、择优的要求，积极稳妥推进干部人事制度改革，坚持正确的用人导向，以发展论英雄、凭实绩选干部，让优秀干部脱颖而出，营造风清气正的选人用人环境。注重在关键时刻和处理突发事件中考察识别干部，注重在基层一线、在经济工作主战场考察识别干部，尤其注重在重大项目、重点工程、征地拆迁、维护稳定等重要领域、紧急关头，全面、客观、公正地评价干部。要建立完善更加符合科学发展观要求，更加结合鲁甸实际，更加便于操作，更加注重实效的干部考核评价体系，着力打造一支堪当重任、勇挑重担、奋发有为的干部队伍。

（四）加强基层组织建设，在基层基础上展现新活力

进一步巩固“基层组织整顿年”活动成果，继续实施“领头雁”工程。高度重视村“两委”换届选举工作，乡镇党委书记必须亲自抓，负总责，坚持原则，严格程序，确保换届选举工作依法有序开展，确保3月底前顺利完成。要拓宽选人渠道，广开进贤之路，坚持从农村致富能手、回乡大中专毕业生、外出务工人员、转业退伍军人等群体中选拔政治素质好、工作能力强的优秀党员担任村党总支书记和村“两委”委员，切实加强村级组织建设。全面推行“四议两公开”，建立完善村级民主自治机制，巩固党在农村的执政基础。围绕中心，服务大局，拓宽领域，强化功能，扩大基层组织覆盖面，扎实推进农村、企业和“两新”组织党的建设。建立完善发展壮大村级集体经济的政策措施，增强自我发展能力，推动新农村建设。

（五）加强作风建设，在执政为民上再上新水平

切实把“机关作风建设年”活动成果转化为作风建设的长效机制，以“实”的作风，讲实话、出实招，办实事、求实效；以“硬”的作风，做到困难面前不低头，矛盾面前不退缩，攻坚克难，务求必胜；以“严”的作风，确保政令畅通，对重点工作、重点项目、重要指标，盯紧人、盯死事，一抓到底，盯出成效；以“快”的作风，抢前抓早，保持快节奏、高效率，努力形成求真务实、敢想敢干、干事创业的良好氛围。要大力弘扬批评与自我批评的优良作风，努力营造团结一心、心齐气顺的良好氛围，以优良的党风促政风带民风，形成凝聚党心民心的强大力量。

（六）加强党风廉政建设，在反腐倡廉上开创新局面

按照标本兼治、综合治理、惩防并举、注重预防的方针，以保证权力行使安全、资金运用安全、项目建设安全和干部成长安全为目标，大力推进重点领域、重点行业和关键环节、关键岗位的腐败风险防控体系建设。严格落实党风廉政建设责任制，切实履行反腐倡廉建设的政治责任和领导责任。坚持“两手抓、两手都要硬”的方针，着力在腐败案件的查处上取得突破，着力在诬告陷害案件的查办上取得突破，努力营造风清气正、团结奋进的发展环境。

同志们，做好今年的各项工作，任务艰巨、责任重大、使命光荣。让我们更加紧密地团结在以胡锦涛同志为总书记的党中央周围，在市委、市政府的坚强领导下，深入贯彻落实科学发展观，坚定信心、振奋精神、再接再厉，努力开创鲁甸经济社会跨越发展的新局面！

政府工作报告

——2010年2月24日在鲁甸县第十四届人民代表大会第三次会议上

鲁甸县人民政府县长 保 剑

各位代表：

现在，我代表县人民政府，向大会作政府工作报告，请予审议，并请县政协委员和列席同志提出意见。

一、2009年工作回顾

2009年，是我县发展史上极不平凡的一年，也是在克服困难中取得显著成绩的一年。县人民政府在市委、市政府和县委的坚强领导下，团结带领全县各族人民，认真贯彻落实中央、省市一系列重大战略部署，坚定信心保增长、坚持不懈保民生、坚定不移保稳定，加快经济发展方式转变，积极应对金融危机带来的不利影响，较好完成了去年人代会上确定的各项目标任务。全县生产总值实现18.86亿元，增长16.8%；完成固定资产投资15.7亿元，增长20.3%；地方财政一般预算收入和社会消费品零售总额实现1.09亿元和3.8亿元，分别增长15.6%和21.5%；城镇居民人均可支配收入和农民人均纯收入实现11 328元和2 336元，分别增长14.6%和17.4%；城镇登记失业率控制在4.5%以内；人口自然增长率下降到7.52‰；万元GDP能耗下降3.9%。全县呈现出经济快速发展、事业全面进步、民生不断改善、民族团结融洽、社会和谐稳定的新局面。

（一）以农民增收为核心，“三农”工作再创佳绩

狠抓农业投入和科技支撑，“三农”工作呈现“四高、四快、四加强”新局面。四高：财政支农投入历史最高，达到12 346万元，增长10.1%；农民人均纯收入历史最高，实现2 336元，增长17.4%；粮食产量历史最高，达到13.74万吨，增长10.9%；烤烟生产历史最高，全面完成18.05万担烟叶收购任务，实现收购总值13 213万元。四快：农业总产值快速增长，达到8.15亿元，增长7.9%；畜牧产值快速增长，达到3亿元，增长13.7%；劳务经济快速提升，实现务工纯收入4.1亿元，增长11%；中低产田改造快速推进，改造5.92万亩，占任务数的200%。四加强：一是产业结构调整明显加强。新植核桃20万亩、花椒6万亩，全县核桃面积达61万亩、花椒15万亩，总量居全市首位。实现蔬菜产值1.2亿元，增长23.7%。发展“两会一社”22个。二是水利基础设施建设明显加强。投入5 864万元，新增和改善灌溉面积2.7万亩，解决7.9万人、4.36万头大牲畜饮水问题。投入4 286.5万元，完成现代烟草农业一期工程建设。三是林业生态建设不断加强。集体林权制度主体改革通过市级验收，造林绿化被评为全省3个模范先进县之一。投入1 000余万元，进行石漠化综合治理。建成农村户用沼气池9 667口。四是新农村建设、扶贫开发明显加强。投入1 170万元、整合项目资金3 854万元，完成新农村示范点建设108个。实施整村推进项目45个，小寨整乡推进试点项目完成投资6 100万元。“百千万帮扶工程”深入推进，投入帮扶资金1 459万元。县内易地安置、小额信贷、以工代赈等项目顺利实施，1.5万低收入人口实现稳定脱贫。农业农村经济的稳步发展，为全县经济平稳较快发展、社会和谐稳定作出了重大贡献。

（二）以强化措施为保障，工业经济快速回升

坚定新型工业化理念，强化要素保障、落实帮

扶措施、高位强势推进，有效遏制了工业经济下滑态势。管理体制进一步理顺。成立工业园区管委会，完善县级领导、部门支持企业发展制度，以新型工业化领导组为主体，工业园区管委会为平台，形成一条龙服务、一个拳头抓工业格局。加大企业帮扶力度。安排300万元工业发展基金；实行贷款贴息、搭建融资平台、挂牌保护重点企业；依法采取分期交纳土地出让金、简化审批备案手续；帮助企业争取项目、资金、电力支持。昊龙、理世等骨干企业止跌回升。推进重大项目建设。昊龙20万吨锌焙烧制酸一期工程建设完工，理世第二条年产2 500吨土豆片生产线、云香年产3 000吨瓜子生产线投产，黄角树、天花板电站建设进程加快。重点行业稳步回升。有色金属采选业由一季度下降61.8%到第四季度增长52.4%，食品加工业增长38.8%，水泥建材业增长45.4%。工业招商成效明显。新签约工业项目9个，协议引资9.33亿元，新签约项目全部启动建设，其中建成投产项目2个。园区建设步伐加快。园区规划面积13.33平方公里，入园企业13户，完成产值6.6亿元。各项指标超额完成市政府下达任务，工业总产值实现15.6亿元（按2007年价格计算，实现24亿元）、规模以上工业增加值6亿元、主营业务收入13.74亿元、利税总额2.55亿元，分别增长34.8%、32.8%、23.4%和107.5%，利润总额完成9 825万元。工业经济总量居全市第4位、增幅第2位。发展方式在应对危机中实现重大转变，工业主导型经济格局加快形成。

（三）以项目争取为支撑，发展后劲显著增强

紧紧抓住扩大内需机遇，千方百计争取项目，扎实推进投资工作。判断准、反应快，项目争取创历史最好水平。中央明确扩大内需政策后，我县及时安排部署。对事关鲁甸长远发展的重大项目，到省进京，想方设法争取国家有关部委、省直相关厅局支持，县直各部门紧盯国家、省市投资方向，加大汇报争取力度。共争取项目资金40 198万元。其中，中央扩大内需项目32个，下达资金计划2.08亿元，占全市的14.4%。措施硬、力度大，一批重大项目得以实施。完善领导挂钩项目责任制和督查通报制度，做到“一个项目、一套班子、一个业主、一个目标”，强势推进124个项目建设，完成投资15.7亿元，增长20.3%，总量居全市第5位。昭鲁快捷通道、昭鲁大型灌区、现代烟草农业等一大批多年想办而没有办成的改善民生、改善发展条件的项目落地开工建设。

（四）以协调发展为重点，城镇化迈出新步伐

统筹城乡协调发展，城镇化建设取得重大突破。建管体制实现重大转变。城市建设管理实现由多头管理向集中管理、由实物安置向货币安置、由先建设后规范向先规范后建设、由政府投资为主导向市场驱动为主导、由侧重城市建设向建设经营并重的“五大”转变。城市“二次创业”稳步推进。太阳湖核心商业区、湖滨小区1 100个安置门面建设进展顺利，文屏山森林公园一期工程、城市生活垃圾处理场、县城污水处理厂和县城渔洞饮水工程启动建设；老城区工商路等改造顺利实施，城市功能不断完善；昭鲁快捷通道启动建设，昭鲁一体化进程明显加快。集镇建设快速推进。县财政补助350万元，在小寨、桃源、茨院等7个集镇实施重点打造，撬动民间资本1 800万元参与建设。启动龙树市级重点集镇和江底服务区建设，大山包国家公园景前区和五星级宾馆建设完成选址前期工作。同时，整合资金300余万元，彻底改善了村级活动场所环境。

（五）以文明进步为标志，社会事业加快发展

把社会事业发展作为扩内需、增投资的重要内容，完善相关政策和支撑体系。教育事业成效显著。投入教育发展资金26 261万元，实现乡乡有中学目标；“两基”攻坚顺利通过省级评估验收；高考上线率达67.5%，上升9.41个百分点；发放贫困家庭寄宿制学生补助1 285万元、大学生救助金273.8万元。卫生事业快速发展。投入资金2 998万元，新建县、乡、村医疗业务用房1.54万平方米；新型农村合作医疗参合34.5万人，参合率90.36%，累计减免资金3 424.5万元；妥善处置公共卫生事件，有效防控甲流感疫情扩散。计划生育工作强势推进。实施结扎4 712例，其中二孩结扎2 842例，分别占任务数的147.3%和152%；人口自然增长率下降到7.52‰，计划生育率提高到86.6%，综合考核列全市第6位。文化旅游长足发展。成功组建鲁甸县文化艺术团，完成8个乡镇文化站建设；精心组织庆祝新中国成立60周年系列文体活动，群众文化活动丰富多彩；成功组建鲁甸县樱桃文化旅游公司，“乌蒙清真烤全羊”荣获“首届昭通十大名菜”美誉。老龄工作成绩突出。鲁甸县获“云南省老龄工作模范县”称号，县政府被省政府评为“老龄工作先进单位”。科技工作成果丰硕。国家知识产权局受理昊

龙集团兴煜公司4项专利,国家商标局受理鲁甸陈宏恩油菜加工厂"宏恩牌"生菜油商标,生猪健康养殖示范基地效果明显。各项事业统筹推进。《鲁甸年鉴》荣获全省综合一等奖。新闻宣传、邮政通信、防震减灾、妇女儿童、应急管理、信息产业、档案、气象、防空、统计、助残等事业全面进步。

(六)以民生改善为根本,保障能力全面加强

把改善民生作为一切工作的出发点和落脚点,各项惠农惠民政策全面落实。社会保障有新提高。发放社保资金19 948万元,启动实施城镇居民基本医疗保险,参加各种社会保险人数达2.67万人,新增参保6 163人,提高住房公积金比例,新增干部职工收入1 200余万元。就业渠道有新拓展。新开发就业岗位2 967个,新增就业1 789人;实行"贷免扶补"创业模式,成功创业127人。困难群众生活保障有新进步。全面落实优抚政策;供养五保老人1 980人,纳入城乡低保36 851人,新增2 741人;4.2万人获城乡医疗救助,救助临时困难群众3 397人,3 533名高龄老人享受生活补贴。保障性住房建设有新提升。启动建设廉租房300套,改造农村危房1 250户,完成民居地震安全工程1 080户,消除茅草房1 793户。落实惠民政策有新增强。发放综合直补资金1 680万元,受益8万余户;兑现家电下乡补贴893万元、移民后扶资金68.98万元。提高相关人员待遇有新水平。全面提高村"两委"干部、计生宣传员、乡村医生待遇;在全市率先解决宗教教职人员生活补助;兑现中小学在职教师绩效工资,其他事业单位月增发临时补贴300元。

(七)以改革开放为动力,发展活力明显提升

完善体制机制,拓展发展空间,推进改革开放,为经济社会发展注入新活力。各项改革有序推进。全面完成集体林权制度主体改革和基层农技推广体系改革;政府机构改革、教育综合改革、医疗卫生体制改革稳步推进。投融资体制改革成效显著。县国投公司率先加盟市国投公司,并成功升格为市级公司,融资1.04亿元;兴鲁中小企业投融资担保公司正式运营;在全市批准成立的3个小额贷款有限公司中,我县昊龙、理世小额贷款有限公司同时获得批准。对外贸易实现零突破。完成进出口贸易104万美元,占市下达任务的520%。招商引资成绩突出。共签订合作开发项目11个,协议引资15.8亿元,增长160%;完成到位资金4.61亿元,增长88.2%。

(八)以培植财源为突破,财税金融稳步上升

努力创新体制机制,强化财税金融工作。财税金融工作取得四个可喜局面和四个历史性突破的好成绩。四个可喜局面:财政收支大幅增长,实现财政总收入2.34亿元,增长10.4%,总支出8.79亿元,增长32.7%;一般预算收入首次突破亿元大关,实现1.09亿元,增长15.6%,上划中央"两税"7 603万元,完成年初预算的126.7%;上级各种补助达到7.4亿元,净增1.56亿元,增长27%;金融工作态势良好,存款余额14.69亿元,增长39.1%,贷款余额10.1亿元,增长33.6%。四个历史性突破:财政总收入、地方一般预算收入、财政总支出、金融存贷款余额实现历史性突破。

(九)以营造环境为主线,社会保持和谐稳定

把促进社会和谐、维护社会稳定作为第一责任,努力为人民群众营造安居乐业的良好环境。社会治安综合治理成效显著。继续巩固省级平安县成果,积极创建云南省先进平安县。投资240万元安装县城视频监控系统,城乡社会治安防控体系建设深入推进。共立刑事案件325起,破268起,破案率82.5%,继续保持命案全破的优异成绩,打黑除恶、打击"两抢一盗"工作深入开展,一批治安乱点得到有效整治。成功创建江底、龙树两个市级"无毒乡",摘掉桃源乡"省毒品重点整治地区"帽子,破毒品案件31起,缴获毒品9 219克,吸毒人员下降到291人。突出信访问题得到有效解决。畅通信访渠道,领导干部定期接访、主动下访,一些重大矛盾纠纷及时就地化解,信访总量大幅下降,实现国庆期间零上访目标。民族团结宗教和谐。民族宗教政策得到较好落实,全县宗教平稳,民族团结和谐,县委被国务院表彰为"全国民族团结进步模范集体"。全力维护社会政治稳定。防邪反邪工作深入开展,公共安全体系进一步健全,影响社会稳定的苗头得到有效处置,安全生产形势持续稳定好转。县城"五大秩序"整治效果明显。国防教育和民兵预备役建设不断加强。"双拥"共建取得新进展。

(十)以作风建设为抓手,行政效率显著提高

把加强政府自身建设作为落实各项政策措施的前提,努力改进工作,提高能力和水平。作风建设取得实效。以深入开展学习实践科学发展观活动为契机,以"机关作风建设年"活动为载体,各级干部带头转变作风,深入基层,调查研究,具体抓,抓具体。切实解决了一批群众关心关注的热点难

点问题。纠风治乱工作扎实开展。严格土地出让、重点工程、扩大内需资金等重点领域的监督管理；及时发现和纠正违规违纪行为，行政问责4人，立党政纪案件16件；帮助农民工追讨工资11件300.8万元。阳光政府"四项制度"深入推进。开展重大决策听证5件，开通96128政务信息查询电话专线，建立完善政府信息便民查询窗口；承办人大代表建议意见100件、政协委员提案58件，办结率100%；办理市长热线23件、受理县长热线52件，反馈满意率92%；政务服务中心受理、办结审批服务事项6 098件。

各位代表！2009年，全县经济社会发展取得的成绩极其不易。这是市委、市政府和县委正确领导的结果，是县人大、县政协支持和监督的结果，是全县各族人民克难攻坚、奋力拼搏的结果。在此，我代表县人民政府，向全体人大代表、政协委员，向各民主党派、工商联、无党派人士、各人民团体，向广大驻鲁官兵和政法干警，向所有关心、支持鲁甸发展的各界友人及全县各族人民，表示衷心的感谢并致以崇高的敬意！

在肯定成绩的同时，我们也清醒地看到困难和问题。一是发展起点低，综合实力弱。虽然发展很快，但经济总量小，保持经济平稳较快发展、推动经济发展方式转变和经济结构调整难度大。二是工业结构性矛盾突出。工业经济结构单一，产业关联度不高；优势资源开发程度低，发展后劲不足等问题短期内难以突破。三是农业基础仍然薄弱。农村基础设施和公共服务体系滞后，保持农业稳定发展、农民较快增收困难增大。四是固定资产投资受土地、项目审批等因素制约。建设超工期、超预算现象仍然存在，在建项目进展不快，项目储备不足，体制机制有待进一步理顺。五是融资难度大。我县重大建设项目增多、资金需求大与信贷趋紧、金融机构审批门槛高形成较大反差。六是维稳任务重。我县正处在发展机遇期，又处在矛盾凸显期，经济提速发展，社会转型加快，内外因素干扰等问题叠加交错，保持平安和谐面临新挑战。为此，我们既要增强忧患意识，又要坚定发展信心，努力在新的起点上把各项工作做得更好。

二、2010年主要目标和任务

各位代表！今年是实施"十一五"规划的最后一年。做好今年的工作，为"十二五"规划奠定良好基础具有十分重要的意义。综合国内外发展形势，我县仍具有六个方面的有利条件。一是政策环境好。国家继续实施积极的财政政策和适度宽松的货币政策，继续实施新一轮西部大开发、扶持民族地区、贫困地区加快发展政策，为我县争取支持创造了更加有利的条件。二是发展机遇多。随着国家产业政策的调整，沿海产业向内地和西部加速转移，为我县承接资金流、技术流、信息流等创造了良好条件。三是后发优势强。我县资源丰富、开发潜力大，投资、消费需求量大，为我县加快发展提供了强劲动力和广阔空间。四是区位条件优。随着昭巧二级路开工和昭攀铁路规划建设，尤其是市委、市政府强势推进昭鲁一体化进程，为我县推动经济社会跨越式发展提供了千载难逢的机遇。五是发展基础稳。通过历届县委、政府的艰苦努力，农业基础进一步夯实，工业后劲进一步增强，城市"二次创业"扎实推进，发展势头催人奋进。六是发展氛围浓。全县各族干部群众思改革、谋发展、保稳定、促和谐的思想高度统一。特别是省委、省政府，市委、市政府高度重视和关心鲁甸发展，为我县进一步抓住机遇、提速发展提供了重要保证。只要我们坚定信心、迎难而上、扎实工作，就一定能在新一轮发展中抢占先机，实现跨越式的大发展。

根据中央、省市决策部署和县委七届九次全会精神，2010年政府工作的总体要求是：全面贯彻党的十七大和十七届三中、四中全会、中央经济工作会议精神，以邓小平理论和"三个代表"重要思想为指导，深入贯彻落实科学发展观，以调结构、上水平，强投资、增后劲，重民生、促和谐为重点，坚定信心、振奋精神，共克时艰、乘势而上，全面推进鲁甸经济社会跨越式发展。

2010年经济社会发展主要预期目标建议为：生产总值实现21.7亿元，增长15%；固定资产投资22亿元，增长40%；地方财政一般预算收入1.25亿元，增长15%；社会消费品零售总额4.33亿元，增长15%；城镇居民人均可支配收入12 235元，增长8%；农民人均纯收入2 686元，增长15%；人口自然增长率控制在7.5‰以内；城镇人口登记失业率控制在4.5%以内；万元GDP能耗下降3.6%。

围绕上述目标，必须全力做好以下10个方面工作：

（一）围绕产业结构调整，着力夯实农业发展基础

按照"稳粮保供给、增收惠民生、改革促统筹、

强基增后劲”的基本思路，安排农业产业化发展基金400万元，以抓工业的理念谋划农业，毫不松懈抓好“三农”工作。围绕粮食增长7%、农民人均纯收入增长15%以上目标，确保粮食产量达14.7万吨、农民人均纯收入达2 686元。

高度重视粮食生产。提高复种指数，稳定粮食面积，确保达到66万亩以上，其中：夏粮9万亩、秋冬粮57万亩。积极创建各级各类样板，确保示范样板达到30万亩；依靠科技主攻单产，提高总产，力争良种、玉米地膜覆盖、科技措施普及率达到100%。

加大结构调整力度。坚持以市场为导向，以协会为桥梁，以资源为依托，以特色、绿色为品牌，以农产品加工企业为龙头，促进优势产业向适宜地区集中；全面完成14.95万担烤烟收购任务；建设养殖示范小区、推广“熟改生”饲养，实现畜牧产值3.5亿元，增长15%以上；提升核桃、花椒种植管理水平，圆满完成100万亩核桃、花椒发展目标，新增优质果园5 000亩、新建优质葡萄示范园100亩；建高标准蔬菜样板2万亩，发展无公害商品蔬菜基地10万亩，确保蔬菜种植13万亩以上。突出规模和特色，大力开展马铃薯、葵花、辣椒基地建设，建加工型马铃薯基地5 000亩、葵花基地5 000亩、辣椒基地7 000亩；抓好生产、加工、流通、销售4个环节，发展支部+协会、“两社一会”21个，大力扶持农产品经纪人，新发展乡镇个体工商户1 000户，打造好桃源大牲畜活畜交易市场。按照“扶优、扶大、扶强”的原则，争取2 000万元扶贫贴息贷款，扶持涉农龙头企业。

强化农业基础设施建设。投资8 417万元，高标准完成现代烟草农业示范区白草坪至光明延伸段工程及昭鲁大型灌区建设。投资1 302万元，支持现代畜牧业发展。投资1 200万元，进行石漠化综合治理。投资1 324万元，解决3.1万人、1.8万头大牲畜的饮水问题。完成中低产田改造2.58万亩、农业综合开发0.8万亩。完善农村道路、电网、通信等基础设施。抓住农机补贴政策机遇，提高全县农业机械化水平。

扎实推进社会主义新农村建设。抓住省级重点村项目建设机遇，县财政投入300万元，整合农、林、水、交通项目和“一事一议”项目80个、整村推进项目40个，投入1 320万元，建成户用沼气池6 000口，推广使用节能炉700个。集中力量打造江底至小寨沿线，昭鲁快捷通道沿线，龙树、新街大山包景区沿线和城乡结合部新农村示范建设，建成“产业”新农村、“文明”新农村、“特色”新农村示范点76个。

狠抓扶贫开发和提升劳务经济。加大小寨整乡推进试点建设力度，为全省扶贫开发现场会提供高水平的示范点。完成以工代赈项目和6个易地安置点建设，继续实施好“百千万帮扶工程”，稳定解决1.5万低收入人口的温饱问题。加快城镇化步伐，促进农民工就地就近就业，以转移输出和吸引企业、回引农民工创业的“一输双引”为重点，培训农村劳动力2万人，稳定转移11万人，实现工资性纯收入5.5亿元。

继续深化农村改革。巩固农村综合改革成果，深化农村小型水利工程管理体制和集体林权制度配套改革，实施好新一轮公共医疗卫生体制改革，协调推进其他各项改革工作。

（二）围绕三年倍增计划，着力推进工业提质增效

工业化是农业产业化和城镇化的重要节点，是鲁甸长远发展的重大战略任务。必须坚定不移地走新型工业化道路，坚定不移地实施工业“三年倍增计划”和“八年翻三番目标”。围绕工业总产值增长36%、增加值增长41%目标，确保工业现价总产值达24亿元以上，增加值9亿元以上。

投产项目抓生产。充分挖掘乐红采选厂、宏鑫采选厂、兴煜公司、八宝银矿、洪石岩电站、理世公司、云香公司等企业22个重点项目生产潜力，满负荷生产；抓好昊龙一期10万吨锌焙烧制酸、20万吨轻钙等5个新投产项目的生产，全力扩大产量，增加产值。

在建项目抓进度。重点抓好昊龙20万吨锌焙烧制酸二期、20万吨氢钙、2亿条编织袋厂和其余开工项目建设。以牛栏江水能开发为重点，加快黄角树、天花板电站建设进度，确保天花板电站两台机组全部发电，增强工业发展后劲。

成熟项目抓开工。重点抓好昊龙60万吨电石、20万吨重钙、爱地10万吨耐火材料、金亿源日处理2 000金属吨铁精粉加工等8个项目开工。抓好天花板至永丰220kv输电线路工程、理世公司技改、云香公司第二条生产线等项目建设。

优势资源抓招商。加快工业园区道路、水电、通信等基础设施建设，全力争取纳入省级重点工业园区扶持。着力优化政策、服务环境，创新招商引

资方式,促进重大项目与优势资源对接。组建强有力的招商引资队伍,精心筛选、包装、推介项目20个以上,实现协议引资5亿元以上,到位资金3亿元以上。强化跟踪问效,大幅度提高引资项目的落地率、开工率和投产率,进一步增强工业经济发展活力。

闲置资源抓整合。巩固矿产资源整合成果,进一步对信心不足、实力不强、等待观望的企业矿权进行整合,原则上一个矿区只保留一个业主。引进有资金、有技术、有实力、有信心的企业进行开发,把资源优势转化为经济优势。

节能减排抓控制。强化节能减排目标责任制,全面加强节能、节水、节地和资源综合利用,高度重视低碳经济和循环经济建设,从制度和理念上促进企业走清洁发展、节约发展、安全发展和可持续发展道路。

新型政策抓对接。根据省人民政府关于加快工业园区标准厂房建设的意见,凡在2010~2012年期间,新建标准厂房每平方米将补助200~300元,对入驻园区标准厂房的中小及非公企业租用标准厂房进行生产的3年租金全免。今年,全省将建设100万平方米园区标准厂房。要紧紧抓住这一政策机遇,加大衔接汇报力度,认真落实相关措施,同时鼓励多渠道投资建设,加快我县园区标准厂房建设步伐,推进土地、能源等资源集约利用和有效配置,缩短入园项目建设周期,提高招商引资成功率。?

体制机制抓落实。进一步调整充实新型工业化领导组,完善工业园区管理机构和运行机制;进一步落实支持企业发展的政策措施,继续安排300万元工业发展专项资金;进一步健全工业经济运行监测体系,继续实行缴纳风险金和目标责任考核制度。

(三)围绕投资较快增长,着力强化基础设施建设

认真研究中央、省市投资重点和基本方向,继续抢抓机遇,着力优化投资结构,围绕固定资产投资增长40%以上目标,确保完成投资22亿元以上。

以争取项目为重点。2010年,中央新增投资近6 000亿元,重点支持保障性安居工程、农村民生和基础设施建设、重大基础设施建设、社会事业建设、节能减排、环境保护与生态建设、自主创新和结构调整6个方面。县财政继续安排600万元项目前期工作经费,创新完善资金配套机制,策划、论证、包装、储备一批新项目,实行专人盯守,积极“盯市、跑省、进京”,不拘形式争投资、抢项目,确保更多基础性、全局性项目挤进中央、省市计划“盘子”。

以项目推进为主线。继续实行目标责任制管理,确保重大项目顺利推进。交通方面,把加快推进昭鲁快捷通道和昭巧二级路建设作为首要任务,全面完成鲁甸至江底、龙树至梭山、龙树至新街、王家桥至火德红4条油路建设,实现乡乡通油路目标,确保完成投资6亿元以上。农林水方面,重点抓好昭鲁大型灌区、现代烟草农业延伸工程和桃源水库沟渠配套建设,完成农村人饮安全和石漠化治理等项目,确保完成投资1.45亿元以上。能源方面,把启动建设220kv变电站作为重中之重,推进天花板、黄角树电站建设进度,争取启动陡滩口、凉风台电站建设,尽快形成投资实物量;加快农村电网、县城电网改造等工程,确保完成投资4亿元以上。社会事业方面,重点抓好水磨“九年一贯制”学校、县第三小学、第二幼儿园、青少年活动中心建设,抓好县医院住院楼等其他社会事业基础设施建设,确保完成投资1.3亿元。

以拓宽渠道为抓手。进一步盘活国有资产,利用好国投公司、兴鲁中小企业投资担保公司和昊龙、理世小额贷款投资公司融资平台,确保融资2亿元参与重大项目建设。吸引更多科技含量高、能源消耗少、带动能力强的大企业、大项目进入鲁甸,拓宽民间投资渠道。形成财政资金、信贷资金、民间资本共同参与,政府、企业、社会竞相勃发的投资热潮。

(四)围绕统筹城乡发展,着力提高建管经营水平

按照统筹城乡协调发展和昭鲁一体化新要求,提升城镇发展质量和水平,努力打造“文化县城、生态县城、魅力县城、活力县城、和谐县城、最宜人居环境县城”,推进城乡协调发展,提高城镇综合承载能力。

高水平规划。坚持总体规划求“实”、建设规划求“细”、单体建筑规划求“精”的原则。着眼现代城市发展趋势,把城镇规划作为“龙头”工程来抓,建立健全县城、村镇规划体系。突出抓好每条街道、每栋建筑、每个集镇的规划设计,做到“一街一景”、“一楼一品”、“一镇一特色”。

高水平建设。抓好城市建设“二次创业”标志性工程太阳湖核心区和文屏山森林公园建设,加快

湖体扩面和县城“两污”、供水工程等建设步伐;采用商业化运作模式,启动以三角花园片区为代表的县城三期开发和教师小区、政法小区建设,确保完成投资5.7亿元以上。大力实施县城和面山绿化,增加城市绿地,营造优美生态环境,整合新农村建设等项目资金,对城乡结合部进行绿化美化改造,按照多种乔灌少种草,多种常绿少种落叶,多种特色少种一般的要求,精心选择绿化树种,提高县城和乡镇绿化品味。高起点规划改造新街旅游集镇,全力支持大山包国家公园景前区建设,完成五星级宾馆及相关设施建设;2月下旬,全面完成小寨精品旅游集镇建设;5月中旬,全面完成投资1 495万元的市委、市政府重点集镇龙树集镇改造,完成投资550万元的江底服务区、集镇饮水、能源建设。县财政投入400万元,启动乐红、龙头山、水磨等集镇建设,安排120万元,完善乡镇“六有”建设目标,推进乡镇集镇上规模、上档次。

高水平管理。创新县城管理模式,制定更加严格的城市管理办法,深入实施提升市民文明素质行动计划,制定城市文明公约、行为规范、文明用语,广泛开展“树文明新风、做文明市民”系列活动。加强新建房屋审查,突出建筑风格,严格控制建筑红线和城市“天际线”;落实好县城巡查保洁制度,巩固甲级卫生城市创建成果。

高水平经营。鼓励有条件的部门开展公益性、服务性项目经营,繁荣城市经济;落实放宽城镇户籍限制政策,新增城镇人口3 000~5 000人,聚集城市人气。坚持政府控制土地一级市场,清理规范城乡违法建设用地,力争收储土地500亩以上,预留城市建设用地200亩;大力规划包装推介房地产开发、综合娱乐、品牌服饰、大型停车场等引资项目,确保房地产开发、大型停车场启动建设,综合娱乐、品牌服饰等引进达到10家以上,不断增加城市活力。

(五)围绕注重民生改善,着力促进社会事业进步

把改善民生、发展社会事业作为扩大内需、调整经济结构的重点,坚定不移地加以推进,着力解决人民群众最关心、最直接、最现实的利益问题。

加快发展教育事业。落实教育保障机制,巩固提高“两基”成果。加大教育事业投入,完成投资6 500万元的中小学校舍安全工程建设、投资480万元的职中改扩建和投资249万元的一中教学综合楼建设。抓好一个乡镇一所示范学校建设,全面落实“两免一补”政策和大学生救助制度,逐步推进教育资源均衡发展。以鲁一中改革为突破口,重点发展高中教育,打造鲁甸教育品牌,办好人民满意的教育。

加快发展科技事业。力争在自主创新、新产品新技术研发等方面取得新成果。抓好乌金猪保种计划、加工型核桃产业开发等5个项目申报工作。抓好2万亩高产玉米创建示范,强化引种和试验示范工作,发展农村专业技术协会10个。

统筹人与自然和谐发展。保持计划生育工作良好势头,强势推进各项目标任务落实。严格执行“一票否决”和“黄牌警告”制度,坚决查处党员和国家公职人员违法生育和弄虚作假行为,认真落实农业人口独生子女奖优免补政策,巩固提高来之不易的计划生育工作成果。深入实施“七彩云南·鲁甸”保护行动。抓好投资1 931万元的天然林保护、石漠化综合治理项目建设。兑现好国家和省25万亩林改政策补偿。坚持矿山植被恢复补偿机制,促进生态修复,建设资源节约型、环境友好型社会。

切实抓好文体卫生事业。以建设“文化鲁甸”为载体,全面提升鲁甸文化软实力。启动县城体育文化中心建设,广泛开展“送戏下乡”活动。建立文艺创作奖励基金,实施好谱一首赞美鲁甸的歌曲、拍一部宣传鲁甸的专题片、制一张反映鲁甸民风民俗的光碟、演一台展示鲁甸发展成果的戏、建一批具有鲁甸特色的农家文化大院和文化示范点的“五个一”文化工程;推进广播电视“村村通”工程建设,加快建立覆盖城乡的公共文化服务体系。积极争取县、乡、村医疗设备配置项目,抓好乡镇示范卫生院建设,增强传染病防控和突发公共卫生事件处置能力;深入落实艾滋病防治措施和“四免一关怀”政策;加强新型农村合作医疗筹资工作,确保参合率达95%以上;强化“新农合”资金、药品采购配送管理,缓解群众看病难、看病贵问题;强化妇幼保健、食品药品监管,切实保障妇女儿童身心健康和人民群众饮食用药安全。

实施更加积极的就业政策。加大对零就业家庭、低保对象和普通高校毕业生的就业指导,扶持自主创业130人,实现灵活就业600人,新开发就业岗位1 650个,帮助350人就业困难人员实现就业,确保零就业家庭至少有1人就业。

努力完善社会保障体系。落实好提高企业退

休人员基本养老、失业、工伤保险待遇政策，做好社会保险提标扩面工作，力争享有各类保险的城镇职工达3 300人、农村低保4万人，新增城镇低保750人、农村低保3 000人以上。

切实改善困难群众生活。新建廉租住房300套、易地安置房300套，改造农村危房1 000户，实施民居地震安全工程1 100户，消除茅草房706户；全额补助农村低保、“五保”对象“新农合”参合资金，高度重视失地农民的生存发展问题，做好水电开发移民安置和后扶工作。健全灾害应急机制，全力以赴做好救灾救济和防灾减灾工作。

统筹推进其他各项事业。更加重视老龄事业，积极做好第六次全国人口普查，做好拥军优属、国防动员、民兵预备役和人民防空工作，抓好妇女儿童、新闻宣传、邮政通信、信息产业、气象、方志、档案、防空、统计、助残等社会事业。

（六）围绕改善消费环境，着力提升第三产业发展

全面落实中央促进消费8项措施，千方百计增加城乡居民收入。抓住全省旅游“二次创业”机遇，切实做好文化旅游和休闲观光旅游文章，努力将旅游业培植为全县新的经济增长点。

全面推进旅游业发展。以大山包国家公园开发为契机，大力挖掘、弘扬鲁甸历史文化和民族民间文化，依托自然、人文景观和区位优势，全面加快各类景点景区建设步伐，加大包装推介力度，把生态观光游和休闲度假游作为文化旅游产业的发展主题，促进文化产业与旅游产业良性互动。

积极培育现代服务业。加快发展房地产、保险、现代物流业，培育1～2个现代物流中心或物流企业。健全流通网络，扩大消费市场，新建农家店10个、农村商品配送中心5个。支持涉农商贸企业发展连锁经营，完善产销、科技、信息和金融等农村社会化服务体系，为繁荣城乡经济创造良好条件。

努力扩大消费。适应群众多样化、个性化消费需求，努力扩大消费空间，大力发展文化娱乐、体育健身、休闲旅游等。落实好家电、摩托车、汽车下乡各项补贴政策，稳定和促进大宗商品消费。大力发展餐饮、商贸等传统服务业，实施酒店、餐饮业品牌工程，提升2—3家在市内有知名度和影响力的餐馆、酒店。

（七）围绕财政稳定增长，着力培育新兴重点税源

以构建公共财政框架为目标，把优化支出与强化增收摆在同等重要的位置，集中财力支持社会管理、公共服务、改善民生、重点项目建设，保持经济社会良性发展。

以培育壮大支柱财源为重点。积极扶持以昊龙集团为重点的矿冶，以供电公司为重点的电力税源新亮点。进一步抓好能源、化工、矿冶建材加工、农特产品加工、特色旅游五大支柱产业，培植新兴税源。拓展房地产、综合服务业等税源产业，增强经济发展活力。

以强化税收征管为手段。树立理财和聚财意识，改进税收征管方式，完善税源控管机制，有效防止税收流失。严格执行《政府采购法》，规范采购行为。

实施项目带动战略。积极向上争取资金、项目支持，争取上级加大转移支付力度。确保财政总收入达2.6亿元，增长15%，净增3 491万元；总支出近10亿元，增长15%。

（八）围绕民主法制建设，着力打造和谐平安鲁甸

高举经济要发展、社会要稳定、宗教要和谐、民族要团结的旗帜，巩固省级平安县创建成果，为经济社会发展营造更加和谐稳定的社会环境。

推进民主法制建设。扎实抓好“五五”普法验收和“六五”普法规划，深入推进“三五”依法治县工作。自觉接受县人大及其常委会的法律监督和县政协的民主监督，坚持重大决策、重大问题、重大事项向县人大及其常委会报告、与县政协协商、向社会广泛征求意见。自觉接受新闻媒体和社会公众的监督，广泛听取各民主党派、工商联、无党派人士的意见和建议，支持工会、共青团、妇联等人民团体开展工作。

维护社会和谐稳定。妥善处理发展第一要务与维稳第一责任的关系，深入推进社会矛盾化解、社会管理创新、公正廉洁执法三项重点工作。建立健全社会治安防控体系，依法防范和严厉打击各类违法犯罪活动，保持命案全破目标，增强人民群众的安全感。加强社会矛盾纠纷排查调处和预警体系建设，高度重视预防和妥善处置群体性事件、突发公共事件。全面贯彻党的民族宗教政策，进一步重视少数民族和民族地区经济社会发展，依法加强宗教事务管理，积极引导宗教与社会主义社会相适应。全面深入推进新一轮禁毒防艾人民战争。

高度重视安全生产。继续深入实施“安全生产年”活动，强化道路交通、非煤矿山、危险化学品、消防、建筑施工等重点行业和领域的专项整治工作，加大隐患排查治理力度，落实好政府、企业“两个”主体责任，坚决遏制重特大安全事故发生，确保人民群众生命财产安全。

（九）围绕科学和谐发展，着力编制好“十二五”规划

“十二五”时期，是我县全面建设小康社会奋斗目标承上启下的关键时期，科学编制和实施“十二五”规划，对促进全县经济社会跨越式发展意义重大。

把握上情。积极捕捉国家未来的经济政策和投资走向、投资重点和投资方式，编制好重大项目规划，千方百计论证、储备、上报一批事关全局和长远发展的重大项目，真正做到与上级的投资方向不脱节、与鲁甸经济社会发展不断档，实现经济社会发展的良性循环。

吃透县情。按照全面、协调、可持续发展的要求，进一步研究我县未来的发展方向。围绕如何调整优化产业结构、城乡结构，促进区域协调发展、社会和谐稳定，增强可持续发展能力等战略重点，开展重大专题、规划纲要研究和编制，为实现富民强县新跨越绘制好蓝图。

开门规划。动员全社会力量参与，与国家、省市有关机构开展合作，聘请国家、省、市专家学者，参与我县“十二五”规划研究和编制，使规划成为“十二五”经济社会跨越式发展的总体行动纲领。

（十）围绕深化机关管理，着力强化政府自身建设

以贯彻落实党的十七届四中全会精神为契机，以开展“深化管理年”活动为载体，提高政府系统“六种”能力建设。

强化学习，作好表率，提高学习实践能力。学习是干好一切工作的前提和基础，政府系统要争做学习表率，系统掌握中国特色社会主义理论体系。主动顺应时代发展潮流，不断扩展视野，更新知识结构，提高驾驭复杂局面和市场经济的能力。

统筹协调，务实创新，提高科学发展能力。提升善统筹、抓重点的能力，做到统筹协调、重点突破。提升善控制、快推进的能力，做到过程控制高效率、工作推进快节奏。提升善攻坚、谋突破能力，到情况复杂的地方去攻坚克难，到群众意见多的地方去化解矛盾，到工作推不开的地方去打开局面，用勇气和韧劲开辟新路径，靠智慧和汗水谋求新跨越。

求真务实，苦干实干，提高工作落实能力。坚持鼓实劲、干实事、求实效、创实绩，力戒坐而论道。多做打基础、兴长远的工作，多办得民心、顺民意的实事。把精力集中在“想干事”上，把本领体现在“会干事”上，把目标锁定在“干成事”上。以责任明确的硬任务、真督实查的硬措施、奖惩分明的硬机制，形成干事创业的强大合力。

转变职能，全面履责，提高公共服务能力。创新行政管理体制，加快政府职能转变。加强经济调节、市场监管，注重社会管理、公共服务，促进基本公共服务均等化，努力为人民群众提供方便、快捷、高效的服务。

强化监督，公开透明，提高依法行政能力。完善行政决策机制，提高科学决策水平。坚决执行人大决议，认真办理人大代表建议和政协委员提案。支持审判和检察机关依法独立行使职权。强化领导干部任期经济责任审计。全面推进“阳光政府”四项制度，增强政府工作透明度和公信力。

执政为民，拒腐防变，提高廉洁从政能力。坚持深入基层、深入群众，倾听群众呼声，体察群众疾苦，尽心竭力为群众办实事、解难题。建立科学、严密、完备、管用的反腐倡廉制度体系，做到法律面前人人平等、制度面前没有特权、机制约束没有例外。强化权力运行监督和制约，完善政府投资、国有资产管理，规范土地出让、工程招投标。坚决纠正和查处损害群众利益的不正之风和事件，切实为人民掌好权、用好权，以清正廉洁的形象取信社会，以克己奉公的佳绩回报人民、回报社会。

各位代表！新的一年，任务十分繁重，前景十分美好！让我们高举中国特色社会主义伟大旗帜，在市委、市政府和县委的坚强领导下，切实担负起历史的责任、人民的重托，众志成城、拼搏实干，为早日实现鲁甸跨越式发展目标而努力奋斗！

年内要事

编　辑:晏　权

2010 年 2 月 24 日,县第十四届人民代表大会第三次会议召开

(周迎春　摄)

2009

1月

1日，县政府代理县长保剑带领有关人员到金融系统慰问节日期间坚守工作岗位的人员。

1日，昭通市卫生局长陈华率市检查考核组代表市委、市政府到鲁甸，在县政府副县长赵萍等陪同下，深入县卫生主管部门和县乡村医疗服务机构，就全县2008年度卫生工作和艾滋病防治目标责任落实情况进行考核评估。

1日，昭通市政府法制办主任李政率市检查考核组代表市委、市政府到鲁甸，就全县2008年行政执法工作进行考核评估。

4～6日，县委常委、宣传部长庄清海带领县新农办、农业、林业、科技、文体、旅游、工会、团委、妇联、党建等部门负责人深入茨院乡、桃源乡、文屏镇调研农业农村、精神文明创建、基层党组织建设等工作。

4日，县政府副县长窦家义带领县烟办、现代烟草农业示范区建设指挥部相关领导、技术人员深入小寨乡现代烟草农业示范区检查机耕路建设情况。

5日，昭通市扶贫办领导一行到新街乡转山包村看望慰问挂钩帮扶的困难群众，为234户农户送去职工捐赠的大米1 750余千克、棉被100床、棉服100件。

5日，县林业局邀请教育局领导及文、桃、茨中学、中心校的10位校长召开2009年度森林防火教育单位专题会议，发放5 000多份《森林防火户主通知书》，在全县掀起森林防火宣传高潮。

6日，县老龄委牵头，县人大、县政协、县委办、县政府办等单位组成2008年老龄工作年终目标责任制检查考核组，在县政协副主席丁世章带领下，到新街、龙树、水磨3个乡镇开展考核，拉开全县12个乡镇及25个老龄委成员单位考核工作序幕。

6日，云南省艾滋病防治委员会关爱中心主任周曾全率省旅游局、昭通市卫生局组成的省、市检查考评组代表省、市两级政府到鲁甸，就全县2008年度艾滋病防治工作进行考核评估。考评组听取卫生、教育、宣传部门负责人工作汇报后，在县政府副县长赵萍等陪同下，深入县人民医院、妇幼保健院、桃源乡拖姑清真寺、龙头山镇等地查看痕迹资料、听取介绍、问卷调查等对艾滋病防治工作进行详细检查。

6日，昭阳、鲁甸经济社会发展联席会议在鲁甸召开。会议对昭鲁大河治理、建设昭鲁经济连接走廊、打造昭鲁经济一体化进行具体磋商。昭通市委常委、昭阳区委书记马吉林和两县区四套班子领导出席会议。通过磋商，双方合作的目标是推动昭鲁经济一体化发展，突破口是加快两地之间的基础设施建设，着力点就是对昭鲁大河进行综合治理，建设好快捷通道，联合开展社会治安综合治理工作。建立联席会议制度，半年召开一次联席会议，商讨两地发展的相关事宜。要成立规划、设计、立项领导组，负责项目可行性研究和项目申报、规划等工作。治理昭鲁大河、建设昭鲁城市连接走廊，推动昭鲁经济一体化发展要一次性规划，分步骤实施，力争年内启动昭鲁大河的综合治理工作。

6日，云南省林业厅督导组组长李山南一行在市、县林业局领导陪同下，对全县扩大内需促进经济增长林业项目资金管理使用、责任制落实、拉动内需、种苗质量、组织机构等情况进行督查指导。

7日，全县2008年度党风廉政建设暨党建工作市级考核反馈会议召开。通过市党风廉政建设考核组考核。

8日，根据中央政法委和最高人民法院召开的全国集中清理执行积案电视电话会议精神及省市关于集中清理执行积案工作的要求，从2008年8月起，开展集中清理执行积案活动。县人民法院召开执行款物兑现大会，对第一阶段已经执结的案件进行款物兑现，现场为当事人兑现现金和物资。全县清理出积案237件，刑事附带民事案件104件，通过第一阶段的集中执行，已执结案件27件，执结标的20多万元，发放救助资金1万余元。

8日，云南省委巡视组一行在县委书记江先奎、代理县长保剑等领导陪同下，深入小寨乡小寨村查看新农村建设点，充分肯定成绩。

9日，昭通市委常委、组织部长李勇一行深入鲁甸，在县委书记江先奎、县政府代县长保剑等领导陪同下到文屏镇、桃源乡，深入村组，看望贫困老党员，为他们送上防寒棉被和慰问金。

10日，昭通市烟草专卖管理及“两烟”打假打私工作考核检查组到鲁甸，检查考核烟草专卖管理及“两烟”打假打私工作。

10日，县委常委、政法委书记马武荣主持召开县新型工业化领导组办公会，专题研究龙头山八宝银矿开发相关事宜。

11日，龙头山镇召开干部职工大会，总结2008年度工作，部署2009年度工作。会议表彰奖励先进单位和个人，与各村民委员会、相关站所签订2009年度烤烟生产和森林防火责任书。

12日，昭通市文体局副局长余虹为组长的市检查组到鲁甸，在县委常委、宣传部长庄清海，县政府副县长赵萍等陪同下，就全县2008年度文化体育工作目标责任制落实情况检查考核。通过考核。

12日，县城新区建设办公会议召开。

13日，新春佳节到来之际，县委书记江先奎，县委副书记、县政府代理县长保剑，县委副书记吕磊，县委常委、副县长铁朝曙，县委常委、县委办主任王富泰，县委常委、组织部长刘雅芸，县人大常委会副主任马梅等县四套班子领导前往砚池山看望慰问省部级劳模、玉米育种专家张腾霄和部分民营企业。

13日，昭通市委统战部、市民宗局负责人代表市委、市政府到鲁甸，在县委常委、副县长铁朝署，县政协副主席卢敏等领导陪同下，看望慰问民族宗教界人士。

13日，昭通市政府副市长文雅琴率相关部门负责人到鲁甸，在县人大常委会副主任马梅、县政府副县长赵萍等领导陪同下，深入长城建安养殖场和云南理世食品公司调研。

13日，县委书记江先奎，副书记、代县长保剑带领县委、人大、政府、政协四套班子领导，深入云香食品有限公司、理世有限公司和昊龙集团公司看望慰问企业干部员工。

13日，县农业局农业技术推广中心组织文屏镇、桃源乡、茨院乡分管农业的领导、农技干部、村干部、苹果种植大户等200余人在县农业局召开全县苹果冬季管理培训会。邀请昭通市农技推广中心高级农艺师、苹果专家蔡兆翔到会作专题讲座。

13日，县政府副县长赵萍带领县妇联、卫生局领导到文屏、茨院2个乡镇看望慰问贫困孤儿，为每位贫困孤儿送去500元现金。

14日，县委副书记、代县长保剑，县委常委、副县长铁朝曙带领扶贫办、文屏镇等部门领导到文屏镇安阁村14组，看望慰问从渔洞水库淹没区搬迁到文屏镇的4户移民，送去大米、食用油和慰问金。

14日，县委副书记吕磊，县委常委、纪委书记王粟，县委常委、组织部长刘雅云，县政协副主席高永华，分别带领老干局人员到离退休老干部家中慰问，送去慰问金和大米等物资，祝离退休老干部高高兴兴过好年。

14日，县委常委、纪委书记王粟率纪检监察部门负责人深入龙树乡照壁村慰问结对帮扶对象，为15户“穷亲戚”送上大米、食用油和棉被等生活必需品，高高兴兴过好春节。

14日，县委常委、政法委书记马武荣，县政府副县长白长早带领县安监、交通、交警等部门负责人到柳龙公路检查道路交通安全情况，到龙树乡检查春节期间安全生产工作。

14日，县政府副调研员曹继友一行到给排水公司、供电公司开展春节慰问。

14日，县委常委、组织部长刘雅云，县政协副主席高永华一行到江底乡慰问结对帮扶对象，为困难家庭送上大米、食用油和慰问金。

14日，昭通市残联负责人深入桃源等地看望慰问部分贫困残疾人，送去慰问金和新春祝福。

14日，县政协主席保明康带领20多名县政协干部职工走访慰问联系帮扶的茨院街道办移民社区困难群众，送去大米、油和慰问金。

15日，县人大常委会主任雷选忠，县委常委、县委办主任王富泰，县政协副主席、统战部长卢敏带领统战、民宗等部门负责人到拖姑、龙头山等清真寺，慰问看望宗教人士。

15日，县委常委、副县长铁朝曙，县人大常委会副主任马梅一行到沐友芝和马光妹两位百岁老人家，送上春节慰问金和慰问物品。

15日，全县食品安全工作会议召开。

15日，昭通市妇联主席陶天蓉一行在县委常委、组织部长刘雅芸，县政府副县长窦家义的陪同下到江底乡箐脚村，为挂钩扶贫村的返乡女农民工、贫困妇女送去2 000元慰问金，解决村“两委”1 000元工作经费。

15日，县政府副县长赵萍、窦家义，县政协副主席卢敏带领统战部、农开办、妇幼保健院及昆华化工厂负责人，到小寨乡慰问挂钩帮扶的贫困户。

15日，县委常委、政法委书记马武荣，县政府副调研员曹继友到乐红看望慰问挂钩贫困农户。

15日，茨院乡党委政府邀请挂钩茨院的县政协、工会、发改局、经贸委、科技局、中医院6家单位领导座谈，共商挂钩扶贫大计。

15日，昭通市打击违法添加非食用物质和滥用食品添加剂专项整治工作督查组到鲁甸，在县政府副县长赵萍及相关部门负责人陪同下，深入理世实业有限公司和从事食品生产加工的糕点店及超市、餐馆详细检查，了解生产加工情况，对食品添加剂食用进行详细检查。

15日，乐红村至狮子脑6.2千米公路扩建完工，解决乐红村6个村民小组269户1 315人的出行难问题。

16日，县委常委、常务副县长张登敏一行到龙树乡新乐敬老院看望慰问12位孤寡老人，代表县委政府送上1 200元慰问金和12床棉被。同日，还到昊龙、理世、昆华等企业进行慰问。

16日，县委常委、宣传部长庄青海，县政协副主席丁世章率电力、供销、档案等部门负责人到新街乡慰问贫困老党员和结对帮扶对象。

16日，文屏镇党委书记李兴达率镇四套班子领导到岩洞村看望慰问挂钩结对帮扶的3户困难群众。拉开了文屏镇全镇干部职工春节走访慰问困难群众活动序幕。

16日，县委常委、县委办主任王富泰，县政府副县长白长早带领挂钩部门领导到桃源乡进行春节慰问。

16日，县人武部召开党委会，研究贯彻落实两级军区和分区党委全体扩大会议精神。

18日，县政府代县长保剑、县委副书记吕磊、县政府副县长铁朝曙等领导带领县委统战部、民宗局等负责人，到桃源龙头山清真寺、文屏山玄天观等宗教活动场所，代表县四套班子慰问宗教界人士。

18～19日，云南昊龙实业集团召开2008年度工作总结暨表彰大会，昭通市工商局长陈学坤到昊龙集团，作了题为“企业领导成就事业应该具备的综合素质”专题讲座。

19日，县委副书记吕磊，县委常委、政法委书记马武荣一行代表县委、县政府到昭通军分区、市消防支队、市武警支队春节慰问。

19日，县委常委、组织部长刘雅芸一行代表县委政府四套班子领导到昆明看望住昆离退休老干部及部分已逝老同志遗属，召开住昆离退休老同志座谈会。

19日，县人大常委会副主任阮曙光带领县残联负责人深入龙树、水磨看望困难残疾群众，送去每人200元慰问金。

19日，市、县财政局负责人一行深入水磨镇嵩屏村看望慰问挂钩帮扶的困难群众。

19日，茨院乡召开“军烈属、退伍军人及乡佬阿訇春节座谈会”。茨院乡党政领导、村两位负责人、退伍军人、军烈属代表参加座谈。为军烈属、退伍军人及乡佬阿訇发放4 100元春节慰问金。

20日，县委、县政府召开2009年“春节团拜会”。

20日县委七届第36次常委会召开，专题讨论《县委七届七次全会报告》、《政府工作报告》、《地方财政预算报告》、《国民经济和社会发展计划报告》。

20～21日，文屏镇党委、政府联合县安监局、县交警大队等部门在全镇范围内开展安全生产大检查行动。

21日，县委书记江先奎、县人大常委会主任雷选忠，县委副书记、代县长保剑，县政协主席保明康等四套班子领导，到县环卫站、给排水公司、武警中队、昭通市强制戒毒所、县消防大队看望慰问春节期间坚守岗位的工作同志。

21日，县委常委、常务副县长张登敏，县政府副县长赵萍、窦家义，县政协副主席卢敏一行到县中医院、人民医院、林业局、广播电视局等单位，看望慰问坚守一线工作岗位的干部员工。

21日，县爱卫会、卫生局、科技局、建设局等部门联合行动，对县城环境卫生及公众食品卫生进行检查，确保春节期间环境卫生及公众食品卫生安全。

21日，全县2009年狂犬病预防和控制工作视频会议召开。

21日，县委常委、政法委书记马武荣一行到大水塘交警中队、110巡逻大队、行政拘留所和交警大队看望慰问春节期间坚守一线的值班民警。

22日，昭通市红十字会副会长王宏一行在县政府副县长赵萍等陪同下，到江底乡看望慰问麻风病困难村民，送上大米、棉衣，食用油及每人200元现金。

22日，县政府副调研员曹继友率县委办、政府办、民政局、经贸局等部门负责人到文屏鸣楼县城西郊变电站看望慰问坚守工作岗位的变电站工作人员。

22日，县人劳局为全县357名下岗失业人员发放社会养老保险补贴资金，每人1 650元，共发放补贴资金58.9万余元。

23 日，鲁甸供电有限责任公司召开 2008 年行风监督评议暨客户座谈会。

23 日，搬迁到鲁甸的最后一批渔洞库区 9 户淹没区移民乘坐 20 辆车，乔迁到鲁甸过年，受到当地回族同胞的热烈欢迎。

2 月

1 日，中共鲁甸县委七届七次全体会议在电子政务中心三楼会议室召开。县委委员、县委候补委员出席会议。不是县委委员、县委候补委员的县处级领导，县处级离退休老干部代表、县纪委委员、县委巡视组主持工作的副组长，派出纪工委主持工作的副书记、监察分局局长；乡镇党委书记和乡镇长，乡镇纪委书记；县人大、县政协各委室主要负责人；县委各部委办局室、县级国家机关各委办局主要负责人，县直各人民团体、企事业单位和驻鲁单位主要负责人列席会议。会议由县委副书记吕磊主持。县委书记江先奎代表县委常委会作了题为《认清形势完善思路抢抓机遇、努力实现鲁甸富民强县的新跨越》的工作报告。县委副书记、代理县长保剑作了题为《围绕目标真抓实干、全力推动鲁甸经济社会跨越式发展》的书面讲话。会议审议通过《中共鲁甸县委七届七次全体会议决议》。完成各项议程后结束。

1 日，县委、县政府召开“未普九县中央专项投入项目”落实办公会。

2 日，巧家县委书记田荣屏一行到鲁甸，在昭通市农业局副局长浦勇，鲁甸县委常委、常务副县长张登敏，副县长窦家义等陪同下考察生猪生产。参观县长城建安畜牧业分公司，了解公司生产发展、经营模式、经济效益等情况。

2 日，县政协七届常委会第五次会议召开，传达县委七届七次全会精神，对县政协七届二次会议召开作安排部署，讨论审议通过相关议程草案。

2 日，县纪律检查委员会召开第七届三次全体会议。总结 2008 年度工作，全面安排部署 2009 年全县党风廉政建设和反腐败工作，表彰 2008 年党风廉政建设工作先进单位进行，签订 2009 年度《党风廉政建设目标管理责任书》。听取县委常委、县纪委书记王粟作的工作报告。

3 日，全县挂钩扶贫工作联系会召开，专题研究挂钩扶贫事宜。

4 日，昭通市委常委、统战部长周友亮一行在县政协副主席、统战部长卢敏等陪同下，到文屏、桃源、江底等部分清真寺调研。

4 日，县政协主席保明康、县政府副调研员曹继友带领政府办、政协办、国土局等 9 个挂钩部门到乐红乡，就发展经济、促进农民增收等工作进行研究。

4 日，云南省农业大学校长朱有勇带领生物多样性优化种植调研组到鲁甸调研。县政府代理县长保剑、常务副县长张登敏陪同调研。5 日，县委、县政府召开全省生物多样性优化种植高产示范样板建设办公会。

5 日，昭通市扶贫办主任高顺照一行到鲁甸调研 2010 年全省扶贫攻坚现场会筹备情况，县政府代理县长保剑，副县长铁朝曙、窦家义陪同调研。在小寨乡召开座谈会议，决定最少投资 3 000 万元，在小寨乡实施“整乡推进”项目，全面改善小寨乡的基础设施，大力扶持发展特色产业，大幅度提升农民收入，推动小寨乡扶贫工作跨越式发展。

5 日，县委常委、政法委书记马武荣主持召开县城“五大”秩序整治工作会，专题研究 2009 年县城“五大”秩序整治工作。

2 月 6 日，县委副书记吕磊带领县农业、水利及文屏镇等部门负责人到砚池山村，就 2009 年生物多样性优化种植高产示范区建设工作进行调研，要求各部门高度重视，狠抓落实，建出成效。

7 日，县第十四届人大常委会第七次会议召开，21 名委员出席会议。县委常委、组织部长刘雅云，刘易青、王进及县委办、政府办等部门领导列席会议。会议同意批准邓林辞去县人民法院院长、朱云辞去县人民检察院检察长职务，投票任命刘易青为县人民法院代理院长，王进为县人民检察院代理检察长。

8 日，云南省林业厅正厅级巡视员张林冲一行到鲁甸，在县政府副县长窦家义等陪同下，深入龙头山光明村查看林业产业发展情况。

9 日，县人大常委会主任雷选忠、县政府代理县长保剑带领县发改、财政、建设、交通、水利等相关部门负责人实地调研文屏山森林公园开发、公墓和殡仪馆建设相关事宜。

9 日，县委副书记、代县长保剑，县人大常委会主任雷选忠带领县财政、建设、水利等 10 多家部门负责人到小寨乡召开现场会，专题研究小寨乡新集镇建设及发展规划，群策群力打造小寨休闲观光精品旅游小集镇。

9 日，县委副书记吕磊、县委常委宣传部长庄清海、县政府副县长窦家义率县烟办、烟草公司等部门负责人到现代烟草农业示范区小寨项目区，对干渠工程建设进行检查。深入三台坡隧洞视察工程进展情况。

9日，昭通军分区司令员张志华一行在县委副书记吕磊，县委常委、县政府副县长铁朝曙，县委常委、人武部政委路洪元等陪同下到县人武部，调查了解党委班子、干部队伍、国防后备力量、民兵队伍建设等情况。

9日，县财政局组织各乡镇和相关部门对一事一议财政奖补工作进行培训。

9日，云南省烟草专卖局副局长赵全一行在昭通市委政法委副书记李怀祥、市烟草专卖局长吴仕江，县委常委、政法委书记马武荣等陪同下，到鲁甸检查烟草专卖管理及“两烟”打假打私工作。

11日，县公安局在文化广场举行1.01系列盗窃、抢劫耕牛团伙案案件进展情况通报会会，宣告建国以来鲁甸最大的系列盗窃、抢劫耕牛团伙案告破。抓获团伙涉案30余人。

11日，昭通市人大常委会副主任张华贵一行在县人大常委会副主任阮曙光、县政府副县长赵萍等陪同下到乐红乡调研经济社会事业发展情况和计划生育工作。

11日，县政府代理县长保剑、县委副书记吕磊、县政府副县长窦家义带领相关部门负责人到县职业中学调研全省农村劳动力转移就业工作座谈会参观现场筹备情况。

11日晚7点，县委副书记、代理县长保剑，县人大常委会主任雷选忠、县政协主席保明康等四套班子领导到颐华宾馆看望参加政协七届二次会议的政协委员，并介绍了人民法院院长候选人和检察院检察长候选人。

12～15日，县政协七届二次会议在县城文化广场会务中心召开。应到委员165名，实到161名。会议审议通过县政协七届二次会议议程。县委副书记吕磊代表县委、人大、政府向大会召开表示热烈祝贺，县政协七届委员会主席保明康作《政协鲁甸县第七届委员会常务委员会工作报告》、副主席马永升作《七届政协常务委员会提案工作情况报告》；会议列席县第十四届人民代表大会第二次会议；举行界别联组会，5位委员就各自关注的问题作了发言，县委书记江先奎等领导参加会议并讲话。会议圆满完成各项议程闭幕。

12日，宜宾市委宣传部副部长、市精神文明办主任黄德生带领市文化局、文联等部门负责人一行在昭通市委宣传部副部长、市精神文明办主任李岐等领导陪同下，到鲁甸考察精神文明建设等工作。

12日，全县机关作风整顿会议召开。

12日晚7点，县委副书记、代理县长保剑，县委副书记吕磊、县人大常委会主任雷选忠、县政协主席保明康等四套班子领导前往代表驻地，看望参加县第十四届人民代表大会第二次会议代表。

12日，全省抗灾救灾工作总结表彰大会在昆明召开，县委书记江先奎出席会议，被授予“全省抗灾救灾先进个人”称号。

13日，“两会”党员大会在广场会务中心召开，县人大代表、政协委员和列席人员中的全体党员参加会议。

13～16日，县第十四届人民代表大会第二次会议召开。应到代表196名，实到181名。大会审议通过县人民政府代理县长保剑作的政府工作报告和《鲁甸县2008年国民经济和社会发展计划执行情况与2009年国民经济和社会发展计划报告》、《关于鲁甸县2008年地方财政预算执行情况和2009年地方财政预算报告》和县人大常委会工作报告、县人民法院工作报告、县人民检察院工作报告。会议选举保剑为县人民政府县长、刘易青为县人民法院院长，王进为县人民检察院检察长。会议圆满完成各项议程闭幕。

14日，贵州省晴隆县政府县长王林一行到鲁甸，在县委常委、组织部长刘雅云等陪同下，参观游览伊斯兰民族文化风情城、太阳湖、县城文化广场、商业步行街及崇文阁等建设场所，听取城市建设工作情况介绍，对鲁甸城市建设取得的成绩给予充分肯定。

14日，县公安局党委成员带领机关人员借“两会”召开之际，深入代表团分组讨论现场，书面向296名人大代表和政协委员汇报工作并征求意见，共发放征求意见表296份，收回295份，其中满意269份，基本满意23份，满意率达98.6%，提出意见建议201条。

14日，县人力办组织124名返乡农民工在县总工会会议室开展第45期再就业培训。

15日，云南消防总队司令部参谋长崔德俊在昭通支队政委敖风、参谋长刘关能，县委常委、政法委书记马武荣等陪同下，到鲁甸消防大队考察。

16日，全县纪检监察干部综合知识培训班举办，为期4天，主要培训乡镇纪委书记、纪检专干、监察员，县属各单位纪委书记、纪检组长等。

16日，全县新农村工作队总结表彰暨欢送指导员会议召开，省、市、县81名新农村指导员参会。县四套班子领导欢送新农村指导员奔赴农村第一线。

17日，县委书记江先奎、县政府县长保剑带领县四套班子领导和县直有关部门负责人到县职业中学和文屏镇砚池山村长山寨调研全省春耕生产工作现场会暨农村劳动力转移就业工作座谈会参观现场筹备情况。

17日，水磨镇铁厂小流域综合治理项目开工建设。项目位于渔洞水库主径流区龙树河流域的水磨镇铁厂村，工程概算总投资155.83万元，综合治理面积503.18公顷，其中土坎坡改梯7.97公顷，新建蓄水池7口、沉沙池7口、谷坊9座、拦沙坝2座，保土耕作157.64公顷，种植水保林162.53公顷、经果林37.57公顷，封禁治理137.47公顷，总工期60天。完工后，可提高林草覆盖率15.42%，保土2.76万吨，年拦蓄泥沙2.59万吨，年蓄水效益39.9万立方米，年直接经济效益161.34万元。

17日，县委常委、宣传部长庄清海召集文屏、桃源、茨院和县新农办、农业局、林业局、水利局、文明办、扶贫办等部门专题研究文桃片区新农村建设工作。

18日，龙树乡、梭山乡土地开发整理项目通过省级验收。龙树土地开发整理项目于2005年12月开工，2007年5月完工，土地开发总面积39.07公顷，项目总投资60.56万元，项目实施后新增耕地35.67公顷；梭山土地开发整理项目于2005年12月开工，2007年8月完工，土地开发总面积114.17公顷，总投资212.1382万元，项目实施后新增耕地68.50公顷。

19日，昭通市委副书记张登亮、市政府副市长邬永飞带领市级相关部门领导到鲁甸，在县委书记江先奎、县政府县长保剑等陪同下，到文屏镇砚池山村生物多样性优化种植高产示范基地和县职业中学查看基地建设情况，了解全县劳动力培训转移工作。

19日，县人大常委会副主任马梅带领县妇联、总工会及文明办等6家部门到小寨乡大坪村开设农村妇女综合素质培训班，拉开全县7个新农村建设示范点农村妇女综合素质培训序幕。

19日下午5时30分，小寨乡赵家海村发生一起森林火警。县林业局、公安局、小寨乡干部职工和当地群众及时赶到火场扑救。

20日，云南省能源办副主任龙启华一行在县政府副县长窦家义等陪同下到小寨大坪村、文屏鸣楼新村对2009年新增能源农村沼气池项目建设情况进行检查。

21日，2009年全县公安工作会议召开，市政府副市长、市公安局长杨艾东，县政府县长保剑到会并讲话。

23～25日，鲁甸供电有限责任公司2009年工作会议暨二届一次职工代表大会召开，依次审议通过各项会议报告和决议，签订目标考核责任书，表彰先进集体和个人。县政协主席、县新型工业化领导组组长保明康参加会议并讲话。

24日，由县建业有限责任公司主办的第四届七次老年运动会经过20余天激烈角逐，圆满完成羽毛球、地掷球、健步走、象棋等12个项目比赛，在县城会务中心落下帷幕。

24日，理世实业有限责任公司总经理李斌获第一届“云南青年创业省长奖”提名奖。

25日，全县食品安全工作联席会议及打击违法添加非食用物质和滥用食品添加剂专项整治工作会议召开。

25日，全县城市建设暨固定资产投资专题办公会议召开。

25日，国家、省发改委领导到鲁甸调研经济社会发展工作。

26日，县公安局联合县人民银行、工商局在县城文化广场开展防范和打击非法集资、传销、制售假人民币犯罪宣传咨询日活动。

26日，云南省扶贫办小额信贷处副处长邹璐同一行3人到鲁甸，在县委常委、副县长铁朝曙，市、县扶贫办等部门负责人陪同下，到桃源乡拖姑村部分农户家中，对2008年小额信贷发放、资金管理、使用效益等情况进行检查。

27日，昭通市政府副市长邬永飞带领市级和各县区领导到鲁甸，在县委副书记吕磊，县政协主席保明康等领导陪同下，深入文屏镇砚池山村生物多样性优化种植高产示范基地省级样板，查看了解样板基地建设情况。鲁甸2009年生物多样性优化种植高产示范区样板建设主要集中在文屏、桃源、茨院3个乡镇，包括15公顷核心示范区、160公顷展示区和1 333公顷辐射带动区，主要进行玉米套大豆和玉米套马铃薯种植。

27日，全县财税工作会议召开。总结2008年工作，安排部署2009年任务。县委常委、副县长铁朝曙代表县政府与各乡镇、各县直有关部门签订目标责任书。

28日，云南省审计厅罗焰一行到桃源乡对2007年、2008年桃源乡整村推进及新农村建设项目资金等进行审查核实。

3月

1日上午9时左右，县地税系统数据大集中暨《云南地税综合管理信息系统v2.0》软件正式上线运行。

2日，云南省烟草公司副总经理童荣崐一行到鲁甸，在昭通市政府副市长邬永飞、县政府县长保剑等陪同下，对现代烟草农业示范区项目建设和烤烟生产情况进行调研。

2日，县委组织部组织召开“组织系统作风建设年”活动动员会，就开展组织系统作风建设活动进行动员部署。

2日，县政府副县长赵萍带领县发改、教育、林业、建设、国土局等部门负责人到职业中学对学校扩建进行调研。

3日，云南省地税局副局长张美琼、昭通市地税局长罗连杰率省市地税局负责人到鲁甸，在县委常委、副县长铁朝曙，县委常委、纪委书记王粟及县地税局负责人陪同下，深入地税局各科室看望慰问干部职工。

3日，云南省交通运输管理局安全监督处处长邱建林率领由省市专家组成的检查组深入鲁甸，就全县2006～2008年度平安畅通县创建工作进行检查。

3日，县委常委、常务副县长张登敏，县委常委、组织部长刘雅芸，县人大常委会副主任何顺德带领林业、人劳部门负责人深入梭山乡指导春耕生产和扶贫挂钩帮扶等工作。

3日，县公安局在县政府一楼视频会议室召开全县公安机关电视电话会议，安排和部署全县公安机关纪律作风教育整顿活动。

4日，县农村信用合作联社召开2009年度工作会议，表彰先进单位和个人，签订2009年《党风廉政建设目标责任书》和《2009年经营目标责任书》。同日，第一届社员代表第三次会议召开，听取审议并通过联社《2008年理事会工作报告》、《监事会工作报告》、《经营班子工作报告》和《2008年财务收支执行情况及2009年度财务预算方案》。明确2009年及今后一段时期的工作目标和任务。

4日，昭通市扶贫办主任高顺照到新街乡转山包专题研究转山包小学建设事宜，县政府副县长赵萍带领团县委、教育局负责人陪同研究，市扶贫办挂钩帮扶转山包村，争取到香港苗圃行动扶贫资金26万元、市教育局配套资金100万，加上鲁甸相关部门整合的资金，累计140万元左右，计划新建转山包村完小，工程项目由县教育局和团委负责实施，包括建设3层平房教学楼、学生宿舍、学生食堂、学生活动场所和解决学校饮水问题。计划在4月底启动这项工程，至11月前完工。

4日，县公安、消防、工商、文化等部门召开联席会议，对县城公众聚集场所、高层和地下建筑消防安全整治工作进行安排部署。

5日，以云南省扶贫办副主任欧志明为组长的省政府督查组一行到鲁甸，在县委常委、常务副县长张登敏及市、县相关部门负责人陪同下，深入昆华化工厂调研，对鲁甸扩大内需、固定资产投资及重点工业发展运行情况进行督察指导。

5日，县委、县政府召开工业经济发展专题办公会议，安排部署全县完成工业总产值18亿元目标任务。

5日，县农村信用联社组织单位职工开展演讲比赛及文体活动。

5日，是第10个“中国青年志愿者服务日”。团县委集中开展志愿服务统一行动周活动仪式在文屏镇中学举行。邀请县公安、司法的法律专家为文屏镇中学师生开展禁毒防艾法制宣传教育讲座。

6日，全县农业农村暨基层党建专题办公会召开。

6日，全县2009年度春季学期教育行政工作会召开。

6日，全县2009年综治维稳宣传启动仪式召开。

6日，全县卫生工作会召开，对卫生工作目标责任考核先进乡镇进行奖励，签订卫生工作与艾滋病防治目标责任书。

3月6日，全县2008年市级新农村示范点、省级村容村貌整治示范点项目通过昭通市新农村建设验收组检查验收。2008年全县共实施新农村示范点建设76个，其中扶贫“整村推进”项目示范点32个，省级“村容村貌整治工程”项目示范点3个，县级重点建设的示范点5个，乡级重点建设示范点7个，项目整合的一般示范点建设29个。全年全县新农村示范点建设投入资金2 713万元，其中整合项目资金1 545万元，群众自筹资金1 168万元。检查组一行在相关部门领导陪同下，深入小寨，桃源，江底等乡镇查看试点基础设施、道路硬化、村容村貌整治、公共事业、村庄治理等情况和听取县领导工作汇报后，对取得的成绩充分肯定，顺利通过检查验收。

7日，县政府副县长窦家义、县政协副主席高永华率政研室、司法、工商、妇联等部门负责人深入江底乡开展挂钩帮扶工作。

7日，昭通市扶贫办主任高顺照一行在县委书记江先奎、县长保剑等陪同下，到龙头山镇和小寨乡调查研究扶贫开发工作。

8日，云南省档案局长黄凤平一行在昭通市档案局长易正春，县委常委、宣传部长庄清海，县政协副主席丁世章等陪同下，到县档案局、检察院、人事局对档案工作检查指导。

8日，县妇女联合会、总工会女工委员会联合在县城文化广场组织开展庆“三八”系列趣味运动会。各乡镇妇联、机关妇委会、女工委近千名妇女参会。

9日，云南省政府副省长孔垂柱率省直相关部门负责人，在昭通市委书记夜礼斌，县委书记江先奎等市、县领导陪同下到小寨乡了解经济社会发展情况，查看现代烟草示农业示范项目小寨干渠建设情况和小寨樱桃园发展情况及实施“整乡推进”试点项目建设情况。10日，孔副省长一行到文屏镇砚池山村长山寨的生物多样性优化种植高稳产种植示范样板区调研。随后，到县职业中学了解农村劳动力转移就业培训情况。

9日，昭通市2009年第二期沼气生产工培训开班典礼在鲁甸举行，昭阳区、大关县、巧家县等6县区210多名学员参加为期5天的培训，考试合格后，获得劳动技能鉴定部门颁发的技术资格证书。

9～10日，昭通市“两室”工作评估验收组到县一中、一小和茨院中学，采取听、查、看、访等形式，对3校的“两室”用房、实验仪器和图书配置、管理和使用等方面进行检查评估。通过评估，县一中、一小实验室和图书室、茨院中学实验室通过市级评估验收。

9～10日，县政府副县长白长早带领县交通局负责人到梭山乡调研农村公路建设。

10日，参加全省春耕生产现场会的云南省水利厅厅长周运龙一行在昭通市水利局长尹贵友，县委常委、常务副县长张登敏等陪同下，视察施工中的桃源水库、砚池山水库及茨院乡人饮工程。

12日，县二小和文屏镇中心校邀请县司法、教育部门相关负责人在文屏镇中心校操场上举行“法律知识进校园”—法制教育知识宣传讲座，2 000多名小学生增加了法律知识，增强了法制观念。

12日，桃源乡召开输电线路协调会，南方电网公司负责人潘旭东、桃源片区施工队队长、国土所、各村支书及有关领导20余人参加会议。桃源输电线路经过全乡5个村，从昭通永丰到宣威多乐，500千伏，西电东送工程项目。

12日，第29个植树节，水磨镇党委政府牵头，镇团委、机关党支部、学校共同组织全镇干部职工、部分中小学学生、新农村工作队队员、周边群众180余人沿铁厂村径流区河堤两岸种植杨柳，用实际行动改善生态环境。

12日，县委、县政府召开全县“两基”工作电视电话会议。

13日，县人大常委会主任雷选忠率检察院、财政、交通、乡企等联系挂钩水磨镇的10家单位部门到水磨镇开展挂钩帮扶工作。

13日，鲁甸供电公司举办消防知识培训和火灾应急演练活动。

13日，县政府副县长赵萍、县政协副主席丁世章带领挂钩小寨的建设局、农开办、烟办、妇幼保健院4家单位负责人到小寨检查指导工作。

13～14日，国家发改委稽察特派员陶学新率稽查组一行深入鲁甸稽查石漠化治理试点工程。实地查看火德红乡机车村船边小组、江底乡江底村四道沟小组等石漠化治理试点工作情况，听取工作情况汇报，对石漠化治理工作提出6点要求。

15日，县工商局、县消费者协会组织相关行政执法部门、消费者协会会员单位、部分工商企业在县文化广场举办以“消费与发展”为主题的“3·15”大型宣传活动。县政法委、司法局、公安局、交警大队、消防大队、食药局、盐务办、卫生局、城管、烟草专卖、昊龙、移动、联通、电信、阳光电器、海欧电器、恒泰、全友家私、吴斌摩托车行、鹏云摩托车行、李兴涛摩托车行、望江铃木、跃马广告等35个部门参加活动。现场设立咨询服务台，立展板简介、图片、消法知识宣传，展示假冒伪劣商品120多个种类。

15日，全县农村工作暨党建工作会议召开。县长保剑代表县政府与各乡镇和相关部门签订2009年农业农村工作目标责任书，组织部长刘雅云代表县委和各乡镇和相关部门党委签订2009年党建工作目标责任书。与会人员参观文屏镇砚池山村生物多样性优化种植高产示范基地和茨院乡肉牛及仔猪养殖示范基地，实地查看基地建设情况，听取情况介绍。

15日（农历2月19日），是观音菩萨诞辰日，玄天观举行传统庙会慈航会，上万名信教群众到玄天观还愿祈福，祈祷风调雨顺、国泰民安。

16日，县综治维稳成员单位县计生局组织相关工作人员在县城街心花园开展宣传活动。

16日，全县扩大内需暨投资工作会议召开。

16日，全县农村基层干部学习十七届三中全会精神培训会召开。

16日，四川省攀枝花市委副书记张刿率市委、人大、政府、政协四套班子领导及发改、交通等部门负责人组成党政考察团到鲁甸，在昭通市人大常委会常务副主任罗惠安、市政府副市长於永和、市政协副主席陈麟及县人大常委会主任雷选忠等领导和相关部门负责人陪同下，参观县城文化广场、太阳湖等景点，就城镇化建设工作进行专题考察。

16日，在全市商务暨招商引资工作总结会议上，鲁甸获2008年度招商引资一等奖。

17日，昭通市妇联主席陶天蓉一行在县妇联、小寨乡党委政府领导陪同下，看望慰问部分贫困妇女代表，送去慰问金。

17日县委七届第37次常委会召开，专题研究人事问题。

17日云南省检察院反贪局副局长庞述怀在昭通市检察院副检察长吴世文陪同下到鲁甸检查指导工作。

17日，昭通市烟办主任陈守荣一行到鲁甸检查烟叶生产、现代烟草农业示范区建设工作。

18日，四川省珙县副县长罗国书率财政、建设、城管等相关部门负责人组成考察团到鲁甸，在县委常委、常务副县长张登敏及相关部门负责人陪同下，参观伊斯兰风情园、太阳湖、文化广场和崇文阁等景点，听取工作情况介绍后，就城镇化建设工作进行专题考察。

18日，县政协主席保明康，县委常委、县政府副县长铁朝署，县人大常委会副主任马梅带领县农业、水利、教育、扶贫、财政等部门负责人深入乐红调研农业农村工作。

18日，县公安局举办“相约三月·牵手和谐”演讲比赛。局机关和派出所9名选手参赛。

19日，昭通市红十字会常务副会长施华艳一行到鲁甸，在县政府副县长赵萍等陪同下深入文屏、茨院、小寨、龙头山等乡镇，就鲁甸实施红十字会项目建设情况进行检查。

19日，县委常委、县委办主任王富泰，县人大常委会副主任阮曙光带领县委办、国税局、环保局等6个挂钩部门人员到火德红乡，在对全乡经济、社会各项工作进行调研。

19日，火德红乡在鹊落村青山组举办13.3公顷玉米核心示范样板种植现场会，乡党委政府领导、农业局技术人员、新农村工作队员、鹊落村“两委”领导、16个村民小组长及鹊落村青山村民100余参加现场会。

19日，云南省人事厅调研组到鲁甸调研人事制度改革工作。

20日，全县家电下乡启动仪式在县城小广场举行。县政府副调研员曹继友主持启动仪式，昭通市商务局长程永和，县委常委、常务副县长、县家电下乡领导小组组长张登敏及家电下乡推广工作领导小组成员单位领导和家电中标企业代表参加启动仪式。

20日，全县2009年安全生产工作会议召开。表彰2008年安全生产先进单位，签订2009年安全生产工作目标责任书。

20日，云南省人口和计划生育委员会副主任李善荣带领省计生委调研组，在昭通市计生委主任龙波等陪同下到鲁甸调研人口和计划生育工作。县政府副县长赵萍等陪同调研组到县计生局、计生服务站看望慰问计生工作人员，了解计生服务开展情况。

20～22日，县卫生局对县城食品生产经营业、餐饮业、公共场所经营单位负责人、从业人员800余人进行法律法规及卫生知识培训。对2008年获食品A级的县幼儿园食堂、南燕餐馆、伍伊园、艳萍仓储超市、理世实业公司，获得A级的茗苑茶楼、理世兰坊歌城和获B级的相关食品加工经营企业进行表彰和授牌。

20～23日，由县委宣传部、科技、文化、卫生、计生、司法等22家部门组成的“五下乡”文艺演出慰问团，深入7个乡镇开展文化、科技、卫生、法律、家电“五下乡”集中宣传示范活动。活动展出科技宣传板27张，挂图125幅，发放科技资料2 000余份，解答科技咨询500余人，受益群众和学生10 000余人。

21日，茨院乡第二届人大二次会议圆满完成各项议程闭幕。会议通过《政府工作报告》、《财政预决算报告》、《人大主席团工作报告》，与会代表提出涉及村级基础设施建设、加快新农村建设等方面意见、建议29条。

22日，县信鸽协会成立。昭通市信鸽协会副秘书长杨海涛、市信鸽协会总管张建参加成立仪式，选举胡宗祥为县信鸽协会首任会长。

22日是第17个世界水日，22～28日是第22届中国水周。当天，县水利局水政监察大队在小广场举行主题为“落实科学发展观，节约保护水资源”的宣传活动。向市民发放宣传资料3 000多份。

23日，鲁甸交通规费征稽所被云南省总工会授予“云南省工人先锋号”称号，授牌仪式在交通规费征稽所举行。云南省征费局局长赵学聪和昭通市总工会常务副主席晏祥莉、县委副书记吕磊到会授牌、颁奖。

23日，全县2009年民政暨老龄工作会议召开。县公安局和水磨镇就如何做好民政老龄工作交流发言，县委常委、副县长铁朝曙代表县政府与各乡镇和相关部门签订2009年民政老龄工作目标责任书，会议表彰奖励2008年先进集体和个人。

23日，残疾人事业彩票公益金助学项目鲁甸发放仪式在教育局举行。助学项目受益残疾学生共30人，寄宿制学生10人，每人875元；非寄宿制学生20人，每人375元。

23日，县计生服务站工作人员带着医疗器材深入茨院田合村免费为独生子女进行常规检查。

23日，县书法家协会、文屏镇中心校联合举办“走进书艺”文化活动，专题讲授书法文化知识。

24日“世界防治结核病日”，县卫生局疾控中心在县城小广场开展“控制结核、人人有责—关注农民工、共享健康”为主题的宣传活动。发放宣传资料15 000余份，咨询1 000余人。

24日，茨院乡党委政府、乡综治维稳中心牵头，县司法局、食品药品监督管理局、抗震减灾局、公安交警、消防大队、茨院乡平安创建办、普法依法治理办等10多个站所部门利用茨院乡集镇赶集天，开展综治维稳宣传月大型宣传咨询服务活动，受到普遍欢迎。

24日，县十四届人大常委会召开第八次会议。审议通过县人大常委会2009年工作要点。

24日，县政协召开机关作风建设动员会议。

24日，全县庆祝改革开放30周年老年人文艺调演开幕。全县各老年艺术团、各乡镇艺术团参加调演。活动由县委、政府主办，县老龄委、老体协、文体局和文屏镇承办，县江山建筑公司、长城建安有限公司、建业有限责任公司、云香食品有限公司、鸣爆器材有限责任公司协办。得到昆明风情国际旅游集团有限公司、中国农业银行鲁甸县支行、鲁甸农村信用联社、云南广电网络鲁甸支公司等单位的赞助和帮助。节目以小品、歌舞、体操等形式，艺术在现鲁甸改革开放30年取得的丰硕成果，为新中国成立60周年献一份厚礼。

24日，市县植保站、农开办3家单位组织200多名村干部在龙头山镇光明和沙坝村召开花椒保健栽培技术培训会。

25日，在“5・12”地震灾害中受损的猫鼻子水库、小海子水库、南筐水库3个震损水库维修工程通过县财政局、第三纪工委、审计局、发改局和水利局等5部门组成的验收组验收。

25日，县安监局、公安交警大队、消防大队在县城小广场联合开展综治维稳宣传月宣传咨询服务活动，发放宣传资料2 000多份，接受群众咨询近200人次。

25日，县总工会召开第六次代表大会。听取和审议《县总工会第六届委员会工作报告》《财务工作报告》《经审工作报告》，选举产生新一届工会领导班子。昭通市总工会常务副主席晏祥莉、县四套班子领导和100多名工会代表参加会议。

25日，县农村人力资源办组成劳务考察组到福建省泉州市惠安县进行劳务考察和劳务合作洽谈。对泉州远宏实业有限公司、龙豪服饰有限公司、安盈轻工有限公司、金科服饰有限公司等14家用工企业进行考察和劳务洽谈；30日，到广州东莞，对龙华胜鞋业有限公司、旭日玩具厂、台升家具厂等7家用工企业进行考察和洽谈劳务合作事宜。通过10天的用工市场考察和劳务洽谈，县农村人力资源开发办与用工厂家签订劳务合作协议，开发近2万个用工岗位,解决了全县劳务输出特别是返乡农民工再就业岗位短缺的困难。

25~27日,云南省政府督学、省教育督导团办公室副主任吕志雄,省政府督学、省两基专家李晓南一行在市、县领导陪同下,深入文屏、桃源、茨院、龙头山、龙树、水磨,对全县的两基攻坚进行督查和指导。

26日,共青团鲁甸县委第十三届代表大会召开。听取和审议《团委工作报告》,选举产生新一届团委领导班子。县四套班子领导和100多名共青团代表在电子政务中心会议室参加会议。

26日,县公安局在交警大队召开道路交通安全管理会议。县公安局党委成员及12个派出所所长、局机关部门负责人、交警大队民警50余人参加会议。

26日,昆明医学院附二院纪委书记鲁彪在县委常委、纪委书记王粟,县人大常委会副主任王天鹏陪同下到挂钩帮扶的龙树乡,就医疗卫生和挂钩帮扶情况调研。

26日,昭通市政府安全生产检查组到鲁甸检查安全工作。

27日,全县第九次妇女代表大会召开。听取和审议通过有关报告,选举产生新一届县妇女联合会领导。昭通市妇联主席陶天蓉,县委常委、组织部长刘雅云到会指导。大关、永善等县区发来贺电。

27日,渔洞水库10多位移民把一面书有"人民政府造福人民"的锦旗和一封感谢信送到县政府办,感谢县委政府为移民做的工作。

27日,小寨乡大坪村板梨园村组新集镇建设破土动工。

27日晚,县委政府主办,县委政法委、县委宣传部、县文体局、广电局协办的主题为"平安鲁甸、和谐鲁甸、文化鲁甸"综治维稳演讲比赛在文化广场会务中心举行,县教育、文化、卫生、电力、政法系统的10名选手参赛。昭通市政法委副书记周维彬、县四套班子领导和部分市民到场聆听演讲。

28日,鲁甸华联超市举行开业庆典,县四套班子领导参加庆典并为超市剪彩。华联属于全国连锁的日用品经销企业,2008年8月在全市招商工作会议上鲁甸与浙江台州商人签订招商引资项目,总投资1 600万元,经营面积1 600余平方米,经营项目涉及日用品、家电、服装等一万多个品种。华联超市已定为国家商务部"万村千乡市场工程"鲁甸物资配送中心。

28日,昭通市蛋鸡标准化养殖改造验收组到鲁甸,对鹏程禽业有限公司标准化改造进行检查验收,一致同意验收。文屏镇境内的鹏程禽业有限公司是县域内规模最大的蛋鸡养殖场,常年存栏蛋鸡2万只,年产鲜蛋50多吨。

28日,县政府副县长赵萍带领县教育、国土、建设等部门负责人到梭山黑石小学、梭山中学调研,专题研究黑石小学选址和梭山中学建设相关事宜。

29日,江底乡坡脚村农网改造工程启动实施。将解决17个村民小组699户3 001口人用电问题。

30日,县第一中学召开大会,对初一年级196班的杨忠权、赵闯两名学生公开表彰。27日晚上9点左右,杨、赵两人在原电影院路口夜宵摊处发现路旁有一些百元现钞丢在路边,共计5 700多元。为了尽快找到失主,两人拨通110报警电话,文屏派出所民警赶到现场,杨、赵把捡到的5 700多元现金交到民警手中。

30日,全县行政机关阳光政府四项制度动员部署视频会议召开。

30日,龙头山镇党委政府在翠屏村召开规格化间套样板现场会,邀请县农业局高级农艺师和春耕生产技术指导服务人员到地块操作示范、现场指导农民群众玉米间套种植。县农业局、畜牧局、广电局主要领导及龙头山镇11个村党总支书记、村主任和村民小组长及当地群众300多人参加现场会。

31日,县委七届第38次常委会召开,专题研究全县学习实践科学发展观活动启动事宜。

31日,全县2009年食品药品监督管理工作视频会议召开。

31日,县城"五大秩序整顿组"在小广场开展加强和规范县城交通秩序管理的宣传服务活动。

31日,昭通市深入学习实践科学发展观指导组长、市教育局党委书记王树跃一行到鲁甸,就教育系统深入学习实践科学发展观活动进行专项调研。

31日,县老年大学第四期电脑培训班开学,各老年协会70位老年人参训。

4月

1日,全县深入学习实践科学发展观活动动员大会召开,全面启动第二批深入学习实践科学发展观活动。市委检查指导组成员到会指导,县四套班子领导、各参学单位负责人、县深入学习实践科学发展观活动领导小组、指导检查组全体人员240多人参加会议。

1日，县委、县政府召开新闻发布会，就举办2009年樱桃文化旅游节相关工作情况和筹备情况，向参加会议的人民网、云南日报、春城晚报、云南经济日报、昭通电视台、昭通日报、昭通人民广播电台及县内10多家新闻媒体介绍。

1日，县财政局召开深入学习实践科学发展观动员会。

1日，全县84个清真寺教长、管理人员、阿訇和穆斯林同胞400余人在岩洞清真寺举行第三届古兰经诵读竞赛。经层层推荐、选拔，有18名选手参加竞赛，获得本次竞赛一、二等奖的3名选手将代表鲁甸参加在昆明举行的全省古兰经诵读比赛。

1日，县委副书记吕磊、县政府副县长窦家义带领县水利、烟办、国土等部门负责人到小寨和龙头山，就现代烟草农业干渠工程延伸段农业灌溉用水工作进行调研。

2日，国家财政部检查组到鲁甸检查核实李家龙潭、燕麦地、秧田冲3座病险水库除险加固工程中中央资金拨付和使用情况及工程建设进展、工程完工后所能发挥的效益等情况。检查组先期暗访秧田冲水库工程后，到水利局查看相关财务账簿。国家财政部向3座病除水库除险加固工程资金总计900万元，工程于2008年10月开工建设。

2日，鲁甸供电公司召开2009年纪检监察审计工作会议。

2日，县国税局、地税局联合在县城小广场举行以“税收·发展·民生”为主题的税收宣传咨询活动。发放宣传资料3 500余份，接受群众咨询近200人次。

2日，昭通市污染源普查工作检查验收组到鲁甸检查验收污染源普查工作，全县普查登记对象983家，其中工业污染源56家，生活污染源110家，集中式污染治理设施1家，农业污染源816家。通过验收。

2～3日，县政府县长保剑，副县长白长早、窦家义率县委政策研究室、政府办、扶贫办、财政、教育、农业、林业、交通、水利、计生、国土、建设、畜牧、监察等部门负责人组成综合调研组，深入火德红、江底两乡就乡镇贯彻落实县委七届七次全会、县十四届人大二次会议等一系列会议精神情况；农业农村、计生、乡镇新集镇建设等项重点工作、下步发展思路等开展综合调研。

3日，《中华人民共和国住房公积金管理条例》颁布实施十周年之际，鲁甸住房公积金管理中心全体工作人员走上街头，宣传、讲解住房公积金政策，发放宣传资料3 000多份。

3日，县工商、文化、广电等部门联合行动，重拳出击，整顿网络文化市场，依法取缔桃源一家黑网吧，有效净化网络文化市场。

3日，文屏镇砚池山村3个组的10多名村民代表把“农业开发利国利民，饮水思源干群一家”和“情系百姓，路通成家”两面锦旗送到县农开办，感谢党的好干部、好政策。

3日，县政协机关、县委组织部、县公安局、县委政法委分别召开深入学习实践科学发展观活动动员大会。

3日，全县造林绿化工作通过云南省造林绿化检查组检查验收。全县市级样板林合格率100%，县级样板林合格率100%，义务植树合格率100%，林产业合格率94.5%，天然林保护工程合格率98.6%，退耕还林合格率95.8%。

5日，茨院乡邀请玉米种植专家为沿闸村、板板房村群众现场传授玉米栽种知识。

6日，县委办公室、县政府办公室、文体局、民政局、县妇联、团县委召开深入学习实践科学发展观活动动员大会。

7日是第59个世界卫生日。县卫生局、食品药品监督管理局、科技局、教育局、妇联等爱卫会成员单位人员走上街头，开展声势浩大的卫生宣传咨询服务活动。向群众发放宣传单1.2万余份，挂图2 600余份，接受群众咨询20余人次，为10余位老人免费体检。

7日，文屏镇安阁村箐口村民小组历时两个月修建的管引工程正式竣工，属“一事一议”项目，共集资40余万元，2月动工修建。解决5 000余群众和700余名在校生饮水问题。

7日，县政协牵头组织伊斯兰协会、彝族协会、苗族协会、布依族协会30人组成考察慰问团到广东省东莞市龙华胜鞋业有限公司看望慰问鲁甸400余名务工农民工。

7日，全县农村能源沼气建设工作视频会议召开。

7日，小寨乡召开深入学习实践科学发展观活动动员大会。

7日，昭通市经贸委党委副书记董兴平到鲁甸调研工业经济。

8日，县委书记江先奎、县委常委、县委办主任王富泰一行到鸭子塘工业园区、云香公司、兴煜公司调研。

8日，昭通市政府督查组到鲁甸检查烤烟育苗工作。

8日，水磨镇组织人员对集镇集贸市场、学校周边食品药品批发、销售点进行专项执法检查，查出无证零售食品药品5家，依法收缴过期食品、“三无”产品100件、药品20余盒。

8日，县教育局、老干局、供销社、工商局、畜牧兽医局、农业局、卫生系统分别召开深入学习实践科学发展观活动动员大会。

8日，桃源回族乡第十二届人民代表大会第二次会议召开。全乡机关、基层干部、教育、卫生、宗教界和广大农村的64名人民代表及乡直各站所的50名列席人员参加大会。

8日，县委常委、宣传部长庄清海带领党建办、新农办、妇联、蚕桑办等部门领导到江底乡调研。

8日，小寨乡党委政府在小寨村团结新农村召开整乡推进现场技术培训会，小寨乡整乡推进实施方案完成并通过省级评审。项目覆盖全乡107个村民小组，计划总投资6 100万元，分两年实施：第一年实施巧威公路沿线及大坪村大寨村民小组，计划投资3 800万元；其余为第二年实施，计划投资2 300万元。实施内容包括产业发展、基础设施、社会事业、生态能源建设、科技培训与推广和农村基层组织建设。

9日，县政府召开农业银行金融运行分析办公会议。

9日，县交通局、司法局、方志办分别召开深入学习实践科学发展观活动动员大会。

9日，县残联五届二次工作暨联络员培训会议召开。昭通市残联秘书长徐明、县人大常委会副主任阮曙光、县政协副主席丁世章等领导到会指导。

9日，昭通市财政局副局长吉涛一行深入水磨镇挂钩帮扶。

9日，县教育局、团县委、文明办、文屏镇党委政府联合在县城文化广场举行“两基”攻坚动员大会暨捐赠图书仪式。文屏镇全体干部职工、村两委成员，县高级职业中学，县一中、二中、一小、二小、文屏镇中学、中心校部分教职工、学生2 000多人向文屏镇“两基办”捐赠图书。

9日，县交通局召开机关作风建设第一阶段总结暨实施阳光政府动员部署会议。

9日，县档案局专家组对县职业技术高级中学档案管理工作进行达标考评验收。达到三星级标准。

9日，县茨院乡农民工夜校试点培训班开班。县委副书记吕磊、县人大常委会副主任王天鹏，县人力资源办、县妇联、县工会、人劳局、农业局等部门负责人出席开班仪式。

9日，国家民政部处长董克林一行到鲁甸调研城市开发建设工作。

9～10日，云南省水利厅防汛检查组、昭通市防汛交叉检查组一行9人到鲁甸开展汛前防洪安全大检查。检查组一行到小寨河、大岩脚水库和砚池山水库施工现场检查。

10日，县人大机关、纪检监察机关、地税局分别召开学习实践科学发展观动员大会。

10日，茨院乡农村新型妇女夜校培训班开学。近200人参训，培训由县总工会牵头，县妇联、共青团和农村人力资源办参与的新农村建设示范点农村妇女培训活动，主要以基本法律法规、劳动技能、文明礼仪、家庭教育、卫生保健等知识培训为重点。

10日，县政协召开文史资料委员会委员作者座谈会。

10日，小寨乡党委政府邀请农业局春耕生产工作指导组深入梨园村羊草坡召开玉米样板建设现场培训会。

10～11日，昭通市政府粮食清仓查库领导组一行7人到鲁甸，在县委常委、常务副县长张登敏等陪同下，对县储备粮和商品粮库存进行普查，深入龙树、新街、水磨、火德红、大水井5个乡镇粮点和县城东郊仓库对粮食库存数量进行普查。

12日，县农业局种子管理站组织技术干部深入文屏镇安阁村办事处开展2009年杂交玉米新品种试验、示范工作。

12日，县文联召开一届三次全委会。

13日，昭通市委副书记张登亮、市政府副市长邬永飞率市扶贫、农业、水利、国土、交通等市直部门负责人深入鲁甸，就2010年3月全省扶贫开发工作现场会鲁甸参观点筹备工作进行专项调研。

13日，县国税局、蓝剑保安公司、广播电视局、发展和改革局分别召开深入学习实践科学发展观动员会。

13 日，县政府副县长窦家义带领县农业局人员到龙树乡、水磨镇调研粮食生产情况，检查粮食示范样板建设情况。

14 日，县委、县政府召开樱桃文化旅游节专题办公会。

14 日，县供销社、人力办在茨院乡联合举办农产品经纪人职业资格培训班，100 多农民群众参训。

14 日，县农业局农机管理中心利用赶集天，在火德红乡宣传鲁甸 100 万元国家购机补贴政策，农民购买农业机械可减免 30% 资金。农机人员从微耕机结构、工作原理、生产环境、保养维修、操作驾驶等方面向农民作了讲解，发放宣传资料 1 500 余份，光碟 70 片。

14 日，云南省动物卫生监督所所长宋学林一行在昭通市动物卫生监督所负责人、县委副书记吕磊，县委常委、县委宣传部长庄青海，县政府副县长窦家义等陪同下，调研动物卫生监督工作。

14 日，县政协组织委员视察水利工程，深入李家龙潭、砚池山等病险水库除险加固现场和土主寺河段治理项目施工现场视察，了解工程施工情况。

14 日，全县民政工作会议召开。

15 日，县爱卫会成员单位人员在县城开展环境卫生大检查行动。

15 日，中华慈善总会负责人、国家民政部组成考察团到鲁甸考察城市建设开发和社会福利工作。在县委常委、副县长铁朝曙和民政部门领导陪同下，参观文化广场、太阳湖等城市基础设施建设，实地查看即将修建的中心敬老院建设项目选址，听取民政部门情况介绍后，认为敬老院选址科学合理，规划到位。

15 日，云南省农业厅副厅长孙海清到鲁甸，深入文屏镇长山寨云南省玉米套种马铃薯、大豆示范区，查看了解示范区春耕生产情况。

15 日，国家发改委石漠化工程总监陈秀分一行到鲁甸，深入石漠化治理项目区江底乡水塘村检查。

15 日，云南省档案局副局长张文芝在昭通市档案局长易正春等领导陪同下到鲁甸，调研档案管理工作。县委常委、副县长铁朝曙陪同到县档案局、文化广场、太阳湖和小寨月亮湾查看了解档案管理、城市建设和人文景观打造等方面情况。

15 日，昭通市委学习实践科学发展观活动指导检查组第一组组长王树跃带领全组人员到鲁甸，在县委常委、组长部长刘雅芸等陪同下到小寨，就乡镇学习实践活动工作开展情况全面检查指导。

16 日，全县 2009 年人大议案、政协提案交办会召开。

16 日，县纪委副书记、监察局长吴琪礼到燕麦地水库除险加固工程施工现场督查。燕麦地水库属昭阳区大山包乡老树林村，水库集水面积 15.6 平方千米，库容 263.6 万立方米。除险加固工程概算总投资 1 263 万元，其中中央补助 300 万元，省级配套 100 万元，市级配套 345.2 万元，县级配套 517.8 万元，主要是对大坝进行除险加固，新建输水隧洞及溢洪道。

16 日，县城特色小吃饮食城举行开市仪式。

17 日，县委常委、副县长铁朝曙，县政协副主席高永华带领扶贫办、农业、水利局等部门负责人深入小寨、龙头山实地查看全省扶贫参观点和小寨乡“整乡推进”工作开展情况。

17 日，“林湖山庄”开业。山庄位于桃源乡铁家湾村，县四套班子领导为山庄开业揭牌。山庄占地 6.3 公顷，投资 280 万元，以长山林场作屏障，依山傍水建设，设娱乐、住宿、特色风味小吃等功能区。

18 日至 5 月 8 日，举办“希望的田野·2009 鲁甸樱桃文化旅游节”。18 日隆重开幕，在文化广场举行大型文艺晚会。云南省环保厅副厅长杨志强，昭通市人大常委会主任陈林章，市委常委、市政府常务副市长张纪华，市人大常委会副主任连卫民，市政协副主席李志平、张毅敏等领导参加开幕式。省内外友好来宾、各县区和市直有关领导及全县干部群众 1 万余人现场观看演出。

19 日，昭通市商务招商部门在鲁甸举办学习实践科学发展观活动座谈会。市招商局长程永和、县委副书记吕磊参会。

19 日，昭通市委组织部副部长季顺江一行在县委常委、组织部长刘雅芸等陪同下深入小寨大坪村，就深入落实科学发展观开展情况进行调研。

20 日，昭通市教育督察组到鲁甸检查督导“两基”攻坚工作。

20 日，云南省水利厅在建水利基建工程监督检查组一行 4 人在市县水利局领导陪同下到砚池山、秧田冲水库除险加固工程施工现场督查。全县列入国家投资除险加固修复的小（一）型病险水库包括桃源、砚池山、李家龙潭、秧田冲、燕麦地 5 座，概算总投资 3 876 万元，其中中央补助 1 856 万元，省级配套524万元，当地配套1 496万元。桃源水库工程于2008年12月底全面完工，其他4座水库工程自2008年10月25日开工建设，已完成投资2 835万元，完成总工程量的73%。

20日，全县有线电视数字化整体转换工作动员会召开。

20日，全县村级财务委托代理服务动员会召开。

21日，昭通市人大代表视察组一行在市人大常委会副主任张华贵等带领下，深入新街、龙树、水磨3乡镇，专题视察《渔洞水库保护条列》贯彻执行情况。

21日，昭通市广电局副局长李晓平一行到小寨乡调研农村数字电视实施工程。

22日，全县深化集体林权制定改革县级验收工作会议召开。

22日，全县人口和计划生育工作推进视频会召开。

22日，全县"两基"攻坚工作推进会召开。

23日，县政府副调研员曹继友带领县发改、经贸、安监等部门负责人组成检查组深入各电站厂房、大坝和施工现场，开展保安全生产、抓防汛措施落实工作大检查。

23日，湖心园餐馆隆重开业。占地面积1 500平方米，具有伊斯兰风味，每天接待200多人。

24日，团县委全面完成"共青团县县上网"工程对接工作，并开通"共青团县县上网工程"门户网站。

24日，全县举办学习实践科学发展观专题讲座，聘请昭通市委党校调研员李朝清教授作专题讲座，县委副书记吕磊主持，县四套班子领导、县直78家参学单位正科级领干部及企业负责人参加学习。

24日，县委、县政府在桃源乡大水塘村召开2009年烤烟移栽现场会。县四套班子领导、县直相关部门、各种烟乡镇、烟叶收购站点负责人、桃源乡部分烟农参加现场会。

25日，县作家协会在县教育局会议室召开一届二次全体会议，云南省作家协会副主席、昭通市文联主席、市作协主席、第三届鲁迅文学奖得主夏天敏，市文联秘书长沈洋、市作协副主席刘平勇老师，县委常委、宣传部长庄青海等领导出席会议并讲话，县作协领导班子和会员30余人参会。

25日，云南省人民检察院副检察长李波一行5人在昭通市人民检察院检察长施建邦等领导陪同下到鲁甸，在县委副书记吕磊，县委常委、政法委书记马武荣等陪同下深入县人民检察院部分科室查看办公条件，了解科室工作情况。

25日，云南省新闻出版局人教处处长骆科才一行到鲁甸，在市、县文化局负责人陪同下，到茨院街道办事处、文屏镇砚池新村对农家书屋建设情况进行检查，充分肯定农家书屋建设工作。

25日，文屏镇召开十二届人民代表大会第二次会议。

25日，县农业局开展深入学习实践科学发展观活动专题讲座，邀请昭通市委党校教授陶永强讲课，农业系统全体干部职工听取讲座。同日，县畜牧兽医局举办学习实践科学发展观专题讲座，局领导班子、中层干部及全体党员近30人参加学习。

26日，昭通市举办学习实践科学发展观知识专题讲座，聘请云南省委党校常务副校长黄顺作《科学发展观是应对金融危机的试金石》的主题报告，县委书记江先奎、县政府县长保剑等领导、及78家参学单位党员、科学发展观办公室全体人员在鲁甸分会场听取专题知识讲座。

26日，全县2009年以工代赈项目嘟噜河上游片区小型基础设施建设项目在文屏镇砚池山、安阁两个自然村实施，工程概算总投资410万元，新建三面光沟渠7千米、四级砂石路6千米、便桥1座、涵洞19个，治理河堤4千米。工程1月13日启动，4月26日完工，完成投资410万元，完成土石方开挖7 750立方米，回填土石方46 400立方米，支砌石方12 300立方米，抹面勾缝、压顶12 600平方米，新增灌溉面积107公顷，保护农田533公顷，4 501人受益。

26～27日，昆明医学院第二附属医院党委副书记鲁彪一行到扶贫挂点龙树乡开展扶贫工作。为当地群众送医送药，发放价值4 000多元的28种常用药品。向龙树乡卫生院和挂钩帮扶的塘房村卫生院捐赠一批床、被等物品，改善当地的医疗卫生条件。27日，鲁彪一行在县政府副县长赵萍陪同下，带着印有"共建平安新龙树，卫生消防同为民"锦旗到县公安消防大队，与消防大队携手共建平安新龙树。

27日，县卫生局按照《昭通市卫生系统廉政勤政宣誓活动》和《昭通市卫生系统2009年度党风廉政建设工作意见》通知，组织全局党员干部职工宣誓。

27日，县委常委、纪委书记王粟，县人大常委会副主任王天鹏、县法院院长刘易清带领县医院、民政局负责人到龙树乡挂钩扶贫。

28日，首届昭通十大名菜评选活动圆满结束，鲁甸乌蒙烤全羊被评选为昭通十大名菜之一。

28日，2009年“平安鲁甸联创工作”会议召开。

28日，全县参学单位450余名实职正副科级党员领导干部进行学习实践科学发展观活动闭卷考试。

28日，水磨镇召开全镇两基攻坚动员大会。

28日，县委常委、宣传部长庄青海一行深入水磨镇调研农业产业结构调整。

28日，电信分公司率先在鲁甸开通CDMA2000制式的3G网络，原来电信133、153、189用户，只需更换3G手机后，即可使用原来手机号码享受无线宽带、手机影视、音乐全曲下载及视频通话等服务，在电信信号覆盖区内，所有电脑安装3G无线上网卡后均可无线上网。

28日，县工商联第四届三次执委扩大会议召开。

29日，由文屏镇中学主办的第四届八次老年运动会经过20天的激烈角逐，圆满完成羽毛球、地掷球、健步走、象棋等12个项目比赛在县城会务中心落下帷幕。

29日，县委副书记吕磊，县委常委、副县长铁朝曙，副县长王文生带领县地税、教育局等11个部门负责人深入龙头山镇挂钩扶贫。

29日，由中央和地方共同投资105万元兴建的龙头山镇营盘村小流域综合治理项目通过县级验收。

29日，云南省城市建设投资有限公司董事长许雷一行5人到鲁甸，与县委政府领导就投资开发相关事宜进行磋商，达成意向性合作共识。

30日，县政协主席、县新型工业领导组组长保明康，县委常委、政法委书记马武荣，县人大常委会副主任王天鹏、县政府副县长白长早及相关部门负责人到龙头山，就八宝银矿发展进行研究。

30日，全县2009年烟草专卖管理及“两烟”打假打私工作会议召开。会后，现场销毁包括金沙江等30个品牌、共计389件价值40余万元的假冒香烟。

30日，全县禁毒工作会议召开。

5月

4日，县委理论中心学习组开展学习实践科学发展观专题学习。

5日，县政协召开学习实践科学发展观分析评议动员会。

5日，县纪检监察机关召开学习实践科学发展观第一阶段总结暨转段工作会议。

5日，昭通市委政法委副书记保卫东一行在县委常委、政法委书记马武荣等陪同下，深入桃源乡大水塘村，与乡村干部共商发展大计。

5日，云南省烟草公司专卖处李伟一行到鲁甸调研烟草专卖工作。

5日，鲁甸邀请自主创业相关专家免费为300余名大学生、下岗职工、退伍军人开展为期一周的科技、技能培训，为符合条件的待业青年发放5万元贴息贷款。

5～6日，县广电局组织相关技术人员到小寨、龙头山、江底、火德红等乡镇开展云南广播电视村村通卫星电视直播培训会。

6日，县委书记江先奎、县长保剑带领农业、林业、水利等部门负责人深入江底、桃源、文屏等乡镇对烤烟连片种植、片区产业开发、新农村建设、文屏山森林公园开发等工作进行实地调研。

6日，昭通市供销社主任陈玉莹一行到鲁甸，就县供销合作社改革与发展和综合服务社、专业合作社、产业协会等“两社一会”发展建设工作进行综合调研。

6日，县卫生局召开深入学习实践科学发展观第二阶段转段工作会议。

6日，云南省商务厅、昭通市商务局调研组到鲁甸，在县政府副调研员曹继友陪同下，调研全县生猪储备和生猪屠宰场建设情况。

7日，昭通市政府副市长韩梅带领市计生、卫生部门领导到鲁甸，在县委书记江先奎、县长保剑等领导陪同下，到县医院和乐红乡、龙头山镇，了解县乡村三级医疗体系建设情况，调研人口与计划生育和卫生工作。

7日，县公安局召开全县社会治安整治行动动员大会，县局党委成员、局机关全体民警及12个派出所所长100余人参加会议。

7日，龙头山镇召开“两基”攻坚工作推进会议。

7日，县卫生局召集县直各医疗卫生机构、乡镇卫生院部分医护人员进行甲型H1N1流感医疗救治培训。

7日，瑞鑫页岩砖厂建成投产，属招商引资项目，位于茨院乡，总投资300多万元，每天生产8万匹砖，年产值600～800万元。县工业发展领导组长、政协主席保明康，县委常委、副县长铁朝曙和县发改、招商、广电等部门负责人及近邻群众参加点火仪式。

7日，县委常委、组织部长刘雅芸及县委学习实践科学发展观活动第一指导检查组一行到理世实业有限公司开展调研活动。

7日，云南省委新农村建设指导员工作调研组在省委农办政治建设处处长李莉带领下，在昭通市委组织部副部长、市委新农队主任铁云峰、副主任吕亚漶及县委常委、组织部长刘雅芸等领导陪同下，到茨院乡调研。。

7日，县政府副县长白长早带领县环保局、农业局等部门负责人到昆华化工厂召开现场办公会议，专题研究污水泄漏事故相关事宜。

8日，昭通市政协主席熊启怀一行到鲁甸，在县委书记江先奎、县长保剑及相关部门领导陪同下，深入小寨乡梨园、大坪等村组挂钩扶贫点调研。

8日，昭通市委、市政府督查组欧文智副主任一行到鲁甸督查中低产田地改造工作。

8日，县消防中队成立授牌仪式在消防大队营区内举行。昭通市公安局常务副局长刘俊、市消防支队副支队长尹老树出席仪式并为中队揭牌。

8日，全县第六期职工医疗互助活动工作会议召开。

8～9日，全县基层综治维稳工作骨干人员培训会议召开，昭通市基层综治维稳骨干培训授课团到县培训，各乡镇、各村基层综治维稳干部及县政法委、公安局、检察院、法院、司法局和信访局领导干部180余人参加培训。市委政法委常务副书记周维斌、副书记李怀祥等领导到会指导。

11日，全县社会事业发展专题会议召开。

11日，全县冬早马铃薯测产现场会在龙头山镇召开，县农业局、龙头山镇、小寨乡、理世食品有限责任公司人员，村组干部群众近100人到会。通过现场实收测产，鲜薯公顷产在3万千克以上。

11日，全县召开防治甲型H1N1流感病紧急工作会议。

12日，贵州六盘水市10多位涉农部门主要领导在副市长杨明达带领下到鲁甸，县人大常委会主任雷选忠、县政府副县长窦家义陪同到理世实业有限责任公司考察土豆深加工产业。

12日，小寨乡整乡推进誓师大会暨培训工作会议召开。

12日，县普法办牵头，县司法、民政、国土、地震等部门联合在县城文化广场开展主题为“纪念汶川地震一周年防灾减灾”全国首个“防灾减灾日”宣传活动。活动展出地震知识展板20块，发放“5·12”地震宣传图画10套500张，防震避震小册子、地震知识100问和《中华人民共和国防灾减灾法》2 000份，地震小报纸5 000份，地质灾害发生前兆120份，地质灾害防治要领120份，地质灾害防治小册子120份。

12日，全县第二次全国土地调查(农村部分)外业调查验收会在县国土资源局会议室举行。听取工作情况汇报后，云南省第二次全国土地调查外业成果省级验收专家组组长、省国土资源厅规划处副处长钟西林作评估讲话，省第二次全国土地调查办公室高级工程师李和忠宣读《鲁甸县第二次全国土地调查(农村部分)外业调查成果省级验收意见》。

12日，桃源回族乡召开2009年“两基”攻坚工作全面推进会，350多人参加会议。

12～13日，县委书记江先奎、县长保剑带领县四套班子领导和相关部门负责人沿牛栏江到梭山、乐红、龙头山3个乡镇，对黄角树、天花板电站建设及宏鑫选厂建设、生产工作进行调研。

13日，全县干部教育培训会召开。

14日，全县2009年妇幼卫生暨地方病防治工作会议在县卫生局召开。

14日，全县农村公路管理养护体制改革办公会议召开。

14日，县工商、公安、烟草专卖联合执法，按照云南省“两烟”打假打私工作领导小组关于开展“风暴十号”专项行动的要求，在县城街道逐一对烟草销售商铺进行突击检查。

14日，全县党员领导干部学习普通话第一期培训活动开班仪式在县总工会会议室举行，全县正科级领导干部130余人参加开班仪式。

14日，全县2009年妇幼卫生暨地方病防治工作会议召开。

14日，昭通市烟草产业办主任陈守荣一行到龙头山镇调研小改密烤房建设情况。

14～15日，部分人大代表和政协委员到梭山、水磨视察“两基”工作。

15日，云南省委、省政府督查组谭建云一行到鲁甸，在县委副书记吕磊，县政府副县长窦家义陪同下到文屏、茨院、小寨等乡镇，对全县中低产田地改造工作进行调研。

15日，县委七届第39次常委会议召开，专题研究组织、纪检、人武、工业经济等相关工作。

15日，鲁甸与云南城投“两污”工程建设合作洽谈会召开。

15日晚，县人民医院举办5月节日系列文艺晚会，表彰在学习实践科学发展观演讲比赛活动、业务技能比赛活动中的优秀医务工作者，表演丰富多彩的文艺节目。

16日，云南省交通运输厅副厅长杨延一行在昭通市相关领导、县人民政府县长保剑等陪同下，调研客运站建设和鲁甸到江底县乡公路建设情况。

16日晚，鲁甸本土音乐人马坤个人古筝独奏音乐会在广场会务中心举行，为鲁甸首次举办的个人音乐会。

17日，云南省审计厅纪检组长罗廷才一行到鲁甸，对县审计局精神文明创建工作检查指导。

17日，县残联在县城开展第十九个全国助残日主题宣传活动。宣传《义务教育法》、《残疾人保障法》和《残疾人教育条例》等法律法规。

17日，乐红乡卫生院医护人员到对竹村中心卫生室，免费为参加新农合的群众义诊。为患者测血压、打B超、做血检，进行用药咨询。义诊分外科、内科、五官科、妇科、儿科、化验科6个专科，共义诊患者300多人。

17日是中国电信日，鲁甸移动分公司以现场办理业务、抽奖等活动形式推出中国移动3G业务和手机下乡活动。

18日晚，全县纪念“五四”运动90周年、建团87周年大会暨文艺演出在县城文化广场会务中心举行。晚会由团县委、教育局、文体局主办。会议举行新团员宣誓，表彰五四红旗团委、五四红旗团支部、优秀青年志愿者、优秀团干部和优秀团员。

18日，文屏镇组织全镇干部职工学习《紧急行动—防控甲型H1N1流感》课件，及时组织5个农村党员干部现代远程教育播放点群众收看，提高甲型H1N1流感防控能力。

18日，云南省农业大学教授、全省知名果树专家武绍波一行到鲁甸，深入文屏、桃源等乡镇调研水果、蔬菜产业。

18日，昭通市人大常委会副主任陈绍余率市人大法工委、市政府法制办、司法局等相关部门负责人组成视察组深入鲁甸，专项视察“五五”普法和“三五”依法治县工作。并到司法局、小寨乡、昊龙集团公司、工商行政管理局等“五五”普法和“三五”依法治县相关成员单位了解“五五”普法和“三五”依法治县相关工作。

18～19日，昭通市政协调研组深入鲁甸，就非公企业受全球金融危机的影响情况进行调研。

18日至6月8日，县委常委、纪委书记王粟赴北京参加全国县级纪委书记培训班学习。

19日，县委在会务中心举行“一面旗、一团火、一盘棋”学习实践科学发展观主题演讲比赛，县政府、检察院2名副处级干部和县委办、政府办等部门15名正科级干部参加演讲比赛。县四套班子领导、参学单位正副科级党员领导干部和部分职工200余人观看比赛。经过紧张角逐，县妇联主席张纪平获一等奖，县委宣传部副部长罗发洪、团县委书记雷旭分获二等奖，县水利局长周明卉、县教育局长马长伦、县委组织部副部长李雪川分获三等奖。

19日，县委副书记吕磊、县政府副县长窦家义率烟办、水利、交通、审计、监察等部门负责人，对昭通市现代烟草农业示范区鲁甸片区项目工程实地检查验收。通过县级检查验收。项目工程概算总投资4 255.97万元，其中烟草行业投入资金3 113.11万元，地方政府及烟农投劳折资1 142.86万元。涉及茨院、小寨、龙头山3乡镇，项目区有耕地面积6 793公顷。2008年5月开工，到2009年3月竣工通水。25～26日，通过昭通市级检查验收。

19日，昭通市供电局负责人一行到鲁甸，就鲁甸电网建设改造及鲁甸供电用电情况进行调研。县委、县政府召开电网建设推进会。

19日，龙树至新街公路改造通过云南省政府项目评审中心评审。属国家“农村乡乡通公里改造工程”项目，总投资1 273万元，其中国家投资509.2万元，省、市、县配套763.8万元，改造公路15千米，按84万元/千米建成四级路面，解决7个村1 260户48 762人出行难问题。工程计划2010年底建设完工。

19日，县科技局、公安局、农业局等22个县直部门和长城建安生猪健康养殖协会、茨院肉牛养殖协会、砚池新村水果协会120人在县城文化广场开展主题为“携手建设创新型国家”科技活动周宣传活动。展出科技展板110块，发放技术资料17 600份、技术手册7 450余册、新一代旱地农750包，展示农用机械6台，为群众解答技术疑难问题1 457人次。

19日，县公安交警大队在县城小广场开展安全宣传月活动。

19日，县公安局出入境管理科民警联合县民宗局对将前往沙特阿拉伯朝觐的25名回族进行出入境相关知识培训。

20日，全县“两基攻坚”推进会第二次视频会议召开。

20日，龙头山镇召开整村推进誓师大会。

20日，县委、县政府领导江先奎、保剑、王富泰深入昊龙、云香、鸭子塘工业园区调研企业生产经营情况。

20日，昭通市2009年宗教人士培训班暨文明宗教活动场所现场交流会在桃源乡龙头山清真寺举行，全市11个县区170余名宗教界代表人士参会，还到文屏清真寺、桃源龙头山清真寺市级文明宗教活动场所参观学习，交流文明宗教活动场所管理经验和体会。

20日，小寨至铁厂公路改造通过云南省政府项目评审中心评审。属国家“农村乡乡通公路改造工程”项目，总投资2 508万元，其中国家投资1 003.2万元，省、市、县配套1 504.8万元，改造公路31千米，按81.91万元/千米建成四级路面，解决11个村2 463户65 847人的出行难问题。工程计划2010年底建设完工。

20日，新街乡转山包苗圃希望小学动工修建。占地2 152平方米，教学楼建筑面积343平方米，香港苗圃行动资助26万元，县政府配套解决14.4286万元。将解决200余名儿童上学难问题。

20日，全县教师、学生在第二十四届云南省青少年科技创新大赛上荣获4项省级奖、95项市级奖。其中省级二等奖2项，三等奖2项；市级一等奖3项、二等奖6项、三等奖45项、鼓励奖37项；优秀教师2名、优秀组织单位1个、教师论文1项。

21日，县城湖滨小区建设举行开工典礼，县委书记江先奎、县长保剑等四套班子领导、县直相关部门及建筑公司等部门负责人出席奠基典礼仪式。

21日，昭通市现代烟草农业示范区鲁甸片区小寨乡赵家海白草坪至龙头乡山光明延伸工程项目规划建设相关事宜会议召开。延伸工程全长32千米，包括灌沟、道路、水池、管网等建设内容。项目概算投资7 178.7万元，其中烟草补贴资金5 000万元。项目建成后，可解决3 200公顷农田灌溉用水及2.2万人饮水和交通出行问题。

21日，县消防大队举办创建“零火灾”乡镇、单位培训大会，各乡镇、社区、村及县直有关单位主要领导参加培训会。还组织全体培训人员进行灭油盆火灾实地演练。

21~30日，县委组织考察参观团到杭州“学习浙江民营经济”，县委、人大、政府、政协领导带队，县直有关部门领导、乡镇党委书记60余人参加赴浙江、江苏、上海实地学习考察，

22日，县委书记江先奎，县委副书记、县长保剑带领县人大常委会副主任马梅、县政协副主席丁世章等到县一中、二中、一小、二小调研两基攻坚工作。

23日，昭通市委副书记、市长王敏正带领市人大常委会副主任张华贵、市政府副市长邬永飞、市政协副主席赵洪乖、市政府秘书长余扬举及渔洞水库水资源保护委员会相关成员单位负责人，在县委书记江先奎、县长保剑等陪同下，到水磨、龙树、新街等乡镇对各乡镇贯彻落实《渔洞水库水资源保护条例》情况进行专题调研。并参加渔洞水库水资源保护委员会第六次会议。

25日，县政府副县长白长早召集县交通局、牛栏江公司负责人专题研究鲁甸至天生桥公路改造，保障天花板电站建设大件运输。

25日，昭通市委、市政府邀请经济学博士、博士生导师、云南大学经济学院院长施本植到昭通开展科技形势报告会。县四套班子领导、相关部门负责人到场聆听报告。

26日，县招生考试工作委员会召开2009年招生考试工作会议。

26日，全县预防道路交通事故领导组联席会议召开。

26日，云南省政府百日调研督查第23组到昆华化工厂调研。

26日，云南省委组织部部务委员、巡视员罗志明率省委组织部组织一处调研员、副处长李兴荣，昭通市委常委、组织部长李勇，副部长铁云峰一行到鲁甸调研农村党员干部现代远程教育工作。在县委书记江先奎、县长保剑，县委常委、常务副县长

张登敏等陪同下，深入文屏镇民富社区和联合村远程教育播放站点查看，与村（社区）负责人座谈，全县完成县委组织部远教办及12个乡镇终端接收站、2个社区、17个村共32个利用电信宽带模式接收点建设工作，并通过省、市的检查验收。

26日，团县委带领昭通市新世纪眼镜连锁企业走进县一中、二中等学校，为950名近视学生“擦亮眼睛”，免费发放价值80元的配镜卡。其中鲁甸一中280人、二中280人、文屏镇中学250人、职中140人。有300名教师得到每人价值150元的优惠卷。

26日，云南省扶贫办副主任欧志明一行到鲁甸，在县委书记江先奎、县长保剑等陪同下到龙头山镇和小寨乡“整乡推进”项目覆盖村组，对“整乡推进”工作检查指导。

27日，县政府副县长白长早带领县农业局、环保局负责人和茨院乡主要领导到昆华化工厂召开现场办公会议，专题研究昆华化工厂污水泄漏事故相关事宜。

28日是农历五月初五端午节，水磨镇的苗族群众欢聚一堂，载歌载舞，欢度节日。

31日，县幼儿园举行庆“六一”文艺演出活动，桃源中心校在学校举行《心中的红领巾永远红》庆“六·一”系列活动。

31日，云南省公安厅监管总队调研员王云川、昭通市公安局监管支队科长付大国到鲁甸县，检查指导县公安局监管场所。

6月

1日，火德红乡中心校举行庆祝“六·一”儿童活动。江底乡坡脚小学举行庆祝“六一”儿童节活动。昭通市政府副市长、妇儿工委主任文雅芹，市妇联主席陶天蓉一行，在县委常委、组织部长刘雅芸及妇联、教育等部门负责人陪同下到江底乡大白路小学，代表市委市政府慰问这里的教师和学生，与全校师生一起欢度“六一”儿童节。

1日，县政府县长保剑、副县长窦家义率相关部门负责人在茨院乡党委、政府负责人陪同下深入板板房、沿闸村，调研农业农村工作。

1日，公安部党委派驻第一督导组专员王刚、主任王忠强和云南省公安厅警务督察总队调研员张柏青一行在昭通市公安局副局长荣林、纪委书记王鸿等陪同下，到鲁甸检查指导维护社会政治稳定工作。

1日，全县城镇居民基本医疗保险工作会议召开。

2日，云南省安监局副处长赵永欣一行到鲁甸，在县政府副县长白长早陪同下检查尾矿库安全生产工作。

2日，县工商联办公楼竣工通过验收。

2日，县法院举办“党的事业在心中、人民利益在心中、宪法法律在心中”的“三心”演讲比赛活动。

3日，县政府县长保剑带领副县长赵萍、窦家义及政府办、教育、财政等部门负责人深入新街、龙树两乡镇，就农业农村、普九、人口和计生等工作进行调研。

3日，全县“向国旗敬礼，做一个有道德的人”网上签名寄语活动启动仪式在县二小学校举行。

3日，昭通市经贸委副主任冯涛一行在县政府副调研员曹继友的陪同下到鸭子塘工业园区调研。

4日，全县公安机关打击“两抢一盗”专项行动动员部署视频会议召开，从5月31日至10月31日在全县开展为期5个月以打击“两抢一盗”犯罪为重点的专项行动。

4日，全县2007年度中央财政小型农田水利建设项目通过市级验收。2006年鲁甸被国家财政部和水利部表彰为全国“农田水利建设先进县”后，中央以奖代补补助100万元。项目在龙头山镇龙泉和营盘两个村实施，累计完成防渗衬灌渠9.1千米、取水坝2座、取水闸2座、渠系建筑28座、穿村渠道砼盖板1.7千米，新增灌溉面积60公顷，改善灌溉面积103公顷，15个村1 010户4 420人受益。

4日，昭通市国土局、环保局、渔洞水库管理局等部门领导，在县政府副县长白长早陪同下到水磨镇，调研金亿源公司磁选铁项目建设进展情况。

4日，全县首届大学生村官座谈会召开。全县首批选聘到村任职的15名大学生“村官”参会。

4～5日，昭通市政协副主席赵洪乖一行到鲁甸，在县政府副县长窦家义陪同下调研畜牧业和马铃薯产业化进程。

5日，县委常委、宣传部长庄青海带领鲁甸文化界知名人士和摄影专家到梭山乡黑石溶洞采风。

5日，昭通市委常委、宣传部长陆琴雯一行在县委副书记吕磊，县委常委、宣传部长庄清海等领导的陪同下，到新街、水磨两乡镇就文化建设、村民思想解放、解决民生、扶贫工作、新农村建设、计划生育、社会事业等方面调研。

5日是第38个世界环境日。县环保局“纪念世界环境日主题环保宣传活动”在县城街心花园举行。联合国环境规划署确定的主题为“你的星球需要你,联合起来应对气候变化”,中国的环境日主题是“减少污染,大家行动起来”。发放宣传资料、手册2 000余份。

5日,文屏镇邀请县中医院医生为全镇新型农村合作医疗参合对象免费体检,用实际行动缓解农村群众看病难、看病贵等问题。

5日,县政府副县长白长早带领县建设局、科技局等部门负责人到小寨乡调研“整乡推进”挂钩扶贫工作。

5日,全县信访联席工作会议召开。

6日,县招生考试委员会召开会议,安排部署高考工作。全县参加高考考生1 090名,设鲁一中一个考点38个考场。

6日,县二小“雏鹰教学楼”竣工投入使用,总投资380万元,建筑面积3 760平方米,设教学班35个,教师休息室5个,卫生间10个,可容纳学生2 000余名。

6~8日,第十七届昆交会,鲁甸参展团设4个展位,推出昊龙实业有限公司、理世实业有限公司两家大型民营企业参加,昊龙公司展示各种矿产资源样品,理世公司对噜咪啦系列产品进行展销,现场销售金额达5.15万元。通过发放《招商指南》、《招商引资项目册》、《鲁甸宣传画册》等宣传资料;积极主动与广大客商就蔬菜基地建设、花椒精深加工等项目进行广泛接触和洽谈,初步达成合作投资意向6 000余万元;在省级生物资源项目签约仪式上,与湖南长沙同鑫农产品开发有限公司签订了投资0.22亿元的《鲁甸县油菜基地建设及精深加工项目》协议;在昭通市人民政府招商项目签约仪式上,与云南省城市建设投资有限公司签订6.5亿元的《鲁甸县镁、银多金属资源综合开发利用项目》协议,3.5亿元的《鲁甸县城配套工程综合开发利用项目》,与广东湛江盛林房地产开发有限公司签订3亿元的《鲁甸太阳湖综合开发项目》等4个协议,协议总投资13.22亿元。其中《鲁甸县太阳湖综合开发项目》被列入省级重点项目在第五届泛珠三角会签约仪式上签约。期间,云南省人大常委会党组副书记、常务副主任晏友琼在昭通市政府副市长於永和、市政协副主席李志平陪同下到鲁甸展区视察工作,昭通市委副书记、市长王敏正率市直相关部门负责人到鲁甸展区视察。

8日,昭通市团市委副书记陈艳一行到鲁甸,调研培养民族宗教青年干部工作。

9日,北京达沃斯巅峰规划设计院专家调研组一行,在昭通市旅游局长饶祥碧等陪同下深入鲁甸,县委常委、宣传部长庄清海陪同,就旅游资源状况和文化旅游产业发展情况进行调研。

9日,全县食品工作联席会议召开。

9日,县委召开黄角树电站稳定开发专题会议。

9日,全县2009年护理工作规范化培训开训。县直医疗机构和乡镇卫生院近100名护士参加为期3天的规范化培训。

10日,县交通局、交警大队、客运分公司等部门联合对全县客运车主和驾驶员开展从业人员安全生产教育培训,提升客运从业人员的安全生产意识。

10日,县民政局召集各乡镇民政干部,对社会救助工作业务进行再学习、再研究,进一步提高民政工作者开展社会救助工作的能力和水平,确保社会救助工作公开、公平、公正。

10日,县委副书记吕磊、县政府副县长窦家义率农业、水利、文屏镇等部门负责人查看调水和小秧栽插情况。

11日,昭通市政府副市长韩梅一行在市教育局长平锦和县委副书记吕磊等陪同下,到茨院、小寨乡中小学,县一中、二中,县二小和县职业中学开展教育工作专题调研。

11日,团县委在理世实业有限责任公司举行“青年就业创业见习基地”授牌仪式,理世公司成为首批全国“青年就业创业见习基地”。

11~12日,昭通市纪委监察部门检查组到鲁甸,在县委常委、纪委书记王粟,县委常委、县政府常务副县长张登敏等陪同下,到文屏、茨院、小寨等乡镇,查看廉租房建设、农村人畜饮水、农村沼气池建设,就中央扩大内需促进经济增长的政策落实情况进行为期两天的检查。

12~13日,昭通市委综治维稳政绩考核督查组到鲁甸检查综治维稳工作。

12~13日,云南省老年事业发展基金会副理事长兼秘书长凌华清一行在昭通市老龄委领导陪同下到鲁甸检查指导扶“五老”解“两难”老龄工作。

12~15日,县政府副县长赵萍带领县旅游局负责人一行到昆明、丽江招聘樱桃文化旅游开发有限责任公司导游人员。

14日，云南农业大学校长朱有勇、省农业厅副厅长汤克仁带领农业专家在昭通市政府副市长邬永飞、县政府县长保剑等陪同下，深入文屏镇长山寨云南省玉米套种马铃薯（大豆）示范区调研。

14～16日，昭通市计生委副主任张瑞平带领市人口和计划生育工作检查组一行到茨院、小寨等乡镇进行检查指导。16日下午听取全县2009年度上半年人口和计划生育工作情况汇报。

15日，县委召开学习实践科学发展观活动专题民主生活会。

15日，昭通市公安局副局长荣林一行到鲁甸检查指导公安工作。

15日，全县农村沼气建设项目建设启动会召开。全县12个乡镇分管农业的副乡镇长、农技站长和农业局技术人员40多人参会。

16日，县委书记江先奎、县长保剑率四套班子领导到县城新区查看湖滨小区建设情况。湖滨小区占地20余公顷，道路长3 150米，河道长2 950米，基础设施建设总投资4 200余万元。整体规划设计以山为灵、以水为魂，因地制宜，尊重历史和现实，建筑物风格统一，街道布局平行穿插，河道平行于街道并贯通为一体，全面集中打造“小桥流水、青瓦白墙、湖光山色”的江南水乡风格，是鲁甸城市建设二次创业的重要内容，是展示县城魅力的一个新亮点。

16日，县长保剑主持召开县十四届人民政府党组学习实践科学发展观活动专题民主生活会。

16日，县委组织部召开学习实践科学发展观领导班子专题民主生活会。

17日，云南省国土资源厅副厅长杜筑华一行到鲁甸，在县委书记江先奎、县长保剑等陪同下，就开展“保增长保红线”行动工作情况进行专项检查。

17日，大理州老体协牵头组成的考察团一行9人到鲁甸，在昭通市老体协主席蒋鼎文，县委常委、副县长铁朝曙，县委常委、组织部长刘雅芸，县人大常委会副主任马梅及县民政局、老体协等部门负责人陪同下到拖姑清真寺、县城文化广场、老年活动中心和太阳湖，对县城建设、旅游开发和老年工作进行考察。

17日，县城电子监控系统安装结束入使用，县政府投资390万元新建。

17日，县政协党组举行学习实践科学发展观专题民主生活会。

17日，县妇联联合相关部门在县职中对全县各乡镇212名15～24岁的校外青少年和外来务工人员进行禁毒和艾滋病防治知识培训。

17～18日，县委副书记吕磊带领县委政研室、水利局负责人一行到江底乡、火德红乡，县委常委、纪委书记王粟带领相关部门负责人到龙树乡、新街乡，县政府副县长窦家义带领检查组深入到茨院、桃源检查农业农村工作。

18日，云南省农业厅副厅长王天喜一行到鲁甸，在县委书记江先奎等陪同下，深入文屏镇砚池山村长山寨生物多样性优化种植高稳产种植示范样板区和县职业中学及理世食品厂，就生物多样性优化种植、高稳产种植示范样板区和劳动力输出及农产品加工进行调研。

18日，县政协主席保明康和部分政协委员视察社会综治及平安创建工作。

18日，县委常委、组织部长刘雅芸一行深入龙头山镇营盘、乐红官寨、江底水塘等村，对基层党组织建设工作全面调研督查。

18日，云南省推广丘北经验工作督导检查考核组到鲁甸检查推广丘北经验工作。

18～19日，县委常委、宣传部长庄清海，县政府副县长赵萍率教育、卫生等部门负责人深入水磨、龙头山、梭山、乐红等乡镇中小学及卫生院调研两基攻坚、医疗卫生等工作。

19日，江底乡石漠化综合治理水利工程全部完工。工程总投资94万元，分别在江底乡江底、水塘、洗羊塘3个村实施；新建200立方米蓄水池15口，100立方米蓄水池3口，30立方米小水窖55口；拦砂坝2座，谷坊3座。解决220人和200头牲畜的饮水困难，改善灌溉面积13公顷。

19日，全县廉政警示教育暨招投标工作会议召开。

19日，云南省烟叶基础设施检查验收小组到鲁甸，在县政府副县长窦家义陪同下，就2008年度烟叶基础设施建设工作情况进行专项检查指导。2008年，全县完成烟水工程98件，其中沟渠3件，田间配套工程95件，建成机耕路4条，总长42.75千米，片区项目覆盖2个乡4个村107个组5 226户烟农，受益基本烟田近1 667公顷，总投资4 000多万元。

19日，县第四届第九次老年人运动会圆满完成各项议程顺利闭幕。由县经贸局主办，开展12个比赛项目，下次运动会由县粮食局承办。

19日，云南省公安厅反恐处处长王学勤一行到鲁甸检查指导反恐工作。

19日，省级媒体《云南画报》派出强大采访团深入鲁甸，对伊斯兰风情旅游景点进行采访报道。

20日，云南省外事办离退休老干部健康疗养团一行到鲁甸观光旅游。疗养团一行到县城文化广场、太阳湖、崇文阁、小寨月亮湾等地观光旅游。

21日，云南省林业厅副厅长王德祥一行到鲁甸，调研林业产业发展情况。

21日，县委政法委牵头，禁毒委组织以“依法禁毒、创建平安、构建和谐”为主题的禁毒文艺宣传活动在江底乡政府驻地拉开序幕。

21日，县农技中心、植保站技术干部、文屏镇农技人员组织200多群众在长山寨召开马铃薯晚疫病与玉米病虫害防治现场会。

23日，县委常委、常务副县长张登敏，县委常委、宣传部长庄清海带领发改、教育、卫生等部门负责人到县医院、县一中、镇中、茨院中学、江底小学检查社会事业、固定资产投资建设情况。

23日，全市地方税务局精神文明建设现场会在鲁甸地税局召开，市地税局及县区地税局相关人员参加会议。

23日，云南省扶贫办巡视员郑清宽、昭通市扶贫办主任高顺照一行到鲁甸，在县委副书记吕磊，县委常委、县政府副县长铁朝曙及扶贫部门负责人陪同下，到龙头山、小寨和县职业技术学校查看青椒种植基地、整乡推进项目实施情况和农民工实用技术培训情况。就整乡推进工作进行指导。

23日，县政法委、公安局、检察院、司法局、老体协到桃源乡开展禁毒宣传、艾滋病防治、道路交通安全等宣传活动。县老年文艺团举行禁毒防艾宣传文艺演出，共发放毒品宣传资料1 200余份，道路交通安全知识手册850份、艾滋病预防资料500余份、安全套1 000只、避孕药300盒。

23日，县文体局联合县委宣传部、公安局、司法局、工商局等有关单位对县城网吧、歌舞娱乐、电玩游戏经营业主进行“创建平安文化市场”培训。22名经营户参加培训。

23～25日，县人大常委会组织部分县人大代表到文屏、茨院、龙树、水磨、小寨、龙头山等乡镇，就粮食生产和农村小额信贷发放情况进行视察。

24日，昭通市人力资源开发办主任刘国权一行到县职业中学检查劳动力培训工作。

24日，全县2009年第一期副科级干部培训班开班，县直各部门及乡镇150名副科级干部参加培训。邀请昭通市委宣讲团成员、市委党校陶永强讲师作题为《紧密结合实际，深入理解科学发展观》的专题讲座。

25日，桃源乡召集全乡清真寺阿訇、乡佬100余人召开宗教界人士座谈会，县统战部、民宗局、伊协、乡党委政府领导和宗教人士共商“禁毒防艾”大计。

25日，县委组织部组织召开全县基层组织建设工作座谈会。

25日，县政府副县长窦家义带领县烟草产业办、烟草分公司负责人深入文屏镇、桃源乡、茨院乡调研烤烟生长情况。

26日，昭通市委常委、纪委书记周业勇到鲁甸，在县委、县政府主要领导陪同下调研县城新区二期开发工程进展情况。

26日“国际禁毒日”，县禁毒委组织司法局、计生局、检察院、法院、食品药品监督管理局、妇联等禁毒委成员单位、在、县城文化广场开展大型禁毒宣传咨询活动。发放宣传资料2万多份，接受群众咨询100多人次。

26日晚，全县以“保安全、提效能、促发展”为主题演讲比赛举行。各行业16名选手参赛。

26日，县委组织部举办迎“七一”“四讲四比”演讲比赛。10名选手以“组织工作在我心中”为主题进行演讲。

27日，县委统战部、民宗局和文屏镇党委政府联合在文屏镇普芝噜清真寺举行宗教人士禁毒工作座谈会。

28日，云南省委书记白恩培与随行的省委常委、省委秘书长杨应楠，省政府副省长孔垂柱及省直有关部门负责人，在昭通市、鲁甸县四套班子领导陪同下，深入文屏镇长山寨考察规范化间套种升级示范样板点，对农业生产、地震恢复重建等工作进行调研，走访看望群众，与市县乡村干部座谈，并就深入学习实践科学发展观等工作做出重要指示。

28日，云南省公安厅副厅级巡视员崔德龙、昭通市政法委副书记李怀祥一行代表省市两级政府到鲁甸考评2009年上半年综治维稳工作，在县委常委、政法委书记马武荣及公、检、法、司等部门领导陪同下，深入茨院乡板板房村综治维稳工作站、茨院乡综治维稳中心、文屏镇综治维稳中心，查看综治维稳工作痕迹资料。

29 日，县第十四届人大常委会第九次会议召开。

30 日，县政府召开办公会议，专题研究龙树片区蔬菜种植规划、林改主体改革验收、中低产田地改造项目等相关事宜。

30 日，云南省劳动保障促进会主任蔡延俊一行到茨院乡检查指导务工人员夜校培训工作。

7 月

1 日，县政府召开计划生育工作会议。

1 日，鲁甸县强远农村客运公司挂牌成立，110 辆微型车、56 辆中巴车正式投入运营。

1 日，桃源乡鸭子塘村民召开村民大会，依法选举鸭子塘农业综合开发农民专业合作社理事会和监事会。

1 日，全县常驻民兵应急大队开训动员大会召开。

1 日，县公安局召开建党节表彰大会，庆祝中国共产党成立 88 周年，表彰奖励先进党组织和优秀共产党员。

1 日，县职业中学举行以“红歌唱响学校”为主题的歌咏比赛。全校 1 000 多名学生以班为单位组成 20 支参赛队进行合唱比赛。

1 日，云南省非物质文化遗产保护专家到鲁甸，在市、县文体局部门负责人和县委常委、宣传部长庄清海等陪同下，到拖姑、龙头山清真寺和农户家中了解《拖姑村山根脚自然村回族传统文化保护区》情况，并就鲁甸回族传统文化保护区情况进行考察。

2 日，全县 4 184 名初中考生参加高中及中等专业学校招生考试。中考时间 3 天，共设 5 个考点 142 个考场。

3 日，县委常委和县政府领导班子《学习实践科学发展观活动分析检查报告》征求意见会召开，县委常委、常务副县长张登敏，县委常委、县委组织部部长刘雅芸，全县各级党代表、人大代表、政协委员、企业代表、群众代表、离退休老干部代表等参加会议。

2 日，县城太阳湖核心商业区项目开发签约仪式在政务中心三楼会议室举行，县长保剑与盛林房地产开发有限公司就投资开发太阳湖核心商业区项目建设项目进行正式签约。县委书记江先奎及县委、人大、政府、政协的主要领导，县直相关部门负责人参加签约仪式。商业区以太阳湖为中心环湖布局，由高端商业街、休闲娱乐广场、美食城、高档住宅区及湖面娱乐五个部分组成，占地面积 6 公顷，建筑面积 20 万平方米，概算投资 3 亿元，项目的规划建设依托环境优势，以水为灵，以水为魂，使配套设施与景观园林艺术有机结合，形成主题突出，特色鲜明、风格独特的城市高端商业消费区，项目开发建设预计今年 8 月启动建设，到 2011 年建设完工投入运营。

2 日，鲁甸县农业局植保站组织 12 个乡镇农技人员和全县农药经营户共 100 多人，对相关法律法规和条列进行培训。

2 日，昭通市政府安全生产考核检查组来到鲁甸，实地抽查客运站、昆华化工厂、颐华宾馆等多家单位的安全生产情况后，认为鲁甸 2009 年上半年整体安全生产形势良好，安全生产管理亮点较多。

3 ~ 9 日，昭通市林改检查 50 多人验收组到鲁甸，分成 6 个工作小组，历时 8 天的抽样检查考评，按照规定的验收内容和要求，分别采取听、查、看、访等形式，抽取了鲁甸 5 个乡镇 20 个行政村、80 个村民小组 400 宗地的林改工作进行验收检查。9 日，综合评分获得 96.25 分，以优秀等级通过了市级的严格检查验收。

3 日，县委、政府召开“普九”和计划生育工作专题会议，保剑县长主持会议，铁朝曙、赵萍副县长参加会议。

3 日，全县核桃花椒抚育管理暨花椒种植工作会议召开。

4 日，昭通市政府安全生产考核检查组到鲁甸检查工作，

5 日，县委、县政府召开专题办公会，专题研究梭山乡黄角树电站建设相关事宜。

6 日，县农业局农技中心、植保站技术干部深入文屏镇砚池山长山寨，对 133 公顷玉米套大豆示范区进行第二次病虫害防治。

7 日，县委副书记吕磊带领相关部门负责人到小寨乡、龙头山镇检查调研整乡推进工作。

7 日，全县青年干部培训班开训。

8 日，全县工业经济发展专题会议召开。

8 日，县农业局举行 2009 年龙头山至江底公路沿线秋冬农业开发听证会。

8 日，昭通市委常委、统战部长周友亮在县委常委、副县长铁朝曙，县政协副主席、统战部部长卢敏

等陪同下到桃源拖姑、文屏清真寺了解民族宗教活动场所开展情况和基础设施建设情况。

9日，县卫生局、移动公司联合召开“做昭通用户，享农村合作医疗”动员大会。

9日，全县公安机关开展“苦战90天，全力做好新中国成立60周年安全保卫工作”动员部署会议召开。

9～10日，昭通市人大常委会副主任赵卫率市人大教科文卫委、选联委及市卫生、农业、食品药品监督管理局负责人，到鲁甸检查《食品安全法》贯彻落实情况。

10日，县教育局机关率先组织干部职工捐资助学。69位干部职工现场捐款7 200元。

10日，县政府副调研员曹继友带领经贸、发改、电力等部门负责人到兴煜公司，帮助企业解决生产难题。

10日，县委、县政府召开财税专题办公会议。

11日8时左右，龙树乡塘房村发生暴风雨自然灾害，灾害造成4户12间房屋受损，1条耕牛被电击死亡，5个组玉米大面积被风吹到，成灾138公顷，绝收87顷，直接经济损失136万多元。

11日，国家林业局云南省林勘院组长王海亮一行到鲁甸检查验收2004年退耕还林工程。

11日，云南省广播电视大学校长徐彬到鲁甸调研。

12日，国家科技部、中国科学院、中国农业科学院、美国加州大学、复旦大学、云南农业大学等28名生物界和遗传学界专家在昭通市委书记夜礼斌，市委副书记、市长王敏正，县委书记江先奎、县长保剑等市、县四套班子领导和相关部门领导陪同下，对鲁甸生物多样性控病增产技术应用及优化种植情况进行考察。实地查看砚池山玉米、大豆、马铃薯等农作物，听取规格间套种省级示范样板项目建设情况介绍。项目由昭通市人民政府、云南省农业厅、云南农业大学、云南省农业科技院主办，鲁甸县人民政府、市农业局、省农业技术推广站具体实施。样板以文屏砚池山村长山寨为中心，包括核心区15公顷，展示区164公顷，示范区1 640公顷，辐射带动区13 620公顷。

13日，云南警官学院教授李云昭到县公安局进行禁毒防艾知识讲座，局机关和文屏、桃源、茨院派出所民警，武警、消防官兵，县卫生局有关人员100余人参加学习。

14日，全县烤烟收购工作会议召开。

15日，县委书记江先奎、县长保剑带领县委常委、常务副县长张登敏，县委常委、县委办主任王富泰，县政府副县长白长早等领导深入龙树乡、梭山乡检查指导工作。

15日，根据省公安厅、市公安局相关的通知要求，县公安局组织局机关、交警等部门120余人，围绕全省公安机关学习实践科学发展观确定的“考核内容”和“考核标准”，在县公安局五楼会议室开展云南省公安机关《学习实践科学发展观暨深入开展“大学习.大讨论”活动》读本考试。

15日，县农业局植保站、梭山乡党委政府在梭山村联合召开玉米泡沫叶蝉防治现场会。

16日，县农业综合开发办组织县财政、农业、审计等部门领导和工程技术人员，对2008年农业综合开发项目进行验收，并对所建项目工程进行移交。工程建设由渔洞灌区中低产田改造项目、渔洞灌区自然灾害损毁修复项目组成，中低产田改造项目涉及文屏、小寨、茨院、龙头山4个乡镇的7个村；自然灾害损毁修复项目涉及文屏、桃源、茨院、小寨等4个乡镇的7个村。项目总投资833万元，涉及14个村7 805户35 122人，涉及耕地2 576公顷。2008年11月21日开工，2009年4月30日竣工。通过县级验收。

16日，昭通市农业局组织全市部分农业系统干部到文屏镇砚池山村长山寨生物多样性种植高产稳产示范基地参观。

16日，昭通市政法委副书记李怀祥带领市烟草专卖局、烟办等负责人深入鲁甸，调研指导2009年烤烟收购工作。

16日，昭通市政府副市长邬永飞在市烟办、烟草公司负责人及县委书记江先奎、县长保剑等陪同下，到小寨、桃源乡，对现代烟草农业基础设施建设和烤烟生产工作进行调研。

17日，县委、县政府召开小寨乡“整乡推进”工作会议。

17日，县公安、消防、工商、安全等部门联合对公众聚集场所和营业场所全面排查，拉开国庆60周年庆祝活动消防安全保卫工作。

17～18日，县纪委第三纪工委、财政、发改、审计等部门组成县级验收组，对2007年第一批和2008年第二批农村饮水安全工程进行检查验收。两批饮水工程总投资861.65万元，涉及全县11个乡镇40多个自然村，总计完成管引水窖1 174件，装钢塑管300多千米。有效解决11个乡镇2万多群众及1万多头大牲畜饮水安全问题。

18～19日，县委书记江先奎、县长保剑等四套班子领导带领交通、建设等部门负责人到龙头山镇、桃源乡，对道路交通、农田水利、集镇建设、工业经济发展、产业结构调整等工作进行综合调研。

20日，县人武部召开常驻民兵应急分队开训动员大会。

20日，县委常委、副县长铁朝曙带领扶贫办、水利局、广电局等部门负责人，专题召开小寨乡“整乡推进”和应对日全食工作会议。

20日，针对乌鲁木齐“7·5”事件，桃源乡召开阿訇、乡佬座谈会，100余人参会。

21日，云南省扶贫办副主任余潮一行在昭通市扶贫办副主任王顺华、县委书记江先奎等陪同下，深入龙树乡调研扶贫开发工作。

21日，云南省“发展办”专题采访团到鲁甸调研。

22日，县城大街小巷、文化广场上数千市民目睹百年一遇的日全食奇观。

22日，鲁甸县樱桃文化旅游开发有限公司成立，昭通市旅游局长饶祥碧、县人大常委会主任雷选忠，县委常委、常务副县长张登敏等领导参加成立仪式并为公司授印剪彩。公司隶属县旅游局。主要开展县内旅游宣传促销、旅游产品开发、国内外旅游服务咨询等项目。

22日，云南电视台、广播电台、支部生活及昭通电视台、昭通日报社等媒体联合行动，走进鲁甸，共同关注全县民族宗教工作。

22日，文屏镇邀请县农业局能源办专家和技术人员，对全镇2007年国债项目沼气池建设情况进行检查验收。

22日，县人民政府与昭通市文体局联合在昭阳区主席像广场举行以“庆祝建国60周年”为主题的“丹青笔墨庆建国，精美图片展风采”书法、美术、摄影作品展。展出5天，展出书法、美术、摄影作品80余件。经专家组评定，选出20幅作品参加全市展览。

22日，县政协副主席、县委统战部长卢敏带领县统战部、民宗局及伊斯兰协会负责人一行深入龙头山观音寺、小寨大坪清真寺，对申请创建第三批市级文明宗教活动场所进行指导帮助。

23日，江底乡与全乡7个村签订《江底乡村干部关于对惠农资金兑现的承诺书》，要求遵守“五承诺”即：不准改动政府部门提供的补贴标准和数额，不准把惠农财政补贴资金抵扣或代交任何款项，不准挤占、挪用或冒领惠农财政补贴资金，不准非法代领惠农财政补贴资金，不准拖延和拒付惠农财政补贴资金。

25日，昭通市委书记夜礼斌、副书记张登亮，市委常委、市委秘书长田勇，市政府副市长邬永飞、市政协副主席普安银、市扶贫办主任高顺照，市农业局长卢登富、市水利局长尹贵友一行在县委书记江先奎、县长保剑等陪同下，深入龙头山、小寨等乡镇，就产业经济发展和整乡推进等工作情况进行详细调研。

27日，云南省科技情报研究院调研组到鲁甸调研世行贷款西南扶贫项目工作。

27日，以云南省能源办副主任唐志荣为组长的检查组深入鲁甸，检查验收2006年农业局实施的农村国债沼气池项目建设。

27日，文屏镇派出所对辖区内煤矿民爆物品的运输、储存、使用、管理等环节进行检查。

27日，水磨镇铁厂村35KV变电站开工建设。总投资560万元，占地面积0.19公顷。完工后，将使89个自然村4 000余户农户受益。

28日，县政协第七届委员会第七次常委会议召开。县委常委、常务副县长张登敏通报全县上半年经济社会发展情况，县政协副主席卢敏通报县政协上半年工作情况。

28日，县城中心敬老院开工建设，总投资540万元。位于文屏镇大坪农场，占地面积0.48公顷，建筑面积4 013平方米。建成后，将解决一大批农村五保老人集中供养问题。

29日，云南省政协主席王学仁率省直相关部门负责人到鲁甸，在昭通市委书记夜礼斌、市长王敏正及县委书记江先奎、县长保剑等陪同下，到砚池山套种高产玉米示范基地、文屏镇鸣楼新村、县城文化广场等地就小城镇和农村环境治理工作进行调研。

29日，著名爱国抗日将领卢汉之女卢国梅夫妇带领卢氏部分家族后裔到鲁甸，在昭通市委常委、统战部长周友亮及县委书记江先奎等陪同下，参观县城文化广场、太阳湖、崇文阁等景点。

29日，县劳动和人事保障局牵头，县公安局、监察局、民政局、工商局、卫生局等9家部门联合深入矿山、企业，石料加工作坊等场所开展整治非法用工、打击违法犯罪专项行动。

29日，云南省妇联副主席陈洁、昭通市妇联主席陶天蓉率省、市督查组一行在县委常委、组织部长刘雅芸及县妇联负责人陪同下，督查全县2009年贷免补扶工作落实情况。

29日，县政协提案委与县人力资源开发办就县政协七届二次会议提出《解决返乡农民工再就业的建议》等提案进行面商。

29日，《云南昊龙集团600kt/a(60万吨)电石厂环境影响评价大纲》技术咨询会在昊龙公司召开，邀请3位专家组成评审组对《大纲》评议。云南省环境科学研究院和市县环保、经贸等部门及昊龙集团公司负责人，县委常委、常务副县长张登敏参加评审会议。

29日，云南省加强小城镇和农村环境治理重点提案办理联合调研组到鲁甸调研。

29日，鲁甸县荣华生态养殖场成立开业，占地10.5公顷，位于文屏山三八林场，以生态野猪、野兔、土鸡、乌骨鸡养殖为主，打造集餐饮、休闲、娱乐为一体现代农家庭院。县四套班子领导出席开业仪式。

29～30日，云南省计生委副主任李善荣一行在县政府县长保剑，县委常委、政法委书记马武荣等陪同下到水磨镇调研计划生育工作，深入新棚村慰问挂钩帮扶户、计生先进户，走访群众并查看油菜示范样板基地建设情况。

30日，县委召开七届八次全体会议，县委书记江先奎代表县委常委会作了《坚定信心，振奋精神，顽强拼搏，全面实现今年经济社会发展目标任务》的报告，县委副书记、县长保剑对全县经济工作进行了通报，并安排下半年工作，县委副书记吕磊主持大会。

30日，云南省消防总队政委邹志强大校一行到鲁甸，在县委副书记吕磊，县委常委、副县长铁朝曙等陪同下，实地察看消防器材管理使用情况、展览室和官兵宿舍，调研指导消防工作。

31日，全县烟叶收购暨现代烟草农业建设工作会召开。

31日，全县“两基”攻坚捐资助学暨表彰会召开。

31日，县政府组织全县消防安全重点单位负责人和人员密集场所安全管理人员，召开国庆消防安保工作推进会暨建军82周年座谈会。

31日下午至8月2日凌晨，全县遭受风雹灾害袭击，3个乡镇8个村24个村民小组4 360人不同程度受灾，累计造成各类经济损失282.92万元。倒塌民房6户26人24间(其中1户是生产用房倒塌)，损失12万元；损毁江底乡蔡家良子村组公路18处5千米，损失50万元；冲毁通往茨院乡田合村8、9小组村组公路110米，损失5万元。灾害发生后，县委、县政府及时组织县农业、民政、烟办等部门深入灾区一线指导乡村干部和群众开展抗灾救灾工作。

31日，中国天诺慈善基金会、省市康服医疗队到鲁甸为贫困白内障患者免费施行复明手术。为255名贫困白内障患者免费施行人工晶体植入复明手术，视力最好达1.0以上，一般恢复到0.5以上，受术者最大年龄90岁，最小年龄1岁零8个月。

全县2009年高考报考人数1 083人，上线731人，高考上线率由2008年的58.09%上升到67.50%，上升9.41个百分点。中考成绩位列全市第三名，600分以上的考生有267人，初中升学率(含中专、职高招生)由2008年的63.81%上升为68.92%，上升5.11个百分点。

8月

1日，中国人民解放军建军82周年，县武警中队隆重举行庆“八·一”座谈会。县四套班子领导、县直各部门、企业负责人、社会各界人士100余人参加座谈会。

1～2日，昭通市政府经济运行调研组一行7人在县委常委、常务副县长张登敏等陪同下，就1～6月经济运行和中央扩大内需项目建设实施情况进行调研督察。深入理世公司、工业园区鸭子塘工业片区、县人民医院、小寨乡和县城，就土豆片生产加工、工业企业项目建设投资、现代烟草农业示范项目建设、农村能源、集镇和滨湖小区建设等情况进行调研。

3日，桃源中学召开军训动员大会，600余名入学新生开展为期一周的国防教育和军训。8日，举行军训汇报，圆满军训任务。

3日，县工商联举行“贷免扶补”发放仪式，对5名具有创业能力的申请人每人发放贷款5万元，鼓励自主创业。

3日，县恒达开发有限责任公司小寨乡蚕茧收购烘烤站正式建成投入使用。

4 日，昭通市行政复议检查组代表市委、市政府深入鲁甸，就2008 年以来的行政复议工作开展情况进行检查。

5 日，云南红塔集团技术中心专家王益副主任一行到鲁甸，在县人大常委会副主任王天鹏、县政府副县长窦家义、县政协副主席高永华及市县烟办、烟草公司领导陪同下，深入小寨、龙头山田间地块察看烤烟长势和烟叶质量。

5 日，全县新型农村合作医疗管理工作会议召开。

6 日，县委常委、政法委书记马武荣带领公安、国土、安监、环保部门人员到龙头山镇八宝银矿督察指导工作。

6 日，昭通市政协副主席赵洪乖一行深入鲁甸，在县委常委、常务副县长张登敏，县政协副主席高永华等陪同下，到县城中心敬老院建设工地、廉租房建设点、小寨乡民居地震安全工程等地查看，调研经济社会运行情况。

6 日，龙梭油路建设工程正式破土动工，全长52千米，总投资5 200 万元。

6 日，茨院乡田合村瑞鑫页岩砖厂正式点火生产，投入运营。总投资500 万元，占地约0.8 公顷，日产砖10 万块，可实现年产值700 万元。解决42人就业。

7 日，昭通市人大常委会调研员李寿春、唐正荣一行到鲁甸，就住房公积金管理情况进行调研。

7 日，县文联组织美术家协会、摄影艺术协会、音乐舞蹈协会、作家协会艺术爱好者到小寨乡采风。

9 日，玄天观举行“庆祝建国60 周年暨建观20周年祈福迎祥法会”，5 200 余人参加祈福活动。

10 日，县委七届40 次常委会议召开，研究政法、纪检工作。

10 日，云南省纠风办副主任赵启荣一行到鲁甸，在县政府副县长赵萍等陪同下，到茨院中学、小学和县二小了解教育校舍安全、费用收支管理等工作情况，检查指导教育纠风工作。

10～11 日，昭通市工商局副局长刘翔及相关科室负责人组成督察调研组到鲁甸，以食品安全检查为重点，采取“听、查、看”等方式，到县城、龙头山、茨院等地检查食品安全和平安市场创建工作。

11 日，县种子管理站邀请县农技中心、植保站技术干部和种子经营户深入文屏镇安阁村，对试种的玉米杂交新品种进行测评。

11 日，昆明滇池旅游渡假区工会主席宋定文一行在县政府副县长赵萍陪同到小寨中心校考察，并出席捐资修建教学楼签字仪式。教学楼属昆明市红十字会、昆明滇池旅游渡假区管委会援助129 万元援建。昆明市红十字会、昭通市红十字会、县人民政府、昆明滇池旅游渡假区管委会领导出席签字仪式。

11 日，云南省烟草专卖局长、烟草公司总经理余云东一行在昭通市政府副市长邬永飞、县委书记江先奎、县政府县长保剑和市、县烟草公司、烟办等领导陪同下，到桃源乡大水塘村万亩优质烤烟基地、小寨现代烟草农业示范区调研“两烟”生产经营情况。

12 日，县人民政府召开义务教育学校绩效工资改革办公会议。

12 日，云南省文物管理局副局长余建明一行在昭通市文体局长李华章等领导的陪同下，深入鲁甸检查指导第三次全国文物普查和野石山遗址保护工作。

12 日，县政府召开义务教育学校绩效工资改革办公会议。

13 日，县委书记江先奎等县四套班子领导带领相关部门负责人到新街乡调研新街乡新集镇建设。

13 日，全县财税及扶贫工作专题会议召开。

13 日，县畜牧兽医局召开秋季动物防疫工作会议。

13～14 日，县委常委、常务副县长张登敏，县委常委、组织部长刘雅芸，县人大常委会副主任何顺德率县人大、组织部、农业、信访局、水利局、科技局等部门负责人到梭山乡，对农业农村、计划生育、教育“两基”等项工作进行调研。

13～16 日，县委常委、宣传部长庄清海一行到小寨乡、龙头山镇、乐红乡开展“两基”攻坚自查工作。

14 日是彝族传统节日火把节，县委、县政府举行“迎接新中国成立60 周年激情火把节”文艺演出活动。晚，在县城文化广场举行庆祝新中国成立60周年激情火把夜大型活动。各族群众1 万多各族参加活动。

14 日，全县农村移动信息富民工程启动会议召开。

14 日，县科技局与部分政协委员就县政协七届二次会议上提出的《引进腐殖酸全降解液态地膜，改善农业生态环境》和《在全县开展学术和技术带头人评选工作的建议》等提案进行面商。

14 日，县政协副主席丁世章率政协委室、教育局负责人到桃源中学复查指导“两基”工作。

14 日，昭通市档案局长易正春一行代表云南省档案局对昊龙公司档案五星级建设进行评审验收，通过验收，成为云南省首家档案五星级建设达标民营企业。

16 日下午 3:37 分，文屏镇遭受风雹袭击，造成 66.7 公顷烤烟和其他农作物绝收，部分民房不同程度受损。造成直接经济损失 750 万元，无人员伤亡。

16 日，国家林业局处长王义贵一行到鲁甸检查天保工程。

17 日下午 4 点 20 分，文屏镇、桃源乡、龙树乡 3 个乡镇遭受大风冰雹袭击，造成 10 个村 130 个村民小组不同程度受灾，烤烟、玉米等农作物受灾 880.34 公顷，成灾 792.34 公顷，绝收 204.33 公顷，减产粮食 752 吨，倒塌房屋 8 间，倒折电线杆 4 根，直接经济损失 1 728.4 万元。

17 日，县人大常委会副主任马梅一行到新街乡，对两基攻坚工作进行县级检查验收。

17 日，县人民政府召开推进县职业中学建设办公会议。

18 日，县委副书记吕磊、县政府副县长窦家义带领县烟办、烟草公司等部门负责人深入桃源、江底、龙头山、小寨等乡镇，调研烤烟收购工作。

18 日，由县粮食局承办的县第四届第十次老年运动会闭幕，全县 500 多名老年运动员经过近 1 个月比赛，完成地掷球、门球等 12 个项目的各项赛程。

18 日，昭通市政府副市长文雅芹一行到鲁甸，在县委常委、副县长铁朝曙，县委常委、组织部长刘雅芸等陪同下，到同鑫农产品开发公司、云香有限公司、理世实业有限公司等企业调研农特产品加工发展经营情况。

19 日，全县城市建设二次创业推进会议召开。

19 日，县新看守所搬迁仪式在茨院乡举行。昭通市政府副市长、市公安局长杨艾东，市公安局副局长李平等市县有关领导为看守所和武警中队授牌。武警昭通支队长黄国强、政委严修全，县委常委、政法委书记马武荣，县人大常委会副主任阮曙光，县政协副主席丁世章，县直有关部门领导，县公安局党委成员，看守所全体民警参加搬迁仪式。总投资 640 余万，其中上级 200 万元，县财政 115 万元，县公安局自筹部分资金，利用茨院乡原县戒毒所空置楼房、监室，按照现代监所设计标准和配置，改造成县新看守所，配套兴建武警营房。5 月建成并通过验收。

19 日，溪洛渡水电站鲁甸库区实物指标调查复核工作全面完成。昭通市移民局、三峡公司移民局、成勘院、昆勘院、溪洛渡移民监理部和县级相关部门负责人在鲁甸召开会议，对复核成果签字确认。

19 日，火德红乡马铃薯专业合作社成立。

20 日，云南省审计厅审计处处长刘艳带领由省艾滋病防治管理局、省民政厅、市卫生局组成省市督导组，代表省市两级政府到鲁甸，对全县艾滋病防治工作目标责任制落实情况进行专项督导。

20 日，县公安局经过两个多月缜密侦查，成功破获一起特大贩毒案，抓获犯罪嫌疑人 1 名，缴获冰毒 5 421 克，创鲁甸禁毒史之最。

20 日，云南省艾滋病防治工作检查组到鲁甸检查指导工作。

20 日，2009 年企事业单位职业病防治培训会议召开。

21 日，县卫生局对全县乡镇及规模工业企业分管负责人和分管安全的人员进行职业卫生相关法律、法规与职业病防治知识培训。

21～22 日，云南省、昭通市农业综合开发土地治理项目检查验收组到鲁甸，对 2008 年度实施的国家农业综合开发土地治理项目进行检查评估验收。项目由渔洞灌区中低产田改造、渔洞灌区自然灾害损毁修复两个项目组成，涉及 14 个村 7 805 户 35 122 人，耕地 2 576 公顷。

22 日，云南省政府尾矿库安全生产督查组到鲁甸检查指导尾矿库安全生产工作。

22 日 19 时 10 分，桃源、水磨、新街、梭山、龙头山 5 个乡镇遭受风暴及冰雹袭击，造成烤烟、玉米等农作物大面受损，13 个村 74 个组 13 975 人不同程度受灾。灾害造成玉米、荞子、小麦、油菜等农作物不同程度受灾，房屋倒塌 1 户 4 间，雷击死亡 1 头牛和 1 匹马。造成农作物受灾 776.99 公顷，其中绝收 417.77 公顷，直接经济损失 1 748.1 万元，粮食减产 465 吨。

22 日，巧家县政协副主席张嗣新一行到鲁甸，在县政协副主席卢敏、丁世章等陪同下，到崇文阁、太阳湖、文化广场对城市建设工作进行考察。

24日，全县“一会两站”建设暨“食品安全示范店”创建工作会议召开。

25日，国家、省、市地方病防治项目中期督导组一行到鲁甸，在县委常委、副县长铁朝曙等陪同下，对全县地方病防治项目工作进行督导检查。

25日，部分县政协委员与经贸局就县政协七届二次会议上提出的《加大扶持力度，壮大培育农特产品加工企业》、《帮助中小型矿山，扶持非公经济发展》和《关于规范牛羊肉市场检疫工作》等提案进行面商。

25日，全县机动车驾驶人交通安全集中教育活动工作会议召开。

25日，县委政法委全委（扩大）会议召开。

25日，县委常委、宣传部长庄清海带领县扶贫办、档案局、科技局、畜牧局等部门负责人深入新街乡调研。

25～26日，云南省教育厅副厅长邹平、省教育督导团办公室主任何开喜一行在昭通市委常委、宣传部长陆琴雯等领导陪同下到鲁甸调研“两基”工作。深入县第一中学、第二中学、第二小学、文屏镇中学、茨院中小学、小寨中小学，察看各校办学条件、学生入学情况、师资情况、教学工作开展情况及“两基”工作资料，就全县“两基”工作，学生寄宿制、危房改造、“两免一补”政策落实情况。

26日，昭通市社科联主席张明先带领昭通日报社、昭通电视台、昭通人民广播电台等市级主流媒体记者到鲁甸，对全市首届道德模范候选人张才福先进事迹进行采访报道。

27日，县委副书记吕磊，县委常委、副县长铁朝曙率扶贫、畜牧、林业、供销等部门负责人深入小寨乡、龙头山镇，调研扶贫工作、烤烟收购、产业发展等工作开展检查指导。

27日县委、县政府组队赴曲靖市会泽县洽谈牛栏江流域罗家坪水电站开发相关事宜。

27日，全县2009年大学生村官岗前培训会召开。2008年到村任职的15名大学生村官、2009年新选聘即将到村任职的62名村官参加培训。29日，县委书记江先奎看望参加培训的大学生村官并颁发结业证书，

27日，县公安、国税、地税3部门通力合作，在县城开展发票违法犯罪专项整治行动，查获问题发票400多份、假发票30多份、白纸发票25份，有效打击和遏制发票使用领域的违法违规行为。

28日，县委书记江先奎、县长保剑，县委常委、副县长铁朝曙等领导一行到小寨乡察看“整乡推进”工程进展情况。

28日，县第十四届人大常委会第十次会议召开，听取和审议通过县发改局、财政局、审计局的工作报告。进行人事任免。

28日晚，由县委政府主办，县委宣传部、文体局、广电局、教育局承办的“鲁甸首届‘金话筒’主持人大赛”决赛在县文化广场会务中心举行，拉开全县迎接新中国成立60周年系列活动序幕。10名选手参加决赛。县四套班子领导、相关部门、企事业单位干部职工、部分学校学生到场聆听和观看比赛。

28日，县消防大队举办第三期新《消防法》宣传贯彻暨汽修行业、人员密集场所消防安全培训会。

28日，昭通市政协副主席赵洪乖和市农业技术推广研究所技术干部到鲁甸，在县政府副县长窦家义、县政协副主席高永华等培同下，深入江底乡水塘村察看幼龄桑树套种花生测产情况。

29日上午9时，火德红乡遭受罕见的暴风袭击。风暴时间常长达40分钟，涉及两个村22个村名小组，造成400公顷玉米不同程度受灾，成灾66.7公顷；73公顷烤烟受损，部分经济林果减产。

29日，全县打击黑恶势力犯罪、打击盗窃耕牛犯罪专项行动案情通报会在龙头山镇召开。县委常委、政法委书记马武荣，县政府副县长、公安局长王文生，县政协副主席丁世章和县公、检、法、司等部门负责人、公安局民警，龙头山镇党委、政府负责人，当地群众2 000余人参加会议。

30日，县城太阳湖高端商业区银海湾财富中心奠基仪式在太阳湖隆重举行。县四套班子领导、县城城市规划建设管理领导组、驻鲁单位、县直各单位副科级以上领导干部、盛林房地产开发公司员工、县城周边群众到场参加仪式。太阳湖商业区开发项目是市委市政府唯一在广西“泛珠”洽谈会上签约的招商项目。工程项目概算投资3亿元，设计范围用地面积98 510平方米，分商业、住宅区，总建筑面积147 110平方米。以太阳湖为中心环湖簇拥布局，依湖而建、伴水而居，设施齐全、布局紧凑、景观别致。工程建设工期为14个月。县委书记江先奎宣布开工令，县四套班子领导为工程剪彩、铲土

奠基。

31 日,玉溪市太标太阳能科技有限公司到鲁甸开展爱心助学活动,在县城文化广场举行贫困学生学习用品捐赠仪式。向茨院乡中心小学 240 名贫困学生捐赠 240 套价值 1.46 万元的学习用品。

31 日,昭通市妇联主席陶天蓉一行在县妇联、江底乡党委政府等领导陪同下,深入江底乡箐脚村看望慰问部分贫困劝返学适龄儿童,送去衣物、现金等财物。

31 日,全县 2010 年新型农村合作医疗筹资工作会召开。

31 日,全县“两基”攻坚县级自查情况汇报会召开,听取 5 个检查组就各乡镇就两基攻坚工作县级自查验收情况汇报。

31 日,县委、县政府主办,县委宣传部、文体局、广电局承办的本土歌手擂台决赛大赛在县文化广场会务中心举行。10 名选手经过初赛后参加决赛。

31 日,昭通市政府副市长文雅芹一行深入鲁甸桐油加工厂、理世食品公司、云香食品厂,对建设、生产、经营等情况进行调研。

31 日,县委常委、政法委书记马武荣率县工业领导组一行赴广州,就龙头山八宝银矿开发事宜与开发商进行洽谈。

9 月

1 日,彝良县新农村建设办公室组织 6 个乡镇部分干部组成考察团到鲁甸,参观考察文屏镇鸣楼新村、小寨乡新集镇建设和大平村新农村建设工作。

1 日,中国天诺慈善基金会人员任鸿雁、李宏义女士一行在昭通市残联理事长周训明等陪同下到鲁甸查看白内障复明者施术情况。

2 日,云南省烟草公司副总经理童荣崑、昭通市政府副市长邬永飞及市烟草公司、烟办负责人一行到鲁甸,在县委书记江先奎、县长保剑等陪同下,到桃源乡大水塘村万亩优质烤烟基地、小寨现代烟草农业示范区工程等地,调研烤烟生产收购工作及烟叶基础设施建设。

2 日,昭通市政协副主席张毅敏带领市人大代表、政协委员到鲁甸,在县委常委、副县长铁朝署,县委常委、宣传部长庄青海,县人大常委会副主任马梅等陪同下,深入县文体局查看文物及开展第三次文物普查痕迹资料,调研第三次文物普查工作。全县完成文屏、桃源、茨院、江底等 11 个乡镇的文物普查工作,累计移交不可移动文物 25 件,新发现文物 14 件,文物普查启动率 100%,覆盖率 91.67%,完成率 90%,基本完成文物普查登记项目数据整理、录入、汇总及档案制作等相关工作。

2 日,县总工会、县妇联邀请云南省交通职工技术学院副教授、国家高级职业指导师、国家二级心理咨询师于芳到鲁甸做心理健康知识专题讲座。县直机关、企事业团体 300 多人参会。

2 日,县人事和劳动社会保障局干部职工开展城镇居民基本医疗保险宣传咨询活动。发放《昭通市城镇居民基本医疗保险暂行办法》、《昭通市城镇居民基本医疗保险政策问答》和《工伤保险政策》等宣传资料 8 000 多份。

3 日,县内 45 名困难职工子女考取大中专院校和 13 名困难农民子女考取高中的贫困学生,每人获得县总工会“金秋助学”活动助学金,共发放资助金额 5.31 万元。

3 日,云南省扶贫办检查组王仕平处长一行到鲁甸调研整乡推进工作,在县委书记江先奎、县长保剑等陪同下到龙头山和小寨检查指导扶贫开发工作。

3 日,县政府副县长窦家义带领农业、畜牧、科技、人力资源办等部门负责人深入新街乡检查指导冷凉蔬菜产业发展、畜牧业发展、人力资源开发、秋冬农业开发。

5 日,福建省三明市尤溪县县长曹榕庆一行到鲁甸,在县委常委、副县长铁朝曙,县人大常委会副主任阮曙光,县政协副主席、昊龙集团总裁马永升等陪同下,到鸭子塘、茨院工业园区考察;参观城市建设情况。

5 日,火德红乡李家山村生姜专业合作社成立,选举产生理事会成员 7 名,社员 60 名。

5 日,云南省委宣传部、省文明办、省教育厅、中共鲁甸县委、县人民政府、云南省民族文化发展基金会主办的“红烛工程”昭通行鲁甸站捐赠仪式举行,全县 200 多位贫困、病困教师学生获得云南省民族文化发展基金会 10 万元资助,这是基金会“红烛工程”昭通行第一站。鲁甸站活动中,200 名学生每人获得资助 300 元,15 名教师分别获得 1 000 ~ 4 000 元资助,农民作家万国超获得 4 000 元资助。

7 日,昭通市交通局长张永前、市交通建设投资开发有限责任公司常务副总经理王定广一行到鲁甸,在县委书记江先奎、县长保剑陪同下,对即将开工建设的昭巧公路进行调研。

7日，县政府副县长窦家义带领县农业局相关负责人和工作人员深入小寨乡和龙头山镇，调研2009年农村沼气建设工作。

8日，由云南日报、云南经济报、科技报等省级媒体记者一行7人组成的“祖国好云南红”采访团到小寨乡、县城新区、文化广场、太阳湖核心区，对整乡推进项目、产业结构调整、观光农业、“农家乐”打造、县城规划建设等工作进行深度采访报道。

8日，昭通市供销社副主任李友端一行到鲁甸检查供销社工作及“两社一会”发展情况。

8日，云南省志办副主任李成鼎、州市指导室主任姜定忠一行到鲁甸，在昭通市志办主任范孝懿、副主任聂顺荣、《昭通市志》主编王文福、县政府副调研员曹继友、县政协副主席丁世章等陪同下，对调研第二轮地方志编修工作。李副主任一行参观考察拖姑清真寺、伊斯兰城堡、太阳湖、文化广场和县城新区。

8～11日，云南省政府督学、昭通市政府教育督导室主任、市教育局副局长陈必贵为组长的市政府“两基”复核评估组到鲁甸，对两基工作进行检查复核评估。复核评估组一行听取县政府“两基”工作情况汇报、县人大“两基”自查报告审议决议和县政协对“两基”自查报告的协商意见，观看“两基”电视专题片，质询“两基”相关问题，参观“两基”展室，查阅“两基”资料，与人大代表、政协委员、教师代表、家长代表、社会各界代表座谈，同意全县“两基”工作通过市级复核评估验收。

9日，县委书记江先奎、县长保剑、县政协主席保明康等领导带领相关部门负责人到乐红，调研矿山生产工作。

9日，昭通市利民职业培训站站长黄萍一行3人，受乐红乡党委政府邀请，到乐红乡培训十字绣。

9日，县森林公安局负责人带领民警将两只白腹锦鸡送到龙树乡阿噜伯梁子林区，放归大自然。

10日，第25个教师节，县委书记江先奎、县政府县长保剑等四套班子领导率县委办、政府办、教育局等部门负责人深入县一中、职中、二小、幼儿园、茨院中心小学等学校看望慰问学校教职员工。同日，在县一中召开表彰大会，全校38位在2009年中高考取得优异成绩的老师受到表彰和奖励，获奖教师中最高的奖金达2万元。

11日，县委、政府召开欢送2009年度选聘到村任职高校毕业生会议。

11～17日，县农村人力资源开发办采取送技能下乡方式，在农民家门口开展花椒生产经营技能技术培训，通过3天的理论知识培训和4天的实践操作培训，受训的360余名农村劳动力基本掌握了花椒的栽培和生产经营技术。

12～13日，全县庆祝新中国成立60周年，以“唱响鲁甸、舞动银都”为主题，在县城文化广场举行红色歌·舞大赛活动。县直单位24支代表队参加演出，数万名群众参与观看。

13～18日，梭山乡举办篮球、拔河、歌舞、象棋等活动，向祖国母亲60岁生日献礼。15日上午8点，梭山乡庆祝建国60周年暨彝族火把节文化活动式拉开帷幕。18日，县委常委、组织部长刘雅芸，县政协副主席高永华等领导与全乡2 000多名师生观看演出。

14日，云南省科技厅党组书记、厅长龙江带领科技厅相关处室领导，在昭通市委常委、宣传部长陆琴文，市政府副市长文雅芹及县委书记江先奎、县长保剑等陪同下，到省级粮食高产示范样板和理世实业有限责任公司，对贯彻落实科学发展、科技工作、建设社会主义新农村等问题进行调研。

14日，举行2009年反恐怖实兵演练。

14日，昭通市人大常委会副主任皮永宏一行到鲁甸，在县人大常委会主任雷选忠，县政府副县长窦家义等陪同下，深入龙头山光明村、茨院沿闸村检查《中华人民共和国村民委员会组织法》贯彻落实情况。

15日，县城湖滨小区950个安置门面地基抽签划拨全部完成，小区占地20公顷，道路全长3 150米，河道全长2 950米，基础设施建设总投资4 200余万元。整体规划设计以山为灵、以水为魂，全面集中打造“小桥流水、青瓦白墙、湖光山色”的江南水乡风格，是鲁甸城市建设二次创业的重要内容，是展示县城魅力的一个新亮点。

15日，县工商局邀请部分市、县人大代表、政协委员、县直部门负责人、企业代表和个体工商户代表，召开机关作风评议恳谈会。

15日，县委常委、政法委书记马武荣，县政府副县长白长早一行到龙梭公路建设工地察看建设进展情况。龙梭公路总长55.78千米，预算投资5 200万元。

14日，县政协召开第七届委员会常务委员会第八次会议。听取县教育局《关于齐心协力，打赢“两基”攻坚战》提案办理情况和县监察局《关于落实“新农合”对特困弱势群众的优惠政策》提案办理的情况通报。

15日，全县兑付义务教育阶段在职教师3 895人、退休教师420人，2009年1～9月绩效工资2 580万元。

16日，回族开斋节到来之际，县委常委、副县长铁朝署，县委常委、政法委书记马武荣，县政协副主席、统战部长卢敏带领部门负责人到牛头寨等清真寺慰问。

16日，全县甲型H1N1流感防控工作视频会议召开。

16日，昭通市发改、安监等部门组成的市政府安全生产督察组到鲁甸，在县政府副县长白长早及县发改、安监等部门负责人陪同下到昆华化工厂、昊龙水泥厂、电解锌厂和昊龙采石场等企业对国庆期间安全生产工作进行督察。

17日，昭通市人大常委会副主任连卫民、市政府副市长韩梅、市政协副主席张毅敏一行到鲁甸，在县委常委、副县长铁朝曙，县委常委、政法委书记马武荣，县政协副主席卢敏等陪同下，到马厂、茨院、鸭子塘、小冲等9个清真寺看望慰问阿訇、乡佬和在斋月把斋的回族群众，表达市委、市政府对信教群众的深切关怀。

17日，云南广电网络昭通分公司经理工作会议在鲁甸召开。昭通分公司领导同10县支公司负责人签订安保目标责任书。

17日，昭通市中低产田地改造领导组吕大印副调研员一行到鲁甸调研中低产田地改造工作。

20日，昭通市供电局2009年城农网工程现场会在鲁甸召开，10县区供电公司负责人、部分建设施工单位参观学习鲁甸县城农网工程改造工程。

21日，县委、县政府举办国庆系列活动颁奖晚会。

21日，县委副书记吕磊带领农业、扶贫、畜牧、小寨、荣华生态养殖场负责人赴安宁市考察学习养殖技术。

22日，全县国庆信访维稳安保工作会议召开。

22日，云南省政府中央扩大内需投资项目督查组到鲁甸，在市县领导陪同下，对中央扩大内需投资项目开工建设、配套资金到位和出现问题整改3项目标落实情况进行督查。通过实地查看和听取汇报，鲁甸3个考核目标均达到100%。

22日，全县深入学习实践科学发展观活动第二批总结暨第三批动员大会召开。全县第三批学习实践活动从9月开始，到2010年2月基本结束，主要在11个乡镇79个村4个社区31个中小学校和3个新经济组织中开展，有8 775名党员参加活动。

22日，县安监、消防、文屏镇政府、文屏派出所等部门组成联合检查组，深入辖区易燃易爆场所、公共聚集场所、人员密集场所大力围剿火灾隐患，全面打响国庆安全保卫战。

22日，昭通市政协副主席陈麟一行深入鲁甸调研政协提案办理工作和《提案工作条例》贯彻执行情况。

22日，乐红乡组织有关单位人员开展食品卫生专项检查，对中小学食堂、校园周边200米以内及集镇100余个食品、副食品经营店、露天摊点、小吃店及餐馆食品卫生安全进行拉网式检查，没收销毁劣质、过期、假冒伪劣及“三无”产品100余千克，取缔流动露天摊点5个，为国庆、中秋“两节”创造良好的消费环境。

22日，县教育局与2009年新招聘的129名特岗教师签订《云南省“农村义务教育阶段学校教师特设岗位计划”教师聘用合同书》；各用人学校与2006年137名特岗教师签订事业单位聘用合同，正式转为地方财政编制人员。

23日，理世食品公司总投资1 900万元的第二条土豆片生产线建成投产，每年生产土豆片4 500吨，产值达1.5亿元，实现利税1 500万元。

23日，县委书记江先奎、县长保剑、县委副书记吕磊，县政协主席保明康，县委常委、县委办主任王富泰，县政协副主席马永升领导率发改、国土、安监、环保等部门负责人，对茨院、桃源鸭子塘工业片区，云香瓜籽厂、理世公司生产经营情况进行调研。

23日，全县庆祝新中国成立60周年系列活动“理世杯”老年人体育运动会在文化广场隆重开幕，全县12个乡镇12支代表队、12个老体协下属分会及理世代表队、电力代表队参加比赛，运动员、裁判员、领队和教练员共830人。为期3天，设地掷球、象棋、乒乓球、武术等12个项目。25日晚，完成各项比赛圆满落下帷幕。

23日，云南省文化厅调研组到鲁甸，在县委常委、宣传部部长庄青海等陪同下，到拖姑清真寺、伊斯兰风情园、太阳湖和文体局办公楼，对文化体育工作进行调研。

23～24日，昭通市人大常委会副主任张华贵一行到鲁甸，在县人大常委会副主任王天鹏、县政府副调研员曹继友等陪同下，深入龙头山、小寨、火德红等乡镇，就产业扶贫、易地安置、整乡推进和消除茅草房等扶贫开发工作进行调研。

24日，云南省彝族学会彝族文化专家一行在昭通市民宗、文体等部门负责人陪同下，到鲁甸考察彝族文化的起源和发展。

25日，县第一小学举行"祝福祖国"为主题的庆祝新中国成立60周年"红歌"大赛，全校1 500名小学生用歌声为祖国生日祝福。

25日，县科协、科技局牵头，卫生局、环保局、水利局等7个部门参与，在县城文化广场举办"全国科普日"宣传咨询活动，发放宣传材料2 000余份，解答群众咨询200多人次。

25日，县委副书记吕磊，县委常委、组织部长刘雅芸，县人大常委会副主任、总工会主席马梅率领县总工会、老干局等部门负责人到老党员、老干部家中慰问。

25日，县委常委、宣传部长庄清海，县政协副主席丁世章等领导到县级各医疗机构，对甲型H1N1流感防控工作进行检查指导。

25～28日，县政府组队，在县长保剑带领下到重庆参加昭通苹果推介展销会。

26～27日，县总工会、人力办在总工会召开农民工代表和困难职工座谈会，发放月饼和慰问金。

26日，县公安局在县城小广场举行国庆60周年安保攻坚战退赃大会，县人大常委会副主任阮曙光，县政府副县长、公安局长王文生，县政协副主席丁世章等领导出席退赃大会。

28日，鲁甸县委被国务院表彰为"全国民族团结进步模范集体"。县委书记江先奎到北京出席第四次全国民族团结进步表彰会，参加新中国成立60周年国庆观礼。

28日，全县党政机关干部、社会团体、部分教师学生代表、社会各界群众相聚崇文阁举行祭孔大典，庆祝孔子诞辰2 560周年。县委、县人大常委会、县政府、县政协及相关部门、各界人士进献花篮，教师代表、学生代表发言。县委常委、常务副县长张登敏代表县委、县政府宣读祭文，并敲响教育警钟，号召社会崇文尚学，尊师重教。

28日，县爱卫会组织成员单位对县城环境卫生详细检查。

28日，县工商、质监等部门联合开展以县城商场、超市、批发市场、城乡小食杂店为重点的中秋月饼市场专项整治行动。出动执法人员150人次，检查经营户109户、食品超市15家、小商店54家、月饼摊点12户，对1家进销货台账和索证索票、不合格食品退市制度落实不规范的食品经营户下发责令改正通知单，限期改正。

28日，江底乡仙人洞村扶贫开发易地安置项目开工奠基，项目总投资75万元，工期9个月，计划安置贫困群众33户，修建抗震砖木房屋66间，配套工程包括厕所、畜圈、道路硬化、通水通电。

28日，县地方税务局组织部分行政、企事业单位、财务人员和税务人员进行税收业务知识培训。邀请昭通永信会计师事务所所长、昭通财校资深教师陈勇授课。共120人参加第一批培训。

28～29日，茨院、龙头山、文屏、水磨镇、桃源等乡镇召开第三批学习实践科学发展观活动动员大会。

29日，鲁甸公路路政管理大队成立。

30日，昭通市公安局党委书记、常务副局长王宇到县公安局检查指导公安工作。

10月

1日，文屏镇普芝噜集镇农产品贸易首日开市，到市群众1万余人，市牲畜近1 500头（只）、家禽600余只，达成牛、羊交易15起，交易额6万余元。

1日，昭通市扶贫办郑大明副调研员到江底乡仙人洞村参加易地安置工程奠基仪式。

9日，县委书记江先奎、县长保剑、县委副书记吕磊，县委常委、副县长铁朝曙等领导到县广播电视局检查指导工作。

10日，鲁甸、昭阳两县区协调会议召开，共同协商昭鲁快捷通道、昭鲁大河综合治理规划设计等工作。县政府县长保剑、副县长白长早，昭阳区副区长彭霓等领导出席会议。

12日，县委、县政府召开专题会议，对文屏山森林公园建设总体规划设计方案进行修改审定。

12日，昭通市昭巧二级公路建设管理处在鲁甸举行揭牌成立仪式，市政府副市长邬永飞、县长保剑为管理处揭牌。昭巧二级公路全长129公里，总投资21.5亿元，公路建设涉及昭阳、鲁甸、巧家3县区10乡镇20余村。

12日，云南省文史馆副馆长苏建华、张勇一行到定点挂钩扶贫的龙头山镇进行帮扶。

13～14 日,县农业系统近 150 人在县农业局参加昭通市 2009 年第二期农业系统行政执法培训会议。

14 日,县工商系统首批“一会两站”在茨院乡挂牌成立。“一会两站”即依托乡政府、街道办事处和工商所建立乡镇、街道消费者协会分会,以村和社区为单位建立消费者投诉站和12315联络站。

14 日,县卫生系统召开第三批学习实践科学发展行业指导培训会。

15 日,全县社区矫正工作推进视频会议召开。全县接收社区矫正对象 31 名。

15～16 日,昭通市农业局、市统计局、永善县、绥江县等市、县农业部门组成检查考核组深入小寨乡、龙头山镇对 2009 年农业重点工作进行检查考核。通过对照考核内容及评分标准,鲁甸得分 108.79 分。

16 日,四川省珙县政协考察组到鲁甸,在县政协和相关部门负责人陪同下,参观考察太阳湖、文化广场、县城新区建设情况。

16 日,县畜牧兽医局邀请相关部门人员举办听证会,对生猪产业项目预定方案进行研究、审查,广泛听取各方意见和建议。县人大常委会副主任王天鹏、县政府副县长窦家义、县政协副主席高永华参加听证会。

19 日,县公安局文屏派出所巡逻中队正式成立。

19 日,县广电、工商、公安等部门组成联合执法大队,在全县范围内开展地面卫星接收设施集中清理整治活动。

19～21 日,云南省扶贫基金会秘书长余明尧一行到鲁甸,在县委常委、副县长铁朝曙,县人大常委会副主任阮曙光等陪同下,深入桃源乡拖姑村检查验收肉牛标准化养殖示范项目。

20 日,县老龄委在龙树、茨院、小寨等乡镇举行老年人保健补助金发放仪式,向 80 岁以上的老年人发放保健补助,全县有 80 岁以上老人 3 171 人,共发放保健补助金 44.4 万元。

20～21 日,昭通市人大常委会副主任陈绍余及部分市人大代表到鲁甸,对工业经济发展情况和民生保障工作进行视察。

21 日,昭通市公安局治安支队长欧鹏带领全市第四期治安民警培训班 120 余人到鲁甸召开现场会,并到文屏派出所、保健社区警务室检查指导工作。

22 日,云南省志办主任李一是、省志办主任助理袁丽萍、杨宏,保山市志办主任蒋国安一行 7 人,在昭通市志办副主任聂顺荣、《昭通市志》主编王文福、昭阳区志办主任张宁等陪同下到鲁甸,对第二轮地方志编修工作进行调研。县委常委、宣传部长庄清海、县人大常委会副主任王天鹏等陪同参观考察了太阳湖、崇文阁、文化广场和县城新区。

22 日,县纪委、监察局在新街乡举行关于追缴强农惠农资金及“一卡通”发放仪式,将追缴回的 16 986 元现金和 15 户存折发放给 15 户当地农民,有效维护农民群众的利益。

23 日,全县农业产业结构调整暨新能源建设工作会议召开。

24 日,云南省人大常委会原副主任、省志编委副主任吴光范,省志办主任助理郭刚、省志办副调研员温益群、云南大学教授赵翠兰一行 6 人,在昭通市志办主任范孝懿等陪同下到鲁甸,对金沙江流域进行考察,对第二轮地方志编修工作进行调研。县政府县长保剑,县委常委、副县长铁朝曙陪同考察调研,

24～27 日,云南省政府“两基”检查评估组到鲁甸,对“两基”工作检查评估验收。听取汇报后,分成 6 个小组奔赴各乡镇,对两基工作进行实地检查。通过对照评估验收标准严格检查后,同意全县“两基”工作通过省级检查评估。

26 日,县公安局综合业务用房开工奠基。

26 日,九九重阳敬老节座谈会在县政府会议室召开。全县离退休老干部、老同志代表参会。

26～28 日,昭通市委、市政府组织“百场演出进百村”及全县第三批学习实践科学发展观活动文化下乡演出,深入龙头山、乐红,小寨 3 个乡镇进行文艺汇演。

28 日,县委组织部、民宗局开展少数民族干部培训,各乡镇和相关部门 120 名少数民族参加培训,县委常委、组织部长刘雅云到场指导,昭通市民宗局长童成清应邀讲课。

28 日,全县 2009 年征兵工作会议召开。

29 日,全县水稻机收现场会召开,对收割机、微耕机、农用拖拉机等 10 余种农业机械进行现场操作表演和展示。

29～30 日,县委副书记、县长保剑,县委常委、

县委办主任王富泰，县委常委、宣传部长庄青海，县政府副县长窦家义、县政协副主席高永华等领导带领财政、农业、科技、建设等部门负责人到火德红、江底乡调研秋马铃薯种植、核桃产业发展和集镇建设、新农村建设等工作。

30日，出席川滇毗邻地区无线电管理工作第四次联席会议的8个地州领导到鲁甸，就城镇化建设工作参观考察。

30日，县人事和劳动社会保障局举行2009年工伤保险待遇支付仪式，向企业负责人、职工宣传加入工伤保险政策，向企业职工工伤家庭一次性兑付70多万元补助金。

31日晚，佳艺琴行在县城文化广场举办第二届银都之韵专场音乐会。118名少年儿童参加演出，最小年龄4岁，最大年龄16岁。

11月

1日，县人民武装官兵部与文屏镇工作人员走上街头，宣传征兵新政策，鼓励有志青年积极相应国家号召踊跃参军。

1日，中国回族学会专家学者在省市回族学会负责人陪同下到鲁甸，在县政协副主席、统战部长卢敏及县回族学会负责人陪同下，参观拖姑清真古寺、龙头山清真寺、伊斯兰文化风情园，品尝独具特色的回族小吃。对回族风俗、饮食文化、清真寺建筑进行考察。

2日，鲁甸组织281名农民工到长三角、珠三角务工，掀起全县冬季农村劳动力转移输出高潮。昭通市委副书记、市长王敏正，县委副书记、县长保剑等领导到昭通火车站为外出务工人员送行。

4日，茨院乡在沿闸村召开2009年核桃暨抚育现场会。县长保剑，县委常委、副县长铁朝曙，县人大常委会副主任马梅及县直相关部门负责人到场指导。

4日，昭通市环保工作检查组到鲁甸，专项检查“七彩云南.鲁甸保护行动”工作。

4日，县农业局组织农业技术干部到龙树、新街、水磨等乡，对2009年秋冬农业生产工作落实情况进行调研。

5日，县委、县政府在桃源乡召开民族乡经济社会发展现场办公会，集中研究加快鲁甸民族地区发展的新途径、新办法。

6日，县委副书记、县长保剑，县委常委，纪委书记王粟，县委常委、宣传部长庄青海，县政府副县长窦家义等领导带领农业、水利、林业、科技、扶贫、畜牧等部门负责人到新街、龙树两乡镇调研农业产业结构调整。

6日，以中国海洋石油服务股份有限公司油田生产事业部党委副书记王平为组长的检查组和云南省青基会负责人到鲁甸，在县委常委、常务副县长张登敏，县委常委、组织部长刘雅芸等领导陪同下，到火德红乡张家坪小学、江底乡大白路希望小学检查项目资助修建的希望小学工程。

7日，昭通市委常委、昭阳区委书记马吉林带领市政府秘书长余扬举及市直相关部门、昭阳鲁甸两县区政府、投资开发公司领导到新街乡，就大山包景前服务区选址进行踏勘调研，确定下小石岩为大山包景前建设点。大山包景区2003年晋升为“黑颈鹤国家级自然保护区”，2004年被国际湿地公约组织列入“国际重要湿地”名录，年内被云南批准为10个国家公园之一。按照市委、市政府国家公园开发规划，把新街乡、梭山乡部分区域也纳入景区建设，并将服务区定在进入大山包景区重要驿站的新街乡。

8日，县总工会举办100名农民技能培训班在文屏镇砚池山村开班授课。

8日，鲁甸消防大队与志愿者消防宣传队在文化广场开展消防宣传活动。

8日，火德红乡银厂村第一届核桃专业合作社成立大会召开，选举产生第一届理事会成员5名。

9日，县农业局秋冬农业生产工作组在江底乡仙人洞村召开冬油菜种植现场会，200多人参加培训会。

10日，以“祝福祖国、建设祖国”为主题的鲁甸县“长城建安杯”篮球运动会在文化广场隆重开幕。运动会历年来规模最大、规格最高的一次篮球赛事，全县28支代表队、300多名运动员参加比赛，运动会为期10天。20日闭幕，长城建安女队、江山建筑男队夺冠。

10日，县农业局农机管理中心组织工作人员深入桃源、茨院、龙树等乡镇开展农机购置补贴宣传活动。全县已完成2009年度农机购置补贴100万元，补贴大型拖拉机23台、微耕机90台、联合收割机4台。

11日，昭通市工商局2009年行政执法评议考核工作会在鲁甸召开。

12日，县政协召开《鲁甸文史资料》第五、六集编审稿工作座谈会。

12 日，云南省尾矿库专项整治工作检查组到鲁甸，在市县领导陪同下，深入乐红矿山和龙头山八宝银矿，检查企业尾矿库整治工作。

13 日，昭通市计生委主任龙波带领检查考核组代表市政府深入鲁甸，就 2009 年度人口与计划生育工作目标责任制落实情况进行考核评估。

13 日，云南省公安厅现役办副主任范春云一行到鲁甸，在市县领导陪同下到消防大队，对部队管理、执勤备战、车辆器材装备等工作全面检查。

14 日，昭通市扶贫办主任高顺照一行深入小寨乡检查指导整乡推进工作。

16～17 日，昭通市人大常委会农工委主任黄琦在县委常委、副县长铁朝署，县人大常委会副主任阮署光和市县民政部门领导陪同下，到龙树、桃源和茨院乡调研农村低保资金管理使用情况。

18 日，县委副书记、县长保剑带领政府办、财政、农业、林业、水利、计生、信用联社、电信等部门负责人到龙头山镇翠屏村向阳坡村民小组调研农业农村工作。

18 日，县十四届人大常委会第 11 次会议召开，19 人出席会议。

19 日，由县残疾人联合会举办的全县残疾人理发美发培训班开班，30 名残疾人学习理发美发技能。培训为期 10 天。

19 日，昭通市委督察室、市委组织部人员到鲁甸调研基层组织建设、村级活动场所建设情况。

19 日，全县昭巧二级公路建设专题会召开，昭巧二级公路全长 132 千米，概算投资 22 亿元，其中昭鲁快捷通道总长 19.64 千米，是市委、市政府确定的 2011 年 6 月 30 日前打造的 11 县区 9 条二级公路之一。

20 日，全县昭巧二级公路鲁甸段建设征地拆迁现场会召开，昭巧二级线鲁甸段 44 千米，其中鲁甸县城至昭阳区边界段长 11.39 千米，设计为双向四车道＋景观河道＋人行道高规格路面，工程概算 4.74 亿元。

20 日，《鲁甸年鉴》在云南省第八届年鉴优秀成果评选中，2008 年版年鉴获综合一等奖，2007 年版年鉴获框架设计奖。

22 日，昭通市政协调研组到鲁甸，在县委常委、常务副县长张登敏，县政协副主席卢敏及统战部、民宗局等部门负责人陪同下，深入理世土豆片厂、龙头山、拖姑清真寺，政务服务中心、人事局、监察局查看资料和座谈、了解“四项制度”和宗教场所人员生活补助落实情况。

23 日，县委、县政府召开林业产业会议，总结全县林改主体工作。2007 年 5 月，全县启动林改主体改革工作，2009 年 7 月 9 日，通过昭通市林改领导小组检查验收，综合评分 96.25 分，评定为优秀等级。10 月 16 日，全面启动“回头看”工作，县林业局抽调出 107 名干部职工组成 6 个大组 4 个技术小组，以面积核查为重点、以提高均山到户率为重点，及时动员组织群众认真进行核对，对林农有异议的进行复查。

23 日，全县 2010 年计划生育工作会召开。对 2009 年计生工作中表现突出的先进集体和个人进行表彰奖励。

24 日，以昭通市扶贫办副主任锁燕为组长的调研组到鲁甸调研扶贫工作。调研组对小寨乡核心区大寨点整乡推进、大坪村委会建设、小额信贷扶贫工作，龙头山镇整村推进、光明村花椒产业，火德红乡茅草房改造进行调研。

24 日，全县第二批学习实践活动“回头看”暨第三批学习活动转段会议召开。

25 日，县政府副县长窦家义带领农业、水利等部门人员到江底乡对石漠化综合治理工作调研。

25 日，县委书记江先奎，县委副书记、县长保剑，县政协主席、县工业领导组组长保明康等领导率相关部门负责人到昭通市供电局洽谈 220 千伏安变电站和解决近期电力供应较为紧张的局面。

25 日，全县第四轮全球基金中英项目艾滋病项目骨干培训会在县民宗局举行，县委常委、政法委书记马武荣，县政协副主席、统战部长卢敏到会指导，全县 84 所清真寺教长、管委会主任，县委统战部、民宗局，文屏、桃源、茨院 3 乡镇民宗所人员 200 人参加培训。发放宣传册 1.8 万份。

25 日，县委副书记吕磊带领文屏、桃源、茨院 3 个乡镇党政领导深入文屏镇大坪子村和江底乡郑家坪子组，对已建和在建新农村建设情况进行调研、观摩、指导。

26 日，全县 5 个检查考核组分赴综治维稳成员单位，对 2009 年度综治维稳、平安创建工作进行全面检查考核，对 12 个乡镇及综治维稳成员单位进行政绩考核。

27 日，昭通市委常委、副市长何刚带领市经委等部门领导到鲁甸，调研工业经济运行情况。

27日，昭通市烟办主任陈守荣一行到鲁甸，在县政府副县长窦家义陪同下深入小寨、龙头山查看项目沿线选址情况，调研农业烟水配套二期工程落实及2010年烟叶种植布局情况。

27日，县农广校、经管站联合县人力资源开发办在水磨镇铁厂村开展马铃薯生产经营及栽培技术培训。

27～28，昭通市委书记夜礼斌带领市农业、交通、教育、供电等部门负责人到鲁甸，在县委书记江先奎、县长保剑等陪同下，深入文屏、火德红、江底、龙树、水磨等乡镇调研畜牧业发展、秋冬农业开发、中小学校舍建设、小集镇及新农村建设等相关工作。

30日，鲁甸银监局联合公安、工商等部门组成宣传组，在县城举行防范打击非法集资宣传活动，发放宣传扑克600副，宣传单2 000份。

30日，县防火安全委员会在消防大队四楼会议室召开冬春旱季防火工作联席会议。

30日，县委书记江先奎、县长保剑等领导到小寨乡召开整乡推进现场办公会，实地查看整乡推进项目实施进展情况。

12月

1日，云南省财政厅、扶贫办、农业厅等部门联合组成调研组到鲁甸，在县政府副县长窦家义及市县相关部门负责人陪同下，深入小寨、江底、文屏等乡镇，就农村人力资源开发和异地扶贫安置两项工作及资金使用情况进行调研检查。

1日，县委、县政府在文化活动中心举行一场主题为"吉祥古尔邦"大型文艺晚会。县四套班子领导、相关部门负责人、民族宗教界人士、各清真寺教长、管委会主任500多人观看文艺演出。

1日，桃源回族乡箐门清真寺举行欢度古尔邦节仪式。市、县相关部门人负责人、桃源乡党委政府领导、在箐门安居落户原渔洞水库汉族同胞与回族群众共同欢度节日。

2日，小寨中学举行建校庆典活动。县委常委、常务副县长张登敏，县委常委、组织部长刘雅芸，县政府副县长窦家义等领导，相关部门、乡镇、市直部门、企事业单位、中小学负责人，家长代表和学校全体师生1 000余人参加庆典活动。

2日，全县第六期中英西南基础教育项目教师培训班正式开班，梭山、乐红、火德红乡的464名小学教师接受为期4天培训。全县已有2 719名中小学教师接受项目培训。

2日，县委办、老龄办等部门人员到文屏镇岩洞村对2009年"扶五老、解两难"项目建设检查，一致同意通过县级验收。

2日，昭通市检察院检察长施建邦一行到县检察院检查指导工作，县委常委、政法委书记马武荣，县人大常委会副主任阮曙光、县政协副主席丁世章陪同检查。

3日，县政府副县长窦家义率农、林、水等涉农部门负责人到龙树片区，就农业生产开发工作进行调研，

4日，县委副书记吕磊，县委常委、副县长铁朝曙，县人大常委会副主任马梅等领导带领县农业、财政、扶贫、广电、妇联等部门负责人到小寨乡调研整乡推进工作。

4日，县委常委、组织部长刘雅芸带领党建办、财政、建设、国土等部门负责人，深入江底乡坡脚、大水井、水塘、江底村和新街乡闪桥、坪地营村督促检查村级组织活动场所建设工作。

4日，全国法制宣传日。县普法办牵头，司法、交通、卫生、计划生育、妇联等10多家成员单位组成宣传队，在县城街心花园小广场举行声势浩大的法制宣传咨询活动。

4日凌晨3点10分左右，县城东正街发生一起火灾，1位七旬老人不幸遇难。

4日，现代烟草农业暨昭鲁大型灌区项目施工合同在项目指挥部正式签订，项目计划总投资8 400余万元，主要包括烟水工程及机耕路建设，其中烟水工程涉及小寨乡白草坪到龙头山镇光明村沿线，受益群众近7 000户，辐射基本农田3 400公顷，受益基本烟田2 787公顷。计划2010年6月竣工投入使用。

4日晚，县公安和盐务办等部门工作人员开展突击行动，依法捣毁藏匿于文屏镇联合村柳树闸村民小组的1个食盐制假窝点，查获假冒碘盐71吨。

5日，县委副书记吕磊，县委常委、副县长铁朝曙，县委常委、县委办主任王福泰带领县建设、扶贫、新农村建设办公室等部门负责人及文屏、桃源、茨院、江底、小寨等乡镇领导到贵州威宁县参观考察、学习借鉴新农村建设和民居房改造等工作经验。

7日，县农业局、农开办等部门联合在文屏镇马

鹿沟村开设农民工综合素质培训班，近200名群众到场学习实用技术。

7日，全县“防范100天、平安过两节”专项行动视频会议召开。

7日，全县第四届小学片区教育教学研讨会在龙头山镇中心小学举办。龙头山、乐红、小寨3个乡镇骨干教师近200人参加观摩研讨。市县部分特级教师、专家到会交流研讨。

7日，县委书记江先奎、县长保剑，县委常委、县委办主任王富泰，县委常委、政法委书记马武荣率县委办、政府办、财政、交通、国土等部门负责人到水磨、梭山、龙头山等乡镇对龙梭公路、黄角树、天花板电站等重点工程建设进行调研。

7日，县城工商路改造已全面启动。宽10.5米。

8日，全县2009年冬季征兵定兵工作会议召开。冬季征兵任务63人，10日，第一批10名新兵启程前往北京军区65军服役。17日，第二批53名新兵前往大理和曲靖武警部队服役。

8日，乐红乡在新林村召开核桃种植移栽培训现场会。全乡各村的支书、主任和100多名核桃种植户参会。

9日，云南省计生委副主任吴莉华一行在市县领导陪同下，到定点挂钩帮扶水磨镇慰问困难群众，实地察看省计生委援助项目情况。

10日，水磨镇新棚村人口婚育文化大院建成。

14日，桃源乡组织召开“防范100天·平安过两节”专项行动工作会议。

14日晚8时，县公安局警民联动平台全线开通，全县11个乡镇正式实现警民联动“零距离”。同时，全县12个乡镇开展“苦战百日，保春节平安”集中整治行动。文屏镇党委政府领导、民兵、村干部及文屏派出所民警、交警等100多人组成行动组，在全镇4个社区、6个村民委员会范围内开展声势浩大的集中整治活动。

15日，昭通市委政法委副书记马卫东、市中级人民法院执行局长王德俊一行，在县委常委、政法委书记马武荣陪同下到县人民法院，检查清理积案整改、查缺补漏工作情况。

15日，县政府副县长窦家义率县委办、政府办、农林水、财政、交通部门负责人和火德红、江底两乡党委政府领导，到机车村查看论证取水水源。同时召开水资源综合利用听证会。

15日，云南省人口和计划生育委员会副主任金桂兰一行到鲁甸，向挂钩部门县政法委捐赠5台电脑和5台打印机。同时，调研全县综治维稳和计划生育工作。

15日，县卫生局主办的县第四届第12次老年人运动会，经过20天比赛，408名老年运动员参加12个项目比赛，其中134名老年运动员获得奖项。完成预定任务圆满落下帷幕。

16日，全县党外干部培训会召开，昭通市委统战部副部长曹内彬、市委党校教授李朝清到会授课，62名党外干部参训。会期1天。

16日，水磨镇召开2009年计生工作会议。

17日，昭通至巧家二级公路工程开工仪式在文屏镇柳树闸村三角花园举行。昭通市委副书记张登亮、市政府副市长邬永飞、市政协副主席赵洪乖，昭阳、鲁甸、巧家三县区四套班子和相关部门领导，公路建设施工、监理单位负责人，三县区沿线乡镇干部群众千余人参加开工仪式。昭巧二级公路起于昭通南通道经龙山寨、西门垭口、月亮湾等地至巧家金塘，全长132千米，其中昭通至鲁甸县城19千米，设计时速为60千米；西门垭口至巧家金塘113千米，设计时速为40千米。设计大中桥76座，隧洞29座，工程概算投资21.9亿元。通过公开招标，重庆建工集团有限公司中标建设。2011年6月竣工。市委副书记张登亮下达开工令。市县和相关部门领导为昭巧二级公路工程启动建设培土奠基。

17日，昭通市委承办的全省扶贫开发现场筹备工作推进会在鲁甸召开，市委副书记张登亮、市政府副市长邬永飞、市政协副主席赵洪乖出席会议。市直相关部门和昭阳、鲁甸、巧家三县区班子领导参加会议。

18日，江底乡召开学习实践科学发展观专题民主生活会。

18日，鲁甸供电公司邀请行风监督员和客户代表召开座谈会，广泛听取各方意见和建议，主动接受社会监督。

18日，县一中在校内举行“舞动青春”全国第三套中学生广播体操比赛，全校50个班4 000多名学生参加比赛。

18日，县政府副县长窦家义、县政协副主席高永华带领农业、林业等部门负责人到江底乡，检查指导核桃产业管理抚育工作。

18日，县农业局农机管理中心10多位农机技术员到龙树乡，组织龙树、新街、水磨3个乡镇的农用机动车驾驶员300多人集中培训，学习道路交通安全法律、法规等交通安全知识。

21日，县农业局召开农业工作总结会。

21日，县移民办召开2009年工作总结会。

22日，龙树特色小集镇改造建设县级评审研讨会召开。县委副书记吕磊，县委常委、纪委书记王粟，县委常委、副县长张登敏，县委常委、宣传部长庄青海、县人大常委会副主任王天鹏、县政府副县长窦家义、县政协副主席高永华及发改、建设等部门负责人和部分乡镇领导参加评审研讨会。龙树特色小集镇改造建设由重庆仁豪城市园林勘测设计院设计，预计投资1 546.18万元，2010年1月1日前动工，主要针对现有1.8千米老集镇不同类型的房屋因地制宜改造建设，工程包括集镇住户房屋改造，排水沟、污水处理池改造兴建，集镇街道、巷道硬化绿化，集镇路灯、饮水管网、电信、电网线路等基础设施建设，2010年5月底全面完成，集镇改造建设后，分为文教生活段、行政商业段、特色居住段3个部分。

23日，县委、县政府召开工业经济发展专题办公会议。

23日，县政协第七届委员会常务委员会第九次会议召开，会议听取县委办、政府办负责人关于县政协七届二次会议提案委交办提案办理情况的通报。

23日，县委、县政府邀请云南民族学院经济学院院长高梦滔一行到鲁甸，对“十二五”规划进行对接，确保项目有效整合。

23日，昆明市东川区林业局组织考察组到鲁甸县，对核桃种植情况进行考察。

24日，江底乡在水塘村召开核桃移栽现场会，各村支书、主任、村民小组长和核桃种植群众200多人参会，县林业局核桃专家到现场进行技术培训。

24日，昭通市渔洞水库管理局长胡智雄一行在县政府副县长窦家义及县烟办、水利局等部门负责人陪同下，到渔洞水库昭鲁大型灌区，就渔洞水库昭鲁大型灌区项目建设调研。工程项目总投资8 417.92万元，项目建设完工后，小寨、龙头山两乡镇6个村委会142个村民小组3 200公顷基本农田直接受益。整个项目工程分8个标段同时进行施工作业。11月20日开工建设。

24日，县老干局邀请昭通市第一人民医院养身保健专家殷铭芳医生为老年人开展养生保健专题知识讲座。

24日，巧家、鲁甸两县召开牛栏江水电开发工作协调会议。

25日，鲁甸县工业园区管委员会正式挂牌成立。昭通市经委领导、县四套班子领导、县直有关部门负责人和各企业厂长、经理100余人出席仪式。

25日，昭通市发改委和县发改局根据《云南省人民政府办公厅转发省发改委关于深化水价改革、促进节约用水、保护水资源实施意见的通知》要求，结合鲁甸供水企业现状，依法联合召开县城供水价格调整听证会。县委常委、常务副县长张登敏及部分消费者、经营者代表，人大代表、政协委员、纪委代表和经济法律方面的专家学者、政府部门、社会组织有关人员及旁听人员等参加听证会。

25日，全县2009年度财政决算工作会议召开。

25日，县公安局、供电公司召开防范和打击涉电违法犯罪工作座谈会，2009年取得电力设备盗窃和破坏案件实现零发案的好成绩。

25日，县森林防火指挥部人员到江底乡开设森林防火培训班。

25日，桃源乡党委政府在核桃移栽现场会召开，县林业局核桃栽培管理专家到现场进行技术培训。

26日，云南省督查组到鲁甸县，对“县乡平安出行”创建活动暨丘北经验推广工作进行检查。

27日，县委书记江先奎、县长保剑一行带领部分县级领导和相关部门负责人到小寨乡，对整乡推进工程进行调研。到湖滨小区建设工地察看工程建设进展情况。湖滨小区建设占地20公顷，规划设计有1 000余套具有江南民居建筑风格的房屋，道路全长3 150米、宽20米，河道全长2 950米，预计总投资近3亿元。

27日，昭通市工商局督察调研组一行到鲁甸，对县工商局2009年各项工作全面督查调研。

28日，县城文屏山森林公园开工暨捐赠仪式在少数民族文化活动中心举行，县四套班子领导和县直各有关部门负责人参加开工暨捐赠仪式，公园计划总投资6 000万元，通过2～3年时间把文屏山森林公园打造成集观光休闲、度假娱乐为一体的昭鲁坝子最具特色的森林公园，在山顶后侧建设百亩优质桃园、百亩优质梨园。一期工程重点打造建设上山人行石梯路网、休息室、环山公路和生态公园等设施，投资700万元，工期1年。

28日，县公安、安监、工商、质监、文体等部门联合在全县强势铺开"乌蒙平安夜"消防安全大检查专项行动。对网吧、大型超市、KTV等娱乐场所进行检查。

28日，昭通市委考核组一行到鲁甸，就2009年推进惩防体系建设、党风建设目标责任制、党建工作目标责任制进行检查考核。同时对市管干部进行年度考核。

29日，昭通市人大民族宗教外事侨务工作委员会主任舒龙军一行到鲁甸，在县委常委、副县长铁朝曙，县人大常委会副主任马梅等陪同下，到清真食品企业，了解清真食品生产经营各个环节，就全县清真食品管理工作专题视察调研。

29日，中英西南基础教育项目专家组专程到桃源中心小学，开展为期3天的"基地式"课堂教学活动，桃源中学、中心校和大水塘小学教师118人参加观摩学习。

29日，县委、县政府召开固定资产投资和城市建设工作会议。

30日，昭通市委副书记、市政府市长王敏正率市委常委、宣传部长陆琴雯，市政府副市长韩梅、胡月星，市政府秘书长余扬举及市建设、旅游、发改、国土、林业、环保、开发投资公司和昭阳、鲁甸两县区党政负责人，到新街乡至大山包黑颈鹤国家级自然保护区公路沿线，对大山包风景区宾馆等景前区建设项目选址实地踏勘，就大山包风景区景前区建设项目相关事宜进行专题研究和安排部署。

30日，县委副书记吕磊，县委常委、副县长铁朝曙带领扶贫办、城建局、妇联和电信局、移动公司等部门负责人，到小寨乡调研整乡推进工作进展情况。

30日，昭通市文工团编导一行到小寨、龙头山等乡镇，就"整乡推进"工作进行采风。

30日，县政协召开提案工作会议，通报2009年提案办理情况。

（晏　权　辑录）

全县概况

编　辑:晏　权

2010年2月23日,县政协第七届委员会第三次会议召开

(周迎春　摄)

2009

地理位置　鲁甸县位于云南省东北部，昭通市西南部，牛栏江北岸。东北与昭阳区相连，东南与贵州省威宁县毗邻，南部、西部和会泽、巧家县隔牛栏江相望，国土面积1 487平方千米，属金沙江水系。距昆明市310千米，昭阳区27千米。全县有耕地32 203公顷，其中水田2 314公顷；森林4.6万公顷，森林覆盖率30.96%。2009年总降水量856.1毫米，年平均气温12.8℃。

政区人口　2009年末，全县辖文屏、龙头山、水磨3镇，桃源、茨院、小寨、江底、火德红、龙树、新街、梭山、乐红9乡，84个村（居）民委员会，1 636个村民小组。有110 664户418 626人，其中男219 243人，女199 383人，非农业人口27 101人，农村劳动力213 343人；少数民族人口84 298人，占总人口的20.14%；其中回族70 508人，彝族10 239人，苗族2 523人，布依族450人，壮族379人，白族84人，蒙古族12人，哈尼族19人，傣族12人，满族13人，傈僳族5人，水族6人，藏族4人，拉祜族4人，普米族2人，瑶族2人，纳西族、佤族各1人，其他族34人。年内出生9 479人，出生率14.21‰；死亡1 210人，死亡率5.71‰；人口自然增长率8.50‰；每平方千米282人。

经济概况　2009年，是鲁甸极其困难的一年。全县经济结构单一，资源型产业比重较大，受金融危机影响深重，保增长、保民生、保稳定遇到前所未有的压力。一季度全县有色金属采选业产值同比下降61.8%，工业增加值同比下降11.1%，企业亏损2 191万元，规模以上工业企业停产、半停产达40%，直接导致地方财政一般预算收入同比下降43%，保增长形势严峻。随着金融危机不断扩散和蔓延，沿海大量企业关停、倒闭，全县40.4%的农民工失业返乡，保民生压力剧增。重大、敏感节点多，国庆安保要求高，保稳定任务十分繁重。在严重困难面前，准确把握形势，在挑战中寻机遇，在困境中求突破，在危机中谋发展，把保持经济平稳较快发展作为首要任务，突出重点，统筹兼顾，作出一系列重要部署，采取一系列重大举措，团结带领全县广大干部群众奋力拼搏。经济社会发展取得显著成绩，全县保增长成效明显，保民生力度空前，保稳定措施扎实。全年完成国内生产总值188 566万元，比上年增长16.8%，其中第一产业60 420万元，占32%；第二产业80 026万元，占42.4%；第三产业48 120万元，占25.6%，比全省高4.7个百分点，比全市高4.1个百分点，增幅居全市第二；人均国内生产总值4 946元，比上年增469元。粮食生产创历史新高，达13.74万吨，增长10.9%，农民人均纯收入实现增长17.4%；完成工农业总产值（现价）237 644万元，比上年增24.9%（按可比口径算）。工业经济发展经历止跌、回暖、趋稳到快速回升的积极变化，实现工业产值增长34.8%，增幅居全市第二；项目争取和投资创历史最好水平，共争取扩大内需项目32个2.08亿元，占全市14.4%，完成固定资产投资增长20.3%，办成一大批多年想办而未能办成的事，为鲁甸发展插上腾飞的翅膀；财政收支创单年历史之最，财政总收入完成2.34亿元，增长10.4%，地方一般预算收入首次突破亿元大关，增长15.6%，财政支出增长32.7%。年内，群众得到的实惠最多，全年新建校舍5.1万平方米，文化、卫生、老有所养设施1.2万平方米，解决7.9万人饮水问题。

农业生产　2009年，狠抓农业投入和科技支撑，“三农”工作呈现“四高、四快、四加强”的新局面。四高：财政支农投入历史最高，达12 346万元，增长10.1%；农民人均纯收入历史最高，实现2 336元，增长17.4%；粮食产量历史最高，达13.74万吨，增长10.9%；烤烟生产历史最高，全面完成902.5万千克烟叶收购任务，实现收购总值13 213万元。四快：农业总产值快速增长，达8.15亿元，增长7.9%；畜牧产值快速增长，达3亿元，增长13.7%；劳务经济快速提升，实现务工收入4.1亿元，增长11%；中低产田改造快速推进，改造3 946.67公顷，占任务的200%。四加强：一是产业结构调整明显加强。新植核桃1.3万公顷、花椒0.4万公顷，全县核桃面积达4.07万公顷、花椒1万公顷，总量居全市首位。实现蔬菜产值1.2亿元，增长23.7%。发展“两会一社”22个。完成样板桑园建设141.80公顷，新植桑园38.00公顷，全县桑园面积达0.17万公顷；全年养蚕四季、发种2 530张，产鲜茧112.7吨、产值227.65万元，较上年增收127万元，增纯收入80万元。完成冬油菜补贴16万元，对种粮食农民农资综合补贴1 680.17万元，水稻、玉米、小麦等良种补贴313.5万元，农机购置补贴99.98万元，合计完成各种补贴发放2 109.65

万元。二是水利基础设施建设明显加强。新增和改善灌溉面积0.18万公顷,解决7.9万人、4.36万头大牲畜饮水问题。投入4 286.5万元,完成现代烟草农业一期工程建设。启动实施月亮湾中型水库前期工作;完成大岩脚、猫鼻子、南筐、尹家海子、大埝塘、六块田、龙潭上7座病险水库大坝安全鉴定;续建完成秧田冲、砚池山、李家龙潭、燕麦地病险水库除险加固项目;新建管引工程71件,水窖2 836件;投入1 000余万元,完成铁厂小流域、龙头山小流域、江底石漠化治理项目;启动大型灌区渠道项目建设,完成土主寺河治理2千米。共新增灌溉面积0.04万公顷,改善灌溉面积0.14万公顷,完成中低改43.33公顷;维修昭鲁河、小寨河、龙泉河11.34千米,治理水土流失面积32.5平方千米;完成水库蓄水2 150万立方米;全县耕地有效灌溉率由上年的21.72%提高到23.12%。完成水利固定资产投资5 863.66万元,占市下达任务的110%,县下达任务的104.5%。三是林业生态建设不断加强。集体林权制度主体改革通过市级验收,全县应纳入主体改革林地面积5.05万公顷(公益林4.29万公顷,商品林0.76万公顷),完成林地确权面积4.81万公顷(公益林4.12万公顷,商品林0.69万公顷),林地面积确权率95.32%,均山到户面积4.81万公顷(公益林均山到户面积4.12万公顷,商品林均山到户面积0.69万公顷),均山到户率95.32%(公益林均山到户率96.14%,商品林均山到户率90.69%)。造林绿化被评为全省3个模范先进县之一。建成农村户用沼气池9 667口。四是新农村建设、扶贫开发明显加强。投入1 170万元、整合项目资金3 854万元,完成新农村示范点建设108个。实施整村推进项目45个,小寨整乡推进试点项目完成投资6 100万元。“百千万帮扶工程”深入推进,投入帮扶资金1 459万元。农业农村经济稳步发展,为全县经济平稳较快发展、社会和谐稳定作出重大贡献。全年完成农业总产值(现价)81 538万元,其中种植业42 407万元,占农业总产值的52.0%;林业6 370万元,占7.8%;牧业30 050元,占36.9%;渔业303万元,占0.3%。农林牧渔服务业2 408万元,占3.0%。全年农作物总播种面积47 609公顷,其中粮食作物播种34 225公顷,总产137 370吨;油料种植1 015公顷,总产1 443吨,其中花生188.1公顷、总产285吨,油菜籽737公顷、总产969吨,向日葵57公顷、总产168吨,苏籽31公顷、总产22吨;种植甘蔗16公顷,总产643吨;烤烟种植3 725公顷,总产9 426吨,收购烟叶9 250吨,其中上等烟叶占45.16%,中等烟叶占37.13%,综合均价14.64元/千克;种植蔬菜5 728公顷,总产82 353吨;有蔬菜大棚18个,面积4.6公顷;魔芋种植321公顷,总产497吨。全年产水果8 457吨,其中苹果5 188吨、梨2 051吨、樱桃229.3吨、猕猴桃61吨、葡萄2.7吨、柿子82吨、香蕉8吨、桃575吨、柑桔204吨。年末有果园1 038公顷,其中苹果园385.4公顷,梨园355.5公顷,柑桔园79公顷,香蕉园20公顷,桃园90.8公顷,猕猴桃园5.1公顷,葡萄园1.8公顷;年产油桐籽600吨、核桃1 158吨、板栗96吨、花椒728吨、生漆5.3吨、松籽3.3吨。伐木2 449立方米、伐竹467万根。种植天麻100公顷。年内大牲畜出栏21 102头,产肉2 600吨,存栏87 876头,其中牛72 040头,马14 177匹,驴712匹,骡947匹;生猪出栏205 440头,产肉18 981吨,存栏237 934头;羊出栏31 800只,产肉614吨,存栏61 962只,产毛57吨;家禽出栏460 278只,产肉661吨,存栏558 177只,产禽蛋1 242吨;产蜂蜜3.4吨,产蚕茧43.8吨;肉类总产量22 939吨。农村中从事第二、第三产业的劳动力50 792人,占农村劳动力的23.8%。全年实现农机总动力91 143.8千瓦,比上年同期增长3.7%,农机从业人员14 870人,同比增长3.6%,机耕、机耙、起垄、复耕完成1.73万公顷,机收33.33公顷,农机总收入9 728万元,同比增长8.3%。

乡镇企业 2009年,对非公经济、中小企业、乡镇企业、工业经济等进行检查调研,就发展现状、存在问题、金融危机带来的影响作认真的分析和汇报,就进一步加快发展提出建议和意见。认真组织和推荐企业参加各种评选表彰活动,提升鲁甸企业和企业家形象。年末,全县有乡镇企业3 818个,从业人员10 333人,占农村劳动力的4.84%;营业收入217 409万元,比上年增长59%;现价总值完成225 686元,实现利润28 195万元,实缴税金12 007万元;固定资产原值累计314 486万元,比上年增6.57%。全县乡镇企业完成水泥51万吨,比上年增长46%;砖1 866万块,增长24%;锌精矿7.51万吨,增长615%;土豆片2 930吨,增长25%;磷肥6万吨,增长50%;新增发电量31 186万度。完成固定资产投资5亿元,比上年增长127%。

固定资产投资 2009年,全县紧紧抓住扩大内需机遇,千方百计争取项目,扎实推进投资工作。判断准、反应快,项目争取创历史最好水平。中央明确扩大内需政策后,及时安排部署,加大汇报争取力度。共争取项目资金40 198万元,其中中央扩大内需项目32个,下达资金计划2.08亿元,占全市的14.4%。措施硬、力度大,一批重大项目得以实施。强势推进124个项目建设,完成投资15.7亿元,增长20.3%,总量居全市第5位。昭鲁快捷通道、昭鲁大型灌区、现代烟草农业等一大批多年想办而没有办成的改善民生、改善发展条件的项目落地开工建设。全年完成固定资产投资157 077万元,比上年增20.3%,其中国有70 598万元,农村私人5 526万元,城镇个体经营户9 710万元,城镇完成投资139 960万元,其他投资47 395万元。竣工房屋面积238 059平方米,其中住宅161 455平方米。

工交邮电 2009年,全县坚定新型工业化理念,强化要素保障、落实帮扶措施、高位强势推进,有效遏制工业经济下滑态势。成立工业园区管委会,完善县级领导、部门支持企业发展制度,以新型工业化领导组为主体,工业园区管委会为平台,形成一条龙服务、一个拳头抓工业的格局。安排300万元工业发展基金;实行贷款贴息、搭建融资平台、挂牌保护重点企业;依法采取分期交纳土地出让金、简化审批备案手续;帮助企业争取项目、资金、电力支持。昊龙、理世等骨干企业止跌回升。昊龙20万吨锌焙烧制酸一期工程建设完工,理世第二条年产2 500吨土豆片生产线、云香年产3 000吨瓜子生产线投产,黄角树、天花板电站建设进程加快。重点行业稳步回升。有色金属采选业由一季度下降61.8%到第四季度增长52.4%,食品加工业增长38.8%,水泥建材业增长45.4%。园区建设步伐加快。园区规划面积13.33平方千米,入园企业13户,完成产值6.6亿元。增加值1.92亿元,占全县工业总产值的42%;初步形成了以矿冶、重化工、建材、农特产品加工为主体的产业集群。加快"矿电结合"步伐,积极培育和壮大化工、能源、建材、矿冶和农特产品加工产业,加快转变经济发展方式,增强工业经济的稳定性和协调性,促进工业经济可持续发展。全县有工业企业55户,规模以上13户,完成工业总产值(现行价)156 106万元,按可比口径比上年增长34.8%,增幅居全市第二,工业经济总量居全市第4位,其中国有及年销售收入500万以上企业实现产值141 037万元,增长32.8%。万元GDP能耗下降3.9%。全年生产铅锌精粉32 474吨、砖3 787万块,发电37 480万千瓦小时,供自来水129.4万吨,51个村通自来水。交通建设取得重大进展。沙乐公路全长32千米,完成投资1 900万元,累计投资3 500万元,完成计划投资的122.68%。鲁江公路全长45千米,完成投资2 350万元,累计完成4 150万元,完成计划投资的119.8%。鲁铅油路大修工程项目完成投资195万元,累计完成投资205万元,完成计划投资的103.54%;沙坝至天生桥,全长11.5千米,计划投资680万元,完成投资660万元,占计划投资的97.06%。龙梭公路全长56千米,累计完成投资3 050万元,占计划投资的58.65%。通达工程实施16条120千米,计划总投资2 347.7万元,完成投资2 346万元,占计划的99.93%。年末,全县境内有公路1 136千米,其中国道19千米,省道108千米,县道258千米,乡道427千米,村道324千米,实现村村通公路。全年邮电业务总量5 332万元,其中邮政255万元,电信业务896万元,移动4 000万元,联通180万元。年末有普通固定电话890户,宽带1 138户,致富通302部,小灵通88户,CDMA手机3 524户,3G无线宽带133户,家庭客户品牌e家签约累计净增703户,完成率127.59%,全市排名第四。移动电话净增客户20 000户,用户规模达85 000户,年内增长41.6%,普及率22.5%。完成新建基站45个,全县在网基站133个,村委会网络覆盖100%,移动信号覆盖乡镇和大部分村落及公路沿线。创新邮政营销模式,重点公关大客户,全县贺卡收入突破11万元,函件类业务完成19.83万元,电子商务和代理业务健康快速发展。

商业贸易 2009年,加强盐业市场整治,检查集贸市场50个,经营户1 260户,学校食堂10个,机关食堂6个,餐馆86个,凉粉摊及小吃店145个,农家乐3个,生产企业和小作坊13个,抽查农户食用盐500余户,全县合格碘盐食用率达98%,合格碘盐覆盖率98.3%。启动家电下乡工作,全县备案登记销售网点有45家;销售家电下乡产品57 143 637元,兑现补贴4 406 348.73元。加强成品油市场监管,全县成品油市场运行平稳。农村集贸市场建设工作稳步推进,建成小寨市场大棚1个,固定摊位20个、临时摊位20个;门面15个,公厕1个;地面硬化4 000平方米,工程总价226 400元。

开展“万村千乡市场工程”工作,“鲁甸隆盛商贸有限公司”被确定为全县“万村千乡”市场工程承办企业。昆交会签约项目4个,签约金额达13.22万元;全年完成社会消费品零售总额3.73亿元,比上年增20.32%。按销售单位所在地分组,县城零售总额22 674万元,同比增长25.05%;乡镇零售总额14 618万元,同比增长13.99%。个体私营经济零售总额36 084万元,同比增长20.99%。对外贸易实现零突破,完成进出口贸易104万美元,占市下达任务的520%。

财税金融 2009年,努力创新体制机制,强化财税金融工作。财税金融工作取得四个可喜局面和四个历史性突破的好成绩。取得财政收支大幅增长,实现财政总收入2.34亿元,增长10.4%;一般预算收入首次突破亿元大关;上级各种补助达7.4亿元,净增1.56亿元,增长27%;金融工作态势良好四个可喜局面。财政总收入、地方一般预算收入、财政总支出、金融存贷款余额实现四个历史性突破。认真落实县委、县政府发展思路,克服减收增支困难,狠抓收支管理,财政支出结构不断优化,重点支出项目得到有效保障,预算执行情况良好,财政运行健康有序,全面完成全年财政各项收支任务。全年完成上划中央两税7 603万元,一般预算收入首次突破亿元大关,完成10 886万元,比上年增收1 468万元,增长15.6%;地方财政支出87 938万元,比上年增支32.7%。实现保工资发放、保机构正常运转、保重点工程建设、保财政平衡的目标。年末,全县金融机构各项存款余额146 861万元,比年初增收38.8%,其中城乡居民储蓄存款余额74 557万元,比年初增23.8%;各项贷款余额101 405万元,比年初增33.6%。全年现金净投放47 222万元,比上年增32.4%。

城乡建设 2009年,统筹城乡协调发展,城镇化建设取得重大突破。城市建设管理实现由多头管理向集中管理、由实物安置向货币安置、由先建设后规范向先规范后建设、由政府投资为主导向市场驱动为主导、由侧重城市建设向建设经营并重的“五大”转变。城市“二次创业”稳步推进。太阳湖核心商业区、湖滨小区1 100个安置门面建设进展顺利,文屏山森林公园一期工程、城市生活垃圾处理场、县城污水处理厂和县城渔洞饮水工程启动建设;老城区工商路等改造顺利实施,城市功能不断完善;昭鲁快捷通道启动建设,昭鲁一体化进程明显加快。集镇建设快速推进。县财政补助350万元,在小寨、桃源、茨院等7个集镇实施重点打造,撬动民间资本1 800万元参与建设。启动龙树市级重点集镇和江底服务区建设,大山包国家公园景前区和五星级宾馆建设完成选址前期工作。同时,整合资金300余万元,彻底改善村级活动场所环境。

教育科技 2009年,投入教育发展资金26 261万元,实现乡乡有中学目标;发放贫困家庭寄宿制学生补助1 285万元。加强“两基”攻坚力度,制定《鲁甸县“两基”工作倒计时间表》,加大宣传力度,营造攻坚氛围,狠抓“控辍保学”,提高普及程度,强化业务指导,严格规范建档,加强督查督办,严格责任追究,强化学校常规管理,加强师资队伍建设,提升办学质量,强势推进“两基”工作,使全县“两基”攻坚取得丰硕成果,顺利通过省政府评估验收。全县有各级各类学校129所,其中高级完全中学2所、初级中学12所、完小112所、教学点61个,职业中学、教师进修学校和幼儿园各1所。有各级各类在校生88 484人,其中小学在校生59 822人,初中在校生22 892人,高中在校生4 147人,职高生1 037人,幼儿园在园儿童586人。全县有教职工4 177人,其中小学专任教师2 578人,初中专任教师1 200人。高考报考人数1 083人,上线731人,上线率由上年的58.09%上升为67.50%。中考成绩名列全市第三名,600分以上的考生有267人,中考升学率由上年的63.81%上升到68.92%。全县各级各类学校占地83.04万平方米;全县各级各类学校校舍建筑面积36.15万平方米。其中小学校舍总面积217 707平方米,危房面积1 481平方米,危房率0.68%,小学生均占地面积达标94校,达标率83.9%,生均占地10.3平方米;初中校舍143 776平方米,无危房。初中生均占地面积达标12校,达标率85.7%,生均占地13.7平方米。小学图书配备合格92校,合格率82.1%,生均7.2册;初中图书配备合格12校,合格率85.7%,生均12.8册。小学按各类学校仪器配备标准配备合格99校,配备率88.4%;初中按各类学校仪器配备标准配备合格11校,配备率78.6%。小学文体器材按标准配备合格102校,配备率91.1%;初中按标准配备合格12校,配备率85.7%。年内,大学生助学基金会受理644名大学生助学申请,其中一本105人,二本266人,一专273人,共发放助学金2 740 320元。办理63名大学生贷款手续。县委宣传部、县总工会等部门积极配合做好“红烛工程”、“金秋助学”工程。

科技工作 2009年,加强新品种引试、引种和示范建设工作。抓好省级生物多样性优化种植高产示范核心区建设工作,开展种植技术培训3次,参加培训人员500余人次,发放技术资料1 300余份。生猪健康养殖示范工作成效显著,一个初具规模的现代化养殖场的格局已初步形成,引导全县生猪产业发展。在新街乡闪桥村石板河等3个村民小组36户,开展冷凉蔬菜“中甘21号”示范种植,示范采用集中拱架育苗,每千克0.64元,公顷产达9万千克,价值5.76万元,扣除成本,每公顷获纯利润5.09万元。夏季在龙树水系实施白菜种植,公顷产2.1万千克、每千克0.70元,公顷产值1.47万元。加大马铃薯科技示范园技术指导,马铃薯新品种云薯101、云薯201引试获得成功,加快马铃薯产业发展步伐。扩大玉米良种鲁三3号、鲁三4号、鲁三5号在全县的种植面积,通过良种良法和技术推广,增加粮食产量。建立茨院乡肉牛养殖协会、桃源回族乡肉牛养殖、营销、加工协会。通过开展养殖技术研究,逐步摸索出5种牛饲养方法和生长规律,形成一套规范肉牛养殖技术,逐步培育茨院、桃源两个肉牛养殖基地,促进全县肉牛养殖产业发展。组织4 100余名师生参加第24届全国青少年科技创新大赛,选送市级作品393件,获科幻绘画一等奖3名、二等奖6名、三等奖31名;科幻作文三等奖14名;优秀教师2名,教师论文三等奖1名;优秀组织单位1个,9幅科幻绘画被市级选送参加省级竞赛,其中获省级二等奖2名,三等奖2名。国家知识产权局受理云南昊龙实业集团新煜冶炼有限公司研究、开发实施的“直立旋转式冷凝器巨型电炉炼锌工艺和设备”等4项专利,国家商标局受理陈宏恩油菜加工厂“宏恩牌”生菜油商标,生猪健康养殖示范基地效果明显。各项事业统筹推进。《鲁甸年鉴》(2008)荣获全省综合一等奖。年末,全县有事业人员6 273人,其中专业技术人员5 256人,有正高职3人、副高职200人、中职2 159人、初职2 724人,每万人有科技人员1.25人。

文体卫生 2009年,文体活动丰富多彩,成功组建鲁甸县文化艺术团,完成8个乡镇文化站建设;精心组织庆祝新中国成立60周年系列文体活动,群众文化活动丰富多彩;成功组建鲁甸县樱桃文化旅游公司,“乌蒙清真烤全羊”荣获“首届昭通十大名菜”美誉。组织春节团拜会演出和全市春节联欢会文艺演出。春节期间,组织焰火晚会、舞龙舞狮贺新春、广场游园、崇文阁猜谜等活动。举行科技、文化、卫生、法制、家电“五下乡”活动,前往梭山、水磨、龙树、新街等乡镇演出4场次,观众近万人。举办改革开放30年老年文体活动,县政法委、县委宣传部、县广电局共同主办全县2009年综治维稳宣传月—“平安鲁甸、和谐鲁甸、文化鲁甸”演讲比赛活动,县直属单位40余人踊跃参赛;成功举办“希望的田野”—鲁甸县樱桃文化旅游节和红色歌舞大赛、国庆60周年文艺演出及苗族花山节、彝族火把节、回族古尔邦节等重大活动。组织安全生产知识演讲比赛、金话筒主持人大赛、民族健身操比赛、红歌大赛等。老年艺术团编排《红色娘子军》、泰迪球健身操到昭通参加比赛。组织“119消防日”专题文艺晚会、长城建安杯运动会开幕式及闭幕式演出。文艺辅导人员到县人民医院辅导节目50个,出版科普宣传专栏3期。5月起,每晚7:30分专人在文化广场组织全民健身操活动,积极申报第二批省级保护名录项目—《拖姑村山根脚回族传统文化保护区》。举办摄影基础知识培训班1期,参训人员76人。完成新闻图片专题报道14期,拍摄图片资料7 700余幅,被“昭通日报”、“云南民族时报”、“云南信息报”、“鲁甸年鉴”、“鲁甸县文史资料”等书籍、报刊发表、收录图片320余幅。多位作者作品入选《昭通日报》、《昭通电视台》、《鲁甸电视台》、《云南鲁甸》信息网。11月,鲁甸摄影爱好者作品在中国摄影家艺术协会主办的《中国影像·庆祝中华人民共和国建国60周年全国影像大赛》中,《山里人家》荣获二等奖。加强文化市场管理,全县文化市场健康有序发展。文物普查工作完成第二阶段田野调查工作,对全县12个乡镇进行文物普查登记,发现不可移动文物61处(古遗址4处,古建筑9处,古墓葬21处,石刻9处,近现代建筑4处,其他17处),其中新发现47处,复查14处,登记消失文物6处。并按要求填写登记表、采集GPS相关数据、拍摄数码照片,将采集数据录入电脑。图书管理完成医药类、农业类、军事类、经济类、宗教哲学类、社会科学类、政治法律类图书近5 000册上架供读者借阅。全年办理《借书证》35个,图书借阅流通13 339人次13 575册次。阅览室流通6 924人次12 893册次。全年接待读者20 263人次,图书总流通26 468册次;启动古籍普查,整理150册地方文献。成功成立砚池文明新村、茨院街道办事处等9个农家书屋。开展老年人地掷球、气排球、门球等比赛活动。组织运动员参加全市中小学生乒乓球运动会，女子儿童组获第一名。完成茨院板板房村、火德红农民健身工程安装。组队参加全市职工篮球运动会、“理世杯”老年运动会，组队代表云南省参加全国老年人门球比赛，获得第七名。成功组织“长城建安杯”篮球运动会。年末，全县有艺术表演团体1个，文化馆站8个，图书馆1个。

广电工作有新进步，全年完成《鲁甸新闻》播发稿件210期1 650条，与上年同比增加750条，打造各类通知公告210条；外宣上传新闻稿件296条，其中在省电视台播出17条，在昭通市电视台播出186条，在市电台播出81条。《改革开放30年，鲁甸城建谱新篇》、《鲁甸县电力照亮全县人民生活好光景》、《爱心救助张昌德》、《大山深处响起广播声》、《青花椒成为龙头山镇群众的“摇钱树”》、《87名职高学生技能竞赛显身手》等新闻作品分别获全市首届政府新闻奖评选专题片、系列报道、长短消息二、三等奖；《梆格声回荡的村庄》荣获云南广播电视首届县（市、区）优秀广播电视节目评选二等奖、《看着图纸建新村》荣获三等奖。圆满完成2009年鲁甸樱桃文化旅游节、职中汇报演出、庆六一儿童、新中国成立60年周年、长城建安杯篮球赛开闭幕式、吉祥古尔邦等大型文艺晚会的现场直播；完成县级扶贫、林产业、水利等专题片和各乡镇《两基》专题片的摄录制作工作。广播、电视覆盖率分别99.4%、84.1%。

卫生事业快速发展。抓住国家扩大内需机遇，加强卫生基础设施建设，投入资金2 998万元，新建县乡村医疗业务用房1.54万平方米；新型农村合作医疗参合34.5万人，参合率90.36%，累计减免资金3 424.5万元；妥善处置公共卫生事件，有效防控甲流感疫情扩散。年末，全县有全民医疗卫生机构19个，其中县直医疗卫生单位5个，乡镇卫生院13个，社区卫生服务中心1个。全县有在岗职工575人，卫生专业技术人员480人，每千人口有卫生专业技术人员1.18人。全民医疗卫生机构设病床459张，每千人口有病床1.12张；全县设村卫生所（社区卫生服务站）84个，在岗乡村医生333人，其中女村医184人，有中专学历297人。全民医疗机构完成门诊诊疗341 991人次，比上年增长25.71%；全民医疗机构完成住院治疗36 647人次，比上年上升46.89%；全民医疗机构完成总业务收入4 690.9万元，比上年增长48.18%。计划生育工作强势推进，实施结扎4 712例，其中二孩结扎2 842例，分别占任务数的147.3%和152%；人口自然增长率下降到8.50‰，计划生育率提高到86.6%，综合考核列全市第6位。

社会治安　2009年，社会治安综合治理成效显著。继续巩固省级平安县成果，积极创建云南省先进平安县。投资240万元安装县城视频监控系统，城乡社会治安防控体系建设深入推进。全年立刑事案件325起，破268起，破案率82.5%，继续保持命案全破的优异成绩，打黑除恶、打击“两抢一盗”工作深入开展，一批治安乱点得到有效整治。成功创建江底、龙树两个市级“无毒乡”，摘掉桃源乡“省毒品重点整治地区”帽子，破毒品案件31起，缴获毒品9 219克，吸毒人员下降到291人。突出信访问题得到有效解决。畅通信访渠道，领导干部定期接访、主动下访，一些重大矛盾纠纷及时就地化解，信访总量大幅下降，实现国庆期间零上访目标。公共安全体系进一步健全，影响社会稳定的苗头得到有效处置，安全生产形势持续稳定好转。县城“五大秩序”整治效果明显。

民族宗教　2009年，民族宗教政策得到较好落实，全县宗教平稳，民族团结和谐，县委被国务院表彰为“全国民族团结进步模范集体”。县委书记江先奎到北京出席第五次全国民族团结进步表彰会，参加新中国成立60周年国庆观礼。

人民生活　2009年，把改善民生作为一切工作的出发点和落脚点，各项惠农惠民政策全面落实。全年农村经济总收入102 502万元，纯收入68 001万元，农民人均2 336元，人均有粮360千克。城镇居民人均可支配收入11 328元。新开发就业岗位2 967个，新增就业1 789人；实行“贷免扶补”创业模式，成功创业127人；城镇年末登记失业人数420人，切实把城镇登记失业率控制在4.5%以内。发放社保资金19 948万元，启动实施城镇居民基本医疗保险，参加各种社会保险人数达2.67万人，新增参保6 163人；提高住房公积金比例，新增干部职工收入1 200余万元；全县城镇低保3 719户6 420人，发放低保金870.37万元；农村低保18 037户30 431人，发放农村低保金2 455.03万元；五保供养对象1 561户1 980人，发放农村五保供养资金237.6万元。全年转移输出农村劳动力11.06万人，其中县内有组织转移2.09万人。全县城镇职工参加基本医疗保险 10 673 人，征收医疗保险费 1 454 万元；参加企业工伤保险职工 2 332 人，收缴工伤保险费 32.97 万元；城镇职工参加生育保险 8 135 人；启动城镇居民基本医疗保险工作，参保 3 353 人；参加养老保险 3 100 人，其中企业参保 2 540 人、个体和自谋职业参保 560 人，收缴养老保险基金 900 万元，年发放养老金 670 万元，发放率 100%；3 533 名高龄老人享受生活补贴；城镇失业保险参保 6 380 人，收缴失业保险基金 109 万元。落实惠民政策，发放综合直补资金 1 680 万元，受益 8 万余户；兑现家电下乡补贴 893 万元、移民后扶资金 68.98 万元。保障性住房建设有新提升。启动建设廉租房 300 套，改造农村危房 1 250 户，完成民居地震安全工程 1 080 户，消除茅草房 1 793 户。全面提高村"两委"干部、计生宣传员、乡村医生待遇；在全市率先解决宗教教职人员生活补助；兑现中小学在职教师绩效工资，其他事业单位月增发临时补贴 300 元。县内易地安置、小额信贷、以工代赈等项目顺利实施，1.5 万低收入人口实现稳定脱贫。

（晏　权）

政　　治

编辑:饶利琼　刘　维

2010 年 2 月 27 日,县委党建工作会议在广场会务中心召开

(撒兰忠　摄)

中共鲁甸县委

2009

【关于建立县新闻发言人制度的通知】 1月1日，县委、县政府研究，决定建立鲁甸县新闻发言人制度。《通知》如下：一、新闻发布的组织和管理。二、新闻发布的内容范围。三、新闻发布的形式。四、新闻发布的程序。五、新闻发布的工作要求。

【关于印发《关于开展争创省级先进平安县活动的实施意见》的通知】 1月6日，县委、县政府印发《关于开展争创省级先进平安县活动的实施意见》。要求各乡镇、各部门、各驻鲁单位认真组织实施。《意见》：一、指导思想、创建目标和工作重点。二、组织领导。三、主要措施。三、建立机制。

【关于印发《社会治安综合治理委员会、纪委、组织部、监察局、人事局联席会议制度》的通知】 1月6日，县委、县政府印发《鲁甸县社会治安综合治理委员会、纪委、组织部、监察局、人事局联席会议制度》。要求各乡镇、各部门、各驻鲁单位认真组织实施。

【抓好2009年烤烟生产工作的意见】 1月9日，县委、县政府发出《关于抓好2009年烤烟生产工作的意见》。《意见》分为5个部分。

一、指导思想。

二、目标任务。(一)收购总量。全县烟叶收购总量825万千克(指令性收购733万千克，出口备货烟93万千克)，其中文屏镇130万千克，桃源乡325万千克，茨院乡80万千克，江底乡50万千克，火德红乡28万千克，小寨乡100万千克，龙头山镇75万千克，乐红乡23万千克，梭山乡15万千克。(二)等级结构。全县上中等烟比例达85%以上，下低等烟比例控制在15%以内。(三)均价。全县均价达到收购文件要求。(四)政策到位率达到100%，管理、科技到位率达到90%以上。

三、主要政策。(一)严格执行国家“双控”政策，坚持合同种植，合同收购，全年下达的烤烟生产收购任务原则上不作调整，完不成任务的乡镇，严格实行问责制，追究主要领导和相关领导的责任。(二)认真执行国家发改委和国家烟草专卖局关于2009年烟叶收购价格政策。(三)对杂劣品种不予种植、不予收购。(四)政策投入。县政府按2008年烤烟税收的50%投入，县烟草分公司投入按烟草行业政策执行；县政府投入主要用于对乡镇责任制管理、村组生产组织承包管理、烤烟生产专用化肥、自然灾害风险基金和市级烟叶生产组织方式创新配套，县烟草公司投入主要用于生产物资，基础设施建设，专业化服务等方面。1、生产投入。烟农烤烟生产所需专用化肥实行明补。烟农每交售50千克烟叶补贴60元，其中市烟草公司补贴30元，县政府补贴30元。在收购期间，烟农凭交烟凭证到乡财政所兑现。2、市级烟叶生产组织方式创新。2009年承办市政府优质烤烟样板全部用于扶持和推进烟叶生产组织方式创新，主要扶持烤烟种植大户、补助烘烤设施建设、农机具等方面。总面积200公顷。3、继续建立和完善自然灾害补偿机制。一是投入防雹减灾经费84万元，县政府和县烟草公司各投入42万元；二是建立自然灾害补偿基金，对烤烟生产威胁最大的冰雹灾、风洪灾损失进行补偿，每公顷按300元标准执行，县政府、烟草公司、烟农分别按每公顷90元、150元、60元共同出资，县政府、县烟草公司投入部分在3月底前全额划拨到县烟办专户，烟农投入部分在兑现肥补时扣取一次性划拨到县烟办专户。4、继续实行“转账贷物”。按签订合同面积，烟用化肥、薄膜全部实行“转账贷物”。5、烤房改造。小型密集烤房改造900座，烟草系统补贴4 500元/座，县政府补贴500元/座；在市样板创新组织生产方式区域内，小型密集烤房每座再增加补贴1 000元，其中市优质烤烟样板补贴500元，县政府配套500元；卧式烤房每座再增加补助4 000元，其中市优质烤烟样板补贴2 000元，县政府配套2 000元。(五)奖惩措施。烤烟生产继续纳入县政府目标责任制管理，县政府已和各种烟乡镇人民政府、县烟草公司签订目标责任书，并对各责任主体进行考核，根据考核目标任务完成情况，兑现奖惩。

1. 奖励。(1)对乡镇实行责任人奖和担烟奖。一是县政府对各种烟乡镇完成考核指标实行责任人奖,乡镇党委书记、乡镇长、1 名分管领导、烟草站长 4 人为考核责任人,收购量在 250 万千克(含 5 万担)以上的乡镇,责任人人均奖 1 万元;收购量在 100 万千克(含 2 万担)以上,250 万千克(含 5 万担)以下乡镇,责任人人均奖 8 000 元;收购量在 50 万千克(含 1 万担)以上,100 万千克以下乡镇,责任人人均奖 7 000 元;50 万千克(1 万担)以下乡镇,责任人人均奖 6 000 元。二是县政府对各种烟乡镇完成考核指标实行担烟奖,每担(50 千克)烟 11 元,其中生产奖 4 元/50 千克,收购奖 6 元/50 千克,村、组干部奖 1 元/50 千克。(1)生产奖:考核分值在 90 分以下不予奖励,考核分值在 90 分(含 90 分)以上的,按分值给予奖励。(2)收购奖:考核三项指标,在收购总量完成前提下,完成一项奖励一项,即完成收购总量奖 3 元/50 千克;上中等烟比例达 85% 以上,下低等烟比例控制在 15% 以内,奖励 1 元/50 千克;均价达到收购文件要求,奖励 2 元/50 千克。(3)对县烟办考核奖励 0.4 元/50 千克。县烟办除负责全县烤烟生产收购、烟叶基础设施建设工作的组织、检查、指导、督促、考核外,班子领导分别挂钩重点乡镇参与烤烟生产、收购工作。全县完成收购总量,实行"以奖待补",奖 0.4 元/50 千克。(4)对县烟草分公司考核奖励 2 元/50 千克,完成收购总量奖 1 元/50 千克,均价达到收购文件要求奖 0.5 元/50 千克,生产环节考核分值在 90 分(含 90 分)以上奖 0.5 元/50 千克,奖励的 30% 给公司班子领导个人。(5)对县领导组考核奖励 30 万元。县处级相关领导分别挂钩种烟乡镇,与乡镇同考核、同奖惩。2. 处罚。(1)乡镇完不成烤烟收购总量,取消所有奖励;生产环节考核分值低于 90 分,取消生产环节奖;风险金扣交县财政用于发展来年烤烟生产,乡镇人民政府同时向县人民政府写出书面检查。(2)全县完不成收购总量取消县烟办奖励,风险金扣交县财政,用于发展来年烤烟生产。(3)县烟草分公司完不成全县收购总量或均价达不到收购文件要求,取消所有奖励;全县生产环节考核分值低于 90 分,取消生产环节奖;风险金扣交县财政,用于发展来年烤烟生产。另外,收购总量和均价每项每差一个百分点处罚 1 万元,罚金的 30% 由班子领导承担。3. 实行风险抵押。2009 年 3 月底前,县处级挂钩领导、各种烟乡镇责任人、县烟办、烟草公司班子领导将风险金交到县烟办专户。县处级挂钩领导、县烟办、烟草分公司班子领导人均交风险金 4 000 元;各种烟乡镇责任人,收购量在 250 万千克(5 万担)以上人均交 5 000 元,100 万千克(含 2 万担)以上,250 万千克(5 万担)以下人均交 4 000 元,50 万千克(含 1 万担)以上,100 万千克(2 万担)以下人均交 3 000 元,50 万千克(1 万担)以下人均交 2 000 元。

四、主要措施。(一)统一思想,提高认识。(二)强化管理,挤干水分,稳定烤烟生产种植规模。(三)做好烟叶基础设施建设工作,增强烤烟发展后劲。2009 年,全县改建小型密集型烤房 900 座,各乡镇要严格按照县政府办《关于加快小型密集烤房改建工作进程的通知》要求,确保圆满完成改造任务。2009 年烟水工程规划在桃源乡大水塘村,各相关部门要按照要求,紧密配合,积极做好规划工作,制定实施方案。(四)强化科技措施落实,努力提升烤烟生产科技水平。

五、加强领导,狠抓落实。成立县 2009 年烤烟生产工作领导组。

【关于建立县处级领导及县直部门、企业长期挂钩联系点的通知】 1 月 12 日,县委、县政府印发《关于建立县处级领导及县直部门、企业长期挂钩联系点的通知》。

一、县处级领导挂钩联系乡镇

挂钩乡镇	挂钩县级领导	
	组 长	副组长
文屏镇	马武荣	李兴达 马 平
桃源乡	白长早	卢 敏 马永升
茨院乡	铁朝曙	马 梅
江底乡	窦家义	高永华

续　表

挂钩乡镇	挂钩县级领导	
	组　长	副组长
火德红乡	王富泰	阮曙光
小寨乡	赵　萍	丁世章
龙头山镇	吕　磊	王文生
乐红乡	保明康	曹继友
龙树乡	王　粟	王天鹏　邓　林
新街乡	庄清海	邵珠军
水磨镇	雷选忠	路元文
梭山乡	张登敏	刘雅芸　何顺德

二、县直部门、企业挂钩联系点

乡镇名称	挂钩单位	挂钩村	挂钩单位	挂钩村
桃源乡	统战部	铁家湾村	防震减灾局	拖姑村
	党　校	桃源村	经贸局	箐门村
	消防大队	大水塘村		
文屏镇	政法委	普芝噜村	交警大队	保健社区
	总工会	砚池山村	广电局	联合村
	粮食局	岩洞村	人武部	安阁村
	鲁甸石油分公司	民富社区	旅游局	文昌宫社区
	给排水公司	石桥社区	老干局、党史办	马鹿沟村
茨院乡	发改局	葫芦口村	人　行	茨院村
	供销社	板板房村	昆华化工公司	沿闸村
	中医院	田河村	文体局	街道办
江底乡	政研室	坡脚村	团县委	仙人洞村
	质监局	洗洋塘村	工商联	江底村
	司法局	水塘村	工商局	大水井村
	县妇联	箐脚村		
火德红乡	县委办	火德红村	国税局	李家山村
	环保局	鹊落村	联通公司	南筐村
	经合办	机车村	财险公司	银厂村
小寨乡	建设局	大坪村	农开办	梨园村
	烟草产业办	赵家海村	妇幼保健院	小寨村

续 表

乡镇名称	挂钩单位	挂钩村	挂钩单位	挂钩村
龙头山镇	公安局	西屏村	教育局	龙井村
	地税局	光明村	卫生局	营盘村
	疾控中心	沙坝村	水都矿业有限公司	八宝村
	农业局	龙泉村	移动公司	新民村
	信用联社	沿河村	计生局	银屏村
	电信公司	翠屏村		
乐红乡	政府办	对竹村	烟草公司	施初村
	政协办	新林村	人险公司	红布村
	国土资源局	利外村	安监局、信访局	乐红村
	人力资源开发办	官寨村	邮政局	关溜村
龙树乡	法　院	龙树村	民政局	新乐村
	县人民医院	塘房村	纪委、监察局	照壁村
新街乡	宣传部	酒房村	科技局	坪地营村
	畜牧局	新街村	档案局	闪桥村
	扶贫办	转山包村		
水磨镇	检察院	营地村	水利局	岩头村
	乡企局	拖麻村	统计局、残联	黄泥寨村
	供电公司	滴水村	农　行	铁厂村
	人大办	水磨村	财政局	嵩坪村
	交通局	新棚村	理世公司	黑噜村
梭山乡	组织部	梭山村	人劳局、方志办	密所村
	民宗局	挖水村	食药监局	查拉村
	农技中心	黑寨村	昊龙公司	甘田村
	林业局	埂底村	新华书店	妥乐村
	审计局	黑石村		

三、工作要求。(一)全县挂钩联系工作由县委、县政府主要领导负总责,县处级领导挂钩联系到乡镇,县直部门、企业既要挂钩乡镇,也要挂钩联系到村、到社区。挂钩到乡镇的第一家部门是牵头部门,负责该乡镇各挂钩部门各项挂钩工作的协调统筹。(二)县级挂钩领导要加强领导,切实负起领导责任;挂钩牵头部门要切实履行职责,主动与挂钩该乡镇的部门、企业加强联系,并积极组织挂钩本乡镇的县直部门、企业进村入户,抓好各项工作的落实,促进挂钩乡镇经济发展、民族团结、社会稳定。(三)各乡镇要与挂钩部门加强联系,密切配合。(四)县委、县政府按照制定的农业农村、基础设施、工业发展、社会事业、城镇建设、社会治安等6方面考核办法,对县级挂钩领导、县直部门、企业进行同考核、同奖惩。(五)县委督查室要对各项挂钩工作开展督促检查,对工作不到位、措施不力、进度

迟缓的挂钩部门、企业进行通报，县委、县政府将对相关负责人进行严肃处理。(六)县委、县政府确定的各项中心工作挂钩联系，均以此文为准。无特殊情况，原则上不再作调整。若遇人事变动，由新任人员递补，不再另行文。

【关于印发《2009年春节慰问方案》及《2009年春节文化体育活动方案》的通知】 1月14日，县委、县政府印发《鲁甸县2009年春节慰问方案》及《鲁甸县2009年春节文化体育活动方案》。要求各乡镇、各部门、各驻鲁单位认真组织实施。

【关于创新烟叶生产组织方式做好2009年市级烤烟样板工作的通知】 1月19日，县委、县政府结合鲁甸县实际，将2009年全县烟叶生产组织方式创新工作有关事项通知如下：

一、指导思想。

二、目标任务。市政府下达全县2009年烤烟大户种植面积200公顷，重点安排在文屏镇、桃源乡、茨院乡、小寨乡、龙头山镇、江底乡6个乡镇，具体任务根据各乡镇落实情况确定，各乡镇要及时将落实情况报县组织方式创新领导小组办公室。

三、创新模式。2009年烟叶生产组织方式创新模式统称为烤烟种植大户(涵盖家庭农场、股份农场、合作农场等模式)。烤烟种植大户可以是村委会(社区)、村民小组、种烟农户、烟草职工、社会能人和工商企业、农业龙头企业投资者。烤烟种植大户必须具备以下条件：(一)所有种烟地块必须在规划的基本烟田内，连片规模种植，坝区3.3公顷以上(含3.3公顷)、山区2公顷以上(含2公顷)。(二)种烟地块要基本具备水利设施配套、交通方便等基础条件。(三)使用流转土地种烟，必须具有到地块的以转包、出租、互换、转让和其他符合有关法律与国家政策规定的方式流转土地5年以上的合同或协议。(四)烟叶烘烤方面，坝区必须采用卧式集群烤房烘烤，山区必须采用集群式小型密集烤房烘烤或卧式集群烤房烘烤。(五)服从当地乡镇党委、政府，烟叶站点的统一管理和技术指导。

四、2009年度主要政策。(一)补贴项目和标准。(二)补贴资金的兑现。

五、操作程序。(一)自愿申请。符合条件的个人和集体，自愿向当地烟叶工作站提交烤烟种植大户书面申请。(二)资格确认。(三)建立档案，实行台账管理。(四)加强技术管理和专业化服务。(五)烟草农业机械管理，由各种烟乡镇、烟叶工作站牵头，组建机耕作业队，统一耕作时间和范围，提高专业化服务水平，确保烤烟生产按节令完成。

六、加强领导，抓好落实。(一)加强组织领导。(二)组织落实。(三)考核奖惩。

【关于表彰2008年度党风廉政建设责任制先进单位的决定】 2月2日，县委根据《鲁甸县党风廉政建设责任制考核办法》和考核结果，县委决定对县委宣传部等24个单位进行表彰，分别授予优秀奖和鼓励奖。

一、优秀奖

县委宣传部　县烟办　县科技局　县林业局
县公安局　县民政局　县发改局　县财政局
县交通局　县扶贫办　茨院乡　火德红乡
小寨乡

二、鼓励奖

县委组织部　县法院　县检察院　县总工会
县工商联　县劳人局　县国土资源局
县建设局　县水利局　县农业局　龙树乡

【关于表彰2008年度下派社会主义新农村建设优秀指导员和优秀工作队队长的决定】 2月6日，县委、县政府决定对下派社会主义新农村建设工作队及驻村指导员中涌现出的新农村建设优秀指导员和优秀工作队队长进行表彰。

一、优秀指导员(25名)

黄顺奎　聂吉素　陈　芳　马云辉　黎云才
阮　波　胡志红　何正权　陆文林　李　辉
李　映　谭　平　马俊峰　刘林军　雷　平
戚　灿　陈金灿　马　江　姚　烨　马　京
马　华　朱　斌　许　靖　黄　可　张建芬

二、优秀工作队队长(4名)

张庭钰　李章凡　张才虎　杨家员

【关于对县公安局“1·01”专案组通报表彰的决定】 2月21日，县委、县政府研究决定，对县公安局专案组全县通报表彰，奖金3万元。

【印发江先奎在县委七届七次全体(扩大)会议上的报告的通知】 2月24日，县委印发《江先奎同志在中共鲁甸县委七届七次全体(扩大)会议上的报告》

通知。要求各乡镇、各部委办局室、企事业单位和驻鲁单位党组织要结合实际，认真学习领会，抓好贯彻落实。

【印发江先奎在县纪委七届三次全体会议上的讲话的通知】 2月24日，县委印发《江先奎同志在中共鲁甸县纪委七届三次全体会议上的讲话》通知。要求各乡镇、各部委办局室、企事业单位和驻鲁单位党组织要结合实际，认真学习领会，抓好贯彻落实。

【关于调整2009年度人口和计划生育指标任务的通知】 3月2日，按照市政府下达的指标任务，县委、县政府决定对2009年度人口和计划生育主要指标任务进行调整。2009年全县人口和计划生育指标任务数调整为：计划外多孩生育控制数250人；完成结扎3 400例，其中二孩结扎2 020例；完成一孩放环2 400例；征收社会抚养费200万元；实施医学监护3次，每次监护面达92%；办理农业人口独生子女证160户。各乡镇人口和计划生育指标任务见附表。

鲁甸县2009年人口和计划生育目标任务主要指标分解表

项目 乡镇	计划外多孩生育控制数(人)	三术任务			医学监护		征收社会抚养费(万元)	新办农业人口独生子女父母光荣证(户)
		结扎(例)	二扎(例)	一放(例)	监护次数(次)	每次监护面(%)		
合　计	250	3400	2020	2400	3	92	200	160
文屏镇	35	512	334	475	3	92	27	12
桃源乡	24	289	181	198	3	92	20	14
茨院乡	16	237	137	172	3	92	15	10
江底乡	17	278	158	160	3	92	17	15
火德红乡	9	139	72	95	3	92	11	8
小寨乡	11	187	123	150	3	92	12	10
龙头山镇	46	533	294	295	3	92	25	22
乐红乡	19	263	178	195	3	92	17	17
龙树乡	20	280	171	195	3	92	16	10
新街乡	9	123	64	85	3	92	7	7
水磨镇	14	226	131	195	3	92	17	20
梭山乡	30	333	177	185	3	92	16	15

【关于印发《2009年度宣传思想文化工作意见》的通知】 3月2日，县委印发《鲁甸县2009年度宣传思想文化工作意见》。要求各乡镇、各部委办局、各驻鲁单位结合实际，认真组织实施。

【关于做好农村土地承包经营权流转试点工作的实施意见】 3月5日，县委、县政府印发《关于做好农村土地承包经营权流转试点工作的实施意见》。《意见》分为8个部分。

一、指导思想。

二、流转的主要形式及政策优势。通过转包、出租、互换、转让和其他符合有关法律与国家政策规定的方式流转土地，以烤烟种植为主，创新生产组织方式，通过举办样板带动，推进土地合理流转，稳步提高户均种植规模。根据各种烟乡镇实际，重点在文屏镇、桃源乡、茨院乡、小寨乡、龙头山镇、江底乡6个乡镇以土地流转的方式发展种烟大户，其他乡镇可选择1～2个自然村通过土地流转试点发展种烟大户、种粮大户等。采用流转土地种烟坝区达3.33公顷以上(含3.33公顷)、山区达2公顷以上(含2公顷)的，除享受大面补贴政策外，给予以下特殊补贴：一是坝区单户连片种烟3.33～6.67公顷以下(含3.33公顷)的,每交售50千克烟叶补贴50元(烟草公司补贴25元、县政府补贴25元);单户连片种烟6.67公顷以上(含6.67公顷)的,每交售50千克烟叶补贴80元(烟草公司补贴40元、县政府补贴40元)。山区单户连片种烟2~6.67公顷以下(含2公顷)的,每交售50千克烟叶补贴50元(烟草公司补贴25元、县政府补贴25元);单户连片种烟6.67公顷以上(含6.67公顷),每交售50千克烟叶补贴100元(烟草公司补贴50元、县政府补贴50元)。二是按坝区、山区类型,根据烤烟种植大户合同签订完成情况和烤烟专用化肥补贴标准,给予烤烟专用化肥补贴。烟叶收购结束后,烟叶工作站组织清算报县烟叶生产组织方式创新工作领导组批准后兑现。

三、基本原则。(一)坚持农村土地流转"三个不得"的原则。(二)坚持着眼稳定,有利发展的原则。(三)坚持尊重民意,积极引导的原则。(四)坚持规范程序,公开操作的原则。(五)坚持有偿流转,收益到户的原则。

四、工作目标。(一)发展种粮大户,促进粮食生产。(二)发展种烟大户,提高烟叶质量。(三)提高土地利用率。(四)发展适度规模经营,增加农民收入。(五)促进农村"一村一品"的发展。

五、方法步骤。土地流转分三个阶段进行:

六、规范土地流转程序。(一)农户自主流转;(二)农户委托乡镇中介所、信息员流转其承包地;(三)撂荒土地的流转(四)全家外出的土地按上述方式流转。

七、政策推动,积极鼓励农村土地承包经营权流转。

八、工作要求。

【关于进一步推进农业增效、农民增收、农村改革发展的意见】 3月3日,县委、县政府印发《关于进一步推进农业增效、农民增收、农村改革发展的意见》。意见分为8个部分。

一、充分认识推进农村改革发展的重大意义。

二、推进农村改革发展的指导思想和目标任务。(一)2009年农业农村工作的指导思想。(二)目标任务。全县2009年推进农村改革的发展目标是:全县GDP预计完成18.9亿元,增长12%;粮食总产达13.27万吨,比2008年增长7%;畜牧业产值实现3亿元以上,增长16%以上;农民人均纯收入达2 290元以上,增长15%以上。确保农业结构调整进一步优化,农业产业化水平进一步提高,城乡经济社会发展一体化格局基本形成;农业基础设施明显改善,农业综合生产能力明显提高,现代农业建设取得显著成效;社会事业得到全面发展;农村基层组织建设得到加强,社会管理体系日益完善;经济社会更加繁荣,农民物质文化生活明显提高。

三、积极发展现代农业,提高农业综合生产能力。(一)始终把粮食安全作为农村工作的首要任务来抓。(二)推进农业结构战略性调整。(三)因地制宜,积极发展特色产业。(四)发展农业产业化生产、加工、销售一条龙经营。(五)加强农田水利基础设施建设。(六)促进农业可持续发展。(七)加强生态建设,积极发展生态农业。(八)发展农民专业合作组织。

四、加强农业科技创新,建立新型农业社会化服务体系。(一)强化农业科技创新体系和推广体系建设。(二)强化农产品质量安全和动植物疫病防控体系建设。(三)强化农村市场体系建设。(四)强化农村信息综合服务体系建设。(五)加快农村电网改造步伐。

五、创新农村改革发展机制,增强农村经济发展活力。(一)建立规范有序的农村土地流转机制。(二)完善农业投入保障机制。(三)建立现代金融支农机制。(四)构建农业风险防范机制。

六、全面发展农村社会事业,推进社会主义新农村建设。(一)稳定农村低生育水平。(二)办好农村教育事业。(三)加快发展农村医疗卫生事业。(四)推进农村扶贫开发。(五)加大整合项目力度,推进新农村建设工作。(六)繁荣发展农村文化。(七)健全农村社会保障体系。(八)加强人才培训,促进劳务输出,建立城乡经济社会发展一体化机制。(九)加强交通设施建设,确保道路安全畅通。

七、切实加强农村基层组织建设。(一)强化农村领导班子和干部队伍建设。(二)推进农村基层党组织和党员队伍建设。(三)健全农村民主管理机制,加强农村党风廉政建设。(四)深入开展"平安乡村"创建活动。(五)积极开展精神文明建设。

八、加强组织领导,为农业农村工作提供坚强保障。(一)加强组织领导,强化协调力度。(二)建立完善目标责任考核机制。

【关于印发《2009年综治维稳宣传月活动方案》的

通知】 3月6日,县委、县政府印发《鲁甸县2009年综治维稳宣传月活动方案》。要求各乡镇、各部委办局、各驻鲁单位遵照执行。

【印发《新型工业化目标任务分解方案》的通知】 3月9日,县委、县政府印发《鲁甸县新型工业化目标任务分解方案》。要求各乡镇、各部委办局室、企事业单位和驻鲁单位党组织要结合实际,认真学习领会,抓好贯彻落实。

一、2009年工业经济发展目标及倍增计划。

责任人:保明康。牵头单位:县工业办。协办单位:县新型工业化各成员单位。时间要求:2009年工业经济发展目标在2009年12月31日前完成。到2010年末工业产值达到36亿元。2015年末达到120亿元。

二、筹备成立鲁甸县工业园区管理委员会。

责任人:保明康。牵头单位:县工业办。协办单位:县新型工业化领导组各成员单位。时间要求:2009年6月30日前。

三、争取申报鲁甸工业园区为省级工业园区。

责任人:保明康。牵头单位:县经贸局。协办单位:县工业办。时间要求:2009年12月31日前。

四、完善县新型工业化领导组办公室机构设置及编制工作。

责任人:张登敏。牵头单位:县政府办。协办单位:县人劳局。时间要求:2009年3月30日前。

五、抓好县内220KV变电站项目立项工作。

责任人:张登敏。牵头单位:县供电公司。协办单位:县发改局、县国土局。时间要求:2009年6月30日前。

六、加快陡滩口、凉风台水电开发进程。

责任人:张登敏。牵头单位:县发改局。协办单位:县经贸局。时间要求:2009年12月30日前全面启动建设。

七、加快拟建项目的立项工作及项目储备工作。

责任人:张登敏。牵头单位:县发改局。协办单位:县经贸局、县经合办、县国土局。时间要求:2009年12月31日前。

八、对县内重点工业企业实行挂牌保护。

责任人:马武荣。牵头单位:县纪委、县委政法委。协办单位:县法院、县检察院、县公安局、县监察局。时间要求:2009年2月28日前挂牌。

九、设立600万元重大工业项目发展基金。

责任人:铁朝曙。牵头单位:县财政局。协办单位:县发改局、县经贸局。时间要求:2009年12月31日前。

十、组建中小企业信贷担保机构,为中小企业提供优质的信贷服务。

责任人:铁朝曙。牵头单位:县财政局。协办单位:县国资公司、县农行、县信用联社。时间要求:2009年3月30日前。

十一、加大矿产资源清理整合工作。

责任人:白长早。牵头单位:县国土局。协办单位:县发改局、县公安局、县经贸局、环保局、安监局、招商局。时间要求:2009年1月25日前完成工作方案的编制和报批工作;2010年12月31日前全面完成整合工作。

十二、高度重视安全生产,与规模以上企业签订《安全责任书》。

责任人:白长早。牵头单位:县安监局。协办单位:县经贸局、县工业办。时间要求:2009年2月28日前。

十三、做好每年6.67公顷工业用地储备工作。

责任人:白长早。牵头单位:县国土局。协办单位:县发改局、县经贸局。时间要求:每年年底前。

十四、制定对涉企部门进行行风评议办法,组织对涉企部门进行行风评议。

责任人:王粟。牵头单位:县纪委。协办单位:县监察局、县工业办、县经贸局。时间要求:行风评议办法2009年3月30日前完成。评议工作分为两次,每年6月30日前和12月15日前完成。

十五、抓好《节能减排工作及目标责任书》落实。

责任人:曹继友。牵头单位:县节能办。协办单位:县经贸局、县统计局、县节能办。时间要求:每年2月10日前。

十六、制定全县招商引资政策及工作方案,加大招商引资力度。

责任人:曹继友。牵头单位:县招商局。协办部门:县经合办。时间要求:2009年3月30日前完成制定全县招商引资方案的拟定工作

十七、加强工业人才队伍建设及建档工作。

责任人:刘雅芸。牵头单位:县委组织部。协办单位:县人劳局。时间要求:建档工作2009年1

月30日前启动,把工业人才队伍建设纳入日常议事日程。

十八、加快鸭子塘工业片区在建项目建设。

责任人:保明康、马永升。牵头单位:县工业办。协办单位:县发改局、县经贸局、县技术监督局。时间要求:2009年5月31日前完成20万吨重钙厂、20万吨硫化锌焙烧及制酸的建设并投产。加快60万吨电石、20万吨氢钙、20万吨硫铁制酸等项目建设。

十九、划拨300万元工业发展专项资金。

责任人:张登敏。牵头单位:县财政局。协办单位:县工业办。时间要求:2009年6月30日前划拨150万元,2009年10月31日前划拨150万元。

二十、争取落实省委、省政府、市委、市政府支持我县工业发展的各项扶持基金。

责任人:马良。牵头单位:县财政局。协办单位:县发改局、县经贸局、县工业办。时间要求:2009年12月31日前。

二十一、对全县新型工业化各项目标任务进行定期、不定期检查督促考评。

责任人:王粟、王富泰。牵头单位:县纪委、县委办。协办单位:县委督查室、县工业办、县统计局、县国税局、县地税局。时间要求:每年年底前完成。

二十二、筹备召开县委、政府新型工业化发展季度专题办公会议。

责任人:王富泰。牵头单位:县委办。协办单位:县工业办。时间要求:每年每一季度末月月底前完成。

【关于印发《机关作风建设年活动实施方案》的通知】 3月10日,县委印发《鲁甸县机关作风建设年活动实施方案》。要求各乡镇、各部委办局、各驻鲁单位遵照执行。

【关于开展使用土地承包经营权证、林权证抵押贷款试点工作的意见】 3月11日,县委、县政府印发《关于开展使用土地承包经营权证、林权证抵押贷款试点工作的意见》。《意见》分为4个部分。一、深化改革,创新机制,提高金融服务水平。二、改进经营模式,不断扩大农村金融覆盖面。三、抓好试点,积极探索土地承包经营权、林地使用权抵押贷款运行模式。四、改善业务管理,增强风险管理能力。

【关于印发《农民三年增收计划》的通知】 3月11日,县委、政府印发《鲁甸县农民三年增收计划》。要求各乡镇、各部委办局、各驻鲁单位结合实际,认真抓好贯彻落实。

【关于兑现2008年度农业农村工作目标责任制奖的通知】 3月12日,根据县委、县政府专题会议精神和农业、林业、水利、扶贫、畜牧、人力办对各乡镇2008年度农业农村工作目标责任制完成情况的考评结果,县委、县政府决定对12个乡镇兑现2008年度农业农村工作目标责任制奖励。

一等奖:茨院乡、火德红乡、桃源乡各奖现金1万元;

二等奖:文屏镇、小寨乡、乐红乡、水磨镇各奖现金8 000元;

三等奖:龙头山镇、新街乡、江底乡、龙树乡、梭山乡各奖现金6 000元。

【关于加大扶持返乡农民工创业、促进就业的意见】 3月13日,县委、县政府印发《关于加大扶持返乡农民工创业促进就业的意见》。意见分为4个部分。

一、充分认识就业工作的重大意义。

二、总体思路、目标任务和基本原则。(一)总体思路。(二)目标任务。2009年确保劳动力转移稳定在10万人以上,农民人均增加劳务净收入60元以上;培训农村劳动力0.9万人以上,转移7 650人,扶持返乡创业100人,带动500人以上稳定就业。(三)基本原则。

三、加大政策扶持创业、促进就业力度。(一)返乡农民工申请个体工商业、创办合伙企业或独资企业登记,具备基本投资条件,对申办营业执照的,工商部门要及时办理,在营业中,相关部门要给予最大的关心和支持。(二)返乡创业人员从事个体经营,按照政策规定给予减免或免费办理有关证照。(三)允许返乡创业人员将家庭住所、租借房、临时商业用房等作为创业经营场所。国家法律法规和政策规定没有明令禁止的行业或领域应给予鼓励支持创业就业。(四)狠抓扩大内需机遇,积极开发就业岗位,促进农民工就业。(五)从农民工投资兴业起,从事个体经营的工商业户,营业税起征点从1 200元/月提高到3 000元/月。(六)农民工创业从事个体经营,税务部门按相关税收政策规定给予税收减免。（七）金融部门必须大力支持农民工创业的中小企业发展。（八）对创业投资规模在5万元以上的，政府给予一定金额的贴息贷款支持。（九）创业人员申请小额贷款每人放宽到最高5万元，手续完善后，给予优先贷款。（十）积极争取农村劳动力培训转移项目，大力整合项目资金，免费培训农民工并实现推荐就业。

四、加强组织领导，完善就业创业服务。

【关于深化供销合作社改革发展的意见】 3月18日，县委印发《关于深化供销合作社改革发展的意见》。意见分为7个部分。

一、深化供销合作社改革发展的重要意义。

二、总体要求。（一）指导思想。（二）改革发展任务。大力发展"两社一会"，着力建设农村现代流通体系，促进农业产业升级。（三）发展目标。通过实施"乡村流通工程"，加快建立适应农业农村发展要求的农村现代流通体系。到2015年底，实现乡镇供销连锁超市全覆盖，95%以上村有综合服务社，80%的农资由供销社连锁配送，70%的农村专业合作社由供销社领办，70%以上需经过流通环节的农产品由供销社领办的合作组织营销，50%以上的零售网点开展再生资源回收业务，建设县级农资、日用消费品配送中心2个以上，发展乡镇农资、日用消费品连锁超市20个以上，培训农产品经纪人2 000人以上。实现全县供销合作社系统经营总额超过8 000万元以上，年利税总额超过240万元。

三、改革创新组织管理体制。（一）深化县供销合作社改革。（二）推进社有企业改革重组。（三）推进基层供销合作社重组。（四）大力发展农民专业合作经济组织。（五）加强人才队伍建设。

四、建立健全农村现代流通服务体系。（一）改造农业生产资料经营服务网络。（二）整合农村日用消费品流通网络。（三）建立健全农副产品购销网络。（四）组建再生资源回收利用网络建设。（五）健全农村流通信息网络。

五、改革创新农村流通经营机制。（一）创新服务方式和发展模式。（二）创新农村流通经营业态。

六、加大扶持力度。（一）扶持农村现代流通体系基础设施建设。（二）加大财政投入，拓宽投融资渠道。（三）落实相关土地、税收优惠政策。（四）做好相关人员的安置工作和社会保障。（五）妥善处理历史债务。（六）保障供销合作社的合法权益。

七、加强对供销合作社改革发展工作的组织领导。

【关于表彰2008年度安全生产先进单位的决定】 3月20日，县委、政府经过综合考核、考评决定对《2008年安全生产工作目标管理责任书》执行较好的乡镇、部门及企业给予表彰奖励。

一、乡镇：一等奖（3个）：火德红乡、小寨乡、梭山乡，各奖现金4 000元；二等奖（8个）：文屏镇、桃源乡、茨院乡、江底乡、龙头山镇、龙树乡、水磨镇、新街乡，各奖现金2 000元。

二、县直部门：一等奖（2个）：县国土局、县交警大队，各奖现金3 000元；二等奖（9个）：县教育局、县公安局、县交通局、县建设局、县经贸局、县农业局、县质监局、县安监局、县消防大队，各奖现金2 000元。

三、企业：一等奖（2个）：云南昊龙实业集团火德红采选有限公司、昆华化工有限责任公司，各奖现金3 000元；二等奖（5个）：云南理世食品有限责任公司、县烟草公司、县供电公司、昭交集团鲁甸分公司、龙头山八宝银矿，各奖现金2 000元。

四、部门协调奖（3个）：县委办公室、县政府办公室、县委政法委，各奖现金2 000元。

【关于表彰2008年全县老龄工作先进集体和先进个人的决定】 3月23日，县委、县政府研究，决定对2008年老龄事业和老龄工作取得突出成绩的和7名先进个人进行表彰。

一、先进集体（7个）：

县财政局　县教育局　县公安局　县文体局
县广电局　水磨镇党委政府　茨院乡党委政府

二、先进个人（7名）：

马武界　赵声武　晏正权　丁世新　李兴旭
祝　琼　李卫清

【关于开展深入学习实践科学发展观活动的实施意见】 3月30日，县委印发《开展深入学习实践科学发展观活动的实施意见》。《意见》分为6个部分。

一、充分认识深入开展学习实践活动的重要意义。

二、学习实践活动的指导思想、主要原则和目标要求。（一）指导思想。（二）主要原则。（三）目标要求。1.提高思想认识。2.解决突出问题。3.创新体制机制。4.促进科学发展。

三、学习实践活动要解决的重点问题。

四、学习实践活动批次安排。按照中央、省委和市委要求，全县开展学习实践活动参加第二批、第三批，每批时间为半年左右。第二批自2009年3月开始，8月基本完成。范围包括：县委、人大、政府、政协机关领导班子；县直党政机关，县人民法院、人民检察院和人民团体机关；县直属企事业单位；小寨乡政府机关党支部、小寨乡大坪村党总支作为第三批学习实践活动试点，与第二批学习实践活动单位同时进行。第三批2009年9月开始，2010年2月基本完成。范围包括：乡镇、街道，村（社区），中小学校，未参加第二批活动的企业、社会团体、社会中介组织等。

五、学习实践活动的方法步骤。学习实践活动分3个阶段进行，每个阶段包含3个环节，加上活动开始前的准备环节和活动结束时的总结测评环节共有11个环节。

六、学习实践活动的领导和指导。

【关于表彰解放思想大讨论活动先进集体的决定】 4月1日，经县委研究，决定对解放思想大讨论活动取得突出成绩的县纪委、检察院、财政局、地税局、工商局、县人民医院、小寨乡党委、龙头山镇党委先进集体进行表彰。

【关于实行县级领导挂钩固定资产投资项目的通知】 4月2日，县委、县政府研究决定，对全县固定资产投资项目实行县级领导挂钩负责制。

一、社会事业项目组。组长保剑，庄清海、马梅、赵萍、卢敏为副组长，杨永华、马真贤、马长伦、晏正权、马良、马龙、李章恒为成员。社会事业项目14个，计划投资11 623万元。（一）普九基础设施建设项目，计划投资4 400万元；（二）鲁一中学生宿舍建设项目，计划投资1 600万元；（三）县人民医院综合楼建设项目，计划投资1 500万元；（四）村级一事一议工程项目，计划投资1 500万元；（五）校舍危改项目，计划投资505万元；（六）卫生基础设施及设备配置项目，计划投资440万元；（七）县中心敬老院建设项目，计划投资420万元；（八）职中建设项目，计划投资300万元；（九）广电通讯设备，计划投资300万元；（十）希望小学建设项目，计划投资190万元；（十一）4个乡镇文化站建设项目，计划投资168万元；（十二）计生服务站业务用房建设项目，计划投资150万元；（十三）桃源、梭山计生服务站建设项目，计划投资80万元；（十四）社区卫生服务中心、新农合服务中心、疾控中心放射室业务用房建设项目，计划投资70万元。

二、农林水和扶贫项目组。组长吕磊，阮曙光、窦家义、高永华为副组长，冯昌庆、余朝明、周明卉、陈富华、朱宗能、聂永宪、黄延安、戚发孝、张顺云、孔令能为成员。农林水项目20个，计划投资12 494万元。（一）农村能源建设项目，计划投资1 932万元；（二）饮水安全项目，计划投资1 780万元；（三）小型水库除险加固项目，计划投资1 000万元；（四）石漠化综合治理项目，计划投资1 000万元；（五）畜牧良种基地建设项目，计划投资900万元；（六）下官山水库前期工作，计划投资520万元；（七）李家龙潭水库，秧田冲水库，燕麦地水库除险加固工程项目，计划投资800万元；（八）天保公益林建设项目，计划投资600万元；（九）节能、卧密烤房建设项目，计划投资441万元；（十）砚池山河治理项目，计划投资410万元；（十一）烟田基础设施建设项目，计划投资400万元；（十二）水产养殖基地建设项目，计划投资400万元；（十三）小农水项目，计划投资362万元；（十四）水保项目，计划投资343万元；（十五）砚池山水库除险加固项目，计划投资300万元；（十六）核桃产业基地建设项目，计划投资300万元；（十七）生猪标准化养殖基地建设项目，计划投资300万元；（十八）退耕还林口粮田建设项目，计划投资260万元；（十九）国土整治项目，计划投资246万元；（二十）高稳产农田建设项目，计划投资200万元。扶贫项目11个，计划投资3 536万元。（一）新农村建设项目，计划投资1 000万元；（二）整村推进项目，计划投资990万元；（三）小寨乡梨园安置工程项目，计划投资275万元；（四）国债易地搬迁工程项目，计划投资270万元；（五）铁厂营地安置工程项目，计划投资270万元；（六）劳动力服务输出基地建设项目，计划投资257万元；（七）铁厂国债扶贫搬迁试点工程项目，计划投资200万元；（八）黄角树电站移民后期基础设施建设项目，计划投资92万元；（九）产业扶贫项目，计划投资76万元；（十）茅草房改造项目，计划投资76万元；（十一）雪灾及“5·12”地震恢复重建项目，计划投资30万元。

三、城镇基础设施项目组。组长雷选忠，马武荣、王文生、丁世章为副组长，高爱国、余玖龙、马武界、阮金银、马应孝、马永坤为成员。城镇基础设施项目22个，计划投资37 655万元。(一)新区基础设施建设项目，计划投资6 000万元；(二)昊龙大厦建设项目，计划投资4 000万元；(三)新区二期民房建设项目，计划投资4 000万元；(四)县城污水处理厂及配套管网工程项目，计划投资4 000万元；(五)农村民居地震安全工程项目，计划投资3 850万元；(六)县城供水工程项目，计划投资3 750万元；(七)长城花园建设项目，计划投资2 200万元；(八)垃圾处理场建设项目，计划投资2 000万元；(九)乡集镇建设(含6有工程)项目，计划投资1 200万元；(十)公安局科技大楼建设项目，计划投资1 200万元；(十一)桃源乡综合楼等4个办公楼建设项目，计划投资1 000万元；(十二)城镇低收入家庭廉租住房建设项目，计划投资990万元；(十三)华联购物广场建设项目，计划投资755万元；(十四)昭通市大型看守所搬迁项目，计划投资670万元；(十五)文屏山森林公园建设项目，计划投资500万元；(十六)畜牧局职工住宿楼恢复重建项目，计划投资480万元；(十七)建设局办公楼建设项目，计划投资340万元；(十八)食药监局职工住宿楼恢复重建项目，计划投资210万元；(十九)人武部职工住宿楼建设项目，计划投资200万元；(二十)水磨、梭山派出所建设项目，计划投资180万元；(二十一)看守所食堂、武警中队训练场等相关设施建设项目，计划投资80万元；(二十二)龙树、桃源司法所建设项目，计划投资50万元。

四、工业项目组。组长保明康，铁朝曙、王天鹏、马永升为副组长，余朝坤、虎尊营、陈兴举为成员。工业项目14个，计划投资24 510万元。(一)金亿源矿业铁矿采选项目，计划投资5 000万元；(二)镁综合利用项目，计划投资5 000万元；(三)20万吨重钙厂建设项目，计划投资4 000万元；(四)20万吨锌焙砂制酸厂建设项目，计划投资3 000万元；(五)银矿开发项目，计划投资1 500万元；(六)云香有限责任公司食品厂建设项目，计划投资1 000万元；(七)兴煜铅锌冶炼附属工程项目，计划投资1 000万元；(八)昊龙水泥厂技改及附属工程项目，计划投资1 000万元；(九)梭山萤石粉开发项目，计划投资900万元；(十)江底桐油加工生产线项目，计划投资740万元；(十一)理世食品厂技改项目，计划投资600万元；(十二)龙井沟铜矿开发项目，计划投资300万元；(十三)恒达、安家坪铅锌矿(洗选)项目，计划投资250万元；(十四)瑞鑫页岩砖厂建设项目，计划投资220万元。

五、能源项目组。组长张登敏，何顺德、曹继友为副组长，代建敏、雷选金、桂星为成员。能源项目7个，计划投资50 270万元。(一)牛栏江黄角树电站建设项目，计划投资26 000万元；(二)天花板电站建设项目，计划投资13 000万元；(三)电网改造项目，计划投资8 000万元；(四)黑石河流域电站建设项目，计划投资2 000万元；(五)小岩头电站跨江临时桥和水保挡墙及路基工程项目，计划投资620万元；(六)陡滩口电站建设项目，计划投资400万元；(七)凉风台电站建设项目，计划投资250万元。

六、交通项目组。组长白长早，路元文、高永华为副组长，杨贵勇、李善云、焦焕存、夏举崇、杨家强、吕明良为成员。交通项目7个，计划投资11 196万元。(一)龙梭公路建设项目，计划投资4 000万元；(二)鲁江公路改造项目，计划投资2 850万元；(三)通达工程项目，计划投资1 836万元；(四)沙坝至乐红公路建设项目，计划投资1 300万元；(五)王家桥至火德红油路建设项目，计划投资1 000万元；(六)鲁甸至小寨油路维修项目，计划投资120万元；(七)桃源、小寨、乐红客运站建设项目，计划投资90万元。

七、检查督促考评组。组长王粟，王富泰、刘雅芸、杨斌为副组长，发改局、统计局、财政局、经贸局、审计局、监察局为成员单位。

【印发江先奎同志在全县深入学习实践科学发展观活动动员大会上的讲话通知】 4月3日，县委印发江先奎同志在《全县深入学习实践科学发展观活动动员大会上的讲话》。要求各乡镇、各部委办局结合实际，抓好贯彻落实。

【关于做好农情信息工作的通知】 4月9日，县委为做好农情信息工作，结合全县实际，对农情收报工作收集的范围和内容，时间要求等作了要求。

【关于印发《县委常委班子开展深入学习实践科学发展观活动实施方案》的通知】 4月10日，县委印发《县委常委班子开展深入学习实践科学发展观活动实施方案》。《方案》：一、指导思想。二、目标任务。(一)理论武装上取得新成果。(二)谋划发展上取得新成果。(三)实践推动上取得新成果。(四)机制创新上取得新成果。三、实施步骤。县委常委开展学习实践科学发展观活动从2009年4月开始,到2009年8月底基本完成。学习实践活动分三个阶段进行:(一)学习调研阶段(4月上旬至5月上旬)。(二)分析检查阶段(5月中旬至6月下旬)。(三)整改落实阶段(7月上旬至8月底)。

【关于矛盾纠纷排查化解和治安混乱地区及突出治安问题排查整治的实施意见】 4月28日,县委印发《关于矛盾纠纷排查化解和治安混乱地区及突出治安问题排查整治的实施意见》。共分4个部分。一、指导思想。二、工作目标任务。三、范围和重点。四、任务和措施。

【关于领导干部定期接待群众来访和下访的实施意见】 4月28日,县委、县政府印发《关于领导干部定期接待群众来访和下访的实施意见》。意见分为6个部分。一、指导思想。二、目标任务三、工作原则。四、组织领导。五、工作方法。六、工作要求。

【关于印发《2009年农业农村工作考核办法》的通知】 5月4日,县委、县政府印发《鲁甸县2009年农业农村工作考核办法》。要求各乡镇、各部委办局、各驻鲁单位认真遵照实施。

一、考核范围及内容。(一)考核范围:全县12个乡镇,县农业局、林业局、水利局、畜牧局、扶贫办、人力资源办和供销社7个部门。(二)考核内容:以2009年农业农村目标责任书考核内容为依据,考核设优秀、合格、不合格三个档次。1.考核重点:以农民人均纯收入增长15%以上,粮食产量增加7%以上为主要考核指标,两项指标达不到要求,一律考核为不合格。2.考核分值:(1)乡镇满分600分,考核按100分折算。得分90分以上(含90分)为优秀;得分90分以下(不含90分),80分以上为合格;得分80分以下(不含80分)为不合格。(2)部门满分100分。得分90分以上(含90分)为优秀;得分90分以下(不含90分),80分以上为合格;得分80分以下(不含80分)为不合格。

二、考核办法。(一)考核时间:2009年1月1日至12月31日。(二)考核方式:1.各乡镇和各部门根据2009年农业农村工作目标责任书的指标先自查自评,并将自查自评情况书面报告县委农业农村工作领导小组办公室(县委政策研究室)。2.县委、县政府组织考核组对各乡镇和7个部门进行考核打分,打分以2009年农业农村工作目标责任书为主要依据;指标完成情况以统计局公布数为主要依据,统计局统计范围以外的以各职能部门统计数为依据。3.考核采取日常督查、半年检查、年度考评方式进行,乡镇和7个部门所上报农情工作情况,纳入考核参考依据。4.考核结果以县委、县政府考核组考评结果为准。

三、考核奖惩。(一)县级相关领导,各乡镇党政主要领导,县农业局、林业局、水利局、畜牧局、扶贫办、人力资源办和供销社7个部门主要领导;县委农办、县委办、县政府办、县发改局、县财政局、县统计局等6个综合部门主要领导纳入责任人考核。县级相关领导交风险金5 000元,乡镇领导和部门考核领导交风险金4 000元,年终考评结束后,完成目标任务的风险金全部退还,并给予奖励;完不成目标任务的,风险金不再退还,留做下年农业农村工作奖励基金。同时,对完不成任务的乡镇或部门给予通报批评,并追究相关责任人责任。(二)年终县委、县政府将根据考评结果,设立一、二、三等奖对各乡镇和7个部门完成农业农村情况进行表彰鼓励(考核不合格者不纳入奖励范围)。一等奖4名。其中乡镇3名,奖励20 000元;部门1名,奖励10 000元。二等奖6名。其中乡镇4名,奖励15 000元;部门2名,奖励8 000元。三等奖9名。其中乡镇5名,奖励10 000元;部门4名,奖励6 000元。

【关于开展农村基层组织整顿提高的实施意见】 5月15日,县委印发《关于开展农村基层组织整顿提高的实施意见》。意见分为5部分。一、充分认识开展农村基层党组织整顿提高的重要性和紧迫性。二、指导思想和目标要求。(一)组织坚强有力。(二)党员作用明显发挥。(三)工作得到促进。(四)人民群众满意。三、重点解决的问题。四、方法步骤。五、组织领导。

【关于做好2009年度木本油料产业发展工作的通知】 5月18日,县委发出《关于做好2009年度木本油料产业发展工作的通知》。《通知》分为6个部分:

一、目标任务。2009年,全县计划发展木本油料产业核桃1.33万公顷,花椒0.33万公顷。(一)核桃1.33万公顷。其中文屏镇0.1万公顷,桃源乡0.12万公顷,茨院乡0.1万公顷,江底乡0.15万公顷,火德红乡0.16万公顷,小寨乡0.14万公顷,龙头山镇0.2万公顷,乐红乡0.14万公顷,水磨镇0.04万公顷,新街乡0.04万公顷,梭山乡0.14万公顷。(二)花椒0.33万公顷。其中江底乡0.03万公顷、火德红乡0.06万公顷、小寨乡0.04万公顷、龙头山镇0.08万公顷、乐红乡0.04万公顷、梭山乡0.08万公顷。

二、做到科学规划、合理布局,早安排、早落实。

三、地块选择和种植要求。

四、奖励和处罚。对按时按质完成任务的乡镇,县人民政府将以"以奖代补"的方式给予奖励;未按时完成任务的乡镇,将追究相关领导的责任,并责令限期整改,按照未完成任务数每亩处罚金1元,罚金从2009年乡镇包干经费中扣除,存入木本油料产业发展专户,统筹使用。

【关于建立县级党员领导干部挂钩联系基层组织建设示范点制度的通知】 5月19日,县委研究决定建立县级党员领导干部挂钩联系基层组织建设示范点制度。《通知》分为4个部分:一、县级党员领导干部每人建立一个基层组织建设示范点。二、建立县级党员领导干部挂钩联系基层组织建设示范点的对象和范围。三、县级党员领导干部挂钩联系基层组织建设示范点的主要任务。四、县级党员领导干部挂钩联系基层组织建设示范点的相关要求。

【关于进一步加强人口和计划生育工作统筹解决人口问题的意见】 7月2日,县委、县政府印发《关于进一步加强人口和计划生育工作统筹解决人口问题的意见》。意见分为5个部分。

一、人口和计划生育工作面临的形势。

二、指导思想和目标任务。

三、切实加大人口和计划生育工作综合治理力度。(一)继续强化长效节育措施落实。(二)进一步完善利益导向机制。(三)加强流动人口的计划生育服务管理。(四)努力提高出生人口素质。(五)综合治理出生人口性别比。(六)重视人口老龄化问题。(七)切实加强对重点乡(镇)、村工作的指导。(八)加强人口和计划生育宣传教育。(九)积极推进依法管理工作。(十)充分发挥计生协会作用。

四、切实加强人口和计划生育工作保障机制建设。(一)建立稳定增长的投入保障机制。(二)加强人口和计划生育管理机构及队伍建设。(三)加强人口和计划生育技术服务能力建设。(四)加快推进人口和计划生育信息化建设。

五、进一步加强对人口和计划生育工作的领导。

【关于印发《庆祝新中国成立60周年系列文化活动方案》的通知】 7月2日,县委、县政府印发《鲁甸县庆祝新中国成立60周年系列文化活动方案》。要求各乡镇、各部委办局、企事业单位和驻鲁单位认真组织实施。

【关于印发《2009年度人口和计划生育工作考核办法》的通知】 7月10日,县委、县政府印发《鲁甸县2009年度人口和计划生育工作考核办法》。要求各乡镇、各部门、各驻鲁单位遵照执行。《通知》:

一、考核对象。各乡镇党委、政府;乡镇党委书记、乡镇长;乡镇党委、政府分管和联系人口计生工作的领导,乡镇计生办主任。

二、指标设置及分值。2009年度人口和计划生育目标管理责任制考核指标包括工作效果指标、工作措施指标和保障及工作扩展指标。(一)工作效果指标(40分),(二)工作措施指标(45分),(三)工作保障及工作扩展指标(15分)。

三、奖惩。2009年度人口和计划生育工作考核奖惩情况纳入县委、县政府对乡镇党委、政府综合考核的内容,考核结果作为乡镇党委、政府领导班子履职情况考核和被考核对象个人任职、提拔使用的参考依据。(一)奖励。年终按照县对各乡镇《人口和计划生育目标管理责任书》内容进行考核评分。对人口出生率、计划生育率、计划外多孩控制数、二孩结扎、医学监护等五项工作指标均完成任务和常住人口出生统计误差率在10%及以内、节育手术统计误差率和医学监护统计误差率均在5%以内,并且考核得分在80分以上的乡镇,按考核分数进行排名,结合人口规模给予综合奖励。获取的人口和计划生育目标管理责任奖,最高可用15%奖给乡镇党委书记、乡镇长、分管和联系人口和计划生育工作的领导、计生办主任。(二)惩罚。1.乡镇人口出生率、计划生育率、计划外多孩控制数、二孩结扎、医学监护五项指标中有一项未完成任务，或者常住人口出生统计误差率大于10%、节育手术统计误差率和医学监护统计误差率均大于5%的乡镇，考核得分低于80分的，本年度不参加当年目标管理责任制评奖，对考核对象个人进行行政问责，并在全县给予通报批评。2. 乡镇人口出生率、计划生育率、计划外多孩控制数、二孩结扎和医学监护五项指标中有四项指标未完成任务的，实行“一票否决”，乡镇党委、政府本年度不得评为综合性先进单位，考核对象个人本年度不得评定为优秀公务员。3. 乡镇人口出生率、计划生育率、计划外多孩控制数、二孩结扎、医学监护五项指标均未完成任务的，实行“一票否决”，乡镇党委、政府本年度不得评为综合性先进单位，考核对象个人本年度不得评定为称职及以上等次。4. 人口出生率、计划生育率、计划外多孩控制数、二孩结扎、医学监护五项指标均未完成任务，且计划生育率较上年度下降5个百分点以上(含5个百分点)或者计划外多孩率较上年上升5个百分点以上(含5个百分点)的，实行“一票否决”，乡镇党委、政府本年度不得评为综合性先进单位，考核对象个人予以降职降级使用。5. 乡镇因工作不力，管理不到位，导致在市人民政府组织的抽样调查和年度考核中，对我县工作造成影响的，将视影响程度对考核对象给予相应的纪律处分。6. 出现上述情形的，县级挂钩领导进行通报批评，县级挂钩部门主要领导进行行政问责。

四、考核组织。(一)人口和计划生育目标管理责任制考核实行抽样调查、半年评估、年终考核、定性和定量考核相结合。(二)人口和计划生育目标管理责任制考核实行有奖举报和进行明查暗访，对查出的弄虚作假行为依照有关规定对相关责任人进行严肃处理，调查的情况作为考核依据纳入年度考核。(三)抽样调查方案，按照市人民政府的《方案》执行，调查结果纳入年度考核。

五、考核纪律。

六、各乡镇应参照本考核办法制定对村级的考核办法，严格兑现奖惩。

【关于印发《白内障复明手术项目实施方案》的通知】 7月23日，县委、县政府印发《鲁甸县白内障复明手术项目实施方案》。要求各乡镇、各部门、各驻鲁单位遵照执行。

【关于切实做好2009年烟叶收购工作的通知】 7月30日，县委、县政府发出《关于切实做好2009年烟叶收购工作的通知》。《通知》如下：

一、指导思想。

二、目标任务。(一)收购总量：全县烟叶收购总量825万千克(其中指令性收购732.5万千克，出口备货烟92.5万千克)，其中文屏镇130万千克，桃源乡357.5万千克，茨院乡80万千克，江底乡50万千克，火德红乡27.5万千克，小寨乡100万千克，龙头山镇57.5万千克，乐红乡13.5万千克，梭山乡9万千克。(二)等级结构：中部烟叶收购比例控制在45%以内、上部烟比例不得低于40%。(三)等级比例：上等烟控制在46%以内，等级合格率达80%。(四)均价：控制在15元/千克以内。(五)措施到位率：政策到位率达100%，管理、科技到位率达90%以上。

三、主要政策。(一)全县实行42个级别烟叶全等级收购。(二)按照国家发改委和国家烟草专卖局制定的2009年二价区烟叶收购价格政策执行。(三)严格按合同组织收购，无合同、超合同烟叶一律不予收购。严格实行约时、定点、定量收购烟叶，全面推行入户预检，提高烟叶收购水平。(四)严格等级质量控制，严格按照“坚持国标，靠线起步，平稳收购、一收到底”的指导思想和“入户预检、考核到人，进站初检、编码定级，入库验收、逐包检验，定期巡检、及时反馈”的工作流程进行收购，严把收购总量、上等烟比例、等级合格率“三条红线”。(五)严格按鲁发〔2009〕1号文件执行肥补政策，即：烟农每交售50千克烟叶补贴60元，其中烟草行业补贴30元，县政府补贴30元。在收购期间，烟农凭交烟凭证到乡财政所兑现。兑现时扣取0.04元/千克的防雹减灾基金，10月底前划拨到县烟办专户。(六)严厉打击各种倒买倒卖、囤积烟叶和流出流入县境的非法经营烟叶的行为，对非法经营烟叶的罚没收入实行“收支两条线”管理，上交县财政后全额返还县烟叶执法领导组，50%用于奖励有功人员，50%用于弥补工作经费。(七)严格考核奖惩。对各涉烟乡镇、县烟草公司的考核指标为收购总量、均价、等级合格率三项指标，总量第一，完不成收购任务的乡镇，所有奖励一票否决，同时对主要领导和分管领导进行行政问责。

四、主要措施。(一)认清形势，统一思想，高度重视烟叶收购工作。(二)密切配合，切实抓好烟叶田间管理。(三)加强合同管理,严格按合同收购。(四)加强等级质量管理,严格等级质量控制。(五)严肃收购纪律,提高收购管理水平。(六)完善收购组织方式,提高服务水平。(七)精心组织,周密部署,制定有效的保障措施。

五、加强领导,落实责任。(一)成立县烟叶收购领导组。(二)实行领导挂钩责任制

【关于表彰2009年度教育工作先进集体、优秀校长和优秀教师的决定】 7月31日,县委、县政府决定对14个先进集体、4名优秀校长和66名优秀教师予以表彰。

一、先进集体(14个):

(一)高中。优秀奖:县第一中学、县职业技术高级中学。

(二)初级完中。综合评定奖:一等奖文屏镇中学、二等奖江底中学、三等奖龙树中学;进步奖:一等奖龙树中学、二等奖茨院中学、三等奖文屏镇中学。

(三)小学。综合评定奖:一等奖县第二小学、二等奖县第一小学、三等奖桃源中心校;进步奖:一等奖梭山中心校、二等奖桃源中心校、三等奖县第二小学。

二、优秀校长(4人):

刘平苍 雷选坤 曹吉良 马长成

三、优秀教师(66人)

(一)高 中

一等奖 张 勇 李明健 彭 芳 马国勇
马永健 李吉合 尹富刚 冯昌健
柏文刚 陈维亮 胡琼兰 秦 昆

二等奖 邵发志 邱祥会 刘艳丽 范景奎
陆开怀 李世华 阮殿立 马丽萍
郭 兰 杨远凤 陈维亮 秦 昆

三等奖 阮殿立 舒合云 孔德金 陆开怀
马国勇 康德鸿 邱枝花 马普健
李 梅 蒋顺兴 王定美 胡琼兰

(二)初级完中

一等奖 沈发树 董云雯 邵 挺 陈颖俊
陆开忠 郑修江 李文慧

二等奖 李保辉 阮殿生 郭 兰 马翠华
姜华武 徐美贵 沈发树

三等奖 李兴玉 唐贵明 邵 挺 马俊芳
杨廷浪 李仁琴 沈吉超

(三)小 学

一等奖 周 琼 李 媛 桂西琼

二等奖 马敏彻 饶绍雄 周艳江

三等奖 马竹青 周 莹 余瑞龙

【关于印发江先奎在县委七届八次全体(扩大)会议上的报告的通知】 8月14日,县委印发《关于印发江先奎同志在中共鲁甸县委七届八次全体(扩大)会议上的报告的通知》。要求各乡镇各部门要结合实际,认真学习领会,抓好贯彻落实。

【关于加强县级纪检监察机关建设的实施意见】 8月14日,县委、县政府印发《关于加强县级纪检监察机关建设的实施意见》。《意见》分为4个部分。

一、切实加强县级纪检监察机关领导班子建设。(一)关于县委常委、纪委书记职务排序。本届内县纪委书记排序已在同等资历的常委前面。(二)行文明确县纪委书记任同级党委反腐败协调领导小组组长。(三)按干部任免程序办理县监察局长任县政府党组成员。(四)继续坚持纪委领导班子成员参加或列席同级党委全会等重要会议,参加同级党委组织的干部民主推荐会议。

二、切实加强县级纪检监察机关干部队伍建设。(一)增加县纪检监察机关人员编制。由县编委通过盘活存量、内部调剂的办法,为县纪检监察机关增加2~3名行政编制。(二)规范县纪检监察机关内设室主任职级待遇,合理配置工作力量。(三)根据省市纪委有关精神,增设纠风办公室、问责办公室。(四)整合全县纪检监察系统力量。切实推行纪检监察派驻机构统一管理工作。(五)加强纪检监察干部能力建设。

三、切实改善县级纪检监察机关办公办案条件。(一)建立健全县级纪检监察机关经费保障制度。2009年办公经费按人均1万元的标准列入年度预算,今后,根据县财力情况,适当调整增加预算,以保证县纪检监察机关办公办案需要。(二)加强基层纪检监察机关装备建设。积极争取中央省级纪委为县纪委配备办案用车、台式电脑、笔记本电脑、传真机、打印机、摄像机、照相机、录音笔等装备。

四、切实加强对县级纪检监察工作的领导。(一)县委、县政府加强对纪检监察工作的组织领导,定期或不定期听取纪检监察工作情况汇报,指

导纪检监察机关开展工作，及时研究解决纪检监察机关在工作中遇到的问题和困难。同时高度重视和切实加强纪检监察干部的选拔、培养和交流。(二)县纪检监察机关要在县委、县政府领导下全面履行工作职责，切实加强领导班子思想政治建设和机关作风建设，充分发挥组织协调职能，扎实做好教育、制度、监督、改革、纠风、惩处等方面的工作，推动全县党风廉政建设和反腐败工作深入开展。(四)县级纪检监察机关要主动加强组织协调的职能，县级组织、人事、财政等部门要切实把思想和行动统一到中央和中纪委的决策部署上来，对县委、政府研究决定的相关事项，认真抓好贯彻落实。

【关于进一步加强基层综治维稳机构规范化建设的实施意见】 8月14日，县委、县政府印发《关于进一步加强基层综治维稳机构规范化建设的实施意见》。《意见》分为4个部分。

一、指导思想和目标任务。

二、组织建设。(一)规范机构设置。(二)规范办公业务。(三)明确工作职责。(四)健全制度、加强管理。

三、强化保障，为综治中心(站)提供必要的工作条件。(一)强化保障。(二)解决编制。根据总量不变、内部调剂的原则，每个乡镇内部调剂解决2到3个行政编制，作为乡镇综治中心专职干部专用编制，纳入专编管理。(三)落实办公经费。办公经费由乡镇党委、政府负责解决，综治维稳中心每月不少于500元，综治维稳工作站每年不少于2 000元，以保证机构正常运行。

四、工作考核及奖惩兑现。(一)工作考核。(二)领导责任考核。(三)责任追究。(四)考核方式和内容。由县政法委、县综治委对乡镇，乡镇对村(社区)，村(社区)对各村民小组进行考核。考核内容：一是组织建设、人员配备和经费保障情况；二是制度、机制、台账建设情况；三是突出治安问题和不安定、不安全因素的排查、整治、上报情况；四是组织开展群防群治工作情况；五是治安防范措施落实情况；六是基层平安创建工作情况；七是重点人员管理工作情况；八是矛盾纠纷排查、登记、调处、回访等制度建设和工作情况；九是开展法制宣传教育工作情况；十是其他专门工作情况。

【关于印发全县中小学校舍安全工程建设实施方案的通知】 9月1日，县委、县政府印发《鲁甸县中小学校舍安全工程建设实施方案》。要求各乡镇、各部门、各驻鲁单位遵照执行。

一、实施“工程”的意义。

二、目标任务。(一)实施目标。集中重建整体出现险情的D级危房、改造加固局部出现险情的B、C级校舍，消除安全隐患，提高综合防灾能力，使学校校舍达到重点设防类抗震设防标准，并符合防灾避险安全要求。(二)主要任务。对中小学校舍全面排查鉴定；科学制定校舍安全工作总体规划和具体的实施计划与方案；从2009年9月起，用一年半时间完成85 542平方米中小学D级危房改造任务；10 632平方米教师住房纳入“乡镇低收入教师廉租房”建设项目统筹安排；加固所有B、C级危房。特别要对洪涝灾害易发地区、山体滑坡和泥石流等地质灾害易发地区存在安全隐患的中小学校舍进行抗震加固、迁移避险，提高综合防灾能力。

三、思路和原则。(一)总体思路。根据市政府制定的“以县为主、市级统筹、限期拆除、先拆后补、分期拨款、责任到人”原则，以及“政府主导、社会参与；统筹规划、分步实施；突出重点、整体推进”总体思路，要做到“五结合、四优先”，即“工程”与新一轮农村中小学布局调整相结合，与农村中小学校舍标准化建设相结合，与抗震安全建设相结合，与中小学增量扩容、提质增效相结合，与促进城乡教育均衡发展相结合；在项目建设上突出危急险重项目优先，教学用房、学生宿舍、食堂优先，项目建设条件成熟的优先，工作积极主动、前期准备充分的优先。逐校逐点整体排除中小学校舍中的D级危房，从根本上改善全县中小学办学条件。(二)规划原则。1.以2008年3月全省中小学校舍普查锁定的96 174平方米D级危房为基础，减教师住房10 632平方米纳入“乡镇低收入教师廉租房”建设项目统筹安排，从2009年9月至2011年2月，用一年半时间排除85 542平方米D级危房，规划重建面积85 876平方米，新增334平方米，同时加固所有B、C级危房。2.由于中央已锁定农村义务教育债务余额，全县实施的中小学校舍安全工程，不得扩大规模，新增义务教育债务。3.具体实施过程中，按照“轻重缓急”原则，优先考虑排除处于地震重点监视地区及其他自然灾害多发地区的危房，尽快消除中小学校舍的安全隐患。4.全县范围内鉴定为D级危房的中小学校舍，限期拆除。已列入“工程”项目,且资金已安排到位的危房项目,立即拆除。5. 对村以下点校及教学点将不再投入建设资金,但必须拆除其危房,根据中小学布局规划,就近并入条件较好的完小建设。尽可能撤并一师一校校点,暂不能撤并的要做出规划,分步实施。

四、内容和资金安排。(一)排危任务。2009 年开始,用 3 年时间,完成 2008 年 3 月全省中小学校舍普查锁定的 85 542 平方米中小学 D 级危房重建任务。其中 2009 年完成 30 952 平方米;2010 年完成 40 996 平方米;2011 年完成 14 251 平方米。第一批排除中小学 D 级危房 37 630 平方米,规划重建面积 38 181 平方米。第二批排除中小学 D 级危房 47 912 平方米,规划重建面积 47 695 平方米。10 632 平方米教师住房纳入"乡镇低收入教师廉租房"建设项目统筹安排,未纳入本次"工程"项目的新增危房,积极争取和筹措资金,按照相关标准和要求分批分期组织排危。(二)资金保障。"工程"总投资按省定标准每平方米 1 000 元测算,约需资金 8 585.9 万元。2009 年及 2010 年由中央及省人民政府和市、县人民政府按 D 级危房面积的 7:3 比例分担,2011 年按 9:1 比例分担。中央和省级专项补助 6 272.96 万元,除中央和省投资,市和县按 D 级危房面积的 1:1 比例分担,市级补助 1 140.62 万元。县人民政府解决 1 140.62 万元和新增规划面积的 33.4 万元。1. 市人民政府以昭通市开发投资公司融资用于"工程"。所融资金由市、县两级政府按 1:1 的比例分担偿还本金,融资所产生的利息等相关费用由市开发投资公司承担。2. 县人民政府负责征地、拆迁、地勘、规划、设计、监理等工作经费的筹措。(三)项目建设基本要求。1. 纳入本次"工程"的项目按整体规划,分步实施原则进行规划建设,在规划选址时做地质灾害危险性评估,规划设计满足"安全、适用、经济、美观"四个基本要求。2. 根据《中华人民共和国防震减灾法》有关规定新建、扩建、改建工程须达到抗震设防要求。3. 根据国家和省、市有关中小学校舍建设标准,结合我县实际,教学楼、综合楼、食堂等大跨度建筑结构设计必须采用框架结构,禁止使用预制板。

五、实施步骤。(一)由建设局牵头,教育局、国土局、水利局、地震局、消防大队等相关部门配合,对中小学校舍进行全面排查鉴定。在 2009 年 9 月前,对本县内中小学现有校舍(不含在建项目)进行逐栋排查,按照抗震设防和有关防灾要求,形成对每一幢单体建筑的鉴定报告,建立校舍安全档案。2008 年 3 月以前已经排查并形成鉴定报告的校舍,可不再重新鉴定。(二)由教育局牵头,发改局、建设局、财政局等相关部门配合,制定校舍安全工程实施规划和方案。根据排查、鉴定结果,结合中小学布局结构调整和正在实施的农村寄宿制学校建设等专项工程,科学制定校舍安全工作总体规划和具体的实施计划与方案。(三)区别情况,分类、分步实施校舍安全工程。对通过维修加固可以达到抗震设防标准的校舍,按照重点设防类抗震设防标准改造加固;对经鉴定不符合要求、不具备维修加固条件的校舍,按重点设防类抗震设防标准和建设工程强制性标准重建;对地质灾害易发地区的校舍进行地质灾害危险性评估并实行避险迁移;根据学校布局规划确应废弃的危房校舍可不再改造,但必须确保拆除,不再使用;完善校舍防火、防雷等综合防灾标准,并严格执行。

六、组织保障。(一)加强领导,明确责任。(二)规范管理,强化监督。

【印发《迎接市人民政府"两基"复核评估工作方案》的通知】 9 月 8 日,县委、县政府印发《鲁甸县迎接市人民政府"两基"复核评估工作方案》。要求各乡镇、各部委办局、企事业单位和驻鲁单位认真抓好贯彻落实。

【印发《加强农村基层党风廉政建设实施意见》的通知】 9 月 18 日,县委、县政府印发《鲁甸县加强农村基层党风廉政建设实施意见》。要求各乡镇、各部委办局、企事业单位和驻鲁单位认真抓好贯彻落实。

【印发《农村基层党风廉政建设工作联席会议成员单位任务分解方案》的通知】 9 月 18 日,县委、县政府印发《鲁甸县农村基层党风廉政建设工作联席会议成员单位任务分解方案》。联席会议成员单位牵头承担的任务分解如下:

县纪委、监察局:加强对农村基层党风廉政建设工作的组织协调,承担联席会议办公室日常工作。会同有关部门开展农村基层反腐倡廉教育,规范农村基层党员干部行为;推行办事公开制度;推行村干部勤廉双述、村民质询和评议制度;进一步规范乡镇政务公开;加强对各级贯彻落实新农村建设有关政策和措施的全面检查,防止和纠正新农村建设中的形式主义;严肃查处农村基层党员干部违纪违法案件。

县委组织部:会同有关部门以乡镇、村班子成员和基层站所负责人为重点,加强对农村基层党员、干部教育培训;健全乡镇领导班子民主议事规则,落实重大事项集体决策制度;健全农村基层干部任前廉政谈话、诫勉、述职述廉制度;加强对农村基层干部的考核;完善农村基层干部选拔任用机制;加强对农村基层干部换届工作的领导;推行农村基层党务公开;严肃干部组织人事纪律,严厉查处跑官要官、拉票贿选案件,防止干部带病提拔、带病上岗。

县委宣传部:组织、开展反腐倡廉宣传教育,推进廉政文化创建活动,大力表彰先进典型,促进社会和谐。

县委政法委:组织协调有关部门依法打击农村黑恶势力;排查整治农村社会治安混乱地区和突出问题,及时处理农村基层社会治安案(事)件;切实做好依法保护农民合法权益的工作;建立健全农村矛盾纠纷排查调处工作长效机制,加强农村综合治理,维护农村社会稳定,推进农村平安建设。

县农业局:会同有关部门认真做好农民负担监督管理工作,深入治理各种面向农村的乱收费、乱罚款和乱摊派行为;坚决制止违反涉农收费的行为;依法严厉打击制售伪劣农资等坑农害农行为;落实和完善“一事一议”筹资筹劳行为制度;规范村级集体财务公开、民主理财和财务委托代理制度;加强农村集体资产和村级财务管理,严格控制发生新的村级债务;规范农村集体土地资源的开发利用;加强对农村土地承包法律、法规和政策执行情况的检查,坚决纠正侵犯农民土地承包权益的行为,加强农村集体土地补偿费专户管理、专账审计,维护被征地农民的合法权益。

县发改局:会同有关部门加大对农村基础设施建设的投入政策落实情况和重点项目建设情况的监督检查;督促有关部门通过实行公示和招投标方式落实支农项目;会同有关部门依法严厉打击哄抬农资价格等坑农害农行为。

县教育局:会同有关部门深入治理农村教育乱收费问题,坚决纠正农村义务教育阶段的乱收费行为;加强对农村义务教育管理体制改革和义务教育经费保障机制改革进展情况的监督检查,确保我县加快发展农村教育事业的各项改革政策落到实处;认真解决农民子女上学难、上学贵问题。

县人劳局:加强农村和社会保障基金的监管使用力度,完善农民工工资支付保障制度,加强农村劳动力技能培训,规范农民工劳动管理。抓好“人民满意的基层站所”创建、评选活动,推进农村基层组织政风建设。

县民政局:会同有关部门加强基层民主政治建设,健全村民会议、村民代表会议、村民质询听证会等民主议事制度;完善农村基层自治组织换届选举办法,切实解决选举中宗族、宗派、宗教、贿选等干扰;加强工作指导和监督检查,坚决防止和纠正不公开、假公开、不及时公开等问题,把村务公开工作推向深入;认真解决在扶贫、救灾、救助、移民等款物管理和使用中损害农民群众利益的问题;

县财政局:会同有关部门监管检查直接补贴政策、农村社会事业支持政策落实情况,完善直补资金的管理和支付方式,确保补贴资金足额、及时发放到农民手中;督促各地严格执行各项支农资金使用的管理规定,加强专项审计,确保专款专用,防止克扣、截留、贪污、挪用等问题发生;加强财务管理工作,进一步规范转移支付和乡镇开支范围;坚决禁止乡镇、村发生新的债务;加强对新型合作医疗资金的监管;规范农村基层接待活动,完善农村服务全程代理制。

县国土局:会同有关部门加强对土地管理法律、法规和政策执行情况的检查,防止违反规定乱占滥用耕地或未经批准擅自改变基本农田用途;加大对农村土地征收征用情况的监督检查力度,进一步规范征地程序,严格执行征地补偿标准,切实加强被征地农民的就业安置和社会保障工作。

县建设局:会同有关部门按照社会主义新农村建设的总体目标和要求,认真做好乡镇、村建设规划,指导城镇土地使用权有偿转让和开发利用。

县交通局:认真治理公路三乱,抓好农村道路基础设施建设,加强对“村村通”工程质量的监督、检查和业务指导工作。

县卫生局:会同有关部门切实纠正农村医药购销和医疗服务中的不正之风;坚决制止农村卫生防疫方面乱收费问题;加强农村医疗卫生机构的医德医风建设;积极推进农村合作医疗,认真解决农民群众看病难、看病贵问题。

县审计局:做好农村基层领导干部的任期、离任经济责任审计和农村财务、专项资金的审计工作。

【关于印发江先奎在全县学习实践科学发展观活动第二批总结暨第三批动员会议上的讲话的通知】 9月24日，县委印发江先奎同志在《全县学习实践科学发展观活动第二批总结暨第三批动员会议上的讲话》。要求各乡镇、各部委办局、驻鲁单位党组织结合实际，认真学习领会，抓好贯彻落实。

【关于对重点乡镇社会稳定工作实行挂钩负责制的通知】 9月24日，经七届县委第41次常委会议研究，决定对文屏、桃源、茨院、龙头山、乐红、梭山6个重点乡镇社会稳定工作实行县级领导和政法部门领导挂钩负责制。《通知》分为：一、目标任务。二、工作要求。

【印发《"长城建安杯"篮球运动会工作方案》的通知】 10月12日，县委、县政府印发《鲁甸县"长城建安杯"篮球运动会工作方案》。要求各乡镇、各部门、各驻鲁单位遵照执行。

【印发《村级组织活动场所建设实施方案》的通知】 10月22日，县委印发《鲁甸县村级组织活动场所建设实施方案》。

一、建设范围。涉及全县已列入全省规划的17个村级组织活动场所建设项目村(其中8个为新建项目村，9个为重建项目村)，覆盖全县十一个乡镇。

二、经费测算。按照云组通《关于进一步做好我省村级组织活动场所建设工作的通知》文件明确规定，各村级组织活动场所的建筑面积300平方米为最低限制，其中必须具有一间100平方米以上的多功能活动室。每个村级组织活动场所建设应配置相关办公用品，包括办公桌、办公椅、活动室桌椅、文件资料柜、村级组织门牌、村务党务公开栏、科普宣传栏、各类规章制度栏、党旗、黑板等项目。全县17个组织活动场所建设预算投入资金427万元。

三、资金来源。村级组织活动场所建设所需资金，采取"五个一点"的办法筹集，即：争取中央支持一点，省级财政投入一点，市县配套一点，部门资源整合一点，乡镇筹措一点。全县活动场所建设总投入资金427万元，其中省、市、县投入246万元，部门整合投入23万元，乡镇筹资158万元。

四、方法步骤。2009年10月将全面启动全县村级组织活动场所建设，2010年4月15日前全部完成，4月25日前全部通过县级检查验收后申请省、市验收，具体分四个阶段进行。

五、几点要求。

【印发《迎接省政府"两基"检查评估工作方案》的通知】 10月22日，县委、县政府印发《鲁甸县迎接省政府"两基"检查评估工作方案》。要求各乡镇、各部门、各驻鲁单位遵照执行。

【印发《县委常委班子学习实践科学发展观整改落实方案》的通知】 10月22日，县委印发《中共鲁甸县委常委班子学习实践科学发展观整改落实方案》。要求各乡镇、各部委办局、驻鲁单位结合实际，认真贯彻落实。

一、指导思想。

二、整改落实目标。

(一)关于经济发展方面。整改任务：GDP、地方财政一般预算收入、人均纯收入等经济总量偏小。发展的产业非常单一，发展方式不优，一产不强、二产不优、三产不活，经受不起市场或危机的考验。农业产业化尚处初级阶段，促进农民持续增收的难度加大；工业经济结构单一，品牌知名度不高，深度开发不够；城市发展缺乏产业支撑，乡镇集镇建设严重滞后；第三产业发展不活跃，消费拉动极弱；基础设施滞后，交通、电力、水利瓶颈制约突出；投资拉动乏力，真正带动鲁甸大发展的大项目少。

整改措施：1. 以农民增收为重点，着力抓好农业农村工作。在稳定烤烟生产基础上，继续加快畜牧、核桃、花椒、蚕桑、水果、蔬菜、马铃薯等产业、产品发展步伐；大力整合各类涉农资金，切实抓好新农村建设，不断改善农村生产生活条件；着力抓好"百千万帮扶"、整(乡)村推进、产业扶贫等工作，确保2009年解决7 600人绝对贫困人口温饱、15 000人低收入人口稳定脱贫；切实加大劳务输出力度，不断巩固壮大劳务经济，鼓励农民工自主创业。

责任领导：吕 磊

责任部门：县委新农办、县财政局、县农业局、县林业局、县扶贫办、县人力资源办、县烟草公司

2. 以产业支撑为重点，着力推进新型工业化。改造提升优势传统产业，加快茨院、鸭子塘工业园

区建设;做强做大优势企业和优势产业,提升园区聚集能力和经济实力;加大招商引资力度,加快以硫酸、氢钙、重钙为主的化工项目建设进度,使化工产业及早成为新的产业支柱。

责任领导:保 剑

责任部门:县工业办、县发改局、县经贸局、县招商局、县环保局

3. 以持续发展为重点,着力推进重点工程项目建设。积极争取项目,实现固定资产投资年均增长10%以上。争取把一批基础类、产业类项目挤进中央、省、市的计划盘子;启动龙树至梭山、王家桥至火德红油路建设,抓好昭鲁快捷通道项目建设前期准备工作;抓好昭鲁河治理,加快牛栏江水电开发步伐,推进电网改造;启动县城垃圾处理场、污水处理厂、城市引水等项目建设;将县国资公司注册成为市国资公司的子公司,切实提高引资、融资、投资的能力。

责任领导:张登敏

责任部门:县财政局、县发改局、县建设局、县交通局、县水利局、县供水公司、县供电公司

4. 以城市二次创业为重点,着力推进城镇建设。重点抓好太阳湖环湖片区开发、文屏山森林公园建设、世纪大道2.7千米延长线和乡镇"六有"建设;在青少年文化宫、图书馆和体育场等公共设施建设上迈出实质性步伐。力争在未来3年内城市建设实现8~10亿元投资,把鲁甸打造成全省最具人居环境的精品县城之一。同时,县财政每年安排250万元资金支持乡镇集镇建设,通过3~5年努力,把2~3个乡镇集镇建设成具有较强辐射带动能力的中心集镇。

责任领导:保 剑

责任部门:县新区建设指挥部、县财政局、县交通局、县建设局、县国土局、县文体局、文屏镇

5. 以特色旅游为重点,着力推动第三产业大发展。

责任领导:庄清海

责任部门:县委宣传部、县文体局、县旅游局

(二)关于民生保障方面。整改任务:人民群众生活水平总体还不高,城镇、农村低保保障水平较低,五保供养不足;教师城乡结构、年龄结构、学科结构不合理,教育基础设施薄弱,"两基"要通过省政府验收,任务十分艰巨;公共卫生服务体系不健全,医疗服务水平还有待提高;计生工作还存在许多薄弱环节,控制人口过快增长任务繁重;城市建设和管理水平不高,基本公共服务还不能满足群众需要;加强民兵应急队伍建设;由于鲁甸县正处于经济社会发展的关键时期,各种利益调整加剧,维护社会和谐稳定的任务十分繁重。

整改措施:1. 进一步完善城乡社会保障体系,扩大对生育、养老、医疗、失业等保险覆盖面;继续扩大廉租房规模,着力解决城镇低收入群众住房困难;加快发展社会福利事业,加快完成县城中心敬老院建设。

责任领导:铁朝曙

责任部门:县民政局、县人劳局、县建设局

2. 切实抓好"两基"各项工作,年内必须顺利通过省政府评估验收;继续深化教育综合改革,强化教育基础,改善办学条件,扩大高中办学规模,提高办学质量,把鲁甸高中教育办成全市最具竞争力的品牌;继续实施"两免一补"政策,加大对贫困学生救助力度。

责任领导:庄清海

责任部门:县教育局

3. 坚持计划生育"一票否决"制度,巩固扩大来之不易的计划生育成果,防止出现滞留和反弹,圆满完成计划生育各项目标任务。

责任领导:庄清海

责任部门:县计生局

4. 完善城乡公共卫生服务体系,巩固和扩大新型农村合作医疗成果,确保农民参合率达90%以上,积极缓解群众看病难、就医难的矛盾;加快城乡卫生防疫体系建设,提高应对公共卫生突发事件的预防处置能力。

责任领导:庄清海

责任部门:县政府办、县卫生局

5. 加快建设县城公共设施,完善城市功能,继续推进乡镇集镇建设力度。

责任领导:保 剑

责任部门:县新区建设指挥部、县建设局

6. 加强应急管理,构建安全生产大体系,坚决遏制重特大安全事故发生;强化民族宗教工作,维护民族团结、宗教平稳;强化社会管理,抓好社会治安综合治理,严厉打击各类违法犯罪活动,确保社会和谐稳定。

责任领导:马武荣

责任部门:县委政法委、县公安局、县检察院、

县法院、县司法局、县交警大队、县民宗局、县安监局

7. 牢固树立创新意识，切实增强责任感和紧迫感，提高能力素质，站在国家安全和新时期军事斗争准备的战略高度，加强民兵组织建设、军事训练和应急演练，完成党和人民赋予的神圣使命，确保关键时刻民兵预备役部队能够拉得出、用得上、打得赢。

责任领导：路元文

责任部门：县人武部

（三）关于体制机制方面。整改任务：制约科学发展的体制机制性障碍尚未根本破除，改革开放有待进一步深化；研究解决制约鲁甸县加快发展、科学发展、跨越式发展的制度机制等深层次问题，完善工作机制，尤其是要健全抓落实的制度机制。

整改措施：1. 健全重大决策机制。

责任领导：江先奎

责任部门：县委办、县政府办

2. 健全绩效考评机制。

责任领导：刘雅芸

责任部门：县委办、县委组织部、县政府办

3. 健全财政融资机制。

责任领导：铁朝曙

责任部门：县政府办、县财政局

4. 健全城乡统筹机制。

责任领导：保　剑

责任部门：县建设局

5. 建立健全抓落实机制。

责任领导：王富泰

责任部门：县委办、县委督查室、县政府办

（四）关于党的建设方面。整改任务：对照科学发展观和“一面旗、一团火、一盘棋”要求，少数单位执行力不强，存在有令不行、有禁不止现象，影响和破坏了经济发展环境；干部作风纪律建设还存在着薄弱环节，少数党员干部中存在党性不强、纪律不严、学习不够、作风不实、执行不力、形象不好等突出问题；个别党员领导干部带头执行规章制度不够，不按程序办事；部分农村基层干部自律意识不强、法纪观念淡漠、宗旨意识不牢、工作作风漂浮等问题突出，思发展、谋发展、为群众办实事的意识淡薄；对个别干部的严格教育、严格监督方面还做得不到位。

整改措施：1. 加强县委领导班子自身建设。

责任领导：江先奎

责任部门：县委时间要求：长期

2. 加大干部培养选拔力度。

责任领导：刘雅芸

责任部门：县委

3. 夯实基层组织建设。

责任领导：刘雅芸

责任部门：县委组织部、党建办、各乡镇党委

时间要求：2009 年

4. 进一步加强机关作风建设。

责任领导：王　粟

责任部门：县纪委、县监察局时间要求：长期

5. 加强党风廉政建设。

责任领导：王　粟

责任部门：县纪委、县监察局时间要求：长期

6. 认真抓好学习实践科学发展观活动。

责任领导：吕　磊

责任部门：县委科学发展办、县委组织部

四、组织领导和保障措施。

（一）加强领导。

（二）落实责任。

（三）健全制度。

（四）强化督查。

【印发《工程建设领域突出问题专项治理工作实施方案》的通知】 11 月 25 日，县委、县政府印发《鲁甸县工程建设领域突出问题专项治理工作实施方案》。一、指导思想和总体要求。二、主要任务和阶段目标。三、任务分解和责任单位。四、工作步骤和时间安排。五、有关要求和保障措施。

【印发《全县深入开展非法销售安装使用卫星地面接收设施专项清理整治行动实施方案》的通知】 10 月 27 日，县委、县政府印发《鲁甸县深入开展非法销售安装使用卫星地面接收设施专项清理整治行动实施方案》。一、指导思想。二、专项整治行动的范围、重点和方法步骤。（一）专项整治行动范围（全县所属行政辖区）、重点（县城、乡镇集镇）。（二）专项整治行动的方法步骤。第一阶段：制定方案，召开会议，安排部署。第二阶段：发布通告，加强宣传发动。第三阶段：突出重点，集中整治。第四阶段：总结巩固。三、专项整治行动要求。

【关于印发《2009年度党风廉政建设责任制落实情况检查考核方案》的通知】11月13日，县委印发《2009年度党风廉政建设责任制落实情况检查考核方案》。要求各乡镇、各部委办局、驻鲁单位认真组织实施。一、组织领导。二、考核范围和对象。各乡镇党委政府和县直各单位领导班子及其成员，重点是党政“一把手”。三、检查考核内容。对照2009年度党风廉政建设责任书，考核党政领导班子及其成员完成党风廉政建设岗位责任目标的情况和抓党风廉政建设责任制工作的情况。四、考核时间和方法步骤。(一)自查时间。(二)考核时间。(三)考核方法和步骤。(四)考核情况汇总。五、考核结果及运用。六、考核领导组。七、检查考核分组情况：考核组分8个组进行考核。八、考核工作要求。

【关于命名“文明宗教活动场所”的决定】11月18日，县委、县政府决定命名“文明宗教活动场所”。

第一批：文屏清真寺、岩洞清真寺、拖姑清真寺、甘田清真寺、文屏玄天观 桃源清真寺、小岩洞清真寺、龙头山清真寺、茨院街清真寺。

第二批：龙树街清真寺、鸭子塘清真寺、洗羊塘清真寺、黑山训清真寺、牛头寨清真寺、湾湾田清真寺、大水塘清真寺、马厂清真寺、箐门清真寺、新冲清真寺。

第三批：门路头清真寺、戚家闸清真寺、大垴子清真寺、李家堡清真寺、下茨院清真寺、小黑山清真寺、铁家湾清真寺、龙头山观音寺、下岔冲清真寺、张家院子清真寺、冯家院子清真寺、小冲清真寺。

【关于兑现2009年度人口和计划生育工作目标责任制奖和表彰奖励先进单位及先进个人的决定】

11月23日，县委、县政府研究决定对完成2009年度人口和计划生育工作目标任务的乡镇和先进单位、先进个人进行表彰奖励。

一、责任制奖。(一)乡镇责任制奖：文屏镇81 000元，桃源乡58 550元，茨院乡45 050元，江底乡41 400元，火德红乡43 850元，小寨乡57 800元，龙头山镇62 800元，乐红乡51 050元，龙树乡52 150元，新街乡40 650元，水磨镇53 550元，梭山乡52 050元。(二)重点村整治奖：1、龙头山镇沙坝村、翠屏村、西屏村各奖励15 000元。2、梭山乡黑寨村、挖水村、妥乐村、甘田村各奖励15 000元。3、龙树乡龙树村奖励15 000元。(三)计划生育优质服务单位奖：县计生服务站50 000元，县妇幼保健院10 000元，县人民医院妇产科5 000元，县中医院妇产科5 000元，梭山乡卫生院3 000元，龙头山镇、乐红乡、龙树乡、新街乡、水磨镇、梭山乡6个计生服务所各奖励3 000元。

二、先进集体。(一)县直单位先进集体：县纪委、县委办、宣传部、统战部、政研室、政府办、发改局、教育局、粮食局、民宗局、财政局、烟办、给排水公司、县人民法院执行局、县人民检察院侦察监督科、县第六纪工委。(二)乡镇先进站所：文屏镇计生办、桃源乡派出所、茨院乡计生办、江底乡派出所、火德红乡派出所、小寨乡派出所、龙头山镇派出所、乐红乡计生办、龙树乡综合办、新街乡计生办、水磨镇财政所、梭山乡计生办。(三)先进村(社区)：文屏镇联合村、石桥社区，桃源乡箐门村，茨院乡茨院村，江底乡坡脚村，火德红乡李家山村，小寨乡大坪村，龙头山镇光明村、翠屏村，乐红乡对竹村、新林村，龙树乡龙树村，新街乡坪地营村，水磨乡铁厂村、水磨村，梭山乡梭山村、密所村。

三、先进个人

县直单位：马真贤 陈智平 余朝坤 陈旺昌 余玖龙 李登才 聂永宪 杨 舜 戚发孝 杨 平 张顺云 蒋 兵 饶智祥

文 屏 镇：白菊芬 马光猛 武凤忠 刘大荣 段世平 黄跃成 李才雷 马开省 马殿梅

桃 源 乡：马建飞 戚祥辉 戚旭东 纳本江 李明军 李秀芬

茨 院 乡：王定华 陈学昌 马旭东 赵庆芳 孟庆梅

江 底 乡：李才智 马兴殿 聂正江 蔡洪明 张才串 周贵才

火德红乡：邓绪江 钱友平 沈礼洪 赵庆保 朱兴查

小 寨 乡：马明克 刘福德 姚正万 管艳和 范 明

龙头山镇：蒋德劲 李玉朝 杨 燕 谭德军 李春发 罗正雄 柏彦洪 马永会 杨朝辉 邵 浦

乐 红 乡：王富波 杨有银 陈富崇 罗劲树 普国兴 杨 丽 陶先堂 张 贤 阳厚勇

龙 树 乡:张国权 马永康 赵炳奎 罗正能
杨宗仙 周应斌 王知秀 邓召华
新 街 乡:聂 鑫 阮殿维 李金妹 李 剑
李 峰 陈烜宏 周 剑
水 磨 镇:康绍彬 杨其才 代昌和 许光武
陈大志 杨凤莲 丁开群 孔令伟
梭 山 乡:饶宗顺 马仲文 柏文华 陆 逸
卢加明 温元谨 杨 书 刘 坤
余 进
县计生服务站:李 涛 张菊芬 赵应琼
马丽虹 张丽琴 李 敏
张汉湘 钟万惠 赵泽瑛
郑 翔
县 医 院:岳 昱 孙显万 蔡家凤 文玉萍
县保健院:廖 琼 马玉琼 钟万翠 何钦贞
王彩霞
县中医院:吴 婕 陈朝秀 王 莉
先进个人各奖励400元。

【关于做好2010年度人口和计划生育工作的实施意见】 11月23日,县委、县政府印发《关于做好2010年度人口和计划生育工作的实施意见》。

一、指导思想。

二、目标任务。人口出生率控制在15‰以内,自然增长率控制在8.2‰以内,计划生育率达83%以上,计划外多孩生育数控制在200人以内。完成一孩放环2 200例,完成结扎2 730例,其中二孩结扎1 650例,实施医学监护3次,每次监护面达90%以上,征收社会抚养费250万元以上,巩固人口和计划生育工作新机制建设村9个,新创建12个以上,巩固提高9个重点整治村工作成果,进一步夯实人口和计划生育的基层基础工作,促进全县人口和计划生育工作持续健康发展。

三、工作要求(一)强化领导抓落实。(二)突出重点抓落实。必须继续牢牢把握"一放、二扎、医学监护、补救措施落实和征收社会抚养费"五个重点。(三)明确责任抓落实。(四)加强流动人口管理抓落实。(五)巩固成果抓落实。(六)重心下移抓落实。(七)加强队伍建设抓落实。(八)强化督促检查抓落实。(九)严格奖惩抓落实。对本年度人口和计划生育目标责任的完成情况,由县人民政府组织考核,总分在80分以上,3万人以下的乡镇奖3万元;3万人以上4万人以下奖4万元;4万人以上奖5万元。超过80分的,每超1分,再奖500元。龙泉村整治达到考核标准要求,奖励工作经费1.5万元,其余8个重点村整治成果巩固提高达到考核要求,每村奖励工作经费1万元。考核分值在80分以下的,乡镇党、政一把手、分管领导、计生办主任实行"一票否决"。

【印发江先奎在全县第三批学习实践活动转段工作暨第二批学习实践活动"回头看"工作部署会议上的讲话的通知】 12月2日,县委印发江先奎同志在《全县第三批学习实践活动转段工作暨第二批学习实践活动"回头看"工作部署会议上的讲话》。要求各乡镇、各部委办局、各驻鲁单位结合实际,认真学习领会,抓好贯彻落实。

【印发《2009年党建工作责任制考核实施细则》的通知】 12月3日,县委、政府印发《鲁甸县2009年党建工作责任制考核实施细则》。《细则》分为4个部分。

一、考核对象。各乡镇、县直各部门、直属机关、企事业单位党委(党组)。

二、考核内容及分值。考核内容分6个方面:组织领导(15分);党员理论学习和组织制度建设(37分);思想政治工作(13分);党内监督(15分);党员管理与发展党员(20分);

三、考评办法。各乡镇、县直各部门、直属机关、企事业单位党委由县委组织考核。县委各部委办室和县直各部门党组的考核工作由县直属机关党委负责。考核坚持定性考核与定量考核相结合,自查与检查相结合,采取听、查、看、访、问方法进行,以查为主,以原始记录、痕迹资料为依据。考核工作必须在12月11日前全面完成,考核结束后,由检查考核组于12月13日提交考核的书面报告材料(附电子文档和考核评分表),县委组织部汇总后提出方案报县委党建工作领导小组审核确定考核结果。

四、奖惩办法。根据综合考核结果,由县委组织部提出奖惩方案,报县委审定后兑现,并在全县范围内予以通报。

【印发《全县事业单位岗位设置管理实施意见》的通知】 12月7日,县委、县政府印发《鲁甸县事业单位岗位设置管理实施意见》。一、实施范围。二、设置原则。三、岗位类别设置。四、岗位等级设置及结构比例。五、岗位基本条件。六、岗位设置程序。七、岗位设置审核。八、岗位聘用。九、实施要求。

【印发《全县“防范 100 天·平安过两节”专项行动实施方案》的通知】 12 月 8 日,县委、县政府印发《鲁甸县“防范 100 天·平安过两节”专项行动实施方案》。要求各乡镇、各部门、各驻鲁单位执行。

【印发《农村精神文明建设示范点实施方案》的通知】 12 月 17 日,县委、县政府印发《鲁甸县农村精神文明建设示范点实施方案》。要求各乡镇、各部门、各驻鲁单位遵照执行。

【关于印发《市委、市政府对鲁甸县开展 2009 年度集中检查考核准备工作的实施方案》的通知】 12 月 24 日,县委、县政府印发《市委、市政府对鲁甸县开展 2009 年度集中检查考核准备工作的实施方案》。要求各乡镇、各部门、各驻鲁单位遵照执行。

【政法工作专题办公会议纪要】 1 月 6 日,县委印发《县委、政府政法工作专题办公会议纪要》。2008 年 12 月 15 日,县委、县政府召开办公会议,专题研究全县政法工作。会议由县委副书记、代县长保剑主持。县委书记江先奎出席并讲话。会议听取县委常委、政法委书记马武荣关于全县 2008 年综治维稳工作情况汇报及相关部门补充汇报后,与会领导充分发言。会议决定:

一、2009 年综治维稳工作总体要求。

二、明确任务,落实责任。一是调整充实平安鲁甸创建工作领导组。指挥长江先奎,组长保剑,常务副组长吕磊,副组长马武荣、铁朝曙、阮曙光、王文生、白长早、丁世章,领导组办公室主任马武荣。二是城市建设涉及征地拆迁遗留问题和其他相关问题。由雷选忠负责。三是工业经济发展过程中涉及社会稳定的问题,由保明康、张登敏、曹继友具体负责,相关领导密切配合,重点做好全县工业自身发展和牛栏江水电开发、乐红矿山等领域的社会稳定工作。

三、健全完善综治维稳制度。一是同意出台鲁甸县《关于开展争创省级先进平安县活动的实施意见》、《乡镇党委政府领导维护稳定政绩考核办法》、《维护社会稳定工作责任倒查实施办法》和《综治委、纪委、组织部、监察局、人事局五部门联席会议制度》。二是加大政法队伍轮岗交流力度。三是建立县四套班子领导联系挂钩重点地区、重要工作和维护社会稳定包干制度。

四、加大对政法工作的投入。

五、严厉打击刑事犯罪,切实整治治安乱点和突出治安问题。

六、严肃工作纪律。

【乐红矿区安全稳定专题办公会议纪要】 1 月 6 日,县委印发《乐红矿区安全稳定专题办公会议纪要》。2008 年 12 月 26 日,县委常委、政法委书记马武荣,县政府副县长白长早带领县国土、环保、交通、安监等相关部门负责人及乐红乡党委、政府相关领导,在昊龙集团乐红宏鑫选厂召开办公会议。专题研究乐红矿区安全生产、环保工作及影响企业发展和社会稳定的相关问题。会议决定:

一是宏鑫选厂继续停产整改,切实加快一、二级坝尾矿清理进度,消除安全隐患,确保不发生重大污染事件、安全生产事故和影响社会稳定的灾害事故。同时,加快新尾矿库建设进度,确保 2009 年雨季来临前完工并投入使用。

二是乐红乡党委、政府抽调专门人员进驻矿山选厂,全力支持配合企业,对当前影响企业发展的周边社会矛盾进行大排查、大梳理,并妥善处理好,建立和谐的企业周边关系,促进企业快速发展。

三是县环保局直接挂钩宏鑫选厂,督促企业按要求和程序,加快尾矿库隐患整改进度,及早消除安全隐患;县交通局继续做好矿区公路建设,积极争取资金和项目,帮助矿区解决好交通通达问题。同时,加快沙乐公路建设进度;县安监局加强矿区安全生产工作督促检查,把监管责任落到实处;县国土局对宏鑫选厂地质灾害隐患点落实专人 24 小时进行监测,宏鑫选厂要积极配合做好监测工作。

【扩大内需专题办公会议纪要】 1 月 13 日,县委印发《县委、县政府扩大内需专题办公会议纪要》。2008 年 12 月 16 日,县委、县政府召开办公会议,专题研究全县固定资产投资工作。县委书记江先奎出席并讲话。会议由县委副书记、代理县长保剑主持。会议听取县固定资产投资领导组就 2008 年 1~11月固定资产完成情况和 2009 年工作计划的情况汇报,与会领导作了充分发言。会议决定:

一、深化一项改革，建好两个平台，落实五项措施，促进全县经济社会跨越式发展。即：深化投资融资体制改革。一是要建立政府融资平台，做大做强国资公司，县财政安排3 000万元和通过收购国有闲置门面等固定资产方式，使国资公司发展到总资产达1亿元以上。同时，2009年国资公司要融资5 000万~1亿元。二是要建立招商引资的平台。落实五项措施：一是加大项目前期工作力度，重点做好飞机场、昭鲁城市连接走廊、下官山等水库、工业用地储备、城乡一体化建设等项目前期准备工作。二是加大向上级争取资金的力度，对已经上报的项目要盯住不放，咬住不放，跟踪到底。三是加大融资力度，对已经立项和有可能立项的项目要提前准备实施。四是凡是已实施的项目要控制投资和工期。五是凡是准备开工的项目要严格按照预算，控制投资、严格招投标。

二、加强领导，明确责任。成立全县扩大内需工作领导组，由县长担任组长，副书记、政府副县长、副调研员担任副组长，相关部门负责人任成员。领导组下设四个小组：一是工业投资领导组，由保明康任组长；二是城市建设领导组，由雷选忠任组长；三是农业项目投资领导组，由吕磊任组长，窦家义任副组长；四是社会事业和交通基础设施建设投资领导组原则不变。领导组要整合力量，采取特殊手段，将目标任务下达到各小组，确保2009年总投资规模达到15亿元，力争完成16亿元。

三、加大投入，各方筹资，确保前期工作经费落实到位。除积极向上级争取和贷款外，2009年县财政纳入财政预算600万元作为项目储备发展基金，切实抓好项目前期准备工作。

四、建立三个工作制度，明确三条工作纪律。三个工作制度：建立县委、县政府固定资产投资联席会议制度，县委、县政府每季度召开一次联席会议，听取固定资产投资工作情况汇报；建立县级领导干部联系挂钩固定资产投资项目制度和考核奖惩制度。三条工作纪律：要树立全县一盘棋的思想，凡是县委、县政府决定的事项，必须不折不扣抓好落实；在政府投资项目建设过程中，凡是已开工项目必须严格控制工程投资、质量和工期；凡是拟开工项目必须严格执行招投标和工程监理制，确保阳光建设、廉洁建设。

【未“普九”县中央专项投入项目建设专题会议纪要】　2月1日，县委、县政府召开办公会，专题研究未“普九”县中央专项投入项目建设工作。会议由县政府副县长赵萍主持。县委副书记、代理县长保剑出席会议并讲话。会议听取县教育局长马长伦关于未“普九”县中央专项投入项目建设征地及相关工作的情况汇报，与会领导充分发言。会议决定：

一、关于征地问题。（一）桃源中学征地1.33公顷，征地标准为40.72万元/公顷（3年本地产值平均值的20倍）；县财政解决45万元，缺口部分由乡党委、政府负责筹集；（二）小寨中学征地2公顷，征地标准为26.21万元/公顷（3年本地产值平均值的20倍），县财政解决50万元，缺口部分由乡党委、政府负责筹集。同时，县交通局把小寨公路养护段土地行政划拨给小寨中学并完善相关手续；（三）把乐红粮管所192平方米土地行政划拨给乐红中学，粮食、教育等部门及时办理相关手续；（四）龙树中学征地1公顷，征地标准为23.8万元/公顷（3年本地产值平均值的20倍），县财政解决25万元（包括新建一条群众出行道路）；（五）梭山中学征地0.33公顷，征地标准为31.9万元/公顷（3年本地产值平均值的20倍），县财政解决10万元，缺口部分由乡党委、政府积极争取上级解决。同时，把原乡政府土地全部（包括农技站、畜牧站、计生站）行政划拨给梭山中学，新建农技站和畜牧站办公用房资金分别由县农业局和畜牧局解决（包括征地资金），乡党委、政府负责征地协调工作。黑石、查拉、湾塘3所小学用地由县教育局负责。

二、关于地勘和补偿问题。（一）学校建设涉及的地质勘察、可行性研究及评审费、初设评审及设计费等前期工作费用和工程监理费，由县财政解决150万元，缺口部分由县教育局向上级争取解决；（二）学校征地涉及土地附着物（青苗、树木）等补偿问题，由县教育局和各乡党委、政府共同解决。

三、关于项目管理问题。学校建设所有项目必须严格招投标，并狠抓质量管理，县教育局局长是工程质量第一责任人。监察、审计等部门要加强对招投标程序、工程质量和资金的监管，及时检查违纪违规行为，确保工程质量和资金专款专用。所有征地资金必须全部兑现给群众，不得截留和挪用。

四、关于时限要求问题。各乡镇要加快征地进度，2月10日前尽量完成学校建设征地工作，确保地勘等前期工作正常开展；教育局要加快工程进度，确保9月1日以前竣工并投入使用。

五、关于加强领导问题。成立由县委常委、宣传部长庄清海任组长，县政府副县长赵萍任常务副组长，县人大常委会副主任马梅、县政协副主席丁世章任副组长，相关部门和乡镇为成员单位的项目建设领导组。

【生物多样性优化种植高产示范区省级样板建设专题办公会议纪要】 2月5日，县委、县政府召开办公会，专题研究全县生物多样性优化种植高产示范区省级样板建设工作。会议由县委副书记吕磊主持。县委副书记、代理县长保剑出席会议并讲话。会议听取县农业局长陈富华对创建样板建设工作的情况汇报和市农技推广中心站长成忠龙就样板建设工作所作的情况介绍，与会领导充分发言。会议决定：

一是成立由县委副书记吕磊任组长，县委常委、宣传部部长庄清海、县人大常委会副主任阮曙光、县政府副县长窦家义、县政协副主席高永华、文屏镇党委书记李兴达任副组长，相关部门负责人为成员的样板建设领导组，下设办公室在农业局，陈富华任主任，领导组全面负责样板建设的各项工作。涉及样板建设的乡镇也要成立领导组，加强对样板建设工作的领导和落实。

二是领导组必须全力抓好示范样板建设，文屏镇党委书记李兴达负责示范样板建设，县委常委、宣传部部长庄清海、县人大常委会副主任阮曙光、县政协副主席高永华负责沿线相关工作。结合明年省委、省政府扶贫开发工作现场会工作要求，县委常委、副县长铁朝曙负责牵头制定江底、桃源、文屏、小寨、龙头山沿线综合方案，切实做好沿途相关工作。

三是按照省级示范样板建设要求，按照"缺什么、补什么"原则，相关部门要积极主动配合，整合项目资金，全方位、多渠道加大投入。

四是县财政安排50万元作为高产示范样板建设经费，确保样板工作顺利进行。

五是选好、定好位置，定好点，树立永久性标示牌，明确示范样板名称，扩大示范样板建设的宣传面。样板区技术措施必须标准化，切实做到"八个统一"，即：统一良种，统一节令，统一玉米地膜覆盖栽培，统一种植行向，统一规格化套种，玉米统一单株定向密植，统一配方施肥，统一有害生物防治。

六是对整个示范样板建设进度实行倒计时，县农业局要对核心示范区各项工作进展情况，每天向领导组作一次汇报，必须确保在2月23日前，全省春耕备耕工作现场会各项准备工作全面完成。

七是对示范样板建设工作严格实行责任追究制，实行行政问责，对工作不力、玩忽职守的乡镇、相关部门将严肃追究责任人的责任。

【项目推进和城市建设专题办公会议纪要】 2月24日，县委、县政府召开办公会，专题研究项目推进和城市建设工作。会议由县委副书记、县长保剑主持。县委书记江先奎出席会议并讲话。会议听取县发改局关于2009年投资工作和城市建设领导组关于县城建设开发的情况汇报。会议决定：

一、城市建设工作。（一）关于太阳湖环湖片区水乡开发。一是对开发规划方案，核心是要突出特色，关键是市民特别是搬迁群众要认同，城市建设领导组要在近期内组织召开一次听证会，广泛听取各方的意见，进一步修改完善；二是对集中安置点，要突出水的特色，对水源供给和水体循环的可行性要组织专家进行咨询、论证；三是集中安置点4月份必须启动建设。（二）关于文屏山森林公园建设。5月份必须启动建设，要体现出"曲径通幽"特色，把其打造成昭鲁坝子最具特色的森林公园。同时，要拟定《文屏山森林公园管理办法》，提交县人大常委会审议通过，依法管理文屏山森林公园；要加快殡葬改革步伐，成立殡改执法大队，严禁在县城周边区域进行土葬。（三）关于世纪大道延长线至三角花园建设。县国土资源局要在6月份前完成13.33公顷城市建设用地的报批手续。工程必须在6月份开工建设，年底全面完成路基工程。（四）要加快土地运营中心和国资公司领导班子组建步伐，确保机构3月份开始正常运作。

二、固定资产投资工作。（一）对在建项目。要实行月报制度，切实加快投资进度，全面完成投资任务。（二）对具备开工条件的项目。1."普九"基础设施建设、鲁一中学生宿舍、校舍危改建设项目由社会事业发展领导组具体负责，要尽快进行招投标，在4月15日以前必须全面启动建设，10月份接受省验收。2.昭鲁大型灌溉、石漠化综合治理、高稳产田改造、梭山、龙头山卫生院、小寨、桃源客运站、小寨整乡推进和12个整村推进等项目要尽快启动建设。3.抓住扩大内需的机遇，对还未挤进省、市计划盘子的通乡油路项目要尽快编报计划，争取投资，8月份前必须全面覆盖、全面启动，确保2010年全县实现乡乡通油路的目标；龙树至梭山油路建设必须在4月10日前开工，1年内必须全面建设完成；沙乐、鲁江油路建设年内必须全面完成；年内122千米通达工程必须全面完成。4. 国土资源局要尽快完善县城污水处理厂、垃圾处理场建设项目的土地预审手续，及早争取上级投资计划，确保年内启动建设。5. 要加大农村电网建设项目争取力度，确保投资达8 000万元以上。6. 县医院医技楼、公安局办公大楼、县中心敬老院、集镇“六有”、职中建设等项目，要尽快完善相关手续，确保5月份以前全部启动建设。（三）关于陡滩口、凉风台电站建设问题。按照市委、市政府“对签订协议一年以上未开工的项目，由政府收回重新开发”的决定，县政府要主动与市能源局联系协调，发文督办滇能集团限期谈判。（四）加大项目争取力度。一是县委、县政府成立项目争取领导组，铁朝曙任组长。领导组首要任务是要全力以赴做好昭鲁大河综合治理、昭鲁城市连接走廊、220KV变电站建设等重点项目的争取；要加大项目包装融资工作力度，项目争取领导组与国资公司年内必须共同完成1.2亿元8年以上中长期贷款的融资任务。二是要加大项目的前期工作力度，下官山水库、通乡油路、沿江公路、龙头山人饮和2009年度石漠化综合治理等项目前期工作由张登敏牵头负责。（五）加强领导，明确职责。一是继续建立完善县级领导联系挂钩固定资产投资项目制度和考核制度，进一步细化任务，明确责任，落实到人。二是社会事业建设项目由保剑牵头负责；农、林、水、扶贫建设项目由吕磊牵头负责；城市建设项目由雷选忠牵头负责；工业建设项目由保明康牵头负责；牛栏江水电开发建设项目由张登敏牵头负责；交通建设项目由白长早牵头负责。三是对全年固定资产投资任务，由发改局细化任务分解，责任明确到人，在全县投资工作会上签订目标责任书。（六）加强项目监督管理。一是所有建设项目必须严格工程招投标。由张登敏牵头负责，在3月6日前，引进有资质、有实力、信誉好的招投标公司，使所有项目进入招投标公司阳光操作。二是所有建设项目必须严格工程概算，控制投资规模。三是所有建设项目必须严格工程监理，切实提高工程建设质量，坚决杜绝“豆腐渣”工程。四是所有建设项目必须严格建设工期。五是所有建设项目必须明确责任人。（七）加强督促检查。成立固定资产投资项目推进督促检查领导组，由王粟任组长，王富泰、杨斌任副组长。要整合督查力量，对项目推进情况跟踪督查，对工作进展较好的责任人通报表扬，对项目推进迟缓的责任人通报批评，对完不成工作任务的责任人行政问责。

【工业经济发展推进专题办公会议纪要】 3月6日，县委、县政府召开办公会议，专题研究工业经济发展工作。会议由县委副书记、县长保剑主持。县委书记江先奎出席会议并讲话。会议听取县新型工业化领导组关于2009年工业经济运行情况汇报。会议决定：

一、实行规模以上企业县级领导和部门负责人挂钩联系制度。一是加强领导，明确责任。县委江书记、县政府保县长、县政协保主席对全县工业经济工作负总责，实行规模以上企业县级领导和相关部门负责人挂钩联系制度。做到任务不减，目标不变，人人肩上有责任，个个身上有指标，横向到底，纵向到边。具体挂钩到企业的县级领导和相关部门负责人及目标任务分解由保明康牵头负责。二是严格奖惩制度。从1月起至12月，挂钩企业的县处级领导每月交纳风险金2 000元，挂钩部门负责人每月交纳风险金1 500元，风险金实行每月交纳一次，统一交到县工业办。年底对照目标任务进行考核，所挂钩企业未全面完成目标任务的，所交风险金概不退还，并根据任务完成情况扣减挂钩部门办公经费；所挂钩企业全面完成目标任务的，全额退还风险金，并按所交风险金数额等额予以奖励。同时，县直部门负责人完不成目标任务的，除扣除全年风险金外，还要对其进行行政问责；驻鲁单位负责人完不成目标任务的，建议上级部门对其工作调整。

二、关于中小企业流动资金不足问题。重点采取7方面措施。一是农行支持昊龙公司的8 000万元贷款必须尽快到位，由农行鲁甸支行负责；二是年内县信用联社要向昊龙公司贷款3 000万元支持发展。同时，还要兼顾其他企业；三是县国资公司再向县信用联社融资2 000万元，向农行融资2 000万元；四是县国资公司负责人一职由县处级领导担任，要抓紧落实人选。同时，要尽快成立中小企业贷款担保公司，由保县长牵头；五是县国资公司按照省政府收储办法可以对昊龙公司铅锌产品收储，以缓解昊龙公司流动资金短缺压力。同时,县纪委、县检察院等监督机构要参与进行全过程跟踪监督;六是县国资公司资金流向要突出重点,主要解决昊龙公司、昆华、理世等重点企业的流动资金短缺问题;七是融资工作在一个月内见到成效,要采取灵活机动的融资手段,尽最大努力支持企业发展。

三、关于县工业办人员不足的问题。县委同意配备两名县工业办副主任。同时要充分整合经贸局现有人员配合开展工作。

四、关于八宝银矿和煤炭开采问题。一是县工业领导组要及时通知八宝矿业有限公司,必须在4月份以前恢复生产并在产值上有所突破,在生产过程中高度重视安全工作。如果在5月份以前仍处于停产状态,县委、县政府将建议上级主管部门收回或吊销八宝矿业有限公司采矿证,另择企业开发。二是煤炭开发工作由保主席和曹副调研员牵头,发改、经贸、国土等部门全力配合,积极向上级部门汇报沟通,力争年内落实。

五、抓紧完善政策措施。县工业办要在一周内完善出台相关政策措施,并对工业经济发展的各项工作措施进行跟踪问效。

【县职中扩建专题会议纪要】 3月5日,县委副书记、县长保剑主持召开专题会议,研究县职业技术高级中学扩建工作等相关事宜。县委常委、宣传部长庄清海、县政府副县长赵萍参加会议。会议决定:

一、在原址对职中进行扩建,把文屏山由县林业局管理的土地(职中围墙南面)3 193平方米土地行政划拨给县职中,相关手续由县委常委、宣传部长庄清海,县政府副县长赵萍带领文屏镇和教育、国土、林业等部门办理。

二、学校规划由建设部门负责。迁坟由文屏镇牵头,公安、教育、民政等部门相互配合完成。迁坟标准可参照县二中迁坟标准执行,经费由县职中自行解决。

三、县职中教学综合楼建设图纸要设计2~3份送县政府会审同意后方可实施。

四、教学综合楼建筑规划面积4 000平方米必须全部完成,投资达480万元,缺口资金由县职中向上级争取和自筹。年内,县政府按县职中争取上级资金的1:1配套。2010年,县政府按县职中自筹和争取上级资金1:1配套,但总数不突破投资规模。

五、县职中土地划拨、基础建设等涉及的手续办理,国土、建设、林业、环保、地震、消防等部门尽可能减免有关费用。

六、增加县职中30个教师编制,由县职中写出申请报县教育局核准后,送县编委审批。

【龙树至梭山油路建设专题办公会议纪要】 3月18日,县委、县政府召开专题办公会议,研究龙树至梭山油路建设中的工程建设程序、计划投资、工程建设期限、组织管理和资金拨付等相关工作。听取县交通局对龙树至梭山油路建设前期工作情况汇报。会议决定:

一、由县交通局按施工设计图负责拟定龙树至梭山油路建设实施方案,报县政府审定同意后实施,并负责完善招投标前期各项工作,协助招投标公司做好招投标相关事宜,3月19日前发出招投标公告,提前筹备开工现场事宜,确保4月底前开工建设。

二、龙树至梭山油路建设严格按工程建设基本程序招投标,选择具有二级以上资质实力较强的施工队伍建设。同时,在每8~10千米段确定1名监理人员,总数不低于6名,负责整个工程质量监督。做到工程建设程序不变通,标准不降低,确保工程建设后成为县内的一个样板工程。

三、龙树至梭山油路建设工程总投资控制在5 200万元以内,若有重大变更,严格按基建程序报批,开工前按工程建设程序收取施工保证金,作为工程质量保证。工程建设款根据当时物资采购价拨付相应的资金,涨价不补,下跌不退,其余款按工程进度拨付。

四、龙树至梭山油路工程建设期限为开工之日起1年内完工,其中主体工程10个月完工,附设安保工程、扫尾工作2个月完工,工期实行倒计时计算,具体事宜由县交通局负责。

五、由县通乡油路建设指挥部负责加强监督检查,完善施工"四合同"(施工、监理、廉政、安全),县预防职务犯罪办必须提前介入,全程监督,确保工程按时按质完成。

六、原由县交通局组织实施的路基改造,必须立即停工,完成结算。2008年底之前实施龙树至梭山路基改造370万元和甲马石至甘田224万元工程款由县政府另行解决。对未改造的燕子岩段、黑石隧道一并纳入油路工程建设。其中燕子岩段按4.5米宽施工，设置一个错车道；隧道按洞高6米、宽6米扩宽衬砌施工建设。

【城市建设专题办公会议纪要】 4月1日，县委、县政府召开办公会议，专题研究城市建设相关工作。会议由县委副书记、县长保剑主持。县委书记江先奎出席会议并讲话。会议听取县城市建设领导组工作情况汇报。会议决定：

一、关于太阳湖安置区建设问题。基础设施建设工程招标预算单价要执行市场施工价，把总预算投资控制在2 500万元左右，并尽快进入招投标程序，在5月初基础设施工程开工建设。当前，必须做好以下工作：一是安置区基础设施总体规划、群众自建房单体建筑外形设计及安置方案，要广泛宣传，充分听取群众意见，组织好听证，切实做好群众思想工作。二是水体循环方案必须聘请专家论证分析，保证水循环系统科学合理，做到水源补给与水文水系相结合，与渔洞水库鲁甸灌区规划建设相结合，与污水处理系统相结合，与城市防洪建设相结合。三是工程启动后，要千方百计保质量、促进度，基础设施工程必须在90天内全面完工，群众自建房建设必须在门面划拨后一年半时间内完成95%以上。四是彻底解决好所有遗留问题，对所有群众门面的安置划拨要严格进行公示，保证公开、透明，阳光操作。

二、关于太阳湖临湖区域整体招商开发问题。太阳湖临湖区域采取招商成片开发，开发规模在8.67公顷左右。成立招商领导组，保剑任组长，雷选忠任副组长，全权负责招商谈判工作。招商引资谈判中要坚持五条原则：一是临湖区开发建设必须与安置区建设相衔接，建筑风格相对协调统一；二是建设用地出让必须严格实行招拍挂，严格按程序操作；三是开发商所有开发建设必须在一年半时间内全面完成开发建设；四是开发商必须要有完整详细的开发设计方案，经县人民政府审批后实施；五是建设用地出让要按照用地的不同使用性质，按照开发建设项目投资收益回报时间长短来确定起价。

三、关于世纪大道延长至柳树闸三角花园建设问题。规划建设中要做到过境线老路与新建大道相结合，节约建设投资，项目必须于5月初以前进行招投标，5月底启动建设。县国土局要以实施水利项目为依托，尽快完成明槽以下建设用地报批手续。

四、关于文屏山森林公园开发问题。开发项目由城市规划建设管理领导组牵头负责。要尽快引进一家对森林公园规划设计有经验的设计单位，高标准、高起点规划，6月1日前将详规报县委、县政府办公会审核，争取6月份启动实施。

五、关于融资问题。县国有资产投资有限公司要在年内分期筹措7 000万元城市建设资金，用于太阳湖安置区基础设施、世纪大道延长至柳树闸三角花园项目建设和城市建设征地。

【小寨整乡推进现场办公会议纪要】 4月21日，县委、县政府在小寨召开现场办公会，专题研究小寨整乡推进工作。会议由县委副书记吕磊主持。县委书记江先奎出席会议并讲话。县委副书记、县长保剑对项目和资金作具体安排部署。听取县委常委、副县长铁朝曙和小寨乡、扶贫办主要负责人汇报后，与会领导充分发言。会议决定：

一、关于整乡推进的总体要求、目标任务。(一)总体要求：以贫困人口为核心，整乡推进连片开发为主线，稳定解决扶贫对象的温饱、实现脱贫致富为主要任务，突出抓好基础设施建设，培育基础产业，提升基本素质，构架基本保障，建设基本队伍，全面解决小寨整乡整体脱贫问题，率先在全市、全县实现小康。(二)目标任务。总体目标：基础设施全面改善，基础产业明显壮大，村容村貌彻底整治，群众素质明显提高，精神风貌焕然一新，保障体系稳步完善，党的基层组织建设、党员队伍建设全面加强。年内目标：农民人均纯收入3 000元以上；户均有0.17公顷以上经济林果或经济作物；人均有粮334千克，增长7%；全乡整体实现脱贫。明年目标：人均纯收入4 000元以上；户均有0.27公顷以上经济林木或经济作物；农民人均有粮357千克，增长7%；“八通八有”覆盖全部村社。远景目标：到2020年，农民人均纯收入15 000元以上；人均0.27公顷以上经济林木或经济作物；成为富裕文明和谐的小康乡。

二、关于整乡推进原则。一是坚持科学规划原则；二是坚持政府为主导、群众为主体、社会共同参与原则；三是坚持连片推进，项目到村到户原则；四是坚持重点突破、综合开发、全面发展原则；五是坚持因地制宜、分类指导、先易后难原则。

三、关于项目和资金筹措。

(一)基础设施方面。

1. 通电工程:县电力公司筹措资金1 338万元实施小寨电网改造。

完成时间:2009年12月31日前。

责任单位:电力公司;责任人:桂星

2. 交通项目:投入资金1 985万元,其中省市筹措1 380万元,县交通局筹措605万元,维修改造沙坝至天生桥油路13千米;新修月亮湾至赵家海油路7.8千米,光明参观点进场油路4千米;新修小寨村组公路13条73.5千米。

完成时间:2009年12月31日前完成3条油路新建、改造和60%以上村组公路,其余村组公路在2010年12月31日前完成。

责任单位:交通局;责任人:杨贵勇

3. 水利项目:一是投入资金184万元,其中省市筹措50万元,县水利局筹措114万元,县农开办筹措20万元。完成人畜饮水管引4件17.3千米和大寨自然村灌沟修复。

完成时间:2009年12月31日前。

责任单位:水利局、农开办;责任人:周明卉、李仁麟

二是投入资金180万元,其中县水利局筹措130万元,县烟草公司筹措50万元,在小寨河修建2座橡皮坝。

完成时间:2009年12月31日前。

责任单位:水利局、烟草公司;责任人:周明卉、孔令能

4. 国土整治:投入资金500万元,其中省市筹措300万元,县国土资源局筹措200万元,完成小寨河两岸土地整治。

完成时间:2009年12月31日前完成60%以上。

责任单位:国土资源局;责任人:余朝明

5. 能源项目:投入420万元,其中市级筹措72万元,县农业局筹措300万元,县畜牧局筹措48万元,新建沼气池2 800口,改厕1 900间,改厩960间。

完成时间:2009年12月31日前。

责任单位:农业局、林业局、畜牧局;责任人:陈富华、朱宗能、张顺云

6. 广播电视项目:市级筹措25万元,安装电视接收器1 000套。

完成时间:2009年6月30日前。

责任单位:广电局;责任人:马真贤

(二)村容村貌整治方面。投入资金1 745万元,其中省市筹措700万元,市级整村推进资金120万元,县级整村推进资金45万元,县级筹措200万元,财政一事一议资金120万元,县建设局筹措300万元,县新农办筹100万元,县民政局筹措160万元,完成小寨、龙头山4个村11个点村容村貌整治。

1. 小寨乡大寨点104户投入360万元(含人行桥维修加固),其中市级投入100万元,县级筹措180万元,财政一事一议资金20万元,县建设局筹措20万元,县民政局筹措40万元。

完成时间:2009年12月31日前。

责任单位:小寨乡、建设局;责任人:保江、高爱国

2. 小寨乡坝塘点218户投入120万元,其中市级投入100万元,财政一事一议资金10万元,新农办筹措10万元。

完成时间:2009年12月31日前。

责任单位:小寨乡、农开办;责任人:保江、李仁麟

3. 小寨乡四道箐点67户投入130万元,其中市级投入100万元,财政一事一议资金10万元,县民政局筹措20万元。

完成时间:2009年12月31日前。

责任单位:小寨乡、烟办;责任人:保江、聂永宪

4. 小寨乡大桥点345户投入220万元,其中省级投入150万元,财政一事一议资金10万元,县建设局筹措40万元,新农办筹措20万元。

完成时间:2009年12月31日前。

责任单位:小寨乡、政研室;责任人:保江、冯昌庆

5. 小寨乡小尖山点217户投入160万元,其中省级投入150万元,财政一事一议资金10万元。

完成时间:2009年12月31日前。

责任单位:小寨乡、科技局;责任人:保江、黄国礼

6. 小寨乡石家坪点152户投入85万元,其中县级整村推进资金15万元,财政一事一议资金10万元,县建设局筹措60万元。

完成时间:2009年12月31日前。

责任单位:小寨乡、交通局;责任人:保江、杨贵勇

7. 小寨乡河口点130户投入70万元,其中财政

一事一议资金10万元,新农办筹措20万元,县民政局筹措40万元。

完成时间:2009年12月31日前。

责任单位:小寨乡、畜牧局;责任人:保江、张顺云

8. 龙头山镇龙井点779户投入200万元,光明点168户投入70万元,沿河点202户155万元,沙坝点308户投入175万元,其中市级筹措100万元,县级筹措20万元,市级整村推进资金120万元,县级整村推进资金30万元,财政一事一议资金40万元,县建设局筹措180万元,县新农办筹措50万元,县民政局筹措60万元,合计600万元。

完成时间:2009年12月31日前。

责任单位:龙头山镇、教育局、卫生局、地税局、信用联社;责任人:施华松、马长伦、马龙、陈艳明、杨舜

(三)产业方面。投入资金1 070万元,其中省市筹措1 008万元,县农业局筹措资金50万元,县畜牧局筹措12万元。

种植业:

1. 省市筹措资金107万元,种植樱桃110公顷。

完成时间:2009年12月31日前。

责任单位:农业局;责任人:陈富华

2. 省市筹措资金265万元,县农业局筹措资金50万元,种植蔬菜226.67公顷,其中小寨乡200公顷、龙头山镇26.67公顷。

完成时间:2009年12月31日前。

责任单位:农业局;责任人:陈富华

3. 省市筹措资金446万元,种植核桃1 400公顷。

完成时间:2009年12月31日前。

责任单位:小寨乡、林业局;责任人:保江、朱宗能

4. 省级筹措资金10万元,种植花椒133.33公顷。

完成时间:2009年12月31日前。

责任单位:小寨乡、林业局;责任人:保江、朱宗能

养殖业:

1. 省级筹措资金110万元,购买仔猪7 600头。

完成时间:2009年12月31日前。

责任单位:畜牧局;责任人:张顺云

2. 投入资金82万元,扶持养猪大户10户,其中省级筹措70万元,县畜牧局筹措12万元。

完成时间:2009年12月31日前。

责任单位:畜牧局;责任人:张顺云

(四)集镇建设方面。

1. 新集镇建设要与发展旅游产业相结合,整体规划报县政府审核后,组织实施。在开发时限内不启动建设的,原价收回进行拍卖。

完成时间:2010年3月前,新集镇主体工程完成80%以上。

责任单位:小寨乡、建设局;责任人:保江、高爱国

2. 对新集镇至公路沿线区域和大坪村委会周围进行绿化。

完成时间:2009年12月31日前。

责任单位:林业局;责任人:朱宗能

3. 水利局负责筹措资金完成新集镇人畜饮水工程。

完成时间:2010年3月前。

责任单位:水利局;责任人:周明卉

(五)公益事业方面。

1. 县教育局筹措资金20万元,维修小寨村完小。

完成时间:2009年12月31日前。

责任单位:教育局;责任人:马长伦

2. 县建设局筹措资金40万元,在大坪村委会原址新建村委会办公用房。

完成时间:2009年12月31日前。

责任单位:建设局;责任人:高爱国

3. 县文体局筹措资金40万元,建设小寨乡文化站。

完成时间:2009年12月31日前。

责任单位:文体局;责任人:杨永华

(六)其他方面。

1. 县烟草公司筹措资金50万元,建设标准大棚5 000平方米。

完成时间:2009年12月31日前。

责任单位:烟草公司;责任人:孔令能

2. 投入资金50万元,开展科技推广和劳务培训,其中省级筹措30万元,县人力办筹措20万元。

完成时间:2009年12月31日前。

责任单位:科技局、人力办、团委、妇联、工会;责任人:黄国礼、戚发孝、雷旭、张纪平、黄跃伦

3. 投入资金20万元,开展大寨自然村精神文明

创建，提升村民素质活动，其中县总工会筹措10万元，县妇联筹措5万元，县团委筹措5万元。

完成时间：2009年12月31日前。

责任单位：工会、妇联、团委；责任人：黄跃伦、张纪平、雷旭

4. 县委组织部筹措资金4万元，创建致富党支部和培养致富带头人。

完成时间：2009年12月31日前。

责任单位：县委组织部；责任人：刘雅芸

5. 县级投入资金5万元，完成整乡推进的宣传报道、专题片制作和参观点布置等工作。

完成时间：2009年12月31日前。

责任单位：县委宣传部；责任人：庄清海

6. 县城至天生桥沿途企业厂房美化由各企业自行负责，县经贸局牵头组织。

完成时间：2009年12月31日前。

责任单位：经贸局；责任人：余朝坤

四、有关工作要求。（一）切实加强领导。成立县整乡推进指挥部，总指挥江先奎担任，指挥长保剑担任，执行组长吕磊担任，执行常务副组长铁朝曙担任，相关领导任执行副组长。指挥部下设办公室在小寨乡，保江和黄延安任办公室主任。（二）严肃工作纪律。（三）转变工作作风。（四）加强督促检查。成立督促检查组，王粟任组长，刘雅芸任副组长，对项目推进情况督促检查，跟踪问效，责任追究。

【支持昊龙发展专题办公会议纪要】 5月12日，县委书记江先奎率领县四套班子相关领导深入梭山、乐红，就昊龙集团生产经营及项目建设进展情况进行调研，并在乐红选厂召开办公会，专题研究支持昊龙发展问题。会议由县委副书记、县长保剑主持。江书记出席会议并讲话。会议听取梭山乡、乐红乡、昊龙集团和县直相关部门负责人汇报后，与会领导作了发言。会议决定：

一、关于黄角树电站建设问题。（一）目标要求。总体目标：到2011年上半年实现第一台机组发电，2012年底全部竣工发电。2010年目标：必须完成固定资产投资2.6亿元；年底实现大江截流。（二）在工作中切实做到“五个到位”：一是领导到位。县委决定成立牛栏江流域水能资源开发协调领导组，由保剑任组长，张登敏、马武荣、何顺德、白长早、曹继友任副组长，统筹协调牛栏江水能资源开发工作，具体分工为张登敏负责总体统筹协调，马武荣负责维护社会和谐稳定，何顺德负责梭山乡，白长早负责乐红乡，曹继友负责龙头山镇。领导组下设办公室在县移民办，由马曙光任办公室主任。县移民办要下移到梭山乡办公，统筹协调解决牛栏江水电开发移民问题。并在龙头山、乐红、梭山分别成立移民办公室，由1名副乡镇长或党委副书记担任主任，办公室副主任由1名副科级担任，办公室人员抽调熟悉群众工作人员组成；二是政策到位。涉及整个牛栏江水电开发的移民搬迁、征地拆迁补偿问题，由保剑牵头制定统一政策标准。制定政策要坚持五条原则：坚持政府主导，企业出资原则，坚持执行政策与当地实际相统一原则，坚持县与县之间、乡与乡之间相平衡原则，坚持集中安置与分散安置相结合原则，坚持农民意愿与政府、企业意愿大体相适应原则；三是服务到位。凡是有利于昊龙发展、凡是有利于加快牛栏江水能资源开发的合理要求，各乡镇、各部门必须做到有求必应、有难必帮，为业主提供高效、优质服务；四是拉动到位。昊龙在项目建设和生产经营中必须要把拉动地方经济发展作为一项重要内容，在物资采购、建筑取材和劳动用工等方面要尽可能优先考虑在县内解决；五是环境到位。政法部门要加大普法宣传力度，严厉打击各种违法犯罪，维护社会和谐稳定；梭山、乐红、龙头山党委、政府要全力做好群众工作，营造和谐的生产、建设环境。（三）有关问题。一是梭山村新营盘组受古滑坡体威胁12户群众的搬迁工作，必须在6月底前全面完成，搬迁安置由梭山乡具体负责，县民政局落实搬迁安置资金，县国土局积极协调配合；二是梭山乡政府至黄角树电站公路建设，由昊龙根据电站建设通行要求，自行出资建设。

二、关于乐红矿山可持续发展问题。一是乐红矿区矿权整合工作，由县政协主席、县工业发展领导组组长保明康牵头，县政府副县长白长早具体负责组织落实；二是同意选址新建宏鑫选厂尾矿库，在近期内，由副县长白长早牵头，主动与市环保、安监等部门汇报对接，做好相关工作；对宏鑫选厂原尾矿库垮塌部分要尽快修复处理，确保安全；宏鑫选厂必须在6月10日前恢复生产，全年必须达到上年生产水平；三是乐红村新厂塆子组和蒋家塆子组17户群众搬迁安置，按照县委文件规定标准，由昊龙出资，乡党委、政府尽快组织搬迁；四是昊龙要不

折不扣地落实好“8·20”办公会议决定有关事宜。

三、对昊龙两点建议。一是建议尽快注册成立水电开发投资公司,聘请经纪人规范运作,控制投资成本;二是建议强化内部精细化、规范化管理,提高管理效率,增强企业活力。

【加快牛栏江水能资源开发专题办公会议纪要】 5月13日,县委书记江先奎带领县四套班子领导深入天花板电站调研,并在天花板电站项目建设指挥部召开办公会议,专题研究牛栏江流域水能资源开发问题。县委书记江先奎主持会议并作讲话。会议听取滇能集团昭通工程建设指挥部、县直相关部门和龙头山镇的工作情况汇报。会议决定:

一、关于天花板电站建设问题。一是2010年必须完成3亿元投资任务;二是必须加快建设进度,确保2010年6月第一台机组发电,2010年9月第二台机组发电;三是业主要增强宣传意识,丰富宣传载体,切实加大企业品牌、工程进度、安全生产等方面的宣传力度,树立拼搏向上、只争朝夕、以人为本的企业形象;四是由业主出资10万元,龙头山镇党委、政府组织实施,帮助已搬迁26户移民户均解决一亩左右土地。同时,在移民、民生等问题上,龙头山镇党委、政府要多与业主沟通协调,深化政企合作,共同妥善处理好各种问题和矛盾,营造安全、稳定、和谐的建设环境;五是业主要加强与气象、水利、国土等部门沟通合作,及时掌握气象、水文、地质等信息资料,强化监测和防范,确保建设安全;六是县城至天生桥路段“四超”(超重、超长、超宽、超高)大件设备运输问题,业主要根据通行标准要求,派出技术人员勘测,县交通部门积极配合支持,拿出具体改造方案,所需改造资金主要由建设单位筹措,向上级争取一点、县级出一点,具体筹资比例,县政府副县长白长早牵头,结合改造方案,与业主协商确定,但道路改造工程必须在6月底前动工,年底全面完成。

二、关于围绕电站建设,拉动牛栏江流域经济发展问题。一是要加强劳务用工合作。龙头山、乐红、梭山3乡镇党委、政府要加强与业主的沟通联系,组织支持电站建设农民工服务队,积极参与电站建设;企业要结合用工实际最大限度为当地农民工提供就业岗位;二是要加强基础设施建设合作。统一规划整个牛栏江片区基础设施建设,积极争取业主支持,在交通、水利等方面切实为当地群众做几件实事,做到建设一个电站,改善一方基础,赢得一方尊重,留下一点纪念;三是要加强产业培植合作。由县政协主席、县工业发展领导组长保明康牵头,会同业主共同研究建立牛栏江水能开发产业培植基金,加快电站周边区域经济林和生态林建设步伐,真正实现既改善生态环境,减少电站区域地质灾害,又培植产业,富裕百姓,既树立企业形象,又密切企业同群众关系的合作共赢局面。

三、关于陡滩口、凉风台、罗家坪3个未开发电站的建设问题。一是关于罗家坪电站。滇能集团昭通工程建设指挥部必须加大工作力度,尽快完备勘察设计、可研核准等相关手续,尽快开工建设。二是关于陡滩口、凉风台电站。滇能集团必须要有明确态度,拿出诚意,在近期内召开协调会进行合作谈判。若谈判再没有实质性进展,县委、县政府将执行市委、市政府“对签订协议一年以上未开工的项目,由政府收回重新开发”的决定,收回开发权,委托市投资公司开发,鲁甸组建水电投资开发公司参股开发。

四、关于牛栏江流域开发的政策问题。一是沿江公路建设问题。由县政府副县长白长早牵头,组织交通部门统筹规划,确定建设标准,按照“谁开发谁建设”原则建设,切实改善基础设施;二是牛栏江片区水资源费问题。由县委常委、常务副县长张登敏牵头,根据省政府关于建立水利建设基金相关规定,组织发改局、水利局提出收取水资源费具体方案,按照“取之于水、用之于水”原则,用于解决基础设施建设和工程建设遗留问题;三是预留电量满足地方经济发展的问题。由县政协主席、县工业发展领导组组长保明康牵头,研究拟定预留电量支持地方经济发展方案,与业主谈判,切实解决本地资源为本地经济发展服务的问题。

【七届县委第39次常委会议纪要(一)】 5月15日,县委书记江先奎主持召开七届县委第39次常委会议,研究组织、武装、纪检等工作。纪要如下:

一、关于干部考核和后备干部推荐工作。会议听取刘雅芸关于全县2008年度乡镇、县直部门领导班子和领导干部考核及副科级后备干部推荐工作情况汇报。会议决定:1. 吕磊、王粟、张登敏、马武荣、刘雅芸牵头,结合全县年内确定的发展目标和发展任务,进一步健全完善考核体系,使考核办法更加符合科学发展观要求,更加具有针对性和可操作性;2.要充分运用考核结果,按照“一面旗、一团火、一盘棋”要求,进一步调整优化班子结构,补齐职数缺额;3.要把考核结果与机关作风建设紧密结合,加大乡镇、部门建章立制力度,推动各项工作落实;与干部培训紧密结合,做到需要什么就培训什么、缺什么就补什么、弱什么就强什么。

二、关于基层组织建设工作。会议听取刘雅芸关于基层组织建设整顿年活动第一阶段工作情况汇报。会议决定:1.成立基层组织整顿年活动领导组。吕磊任组长,刘雅芸任常务副组长,王粟、庄清海、马武荣任副组长,切实加强领导;2.领导组要认真研究,结合实际,尽快制定下发行得通、能管用、有针对性和可操作性的《实施意见》,指导各乡镇党委开展好整顿工作;3.尽快建立县级领导挂钩基层组织建设示范点制度,县级领导要深入基层、深入群众、深入实际,指导解决好有人管事、有钱办事和有章理事这3个至关重要的问题;4、决定将基层组织建设整顿年活动时间延长到年底。通过强势整顿,真正达到“四个一批”的目的,即:提升一批基层党组织、培养一批农村致富能手、吸纳一批优秀积极分子、处理一批违纪违法村干部。

三、关于干部外出培训工作。会议听取刘雅芸关于组织参加浙江杭州班培训方案的汇报。会议决定:1.原则同意杭州班培训组织方案,但培训内容要进一步细化,工作人员要大量精减;2.明确培训班组织领导,吕磊任团长,铁朝曙、王富泰、庄清海、马武荣、路元文、刘雅芸任副团长,负责整个培训期间的组织、领导和管理;3.所有参训人员要衣着得体、谈吐文明、举止文雅、行为规范,树立良好的鲁甸干部形象;4.外出培训经费按照“两个一点”的办法落实,即:县财政承担一点,参训人员单位承担一点。

四、关于组建民兵常驻应急分队工作。会议听取马武荣、路元文关于组建民兵应急分队工作情况汇报。会议决定:1.成立全县常驻民兵应急分队组建领导组。保剑任组长,马武荣、路元文、王文生、邵珠军任副组长,负责组建工作。整个组建工作必须在6月底前完成;2.同意组建一支60人规模的民兵应急分队,按照“人武部统一训练、政法委分散使用”原则,县城驻30人,龙头山镇驻10人,梭山乡驻10人、乐红乡驻10人,今后根据工作需要,适时调整使用;3.人员保障经费除医疗保险、伤亡保险外,每人每年按1.2万元包干使用;4.驻县城分队营房问题,通过装修民兵训练基地综合楼一层楼房解决,驻乡镇分队营房乡镇自行解决;5.营房装修及购置营房设施、人员装备和卡车所需经费,由政法委、人武部据实预算,报县长审批;6.政法委、人武部牵头,制定具体选拔招录办法,原则上尽量考虑25岁左右的优秀退伍军人,驻3个乡镇民兵尽可能在当地选拔。同时,要制定严格的年度考核办法,实行优胜劣汰;7.在充分发挥应急民兵分队处突应急、打击犯罪和维护稳定职能的同时,要大胆探索“以劳养武”的长效机制,积极组织参与经济社会建设。

五、关于违纪干部处理工作。会议听取王粟关于给予张坤、何荣富2人党政纪处分情况汇报。会议决定:1.同意县纪委常委会意见,给予张坤党内严重警告处分,行政记大过处分;给予何荣富党内严重警告处分,行政记大过处分;2.王粟近期内找2人再进行一次诫勉谈话。纪检监察部门在两年内全程跟踪2人的工作表现;3.要以此为案例在全县开展一次警示教育活动,提高全县各级领导干部拒腐防变的警觉性;4.县纪检监察部门要坚持一手查腐败案件,依纪依法严惩腐败分子,一手查诽谤、诬告案件,营造风清气正的发展环境。

六、关于学习实践科学发展观活动的有关工作。会议听取刘雅芸关于全县学习实践科学发展观科级领导考试成绩通报和近期工作安排的情况汇报。会议决定:1.在近期内组织开展“一面旗、一团火、一盘棋”为主题演讲比赛,所有副处级领导和县直部门实职正科级领导干部必须全部参加,采取现场抽签的方法确定参赛选手;2.积极主动配合市电视台在县内开展专访活动。专访对象确定为:县级领导保剑、吕磊,企业代表马永升,部门代表陈富华,群众代表朱朝荣;3、6月中下旬,县四套班子要分别召开专题民主生活会。会前县四套班子成员要根据民主生活会征求意见的梳理反馈情况,认真撰写发言提纲。同时,县四套班子主要领导要分别找班子成员开展一次交心谈心活动,为开好民主生活会作好准备;4、7月初召开县委、县政府班子副处级领导上半年述职会议。各位述职对象要结合自己所分管、联系、挂钩的工作,认真总结成绩,深入查找差距,深刻剖析原因,提出切实可行的解决措施。

七、关于推荐“人民满意公务员”和“人民满意公务员集体”工作。会议听取了刘雅芸关于鲁甸参加全省评选推荐全国第七届“人民满意公务员”和“人民满意公务员集体”工作情况汇报。会议决定：同意推荐县国土资源局长余朝明作为“人民满意公务员”参评人选，县财政局作为“人民满意公务员集体”参评单位。

【七届县委第39次常委会议纪要（二）】 5月15日，县委书记江先奎主持召开七届县委第39次常委会议，专题研究昊龙粗锌冶炼补贴方案。会议听取县经贸局、财政局关于粗锌冶炼成本测算分析的情况汇报。会议决定：

一、全年昊龙粗锌冶炼必须完成2.3万吨以上，以2万吨为基数，完成2万吨每吨补贴150元，超过2万吨部分每吨补贴200元，年底决算一次性兑现。若完不成2.3万吨目标任务，不予补贴。

二、昊龙要加快在建和拟建重大工业项目进度，大力培植新增长点，年内必须完成11亿元工业产值任务。

三、9月底，若精锌价格行情仍未回暖，每吨低于12 900元，县国资公司将积极介入，分3期收储昊龙粗锌2 000吨。具体收储事宜届时另行专题研究。

四、由保明康牵头，马良具体负责，县发改局、经贸局积极协助，年内必须帮助昊龙争取不低于300万元贷款贴息。

五、县工业发展领导组要尽全力帮助昊龙销售粗锌产品。县国资公司要在短贷融资方面尽全力支持和服务好昊龙发展。

六、2010年，昊龙粗锌冶炼必须完成4万吨以上，若全年精锌平均价格在12 900元以下，将一次性给予600万元补贴。

七、县工业发展领导组要切实加强对全县工业经济发展的领导，进一步加大工作力度，按照“一企一策”的原则，针对各企业的具体困难和问题，研究政策措施，支持企业发展。

【整乡推进项目建设督查推进专题办公会议纪要】 6月2日，全县整乡推进项目建设督查推进专题办公会议在政府六楼会议室召开，专题研究小寨乡整乡推进项目建设工作。会议由执行组组长、县委副书记吕磊主持。会议听取扶贫办、小寨乡、龙头山镇主要负责人工作情况汇报后。会议决定：

一、基础设施方面。（一）小寨乡两座人行桥“维修加固”调整为“新建”，水利局负责筹措资金20万元并组织规划建设。（二）交通局要及时向上级汇报、争取项目和资金，确保各项工程顺利开展和实施。特别是赵家海至月亮湾油路建设要按时完成。

二、村容村貌整治方面。财政预先借支200万元，用于村容村貌整治、道路硬化、村公所建设、两座人行桥新建，确保各子项目建设尽快启动。

三、集镇建设方面。小寨集镇建设中景观河和居民住宅建设要同步联动实施，预防出现先后建设带来的地面沉重损坏；涉及的电缆电杆搬迁，由铁朝曙协调电信局解决。

四、公益事业方面。大坪村委会原址新建村委会办公用房前，要规划建设可容纳400人同时参观的场地，现场会后可作蔬菜种植或绿化用地；村委会办公用房建设由建设局负责实施。

【教育两基和计生工作专题办公会议纪要】 7月3日，县委、县政府召开办公会议，专题研究教育“两基”攻坚和计划生育工作。县委书记江先奎出席会议并讲话。会议由县委副书记、县长保剑主持。会议听取县委常委、宣传部长庄清海关于县委、县政府《关于进一步加强人口和计划生育工作统筹解决人口问题的意见》和县政府副县长赵萍关于全县“两基”攻坚工作情况的汇报。纪要如下：

一、关于人口和计划生育工作。会议决定：（一）关于恢复乡镇计生办。同意把乡镇计生站更名恢复为计生办。（二）关于乡镇计生办主任选配。乡镇计生办主任按副科级选配，人员选配必须严格按照《干部选拔任用条例》，具体方案由吕磊牵头研究。（三）关于增配专职副乡镇长。鉴于全县计生工作起步晚、基础差、底子薄、欠账大的特殊情况，对民族乡和工作任务重的乡镇增配1名计生工作专职副乡镇长。方案由吕磊牵头研究制定后，报县委常委会审定。（四）关于人员和编制问题。增加计生系统人员编制50人，解决管理人员和技术服务队伍不足问题。由县委组织部、人劳局完善相关手续，尽快启动招考工作，争取2009年内一步到位。（五）关于经费保障。严格按照县委、县政府《关于进一步加强人口和计划生育工作统筹解决人口问题的意见》规定执行，具体执行时间从2009年7月1日起。（六）关于宣传员队伍建设。按照从严把关、从严审核的原则，建立健全考核体系，对全县现有人员排查、清理，根据工作成绩配齐配好村级计生宣传员；每年安排2个事业岗位，优先招考连续3年考核为优秀的计划生育宣传员。方案由庄清海和赵萍牵头研究制定。（七）原则同意县委、县政府《关于进一步加强人口和计划生育工作统筹解决人口问题的意见》，按专题办公会安排修改意见，修改完善后报保剑审定下发。（八）由吕磊牵头尽快研究制定与《意见》配套的实施细则，各级各部门要结合各自的职能职责狠抓县委、县政府《意见》的贯彻落实。

二、关于教育“两基”攻坚工作。会议决定：（一）7月下旬召开“教育两基攻坚工作暨先进教育工作者表彰大会”和“人口和计划生育工作推进会”，对“两基”攻坚和计生工作再动员、再部署。同时，对全县优秀教育工作者表彰。（二）继续深化教育体制改革。在强化管理，巩固“两基”成果的同时，继续加大教育体制改革特别是高中教育体制改革。具体方案由县教育局牵头研究制定，10月县委、县政府召开办公会，专题研究落实。（三）在全县组织一次大规模的捐资助学活动，营造全社会关心教育、支持“两基”攻坚的良好氛围，活动方案由县教育局牵头研究制定。各部门要积极组织干部职工开展捐资活动。（四）加大小学D级危房改造力度，省、市政策已明确但资金暂未下达的可先向县国资公司借款启动实施，待上级资金下达后归还。相关工作由县教育局牵头研究落实。（五）各部门要及时上交2009年大学生助学基金。7月底前，全县所有部门必须把大学生助学基金交清。由各分管联系领导负责联系部门经费上交。（六）开展安全知识进校园活动。活动由县委政法委牵头组织，县公安局、检察院、法院、司法局等部门配合落实。

【县委、县政府办公会议纪要】　7月5日，县委、县政府召开办公会议，专题研究梭山“6·09”群众上访事件相关问题。县委书记江先奎主持会议。听取县委常委、政法委书记马武荣就梭山乡“6·09”群众上访事件有关工作情况汇报。会议决定：一是原则上同意梭山工作组提出的处理意见。二是由县委常委、县政府副县长铁朝曙和县政府副调研员曹继友具体负责，与巧家县委、县政府接洽，根据法律政策规定和两县实际情况，制定两县黄角树电站建设统一补偿标准，联合发文执行。三是县财政划拨30万元用于梭山乡相关历史遗留问题的处理，禁止挤占、挪用，完善相关手续，做到账实相符，有据可查、有据可依。四是昊龙公司要积极筹措资金，对群众反映的相关补偿问题一旦确认后，要立即进行补偿。五是公安机关对组织、煽动群众闹事、违法上访的不法分子要进行严厉打击，维护社会稳定，为全县经济社会发展创造良好的环境。六是农业、交通、水利、昊龙等相关部门要相互配合，积极争取项目资金，帮助群众解决生产生活实际困难。县水利局积极向上级争取项目支持，帮助解决梭山乡梭山村大田村民小组人畜饮水问题，在此之前，昊龙公司垫资60万元帮助修建，上级项目资金批复后，再返还昊龙公司；如未能立项，由昊龙公司以支持社会公益事业的方式帮助修建。七是启动问责程序。梭山乡党委、政府及党委书记罗俊林向县委、政府写出书面检查。

【经济运行分析专题办公会议纪要】　7月8日，县委、县政府召开办公会议，专题研究经济工作。会议由县委副书记、县长保剑主持。县委书记江先奎出席会议并讲话。会议听取财政、统计、发改、经贸等部门工作汇报。会议决定：

一、保剑任昭巧二级公路鲁甸段建设工作领导组组长，负责统筹协调、研究解决项目建设的相关事宜。

二、保剑任牛栏江开发领导组组长，负责统筹协调牛栏江开发，督促业主加快开发进度，确保陡滩口电站10月份开工建设，凉风台电站在明年初开工建设。

三、吕磊牵头负责，抓紧启动现代烟草农业延伸工程和昭鲁大型灌区等项目建设，加快实施小寨整乡推进项目。

四、雷选忠牵头负责，加快湖滨安置小区建设，启动太阳湖核心商业区和太阳湖湖体扩面工程建设；马武荣牵头负责，尽快启动文屏山森林公园建设；白长早牵头负责，尽快启动县城“两污”工程建设和世纪大道延伸工程建设，加快以解决乡镇“六有”为重点的乡镇集镇建设。

五、保明康牵头，研究银矿铁矿开发、粗锌生产和重大工业项目建设等问题，把任务再明确、措施再细化、责任再分解，做到挂钩到人、奖惩到人、责任到人、任务到人，做到人人肩上有任务，个个头上有指标，确保全年18亿元工业产值目标任务全面完成。同时,牵头研究预留电量满足地方经济发展的问题,拟定预留电量支持地方经济发展的方案,与业主进行谈判。

六、张登敏牵头,研究牛栏江片区产业发展、环境保护、水资源费收取等问题,做到建设一个工程,拉动一方经济,富裕一方百姓。

七、庄清海、赵萍负责,统筹抓好社会事业项目建设,尤其是要认真抓好"普九"基础设施建设,确保9月底全部投入使用。

八、白长早牵头,积极筹措资金,抓好通达工程和通乡油路等工程建设,力争年内启动全部通乡油路建设。特别是要加快沙乐油路建设的进度,10月必须全面完工;龙梭油路建设工期必须控制在10个月内,明年5月建成通车。

九、铁朝曙牵头,认真做好城乡低保提标扩面工作,年内力争新增低保指标1 000~2 000人;妥善安排好夏荒缺粮群众生产生活,确保不发生非正常情况。

十、王粟牵头,铁朝曙、刘雅芸配合,组织监察、民政、财政、审计等部门,对城乡低保资金使用开展一次全面检查,对挤占、挪用、贪污、冒领城乡低保资金的不法行为进行严肃查处,绝不姑息。

【农业农村工作专题办公会议纪要】 7月9日,县委、县政府召开办公会,专题研究农业农村工作。会议由县委副书记、县长保剑主持。县委书记江先奎出席会议并讲话。会议听取县政府副县长窦家义关于2009年上半年农业农村工作的情况汇报。会议决定:

一、关于小寨整乡推进。(一)小寨河治理要与昭巧二级路建设有机结合,做到治河与修路统筹考虑,避免重复投资,农业农村工作领导组要抓紧进行可行性研究,拿出具体方案,雨季后及时启动实施。(二)要加大国土整治项目申报力度,积极争取资金尽快启动实施。(三)大寨自然村核心区打造,要一次规划、一次建设、一步到位。(四)天生桥至小寨的生态恢复,要以核桃、花椒等经济林为主,由林业局拿出规划方案,尽快启动实施。(五)白长早牵头,对月亮湾至赵家海路段进行适当加宽改造,确保道路通达。(六)已定项目,要按照规划方案,抓紧时间全线推进建设。

二、关于农业基础设施建设工作。(一)赵家海至光明村现代烟草农业灌溉工程建设,由吕磊牵头负责,强势整合各部门资金,按照工程建设招投标程序,尽快启动实施,确保到年底主干渠全线修通。(三)昭鲁河治理要与昭鲁快捷通道建设有机结合,按照"一套班子、一套人马、一个规划、一张图纸"要求,加快项目建设进度。3、基本农田建设,年内必须完成1 973.33公顷建设任务,重点抓好133.33公顷示范核心区建设,通过抓样板、抓示范来带动大面建设。(四)江底至县城公路沿线新农村建设,阮曙光牵头,资金由县委农业农村工作领导组统筹安排,建设局按照"一个点、一个模式"要求,拿出规划方案,待召开片区现场会后及时启动实施。

三、关于烤烟生产收购。全县烟叶收购中心站点8月5日前、各山区站点8月10日前要全部开秤。烤烟收购中要坚持"六个必须",一是形势必须研判清楚。年内烤烟收购的指导思想和收购政策发生较大变化,加之烟农对烤烟收购的期望值较高、烤烟生产发展不平衡、气候异常等因素的影响,收购工作面临严峻的挑战。二是烟叶收购的各项政策必须执行到位。严格执行烟肥补贴和烤烟收购各项政策,确保烟农得到实惠。三是目标必须完成。收购总量必须完成,单价、结构必须达标。四是社会必须稳定。五是领导力量必须加强。成立以县长为组长的县级烤烟收购领导组,实行县级领导包乡的"五包"制度,即包总量、包单价、包结构、包合格、包社会稳定。六是内部管理必须深化。认真落实入户预检、约时定点等有效措施,进一步加强公司内部管理,确保平衡收购,一个眼光收到底。

四、关于工作经费问题。(一)解决中低产田改造领导组办公经费5万元。其中县财政解决2万元,林业局、农业局、水利局各解决1万元。(二)解决病虫害防治经费5万元。(三)解决新农村建设工作经费10万元。(四)县财政先借资30万元,作为县扶贫办、小寨乡和龙头山镇整乡推进工作经费,待上级专项工作经费到位后再补回。(已解决18万元)

五、关于机构编制问题。(一)同意设置防汛抗旱专职副指挥长,高配为正科级。同意将防汛抗旱经费纳入财政预算。(二)同意设置一名森林防火专职副指挥长,高配为正科级,同意将森林防火经费纳入财政预算;同意将森林公安局升格为正科级。(三)各单位专业技术人员缺编问题。吕磊牵头,刘雅芸、饶智祥配合,对全县各部门专业技术人员缺编情况盘点,尽快拿出方案,通过公开招聘方式逐步解决,但所招聘人员必须是专业对口的本科毕业生。(四)同意增补阮曙光为县委农业农村工作领导组副组长,负责文屏、桃源、茨院、江底4个乡镇的新农村建设工作。

【财税工作专题办公会议纪要】 7月10日,县委、县政府召开办公会议,专题研究财税工作。县委书记江先奎主持会议。听取财政、国税、地税负责人工作情况汇报。会议决定:一是由铁朝曙牵头,近期召开全县财税工作会议,总结上半年财税工作,安排部署下半年工作任务。二是进一步理顺"乡财县管乡用"财政管理体制,严格落实乡镇财政"以奖代补"机制,严格乡镇财税目标责任制考核,切实增强乡镇抓财、理财的自觉性和主动性。三是加强对重点税种、重点税源、重点行业的监控和管理,及时了解和掌握企业生产经营和资金运行情况,提高对重点税源的控管能力,确保主体税种收入稳步增长。年内,地税局必须完成地方税收入7 600万元,国税局必须完成增值税收入9 000万元以上,力争实现1亿元。四是坚持抓大不放小原则,进一步落实"以票控税"等征管措施,强化对中小税源的管理。

【七届县委第40次常委会议纪要】 8月10日,县委书记江先奎主持召开七届县委第40次常委会议,研究政法、纪检工作。纪要如下:

一、关于政法综治工作。会议听取马武荣关于全县2009年上半年政法综治工作情况汇报。法院、检察院、公安局主要负责人作了补充汇报。会议决定:

(一)关于经费保障问题。1.全年综治维稳经费预算执行人均1元的标准不变,2010年视财政情况适当提高。2.政法各部门罚没款返还政法委调节使用比例。1~7月执行返还15%的标准;8~12月,返还比例提高到25%。3.县财政不予设立大案要案准备金和大型活动安保专项经费,视工作需要,特事特批。解决"1·01"盗耕牛案办案经费5万元。4.提高看守所供养经费,8~12月,增加经费5万元;2010年供养经费提高到30万元。5.酌情解决组建消防铁军5人"攻坚组"所需经费。6.人头经费问题不研究,到12月份全县统一进行专题研究。7.公安大楼建设经费问题,按上年7月18日县委、县政府政法综治专题办公会确定原则办,建设缺口资金,以现有公安所属土地、房产作抵押,向县国资公司融资借款解决,具体事宜由公安局与县国资公司商谈。8.铁朝曙牵头,政法各部门积极配合,对有关项目再进行梳理,继续加大争取力度。

(二)关于人员机构问题。1.针对政法各部门内设机构规范和干警职级待遇问题,吕磊牵头,刘雅芸、饶智祥配合,按照"严格落实政策、大力给予倾斜、理顺干部职级、分批逐步到位"的原则,形成具体的人事机构方案,提交41次县委常委会讨论决定。2.同意将县司法局法律援助中心更名为鲁甸县法律援助工作局,机构为二级局(副科级)。3.同意将昭通市森林公安局鲁甸分局更名为鲁甸县森林公安局(正科级)。

二、关于纪检监察机关建设。会议听取王粟关于贯彻落实《关于加强县级纪检监察机关建设的若干意见》和《关于县级纪检监察机关办公办案装备标准和实施办法的通知》初步方案汇报。会议决定:

(一)班子队伍建设问题。1.王粟任县委反腐败协调领导小组组长,由纪委代县委拟文,以县委办公室文件行文明确。2.同意监察局长任政府党组成员,组织部门完善相关程序后,提交41次县委常委会讨论决定。3.同意将县委2个巡视组调整为2个派出纪工委监察分局。4.同意增设纠风办和问责办,主任由监察局长兼任,分别明确1名副主任(副科级)。5.涉及纪检监察机关的人事问题,要严格组织程序,由组织部提出具体人事方案,报县委研究决定。6.针对部分乡镇、部门空缺纪委书记、明确纪工委书记和设置正、副科级纪检员、监察员等人事问题,吕磊牵头,纪委、组织部门配合,按照"成熟一个选配一个"的原则,拿出具体人事方案,提交41次县委常委会研究决定。7.同意增加纪检监察机关2~3名行政编制。

(二)装备、经费保障和办公用房问题。1.按文件规定,由中央和省级财政配备的公务用车、笔记本电脑等9项装备,县纪委必须全部争取下来。2.将纪检监察机关公用经费标准提高到每人每年1万元,2009年共42万元。3.同意将县法院老办公区划归县纪委、监察局集中办公使用;纪检监察机关各委室在四套班子综合楼的办公用房,交由县委办统一调配。

【城市建设二次创业推进会会议纪要】 8月19日,

县委、县政府召开办公会，专题研究城市建设二次创业工作。会议由县委副书记、县长保剑主持。县委书记江先奎出席会议并讲话。会议听取县城市建设领导组关于城市建设二次创业和乡镇集镇建设工作情况汇报，盛林地产项目总监介绍太阳湖商业区总体规划方案。

会议决定：城市建设二次创业的主要政策措施是突出“十抓”。一抓规划。要始终坚持总体规划求“实”、建设性规划求“细”、单体建筑规划求“精”的原则，做实做细城市规划工作，为城市可持续发展打下坚实基础。二抓领导。始终坚持县长“两支笔”审批，即一支笔批资金、一支笔批土地规划。发挥城市建设领导组职能作用，确保决策的科学性与可行性相统一。三抓创新。坚持走“以地生财、以财建城”的路子，实现城市建设多元化投资，聚集力量推动城市建设。四抓管理。要更加注重市政建设、土地资源、文化建设、社会环境和社会公共事务等方面的管理。五抓实施。对已确定的项目，必须定人员强化责任、定时间严格期限、定任务明确要求、定资金严防超概算，限期全面完成。六抓招商。制定更加优惠政策，加快土地资源、闲置资产、城市三产等领域的招商引资步伐。七抓经营。对城市资源进行优化整合和市场化运营，盘活存量、扩大增量，实现资源优化配置和高效使用。八抓产业。坚持走高端发展路子，建立特色高档娱乐消费市场，发展壮大城市三产，繁荣城市经济。九抓素质。深入实施提高市民文明素质行动计划，制定市民行为规范文明约定，组织开展“树文明新风、做文明市民”系列活动，全面提升市民素质，改善鲁甸人文环境。十抓宣传。结合推进昭鲁一体化和打造文化鲁甸，全方位、宽领域、多视角宣传、包装、推介鲁甸，营造鲁甸最具投资环境、最具人居环境的良好形象。

【建设用地征地协调办公会议纪要】 9月3日，县委、县政府召开办公会议，专题研究建设用地征地标准等相关工作。县委书记江先奎主持会议。县委副书记、县长保剑就相关工作安排。会议听取县国土资源局长余朝明关于建设用地征地标准等工作情况汇报。会议决定：一、加强领导。城市建设征地工作统一在城市建设领导组领导下，按职责分工开展工作。雷选忠负总责，下设城市建设征地工作组，李兴达任组长，余朝明任副组长，县财政、民政、建设、人事、监察等相关部门负责人为成员，具体负责征地工作和政策兑现。二、坚持原则。坚持当前县城规划控制红线内所征土地的安置由门面划拨安置向货币安置转变的原则，由县国土局依法征用土地，按行政规划委托乡镇人民政府具体实施，所征用土地要让群众基本满意，对遗留问题进行政策处理，做到和谐征地、零上访。三、征地标准。当前县城规划控制红线内征地标准为每平方米51元人民币，每征地400平方米安排一个养老保险进行补偿。其余征地标准按原有标准执行。四、出台方案。一是县委常委、常务副县长张登敏牵头，制定一套系统方案，提交县四套班子办公会议讨论通过后下发实施；二是县人大常委会主任、县城市建设领导组组长雷选忠牵头，发布征地公告后开始征地。先征县三小和第二幼儿园建设用地。五、工作要求。一是坚持以“和谐征地、和谐拆迁”思想为指导，把群众工作做深、做细、做透、做好，适时掌握群众所想、所做和所需，确保社会稳定，实现零上访；二是县国土资源局要抓住昭巧公路建设等机遇，加大土地使用报批力度，储备一批建设用地。征地过程中，必须严格执行政策，批多少、征多少，按程序推进；三是县民政局要加强低保名额争取力度，确保在2009年的基础上新增城市低保名额2 000名以上，新增农村低保名额1 000名以上；四是县公安局要无条件办理农转非等配合征地工作的手续，相关部门和工作人员要在县城市建设领导组规范下，统一宣传口径，做好宣传、劝导等工作。

10月10日，县委、县政府再次召开办公会议，研究建设用地征地标准等相关工作。县委副书记、县长保剑主持会议。县城市规划建设管理领导组组长雷选忠就相关工作作安排。会议听取县城市规划建设管理领导组关于建设用地的征地情况汇报。会议决定：

一、当前县城规划控制红线内征地标准调整为每平方米51元人民币或每平方米101元人民币两种标准，其余征地标准按原标准执行。二、每户农户征地面积达到400平方米的，按每平米51元人民币征用，安排一个养老保险补偿；每户农户被征用土地在400平方米以内的，按每平方米101元人民币征用，不再给予任何补偿。被征地的农户可自行选择标准执行。三、在2010年10月10日前所征用的土地，不在本征地标准执行政策内，按原征地标准执行。四、县城市规划建设管理领导组组长雷选忠牵头细化方案并发布公告，做好宣传工作，让征地政策家喻户晓，让广大群众吃透征地政策。五、县第三小学和第二幼儿园征地从过境公路至嘟噜河间的空地一次性征用，两所学校用地后的剩余土地由县土地运营中心收储，县国土局按学校用地报批相关手续。会议还研究廉租房建设等其他事项。

【七届县委第41次常委会议纪要】 9月19日，县委书记江先奎主持召开七届县委第41次常委会议。纪要如下：

一、关于学习实践科学发展观活动。会议决定：1.原则同意《鲁甸县开展第三批深入学习实践科学发展观活动实施方案》，学习活动办公室再进一步细化后，及时下发实施。2.县委成立第三批学习实践科学发展观活动领导小组，江先奎任组长，吕磊任常务副组长，王粟、王富泰、庄清海、刘雅芸任副组长，相关部门和乡镇主要负责同志为成员，切实加强对学习实践活动的组织领导。3.县委组建6个指导检查组和3个行业指导检查督促小组，切实加强对参学单位的指导检查。4.建立县级领导联系点制度，每一名县级领导联系一个学习活动点，要努力把联系点建成学习实践活动的示范点。5.县财政安排工作经费22万元。6.决定9月22日上午召开全县学习实践科学发展观活动第二批总结暨第三批动员大会。吕磊牵头做好会议筹备工作。

二、关于政府机构改革工作。会议听取饶智祥关于全县政府机构改革方案的情况汇报。会议原则同意全县政府机构改革工作方案。由吕磊、张登敏、刘雅芸牵头，结合实际，再进一步修改完善，报县长审定后，按时上报。

三、关于国庆信访维稳安保工作。会议听取马武荣关于全县国庆安保工作情况汇报。王文生作补充汇报。会议决定：1.成立全县国庆安保工作领导小组，保剑任组长，吕磊任常务副组长，王粟、铁朝曙、王富泰、马武荣、路元文、刘雅芸、王文生、白长早任副组长，相关部门和各乡镇主要负责人为成员。2.对6个重点乡镇建立县级领导挂钩制度，吕磊、王文生挂钩龙头山镇；保明康挂钩乐红乡；张登敏挂钩梭山乡；铁朝曙挂钩茨院乡；马武荣、李兴达挂钩文屏镇；白长早挂钩桃源乡。其余乡镇由挂钩联系的县级领导负责。3.要对道路交通、非煤矿山、危化行业、食品药品、重点工程、工业企业等行业和领域的安全隐患进行一次"拉网式"大排查，全面落实安全措施，确保生产安全。4.马武荣牵头负责，进一步整合公、检、法、司队伍力量，统一调配、统一指挥；王文生负责，整合民兵应急分队、110等力量，对县城和周边地区实行24小时巡逻，做好防控和处置工作；铁朝曙牵头负责，全力维护民族宗教领域和谐稳定。同时，要深化大接访、大下访活动，进一步落实领导干部包案责任制。5.国庆节期间，县委政法委、公安局、法院、检察院、司法局、信访局、安监局等部门原则不放假，必须坚守工作岗位；各乡镇、各部门必须实行24小时值班制度，严格落实领导带班制，严格落实岗位责任制；乡镇党委书记、乡镇长和县直部门主要负责人，必须坚守岗位，若有特殊情况必须向县委、政府主要领导请假报告；各乡镇、各部门领导干部必须24小时开手机，确保信息畅通。6.严禁副科级以上领导干部私驾公车，纪检、交警等部门要加大查处力度，一经发现，严肃查处，决不姑息。

四、传达市委二届九次全体(扩大)会议精神。保剑传达市委二届九次全体(扩大)会议精神，并通报全县1～8月经济运行情况，对后3个月工作安排部署。

【现代烟草农业示范区延伸段工程建设会议纪要】 9月24日，县委、县政府召开办公会，专题研究现代烟草农业示范区延伸段工程建设。会议由县委副书记吕磊主持。县委书记江先奎、县长保剑出席会议并分别讲话。听取县政府副县长窦家义关于2009年新增现代烟草农业示范区延伸段工程情况汇报。会议决定：

一、现代烟草农业示范区延伸段项目建设与昭鲁大型灌区项目建设进行整合，工程建设实行"四统一"，即：统一组织领导、统一设计规划、统一招投标、统一建设标准。烟草部门和水利部门各自组织实施。鉴于县财政困难，资金配套能力弱，渔洞水库昭鲁大型灌区项目建设标准必须调低为现代烟草农业建设标准，在招投标后签订补充合同，再次降低工程造价，并与现代烟草农业项目中标后降低工程造价的补充合同相一致。以有限的资金，办最大的惠民利民之事。

二、严格招投标程序，整个工程划分7～8个标段一次性招投标。

三、烟草部门和水利部门根据各自行业标准和要求，分别对口报送材料。但两部门要密切配合，完善相关资料。

四、根据行业要求，领导组要建立严密的资金拨付制度，确保项目资金安全运行。

五、房屋拆迁、迁坟、青苗等补偿，按上年一期工程建设标准执行，领导组据实核查，一次性拨付小寨、龙头山两乡镇，由乡镇负责兑付。

六、领导组要据实算出缺口资金，通过整合水利、农业、国土、农开等项目资金解决。发改局要加大项目争取力度。县财政负责落实拆迁补偿和工作经费。

七、按照"一套班子、一套人马"原则，成立现代烟草农业示范区延伸段项目建设领导组，吕磊任组长，王粟、马武荣、王文生、窦家义任副组长，成员由各相关部门和乡镇主要领导组成；领导组下设指挥部，吕磊任指挥长，窦家义任常务副指挥长，聂永宪、孔令能、周明卉任副指挥长。小寨、龙头山成立相应领导组，配合工程建设。

【民族乡镇经济社会发展现场办公会议纪要】 11月5日，县委、县政府在桃源乡召开现场办公会，专题研究民族乡镇经济社会发展工作。会议由县委副书记吕磊主持。县委书记江先奎、县长保剑出席会议并讲话。会议听取铁朝曙关于民族乡镇经济社会发展工作情况汇报，庄清海关于民族乡镇精神文明创建工作情况汇报，冯昌庆关于民族乡镇新农村建设情况汇报，文屏、桃源、茨院、江底领导作交流发言。会议决定：加快全县民族乡镇经济社会发展，必须明确五个定位、完善三大政策、打牢三个基础、突出五个重点、解决三个问题。

一、明确"五个定位"。即：全县经济发展的龙头、推进改革的窗口、农村经济发展的示范、民族团结社会稳定的典范、培养企业家的乐园。

二、完善"三大政策"。完善支持民族乡镇经济社会发展政策、完善民族乡镇招商引资和非公经济发展政策、完善支持民族乡镇第三产业发展政策。

三、打牢"三个基础"。打牢产业发展基础、打牢交通水利基础、打牢社会事业发展基础。打造成"文化鲁甸"的一张名片。

四、突出"五个重点"。一是兴科技、调结构，加快发展农村经济。二是重支持、强服务，推进新型工业化进程。三是讲文明、树新风，改变落后的生产生活习惯。四是办实事、解实难，改善和保障民生。五是抓示范、保稳定，深入开展和谐社区、和谐乡村、和谐宗教场所创建。

五、解决"三个问题"。纪委、组织部牵头，着力解决执政能力和发展意识不强问题，组织纪律和党纪党规意识淡薄问题，精神状态不佳、软弱涣散和战斗力不强问题，为加快民族地区经济社会发展提供坚强的组织保障。

【全县林业工作会议纪要】 11月23日，县委、县政府召开林业工作会议，研究全县林业改革发展工作。会议由县委副书记吕磊主持。县委书记江先奎出席会议并讲话。窦家义代表县人民政府与12个乡镇签订2010年森林防火目标管理责任书。会议听取朱宗能关于全县林改工作情况汇报。会议决定：

一、关于林权主体改革。各乡镇党委书记要亲自抓、负总责，县直有关部门要整合人力物力，加大支持服务力度，进一步加快林权主体改革进度，必须于12月20日前，全面完成公益林、商品林均山到户率达80%以上。

二、关于林业产业结构调整。要强势推进木本油料核桃、花椒产业发展，确保"十一五"期间核桃、花椒面积达6.67万公顷。同时，高标准创办1万公顷核桃和3 333.33万公顷花椒样板。

三、加大对林改工作的支持和服务。县财政一次性解决林改工作经费30万元；2010年，县财政安排100万元林产业发展专项资金；县发改局要会同林业部门，积极组织上报中低产林改造项目，争取进入省级400万公顷试点规划项目；相关部门要采取以奖代补、贷款贴息等方式，培育创办一批林业龙头企业，扶持发展各种专业协会，拉伸林业产业链；马武荣牵头，各乡镇和公安、检察、法院、司法协调配合，对阻拦、破坏林业改革和发展的行为进行一次专项整治，为林业改革营造良好的社会环境。

四、吕磊牵头，窦家义负责，林业、人事、财政等部门参与，尽快研究制定全县林业配套改革方案。配套改革中需组建的林业改革发展办、林权交易服务中心、森林资源分类经营办和林业产业办等4个机构，拿出具体方案报县委、县政府研究。

五、吕磊牵头，林业局负责，坚持经济效益、生态效益和社会效益并重，结合实际、因地制宜，高标准做好全县林产业发展规划，尤其是要做好特色经济林的样板规划。

六、林业部门要把森林防火工作摆上重要议事日程,采取强有力措施,严格火源管理;加大宣传力度,营造全民防火的良好氛围,切实搞好森林防火工作。

【落实市委书记夜礼斌在鲁甸调研指示精神专题办公会议纪要】 11月30日,县委、县政府召开办公会议,专题研究贯彻落实市委书记夜礼斌在鲁甸调研时的重要指示精神。县委书记江先奎主持会议,县长保剑就相关工作作安排。会议决定:

一、明确工作责任。县委副书记吕磊牵头负责,县委常委、常务副县长张登敏、副县长窦家义具体负责,对夜书记在鲁甸调研时的重要指示逐一抓好贯彻落实。

二、实施好相关项目。1. 江底服务区建设项目。项目总投资200万元,其中市国土局帮助解决100万元,县财政配套100万元。由县工业园区管委会党委书记、国土资源局局长余朝明负责,会同江底乡拟定建设方案,12月15日前通过县级评审后上报市国土局。项目于2010年1月启动建设,2010年5月建设完成。2. 江底集镇饮水建设项目。项目投资200万元,其中市水利局帮助解决180万元,县财政配套20万元。由副县长窦家义牵头,组织水利局和江底乡研究拟定具体方案,12月15日前通过县级评审后上报市水利局。项目于2010年1月启动建设,2010年5月建设完成。3. 江底新能源建设项目。项目投资150万元,建设农村户用沼气池1 000口,由副县长窦家义牵头,县农业局长张顺云具体负责,12月15日前做好项目规划,上报市农业局,在不调减鲁甸2010年沼气项目基础上解决。项目于2010年5月投入使用。4. 龙树集镇建设项目。由县建设局长高爱国负责,会同龙树乡做好集镇改造建设规划,12月10日前完成规划初审,上报市建设局和市发改委,在不调减鲁甸危房改造等项目基础上,争取增加农村危房改造和农村民居地震安全工程指标,统筹解决龙树乡集镇排水、排涝、排污等问题,全面提升集镇形象。5. 龙树至新街油路建设项目。由县交通局长陈富华负责,12月15日前,以大修油路项目上报交通部门,县政府请市政府转报省交通厅争取立项实施。6. 水磨镇九年制义务教育学校建设项目。由县委常委、常务副县长张登敏牵头,县教育局长马长伦具体负责,12月15日前做好项目规划并上报市教育局(附平面图、效果图等图纸)。水磨镇负责于2010年1月1日前完成征地拆迁等前期工作。7. 产业发展等其他项目。由县委副书记吕磊具体负责,严格按夜书记指示抓好落实。

三、打造一批亮点。各乡镇、各部门要以夜书记在鲁甸调研时的重要指示精神为指导,在产业结构调整、新农村建设、扶贫开发、精神文明建设、基层组织建设、集镇建设等方面,整合资金打造一批亮点,通过亮点示范带动作用,促进全面协调发展。水磨、龙树、新街片区亮点打造,要与渔洞水库径流区保护紧密结合,由副县长窦家义牵头,向市、县渔洞水库水资源保护委员会成员单位发出倡议书,争取资金集中打造。

四、加强机关管理。县委常委、县委办主任王富泰牵头,县委办、县政府办具体负责,及时出台县委、县政府关于进一步加强全县各级机关管理的实施意见,适时举办一次全县加强机关管理工作会议,切实提升机关工作水平和服务水平。

五、严格督促检查。1. 由县建设局长高爱国牵头,制定乡镇集镇建设、"六有"建设和集镇管理考核评价标准,严格组织考核,对完不成任务、管理不好的乡镇党政主要领导问责。2. 县委督查室、县政府办督办科要对夜书记调研时明确的各个项目进行专项督查,每月向市委办公室和县委、县政府上报一次督查情况。

【昭巧二级公路建设鲁甸段专题办公会议纪要】 11月19日,县委、县政府召开昭巧二级公路建设鲁甸段专题办公会议。会议由县委副书记吕磊主持。县委书记江先奎出席会议并讲话,县委副书记、县长保剑就昭巧二级公路建设征地拆迁工作作动员讲话。会议听取设计方关于昭巧二级公路鲁甸段设计概况和线路走向等情况介绍。会议决定:

一、关于昭巧二级公路建设宽度问题(征地控制红线)。三角花园以上按照省发改委批复一次到位,以下河道两侧双向各12米行车道、2米绿化带、4.5米人行道、非机动车道。

二、关于平交道口问题。K0至K19+000段非设不可的地方才设平交道口,从县城至巧家方向能设平交道口的地方尽量设置。

三、关于与城市建设对接问题。三角花园以上所有排污、光缆、电缆系统等全部地下埋设,一次建成,避免重复建设。在三角花园适当位置规划水体景观建设,实现与城市景观的和谐过渡。

四、关于与已立项基础设施冲突问题。统筹兼顾已立项的县城“两污”项目,不造成相互影响。

五、关于融资问题。由县财政筹集1 000万元用于昭鲁快捷通道另一幅征地拆迁,除设计外增加工程部分由铁朝曙、马梅、马良牵头进行融资建设。

六、关于进一步完善土地审批问题。县国土局负责通过土地修编预留土地,进一步完善相关手续。老河道空出后可用于耕地占用补偿。

七、规范操作,严格按相关规定进行招投标。

八、严格实行奖惩,县委、县政府筹集100万元作为奖励和工作经费,因工作不力影响工程建设进度,一律问责。

九、县长全权负责协调工程建设中的问题,打破县政府领导分工界限,副县长白长早负责建设中具体工作,处理日常事务。相关成员单位主动和设计方、施工单位进行对接,重点研究快捷通道,统筹解决好与城市建设的对接、公路平交道、基础设施建设等冲突的问题。

【小寨整乡推进现场办公会议纪要】 11月30日,县委、县政府在小寨召开现场办公会,专题研究小寨整乡推进工作。会议由县委副书记吕磊主持。县委书记江先奎、县长保剑出席会议并讲话。会议听取铁朝曙和小寨乡关于整乡推进工作情况汇报。会议决定:

一、关于整乡推进经验的提炼。铁朝曙牵头,县扶贫办和小寨乡具体负责,找准亮点,突出特色,进一步归纳总结提炼出具有鲁甸特色的扶贫开发新经验、新模式。

二、关于民房改造和核心区打造。对西门垭口至小寨乡沿线区域内民房改造工作进行查缺补漏,全面改造提升。核心区打造要上水平、上档次,做到家家有一个硬化院坝,一个整洁客厅,一个干净厨房,一个漂亮花台,一个卫生厕所,确保整体平衡、总体协调。马梅牵头,总工会、团县委、妇联等部门配合,多渠道、多形式开展农业科技、文明礼仪、持家理财、家庭卫生、个人卫生等知识培训,全面提升文明素质。

三、关于基础设施建设。新集镇民居房前河堤治理由县水利局负责;新农贸市场前河堤治理及核心区内主路硬化由县国土局负责;新集镇民居房前河堤道路硬化由县扶贫办负责;巧威公路分岔口至农贸市场的油路建设和新集镇民居房前人行桥建设由县交通局负责;河堤两岸绿化由县林业局负责。所有项目工程必须于12月10日前全面启动实施。

四、关于新集镇存量土地盘活。保剑牵头,县教育局、建设局具体负责,以建设乡镇教师廉租房进行盘活,工程必须于12月底启动建设,到2010年3月前基本完工。同时,要对老集镇实施“穿衣戴帽”工程,确保与新集镇相匹配、相协调,各站所办公区美化工程由站所自行负责。

五、关于产业发展。由黄延安负责大面产业扶贫,农户必须全覆盖;由张顺云、杨永华、蔡明负责核心区产业发展,大力推广规范化种植、养殖,全面提高科技含量;县科协要会同小寨乡,紧紧围绕优势特色产业,按照1个产业1个协会要求,尽快建立各种产业协会,全面提升产业化经营水平。

六、关于环境整治。吕磊牵头,小寨乡具体负责,结合精神文明创建、新能源建设、卫生大整治等工程,集中精力抓好村容村貌整治,消除建筑乱搭、柴草乱堆、庭院乱挂、畜禽乱跑、污水乱流现象。

七、关于社会事业发展。县教育局负责,切实加快中小学建设,尽快完善相关附属设施;县文体局负责,小寨乡配合,加快文化站、农家书屋和科技书屋建设进度。

八、关于解说和材料准备。庄清海牵头负责,从教育系统抽调10名工作人员培训,负责参观点解说和介绍。铁朝曙牵头,县委宣传部、扶贫办、广电局、小寨乡具体负责,高标准、高质量拍摄一个专题片,撰写一个汇报材料,制作一批展板,充分体现小寨整乡推进的经验和做法。

九、关于向上争取支持。由书记、县长负责协调争取市级未到位资金700万元,并争取市委、市政府12月底在小寨召开一次专题办公会。同时,相关部门和小寨乡要主动与上级部门对接,积极争取资金、项目支持。

十、关于人员和经费问题。县委组织部负责,在全县选调15名优秀大学生村官支持整乡推进工作,其中县扶贫办3名,小寨乡12名。同意追加整乡推进专项经费100万元,列入2010年财政预算。

十一、关于加强领导。县委、县政府决定每月在小寨召开一次办公会;领导组每10天组织相关部门到小寨研究一次工作;所有项目的部门主要领导,每星期到实地检查一次项目进展情况;扶贫办和小寨乡每天对工作情况进行一次总结,及时发现问题,解决问题。

十二、关于督促检查。领导组办公室要对所有项目排出时间表,实行"倒计时",切实加快工程建设进度。县委办、县政府办要对小寨整乡推进工作跟踪督查,对工作不力、责任不实、进度不快的进行通报,并严格责任倒查。

【鲁甸与广东粤泰集团深化合作洽谈会议纪要】 11月26日,鲁甸与广东粤泰集团深化合作洽谈会议在鲁甸召开。会议由县委书记江先奎主持。广东粤泰集团董事局主席杨树坪一行和鲁甸相关领导参加会议。与会双方在9月1日广州洽谈磋商会议精神基础上,本着互利共赢、共谋发展原则,就银矿发展和房地产开发等问题再次进行广泛深入交流,达成进一步深化合作的共识。

一、双方一致认为,八宝银矿资源丰富,开发前景十分看好,深化合作具有坚实稳固的基础。

二、双方就银矿发展目标达成共识。近期目标:一是企业2009~2010年内完成投资5 000万元以上,其中2010年春节前完成2 000万元。二是企业在12月底以前完成《安全生产许可证》申办工作,从2010年1月1日起,恢复日处理矿石300吨生产线生产,到2010年4月1日,实现日处理矿石600吨生产能力,全年企业产值完成1亿元。三是到2010年1月基本完成地质灾害排危和104户群众整体搬迁工作;到2010年2月中旬完成尾矿坝建设,所需资金全部由企业承担,龙头山镇党委、政府积极协调配合,搞好服务工作。四是到2010年2月中旬,企业投资300万元,完成3个点资源钻探工作。中长期目标:未来3年内,企业全面摸清矿区资源状况;扩大企业生产规模;进行精深加工,做大做强银产业;实现银矿包装上市。

三、双方一致同意,若企业按时实现近期目标,县委、县政府将坚定不移地支持企业发展;若近期目标无法实现,粤泰集团同意鲁甸县依法每年削减所属八宝矿区50%的矿权。

四、双方在房地产开发方面进行洽谈。双方认为,随着昭鲁快捷通道启动建设,昭鲁一体化进程将加速推进,鲁甸房地产业发展有着广阔前景,粤泰集团在房地产开发领域的雄厚实力和鲁甸廉价的土地资源为双方深化合作开辟空间。双方一致同意,在土地收储、开发等方面具体合作事宜,待粤泰集团两周内派专家实地考察后,再行商谈。鲁甸承诺在土地收储方面给予粤泰集团最大优惠。

【现代烟草农业鲁甸项目区建设暨烤烟生产收购办公会议纪要】 12月2日,县委、县政府召开办公会议,研究现代烟草农业鲁甸项目区百草坪至光明段建设和烤烟生产工作。县长保剑主持会议。会议听取县烟办、烟草公司就现代烟草农业鲁甸项目区建设和2009年烤烟生产收购、烤房建设、市级烤烟种植示范大户奖补情况汇报。会议决定:

一、关于烟水配套工程有关问题。1.同意解决房屋拆迁补助资金110万元;受损房屋补助资金14.5万元;迁坟补偿每座800元,但必须核实无误,无主坟除外。2.青苗补偿要进一步核实到村组、到面积、到品种,核实后一次性解决。3.所有补助经费必须一次性直接拨付到乡镇,由乡镇统筹安排,指挥部要加强财务管理和审计,严禁截留、挪用,确保专款专用。4.安排50万元新农村建设费用,由项目区涉及乡镇统筹安排,解决好相关问题。5.安排勘测设计费20万元;指挥部办公用品经费5万元;指挥部办公室、文屏镇、小寨乡、龙头山镇工作经费30万元。6.监理费见合同解决,不可预计费根据实际情况进行安排。

二、关于2009年烤烟生产奖补问题。1.同意解决担烟奖198.55万元,乡镇、部门责任人奖45.4万元,烟草公司、烟办担烟奖43.3万元,烤烟生产收购奖30万元。2.小改密烤房补助及奖励要再核实并附花名册后兑付;烤烟大户样板肥补要核实后再兑付;大户烤房补贴只补助2009年新建的;解决乡镇大户样板奖10万元。

【太阳湖环湖片区开发推进会会议纪要】 12月16日,县委、县政府召开办公会,专题研究推进太阳湖环湖片区开发工作。县委书记江先奎主持会议,县长保剑明确有关工作要求。会议听取县城镇建设领导组关于太阳湖环湖片区开发工作情况汇报,盛林地产负责人作表态发言。会议决定:

一、加强领导。一是城镇建设领导组组长、副组长必须到领导组办公室上班,查找问题、研究问题、解决问题;二是免去高爱国城镇建设领导组办公室主任职务,由铁发平担任,协调环湖片区开发。

二、明确目标。(一)盛林地产环湖开发目标任务。12月30日前必须交清全部土地出让金;2010

年3月前，所有单体建筑必须全面动工，且1/3单体建筑完成2层以上，1/3单体建筑完成1层以上，1/3单体建筑完成基础工程；2010年2月底前，对整个楼盘进行全方位宣传推介。（二）湖滨安置小区目标任务。12月30日前，必须有300个门面动工建设；2010年1月30日前，动工门面必须达到500个；2010年4月30日前所有门面必须全部动工。

三、严格奖惩。（一）盛林地产不能按时完成所确定的目标任务，县政府将收回开发权重新招商开发。（二）湖滨安置小区建设，12月30日前，完不成第一项目标，扣除领导组50%的风险金；2010年1月30日前，完不成第二项目标，扣除领导组全部风险金；2010年4月30日前，完不成第三项目标，再处罚1倍风险金；如期实现三大目标，按风险金1:2进行奖励。（三）湖滨安置小区三大目标不能按时完成，城镇建设领导组处级领导向县委写出书面检查，并在县委常委会上开展自我批评；对县管科级领导干部进行问责并作相应调整。同时，领导组集体辞职，县委、县政府重新组建城镇建设领导组班子，由县长任组长。（四）湖滨安置小区各项目标完成情况，撒兰忠牵头，县委办、政府办抽调人员分阶段进行核查登记，报县委、县政府主要领导。

四、细化措施。城镇建设领导组要围绕环湖片区各项目标任务，拟定具体工作计划方案，进一步明确责任，细化任务，强化措施，实行倒计时推进，实行人盯人推进，确保各项目标任务如期实现。

五、营造环境。马武荣担任营造环境领导小组组长，马平负责具体工作，坚持"两手抓、两手都要硬"，一手抓群众上访问题解释、疏导、化解，一手抓煽动、怂恿、诬告、陷害案件查处，切实处理好相关信访问题，确保安置政策转轨成功，确保营造良好开发环境。

六、其他事项。（一）限期完善环湖片区供电、污水管道、电缆沟等相关配套工程，确保整个太阳湖环湖片区开发顺利推进。（二）同意解决县供电公司5万元经费。

【落实市委夜礼斌书记到鲁甸调研明确事项专题办公会议纪要】 12月22日，县委副书记吕磊主持召开会议，专题研究市委书记夜礼斌到鲁甸调研明确事项的有关事宜。会议听取龙树乡、江底乡和相关部门主要负责人情况汇报，观看龙树集镇规划设计专题片，与会领导作了发言。会议决定：

一、关于项目和资金。（一）龙树乡小集镇建设项目。计划投资1 495.08万元。其中集镇住户屋面、立面改造计划投资917.5万元，市建设局在2010年农村危房改造项目计划中按拆除重建标准追加安排400户，群众自筹517.5万元；改造排水沟2.5千米、新建排水沟1.5千米、污水处理池及附属设施、集镇街道、巷道硬化计划投资207.18万元，市国土局在土地整理项目中帮助解决；安装路灯68盏，计划投资20.4万元，市供电局帮助解决。集镇饮水改造工程，计划投资350万元，市发改委在2010年集镇人饮安全工程项目中帮助解决190万元；市水利局在2010年农村安全饮水工程项目中帮助解决160万元。（二）龙树至新街油路建设项目。计划投资1 600万元，争取省公路局列入省管公路大修油路项目解决800万元，不足部分由县级筹资解决。（三）江底乡小集镇服务区建设项目。计划投资200万元，市国土局补助100万元，县级财政配套100万元。（四）江底乡集镇饮水建设项目。计划投资240.16万元，市水利局补助180万元，缺口资金由县级筹措解决。同时，县水利局要积极争取项目，妥善解决好火德红乡机车村群众生产生活用水问题。（五）江底乡新能源建设项目。计划投资150万元，建设农村户用沼气1 000口，市农业局在能源建设项目资金中安排。（六）云南电网公司铁厂希望学校建设项目。计划投资1 000万元，在已纳入校舍安全建设安排397.4万元资金的基础上，争取云南电网公司及市供电局捐资150万元，不足部分由市教育局从中小学危改项目资金中筹资解决；项目征地拆迁和前期工作经费由县级财政承担。

二、关于设计方案。原则同意龙树小集镇建设总体规划方案和房屋面改造方案，由县建设局负责，加强与设计单位沟通和联系，按照"立足当前实际、着眼长远发展"原则，结合实际，因地制宜，突出特色，尽快完善修编上报审批。同时，要突出规划地位，坚决维护规划设计的严肃性、稳定性和权威性，原则上不得随意改动。

三、关于完成时间。龙树小集镇建设项目、龙树至新街油路建设项目、江底乡小集镇服务区建设项目、江底乡集镇饮水建设项目、江底乡新能源建设项目必须于2010年5月15日前全面竣工；云南电网公司铁厂希望学校建设项目确保在2010年9月1日前竣工投入使用。

四、关于加强领导。成立龙树重点小集镇建设领导组,组长江先奎,副组长由保剑、吕磊、王粟,领导组下设指挥部,王粟任指挥长,王天鹏、刘易青任副指挥长,相关部门和乡镇领导为成员。指挥部下设办公室在龙树乡,由马奇、高爱国任办公室主任。

五、关于落实责任。(一)龙树小集镇建设项目、龙树至新街油路建设项目由王粟具体牵头负责,王天鹏、刘易青协调配合,尽快组建工作机构,研究制定工作措施,提出具体实施方案,迅速启动工程建设。(二)江底乡小集镇服务区建设项目、江底乡集镇饮水建设项目、江底乡新能源建设项目由窦家义、高永华牵头,县国土局、水利局、农业局、江底乡具体负责。(三)云南电网公司铁厂希望学校建设项目由张登敏牵头,县教育局、水磨镇具体负责。

六、关于督促检查。县委督查室、县政府办督办股要对夜书记调研时明确的各个项目专项督查,每月向市委办和县委、县政府上报一次督查情况,对工作不力、责任不实、进度不快的通报批评或问责。

【七届县委第43次常委会议纪要】 12月21日,县委书记江先奎主持召开七届县委第43次常委会议,专题研究党建工作。会议决定:一、2010年党建工作思路。二、2010年党建工作措施。围绕工作思路,党建工作主要突出"七抓"。一是抓学习、提素质。二是抓民主、促落实。三是抓改革、活队伍。四是抓基层、强堡垒。五是抓作风、树形象。六是抓廉政、增意识。七是抓管理、严纪律。

【文屏镇砚池山新农村建设工作办公会议纪要】 12月23日,县委副书记、县长保剑主持召开会议,就文屏镇土主寺大桥—白泥沟交叉路口沿线新农村和集镇建设等事宜专题研究。与会领导围绕相关内容充分发言。会议决定:

一、文屏镇土主寺大桥—白泥沟交叉路口沿线集镇建设和新农村建设,包干解决100万元。其中县财政解决集镇建设资金55万元,县新农办解决2个新农村示范点建设资金30万元,扶贫办解决扶贫整村推进项目1个,资金15万元,不足部分由文屏镇自筹解决。

二、从火德红乡引进秋马铃薯作为样板规格化间套种示范样板种子,确保增产增收;新建6.67公顷优质葡萄园,促进区域内产业结构调整,每公顷县财政补助1.5万元,不足部分由文屏镇自筹解决;省级粮食规格化间套种示范样板再选两个备选点,其中文屏镇安阁村螃蟖山作为1个点,茨院乡选择1个点;在待昭高速公路连接线沿线文屏镇、桃源乡水田内开展梗稻和糯稻间种示范样板。

三、文屏山公园后面12.33公顷土地,确定全面种植优质桃树或樱桃树,2010年开始,前3年由县政府每公顷补助4 500~7 500元,相关扶持政策由窦家义、阮曙光、高永华牵头协商,县农业局拟定方案,必须确保品种优良,群众见效益。

【工业经济专题办公会议纪要】 12月23日,县委、县政府召开办公会议,专题研究工业经济发展工作。县委书记江先奎主持会议。县长保剑安排相关工作。会议听取县新型工业化领导组、工业园区管委会、统计局、经合办和部分企业工作情况汇报后。会议决定:

一、2010年工业经济发展的总体要求。树立"一个观念",即牢固树立"没有工业大发展就没有鲁甸大发展"观念;做到"三个不动摇",即坚定走新型工业化道路不动摇、坚持实现"工业倍增"计划不动摇、坚守工业发展各项目标不动摇;突出"六个工作重点",即投产项目抓生产、成熟项目抓开工、在建项目抓进度、闲置矿权抓整合、优势资源抓招商、节能降耗抓控制;落实"三个到位",即组织领导到位、政策措施到位、管理到位。

二、2010年工业经济发展目标。工业总产值达24亿元以上,增加值达9亿元以上,主营业务收入达18亿元以上,利税达3亿元以上,利润达2亿元以上,工业固定资产投资4亿元。

三、主要工作措施。一抓大不放小。二抓关键。三抓生产。四抓开工。五抓招商。六抓改革。七抓扶持。八抓管理。

四、继续实行领导挂钩责任制和风险金制度。严格落实目标责任制考核,交纳风险金,县处级挂钩领导每人交纳风险金2万元,部门负责人每人交纳风险金1.5万元,完成目标任务按1:1奖励,完不成目标任务扣除风险金。昊龙集团交纳风险金100万元,完成任务奖励100万元,完不成任务扣除风险金并处罚金200万元;产值每超1亿元,奖励50万元,增加值、主营业务收入两项指标未完成,视为未完成任务,其余指标未完成一项扣减10万元。重点企业按规定交纳风险金，完成目标任务按1:1奖励，完不成任务双倍处罚；产值每超1 000万元，奖励5万元，如果增加值和主营业务收入两项主要指标没有完成，视其未完成任务，其余指标未完成一项，按责任书规定扣减。

五、关于2009年工业经济考核奖励问题。由县新型工业化领导组牵头，工业园区管委会、经贸局、统计局准确测算市、县下达的各项指标完成情况，制定具体奖励方案，报县委、县政府同意后执行。

六、召开两个会议安排。由县新型工业化领导组牵头做好筹备工作，1月18日，召开企业家座谈会，选举产生企业家协会领导班子；1月19日，召开2010年全县工业经济发展大会。

【关于同意召开政协鲁甸县第七届委员会第二次会议的批复】 2月3日，县委对政协党组报送的《中共鲁甸县政协党组关于召开七届二次全会的请示》收悉。经县委研究，同意所拟定的时间、会期和议题，请按有关规定认真筹备组织，确保会议质量。

【关于请求将市级鲁甸工业园区管委会党委书记和主任分别高配为副处级干部的请示】 1月21日，县委向市委发出《关于请求将市级鲁甸工业园区管委会党委书记和主任分别高配为副处级干部的请示》。

【关于召开县委常委会领导班子专题民主生活会的请示】 6月5日，县委向市委组织部发出《关于召开县委常委会领导班子专题民主生活会的请示》。

【关于请求解决整乡推进中存在困难的请示】 8月21日，县委、县政府向省扶贫办发出《关于请求解决整乡推进中存在困难的请示》。5月12日，在小寨乡召开"整乡推进"誓师大会，正式启动实施"整乡推进"建设项目。在项目资金未到位的情况下，县财政已垫支875万元全面启动项目建设，由于地方财政困难，无法再继续垫支项目建设资金，造成资金跟不上进度，为按时、按质完成各项建设任务，顺利迎接全省扶贫现场会的召开，恳请省扶贫办帮助解决以下困难：

一是请求增加"整村推进"项目。2010年春，全省扶贫攻坚现场会预定参观线路途经鲁甸江底、桃源、文屏、小寨和龙头山5个乡镇18个村（其中2个社区），境内线路长78.1千米，涉及人口近10万人，基础设施建设薄弱，沿途打造任务重，但年内安排的整村推进项目只有45个，与往年持平，恳请省扶贫办领导在全省盘子中给予鲁甸倾斜，在整村推进项目中给鲁甸增加20个项目。

二是请求帮助解决"整乡推进"产业发展缺口资金。根据《规划》，将在小寨河流域建设果蔬发展基地，年内建成333.33公顷，项目概算资金需500余万元，通过多方筹措，筹集资金近300万元，缺口200余万元，恳请省扶贫办帮助解决小寨河流域果蔬产业发展资金200万元。

三是请求拨付整乡推进项目建设省级财政资金300万元。

【关于请求审核批准《鲁甸县人民政府机构改革方案》的请示】 10月27日，县委、县政府向市委发出《关于请求审核批准《鲁甸县人民政府机构改革方案》的请示》。请求批转执行。

【关于对省级先进平安县创建工作进行验收的请示】 12月10日，县委、县政府向市综治维稳委并转省综治维稳委《关于对省级先进平安县创建工作进行验收的请示》。现恳请市综治维稳委并转报省综治维稳委对鲁甸县平安创建组织验收。

【成立领导组】 2009年，县委、县政府成立调整领导组如下：

1月1日，县委、县政府决定成立宣传思想文化工作领导小组。

1月9日，县委、县政府决定成立公共卫生管理领导小组。

1月16日，县委、县政府决定成立社会事业发展工作领导小组。

1月31日，县委、县政府决定成立现代烟草农业建设领导小组。

2月3日，县委决定成立县第十四届人民代表大会第二次会议和县政协第七届委员会第二次会议筹备领导组。

2月3日，县委、县政府决定成立领导干部任期经济责任审计工作领导小组。

2月8日，县委、县政府决定成立生物多样性优化种植高产创建示范区省级样板实施领导组。

2月9日，县委决定成立县第十四届人民代表大会第二次会议和县政协第七届委员会第二次会议临时党委。

2月9日，县委决定成立地税机关代收工会经费和建会筹备金工作领导小组。

2月17日，县委、县政府决定成立农村基层组织建设整顿领导小组。

2月18日，县委、县政府决定调整社会主义新农村建设工作队领导小组。

3月3日，县委、县政府决定成立中央财政支持现代农业生产发展畜牧产业项目建设领导组。

3月18日，县委、县政府决定成立深化供销合作社改革发展领导组。

3月23日，县委、县政府决定成立基层政权和组织建设工作领导小组。

3月25日，县委、县政府决定成立“整乡推进”工作领导组。

3月30日，县委决定成立深入学习实践科学发展观活动领导小组。

4月7日，县委、县政府决定成立有线电视数字化整体转换工作领导小组。

4月16日，县委、县政府决定成立“两基”整改工作领导组。

4月20日，县委决定调整充实防范和处理邪教问题领导小组。

4月21日，县委、县政府决定调整深化集体林权制度改革工作领导小组。

4月30日，县委、县政府决定调整禁毒委员会。

5月6日，县委、县政府决定成立中低产田地改造工作领导小组。

5月6日，县委、县政府决定成立“整乡推进”工作指挥部及建立县处级领导、县直部门挂钩联系工作制度。

5月18日，县委决定成立农村基层组织建设整顿领导小组。

6月25日，县委、县政府决定成立农村公共文化服务体系建设工作领导小组。

7月10日，县委、县政府决定成立龙树河流域冷凉蔬菜种植工作领导小组。

7月15日，县委决定调整农村党员干部现代远程教育工作领导协调小组。

8月5日，县委、县政府决定成立昭巧二级公路鲁甸段建设工作领导组。

8月14日，县委决定调整充实反腐败协调小组成员，

8月27日，县委、县政府决定成立政府机构改革工作领导组。

8月31日，县委、县政府决定调整国家安全领导小组成员和明确工作职责。

8月31日，县委、县政府决定调整国家安全领导小组成员和明确工作职责。

9月5日，县委、县政府决定成立国庆60周年安全保卫工作领导组。

9月7日，县委、县政府决定调整县“两基”攻坚领导组。

9月18日，县委、县政府决定成立昭鲁大型灌区建设管理机构。

9月18日，县委、县政府决定成立农村基层党风廉政建设工作联席会议领导小组。

10月12日，县委、县政府决定成立现代烟草农业白草坪至光明段烟叶基础设施建设领导组及指挥部。

10月12日，县委、县政府决定成立工程建设领域突出问题专项治理工作领导小组。

10月21日，县委、县政府决定成立县中小学校舍安全工程建设领导小组。

10月22日，县委决定成立村级组织活动场所建设领导小组及领导小组办公室。

11月19日，县委、县政府决定调整充实昭巧二级公路鲁甸段建设工作领导组。

12月1日，县委、县政府决定成立村“两委”换届选举工作领导小组。

12月24日，县委、县政府决定成立县“清华大学教育扶贫”工作领导小组。

（县委办提供有关文件）

【人事任免】 2月5日，县委常委会议研究决定：

刘易青　任中共鲁甸县人民法院党组书记；

邓　林　免去中共鲁甸县人民法院党组书记、法院院长职务。

王　进　任中共鲁甸县人民检察院党组书记；

朱　云　免去中共鲁甸县人民检察院党组书记、检察长职务。

2月27日，县委研究决定：

张兴轩　任中共文屏镇党委委员、副书记兼社会主义新农村建设工作队队长；

丁开毅　任中共桃源回族乡党委委员、副书记兼社会主义新农村建设工作队队长；

马义俊 任中共茨院回族乡党委委员、副书记兼社会主义新农村建设工作队队长；
杜永贵 任中共小寨乡党委委员、副书记兼社会主义新农村建设工作队队长；
李兴旭 任中共龙头山镇党委委员、副书记兼社会主义新农村建设工作队队长；
周 洪 任中共乐红乡党委委员、副书记兼社会主义新农村建设工作队队长；
马永峰 任中共火德红乡党委委员、副书记兼社会主义新农村建设工作队队长；
段世忠 任中共江底乡党委委员、副书记兼社会主义新农村建设工作队队长；
郭元礼 任中共龙树乡党委委员、副书记兼社会主义新农村建设工作队队长；
宋德华 任中共水磨镇党委委员、副书记兼社会主义新农村建设工作队队长；
铁发前 任中共新街乡党委委员、副书记兼社会主义新农村建设工作队队长；
刘 荣 任中共梭山乡党委委员、副书记兼社会主义新农村建设工作队队长。

以上同志此次所任职务到工作队结束时自然消失，县委不在办理免职手续。

3月17日，县委常委会议同意：

马永军 任县公安局副政委；
王 林 任县公安局指挥中心主任（正科级）；
曹卫星 任县公安局法制室主任（正科级）；
卯昌银 任县公安局特警大队大队长（正科级）；
王 龙 任县公安局刑事侦查大队教导员（正科级）；
李 佳 任县公安局禁毒大队教导员（正科级）；
蒋明海 任县公安局经侦大队教导员（正科级）；
邵 斌 任县公安局巡逻警察大队教导员（正科级）；
马将武 任县公安局特警大队教导员（正科级）；
姚忠亮 任县公安局看守所所长（正科级）；
马敏军 任桃源派出所所长（正科级）；
王崇龙 任茨院派出所所长（正科级）；
方宗付 任龙头山派出所所长（正科级）；
李仁华 任乐红派出所所长（正科级）；
马本勇 任县公安局指挥中心文秘科科长（副科级）
高 峰 任县公安局政工监督室宣传教育科科长（副科级）；
穆道聪 任县公安局警务保障室基建科科长（副科级）；
魏 华 任县公安局法制室副主任（副科级）；
陆开田 任县公安局法制室刑事执法监督科科长（副科级）；
臧 庸 任县公安局法制室行政执法监督科科长（副科级）；
李正富 任县公安局国内安全保卫大队机动侦查中队中队长（副科级）；
冯忠俊 任县公安局治安管理大队治安管理中队长（副科级）；
杨建松 任县公安局治安管理大队治爆缉枪管理中队中队长（副科级）；
马 斌 任县公安局刑事侦查大队综合室主任（副科级）；
马光恩 任县公安局刑事侦查大队侦查一中队中队长（副科级）；
李贤辉 任县公安局刑事侦查大队侦查二中队中队长（副科级）；
王金华 任县公安局刑事侦查大队侦查四中队中队长（副科级）；
铁发书 任县公安局刑事侦查大队刑事技术中队中队长（副科级）；
赵宪章 任县公安局刑事侦查大队刑事技术中队指导员（副科级）；
杨洪波 任县公安局禁毒大队毒品案件侦查中队中队长（副科级）；
马光飞 任县公安局禁毒大队易制毒化学物品管理中队中队长（副科级）；
孔 瑾 任县公安局经济犯罪侦查大队综合室主任（副科级）；
宋家碧 任县公安局经济犯罪侦查大队金融涉税犯罪侦查中队中队长（副科级）；
陈正金 任县公安局经济犯罪侦查大队公司市场秩序犯罪侦查中队中队长（副科级）；
王建林 任县公安局特警大队副大队长（副科级）；
李文杰 任县公安局看守所副所长（副科级）；
夏成伟 任桃源派出所指导员（副科级）；
陈 岗 任江底派出所指导员（副科级）；
马真训 任小寨派出所指导员（副科级）；
撒玉奎 任龙树派出所指导员（副科级）；
吴云辉 任水磨派出所指导员（副科级）；
陈 鹏 任梭山派出所指导员（副科级）；

冯昌本　施全荣　何品华　冯玉帮　陈万顺
钱高维　金升林　张光云　马春艾　姚开林
10人任县公安局副主任科员；
夏举林　任县公安局国内安全保卫大队教导员（正科级），免去治安管理大队教导员职务；
马薇芳　任县公安局治安管理大队教导员（正科级），免去文屏派出所教导员；
李天佑　任县公安局警务保障室主任（正科级），免去经济侦查大队大队长职务；
杨朝虎　任县公安局经济犯罪侦查大队大队长（正科级），免去经济犯罪侦查大队教导员职务；
陈文云　任县公安局巡逻警察大队大队长（正科级），免去巡逻警察大队教导员职务；
李仁鸿　任县公安局看守所教导员（正科级），免去巡逻警察大队大队长职务；
顾　超　任文屏派出所所长（正科级），免去国内安全保卫大队教导员职务；
黄跃礼　任文屏派出所教导员（正科级），免去刑事侦查大队教导员职务；
张扬帆　任县公安局纪委副书记（正科级），免去乐红治安管理中队中队长职务；
丁福鹏　任县公安局指挥中心副主任（副科级），免去水磨派出所指导员职务；
高清雄　任县公安局警务保障室财务科科长（副科级）；
王小龙　任县公安局警务保障室被装科科长（副科级），免去信访室主任职务；
罗天美　任县公安局警务保障室车辆管理科科长（副科级）；
陈兴福　任县公安局法制室副主任（副科级）；
张广荣　任县公安局国内安全保卫大队副大队长（副科级），免去小寨派出所指导员职务；
袁永康　任县公安局国内安全保卫大队情报调研中队中队长（副科级）；
陈茂云　任县公安局治安管理大队副大队长（副科级），免去文屏派出所副所长职务；
曹继勇　任县公安局治安管理大队副教导员（副科级），免去经济犯罪侦查大队副大队长；
周　荣　任县公安局治安管理大队基层基础中队中队长（副科级），免去经济犯罪侦查大队金融涉税犯罪侦查中队中队长；
高怀辉　任县公安局刑事侦查大队副大队长（副科级），免去刑事侦查大队刑事科学技术室主任职务；
颜昌明　任县公安局刑事侦查大队副大队长（副科级），免去刑事侦查大队三中队中队长职务；
蔡　梅　任县公安局刑事侦查大队副教导员（副科级），免去刑事侦查大队综合室主任职务；
金升明　任县公安局禁毒大队副大队长（副科级）；
祖万云　任县公安局禁毒大队副教导员（副科级），免去纪委副书记职务；
康文星　任县公安局纪委副书记（副科级），免去禁毒大队副教导员职务；
邹　鸿　任县公安局禁毒大队禁种禁吸中队中队长（副科级），免去江底派出所所长职务；
邓继红　任县公安局禁毒大队打零中队中队长（副科级），免去刑事侦查大队副大队长职务；
施国华　任县公安局经济犯罪侦查大队副大队长（副科级），免去治安管理大队治爆缉枪管理中队中队长；
马永勇　任县公安局巡逻警察大队副大队长（副科级）；
赵建华　任县公安局巡逻警察大队一中队中队长（副科级），免去刑事侦查大队一中队中队长职务；
聂智贵　任县公安局巡逻警察大队二中队中队长（副科级），免去新街派出所指导员职务；
黄昌武　任县公安局看守所副所长（副科级），免去刑事侦查大队二中队中队长职务；
米高灿　任县公安局行拘所所长（副科级），免去禁毒大队副大队长职务；
谢寿宽　任县公安局行拘所指导员（副科级），免去看守所指导员职务；

卯升龙 任县公安局乐红治安管理中队中队长(副科级),免去乐红派出所指导员职务;
刘顺彪 任文屏派出所副所长(副科级),免去龙树派出所所长职务;
涂祖海 任县公安局治安管理大队副大队长(副科级),免去新街派出所所长职务;
阮殿英 任茨院派出所指导员(副科级),免去禁毒大队打零中队中队长职务;
熊美华 任江底派出所所长(副科级),免去梭山派出所指导员职务;
夏大猛 任龙头山派出所指导员(副科级),免去桃源派出所指导员职务;
张昭峰 任龙树派出所所长(副科级),免去文屏派出所副教导员职务;
陈 坤 任梭山派出所副所长(副科级),免去龙头山派出所指导员职务;
魏兴义 任县公安局戒毒所所长(副科级),免去戒毒所指导员职务。

3月17日,县委常委会议决定:
刘德美 任中共江底乡党委委员、书记;
焦焕存 免去县妇联主席职务;任中共江底乡党委委员、副书记;
饶智忠 任中共江底乡党委委员、副书记;免去县委农村工作领导小组办公室副主任职务。
熊美华 任中共江底乡党委委员;
余玖龙 免去中共江底乡党委书记、委员职务;任县委政法委委员;任县司法局党组书记;
冯 靖 免去中共江底乡党委副书记、委员职务;任县委统战部副部长(正科级)。
虎 洪 免去中共江底乡党委副书记职务;
卯昌武 免去中共江底乡党委委员职务;
邹 鸿 免去中共江底乡党委委员职务。
蔡 明 任中共小寨乡党委委员、副书记;免去县农业局党组成员职务。
施华松 免去中共小寨乡党委副书记、委员职务;任龙头山镇党委委员、书记;
温连福 免去中共小寨乡党委委员、纪委书记职务;任县委副科级组织员。
陈国勇 任中共龙头山镇党委委员、副书记;
刘德美 免去中共龙头山镇党委书记、委员职务;
张纪平 免去龙头山镇党委副书记、委员职务。任县妇联主席;
吕明良 任中共梭山乡党委委员、副书记;免去县财政局党组职务。
张 坤 免去中共梭山乡党委委员职务。
马 梅 任县国有资产投资经营有限公司总经理。
张昭峰 任中共龙树乡党委委员;
刘顺彪 免去中共龙树乡党委委员职务。
顾 超 任中共文屏镇党委委员;
陈 凯 免去中共文屏镇党委委员职务。
张昭峰 任中共龙树乡党委委员;
刘顺彪 免去中共龙树乡党委委员职务。
涂祖海 免去新街乡人民政府副乡长职务、党委委员职务。
张才虎 免去茨院回族乡副乡长职务。
陈国勇 免去中共乐红乡党委副书记、委员职务。
张荣斌 任县纪委主任科员。
袁 江 任县委办公室常务副主任(正科级,试用期一年);
马武界 免去县委办公室常务副主任、县机关事务管理中心主任职务;
杨晓燕 免去县机关事务管理中心副主任职务。
王恩斌 任县委政法委副书记(正科级);免去县司法局党组书记职务。
邵珠军 任县委政法委委员;
刘易青 任县委政法委委员;
王 进 任县委政法委委员;
罗柏军 任县维护稳定办公室主任;
段世杰 任县维护稳定办公室副主任(副科级);
马勋恒 任县委政法委办公室主任(副科级,试用期一年);
施华林 任县委政法委执法监督室主任(正科级),免去其县社会治安综合治理委员会副主任职务;
李兴达 免去县委政法委副书记职务。
丁世泽 任县委政策研究室主任科员;
云 鹏 任县文联专职副主席(正科级);免去县广播电视局党组书记职务。

卯时康 免去县人事和劳动社会保障局党组成员职务；任县教育局党委委员、书记。

黄　文 任县林业局主任科员。

杨晓燕 任县文化体育局党组成员。

杨　智 任县扶贫办党组成员；

丁世泽 免去县扶贫办党组成员职务。

卯昌武 任县农村人力资源开发办主任科员。

张荣斌 免去县教育局党委书记、委员职务。

马曙光 免去县民族宗教事务局党组书记职务。

8月27日，接中共昭通市委党组字（2009）110号文件通知：

马　良 任鲁甸县工业园区管委会主任（副处级）；

余朝明 任鲁甸县工业园区管委会党委书记（副处级）。

8月27日，接中共昭通市委党组字（2009）112号文件通知：

赵　萍 免去鲁甸县人民政府副县长职务。

11月8日，县委常委会议决定（同意）：

谢　川 任县人民法院党组成员、副院长（正科级），免去其县人民法院办公室主任职务；

张建明 任县人民法院党组成员、办公室主任（正科级），免去其县人民法院刑事审判一庭庭长职务；

洪福昌 任县人民法院审判委员会专职委员（正科级）；

高永军 任县人民法院法院执行局教导员（正科级），免去其县人民法院立案庭庭长职务；

陈光礼 任县人民法院书记员管理办公室主任（副科级）；

李树艳 任县人民法院政工科副科长（副科级）；

罗泽志 任县人民法院监察室主任（副科级）；

周云峰 任县人民法院人民陪审员办公室主任（副科级）；

陇俊伟 任县人民法院法律政策研究室主任（副科级）；

段克利 任县人民法院刑事审判一庭庭长（副科级），免去其县人民法院民事审判二庭庭长职务；

罗祥对 任县人民法院民事审判一庭庭长（副科级），免去其县人民法院行政审判庭庭长职务；

铁发荣 任县人民法院行政审判庭庭长（副科级），免去其县人民法院监察室主任职务；

兰正崇 任县人民法院立案庭庭长（副科级），免去其县人民法院茨院中心法庭庭长职务；

阮雁斌 任县人民法院茨院中心法庭庭长（副科级），免去其县人民法院审判监督庭庭长职务；

田兴成 任县人民法院副主任科员；

余　波 免去县人民法院党组副书记、副院长职务；

陆　瑜 免去县人民法院刑事审判二庭庭长职务；

王荣祥 免去县人民法院民事审判一庭庭长职务；

王顺贤 免去县人民法院法律政策研究室主任职务。

张乾定 任县人民检察院副检察长（正科级），免去其县人民检察院纪检组长职务；

康文渊 任县人民检察院纪检组长（正科级），免去其县人民检察院政工科科长职务；

黄丽芳 任县人民检察院反贪污贿赂局教导员（正科级），免去其县人民检察院反贪污贿赂局副局长职务；

杨德俊 任县人民检察院反渎职侵权局局长（正科级），免去其县人民检察院控告申诉检察科科长职务；

王国荣 任县人民检察院反贪污贿赂局副局长（副科级）；

马　涛 任县人民检察院办公室副主任（副科级）；

王安军 任县人民检察院侦查监督科科长（副科级）；

陈维凡 任县人民检察院公诉科科长（副科级）；

张玉林 任县人民检察院民事行政检察科科长（副科级）；

王德鹏 任县人民检察院职务犯罪预防科科长（副科级）；

李洪良 任县人民检察院法律政策研究室主任（副科级）；

耿世剑 任县人民检察院驻县看守所检察室主任(副科级);
阮忠灿 任县人民检察院人民监督员办公室主任(副科级);
马琼惠 任县人民检察院政工科副科长(副科级),免去其县人民检察院监所检察科科长职务;
杨益惠 任县人民检察院行政装备科科长(副科级),免去其县人民检察院检察技术科科长职务;
张才荣 任县人民检察院控告申诉检察科科长(副科级),免去其县人民检察院反渎职侵权科科长职务;
张树云 任县人民检察院监所检察科科长(副科级),免去其县人民检察院侦查监督科科长职务;
袁永才 任县人民检察院反贪污贿赂局副局长(副科级),免去其县人民检察院人民监督员办公室主任职务;
陈龙祥 任县人民检察院副主任科员;
蔡　跃 免去其县人民检察院反贪污贿赂局局长职务;
周清开 免去县人民检察院办公室主任职务;
高怀民 免去县人民检察院民事行政检察科科长职务;
张顺云 任县农业局党组副书记;
杨永华 任县农业局党组成员;免去县文化体育局党组副书记职务。
陈富华 免去县农业局党组副书记职务;任县交通局党组副书记。
徐嘉伟 免去县农业局党组成员职务;任县卫生局党委委员、纪委书记。
潘　俊 任县审计局党组副书记;
马　茜 任县审计局党组成员;
王　燕 免去县审计局党组书记职务;任县卫生局党委委员、书记。
夏文标 免去县审计局党组成员职务。
杨大润 任县交通局主任科员,免去其县交通局党组成员职务;
阮殿用 任县交通局主任科员,免去其县交通局党组成员职务;
杨贵勇 免去县交通局党组副书记职务;任县经济贸易局党委委员、书记;
张昌舜 任县水利局党组书记;免去县委组织部常务副部长职务。
周明卉 免去县水利局党组书记职务;
刘　毅 任县经济贸易局党委委员、纪委书记;免去县委第二巡视组副组长职务。
施华楠 免去县经济贸易局党委委员、纪委书记职务;任县机关事务管理中心主任(正科级);
罗发洪 任县文化体育局党组副书记;免去县委宣传部副部长职务。
王长明 任县文化体育局副主任科员,免去其县文化体育局党组成员职务;
马真贤 任县民政局党组副书记;免去县委宣传部副部长职务。免去县广播电视局党组副书记职务。
晏正权 免去县民政局党组副书记职务;
杨　斌 任县财政局党组书记;
马　伦 任县财政局党组成员;
马　良 免去县财政局党组书记职务;
张荣斌 任县科学技术协会主席;
黄国礼 免去县科学技术协会主席;
保文祥 任县人口和计划生育局党组成员。
马玲芬 任县卫生局党委委员;免去茨院乡党委副书记职务。
陈　敏 免去县卫生局党委书记职务;
雷　平 任县纪委干部室主任(正科级),免去其县纪委正科级纪检员职务;
陈振敖 任县纪委党风廉政建设室主任(正科级),免去其县纪委主任科员职务;
饶　彬 任县纪委宣传教育调研室主任(正科级),免去其县纪委主任科员职务;
米琼芬 任县纪委信访室主任(试用期一年),免去其县纪委副主任科员职务;
岳忠惠 任县纪委副科级纪检员(试用期一年);
孙兴权 任县纪委副主任科员;
罗洪仲 任县纪委副主任科员;
马波琼 任县纪委派出第一纪工委书记;
蒋德祥 任县纪委派出第二纪工委书记;
谭德平 任县纪委派出第三纪工委书记;
周曙生 任县纪委派出第四纪工委书记;
刘阳献 任县纪委派出第五纪工委书记;
沈　凯 任县纪委派出第六纪工委书记;

杨万鹏 任县纪委派出第七纪工委书记,免去其县委第一巡视组组长职务;
张 奎 任县纪委派出第七纪工委副书记,免去其县委第一巡视组副组长职务;
孔 杰 任县纪委派出第八纪工委书记;
李兴贵 任县纪委派出第八纪工委副书记(正科级);免去其县委第一巡视组副组长职务;
李仲兵 任梭山乡党委委员、副书记;
李仁鹏 任梭山乡移民办副主任;
孙兴权 免去梭山乡党委副书记、委员职务;
张仕斌 免去中梭山乡党委委员职务;
丁世新 任县文学艺术界联合会主席;
曾明沿 任县文学艺术界联合会副主席;
李宪章 免去县文学艺术界联合会主席职务;
罗洪仲 免去新街乡党委委员、纪委书记职务;
陈朝坤 任县教育局党委委员、纪委书记。
郑大琴 任县红十字会常务副会长(正科级、试用期一年);免去县机关事务管理中心副主任职务。
李 莉 任县维稳办副主任(副科级、试用期一年);
撒玉想 任县机关事务管理中心副主任;
铁 波 任县机关事务管理中心副主任(副科级,试用期一年);
米高仓 任县委统一战线工作部常务副部长(正科级,试用期一年);
张国泽 免去县委统一战线工作部副部长职务;免去县工商联合会党组书记、常务副主席职务。
王咏宇 任县人事和劳动社会保障局党组成员;免去县统计局党组成员职务。
张 能 任县新闻中心主任(正科级),免去其县文化产业办公室主任职务;
郑 雅 任县新闻中心副主任(副科级);
陆 玲 任县新闻中心副主任;
李亚品 任县文化产业办公室主任(正科级);
丁世新 免去县委宣传部副部长职务;
赵柄鸿 任县委组织部正科级组织员;
太永江 任县委组织部副科级组织员;
顾 玲 任县委组织部副科级组织员(试用期一年);
李才华 任县委党建领导小组办公室副主任(副科级,试用期一年);
马吉党 任县工商联合会副主席;
王明鸿 任乐红乡党委副书记;
戚悦兰 任乐红乡计生办主任;
蔡寿玺 任乐红乡移民办副主任;
王明鸿 免去乐红乡人民政府副乡长职务;
马殿稳 免去乐红乡人民政府副乡长职务;
余振辉 任龙头山镇党委委员、纪委书记;
王天能 任水磨镇党委委员、副书记;
孔 杰 免去水磨镇党委副书记、委员职务;
郑其晖 保留副科级待遇;
王永和 任小寨乡计生办主任;
阮金泳 任火德红乡计生办主任;
李仲兵 免去火德红乡党委委员职务;
夏开文 免去火德红乡党委委员职务;
李仲兵 免去火德红乡人民政府副乡长职务;
王富荣 免去火德红乡人民政府副乡长职务;任茨院回族乡党委委员、副书记。
谭德坤 任县林业局党组成员;
张 熠 任县林业局党组成员。
刘波涛 任江底乡党委委员;
郭文松 任江底乡纪委委员;
马 梅 任江底乡纪委委员;
陈 兴 免去江底乡党委委员职务;
马将武 免去江底乡纪委委员职务;
蔡 艳 免去江底乡纪委委员职务。
王 林 任县公安局党委委员;
夏举宗 任县公安局党委委员;
李晓林 任县公安局党委委员;
李兴魏 任县公安局刑侦大队副队长(副科级);
李世龙 任县公安局警务保障室副主任(正科级);
陈 坤 任县公安局治安大队黄角树直属中队长(副科级);
邹春龙 任文屏派出所副所长(副科级);
何术稳 任文屏派出所副教导员(副科级);
李仲兵 任梭山派出所所长(正科级),免去其火德红派出所所长职务;
陆 丹 免去县公安局副政委职务;
张仕斌 免去梭山派出所所长职务,保留副科级。
康远富 免去龙树乡党委委员、纪委委员职务;司法所所长职务。
夏开文 免去火德红司法所所长职务;

李春雄　免去龙头山司法所所长职务。
甄　杰　任文屏镇综合办公室主任(副科级);
卯时剑　任文屏镇社会事务办公室主任(副科级)。

(县委组织部提供文件)

县委领导

书　记
江先奎　男　汉族　威信人
副书记
保　剑　男　回族　鲁甸人
吕　磊　男　汉族　昭阳区人
常　委
王　粟　男　汉族　镇雄人
张登敏　男　汉族　鲁甸人
铁朝曙　男　回族　鲁甸人
王富泰　男　汉族　鲁甸人
庄清海　男　汉族　鲁甸人
马武荣　男　回族　鲁甸人
路元文　男　汉族　昭阳区人
刘雅芸　女　汉族　昭阳区人

(饶利琼)

办公室工作

【机构人员】 2009年,县委办公室下设综合、秘书、信息3个股;县委督查室为正科级单位,设主任1名、副主任2名。县委办公室和督查室共有工作人员41人。

主　任
王富泰　男　汉族　鲁甸人
常务副主任
马武界　男　回族　鲁甸人　2009年3月止
袁　江　男　汉族　鲁甸人　2009年3月任
副主任
蔡寿义　男　回族　鲁甸人
张　荣　男　汉族　鲁甸人
督查室主任
蔡寿义　男　回族　鲁甸人
督查室副主任
郎德胤　男　汉族　鲁甸人
马永峰　男　回族　鲁甸人
机要局局长
阮立荣　男　回族　鲁甸人
机关事务管理中心主任
马武界　男　回族　鲁甸人　2009年3月止
施华楠　女　汉族　鲁甸人　2009年11月任
机关事务管理中心副主任
杨晓燕　女　汉族　鲁甸人　2009年3月止
马应孝　男　回族　鲁甸人
郑大琴　女　汉族　鲁甸人　2009年11月止
铁　波　男　回族　鲁甸人　2009年11月任
撒玉想　男　回族　鲁甸人　2009年11月任

【当好参谋,搞好服务】 2009年,县委办紧紧围绕县委重大决策和工作部署,突出理论学习,强化整改提高,以创新为动力,以服务为根本,尽心当参谋,尽职抓协调,尽力强保障,在提供优质服务、发扬优良作风上力求实效,充分发挥参谋助手、桥梁纽带、窗口示范的职能作用,圆满完成各项工作和领导交办的任务。一、发挥综合协调作用。承上启下、联系左右、协调各方、服务全局,坚持统筹兼顾,把服务领导、服务基层部门和服务群众统筹起来,坚持从科学发展的全局去思考、筹划、安排和处理问题,确保上下左右联动,经济社会统筹发展。对上,加强联系,特别是加强与上级工作部门联系,及时了解上级意图,争取获得更多的指导和帮助。对下,做好服务,摸准实情,吃透下情,特别是把广大群众普遍关心的热点、难点问题作为重点,协调各方简化办事程序,提高办事效率,为基层和群众解决困难和问题。对内,以科学化、精细化管理为方向,坚持用制度管人管事,分工与协作相结合,分工不分家,补台不拆台,以办公室整体合力推动县委决策的落实,树立良好整体形象。二、突出表率作用。班子成员以身作则,率先做到相互团结,相互尊重,经常沟通,分工负责,强化合作,带动科室之间相互理解、相互支持、相互联动,同时带动工作人员之间相互帮助、相互补台。三、突出参谋助手作用。一是做好随从服务。掌握领导的业务分工,做好分管工作相关材料、文件收集、整理,为领导撰写讲话稿做好充分准备。文稿起草不断强化求实意识、精品意识,努力克服官话、套话、大话、形式呆板等弊病,力求思想新、角度新、语言新,增强文稿的指导性、生动性,努力提高以文辅政水平。二是做到超前谋划。准确把握领导分管工作的进展,发挥主动性,领导没交办而需要办的,向领导建议、及时办理。三是实现整体连动性。从注重单兵作战能力向合成作战、整体配合方向发展,避免各吹各打现象,形成合力阵容,发挥合力效率,提高工作实际效果。全年拟发县委和县委办各类公文279件,办理中央、省、市党委文件450余号,累计4 600余份,办理各级政府及有关部门文件及简报3 120余份。四、突出干部队伍建设。一是积极培养见贤思齐、踏实做事、勇于创新、独立工作风尚,靠学习立足、加压起步、实践锤炼、精细取胜,不断提高服务层次和服务水平。二是从培养干部的积极主动性上下功夫,把加快干部流动作为提高干部积极性的一项重要措施来抓,增强干部积极性,提高办事效率,使办公室充满生机与活力,同时也培养一批综合素质过硬的年轻干部。

【拓宽渠道,狠抓信息】 2009年,县委办狠抓信息工作。坚持以“站位高、方向正,角度新、特色明,内容实、挖掘深,反应快、语言精”为目标,围绕“畅通信息渠道、提高信息质量”两个重点,关注热点、剖析难点、捕捉亮点,准确把握经济社会发展动态,着力在工作内容、方法、手段、机制上创新,努力为县委决策、推动工作落实提供具有全局性、前瞻性、典型性、预警性信息。紧贴县委工作“关注点”,报送适用型信息;抓全县工作“闪光点”,报送特色型信息;把握和谐社会建设难点,报送问题型信息;挖掘又好又快发展“增长点”,报送深层次信息,实现信息工作由数量型向质量型、动态型向调研型、滞后型向超前型转变,为县委和县委领导提供及时、准确、全面、实用和有决策价值的精品信息,提供决策前、决策中、决策后全程服务。全年编发《鲁甸信息》38期,《县委工作记事》5期,上报鲁甸信息1 435条,被市委办公室采用45条。

【创新方法,加大督查】 2009年,县委办重视督查工作实效性,紧紧围绕工作重点、主要领导关注的问题,突出对领导批办、交办的事项主动督查、跟踪督查,做到事事有回音,件件有落实,力求与县委的工作思路合拍、与全县发展的步伐同步,不断增强督查工作的针对性和有效性,真正发挥督查应有的作用,保证县委决策有效落实。全年上报市委督查室《调查研究》3篇,单篇采用3篇,《决策督查》29篇,综合采用20篇,《专项督查》3篇,综合采用3篇,《督查情况》2期,综合采用2篇,单篇采用1篇,办理省、市领导批示3件次;下发《督查通知》24期,《督查情况》1期,呈报县委领导《决策督查》9篇,领导批示3次。

【规范管理,优质服务】 2009年,县委办严格执行公务接待规定,严禁超标准接待,严格执行定点接待办法,杜绝公务接待中的浪费现象。严格遵守勤俭办事原则,举办各类会议、活动时厉行节约,严禁铺张浪费;公务接待严格控制接待标准和陪客人数;业务费用按照“从俭、必需、小额”原则开支。本着“高礼仪、高规格、高标准”原则,突出工作重点,不断加强礼仪工作人员管理,提高服务档次,强化优质服务,超前准备到位,进一步提高接待服务水平。年内,接待外来检查指导和参观考察团30余次,承办各种大小型会议150余次。

(胡万友)

组织工作

【机构人员】 2009年,县委组织部内设办公室、干部股、组织股、干教股、干部监督股、公务员管理股、人才工作股、农村现代远程教育办公室8个股室。有干部职工18人。

部　　长
　　刘雅芸　女　汉族　昭阳区人
常务副部长
　　张昌舜　男　汉族　鲁甸人　2009年11月止
副 部 长
　　王祥国　男　汉族　鲁甸人
　　赵宗平　男　汉族　鲁甸人
　　饶智祥　男　汉族　鲁甸人
　　李雪川　男　回族　鲁甸人
党建办主任
　　李树平　男　汉族　鲁甸人
副 主 任
　　李才华　男　回族　鲁甸人　2009年11月任

【党组织建设工作】 2009年,全县党建取得较好成绩,名列全市第三。年末,县委下设各级党组织733个,其中基层党委15个,部门党委4个,县委派出工作委员会1个;总支部101个(企业3个,机关14个,村(社区)84个);党支部612个(企业21个,事业80个,机关118个,其他393个)。全县有党员总数11 243人,与上年10 731相比,增加512人,是历年党员增长最快的一年。其中正式党员

10 852 人,预备党员 391 人;女党员 1 774 人,占党员总数的 16%;少数民族党员 2 382 人,占党员总数的 22%。从年龄构成上看:35 岁以下 3 342 人,占 30%;36~45 岁 3 247 人,占 29%;46~59 岁 2 691 人,占 24%;60 岁以上离退休人员 1 963 人,占 17%。从学历上看:研究生学历 6 人、本科以上学历 622 人,占 5.5%;专科 1 792 人,占 16%;高中及中专学历 2 123 人,占 18.5%;初中及以下 6 700 人,占 60%。从职业情况上看:在岗职工 3 599 人(其中工人 291 人,管理及技术人员 2 153 人,公务员 1 035 人),占党员总数的 32%;农牧渔民 6 939 人,占总数的 62%;离退休及其他 705 人,占总数的 6%。年内发展党员 390 名,其中本科 16 名、大专 65 名,占 21%;35 岁以下 261 人,占 67%;生产一线 347 人,占 89%;女 73 名,占 19%;少数民族 71 名,占 18%。

【党费收缴使用情况】 2009 年,县委组织部严格按照中组部《关于中国共产党党费收缴、使用和管理的规定》通知执行。全县 20 个党委,733 个党组织,党员 11 243 名,其中在岗职工 3 599 名,农村 6 939 名,离退休人员 705 名。在岗职工党费收缴严格按照月工资发放比例上缴党费,农村、学生党员按照每人每月 0.2 元标准收缴。党员每月向支部缴纳一次党费,党支部将所缴党费月底上缴上级党组织,基层党委每半年向县委组织部上缴一次党费,县委组织部根据市委组织部要求,每年向市委组织部上缴一次党费。全年缴党费 442 782.91 元(包括 2008 年欠缴党费)。党费使用坚持统筹安排、量入为出、收支平衡、略有结余原则。一是党员教育经费补充开支。用于举办各种类型党员培训、党内业务培训,农村党员干部现代远程教育培训。二是党员日常政治理论学习和必要业务学习材料开支;基层党组织和广大党员订阅各种党报党刊,购买党课教材及党建学习资料;因工作需要,为组织部门订阅必需的报刊和书籍。三是基层组织建设。经部务会研究决定,下拨各基层党委用于党员教育培训专用经费,建立农村基层党建示范点,党建宣传、音像制作费用等。四是特殊困难党员适当开支。主要用于年终困难党员慰问经费,70 岁以上老党员关爱资金发放等,对于丧失工作和劳动能力及有特殊困难的党员,适当救济和补助费用开支。年内,根据党费开支范围使用 112 829.4 元,按规定基层党委自留 30% 共 132 834.87 元,上交市委组织部 20% 共 88 556.58 元。

【加强农村基层组织建设】 2009 年,县委组织部按照县委七届七次全会确定的 2009 年为"农村基层组织建设整顿年"的各项目标要求,一是在基层组织建设整顿第一阶段工作中,下派 12 个工作组 48 人进驻乡镇,深入村社调研,会同新农村工作队、挂钩单位,在乡镇党委统一领导下,对全县 80 个建制村,通过"走、看、问、访、听、座谈"等方式深入村组详细调查摸底,了解情况,洞察民意,倾听民声,调查分析基层组织建设现状。二是切实搞好民主评议工作。12 个工作组分别在 80 个村以无记名测评方式发放表册近 7 000 余份,广泛征求各村党员干部群众意见。通过制定"群众满意度测评问卷调查、党员满意度测评问卷调查、站所评价征求意见、乡镇党委对村级'五好'党组织评价、乡镇党委征求意见"等 5 大类表册,分层经工作组广泛调查,结合各村平时开展工作情况,综合分析各方面因素,最终确定 10 个在各方面表现差的村作为重点整顿对象,促使全面转化提高。三是抓典型引导,促示范带动。县农村基层组织建设整顿领导小组出台文件,层层筛选确定 500 家党员"双带示范户"。按照便于管理、便于监督原则,统一制作"党员双带示范户"标识牌,实行挂牌管理,通过传、帮、带,使更多农民共同致富。整顿后,村级领导班子建设得到加强,初步解决"有人办事"问题,各乡镇采取"内选"、"下派"等形式,选齐配强村党总支书记。在列入重点整顿村党总支中,新选任总支书记 5 人、副总支书记 3 人,另有一个村因没有合适人选,暂由乡镇下派工作组长主持,后由副支书代为负责全村工作。围绕彻底消除"党员空白村民小组"目标,采取措施,认真做好消除工作,经努力,全县 63 个党员空白村民小组已消除 60 个。健全和改进农村基层组织建设长效机制,加快推进决策、监督、管理民主化及待遇保障化进程,落实各项措施,调动工作积极性、主动性和创造性。同时,积极创造条件,逐步解决村干部的养老、医疗等实际问题。

【开展学习实践科学发展观活动】 2009 年,县委组织部按照中央、省、市委统一部署,在全县开展第二批、第三批学习实践科学发展观活动。第二批深入学习实践活动 3~9 月全面结束,历时半年时间,有

78个单位、155个基层党组织、2 848名党员参加学习。活动中,全县各参学单位紧扣“党员干部受教育、科学发展上水平、人民群众得实惠”的总体要求,围绕“改革开放、推动科学发展,实现鲁甸富民强县新跨越”主题,突出实践特色,组织开展“三走进三破解”、“三学习三提高”、“三进入三改进”等活动,解决一些思想观念、体制机制方面与科学发展观不适应、不符合的突出问题。全县举办专题培训、讲座、报告会125场次,领导干部深入基层调研281次,调处矛盾纠纷237件,为群众办实事、好事228件,真正做到急群众所急,想群众所想。针对查找出来的问题进行整改。同时,各单位坚持把解决问题与完善制度有机结合,做到立足当前又着眼长远,积极稳妥地推进体制机制创新和制度建设,建立和完善一批保障和促进科学发展的长效机制。9月,第三批深入学习实践科学发展观活动启动,主要在乡镇、村、社区、中小学校和新经济组织、新社会组织中进行,有128个党组织(其中乡镇11个、村79个、社区4个、中小学31个、“两新”组织3个)8 775名党员参加学习,占全县党员总数的81.8%。针对第三批参学党组织点多面广、党员工作和居住分散、文化水平参差不齐等实际,按照行业相通、职业相近、人地相宜原则,灵活安排,重学习求实效。时间上积极推广“晚上多学、白天少学,闲时多学、忙时少学”的学习模式,确保学习标准不降、学习时间不减、工作生产不误;内容上把认真学好“三本书”与党的十七届四中全会精神相结合,与庆祝新中国成立60周年系列活动相结合;方式上各级党组织以开展理论中心组集中学、领导宣讲带动学、邀请专家辅导学、典型案例启发学、依托网络自主学等“五类学习”形式。对流动党员,农村、社区年老体弱、行动不便的离退休党员,建立“1+1”帮学对子送学上门,采取电话联系、邮寄学习资料方式,突出分6类施教。活动中,组建6个指导检查组和3个行业指导检查督促小组。12月底,四大类型参学单位党员集中学习活动普遍达4次以上,累计组织学习讨论近500次,召开专题辅导讲座36场次,参加人数5 248多人,建立联系点23个,深入参学单位开展调研123人次,为参学单位解决实际问题68个,送学帮学2 863人次,确保学习实践活动全覆盖。同时,充分借鉴第二批学习实践活动成功经验,把学习实践活动作为重大的政治任务抓紧抓好,取得阶段性成果。

【加强领导班子和干部队伍建设】 2009年,县委组织部通过把开展学习实践活动与加强领导班子思想政治建设和作风建设相结合,进一步提高各级领导干部的思想政治素质和领导科学发展的能力。一、坚持用马克思主义中国化最新成果武装思想、指导实践,促进广大党员、干部理论水平和实践能力进一步提高。坚持理论学习和实践锻炼相结合、办好主体班与专题班相结合,充分发挥主阵地作用,增强培训实效。年内,举办“学习贯彻党的十七届三中全会精神”集中培训、全县领导干部赴浙江学习培训、全县副科级干部培训、中青年干部教育培训、大学生村官岗前培训等5期,培训干部407人次。加强日常管理监督工作,健全和落实谈心谈话制度,完善领导干部问责制,加大诫勉和函询的力度,促进领导干部正确履职、秉公用权、认真负责。二、干部人事制度改革不断深化。坚定不移地推进改革、深化改革、完善改革,形成科学规范的干部选拔任用工作机制,进一步提高选人用人的公信度和人民群众对干部选拔任用工作的满意度。重点是细化和完善四项制度:一是建立和完善初始提名制度。二是进一步完善干部推荐、考察和任用程序。改进民主测评内容和民主推荐方式,科学界定并适当扩大参与人员范围,探索实行差额推荐,差额考察,增强民主测评、民主推荐和组织考察的科学性和真实性;改进票决方式,探索实行差额票决,扩大全委会票决干部范围,试行全委会推荐重要岗位人选制度;探索试行县委常委会、全委会(或全委扩大会)对党政“一把手”及重要岗位人选实行“双推荐、双票决”制度,以进一步增强干部选任工作的民主化、透明化程度。三是进一步完善干部考核评价办法。制定完善《鲁甸县党政领导班子和领导干部考核评价办法》,进一步改进和完善考核内容、考核方式及考核结果评定和运用。四是推行干审联席会议联审考察对象制度,建立干部选拔任用工作全程记录和责任追究制度,实行严重违规用人问题立项督查制度,拓展党员群众对干部选拔任用工作监督的渠道和途径。改进干部任前公示方式,进一步扩大公示范围,完善公示内容,加强对公示反映问题的查处,调动党员群众参与对公示干部监督的积极性,增强干部任前公示的有效性。三、建立完善干部工作制度。建立完善民主、公开、竞争、择优的干部选拔任用科学机制及选人、用人工作新途径。注重“四类干部”提拔使用,制定出台《关于进一步做好培养选拔党外干部、年轻干部、女干部和少数民族干部工作的意见》。四、干部监督进一步加强。继续抓好征求意见、领导干部任前公示、任职廉政谈话、任职试用期制、领导干部经济责任审计等制度的落实。切实加强对党政领导干部选拔任用工作监督。完善干部推荐提名、考察、酝酿、讨论决定等环节监督措施，严格把好选人用人关，为把政治上靠得住、工作上有本事、作风上过得硬、人民群众信得过的干部选拔到各级领导岗位提供有力保障。实行严重违规用人问题立项督查制度，加大督办和查处力度。建立完善干部选拔任用工作责任追究制度，按照权责一致原则，科学界定干部选拔任用工作各个环节的责任主体、责任内容，明确追究方式，加大追究力度。充分发挥群众监督作用，进一步做好“12380”举报电话受理工作，建立健全“便利、安全、高效”举报机制。全面发挥舆论监督作用，及时向新闻媒体通报干部选拔任用工作有关情况，接受舆论监督。加强与纪检、监察、信访、审计、计生、综治等部门联系，探索完善干部监督工作协调机制，逐步形成干部监督工作资源共享、作用互补、齐抓共管的干部监督工作体系，特别是在干部选拔任用中，注重听取意见，交流干部监督信息。全年受理信访件26件（其中群众来信9件，来访9件15人次，来电7次，“12380”举报1件），均给予合理答复，得到广大干部群众好评。同时，制定出台《干部选拔任用全过程监督的实施意见》，并抓落实，制作干部监督工作流程图，工作中加以规范。

【农村现代远程教育工作见实效】　2009年，县委组织部按照“提高质量，加强管理，面向基层，讲求实效”的党员远程教育工作方针，开拓创新，多措并举，不断扩大党员远程教育在基层的影响力，推动基层党组织建设，为全县实现跨越式发展提供组织保证。一是夯实远教工作基础。按照“五有”标准狠抓播放网点建设，即：有阵地、有设备、有人员、有制度、有记录。进一步加强县委组织部远教办及12个乡镇终端接收站、2个社区、17个村共32个利用电信宽带模式接收点和63个村及2个社区光盘模式播放终点的“管、学、用”工作体系，扩大党员远程覆盖面，提高党员受教育率。二是创新远程教育工作方法。利用“鲁甸党建”网站，利用互联网方便快捷优势，使党员远程教育工作更具有时效性和多面性。三是丰富远程教育工作载体。以社会主义新农村建设为契机，努力为农村党员、群众引进农业实用技术电教片，推广科学种植、养殖及农业机械化等技术，引导和帮助农民学科学、用科学，促进农村经济发展。宣传报道典型人物和先进事迹，制作有代表性的电视专题片，树立先进典型教育广大党员。四是确保远程教育工作实效。规范管理，建立健全党员远教育工作制度，进一步完善《鲁甸县党员远程教育管理制度》。同时，将党员远程教育工作量化指标纳入党建目标管理责任书，作为县委考核基层党委组织建设的重要工作内容之一，加强领导和管理，要求基层党组织每月至少播放1次，党员受教育率达90%以上，保证播放效果。

【开展“万名组织部长下基层”活动】　2009年，县委组织部在全国组织系统推进“万名组织部长下基层”活动中，按照省、市委组织部安排部署，积极动员引导广大组工干部深入基层、深入群众调研，了解情况，掌握一手材料，为开展“组工干部下基层”活动奠定坚实基础。活动中，始终做到认识到位、落实到位，真心实意为群众服务，全面提高组织部门公信度，提高群众对组织部门的满意度和认可度，真正达到“让上级党委满意，让群众满意”的目标要求，树立组织部门“党员之家、干部之家、人才之家”的良好形象。

【实施“领头雁”工程】　2009年，县委组织部在狠抓农村基层党组织建设，全面开展农村基层组织建设整顿的同时，注重“双带”致富能人培养，涌现出500户“党员双带示范户”，实行挂牌管理，在84个村（社）1 637个村民小组中开展“领头雁”工程，评选10名“十佳明星村党组织书记”和100名“百名优秀村民小组长”，分别给予每人5 000元和500元奖励，进一步激发广大村、组干部争先创优、干事创业的热情，充分发挥示范引领作用。通过开展“领头雁”工程，进一步加强和改进农村基层组织建设中村、组干部带动作用，充分发挥基层党组织战斗堡垒作用和党员先锋模范作用，增强基层党组织的凝聚力、战斗力和创造力。

【干部调整】　2009年，县委组织部干部调整、交流力度进一步加大，全县提拔干部134人（其中正科46人，副科88人）；平职交流干部96人，改非9人；提拔女干部18人、少数民族干部39人、党外干部7

人;先后组织48名科级以下年轻干部参加全市公开选拔副处级领导干部考试,进入面试5名;定向考录2名优秀村(社)干部充实到乡镇公务员队伍,选聘62名优秀大学生“村官”到村担任支书或主任助理。

【人才库建立】 2009年,县委组织部全面落实“党管人才”方针,完善人才培养、选拔、使用配套政策,建立健全人才工作机构,明确工作责任,完善领导干部联系人才制度,切实履行管宏观、管政策、管协调、管服务职责,使人才工作适应经济社会发展需要。加大对人才强县战略宣传力度,集中宣传科学技术和科技创新人才的重要作用,大力宣传人才开发典型经验和优秀人才先进事迹,努力营造尊重劳动、尊重知识、尊重人才、尊重创造的社会氛围。年内,纳入县人才库管理的各类人才6 596人。其中党政人才1 180人,企业经营管理人才143人,专业技术人员5 149人,后备干部人才124人。

【狠抓村级组织活动场所建设】 2009年,县委组织部按照省、市委安排部署及关于村级组织活动场所新建、重建项目计划,全县17个村级组织活动场所(其中新建8个,排危重建9个),坚持以“五个一点”的办法,注重科学选址,高标准规划,严要求建好,充分发挥村级组织活动场所的政治功能和社会功能。年内,筹集资金444万元,县财政配套167万元,省市配套125万元,多渠道筹集资金152万元,已全部到位,确保每个有建设指标乡镇正常施工并完工,迎接省市验收。

【关爱农村困难党员行动】 2009年,县委组织部积极采取措施,明确专人负责“关爱资金”的管理、发放工作,严格财务制度,明确工作纪律,严格程序,确保关爱资金按时、足额发放到符合条件的困难老党员手中。全年发放补助金187 560元1 563人次;到贫困老党员家中慰问3次共361人,发放慰问金4 920元。

【健全村干部激励关怀机制】 2009年,县委、县政府大幅度提高村干部报酬。1月1日起,对村支书(主任)“一肩挑”及居委会支书(主任)基本补贴提高到800元,不是“一肩挑”及居委会副支书(副主任)提高到700元,村副支书(副主任)提高到600元;原未享受待遇的“两委”委员每人每月基本补贴100元;小组长(社区居民小组长)基本补贴提高到100元;两委成员兼村、居民小组长基本补贴合并计算。有效激发村干部工作热情,推动村务工作积极开展。

【市县领导慰问老党员和困难党员】 2009年1月9日,市委县委常委、组织部长李勇,市总工会常委副主席晏祥莉,市劳动局副局长谭建一行到鲁甸,在县委书记江先奎,县委副书记、代县长保剑,县委副书记吕磊,县委常委、组织部长刘雅芸等陪同下,到文屏镇民富社区、桃源乡拖姑村看望慰问老党员和生活困难党员。14日,组织部长刘雅芸一行到大水井慰问挂钩村困难党员和老党员。

【召开第三批新农村建设指导员欢送会议】 2009年2月16日下午,全县2008年度新农村建设优秀指导员表彰会暨2009年度第三批新农村建设指导员欢送会召开。县委常委、组织部长刘雅芸主持会议,县委副书记吕磊讲话。会议对2009年新农村建设指导员工作作了安排部署,表彰2008年度新农村建设工作优秀指导员、优秀工作队长。

【开展好组织系统“作风建设年”活动】 2009年3月2日,县委组织部组织召开“组织系统作风建设年”活动动员大会,县委组织部、人事局、直属机关党委、老干局、党校5个部门96人参加会议。县委常委、组织部长刘雅芸作动员讲话。按照省、市委统一部署,在全县组织系统开展好以“公道正派、务实创新、认真负责、廉洁自律”为主题的“作风建设年”活动。活动中,通过支部会、机关学习会、个人自学等形式,深化学习内容,全体党员干部对党的方针政策认识有新提高,做到思想上高度重视、组织上周密细致、工作上富有特色、措施上扎实有效、督导上及时到位,达到预期目的,取得明显成效。

【挂钩帮扶】 2009年3月3日,县委常委、常务副县长张登敏,县委常委、组织部长刘雅芸,县人大常委会副主任何顺德带领林业、劳动人事等部门负责人深入梭山乡,指导春耕生产和挂钩帮扶等工作。相关负责人与挂钩帮扶的村干部座谈。

【召开党建工作会议】 2009年3月15日,县委召开党建工作会议。县委副书记吕磊主持会议。县委书记江先奎、县长保剑出席会议并讲话。会议总结2008年全县党建工作,对2009年党建工作全面作了安排部署。县委常委、组织部长刘雅芸代表县委和各乡镇和相关部门党委签订2009年党建工作目标责任书。

【农村基层干部培训开班】 2009年3月16日,全县乡镇党委副书记、新农村建设工作队长、村总支书记、村主任和大学生村官学习十七届三中全会精神培训开班,127人参训。

【农村基层组织整顿工作】 2009年3月,全县开展农村基层组织整顿工作。县委组织部全力抓好整顿工作。活动分为"动员部署,调查摸底"、"强化措施,集中整顿"、"巩固提高,健全机制"3个阶段。活动中,县委选派48人组成12个工作组,驻乡进村进组调查研究、指导、督促。县委下发4个文件,领导小组下发5个文件,确保活动顺利开展。"大摸底,大排查"中发放5套表册近15 000份,9 760人参加评议,评议和征求意见涉及村级政治、经济、文化等62项内容,真实反映村级党组织现状,为整顿铺垫。通过整顿,好的有推进、中间的有提高、差的有转化。一、县委重视显力度。县委先后制定下发"成立领导小组的通知"、"实施意见"、"县级领导干部挂钩联系的通知"、"督查通知"4个文件。领导小组制定出台"明确职责的通知"、"选派工作组的通知"等5个文件,建立健全各项管理制度,加大整顿工作力度,明确工作职责。二、调查摸底把实情。县委选派12个工作组进驻乡镇加强指导落实,深入村组调研,召集召开大小会议92次,走访农村党员群众483户967人,与村干部交流谈心62次114人,进一步掌握实情、摸清家底。全县80个村级党组织中,好的22家,占28%;一般的48家,占60%;差的10家,占12%。党员空白村民小组63个。三、"万人"评议动真情。民主评议采取无记名测评方式,通过会议动员、个别谈话等形式让广大党员群众说出自己最想说的话,提出自己最想提出的意见和建议,彻底消除被调查者的顾虑。测评内容分"群众满意度测评问卷调查、党员满意度测评问卷调查、站所评价征求意见、乡镇党委对村级'五好'党组织评价、乡镇党委征求意见"5大类,涉及"思想作风、学习作风、工作作风、领导作风、生活作风;班子好、队伍好、机制好、业绩好、形象好"等62项内容。发放表册15 000份,参加民主测评群众6 293人,党员3 081人,站所人员242人,乡班子成员132人,党委12个。四、典型引路促发展。一是抓党员"双带"示范促发展。全县评选500家党员"双带"示范户,带动农村产业结构的调整,推进农村经济社会全面发展。二是"领头雁"工程激发创业热情。评选10名带头致富、带领群众致富、家庭创业年收入10万元以上的"十佳明星村党组织书记"和100名家庭创业年收入在3万元以上的"优秀村民小组长",分别给予每人5 000元和500元奖励,激发广大村组干部争先创优、干事创业热情。五、扎实工作出成效。基层组织整顿中,对排查出软弱涣散的党组织,根据不同情况,帮助乡镇、村制定整改措施和方案,集中整顿,整合挂钩工作组力量,对经济贫困村组,重点抽调经济部门干部帮助"治贫";对社会稳定性较差的村,重点抽调政法部门的干部帮助"治乱";对干群矛盾明显的,重点抽调党委工作部门干部帮助化解矛盾;对班子不强的,乡镇党委及时调整。通过整顿,收到成效,后进村转化成先进村,工作起色很大,中心工作全面完成,群众满意度大幅提高。

【开通党员电话】 2009年4月1日,县委组织部开通"12371"党员咨询服务电话、"12380"专用举报电话和"(0870)8121346"县委组织部作风建设年活动及学习实践科学发展观活动征求意见电话。

【省委组织部部务委员、巡视员罗志明到鲁甸调研】

2009年5月26日,省委组织部部务委员、巡视员罗志明率领省委组织部组织一处调研员、副处长李兴荣,市委常委、组织部长李勇,副部长铁云峰一行到鲁甸调研农村党员干部现代远程教育工作。在县委书记江先奎,县长保剑等陪同下,深入文屏镇民富社区和联合村远程教育播放站点实地查看,与村(社区)负责人座谈。

【召开大学生村官座谈会】 2009年6月4日下午,县委组织部召开全县选聘到村任职大学生"村官"座谈会。县委常委、组织部长刘雅芸等领导出席座谈会,与全县首批选聘到村任职的15名大学生"村官"进行交谈。

【开展"三个一"主题实践活动】 2009年6月18

日，云南省组织系统推进践行“三个一”主题实践活动视频会议后，县委组织部严格按照省委组织部文件要求，围绕“三个一”突出实践特色，全面安排部署，及时召开“三个一”专题学习教育活动动员大会，号召组织系统党员干部围绕“党性党纪党风”和“机关作风建设”两个重点，认真学习，达到树立组织系统干部“一面旗”形象、激发干部职工“一团火”热情、实现全县组织工作“一盘棋”格局。同时，要求各级领导班子和领导干部认真履行好职责，争做真抓实干型、专家学者型、调查研究型、督促检查型“四型”领导干部，充分发挥模范带头作用，确保全县学习实践活动高起点开局、高标准推进。

【召开全县基层组织建设座谈会】 2009年6月25日，县委组织部组织召开全县基层组织建设工作座谈会，就全县基层组织建设工作所面临的实际情况座谈交流，就基层组织建设工作安排部署。

【举办庆“七·一”组工干部“四讲四比”演讲比赛】 2009年6月26日，在建党88周年、庆“七·一”之际，县委组织部举办庆“七·一”组工干部“四讲四比”演讲比赛。通过比赛，调动广大党员群众积极性、主动性和创造性，以一流机关作风和一流工作业绩向建党88周年献一份厚礼。

【鲁甸党建网成功改版】 2009年8月4日，鲁甸党建网改版成功，改版后栏目设置更加合理。

【大学生村官进村】 2009年9月11日，全县大学生村官进村工作会议召开。2009年度选聘62名大学生到村任职，选聘到村任职的高校毕业生代表与人事和劳动社会保障局签订合同，县委常委、副县长铁朝曙与各乡镇党委书记交接选聘到村任职高校毕业生。县委常委、组织部长刘雅芸对做好大学生村官入村工作提出要求。会后，各大学生村官进村奔赴各自的岗位。

【市委考核组到鲁甸】 2009年12月24日，市政协主席熊启怀率考核组一行6人到鲁甸，对全市党风廉政建设责任制、党建工作目标责任制、市管干部年度考核进行为期10天考核。经考核，全县2009年党建目标责任制排列全市第三，获全市二等奖。

（*赵柄鸿　李树平*）

宣传工作

【机构人员】 2009年，县委宣传部内设办公室、宣传股、理论股、文明办、新闻中心，代管文产办、文联，有职工26人。

部　　长
　　庄清海　男　汉族　鲁甸人
副 部 长
　　马　涛　男　回族　鲁甸人
　　罗发洪　男　汉族　鲁甸人　2009年11月止
　　丁世新　男　汉族　鲁甸人　2009年11月止
　　杨永华　男　彝族　鲁甸人　2009年11月止
　　马真贤　男　回族　昭阳区人　2009年11月止
文明办主任
　　蔡国斌　男　汉族　鲁甸人
副 主 任
　　马　京　男　回族　鲁甸人
文产办主任
　　张　能　男　汉族　鲁甸人　2009年11月止
　　李亚品　女　汉族　盐津人　2009年11月任
副 主 任
　　铁发前　男　回族　鲁甸人
新闻中心主任
　　张　能　男　汉族　鲁甸人　2009年11月任
副 主 任
　　陆　玲　女　汉族　鲁甸人　2009年11月任
　　郑　雅　女　汉族　鲁甸人　2009年11月任

【加强政治理论教育工作】 2009年，县委宣传部加强全县干部思想理论水平的提升。一是强化理论学习。按照“在干中学、在学中干”要求，以中心理论学习为核心，以建设社会主义核心价值体系为重点，不断建立和完善各种学习机制，在学习中坚持做到“四个结合”，即：理论学习与发展战略相结合，能力提升与促进发展相结合，分析问题与解决问题相结合，总结成绩与贯彻落实相结合。举办学习教育培训、召开理论中心组学习、召开座谈会及撰写调研文章等加强理论学习，组织编写《调研报告汇编》，从300余篇调研报告中选取50余篇编辑成册，内容涵盖“保民生、保增长、保稳定”、“三农”工作、城镇建设、产业发展、改革开放、新农村建设、基层组织建设等领域。年内，举办学习教育培训21期，召开理论中心组学习2次，召开座谈会10余次，全县2 300余人次参加学习教育活动,进一步统一思想,增强凝聚力。上报调研文章30余篇。二是认真落实党报党刊及其他学习资料的征订学习工作。组织征订《人民日报》、《经济日报》、《云南日报》、《昭通日报》、《求是》等4 065份。做好《中国特色社会主义理论体系学习读本》、《社会主义核心价值体系学习读本》等征订和学习工作。三是认真组织开展考察学习活动。先后组织200余人次到外省就蔬菜营销、经济建设、城市建设、民族宗教工作等进行考察学习。四是认真组织好各种学习活动。以深入开展学习实践科学发展观活动为契机,广泛开展理论讲座,组织收看多期时代知识前沿讲座,让广大干部接受理论培训。年内,宣传思想暨精神文明建设工作获市级良好奖。

【做好对外宣传工作】 2009年,县委宣传部重视宣传文化工作。一是不断加大外宣力度。围绕全县新型工业化、农业产业化、城乡一体化三大发展战略,坚持"走出去"与"请进来"相结合,加大宣传力度。全年《鲁甸新闻》播发稿件(含专题节目)210期1 650条,与上年同比增加750条,打造各类通知公告210条;上传新闻稿件296条,其中省电视台播出17条,市电视台播出186条,市电台播出81条。年内,在省、市各类媒体刊播转载有关鲁甸的新闻报道近1 000件,其中在云南日报、云南省电视台、云南人民广播电台刊播30余条,昭通市电视台播出170余条,昭通人民广播电台播出100余条,《云南经济日报》、《春城晚报》、《云南法制报》、《昭通日报》、《鹤都晚刊》发表消息、通讯、图片等576条,其中头版头条13条,一版60余条;通过《昭通日报》、《鹤都晚刊》专版宣传17个,重点报道全县扶贫开发、人力开发、计划生育、卫生、教育、学习实践科学发展观活动等重点工作;在《云南经济日报》做8个专版,重点宣传县域工业经济、农业、交通、卫生、文化旅游、民营企业、乡镇建设等工作。《改革开放30年、鲁甸城建谱新篇》、《大山深处响起广播声》、《青花椒成为龙头山镇群众的"摇钱树"》、《87名职高学生技能竞赛显身手》等优秀新闻作品分别获昭通市首届政府新闻二、三等奖。在《人民网》、《新华网》、《昭通党建网》发表新闻100余条,在《鲁甸新闻网》发表新闻500余条,在《鲁甸党建网》发表新闻400余条,有力地提升鲁甸良好形象。二是认真搞好活动外宣。进一步策划组织好经济外宣、重大主题外宣、重大活动外宣和文化外宣活动。年内,成功举办鲁甸樱桃文化旅游节,活动内容被人民网、云南网、云南日报等31家媒体刊播或转载,达到以樱桃搭台、经济唱戏的目的,提升鲁甸形象,促进对外开放。三是加强主流舆论引导。改进成果宣传、典型宣传、主题宣传和形势政策宣传方式,在省、市报刊媒体举办专版6版,通过云南画报突出宣传伊斯兰民族风情。通过对"平安乡镇"建设和维护社会和谐稳定的宣传,文屏镇、小寨乡、新街乡获2009年度云南省和谐乡镇荣誉称号。申报全县第二批省级保护名录项目—《拖姑村山根脚回族传统文化保护区》,年末完成文本梳理,拍摄专题片《梆格声回荡的村庄》,长度17分钟,已向市级申报。健全突发性事件新闻报道快速反应机制,从群众关注点入手,增强新闻宣传报道的亲和力、吸引力、感染力和权威性、公信力、影响力,营造了全县一心一意谋发展、聚精会神搞建设的良好氛围。四是加强和改进舆论监督。按照党管宣传、党管意识形态的要求,把宣传思想文化工作纳入经济社会发展总体规划,增强与新闻媒体打交道能力,处理好热点引导和舆论监督的关系,鼓劲不泄气、帮忙不添乱,推动有关部门认真解决广大人民群众最关心、最直接、最现实的利益问题。同时,认真做好与县外各级新闻媒体记者的沟通、交流、服务、管理工作,全年接待30余家媒体记者300余人次,对全县各行业全面采访报道,为全县社会经济发展营造良好舆论氛围。

【精神文明建设成效显著】 2009年,县委宣传部重视精神文明建设工作。一是总结先进典型,推动文明创建。县城通过"省级文明小城镇"考评验收,县人民医院再次荣获"全国文明单位"称号;1人获"红土地之歌"演讲比赛市级一等奖,1人获首届"昭通市道德模范"、第二届"云南省道德模范"称号。全县巩固、创建省级文明小城镇1个,国家级文明单位1家,省级文明单位6家,市级文明单位16家,县级文明单位26家;省级文明行业6家,市级文明行业4家,市级文明社区1个。巩固、创建省级文明村3个,市级文明村6个,县级文明村15个。巩固市级文明宗教活动场所19个,创建县级文明宗教活动场所12个。二是全面加强思想道德建设。深入推进社会主义核心价值体系建设、制作一批公民道德建设宣传广告,组织全县未成年人3 000余人开展“向国旗敬礼，做一个有道德的人”网上签名寄语活动。以网络、网吧为重点，加大管理力度，推进文明办网、文明上网。争取项目为文屏镇中心小学等3个单位配送电脑30台。三是深入开展农村精神文明建设。制定《鲁甸县农村“十星级文明户”创建实施方案》，抓好“十星级文明户”评比活动，创建“十星级文明户”5 000户。在文屏、桃源、茨院、小寨、江底等乡镇组织农户开展百场培训1万余人次，结合“五下乡”活动、“树鲁甸形象，从我在做起”系列活动等，编写制作《鲁甸县文明礼仪手册》6万本，发放公民道德建设、未成年人思想教育、“十星级文明户”创建为内容的宣传资料1.5万份，积极开展文明创建宣传教育工作。出现一批环境优美、生态和谐、充满活力的文明村。

【深化宣传文化体制改革】 2009年，县委宣传部坚持以人为本、统筹协调原则，深化宣传文化体制改革。一是6月，成功组建鲁甸文化艺术团。二是组建鲁甸新闻中心。三是建立《云南·鲁甸》门户网，已试运行。四是建立新闻发言人制度。

【繁荣文化艺术事业】 2009年，县委宣传部重视文化艺术工作。一是组织健身操、达体舞等培训；举办两代会文艺晚会、樱桃文化旅游节、苗族花山节、彝族火把节、主持人大赛、本土歌手大奖赛、红色歌曲大奖赛、民族健身舞大赛、国庆文艺晚会、“吉祥古尔邦”等大型专题文艺活动、其他文体活动和演讲比赛20余场次；组织19家部门在新街、梭山、龙树、水磨等乡镇开展以“关注民生、实惠百姓”为主题的文化、科技、卫生、法律、家电“五下乡”活动，演出4场次，观众近万人，发放各种农村实用技术书籍1万余本、各种宣传资料12万份、价值5 000余元的各种常用药，为2 000余人义诊；邀请市艺术剧院到乐红、龙头山、小寨开展送戏下乡活动。二是基层文化阵地建设得到加强。完成文屏镇砚池新村、茨院乡街道办事处等9个农家书屋建设工程，4月25日顺利通过省、市文化部门验收。8个乡镇文化站建设项目全部开工。三是积极开展青少年体育训练和群众性体育活动。举办广场全民健身、老年人地掷球、气排球、门球等比赛活动；组织运动员参加全市中小学生乒乓球运动会，女子儿童组获第一名；组队参加全市“丰收杯”篮球运动会和青少年篮球田径运动会，开展全县“长城建安杯”篮球运动会、“理世杯”老年运动会；完成茨院乡、火德红乡农民健身工程安装。四是文学艺术不断繁荣。文联组织各类作品1 000余件参与国家、省、市、县各类展览及比赛，有39件作品获奖，其中1人获国家级诗词、书法作品金奖，授予“孔子继承人”荣誉，1人摄影作品《山里人家》在中国摄影家艺术协会主办的《中国影像·庆祝中华人民共和国成立六十周年全国影像大赛》获二等奖；有15件作品获省级奖。作协、书协、音乐舞蹈戏剧协会分别创办《朱提文史》、《鲁甸旅游画册》、文学刊物《朱提山》4期、《鲁甸文学作品选》、《鲁甸县首届书法临摹展作品精选》、《银都飞歌》等刊物，诗词学会《朱提诗苑》(第二卷)顺利出版发行。积极参与大型活动和会议摄影、宣传报道工作，有320余幅图片被多家书籍、报刊发表、收录。组织各协(学)会投入新农村建设，开展文化进校园活动，完成新农村建设文化墙体600平方米。邀请知名学者到县培训3期，培训会员200余人次。文学艺术初步形成“百花齐放、百家争鸣”的良好局面。五是加强文化市场监管。针对网吧、游戏室监管等社会热点问题，建成网上实时监管网络，加大监督管理力度。全年出动车辆78台次，人员362人次，查获并收缴非法盗版、不健康光碟147盘(盒)，收缴盗版书刊63册，罚没收款6 100元；对全县网吧监督检查，处罚4家网吧，取缔黑游戏室1家。对文化经营户进行法律、法规、消防等知识培训，并与其签订《目标责任书》，确保文化市场健康繁荣。

【围绕中心开展工作】 2009年，县委宣传部按时按质按量完成县委、县政府的中心工作，积极协调配合相关部门做好各项工作。一是机关作风建设。按照县委开展“机关作风建设年活动”要求，加强学习，建立健全工作机制，全力改进机关作风，提高工作效率，增强部门凝聚力。二是扶贫挂钩工作。协调多家部门10次深入村到组检查指导工作。年内，为新街乡酒房村捐款帮扶资金1 200元，解决工作经费15 000元；选派新农村建设指导员1名驻村工作，积极参与做好计划生育、扶贫、新农村建设、“两基”等工作，为挂钩村协调争取项目资金60余万元。三是举办综治维稳宣传系列活动。参与、组织综治维稳宣传月系列活动，与县政法委承办以“平安鲁甸、和谐鲁甸、文化鲁甸”为主题演讲比赛，推动综治维稳工作和“平安鲁甸”建设，营造良好社会

舆论氛围。四是认真做好重要会议筹备及会场布置工作。五是积极配合部门处理好相关事

（陈 莉）

统战工作

【机构人员】 2009年，县委统战部内设办公室、党外干部对台工商股、民族宗教股3个股室。有职工10人，其中借调1人。

部 长

卢 敏 女 彝族 昭阳区人

常务副部长

米高仓 男 回族 鲁甸人 2009年8月任

副 部 长

米高仓 男 回族 鲁甸人 2009年8月止

张国泽 男 汉族 鲁甸人 2009年10月止

冯 靖 男 回族 鲁甸人 2009年4月任

戚发迅 男 回族 鲁甸人

台办主任

米高仓 男 回族 鲁甸人

【开展学习实践科学发展观活动】 2009年，县委统战部认真组织开展学习实践科学发展观活动，成立专门领导机构和办事机构，明确专人负责抓好学习实践科学发展观活动，制定实施方案，明确目标要求。严格对照《实施方案》，组织干部职工集中学习，全体干部职工认真做好学习笔记，撰写心得体会，开展批评与自我批评和交心谈心活动，领导与领导、领导与股室领导、股室领导与一般干部之间沟通思想、交换意见、达成共识。多次深入基层调研，并到挂钩扶贫点开展“1+1”结对子扶贫活动，组织召开党外人士座谈会、民族宗教人士座谈会、统一战线领导小组成员单位协调会、民主生活会和组织生活会，广泛征求各方面的意见建议。形成《领导班子分析检查报告》、《整改工作方案》、《整改措施》；通过“回头看”活动，指出工作存在问题和不足，明确努力方向。

【开展调查研究】 2009年，县委统战部多次深入少数民族聚居点、重点宗教场所和民营企业了解情况、调查研究工作。全面掌握少数民族群众生产生活和宗教场所自身建设情况，对全县86个宗教场所教职管理人员进行了一次系统调查，形成一套更为全面、更加准确的宗教教职管理人员档案，撰写5篇理论调研文章，即：《如何做好县区统战领域的民族宗教工作》、《以科学发展观为指导，进一步推动我县宗教平稳、和谐发展》、《以文明宗教活动场所创建为载体，全力推动宗教与全县经济社会发展相适应》、《科学发展观是新形势下统一战线工作的统领》和《关于对鲁甸民主党派的调研》。全县“两会”召开前夕，组织统战人士深入基层一线调研，从中小学教育（主要是马来西亚爱心捐赠和温暖工程班招生工作思路）、宗教人士生活补贴和宗教事务管理、宗教场所建设、民营企业党团组织建设等方面调查了解，形成意见、建议。借助非公经济组织开展学习实践科学发展观活动契机，因势利导，主动与有关乡镇党委联系、协调，指导帮助规模以上民营企业建立健全党组织，理顺非公经济党组织隶属关系，对非公企业流动党员管理工作提出意见、建议。根据党外干部、党外知识分子工作情况不明、底细不清，选拔任用工作不到位，后备人才培养不足，工作始终打不开局面的现状。对全县所有党外干部进行一次全面调查登记，形成一套“数量充足、结构合理、内容详实”的党外干部工作档案，提出工作意见、建议。11月26日，与组织部门共同举办首期党外干部培训班，培训副科级党外干部30人，一般干部50人，党外知识分子40人。

【发挥牵头协调作用】 2009年，县委统战部注重发挥牵头协调、沟通联系、服务指导的职能作用。一是利用县职业高级中学作为职业技能培训基地优势，举办首期“温暖工程百县百万农民技能培训班”，培训缝纫、机电维修、餐饮服务和砌筑工4个专业346人，输出转移农民工150余人。二是协同举办1期少数民族干部培训班，全县副科级少数民族实职干部、副科级少数民族后备干部120多人参加学习培训。三是争取县委、县政府领导对少数民族干部工作的重视，全年提拔使用少数民族干部34人，其中回族29人，彝族4人，壮族1人；四是指导非公经济组织学习实践活动，帮助非公经济组织加强党组织建设，增强了非公经济党组织战斗堡垒作用和党员先锋模范作用，有效引导非公经济参与光彩事业活动，积极投身公益事业。11月，长城建安公司向社会捐赠25万元，举办一场冬季体育运动会，起到很好的社会效果。五是牵头组织召开5次宗教工作联席会议，全力配合市委统战部做好“全市宗教人士法规培训暨文明宗教活动场所现场经

验交流会"鲁甸分会场各项工作。六是深入开展第一、二批文明宗教活动场所复查和第三批文明宗教活动场所创建活动,通过统战、民宗、伊协和有关乡镇的指导和帮助,全县被评为第一、二批文明宗教活动场所19个通过县级复查,参加第三批创建的12个宗教场所达到创建要求,顺利通过县级评审。七是指导县伊斯兰教协会举办全县第四轮全球基金/中英艾滋病项目骨干培训会和宗教与自然环境保护宣传教育活动动员会,配合召开朝觐工作培训会,帮助县伊协协调解决工作经费近2万元。八是配合市侨联做好马来西亚《星洲媒体》爱心捐助活动,积极开展"温暖工程班"招生工作,做到从严要求,监管到位,服务高效。九是与县民宗局、伊斯兰教协会共同出台《鲁甸县宗教人士生活补贴管理实施办法》,在全市率先解决宗教人士生活补贴问题,资金纳入县级财政预算。十是与县委宣传部、文体局、民宗局筹备并成功举办2009年古尔邦节联欢活动。十一是积极做好昭通市伊斯兰教协会第一次代表大会代表和第一届伊协领导班子候选人考察推荐工作。推荐马运柏、赛富波、马黎明等30位宗教人士为昭通市伊斯兰教协会第一次代表大会代表。

【开展新经济组织学习实践科学发展观活动】 2009年,县委统战部根据市、县委关于深入开展第三批学习实践科学发展观活动要求,结合全县新经济组织发展现状,全力促进新经济组织的学习实践活动。成立全县新经济组织学习实践科学发展观活动指导检查督促小组及办公室,制定《新经济组织学习实践活动的实施方案》。安排工作用车、划拨专项经费,确保实践活动组织到位、指导到位、学习到位、认识到位、促进发展到位。云香公司、江底水泥厂、银业公司先后召开学习实践科学发展观活动动员会。云香公司董事长龚玉锁、江底水泥厂厂长张登成和银业公司董事长黄登分别作动员讲话,就学习实践活动安排部署。

【加强机关作风建设】 2009年,县委统战部进一步加强机关作风建设。4月起,开展为期1年的机关作风宗教场所建设活动,推动"123456"综合目标的全面实现,即:建立"一个组织",抓好"二个建设",注重"三个结合",转变"四个作风",实施好"五个品牌",着力解决"六个方面"的突出问题。建立"一个组织",即:成立机关作风建设活动领导小组及办公室,确定专人负责机关作风建设日常工作;抓好"二个建设",即:抓好工作制度建设,抓好统一战线领导体制和宗教场所工作机制建设;注重"三个结合",即:注重机关作风建设与学习实践科学发展观有机结合,注重机关作风建设与分解落实好2009年统一战线目标管理责任制相结合,注重机关作风建设与提高统战干部工作水平和能力,打造"务实型、创新型、拼搏型、思考型、廉洁型"统战干部队伍相结合;转变"四个作风",即:转变统战干部学风、思想作风、工作作风、生活作风;实施好"五个品牌",即:实施好"调研资政"、"温暖工程"、"光彩事业"、"民族散杂居地区经济社会发展"、"文明宗教活动场所创建"五个品牌;着力解决"六个方面"突出问题,即:一是着力解决学习不够问题,纠正机关干部职工普遍存在"不愿学、不爱学、不真学、不深学"等不良习气;二是着力解决纪律不严问题,纠正机关存在政令不畅、纪律焕散、作风漂浮、管理松弛等问题;三是着力解决执行不力问题,纠正少数干部存在缺乏责任心、得混且混、目标任务不落实、有任务推、有好处争等问题,增强执行力,营造一个"比学习、比工作、比业绩、比贡献"的良好氛围,确保统战工作目标责任制落实到位;四是着力解决党性不强问题,纠正少数党员干部存在个人利益至上、自由主义突出、表率意识不强等问题;五是着力解决宗旨观念淡薄问题,纠正少数干部职工不务实、作风漂浮、不求团结、不讲原则、不顾大局、工作随意性强、闹情绪、争位子等不良风气;六是着力解决形象不好问题,实现机关管理工作制度化、规范化和程序化,达到用制度管人管事,做到工作上有作为、管理上不乱作为,加强个人文明礼仪修养。结合实际,组织机关干部到水富、绥江、永善、盐津等邻县区学习交流。

【开展文明宗教活动场所创建活动】 2009年,县委统战部积极开展文明宗教活动场所创建活动,成立创建工作领导小组及办公室,制定创建复查方案,明确要求,提出措施,改进指导方式方法。为12个参创单位解决创建帮扶资金3万元,解决指导工作经费1万元,确保创建活动扎实有效地开展。11月底,全县参加第三批文明宗教活动场所创建活动的李家堡、下茨院、门路头、下岔冲、小黑山、戚家闸、冯家院、小冲、张家院、大脑子、观音寺、铁家塆清真寺等12个宗教场所,顺利通过县委、县政府的检查验收,被命名为全县第三批“文明宗教活动场所”称号,并保留第一、二批“文明宗教活动场所”称号。

【组织民族宗教人士赴深圳、珠海等地考察学习】 2009年,在县委、县政府高度重视下,在县级财政十分困难的情况下,拨出专项资金组织民族宗教上层人士出外考察学习,由县政协负责组织,县委统战部积极配合,考察团一行30人在原县政协副主席、统战部长李兴辉,县政协秘书长马武军带领下,先后参观考察广州、深圳、珠海和海南三亚等城市,看望慰问了鲁甸在深圳制鞋厂务工回族人员。

【加强宣传报道工作】 2009年,县委统战部强化统战工作宣传报道,利用统战专刊、电视台、新闻报道、简报、信息和工作汇报会、座谈会、情况通报会、联席会、学习培训会及统一战线有关活动之机,大力加强统一战线工作的宣传报道。年内,《鲁甸电视台》报道统一战线新闻16次,《昭通电视台》转播1次,撰写统战信息39期,其中《云南统一战线》采用5期,《昭通统一战线》采用2期,《昭通统战信息》采用12期,《昭通宗教信息》采用1期,《鲁甸信息》采用11期。座谈讲解统战知识48场次,向1 000多人阐述新时期统一战线理论、方针、政策,指导县伊协制发“防治艾滋病—穆斯林的行为指南”宣传册1.85万余份。

【解决民宗助理员和宗教人士生活补助】 2009年,县委统战部、民宗局协调争取县委、县政府的重视和支持。一是进一步理顺民族宗教工作职能部门之间的关系。通过召开民族工作领导小组、宗教工作领导小组专题办公会,明确成员单位职能、职责。二是全面加强乡镇民族宗教工作机构建设,调整充实民族宗教工作领导小组,明确12个乡镇分管联系民族宗教工作领导,组建乡镇民宗办,配齐配强乡村民宗助理员,全面提高民宗助理员生活补助。三是切实解决宗教人士生活补助问题。根据省、市政策,2009年4月起,县财政纳入预算,解决爱国宗教团体工作经费和宗教人士生活困难补助问题,每个爱国宗教团体每年安排4万元工作经费,在职在位、无固定工资收入的爱国宗教团体会长、秘书长、副会长、副秘书长分别每人每月500元、400元、350元、300元生活补助,对县内86所依法登记的宗教场所担任教(道)长、住持宗教人士给予每月250元生活补助(2010年起,每月每人补助300元)。

【完成《统一战线工作志》编撰工作】 2008年12月,县委统战部召开部务会研究,决定集中力量开展《鲁甸县统一战线工作志》编撰工作。历时6个月,2009年6月完成编撰、审核和校对,以内部资料方式向统一战线成员单位发行。编撰工作得到县方志办业务人员的指导、帮助,县政协、组织部、档案局、民宗局、民政局等单位和统战领域重要人物、知名人士积极支持和配合,原统战部老领导、老同志提供大量有价值、有依据的历史资料,为《鲁甸县统一战线工作志》的顺利编撰起到推动作用。全志共有12 678字。涉及10个方面的内容,一是统一战线的概念、内涵、特点;二是机构设置和历史沿革;三是历届领导班子情况;四是大事记;五是基本工作情况;六是民族宗教工作情况;七是对台侨务工作情况;八是党外人士工作情况;九是非公经济工作情况;十是落实有关政策工作情况。断限为1956~2008年。

【认真贯彻市、县会议精神】 2009年3月,县委统战部召开部长办公会、部务会、统战工作会和座谈会,传达贯彻省、市统战部长会议和县委七届七次、八次全会精神,分析统一战线工作形势,总结成绩和经验,查找困难和问题,找准工作重点和薄弱环节,推动机制创新,明确思路、提出措施、改进方式方法,开创统一战线工作局面。

【加强目标责任制管理】 2009年4月,县委统战部对2009年统战工作目标任务作细划分解,明确到股室,分解到个人,形成“领导有职责,干部有任务,有奖有惩,协调配合,齐抓共管”的工作格局。挂钩帮扶中,抽派1名副部长协调联系,派出1名工作人员长期蹲点挂钩村指导工作,全力配合村“两委”推进社会主义新农村建设,调处各种矛盾纠纷,及时反映社情民意,帮助解决发展中遇到的各种困难和问题。挤出资金5 000元改善挂钩村办公条件。中秋节前夕,专门安排资金2 000元,对乡村组干部进行慰问。针对挂钩村烟肥配套政策不合理和人畜引水工程施工引发的矛盾纠纷,与有关方面联系沟通,及时协调化解。开展计划生育工作中,抽出人力、物力支持,协助做好后勤服务工作。年内,被评为“全县计划生育工作先进集体”。

【开展农民工技能培训】 2009年4月24～26日，县委统战部积极协调争取，与县职业高级中学在新街乡闪桥村开展1期“温暖工程”农民技能培训班。统战部牵头，县职业高级中学负责师资组织、培训方案设计和培训实施，乡村负责组织宣传发动和召集培训人员。免费培训，每一位参学对象每天给20元生活补助。培训结束后，愿意外出务工的现场与县职业高级中学请来的民营企业签订劳务用工协议，最低月工资不少于800元，操作技能熟练后，可领到1 500元以上。全村18个村民小组345名农民群众接受缝纫、砌筑、电焊和餐厅服务4个专业的培训。

【全市文明宗教活动场所经验交流现场会在鲁甸召开】 2009年5月20日，市委统战部、市民宗局、市精神文明办承办“昭通市2009年宗教人士培训班暨文明宗教活动场所经验交流会”在桃源龙头山清真寺召开。市佛教、道教、伊斯兰教、基督教、天主教5大宗教代表人士和宗教团体负责人300多人参加会议。县委常委、常务副县长张登敏致欢迎词，市民委主任、宗教局长童成清，市委文明办主任李岐、市委统战部副部长曹内彬、市民宗局副局长甄选洲，县委常委、政法委书记马武荣，县政协副主席、统战部长卢敏等市县领导出席会议并讲话。龙头山清真寺、甘田清真寺代表鲁甸对文明宗教活动场所创建工作进行经验交流发言，全体参会人员参观县城新区建设、文屏清真寺、文屏玄天观、桃源龙头山清真寺。

【马运柏当选为昭通市伊斯兰教协会首届会长】 2009年5月，在昭通市伊斯兰教协会第一次代表大会上，鲁甸出席会议11名代表当选为第一届理事会理事，5名代表当选为第一届理事会常务理事，马黎明代表当选为副会长，马运柏当选为会长。

【召开宗教工作联席会议】 2009年6月12日，县公安局国保大队牵头召开第二季度宗教工作联席会议，县委统战部、民宗局、公安局国保大队、伊斯兰教协会全体领导及相关人员参加会议。会议听取县公安局国保大队队长邵聪学对全县宗教领域维稳工作情况汇报，研究分析全县宗教领域的新热点、新问题和各种隐患苗头，提出具体措施和办法。

【开展禁毒宣传活动】 2009年6月，“6.26”国际禁毒日之际，县委统战部、民宗局和伊协有关领导及各清真寺阿訇、寺管委主任积极参与禁毒宣传活动。22日，茨院乡召开阿訇、寺管会主任禁毒工作座谈会，通报茨院乡在禁毒宣传教育活动中取得的成绩。会议号召要争取创建无毒村、无毒社，还老百姓一个清静纯洁的社会环境。24日，桃源乡举行禁毒工作座谈会，乡党委、政府领导出席会议，桃源、甘田、龙头山等清真寺阿訇、寺管会主任应邀参会。27日，文屏镇党委、政府在普芝噜村上野石清真寺举行禁毒宣传大会，阿訇、寺管会主任和周围群众200多人参加会议。县委统战部、民宗局、伊协领导应邀参加会议并讲话。

【市委统战部长周友亮一行到鲁甸检查工作】 2009年7月8日，市委常委、统战部长周友亮，副部长曹内彬，市民宗局副局长甄选洲及相关人员在县委常委、副县长铁朝曙，县政协副主席、统战部长卢敏等陪同下到桃源拖姑清真寺、文屏清真寺及砚池山闸上清真寺调研。

【卢敏一行深入宗教场所慰问】 2009年8月19日，“开斋节”到来之际，县政协副主席、统战部长卢敏带领有关人员到文屏清真寺、小冲清真寺、拖姑清真寺、铁家湾清真寺走访慰问。把向省委统战部争取的30万元重点宗教场所修缮费发给文屏清真寺和拖姑清真寺。

【举办少数民族干部培训班】 2009年10月，在县委组织部、统战部、党校、民宗局协调下，全县2009年少数民族干部培训班在县委党校举行。40多个县直部门和12个乡镇副科级实职干部、副科级后备干部(回、彝、苗、壮和布依族干部)115名参加培训。县委常委、组织部长刘雅芸，市民委主任、宗教局长童成清参加动员会。

【中国回族学专家、回族学会会长高发元一行到鲁甸调研】 2009年10月30日，中国回族学专家、国家回族学会会长高发元带领参加市回族学会换届会议的全体会员120多人深入鲁甸调查研究。在县政协副主席、统战部长卢敏等陪同下，到省级文物保护单位拖姑清真寺和龙头山清真寺参观。高会长一行与宗教界人士交流、探讨，充分了解鲁甸回族历史文化、宗教生活、经济现状等,品尝独具特色的回族传统食品丝窝糖、麦芽糖、糯米粑粑、荞米线等。

【举办第四轮全球基金/中英艾滋病项目骨干培训会】 2009年11月23日,县伊协主办的第四轮全球基金/中英艾滋病项目骨干培训会举行。84所清真寺教长、管委会主任,县政协、政法委、统战部、民宗局、卫生局、防艾办、广电局、中英项目办领导,文屏、桃源、茨院、江底、龙头山等民族工作重点乡镇分管领导及民宗助理员200多人参会。会议邀请市委统战部、市民委、市伊协有关领导到会指导。县政协副主席、统战部长卢敏主持会议,县委常委、政法委书记马武荣作动员讲话,县民宗局长白金孝对培训会作重点要求。

【召开宗教工作联系会议】 2009年12月23日,县委统战部在“三八林场”召开2009年第四季度宗教工作联系会议。县委统战部、民宗局、公安局国保大队和伊斯兰教协会领导及相关工作人员20余人参加会议。会议肯定2009年宗教工作在维护社会稳定、加强民族团结、促进经济发展等方面所发挥的积极作用,对2010年宗教领域矛盾纠纷调处工作提出具体要求。

(李才文)

政策研究

【机构人员】 2009年,县委政策研究室内设办公室、调研股、综合股。有在职人员11人,退休人员7人。

主 任

冯昌庆 男 回族 鲁甸人

副主任

李世怀 男 汉族 鲁甸人

郭元礼 男 汉族 鲁甸人

李章凡 男 回族 鲁甸人

马 坤 男 回族 鲁甸人

县委农村工作领导小组办公室

主 任

冯昌庆 男 回族 鲁甸人

副主任

饶智忠 男 汉族 鲁甸人 2009年3月止

【开展“学习实践科学发展观”活动和“机关作风建设年”活动】 2009年,县委政策研究室根据县委统一安排和部署,深入开展学习实践科学发展观和“机关作风建设年”活动。对照县委实施方案,召开会议,认真研究,分别制定《机关作风建设年活动实施方案》和《深入学习实践科学发展观活动实施方案》。按照实施方案认真落实各阶段各项学习任务。一是掌握“三农”工作重点,深入乡、镇、村调查研究,把握新情况,研究新问题,及时反映村情民意,为县委决策和实施决策提供多层次、多方位信息服务。二是积极筹备全县农情收报前期工作,及时准确掌握全县农业农村工作动态,经验总结,解决突出困难和问题。三是合理布局2009年新农村建设示范点,整合扶贫、“整村推进”等项目资金参与建设。通过学习实践、调查研究、征求意见、召开座谈会、自我剖析、分析检查等活动动作,使两个活动取得实质成果。机关作风建设年活动中,要求各股室干部职工做到5个禁止(禁止公款大吃大喝、公款外出旅游、公车私用、乱发津贴补贴、上班时间玩游戏打牌聊天),严格4个制度(严格考勤制度、请销假制度、财经纪律制度、重大事项重大决策班子集体研究制度),落实3个措施(一对一帮扶措施,调查研究、督促检查工作措施,考核评优措施),树立两个形象(树立单位整体形象、个人仪表形象)。要求干部职工集中学习和自学相结合,学习要有记录,每月学习时间不少于20个小时。

【开展调查研究工作】 2009年,县委政策研究室搞好调查研究,撰写核桃产业发展、农业增效、农民增收、新农村建设、基层党组织建设、农村土地流转情况、创新型鲁甸、生物创新等调研文稿。积极协调相关部门为农民免费办理《宅基地使用证》和《房屋产权证》,为县委、县政府草拟《关于认真贯彻落实建设创新型云南行动计划的实施意见》及《鲁甸县2009年省级重点村建设总实施方案》等。按照市委农办及市生物创新办要求,撰写《鲁甸县关于生物产业调研报告》、《鲁甸生物资源现状的调查与思考》、《关于鲁甸县养殖及农副产品加工企业的调查》、《鲁甸县苹果、核桃产业发展情况》等调查报告,圆满完成市委农办交办的工作任务。

【检查农业农村工作】 2009年6月中旬,县委政策研究室组织协调各涉农部门对全县12个乡镇开展阶段性农业农村工作检查，采取“一听、二看、三提、四查”方式，对照《鲁甸县2009年农业农村目标责任书》目标任务，重点突出“三农”工作及产业发展，对2009年烤烟生产、普通标准小型密集烤房改造及2008年核桃、花椒产业完成情况、农村能源建设等进行检查。通过检查督促，有力地促进全县农业农村工作。

【农情收报工作】 2009年，县委政策研究室全面贯彻落实县委农村工作会议精神，恢复启动农情上报工作，及时准确掌握全县各个时期农业农村工作动态及工作情况，每月编写2期农情信息，报县委、县政府主要领导和分管领导，下发乡镇和县委农村工作领导小组成员单位及相关部门，及时反映各乡镇政策落实、工作进展、生产动态、形势预测等重要行情、民情和灾情，提供政策、生产、市场、技术、经验等信息服务，充分发挥农情信息决策参考、工作指导和服务引导作用，为县委、县政府决策提供参考。

【挂钩帮扶工作】 2009年，县委政策研究室挂钩帮扶点在江底乡坡脚村，单位组织干部职工深入挂钩村工作。一是全面摸清村情，进一步完善经济发展规划和工作方案。二是结合“学习实践科学发展观活动”，通过调研，形成《关于江底乡坡脚村山尾巴自然村“村容村貌”整治的调研报告》，协调相关部门实地查看，帮助解决20万元资金，解决坡脚村办公用房困难，实施村民“一事一议”项目工程3件。认真落实“一对一”结对帮扶工作。三是超额完成计划生育指标任务，坡脚村被县委、县政府表彰为计划生育先进村，县委政研室为人口和计划生育工作先进集体。

【社会主义新农村建设】 2009年，县委政策研究室按照“十一五”规划，计划完成76个示范点建设，实际实施108个。其中省级重点村建设示范点40个，扶贫“整村推进”项目示范点43个，省级“村容村貌整治工程”项目示范点9个，市级示范点14个，县级规划示范点建设18个（与省级重点村建设重合16个），示范点建设覆盖全县12个乡镇。年内，全县筹措、整合部门项目资金3 854万元，其中省级筹措资金300万元，省级重点建设村项目资金600万元，市级筹措资金450万元，县级财政预算资金和新农村建设专项资金350万元；文、桃、茨片区省级重点村建设示范点和县级示范点，县委、县政府安排建设资金400万元启动建设，力争2010年3月前完成。同时，按照省、市委农办通知要求，调整25个省级重点村建设示范点，在江底、文屏、桃源、茨院、龙头山、龙树、新街、梭山等乡镇公路沿线加快推进民族乡镇经济社会发展。

（饶 勇）

保密工作

【机构人员】 2009年，县保密局有干部职工5人。

局 长

张 荣 男 汉族 鲁甸人

副局长

阮殿民 男 回族 鲁甸人

马永坤 男 回族 鲁甸人

陈振武 男 汉族 鲁甸人

【加强领导，落实责任】 2009年，县保密局加强组织领导，落实工作责任。一、全力做好新中国成立60周年庆祝活动期间网络安全，加强对互联网安全的监管，强化保密工作，按照省、市关于加强对重点单位信息网络安全及网吧进行检查的要求和部署，成立县保密安全检查工作领导组。对全县重点单位互联网使用安全情况检查，包括计算机病毒、安全漏洞威胁程度和网络攻击威胁程度等方面检查。做好网吧核心5.7版本升级、协调视频监控系统建设、二代身份证刷卡器安装及督促网吧实名卡上网检查等工作。技术检查为主，问卷调查、规章制度检查为辅，自查和抽查相结合。9月15日开始，县保密局牵头，县机要局、网络中心、公安局抽调人员组成专门检查组。对全县有门户网站的单位和参与政府信息公开的单位及其他单位进行网络信息安全抽查，实地查看各单位网站信息安全，涉密计算机和非涉密计算机使用情况。检查组人员仔细对每台上网计算机、涉密计算机和涉密文件，进行排查，发现安全隐患及时提出整改要求。要求各单位加强信息安全管理，严格涉密计算机管理，严格信息发布审核制度；要求国庆期间各部门必须加强网络与信息系统安全日常监管，落实值班制度，坚持每天进行巡查记录，及时处理和报告异常情况；重点部门、重点岗位要求安排人员24小时值守，确保国庆期间信息安全，不出问题。二、按照“涉密信息不上网、上网信息不涉密”保密规定，抓好县域政府信息公开网站和县委网站保密审查，严格监控县域电子政务信息资料发布情况。根据《保守国家秘密法》和《政府信息公开条例》规定。4月，制定《关于印发<鲁甸县涉密计算机信息系统保密管理暂行办法>的通知》，由县保密局进行保密审查，认真搞好上网信息造册登记，严防涉密信息上互联网，严防涉密信息通过电子政务公文交换系统进行传输，确保通过公文交换系统传输信息不涉密、不泄密。三、按照“掌握接收份数、弄清清退份数、查处失泄密案件”要求，认真搞好各类文件和资料的清退销毁工作。继续抓好涉密文件、资料保密管理，重点抓好《涉密文件、资料定期上报制度》和《定点销毁规定》的落实。全年清退上级要求的40个文件，应退456份，实退305份，留存93份。四、按照“确保试（答）卷安全保密和考试公平、公正”要求，认真搞好各类考试各个环节安全保密监督、指导和服务工作。一是对部分中考考点试卷安全保密工作巡视检查。7月1～3日，派出专人到各考点，实地查看试卷保密管理情况，要求各考点要树立试卷安全保密责任重于泰山的意识，做好试卷安全保密工作，确保试卷安全保密管理工作万无一失。配合有关部门做好各类考试各个环节安全保密与服务工作。从未发生各类考试试卷泄密事件，确保各类考试公平、公正和严肃性。

【强化保密管理，防止泄密事件发生】 2009年，县保密局按照“保核心、保重点”要求，加强保密管理工作。在全县各级领导干部、保密要害部门（部位）工作人员和各类涉密人员中开展保密承诺书签订工作。把开展保密承诺书签订、开展保密大检查与学习《保密须知》相结合，形成机关单位“人人懂保密，人人会保密，人人善保密”的工作机制和氛围。学习中，结合业务实际，把握重点内容，学以致用。全县征订《保密须知》200份。

【开展安全保密教育宣传工作】 2009年，县保密局认真开展安全保密教育宣传工作。一、根据市保密局文件精神，各乡镇、县直机关和驻鲁单位认真组织学习《党政机关工作人员保密须知》，要求单位确保签订保密责任书人员人手一册。全县签订保密承诺书841人，其中处级13人，其他828人。二、做好《保密工作》征订工作。由县委办下发征订通知，明确专人，采取电话征订、上门征订、与部门领导协调征订的办法开展工作，全年订51份。三、组织保密局人员集中学习《保密法》及有关制度，以会代训传达上级安全保密工作会议精神，学习安全保密法规及文件，树立“人人保密、时时保密、处处保密”的良好意识。

【加强自身建设】 2009年，县保密局加强自身建设。一是加强政治理论和保密业务知识的学习，不断提高保密干部的思想政治素质和履职能力。二是加强内部管理，严格各项纪律，为各项工作开展提供制度保障。三是加强与部门协调配合，积极争取部门对保密工作的重视和支持。四是主动请示汇报，争取县委、县政府及办公室领导对保密工作的重视、关心和支持，为保密工作开展和完成年度工作目标任务营造一个良好的环境。

（县保密局工作总结）

信访工作

【机构人员】 2009年，县信访局有人员5人。

局　长

张玉前　男　汉族　鲁甸人

副局长

段世忠　男　回族　鲁甸人

马玉仙　女　回族　鲁甸人

苏登前　男　彝族　鲁甸人

【概　述】 2009年，县信访局受理群众来信来电来访264件1 107人次，与上年相比，件次人次分别下降0.5%与0.3%。办结256件，办结率97%。初信初访212件，办结210件，办结率99%，一次息访率99%。网上信访25件，办结25件，办结率100%。上级交办信件8件，办结8件，办结率100%。一般信件2件，已办结完毕。

【大接访、大下访活动取得实效】 2009年，县信访局化解一批积案，解决一批群众反映强烈的热点难点问题和疑难信访问题，维护社会和谐稳定。全年县委、县政府主要领导接待来访群众16批91人次，督促化解突出信访问题16件，涉及上访群众91人次；县委、县政府其他领导接待来访群众63批560人次，协调、督促化解突出信访问题62件，涉及上访群众512人次。

【提高初信初访办结率】 2009年,县信访局认真抓好初信初访工作,针对初访人员,做好感情沟通和交流,积极寻求解决问题的措施和办法,避免事态扩大和矛盾升级,使群众心平气和,达到理智、理解的工作效果,切实将信访问题解决在初始化阶段,初信初访办结率达99%,与上年同比提高5个百分点,从源头上控制信访存量。

【重点难点信访案件办理有新进展】 2009年,县信访局进一步落实领导包案责任制,对疏理排查出的11件重点、难点信访案件落实包保责任制,办结11件(其中涉法涉诉案件2件),办结率100%。对群众信访反映的问题,除做思想疏导教育工作息访外,按照"属地管理、分级负责,谁主管、谁负责"原则,按照程序,逐一进行交办、转办和督办,大部分信访问题都得到解决,案件办理较上年有新进展。

【机关作风有新改进】 2009年,县信访局通过机关作风建设、阳光政府建设、四项制度落实,机关作风有很大改进,对上访人员,切实做到"一把椅子、一杯热茶、一张笑脸、一份耐心",对群众反映的信访问题做到件件有落实、事事有回音,工作效率有很大提高,深得群众和领导的认可和肯定,树立良好对内对外形象。

(县信访局工作总结)

直属机关党委

【机构人员】 2009年,县直属机关党委有党委委员7人,其中专职人员2人,兼职委员5人。

书 记

王祥国 男 汉族 鲁甸人

副书记

吴光英 女 苗族 鲁甸人

【思想建设】 2009年,县直属机关党委坚持把政治理论学习放在首位,认真抓落实,要求各机关党组织组织全体党员认真学习《党章》、党的十七大精神,全面落实科学发展观,深入贯彻落实县委七届七次全会和十四届人大二次会议确定的发展目标,紧紧围绕县委中心工作,以党的基层组织建设年活动为切入点,加强政治理论学习和思想教育。通过学习,机关党员整体素质得到进一步提高。

【组织建设】 2009年,县直属机关党委开展机关作风建设年和深入学习实践科学发展观活动。一是加强组织领导,健全组织机构。3月3日和4月3日,直属党委分别召开机关作风建设年和学习实践科学发展观动员会,传达学习县委关于学习实践活动部署要求,统一认识,明确任务。制定实施方案,明确指导思想、目标任务、基本原则和具体安排。成立机关作风建设年领导小组和学习实践科学发展观活动领导小组,组建办公室。加强党支部和广大党员学习实践活动协调指导,及时了解情况,定期听取汇报,搞好督促检查,研究分析问题,提出意见和建议。二是加强理论学习,做好思想准备。对所属14个党总支、16个支部1 371名党员发放《毛泽东、邓小平、江泽民论科学发展观》和《科学发展观重要论述摘编》1 270套学习资料。通过学习,广大党员领导干部进一步明确科学发展观的重大意义、科学内涵、精神实质和根本要求。三是摸清掌握党组织和党员现状。开展直属机关党委基层党组织和党员现状调查摸底工作,准确掌握直属机关党委基层各党支部和党员底数。及时调整16个支部。确保学习实践活动工作任务落到实处,配齐、调整党支部领导班子。机关领导干部实行"一岗双责"制,支部委员各负其责,强化学习实践活动组织机构。四是提出明确要求。认真贯彻"坚持标准、保证质量、改善结构、慎重发展"的方针和个别吸收原则,加强入党积极分子培养教育和培训工作。年内,共批准9人加入党组织,14名预备党员转正。转出转入87名党员。按照健全党员库要求,对新发展或调出、调入党员情况进行增删,随时掌握机关党委所有党员情况。

【作风建设】 2009年,县直属机关党委实行民主评议党员和目标管理,共93个支部开展民主评议,参加评议的党员1 371人。各参评单位按照《党章》规定和县委要求,通过民主评议,促进党支部工作规范化、制度化、经常化,保证党的路线、方针、政策贯彻执行和单位工作任务完成。进一步坚定党员理想信念,党性修养得到锻炼提高,促进支部战斗堡垒作用和党员先锋模范作用的发挥。

【党风廉政建设】 2009年,县直属机关党委加强党风廉政建设工作。与县委签订责任状后,及时召开会议研究部署,认真制定实施方案,明确目标任务,制定《2009年党风廉政建设责任书》,并与14个总支、16支部签订党风廉政建设责任书,多层次多方面开展党风廉政建设工作。一是以《云南省公务员八条禁令》作为党员、干部的行为准则,对有禁不止、有令不行的部门和个人视情况给予教育惩治,增强广大党员干部工作的积极性和纪律性。二是建立严格的监管机制。加大党员、干部勤政廉政教育管理和监督力度。三是落实"八个坚持,八个反对",认真开展预防职务犯罪工作。四是加强领导干部廉洁自律和反腐败工作。认真制定防范措施,积极配合、支持执纪执法机关履行职责,建立责任追究制,认真配合调查,办理涉及单位、人员案件;召开民主生活会和民主测评会,班子及成员主动向党员干部述职报告,开展批评与自我批评,加强整改,解决班子成员存在问题,认真落实并严格遵守中纪委"六条规定"和省纪委"领导干部廉洁自律若干规定"等各项规章制度,使广大党员勤政、廉政、自律的思想觉悟得到提高。

(房劲松)

党史研究

【机构人员】 2009年,县委党史研究室有职工7人。

主 任

李顺银 男 汉族 鲁甸人

副主任

郑大东 男 汉族 鲁甸人

吕家鹏 男 汉族 鲁甸人

【加强政治学习】 2009年,县委党史研究室逐步拓展党史工作新领域。一、加强理论学习,提高业务能力。按照规定的学习制度,深入学习贯彻党的十七大及十七届三中全会精神,通过学习,提高干部职工政治素养和业务水平。二、自觉执行"四项制度"。贯彻落实行政问责制、服务承诺制、首问责任制、限时办结制,提高工作效率,转变机关作风,组织全体干部职工学习省、市、县相关文件精神,严格要求认真履职。三、开展科学发展观学习活动。按照县委统一部署,参与第二批学习实践科学发展观活动。通过活动,全体人员更新观念,统一思想,理清思路,增强大局意识、服务意识,为党史工作奠定思想基础。四、开展党风廉政建设。根据县委统一安排。成立党风廉政建设领导小组,制定方案。活动中,学习《党章》,重温入党誓词,干部职工结合工作实际认真学、记笔记、写心得、找差距、讲党性、作表率。完成专题讨论、广泛征求意见、撰写党性分析材料后,召开专题组织生活会,通报分析评议结果。

【业务工作】 2009年,县委党史研究室完成《中国共产党鲁甸县历史》(1939~1978)二校稿的查缺补漏工作。4月22日,市委党史研究室对《中国共产党鲁甸县历史》稿进行初审,提出修改意见。按照要求,年内修改完善送市委党史研究室二审。同时,完成《鲁甸县委大事记》(2009年)收集、整理工作。按照大事记"大事突出、要事不漏、琐事不取"编辑要求,落实专人,以县委办、政府办、人大办、政协办、鲁甸县公众信息网等作为平台。逐条做好记载、整理、核实,准确翔实积累资料。

(段 飞)

老干部工作

【机构人员】 2009年,县老干部局内设办公室、老干部活动中心,有干部职工10人。

局 长

胡德明 男 汉族 鲁甸人

副局长

徐斯志 女 汉族 鲁甸人

【加强老干部工作】 2009年,县老干部局按照中央和省市委关于做好老干部工作的部署要求,着力在老干部两项待遇落实上下功夫,在老干部工作阵地建设和自身队伍建设上下功夫,取得较好成效。一、认真落实老干部政治待遇,切实加强老干部思想政治工作。坚持通过阅读文件、宣传党的方针政策和每月10日、25日集中学习理论制度;组织老同志参观学习、听取有关报告,学好十七大精神;适时向老干部报告县委、县政府工作情况和重大决策;九九重阳节期间,县委、县政府召开座谈会,组织离退休老干部开展丰富多彩的文艺节目演出。建立健全老干部党支部,定期过组织生活;坚持情况通报会,定期组织老干部座谈会,重大会议邀请老干部代表参会,让老同志及时了解发展改革情况,发挥老干部作用。二、以实际行动落实老干部生活待遇。始终把落实老干部生活待遇作为老干部工作的重中之重,把落实老干部经济待遇作为检验老干部工作取得实效的标准。在完善“三个机制”上下功夫。6月，协同有关部门解决企业离休干部津补贴人均1万余元。全年报销离休干部医药费100万余元。坚持“以人为本，服务为先”原则，凡遇老干部来信来访，局机关人人做到“一杯茶、一张凳子、一张笑脸”，让老干部有家的感觉。通过积极努力，2009年8月1日起，由地方财政列支，解决全县建国前参加革命的老工人遗嘱生活补助2人，每人每月500元。国庆前夕，走访慰问建国前参加革命的老党员、老干部和老工人50多人次。完成老干部一年一度的体检工作。

【加强部门自身建设】 2009年，县委老干部局加强部门自身建设。一是继续在全县老干部工作中开展“了解老干部、尊重老干部、服务老干部”为主要内容的“情系老干部”活动。牢固树立全心全意为老干部服务意识，通过坚持不懈地抓自身建设，全体工作人员团结向上，工作作风不断改进，服务质量较大提高，做到班子团结，勤政高效，真抓实干。二是各科(室)、中心做到年初有计划，年中有检查，年终有总结，机关内部制度健全，初步形成“重要工作重点抓，中心工作集中抓，常规工作分头抓”的工作格局。

【重视老干部来信来访工作】 2009年，县委老干部局重视老干部来信来访工作，对来人来信作好登记，属于政策范围内问题接待人员都及时解答和解决，超越政策范围的问题，耐心做好解释说服工作。全年接待来信来访5件，答复解决5件，做到来信来访件件有着落，事事有回音，受到老干部的好评。

（县老干部局工作总结）

县委党校

【机构人员】 2009年，县委党校与县行政学校实行一套班子两块牌子，内设办公室、教学科研办。年内，正式划成参照公务员管理的事业单位，执行时间为2008年4月。按照党校工作条例，一部分为公务人员，一部分为事业人员(4人)。年末，有在职干部职工13人，其中领导2人，参照公务人员管理7人，高级工1人，事业人员4人，3月调入1人。

校　　长

吕　磊　男　汉族　昭阳区人

常务副校长

赵宗平　男　汉族　鲁甸人

副　校　长

李勤民　男　汉族　昭阳区人

【加强政治理论学习】 2009年，县委党校强化政治理论学习，提高教职员工思想政治素质。坚持以邓小平理论和“三个代表”重要思想为指导，学习党的十七大、十七届三中、四中全会精神及省委八届六次、七次全会、市委二届八次、九次全会、县委七届七次、八次全会精神；通过交心谈心、民主生活会等途径，找准干部在思想作风、学风、工作作风、领导作风、生活作风等方面存在的突出问题，认真加以整改；注重与实践科学发展观主题活动相结合，通过统筹兼顾，服务大局，注重与长效机制建设相结合，团结带领全体教职工，积极开展各项工作，不断更新完善教学专题，使教员的理论水平不断提高，工作能力不断增强。

【开展政治理论培训专题讲座】 2009年，县委党校积极开展“作风建设年”活动和深入学习实践科学发展观实践活动。以干部作风建设年活动为契机，积极开展深入学习实践科学发展观活动，紧紧围绕“党员干部受教育、科学发展上水平、人民群众得实惠”的总要求，牢牢抓住“坚持改革开放、推动科学发展、实现鲁甸富民强县新跨越”主题，进一步解放思想、实事求是、改革创新，增强贯彻落实科学发展观的自觉性和坚定性，着力转变不适应、不符合科学发展观的思想观念，着力解决影响和制约科学发展的突出问题，着力解决群众反映强烈的突出问题，做到高举旗帜、坚定信念，转变职能，改进作风，履行职责，推进党校各项工作的全面发展。活动中，组织教师认真备课，根据县情结合实际选准专题，为参学单位提供菜单式服务，先后派出教师8名撰写讲稿，为参学单位举行17场次专题讲座，900余人参加。为基层领导干部深入学习实践科学发展观活动强化了理论基础。

【干部培训】 2009年，县委党校结合实际开展干部培训工作。3月16日，开展“学习贯彻党的十七届三中全会精神”集中培训，全县乡镇党委副书记、村级“两委”班子成员、新农村建设工作队长、大学生村官127人参加培训。通过培训，一是加深乡村干部对十七届三中全会精神的理解，进一步增强各级干部加快推进新农村建设的信心和决心。二是提高乡村干部对新形势下推进农村改革发展重大意义认识，明确今后农村发展目标和方向。三是深化对加快科学发展认识的思考，有助于乡村干部更加科学地谋划今后工作。四是创新全县干部培训思路，为加强干部培训工作积累新经验。5月21～29日，举办全县领导干部赴浙江学习培训班。参加培训有县副处级领导、文屏镇镇长、其余乡镇党委书记、县直部门主要领导60人。培训期间，认真学习浙江发展经济的做法与理念、浙江政府在民营经济发展中的作用、乡镇政府职能转变与管理创新等内容。开阔眼界、开拓视野，了解华东地区超前经营意识和经济发展模式，引起深思，明确下一步工作重点，为推进全县经济社会发展起到重要作用。6月24～25日，举办2009年全县副科级干部培训班。培训乡镇纪委书记、副书记和县直部门部分副科级领导108人。7月6～7日，举办中青年干部教育培训班。突出理论武装、实践锻炼、党性修养，提高中青年干部科学发展、为民谋利、廉洁自律的意识和本领，培训内容为县情分析、行政礼仪讲座和党课。50人参训。8月24～30日，对2009年新招聘的62名大学生岗前培训。由县委组织部和党校实施，主要培训科学发展观、党的十七届三中全会精神、党课、党的基层组织建设。

【函授工作】 2009年，县委党校加强学历班教学管理，圆满做好函授班工作。坚持“从严办学、质量第一”指导思想，不断完善健全管理制度，保证学历班教学工作顺利进行。年内，在校就读4个班，共145人，其中两个本科班66人，两个大专班79人，1个大专班于7月毕业32人；1个本科班12月毕业48人。

【教学科研工作】 2009年，县委党校狠抓教学科研工作。一是强化教师在岗时自学，围绕教师岗位要求和所开课程，重点检查教师备课笔记、教案。二是选派教师到上级党校业务培训班学习。三是把科研作为考察教师的重要内容。积极开展理论研究工作。根据全年基层干部培训方案，认真做好师资库建设，从县内拟聘请有专业知识的科技人员做兼职教师12名，解决教师不足问题；通过调整办学思路，促进干部大培训，全面推进干部队伍建设。组织部牵头，党校设立远程教育工作站，积极做好清华大学远程教育鲁甸培训点工作。同时，创新党员干部教育培训方式，探索建立党员干部接受政策、科技、信息社会化服务体系。建立健全教学资源开发与教学资源整合相促进、行政手段与市场运作相结合的教学资源建设机制，推进党员干部现代远程教育工作持续健康有序开展。派出1名教师到清华大学学习业务知识。年内，李勤民的《全面把握要点，促进科学发展—学习十七届三中全会文件精神的体会》在《昭通社会科学》2009年第一期发表、理论探讨文章《深化对“解放思想”的认识》发表在《云南中国特色社会主义理论体系研究—云南60年理论与实践创新（上）》即《学术探索》2009年增刊、论文《关于鲁甸维护社会稳定工作的理性思考》获云南省领导科学决策研究会第10次理论研讨会二等奖。

【扶贫攻坚工作】 2009年，县委党校参与挂钩扶贫工作，挂钩桃源乡桃源村。派出新农村建设指导员到挂钩点，为扶贫攻坚、新农村建设出谋献策，顺利完成扶贫和新农村建设工作。年内，被县委政府表彰为2009年度新农村建设“先进派出单位”。

（李勤民）

纪检监察

【机构人员】 2009年，县纪检监察局内设办公室、纪检监察室、信访室、党风廉政建设室、干部室、宣教室、案审室、执法监察综合室8个室。11月，根据省市纪委文件精神，把两个县委巡视组更名为“纪工委监察分局”，下设8个纪工委监察分局。全系统有工作人员44人。

纪委书记

王　粟　男　汉族　镇雄人

副书记

杨怀敏　男　汉族　鲁甸人
吴琪礼　女　汉族　鲁甸人
赵庆恒　男　汉族　鲁甸人

监察局长

杨怀敏　男　汉族　鲁甸人　2009年3月止
吴琪礼　女　汉族　鲁甸人　2009年3月任

副局长

张国富　男　汉族　鲁甸人
徐　晶　男　汉族　鲁甸人
张华英　女　彝族　鲁甸人

办公室主任

路洪波 男 汉族 鲁甸人

纪检监察室主任

徐 韬 男 汉族 鲁甸人

执法监察综合室主任

卯时森 男 汉族 鲁甸人

党风廉政建设室主任

陈正敖 男 汉族 鲁甸人 2009年11月任

案审室主任

陈明友 男 彝族 鲁甸人

干部室主任

雷 平 男 汉族 鲁甸人 2009年11月任

宣教室主任

饶 彬 男 汉族 鲁甸人 2009年11月任

信访室主任

米琼芬 女 回族 鲁甸人 2009年11月任

县委第一巡视组组长

杨万鹏 男 彝族 永善人 2009年11月止

副组长

张 奎 男 汉族 鲁甸人 2009年11月止

县委第二巡视组副组长

刘 毅 男 汉族 鲁甸人(主持工作) 2009年11月止

副组长

李兴贵 男 回族 鲁甸人 2009年11月止

派出第一纪工委监察分局书记

马波琼 女 回族 鲁甸人 2009年11月任

副书记

马波琼 女 回族 鲁甸人 2009年11月止

副书记、监察分局局长

马良林 男 回族 鲁甸人

副书记

袁明亮 男 汉 鲁甸人 2008年10月任

派出第二纪工委监察分局书记

蒋德祥 男 汉族 鲁甸人 2009年11月任

副书记

蒋德祥 男 汉族 鲁甸人 2009年11月止

副书记、监察分局局长

周云虎 男 汉族 鲁甸人 2009年11月任

派出第三纪工委监察分局书记

谭德平 男 汉族 鲁甸人 2009年11月任

副书记

谭德平 男 汉族 鲁甸人 2009年11月止

副书记、监察分局局长

马光旭 男 回族 鲁甸人

副书记

赵升惠 女 汉族 鲁甸人

派出第四纪工委监察分局书记

周曙生 女 壮族 广西人 2009年11月任

副书记

周曙生 女 壮族 广西人 2009年11月止

副书记、监察分局局长

马长雄 男 回族 鲁甸人

派出第五纪工委监察分局书记

刘阳宪 男 汉族 鲁甸人 2009年11月任

副书记

刘阳宪 男 汉族 鲁甸人 2009年11月止

副书记、监察分局局长

阮 陌 男 回族 鲁甸人

派出第六纪工委监察分局书记

沈 凯 男 汉族 鲁甸人 2009年11月任

副书记

沈 凯 男 汉族 鲁甸人 2009年11月止

副书记、监察分局局长

范启梅 女 汉族 昭阳区人 2009年11月任

副书记

马再鹗 男 回族 鲁甸人 2009年11月任

派出第七纪工委监察分局书记

杨万鹏 男 彝族 永善人 2009年11月任

派出第七纪工委监察分局副书记、监察分局局长

张 奎 男 汉族 鲁甸人 2009年11月任

派出第八纪工委监察分局书记

孔 杰 男 回族 鲁甸人 2009年11月任

第八纪工委监察分局副书记、监察分局局长(正科级)

李兴贵 男 回族 鲁甸人 2009年11月任

【加强机关作风建设】 2009年,县纪检监察局整合力量,加强全县86个机关作风建设年活动工作。一、统筹兼顾强化措施。全县机关作风建设领导组加强领导。制定下发8个规范性、指导性文件,对目标要求进行量化、阶段性任务进行细化;以各纪工委、监察分局为基础,从纪检监察机关各室抽调人员,组成8个督查组跟踪督察,分别在7月中旬、12月上旬组织2次集中检查。县机关作风建设领导组办公室创办《激浊扬清》信息简报,先后收集整理情

况、撰写指导性文章和案例剖析材料81篇，编辑下发28期，对机关作风建设起到方向标作用。二、综合治理成效明显。活动对象单位把教育、制度、督查和专项治理有机结合，宣传发动上做到主要领导动员，具体工作、纪律要求落到每个岗位和个人；在学习上做到常抓不懈、不走过场，有载体而不拘于形式；在对照检查上做到征求意见“广”、查找问题“准”、对照剖析“深”；整改方案切合实际、整改事项具体明确、整改责任到人。通过活动，一些干部不良习气有较大改变。

【廉洁自律工作开展较好】 2009年，县纪检监察局坚持超前谋划、关口前移，针对一些苗头性、倾向性问题，着力从责任体系、日常监管等方面加强防范，使廉洁自律工作延伸覆盖各个领域。一、责任体系进一步健全。以落实党风廉政建设责任制为载体，进一步健全责任体系网络，按照“一把手负总责，班子成员分工负责，部门领导具体负责，干部职工人人有责”要求，制定2009年党风廉政建设和反腐败工作任务文件，将责任内容分为8大块54项，形成统一规划，分岗实施，责任驱动，量化管理，层层监督，齐抓共管的工作运行机制。强化“一岗双责”，县委书记与县委常委签订党风廉政建设责任书，县纪委书记代表县委与12个乡镇和5个县直党委、59个部门党组签订责任书；县长与副县长、副县长与分管部门分别签订责任书。各乡镇、各部门逐级签订责任书278份。落实责任中，7月和12月，集中对全县12个乡镇、64个县直部门落实责任书情况进行检查考核，做到平时有督促、年中有检查、年末有考核的监督检查考核机制。不断规范“会计委派”和乡镇财政“零户统管”制度，对全县84个村实行“村财民理乡监管”和“乡财乡用县监管”。规范村级组织民主决策、民主管理和民主监督机制，切实落实农村群众的知情权、参与权和监督权，促进“一事一议”工程项目管理和新农村建设。二、日常防范工作进一步加强。健全完善领导干部廉政档案，严格执行领导干部收入申报、礼品礼金登记、个人重大事项报告等制度。在具有行政许可、行政处罚、行政收费事项的单位，集中开展清理整顿，对没有依据或依据失效、不具备主体资格和程序不规范事项予以纠正。开展领导干部廉洁自律专项治理，坚决纠正各级领导干部不廉洁、不作为、慢作为行为。全年建立科级领导干部廉政档案，建档率达100%。认真落实“三谈两述”制度。年内，组织农村基层干部任前廉政谈话244人，基层干部述职述廉324人次；11月中旬，集中对新提拔72名领导干部进行任前廉政谈话，做到早打招呼、早做提醒、早敲警钟。通过完善责任体系，加强日常监管等一系列措施，增强各级各部门的责任意识和廉洁意识，激发广大干部职工敬业精神。

【加强廉政教育】 2009年，县纪检监察局规范干部廉洁从政行为。一、正面教育进一步强化。在机关作风建设年活动中，把中央、省委、市委和县委、县政府有关会议精神、领导重要讲话纳人必学内容，侧重学习《公务员法》、《党章》、《党员权利保障条例》、《党内监督条例》、《行政机关公务员处分条例》、《党员纪律处分条例》等，加强行政问责制、服务承诺制、首问责任制和限时办结制落实。在完成学习内容、撰写心得体会和对照剖析材料、制定整改落实措施基础上，组织开展一次主题实践、一次蹲点调研、一次交心谈心、一次书面征求意见、一次警示教育、一次承诺实践“六个一”活动，达到学用结合，学以致用。在制度管学、氛围促学、机制保学方面，各单位完善学习制度，制定学习激励措施，建立学习教育长效机制，规范干部从政行为奠定思想基础。二、典型教育充分发挥作用。召开向优秀纪委书记王瑛和优秀司法所所长李龙伟学习专题会议。6月19日、7月30日，两次召开全县警示教育大会，对工程项目建设领域违反招投标规定的有关单位和责任人、强农惠农政策落实专项检查中反映出的不良倾向进行通报，对违纪违规行为进行深入剖析。8月10日，在县烟草公司警示教育会议上，对翠屏烟站贪污案剖析，揭示教育、制度、监管缺失是导致走上不归路的根本原因，在干部职工中引起强烈反响。10月22日，在新街乡警示教育大会上，举行退赔“一折通”发放仪式。通过正反典型教育，纠正干部中的不良倾向，达到保护干部、预防违纪违法行为发生功效。三、廉政文化建设成效明显。采取参观先进典型、召开现场会、举办专题讲座等形式，全面加强廉政文化“六进”活动。年内，刊发和上报信息156篇、简讯56期，其中被国家行政学院采用1条，省纪委采用3条，市级以上刊物采用44条。王粟撰写的调研文章《查找问题问计于民激浊扬清科学发展》被县学习实践科学发展观活动领导组《调研报告汇编》收录；吴琪礼撰写的《提升纪检监察干部综合素质的思考》被市纪委《调查与研究》第七期采用。依托手机短信平台，向全县领导干部发送廉政短信 1 000 余条；组织观看警示教育专题片和“扬正气、促和谐”廉政公益广告，在旅游区举办“廉政文化”书画展，展出廉政文化书画作品 97 幅，5 000 余人次参观受教育；选送市纪委廉政公益广告《同价》、《官道》获一等奖，《群众的眼睛》获三等奖，《钱眼》获优秀奖。在广大党员和干部中形成“以廉为荣、以贪为耻”的良好社会风尚。

【加大督查力度优化发展环境】 2009 年，县纪检监察机关对全县项目投资、城市规划建设管理、农业农村工作、新型工业化、社会事业“五大块”工作进行分解，由 24 人组成 8 个督查组，明确相关领导和督查组责任，先后 90 余次深入 12 个乡镇、50 多个部门监督检查。一、强化督查中央扩大内需政策落实。把中央扩大内需项目工程作为“高压线”，以毫不放松的态度，对工程立项、设计、招投标、合同签订、施工、建设工程质量、安全、资金拨付等关键环节全程监督，对项目建设进度实行月报送制度，定期不定期深入项目实施点监督检查。2008 年下半年起，全县争取扩大内需项目 26 项、资金 16 523.05 万元，其中中央投资 13 885.80 万元，省级配套 2 387.25 万元。年末，扩大内需资金全部到位并全额拨付项目单位，其中 2008 年 8 个项目已全部完工，2009 年 18 个项目已有少部分完工，绝大多数正在建设中，少部分正进行前期准备和招标。组织对家电、汽车摩托车下乡补贴兑付情况检查。年末，全县家电、汽车摩托车下乡累计兑付补贴资金 405.67 万元，其中家电产品 1 235 件、补贴 24.77 万元，车辆 3 807 辆、补贴 380.09 万元。同时，对教育部门校舍建设、县城中心敬老院建设、廉租房建设项目等工程监督检查。二、涉及群众切身利益的资金监管工作进一步加强。组织县直有关部门和乡镇对 2007 年、2008 年两年农村劳动力转移培训、良种补贴、农资综合直补、能繁母猪补贴、新型农村合作医疗等资金使用情况专项检查。加强社保基金、住房公积金、扶贫资金、救灾资金、老龄补助、退耕还林补助等资金监管，查处挪用、贪污、私分育林资金案 3 件，涉案金额 4.155 万元。全面落实义务教育“一费制”，推行收费听证、审计、公示、督导和责任追究制度；对文屏镇中学教师挪用学生补助行为进行查处，处以留党察看处分，并召开警示教育会议，将截留和违规收取的 11.1 万元退赔 278 名学生；对信访反映梭山中学、江底中学存在乱收费等问题进行调查核实，澄清群众反映问题，对两所学校存在管理漏洞及时提醒；与县教育局联合对校舍安全排除 D 级危房工作进行监管。同时，会同相关部门对全县 2005 ~ 2008 年扶贫项目资金使用情况监督检查，其中 2005 年财政专项资金 1 216.8 万元已全部落实到项目；2006 年财政专项资金 711.82 万元，到县资金 711.82 万元，到项目资金 703.82 万元；2007 年财政专项资金 1 016.28 万元，到县资金 926.284 万元，到项目资金 852.114 万元；2008 年财政专项资金 1 231.98 万元。三、有形建设市场、政府采购、土地招拍挂监管工作不断加强。加强有形建筑市场运行过程监督，参与房屋建筑、市政基础设施建设、公路建设、水利建设工程等 35 个标段建设工程招标开标及评标过程现场监督，所有工程在签订建设合同时签订廉政合同，督促施工企业在人事劳动局交纳农民工保障金 29 万元，有效防止拖欠农民工工资问题发生。及时启动工程建设领域突出问题专项治理工作，成立领导机构和工作机构，制定工作方案，落实具体工作。加强政府采购监管，全年政府采购中心采购金额 1 240 万元，节约 116 万元，节约率 9%。在药品购销领域开展专项整治，成立领导机构和工作机构，全面推行集中招标采购，共采购药品 891 万元，对非法行医、假劣药品和医疗器械、违规广告等问题监管，共监督检查医疗机构、药店及诊所 160 余家，查处药品安全事件 39 件，处罚 4 万余元。先后 10 余次配合建设、环保、国土等部门，对房地产、环保、矿产资源政策执行情况集中检查，对企业和单位提出整改意见，对探矿权、采矿权进行专项清理，使原有 27 个金属矿权减少为 21 个，71 个沙石料矿权减少为 43 个。四、安全生产、劳动保护政策监督不断强化。配合安监局等部门对相关企业进行 16 项次监督检查，对存在安全隐患 10 个方面督促建章立制和整改，全县未发生重特大安全事故。配合人劳局等部门开展工伤认定 13 件，帮助农民工追讨工资 11 件 300.8 万元。五、民主监督工作深入开展。以窗口服务单位为重点，开展民主评议政风行风活动。制定实施办法，聘请 9 名评议员对县工商局、经贸局等 16 个涉企部门评议，对少数单位存在问题进行曝光，纠建并举、综合治理、整体推进要求落到实处。同时，对县、乡镇机关和人民团体及所属事业单位举办评比达标表彰活动清理规范。

【进一步加大惩治力度】 2009年，县纪检监察局进一步加大惩治力度。一、群众诉求进一步得到满足。牢固树立“信访无小事”观念，切实落实定期督查通报、挂牌督办、走访回复和重要线索报送等制度，开通投诉热线，畅通诉求渠道，提高信访案件查办透明度，主动排查信访案源，注重结案反馈，做到件件有结果、事事有着落。年内，受理信访件50件，其中来信10件、来访5件、电话举报2件，市纪委转群众信访举报信33件；初核50件，初核率100%，移交纪检立案1件。二、案件查办震慑作用进一步发挥。案件查办中，努力做到查教结合、查纠结合、查防结合。全年立案调查21件21人，纪委审结16件16人，1件1人正在审理中，移送司法机关4件4。其中受党纪处分8人（开除党籍3人、严重警告3人、留党察看1人、警告1人）；取消预备党员资格1人；受政纪处分7人（开除公职1人，记大过2人，记过2人，行政警告2人，受双重处分4人）。受处分人员中，正科级4人，副科级2人，一般人员10人，累计涉及违纪金额123.07万元。从党政纪案件性质看：诈骗案1件，即某副科级领导干部采取涂改、伪造假证手段，骗取某矿业有限责任公司预付办证现金10万元，受到开除党籍、开除公职处分。贪污案件4件，即某2位副科级领导干部合伙贪污土地复耕费和工作经费7.0797万元，分别受到党内警告、行政记大过处分；某机关工作人员虚开发票侵吞国家资金2.675万元，受到党内严重警告、行政记过处分；某村干部利用职务之便将低保户、种粮补助户、退耕还林补助户的存折据为己有，提取现金1.6986万元，受到开除党籍处分。挪用公款案3件，即某3位公职人员挪用、私分育林资金4.8781万元，分别受到党内警告、行政记过、行政警告处分；违规收费、截留学生补助费1件，即某中学教师违规向学生收取保险费、教辅资料费和截留寄宿制贫困学生生活补助费11.45万元，受到留党察看1年处分。超生案件2件，即某2位村干部，超生第三孩，分别受到开除党籍处分、取消预备党员资格处理。通过查处违纪违法案件，惩治腐败，教育广大党员干部。

【进一步完善制约权力运行机制】 2009年，县纪检监察局健全防范腐败体制机制，拓宽防治腐败工作领域。一、制度设防功能有效发挥。年初，制定纪检监察机关工作规则、巡防工作暂行办法、信访处理工作、查办案件工作、谈话与诫勉规定等规范性文件，对纪检监察各室、各派出纪工委、监察分局、乡镇及县直部门纪委、纪检组的职能职责、工作程序及注意事项作出具体的规定。制定《关于加强农村基层党风廉政建设的实施意见》、《农村基层党风廉政建设工作联席会议成员单位任务分工意见》等7个文件，将建立健全惩治和预防腐败体系2008～2012年工作规划进一步具体化，明确责任主体，丰富责任内容，拓展防范领域。针对干部“走读”、外出不请假、在岗不敬业等现象和问题，重申有关纪律；针对国家扶持“三农”投入加大而监管相对滞后的实际，成立涉农经费管理使用专项检查领导组，重申设立“小金库”和使用“小金库”款项违纪问题适用纪律处分条例的有关问题。二、落实责任政府“四项制度”有新举措。坚持问责、问廉、问效相结合，进一步推进行政问责制、服务承诺制、首问责任制和限时办结制落实，成立领导机构及工作机构，制定工作措施，把极少数单位和干部中存在有令不行、有禁不止，不作为、慢作为、乱作为及门难进、脸难看、话难听、事难办等损害机关形象行为作为重点，采取公布举报电话、明察暗访、突击检查等方式，对机关及有关单位执行纪律情况、工作进展情况进行监察。年内，先后对违反招投标规定的县教育局、建设局、民政局有关责任人，对工作纪律监管不到位的政府办有关责任人进行问责处理，涉及正科级领导干部4人，对违反会议纪律的人员通报批评。通过创新“四项制度”落实措施，推进了机关作风建设，工作纪律明显好转，服务质量和办事效率明显提高。三、落实阳光政府“四项制度”有新办法。坚持信息公开与评议、考核、责任追究相结合，完善政务公开、厂务公开、村务公开制度。机关作风建设年活动中，在行政机关全面推行重大决策听证、重要事项公示、重点工作通报、政务信息查询等制度，促使行政权力公开透明运行。先后对行政许可、公务员“八条禁令”、阳光政府“四项制度”、执行烟草专卖政策法规情况进行6次效能监察；组织重大决策听证事项2件，重点工作通报5项。

【队伍建设】 2009年，县纪检监察局切实加强队伍建设。一、内部管理进一步规范。采取措施，对一些不适应、不完善的规章制度，废旧立新，对内部职能职责和工作规则、机关会议制度、公文处理、请示报告、财务管理、车辆管理等明确具体规定。1月1日起，实行考勤“月记实”制度，机关所有领导干部和工作人员将每天工作情况记录在《纪检监察机关工作人员工作月纪实》中，本人和各室负责人签字后，次月5日前报干部室存档待查，记录情况作为个人年终考核、评优选先的依据。二、干部素质明显提升。针对刚到纪检监察机关工作岗位、业务不熟、实践能力不强情况。年初，召集全系统70余名干部进行为期1周综合业务培训学习。通过集中授课、专题讨论等方式学习，全体干部对党风廉政建设、执法监察、纪律检查、案件审理、信访、文秘等业务知识和运用能力有较大提高。在新中国成立60周年系列庆祝活动中，本着“重在参与、积极努力”的原则，在人数不足、年龄偏高、设备缺乏情况下，动员干部家属参与、借用私人设备，克服困难，组织歌咏队、两个舞蹈队全程参赛，增强机关内部凝聚力和干部职工集体荣誉感。三、机构设置和干部配置进一步完备。在县委、县政府和上级纪检监察机关的关心支持下，在干部配备、经费保障、办公条件等方面取得突破。内设机构增设纠风室和问责办，主任由监察局长兼任，副主任分别明确1名副科级人员；调整充实缺员室主任；把2个巡视组调整为派出纪工委、监察分局，明确纪工委书记为实职正科级，并得到相应调整配置；明确按50%的职数设正副科级纪检员、监察员。公用经费和纪检监察业务费全额纳入县级财政预算，提高办公经费预算标准；将法院老办公楼安排为县纪委办案工作区，办公条件得到改善。同时，明确县纪委书记任县反腐败协调小组组长，县监察局长任县政府党组成员，更好地完成反腐倡廉工作任务。

（县纪检监察局工作总结）

鲁甸县人大常委会

【机构人员】 2009年，县人大常委会内设办公室、法制工作委员会、代表选举联络委员会、经济工作委员会、教育科技文化卫生民族宗教委员会1室4委，有工作人员24人。

县人大常委会主任
　雷选忠　男　汉族　鲁甸人
副 主 任
　何顺德　男　汉族　鲁甸人
　王天鹏　男　汉族　鲁甸人
　阮曙光　男　回族　鲁甸人
　马　梅　女　回族　鲁甸人
办公室主任
　蒋　兵　男　汉族　鲁甸人
副 主 任
　张仕茜　女　汉族　鲁甸人
法制工作委员会主任
　叶　刚　男　汉族　鲁甸人　2009年11月任
副 主 任
　范桂仙　女　汉族　鲁甸人
代表选举联络委员会主任
　秦明东　男　汉族　鲁甸人
副 主 任
　王清国　男　汉族　鲁甸人
经济工作委员会主任
　罗发武　男　汉族　鲁甸人
副 主 任
　周清元　男　汉族　鲁甸人
教育科技文化卫生民族宗教委员会主任
　罗天贵　男　汉族　鲁甸人
副 主 任
　李　红　女　回族　鲁甸人

【县第十四届人民代表大会第二次会议】 县第十四届人民代表大会第二次会议于2009年2月12～16日在县城举行，因死亡、调出选区等原因，有7位代表的代表资格自然终止，代表名额有效。根据县委提议，安排代表缺额选区补选出5名县人大代表，应出席会议代表196名，列席人员276名。大会听取和审查县人民政府代理县长保剑《鲁甸县人民政府工作报告》；听取和审查县人大常委会主任雷选忠《鲁甸县人大常委会工作报告》；听取和审查县人民法院代理院长刘易青《鲁甸县人民法院工作报告》；听取和审查县人民检察院代理检察长王进《鲁甸县人民检察院工作报告》；审查县发展和改革局长代建敏《关于鲁甸县2008年国民经济和社会发展计划执行情况与2009年国民经济和社会发展计划(草案)的报告(书面)》;审查县财政局长马良《关于鲁甸县2008年地方财政预算执行情况和2009年地方财政预算(草案)的报告(书面)》;表决通过《鲁甸县第十四届人民代表大会第二次会议选举办法(草案)》;听取《鲁甸县人民代表大会常务委员会关于接受石邦云辞去县十四届人民政府县长职务的备案报告》、《鲁甸县人民代表大会常务委员会关于接受邓林辞去县人民法院院长职务的备案报告》、《鲁甸县人民代表大会常务委员会关于接受朱云辞去县人民检察院检察长职务的备案报告》;听取县人民政府办公室主任杨斌《鲁甸县人民政府关于八件实事办理情况的报告》;大会还通过各项决议。大会以无记名方式投票选举产生鲁甸县人民政府县长、县人民法院院长、县人民检察院检察长。与会代表提出议案61件,个人建议38件,经常委会办事机构审查,代表10人以上联名提出议案61件不列为议案,全部转为代表建议,转"一府两院"办理。

【县第十四届人大常委会第7~11次会议】 县第十四届人大常委会第七次会议于2009年2月7日下午在综合楼四楼人大常委会议室举行,会期半天。常委会18位委员出席会议,县委常委、组织部长刘雅芸,法院院长、检察院检察长,县委办、组织部、政府办相关领导,县人大委室相关人员列席会议。会议由县人大常委会主任雷选忠主持。会议进行人事任免。根据县委组织提名,经过审议,以无记名方式表决通过,任命:刘易青为县人民法院副院长、代理院长;王进为县人民检察院副检察长、代理检察长。

县第十四届人大常委会第八次会议于2009年3月24日下午在综合楼四楼人大常委会议室举行,会期半天。常委会19位委员出席会议,县委常委、组织部长刘雅芸,县政府副县长赵萍,法院院长刘易青,检察院检察长王进,县委办、政府办、组织部领导及县人大委室相关人员列席会议。会议由县人大常委会主任雷选忠主持。会议:一、审议县人大常委会2009年工作要点;二、人事任免。根据组织安排,县十四届人大常委会委员余玖龙、吴琪礼、焦焕存将到政府部门任职,不适宜再担任人大常委会委员职务,向本次会议提出辞呈,经过审议,以无记名方式表决通过,接受3位委员辞职;受县长保剑委托副县长赵萍提名,经过审议,以无记名方式表决通过,任命:余玖龙为县司法局局长,吴琪礼为县监察局局长,马武界为县旅游局局长。免去:王恩斌县司法局局长职务,杨怀敏县监察局局长职务;会议还根据县人民检察院检察长王进提名,经审议,以无记名方式表决通过,任命:蔡跃为县人民检察院副检察长。

县十四届人大常委会第九次会议于2009年6月29日在综合楼四楼人大常委会议室举行,会期一天。常委会17位委员出席会议,会议邀请法院院长刘易青,检察院检察长王进,县政府办主任杨斌,县委办、组织部、林业局、水利局、安监局、文体局、民宗局、民政局、教育局、人力办、扶贫办、信用联社部门主要负责人,昭通市第二届人代会鲁甸代表团代表小组长陈富华,县十四届人大代表各代表小组长、江底乡人大主席虎洪及人大常委会委室相关人员列席会议。会议由县人大常委会主任雷选忠主持。会议:一、听取和审议县人大经工委关于对全县粮食生产和小额扶贫信贷发放情况的视察报告;二、听取和审议林业、水利、安监、文体、民政、民宗6部门2009年工作承诺报告;三、听取县人民政府关于"两基"工作完成情况报告;四、听取和审议县人民政府关于扶持返乡农民工创业,促进再就业情况报告;五、审议县人大人大常委会选联工委关于县十四届人大代表小组活动办法;六、人事任免。根据县人民法院刘易青院长提名,以无记名方式表决通过,任命饶乃荣、李才凤、马兴果、赵晞、胡波、赵庆勇5人为县人民法院审判员;根据县人民检察院检察长王进提名,以无记名方式表决通过,任命马涛为县人民检察院检察员。

县第十四届人大常委会第十次会议于2009年8月28日在综合楼四楼人大常委会议室举行,会期一天。常委会17位委员出席会议,会议邀请县人民政府常务副县长张登敏,法院院长刘易青,检察院检察长王进,县委办、政府办各1位领导,县发改局长代建敏、县财政局长马良、县审计局长王燕及人大常委会委室相关人员列席会议。会议由县人大常委会主任雷选忠主持。会议:一、义务教育法学习培训;二、听取和审议县发改局关于全县2009年上半年国民经济和社会发展计划执行情况的报告;三、听取和审议县财政局关于全县2009上半年财政预算执行情况和2008年地方财政决算的报告;五、人事任免。根据上级组织安排,县人民政府赵萍副县长调离鲁甸工作,向本次会议提出辞呈。经过审议,以举手方式表决通过,接受赵萍辞去县人民政府副县长职务。

县十四届人大常委会第11次会议于2009年11月18日下午在综合楼四楼人大常委会议室举行,会期一天。会议邀请县委副书记吕磊,县委常委、常务副县长张登敏,法院院长刘易青,检察院检察长王进,政府办、县委办、组织部各1位领导,财政局长马良,环保局长虎尊营,扶贫办主任黄延安,晏政权、陈富华、张顺云、马真贤、罗发洪、谢川、张乾定及人大常委会委室相关人员列席会议。会议由县人大常委会主任雷选忠主持。会议:一、听取和审议县人民政府关于对《环境保护法》执行情况的报告及县人大常委会经工委执法检查情况报告;二、听取和审议县人民政府关于小寨乡整乡推进的情况报告;三、听取和审议县人民政府关于2009年地方财政预算调整情况报告;四、人事任免。根据县人大常委会主任雷选忠提名,经认真审议,以无记名表决方式通过,任命:叶刚为县十四届人大常委会法制工作委员会主任;根据县委常委、常务副县长张登敏提名,以无记名方式表决通过晏政权等9人的任免职决定;会议根据县人民法院院长刘易青提名,以无记名方式表决通过谢川等12人的任免职决定;根据县人民检察院检察长王进提名,以无记名方式表决通过张乾定等2人的任免职决定;听取并审议县人民政府《关于2009年财政预算调整情况的报告》。根据预算法、监督法和《云南省预算审查监督条例》,结合县财政收入实际,将年初一般预算收入10 143万元调整为10 831万元,调整一般预算支出为61 386万元,全年预算总支出为79 274万元。会议决定同意县人民政府财政预算调整方案。

【决定、决议】 2009年,县第十四届人民代表大会及其常务委员会共作出3个决定和7个决议。决定:县第十四届人民代表大会第二次会议于2009年2月12~16日在县城召开、县第十四届人民代表大会第二次会议关于代表提出议案、建议的截止时间为2009年2月15日上午11:30、批准县人民政府《关于2009年财政预算调整情况的报告》。决议:《关于鲁甸县人民政府工作报告的决议》、《关于鲁甸县2008年国民经济和社会发展计划执行情况与2009年国民经济和社会发展计划的决议》、《关于鲁甸县2008年地方财政预算执行情况和2009年地方财政预算的决议》、《关于鲁甸县人民代表大会常务委员会工作报告的决议》、《关于鲁甸县人民法院工作报告的决议》、《关于鲁甸县人民检察院工作报告的决议》、《关于鲁甸县第十四届人民代表大会第二次会议选举办法的决议》。

【部门工作承诺】 2009年,县人大常委会继续开展"部门工作公示承诺制",选择林业局、水利局、安监局、文体局、民政局、民宗局6个部门开展2009年工作承诺公示。通过开展"部门工作公示承诺制",县人大常委会适时组织部分常委会委员和部分省、市、县人大代表到各部门检查所承诺工作及完成情况,提出意见和建议,年底组织委员和人大代表对部门承诺工作检查,使这些部门领导和工作人员增强责任感和紧迫感,促进各部门工作。

【检查与视察】 2009年6月23~25日,县人大经工委在县人大常委会副主任王天鹏带领下,组织县人大代表10余人,到文屏、茨院、龙树、水磨、小寨、龙头山6乡镇,对粮食生产和小额扶贫信贷工作进行视察。2009年10月14日,县人大常委会副主任王天鹏带领县人大经工委和部分县人大常委会委员、县人大代表对全县贯彻执行《环境保护法》和相关法规进行执法检查。2009年10月20日,县人大经工委在县人大常委会副主任王天鹏带领下,组织部分县人大代表到小寨乡对整乡推进工作进行视察。

【督办议案、建议】 2009年,县第十四届人民代表大会第二次会议期间收到代表所提议案、建议99件,其中代表10人以上联名提出议案61件,个人建议38件,经议案审查委员会审查,61件议案全部转为建议办理,不列入议案。县人大常委会在第十四届人民代表大会第二次会议闭会后,以文件形式发县人民政府,并提出办理具体时间和质量要求,县人民政府在接到文件后,根据代表所提建议内容全部分解到相关部门,各主办单位和协办部门积极努力,99件建议均在规定时限内办理完毕,并以书面形式答复各位代表。

【群众来信来访】 2009年,县人大常委会接待人民群众来信来访24件29人次,比上年有一定下降。县人大在接到信访案件后,及时与相关部门联系,使群众反映的问题得到及时处理，维护社会稳定，树立县人大常委会在人民群众中的良好形象。

【代表工作】 2009年，为有利县十四届人大代表闭会期间更好地依法行使代表职权，履行代表义务，发挥代表作用，根据《全国人民代表大会和地方各级人民代表大会代表法》规定，结合实际，经县十四届人大常委会第九次会议审议通过关于《鲁甸县第十四届人大代表小组活动的办法》，成立13个县人大代表活动小组。

【人大宣传工作】 2009年，县人大常委会组织订阅《中国人大》和《云南人大》寄发给县人大代表。通过寄发宣传资料给人大代表，进一步拓宽代表知情知政渠道，帮助代表掌握人大工作业务知识，进一步提高代表履职能力。

【人事任免】 2009年，县人大常委会依法行使宪法和法律赋予的职权，进行人事任免。

2月7日，根据上级组织安排，以无记名方式表决通过，

任命：刘易青为县人民法院副院长、代理院长。
王进为县人民检察院副检察院长、代理检察长。

3月24日，根据县人民政府县长保剑委托副县长赵萍提名，以无记名方式表决通过：

免去：余玖龙县十四届人大常委会委员职务；
任命：余玖龙为县司法局局长；
免去：吴琪礼县十四届人大常委会委员职务；
任命：吴琪礼为县监察局局长；
马武界为县旅游局局长；
免去：王恩斌县司法局局长职务；
焦焕存县十四届人大常委会委员会职务；
杨怀敏县监察局局长职务。

6月29日，根据县人民检察院检察长王进提名，以无记名方式表决通过，

任命：蔡跃为县人民检察院副检察长；

根据县人民法院院长刘易青的提名，以无记名方式表决通过，

任命：马涛为县人民检察院检察员。

11月18日，根据县人民政府县长保剑委托常务副县长张登敏提名，以无记名方式表决通过，

免去：晏正权县民政局局长职务；
任命：晏正权为县政府办公室主任。
免去：陈富华县农业局局长职务；
任命：陈富华为县交通局局长。
马真贤为县民政局局长；
张顺云为县农业局局长；
罗发洪为县文化体育局局长。
免去：杨斌县政府办公室主任职务；
杨贵勇县交通局局长职务；
王燕县审计局局长职务；
杨永华县文化体育局局长职务。

根据县人大常委会主任雷选忠提名，以无记名表决方式通过，

任命：叶刚为县人大常委会法制工作委员会主任。

根据县人民法院院长刘易青的提名，以无记名表决方式通过，

任命：谢川为县人民法院审判员、审判委员会委员、副院长；
洪福昌为县人民法院审判委员会专职委员；
铁发荣为县人民法院行政审判庭庭长；
免去：段克利县人民法院民事审判二庭庭长职务；
任命：段克利为县人民法院刑事审判一庭庭长；
免去：罗祥对县人民法院行政审判庭庭长职务；
任命：罗祥对为县人民法院民事审判一庭庭长；
免去：兰正崇县人民法院茨院中心法庭庭长职务；
任命：兰正崇为县人民法院立案庭庭长；
免去：阮雁斌审判监督庭庭长职务；
任命：阮雁斌为县人民法院茨院中心法庭庭长；
免去：高永军县人民法院立案庭庭长职务；
张建明县人民法院刑事审判一庭庭长职务；
王荣祥县人民法院审判员、审判委员会委员、民事审判一庭庭长职务；
陆瑜县人民法院审判员、刑事审判二庭庭长职务；
余波县人民法院审判员、审判委员会委员、副院长职务。

根据县人民检察院检察长王进提名，以无记名方式表决通过，

任命：张乾定为县人民检察院检察委员会委员、副检察院长；
陈维凡为县人民检察院检察委员会委员。
免去：高怀明县人民检察院检察员职务。

（钟大林）

鲁甸县人民政府

2009
通知　意见

【印发全县2008～2009年度农村沼气国债项目建设实施方案的通知】　1月3日，县政府印发《鲁甸县2008～2009年度农村沼气国债项目建设实施方案》。要求各乡镇人民政府、县直各办、局遵照执行。一、指导思想。二、建设原则。

三、目标任务及布局。（一）主要目标。2008年12月30日至2009年2月28日完成2008年新增沼气项目2 667户；2009年3月1日至8月30日完成2008年沼气项目3 000户；2009年9月1日至2010年4月30日完成2009年度沼气项目4 000户；同时完成一中、二中、龙泉中学、茨院中学等8户联户沼气池建设及服务网点建设。（二）主要内容。按“一池三改”完成建设任务，即：新建沼气池，对圈舍、厕所、厨房改造，达到节省劳力，美化环境等效果。（三）9 667户分布情况：文屏525户，茨院220户，桃源649户，江底900户，火德红1 473户，小寨1 700户，龙头山1 700户，乐红700户，新街100户，龙树400户，水磨600户，梭山乡700户。其中2008年度项目3 000户分布情况：龙头山镇光明村500户；桃源乡大水塘村300户，拖姑村300户；茨院乡沿闸村120户，板板房村80户；梭山乡黑石村80户，梭山村320户，甘田村300户；火德红乡南筐村400户；江底乡江底村250户，洗洋塘村150户，水塘村200户。2008年新增项目2 667户分布情况：小寨乡大坪村600户，小寨村500户，梨园村300户，赵家海子村300户；龙头山镇沿河村300户，新明村250户；乐红乡官寨村317户，对竹村100户。2009年正常申报项目4 000户分布情况：文屏镇525户，桃源乡49户，茨院乡20户，江底乡300户，火德红乡1 073户，龙头山镇650户，乐红乡283户，龙树乡400户，水磨镇600户，新街乡100户。

四、补助标准及形式。2008～2009年度农村户用沼气池建设每个沼气建设户补助国债资金调整为1 350元，主要采取以物代资形式配给建设农户，必须严格程序，手续具备；物资和补助资金必须报经领导组同意，方可实施。每户配给沼气灶具及配套产品1套，有不锈钢灶面脉冲点火单眼家用沼气灶1台，脱硫器、压力表、管件及凝水器；配给水泥1.5吨；配给密封胶2袋；每户补助钢筋15千克；对订制户牌、“三改”、技工费用采取建设物资和资金方式共同补助。联户沼气建设2007～2008年度项目补助6万元，2009年度项目每户补助7.5万元，大型沼气项目建设按省批复文件执行。

五、保障措施。

【印发鲁甸工业园区管理办法的通知】　1月10日，县政府印发《鲁甸工业园区管理办法》。要求各乡镇人民政府，县直各委、办、局认真遵照执行。《办法》分为5章23条。

【印发鲁甸工业园区招商引资优惠办法的通知】　1月10日，县政府印发《鲁甸工业园区招商引资优惠办法》。

一、适用范围。本优惠办法适用于在园区规划范围内的符合国家产业政策、环保要求、鲁甸县经济发展规划要求及工业园区总体规划和园区产业布局导向，有利于资源深度转化和综合利用及延伸产业链，对当地经济发展能起到辐射、带动效应以及投资建设工业园区基础设施的企业。

二、用地优惠政策。进入园区的企业，凡符合国家产业政策的工业项目用地，可以通过出让、转让、租赁等多种方式取得，土地出让金不得低于全国工业用地出让最低价标准。投资3 000万元以上的鼓励类新上加工工业项目（含改扩建），经县以上人民政府批准，对土地出让金可以执行“一次确定，分期偿付”，一次性以土地出让合同确定土地出让金的应缴数额，在付清被征地集体和农民的各项补偿、补助费、土地有偿使用费和上缴有关税费后，地方土地收益金部分可在企业投产后分期缴纳。

三、税收优惠政策。到园区投资的外来投资企业，凡符合国家、云南省以及西部大开发税收优惠规定的，税务部门提供优质高效服务，及时落实税收优惠政策。

四、财政扶持政策。(一)投资基础设施和鲁甸县鼓励投资重点产业的,以平均每公顷土地固定资产投资1 500万元为基数,每增加10万元按该宗土地出让金净额的10%给予扶持,但最高扶持不高于该宗土地出让金净额的30%。(二)固定资产投资规模较大、企业投产后年上交税金在1 000万元以上或个别特殊项目,经鲁甸县外来投资后续服务领导组讨论后,实行个别扶持。(三)上述外来投资项目每公顷土地固定资产投资额及土地出让金财政扶持额在办理用地手续时依据发改部门的项目备案或核准文件进行预算,并在项目建成竣工时依据有资质的会计师事务所或审计师事务所出具的资产评估报告进行复核决算,在项目竣工时按决算总额全部兑现。(四)享受财政扶持政策的企业用地,如发生土地使用权单向转让或改变土地用途的,收回对该项目的土地优惠扶持资金。(五)对鲁甸县经济增长拉动较大、重点产业培育关联度较高的大项目及高科技产业项目、国内外大企业集团的重大投资项目,县委、政府采取一事一议、特事特办的方法,对外来投资企业年缴纳税收地方留成部分(含增值税、营业税、所得税),税务部门先行征收后,由财政按更加优惠的年限和比例列入下一年度预算,扶持企业发展。(六)扶持、鼓励类项目进入工业园区的,相关部门要在安排重点项目前期费、科研项目经费和扶贫、开发贷款等方面优先给予支持。根据本县财力,可提出更为优惠的财政扶持政策,报请县政府同意后执行。

五、规费优惠政策。园区内投资新建项目,办理相关审批手续时,在我县办理各种证照除收取工本费和代国家、省、市收取的行政事业性收费按最低标准收取外,属我县应收部分:财政全额拨款单位一律免收;财政差额拨款单位按最低标准的30%收取;自收自支单位按最低标准的50%收取。在鲁甸县工业园区的外来投资企业,自投产之日起,3年内除矿产资源补偿费、水资源费、环保排污费及超标排污费、污水处理费、工本费,以及代国家、省、市收取的行政事业性收费外,免收其他行政事业性收费。

六、服务保障。

七、附则。

【关于做好2009年能繁母猪保险工作的通知】 1月15日,县政府印发《关于做好2009年能繁母猪保险工作的通知》。一、充分认识能繁母猪保险工作的重要意义。二、大力宣传,增强广大养殖户参保意识,提高投保的自觉性和主动性。三、加强协作配合,努力推进能繁母猪保险工作。四、时间要求。2009年度能繁母猪保险工作1月15日启动,各乡镇畜牧兽医站在23日下午5:00前到人保财险县公司签订保单,完成投保工作。五、加强督查,确保能繁母猪保险工作不折不扣得到落实。

【印发《关于进一步加快乡镇集镇建设的意见》】 1月20日,县政府印发《关于进一步加快乡镇集镇建设的意见》。要求各乡镇人民政府,县直各委办局认真贯彻执行。

一、提高认识,切实增强加快乡镇集镇建设的责任感和紧迫感。

二、加快集镇建设的指导思想及总体目标(一)指导思想。(二)总体目标。

三、坚持规划先行,充分发挥规划的指导调控作用。(一)进一步完善城镇规划体系。(二)强化规划监督管理。

四、拓宽资金渠道,加快集镇基础设施建设步伐。(一)加大政府投资引导力度。从2009年开始,县财政每年安排不少于200万元的集镇基础设施建设带动资金,在除县城(文屏镇)外的11个乡镇中择优选定4个乡镇实施集镇基础设施建设。(二)建立多渠道、多元化的集镇建设投资体制通过建立多渠道、多元化的投资体制,实现投资方和政府互利共赢,有效解决当前集镇建设资金短缺的矛盾。(三)加快城镇基础设施建设。

五、创新体制机制,优化集镇建设发展环境。(一)建立协调高效的集镇管理机制。(二)保证集镇建设用地。(三)合理利用资源,促进节约型集镇建设。(四)实施重点集镇带动战略,充分发挥连接城乡的桥梁和纽带作用。

六、进一步加强集镇建设工作的领导。

【关于进一步加强政务信息工作的通知】 2月2日,县政府发出《关于进一步加强政务信息工作的通知》。对进一步加强政务信息工作的有关事项作了规定。县政府办公室将按季度对各乡镇、各部门的信息采用情况在电子政务办公网上通报。年底,县政府办公室按照全年政务信息通报分数排名及信息员报送信息的数量和质量,从乡镇和县直部门中评选出信息先进工作单位及先进个人表彰奖励。

【关于预算单位开立专用账户的通知】 2月11日，县政府印发《关于预算单位开立专用账户的通知》。因进行国库集中支付制度改革，原单位基本账户变更为零余额账户。县政府决定，对与银行签订有贷款协议且职工欠银行贷款（含住房公积金贷款）的预算单位，同意开立一个专用账户，只用于职工贷款、住房公积金、医疗保险费（含职工医疗保险住院报销部分）、个人所得税的代扣代缴，其他款项一律不准转入该账户使用。该账户不允许支取现金，个人贷款还清后，及时撤销该账户。

【关于印发第二代《残疾人证》换发实施方案的通知】 2月11日，县政府印发第二代《中华人民共和国残疾人证》换发实施方案。要求各乡镇人民政府，县直各办、局遵照执行。

【关于印发2009年财政税收目标责任制考核办法的通知】 2月11日，县政府印发《鲁甸县2009年财政税收目标责任制考核办法》。

一、财政局完成县级一般预算收入在2008年基础上增长15%，完成非税收入1 000万元，确保县级财政收支平衡，奖励40万元；非税收入超额完成100万元以上按5%奖励。县国有资产投资经营有限公司完成融资1亿元，考核奖励10万元。

二、国税局2009年完成增值税8 000万元（含中央和地方部分），企业所得税完成县级收入部分464万元，奖励70万元；增值税超额完成1 000万元奖励10万元，超额完成2 000万元奖励20万元。

三、地税局完成县级收入任务7 600万元，奖励90万元，超额完成按超收部分（剔除烟叶税）的10%考核奖励。

四、审计局要进一步加大对全县预算单位和专项资金的审计力度，2009年应抽查审计县级预算单位20%和专项资金35%，考核奖励5万元。

五、所兑现的奖励资金，30%用于对班子领导及财税工作人员工作目标责任制奖励，其余用于补充工作经费。

六、如完不成责任目标，不予考核奖励，并予通报批评。

七、本责任制奖励实行风险抵押，财政、国税、地税、审计局领导班子成员，正职按8 000元，副职按5 000元交纳风险抵押金，所交抵押金进入县财政专户管理，完成目标任务一次性全额退还，并按风险金数额予以同额奖励，如未完成任务，风险金不再退还。

【关于印发全县"中国人寿保险先进村"创建活动实施方案的通知】 2月18日，县政府印发《鲁甸县"中国人寿保险先进村"创建活动实施方案》。要求各乡镇人民政府，县直各办、局遵照执行。

【关于确定2009年度消防安全重点单位的通知】 3月2日，县政府印发《关于确定2009年度消防安全重点单位的通知》。经县政府研究决定，拟将县政府办、检察院等29个单位确定为2009年度消防安全重点单位。要严格按照《消防法》和《机关、团体、企业、事业单位消防安全管理规定》要求，加强消防安全管理、加大消防安全经费投入，健全工作档案、层层落实消防安全责任制，真正实现消防安全自查、火灾隐患自除、法律责任自负的安全管理模式。

【印发公众聚集场所、高层和地下建筑消防安全专项整治工作实施方案的通知】 3月2日，县政府印发《鲁甸县公众聚集场所、高层和地下建筑消防安全专项整治工作实施方案》。要求各乡镇人民政府，县直各办、局遵照执行。《方案》分为：一、组织领导和职责分工。二、专项整治时间。三、实施步骤。四、专项整治的内容和相关措施。五、工作要求。

【关于印发县级预算单位银行账户管理办法的通知】 3月3日，县政府印发《县级预算单位银行账户管理办法》。分为6章57条。要求各乡镇人民政府，县直各办、局遵照执行。

【关于整合资金实施好2009年中央财政支持现代农业发展生猪产业项目的通知】 3月3日，县政府印发《关于整合资金实施好2009年中央财政支持现代农业发展生猪产业项目的通知》。决定投入整合资金301.9万元建设该项目。《通知》分为：

一、指导思想和原则。

二、整合项目资金情况。（一）县级财政配套项目资金45万元。（二）各部门整合资金情况。项目在文屏镇砚池山村、小寨乡大坪村和新街乡新街实施。1. 村配套国债沼气池建设项目资金41.7万元。2. 配套投入新农村建设资金60万元。3. 配套人畜饮水项目资金25.2万元。4. 配套财政“一事一议”奖补项目资金20万元。5. 配套人力资源开发大面扶贫培训资金40万元。6. 配套农村民居地震安全工程资金40万元。7. 配套农业综合开发“一池三改”项目资金30万元。整合资金301.9万元。

三、相关要求。

【关于整合资金实施好2009年中央财政支持现代农业发展牛产业项目的通知】　3月3日，县政府印发《关于整合资金实施好2009年中央财政支持现代农业发展牛产业项目的通知》。为努力实施好鲁甸县现代农业牛产业项目，县政府决定，投入整合资金978.8万元建设该项目。《通知》分为：

一、指导思想和原则。

二、整合项目资金和群众筹资情况。(一)县级财政按照中央财政投入资金的15%，配套项目资金60万元。(二)各部门整合资金情况。项目在桃源乡拖姑村和茨院乡沿闸村实施。1. 配套国债沼气池建设项目300户，联户沼气池5口，投入资金66万元。2. 配套投入新农村建设资金160万元。3. 配套人畜饮水项目300户，投入资金37.8万元。4. 配套财政“一事一议”奖补项目2个，投入资金20万元。5. 配套人力资源开发大面扶贫培训项目2 500人，投入资金50万元。6. 配套农村民居地震安全工程80户，投入资金40万元。7. 配套农业综合开发“一池三改”项目300户，投入资金45万元。(三)群众筹资情况。桃源乡拖姑村和茨院乡沿闸村由群众投入500万元参与项目建设，其中自筹资金150万元，投工投劳折资350万元。整合资金978.8万元。

三、相关要求。

【印发全县道路交通安全隐患排查整治专项行动实施方案的通知】　3月4日，县政府印发《鲁甸县道路交通安全隐患排查整治专项行动实施方案》。一、指导思想。二、工作目标。三、组织领导。四、各部门、各乡镇主要工作任务。五、工作步骤。

【全县2009年粮食生产意见】　3月4日，县政府印发《鲁甸县人民政府2009年粮食生产意见》。《意见》分为：

一、充分认识发展粮食生产的重要性和艰巨性。

二、指导思想。

三、目标任务。2009年全县粮食总播种面积计划达47 333.3公顷，其中大春、晚秋、冬农粮食面积413 333.3公顷，小春面积6 000公顷；粮食总产量达13.27万吨以上，比上年增7%，农民人均有粮达到340千克以上，其中秋、冬粮食产量达12.51万吨，小春粮食产量达到0.8万吨。

四、工作重点。(一)加大粮食面积落实力度，扩大粮食种植面积。要保证市下达粮食播种面积增加到47 333.3公顷，各乡镇、相关部门要高度重视粮食生产，层层分解任务，逐级抓好落实，圆满完成种植任务。(二)严格实行耕地保护，提高资源保障能力。(三)大力推广农业科技措施，提高粮食单产水平。1. 抓好良种工程建设。杂交玉米良种达100%，优质水稻良种达100%；完善现有粮食作物良种繁育基地设施，加大马铃薯脱毒快繁工作力度，使2009年脱毒马铃薯覆盖率提高5个百分点以上。2. 层层举办粮食优质高产示范样板。结合“三个一百”工程，即：开展百名农业科技人员下乡活动、抓好100个农业生产示范亮点、培养100名种养能手，大力举办以玉米、马铃薯、水稻、小麦为主的粮食作物优质高产示范样板13 333.3公顷，其中省级133.3公顷，市级6 666.7公顷、县级1 333.3公顷、乡镇5 200公顷，要求每个乡镇样板不低于666.7公顷，每个村不低于66.7公顷。认真按照《云南省2009年粮食作物高产创建设活动实施方案》文件规定，认真制定辖区内粮食作物高产创建活动方案，及时组织好2个玉米、2个马铃薯高产创建示范区建设，把高产创建区办成13 333.3公顷样板的核心样板，为大面样板建设工作提供参观培训和学习现场。3. 大力推广现有增产增效技术。积极抓好主要粮食作物科技措施推广，水稻上重点推广优质稻2 666.7公顷、旱育稀植1 333.3公顷、宽窄行条栽2 666.7公顷；小麦上重点推广优质小麦3 333.3公顷，并实施精量半精量播种；玉米上重点推广杂交玉米12 000公顷、地膜覆盖9 333.3公顷、规范化栽培10 666.7公顷；马铃薯上重点推广脱毒马铃薯8 000公顷，实施精量播种，尽量实施良种、地膜、垄作、科学施肥、病虫害综合防治等综合配套技术。强化生物多样性种植，进一步推广大规范化间套种面积,2009 年围绕全市粮食作物优质高产示范样板,推广粮食作物间套种技术 19 333.3 公顷,其中玉米套马铃薯 6 666.7 公顷、玉米套红薯 1 333.3 公顷、玉米套魔芋 666.7 公顷、玉米套豆类 333.3 公顷、马铃薯套荞麦 2 000 公顷、烟套粮(豆)2 666.7 公顷、果(桑)套粮 2 666.7 公顷。4. 加大粮农科技培训力度。2009 年计划培训 13 万人次以上。认真抓好农技推广体系改革,完善农技推广单位和人员的岗位责任,创新农技推广服务机制,着力解决农技人员的知识结构和人才分布不适应粮食生产发展需要,解决农技人员实际问题,稳定一支精干高效、懂业务、善推广的农技推广队伍,依托各级农技推广队伍和种植大户、专业合作社,办样板、作指导、抓示范,努力提高技术普及率和到户率。5. 提高粮食生产机械化程度。抓住国家对农机实施补贴的机遇,加快农机装备步伐,扶持发展农机大户。6. 加强粮食质量管理。(四)鼓励土地流转,逐步提高粮食生产规模化水平。(五)强化依法治农和防灾意识,维护农业生产安全。(六)加大市场调控力度,强化粮食流通。(七)建立粮食储备体系,提高应急能力。

四、保障措施。(一)加强粮食生产领导,提供粮食安全组织保障。(二)加大政策支持力度,促进粮食生产稳定发展。

【关于按照新的贫困标准重新进行贫困人口统计的通知】 3 月 9 日,县政府印发《关于按照新的贫困标准重新进行贫困人口统计的通知》。要求各乡镇政府,对全县贫困人口重新登记造册,组织业务人员,逐户登记。以村为单位填报,须经乡镇长签字后,4 月 10 日前上报县扶贫办,到户名单由各乡镇存查。

【关于兑现 2008 年固定资产投资责任制奖的通知】 3 月 10 日,县政府决定兑现 2008 年固定资产投资责任制奖《通知》:

一、考核依据。根据《中共鲁甸县委、县人民政府关于实行县级领导挂钩固定资产投资项目的通知》要求,对各组固定资产投资工作进行考核。

二、奖励兑现。(一)工业项目组:计划投资 28 022 万元,全年完成 30 026 万元,占任务的 107%。兑现基本任务奖 1 万元,任务完成奖 2.8 万元,合计 3.8 万元。(二)能源项目组:计划投资 48 330 万元,完成 48 338 万元,占任务的 100.02%。兑现基本任务奖 1 万元,任务完成奖 4.8 万元,合计 5.8 万元。(三)交通及城镇基础设施项目组:计划投资 35 754 万元,完成 35 771 万元,占任务的 100.05%。兑现基本任务奖 1 万元,任务完成奖 3.5 万元,合计 4.5 万元。(四)农林水项目组:计划投资 13 159 万元,完成 13 171 万元,占任务的 100.09%。兑现基本任务奖 1 万元,任务完成奖 1.3 万元,合计 2.3 万元。(五)社会事业项目组:计划投资 3 266 万元,完成 3 273 万元,占任务的 100.2%。兑现基本任务奖 1 万元,任务完成奖 0.3 万元,合计 1.3 万元。(六)扶贫项目组:计划投资 2 071 万元,完成 2 097 万元,占任务的 101.3%。兑现基本任务奖 1 万元,任务完成奖 0.2 万元,合计 1.2 万元。(七)考评组:兑现奖金 1 万元。(八)昊龙公司:计划投资 46 000 万元,完成 46 563 万元,占任务的 101.2%。任务完成奖 6 万元。(九)理世公司:计划投资 2 300 万元,完成 2 350 万元,占任务的 102.2%。任务完成奖 4 万元。奖金共计 29.9 万元。

三、工作要求。县财政局要及时将奖金划拨到发改局,由发改局兑现到各项目组和企业。

【印发涉诉特殊困难群体执行救助金实施意见的通知】 3 月 20 日,县政府印发《鲁甸县涉诉特殊困难群体执行救助金实施意见》。要求各乡镇人民政府,县直各办、局遵照执行。

一、设立涉诉特殊困难群体执行救助金的重要意义。

二、指导思想和基本原则。

三、组织领导。

四、主要内容。(一)未纳入最低生活保障及社会医疗保险的按规定纳入低保、医保;(二)对因患大病(癌症、尿毒症、重症肝炎、糖尿病综合并发症),在享受医疗费救助和民政大病救助后,仍有特殊困难的,进行救助;(三)对遇到火灾、泥石流等自然灾害致使房屋需要搬迁的,经民政部门大灾救助后,仍有特殊困难的,进行救助。

五、具体方案。(一)救助的对象和条件。(二)救助的内容:(三)救助的程序。(四)救助金的募集。(五)救助金管理。

【印发 2009 年粮食清仓查库工作实施方案的通知】

3 月 25 日，县政府印发《鲁甸县 2009 年粮食清仓查库工作实施方案》。要求各乡镇人民政府，县直各办、局遵照执行。一、清仓对象、范围和内容。二、清仓查库的组织领导。三、清查时点、方式和人员。四、清仓查库进度安排。五、工作要求。六、清仓查库的经费保障。七、清仓查库文件资料的保存。

【印发全县村级会计委托代理服务工作实施方案的通知】 4 月 15 日，县政府印发《鲁甸县村级会计委托代理服务工作实施方案》。要求各乡镇人民政府，县直各办、局遵照执行。一、指导思想、基本原则和工作目标。二、委托代理服务的范围和内容。三、报账记账程序。四、收支管理。五、实施步骤。六、保障措施。七、相关要求。

【关于做好 2009 年烤烟生产转账贷物工作的通知】 4 月 17 日，县政府发出《关于做好 2009 年烤烟生产转账贷物工作的通知》。为确保 2009 年烤烟生产专用化肥正常投入，县人民政府决定对全县烤烟生产专用化肥继续实行“转账贷物”。

一、“转账贷物”时间、范围和标准。(一)时间：2009 年 4 月 10 日至 5 月 10 日。(二)范围。按照县下达各乡镇指导性种植面积 3 546.67 公顷作为“转账贷物”范围，各乡镇具体指标。(三)标准。每公顷按照施用复合肥 750 千克(3 607.5 元)，钾肥 225 千克(1 451.25 元)，合计每公顷“转账贷物” 5 058.75 元。

二、“转账贷物”业务办理流程。乡镇负责组建烤烟生产小组→烤烟生产小组书面提出“转账贷物”申请→乡镇政府或烟草站核准→以小组为单位，由信用社开据到户贷款凭据→以小组为单位到烟草站凭贷款凭据领取相应价值化肥→由小组长现场将化肥分发到户→烤烟生产→烟叶交售→贷款赔还。

三、“转账贷物”有关要求。(一)对县烟草分公司和金融机构的业务要求。1. 县烟草分公司要按照指导性面积、施肥标准做好化肥就位工作。2. 县烟草分公司为贷款农户承担 2009 年 4 月 10 日至 9 月 10 日的贷款利息。利率按半年期基准利率(4.05‰)执行。9 月 10 日以后，利息由烟农自行承担。3. 县烟草分公司要与金融机构认真签订 2009 年“转账贷物”工作《协议书》，具体业务按照《协议书》约定的条款办理。4. 县烟草分公司和金融机构要分别加强对各烟草站和基层信用社的领导和业务指导，严格执行有关法律、法规和规章制度。5. 烟草站和基层金融机构要为烟农提供及时优质高效服务。(二)对各种烟乡镇的要求。1. 种烟乡镇要切实加强领导，加大宣传力度，认真做好协调组织工作，坚决杜绝套取倒卖化肥等违纪行为，确保烤烟专用肥投入生产。2. 乡镇必须及时认真指导好本乡镇烤烟生产小组，由生产小组长负责办理“转账贷物”业务。3. 收贷期间，乡镇要切实加强领导。按照有关法律法规规定，采取切实有效措施回收贷款，2009 年“转账贷物”贷款回收率应达 100%，贷款回收额作为来年支农贷款的主要指标。4.“转账贷物”工作列入烤烟生产业绩考核，兑现奖惩。

【印发 2009 年度烤烟生产收购考核办法的通知】 4 月 23 日，县政府印发《鲁甸县 2009 年度烤烟生产收购考核办法》。要求各种烟乡镇人民政府，县直相关部门认真贯彻执行。一、对乡镇人民政府考核内容及评分标准。二、对县烟草分公司考核内容及评分标准。三、对市优质烤烟样板的考核内容及评分标准。四、考核办法。

【关于停止在野石山遗址施工的通知】 4 月 23 日，县政府印发《关于停止在野石山遗址施工的通知》。《通知》要求文屏镇政府未经省级文物行政主管部门批准，擅自在“野石山遗址”保护范围、建设控制地带内施工建设，违反《中华人民共和国文物保护法》第十七条、第十八条的规定。现责令接到本通知后，立即停止施工，切实加强对省级文物保护。

【关于做好 2009 年县政府重点工作分解落实督办的通知】 4 月 24 日，县政府决定将 2009 年县人民政府重点工作进行分解和落实督办。要求各乡镇人民政府，县直各办、局遵照执行。《通知》：一、督办重点及任务分解。二、督办范围及要求。

【关于调整 2009 年计划生育率和计划外多孩控制数的通知】 4 月 29 日，县政府决定对计划生育率和计划外多孩生育控制数进行调整。一、调整计划生育率。市政府下达全县计划生育率为 74%，对全县各类别计划生育率分别上调 5%。即：茨院乡、火德红乡、小寨乡、水磨镇由80%调整为85%;文屏镇、桃源乡、江底乡、乐红乡、新街乡由75%调整为80%;龙头山镇、龙树乡、梭山乡由70%调整为75%。

二、调整计划外多孩生育控制数。全县计划外多孩生育控制数由250人调整为350人,增加100人。对计划外多孩生育控制数进行调整。

三、高度重视,确保全面完成任务。计划生育率和计划外多孩生育控制数有一项未完成任务的乡镇将实行“一票否决”,不参与当年目标管理责任制评奖,并进行行政问责。

【关于兑现2008年度烟草专卖管理及“两烟”打假打私工作目标责任制奖的通知】 4月30日,县政府决定兑现2008年度烟草专卖管理及“两烟”打假打私工作目标责任制奖。文屏镇、桃源乡、茨院乡、江底乡、火德红乡、小寨乡、龙头山镇、乐红乡、龙树乡、水磨镇、新街乡、梭山乡分别获奖金3 000元。

【印发2009年防震保安房实施方案的通知】 4月30日,县政府印发《鲁甸县2009年防震保安房实施方案》。要求各乡镇人民政府,县直各办、局认真贯彻执行。一、指导思想。二、基本原则。三、建设任务。2009年全县建设防震保安房406户,投资199.6万元。其中新街乡坪地营村40万元,建设40户,每户补助1万元;小寨乡大坪村39.6万元,建设66户,每户补助6 000元,赵家海村60万元,建设150户,每户补助4 000元;龙头山镇沙坝村30万元,建设75户,每户补助4 000元,沿河村30万元,建设75户,每户补助4 000元。四、资金下拨和管理。五、组织实施。六、相关工作要求。

【印发2009年整治违法排污企业保障群众健康环保专项行动实施方案的通知】 5月8日,县政府印发《鲁甸县2009年整治违法排污企业保障群众健康环保专项行动实施方案》。要求各乡镇人民政府,县直各办、局认真抓好贯彻落实。

【关于抓好2009年畜牧业发展的指导性意见】 5月12日,县政府印发《关于抓好2009年畜牧业发展的指导性意见》。要求各乡镇人民政府,县直各办、局认真遵照执行。

一、指导思想。

二、目标任务。(一)生产目标。存栏畜禽100.1万头(只),增长17%,其中生猪23.9万头、大牲畜9.3万头(牛7.6万头)、羊7.1万只、家禽59.8万羽;出栏畜禽77.4万头(只),增长17%,其中生猪22.7万头、大牲畜2.3万头(牛2.1万头)、羊3.3万只、家禽60.2万羽;肉类总产24 216吨,增长15%,其中猪肉19 223吨、牛肉22 491吨、禽肉711吨、羊肉645吨;禽蛋产量1 147吨,增长15.0%;畜牧业产值3.02亿元,增长16%;畜牧业促进农民人均纯收入增加60元以上。(二)科技推广目标。1、品种改良。牛冻精改良0.87万头,生猪人工授精2.0万窝,更新良种母猪1 300头。2、饲草科技推广。农田种草506.7公顷,种植青绿饲料4 666.7公顷,青贮饲草8万吨,氨化饲草0.3万吨,推广混配料0.5万吨。(三)动物疫病防控目标。猪瘟、鸡新城疫防疫密度90%以上,W病、高致病性禽流感、猪蓝耳病强化免疫密度100%,猪、禽、大牲畜、羊疫病死亡率控制在3%、6%、1.5%、2%以下。

三、发展措施。(一)多元筹资,加大畜牧产业投入。(二)加强龙头企业扶持,着力推进产业化经营。(三)强化动物疫病防控,防止重大动物疫情发生。(四)抓好科技措施落实,着力建设示范样板。(五)认真落实惠农政策,促进农民增产增收。(六)加强领导、强化管理。

四、切实做好畜牧业统计工作。

【印发广播电视村村通直播卫星覆盖工程实施方案的通知】 5月12日,县政府印发《鲁甸县广播电视村村通直播卫星覆盖工程实施方案》。要求各乡镇人民政府,县直各办、局认真贯彻执行。

【印发溪洛渡水电站鲁甸县淹没影响区实物指标调查复核有关规定的通知】 5月18日,县政府发出《溪洛渡水电站鲁甸县淹没影响区实物指标调查复核有关规定》的通知。规定如下:

一、在溪洛渡水电站鲁甸县淹没影响区范围内,严禁任何单位和个人新建、扩建和改建一切工程项目,不得开发土地、荒山、荒坡,不得抢种移栽经济林木、经济作物。凡违反上述规定,一律不予认定。

二、涉及到的乡镇和村“两委”要切实做好宣传工作,教育干部群众顾全大局,严禁少数人为了个人利益影响广大移民群众的利益和国家重点工程建设。

三、在封库令下达(2003年2月1日)后,除正常婚嫁分户、危房拆除重建、自然灾害等原因新修建建筑物及附属设施、其他设施,应出具相关合法手续后予以登记外,其他原因新建一律不予登记。

四、房屋装修按一(精装修)、二(普通装修)、三(局部装修)类登记。达到以下标准其中5项(含5项)的为一类:(一)客厅天花板木持吊顶。(二)客厅地面铺花岗石、地板砖或木(竹)地板。(三)客厅墙面贴墙纸或墙裙。(四)主卧室地面铺设木(竹)地板或花岗石。(五)厨房有液化气炉台,墙面贴彩釉砖。(六)卫生间地面贴防滑砖,墙面贴彩釉砖,有浴房或浴缸。(七)铝合金(塑钢)门窗。达到以下标准其中3项(含3项)为二类:(一)客厅天花板装阴角线以上。(二)客厅地面铺设地板砖以上。(三)客厅墙面防磁以上。(四)主卧室地面铺设地板砖以上。(五)厨房有液化炉台或热水炉台,厨房地面贴防滑地砖,墙面贴面砖。(六)卫生间有浴缸或蹲式便槽,地面贴防滑地砖,墙面贴面砖。(七)铝合金(塑钢)门窗;达到2类装修标准2项为三类。

五、零星林木按地径大小登记,溪洛渡水电站鲁甸县库区零星林木的地径指离地2厘米处的直径。

六、公安、国土、农业、林业、移民、建设、工商、环保等部门要加大力度,切实开展巡视检查工作,采取有力措施,确保规定得以贯彻执行。

【印发开展爱国卫生运动实施方案的通知】 5月18日,县政府印发《鲁甸县开展爱国卫生运动实施方案》。要求各乡镇人民政府,县直各办、局认真贯彻落实。

【印发2010年新型农村合作医疗筹资工作方案的通知】 5月20日,县政府印发《鲁甸县2010年新型农村合作医疗筹资工作方案》。要求各乡镇人民政府,县直各办、局认真贯彻落实。《方案》摘要如下:

一、筹资任务和缴费标准。2009年11月30日前完成辖区内农业总人口90%以上筹资任务;农村居民以户为单位参加新型农村合作医疗,实行当年缴费,参加下一年度新型农村合作医疗制度缴费制度(即:上年度缴费下年度享受,下年度时间为1月1日至12月31日),凡自愿参加新型农村合作医疗的农村居民,每人每年缴纳20元的参合费用;新型农村合作医疗财政补助标准为每人每年80元。其中中央财政每人每年补助40元,省财政每人每年补助40元。

二、组织领导。

三、宣传动员。

四、筹资方法。

五、资金管理。

六、资助救助。

七、加强监督检查。

【关于对渔洞水库饮用水源保护区环境保护存在问题进行集中整治的通知】 5月20日,县政府发出《关于对渔洞水库饮用水源保护区环境保护存在问题进行集中整治的通知》。要求各级各相关部门要高度重视,明确职责,迅速采取措施,对存在问题及时进行整改。县环保局要继续加强对渔洞水库保护区现场监察,定期分析监测,定期通报监察和监测情况,推进治理工作顺利开展,确保按期实现治理目标。

【印发2009年地质灾害防治方案的通知】 5月25日,县政府印发《鲁甸县2009年地质灾害防治方案》。要求各乡镇人民政府,县直各办、局遵照执行。《方案》:一、2008年地质灾害概况。二、降雨趋势预测。三、地质灾害隐患点分布。(一)主要地质灾害隐患点。(二)主要地质灾害隐患易发点(监测重点11个)。三、防灾减灾对策及措施。(一)加大宣传力度,增强防灾意识。(二)突出重点,建立群测群防网络体系。(三)强化监控,搞好督促检查。(四)强化工程建设地质灾害危险性评估工作。(五)层层落实责任制。

【印发2009~2011年廉租住房建设实施方案的通知】 5月25日,县政府印发《鲁甸县2009~2011年廉租住房建设实施方案》。要求各乡镇人民政府,县直各办、局遵照执行。

【印发开展道路交通安全大检查活动方案的通知】 5月27日,县政府印发《鲁甸县开展道路交通安全大检查活动工作方案》。要求各乡镇人民政府,县直各办、局遵照执行。县人民政府决定从5月13

日至6月30日在全县范围内开展道路交通安全大检查活动。一、工作目标。二、组织领导。三、职责任务及措施。(一)安监局要对各乡镇、各部门开展大检查活动的履职和进展情况监督检查,负责牵头组织交通、交警对客运企业监管,监督其认真落实各项安全管理制度。(二)交通局要组织运政、客运分公司等部门对客运安全全面检查,加强客运安全监管,全面消除安全隐患;要组织公路养护、路政等部门对全县道路、桥梁、隧道等进行一次全面排查,采取及时有效措施消除道路安全隐患。(三)县公安局要组织交警大队和各派出所对影响道路交通安全的交通违法行为全面检查,加强路面监控,从严查处无证驾车、驾无牌证车、超员、超速、超载、酒后驾车、货运车辆违法载人等严重交通违法行为;加大驾驶人安全教育力度,通过各种形式广泛开展交通安全宣传活动,提高广大人民群众交通安全意识。(四)县农业局要全面开展对拖拉机等农机具安全检查力度,教育农机手自觉遵守交通安全法律法规,提高落户办证率,确保农机安全。

【关于进一步加强农村房屋火灾保险工作的通知】 5月27日,县政府发出《关于进一步加强农村房屋火灾保险工作的通知》。《通知》指出:全县农村房屋财产火灾保险工作统一由县财产保险公司承担。采取政府加农户投保方式,即由政府为参保农户每户补助1元,农户自出3元,共4元。被投保农户确因火灾导致房屋受损,经有关部门实地踏勘、核查后,按照国家现行有关法律法规规定定损理培,但损失赔付累计不得超过5 000元,即:正房,最高保费4 000元;烤烟房最高保费500元;畜圈、厨房及其他辅助用房最高保费500元。参保对象为全县所有农户,户头按当地派出所注册为准,每个乡镇参保户数务必达到80%以上。保费收取由乡镇统一组织,乡镇党委书记、乡镇长同为第一责任人,分管乡镇长具体抓落实。乡镇务必于7月15日前将所收取的保费统一交到县财产保险公司,签订保险合同,时限为1年,从签订保险合同之日起算。

【印发学习贯彻食品安全法实施方案的通知】 5月31日,县政府印发《鲁甸县学习贯彻〈食品安全法〉实施方案》。要求各乡镇人民政府,县直各办、局遵照执行。

【印发地震应急预案的通知】 6月3日,县政府印发新修订的《鲁甸县地震应急预案》。要求各乡镇人民政府,县直各办、局遵照执行。

【印发甲型H1N1流感应急预案的通知】 6月7日,县政府印发《鲁甸县甲型H1N1流感应急预案》。要求各乡镇人民政府,县直各办、局遵照执行。

【关于印发2009年消除茅草房工作实施方案的通知】 6月16日,县政府印发《鲁甸县2009年消除茅草房工作实施方案》。要求各乡镇人民政府,县直各办、局遵照执行。

【关于土地利用总体规划修编各类用地布局成果资料初步审查的意见】 8月7日,县政府向市政府报送《关于土地利用总体规划修编各类用地布局成果资料初步审查的意见》。7月26日,县政府审查昆明纬地科技有限公司编制的基本农田调整分析图、建设用地空间布局成果图、各类用地空间布局图。报请市人民政府审查,并请转报省国土资源厅审查备案。

【印发农村公路管理养护体制改革实施方案的通知】 8月27日,县政府印发《鲁甸县农村公路管理养护体制改革实施方案的通知》。要求各乡镇、各委办局遵照执行。《方案》:

一、全县农村公路公路养护现状。

二、管理养护职责。按市政府《方案》要求,2008年起,农村公路管理实行县级统一领导,县、乡(镇)各负其责的管理体制。县政府是全县农村公路公路养护的责任主体,县交通行政主管部门与各乡(镇)政府共同承担农村公路管理养护工作。

三、管养分离的具体做法。县地方公路管理段为全县农村公路管养机构,合理设置部门岗位,县政府原下达人员指标由在编人员22名增加到25名,由县机构编制委员会解决事业编制3名,竞争上岗到各办公室职位。在县地方公路管理段从事路管的其他人员和机械人员(全属农民合同工)及所有工程机械及相关资产全部划归养护公司,进行资产重组成立养护公司,通过招投标方式获取大中修养护工程;受县地方公路管理段委托,采用合同方式承担小修和农村公路养护工程。养护公司实行自主经营,自负盈亏,与职工依法签订劳动合同,按企业用工制度和有关规定管理。逐步培育养护市场,待时机成熟后养护公司全面进入市场。在养护市场尚未形成的过度时期,公司法人可由县交通局任命或在县交通局现有在职人员中竞聘,其他人员有法人在交通局在职人员中聘用,必须本人自愿。在公司任职期间保留各种待遇及享受财政工资,采取工作与业绩挂钩,与县交通局签订合同,根据企业效益,获取一定劳动报酬。不在公司任职后回原单位一切待遇恢复。待养护市场形成后养护公司全面进入币场。

四、全县农村公路管理养护组织框架图。

五、管理养护。

六、技术标准。

七、养护资金筹措和管理。(一)农村公路养护工程资金来源为省交通厅安排的农村公路养护补助资金,依据2006年农村公路专项调查,全县地方公路管养里程710.98千米,其中县道253.28千米、乡道427.3千米、村道30.4千米。省级按县道每年每千米7 000元,乡道每年每千米3 500元,村道每年每千米1 000元的补助标准进行补助,其中80%用于农村公路养护工程(即大、中修工程),实行切块包干的管理方式。(二)根据市政府《方案》,2008年初起,农村公路日常养护工程费补助标准为:县道每年每千米4 380元,乡道每年每千米1 920元,村道每年每千米1 050元。全县每年可得上级补助资金196.17万元。(三)县级财政承担农村公路养护费用标准为:县道不少于每年每千米1 980元,乡道不少于每年每千米920元,村道不少于每年每千米750元。县财政每年需纳入财政预算94.02万元,县人民政府根据地方财政情况每年适当增加。(四)省补助资金的80%用于大、中修养护工程,20%用于日常小修保养和水毁修复及材料费用。农村公路日常小修保养和水毁抢修等专项所需工程费用,不足部分由县人民政府筹措解决。(五)省、市、县补助农村公路养护工程费必须实行专户专储、专款专用,集中用于农村公路养护工程,乡镇筹集资金,由乡镇人民政府根据县交通主管部门批准乡道、村道养护计划,分季度拨付到乡镇公路管理所。县交通局按照养护工程计划和日常养护计划安排使用省、市、县拨付的养护资金,乡镇人民政府安排使用乡镇自筹资金。(六)切实加强农村公路养护资金的使用、管理和监督。

八、农村公路路政管理。

九、工作步骤。

十、加强领导,确保圆满完成各项目标任务。

【关于抓好2009年秋冬农业生产的指导性意见】 8月31日,县政府印发《关于抓好2009年秋冬农业生产的指导性意见》。要求各乡(镇)政府,县直各委办、局认真贯彻落实。

一、充分认识抓好秋冬农业生产的重要性和必要性。

二、指导思想。

三、目标任务。(一)晚秋生产。全县晚秋作物计划种植面积10 333.3公顷,其中秋粮豆4 000公顷,秋绿肥2 666.7公顷,秋蔬菜3 666.7公顷。办示范样板2 066.7公顷,其中秋粮豆样板1 000公顷、秋绿肥样板493.3公顷、秋蔬菜样板573.3公顷。(二)小春生产及冬季农业开发。全县计划小春生产及冬季农业开发11 333.3公顷,其中小春粮豆6 000公顷、小春油菜666.7公顷、冬季农业开发4 666.7公顷,办示范样板1 290公顷(小春粮豆示范样板733.3公顷、小春油菜示范样板133.3公顷、冬季农业开发示范样板423.3公顷),实现小春粮豆总产8 500吨以上,冬季农业开发产值5 500万元以上,促进项目区农民人均增收15元以上。

四、工作重点及项目区域布局。(一)切实抓好秋冬粮豆生产,着力增加粮食总量。1.抓好秋粮豆种植4 000公顷,重点办好示范样板1 000公顷,预计产粮7 720吨以上。其中以水磨镇、新街乡为主高二半山区种植荞子1 333.3公顷;以小寨乡、龙头山镇、火德红乡、梭山乡等江边河谷区种植秋马铃薯666.7公顷;以文桃坝区及江边河谷地区为主发展秋红薯、四季豆为主秋杂粮豆2 000公顷。2.抓好小麦种植3 333.3公顷,预计产粮5 490吨以上。烤烟样板不再规划种植小麦,切实解决好小麦与烤烟争地的矛盾。3.抓好小春豆类及其他杂粮种植2 666.7公顷,预计产粮3 010吨以上。重点抓好豌豆、蚕豆、大麦等小春作物适宜地区的推广种植,提高土地利用率。(二)加大秋冬农业综合开发力度,着力增加农民收入。1.发展秋冬蔬菜种植6 333.3公顷,其中秋蔬菜3 666.7公顷、冬早蔬菜2 666.7公顷,办示范样板800公顷。冬早蔬菜重点发展耐贮运、适销对路的蔬菜品种,促进全县反季蔬菜由单一品种发展到叶菜类、果菜类、瓜果类、豆菜类等品种,真正使蔬菜这一短平快项目成为农民增收的主要产业。以火德红乡、小寨乡、龙头山镇等江边河谷区为主,重点发展番茄、辣椒、大蒜、水果豌豆、黄瓜、出塘瓜等;以文、桃、茨坝区为主,重点发展大白菜、甘蓝、萝卜等;以龙树河流域片区为主,重点开展大白菜、大蒜、甘蓝等品种试验、示范,为打造高寒冷凉区温凉型蔬菜基地积累经验。2. 发展冬早马铃薯种植1 000公顷,办示范样板113.3公顷。重点以小寨、龙头山、火德红、江底4个乡镇江边河谷区为主。3. 发展冬早玉米种植666.7公顷,办示范样板40公顷。重点以小寨、龙头山、火德红、江底、梭山5个乡镇为主。4. 发展秋绿肥种植2 666.7公顷,办示范样板493.3公顷,着力改善土壤肥力状况,做到耕地用养结合。5. 发展冬季大田种草333.3公顷,办示范样板33.3公顷。6. 推广冬油菜种植666.7公顷,办示范样板133.3公顷。重点以江底乡和文屏、桃源、茨院3个坝区乡镇为重点,在提高耕地复种指数的同时,努力拓宽群众增收渠道。(三)突出江底至龙头山和龙树河流域两条主线,全力抓好秋冬农业生产。1. 突出抓好江底至龙头山公路沿线秋冬农业,着力发展秋绿肥和蔬菜种植。在江底、桃源、文屏、小寨和龙头山5个乡镇重点抓好秋蔬菜种植2 000公顷、示范样板353.3公顷;秋绿肥1 400公顷、示范样板313.3公顷;冬早蔬菜1 706.7公顷、示范样板153.3公顷;冬早马铃薯586.7公顷、示范样板60公顷。2. 以龙树河流域为重点,着力发展温凉型蔬菜基地建设和冬季大田种草。在水磨、龙树、新街3乡镇重点抓好秋蔬菜600公顷、示范样板66.7公顷;秋绿肥600公顷,示范样板80公顷;冬季大田种草333.3公顷、示范样板33.3公顷。(四)大力推广农业科技措施,提高秋冬农业单产水平。

五、保障措施。(一)加强领导,明确责任。(二)抓好服务,保障秋冬生产正常开展。(三)健全奖惩激励机制,确保目标任务圆满完成。

【印发今冬明春旱季防火工作实施方案的通知】 10月16日,县政府印发《今冬明春旱季防火工作实施方案的通知》。要求各乡镇人民政府,县直各委办、局认真贯彻执行。

【关于做好2010年度烤烟生产择优布局工作的通知】 10月17日,县政府发出《关于做好2010年度烤烟生产择优布局工作的通知》。《通知》根据2009年各种烟乡镇烤烟生产、收购情况,经县政府研究决定:2010年起,梭山乡不再规划种植烤烟,文屏镇、桃源乡、茨院乡、江底乡、火德红乡、小寨乡、龙头山镇、乐红乡8个乡镇要因地制宜,做好2010年的烤烟生产择优布局规划工作,对2010年烤烟生产择优布局规划,县上不具体下达规划面积,由各乡镇参照2009年县下达指导性种植面积,充分考虑轮作要求,科学合理规划种植。

【印发县政府领导成员工作分工调整的通知】 10月19日,县政府常务会议研究决定,调整县政府领导成员工作分工。实行县长负责制,其他领导成员协助县长工作,并按分工负责处理分管工作。

县长保　剑　领导并主持县人民政府全面工作,任县机构编制委员会主任。分管县财政局、审计局。

常务副县长张登敏　负责县政府常务工作。负责发展和改革、监察、人事、教育、卫生、统计、产品质量、食品安全、供销、政务服务、电子政务、无线电管理、人防、企业改革和新农村建设等工作。分管县政府办、驻昆办、发改局(含粮食局)、人劳局(含编委办、医保中心)、监察局、教育局、卫生局(含爱卫办)、统计局(含统计调查队)、供销社、红十字会、电子政务网管中心、无线电管理办公室、新闻中心、政务服务中心、人民防空办公室、企改办。联系县人大常委会、县政协、质量技术监督局、食药监局。

副县长铁朝曙　负责税务、金融、地震、民族宗教、科技、文化体育、广播电视、旅游、档案、地方志、老年人事业、残疾人、扶贫、移民、救灾救济、应急抢险等工作。分管县民宗局、扶贫办、民政局(含侨办)、科技局(含科协)、文体局、广电局、旅游局、档案局、方志办、移民办、地震减灾局、民兵预备役、残疾人联合会、老龄工作委员会、妇女儿童工作委员会。联系人武部、国税局、地税局、人行、农行、信用联社、工商局、邮政局、老干局、工会、团县委、妇联、文联、住房公积金管理中心、驻鲁各保险公司、电信公司、移动公司、联通公司、新华书店、广电网络公司。

副县长王文生　负责社会稳定、行政执法、人口和计划生育、道路交通和消防安全、烟草专卖执法等工作,兼任县公安局局长,主持公安局全面工作。分管县司法局、计生局、信访局、县政府法制办。联系县法院、检察院、武警中队、消防大队。

副县长白长早 负责安全生产、交通、国土、建设、环保等工作。分管县安监局、交通局、国土资源局(含文屏分局)、建设局、环保局、城镇化办。联系给排水公司、客运分公司、养征稽查所。

副县长窦家义 负责农业、林业、水利、烟草、气象、防汛、生物资源开发创新产业、农业综合开发、人力资源开发等工作。分管农业局(含畜牧兽医局、蚕桑办)、林业局(含森林公安、护林防火办)、水利局(含防汛办)、烟办、农业产业化办、人力办、气象局、生物资源开发创新办、农开办。联系烟草分公司、烟草专卖局和渔洞水库水资源保护工作。

副调研曹继友 负责工业经济、乡镇企业、招商、盐务、水电开发等工作。分管经贸局(含乡企局、经合办、新型工业化办、节约能源办)。联系电力公司、工商联、石油公司。

【印发湖滨小区建设管理办法的通知】 11月3日,县政府印发《鲁甸县湖滨小区建设管理办法》。要求各乡镇人民政府,县直各办、局遵照执行。

【印发2009年农村危房改造建设工作实施方案的通知】 11月10日,县政府印发《鲁甸县2009年农村危房改造建设工作实施方案》。要求文屏镇、桃源乡、茨院乡、小寨乡、龙头山镇人民政府,县直有关部门结合实际认真抓好贯彻落实。《方案》:

一、指导思想。

二、编制原则。

三、实施范围。将文屏、桃源、茨院、小寨、龙头山5个乡镇纳入全县2009年农村危房改造实施范围。

四、目标任务及指标分配。按照市政府下达农村危房改造建设任务,全年全县完成1 000户农村贫困户危房改造,其中拆除重建900户(文屏80户、桃源220户、茨院100户、小寨350户、龙头山150户),修缮加固100户(桃源40户、小寨20户、龙头山40户)。

五、资金筹集。2009年中央和省级安排鲁甸补助资金900万元,完成900户拆除重建改造任务;县内自筹20万元资金,完成100户的修缮加固改造任务。

六、补助标准和对象。(一)补助标准。2009年,全县纳入农村危房改造范围实施项目,执行统一补助标准,即:C类危房修缮加固每户补助0.2万元,D类危房拆除重建每户补助1万元。(二)补助对象重点是居住在危房中分散供养户、低保户和其他农村贫困农户。

七、相关要求。(一)改造方式。拟改造的农村危房,整体危房(D类)拆除重建,局部危房(C类)修缮加固。将危房拆除重建改造的,以农户自建为主。农户自建确有困难且有统建意愿的,各项目乡镇要发挥组织、协调作用,帮助农户选择有资质的施工队伍、统一采购主要材料。对危房改造比较集中并具备一定条件的村庄,可实施村庄规划、危房改造、基础设施配套同步进行整村推进方式。(二)建设标准。农村危房改造既要满足农民生产生活习惯,又要体现出地方民族特色、地域特点和时代特征。在满足最基本居住功能和安全前提下,适当控制面积和总造价。改造资金大部分由政府补贴特困户,翻建、新建住房建筑面积相对控制在40平方米以下;其他贫困户建筑面积相对控制在60平方米以下。也可根据家庭人口和经济承受能力进行适当调整。(三)质量标准。通过修缮加固和拆除重建改造后,达到《农村危险房屋鉴定技术(试行)》中A类完好住房和当地抗震设防标准。(四)时间要求。2009年实施的农村危房改造工程计划,各项目乡镇必须严格按照要求,2010年5月31前完成建设任务。(五)村庄规划。改造户数较多的村庄,编制村庄建设与整治规划,统筹协调住房、道路、供水、沼气、环保、扶贫开发、改厕等建设项目,提高项目建设的效益和效率,以危房改造带动村庄人居环境改善。(六)建筑节能。

七、项目管理措施。

八、强化组织领导,严格落实责任,确保全县农村危房改造建设工作目标任务如期完成。

【关于印发质量兴县实施方案的通知】 11月11日,县政府印发《鲁甸县质量兴县实施方案》。要求各乡镇政府,县直各办、局遵照执行。

【关于提高县级机关事业单位住房公积金缴存比例的通知】 12月3日,县政府发出《关于提高县级机关事业单位住房公积金缴存比例的通知》。经县人民政府研究,提高县级机关事业单位住房公积金缴存比例。一、全县地方行政事业单位职工住房公积金缴存比例从6%提高到10%。二、财政补助方式和资金来源渠道按原有办法执行。三、执行时间：2009年1月1日起执行。四、请各有关单位及时办理变更及补缴手续。

【关于印发昭巧二级公路鲁甸段征地拆迁安置补偿实施方案的通知】 12月3日，县政府印发《昭巧二级公路鲁甸段征地拆迁安置补偿实施方案的通知》。要求文屏镇、茨院乡、小寨乡、龙头山镇人民政府，县直相关部门认真贯彻执行。

一、组织领导。县委、县政府决定成立征地拆迁工作领导组。保剑任组长，白长早任常务副组长，王粟、铁朝曙、马武荣、马梅、王文生任副组长，文屏镇、茨院乡、小寨乡、龙头山镇党委书记、县直有关部门主要负责人为成员。

二、补偿原则。征地拆迁按照有关法律法规和相关政策，依法征迁、分级负责、据实补偿原则。昭巧二级公路建设征地补偿费（土地补偿费、安置补助费、青苗补偿费、地面附着物补偿费）按照《土地管理法》、《土地管理法实施条例》、《云南省土地管理条例》和《昭通市人民政府办公室关于印发昭通市二级公路建设征地拆迁安置实施意见的通知》执行（城市规划区除外）。

三、征地拆迁工作。（一）昭巧二级公路建设由交通部门和设计方放线、埋设界桩，确定征地范围后，由县国土局负责按照投影面积实施征地。征地拆迁中严格按照土地管理法律法规和相关政策统一征收。其中临时用地占用耕地须报市国土资源局审批，非耕地由县国土局审批。（二）变更设计。县国土局应严格按照用地单位提供用地设计图和批准用地数量征收土地，严禁搭车征地和搭车拆迁。因变更设计另需征地的，由用地单位持变更用地申请和变更设计图及相关资料向县国土部门提出变更用地申请，经审查后依法办理。（三）丈量和记录。县国土局在征地时应会同昭巧二级公路沿线乡镇分管副乡镇长、国土所、村“两委”主要负责人、村民小组长及户主等共同到现场丈量和记录，到户面积丈量结果由制图人、村民小组长、户主共同签字确认。（四）附着物补偿。由县国土部门总负责，各乡镇实物量调查统计工作由乡镇负责。调查工作中必须现场认定房屋结构及层数、附着物等级别、数量、面积等，现场做好丈量、绘图、记录工作，农户对丈量和记录尺寸签字并按手印认可，房屋必须拍照存档。记录过程中如有更改必须由农户现场签字认可；几何图形要注意封闭并有利计算，资料齐备后当天交专人保管，确保调查数据准确。（五）正线范围外剩余土地面积小的，经被征地农户申请后可一并征收，但制图人必须明确标注出该地块位置和多征收面积，交通部门负责及时埋设界桩，以确定该土地已被征收。（六）正线范围涉及拆迁的，无论面积大小，均整体拆除。（七）内业计算。征收征用的土地、青苗、建筑物、构筑物、林木等补偿由专人负责计算和汇总，要求计算公式和方法正确，计算结果准确无误，录入电子表格后形成公示花名册。花名册上的实物量必须与原始勘丈图表一致，严禁弄虚作假。兑现补偿资金应与实物量一致，已量未征的不得列入花名册，县国土局应严把审核关。（八）公示。将兑现花名册公示到村民小组，公示时间一周，对征地拆迁户的实物量、补偿资金做到数量准确、标准统一、公开公平，对已公示的花名册应在张榜公布时拍照存档。（九）兑现补偿。对公示无异议的受补偿人应持本人身份证或户口册到银行领取，原则上不准代领。（十）专项设施拆迁。电力、电信等专项设施拆除按照文件执行。（十一）征用的地上附着物和房屋、专项设施的旧料由被征用的农户和单位自行处理。

四、征地补偿标准。根据土地管理法律法规规定，结合《昭通市人民政府办公室关于印发昭通市二级公路建设征地拆迁安置实施意见的通知》文件精神及昭巧二级公路建设涉及乡镇2006～2008年3年平均年产值，测算出昭巧二级公路征地补偿标准：（一）耕地。1. 水田征地补偿费25.5万元/公顷；2. 旱地征地补偿费22.5万元/公顷。（二）林地。1. 经济林征地补偿费9万元/公顷；2. 用材林征地补偿费为6万元/公顷；3. 灌木林征地补偿费1.5万元/公顷；4. 疏林地征地补偿费3万元/公顷。（三）宅基地征地补偿费25.5万元/公顷。（四）园地征地补偿费2.5万元/公顷。（五）荒山、荒地、其他未利用地。征地补偿费为6 000元/公顷。（六）临时用地。建设中临时用地，由用地单位向县国土资源局提出申请，按程序报批。临时用地补偿费（含土地复垦费和青苗补偿费），耕地按永久用地的50%给予补偿，其他地类据实补偿；临时用地后，不能再恢复为耕地的，按永久性建设征收土地处理。（七）设计变更征地。公路建设中设计变更而新占用的土地所涉及到新的被征地单位的补偿，一律参照本实施方案执行。

五、被征收土地附着物补偿标准。昭巧二级公路建设征用土地上的建筑物、构筑物、经济林木补偿标准根据建筑物、构筑物及经济林木的种类和大小定价给予补偿。

六、征地拆迁规模。(一)土地征收。根据昭巧二级公路设计图,土地征收按坡口、坡脚或排水沟外农耕区1米、非农耕区2米计算,鲁甸段建设共需征收土地约95.77公顷,其中旱地28.01公顷、林地10.02公顷、荒地30.19公顷、水田10.25公顷、鱼塘0.65公顷、宅基地1.44公顷、旧路15.2公顷;弃土场用地22.493公顷(其中水田0.027公顷、旱地4.3公顷、林地0.93公顷、荒地17.2公顷),其中可复垦7.53公顷、种树3.4公顷。其中石牛口至西门垭口段除已建成的鲁甸世纪大道1.7千米不涉及土地征收及公路建设外,石牛口至三角花园段需征收土地约17.75公顷,其中水田8.34公顷、旱地5.34公顷、鱼塘0.65公顷、宅基地0.087公顷,荒地0.84公顷、旧路2.5公顷。(二)建筑物拆迁。根据昭巧二级公路设计图,建筑物拆迁按坡口、坡脚或排水沟外农耕区1米、非农耕区2米计算,鲁甸段建设共需拆迁房屋约13 132平方米,其中砖混房3 939平方米、砖瓦房7 901平方米、土瓦房1 222平方米、简易石棉瓦房70平方米;砖围墙90米;场地571平方米;坟墓15座,其中石坟8座、土坟7座。其中石牛口至西门垭口段需拆迁房屋约1 350平方米,其中砖瓦房950平方米、土瓦房400平方米;砖围墙90米。(三)电力、电信设施搬迁。根据昭巧二级公路设计走向路线,电力、电信设施搬迁按坡口、坡脚或排水沟外农耕区1米、非农耕区2米计算,鲁甸段建设共需搬迁电杆约311根,其中电力电杆126根、电信电杆185根。其中石牛口至西门垭口段需搬迁电力电杆约43根、电信电杆63根。各项以实际征、拆实物量为准。

七、拆迁安置。(一)昭巧二级公路建设征用土地上的建筑物、基础设施、林木等,由县国土部门、土地所在乡镇人民政府、国土所到现场进行拆迁登记,林木登记,与产权人签订拆迁协议书,将结果报县领导组征地拆迁办公室核实无误后按照补偿标准兑付给产权人。(二)严格控制拆迁范围和拆迁面积,严禁借公路建设搭车拆迁。(三)各拆迁户在取得补偿费后限期内自行拆除所有地上附着物,逾期不拆除的由相关部门强行拆除,不得影响用地单位工程建设进程。(四)拆迁户新建房屋宅基地按有关规定报批,要本着不占或少占耕地的原则用非耕地建房。

八、资金管理和使用。(一)昭巧二级公路建设征地拆迁安置资金在县国土局设立专户,由县国土局审批使用。县国土局要严格财务管理,专款专用,不得将征地拆迁安置资金挪作他用;财务管理必须按会计核算制度进行管理,做到账实、账证、账账、账表相符,资料完整。(二)征地拆迁工作结束,经领导组办公室核实征地面积、拆迁面积、林木株数等后,及时足额将补偿费兑付给被征地拆迁户。

九、相关要求。(一)各乡镇必须高度重视公路建设征地拆迁安置工作,确保工作顺利推进、确保零上访。(二)机关单位要作出表率,无条件服从征地拆迁。(三)征地拆迁工作人员必须服从领导,工作期间,不得无顾请假,保证工作及时完成。(四)建设施工单位严禁与乡、村、组或农户私下交易用地,违者依法处理。(五)严禁优亲厚友,弄虚作假,违者依法、依规处理。(六)被征收土地涉及的村、组或农户,应积极配合昭巧二级公路建设征地拆迁工作,对不配合或阻挠征地拆迁的,依照《土地管理法》第二条和《土地管理法实施条例》第四十五条规定,由相关职能部门依法强制执行或申请人民法院强制执行。(七)征地过程中,工作人员对所征收地块要进行认真丈量、绘图、计算、登记、造册,每个工作环节业主单位、工作人员和主管领导要签字认可,补偿费用经审核公示一周后予以发放。(八)任何单位和个人不得从征地补偿费中提取任何费用,严禁将征地补偿费用挪作他用,违者严肃追究有关责任人的责任,决不姑息。(九)凡是昭巧二级公路建设初步设计后开垦的耕地、修建的建构筑物、种植的树木一律不予补偿。

十、未尽事宜由昭巧二级公路建设鲁甸段工作领导组征地拆迁办公室负责处理。

十一、本实施方案由昭巧二级公路建设鲁甸段工作领导组征地拆迁办公室负责解释。

【关于印发开展农村地区预防重特大交通事故专项整治工作方案的通知】 12月4日,县政府印发《鲁甸县开展农村地区预防重特大交通事故专项整治工作方案》。要求各乡镇人民政府,县直各办、局遵照执行。

【关于印发2010年新型农村合作医疗实施方案和2010年新型农村合作医疗实施细则的通知】 12月16日，县政府印发《鲁甸县2010年新型农村合作医疗实施方案》和《鲁甸县2010年新型农村合作医疗实施细则》。要求各乡镇人民政府，县直各办、局遵照执行。

【关于认真做好农村气象综合信息电子显示屏安装工作的通知】 12月20日，县政府拟在各乡镇及村安装农村气象综合信息电子显示屏。要求相关乡镇要落实1名领导，积极主动配合县气象局做好气象综合信息电子显示屏安装工作，对安装工作出现的各种困难和问题积极帮助解决，落实专人加强管理和维护，确保气象综合信息电子显示屏尽快投入使用，充分发挥好效益。

【关于印发农村小型水利工程管理体制改革实施方案的通知】 12月28日，县政府印发《鲁甸县农村小型水利工程管理体制改革实施方案》。要求各乡镇人民政府，县直各办、局认真贯彻执行。

【关于认真做好第六次全国人口普查的通知】 12月31日，县政府下发关于开展第六次全国人口普查有关事项的通知。一、指导思想和主要目的。(一)指导思想。(二)主要目的。查清10年来全县人口在数量、结构、分布和居住环境等方面变化情况。二、内容和时间。(一)内容。性别、年龄、民族、受教育程度、行业、职业、迁移流动、社会保障、婚姻生育、出生、死亡、住房情况等。(二)时间。2010年11月1日零时。三、组织和实施。四、依法普查，确保普查数据质量。

【关于做好十二五规划编制工作的通知】 12月31日，县政府印发《关于做好鲁甸县十二五规划编制工作的通知》。一、充分认识编制“十二五”规划的重大意义。二、编制规划的总体要求。三、编制规划的基本原则。四、编制规划的主要任务。五、编制规划的进度安排。

决 定

【关于表彰2008年度卫生工作目标责任制考核先进乡镇的决定】 3月6日，县政府决定对2008年度为鲁甸卫生事业发展作出积极贡献的6个乡镇进行表彰奖励。

一等奖：茨院乡人民政府(奖励5 000元)

二等奖：文屏镇人民政府(奖励3 500元)

梭山乡人民政府(奖励3 500元)

三等奖：江底乡人民政府(奖励2 500元)

桃源回族乡人民政府(奖励2 500元)

火德红乡人民政府(奖励2 500元)

【关于在全县乡级以上行政机关推行重大决策听证、重要事项公示、重点工作通报、政务信息查询四项制度的决定】 4月21日，县政府决定在全县乡级以上行政机关推行重大决策听证、重要事项公示、重点工作通报、政务信息查询的“阳光政府”四项制度。要求各乡镇人民政府，县直各办、局从4月17日起遵照执行。《决定》分为：一、重大决策听证制度。二、重要事项公示制度。三、重点工作通报制度。四、政务信息查询制度。(一)查询内容：1.《政府信息公开条例》规定应当公开的政府信息；2.行政机关服务承诺事项及其办理情况；3.群众关注和普遍需要了解的信息。(二)查询方式。各级行政机关应当通过为公众提供查询服务：1.“96128”政务信息电话专线；2.政府网站；3.各级政府政务服务窗口；4.档案馆(室)、公共图书馆(室)等场所设立的政府信息公告栏、电子信息屏等设施；5.信函、来访。(三)组织实施。1.设立“96128”政务信息电话专线。2.健全政务信息查询网络。3.提高政务信息查询服务质量。(四)管理与监督。1.县人民政府网络管理中心负责政务信息查询制度的推进工作。2.应用“96128”政务信息专线设立举报投诉业务，由县人民政府网络管理中心会同县监察局，受理群众针对政务信息查询提出的举报投诉并进行调查处理。3.组织特邀监察员，对各级行政机关开展政务信息查询工作的情况进行监督。

【关于龙树至梭山油路工程建设路面结构变更的决定】 4月29日，县政府根据3月18日县委、县政府龙树至梭山油路建设专题办公会议纪要精神，研究决定对龙树至梭山油路工程建设原设计路面结构进行变更。一、原设计路面结构层1cm稀浆封层和4cm中粒式沥青混凝土变更为4cm沥青混凝土+2.5细粒式沥青混凝土；水泥稳定层变更为级配碎石基层，变更厚度由设计单位根据相关标准换算决定。并由县交通局与设计单位协调完善变更设计报上级有关部门批准。二、变更部分增加的投资由县人民政府从地方财政资金中解决。三、工程招标开标时间根据变更设计完成情况顺延。

【关于表彰昆明医学院第一附属医院第四批赴鲁医疗队的决定】　5月13日，县政府决定表彰昆明医学院第一附属医院第四批赴鲁医疗队为“优秀医疗队”，张建华为“优秀医疗队长”，杨军、代蓉、许静、崔若玫4人为“优秀医疗队员”。

【关于把评选为首届昭通市十大名菜的乌蒙烤羊品牌授给县回民餐馆和鸿鹄休闲的决定】　5月17日，县政府决定把昭通市十大名菜“乌蒙烤羊”品牌授给县回民餐馆和鸿鹄休闲山庄。

【关于湖滨小区开发建设贷款质押有关问题的决定】　10月29日，县政府研究决定，拟将县城规划区已收储的20.53公顷土地，由县国土资源局土地储备交易中心划转县国有资产投资经营有限公司，用于对世纪大道两侧土地收储2 000万元贷款本息进行质押。有关事项决定如下：用于贷款质押的20.53公顷土地是经省国土资源厅标准农用地转用和土地征收，第一批次具体位置为世纪大道延长线10.07公顷，第二批次为太阳湖周围10.47公顷。第一批次具体位置为文屏镇文昌宫社区第8村民小组1.02190公顷保健社区第3村民小组3.4569公顷，第4村民小组2.1476公顷，民富社区第1村民小组1.8899公顷，联合村委会第14村民小组0.3422公顷，安阁村委会第25村民小组1.0332公顷；第二批次具体位置为文屏镇保健社区第4村民小组2.3574公顷，安阁村委会第25村民小组6.8985公顷，第26村民小组1.2159公顷。

一、用于贷款质押的20.53公顷土地计划于2010年进行商业开发，土地开发价款不得低于600万元/公顷。

二、县国有资产投资经营有限公司自发文之日起，拥有对用于质押的20.53公顷土地处置权，县国有资产投资经营有限公司根据县政府、县国土资源局要求对20.53公顷土地进行处置时，需预先征得质押权银行同意。处置所得收益由县国资公司与质押权银行协商决定。

三、县国土资源局要积极配合县国资公司和质押权贷款银行，办理用于贷款质押的20.53公顷土地登记手续。

四、县国有资产投资经营公司在质押权银行开设贷款项目偿债基金专户，由县财政局将贷款金额的10%作为本项目贷款的偿债基金。

【落实县城湖滨小区基础设施工程项目建设资金有关问题的决定】　10月29日，县政府常务会议研究决定：

一、县城湖滨小区基础设施工程项目，于2009年4月经县发展和改革局批准立项，是县城镇基础设施建设重点项目，按照国务院、省政府有关政策及要求，属于城镇基础设施公益性基本建设项目，应由财政安排资金投入。近年来市、县（市、区）财政安排支持资金逐年增加，但由于项目建设时间紧、一次性投入量大，地方财政短期内难以安排足够资金。为保证项目顺利进行，决定由县国有资产投资经营有限公司参与项目建设。

二、按照县城湖滨小区基础设施工程项目概算，总投资3 100万元，由县财政出资。鉴于县财政集中筹资有一定难度，县国有资产投资经营有限公司先向金融机构融资2 000万元。县政府将在每年度财政预算中安排财政资金对县国有资产投资经营有限公司补贴。其中贷款利息据实补贴，本金根据还款期内还款计划，2009～2010年，共安排专项资金2 000万元补贴，其中2010年2 000万元。经县第十四届人民代表大会常务委员会第十一次会议审议通过，财政局要切实做好资本金和补贴资金预算及拨付工作。

三、县国有资产投资经营有限公司参与项目建设，与县财政局、县城市建设领导组共同实施。县国有资产投资经营有限公司对财政投入资金和自身筹集参建资金，要严格按照政府工程项目建设程序进行管理和使用。

四、为保证县国有资产投资经营有限公司参与项目合理合规使用，由县政府与财政局、县城市建设领导组、贷款银行、县国有资产投资经营有限公司4方签订《县城湖滨小区基础设施工程项目建设资金使用管理协议》。财政部门一般应在贷款银行开立专用存款账户，以确保资金及时到位，专款专用。

五、县国有资产投资经营有限公司参与的项目建成竣工后的管理，按照政府公共项目管理规定执行。

六、县财政局、县城市建设领导组、中国农业发展银行昭通市分行、县国有资产投资经营有限公司等单位要加强协作，密切配合，确保县城湖滨小区基础设施工程项目顺利实施和规范管理。项目建设、管理和偿还参与建设资金等过程中遇到的问题，由县政府协调解决。

【县政府关于成立、调整领导组决定】 2009年，县政府决定成立、调整领导组。

1月6日，调整和充实全县森林防火指挥部成员。

1月14日，成立全县中低产田地改造工作领导小组。

1月21日，成立全县争取项目促进经济增长工作领导小组。

1月23日，成立全县家电下乡推广工作领导小组。

2月11日，成立县石漠化综合治理工作领导组。

2月12日，成立县基层医疗卫生服务体系建设项目领导组。

2月13日，成立实施党政"一把手"科技工程项目领导组。

2月18日，成立第二代残疾人证换发工作领导小组。

3月2日，成立永丰（昭通）至多乐（宣威）500kV输电线路工程鲁甸段建设协调领导组。

3月3日，调整充实全县推行行政执法责任制工作领导小组成员。

3月12日，成立县城市社区建设工作领导组，具体负责居民委员会成立和街道命名、更名等工作。

3月20日，成立县涉诉特殊困难群体执行救助金工作领导组。

3月23日，成立散居民族地区经济社会发展规划工作领导小组。

3月24日，成立县粮食清仓查库工作领导组。

3月24日，成立县实施阳光政府四项制度领导组。

3月30日，成立街道命名暨标志设置工作领导组。

3月30日，成立县资源税困难减免审批领导组。

4月8日，调整全县务工人员夜校试点培训领导组。

4月10日，成立县移民开发领导小组。

4月20日，调整充实全县整治违法排污企业保障群众健康环保专项行动领导小组。

4月21日，调整充实县地方病防治工作领导组。

4月23日，成立全县2007～2008年科技进步考核工作领导组。

4月25日，成立县政府信息公开网站保密信息清查工作领导组。

4月30日，调整县烟草专卖管理及"两烟"打假打私工作领导组。

5月19日，成立县鼓励创业"贷免扶补"工作领导小组。

5月19日，成立县农村现代流通体系建设工作领导小组。

5月20日，成立县城平安城市视频监控系统建设工作领导小组。

6月2日，成立县禁渔期管理工作领导小组。

6月4日，成立县电网建设改造工作领导小组。

6月9日，成立县项目前期工作领导组。

6月16日，调整充实县项目招标领导组。

7月14日，成立县成品油价格和税费改革工作领导小组。

7月21日，成立鲁甸县与会泽县行政区域界限联合检查领导组。

7月22日，成立农村小型水利工程管理体制改革工作领导小组。

8月7日，成立全县事业单位岗位设置管理工作领导组。

8月12日，成立全县事业单位实施绩效工资工作领导小组。

9月16日，调整全县甲型H1N1流感防控工资领导组。

9月29日，调整充实全县甲型H1N1流感防控工资领导组。

10月16日，调整充实全县防火安全委员会有关人员。

10月30日，成立全县农村危房改造建设工作领导小组。

11月20日，成立苗木籽种采购及劳务费核定工作领导小组。

12月8日，成全县农业机械购机补贴工作领导小组。

12月19日，成立220kV天花板水电站送出线路工程建设协调领导组，

12月26日，成立昭鲁城市走廊工程建设指挥部。

请 示

【请 示】 2月10日，县政府向市政府呈报《关于批准村民筹资筹劳及以资代劳标准的请示》。代劳标准：一、以2008年农民人均纯收入1 990元为依据，确定全县村民筹资每年每人不得超过19元。二、确定村民每年每个劳动力筹劳不得超过10个标准工日。三、根据2008年全县农民经济收入、农村用工价格等综合情况，确定以资代劳工价为每个标准工日45元（乡镇根据当地实际可在5元之内上下浮动）。

2月24日，县政府向市政府呈报《关于解决鲁甸县小寨乡和水磨镇各1台B超机的请示》。恳请市人民政府解决小寨乡和水磨镇卫生院B超机各1台。

2月26日，县政府向市政府呈报《请求帮助解决昭鲁城市连接走廊建设前期工作经费的请示》。走廊在鲁甸境内长5.783千米，建设投资为4.33亿元，需项目前期工作经费500万元。由于县内财政十分困难，经多方努力仅能自筹前期工作经费300万元，尚缺200万元。恳请市人民政府帮助解决前期工作经费200万元。

3月23日，县政府向市政府呈报《关于帮助转报鲁甸县农村劳动力转移培训补助资金的请示》。恳请市政府向省政府转报鲁甸县农村劳动力转移培训补助资金请示，帮助解决培训补助资金100万元。

3月23日，县政府向市政府呈报《关于帮助转报鲁甸县农村劳动力转移培训中心项目的请示》。恳请市政府向省政府转报鲁甸县农村劳动力转移培训中心项目的请示，帮助解决缺口资金500万元。

4月7日，县政府向市政府呈报《关于争取煤矿指标开采煤炭，解决边远贫困群众生产生活用煤难的请示》。恳请市人民政府帮助协调批给鲁甸县5对合法煤矿指标和办理相关手续。

4月7日，县政府向市政府呈报《关于请求帮助建立国有资产投融资经营公司的请示》。恳请市人民政府将鲁甸作为试点县，以市的名义注册投融资公司，帮助鲁甸搭建投融资平台。一、将县国有资产投资经营有限公司注消，由市政府帮助注册为市级投融资公司。二、现有国有资产投资经营有限公司注消后，其货币资本金和实物资本金一并划入新成立的市级公司，为提高新注册公司融资能力，恳请市政府帮助扩充货币资本金和实物资本金。三、公司运营采取：市监督、市承贷，县管理、县经营、县还贷方式运作。四、鲁甸将加大重大项目前期工作力度，做好项目包装、推介、宣传工作，遵守各项承诺。

4月9日，县政府向市政府呈报《关于启动昭鲁城市连接走廊前期工作的请示》。恳请市人民政府成立推动昭鲁城市连接走廊建设领导组，并帮助解决必要的前期工作经费。

4月14日，县政府向市政府呈报《关于帮助转报桃源回族乡“毒品重点整治乡”摘牌的请示》。恳请市人民政府帮助转报上级相关部门对鲁甸桃源乡毒品重点整治工作适时验收和摘牌。

4月14日，县政府向市政府呈报《关于江底、龙树乡申报市级“无毒乡”的请示》。恳请市人民政府对鲁甸江底、龙树乡创建市级“无毒乡”工作进行检查验收。

5月5日，县政府向市政府呈报《关于昭阳至鲁甸公路列入昭巧公路设计建设的请示》。恳请市政府将昭阳至鲁甸公路按一级公路等级列入昭巧二级公路设计建设。

5月5日，县政府向市政府呈报《关于帮助解决塘房至新河农村公路建设资金的请示》。恳请市人民政府帮助解决塘房至新河农村公路建设资金262万元（按国家四级公路20万/千米标准计算）。

5月5日，县政府向市政府呈报《关于帮助解决塘房村大桥至坡脚农村公路建设资金的请示》。恳请市人民政府帮助解决塘房村大桥至坡脚农村公路建设资金150万元（按国家四级公路20万/千米标准计算）。

5月11日，县政府向市政府呈报《关于帮助乐红乡卫生院配置1台B超机的请示》。恳请市政府帮助解决乐红乡卫生院B超机1台。

5月11日，县政府向市政府呈报《关于解决乐红乡5个村卫生室建设缺口资金的请示》。恳请市人民政府帮助解决乐红乡5个村卫生室建设缺口资金15万元。

5月12日，县政府向市政府呈报《关于解决龙头山镇卫生院建设缺口资金和5个村卫生室的请示》。恳请市人民政府帮助解决龙头山镇卫生院缺口资金13万元和建设光明村等5个村卫生室。

5月12日，县政府向市政府呈报《关于解决龙头山镇人口和计划生育工作经费的请示》。恳请市人民政府帮助解决龙头山镇人口和计划生育工作经费10万元。

5月12日，县政府向市政府呈报《关于请求帮助将鲁甸县政府系统档案局等10家事业单位列入参照公务员法管理的请示》。恳请市政府帮助将县档案局等10家事业单位列入参照公务员法管理。

5月22日，县政府向市政府呈报《关于解决建立流动人口信息化管理平台缺口资金的请示》。恳请市政府帮助解决建立流动人口信息化管理平台缺口资金20万元，将鲁甸作为全市建立流动人口乡镇信息化管理平台试点县。

6月1日，县政府向市政府呈报《关于镁银综合利用项目进行招商引资的请示》。恳请市政府批准作为2009年昆交会招商引资项目。

6月2日，县政府向市深化集体林权制度改革领导组呈报《关于深化集体林权制度主体改革检查验收的请示》。5月底全面完成集体林权制度主体改革任务。在乡级自查基础上，县深化集体林权制度改革领导组进行全县检查验收，对县、乡、村、组集体林权制度主体改革综合评定为优秀。提请市深化集体林权制度改革领导组检查验收。

6月8日，县政府向市政府呈报《关于请求帮助解决鲁甸县部分项目建设前期工作经费的请示》。恳请市人民政府帮助解决前期工作经费500万元。

6月15日，县政府向市政府呈报《关于预拨鲁甸县现代烟草农业示范区项目建设二期工程前期工作经费的请示》。恳请市人民政府安排市烟草公司按照5月21日会议确定内容，提前预拨工作经费60万元到鲁甸县烟草农业示范区项目建设指挥部专户。

6月27日，县政府向市政府呈报《帮助立项治理昭鲁河鲁甸段流域的请示》。恳请上级帮助立项治理昭鲁河鲁甸段流域。

7月8日，县政府向市政府呈报《请求投入昭通市昭投鲁甸开发投资有限公司注册资本金的请示》。县国有资产经营公司有注册资本金3 000万元，县政府划转国有单位经营性资产5 000万元。由于公司注册资本金规模小，承贷能力弱，恳请市政府批准将原昭通市开发投资公司借入鲁甸县国有资产投资经营有限公司的1 000万元作为新成立的昭通市昭投鲁甸开发投资有限公司实有注册资本金。连同县国有资产投资经营有限公司8 000万元，共9 000万元，一并划入新公司作为注册资本金。

7月8日，县政府向市政府呈报《请求批准实施调整后的茨院乡土地利用总体规划的请示》。恳请市人民政府批准实施局部调整后的《茨院乡土地利用总体规划》。

7月9日，县政府向市政府呈报《请求批准实施调整后的小寨乡土地利用总体规划的请示》。恳请市人民政府批准实施局部调整后的《小寨乡土地利用总体规划》。

7月14日，县政府向市政府呈报《关于帮助借款解决下官山水库建设项目前期工作经费的请示》。恳请市人民政府帮助借款解决下官山水库建设项目前期工作经费200万元，用于开展项目可研编制前期工作，鲁甸将积极筹措资金，3年内还清。

7月14日，县政府向市政府呈报《关于帮助借款解决江底至金阳大桥沿江公路建设项目前期工作经费的请示》。恳请市人民政府帮助借款解决江底至金阳大桥沿江公路建设项目前期工作经费200万元，用于开展项目规划和可研编制等前期工作，鲁甸将积极筹措资金，3年内还清。

7月14日，县政府向市政府呈报《关于上报云南省省级公益林生态效益补偿鲁甸县实施方案的请示》。恳请审核同意后，上报省人民政府相关部门审定。

7月14日，县政府向市政府呈报《关于全额兑现烟草系统化肥补贴的请示》。恳请市政府安排市烟草公司全额兑现补贴495万元。

7月24日，县政府向市政府呈报《关于请求批准实施调整后的文屏镇土地利用总体规划的请示》。恳请市人民政府转报省人民政府批准实施局部调整后的《文屏镇土地利用总体规划》。

9月4日，县政府向市政府呈报《关于小寨乡两基工作评估验收的请示》。恳请市政府对小寨乡“两基”工作进行复核评估。

9月4日，县政府向市政府呈报《关于请求复核评估普及九年义务教育和扫除青壮年文盲工作的请示》。恳请市政府对鲁甸县普及九年义务教育工作情况评估验收,对扫除青壮年文盲工作情况复核。

9月4日,县政府向省烟草公司呈报《关于帮助解决小寨乡烟叶基础设施建设所需资金的请示》。恳请省烟草公司帮助解决鲁甸现代烟草农业专项资金500万元,鲁甸将严格按照项目书规划和要求积极组织施工,确保项目早日发挥效益。

9月14日,县政府向市政府呈报《关于帮助解决鲁甸县县城供水工程缺口资金的请示》。项目已完成施工审查等前期工作,进入招投标程序,工程要求2009年10月开工建设,2010年10月竣工投入使用,工程建设时间紧、任务重,鲁甸财力十分困难,缺口资金无法解决,为确保工程建设按时、按质完成,特恳请市政府批准由市开投公司贷款2 000万元,帮助解决缺资金口问题,贷款本息由鲁甸县负责承贷承还。

9月14日,县政府向市政府呈报《关于宏鑫铅锌采选有限公司尾矿库安全隐患整改进行验收销号的请示》。云南昊龙实业集团宏鑫铅锌采选有限公司尾矿库安全隐患已整治完毕,通过安全现状评价。恳请市人民政府帮助申请省人民政府对云南昊龙实业集团宏鑫铅锌采选有限公司尾矿库安全隐患整改落实情况进行验收销号。

9月29日,县政府向市政府呈报《关于规划建设江底乡集镇高速公路综合服务区的请示》。江底区位优势特殊和便捷交通优势,拟在集镇位于高速公路一侧建设高速公路综合服务区。恳请市政府帮助向省交通主管部门协调批准开口建设江底潘寨高速公路综合服务区。

10月9日,县政府向市政府呈报《关于上报2009年度新增中央财政森林生态效益补偿资金实施方案的请示》。恳请审核同意后,上报省政府相关部门审定。

10月11日,县政府向市政府呈报《关于帮助解决合同内丰产烟叶收购机计划的请示》。恳请市政府帮助解决鲁甸县合同内丰产烟叶收购计划17.5万千克。

10月16日,县政府向市政府呈报《关于解决2009年冬春灾民生活救助资金1 001万元的请示》。为做好全县2009年冬春荒阶段灾民生产生活,县内筹措解决320.46万元,恳请市政府帮助解决2009年冬春荒生活救助资金1 001万元。

10月26日,县政府向市政府呈报《关于请求批准鲁甸县煤炭资源整合实施方案的请示》。恳请市政府审批。

11月3日,县政府向市政府呈报《关于申请延期借款的请示》。特向市政府申请延期款1 000万元,延期期限1年,(2009年10月至2010年10月)。

11月4日,县政府向市住房公积金管委会呈报《关于提高全县职工住房公积金缴存比例的请示》。恳请将鲁甸县地方行政事业单位的住房公积金缴存比例由现行的6%提高到10%,时间从2009年1月1日起开始执行。

11月6日,县政府向市政府呈报《关于帮助解决茨院工业园区用电困难的请示》。为确保园区内企业正常生产,力争完成全县工业经济发展目标,恳请市政府帮助解决园区每日70万千瓦时(3.4万千瓦负荷)用电需求。

11月18日,县政府向市政府呈报《关于拨付昭鲁渔洞大型灌区项目资金的请示》。请示市政府同意鲁甸按照昭鲁渔洞大型灌区管理局委托书中所明确的,将鲁甸现代烟草农业暨昭鲁渔洞大型灌区项目建设指挥部作为昭鲁渔洞大型灌区项目建设实施主体;同意昭通市昭鲁渔洞大型灌区管理局将昭鲁渔洞大型灌区(鲁甸灌区)项目资金直接拨入鲁甸现代烟草农业暨昭鲁渔洞大型灌区项目指挥部专户,由指挥部按工程进度拨付资金给施工方。

11月19日,县政府向市政府呈报《关于请求批复昭巧二级公路鲁甸段征地拆迁安置补偿实施方案的请示》。恳请求市政府批准。

11月20日,县政府向市政府呈报《关于请求审核批准鲁甸县2010年新型农村合作医疗实施方案的请示》。请求批转执行。

12月1日,县政府向市政府呈报《关于立项龙树至新街大修油路的请示》。恳请市政府帮助转报申请立项建设。

12月4日,县政府向市政府呈报《关于帮助解决鲁甸工业园区建设工作经费的请示》。恳请市政府帮助解决园区基础设施建设、环评等工作经费60万元。

12月6日,县政府向省交通运输厅《关于昭巧二级公路K9+000~K11+000段线路选定的请示》。恳请将该段维持原线路选线方案。

12月25日,县政府向市政府呈报《关于鲁甸县茨院—桃源土地开发项目区未利用地开发为耕地的请示》。恳请市政府批准茨院—桃源土地开发项目涉及的67.40公顷未利用地开发为耕地。

12月29日,县政府向市政府呈报《关于昭巧公路鲁甸段建设征地拆迁资金拨付的请示》。恳请市政府拨付专项资金41 184 154.55元。

报　告

【报　告】 2月20日,县政府向市政府呈报《关于化解农村义务教育债务情况的报告》。为加快全县农村义务教育债务化解工作步伐,按照国务院有关文件要求,力争用3年时间基本完成全县农村义务教育债务化解工作。一、农村义务教育债务现状。二、化解目标和原则。(一)目标。(二)原则。三、2008年度及以后年度化解化债资金筹措。(一)2008年全县用于农村义务教育债务资金1 239万元。其中中央及省补助化解义务教育"普九"债务专项资金556万元,县财政一般预算收入及新增财力安排500万元,农村税费改革转移支付资金用于教育的部分183万元。(二)今后将结合中央及省补助化解义务教育"普九"债务专项资金、农村税费改革转移支付资金和县本级财力,筹措资金做好债务化解工作,具体为2009年计划偿还债务867万元,2010年计划偿还债务897万元,实现3年全部化解农村义务教育债务的目标。四、具体措施。(一)加强组织领导。(二)强化工作职责。(三)建立债务销号制度。(四)严禁发生新的债务。(五)严肃工作纪律。(六)实行债务化解责任追究制度。五、化解方法和步骤。(一)清理锁定债务,审核确认落实债权人。按照中央和省确定的化债范围和规定的统计口径进行债务清理,对2005年12月31日前农村义务教育债务逐校逐笔进行审定,剔除不实债务,摸清欠债情况,锁定债务数额,建立农村义务教育债务台账和债权债务数据库,并录入电脑,实行动态管理。对2005年12月31日以后形成的债务不予认可。(二)接受社会监督。(三)建立台账和债权债务数据库。(四)建立健全债务监控体系。

3月30日,县政府向市政府呈报《昭通市牛栏江天花板水电站建设项目征地拆迁安置及履行征地程序等有关问题说明的报告》。一、征地基本情况。昭通市牛栏江天花板水电站建设拟征用鲁甸县龙头山镇银屏村上店子组,西屏村梁子上、老屋基组,龙井村鸡公山、大坝子、河头上、易家梁子、朱家塆子、赖石山组,八宝村天生桥组合计4个村委会10个村民小组集体土地75.6083公顷(其中农用地19.5434公顷,农用地中耕地10.5286公顷,林地9.0148公顷;建设用地0.0693公顷;未利用地55.9956公顷),占用国有未利用地32.3406公顷,共计征用土地107.9489公顷。根据龙头山镇现有土地利用数据和统计部门人口数据,按照占用耕地总数和人均占有耕地数测算,需征地补偿费383.1028万元,需安置农业人口132人,其中劳动力44人。二、征地补偿安置标准。通过对镇、村、组调查,按照《土地管理法》及有关规定,经测算,被征地村、组耕地(旱地)前3年平均年产值1.0667万元/公顷,土地补偿费按年产值的10倍计,安置补助费按8倍计,合计征地补偿费标准19.2万元/公顷;林地土地补偿费标准4.5万元/公顷;集体建设用地土地补偿费标准22.5万元/公顷;未利用地土地补偿费标准1.5万元/公顷,青苗补偿费0.6万元/公顷。按照上述标准测算,鲁甸县部分建设需征地补偿费383.1028万元。三、被征地农民安置方式。一是采用货币方式安置。二是采用调整农村承包地安置。被征地后需安置农业人口132人,其中劳动力44人,征地前人均耕地0.085公顷,征地后采用调整农村承包地的办法解决农民的生活问题。三是采用社会保险安置。四、征地程序。严格按照《土地管理法》及《云南省土地管理条例》规定执行,程序合法。五、对被征地农民后期扶持承诺。天花板水电站设计装机容量18万千瓦,总投资11.346 588亿元。根据《云南省发展和改革委员会关于昭通市牛栏江天花板水电站工程项目核准的批复》文件核准。鲁甸落实项目区失地、少地农民社会保障措施作如下承诺:(一)采取措施保障失地、少地农民利益。(二)认真落实失地、少地农民的社会保障措施。

4月10日,县政府向市政府呈报《关于退耕还林工程退耕地还林阶段性验收情况的报告》。根据省市有关文件精神2009年4月5~7日,对2004年度实施退耕地还林经济林进行全面、系统检查验收,完成退耕还林工程退耕地还林阶段性验收全面工作。

5月6日,县政府向市政府呈报《关于昆华化工厂污染纠纷的调查报告》。4月28日上午,县政府副县长白长早带领相关部门现场实地查看并安排县环保局联系市环境监测站及时取样化验,对厂内污染治理设施进行检查,尽快查清是否属于污染事故。县环保局环境执法监察大队立即对厂内污染治理设施及排污情况进行监察,结果表明:厂内排出的废水为乳白色且水量较大,直接排人农户水田中,在水田中为白色沉淀物、有的附在谷桩上成白色晶体状。调查认定:一是昆华化工厂没有按照环境影响评价要求和环保竣工验收意见对废水完全循环使用,废水外排。二是制酸车间硫酸有微量泄漏。县环保局下达限期整改通知,停产整改,禁止向外排放废水,10日内完成制酸车间管道硫酸微量泄漏整改。同时积极做好群众思想工作,广泛发动群众及时组织秧苗,千方百计确保大田满栽满插。

5月8日,县政府向市政府呈报《关于省审计厅新增扩大内需专项资金审计调查报告查出存在问题整改回复意见的报告》。4月13~14日,省审计厅新增扩大内需专项资金审计调查组一行5人,对鲁甸县新增扩大内需项目进行2天的就地审计调查。审计调查报告提出问题整改涉及3个部门。即:县建设局实施的廉租住房建设项目,县水利局实施的农村饮水安全项目和营盘小流域水土综合治理项目,县财政局管理的廉租住房部分建设资金和农村沼气建设资金拨付不及时和安排廉租住房未按国库集中支付制度直接拨付到项目单位问题。县委、县政府高度重视,对存在问题逐一分析、全面梳理、查找原因、深刻反思,及时整改。

5月20日,县政府向市政府呈报《关于散居民族地区经济社会发展五年规划的报告》。报告摘要如下:一、基本情况。二、指导思想。三、工作目标。四、规划内容。(一)农业经济社会发展规划。(二)交通发展规划。(三)整村推进扶贫项目规划。(四)中小学校舍建设工程中长期规划。(五)文化建设规划。(六)卫生建设规划。(七)林业经济社会发展规划。(八)农村科技推广人才培训规划。(九)2009~2013年农村电网规划。(十)饮用水规划。五、保障措施。六、效益。通过对全县民族地区基础设施、农田水利、科教文卫等建设,使少数民族地区的生活环境有所改变,经济收入得到提高,使"三通四有两达到"目标要求真正落到实处。

5月25日,县政府向市政府呈报《关于鲁甸县城镇居民基本医疗保险工作进展情况的报告》。

6月10日,县政府向省国土资源厅呈报《关于2009年度第一批次城镇建设用地征地补偿及人员安置情况的报告》。

6月10日,县政府向市粮食行政首长负责制考核工作小组呈报《2008年粮食行政首长负责制考核指标完成情况的自评报告》。

6月22日,县政府向市政府呈报《2009年度森林防火目标管理责任状执行情况的报告》。对2009年度森林防火工作实现森林火灾零事故报告。

9月4日,县政府向市政府呈报《关于小寨乡主要指标达标公示的情况报告》。

9月4日,县政府向市政府呈报《关于普及九年义务教育主要指标的达标情况报告》。根据"普九"评估验收法定程序要求,鲁甸于2009年8月16~30日将全县普及九年义务教育主要指标达标情况进行公示,公示期间,无任何举报。

9月4日,县政府向市政府呈报《关于普及九年义务教育扫除青壮年文盲的自查报告》。一、基本情况。二、主要做法与措施。(一)加强组织领导,狠抓责任落实。成立县乡"两基"工作领导组,制定《鲁甸县"两基"工作倒计时间表》,强势推进"两基"工作。(二)加大宣传力度,营造"攻坚"氛围。(三)加强学校基础设施建设,改善办学条件。2006~2009年中央、省、市对投入资金9 959.15万元,"苗圃"、"青基会"、"红十字会"等项目援助1 233.9万元,县级自筹资金1 337.5万元,累计投入12 530.55万元,用于学校基础设施建设和购置图书、教学仪器等。(四)狠抓"控辍保学",提高普及程度。一是各乡镇成立"普九"执法队,发放义务教育入学通知书,依法组织适龄少年儿童入学,把"控辍保学"纳入村规民约进行管理。二是组织公安、劳动、工商、司法、教育等部门,严厉打击非法使用童工行为,保证适龄少年儿童接受规定年限的义务教育。三是严把学籍、入学、休学、转学"四关"。学校与教师分别签订责任书,千方百计动员流失学生返校。四是严格实行政府、教育"两线四包"工作责任制,把"控辍保学"作为考核乡镇、村领导干部、校长和教师工作业绩的主要指标,分片包干包户到人,采取"四个一"捆绑模式,即由一名乡干部、一名村干部、一名组干部和一名教师对返校生进行管理,严格控制学生辍学,确保入学率和完学率达到验收要求。五是大力开展帮扶关爱活动。处级干部每人捐赠500元以上,科级领导干部每人捐赠200元以上,一般干部职工每人捐赠100元以上。鼓励企业单位和社会各界人士为"两基"攻坚捐资捐物。各乡镇采取"一对一"帮扶等形式资助贫困生。桃源、小寨等乡镇正科级领导干部每人帮扶3名贫困生,副科级干部每人帮扶2名贫困生,其他干部每人帮扶1名贫困生。乐红乡党委、政府和学校对50名返校生资助生活费6 000元;水磨镇为75名贫困返校生资助生活费6 000元;茨院乡茨院村“两委”筹集5 000元,对100名返校生每人50元生活补助;六是实施好“两免一补”政策,规范教育收费行为。从2007年秋季学期开始,全县义务教育阶段学生实现零收费。七是争取“苗圃行动”资助贫困中小学生6 595人,资助金达156.7万元。八是开展大学生助学活动。每年由全县干部职工捐赠每年工资总额的1%建立大学生助学基金,到2009年已资助贫困大学生1 166人,发放助学金483.71万元。(五)加强师资队伍建设,提高教师素质。(六)加强督查督办,严格责任追究。(七)强化学校常规管理,提升办学质量。(八)强化业务指导,严格规范建档。三、“两基”各项指标完成情况。(一)“普九”指标完成情况。1、普及程度。2、教师校长。3、教育质量。4、办学条件。5、教育经费。(二)“扫盲”指标完成情况。全县扫除青壮年文盲于2006年6月通过省政府评估验收。2007年以来,省、市投人“扫盲”经费31万元。近3年农民实用技术培训93 939开办扫盲班247个班,学员7 728人,考试脱盲7 428人;举办巩固提高班165个班,学员8 345人,现有青壮年人口230 899人,非文盲229 873人,非文盲率从省验收时的96.11%上升到99.56%,提高3.45个百分点。

10月26日,县政府向县人大常委会呈报《关于县城湖滨小区基础设施工程项目建设资金有关问题的报告》。

11月17日,县政府向市人民政府呈报《关于华富铁矿采矿项目水保和环境影响的情况报告》。采矿项目位于渔洞水库二级径流区域,项目采矿点3个。经调查组认真实地踏勘和现场论证,认定1个采矿点不可能造成猫鼻子水库水系水土流失和水环境污染;其余2个采矿点处在二级径流区域小分水岭,距离猫鼻子水库约3 000米,在严格执行专家论证审批后的水土保持方案,采取严格水土保护措施后,不会对渔洞水库和猫鼻子水库水系造成水土流失和水环境污染。华富铁矿已按调查组意见对水土保持方案可行性研究报告书和环境影响可行性研究报告书进行修改,项目水土保持方案可行性研究报告书和环境影响可行性研究报告书等待专家论证和评审。

11月18日,县政府向市商务局呈报《关于设立鲁甸县为云南省外派劳务基地县的报告》。

11月18日,县政府向市人民政府呈报《关于暂缓启动滴水海子水库项目建设的报告》。特恳请市人民政府批准暂缓建设,并相应作出项目调整。

11月18日,县政府向县人民代表大会常务委员会呈报《关于晏正权等9人任免职的提名报告》。

11月24日,县政府向市人民政府呈报《关于贯彻落实全市工业发展推进会议精神的情况报告》。

11月30日,县政府向市财政局呈报《鲁甸县2010年度农业综合开发渔洞灌区马铃薯基地中低产田地改造项目建议书的报告》。恳请批准立项建设。

11月30日,县政府向市财政局呈报《鲁甸县1万头种猪养殖示范项目可行性研究报告的报告》。恳请批准立项建设。

11月30日,县政府向市财政局呈报《鲁甸县2010年度农业综合开发干热河谷区优质无公害蔬菜基地中低产田地改造项目建议书的报告》。恳请批准立项建设。

12月11日,县政府向市人民政府呈报《关于鲁甸县土地利用总体规划修编(2006~2020年)前期专题研究初步审查报告》。

12月11日,县政府向市人民政府呈报《关于鲁甸县土地利用总体规划大纲(2006~2020年)初步审查报告》。

12月15日,县政府向市供电局《关于新建220kV鲁甸变电站的报告》。恳请市供电局在2010年度新建220kV鲁甸变电站。

12月29日,县政府向市粮食行政首长负责制考核领导小组呈报《关于鲁甸县粮食行政首长负责制考核的自评报告》。

12月30日,县政府向市人民政府呈报《关于2009年两基复查年审情况的报告》。

批 复

【批 复】 1月9日,县政府对县公安局《关于请求调整公用经费保障标准的请示》批复。经县政府会议研究决定。同意将你单位公用经费保障标准从1.91万元调整到2.41万元。你单位要严格按照公用经费管理和使用要求,确保所拨入经费用到实处。

3月2日，县政府对县水利局《关于猫鼻子、大岩脚两座水库工程管理体制改革实施方案的请示》批复。经县政府研究：一、同意两座水库工程管理体制改革实施方案。二、你单位要认真按照实施方案，认真开展好两座水库安全运行，充分发挥好水利工程的效益。

3月2日，县政府对县财政局《鲁甸县国有资产投资有限公司方案》批复。经县政府研究，同意按方案实施。

3月11日，县政府对县粮食局《关于协议转让原粮贸公司土地的请示》批复。经县政府研究：一、同意批准转让原粮贸公司土地，面积1 272.07平方米，转让单价为320元/平方米，转让价格共407 062.40元，使用期限为50年。二、土地转让款金额用于粮食系统支付企改缺口资金。三、你单位要按照政策规定，办理完善相关手续。

3月19日，县政府对县交通局《关于请求审批〈龙树至梭山通乡油路改造工程项目建设实施方案〉的请示》批复。经县政府研究：一、同意《实施方案》。二、你单位要积极配合做好工程招投标相关服务工作，确保工程尽快开工建设。

3月24日，县政府对县供电公司《关于解决35KV龙头山等变电站土地使用手续的请示》批复。经县政府研究：一、已批准投资建设的龙头山、铁厂、新街3座变电站用地手续由县国土局负责按规定办理。二、你公司要积极做好相关前期工作，确保工程尽快开工建设。

3月31日，县政府对县教育局《关于对农村义务教育学校实行"校财局管"的请示》批复。经县政府研究：一、原则同意你局实施方案，在全县义务教育阶段的学校实行"校财局管、校财校用"管理体制。一是在县教育局成立一级"教育会计核算中心"，负责对全县义务教育经费的核算、管理和监督；二是在县直中小学校、乡镇中学、中心小学设立二级"教育会计核算中心"，负责县直中小学校、乡镇中学和村完小学校教育经费的核算、管理和监督。三是县教育局在银行开设一个义务教育经费专户，各核算点在银行开设一个账户，用于办理财务收支；县直中小学校、乡镇中学、中心小学"教育会计核算中心"业务接受县教育局领导和县财政局监督指导。二、县教育局必须确保全县各中小学校义务教育保障经费及时足额到位，不得克扣、滞留、截留和挪用各中小学义务教育经费，确保农村中小学正常运转。三、财政、监察、审计等部门要加强对义务教育经费拨付、管理和使用情况进行监督检查，特别是县财政局要负责对全县各中小学义务教育保障经费审核监督，采取有效措施，确保管好用好各项资金。四、县教育局对各中小学义务教育经费的分配方案和重大项目支出，必须上报县义务教育领导组审批后执行。五、由县教育局牵头，县财政局参与制定完善相关管理制度，确保整个会计核算工作运作程序化、管理规范化、监督经常化，确保义务教育经费专款专用。六、严格落实义务教育经费管理责任制。县教育局长对一级"教育会计核算中心"教育经费管理负责。县直中小学、乡镇中学和村完小学校长对二级"教育会计核算中心"教育经费管理负责。对管理不到位、措施不力导致违纪违规使用教育经费行为，将严格追究相关责任人责任。

4月1日，县政府对县国投公司《关于请求划转单位资产的请示》批复。经县政府研究：一、同意将林业、农业、公安等部门闲置国有资产划转给你公司。二、你公司要积极完善相关手续，最大限度地盘活国有资产。

4月1日，县政府对县国投公司《关于出售政馨园综合用房的请示》批复。经县政府研究：一、同意将原属机关事务管理中心管理使用的政馨园综合用房以387.5万元价格出售。二、你公司要积极做好相关工作，有效盘活国有资产。

4月7日，县政府对县地税局《关于调配车辆的请示》批复。同意将县地税局车辆（云C44921）调配到县政府办使用。

4月23日，县政府对县移民开发办《库区和移民安置区2009年度基础设施建设和经济发展实施方案》批复。经县政府研究，同意你办所报方案，请认真组织实施。

4月29日，县政府对火德红乡人民政府《关于撤销机车、银厂两村渡口的请示》批复。经县政府研究：一、同意撤销机车村船边、董家树林和银厂村钱家坪子3处渡口。二、你乡要积极做好撤渡的各项善后工作。

5月5日，县政府对昭通高速公路路政大队《关于拨付工作经费的请示》批复。经县政府研究：一、同意划拨你大队实施行政处罚上缴款项数额的85%作为工作经费。二、你单位要切实加强经费管理，推进工作开展，有效治理违法行为，确保道路畅通和良好交通秩序。

5月13日,县政府对县教育局《关于中学布局调整规划的请示》批复。经县政府研究:一、按照上级要求和全县初中分布实际,原则同意你局调整规划,全县保留普通中学15所。二、你局要积极争取上级支持,加强学校基础设施建设,合理配置教育资源,推动教育事业健康、科学发展。

5月14日,县政府对县移民开发办《溪洛渡水电站鲁甸库区实物指标调查复核工作方案》批复。经县政府研究,同意你办所报方案,请认真组织实施。

5月18日,县政府对县教育局《关于普通中学总体规划方案的请示》批复。经县政府研究:一、按照上级要求和全县学龄人口变动情况,原则同意你局普通中学总体规划方案。二、你局要加强学校管理,积极争取上级支持,努力改善办学条件,提高教育教学水平,推动教育事业健康发展。

5月19日,县政府对县财政局《关于请求成立鲁甸县兴鲁融资担保有限公司的请示》批复。经县政府研究,同意你局成立鲁甸县兴鲁融资担保有限公司。一、公司注册资本金500万元,公司隶属于县国有资产投资经营有限公司。二、公司设董事会,成员为国资公司董事会成员,董事长由财政局长马良担任。三、公司不设监事会,监事由工商联副主席张国泽担任。四、公司工作人员8人,其中向外界聘请2名熟悉业务的管理人员,其余人员从国资公司人员中调配使用。五、公司属自主经营、自负盈亏、自担风险的法人实体。六、你局要按照有关规定,做好相关工作。

6月3日,县政府对县国土资源局《关于上报〈鲁甸县县级发证矿种资源整合方案〉的请示》批复:一、同意上报《整合方案》。二、你局要严格按照时间要求按时完成发证矿种资源整合工作。

6月5日,县政府对县审计局《关于划拨办公用房建设用地的请示》批复:一、同意将位于县城新区卧龙山国有土地划拨0.1公顷给你局用于办公用房建设。二、你局要积极与县建设、国土等部门协调办理完善相关手续,确保工程尽早开工。

6月5日,县政府对县公安局《关于拟报县重点单位的请示》批复:一、同意将你局拟定的县委、政府等42个单位列为重点治安保卫单位;二、同意按程序组织上报。

6月8日,县政府对县消防大队《关于请求解决综合训练场用地的请示》批复:一、同意将位于县城新区卧龙山国有土地划拨2 000平方米给你大队用于综合训练场建设。二、你大队要积极与县建设、国土等部门协调办理完善相关手续,确保工程尽早开工。

6月15日,县政府对云南滇能牛栏江水电开发有限公司《关于天花板水电站220kV输电线路工程(鲁甸境内)路径走向的请示》批复:一、原则同意你公司天花板水电站输电线路220kV送出工程路径走向。二、你公司要严格按照路径走向图施工,妥善处理好土地征用和地面附着物补偿等事宜。

6月18日,县政府对县国土资源局《关于上报鲁甸县矿业权实地核查工作经费意见的请示》批复:一、原则同意你局矿业权核查工作经费由各矿业权业主承担的方案。二、你局要积极做好矿业权核查相关工作,为矿产资源管理提供更为科学的管理依据。

6月30日,县政府对县国土资源局《关于江底乡土地整理项目区内未利用地开发为耕地的请示》批复:一、原则同意江底乡土地整理项目区内28.85公顷未利用土地开发为耕地,但必须符合县、乡两级土地利用总体规划和土地开发整理专项规划。二、你局要尽快备齐有关资料,及时上报上级国土资源部门批准实施。

6月30日,县政府对县国土资源局《关于小寨—龙头山土地整理项目区内未利用地开发为耕地的请示》批复:一、原则同意小寨—龙头山土地整理项目区内57.15公顷未利用土地开发为耕地,但必须符合县、乡两级土地利用总体规划和土地开发整理专项规划。二、你局要尽快备齐有关资料,及时上报上级国土资源部门批准实施。

7月14日,县政府对县工商联《关于出售工商联商铺及办理相关手续的请示》批复:一、由县财政局将工商联商铺楼按规定公开处置,处置资金经县财政局审核报县政府批准后划拨县工商联用于支付修建款;二、由县国土局负责帮助划分工商联办公楼与商铺楼土地使用权并办理手续;三、由县建设局负责帮助办理出售商铺楼的房屋产权证等相关手续。

7月20日,县政府对县农村人力资源开发办《鲁甸县2009年贫困地区农村劳动力转移培训项目实施方案的请示》批复:一、原则同意你办实施方案。二、方案中工作目标任务,培训补助金额调整,需请示上级主管部门同意。三、你办要严格按照上级要求,认真开展好培训工作,加强资金监管,培训出特色,确保资金使用发挥最大效益。

8月20日,县政府对县移民开发办《关于大中型水库库区和移民安置区后期扶持项目规划实施方案的请示》批复:一、原则同意《实施方案》。二、你办要积极协调上级有关部门,争取早日下达资金,严格按照项目规划实施方案组织实施。

8月24日,县政府对县农业局、财政局《关于村级会计委托代理服务中心开设银行账户的请示》批复:一、同意在金融机构开设12个乡镇村级会计委托代理服务中心银行账户。二、县农业局、财政局要负责按开设银行账户管理有关规定,做好工作。

9月11日,县政府对龙头山镇人民政府报送《关于集镇周边饮用水交由县给排水公司管理的请示》批复:一、同意将你镇集镇及周边饮用水交由县给排水公司经营管理。二、你镇要积极协调联系,做好交接手续和相关服务工作。三、县给排水公司接管后要加强管理,保证正常有效服务当地群众。

9月17日,县政府对县财政局《关于请求处置鸭子塘落水洞砖瓦厂土地的请示》批复:一、同意鸭子塘落水洞砖瓦厂资产以109万元整体处置给昊龙集团公司;二、处置资金用于冲抵县政府所欠昊龙集团公司欠款;三、你局须按相关规定与昊龙集团公司完善相关手续。

9月17日,县政府对县财政局《关于请求处置原马家塆小学闲置资产的请示》批复:一、同意以290万元底价按规定程序公开处置原马家塆小学经评估的闲置资产;二、处置所得收益由你局严格按照资金管理要求加强管理。

9月17日,县政府对县国资公司《关于请求追加注册资本金的请示》批复:一、同意将国资公司注册资本金规模提高到8 000万元;二、同意把划转国有资产所评估价为5 000万元的资产增加注册资本金;三、国资公司加强经营管理,提高融资能力,为全县重点建设和关键项目提供融资服务。

9月22日,县政府对县交通局《关于请求以工代赈项目火德红南筐片区小型基础设施道路工程建设不进行招投标的请示》批复:一、原则同意以工代赈项目火德红乡南筐片区小型基础设施道路工程建设不进行招投标。二、你局要切实加强管理,确保工程进度和质量,确保资金安全并100%投入工程建设。

9月22日,县政府对云南省水务投资有限公司《关于成立鲁甸县水务产业投资有限公司的请示》批复:一、同意成立县水务产业投资有限公司,注册本金600万元,以现金方式出资。二、原则同意《鲁甸县水务产业投资有限公司组建方案》。三、请你公司抓紧办理工商登记等相关手续,严格按照《公司法》、《公司登记管理条例》等有关法律法规,建立现代企业制度,完善法人治理结构,规范运作,促进城市供排水事业健康、平稳和可持续发展。

10月13日,县政府对县发展和改革局《关于调整和制定县城排供水价格的请示》批复:一、同意你单位转报《鲁甸县给排水公司关于调整县城供水价格的请示》。二、你单位要积极帮助指导好县给排水公司做好供排水价格听证相关工作。

10月13日,县政府对县建设局《关于县城太阳湖核心商业区银海湾财富中心规划审查意见的报告》批复:一、原则同意县城太阳湖核心商业区银海湾财富中心规划。二、相关部门要会同开发商在单体规划中再细化,进一步完善规划,确保项目建设快速有序推进。

10月13日,县政府对县教育局《关于校舍安全建设工程规划的请示》批复:一、同意你单位对全县校舍安全建设工程规划。二、你单位要积极与上级主管部门联系,并及时上报。

10月19日,县政府对县人事和劳动社会保障局《关于在信用联社开设离退休人员养老金账户的请示》批复:一、同意你单位在县信用联社增设代发养老金账户。二、你单位要尽快完善相关手续,确保离退休人员养老金如其发放。

10月25日,县政府对县发展和改革局《关于关于召开调整县城供水价格听证的请示》批复:一、同意你单位组织召开调整县城供水价格听证会。二、你单位要积极与县政府法制办取得联系,严格按照阳光政府四项制度有关规定组织召开听证会。

10月26日,县政府对县国土资源局《关于江底乡水塘村土地整理项目验收的请示》批复:一、根据验收组意见,原则同意江底乡水塘村土地整理项目通过竣工验收。二、项目所建设的农田水利工程,由你局负责按照相关规定移交乡村两级管护和使用,确保工程项目发挥最大效益。

10月27日,县政府对县法院《关于修建龙头山、茨院中心法庭的请示》批复:一、同意划拨1 320平方米土地用于建设龙头山中心法庭,划拨1 419

平方米土地用于改建茨院中心法庭。同时配套资金20万元用于龙头山和茨院中心法庭建设。二、你院要积极协调有关部门完善相关手续，尽快启动建设，确保工程早日投入使用。

10月28日，县政府对县国资公司《关于请求将全县矿产资源收益划归国有资产投资经营有限公司管理的请示》批复：一、同意将全县矿产资源收益划归国有资产投资经营有限公司管理经营，并进行融资和开发；二、国资公司要严格按照国家相关政策和县政府拟定的矿产资源管理标准进行开发经营，提高融资能力，为全县重点工程和关键项目建设提供融资服务。

11月4日，县政府对县综改办《关于实施2009年度第一批村级公益事业建设一事一议财政奖补项目的请示》批复：一、同意将你单位上报的12个乡镇69个村级公益事业建设纳入全县2009年度第一批村级公益事业建设一事一议财政奖补项目实施。二、你单位要认真组织，精心安排，确保项目实施取得圆满成功。

12月8日，县政府对县国有资产投资经营有限公司《关于请求批准将全县行政事业单位土地房屋所有权划归县国投公司的请示》批复：一、同意将全县行政事业单位土地、房屋所有权划归你公司作为固定资产。二、土地、房屋使用权、管理权仍属于各单位管理使用。三、你公司要按照规定，做好相关工作，确保资产运营发挥最大效益。

12月24日，县政府对园区管委会《关于请求批准设立招商引资专户的请示》批复：一、同意你单位开设招商引资资金专户；二、你单位要健全财务制度，严格按照财务规定加强资金管理。

12月25日，县政府对县国土局《关于云南爱地矿业有限公司鲁甸公司耐火砖页岩划定矿区范围的请示》批复：同意申报设置云南爱地矿业有限公司鲁甸公司水磨拖麻耐火砖页岩矿区采矿证1个，矿区划定面积1.875平方千米。

会议纪要

【城镇建设办公会议纪要】　1月12日，县政府召开城镇建设办公会议，专题研究城镇建设用地储备相关事宜。会议听取县城镇建设领导组关于新区二期开发征地用地情况汇报。

会议决定：一、新区二期开发遗留土地全部划归土地储备交易中心收储，由县城镇建设领导组负责落实，在1周内完成移交手续。二、从现在起，城镇建设土地征收不再划拨门面（世纪大道延长线右侧及太阳湖附近原已划拨土地除外），征地价格由县国土局牵头，相关部门配合，分等级研究，报县城镇建设领导组审核后由县委、县政府专题办公会议确定。凡属新征收的城镇建设用地，由县国资公司出资收储，收储平均价格为627万元/公顷。土地储备运营收益除应上缴上级财政及须提取资金外，全部投入城镇建设。三、新增城镇建设用地由县财政安排每公顷7.5万元征地工作经费，由县国土局委托文屏镇组织征收。四、从现在起，所有城镇建设用地，由县国资公司和国土局严格按相关程序公开出让，禁止将经营性用地、住宅用地等法律规定必须以招拍方式供应的土地采用划拨方式供地，谁违规，谁负责。

【永丰（昭通）—多乐（宣威）500kV输电线路工程鲁甸段建设协调会议纪要】　2月25日，县政府在综合办公楼十楼会议室召开永丰（昭通）—多乐（宣威）500kV输电线路工程鲁甸段建设协调会议，会议由县政府副调研员曹继友主持，县政协主席、县新型工业化领导组组长保明康出席会议并讲话；县政府办、国土局、林业局、公安局等部门领导和云南电网建设分公司、云南电力建设监理有限公司、黑龙江送变电工程公司项目部负责人参加会议。会议听取云南电网建设分公司关于500kV线路工程概况介绍，研究工程建设中涉及土地征占用、林木砍伐、青苗补偿、房屋拆迁安置、大件运输、治安、水保等问题。

会议决定：一、提高认识、加强领导，全力以赴做好各项工作。永丰—多乐500kV输电线路工程是云南省“十一五”期间电网建设重点工程。成立永丰—多乐500kV输电线路工程鲁甸段建设协调领导组，县政协主席、县新型工业化领导组组长保明康任组长，县政府副调研员、县新型工业化领导组副组长曹继友任副组长，相关部门负责人为成员，桃源、江底两乡成立以乡长为组长的协调领导小组，广泛宣传动员，营造良好施工环境，树立鲁甸良好形象。二、讲政治、顾大局，认真做好服务工作。县国土局、林业局、桃源乡、江底乡要做好工程建设土地征用、作物损坏、林木砍伐、房屋拆迁安置等事项的手续办理、标准确定、补（赔）偿款兑付；县交通局、交警大队要确保工程施工期间道路畅通工作,保证大件器材、超宽超长材料运输安全;县公安局做好预防和打击涉及工程的各类违法犯罪活动,严格炸材审批和管理;县安监局、环保局、水利局、建设局等各单位在工程建设中切实加强行业监管和指导,积极主动做好服务工作。三、加强沟通协作、严格施工,安全高效优质完成工程建设。

【城市标准地名标志设置工作会议纪要】 3月10日,县政府召开全县城市标准地名标志设置工作会议。县委常委、县政府副县长铁朝曙主持。会议听取相关部门对城市标准地名标志设置工作情况汇报,与会领导充分发言。

会议决定:一、城市标准地名标志牌安装设置由昭通圣晖铁艺装饰工程有限公司全额投资。制作、安装、维护、管理由该公司负责,在地名标志牌上特设有灯箱广告位,由该公司全权经营管理,以达到以牌养牌目的。经营期限15年,经营期满后无尝移交民政局管理使用。二、民政局负责街道命名和门牌制作;文屏镇负责街道住户统计;公安局负责新城户登记。三、昭通圣晖铁艺装饰工程有限公司向县政府及民政局提供标准地名标志牌图样及施工方案,经相关部门审查确定后制作安装。四、由于工程属城市基础设施建设及城市亮化工程,地名标志牌广告灯箱所需照明电路由建设局负责,电力公司协助接通。经营期内,广告灯箱内安装定时开关,所耗电费按城市照明标准计价,由建设局代收。五、其他相关规费税收按《昭通市标准地名标志设置工作实施方案》文件执行。免除该公司经营期内所有城建费、户外广告管理费、发布费、工商管理费、税费等。六、县委政府需做公益广告宣传时,公司有义务按政府要求做社会公益宣传,每期时间不能超过30天,超出部分由政府向该公司给以一定经济补赏。政府公益宣传所需宣传图案、喷绘布由政府提供。七、地名标志牌广告灯箱广告发布内容必须符合国家广告法及其他有关的法律规定。

【太阳湖环湖核心区域整体开发会议纪要】 4月7日,县人民政府、文山盛林房地产开发有限公司关于太阳湖环湖核心区域整体开发洽谈会议在鲁甸县城召开。会议由县长保剑主持。县人大常委会主任、县城市建设领导组组长雷选忠,县人大常委会副主任、县国资公司总经理马梅,副县长白长早及县内相关部门负责人、文山盛林房地产开发有限公司总经理李康林、副总经理陈富权等参加会议。就太阳湖环湖核心区域整体开发合作事宜进行洽谈,达成合作共识。

会议决定:一、县政府严格按照法定程序,通过招拍挂将太阳湖环湖区域约6公顷建设用地整体出让,文山盛林房地产开发有限公司按程序参与竞标,若文山盛林房地产开发有限公司中标,则按照县政府要求整体开发建设。二、出让用地挂牌起价按建设用地开发用途分类。即:1. 从文屏镇烟叶站进场路至假山口入湖路临沙滩区域(环湖路进深25米左右)的0.93公顷(A区),从假山对面樱花长廊与假山口入湖路之间的1.22公顷(B区),临鸣楼村庄处与世纪大道接壤的三面临街用地0.62公顷(C区),从临鸣楼公厕至接壤C区进深30米以内的1公顷(D1区),共3.77公顷,挂牌起价为675万元/公顷。2. 从临鸣楼公厕至接壤C区进深30米以外的(D1区后侧)按315万元/公顷挂牌起价,已征用面积约2.2公顷。3. 上孤岛拱桥前临环湖路两侧0.09公顷建设用地,按总价120万元整体起价挂牌。4. 以上用地出让单价为法定程序挂牌起价,挂牌过程中,以实际竞标竞得价成交确定。三、若文山盛林房地产开发有限公司在公开竞标后中标,必须尽快为开发用地建设项目详细规划,清晰表达各宗用地详细建设项目内容,开发详规经县政府审批后开发建设。文山盛林房地产开发有限公司开发规划整体格调必须与太阳湖水体等开发相对协调一致,不能出现大的视角反差,做到和谐、优美、统一。四、若文山盛林房地产开发有限公司在公开竞标后中标,县政府尽快与公司办理供地程序,公司确保2009年6月初开工,两年内基本完成开发建设,两年内不完成项目主体工程建设的用地,县政府收回后另行出让开发,一切损失及责任后果由文山盛林房地产开发有限公司承担。五、若文山盛林房地产开发有限公司在公开竞标后中标,不按照县政府规划建设,县政府将冻结使用权转让,不办理土地使用证等相关手续。六、文山盛林房地产开发有限公司中标整体开发后,太阳湖湖面及其他公共基础设施所有权属县政府,经营使用权属文山盛林房地产开发有限公司,首期约定文山盛林房地产开发有限公司使用经营年限为10年,期满后优先该公司另行协商约定。公司在经营使用过程中,负责湖面、环湖路区域卫生保洁、绿化维护、设施管理和秩序维护,鲁甸承担公共设施用电费用。太阳湖湖面经营禁止一切机动设施运行，防止湖水污染，影响生态。七、若文山盛林房地产开发有限公司在公开竞标后中标，县政府将给予优惠政策：（一）在公司开发建设期间，免除一切县级部门收费，需上报处理的收费事项，由鲁甸负责上缴处理。（二）建设开发期间一切税收依法征收，建成后商业区经营前3年，实行先依法征收后，由县财政负责返还给纳税人。（三）供地使用年限按照土地不同用途法定最高年限签订。（四）购买该公司所开发物业的业主，经本人申请后，由鲁甸负责办理县城落户手续，户籍管理部门只收工本费。经营户子女就读享受本地户口待遇。（五）供地确定后，公司一次性支付用地出让款，出让金进入县指定账户后，鲁甸可以借支总价款的30%给乙方作为项目建设开发周转资金。八、文山盛林房地产开发有限公司向鲁甸交纳保证金100万元。若鲁甸违反双方协议约定，按公司交纳保证金总额两倍以上赔偿；若公司违约，鲁甸扣留公司所交保证金作为赔偿。

【昆华化工厂污水泄漏事故现场办公会议纪要】 5月7日，县政协主席、县新型工业化领导组组长保明康、县政府副县长白长早带领县环保、农业等部门负责人及茨院乡党委、政府主要领导，到昆华化工厂针对化工厂污水泄漏事故进行现场办公。

自4月25日茨院乡沿闸村群众反映昆华化工厂周边近7公顷小秧出现变黄枯死现象以来，各级各部门高度重视，及时深入实地察看，积极组织开展相关工作。及时向上级有关部门汇报，对水质取样化验。积极正面引导，全力做好群众思想工作，调集渔洞南干渠水源对污染水体稀释置换，向周边乡镇协调联系秧苗，确保大田栽插和社会稳定。由于反映迅速、行动敏捷、应对积极，工作卓有成效。据市环境监测站4月28日、5月1日两次水样监测结果显示：昆华化工厂周边水体中，PH值偏高、氟化物和砷含量超标，已形成工业污染。各级各有关部门吸取阳宗海水污染事件教训，采取有力的措施，对事故进行妥善处理，确保社会稳定。

会议决定：一、由县环保局负责立即对昆华化工厂下达停产整改通知，整改后经市、县环保部门组织验收通过方能恢复生产。二、由县农业局负责对昆华化工厂周边污染土壤立即取样送检，尽快拿出结果，界定污染范围及对农作物种植的影响，为妥善处理事故提供科学依据。三、由茨院乡负责做好群众思想工作，继续调集渔洞水库南干渠水源稀释置换，尽快从周边乡镇协调组织秧苗，以满足大田栽插需求，最大限度降低群众损失。四、具体赔偿事宜待污染范围界定后，再行处理。

5月27日，第二次召开昆华化工厂污水泄漏事故现场办公会。副县长白长早主持会议并讲话，县环保、农业等相关部门负责人及茨院乡主要领导参加会议。会议听取县农业局关于昆华厂周边土壤化验结果的通报，与会领导作了发言。纪要如下：

根据昆华化工厂周边污染土壤取样（从出水口处自上而下依次为第1、2、4样点，第3个样点为未受污染参照点）送检结果显示：第1、2个样点土壤呈弱酸性，砷（As）、汞（Hg）、镉（Cd）、铅（Pb）等重金属含量均不同程度超标；第4个样点砷、汞、镉含量比参照点（第3个样点）略低，但铅含量接近第1个样点数值。经县农业局组织技术人员查阅有关资料表明，昆华化工厂周边污染土壤重金属含量虽然超标，但未达到水稻生长临界值，重金属在果实上不富积，只对产量有一定影响。通过采取换土、深翻等措施，2～3年后可恢复污染范围内的土壤特性。

会议决定：一、对重金属超标受影响的第1、2、4个样点涉及区域，到收割期和其他地块水稻产量对比测评后，再行处理。期间，县农业局负责加强技术指导；茨院乡负责加强正面引导，做好群众工作。二、大田栽插结束后，茨院乡负责对前期组织群众购买秧苗的费用实事求是统计，并主动和企业对接，按"公开、公平、公正、群众公认"原则对群众补偿。三、相关部门必须加强对昆华化工厂及其周边企业环境监管监测力度。县环保局负责对鸿鹄编织袋厂排放废水取样化验，县农业局负责对该厂排放废水流经区域土壤取样化验。四、水稻收割后，茨院乡负责对受污染区域水稻秸杆集中处理，禁止还田和用于饲料。同时，对受污染地块逐年深翻，力争2～3年后恢复土壤特性。五、县环保局负责对昆华化工厂整改情况及时向市环保局汇报，组织人员现场检查验收合格后按相关规定恢复生产。昆华化工厂加强管理，工业废气、生活污水必须达标排放，工业废水禁止向外排放。

【甲型H1N1流感防控工作现场办公会议纪要】 5月11日，县政府在县人民医院办公楼三楼会议室召开甲型H1N1流感防控工作现场办公会，安排部署全县甲型 H1N1 流感防控工作。会议由副县长赵萍主持,县委宣传部,发改局、经贸局、教育局、公安局、财政局、交通局、卫生局、农业局、畜牧局、广电局、旅游局、工商局、食药监局、质监局、县人民医院负责人及专家医生参加会议,会议传达贯彻《云南省办公厅关于切实加强人感染猪流感防控工作的紧急通知》和高峰副省长主持召开的加强人感染猪流感防控工作专题会议纪要精神,听取卫生、教育、工商、质监、畜牧、旅游等部门开展甲型 HlNl 流感防控工作汇报。

会议决定:一、调整充实县甲型 H1N1 流感防控工作领导组。二、进一步建立和完善防控措施。三、全力做好监测防控工作。四、充分做好物资储备。五、加强宣传教育和信息公开。

【农村公路管理养护体制改革工作会议纪要】 5 月 14 日,县政府召开专题办公会议,进一步研究全县农村公路管理养护体制改革工作。会议由副县长白长早主持。县长保剑出席会议并讲话。会议听取县交通局关于农村公路管理养护体制改革实施方案情况汇报,与会领导充分发言。

会议决定:一、关于体制机制问题。实行管护分离,行政管理职能和公司化并行运行的体制机制。一是行政职能管理机构:县级成立交通局公路养护管理段,乡级成立公路养护管理所,村(居)委会设公路养护协管员(由村干部兼任)。二是养护单位:成立县公路养护有限公司,公司实行自主经营、自负盈亏,财政不给予补助。交通局要尽量在政策上给予倾斜,在符合相关程序基础上,大力支持公司发展。三是职能职责:充分发挥政府宏观调控和市场调剂"两只手"作用,依照相关法律法规和政策及全县实际,明确行政管理机构职能职责,制定相应考核办法,严格奖惩。同时,按照《公司法》有关规定完善以县公路养护公司法人代表为主的公司管理机制,实行市场化运作,并对施工过程严格考核,严格奖惩。由县交通局具体负责。二、关于机构和编制问题。"县地方公路管理段"由股所级升格为副科级单位,隶属县交通局,内设办公室、工程技术统计室、路政管理大队;段领导设一正二副 3 名,办公室 5 名(其中会计、出纳各 1 名),工程技术统计室 12 名,路政大队执法人员 12 名,合计 32 名;段长为副科级,可由事业人员担任,但身份不变,由县交通局按相关程序内部调节安排。三、关于保障问题。县地方公路管理段人员纳入财政供养;养护资金除省、市配套资金外,2009 年县财政配套 60 万元,以后根据地方财政状况适当增加。通乡油路纳人县级养护管理,县级按比例统筹一定养护资金用于保障全县重点公路养护,其余部分由县交通局制定具体标准报县政府分管领导审批后分配至各乡镇。四、关于时间要求。县交通局尽快修改完善《农村公路管理养护体制改革实施方案》,报县政府审定后执行,确保 2009 年 6 月 15 日前完成实质性改革内容。

【道路交通安全联席会议纪要】 5 月 18 日,县政府在一楼视频会议室召开全县道路交通安全联席会议,县政府县长保剑主持会议,县安委会各成员单位主要负责人参加会议。会议听取县政府白副县长对道路交通安全情况通报,分析面临的道路交通安全形势,指出全县道路交通管理工作存在的薄弱环节,并就认真贯彻落实全市安全生产紧急视频会议精神,对下步工作进行安排部署。

会议决定:一、各乡镇党委、政府,县安委会各成员单位要全面排查治理辖区道路交通安全隐患,切实消除盲点,并于 5 月 28 日前将排查治理情况报县安委会办公室。二、全县各级各有关部门要切实落实机动车辆源头管理和路面监控各项措施;要从严查处客运车辆超员、货运车辆违法载人和无证驾车、驾无牌证车、超速、疲劳驾驶、酒后驾驶等严重交通违法行为,净化全县道路交通环境。三、要采取多种形式进行道路交通安全宣传,努力提高广大人民群众道路交通安全意识。四、开展道路交通安全管理工作中,要依法行政,规范执法,文明执勤,树立良好形象。

【平安城市视频监控系统建设工作会议纪要】 5 月 27 日上午,县政府副县长王文生主持召开全县平安城市视频监控系统建设工作会议,县公安局、交警大队、建设局、电信公司等部门负责人参加会议。

会议决定:一、作为承建方的县电信公司在安装过程中对城市基础设施造成损毁,要严格按照城市建设管理要求,从工程款中缴纳 2 万元工程保证金给县建设局,保证在工程验收前高质量、高标准地恢复城市设施,由县建设局和相关部门验收合格后全额退还给县电信公司。二、县建设局要加大对县电信公司因施工造成的破坏恢复技术支持和现场指导力度，同时组织相关部门对县电信公司恢复重建工作组织验收，对验收不合格的损毁设施要责成县电信公司重新恢复重建或组织有关部门恢复，恢复所需费用从县电信公司缴纳工程保证金中扣缴。三、县交警大队要加大对施工路面特别是对人行道路面施工的交通秩序管控，设置相应安全标志，确保过往行人安全和交通秩序良好。

【渔洞水库径流区龙树河流域环境保护工作现场办公会议纪要】　6月4日，县政府副县长白长早在龙树乡主持召开渔洞水库径流区龙树河流域环境保护工作现场办公会，市环保局环境监察支队和县公安、国土、环保等部门负责人及龙树、新街、水磨3个乡镇主要领导参加会议。会议听取有关部门和乡镇工作情况汇报，与会领导充分发言。

会议决定：一、关于龙树河流域垃圾残留问题：(一)由龙树、新街、水磨3个乡镇进一步加强集镇卫生管理，及时收集清运处理，严防垃圾进入河道。同时，结合实际加大宣传教育力度。(二)县环保局负责加快新街、水磨两个垃圾处理场建设前期工作，并对龙树河流域沿线过去遗留的垃圾问题进行调查，提出清理方案，及时组织施工队进行清理。二、关于龙树乡采石场问题：(一)县环保局负责督促合法采石场完善环评手续和环保设施，6月20日前完成。(二)由县公安局牵头，县国土、环保、安监等部门配合，开展联合执法，严厉打击非法开采行为。(三)由县国土局牵头，县公安、环保、安监等部门配合，组成采石场整合工作组，负责对龙树乡采石场进行整合规范，促进合法生产。(四)龙树乡负责配合有关部门积极开展工作。三、关于金亿源公司磁选铁项目：由县环保局和水磨镇负责按相关规定从严把关，确保经济建设与环境保护协调发展。四、关于龙树河流域综合治理：建议市环保局向市委、市政府汇报，组织相关部门对龙树河流域进行专题调研，加大投入力度，采取生物治理和工程治理相结合进行综合治理，力争2~3年从根本上解决渔洞水库水资源保护问题。

【县城湖滨小区公共设施建设项目招投标办公会议纪要】　6月16日，县政府在县人大常委会议室召开县城湖滨小区公共设施建设项目招投标工作会议，专题研究湖滨小区市政公共设施建设项目招投标工作事宜。会议由县委常委、常务副县长张登敏主持。县人大常委会主任、县城镇规划建设管理领导组组长雷选忠，县人大常委会副主任、县城镇规划建设管理领导组副组长马梅，县政府副县长、县城镇规划建设管理领导组副组长白长早及县直相关部门负责人，中技国际招标公司项目负责人刘国华等参加会议。会议通报项目招投标组织进展情况，分析研究和部署下步工作。

会议决定：一、项目在招投标组织过程中，截至到招标报名延期公告规定时间，依然仅有县国有资产投资经营有限公司联合体1家投标单位报名参与投标，根据云南省建设厅《关于执行国家发展计划委员会七部委令第30号的通知》文件第38条规定，确定该项目不再组织招标，转为合同谈判确定施工建设单位。二、合同谈判首选方为县国有资产投资经营有限公司联合体，谈判由业主方县城镇规划建设管理领导组具体负责组织。三、合同谈判项目总价款必须控制在2 716万元以内。四、发改部门依照上级有关文件要求，对该项目招标转为合同谈判批复，各相关部门积极配合业主方做好其他工作。

【樱桃文化旅游公司成立办公会议纪要】　6月29日，县政府县长保剑主持召开专题办公会议，研究县樱桃文化旅游开发有限公司导游人员招聘等相关事宜。县委常委、副县长铁朝曙，副县长赵萍，县财政局、旅游局、文体局领导参会并发言。

会议决定：一、县樱桃文化旅游开发有限公司性质为企业，实行自收自支，隶属于县旅游局。二、在全省范围内公开招聘导游人员6人(男导游1人，女导游5人)，年龄20~25周岁，男导游身高1.7米以上，女导游1.6米以上。三、招聘人员通过统一考试择优录用，考试分笔试和面试两项，笔试成绩占40%，面试成绩占60%。考试由县旅游局牵头，县监察局、人劳局配合。四、招聘人员工资实行绩效工资制，基础工资1 000元/月，绩效工资700元/月(县财政承担500元/月，旅游局承担200元/月)。五、县财政对招聘人员工资给予一定补贴，每人每月1 500元，2009~2010年财政全额拨付，2011年财政补助50%，2012~2013年财政补助30%，2014年后由公司全部承担。六、2009~2013年，养老、医疗、工伤3种社会保险由财政承担，2014年后由公司承担。七、县旅游局与被聘用人员每年签订1次劳动合同，县旅游局可根据法律法规规定，依照程序有权解除劳动合同，被聘用人员也可申请解除劳动合同，聘用人员试用期为3个月。八、公司导游人员招聘方案由县政府副县长赵萍牵头进行细化，并提交县政府常务会议研究确定，招聘公告可由人劳局、旅游局提前公布。

【昊龙兴煜公司粗锌生产办公会议纪要】 7月10日，县政府在昊龙集团兴煜公司会议室召开加快粗锌生产办公会议，县政府副调研员曹继友主持会议，县发改局、经贸局、工业办、供电公司、昊龙集团公司、昆华公司、昊龙兴煜公司、昊龙运输公司、茨院乡党委政府负责人参加会议，会议研究了加快昊龙兴煜公司粗锌生产相关事宜。

会议决定：一、供电公司要保障电力供应，严格执行电价优惠政策。二、昊龙集团公司要组织协调好矿山、选厂生产，昊龙运输公司加大运力投入，确保昆华公司加工焙砂所需锌精矿供给，必须保证昆华公司锌精矿库存保持在1 000吨以上。三、昆华公司要把全部焙砂生产能力投入昊龙公司锌精矿加工，保证每月生产达标焙砂2 000金属吨以上，争取达到2 400金属吨，每日生产的焙砂由昊龙运输公司全部运往昊龙兴煜公司。四、昊龙兴煜公司要加强管理，确保安全，提高3#、4#炉的生产能力，每月生产粗锌2 200吨以上；在8月10日前完成1#炉检修，9月10前完成2#炉检修，保证当焙砂库存适当时可复工生产。五、茨院乡党委政府要做好协调服务工作，加强企业周边社会治安治理，及时调处企业与周边群众的矛盾纠纷，杜绝因群众阻扰造成企业停工情况发生，确保企业生产秩序。六、实行风险金责任考核，昆华公司、昊龙运输公司、昊龙兴煜公司负责人分别交风险金5 000元，年终完成2万吨粗锌生产任务，返还风险金并分别奖励1万元，未完成任务，风险金归入县工业发展基金。七、实行日报制度，昆华公司要把每日锌精矿进量及库存量、焙砂产量报政府办公室；昊龙兴煜公司把焙砂每日进量及库存、粗锌产量报政府办公室；每日上午9点以前上报前日数据。

【乐红选厂“7·21”尾矿库泄洪道尾矿泄漏事故处理会议纪要】 7月29日，县政协主席、县新型工业化领导组组长保明康、县政府副县长、县新型工业化领导组副组长白长早带领县环保、安监、国土等部门负责人在乐红乡党委、政府领导陪同下，深入昊龙集团乐红选厂和宏鑫选厂调研，对乐红选厂“7·21”尾矿库泄洪道尾矿泄漏事故进行现场办公。

会议决定：一、同意昊龙公司乐红选厂提出的以钢箱盛装混凝土封堵泄漏口的方案，但必须着眼长远，充分进行可行性论证。封堵过程中，必须采取一切有效措施，杜绝次生灾害和二次泄漏发生。县环保局长虎尊营、安监局长陈兴举负责现场督导。因工作不力、措施不当造成严重后果，县委、县政府将严肃追究相关责任人的责任。二、泄漏部位必须于7月30日上午11:00以前全面完成封堵，必须经组织验收后方能申请恢复生产。同时，必须采取一切有效措施，安排专人24小时监控。三、乐红乡党委、政府要加强正面引导，全力做好群众工作，及时对事故造成的土地、庄稼、林木等损毁情况调查取证，制定赔偿方案，与公司协调一致后及时赔偿。四、乐红乡党委、政府和公司选厂要对“7·21事故”泄漏尾矿清理，尽最大限度减轻污染、减少损失、降低负面影响。五、县环保局负责对“7·21事故”及时调查处理，并将调查处理情况报县政府和市环保局。六、公司选厂必须深刻吸取“7·21事故”教训，进一步强化安全管理和环境保护工作，确保不再发生类似事故。七、宏鑫选厂在新干堆尾矿库未投入使用前，必须对现有尾矿库加宽加高加固，确保尾矿不外泄；新干堆尾矿库设计必须更加科学合理，8月20日前拿出设计方案，力争9月初开工建设，早日投入使用。

【野石山文化遗址保护专题会议纪要】 8月12日，省文物管理局副局长余建明、市文体局局长李华章一行到鲁甸，专题调研野石山遗址保护工作，并召开会议听取野石山遗址保护工作情况，与会领导就保护好野石山遗址作了发言。会议认为：野石山遗址是迄今云南省所发现的新石器时代遗址，2006年该遗址发掘被评为“十五”期间云南省十大考古发现之一。

会议决定：一、按照省、市、县1:1:1比例，暂时筹措工作经费30万元对野石山遗址进行全面勘探，不足资金按1:1:1比例继续投入。二、遗址范围内农户建房停建2个月，由文屏镇负责落实并做好群众思想工作。省文物局负责联系勘探公司到遗址现场勘探。8月23日前公司必须进入遗址内勘探。县政府负责具体勘探工作，并筹措10万元用于勘探前期工作经费。三、在勘探基础上重新划定保护区、核心区，确定保护区范围，县政府负责做好保护区规划。四、文屏镇负责做好勘探土地群众的思想工作,确保勘探工作顺利开展。

【完善县城老城区功能办公会议纪要】 8月21日,县政府县长保剑、县城市规划建设管理领导组组长雷选忠、县政府副县长白长早带领县财政、建设、国土、公安等部门负责人,对县城老城区功能完善等相关事宜进行调研,在文屏镇办公楼二楼会议室召开现场办公会议,听取县城市规划建设管理领导组和文屏镇关于完善县城老城区功能工作情况汇报,与会人员充分发言。

会议决定:一、原则同意城市规划建设管理领导组关于工商路建设规划,宽10.5米,长240米,功能配套,建设资金80万元,对损失大的拆迁户适当补偿,拆迁资金由城市规划建设管理领导组实地调研后再测算,按测算结果报县政府审批。工商路建设涉及电缆和光缆,由城市规划建设管理领导组负责协调,可以从地下布置,也可以直接搬走。工商路两边建筑装饰要与工商路建设一并推进,涉及建筑装饰的单位或个人自行按领导组规划进行改造。二、马家天井改造工程,由文屏镇征求群众意见,在涉及群众自愿拆迁并承担拆迁费用前提下,县财政安排40万元帮助解决。三、小广场入口至县幼儿园后门改造工程和县一中门前农资公司处路面改造,由县国资公司出资12万元并负责改造,县建设局负责工程验收。四、民富街建设问题由副县长白长早牵头,做好规划,把嘟噜河上的桥设计成公路桥,建设方向由西门农贸市场跨嘟噜河后与新区二期开发贯通。五、原马家湾小学由县国资公司按法定程序拍卖,拍卖所得资金用于工商路建设、马家天井改造、民富街建设和广场入口改造,不足部分另行研究。六、县城老城区排污问题由副县长白长早牵头研究,由财政出资,2010年启动建设,2010年5月前投入使用。七、原政府家属区改造的前提是家属区内的住户要有积极性,所有违法建筑必须全部拆除,拆除后再研究改造问题。八、本次会议所研究事项,由城市规划建设管理领导组统筹安排,先急后缓,先易后难,稳步推进。除县城老城区排污问题外,其余已决定实施的项目2010年1月1日前全部投入使用,如果不能按期完成,相关款项由县城市规划建设管理领导组筹付。

【县城"两污"工程建设专题办公会议纪要】 9月27日,县政府副县长白长早主持召开会议,专题研究县城"两污"工程建设相关事宜。县财政、发改、监察、建设、给排水公司等部门负责人参加会议。会议听取县建设局关于县城"两污"工程建设工作情况汇报,与会领导作了发言。

会议决定:一、由县建设局作为县城垃圾处理工程项目业主单位,县给排水公司作为县城污水处理厂截污干管工程项目业主单位。二、由项目业主单位选择省建设厅推荐的招投标公司招投标,必须于9月30日前进入招投标程序。三、县城垃圾处理工程项目和污水处理厂截污干管工程项目建设实行单独造价,由县"两污"办组织相关部门审核后实施。

【加快小寨乡集镇建设专题办公会议纪要】 12月2日,县政府召开专题办公会议,进一步研究加快小寨乡集镇建设相关工作。县长保剑主持会议并讲话,与会领导作了发言。

会议决定:一、县教育局牵头,县建设、计生、卫生等部门配合,按规定严格审核并于12月12日前上报享受廉租住房对象,享受对象必须是小寨乡中心校教师、卫生院和计生服务站低收入职工。二、小寨乡集镇廉租住房采用BT模式由施工单位垫资建设,副县长白长早牵头,县建设局负责规划设计、BT谈判、测算市场出售价格,力争12月15前开工建设。三、整个集镇风格必须保持原规划设计方案,建筑层高不超过3层,住房套数在保持原规划设计风格基础上确定。四、一楼门面由小寨乡按市场价格统一拍卖,二楼以上住房50平方米内在市场价格的基础上按500元/平方米补助享受对象,超出部分由享受对象按市场价格全额支付。五、一楼门面拍卖和二楼以上住房除廉租住房项目补助部分收益优先用于偿还施工单位,盈余由小寨乡用于集镇基础设施建设。六、享受廉租住房项目补助的,5年内不允许出让,5年后由相关部门按政策规定协调办理有关手续。

【林木种苗竞价采购工作专题会议纪要】 12月5日,县政府召开林木种苗竞价采购工作专题会议,县苗木籽种采购及造林劳务费核定工作领导小组成员单位领导参加会议。会议听取专家组到各苗圃考察、询价调查和单价核实情况汇报,与会领导讨论发言,县政府副县长、县苗木籽种采购及造林劳务费核定工作领导小组组长窦家义主持会议并讲话。

会议决定:一是由林业部门拟定采购苗木数量和具体标准,提出参考价格,在确保质量前提下价格应低于周边县区,然后报领导组研究决定。二是林木籽种采购实行询价采购,由林业局和采购中心负责成立专家组、询价组,到各供应商苗圃实地走访、询价调查和单价核实,考察中要重点进行资格审查、供给能力调查,兼顾价格低廉、品质优先、有供给能力,选择5家以上供应商,再召开领导组会议,由各商家竞价后,以最低价确定供应商。三是要坚持适地适树、就近就地原则,同等条件下,优先采购本地生产培育的苗木,做到物美价廉,确保苗木充分适宜的土壤和气候条件。四是供苗商必须保证:品种、规格要符合要求;苗木根系要完整,无损伤;没有病虫害;不脱水,打捆数量充足;“两证一签”必须提供。五是人劳部门要对造林劳务费核定提出具体方案报领导组研究决定。

【220kV天花板水电站送出线路工程建设协调会议纪要】 12月11日,县政府召开220kV天花板水电站送出线路工程建设协调会议,县政协主席、县新型工业化领导组组长保明康出席会议并讲话,县政府副调研员曹继友主持会议;县政府办、经贸局、国土局、林业局、公安局等部门负责人及文屏、茨院、小寨、龙头山4乡镇有关领导,滇能集团公司、滇能牛栏江公司、天花板水电站指挥部、恒安公司负责人参加会议。会议听取天花板水电站指挥部关于220kV送出线路工程概况介绍,研究工程建设中涉及的土地征占用、林木砍伐、青苗补偿、房屋拆迁安置、大件运输、治安、水保等问题。

会议决定:一、成立县220kV天花板水电站送出线路工程建设协调领导组,县政协主席、县新型工业化领导组组长保明康任组长,县政府副调研员、县新型工业化领导组副组长曹继友和鲁甸工业园区管委会党委书记、县国土局局长余朝明任副组长,县直相关部门和文屏、茨院、小寨、龙头山4乡镇有关领导为成员。4乡镇要成立协调领导小组,广泛宣传动员,营造良好施工环境,树立鲁甸良好形象。二、补偿标准严格按照县政府办公室《关于转发500kV永丰—多乐输电线路工程征地工作方案的通知》执行。

【廉租住房建设专题办公会议纪要】 12月15日,县政府召开办公会议,专题研究县廉租住房建设相关事宜。县长保剑主持会议并讲话,听取建设局关于廉租住房建设工作情况汇报,与会领导作了发言。

会议决定:一、关于96套城镇低收入住房困难户廉租住房建设县建设局负责组织实施,必须尽快开工建设,在确保工程质量和安全的前提下,加快工程进度。责任人高爱国。二、关于小寨乡集镇76套教师、卫生院和计生站职工廉租住房建设严格按照11月30日县政府专题办公会议精神落实,相关手续必须全部完善,2010年2月28日必须完成主体工程和外墙装饰。(一)县建设局负责组织实施,采用BT模式,严格工程质量和进度管理。责任人高爱国。(二)县监察、审计等部门负责全程参与,跟踪问效。(三)县工业园区管委会主任、财政局长马良负责协调住房公积金管理中心向资金短缺的享受对象贷款。三、关于128套教师廉租住房建设。(一)县城新区气象站旁预留第三小学和第二幼儿园建设用地后,规划1.07公顷用于建设教师廉租住房,文屏镇负责征地拆迁工作。责任人李兴达、李善云。(二)采用BT模式进行建设,力争12月30日前开工建设。责任人马良、马长伦。(三)建筑面积原则上控制在50平方米/套,按相关政策划拨廉租住房建设用地,剩余土地由马良负责牵头进行市场化运作,县国土、建设等部门配合。(四)低于市场价定向对文、桃、茨符合享受条件的教师出售,政府按相关规定发放货币补贴。(五)工程建设必须手续完备、操作规范、公开透明。

【水磨镇拖麻铝土矿项目建设推进会议纪要】 12月15日,县政府召开水磨铝土矿项目建设推进会议,县政协主席、县新型工业化领导组组长保明康主持会议,县委常委、县政府常务副县长张登敏及县政府副调研员曹继友出席会议;工业园区管委会主任马良、书记余朝明和县政府办、经贸局、国土局、林业局、水利局、公安局等部门负责人及水磨镇有关领导,云南爱地公司负责人参加会议。会议听取爱地公司负责人关于项目建设概况介绍,研究项目建设中涉及土地征占用、林木砍伐、青苗补偿、道路扩建、环评和水保等问题。

会议决定:一、水磨镇拖麻铝土矿项目建设由县发改局牵头协调和督促,各相关部门配合办理涉及本部门的具体事项。二、水磨镇党委政府负责厂房用地、道路扩建和协调处理与群众关系，具体补偿标准与爱地公司协商确定，用地补偿要做到群众接受、公司认可、不留后患。三、县畜牧局从即日起要在10日内与承包人协议终止拖麻种畜场承包合同，收回种畜场交由国资公司以协议方式出让给爱地公司，终止合同可适当给予承包人合理补偿，费用从国资公司出让种畜场收入中支出。四、县林业局、水利局、环保局、国土局等负责协助办理项目建设采矿证、水保、环保和林木砍伐、林地使用手续，相关手续需要市级以上办理的，相关部门要竭力为爱地公司出主意、想办法，千方百计帮助公司尽快办理有关手续。五、爱地公司要加快项目建设进度，尽快完善相关资料和提请评审相关报告，2010年3月1日前完成项目所有手续审批，2010年7月1日投产。

函

1月19日，县政府向省发展和改革委员会发出《关于确认基层医疗卫生服务体系2009年建设项目的函》。经县政府研究决定，拟将县人民医院和龙树乡中心卫生院作为2009年建设项目。

2月3日，县政府向市财政局、市国有资产经营有限公司发出《关于委托昭通市国有资产经营有限公司向农业发展银行昭通市分行贷款的承诺函》。根据农发行要求及2007年11月28日市政府第17次常务会议纪要精神，鲁甸县委托昭通市国有资产经营有限公司向农发行昭通市分行办理4 000万元贷款手续，贷款用于龙树至梭山农村公路改造工程建设。贷款偿还，已通过县人大常委会文件决议将龙树至梭山农村公路改造工程建设还贷资金列人县级财政预算。县政府承诺：贷款本息由县国有资产投资经营有限公司直接归还农业发展银行昭通市分行营业部，如贷款到期不能及时归还，市财政可在安排给鲁甸县的财政资金中直接扣款归还。

2月26日，县政府向市发展和改革委员会发出《关于配套县医院急诊医技楼缺口资金的承诺函》。县政府决定拟报县人民医院急诊医技楼项目，建设规模9 000平方米，总投资2 250万元，申请中央国债资金1 750万元，缺口500万元。县政府承诺，项目建设缺口资金500万元由县政府筹资解决。

3月2日，县政府向市水利局发出《关于配套猫鼻子、大岩脚水库工程建设县级资金的承诺函》。为确保猫鼻子、大岩脚水库工程建设顺利进行，县政府承诺，将按相关规定，足额配套相关缺口资金。

3月2日，县政府向中国联通鲁甸分公司发出《搬迁中国联通鲁甸分公司文屏山机站的函》。县政府决定开发文屏山森林公园，请贵公司于2009年5月30日前将文屏山机站搬迁，由于项目属地方筹资建设，财力有限，搬迁经费不补偿，但新搬迁用地由县政府协调解决。

3月19日，县政府向市交通局发出《关于王家桥至火德红公路建设的承诺函》。王家桥至火德红公路建设项目除省、市配套建设资金外，其余部分由县级财政配套解决。

3月19日，县政府向市劳动和社会保障局发出《关于昭通市牛栏江天花板水电站建设涉及鲁甸县被征地农户安置及社会保障情况的函》。为妥善解决天花板水电站建设涉及鲁甸县被征地移民的基本生活和长远生计问题，维护其合法权益，保障库区和移民安置区社会稳定。待建立被征地农村居民社会保障制度后，将本次征地中所涉及符合条件的被征地农民纳入农村基本养老保险范围，所需费用由县级财政承担。

4月20日，县政府向市发改委发出《关于县城市污水处理厂及配套管网工程项目县级配套资金的承诺函》。鲁甸县城市污水处理厂及配套管网工程项目建设资金除中央及省投资外，剩余部分由县人民政府自筹解决。

4月29日，市发改局、县政府向滇能(集团)控股公司发出《关于牛栏江陡滩口和凉风台水电站开发的函》。一、陡滩口和凉风台两电站建设，与2008年中小水电开发签订承诺书的建设目标相差甚远，建设滞后。陡滩口电站2008年签订承诺书的完成目标是：启动右岸进场公路建设和引水隧洞施工支洞建设，完成左岸施工道路及永久桥招标工作，完成施工区征地及移民搬迁工作，并完成投资4 094万元。但到2008年底，除线路架设和全期工作完成投资1 994万元外，以上承诺的目标没有实质性进展。凉风台电站2008年签订的承诺书完成目标是：10月完成标准工作，12月启动“三通一平台”及临建工程建设，并完成投资1 400万元。2008年底，虽完成投资1 665万元，但完成投资额部属于“三通一平台”及临建工程建设的投资，电站尚未完成核准并启动“三通一平台”临建工作。因此，未完成所承诺的目标任务。二、为确保陡滩口和凉风台水电站建设顺利进行，按时实现两电站开发目标，若陡滩口电站在5月份内仍不能全面开工建设，凉风台电站于6月31日前完成核准工作并启动建设，市发改委与鲁甸县政府将建议市政府收回两电站开发权。三、请你公司接函后，若有不同意见，请及时与鲁甸县政府和市发改委联系，并行文回复。

5月9日，县政府向市供电局发出《关于开展220kv变电站建设前期工作的函》。恳请市供电局帮助转报省电网公司，尽快在鲁甸县鸭子塘片区开展220kv变电站建设前期工作。

5月17日，县政府向省发改委发出《关于配套县档案馆建设土地和建设市政工程的承诺函》。县政府承诺在县委政府行政办公中心行政划拨档案馆建设用地2 000平方米，并配套建设相关市政设施，请省发改委给予立项建设。

6月29日，县政府向省电网公司发出《关于鲁甸供电有限责任公司国有产权无偿划转云南电网公司的承诺函》。根据有关文件精神，鲁甸县对深化电力体制改革作出承诺：一、同意将县政府拥有的鲁甸供电有限责任公司5%国有产权（国有资产）无偿划转云南电网公司，由云南电网公司组建全资子公司，云南电网公司享有和承担出资人权力及义务；二、支持和协助云南电网公司在本行政区域内组建全资子公司；三、积极支持云南电网公司在本行政区域内实施农网、城网及完善西部电网等工程建设和农电体制改革；四、积极支持云南电网公司在本行政区域内的电力生产建设，为营造良好的生产经营及投资环境，积极做好电力生产建设中线路通道、变电站和供电所用地、林木砍伐、电力设施保护等方面协调和服务工作。

7月10日，县政府向昭阳区政府发出《关于洒大公路新街集镇段增加投资情况的函》。特函请昭阳区人民政府在洒大公路工程结算时一并解决新街集镇段增加投资部分65.75万元，并对昭阳区委、区政府对鲁甸的关心、支持和帮助致以衷心的感谢。

7月24日，县政府向市劳动和社会保障局发出《关于征求鲁甸县2009年第一批城镇建设项目用地被征地农民社会保障实施办法意见的函》。根据国务院、劳动部文件精神，制定《鲁甸县2009年第一批城镇建设项目用地被征地农民社会保障实施办法》。现函请贵局提出宝贵意见和建议，并将意见函复鲁甸县。

8月4日，县政府向市公路管理总段发出《关于同意设立鲁甸公路管理段的函》。根据云南省公路局文件精神，昭通公路管理总段于2009年8月4日到鲁甸征求意见，在鲁甸设立公路管理段。经县政府研究，同意设立鲁甸公路管理段。

8月10日，县政府向市中级法院发出《关于化解县人民法院基本建设债务的承诺函》。县法院在建设审判综合楼和茨院法庭2个项目工程时，共欠债331万元，为帮助县法院筹资化解建设债务，县政府承诺解决31万元，尚缺300万元恳请上级部门帮助解决。

8月24日，县政府向会泽县政府发出《关于赴会泽县洽谈罗家坪水电站开发的函》。为加快牛栏江罗家坪水电站开发进程，促进会、鲁两县经济社会发展，鲁甸县政府拟定于8月27日组队赴贵县商洽罗家坪水电站开发相关事宜。可否，请函复。

10月10日，县政府向省教育厅发出《关于配套鲁甸县第一中学初中部教学综合楼建设资金的承诺函》。省教育厅安排邵氏基金第24批赠款基础教育项目，新建县一中初中部教学综合楼，项目建筑面积2 132.16平方米，总投资249.04万元，邵氏基金会赠款75万元，省政府补助75万元，不足部分100万元由县级财政承担。县政府承诺按时足额配套项目有关资金。

11月6日，县政府向省发改委发出《关于配套县档案馆建设土地和建设市政工程及缺口资金的承诺函》。县政府郑重承诺在县委政府行政办公区行政划拨档案馆建设用地3 200平方米，配套建设相关市政设施，并配套项目建设缺口资金，请给予立项建设。

12月23日，县政府向市爱卫会发出《关于农村改厕项目资金配套的承诺函》。全县2010年申报农村改厕1 000座，中央财政每个厕所补助400元，省级财政每个厕所补助200元。县政府承诺配套建设资金20万元，由县财政在年度预算新农村建设示范点中配套列支，并保证资金及时足额到位，确保项目顺利实施。

【人事任免】 3月26日，县十四届政府党组第4次会议研究决定：

郑其宪 任县人民政府办公室副主任；

丁永帅 任县人民政府办公室副主任（试用期一年）；

李赛先 任县公安局副局长；
饶智祥 任县机构编制委员会办公室主任；
杨晓燕 任县文化体育局副局长、文化艺术团团长（正科级，试用期一年）；
杨 智 任县扶贫开发领导小组办公室副主任（试用期一年）；
马曙光 任县移民开发办公室主任（正科级）；
武靖江 任县移民开发办公室副主任（副科级）；
袁 江 免去县政府办公室副主任职务；
吕明良 免去县财政局副局长职务；
冯昌山 免去县国有资产投资经营有限公司总经理职务，保留副科级；
卯时康 免去县人事和劳动社会保障局副局长、县机构编制委员会办公室主任职务；
蔡 明 免去县农业局副局长职务；
丁世泽 免去县扶贫开发领导小组办公室副主任职务；
黄 文 免去县旅游局局长职务；
何荣富 免去县新型工业化建设发展委员会办公室副主任职务；
云 鹏 免去县广播电视局副局长职务。

11月10日，县十四届人民政府党组第5次会议研究决定：

杨永华 任县农业局副局长、畜牧局局长（正科级）；
张国泽 任县工业园区管委会副主任（正科级）；
陆 丹 任县公安局副局长（正科级）；
张 奎 任县监察局派出第七监察分局局长；
李兴贵 任县监察局派出第八监察分局局长；
张 焜 任县交通局地方公路管理段段长（副科级）；
王咏宇 任县人事和劳动社会保障局副局长，免去其县统计局副局长职务；
潘 俊 任县审计局副局长（主持工作）；
马殿稳 任县供销社副主任（副科级）；
王长明 免去县文化体育局副局长职务；
马真贤 免去县广播电视局局长职务；
李亚品 免去县爱卫办主任职务；
曾明沿 免去县农村人力资源开发办副主任职务；
杨大润 免去县交通局副局长职务；
阮殿用 免去县交通局副局长职务；
张顺云 免去县畜牧局局长职务；
马吉党 免去县供销社副主任职务。
王永兴 任县政府法制办主任（正科级）；
陈 洁 任县政府驻昆明办事处副主任（主持工作）；
马 霞 任县政府驻昆明办事处副主任（副科级）；
蒋德庆 任县农业局副局长（兼职）；
马玲芬 任县爱卫办主任（正科级）；
蒋开谋 任县工业园区管委会项目规划建设办副主任；
聂诗海 任县工业园区管委会项目招商办副主任；
马 伦 任县财政局副局长（试用期一年）；
阮殿庚 任县农村人力资源开发办副主任（副科级，试用期一年）；
马 茜 任县审计局副局长（试用期一年）；
古国雕 任县文化艺术团副团长；
阮殿恩 任县森林公安局副局长（副科级，试用期一年）。

县政府领导

县 长
保 剑 男 回族 鲁甸人 2009年2月任
代理县长
保 剑 男 回族 鲁甸人 2009年2月止
常务副县长
张登敏 男 汉族 鲁甸人
副 县 长
赵 萍 女 汉族 鲁甸人 2009年月8月止
铁朝曙 男 回族 鲁甸人
王文生 男 汉族 昭阳区人
白长早 男 回族 鲁甸人
窦家义 男 汉族 鲁甸人

（县政府办提供有关文件资料）

办公室工作

【机构人员】 2009年，县政府办公室下设综合股、秘书股、信息督办股、行政后勤股、城镇化建设发展委员会办公室、农业产业化办公室、新型工业化办公室、网管中心、新闻中心、法制办和应急办11个职能机构，有干部职工38人。

主　　任

杨　斌　男　汉族　永善人　2009年11月止

晏正权　男　汉族　鲁甸人　2009年11月任

常务副主任

撒兰忠　男　回族　昭阳区人

副 主 任

赵升武　男　汉族　鲁甸人

邓益虎　男　汉族　鲁甸人

袁　江　男　汉族　鲁甸人　2009年3月止

李　松　男　汉族　昭阳区人

郑其宪　男　汉族　鲁甸人　2009年3月任

丁永帅　男　汉族　鲁甸人　2009年3月任

法制办主任

王永兴　男　汉族　鲁甸人　2009年11月任

城镇化建设发展委员会办公室主任

马应孝　男　回族　鲁甸人

副 主 任

撒玉想　男　回族　鲁甸人

雷兴荣　男　汉族　鲁甸人

农业产业化办公室主任

王富坤　男　汉族　鲁甸人

副 主 任

何荣富　男　汉族　鲁甸人　2009年3月止

新型工业化办公室主任

余朝坤　男　汉族　鲁甸人

网管中心主任

郑　雅　女　汉族　鲁甸人

新闻中心主任

蔡　尧　男　汉族　鲁甸人　2009年6月止

应急办主任由杨斌兼任，副主任由撒兰忠、蔡尧兼任。

【突出规范运行，强化质量意识，以文辅政有新成效】 2009年，县政府办公室把突出规范运行，强化质量意识，高质量办文作为辅好政的要害来抓。根据《国家行政机关办文处理办法》和《云南省国家行政机关公文处理实施细则》，严格按程序办文、按工作需要行文、按职权范围行文。严把文字关、法律政策关、体式关，做到把握要点、精简意赅，切实提高文稿的思想性、指导性、实效性和操作性，达到为改革出思想、为发展出思路、为推动工作出办法的目的。同时，严格规范公文审签、用印、制发等要害环节，强化送阅、催办、反馈等措施落实，做到快速登记、快速送阅、快速转办、快速反馈和跟踪办理，确保公文高效、快捷、安全、规范运行。全年起草、审核以县政府名义和县政府办名义下发各类文件300余件，起草领导讲话、汇报等各类材料500余篇；处理上级来文400余件、乡镇及部门来文400余件。

【注重调查研究，树立精品意识，参谋辅政有新加强】 2009年，县政府办紧紧围绕县委、县政府发展思路、工作重点和《政府工作报告》，着眼于领导关注、群众关心的热点难点问题，深入调查研究，取得可喜成绩。一是结合县情，组织办公室人员适时开展调查研究，撰写高质量调研报告，为政府领导决策提供参考。年内共撰写《加快推进鲁甸新型工业化进程的思考》、《对鲁甸县牛栏江流域经济社会发展的调查与思考》、《打造文化品牌，培育文化产业，促进鲁甸经济社会又好又快发展》、《对鲁甸县安全生产工作的思考》等调研报告11篇，其中被市级刊物采用4篇，被省级采用2篇。二是通过进一步加强信息队伍建设，强化政务信息工作量化考核，组织信息工作人员到市政府办跟班学习，严把信息质量关等措施落实，为领导把握实情、科学决策、推动工作提供较好的信息服务。共编发《鲁甸政务信息》期刊49期，整理《鲁甸政务信息专报》40期，上报信息1 000余条，经市政府办转报，被省政府办公厅采用3条、市政府办采用97条。三是扎实抓好政府信息公开工作。成立信息公开工作领导小组，建立健全信息报送和发布制度，促进办公室信息公开工作规范运行，并在政府信息公开网站上公开机构设置、职能与职责、领导分工、办事指南、服务承诺、应急管理、政务信息、规章制度、发展规划、办公室文件等内容，主动公开信息500多条。同时，扎实抓好全县政府信息公开工作，制定县人民政府信息公开目录和指南，在网上设置18个大项，并将政府信息分类公开。全县累计公开政府信息9 000余条，为全县各级领导、干部、职工及社会各界更好地提供信息服务。

【围绕中心工作，狠抓督促检查，政务督办有新起色】 2009年，县政府办始终坚持把政务督查作为确保政令畅通，推动工作开展和决策落实的重要手段来抓，极大地推动政府工作顺利开展。一是围绕目标抓督办。紧紧围绕县政府重点工作，狠抓督查督办。为确保县政府重点工作落到实处，就督办工作多次召开会议安排部署，明确办公室督办领导，分阶段对全县各级各部门落实情况督办，并将各阶段进展情况整理后，分别报县政府督办领导，促进县政府重点工作开展。同时，办公室还将具体承办的工作逐一分解到各中心、办、股、室，采取有效措施，狠抓工作落实，较好地完成承办的各项工作任务。二是突出决策抓督查。围绕县委、县政府重大决策部署和上级重点督办事项，组织开展督查活动，保证政令畅通和重点工程顺利进行。全年开展县政府重点工作情况督查2次；人大代表意见、建议和批评及政协委员提案办理工作督查1次；专项督办数字乡村工程建设情况1次、村级会计委托代理服务工作1次、甲型H1N1流感防控工作1次，形成县人民政府《重点工作上半年完成情况报告》、《全年重点工作情况报告》、《关于县十四届人大二次会议代表议案建议意见和批评办理情况报告》、《关于县政协七届二次会议政协委员提案办理情况报告》、《全县数字乡村工程建设情况报告》、《甲型H1N1流感防控工作报告》、《全县村级会计委托代理服务工作情况报告》供领导参考。获2009年度全市政府系统政务督查工作二等奖。三是注重民本抓督办。针对群众反映的热点、难点问题的省、市、县领导批示件和县人大代表建议、政协委员提案办理开展专项督办，促进工作落实。年内，办理县人大代表建议137件、政协委员提案41件，办复率100%。四是认真开展政府机关作风建设考核。县机关作风建设考核领导组办公室设在县政府办，县政府办组织县委督查室、监察局、信访局、扶贫办、县长热线办、法制办、网管中心等部门于11月中下旬对县政府组成部门、直属部门机关作风建设情况综合考核，促进县政府组成部门、直属部门机关作风建设。

【注重统筹兼顾，促进平衡发展】　2009年，县政府办坚持统筹兼顾原则，着力推进其他各项工作平衡发展。一是深入开展依法行政工作。法制办克服人少事多困难，加强对全县各级行政执法主体单位监督检查，搞好全县规范性文件清理工作，认真办理县政府复议案件和领导交办的涉法事务，扎实推进依法行政进程。二是电子政务建设和无线电管理工作成效显著，全县电子政务建设、政府信息公开、网上办公、无线电管理迈上新台阶。三是后勤服务保障及时到位。多方筹措资金，保证公务用车正常使用和水、电、通讯等办公室正常运转。强化驾驶员教育和管理，努力为领导提供安全、舒适、快速优质服务，多次受到领导好评。四是政务服务中心工作进展顺利。全年接受群众咨询3 219人次，受理行政审批、服务事项6 098件，办结率100%。五是县长热线全年办理市长热线23件，受理县长热线52件，办结率100%，反馈率100%，满意率92%。六是应急管理工作不断加强。组织编写《鲁甸县突发公共事件应急指挥简明手册》及全县总体应急预案和22个专项应急预案。完善乡镇、部门、重点企业、矿山、水库管理等应急预案288个，其中部门35个，乡镇169个，村(社区)84个，根据地质灾害、矿山排危等制定单点应急预案。同时，严格落实24小时值班制度，认真做好上传下达、联系左右工作，确保每件突发事件均得到较好处置。特别是在全县连续遭受地震、冰雹、雪凌等自然灾害袭击期间，全力以赴，积极参与组织，周密安排，搞好衔接，较好地完成所承担的各项工作。七是节约型办公室建设初见成效。主要领导带头，从节约一张纸、一滴水、一度电做起，形成纸张双面打印，人离电脑1小时以上关机，下班前检查关闭电源、节约用水等良好习惯，营造创建节约型办公室良好氛围。八是人防、新闻中心、工青妇工作扎实开展。工会、支部在干部职工中组织开展象棋、跳棋、扑克、篮球比赛，全办干部职工踊跃参加。通过活动，增进办公室同志之间友谊。九是强化廉洁意识，班子形象有新转变。按照“党委统一领导，党政齐抓共管，纪委组织协调，部门各负其责，依靠群众支持和参与反腐败领导机制和工作机制，注重以党风廉政建设为主题的党课学习，进一步牢固树立正确的权力观、政绩观；切实履行“一岗双责”，严守党风廉政建设各项规定，恪守各项规章制度，从严规范“生活圈、工作圈、社交圈”，做到“不该去的地方不去、不该拿的东西不拿、不该用的东西不用”，进一步树立廉洁奉公的良好形象。

【强化队伍建设，提高整体素质】　2009年，县政府办始终以“三服务”为宗旨，以思想政治建设为根本出发点和落脚点，倾力打造团结务实、高效协作、纪律严明、服务有力的坚强集体。一是注重学习提高。采取自学与集中学习相结合方式强化干部职工学习，制定办公室集中学习制度，选送办公室人员到市政府办顶岗培训和参加省政府办公厅组织公文培训活动。通过学习,进一步提高办公室整体素质和服务水平。二是打造一流队伍。始终坚持抓班子带队伍,做到"班长"与班子成员勤沟通、常交心、纳群言。在班子带动下,办公室全体成员形成相濡以沫、团结协作、创业谋事的良好风气,班子凝聚力、战斗力、号召力显著提高。三是深入开展"三创四高五增强"活动和解放思想大讨论活动,不断提高办公室人员整体素质。四是认真贯彻实施四项制度。严格落实办公室服务承诺制、首问责任制、限时办结制,克服"门难进、脸难看、话难听、事难办"机关不良现象,进一步增强工作透明度和服务的规范性、高效性。

(县政府办公室工作总结)

驻昆办事处

【机构人员】 2009年,县驻昆办事处有职工5人。

主 任

马玉敏 男 回族 鲁甸人 2009年7月止

副主任

陈 洁 女 汉族 盐津人(主持工作) 2009年11月任

马 霞 女 回族 昭阳区人 2009年11任

【加强思想政治理论教育】 2009年,县驻昆办事处加强干部职工思想政治理论及业务知识的学习,提高自身修养。认真学习党的方针政策,全面贯彻落实科学发展观,深刻领会和谐社会内涵,提高干部职工的思想认识,构建和谐社会从身边做起,使办事处的办事、接待服务、宣传工作得到质的提高。认真学习省委八届六次全会,市委二届七次、八次全会精神、县委七届七次、八次全会精神,使全体干部职在思想上、行动上与县委、县政府保持一致,促进干部职工队伍思想政治理论水平不断提高。对照贯彻落实科学发展观要求,联系驻昆办工作实际,认真查找在思想观念、制度建设、工作作风等方面存在问题。通过整改,驻昆办工作作风进一步改善,工作质量和工作效率进一步提高,干部职工的责任意识、服务意识和大局意识得到加强。年内共参加各种培训、会议等学习活动10余次。不断完善各项制度,认真做好干部职工教育工作,注重加强思想教育,不断提高干部职政治理论素质。

【增强职责意识,提高保障力度】 2009年,县驻昆办事处围绕县委、县政府中心工作,充分发挥办事协调、接待服务、信访对外宣传四大职能作用,不断提高保障力度。一、协调办事方面,强化"桥梁"功能,发挥办事处接触面广、联系广泛的优势,广交朋友,牵线搭桥,为县级部门到省直各部门办理项目立项、争取资金等做大量工作,为县委、县政府决策及时提供信息,做到上情下达、下情上报。二、强化服务功能,认真做好接待工作。树立全心全意为人民服务的宗旨意识,不论对领导干部还是普通老百姓,驻昆办干部职工都能做到主动、热情、周到,安排好吃、住、行,代订飞机票、汽车票等,让出门在外的鲁甸人感受到办事处的温暖。帮助前来昆明就医就学的干部群众解决生活上遇到的困难。加强内部管理,不断提高服务质量。为方便来昆干部群众,每天24小时值班。全年接待客人4 000余人次,代订飞机票、汽车票1 000余张。承担并圆满完成大量接待工作。三、对外宣传方面,办事处充分发挥窗口作用,按照县委、县政府要求,不断增强政治意识、大局意识、责任意识,把宣传鲁甸作为应尽职责,利用驻昆办接触面多、联系广泛的优势宣传鲁甸。四、认真做好信访工作。从讲政府、保稳定大局出发,认真做好信访工作。年内共劝返9次80余人。

(驻昆办事处工作总结)

政协鲁甸县委员会

【机构人员】 2009年,县政协内设办公室、提案委员会、经济科技委员会、教文卫体委员会、法制民族宗教委员会、文史资料委员会1室5委,共有工作人员31人。

主 席

保明康 男 回族 鲁甸人

副 主 席

卢 敏 女 彝族 昭阳区人

高永华　男　汉族　鲁甸人
马永升　男　回族　鲁甸人
丁世章　男　汉族　鲁甸人

秘　书　长

马武军　男　回族　鲁甸人

副秘书长

吕相文　男　汉族　鲁甸人
何正兴　男　汉族　鲁甸人
吴惜青　女　汉族　宣威人
毛大勋　男　汉族　浙江景宁人
张昆华　男　汉族　彝良人
米高仓　男　回族　鲁甸人

办公室主任

吕相文　男　汉族　鲁甸人

副　主　任

王　敏　男　汉族　镇雄人

提案委主任

何正兴　男　汉族　鲁甸人

副　主　任

杜永贵　男　汉族　山西和顺人
马玉成　男　回族　鲁甸人

经科委主任

杨崇仁　男　彝族　鲁甸人

副　主　任

戈　时　男　汉族　鲁甸人

教文卫体委主任

孙选敏　女　汉族　昭阳区人

副　主　任

何　俊　女　汉族　昭阳区人

法制民宗委主任

刘利军　男　苗族　鲁甸人

副　主　任

李世红　女　汉族　鲁甸人

文史委主任

马　彬　女　回族　昭阳区人

副　主　任

戈立润　男　汉族　鲁甸人

【县政协第七届委员会第二次会议召开】　政协鲁甸县第七届委员会第二次会议于2009年2月11～15日在县城召开，会期5天。特邀出席会议县处级领导26人，出席会议委员165人，列席会议老干部、各部门负责人121人。大会听取县委副书记吕磊讲话；听取并协商通过县长保剑《关于政府工作报告的说明》；审议通过《政协鲁甸县第七届委员会常务委员会工作报告》、《政协鲁甸县第七届委员会常务委员会关于七届一次会议以来提案工作情况的报告》、《关于七届二次会议提案审查情况的报告》；举办委员大会发言；大会表彰2008年度优秀提案领衔者李菲、张泽兴、艾正海、晏权、杨崇仁、曹玉学、阮雁斌等7名，提案承办先进单位县交通局、卫生局、林业局、农业局、畜牧局、县城镇规划建设管理领导组办公室等6个单位；通过大会各项决议；全体委员列席县第十四届人民代表大会第二次会议，听取并协商讨论政府工作报告和其他报告。会议闭幕时，政协主席保明康讲话。本次会议收到委员提案73件，立案63件转有关部门办理。

【县政协第七届委员会常务委员会第5～9次会议】

政协鲁甸县第七届委员会常务委员会第5次会议于2009年2月2日在政协常委会议室举行，会期半天。会议由政协副主席卢敏主持。政协主席保明康传达县委七届七次全会精神。会议讨论筹备政协七届二次全会相关事宜；县委副书记吕磊应邀出席会议并讲话。

政协鲁甸县第七届委员会常务委员会第6次会议2月15日在政协常委会议室举行。会议由主席保明康主持。会议审议通过七届二次会议各项决议及七届二次会议提案审查情况的报告（草案）。

政协鲁甸县第七届委员会常务委员会第7次会议9月1日在政协常委会议室举行，会期半天。会议由保明康主席主持。县政府常务副县长张登敏通报全县上半年经济社会发展情况和下半年工作重点；受保主席委托，副主席卢敏总结县政协上半年工作；提案委主任何正兴汇报政协机关开展学习实践科学发展观活动情况。会议协商通过县人民政府关于普及九年义务教育扫除青壮年文盲自查报告。

政协鲁甸县第七届委员会常务委员会第8次会议9月15日在政协常委会议室举行，会期半天。会议专题协商“齐心协力，打赢两基攻坚战”、“落实新农合优惠政策造福特困弱势群体”两个提案办理落实情况。县教育局长马长伦通报全县两基攻坚工作情况，县监察局副局长张华英通报“落实新农合优惠政策，造福特困弱势群体”提案办理情况。各位常委充分肯定两基攻坚工作和新农合工作取得的成绩，并就进一步做好工作提出“加大师资队伍建设、提高教育教学质量、强化教育"两基"目标管理责任制的落实，推动工作"等意见。

政协鲁甸县第七届委员会常务委员会第9次会议，于12月23日在政协常委会议室举行，会期半天。县政府副调研员曹继友通报2009年全县经济社会发展情况；县政府办主任晏正权、县委办副主任张荣就政协七届二次会议以来提案办理情况作通报。各位常委肯定2009年全县经济社会发展取得的成绩，提出"对提案办理不力的单位有关部门要督促落实"等建议。主席保明康作总结讲话并要求：一是要高质量高标准做好政协七届三次会议筹备工作，确保会议圆满成功。二是新年将至，要给每位委员发送贺卡，送去新年祝福。三是在适当时候召开一次会议听取政协各委室工作汇报。

【决 议】 2009年，政协鲁甸县第七届委员会作出3个决议，即：《县政协第七届委员会第二次会议关于常委会工作报告的决议》、《县政协第七届委员会第二次会议关于提案工作情况报告的决议》、《县政协第七届委员会第二次会议决议》。

【深化学习强素质】 2009年，县政协把学习作为一项重要任务切实抓紧抓好。组织机关干部认真开展学习实践科学发展观活动，并与机关作风建设年活动相结合，认真查找在服务全县科学发展方面存在的不足，明确整改方向，用科学发展观指导政协工作，更好地服务全县发展大局；专题学习中共十七届三中、四中全会精神和胡锦涛总书记在庆祝人民政协成立60周年大会上的讲话，深入贯彻全市政协工作会议精神和《关于加强人民政协工作的实施意见》、县委七届七次、八次全会精神。举办专题讲座，订阅《人民政协报》、《中国政协》、《云南政协报》等报刊，抓好委员日常学习。通过学习，进一步增强县政协维护党的执政能力，巩固党的执政地位的自觉性和坚定性，增强做好人民政协工作的责任感和使命感，提高履职能力和水平。

【服务大局商大计】 2009年，县政协紧紧围绕县委、县政府的重大决策，加强和完善各种协商制度，形成全委会议集中协商、常委会议重点协商、主席会议专题协商、专委会议对口协商的政治协商格局。一是精心筹备，开好全会，构筑政治协商大平台。政协七届二次会议期间，广大委员认真协商讨论《政府工作报告》、《财政预决算报告》、《国民经济和社会发展计划报告》、法、检两院工作报告；举办大会发言，召开界别联组会，12名委员分别就新农村建设、非公经济发展、民生司法、维护社会稳定、民族宗教工作等方面坦诚建言、交流协商，提出许多建设性意见建议，得到县委、县政府高度重视。二是坚持常委会议重点协商，召开政协常委会议5次，围绕事关全县改革发展稳定大局的重大问题，形成专题协商意见呈送县委、县政府。三是充分发挥专委会广泛联系委员的基础性作用，就群众普遍关心的热点难点问题与有关部门对口协商，互通情况，交换意见，促进有关工作开展。四是县政协领导列席县委、县政府重要会议，以意见、建议等方式协商。协商成果得到县委、县政府及有关部门重视和采纳，促进县委、县政府决策科学化、民主化。

【强化监督促发展】 2009年，县政协始终围绕全县工作重点，多渠道、多形式开展民主监督。一是务求实效、抓好提案督办。七届二次会议以来，有250余人次联名提交提案73件，经审查立案63件转有关部门办理。采取常委会议、主席会议、专委会议等形式，全力跟踪督办。召开提案面商会6次，对《关于加大县城交通秩序整顿力度》、《解决返乡农民工再就业》、《加大对假冒伪劣农用物资的查处力度》等20件提案跟踪问效。在政协七届八次常委会上，专门听取承办单位对《齐心协力，打赢"两基"攻坚战》、《落实"新农合"对特困弱势群众的优惠政策》两件提案办理情况通报，提出意见建议，促进提案办理的有效落实。二是认真开展专题视察。先后组织委员对全县水利工程重点建设项目、教育"两基"等情况视察，提出加大建设投入、加强水库除险加固工程管理、争取更多水利建设项目；加大师资队伍建设、提高教育教学质量、强化教育"两基"目标管理责任制落实等建议，推动相关工作。三是认真抓好专项民主监督工作。选派委员参加政府有关部门开展的检查活动，部分委员受聘担任政府有关部门和法、检"两院"行风评议员、特约监督员、人民陪审员，积极参与相关监督活动，为部门加强行风建设，不断改进工作发挥独特作用。四是发挥委员主体作用，实行民主监督。组织委员参加县委、县政府领导班子和相关单位学习实践科学发展观、机关作风建设征求意见活动，切实反映群众意愿。选择与人民群众关系密切、呼声强烈的问题,向相关部门提出意见建议,促进热点难点问题解决,较好地发挥民主监督的作用。

【情系民生献良策】 2009年,县政协充分发挥委员联系面广、渠道畅通的优势,始终把人民群众最关心、最直接、最现实的利益问题作为履行职能的出发点和落脚点,把关注民生、促进和谐贯穿于履行职能全过程,始终坚持参政议政与党委思想同心、目标同向、工作同步。一是深入调研,做到知情晓政。组织相关界别委员深入茨院、小寨等乡,对工业园区发展及周边农业产业结构调整、受国际金融危机影响失业返乡农民工生产生活状况开展调研,提出建立健全工业园区管理机制、加大企业技改力度、加强园区基础设施建设、强化对返乡农民工再就业服务、整顿和规范劳动力市场、落实返乡农民工再就业优惠政策等建议,得到县委、县政府及有关部门高度重视和采纳。二是积极投身全县各项工作,使参政议政与具体实践相结合。政协主要领导主抓全县工业经济,落实县委、县政府一系列工作举措,与企业家一道,有效应对金融危机带来的冲击,较好地完成年初确定的各项目标任务;参与社会主义新农村建设、非公经济发展等工作,充分发挥联系面宽,协调各方的作用,调动一切积极因素,团结一切有利于发展的力量,尽心竭力,为促进全县经济又好又快发展、社会和谐稳定做出积极贡献。三是就事关全县发展大计、紧扣民生问题献计献策。邀请县政府领导通报全县经济社会运行情况,充分发挥参政议政职能,着眼全局,建坦诚之言,献肺腑之策。四是深入挂钩帮扶点乐红乡,为群众排忧解难。协调挂钩部门和县直有关单位筹措项目扶持资金200余万元,缓解农业基础设施建设和集镇建设项目资金不足的困难。

【发挥优势促和谐】 2009年,县政协把维护稳定、促进和谐作为义不容辞的责任。组织委员就社会治安综合治理及平安创建工作专项视察,提出加大平安创建力度、加强平安创建动态系统工程建设、建立长效机制、完善考核体系等建议,有力推动全县平安创建工作。举办新春茶话会,邀请各民主党派、工商联、非公经济、教育、文化、卫生等方面代表人士畅叙友情,共谋发展。广大委员以高度的社会责任感,积极宣传县委、县政府的决策部署和党的民族宗教政策,密切联系各族各界群众,真实反映群众意愿诉求,主动做好化解矛盾、沟通思想、理顺情绪、鼓舞士气工作,促进民族和睦、宗教和顺、社会和谐,努力为全县经济平稳较快发展营造宽松和谐的社会氛围。

【文史编撰创佳绩】 2009年,县政协加大文史资料的抢救、收集、整理力度,在提高文史工作质量上下功夫。加强与文史资料作者、委员联系和沟通。组织召开文史资料作者座谈会和审稿工作会议,广泛征求意见建议,不断总结新经验,积极探索新方法,充分调动文史委员的主动性、积极性和创造性,让委员共同承担起"同编"、"同审"文史资料编辑出版工作。坚持文史并重和促进现实发展原则,采取"走出去、收进来"方法,加大与文史资料作者约稿力度,千方百计扩大征集范围,共收到各类文史稿件81篇70余万字,整理、编辑出版第五辑、第六辑《鲁甸文史资料》,创文史资料工作最好成绩。

【宣传联谊树形象】 2009年,县政协通过开展形式多样的活动,加强宣传联谊工作。一是热情接待四川省珙县政协、巧家县政协、水富县政协等考察团到鲁甸开展交流联谊活动;组织机关干部和部分委员到水富县交流,参观向家坝水电站建设工程,学习水富县生态环境保护与文化产业发展等方面的经验,进一步加强政协系统纵向和横向联系与沟通,增进感情,树立鲁甸良好对外形象。二是邀请新闻单位及时报道政协工作情况,反映政协工作动态。通过电子政务网编辑报送《鲁甸政协信息》19期、科学发展观专题信息7期,不断加大对外宣传力度,广泛宣传政协工作。三是积极参与各级政协组织举办的庆祝新中国和人民政协成立60周年征文活动。先后在人民日报出版社《政协工作发展与探索》、市政协《风雨同舟60年》刊物上发表理论文章,进一步搭建起多层交流、传递信息、增进了解、沟通感情、促进发展的平台,达到广交朋友、增进友谊、宣传鲁甸的目的。

【自身建设上台阶】 2009年,县政协坚持在继承中发展、在开拓中创新,把着力提高委员队伍素质和机关服务水平、加强自身建设作为一项重点工作来抓。一是加强政协委员队伍建设。通过专门委员会联系委员制度,组织相关界别委员开展文体活动,不断增强委员队伍的凝聚力。二是对优秀提案领衔者和提案承办先进单位给予表彰奖励，既有效调动委员参政议政积极性，又扩大政协工作社会影响，增强政协的向心力。三是注重发挥委员作用。鼓励和引导政协委员围绕界别有关问题提出意见建议，通过委员提案等形式如实反映群众意愿和利益诉求，充分支持界别委员在专题视察、专题调研和专题议事中体现自身的专业素养和聪明才智，为县委、县政府科学民主决策提供有价值的参考意见。四是抓好机关建设。注重完善机关工作制度建设，增强服务效能，配齐配强机关干部，改善办公条件，推进机关信息化和办公自动化建设，提高办事效率和服务质量。注重学习外地经验，组织委员赴广东、内蒙等地考察学习。注重作风建设。以机关作风建设年活动为契机，领导班子带头开展批评与自我批评，认真查找在思想、工作、作风等方面的不足，深刻剖析存在问题的原因，制定整改措施，明确努力方向，推动了政协工作。

（王　敏　赛福泉）

群 众 团 体

总工会

【机构人员】 2009 年，县总工会有职工 8 人，其中工勤人员 2 人。

主　席

马　梅　女　回族　鲁甸人

党组书记、常务副主席

黄跃伦　男　汉族　鲁甸人

副主席

任清惠　女　汉族　鲁甸人

刘　荣　男　汉族　鲁甸人

【县总工会第六次代表大会召开】 2009 年 3 月 24～25日，县总工会第六次代表大会在县电子政务中心三楼会议室召开。会议全面总结回顾过去5 年工会工作取得的成绩和经验，对工作中存在和反映出的问题进行分析和阐述，提出解决办法和措施，对未来5 年工会工作全面安排部署。会议选举产生县总工会第六届委员会委员 19 名，其中常务委员 9 名。选举产生总工会第六届委员会主席马梅，常务副主席黄跃伦，副主席任清惠、刘荣，经费审查委员会委员 5 名，其中主任 1 名，副主任 1 名，女职工委员会委员 11 名，其中主任 1 名，副主任 2 名。

【开展学习实践科学发展观和机关作风建设年活动】 2009 年，县总工会根据县委统一安排部署，开展深入学习实践科学发展观和机关作风建设年活动。为使活动取得实效，实现“党员干部受教育，职工群众得实惠，科学发展上水平”和“改进机关作风、提高工作效率、树立良好形象”的目标，制定《鲁甸县总工会深入学习实践科学发展观活动实施方案》和《鲁甸县总工会机关作风建设年活动实施方案》。实现两个活动有机结合，共同落实，共同推进的良好局面。对照实施方案，认真落实各阶段各个动作，克服走过场，流于形式的弊病。通过学习实践、大量调查研究、征求意见、召开座谈会、自我剖析、分析检查，两个活动取得实质性成果。干部政治理论素质得到提升，科学发展、服务基层意识和做好工会工作的责任感、使命感得到加强，工作能力、水平和办事效率得到提高，工作作风有明显改善，存在问题得到查找，工作思路进一步理顺，发展方向和目标进一步明确。

【工会组织建设和会员发展成绩显著】 2009 年，县总工会按照“组织起来，切实维权”的工作方针，紧紧围绕“哪里有职工，哪里就要建立工会组织”和坚持“党建带工建、工建促党建”原则，采取有效措施，全面加强各单位特别是非公有制企业建会工作，最大限度地把职工群众发展到工会组织中。全县基层工会组织由 78 个发展到 84 个，新增 6 个。覆盖机关事业单位及私营企业 140 家。全县工会会员增至 12 016 人（农民工会员 3 469 人），新会员 1 021 人（农民工新会员 723 人）。办理社团法人资格证 57 家。年内，深入开展创“家”活动和优秀工会工作者表彰活动。对活动中涌现出的先进组织和个人进行奖励，授予县第一中学等 6 个单位“先进基层工会组织”荣誉称号，授予检察院工会等 7 个单位为“模范职工之家”，命名县委机关等 6 个单位为“职工之家”，21 人被表彰为优秀工会工作者。昭通市总工会表彰大会上,鲁甸评选推荐3名干部、14户职工家庭和1家单位,分别获“昭通市云岭优秀职工、昭通市和谐职工家庭、昭通市模范职工之家”荣誉称号。通过表彰活动,有力地增强工会组织的凝聚力、吸引力和战斗力,进一步推动基层工会组织建设力度,在全县工会干部职工中营造出比、学、赶、帮热潮,树立爱岗敬业、刻苦钻研、开拓奉献、服务职工的良好风气。

【落实困难职工帮扶救助工作】 2009年,县总工会帮扶中心坚持全心全意为职工群众服务,想困难职工之所想,急困难职工之所急,帮困难职工之所需,解困难职工之所难的指导思想,竭诚为职工办好事,办实事。一是元旦春、节期期间,共走访慰问、帮扶贫困户10户,发放慰问金2 800元、大米14包、菜油14瓶;慰问劳动模范7人,发放慰问金4 000元;慰问困难职工200人,发放慰问金4万元;慰问返乡农民工40人,发放慰问金4 000元。共发放慰问金4.88万元。二是通过“金秋助学”活动,对年内考取大专院校和高中的57名贫困职工子女资助。其中困难农民工子女13名,困难职工子女44名。对特别困难的单亲女职工子女6人,每人资助1 200元,其他困难职工子女每人资助900元,共发放助学金53 100元。三是在国庆、中秋两节期间,组织中秋慰问活动,对全县200名困难职工,106名国庆前将外出务工的困难农民工、3名劳动模范进行慰问,发放慰问款物合计56 388元。四是对因病、因灾等造成困难职工实施“零星帮扶”救助,全年救助8人,发放救助金6 500元。五是认真落实“贷免扶补”政策,帮助6名有创业能力的大学毕业生、农民工、下岗职工、失业人员申办30万元创业贷款,实现创业,带动就业50余人,走出创业带动就业,就业帮助困难职工解困的第一步。

【医疗互助活动稳步推进】 2009年,县总工会继续将职工医疗互助活动作为工会组织贯彻落实科学发展观、为党和政府中心工作服务、为职工群众办实事、做好事的一项重要举措。年末,全县参加活动单位由上年105家增加到115家,参加人数由8 581增加到9 472人,共汇集互助活动金494 148元。有372名职工在活动中获得补助,合计补助金额30.8万元。其中获3 000元以上补助的6人。医疗互助活动成为医疗保险补助的有力补充,有效缓解住院职工暂时经济负担,对促进社会和谐稳定起到积极作用。

【挂钩帮扶工作】 2009年,县总工会把挂钩村工作与参与地方经济社会建设相结合。县总工会领导班子带领工会干部深入文屏镇砚池山村,与乡村干部研究挂钩帮扶、计划生育、春耕生产、社会治安综合治理等工作。结合砚池山村情,协助村两委成员制定发展思路和发展规划,拨给村两委工作经费5 000元,为村两委工作开展给予力所能及的资金支持。

【税务代收工作取得实质进展】 2009年,县总工会与县地税、农行鲁甸县支行通力合作,使工会经费地税代收工作取得实质性成绩。一是成立领导组,组织领导保障有力。成立县委常委、组织部长任组长,县人大常委会副主任、总工会主席及县政府分管工会工作的副县长任副组长,县总工会、地税、农行、财政局等部门领导为成员的地税代收工会经费领导小组,为税务代收工作落实提供组织保障。二是强化宣传,形成良好氛围。在全县范围内深入开展代收宣传活动,发放《云南省地税机关代收工会经费和建会筹备金宣传手册》700余份、云南省地税机关代收工会经费和建会筹备金工作指南、宣传海报2 500余份,悬挂宣传标语10余条,为代收工作开展打下坚实基础,营造良好社会氛围。三是积极汇报,争取支持。县总工会本着循序渐进、先易后难、逐步突破的思路,把已建会单位工会经费收缴作为工作重点。全县已建会84单位,由财政负担经费的机关事业单位61家。县政府同意各单位从财政预算经费中提取并缴纳工会经费。县总工会、地税局及时与财政局联合下发《关于做好地税代收工会经费工作的通知》文件,明确要求财政负担经费的机关事业单位,必须从财政划拨经费中按时按比例提取并到县地税局申报缴纳工会经费,提高财政负担经费的机关事业单位征缴力度。年末,全县申报缴纳2%工会经费127万余元。

【围绕中心抓培训】 2009年,县总工会广泛开展各种培训工作和文体活动,促进全县物质文明和精神文明建设。一是深入开展社会主义新农村建设示范点创建培训工作。根据县委七届七次全会精神和县委统一安排部署,县总工会积极协同配合县妇联、团县委、县文明委、县人力资源开发办等部门，全力推进“新农村精神文明”、“十星级文明户”示范点创建和农村夜校培训示范点工程。年末，县总工会配合相关部门，整合资源，优势互补，累计对9个自然村1 600多名群众就环境治理、待人接物、文明礼仪、家庭教育、农村实用技能技术、基本法律法规等方面培训15期。二是认真组织全县干部职工普通话培训。县总工会、妇联于5月14～16日在县总工会会议室举办全县干部职工普通话培训班，全县学习实践科学发展观活动参学单位正科级以上领导干部130余人参加培训。三是加强基层工会干部上岗培训。年内，全县组织13名基层工会干部参加省总工会在省工青妇干部学校举办工会干部上岗资格培训，获得上岗资格证书。四是加强农民工实用技能培训，提高文化素质和劳动生产能力。针对农民工就业形势严峻，流动大，普遍存在农忙时从事农业生产，农闲时务工等特点，县总工会与县妇联、团县委、县人力办等部门深入茨院、小寨、江底、龙头山等乡镇，对农民进行制瓦、建筑支砌、电工技术、林果蔬菜种植技能和基本法律法规知识等培训，全年培训11期700余人。11月，县总工会利用农闲时节时机，邀请昭通市农民工培训基地老师、高校副教授王磊在文屏镇砚池山村开展2个农民工技能培训班，培训农民工100人，通过考试合格，办理国家职业资格证书。

【财务管理工作进一步加强】 2009年，县总工会进一步加强财务管理工作。严格执行《工会法》、《会计法》和《工会财务会计制度》，加大工会经费地税代收力度，强化管理，收、管、用等方面取得很大成绩，为全县工会工作开展和工运事业发展奠定物质基础。5月，市总工会经审委审计小组对县工会财务工作进行审计。通过审计，进一步找出财务工作中存在的一些薄弱环节、提出了合理意见、建议，为今后加强财务工作管理，提高财务工作水平给予指导。

【宣传和文体活动有效开展】 2009年，县总工会充分发挥联系职工、贴近职工的优势，在职工中广泛开展各种宣传和文体活动。一是纪念“三·八”国际劳动妇女节99周年，与县劳动人事局、安监局、妇联等单位协作配合，采取知识竞赛和发放宣传资料等形式，在全县广泛开展《工会法》、《劳动法》、《妇女权益保障法》、新修订《云南省实施＜中华人民共和国妇女权益保障法＞办法》等法律法规知识竞赛和“庆三·八、促和谐”趣味活动。全县各行业78支参赛队伍1 172名职工参加法律法规知识竞赛，促进广大职工对法律法规的认识。趣味活动中，850余名女职工参加海底传月、集体跳绳、5分钟集体投篮、两人三足行、拔河等比赛。二是县总工会和县妇联共同举办“阳光心态、快乐人生”健康知识专题讲座，聘请省交通学院国家高级职业指导师、国家二级心理咨询师、中国情商教育培训中心特聘讲师于芳为全县400余名干部职工作“心理健康”知识讲座。对促进广大干部职工心理健康，减少抱怨，克服自恋克服焦虑，缓解心理压力，以阳光般的心态积极勇敢正视工作和生活具有很好的启发意义。

（县总工会工作总结）

共青团

【机构人员】 2009年，团县委内设办公室和希望工程办公室，有干部职工4人。

书 记

梁 华 女 汉族 鲁甸人 2008年12月止

雷 旭 男 汉族 鲁甸人 2009年3月任

副书记

邹胜丽 汉族 彝良人 2009年3～10月

张才虎 回族 鲁甸人 2009年3月任

【共青团鲁甸县第十三次代表大会召开】 2009年3月26日，中国共产主义青年团鲁甸县第十三次代表大会在政务中心三楼会议室召开，参会代表154名。大会选举产生共青团鲁甸县第十三届委员会，选举雷旭为团委书记、邹胜丽、张才虎为副书记，常务委员7名、委员29名、候补委员3名。会议主要任务是：高举中国特色社会主义伟大旗帜，以邓小平理论和“三个代表”重要思想为指导，深入学习贯彻党的十七大，团十六大、省、市团委有关会议精神和县委七届六次全会精神，全面贯彻科学发展观，研究全县青年和共青团工作面临的新形势新情况，部署全县共青团工作，加强团的建设，做好新形势下的青年群众工作。

【加强青年工作】 2009年，团县委以“青马工程”为重点，加强青年工作。一是加强培训。全年举办

"青马工程"培训1次,参训60人次;举办青年干部培训班1期,参训50人。开展团的十六大精神学习,采取以会代训形式,通过发放《共青团十六大精神辅导材料》、新《团章》到基层团组织,号召全县广大团员青少年牢记胡景涛总书记的"四点"希望和党中央祝词精神,结合实际,增强进取意识、责任意识,推进和谐鲁甸、文化鲁甸建设。二是开展丰富多彩的活动,引导青少年健康成长。认真组织中小学生开展庆祝"六·一"儿童节60周年系列活动,纪念"五·四"运动90年、建团87周年文艺晚会暨表彰大会,"民族精神代代传"主题教育活动,"知荣辱、树新风、我行动"未成年人道德实践活动。三是搞好共青团信息宣传工作。充分发挥网络、报刊、电视等传媒对青少年的教育、引导作用,积极编撰简讯。全年向市、县报送信息45条。

【年创业就业服务】 2009年,团县委积极开展青年创业就业活动。一是以推进青年增收致富为落脚点。协同县人力资源开发办做好2009年农村青年剩余劳动力输出工作,帮助100名农村青年实现转移就业。二是围绕生产、经营、服务等环节,在不同领域、不同群体中开展创业青年先进典型评选活动。全县评选推荐创业省长奖候选人1名,创业市长奖候选人2名。三是建立青年就业创业见习基地,推行创业导师制度,推荐青年创业导师2名。昊龙集团和理世实业有限公司2009年被团中央授予青年就业创业见习基地。四是实施"青春彩云南·扬帆工程",鼓励创业贷免扶补创业小额贷款项目,为青年创业创造条件。全年发放"贷免扶补"创业贷款225万元,扶持45名青年创业;向县扶贫办争取50万元小额信贷,扶持农村青年创业致富。五是深入开展"青年文明号"创建管理工作,促进行业文明建设和职业道德建设。年内,县级"青年文明号"组织申报工作中,积极拓展评选领域,争取更多青年集体能在创新创效、提高服务水平方面作出更多贡献。授予中国联通鲁甸分公司、鲁甸县医院综合内科2家单位县级"青年文明号"。加强"青年文明号"集体清理登记工作,完善管理档案。

【希望工程】 2009年,团县委继续维护青少年合法权益,实施好希望工程。一是大力开展维权宣传教育活动。抓住综治维稳宣传月和3·5志愿者服务日有利时机,在全县各中学开展以"知法守法、拒绝毒品、预防艾滋病、珍爱生命"为主题的法制和禁毒防艾宣传教育活动,发放宣传资料5 000余份,6月,市禁毒宣讲团邀请全国优秀禁毒志愿者到鲁甸开展禁毒知识宣传教育活动,召集青少年学生、待业青年、失业人员等高危易染毒人群600余人听讲座,营造全社会参与禁毒人民战争的社会氛围;积极参与"五下乡"活动,在乡镇发放禁毒防艾、未成年人思想道德等宣传资料2 000余份;通过张贴标语、办板报、召开座谈会等形式在各学校进行法律知识集中宣传,张贴各类标语1 000余条,板报8期,座谈会100余次,发放平安创建宣传手册2 000余份;围绕"节约能源资源、保护生态环境、保障安全健康",积极参加贯彻科学发展观为重点的科普活动周活动,发放青年创业就业宣传画册、青少年维权、禁毒防艾、中小学生预防传染病常识手册600余份。二是实施"希望工程",为贫困学生上学提供帮助。多方筹集,实施好贫困山区希望小学建设。2008年希望小学建设后续工程。省青基会援建江底乡箐脚村大白路希望小学和火德红乡火德红村张家坪希望小学教学楼及厕所工程通过验收投入使用;香港苗圃行动援建水磨镇杉松箐希望小学、新街中学学生宿舍已通过香港苗圃行动验收投入使用。2009年新建希望小学情况。全年争取香港苗圃行动和青基会资金140万元新建希望小学。香港苗圃行动资助26万元修建新街转山包小学,工程全面竣工,将解决新街乡转山包村400余名适龄儿童上学难问题;争取香港苗圃行动资金40万元修建小寨小学,已完成各项准备工作;争取青基会援建资金74万元修建张家坪小学、大白路小学二期工程,包括综合楼及其他附属建筑(围墙、大门、运动场、地坪),工程预算总造价1 330 156.27元,中海油服所捐青基会资金740 000元,县政府配套649 356.27元,其中大白路小学二期工程预算总造价675 433.7元,中海油服捐资400 000元,县政府配套275 433.7元;张家坪小学二期工程预算总造价654 722.57元,中海油捐赠资助资金340 000元,县政府配套314 722.57元。两所希望小学原件协议已签订,大白路小学二期工程已动工建设。三是继续做好资助家庭经济困难学生就学工作,广泛动员全社会关心和支持鲁甸希望工程。通过努力,争取各类资助(救助)资金906 450元,其中耕耘助学338 600元、苗圃助学547 850元、关工委助学20 000元。有1 999名经济困难中小学生受到资助;争取到"行万里路、送万双鞋"社会公益活动资助1 100双鞋,使受助的孩子穿上爱心鞋,感受到社会大家庭的温暖。四是"爱心圆梦大学"活动。在省青基会、团市委希望工程办公室指导下,认真做好2009年"爱心圆梦大学"助学金申报工作,向团市委上报考入一本院校学生圆梦行动助学金申请表6份分别获得不同金额的资助,资助2万余元。五是先心病患儿救助成效显著。争取各类爱心基金60余万元,帮助20户先心病患儿家庭解决无钱手术的实际困难。20名先心病患儿分别赴广州手术,效果好。六是加强希望工程教师培训工作。按照省青基会要求,选派青基会援建的两所希望小学优秀教师各1名到北京参加培训,通过培训,提高希望小学教师教育教学水平。

【加强少先队工作】 2009年,团县委加强少先队工作。一是加强少先队工作领导。团县委、少工委领导先后到县城小学和乡镇中心校参加指导少先队活动。二是重视辅导员队伍建设。举办辅导员培训班提高整体素质,向征求意见,为辅导员订阅《辅导员杂志》,不断完善全县少先队工作机制。全年培训辅导员26人。

【加强自身建设】 2009年,团县委不断加强自身建设。一是机关干部继续保持优良作风,克服人手少、经费严重短缺的实际困难,积极主动,承诺服务,让每一位到机关办事的同志能高兴而来,满意而归。二是以基层团组织建设和团的队伍建设为重点,加大团干部培训力度,根据县委安排,举办青年干部培训班1期,全县乡镇(中学)团委书记及大学生村官50余人参加培训。三是通过学习实践科学发展观活动,以党建带团建、团建促党建、城乡互动、上下联动。四是开展基层团组织建设,巩固发展县直机关及企事业单位团建工作,全年发展新团员3 100余名,建立健全村团总支、支部51个,大学生村官担任乡、村团干部有2名,加强基层团建过程中,强化"推优"工作,推荐25名优秀团员加入党组织。

(李才荣)

县妇联

【机构人员】 2009年,县妇联内设办公室、城乡工作股、维权工作股。有干部职工8人。

主 席

焦焕存 女 汉族 鲁甸人 2009年3月止

张纪平 女 汉族 鲁甸人 2009年3月任

副主席

孔祥芬 女 汉族 鲁甸人

张 琼 女 回族 鲁甸人

【县妇联第九次代表大会召开】 2009年3月26日~27日,鲁甸县妇女第九次代表大会在县城召开。圆满完成县妇女第九次代表大会换届工作。选举产生县第九届妇女联合委员会领导班子。主席张纪平,副主席孔祥芬、张琼,常委9人。研究部署今后五年全县妇女儿童工作的奋斗目标和战略任务。

【组织建设】 2009年,县妇联进一步健全组织,壮大队伍。按照"党建带妇建"原则,以进一步增强妇联组织的吸引力和凝聚力为目标,以加强村、社区等基层组织建设为重点,对全县12个乡镇妇联、机关单位妇委会进行重新选举,努力把妇联建设成为组织健全、覆盖广泛、充满活力、服务高效的学习型、服务性、创新型组织。年末,县妇联有职工8名,其中主席1名,副主席2名。有12个乡镇妇联主席,84村(社区)妇代会主任,42个机关妇委会主任。全县有副处级女领导3人,实职正科级女领导21人,实职副科级女领导78名,县四套班子中除政府未配备女领导外,其余均配备女领导。80个村委会中,有女性的村有72人,其中村党支部中,有女委员37人;女书记1人,女副书记3人;村委会中,有女委员35人,女副主任4人,女主任2人。4个社区中,有社区妇代会主任4人,两委中有女性的社区有4个,社区妇代会主任进村两委的社区4个;社区党支部中,有女委员7人,有女副书记2人,无女书记;在居委会中,有女委员8人,有女副主任1人,有女主任2人。4个社区中妇代会主任进村两委的有4人。

【"双学双比"活动】 2009年,县妇联围绕"三农"问题,促进农村妇女增收致富,帮助农村妇女解决生产生活中的困难和问题。一是开展"巾帼科技示范村"创建活动。创建1个"巾帼科技示范村"、1个巾帼科技致富示范基地(小寨乡大坪村和茨院乡核桃种植基地)和5个"妇女之家"(龙头山镇沙坝村、龙泉村;江底乡江底村;桃源乡箐门村、桃源村),其中桃源乡桃源村被评为市级优秀妇女之家。评比出巾帼科技示范户10户,培养"双学双比"女能手22名。二是以新农村建设为重点,开展培训工作,积极引导和帮助城乡妇女发展经济。全年培训妇女45期3 861人次。培训农村能手、女经纪人、科技致富带头人117名;配合劳动就业局举办创业就业培训2期,培训下岗女工、城镇女失业人员、女农民工182人。围绕新农村建设开展以树立新理念、掌握新技能、使用新能源、养成新习惯、形成新风尚为主要内容的新型农村妇女培训,在新农村建设点举办10期,培训妇女625人。编写《新农村妇女知识手册》、"整洁庭院内外,共建美好家园"宣传折页,使广大妇女充分认识到自己既是新农村建设的参与者更是受益者,充分发挥好自己在新农村建设中的主力军作用。

【"巾帼建功"活动】 2009年,县妇联以创建"巾帼文明示范岗"为载体,全面提升妇女岗位服务能力。在县医院、电力公司、邮政局、国税局等单位开展"巾帼岗位建新功"活动。其中新创建移动公司为县级"巾帼文明示范岗",国税局征收大厅被命名为省级"巾帼文明示范岗"、移动分公司文化广场沟通100服务厅被命名为市级巾帼文明示范岗名单(1个)、万豪大酒店被表彰为"巾帼创新示范基地"。

【积极探索农村联动工作新思路】 2009年,县妇联以城乡结对帮扶活动为载体,坚持"优势互补、资源共享、城乡互动、共建新农村"的工作思路。市、县妇联在小寨乡大坪村大寨村民小组开展庭院卫生大整治示范活动,把巾帼文明示范岗女科技人员、女生产能手、女干部作为卫生整治指导员与大寨村民小组104户结对,为庭院卫生大行动顺利开展提供支持和服务,促进城乡妇女协调发展。

【"贷免扶补"工作】 2009年,县妇联按质按时完成"贷免扶补"工作,为城乡妇女提供创业平台。首次开展"贷免扶补"工作,妇联承担5户25万元贷款任务。成立"贷免扶补"工作领导小组,下设办公室,明确职责,制定《鲁甸县妇联开展鼓励创业贷免扶补工作实施方案》,圆满完成"贷免扶补"工作,得到省市妇联好评。

【"五好文明家庭"创建活动】 2009年,县妇联以"美德在农家"为载体,开展"和谐家庭"、"平安家庭"、庭院卫生整治活动。在小寨乡大坪村大寨村民小组开展庭院卫生大行动示范活动中,以"一树(树亮点)、二治(治垃圾、治污水)、三整(整理柴堆、草堆、粪堆)、四化(实现净化、绿化、亮化、美化)"为重点,全力推进小寨乡环境整治。"美德在农家"活动中,评选出杨其珍、李丛美两位为"好婆婆",曾朝会、徐道会两位为"好儿媳",顾帮焕、鲁庆敏两位为"好妈妈",田维美、陈秀翠两位为"好妻子",孟仁辉为"双学双比"女能手,徐可秀、彭光巧两位为"治家理财"女能手。评选5户"庭院卫生示范户"、15户"平安家庭"示范户。把大坪村创建为省级优秀妇女之家。

【妇女儿童维权工作】 2009年,县妇联加强维护妇女儿童合法权益工作。一是认真组织实施全县"三五"依法治县规划及《鲁甸县妇联系统开展法制宣传教育第五个五年规划(2006~2010年)》,成立依法治理工作领导小组、禁毒宣传教育工作领导组及艾滋病防治工作领导组。以"三八"维权周、"五四"、"科技宣传活动周"、"6·26"国际禁毒日、"10·26"中国禁毒日等宣传活动为契机,做好《妇女权益保障法》《未成年人保护法》《禁毒法》及禁毒防艾知识等宣传贯彻工作。举办各种培训48期,受益妇女、儿童2 000余人。提供现场咨询服务200余人次,累计发放各种宣传资料20 000余份。二是多方筹资,创新培训,维护妇女、儿童及校外青少年健康权益。积极申请并通过投资0.6万元中英艾滋病项目和投资2.49152万元第六轮中国全球基金艾滋病项目云南省项目(简称球六云南省项目),对全县100名妇女干部、10期400名校外青年进行禁毒防艾知识培训,为参训人员发放毛巾400余条、梳子400余把、雨伞60把。三是积极履行人民陪审员职责,全年参加陪审故意杀人、故意伤害、强奸、拐卖、离婚等刑事、民事案件17件,在审现场对未成年犯进行帮教。

【"平安创建"工作】 2009年,县妇联积极参与社会治安综治维稳"平安创建"工作。一是认真履行综治维稳委成员单位职责,开展"综治宣传月"活动。二是建立健全"平安家庭"创建领导机构。三是牵头制定"平安家庭"创建活动实施方案,确定总目标及任务、具体目标、创建标准、工作措施、组织领导和职责分工等内容。创建“平安家庭”（“零家庭暴力”）示范点1个，表彰“平安家庭示范户”15户。

【开展法律法规知识竞赛】 2009年，县妇联积极开展法律法规知识竞赛。一是组织人选参与昭通市妇联组织的三·八妇女儿童法律法规知识竞赛，县妇联荣获市妇女儿童法律法规知识竞赛参赛奖。二是县妇联出题，乡镇妇联、县直及驻鲁各单位妇委会组织广大妇女及家庭参与法律法规知识竞赛。评阅试卷1 172份，将100分的26人作为一等奖抽奖对象；将96~99分的54人作为二等奖抽奖对象；将90~95分的385人作为三等奖抽奖对象。3月6日，举行表彰活动，采取幸运抽奖方式，从3个等次抽奖对象中分别抽出5人、10人、20人作为一、二、三等奖进行表彰，表彰5个集体组织奖。

【“综治维稳”工作】 2009年，县妇联认真抓好全县《2009年度社会治安综合治理维护社会稳定目标管理责任书》、《2009年度禁毒防艾工作目标管理责任书》、《2009年度防范和处理邪教问题工作目标管理责任书》的落实工作。12月，县妇联被县委、县政府表彰为“2009年度社会治安综合治理维护社会稳定先进单位”。

【来信来访工作】 2009年，县妇联将信访工作作为重要日常工作，建立岗位责任制，完善来信来访登记制度。全年受理群众来信来访28件，其中家庭暴力12件，婚姻纠纷5件，拐卖2件，求助2件，土地纠纷2件，其他5件。接访率100%，处理率100%。做到件件有答复，事事有回音，对不能到访者上门服务，直到问题圆满解决为止。

【儿童工作】 2009年，县妇联加强儿童工作。一是以“为国教子、以德育人”为主题，大力实施家庭育人工程。做到明确“一个目标”：以培养合格父母、培养合格人才为目标；坚持“两个始终”：始终把家庭教育作为妇儿工作主战场，始终把德育放在家庭教育的首要位置；突出“三个重点”：家庭教育的重点对象是家长，特别是母亲；重点任务是帮助家长提高素质，更新家庭教育观念，掌握科学育人方法；重点领域是面向家庭、面向社区。命名为市级家庭教育工作和留守、流动儿童示范家长学校5所，市级家庭教育示范指导服务站1个，县级家庭教育示范指导服务站5个，以家长学校和指导站作为家庭教育活动主阵地，在县城，小寨、文屏、茨院、桃源、龙头山、江底等乡镇举办家庭教育培训班13期，受益家庭成员2 000余人，发放《云南省家庭教育试验教材》320本，家庭暴力相关知识3 000余份。积极开展社区矫正人员、吸毒人员家庭帮教工作，对其子女进行教育，帮助解决实际困难，预防和减少犯罪，努力维护社会平安稳定。二是认真实施“中国温暖‘12·1’爱心基金—中国移动关爱行动”项目。年末，对9户弱势家庭进行访谈，14名艾滋病致孤儿童开展心理辅导；对孤儿家长及监护人进行培训；开展爱心家庭教育咨询活动15次，受益96人次；向14名受助儿童累计发放生活补助费1.6万元。向监护人传授家庭教育及禁毒防艾等知识，向爱心家庭传授权利和义务知识。三是积极筹资救助贫困、孤残、留守儿童。向民政、国土等部门争取资金2万余元，大米250余千克，衣服70套，救助慰问儿童50人。出资1 000元解救被拐少女1人，对其进行心理辅导，鼓励树立信心，积极面对生活。

【思想宣传工作】 2009年，县妇联认真做好思想宣传工作。一是认真开展学习深入学习实践科学发展观活动。二是开展机关作风建设年活动。三是举办妇女干部职工普通话培训。四是针对妇女干部心理健康，邀请省交通学院教授于芳举办主题为《阳光心态，快乐生活》知识讲座。

【开展庆“三·八”、“六·一”活动】 2009年，县妇联组织“三·八”、“六·一”两大主题活动，努力营造全社会共同关注妇女儿童的良好社会氛围。一是“三·八”国际妇女节期间，组织广大妇女开展丰富多彩的趣味体育文体系列活动。活动设：海底传月、集体跳绳、五分钟集体投篮、两人三足行、拔河五个比赛项目，43个代表队、200余人参赛，县一中、昊龙公司、供电公司等代表队获得一等奖。二是“六·一”国际儿童节期间，邀请市政府副市长文雅芹、市妇联副主席陶天蓉和县组织部长刘雅芸参加在箐脚村大白路小学举办的“六一”庆祝活动，为10名孤残儿童和10名品学兼优的农村留守儿童及全校师生送去价值1万余元的学习用品和现金。

（邓其昌）

残疾人联合会

【机构人员】 2009年,县残联内设办公室、残疾人就业服务所、残疾人康复服务指导站、残疾人辅助器供应站。有职工5人。

理事长

孔祥勇 男 回族 鲁甸人

副理事长

罗兴军 男 回族 鲁甸人

【残疾人康复工作】 2009年,县残联进一步做好残疾人康复工作。年内,市残联下达鲁甸贫困白内障复明手术190例,其中50岁以下14例。通过工作,筛查白内障患者346名,完成复明手术270例。

【残疾人劳动就业工作】 2009年,县残联贯彻执行国务院《关于进一步做好残疾人劳动就业工作的若干意见》、《残疾人就业条例》、《云南省按比例安排残疾人就业规定》,认真开展残疾人就业工作,劳务输出外出务工5人,支持帮助个体就业69人,征收残疾人就业保障金26.3万元。11月17~27日,县残联、县职中举办全县首期残疾人理发美发培训班,培训残疾人30人。通过培训,学员们掌握理发美发技能。培训费用县残联承担,还为学员配发一套理发工具。

【春节送温暖活动】 2009年春节,县残联根据省市残联《关于认真开展好春节期间走访慰问贫困残疾人的通知》精神和县委、县政府《关于印发2009年春节慰问活动安排的通知》,开展走访慰问贫困残疾人活动。县残联和12个乡镇残联多渠道、多形式走访慰问贫困残疾人家庭275户,发放慰问金3.61万元;发放慰问品折合人民币1.8万元,其中县残联走访慰问60户,发放慰问金1.2万元;发放各种慰问品折合人民币0.6万元,将党和政府的温暖送到残疾人家中。

【科学发展观学习活动】 2009年,县残联按照县委统一安排部署,3~8月开展深入学习实践科学发展观活动。根据《中共鲁甸县委关于开展深入学习实践科学发展观活动的实施意见》和县委深入学习实践科学发展观活动领导小组《关于印发<鲁甸县关于开展第二批深入学习实践科学发展观活动的实施方案>的通知》文件精神,县残联拟定学习实践科学发展观活动实施意见,实施方案。成立领导机构,制定学习制度,认真按照实施意见,抓好科学发展观各阶段学习活动,并取得实效。

【认真抓好机关作风建设年活动】 2009年,县残联深入贯彻落实党的十七届三中全会、省委八届六次全会、市委二届八次全会和县委七届七次全会精神,改进机关作风,提高行政效率,树立残联良好形象。根据县委办公室《鲁甸县机关作风建设年活动实施方案》通知精神,拟定《鲁甸县残联机关作风建设年活动实施方案》,成立领导机构,定立学习制度等,认真抓好机关作风建设年各项活动及阳光政府四项制度建设,并取得实效。

【挂钩帮扶工作】 2009年,县残联加强挂钩帮扶工作。深入挂钩扶贫点水磨镇黄泥寨村,听取村两委情况汇报,走村串户,访贫问苦,了解民情,为村两委提出意见和建议,帮助解决工作经费4 000元。把挂钩村残疾人家庭纳入帮扶对象,发放扶助金3 000元。

【残疾人证发放及信访工作】 2009年3月9日,县残联在县人民医院四楼会议室召开换发第二代残疾人证工作领导小组会议。会议进一步统一思想、明确换证工作的重要意义。年末,共换发第二代残疾人证4 100册。残疾人来信来访,认真做到件件有答复、有交待,全年接待来访206人次。

【残疾人教育工作】 2009年3月23日,县残联、教育局根据昭通市残疾人联合会《关于下拨残疾人事业专项彩票公益金助学项目义务教育阶段2008年项目经费的通知》要求,组织县一中、二中、文屏镇中学、桃源乡中学受助学生在县教育局五楼会议室举行2008~2009学年度残疾人事业专项彩票公益金助学金首发仪式,共资助残疾学生30名,其中寄宿生10名,每人获得875元补助;走读生20名,每人获得375元补助,共发放助学金16 250元。5月16日,第19次全国助残日,县委常委、组织部长刘雅芸,县人大常委会副主任阮曙光在县残联理事长孔祥勇、副理事长罗兴军,县教育局副局长刘启云陪同下,到昭通市特教学校看望慰问鲁甸在特教学校读书的聋生和盲生38名,发放慰问金3 800元。

【县残联五届二次工作会议召开】 2009年4月9日上午，县残联五届二次工作会议在县人劳局二楼会议室召开。昭通市残联秘书长徐明，县委常委、副县长铁朝曙，县人大常委会副主任阮曙光、县政协副主席丁世章等出席会议。12个乡镇分管残联工作的副书记或副乡镇长和乡镇残联理事长、副理事长，全县84个村（社区）残疾人联络员（专职委员）120人参加会议。县残联副理事长罗兴军主持，会议听取和审议县残联理事长孔祥勇作的《提高认识、完善措施、抢抓机遇，努力实现鲁甸县残疾人事业发展新跨越》工作报告，报告认真总结2008年工作及经验，安排部署2009年工作任务。县委常委、副县长铁朝曙作了讲话。

【召开村社区残疾人联络员业务培训会议】 2009年4月9日，县残联在县人劳局二楼会议室对全县12个乡镇残联理事长、副理事长和84个村级（社区）残疾人联络员（专职委员）98人进行系统业务培训。县残联投入1万元给水磨镇、龙树乡残联配置电脑；投入2万元在文屏镇、桃源乡、茨院乡4个社区16村配发办公桌椅；投资1.5万元统一制作制度、标牌、统计表等发到乡镇、村、社区，要求各村、社区按中残联要求基层组织建设标准化建设。

【"全国助残日"活动】 2009年5月17日是第19次"全国助残日"。县残联在县城文化广场开展以"关爱残疾孩子，发展特殊教育"为主题的"全国助残日"活动。悬挂横幅标语4幅，张贴小标语16条。发放《残疾人保障法》、《残疾人就业条例》（国务院488号令）、甲型HINI流感防治知识问答、美沙酮维持治疗简介、走上健康之路、艾滋病预防知识问答、特需人群补碘、白内障知识问答等宣传资料1 800多份，为8人提供法律咨询和服务，义诊11人，为老年人测量血压69人，第二代残疾人证办理咨询答疑62人；盲人王姣为市民义务按摩12人，配发残疾人辅助器79件，其中轮椅车25辆、坐便椅3个、FS9251铝合金腋杖31付、Q/HCX木质腋杖20付，慰问贫困残疾人50人，发放慰问金1万元。

（县残联工作总结）

工商业联合会

【机构人员】 2009年，县工商业联合会有干部职工9人。

主席（兼民间商会会长）

高永华 男 汉族 鲁甸人

党组书记（常务副主席）

张国泽 男 汉族 鲁甸人 2009年11月止

副主席

马永海 男 回族 鲁甸人（兼秘书长）

马殿考 男 回族 鲁甸人

沈艳宁 男 汉族 鲁甸人

马吉党 男 回族 贵州人 2009年11月任

兼职副主席

陈能昌 男 汉族 鲁甸荣昌建筑有限公司经理

李 斌 男 回族 云南理世实业有限责任公司总经理

赵庆学 男 汉族 鲁甸长城建安有限责任公司经理

董瑞武 男 汉族 鲁甸腾池园荞酒厂经理

吕占崇 男 鲁甸江山建筑建材有限责任公司经理

民间商会副会长

马永坤 男 回族 鲁甸县排水有限责任公司经理

马世德 男 回族 鲁甸县民爆公司经理

张登成 男 回族 鲁甸县江底水泥厂厂长

【概 述】 2009年，县工商联开展政务、商务、会务活动，充分发挥非公有制经济人士参与政治、社会事务主渠道作用。年末，全县有非公有制企业68户，注册资金5.3亿元，固定资产5.8亿元，从业人员9 835人。个体工商户2 317户，注册资金1 951万元，从业人员2 943人。其中上规模的非公企业13户，主要以矿产品采选、电矿结合，绿色食品、化工生产、水电开发、建筑建材、房地产开发等为经营范围，呈现出良好的发展态势。

【深入开展学习实践科学发展观教育活动】 2009年，县工商联根据县委统一安排部署进行深入学习实践科学发展观活动。学习活动中，根据《鲁甸县关于开展第二批深入学习实践科学发展观活动的实施方案》要求，成立工商联深入学习实践科学发展观活动领导小组及办公室，制定《鲁甸县工商联党组关于开展深入学习实践科学发展观活动的实施方案》，经过"学习调研、分析检查、整改落实"三个阶段学习教育实践活动，开展科学发展观学习教育活动。

【加强党风廉政建设】 2009年，县工商联认真履行党风廉政建设责任制。按照县纪委进一步深化和完善领导干部述廉工作要求加强党风廉政建设，树立廉洁高效机关形象，在用人制度、政务公开、财务管理及学习贯彻《党内监督条例》、《党政领导干部选拔任用工作条例》等有关规定方面，认真落实，使工商联党风、政风、行风、不断得到好转。通过抓廉政建设，建设一个好班子，带出一支好队伍。全年没有出现违纪违法现象。

【加强组织建设】 2009年，县工商联注重人才选拔培养。全县有会员252人，其中非公有制经济人士233人，占会员总数的90%。注重非公有制经济人士培养。非公有制经济人士中有人大代表8人，县政协副主席2人，政协副秘书长3人，政协委员14人，省工商联副主席1人、市工商联副主席2人。加强企业党团组织建设。全县非公企业中建立党委1个，党支部6个，有党员251名，工会组织21个，共青团组织6个，妇女组织5个。

【积极履行参政议政职能】 2009年，县工商联积极参与县委、县政府和县政协重大活动，主动建言献策，为非公企业经济发展提供信息和平台，引导非公经济人士参与和支持全县各项事业发展。在非公有制企业和个体工商户中广泛宣传党和政府发展非公有制经济的优惠政策和措施办法，积极与非公经济人士协调沟通，认真听取意见、建议和要求及在生产经营中遇到的困难和问题，对能够解决的问题，工商联及时帮助解决，对不能解决的问题，及时向县委、县政府汇报和反映，争取支持，尽力帮助非公企业解决。

【对外交流与联系】 2009年，县工商联加强横向联系和对外交流工作。相关领导和部分企业负责人随县政协、市工商联考察团到北京、上海、浙江、福建等地考察，学习发达地区非公经济和招商引资先进经验。县工商联与六枝特区工商联缔结友好商会，与周边县区工商联加强横向联系。

【挂钩帮扶工作】 2009年，县工商联做好挂钩村帮扶工作。组织干部职工到挂钩村江底乡江底村帮助整村推进和新农村示范点建设工作。解决工作经费5 000元，党建示范村工作经费7 000元，产业扶贫（蚕桑项目）投资10 000元，挂钩村基础设施建设明显改善，村容村貌、人民群众生产、生活水平极大提高。

【深化光彩事业】 2009年，县工商联引导非公企业按照“爱国、敬业、诚信、守法”的方针，致富思源，富而思进，义利兼顾，德行并重，积极投身光彩事业和社会公益事业，回馈社会。在灾民搬迁、新农村建设、农业生态建设、饮水工程建设，道路、桥梁修建，在支持教育事业等方面投入资金1 000多万元，

【“贷免扶补”工作】 2009年，县工商联在“贷免扶补”工作中，加强与人事、财政、农信等部门协调和联系，上报信息4期，市工商联采纳1期，专题通报1期。7月圆满完成“贷免扶补”工作，为5户创业对象获得共25万元创业“贷免扶补”贷款。5户创业人员总创业情况良好，为自己解决创业，又吸收就业人员，带动创业人员16人。

【指导非公经济组织深入学习实践科学发展观活动】 2009年，县工商联重视非公有制经济组织深入学习实践科学发展观活动，抽调人员对非公有制经济组织活动进行指导。严格按照《鲁甸县新经济组织和新社会组织开展深入学习实践科学发展观活动实施方案》要求，按时到学习对象企业参与学习动员会，指导学习对象按照“方案”要求，成立领导机构，制定学习方案，结合企业实际，圆满地完成学习实践活动。

【办公条件得到改善】 2009年2月，县工商联搬进投入建设资金240多万元、占地0.17公顷、位于新区政通路的新办公楼。

（马殿考）

文学艺术联合会

【机构人员】 2009年，县文联机关有职工9人，其中办公室人员4人（借用），崇文阁看管人员2人（社会聘请）。文联下属6个协（学）会，有会员328人，其中作家协会51人，书法家协会55人，美术家协会65人，摄影家协会31人，音乐舞蹈戏剧家协会

75人，诗词楹联学会51人。

名誉主席

李宪章 男 汉族 鲁甸人 2009年10月任

主 席

李宪章 男 汉族 鲁甸人 2009年10月止

丁世新 男 汉族 鲁甸人 2009年10月任

常务副主席

丁世新 男 汉族 鲁甸人 2009年10月止

副主席

徐兴正 男 汉族 鲁甸人 2009年12月止

戚 鸣 女 回族 鲁甸人

云 鹏 男 回族 鲁甸人 2009年3月任

曾明沿 男 汉族 鲁甸人 2009年10月任

兼职副主席

云 鹏 男 回族 鲁甸人 2009年3月止

铁发平 男 回族 鲁甸人

晏 权 男 汉族 鲁甸人

【发挥打造“文化鲁甸”积极作用】 2009年，县文联带领广大文艺爱好者深入学习实践科学发展观，坚持“二为”方向和“双百”方针，以建设和谐文联、打造和谐文化为主题，按照“1234”的基本工作思路（一是以县委、县政府总体发展目标为重心，牢牢把握先进文化前进方向，突出打造“文化鲁甸”这一主题；二是抓好文联机关自身建设和基层组织建设；三是协调处理好文联与县委、县政府、社会各界、基层会员三个关系；四是管理好崇文阁基地、办好《朱提山》文艺期刊，培育一支活跃、有创造力的文艺家队伍，创作出一批优秀文艺成果），在打造“文化鲁甸”进程中发挥积极作用。一是制定和完善一系列管理制度，管理建设步入正轨。文联2007年成立，经过探索、讨论和总结，进一步完善财务管理、廉政纪检等内部管理制度，制定《协（学）会年度工作目标考核实施办法》、《〈朱提山〉文艺会刊编辑工作实施办法》，在文联一届三次全委会上与各协学会签订《鲁甸县文联2009年度协（学）会工作目标责任书》。各协学会结合实际，制定完善班子成员等管理制度。二是文化活动空前活跃。各协学会围绕“文化鲁甸”主题开展各类采风、创作及会员培训活动。6个协学会开展形式多样的采风创作活动100余次，以挖掘全县历史文化、民族风情、旅游资源、新农村建设新亮点等为主，涉及云、贵、川等省。美协、书协会员投入新农村文化墙建设，在江底、小寨、新街等乡创作文化墙800余百平方米。书法协会组织开展“书法进校园”活动、“青少年书法培训班”，为培养新一代艺术人才作出积极贡献。作协、诗词学会以新农村建设为题材，深入农村开展采风创作活动，为职中自编教材提供大量作品。摄影家协会多次开展采风创作活动，一大批摄影作品在省、市等各类报刊发表，部分作品获奖，部分会员到贵州威宁参加“百鸟之都·魅力威宁”山鹰杯国际摄影大赛集体采风创作活动，有2件作品获奖。音乐舞蹈戏剧家协会结合新农村建设和整乡推进工作进行采风，作品在各级演出。为宣传鲁甸作出积极贡献。三是文艺创作成果亮点纷呈。全年全县有数百件文学、书法、美术、摄影作品参加国家、省、市、县级的各类比赛及展览，先后有23件作品获奖，其中获国家级奖2件，省级奖18件，市级奖3件。作协创作中短篇小说25篇30万字，散文52篇7.8万字，诗歌89首1 780行，文艺评论4篇2万字，有58件作品在省、市级刊物发表。诗词楹联学会创作作品500余篇，多件作品在各级刊物发表。书协创作作品200余件，多件作品在各级刊物发表，举办展览4次。影协创作作品数百件，149件作品在各级刊物发表，举办展览3次。音乐舞蹈戏剧家协会创作作品42件，多件作品在各级刊物发表。美协创作作品上百件，多件作品在各级刊物发表，举办展览3次。《朱提山》文艺期刊圆满完成四期编辑，办刊质量和水平稳步提升，编辑出版《鲁甸文学作品选》、《鲁甸县首届书法临摹展作品精选》、《银都飞歌》、《朱提诗苑（卷二）》等。四是基层组织建设成果喜人。各协学会逐步建立健全各项工作制度，通过发现人才、壮大队伍、培训会员等工作的有序开展，会员人数由上年317人增加到328人，新进入国家级会员3人、省级会员5人、市级会员11人。五是横向联系明显加强。积极支持配合“云南省孔学研究会”工作并加入孔学研究会，帮助昭通文化研究院、昭通书画研究院创作、书写对联字画，参加昭通师专书法笔会，积极支持帮助市、县部门搞好文艺展览，为县文联横向联系拓展广阔空间。六是崇文阁文化内涵进一步丰富。在县教育局、江山公司、长城公司捐助下，崇文阁内添置教育大钟，儒园内外各添置石雕麒麟一对，进一步充实崇文阁文化底蕴，增添一定文化内涵。成功举办纪念孔子诞辰2560周年庆典活动，使人们接受传统文化教育，激发爱国热情，增强凝聚力和战斗力。

【加强基础设施建设】 2009年,县文联机关办公条件得到进一步改善,基础设施建设得到明显加强。一是改造办公场地。文联成立后,一直将"砚池斋"内3间厢房作为办公场地,由于始建时功能设计并不是用于办公,使用上不方便,冬季由于办公室地理位置高,空间大,非常寒冷。经文联领导班子集体研究讨论后,对3间办公室进行简单装修,添置电脑3台,增设常务理事会议室,改善协学会办公条件,将"墨客轩"内3间房屋交给6个协学会使用,配备办公桌椅和文件柜等设施,初步解决各协学会虽有一定办公经费,但无办公场地的问题。二是维修崇文阁建筑设施,排除安全隐患。由于建设初期设计不尽合理等因素,崇文阁大殿玻璃、彩灯等设施不同程度受损,特别是先师殿窗套松动及玻璃受损严重,大风一吹,随时有大块玻璃掉落,存在严重安全隐患。对先师殿窗套进行加固,把60余平方米普通玻璃全部更换为耐力板,对受损彩灯及时维修。

【做好"春节系列文化活动"】 2009年,县文联认真做好"春节系列文化活动"。一是组织书协会员参与"文化下乡"活动。春节前夕,组织书协会员到小寨、火德红等乡镇为农村书写春联1 000余幅。二是春节期间在崇文阁精心组织猜迷、对对联活动,参与群众1 000余人,猜出迷语200多条,对出对联10幅。三是举办书画摄影作品展,展出作品120件,2 000余人参展。

【成功举办"江山杯"书法美术摄影大赛】 2009年,县委宣传部主办,县文联承办,县江山建筑建材公司协办"江山杯"书画摄影大赛。大赛参赛作品质量高,规模大,影响深远,迈出了"文企联姻"第一步。

【积极参与新农村建设】 2009年,县文联响应县委、县政府号召,积极参与小寨整乡推进文化建设工作。参与图片展板制作、专题片解说词编撰和文化墙体建设工作。抽出专人对小寨乡新农村实地采风创作,参与整乡推进展板设计制作;组织美协、书协会员40人,以小寨乡整乡推进核心区为中心辐射文化墙体创作。

【开办青少年书法、美术兴趣培训班】 2009年春节前,县书协开办为期1个半月的青少年书法兴趣培训班。培训青少年学员45人。美协开办会员创作培训班。通过邀请昭通美术界知名人士讲授,参学会员业务能力进一步提高。

(李友彪)

军事　法制

编辑：李峻峰

2010 年 1 月 19 日，全县工业经济发展大会在县电子政务中心会议室举行

（周迎春　摄）

军　　事

武装部

【机构人员】 2009年，县人武部内设军事科、政工科和后勤科。有干部职工16人。

部　长

余世福　男　汉族　彝良人　2008年3月止

邵珠军　男　汉族　山东省定陶县人　2008年3月任

政　委

王　军　男　汉族　昭阳区人　2008年3月止

路元文　男　汉族　昭阳区人　2008年3月任

副部长兼军事科长

桑　林　男　汉族　昭阳区人　2008年3月止

王仕忠　男　汉族　河北省晋州市人　2008年3月任

政工科长

余　里　男　布依族　贵州贞丰人

后勤科长

柯昌成　男　汉族　巧家人　2008年3月止

邓缙声　男　汉族　镇雄人　2008年3月任

【自身建设】 2009年，县人武部以加强信任，增强团结，齐心协力建设班子为出发点，促进各项工作全面发展。一是“三个统一”，即：思想统一，围绕中心抓工作；意志统一，艰苦创业求发展；目标统一，彻底改变人武部落后面貌，促进人武部和民兵预备役建设上台阶。二是针对生活、工作条件极为艰苦的实际，进行人生观、价值观教育，特别加强艰苦奋斗教育，党委“一班人”树立在艰苦地区作奉献、有作为的思想。三是面对基础设施滞后状况，党委“一班人”，“同上一条船，同掌一把舵”，千方百计想办法改变落后面貌。经多方协调、多渠道筹集建设资金，对办公场所和驻部民兵应急分队宿舍进行装修。四是认真落实民主集中制，加强交心通气，做到讲党性、顾大局、重事业、淡名利。

【深入开展科学发展观活动】 2009年，县武装部加强自身建设，努力营造学习氛围，培养学习型干部职工。在分区党委的正确领导下，深入开展学习实践科学发展观活动。3月1日开始，8月底结束，学习活动分动员部署、学习调研、分析检查、整改落实、测评总结5个阶段展开，学习采取集中学习、个人自学、理论辅导、集体讨论交流等各种形式。通过学习，全体干部职工进一步弄清理论与实践、学习与工作的关系，增强干部职工在工作中的自觉性，激发为部队建设作贡献的精神动力。加快改进民兵预备役工作，促进国防后备力量建设深入发展，为全面建设和谐人武部奠定理论基础。

【国防教育】 2009年，县武装部针对新形势下干部职工的思想实际，根据分区安排，采取专题教育和经常性教育相结合的办法。年初对全县民兵政治教育作具体安排。坚持民兵政治教育“三项制度”，基干民兵依托“青年民兵之家”活动阵地集中教育，普通民兵利用重大节日活动进行教育，将民兵教育纳入全民教育计划，采取刊授、广播、墙报、召开青年会等多种形式，使民兵政治教育得到较好落实，保证民兵政治合格听党指挥。

【军事训练工作】 2009年，县人武部按照年度军事训练计划，认真贯彻新军事训练大纲精神，安排训练工作，按时完成作业，组织机关干部、职工开展首长机关基础科目训练，主要完成280小时业务基础训练和200小时体能训练，人员平均参训率89%。8～10月，组织机关干部6人完成首长机关军事理论和战术标图训练，参训率86%，基本完成年度军事训练计划，达到预期的要求和目的。6月18～21日，与县气象局配合组织炮兵分队45人专业训练，主要完成双37高炮降雨防雹作业训练，参训率100%。7、8两月，分别组织桃源乡应急分队80人，文屏镇应急分队100人进行基础科目训练，主要完成队列、轻武器射击、抗灾抢险常识和森林灭火常识训练。两次民兵训练中，参训人员积极踊跃，参训率均达100%，训练成果显著，训练质量有所提高。常驻民兵应急分队成立至2009年末，组织常驻民兵60人，围绕分区比武会操科目进行训练，主要完成队列、体能、拳术训练和军事、政治理论学习，参训率100%。

【民兵整组工作】 2009年,县武装部民兵整组工作调整幅度比较大,要求高,按照新时期、新形势下军事斗争要求,以任务为牵引,突出城市民兵组织调整。全县有1支100人民兵应急机动连队。一是根据执行"应急处突"实际需要,按照平衡负担,快速到位原则,在每个乡镇编组民兵应急分队。二是落实民兵信息网。三是不断探索民兵建设新路子,在民营企业编组民兵。四是按照围绕经济办民兵,办好民兵促经济的要求,对上年增编民兵高炮分队再次进行专业技术强化训练。

【常驻民兵应急分队建设】 2009年,县武装部按照市委军事会议精神,7月1日,成功组建编制60人的常驻民兵应急分队,并按照军事训练计划严密组织实施训练。组建后,充分发挥"召之即来、来之能战、战之能胜"的宗旨,出动常驻民兵40余人次完成桃源1 000余名在校学生军训,积极配合地方公安、政法部门先后参与烤烟收购执法宣传治安执勤、国庆期间治安巡逻、违章建筑强制拆迁警戒和道路工程抢险、抗击雨雪冰凌灾害等重大活动,赢得良好口碑。11月16日,应急大队参加昭通市委、市政府联合主办的"昭通市常驻民兵应急分队比武会操暨军事表演"活动,取得擒敌拳单项科目第三名的优异成绩。

【征兵工作】 2009年,县武装部加强征兵工作组织领导,层层签订征兵工作责任书,尽心尽力地做好征兵各项工作,做到了五个到位,即:组织领导到位,宣传教育到位,责任承包到位,管理措施到位,后勤保障到位。全县有172名基层初检合格青年进站参加封闭式体检,有65名应征青年体检合格,政审合格,送往大理、曲靖服役,圆满完成征集任务。

【组织民兵"参建"、"参治"工作】 2009年,县武装部组织民兵"参建"、"参治"工作。一是充分发挥民兵应急分队"灵活机动,关键时拉得出,用得上,起作用"优势,积极协助公安部门做好禁毒工。二是组织民兵参与民事纠纷调解工作,充分发挥民兵的桥梁和纽带作用。三是组织民兵"参治"、"参建"。5月,出动民兵80人参加全县樱桃文旅游节"安保"工作。6~10月,出动民兵30人协助公安部门参加年度烤烟收购执法宣传执勤及私烟收缴行动。9月,出动民兵30人参加县城太阳湖湖滨小区征地违章建筑强制拆迁执勤。国庆期间,出动民兵30人参加政法、武警、消防、人武部门联合组织的联巡联防工作。

【后勤工作】 2009年,县武装部加大营院正规化力度,多方筹集资金,对营区进行绿化,对办公场所和常驻民兵应急大队宿舍进行装修,为确保财物安全,防止管钱管物人员出问题,加强财务人员教育和管理,增强廉洁奉公意识和责任心,严格财经纪律和财务制度。同时,要求财务人员必须有良好的思想素质、职业道德,不参与不健康、有违反财经纪律的事,严格按照上级要求,加强自我管理。加强各种物资管理,防止贵重物品丢失、被盗。规范财务制度和加强往来票据管理,开具支票时,必须由部领导签章,填写提款审批单后,方可办理。

(王 玥)

武警中队

【机构人员】 2009年,县武警中队有3个班,官兵分别来自四川、云南、贵州、重庆、山东、湖南、河南,甘肃、黑龙江、陕西、广东、广西12个省市,有汉族、壮族、布依族、苗族4个民族。

中队长

郭云川 男 汉族 四川宜宾人 2009年1月止

陈朝军 男 汉族 陕西安康人 2009年1月任

指导员

彭从刚 男 汉族 四川宜宾人 2009年1月止

高 峰 男 汉族 黑龙江佳木斯人 2009年1月任

【军事训练】 2009年,县武警中队严格按照昭通支队下发的军事训练指示,严格落实跟班作业,认真对照新颁布的《军事训练大纲》,合理安排训练内容、时间、步骤及保障,确保组训形式和训练质量指标的落实。圆满完成复训补训、新兵上岗前培训,推荐优秀骨干、战士参加支队反恐集训。新大纲暨擒敌教练员集训,两次参加支队勤训轮换等。通过提高官兵军事素质和体能,中队在第一度、第二季度驻昭部队会操中分别取得第二名和第四名好成绩。

【政治教育】 2009年，县武警中队开展党的十七大精神、三级党委扩大会议精神、拥政爱民、法纪、安全常识、执勤战备、执勤法规、密切内部关系、职能使命、“培育当代军人核心价值观，永远做党和人民的忠诚卫士”为主题、经常性思想教育及开展深入学习贯彻落实科学发展观第三批教育活动。组织官兵收看当代革命军人核心价值观系列辅导讲座，收看国庆大阅兵庆典和干部、士官“强信念、明职责、守法规”教育整顿活动。在教育整顿活动中，重点解决存在问题。

【后勤工作】 2009年，县武警中队根据昭通支队后勤工作指示，努力改善中队设施条件。购买索尼数码照相机1台2 940元，购买对讲机1对3 720元。同时，加强卫生防病工作，做好霍乱疫情、猪口蹄疫、手足口病、猪流感及夏季蚊蝇防治工作，确保中队官兵身体健康良好。做好武器装备清查工作、武器大修工作及枪弹安全管理工作，确保枪弹动静态条件下安全。中队干部积极向公安局党委及县政府领导汇报，中队新营房搬迁后，硬件设施还不配套，争取经费尽快建设中队。

【拥政爱民】 2009年，县武警中队积极参与地方经济建设和双拥活动，组织官兵为云南省公安民警英烈基金会捐款，参加“情满乌蒙”双拥书画艺术展、昭通市学习实践科学发展观知识竞赛等活动，先后3次出动兵力参加扑救山林火灾，使国家和人民生命财产不受损失。同时，积极参加县城武装巡逻和会场安全警戒临时勤务，圆满完成樱桃节现场外围临时警戒勤务，受到广大人民群众的好评和地方党委政府的高度肯定。

【执勤隐患整治】 2009年，县武警中队加强执勤工作。一是对监所墙上灯泡进行更换，增加哨兵通视条件，为哨兵提供良好的执勤环境，提高执勤安全系数。二是针对中队固定目标硬件设施陈旧老化，执勤工作面临巨大挑战的实际，同看守所领导开展“三共”活动，确保各项制度严格落实，坚决杜绝软件方面的问题。三是加快新建营房和看守所投资力度。四是积极做好搬迁准备工作，打扫新建营区卫生，规划“四项设施”标准，拟写搬迁方案和押解方案等工作。

【党支部建设】 2009年，县武警中队党支部建设效果明显，组织建设得到进一步加强，“三个能力”逐步提高。认真组织学习《党支部工作条例》、《政工条例》和《军队基层建设纲要》等文件，通过学习，理清工作思路，开展批评与自我批评，消除隔阂，融洽感情，增进团结。做到中队重大问题先通气、后谋划、定议题、再开会讨论、集体研究决定，杜绝个人说了算的现象。中队党支部基本达到思想统一，责任明确，分工合理，能力互补，关系融洽的“团结型”基层党支部目的，发挥战斗堡垒作用。一是紧紧围绕如何带领官兵争创先进中队开展讨论，让支部“一班人”认识到“支部不团结，部队难发展”的客观规律，要求支部一班人当好中队官兵的主心骨，全身心投入到各项工作中去，为中队建设出主意、想办法，以实际行动带领广大官兵做好各项工作。二是认真抓好治理干部“四松”法纪教育，使干部踏踏实实工作，不为外事移心，不为后路操心，不为家事分心，守得住清平，耐得住寂寞，挡得住诱惑，使中队建设和发展沿着正确轨道稳步前进。三是通过思想交流，工作交流，经验交流方式，促成支委成员间相互了解，增进认识统一和行动一致，真正做到权为兵所用，情为兵所想，利为兵所谋。

【“四个基本”作用明显】 2009年，县武警中队狠抓基本教育，确保官兵政治上合格和思想道德纯洁。深入开展爱国奉献、革命人生观、尊干爱兵、艰苦奋斗教育。全体官兵树立正确的世界观、人生观、价值观。通过开展向总队、支队先进典型的学习，增强官兵的忧患意识和责任意识，结合职能使命，认真组织学习官兵职责、执勤规定和各项规章制度，不断增强官兵的大局意识和职责意识，树牢执勤就是战斗、哨位就是战场的思想，时刻保持高度警惕、增强责任感。通过抓安全教育，不断增强官兵的防范意识，以“四反”、“五防”和抵制“四不”影响为重点，《预防犯罪工作条例》为依据，狠抓拒腐防变和安全防事故教育，强化官兵法纪意识、安全意识，严防事故案件发生。

【队伍建设】 2009年，县武警中队按照《纲要》要求，加强干部教育和管理，突出抓好干部队伍、党员队伍和士官骨干队伍建设。通过组织党员学习党章、重温入党誓词等形式，党员队伍的先进性和模范带头作用有明显好转。依据《士官管理规定》，加强士官队伍建设，融洽干部与士兵间的关系，增进感情和信任，增强责任感，开展谈心和“三互”活动，把工作做到每一个环节，每一个哨位，每一个人，做到两个确保。

【制度建设】 2009年，县武警中队认真落实条例，坚持一日生活制度，值班、查勤、登记统计、请示报告、日常管理和检查、随机教育等7项制度。认真落实每周工作计划、行政例会、检查评比、政治教育和文体活动、党团活动、勤务编班、武器装备擦拭保养、定食谱等8项制度；每月坚持落实按纲建队、形势分析、双争评比、军人委员会工作报告制度，克服工作的随意性，坚持抓好《安全工作条例》等法规制度学习，认真落实执勤制度，深入贯彻《执勤规定》，认真落实训练制度，严格按照训练大纲规定，坚持依法治训、从严促训，确保训练质量；认真落实经常性管理制度，深化治理“五个”重点问题，按照《预防犯罪工作条例》，对各类人员职责进行明确，突出抓好涉枪、凶杀案件预防和“四反”、“五防”工作；抓好隐蔽斗争工作，确保中队内部安全稳定和中心工作圆满完成。

【各项工作扎实有效】 2009年，县武警中队加强自身建设，取得明显效果。一是中队党员、干部、骨干三支队伍充分利用“三互”，“双四一”和个别谈心等形式，针对性地做好个别人思想政治工作，防止各种事故案件发生。二是积极开展“安全教育宣传月”活动和安全隐患排查活动。中队成立“安全教育宣传月”工作领导小组，对安全工作明确分工，在班内设安全员，积极组织官兵对部队安全法规、制度进行学习，提高官兵安全发展理念和自我保护意识。积极对中队和个人存在安全隐患及苗头进行排查，对排查出的问题制定整改措施，做到隐患排查不到位不算清，隐患整治不彻底不算完。通过整治，奠定中队安全工作基础。三是进一步和谐警政警民关系，充分搞好官兵与地方警民间的关系，重点加强新兵民族宗教政策教育，共同树立为地方经济建设服务的大局意识，圆满完成地方党委政府交给的急、难、险、重任务。

（县武警中队工作总结）

法　制

政　法

【机构人员】 2009年，县委政法委内设办公室、综治办、维稳办、610办、执法监督室、政工科。有工作人员20人。

政法委书记

　　马武荣　男　回族　鲁甸人

第一副书记

　　王文生　男　汉族　贵州威宁人

常务副书记

　　赛永殿　男　回族　鲁甸人

副　书　记

　　撒兴乖　男　回族　鲁甸人

　　张玉前　男　汉族　鲁甸人

　　李兴达　男　回族　鲁甸人　2009年3月止

　　王恩斌　男　汉族　彝良人　2009年3月任

综治委副主任

　　施华林　男　汉族　鲁甸人　2009年3月止

政法委办公室主任

　　李　蔚　女　汉族　昭阳区人　2009年3月止

　　马勋恒　男　回族　贵州威宁人　2009年3月任

综治委办公室主任

　　锁才本　男　回族　昭阳区人

维稳办公室主任

　　赛永殿　男　回族　鲁甸人　2009年3月止

　　罗柏军　男　彝族　鲁甸人　2009年3月任

副主任

　　段世杰　男　回族　鲁甸人　2009年3月任

　　李　莉　女　汉族　鲁甸人　2009年11月任

610办公室主任

　　罗柏军　男　彝族　鲁甸人

副　主　任

　　陆开英　女　汉族　鲁甸人

执法监督室主任

　　施华林　男　汉族　鲁甸人　2009年3月任

【加强组织领导】 2009年，县政法委加强组织领导,积极开展各项工作。一是牢固树立“发展是第一要务,稳定是第一责任”的思想,坚持以科学发展观为指导,以争创省级平安先进县为目标,精心制定方案措施,严格落实平安创建责任制,充分调动全县各方面力量齐抓共建、综合治理,推动平安创建工作深入开展。年初,县委政法委通过调研,制定《关于开展争创省级先进平安县活动实施意见》,进一步明确目标、任务和工作措施,确立“分步实施,示范带动,整体推进”的工作思路,将平安建设作为“一把手工程”,按照“谁主管、谁负责”和“属地管理”原则,把任务措施分解落实到乡镇、部门和具体责任人,严格落实责任制、责任查究制和一票否决制。同时,县综治委制定下发《鲁甸县先进平安乡镇(单位)考评办法》、《鲁甸县社会治安综合治理平安创建标准》等工作制度,指导全县平安创建工作。在全县12个乡镇确定13个创建典型,县综治办具体联系、指导典型创建,从各层面和角度指导带动大面创建。二是充分调动各级各部门特别是综治委成员单位积极性。4月,组织10家牵头部门开展“平安鲁甸”联创活动,全县因地制宜稳步开展“平安家庭、平安企业、平安医院、平安单位、平安市场”等创建活动,进一步健全公共安全体系,有效提高各种行业平安创建水平。7月,县政协组织部分政协委员对全县平安建设工作视察,对创建工作高度评价。三是严格按照综治维稳目标管理细则,强化检查督导力度。全年对12个乡镇63个综治成员单位开展8次全面督查。四是3月综治维稳宣传月期间,县委政法委、宣传部和综治委在全县开展声势浩大的宣传活动,各综治成员单位上街道、下乡镇、进企业、进学校、进村社和进宗教场所,通过展出展版、发放资料、设点咨询、上法制课等形式广泛开展宣传。活动期间,发放宣传资料7万余份,张贴标语280余条,悬挂横幅60余幅,展板200余幅,受教育群众上万人。同时,充分利用电视、报纸、网络和现代通讯等传媒宣传,在《云南法制报》、《昭通日报》上刊登《春之神话新鲁甸》、《平安鲁甸·和谐社会》等系列报道,县广电局选送有关综治维稳和平安创建的新闻多次在昭通市电视台播出,部分综治成员单位通过移动、联通、电信平台发布平安建设和综治工作温馨短信,真正做到电视有影、短信有声、网络有文。

【综治维稳工作】　2009年,县政法委按照县委、县政府《关于进一步加强基层综治维稳机构规范化建设的实施意见》要求,把工作重点放在理顺体制、整合资源、增加投入和规范管理,紧紧围绕“一个中心统揽、一名领导负责、一套机制运行、一套科学考核、一个保障体系”的“五个一”运行模式,在每个乡镇落实1名领导担任综治维稳中心专职副主任,在84个村(社区)落实1名专职工作人员,统一制定工作职责、制度和流程,规范运作,形成以村综治维稳工作站为基点、乡镇综治中心为枢纽,上下联动、左右协调、运作高效的基层基础运行机制和工作网络,基层党委政府驾驭治安形势、维护社会稳定的能力和水平明显提高。同时,按照“警力下沉、警务延伸”原则,着力加强基层“两所一庭”建设,全县80个村和4个社区,设立警务室35个,选派39名民警驻村包片开展工作,不断强化和基层基础,全面提升综治维稳工作水平。年内,排查登记、群众来信来访、流动人口登记等11项基础台账,做到有人管事、有钱办事,提升“平安乡镇”、“平安村”创建质量和水平。

【矛盾调解】　2009年,县政法委坚持把矛盾纠纷排查调处工作作为维护社会稳定的主要工作,坚持主动作为、积极稳定的工作方针,对排查出的矛盾纠纷和不稳定因素,实行台账管理,依照“分级负责、归口办理”原则,逐案落实承办单位和具体承办人,明确承办要求和办理时限。对重大矛盾纠纷,实行领导包案、挂牌督办,严格落实包保措施。同时,大力推进人民调解、司法调解和行政调解“三位一体”的大调解体系建设,逐步建立完善基层人民调解组织。全县12个乡镇调解中心在乡镇综治维稳中心统揽下,基本实现规范运作,84个村(社区)全部设立调解室,2个企事业单位设立调解委,全县调委会达98个1 970人,筑牢化解社会矛盾纠纷第一道防线。年内,全县排查调处各类矛盾纠纷1 657件,调解成功1 581件,调成率95.3%,防止民转刑21件。全县受理各类民商事案件115件,占民商事案件的46.4%,结案率100%。

【全力维护社会稳定】　2009年,全县政法各部门进一步统一执法思想,相互配合,协同作战,重拳出击,坚持把“严打”作为社会治安综合治理和平安创建的首要环节,始终保持对各类违法犯罪的高压态势。年内,全县立刑事案件325起,破268起,破案率82.5%，与上年同期相比，多破92起；继续保持命案全破的优异成绩；破毒品案件31起，缴获毒品海洛因9 219克，强戒吸毒人员145人，江底、龙树市级“无毒乡”创建工作稳步推进，“省毒品重点整治地区”桃源乡整治工作成效明显，全县吸毒人员从2000年954名下降到291名。检察机关受理提请、移送批捕刑事案件128件219人，批准逮捕196人；受理审查起诉刑事案件114件207人。县法院受理刑事案件97件135人，审结93件127人，结案率100%。成功破获“1·01”盗抢耕牛团伙案，打掉一个流窜昭鲁两地作案97起，盗抢耕牛123头，涉案80余万元的犯罪团伙，抓获犯罪嫌疑人21人，追回被盗耕牛2头；破获移动机站系列盗窃案，破案9起，抓获犯罪嫌疑人11人，缴获通信电缆5 000多千克；打掉龙头山镇黑恶势力犯罪团伙，抓获犯罪嫌疑人8人，破案18起，有效解决影响社会治安和群众满意的突出问题。

【加强防控体系建设】 2009年，县政法委紧紧依托110应急指挥中心平台，构建立体型防范控制网络，大力整合巡警、派出所民警、交警、应急民兵等巡防力量，实行执勤倒班制、夜巡制等错时工作制，采取警便结合、交叉巡逻等措施，把警力最大限度摆到街面上，提高街面见警率，强化城区社会动态控制；在机关单位、企业和小区，进一步建立健全保卫组织和门卫制度；建立县城视频监控系统，安装探头33个，对城区主要街道、重点区域全天候实时监控。在农村大力发展“中心户长”、“治安观察员”等群防群治组织，充分利用现代通讯设备，组织开展护村联防，有效提高农村维护稳定能力。公安民警、义务联防队、护村护寨队和单位安全保卫组织等共同筑起全民防范的铜墙铁壁。年内，全县受理治安案件772件，与上年同期947件相比，下降18.48个百分点，查处762件，治安处罚642人，查处率98.7%，与上年同期相比，查处率上升0.18个百分点。

【加大治安管理力度】 2009年，县公安、工商、计生等部门加大联合执法力度，对暂住人口和出租房屋实行登记备案，分类管理，纳入“平安村”、“平安单位”、“平安小区”、“平安楼院”创建的重点工作，建立长效管理运行机制，有效杜绝各类治安隐患的发生；司法、教育、民宗等部门协同配合，广泛开展“法律七进”活动，加强全民道德法制教育，全县各中小学聘用法制副校长制度进一步加强，青少年法制教育活动稳步开展，有效减少未成年人违法犯罪；司法部门在村（社区）协助配合下，积极开展社区矫正，全县刑释解教人员均落实安置帮教措施，预防和减少重新犯罪。

【夯实安全管理】 2009年，县政法委坚持把安全生产工作摆在突出位置，积极构筑“政府引导、部门监管、企业自律”的安全生产防线，建立条块结合、资源共享、企业自律、社会支持的网状防控体系，推动各行业主管部门按照从集中开展安全生产专项整治向规范化、制度化、经常化管理转变，从被动防范向管住源头转变，从以控制伤亡事故为主向夯实企业安全生产基础转变，根据每个季节、每个时期、每个行业安全生产工作特点，常规检查与专项检查相结合，深入查找事故隐患，认真制定整改措施，落实整改责任，有效防止各类安全事故发生。年内，全县发生安全生产事故1起，死亡1人，占市下达考核控制指标11人的9%，与上年同期相比，下降3人，下降75%。

【深入开展信访工作】 2009年，县政法委确保国庆60周年期间，全县到昆进京上访“零目标”的实现，根据县委、县政府安排部署，6～9月定为全县信访突出问题攻坚期，整合各种力量，对16件重信重访突出问题进行集中整治，严格实行定包案领导、包案单位、具体责任人和结案时间“四定责任制”。限期对信访问题进行彻底解决。按照“谁主管、谁负责”原则，县委政法委再次摸排信访突出问题，逐一落实包案领导和稳控责任人，重点人员严格落实“人盯人、人守人”稳控措施，做到重点人员“有人管、天天见”，确保国庆期间全县实现“零事件、零上访”目标。2009年，县信访局受理信访案件264件1 107人次，办结256件，办结率97%，与上年同比，件次和人次分别下降0.5%和0.3%。

【队伍建设】 2009年，县政法委加强自身建设。一是深化政法系统社会主义法治理念教育活动，组织协调、督促指导深化教育活动，广大干警自觉规范执法行为，切实打牢执法为民的思想基础，增强新形势下做好群众工作的能力。二是结合全县深入开展机关作风建设活动，县政法委制定政法干部“六做到、五不准”纪律要求，对事关政法队伍形象的细节问题进行整顿。三是发挥协管政法干部职责,定期召开政法部门班子成员联席会议,形成常沟通、常联系、常研究的新格局,理顺同政法各部门的工作关系。年内,全县政法系统有81名干部得到提拔,49名干警实现轮岗交流,队伍结构进一步优化。

(马勋恒)

公 安

【机构人员】 2009年,县公安局内设警务指挥中心(下设情报信息中队、信息〈机要〉通信中队、科技中队、文秘中队、110接处警中队、档案管理中队)、国内安全保卫大队(下设情报信息中队、机动侦察中队、民族宗教安全保卫中队、反邪教中队、内部安全保卫大队)、刑事侦查大队(下设情报信息中队、重案中队、侦查一中队、侦查二中队、侦查三中队、侦查四中队、刑事科学技术中队)、交通警察大队(下设情报信息中队、车辆和驾驶员管理中队、秩序管理中队、事故处理中队、一中队、二中队、三中队、四中队)、治安管理大队(情报信息中队、治安行动中队、爆炸危险物品管理中队、经济文化保卫中队、户政管理中队、出入境管理中队、公共信息网络安全监察科、安保工作管理中队)、政工监督室(下设干部科、宣传教育科)、纪委(下设纪检科、审计科、警务督察大队)、法制室(下设情报信息中队、刑事执法监督中队、行政执法监督中队、控告申诉中队)、'警务保障室(下设财务科、基建科、被装科、车辆管理科)、巡警大队(下设一中队、二中队、三中队、四中队)、特警大队、禁毒大队(下设情报信息中队、禁种禁吸中队、易制毒管理中队、侦查一中队、侦查二中队、侦查三中队)、经济犯罪侦查大队(情报信息中、公司市场秩序、知识产权犯罪侦查中队、金融涉税犯罪侦查中队)、看守所、戒毒所、行政拘留所、乐红治安管理中队、9乡3镇派出所,共29个科所队室,全局有工作人员278人,其中干警263人;副处级2人,正科级(含主任科员)49人,副科级(含副主任科员)113人,高级工1人,中级王11人,初级工2人,技师1人,科员99人。

局 长

王文生 男 汉族 昭阳区人

政 委

马 平 男 回族 鲁甸人

副局长

李 真 男 汉族 鲁甸人

王定林 男 汉族 鲁甸人

马仲青 男 回族 鲁甸人

蔡茂林 男 汉族 鲁甸人 2008年2月任

陈 凯 男 汉族 鲁甸人 2008年2月任

李赛先 男 汉族 鲁甸人 2008年2月任

陆 丹 男 汉族 鲁甸人 2009年11月任

副政委

蔡茂林 男 汉族 鲁甸人 2008年2月止

陆 丹 男 汉族 鲁甸人 2008年2月任 2009年11月止

马永军 男 回族 昭阳区人 2009年3月任

纪委书记

赵丽平 男 汉族 吉林省磐石市

【严厉打击刑事犯罪】 2009年,县公安局立刑事案件325起(其中现行案件290起,补立年前案件35起),与上年相比立案增加119起。破刑事案件268起(其中破现行案件162起,年前案48起,外县区案件58起),与上年同期相比,破案增加92起,破案率64.62%。立重大案件119起(其中现行案件104起,补年前案件15起),破重大案件84起(其中现行案件61起,年前案件23起)。抓获犯罪嫌疑人221人,报捕105件214人,不予批捕14人,批捕率93.46%。抓获网上在逃人员56人,其中县内31人,省内县外地上网13人,省外逃犯12人(其中命案逃犯7人),超市局下达任务数16名。立现行命案8起破8起,命案造成受害人死亡10人,破年前命案2起,抓获犯罪嫌疑人10人,继续保持命案全破。打击涉恶团伙1个,抓获犯罪团伙成员10名,涉案16起。打击"两抢一盗"案件197起,破113起。成功侦破"1.01"盗抢耕牛团伙案,破案97起,抓获犯罪嫌疑人21人,涉案耕牛价值80余万元。破获新街等乡移动机站被盗系列案,破案9起,抓获犯罪嫌疑人11人,涉案金额50余万元,缴获通信电缆5 000多千克。查获偷逃通行费车辆21辆、非法营运车辆1辆,协助追缴偷逃通行费人民币28 370元,收缴罚款1 459元。经侦部门立案10件,破7件,结案4件,抓获逃犯2名,查处各类涉烟案件33件(其中刑事案件5件),缴获假冒卷烟7 543条,非烟9 851条,查获非法运输烟叶27.6吨,价值105万余元,收缴罚没款11.3万元;收缴假币39 040元,整体工作成上升趋势。利用特情提供线索破案

49起，建立阵地控制33个，破案27起；列管刑嫌人员59人，打击处理7人。采集指纹1 337份，录入现场指纹106份。6月，启动DNA信息数据录入工作，已采集录入DNA信息203份，完成任务数的101.5%；多发性侵财案件跨区域办案协作系统录入、回复工作有序开展。上网在逃人员法律文书、照片、身份证号等信息均达100%。

【打击毒品犯罪】 2009年，县公安局强化禁毒措施，深入开展新一轮禁毒工作。一是发放禁毒教育宣传资料13万余份，开展文艺宣传演出12场，图片展16次，展出图片600幅，张贴宣传标语858条，发放《禁毒法》1万余本，印发致外出务工人员公开信2 000份，致人民群众公开信1万余封。深入各中小学校开展禁毒法制课教育350堂。二是打击毒品犯罪。全年破获毒品案件31件，抓获嫌疑人35名，缴获毒品海洛因4 036.2克、冰毒5 650克。与上年同期相比，破案多14件，缴获毒品5 713.2克。三是收戒管理戒吸毒人员145名，全部录入吸毒人员动态管控信息。与上年同期相比多收戒21名。对14家生产、经营、使用易制毒化学品单位进行安全管理，深入开展禁种铲除工作。

【强化行政案件侦破】 2009年，县公安局受理行政案件772起，查处762起，查处率98.7%，其中受理治安案件397起，查处390起，查处率98.24%。禁赌专项行动中，查处赌博案件8起、违法人员62人。开展学校及周边治安秩序专项整治行动，落实全县中学、小学、幼儿园安保领导责任，签责任书达100%，法制副校长、校外辅导员、社区民警挂钩负责校园治安达100%。对440名重点人口、118名服刑监改人员、292名吸毒人员、25名违法青少年、1 192名暂住人口人和975家出租房屋进行动态管控。受理户口网上迁移业务49人，办结47人。受理制证信息7 564条，完成换发二代居民身份证任务数34 400万的21.99%。受理出国（境）申请人员298人次，新增特定岗位国家工作人员报备信息52条，法定不准出境人员信息59条，撤销57条。与28家涉爆单位、37家烟花爆竹经营点、19家剧毒、放射性和危险化学品单位签订责任书，对从业人员进行政审资格及培训工作，开展安全大检查370次。结合社会治安整治行动，收缴炸药239千克，雷管9 858枚，导火线263米，收缴火药枪8支，气枪1支，手榴弹3枚，军用子弹51弹18枚，56式半自动枪弹1枚，小口径枪弹17枚，吊销仓管员、守护员证各1个。收缴烟花1 270个，爆竹13 400余头。查办违法烟花爆竹案件2件，查处违法人员2名。全县发生上报交通事故18起，死亡0人，受伤2人，直接经济损失2.5万元。与上年同期相比，事故起数下降25%，直接经济损失下降16.94%。检查单位、场所322个，查出火灾隐患562条，当场整改501条，责令限期改正61条，下发《责令限期改正通知书》23份，下发《复查意见书》8份。全县发生火灾2起，无人员伤亡，直接财产损失0.3万元，与上年同比，火灾起数下降50%，直接财产损失下降77%，四项指标全面下降。

【推进社会治安防控体系建设】 2009年，县公安局加强社会治安防控建设。一是投资240万元建成城区视频监控系统，安装33个摄像头，覆盖城区重要路段、重点部位和交通要道。投入使用以来，视频监控系统提供破案10起，制止群体斗殴案件12起，有力维护城区社会治安环境。二是加快保安管理进程，组建1家保安服务公司，培训到岗保安员264名，全县有治保会83个，治保组人员1 793人，农村治安防范组织得到进一步完善。群防组织为公安机关提供线索80条，抓获各类违法犯罪人员5人，挽回经济损失5万余元，排查矛盾纠纷583条，化解调处563起。三是建立警民对讲联动系统为平台，初步形成一套“投入小、见效快、有特色”的警民联动新机制，全面提升基层公安机关治安防控能力和水平。建成3个月，茨院辖区耕牛被盗案件实现零发案，为群众追回被盗抢摩托车3辆，查处治安案件5起，获取破案信息15条，抓获吸毒人员4名，实现防控体系点上求辐射、线上求延伸、面上求覆盖的工作目标。

【强化内部监督管理】 2009年，县公安局多渠道加强内部监督管理。一是国保、通信、网监等部门组成工作组，对全县党政要害部门、重点单位和县公安局各部门计算机进行彻底清理，杜绝失泄密事件发生。二是深入开展打击牢头狱霸专项整治行动，局党委成员到监管场所体验生活，督察部门协同检察等部门开展监所检察督促，消除安全隐患，确保内部安全。三是规范档案管理。全年整理文书档案115盒4 715件，专业档案361卷，财会档案26

卷，资料1件，全部档案转录入南天档案管理软件。年内，档案管理工作保持全市第一名。

【基础设施建设】 2009年，县公安局投资640余万元新建看守所业务用房，8月19日投入使用。10月25日，县公安局综合业务用房启动建设，预算总投资1 600万元，占地1.73公顷，建筑面积7 805平方米。

【加强队伍建设】 2009年，县公安局加强自身学习，强化内部管理。一是深入学习实践科学发展观，紧紧围绕“党员干部受教育、科学发展上水平、人民群众得实惠”总体要求，坚持把学习实践活动与实际工作有机结合，做到统筹兼顾、整体推进，“两手抓、两手硬”，“两不误、两促进”。通过开展学习、讨论和调研活动，增强全县公安民警的责任感、使命感和紧迫感，坚持用科学发展观统领公安工作。二是加强干部队伍建设，争取县委、县政府理解和支持，法制室、看守所等3个内设机构升格为正科级机构，增设正科级机构特警大队，桃源、乐红等6个派出所所长高配为正科级，严格按照《党政领导干部选拔任用工作条例》规定和程序，顺利完成干部任命调整，提拔14名正科级，32名副科级，11名副主任科员和16名后备干部，最大限度地体现对民警的关心、关爱，同时，优化部门领导和警力配备。三是认真开展纪律作风教育整顿活动，围绕省公安厅“3·19”、市局“3·23”“10·29”电视电话会议精神。全县公安民警重温公安部“五条禁令”，深入学习“六条警规”、“四条措施”，派出督导组对全县公安系统内部开展纪律作风督导检查，保证各项措施和要求落到实处。同时，以“七查七看”为工作标准，对公务用枪和配枪民警、公务用车和持驾驶证民警进行排查，严格执行副科级以上领导干部离开工作地点请示报告制度，有力推动队伍正规化建设。四是深入开展反腐倡廉和廉政文化建设，增强民警廉洁自律、遵纪守法意识。五是认真贯彻落实“阳光政府”四项制度，开通96 128查询专线，最大限度地向公众提供方便，主动接受群众监督。六是强化监督检查，维护合法权益。年内，县公安局开展专题研究党风廉政建设2次，深入开展执法安全检查工作，多次对监管场所、一线办案部门专项检查，开展人枪见面86次，警示教育10次，进行纪委工作谈话35人次，召开派出所长及警纪警风监督员座谈会2次。提出审计意见4条，清理收回警用车辆和警用专段号牌车辆5辆，调查处理2起打伤协警员事件。

【“三项建设”深入推进】 2009年，县公安机关紧紧围绕“三项建设”的各项目标任务，进一步深化思想认识，突出工作重点，落实工作责任，强力推进“三项建设”。一是县委、县政府高度重视公安工作，多次专题听取公安工作情况汇报，研究并帮助解决机构设置、干部待遇、基础设施建设、经费保障等事关公安工作长远发展的重大事项。二是成立“三项建设”领导组，加强组织协调。制定下发关于开展公安信息化、和谐警民关系、执法规范化建设规范性文件，明确责任部门和责任人。三是加强入网宽带升级改造工作，每月支付1 600元部门使用费，局机关各部门及12个乡镇派出所公安网络带宽全部升级为10兆。全局有计算机247台，入网计算机206台，一线部门有入网计算机159台，入网计算机配备率90.3%。四是选派22名业务骨干参加各级信息化工作培训，做好前科人员DNA数据库管理系统建设准备工作。推进二期指纹系统建设，全县12个乡镇派出所、交警大队及局机关建立14个标准信息采集室，配备14台指纹活体采集仪，开展管理员培训工作。制定下发县公安局《自动预警情报查处工作机制》，成立3人组成的专门班子开展工作。年内，接收预警信息394条，抓获在逃人员30人，收戒吸毒人员76人。

【执法建设工作】 2009年，县公安局加强对执法规范化建设的领导，把执法规范化建设作为“三项建设”的重要内容常抓不懈。一是强化责任意识，深入开展社会主义执法理念教育，强化民警大局观、责任观，进一步牢固树立“执法为民”理念，进一步改进执法作风，转变执法观念，切实做到最大限度地实现法律效果、政治效果和社会效果有机统一。二是以“三考”工作为载体，全面提升民警执法素质。坚持每月一卷宗考核和每月一法考试，将执法质量考核纳入执法部门领导及民警个人工作绩效考评，在全市公安机关“三考”工作中荣获第2名。三是法制室等业务部门开展送法到基层，切实解决执法不规范、不到位等问题。四是规范制度，强化监督。修订完善县公安局《兼职法制员制度》、《内部执法审核监督制度》。整合内部监督力量，加强法制员、法制部门建设，建立和完善案件主办人、办案部门兼职或专职法制员、办案部门领导、法制部门和公安机关领导组成五级执法责任制。五是以检查考评为载体，提高案卷质量。9～10月，由法制室牵头从全局一线执法部门抽调业务骨干20余人，对全年案件卷宗进行集中检查，开展以案学法业务培训。通过学习和整改，办案民警得到整体提高，将考评工作与日常执法预警指导、问题整治、规范建设、法制培训等有机结合，充分发挥执法考评对业务工作的促进作用。六是开展典型案件剖析活动，围绕案件事实是否清楚，证据是否确实、充分、合法，定性是否准确，处理意见是否适当，适用法律是否正确，程序是否合法，法律文书是否规范、完备等进行评析，努力提高执法质量。七是认真清理化解重信重访案件，努力排查化解矛盾纠纷。年内，共接访信访案件41起，停访息诉37起，息诉率90.2%，其中涉法涉诉案件12起；通过工作，停访息诉11起。对排查出的7名信访重点人员落实领导报案制度，明确责任部门和责任民警，实行24小时一对一盯控。

【构建和谐警民关系】 2009年，县公安局多措并举，深化和谐警民关系建设。一是开展群众大练兵，局党委成员率先垂范，到分管联系派出所工作15日以上，组织民警以"四懂五会"为标准，开展群众工作大练兵活动。二是深入推进城乡社区警务工作，调整充实35个警务室民警，积极开展"警民恳谈"、"警营开放日"活动，组建网络评论队伍，明确1名专职和3名兼职网评人员，建立完善新闻发言人制度。三是全警参与、领导带头深入人大代表、政协委员、离退休老同志、广大群众及机关和企事业单位征求意见建议，成功举办以构建和谐平安鲁甸为主题的大型演讲比赛，开展助春耕等有益活动。四是开展"四进四送"和"五个一"活动。年内，全县公安机关投入警力23 604人次，资金8.844万元，走访行政事业单位93个，企业86个，居委会4个，村委会82个，家庭住户22 897户，收集信息233条，征求意见建议1 324条，开展宣传教育活动31场次，帮助企业解决困难6件，化解矛盾纠纷563件，处理信访问题41件，整治治安隐患118个，集中侦破群众关注案件113件，推出服务举措23条。

【新看守所搬迁】 2009年8月19日，县新看守所搬迁仪式在茨院乡举行。昭通市政府副市长、市公安局长杨艾东，市公安局副局长李平等市县有关领导为看守所和武警中队授牌。武警昭通支队长黄国强、政委严修全，县委常委、政法委书记马武荣，县人大常委会副主任阮曙光，县政协副主席丁世章，县直有关部门领导，县公安局党委成员，看守所全体民警参加搬迁仪式。总投资640余万，其中上级200万元，县财政115万元，县公安局自筹部分资金，利用茨院乡原县戒毒所空置楼房、监室，按照现代监所设计标准和配置，改造成县新看守所，配套兴建武警营房。5月建成并通过验收。

（县公安局工作总结）

交通管理

【机构人员】 2009年，县交警大队内设综合科、车辆管理所、秩序管理中队、事故处理中队；外设大水塘交警中队、龙树交警中队，龙头山值勤点。有干警22人(其中本科9人，专科12人，中专1人)，交通协管员70人。

大 队 长

李赛先 男 汉族 鲁甸人

副大队长

李 杰 男 回族 鲁甸人

副教导员

汪振禄 男 汉族 山东临清人

【队伍建设】 2009年，县交警大队加强队伍正规化建设。一是开展为期半年的纪律作风教育整顿活动，组织24次集中学习，做到"四有"，即有计划、有考勤、有笔记、有体会；向社会各界发放征求意见表150份，征求到意见和建议8条；部门和民警、协管员撰写整改方案，积极整改存在问题，做到纪律、作风、教育整顿活动与业务工作两不误、两促进。二是认真贯彻落实公安部"五条禁令"、云南省公安机关"六条警规"，确保队伍不发生违纪问题。制作90张小卡片发到每一位民警、协管员手中。要求随身携带，熟记内容，做到入耳、入脑、入心。三是认真开展学习实践科学发展观活动，认真落实党员干部写好读书笔记和撰写心得体会文章，共收到读书笔记21本，心得体会文章21篇。广泛征求意见建议，写出检查分析报告，召开民主生活会，对检查分析报告，逐字逐句修改，提出整改措施，确保整改效果。圆满完成学习实践科学发展观活动。

【基础设施建设】 2009年，县交警大队加大民警电脑操作技能培训力度，全年组织培训15次；加大资金投入，强化硬件建设，坚持财力、物力向基层倾斜、向信息化倾斜，多方筹措资金，先后购置电脑4台、打印机2台、相机3台、扫描仪1台，为开展信息化建设工作提供良好的硬件保障。

【加强客运车辆管理】 2009年，县交警大队对109辆18座以上客运车辆及125名驾驶人实行“一人一档、一车一档”“户籍化”管理，规范客运车辆管理档案。实行民警“一盯一”联系教育制度，民警每月与驾驶人员进行一次面对面安全学习教育，做到有学习记录、有照片、有驾驶人员签字。每年对所有客运车辆实行不少于3次临检，确保客运车辆车况良好。在昭交集团鲁甸分公司设立驻站办，每天坚持对县城始发的客运车辆进行教育登记；各中队、执勤点对途经辖区客运车辆实行定点查验和巡逻查验，乡镇交通协管员对乡镇始发的客运车辆、驾驶人员教育登记，严防客运车辆超员、超速，最大限度地消除客运安全隐患；对有可能违法载人的重点车辆、驾驶人员进行面对面的教育，制作重点车辆管理档案1 323个，累计教育驾驶员22 483人次。

【专项整治工作】 2009年，县交警大队为构建“平安和谐鲁甸”，先后开展客运车辆交通违法行为整治、其他车辆违法载人专项整治、摩托车交通违法行为整治、酒后驾驶交通违法行为专项整治等行动，从严查处无证驾车、驾无牌证车、超员、超速、超载等严重交通违法行为。成立日常交通管理组和车辆乱停乱放整治组，全面加强城区交通管理，确保县城交通畅通有序。大队出动警力21 960人次，警车4 152辆次，查验车辆128 065辆次，查处违法788起，扣留车辆580辆；办理摩托车落户4 575辆，汽车落户3 350辆；检验汽车2 257辆，摩托车3 550辆；办理摩托车驾驶证2 257本，对申领驾驶证人员警示教育3 365人次；全年发交通事故18起，死亡0人，受伤2人，直接经济损失2.5万元。与上年同期相比，事故起数下降25%，直接经济损失下降16.94%。

【开展道路交通安全宣传工作】 2009年，县交警大队以警营开放日、政法综治宣传月活动、六月安全宣传月活动、交通安全宣传“五进”活动为载体，通过电视、报刊、手机短信等形式广泛进行宣传，深入机关、集镇、企业、学校，采取书写宣传标语、悬挂宣传横幅、摆放宣传展板、发放宣传单、播放交通事故案例光碟、上交通安全课等形式，教育广大交通参与者遵守交通法规，营造良好的交通安全氛围。全年出动宣传车409辆次，深入社区21次、单位88家、村组82次、学校95所，制作事故案例展板60块，展出展板35次，展出“血的教训”挂图51次，发放《云南省道路交通安全条例》2 000册、交通安全提示卡1 500张，张贴交通安全宣传画1 500张，发放“保护生命、平安出行”交通安全宣传单25 500份，播放交通安全宣传光碟250小时，上交通安全课240课时，受教育人数达10.08万人次。

【排查道路隐患】 2009年，县交警大队积极协调安监、交通等部门，两次对辖区道路进行排查，各中队、执勤点坚持每月排查制度，对排查出的隐患实行建档管理，及时书面报告相关部门，多渠道筹措资金对危险路段进行整治。在学校周边及临崖、临水、急弯、长坡、陡坡等危险路段设置交通安全提示牌250块，安装强制减速带14条，有效减少道路交通事故的发生。

【安全警卫】 2009年，县交警大队圆满完成大型活动交通安全保卫5次，交通安全警卫任务31次，完成上级安排的其他工作任务。

（县交警队工作总结）

消防大队

【机构人员】 2009年3月，县消防大队组建中队1个。8月成立党委。年末，内设防火办、中队办。

党委书记

李晓林　男　汉族　四川阆中人　2009年8月任

副大队长

李晓林　男　汉族　四川阆中人（主持大队工作）

教导员

孙安发　男　汉族　永善人　2009年8月任

中队指导员（主持中队工作）

李　正　男　汉族　腾冲人　2009年3月任

副中队长

刘　鹏　男　汉族　澄江人　2009年10月任

【概　述】 2009年，县消防大队坚持以“三个代表”重要思想为指导，以科学发展观为统领，以队伍建设为根本点和出发点，围绕全县社会经济发展创造良好消防安全环境的总体目标，努力满足人民群众对火灾预防工作新要求，深入持续开展火灾隐患排查整治，全面推进消防执法规范化建设，强化部队管理，社会化消防工作水平明显提升，部队战斗力显著增强，消防监督管理执法水平不断提高，有力实现部队高度稳定和全县火灾形势基本稳定。年度总考核全市第二名。

【强化队伍建设】 2009年，县消防大队强化班子和队伍建设，把"追求卓越、崇尚一流"作为党委（支部）"一班人"奋斗目标，按照"政治坚定、开拓创新、团结协调、勤政廉政"要求，加强班子和队伍建设，班子的凝聚力、战斗力、创造力不断增强，形成一条心干事业、一盘棋抓工作、一股劲谋发展的好局面。强化官兵思想教育，以"两个经常性"工作为纽带，大力弘扬新时期公安消防精神，丰富和充实教育内容，增强思想政治工作，坚持做到"以科学的理论武装人，以正确的舆论引导人，以高尚的精神塑造人，以优秀的作品鼓舞人"。提高官兵理论能力，增强"打得赢"、"不变质"素质，使广大官兵真正树立正确的世界观、人生观、价值观、荣辱观，增强广大官兵的职业自豪感和荣誉感，始终煅造官兵在各项工作中奋发向上的精神状态。结合"弘扬公安消防精神，忠诚履行职责使命"主题教育活动，大力开展作风纪律教育、条令条例学习、安全双百日竞赛活动，不断加强部队管理教育工作。活动中，采取设立倒计时牌、宣传栏、会议动员和例会分析、阶段总结、演讲比赛、安全知识测试，撰写心得体会、自我剖析材料，集体讨论和互相提问等方式，确保学习活动形式多样、内容丰富、贴切实际。同时，组织官兵队员签订"四个严禁"、"五条禁令"保证书，抓好制度预防，书写和宣读决心书，认真分析、查找安全隐患和事故苗头。通过努力，无一起违法违纪案件，作风纪律性得到加强和提高，有效保持部队高度稳定和集中统一。

【当好参谋助手】 2009年，县消防大队努力践行"三个代表"重要思想、科学发展观，以高度的政治责任感和强烈的社会事业心，带领广大官兵，积极服务人民群众，服务经济建设。把部队建设、消防工作发展和鲁甸经济社会建设相结合，正确处理消防工作中的热点、难点和瓶颈问题，摆正位置发挥作用，积极当好党委政府的参谋助手，想党委政府所想，急人民群众所急，凡遇到事关人民群众生命财产安全的问题，都能够做到参谋当在前，点子出在前，工作做在前，努力为党委政府排忧解难；主动请示汇报，争取支持；部队重要活动，重大节日安全检查，领导带队督导；凡是党委政府的指示要求，认真贯彻执行。用真情赢得理解，用忠诚博得认同，用行动书写诺言，在抢险救援和处置突发性事件中，消防官兵以实际行动赢得党委政府的高度信任和重视，赢得社会各界的大力支持，为圆满完成灭火、抢险救援等任务提供坚强保障。

【锻造灭火救援尖兵】 2009年，县消防大队为铸造一支"召之即来，来之能战，战之能胜"的精锐之师，坚持"以练为战"思想，坚持"火怎么灭、兵就怎么练"原则，"从难、从严、从实战"出发开展大练兵活动，全力提高部队灭火作战能力和抢险救援能力。以实现"防消一体化、指挥扁平化、勤务实战化、效益最大化"目标，整合大、中队人力资源，提高管理效益，切实提升基层消防部队正规化水平和实战能力。严格落实《"大中队一体化"管理实施细则》，狠抓队伍执勤战备实力提高和人员战斗力提升，大力开展"大练兵"活动，有效实现人员和装备最佳、效益最大，将大队器材装备和人员战斗力有机结合，实现部队战斗力最佳配置，有效提高部队战斗力，为全县经济社会发展提供有力保障。年内，消防大队官兵完成5月太阳湖打捞微型车救援等灾害事故的救援工作。随着社会经济发展，每年大队平均处警近百起，挽回直接财产损失数百万元，为全县稳定发展做出重大贡献。11月份以来，全县遭受百年一遇特大旱灾，面对日趋严峻的抗旱形势，大队取消一切节假日正常休息时间，每周执行5加2的7日工作制，每天安排人员到旱情重灾区送水。共参与送水活动200余次，投入警力1 000余人次、车辆220台（次），送水800余吨、行程6 000余千米，涉及小寨、茨院、龙头山、桃源、文屏、江底、水磨等乡镇，为打赢"抗大旱、保民生、促春耕"战役作出突出贡献。

【整治火灾隐患】 2009年，县消防大队确保全县火灾形势持续稳定，遏制重特大火灾事故发生，集中力量，周密部署，联合相关职能部门以人员密集场所、易燃易爆场所、"三合一"场所为重点，先后开展

"红盾八号"、"两个专项整治"、"云岭消防大会战"等消防安全专项治理工作,圆满完成"春节"、"两会"、国庆60周年庆祝活动安全保卫工作,与相关职能部门重点加强娱乐场所、宾馆、饭店、商场、市场、学校、医院、幼儿园、敬老院等人员密集场所及劳动密集型企业和易燃易爆场所消防安全检查,形成整改火灾隐患高压态势,检查单位、场所375个,查出火灾隐患297条(处),当场整改256条(处),责令限期改正条43(处),下发《责令限期改正通知书》43份。通过检查,消除潜在火灾隐患,为构建"平安、和谐鲁甸"创造良好的消防安全环境。

【组建志愿消防队伍】 2009年,县消防大队不断夯实农村公共消防基础设施建设,深化消防平安创建工作,发展多种消防队伍,构建农村自防自救组织网络,筑牢山乡安全防护体,全面增强农村抗御火灾的能力。消防大队领导多次请示汇报,在2008年组建65支志愿消防队基础上,年内组建江底、水磨、新街3个乡镇15支志愿消防队,全县志愿消防队到村覆盖率达100%。志愿消防队伍成立,增强村民消防安全意识和火灾自防自救能力。为全面推进全县农村消防队伍建设,促进新农村消防建设事业加速发展起到积极作用。

【引导农户参与火灾保险】 2009年,县消防大队积极引导农户参与火灾保险,采取政府+农户的投保方式。即:政府为参保农户补助1元、农户自出3元。最高赔偿金额5 000元。年内,全县农户投入保费213 669元,火灾保险覆盖率81%。

【建立和谐警民关系】 2009年,县消防大队积极构建和谐警民关系,组织官兵深入群众,进农村、进社区、进校园、进企业,送温暖、送平安、送法律、送服务,听民声、访民意、察民情、排民忧、解民难,深入开展"大走访"爱民实践活动。先后深入文屏镇4个社区、昊龙公司、茨院酱醋厂、云香公司、昆华化工等企业走访调查,向社区领导、消防安全管理人员讲解消防安全常识。详细了解企业生产经营状况,询问日常消防安全管理情况。节假日,深入茨院乡敬老院慰问老年人,帮助打扫敬老院环境卫生,同时讲解消防安全知识。向走访单位发放"云岭消防大走访"爱民实践活动征求意见表,征询对消防工作意见和建议,真正做到急群众所急,帮群众所需。

【加强宣传教育培训】 2009年,县消防大队注重提升全民消防安全意识,运用传统宣传展板、图画、发放宣传资料进行宣传,不断创新思路,创新方法,依托多种载体和形式构建新的宣传阵地,加快消防工作社会化进程。宣传中,结合消防宣传"五进"工作要求,向社会群众和单位讲解消防法律法规和日常生活防火、灭火和逃生自救知识,提高群众消防安全意识。同时,借助各类媒体宣传平台,在电视台、报纸、杂志和文化广场电子显示屏上播放消防法律法规、典型火灾案例剖析警示教育报道,在县城主要街道悬挂消防宣传标语、横幅,在三角花园处张贴巨幅宣传广告,使消防宣传走进百姓生活。年内,到县电力公司、烟草公司、理世公司等企业开展消防安全培训。全年发放宣传资料1.2万余份,悬挂消防宣传标语280余条,制作消防宣传展板及广告牌110余张(380平方米),各类媒体刊登播放消防常识和稿件56篇条。与县文工团共同承办"昭通市2009年'119消防日'大型文艺晚会"。收到良好效果。

【多项殊荣彰显成效】 2009年,县消防大队全体官兵扎根基层,心系警营,无私奉献,以优异的成绩和顽强的作风,出色完成以防火灭火、灾害事故抢险救援为中心各项任务,保卫国家财产和人民群众生命安全,维护社会稳定,促进全县经济发展做出突出贡献,获得上级各部门表彰奖励。大队被云南省公安消防总队授予"基层基础建设达标先进大队"、"勤政廉政先进单位"、"安全双百日竞赛"活动先进大队、"三争优先进大队"、"安全管理先进大队"、大队主官被评为"安全双百日竞赛"活动先进个人、"优秀消防卫士";被昭通市委、市人民政府授予"先进平安基层单位"称号。

(高继承)

检　察

【机构人员】 2009年,县检察院内设办公室、纪检组、政工科、反贪局、反渎职侵权局、公诉科、侦查监督科、行政装备科、民事行政检察科、监所检察科、驻看守所检察室、技术科、控申科、人民监督员办公室、预防职务犯罪科、司法警察大队、法律政策研究室17个科室。全院编制49人,在职干警48人,其中工勤人员5人,公务员43人。

检 察 长

朱 云 男 汉族 昭阳区人 2009年2月止

王 进 男 汉族 镇雄人 2009年2月任

副检察长

石安军 男 汉族 鲁甸人

蔡 跃 男 汉族 鲁甸人 2009年3月任

张乾定 男 汉族 鲁甸人 2009年11月任

纪检组长

张乾定 男 汉族 鲁甸人 2009年11月止

康文渊 男 汉族 鲁甸人 2009年11月任

政工科长

康文渊 男 汉族 鲁甸人 2009年11月止

副科长

马琼惠 女 回族 鲁甸人 2009年11月任

反贪局长

蔡 跃 男 汉族 鲁甸人 2009年3月止

副局长

王国荣 男 汉族 鲁甸人 2009年3月任

【开展学习实践科学发展观活动】 2009年,县检察院按照县委和上级检察院要求,以"检察人员受教育、法律监督上水平、执法为民显成效"为核心,制定开展深入学习实践科学发展观活动实施方案,成立领导小组,按照"规定动作不走样、自选动作要创新"要求,学习活动取得显著成效。活动中,每位干警作了5 000字以上学习笔记,撰写一篇不低于1 000字的心得体会,按时写出每个阶段分析检查材料及整改措施,撰写个人学习实践活动的总结;党组中心组集中学习4次,全院集中学习8次,各学习小组分别集中学习6次,个人自学均在30小时以上;在内部局域网开辟学习活动专栏,上传各类学习资料20余份;编写简报31期,调研文章3篇;组织实职正副科级党员领导干部11名参加科学发展观理论知识闭卷考试;检察长及1名正科级干部参加县委组织的领导干部"三个一"主题演讲比赛等,收到成效。

【查办职务犯罪】 2009年,县检察院坚持有案必办的原则,与服务经济平稳较快发展有机结合,充分发挥依法查办案件职能,坚决查办职务犯罪案件,讲求办案法律效果、政治效果、社会效果统一。年内,反贪、反渎部门初查案件线索15件,立案8件8人,其中大案7件,移送起诉6件6人,挽回直接经济损失60余万元,间接经济损失100余万元。所办案件,涉及司法系统2件、行政执法部门2件、涉农案件4件。

【认真开展职务犯罪预防工作】 2009年,县检察院认真开展职务犯罪预防工作。一是按县委要求,主管预防的副检察长进入县城新区建设管理领导组,积极开展重点工程建设项目预防工作。二是以教育为本,加强法制讲座和警示教育,先后进行预防工作讲座和警示教育12场次,受教育干部群众达1 000余人。三是落实侦防一体化,侦防部门积极主动参与办理反贪案件,为预防工作开展掌握详实资料。四是认真抓好结合执法办案开展预防工作,立4件,调查走访9次。

【严厉打击严重刑事犯罪活动】 2009年,县检察院充分发挥批准逮捕、提起公诉职能,依法严厉打击严重刑事犯罪活动,震慑犯罪,保护人民群众合法权益,为维护社会和谐稳定作出积极贡献。年内,县检察院受理公安机关和本院自侦部门提请和移送审查批准逮捕的各类刑事案件128件219人,与上年同期124件179人相比,件数上升3.2%,人数上升22.3%,其中批准逮捕196人,不捕22人,公安机关撤案1件1人。受理案件中,故意伤害案、盗窃案、毒品案位居前三,分别是33件41人、30件62人、22件24人,所有案件均全部审结,结案率100%,无一案件超期。受理移送审查起诉的各类刑事案件114件207人,与上年同期126件166人相比,件数下降9.5%,人数上升24.7%,其中提起公诉95件150人,不起诉1件1人,移送市院审查起诉12件32人;受理案件中盗窃案、故意伤害案、抢劫案位居前三,分别是28件50人、19件23人、12件27人。受理未成年人犯罪案件10件14人,提前介入重特大刑事案件21件,提出侦查建议50余条。年初"101"盗窃耕牛团伙案,涉案犯罪嫌疑人达17名,先后在8个乡镇作案90余桩,盗耕牛100余头,涉案金额超过80余万元,县检察院及时派员提前介入,与侦查人员研究案情,分析问题,提出侦查建议,保证案件质量。

【重视信访工作】 2009年,县检察院坚持和完善控告申诉首办责任制、检察长接待制和下访巡访制度，畅通信访渠道，开展重信重访专项治理，建立和完善处理涉检信访问题长效机制，努力从源头上减少涉检涉诉信访案件发生。同时，深入开展“大接访、大下访”活动，把涉检涉诉案件摆在突出位置，认真处理群众来信来访。年内，受理人民群众来信来访36件，受理举报线索1件，其中检察长批阅信件18件，接待来访群众7件13人次。开展主题为“反腐倡廉保民生，公平正义促和谐”的“举报宣传周”活动，开展下访巡访、联合接访活动，发放宣传单3 500余份，接受咨询80余人，检察长、副检察长接访20余人，受教育面近2万人。

【监所检察工作】 2009年，县检察院与公安、武警中队、看守所召开联席会议6次，狱情分析会议4次，安全防范检查12次，对在押人员进行法律宣传13次，个别谈话教育68次；配合有关部门做好看守所搬迁工作，提前与相关部门制定《搬迁方案》、《搬迁路线图》、《搬迁紧急预案》，保障看守所安全；与公安、司法等部门配合，完成社区矫正对象台账及矫正人员档案移交工作。

【加强民刑检察工作】 2009年，县检察院积极贯彻省、市检察院民刑工作会议精神，抓住抗诉工作不放松，加大监督力度，充分体现民行检察在维护社会公平正义、促进社会和谐稳定方面的法律监督效能，受理并立案审查民事申诉案件3件，其中不提请抗诉1件，建议提请抗诉2件；非抗诉类案件12件，其中刑事附带民事诉讼5件，支持起诉1件，执行监督4件，初查职务犯罪案件线索1件，调解监督1件，民事审判活动和行政诉讼活动监督进一步加强。

【加强队伍建设】 2009年，县检察院队伍建设成效显著。一是通过积极努力、多方协调，班子成员得到充实，2名干部选拔到副检察长岗位，2名干部从副科级岗位选拔到正科级岗位，9名科员、副主任科员选拔到副科级岗位，1名科员晋升为副主任科员；内设机构从12个增加到17个，办公室、反渎职侵权局升格为正科级，缓解多年困扰检察机关干部职级待遇问题。二是各项活动中，坚持党组成员作表率，党员干部带头，全院干警积极参与的原则，全院上下更加团结、工作更加务实、作风更加优良、氛围更加和谐。三是为适应检察工作科学发展的需要，营造学理论、学业务的氛围，增加理论和科技在检察工作中的运用，建设学习型检察院，推进精神文明建设，营造文明和谐氛围，切实提升干警文化素质。四是坚持文化育检，开展读书活动，统一订购一批图书充实阅览室。同时，针对每个部门、每位干警工作特点专门购置针对性较强的书籍；鼓励在职学习，组织8名干警参加成人高考。五是注重年轻检察官培养和选任，提请县人大常委会任命2名副检察长、2名检察委员会委员、1名检察员，修改完善司法考试奖励制度。

【检务保障水平明显提高】 2009年，县检察院检务保障工作顺利开展，业务保障水平进一步提高。一是在各级、各部门关心支持下，办公楼债务偿还工作稳定推进，欠款问题逐步得到解决。二是政法经费体制改革顺利进行，业务经费保障水平进一步提高，人均最低保障经费达2万余元。三是完成固定资产的清理、登记、核查等工作，财产管理更加规范。四是新进一批电脑等设备，硬软件环境得到改善。五是办案工作区升级改造完成，消除安全隐患。

【强化信息工作】 2009年，县检察院编写信息、简报87期，其中国家级采用5篇，省级有关部门采用5篇，市级有关部门采用35篇；写调研文章12篇，其中省级采用4篇，市县级采用2篇。年内，再次被省委、省政府命名为“文明单位”；被市、县表彰为优秀“青少年维权岗”，并通过评选，推荐省级表彰；“职工书屋”获省、市授牌；一位干警家庭被省工会表彰为“和谐家庭”；选派3名干警参加“平安鲁甸、和谐鲁甸、文化鲁甸”为主题的演讲比赛，2名干警从50余名参赛选手中脱颖而出，进入前10名参加决赛，1名获得三等奖，1名获优秀奖；市检察院组织国庆60周年演讲比赛，2名干警参加均获三等奖；市检察院首届“书法、绘画、摄影、奇石展”，县检察院选送的书法获二等奖；1名干警被市院记三等功，8名干警、2个部门受到县委、县政府表彰。

（马　涛　张玉林）

审　判

【机构人员】 2009年，县法院内设政工科、纪检组、办公室、研究室、刑一庭、刑二庭、民一庭、民二庭、立案庭、审监庭、执行局、法警队、行政庭、人民陪审员办、书记员管理办、行装科、审委办、新闻中心 18 个部门，下设茨院、龙树和龙头山中心法庭。有编制 66 人，实有干警 59 人，其中法官 36 人，书记员 15 人，法警 5 人，工勤人员 3 人；党组领导班子 8 人，其中党组书记、院长 1 名，党组成员、副院长 3 名；中层领导 16 人；女干警 10 人；具有大学本科学历的 41 人，专科学历 11 人；有党员 42 人。

院　长

邓　林　男　汉族　镇雄人　2009 年 2 月止

刘易青　男　汉族　昭阳区人　2009 年 2 月任

副 院 长

余　波　男　汉族　鲁甸人　2009 年 11 月止

马仲平　男　回族　鲁甸人

冯国凤　女　汉族　鲁甸人

谢　川　男　汉族　四川渠县人　2009 年 11 月任

执行局长

李春伟　男　汉族　鲁甸人

政工科长

周永才　男　汉族　鲁甸人

纪检组长

夏文政　男　汉族　鲁甸人

【审判工作稳步推进】 2009 年，县法院受理各类诉讼案件 476 件，同比上升 44.68%，结案 476 件，结案率 100%，实现诉讼案件结案率、执行积案执结率、行政案件上诉维持率三个 100% 的好成绩，无一件超审限、超羁押案件，民商事案件、行政案件无一件发回重审。年内，坚持宽严相济的刑事司法政策，始终把严重危害社会治安稳定的刑事犯罪作为打击重点，坚决依法从重从快惩治“两抢一盗”、故意伤害、强奸、贩卖毒品等严重犯罪和严重影响人民群众安全的多发性犯罪。对犯罪情节轻微、社会危害性较小的犯罪，依法从轻处理。特别在未成年人犯罪案件审理中，突出“寓教于审，惩教结合”的审判特点，做到庭前阶段法制教育、庭审阶段认罪教育、宣判阶段服法教育、改造阶段悔过自新教育的“四个环节教育”，引导未成年被告人正确对待审判，促其自我悔罪。严把审判质量关，对拟判处 10 年以上有期徒刑和缓刑、免予刑事处罚案件，全部报审判委员会集体讨论。全年受理刑事案件 97 件 135 人，其中盗窃 26 件 35 人，故意伤害 18 件 22 人，贩卖毒品 9 件 9 人，交通肇事 8 件 8 人，抢劫 7 件 13 人，强奸 7 件 7 人，掩饰、隐瞒犯罪所得 4 件 7 人，故意毁坏财物 2 件 6 人，职务侵占 2 件 4 人，贪污罪 2 件 3 人，诈骗 2 件 2 人，受贿 1 件 4 人，破坏电力设备 1 件 1 人，非法买卖爆炸物 1 件 1 人，合同诈骗 1 件 1 人，重婚 1 件 2 人，抢夺 1 件 2 人，妨害公务 1 件 3 人，寻衅滋事 1 件 2 人，赌博 1 件 1 人，非法吸收公众存款罪 1 件 2 人。结案 97 件 135 人，结案率 100%。上诉 21 件，上诉率 21.64%；维持 14 件，维持率为 66.7%；改判 2 件，改判率为 9.5%；发回重审 2 件，发回重审率 9.5%；3 件 6 人暂无二审结果。受理刑事附带民事诉讼案件 26 件，调解 16 件，调解率 61.5%，调解兑现人民币 91 万余元。

【矛盾纠纷得到有效化解】 2009 年，县法院坚持“调解优先，调判结合，案结事了”工作方针，最大限度做到“案结事了”。全年受理民商事案件 368 件，其中离婚纠纷 177 件，民间借贷纠纷 24 件，借款合同纠纷 24 件，财物损害赔偿纠纷 21 件，健康权纠纷 20 件，同居关系析产、子女抚养纠纷 15 件，道路交通事故人身损害赔偿纠纷 13 件，土地承包经营权纠纷、买卖合同纠纷、医疗损害赔偿纠纷等 74 件，同比上升 60.34%，结案 368 件，结案率 100%。判决 85 件，裁定 7 件，移送 1 件；调解 250 件，调解率 67.2%，同比增长 15.9%；撤诉 25 件，撤诉率 6.99%，同比下降 5.6%。案件调解中，有给付内容的 203 件，调解兑现 186 件，调解兑现率为 91.6%，同比增长 6.6%。上诉 15 件，维持 5 件，改判 2 件，上诉率、维持率、改判率分别为 4%、33.3% 和 13.3%，8 件暂无二审结果。

【行政诉讼】 2009 年，县法院紧紧围绕县委、县政府中心工作，以非诉行政案件为突破口，及时妥善化解纠纷。全年收到行政诉讼案件 4 件、计划生育非诉执行案件 1 件、申诉再审案件 1 件、审理重审案件 5 件。结案 11 件，结案率 100%。行政案件上诉 2 件，上诉率 50%，维持 2 件，维持率 100%。围绕中心，服务大局，依法办理县计生育局申请执行新街乡新街村 10 组计生行政处罚 1 案，作出行政裁定书，通过思想工作，被执行人主动交纳社会抚养费，取得较好社会效果。

【开展“清积”工作】 2009 年，县法院清理出各类执行积案 237 件，执结 237 件，执结率 100%，在全市第一家完成“清积”工作任务。“清积”活动中，没有采取大规模强制执行活动，没有引发新的信访问题，真正做到执行一件积案、化解一件纠纷、教育一批群众、维护一片和谐。同时，加大新收案件执行力度。全年收执行案件63件，执结58件，结案率92.06%，同比上升21.06%。

【彰显司法为民】 2009年，县法院更新司法理念，坚持依法办案，强化能动司法，最大限度落实便民利民政策，树立审判机关亲民、爱民、为民的良好形象，实现“七个重大突破”。一是打破常规的工作模式，敢为人先，在全市法院率先成立诉讼调处中心，要求100%深入案发地开庭，自然人调解结案，100%免交诉讼费，办案周期仅4天，最大限度减少当事人诉累，提高办案效率。诉讼调处中心2008年3月成立，共受理各类民商事案件118件，调处118件，结案率100%，涉及诉讼标的870余万元，其中调解结案106件，撤诉5件，判决7件，调撤率高达94.9%；调解案件中，有给付内容85件，兑现81件，调解兑现率95.3%。二是在县委政府帮助下，以“财政拿一点、被执行人出一点、申请人放弃一点”的“三个一点”工作模式，用以解决涉及行政机关的执行积案，将有关案件全部执结。县政法委将人民法院执行工作纳入社会治安综合治理，县财政每年划拨5万元执行救助金，基本确立执行联动机制和执行救助机制，最大限度保护申请执行人的合法权益。通过建立立案、审判兼顾执行机制，加大各类案件调解力度，执行案件新收案件同比下降37%，初步实现执行案件良性循环。三是做好人民群众来信来访工作，畅通民情民意表达渠道，县政府落实5万元涉法涉诉资金，在立案庭建立信访接待室，安排2名干警专门负责信访接待工作。热忱为当事人提供及时有效的服务，得到当事人及社会各界的好评。认真落实院长接待日制度，积极开展大接访、大下访活动，对4件重点信访案件，院领导包案，全力做好信访人员思想疏导工作，有效化解矛盾纠纷。全年接待来访人员426人次，转处信件122件，接受当事人咨询500余人次，实现国庆期间涉诉上昆进京零上访，没有新增涉法涉诉上访案件。四是民事案件审理中，改变坐堂办案传统做法，对当事人诉讼能力差，难以提供证据的案件，主动下乡依职权调查收集证据，尽力做到法律事实与客观事实统一。加大巡回审判力度，深入乡村、田边地角、厂矿、学校、社区等巡回审理、就地办案，减轻当事人诉累，方便当事人诉讼。全年开展巡回审理252件，占收案总数的68%，同比增长47%。五是采取缓、减、免诉讼费等方式，保证确有困难的当事人打得起官司，共缓减免诉讼费10万余元，依法为12名未成年和盲聋哑被告人指定辩护人。六是认真落实人民陪审员制度，全年邀请人民陪审员参与审理案件129件，占收案总数的27.27%，超额完成上级法院年初确定8%的目标。认真落实检察长列席审判委员会制度，多次邀请检察官到审判、执行现场，进行法律监督。七是加大法律宣传力度。县法院被国家、省、市级媒体采用新闻稿件335篇。以开展法律宣传月为契机，发放宣传资料2万余册。7月1日，建成《鲁甸县人民法院》网站，起到宣传法律、教育群众的良好效果。

【队伍建设】 2009年，县法院采取从严治警与从优待警相结合，加大奖勤罚懒力度，在全院营造风清气正的良好环境。一是按照上级法院和县委安排部署，积极开展深入学习实践科学发展观活动、机关作风建设年和“人民法官为人民”主题实践活动。活动中，紧密结合审判工作实际和干部思想工作实际，制定实施方案，组建机构，落实责任，精心组织，强化保障，全方位发动，严要求推进，高质量落实。学习实践活动中，认真组织学习，深入查找问题，理清工作思路，解决一批影响和制约科学发展的突出问题，建立一批有利于科学发展的体制机制，做到规定动作不走样，自选动作有特色。二是为解决部分干警工作拖拉、纪律涣散等问题，院党组在调查研究基础上制定出台一系列措施，以身作则，率先垂范，在全院干警中起模范带头作用。认真落实一线工作法，深入一线调研，深入一线办案，深入一线执行“骨头案”，深入一线走访信访人员，在全院形成中层干部向党组看齐、一般干警向中层干部看齐的良好氛围。三是进一步理顺机构设置，加强与上级法院沟通、衔接。县委关心支持下，内设机构从16个增设到22个，有力解决职能不清、关系不畅的问题。积极争取上级支持，增加3个人员编制。四是一次性解决11名干警职级待遇，其中正科级5名，副科级5名，副主任科员1名。

【业务培训】 2009年，县法院采取跟班培训、以会代训、学习交流、请专家授课等形式组织干警参加教育培训，共培训干警200余人次。制定《关于建立奖励机制、加大人才培养力度的通知》,鼓励干警积极参加学历教育和司法考试。已有42名干警取得本科学历,占干警总数72%;7人通过司法考试,取得法官资格38人,占干警总数65.5%,有效解决法官断层问题。

【政治建设成效显著】 2009年,县法院采取措施,各项工作取得明显成效。一是认真落实"一岗双责",院长与中院和县委签订党风廉政建设责任书后,分别与党组成员签订责任书,党组成员与分管庭室负责人签订责任书,一级抓一级,层层抓落实。建立党风廉政建设风险保证金制度,认真落实党风廉政建设学习制度,积极开展党风廉政教育和警示教育,常抓不懈,警钟长鸣。二是加强各项工作规范化管理,党组决定用3年时间,狠抓制度建立和落实,按照一年打基础、两年上台阶、三年见成效制度建设目标。年内,组织对现有制度进行一次集中清理,先后制定修改出台《党组工作规则》、《审判委员会工作规则》、《季度工作报告制度》、《综合督查制度》、《"一案一承诺书"制度》、《部门领导干部问责制实施办法》、《业绩廉政档案制度》等45项规章制度,按照权责一致原则,建立健全《岗位目标管理责任考核办法》、《干警业绩考核实施办法》,初步实现以制度管人管事管案件。三是按照收支两条线管理规定,改经费分散管理为集中管理,严肃财经纪律,建立完善《财务管理制度》,实行一支笔签字,杜绝管理漏洞。专门成立财经清理工作组,用5个月时间,查清账务,理顺财务工作,改变账务混乱状况,使财务工作驶向正轨。

【工作受表彰】 2009年,县法院受市、县集体表彰7次,其中"清积"工作中被市政法委表彰为"先进集体",执行局被市中级法院记"集体三等功"。有20名干警受到市、县表彰。

【加强基层法庭建设】 2009年,县法院针对部分基层法庭建设不合理,辖区群众诉讼难问题较为突出等情况,抓住机遇积极争取。龙头山、茨院中心法庭建设项目发改委正式立项,中央建设资金66万元、县财政配套资金20万元已到位建设用地落实,已开工建设,为龙树和茨院调节资金30余万元,购置越野车2辆,更新法庭办案用车。

（县法院工作总结）

司　法

【机构人员】 2009年,县司法局内设办公室、宣教股、安置帮教股、基层股、政工股、公正律师管理股、公正处、律师事务所、法律援助中心。有人员30人。下设12个乡镇司法所,有工作人员25人。

局　长

王恩斌　男　汉族　彝良人　2009年3月止

余玖龙　男　汉族　鲁甸人　2009年3月任

副局长

彭光群　男　汉族　昭阳区人

马真全　男　回旋　昭阳区人

马运勇　男　回族　鲁甸人

马良林　男　回族　鲁甸人　2008年10月止

【学习实践科学发展观活动】 2009年,县司法局按照"党员干部受教育、科学发展上水平,人民群众得实惠"要求,将落实科学发展观同开展司法行政实践相结合,学以致用,学用结合,以司法行政服务发展、维护稳定、促进和谐为切入点和着力点,不断创新工作思路和方法。全局举办学习讲座13期,股室下村21次,司法所与法庭、派出所联合办案71件,提高干部职工应对突发事件、推动司法行政工作科学发展能力。同时,积极参与深入开展省政法委"大学习、大讨论"活动,全部通过统一考试。

【法制宣传教育工作】 2009年,县司法局组织普法成员单位学习《云南省普法宣传教育条例》,明确"谁主管,谁负责"、"谁执法,谁宣传"的原则,整合资源,发挥普法和依法治县领导组成员单位职能作用,调动各方面积极性。"3·15"活动中,全县20多家机关、企事业单位和社会团体参加;"政法综治宣传月"、科普日、防震减灾日、"文化科技教育法律家电五下乡活动"等宣传活动中,广泛动员社会各界力量积极参与;"八个一"活动中,县司法局各股室分别挂钩到8个村,每月深入联系点1次,各股室下村21次,开展"八个一"活动。"6·26"禁毒宣传日,深入江底、桃源、龙树、文屏4个乡镇,开展4场文艺演出。做好全县行政事业单位、驻鲁单位7 757人报名参加"五五"普法考试。年内,出动宣传车103车次,印发宣传资料87 900份,举行法律咨询16场,为全县烤烟收购顺利完成和昭巧二级公路顺利建设营造良好氛围。展出图片展板98幅

（块），制作各类板报、专栏 26 期，编演法制文艺节目 4 场次，开展普法骨干培训 2 期，培训 36 人次，完成规定的普及率。

【依法行政工作稳步推进】 2009 年，县司法局在全县各村开展以完善民主选举、民主管理、民主决策、民主监督和村务、财务公开的“四民主、二公开”为主要内容的民主法治村创建工作，在小寨大坪村国家级“民主法治示范村”带动下，全县 84 个村全面开展民主法制建设，依法治村得到推进。启动“民主法制清真寺”创建活动。年末，全县“民主法治村”创建达标 71%，“民主法治社区”创建达标实现 50%。

【司法调解】 2009 年，县司法局建立矛盾纠纷调解激励机制，聘请 84 名兼职调解员，制定村级人民调解员考核办法，加强调解员管理，规范调解程序。对成功调处一件矛盾纠纷实行“以奖代补”奖励 30 元政策。年内，全县各级调委会受理和排查各类矛盾纠纷 1 580 件，调处 1 565 件，调处率 99%，调处成功 1 504 件，成功率 95.19%，防止群体性事件 13 件，防止民转刑案件 13 件，挽回经济损失 150 多万元。

【矫正和安置帮教工作】 2009 年，按照《云南省社区矫正工作实施方案》要求，县成立以县委常委、政法委书记为组长的社区矫正工作领导小组，制定实施方案，明确部门职责；乡镇也成立领导小组和制定实施方案。7 月，县领导组召开“鲁甸县社区矫正和安置帮教工作促进会议”。县政法委、检察院、公安局和司法局对原公安监管的社区矫正人员清理移交各乡镇领导组办公室（司法所）管理。建立谈话、建档、电话和思想汇报、集中教育和公益劳动、执行走访等 5 项制度，矫正工作有序开展。全县有矫正对象 188 人，全部实现乡镇司法所监管，矫正期满解除矫正 1 人，无重新犯罪现象发生。刑释解教人员安置帮教工作更加规范，成效更加明显。对全县刑释解教人员进行 2 次全面摸底调查建档，做到家底清情况明，进一步强化安置帮教工作力度，最大限度地减少刑释解教人员回归社会后脱管、失控和重新违法犯罪现象。全年全县接收刑释解教人员 116 人，其中刑满释放人员 114 人，解除劳教人员 2 人，刑释解教人员跟踪建档工作结束。刑释解教人员中，有 4 人重新犯罪，重新犯罪率 3.4%，实现年初确定的 5% 管理目标，重新犯罪率低于中央综治委年度刑释人员重新犯罪控制在 8% 以下要求。

【法律援助工作】 2009 年，县司法局通过法律援助“进社区、进乡村、到农家”等志愿者等活动，扩大法律援助社会影响力，进一步加强法律援助“惠民窗口”建设，规范服务内容，简化工作程序，努力方便困难群众申请法律援助事项。全年为弱势群体提供法律援助 252 件，其中刑事案件法律援助 34 件，民事案件法律援助 27 件，非诉讼法律援助案件 191 件，避免和挽回经济损失 814 万元。代写法律文书 97 份，解答法律咨询 1 789 人次，提供法律援助资料 1 800 份，发放宣传资料 5 000 份。乐红司法所 1 件援助，为当事人讨回 39 万元伤残补偿款，产生良好社会影响。

【公证律师工作】 2009 年，全县公证工作紧紧围绕县委、县政府中心工作大局，及时提供法律服务，充分发挥公证预防纠纷，减少诉讼，维护当事人合法权益的职能作用。3 月，公证处通过全省公证交叉检查工作。积极主动参与县乡公路、房屋建设等项目招投标工作，参与“湖滨小区”门面抽签，有效维护公民合法权益和促进社会公平正义。年内，县公证处办理各类公证事项 112 件，涉及标的 58 237.5 万元，解答法律咨询 230 人次，代写各类法律文书 86 件，业务收费 47 800 元，拒绝公证 6 件，调处合同纠纷 3 件，实施法律援助公证，占应收费的 20%。全县律师工作紧紧围绕“坚持信念、精通业务、维护公证、恪守诚信”总要求，不断加强律师队伍建设，培养和树立律师的政治意识、大局意识和责任意识。年内，砚池律师事务所办理各类案件 19 件，其中刑事案件 6 件、民事案件 11 件，法律援助代理 2 件，解答法律咨询 600 人次，代写法律文书 48 件，担任法律顾问 2 家。业务收费 29 262 元。

【挂钩帮扶工作】 2009 年，县司法局抓好对口扶贫工作，努力做好挂钩村江底乡水塘村扶贫工作。局机关股室分别挂钩到 8 个村调委会，以法律政策和经费支持，有效促进村级调解员的业务水平和能力。

（县司法局工作总结）

经　　济

编辑：田朝华

2009 年 12 月 25 日，县人民政府召开 2009 年财政决算工作会议

（撒兰忠　摄）

农牧林水

种 植 业

【机构人员】 2009年,县农业局内设办公室、科技教育股、计划财务股、农业股、法规股、能源办、市场信息股、农产品检测站、保卫股,有工作人员42人,其中行政人员9人、工勤人员5人、事业人员28人。下设8个局直事业单位:农技推广中心126人(县35人、乡镇站91人),农机管理中心49人(县24人、乡镇站25人),经营管理站40人(县14人、乡镇站26人),农广校8人,种子管理站15人,渔业站9人,植保植检站10人,蚕桑办3人。

局　　长

陈富华　男　汉族　鲁甸人　2009年11月止

张顺云　男　汉族　鲁甸人　2009年11月任

党组书记

王富坤　男　汉族　鲁甸人

副 局 长

张顺云　男　汉族　鲁甸人　2009年11月止（2007年11月任）

蔡　明　男　汉族　鲁甸人　2009年3月止

李俊权　男　回族　鲁甸人

杨永华　男　彝族　鲁甸人　2009年11月任

蒋德庆　男　汉族　鲁甸人　2009年11月任

农技中心主任

蒋德庆　男　汉族　鲁甸人

农广校校长

赵庆文　男　汉族　鲁甸人

【概　况】 2009年,全县粮食作物播种面积3.42万公顷,完成计划3.37万公顷的101.6%,粮食总产达13.74万吨,较上年12.39万吨增1.35万吨,增幅10.8%;农民人均纯收2 356元,较上年1 990元,增收366元,增长18.39%,其中种植业实现增纯收入2 730万元,人均增收71元,增收主要源于农业优势产业,马铃薯1 050万元、蔬菜1 900万元、蚕桑80万元、魔芋400万元、杂交玉米制种150万元、渔业100万元、冬季农业开发300万元、农村沼气节支增收550万元,水果产业因低温霜冻灾害影响,较上年减收1 800万元;农业各项目工作有序推进,工作措施扎实到位,农业始终保持强劲发展势头,各项目标任务全面完成。

【粮食增产技术措施落实较好】 2009年,全县玉米良种推广完成1.20万公顷,良种推广率100%,其中推广包衣种0.93万公顷;玉米规范化种植完成1.09万公顷(其中湿直播定向完成0.42万公顷,育苗移栽完成0.71万公顷),占计划1.07万公顷的102.6%,完成地膜玉米1.12万公顷,占计划0.93万公顷的120%,推广种植脱毒马铃薯0.81万公顷,占计划0.80万公顷的101.1%;水稻良种推广0.21万公顷;完成推广测土配方施肥示范推广2.67万公顷,完成率100%。粮食科技样板。完成1.36万公顷,完成率102%,其中玉米样板0.63万公顷、马铃薯样板0.53万公顷、水稻0.13万公顷、小麦0.07万公顷。粮食高产创建样板完成核心区81.33公顷,展示区647.33公顷,示范区3 073.33公顷;其中文屏镇省级玉米套种马铃薯、大豆高产创建示范样板完成核心区14.67公顷,展示区160.67公顷,辐射区24 600,项目区平均每公顷产粮食12 483千克、公顷产值21 816.45元,较上年平均公顷增粮食3 223.5千克、每公顷增产值6 956.25元;在水磨镇完成马铃薯高产创建农业部样板建设,完成核心区14.40公顷,展示区135.80公顷,辐射区1 354.07公顷,核心区公顷产47 724.00千克、每公顷增27 364.5千克,展示区公顷产41 307.00千克、每公顷增20 947.50千克,辐射区平均每公顷产32 569.50千克、每公顷增12 210.00千克。粮食作物间套种样板。完成玉米套种薯类、豆类、魔芋及烟套豆类、果桑套粮等套种样板核心区566.67公顷,完成100%,完成示范区0.57万公顷、完成100%,完成辐射带动区1.98万公顷,占计划任务的102.3%。全年组织农技人员7 950人次,深入田间地块,开展各项科技培训1 200场次,培训群众183 620人次,发出各类科普资料4.5万余份,全县科技普及率达75%以上。

【大力发展农业优势产业】 2009年,县农业局通过建立优质马铃薯扩繁基地,加强专用型新品种、新技术引进试验示范等措施,加快马铃薯产业发展。

在水磨建成脱毒种薯繁育基地666.67公顷,以龙树为主,建加工型马铃薯基地333.33公顷,脱毒种繁育及加工型马铃薯实现产值1 400万元、纯收入1 050万元。通过冬季修剪、改形拉技、施肥灌水、壁蜂授粉、病虫害综合防治等主要科技措施推广,提高水果生产管理水平。完成冬春修剪2 680公顷,实施完成苹果低产园改造666.67公顷,苹果优质高产创建666.67公顷,推广果园配方施肥2 033.33公顷,壁蜂授粉66.67公顷,完成苹果套袋133.33公顷,推广果袋500万个,推广果园无公害病虫害防治2 666.67公顷。水果生产受3月低温霜冻影响严重,水果总产1.95万吨、产值2 650万元,较上年减1 800万元。年内,广泛推广无公害生产技术,加大蔬菜基地建设力度,促进蔬菜产业快速发展。完成蔬菜种植0.83万公顷,其中冬早蔬菜0.27万公顷、夏秋蔬菜0.57万公顷;完成优质蔬菜0.22万公顷、完成率108.3%,完成无公害商品蔬菜0.17万公顷、完成率102%,实施订单蔬菜生产186.67公顷、占计划的112%,优质蔬菜示范样板366.67公顷,完成计划的110%,引进试验示范蔬菜新品种77个。蔬菜总产23万吨、产值1.2亿元、较上年增产值2 300万元、纯收入1 900万元。加强优质桑园建设和蚕房改造,加快蚕桑产业发展。完成样板桑园建设141.80公顷,完成全年计划的106.4%,新植桑园38公顷,肥培改造老桑园133.47公顷,完成低产桑园嫁接改造8.33公顷,全县桑园面积达1 700公顷;全年养蚕四季、发种2 530张,产鲜茧112.7吨、产值227.65万元,较上年增收127万元,增纯收入80万元。

【冬季农业开发】 2009年,县农业局完成冬季作物开发4 833.33公顷,占计划0.47万公顷的103.5%。实现产值5 160万元,较上年增460万元、增纯收入300万元。

【大力发展特色产业】 2009年,全县完成魔芋种植1 213.33公顷(其中白魔芋405.33公顷,花魔芋808公顷),较上年增加0.04万公顷;完成魔芋基地建设400公顷,示范样板76.67公顷,完成种芋繁育60公顷;产鲜芋23 010吨、较上年增加6 210吨,实现产值3 792万元、较上年增加1 012万元、增长36%、增纯收入400万元以上。完成杂交玉米制种433.33公顷,较上年增133.33公顷,种子产量2 600吨、产值1 250万元,较上增290万元,增纯收入150万元。完成渔业养殖面527.27公顷,水产品产量1 200吨,实现产值1 200万元,较上年增收200万元,增纯收入100万元。

【加强基础设施建设】 2009年,全县完成中低产田地改造0.40万公顷,占计划0.20万公顷的201.62%。在茨院乡葫芦口新修机耕路带排灌沟1 592.7米,总投资211.44万元,建成高稳产农田333.33公顷;江底乡石漠化综合治理农业项目,完成坡改梯33.80公顷,配套新修100立方米蓄水池15个,坡改梯完成总工程量的30%;小寨乡巩固退耕还林成果基本口粮田建设240公顷及桃源乡桃源村、箐门村石漠化综合治理农业项目新修200立方米蓄水池10个,工程顺利。

【全面落实强农惠农政策】 2009年,全县完成冬油菜补贴16万元,种粮食农民农资综合补贴1 680.17万元,水稻、玉米、小麦等良种补贴313.5万元,农机购置补贴99.98万元,合计2 109.65万元。

【大力推进农机事业】 2009年,县农业局以改善农机装备结构、推进农业机械化为中心,加强农机安全管理,促进全县农业机械化水平不断提高。认真落实农机购置补贴政策,多渠道、多形式引导农民用好用活惠农政策,购买中型拖拉机21台、微耕机45台、手扶拖拉机30台、割灌机6台,冷库2座、联合收割机4台,及时兑付农机购置补贴专项资金100万元;组织全县农民充分利用现有农机装备开展机耕、机耙及机收。全年实现农机总动力91 143.8千瓦,比上年增长3.7%,农机从业人员14 870人,增长3.6%,机耕、机耙、起垄、复耕完成1.73万公顷,机收33.33公顷,农机总收入9 728万元,同比增长8.3%。

【推进农村能源建设】 2009年,县农业局坚持一手抓项目申报,一手抓项目建设,强势推进农村能源建设,通过努力,完成户用沼气池9 078口,占计划8 667口的105%,联户沼气4户,完成率100%,农村服务网点38个,农村能源实现节支增收550万元。

【加强农业行政执法】 2009年,县农业局开展农业执法培训144人,做到农业执法持证上岗、亮证执法、文明执法；与公安、工商、技监等部门密切配合，加大农资执法力度，加强农资市场监管，确保农业生产顺利进行。全年出动执法人员584人次，检查县城及12乡镇集市农药销售门市及摊点54家，捣毁无证经营摊点6个，没收甲胺磷、氧化乐果等高剧毒农药21瓶，无标签农药200余瓶；检查养殖大户153户，检查兽药、饲料经营门市241个，监督检查活畜禽交易市场48个，没收过期兽药72合、过期饲料3袋、过期饲料添加剂500包，通过监督检查，在养殖环节上未发现使用盐酸克伦特罗(瘦肉精)、莱克多巴胺、三聚氰氨、苏丹红等化学物质；检查种子销售门市及摊点74家，查处流串小摊点31个，没收假劣散装假劣杂交玉米种子365千克、套购种子165千克，查扣未经公告、备案及过期的陈种子75千克；对全县农业机械及配件市场进行认真整治，对假劣农业机械及配件进行严肃查处，从源头消除安全隐患。

【防控结合抓好植保植检】 2009年，县农业局印发小春主要病虫鼠害周报5期，大春周报4期，病虫简报5期，组织农技人员深入田间地块，指导群众抓好农作物病虫害综合防治，最大限度减小灾害损失。年内，全县农作物病虫草鼠害发生面积4.46万公顷次，防治4.82万公顷次，挽回粮食损失1.36万吨，经济作物损失0.02万吨；做好产地检疫，调运检疫，市场检查监督工作，杜绝外来有害生物传入县内。

【狠抓农业科技教育培训】 2009年，县农业局以农村实用技术培训及“绿色证书”培训为主要内容，扎实抓好农业科技教育。开展各项科技培训97场次，受训农民14 680人次，发放各类科普培训资料0.5万份，绿证培训634人；同云南农业大学成教院联系，抓好职业教育，完成函授本专科招生143人，中专13人。

【抓实农村经营管理】 2009年，县农业局抓实农村经营管理。一是加强农业承包合同管理，开展矛盾纠纷排查化解，查出土地纠纷10起，调解7起，正在调解3起；二是加强农村集体资产及财务管理，推动农村党风廉政建设；三是指导开展农民专业合作组织建设，发展种植业、养殖业、林果业等各类农民专业合作组织27个，带动农户26 797户；四是实施省部级示范项目7个，投入项目资金70万元，促进农业规模化发展和产业化经营，组织实施村容村貌整治项目9个，投入省级资金90万元，改善农村生产、生活条件；五是切实加强农民负担监督管理，减轻农民负担；六是做好农经统计调查工作和每月一报的农产品价格和农业生产资料价格的调查分析工作。

【加快推进农业科技推广体制改革】 2009年，县农业局全面完成乡镇农技人员的“三权”收管，翔实掌握农技推广体制中存在的年龄结构、技术水平结构等不合理问题，理顺体制机制，内强素质，外拓业务，推进鲁甸农业快速发展。

【强化信息化建设】 2009年，县农业局充分利用“鲁甸农业信息网”、“数字乡村新农村建设信息网”、“农讯通”等信息交流平台，严格按照信息公开条例要求，收集整理上报农用物资就位、市场价格情况、科技培训等动态信息35期次，发布相关信息53条次，发表农村实用技术、病虫害防治等各类资料530余条，其中市农业信息网转载交流38条，省农业信息网转载交流32则，提供“三农”手机服务短信112条次，为全县农业产业化发展起到促进作用。

(县农业局工作总结)

烤烟生产

【机构人员】 2009年，县烟办定编5人，实有5人，其中干部4人，工勤人员1人。

主 任

聂永宪 男 彝族 鲁甸人

副主任

文成敏 男 汉族 鲁甸人

邹嘉桂 女 汉族 鲁甸人

【概 述】 2009年，全县9个乡镇51村493个村民小组、6 708户烟农与烟草部门签订烤烟种植收购合同3 546.67公顷、902.5万千克(其中指令性烟叶收购任务825万千克，合同内丰产烟叶收购任务77.5万千克)，占市级下达任务的100%。10月16日，全县烟叶收购任务圆满完成，其中完成指令性收购任务825万千克，上等烟占47.02%，中等烟占35.28%，下等烟17.7%，实现收购总值12 169.80万元，均价14.75元/千克，实现税收2 677.35万元；完成合同内丰产烟叶77.5万千克，上等烟占25.43%，中等烟占56.85%，下等烟占17.72%，收购总值1 039.28万元，均价13.41元/千克。全县累计收购烟叶902.5万千克，实现总产值13 209.08万元，均价14.64元/千克，其中上等烟占45.16%，中等烟占37.13%，下等烟占17.7%。

【优化生产布局】 2009年，全县坚持在最适宜区和适宜区内连片规划布局，全县规划种烟地块460片，轮作比例75%。年初，在上年规划基础上进一步优化布局，将市下达的3 546.67公顷烤烟任务择优布局在7乡2镇51个村493个村民小组6 708户烟农种植，户均种植0.53公顷。与上年相比减少7个村392个村民小组3 298户烟农，户均种植面积增加0.12公顷，全县烤烟生产种植布局进一步优化。

【育苗工作有新突破】 2009年，县烟办抓住上年冰凌雪灾上级捐赠救灾资金的有利时机，修建烤烟育苗大棚2群9 000平方米、小拱棚7 000个，保证供苗3 633.33公顷，彻底改善全县烤烟育苗设施落后的局面。2月10日，播种工作全面结束，播种8.5万平方米，集中在78个育苗点，平均每个育苗点供苗46.67公顷，实现100%集中拱棚漂浮育苗和商品化供苗。

【规模化、规范化种植水平显著提升】 2009年，全面实现规格化集中节令预整地和移栽，按照"拉绳定位、施足底肥、起垄高度25公分以上"的要求进行提前预整地，5月10日前集中时间、规范移栽结束，比上年提前10～15天。移栽后，加大防雹减灾、防病治虫、锄草排涝、揭膜培土和封顶打杈等田间管理工作力度，确保全县烤烟个体壮、群体旺，创造了全县烤烟丰产历史最高水平。

【创新烤烟生产组织模式】 2009年，县烟办在文屏、桃源、小寨、龙头山、江底5乡镇探索创新烤烟生产组织方式，在农民自愿基础上，采取租赁、合作、转包等方式，鼓励和发展坝区3.33公顷以上、山区2公顷以上烤烟种植大户39户、流转土地200公顷，为推进全县农村土地合理流转作出积极有效的尝试。

【基础设施建设进展顺利】 2009年，全面完成投资4 286.53万元的2008年新增现代烟草农业示范区项目及900座小改密烤房建设任务，并顺利通过省市检查验收。年内，桃源乡大水塘机耕路工程和文屏镇马鹿沟干渠工程全面完工；投资8 000多万元新增2009年现代烟草农业示范区小寨白草坪至龙头山光明延伸段项目全面启动建设。

【烤烟生产创历史最好水平】 2009年，全县烤烟生产创历史最好水平。一是加强领导，统一思想。成立以县长任组长的烤烟生产、收购领导小组，加强烤烟生产收购工作领导。及时贯彻落实省、市有关烤烟生产、收购等会议、文件精神。2008年12月24日，全市烤烟生产暨现代烟草农业建设工作会议结束后，县委、县政府12月29日召开全县烤烟生产暨现代烟草农业建设工作会议，全面安排部署2009年全县烤烟生产工作。二是盯死面积，及早落实。根据国家烟草专卖局局长姜成康到昭通视察时提出的"要进一步优化布局"要求及市政府烤烟生产择优布局电视电话会议精神，县委、县政府于2008年9月29日召开全县2009年度烤烟生产择优布局工作会议，对2009年全县烤烟生产择优布局工作全面安排部署。组织乡村干部开展2009年烤烟生产择优布局工作，对单产低于125千克的地块和自然条件差、零星分散、规模较小的村组和农户不再安排烤烟种植、收购任务，统一实施坝区3.33公顷以上、山区2公顷以上的适度规模连片种植，把烤烟种植集中到最适宜区和适宜区。通过深入村、组、地块认真调研规划，全县规划布局烤烟种植面积4 400公顷，产量990万千克，460片，分布在9个乡镇54个行政村559个组8 235户。年初，各级各部门进一步优化布局，将3 546.67公顷烤烟优化布局在7乡2镇51个村办493个村民小组6 708户烟农种植，烤烟生产布局进一步优化。三是严格政策，执行到位。认真落实"严格控制，适度从紧"的烟叶工作方针，严格执行国家"双控"政策，坚持合同生产、合同收购；多渠道加大对烤烟生产的投入，尽量降低烟农生产投入成本。按市级要求，结合实际，制定出台全县烤烟生产政策，县财政投入烤烟生产、基础设施建设经费近2 000万元。通过加大投入、落实政策、强化措施，促进全县烤烟生产工作顺利开展。四是强化科技，加强管理。从烤烟生产源头上抓好育苗设施建设，大力改善育苗设施，全面实现100%集中拱棚漂浮育苗，确保各育苗点苗齐、苗壮，为烤烟大田移栽奠定良好基础；积极探索创新烤烟生产组织方式。推动文屏、桃源、小寨、龙头山、江底等5个乡镇39户烟农200公顷农村土地合理流转，为全县农村土地合理流转做出了有效尝试。5月10日，全县烤烟移栽结束，移栽节令比往年提前10天左右。四是强化中耕管理，做好病虫害、冰雹灾等防治工作。五是加大力度，打牢基础。按时、按质完成2008年基础设施建设任务，改善烟叶基础设施，夯实烟叶生产基础；及时启动2009年烟叶基础设施建设项目，积极争取国家、省、市的关心支持，新增2009年现代烟草农业示范区二期工程项目，即：从小寨乡白草坪修建排洪调水渠、机耕路、田间工程到龙头山镇光明村，解决项目区烟农生产、生活用水问题。六是明确目标，规范管理，全力抓好烟叶收购工作。明确“坚持国标，靠线起步，平稳收购、一收到底”的烟叶收购指导思想；执行严把收购总量、上等烟比例、等级合格率“三条红线”政策和上部烟、中部烟和上等烟比例控制预警线政策；实行收购均价封顶政策。县委、县政府切实加强领导，细化责任，强化措施，狠抓落实，全县902.5万千克收购任务圆满完成。

【烟叶基础设施建设成效显著】 2009年，全县烟叶基础设施建设成效显著。4月20全面完成2008年新增烟叶基础设施总造价4 286.52万项目建设，通过国家、省、市烟草行业的检查验收。2009年烟叶基础设施共建项目118件，总造价8 531.76万元。其中常规烟叶基础设施项目造价272.27万元，建设项目7佛其中主干渠1件，长1.65千米，支渠Ⅰ型2件，长4.02千米，机耕路5条，长10.9千米。2009年新增烟叶基础设施建设是市委、市政府向国家烟草专卖局争取的新增烟叶基础设施建设项目，布局在小寨、龙头山2个乡镇的高二半山区，地质情况复杂，建设条件非常艰巨，县委、政府抓住机遇，加强领导、精心组织、周密部署、克难攻坚、强势推进项目建设，建设项目111件，项目造价8 259.49万元，其中烟草行业补贴资金5 545.38万元，整合昭鲁大型灌区项目和资金2 000万元。主要建设排洪调水渠2件，总长45.06千米，配套田间工程水池77件，容量14 100立方米，管网8件，总长19.24千米，机耕路8条，总长72.01千米。11月20日启动建设。受益4个乡镇7个村民委员会157个村民小组，7 373户3.26万人，辐射基本农田34 600公顷，受益基本烟田2 933公顷。

（文成敏）

养 殖 业

【机构人员】 2009年，县畜牧局内设局办公室、财会室、动物卫生监督所、动物疫病预防控制中心、畜牧兽医站和12个乡镇畜牧兽医站。在职职工133人，其中局机关53人，派出机构80人。

局 长

张顺云 男 汉族 鲁甸人 2009年11月止

杨永华 男 彝族 鲁甸人 2009年11月任

副局长

陈合昌 男 汉族 鲁甸人

唐盼平 男 汉族 鲁甸人

丁开毅 男 回族 鲁甸人

【畜牧生产发展态势强劲】 2009年，全县实现肉蛋总产24 179吨，畜牧业产值3.0027亿元，同比分别增长14%和15%。生猪存栏23.7934万头，肉猪出栏20.544万头、猪肉产量18 981吨，同比分别增长16%、6.28%和13.45%。牛存栏7.204万头，牛出栏1.9859万头，牛肉产量2 497吨，同比分别增长11.32%、10.44%和15.71%；羊存栏6.1962万只，羊出栏3.18万只、羊肉产量614吨，同比分别增长2.53%、11.6%和9.25%。家禽存栏55.8177万只、家禽出栏46.0278万只、禽肉产量742万吨，禽蛋产量1 241吨，同比分别增长9.18%、17.06%、18.34%和24%。畜牧业已成为全县农民增收、新农村建设的主导产业之一。

【畜牧产业基础得到夯实】 2009年，全县畜产品加工龙头企业3家，规模化养殖场（户）发展到12户，标准化规模养猪小区3个，养牛小区1个。年出栏100头以上养猪大户51户，年出栏300头以上养猪大户41户，年出栏20头以上养牛大户22户，出栏50头以上养牛大户8户，年出栏21～50只以上养羊大户269户，年出栏51只以上养羊大户24户；年出笼500只以上养禽大户39户。龙头企业及大户辐射带动能力有明显增强，为全县现代化畜牧业发展奠定基础。

【狠抓动物疫病防控】 2009年，畜牧局狠抓动物疫病防控。一是认真抓好畜禽强制免疫，全年免疫畜禽374.99万头只（次），其中重大动物疫病免疫注射猪蓝耳病疫苗41.37万头，密度101%；免疫W病

70.32万头(只),密度106%;免疫禽流感107.42万羽,密度102%。常规免疫猪瘟40.52万头,密度98%;仔猪副伤寒6.08万头;鸡新城疫99.02万羽,防疫密度94%;牛、羊炭疽疫苗10.86万头(只);狂犬苗0.4038万只。二是加大动物疫病监测。重点对规模养殖场、养禽大户、畜禽交易市场、牲畜定点屠宰场点、主要交通沿线、水禽候鸟栖息地和老疫区监管,责任到人;下派23名职工进驻各乡镇,协助开展甲型H1N1流感和其他畜禽疫情排查,开展畜禽临床监测、监督检查。强化猪群临床监测工作,累计监测种猪场24个次,商品猪饲养场户85个,散养户5 629户,交易市场87个次,生猪屠宰场22个次,其他82个次,共监测生猪53 136头。采集猪全血100份,猪血清200份,鸡血清200份,送市动物疫病预防控制中心疫病检测;采集犬血清50份、犬口腔棉拭子50份送云南省动物疫病预防中心进行疫病检测。三是迎接专项检查工作。选择不同养殖场、户的猪和鸡采血清400份先期进行抗体检测。10月11~12日,接受省局检查组随机对桃源、文屏两个村散养户、养殖场、县城屠宰场猪、县城交易市场进行抽检,共抽检家畜937头(只),采集85份血清;抽检家禽31 576只,采集85份血清。四是抓好免疫示范村建设。在各乡镇建设一个动物免疫示范村,畜禽实施全程免疫,重大动物疫病免疫密度达100%,常规免疫密度达90%;家畜免疫挂标率达100%;建立健全畜禽免疫档案;设立疫情测报点,加强重大动物疫病监控。五是做好畜禽疫病死亡率调查。对龙树、茨院4个村100户养殖户进行疫病死亡率调查。结果显示猪疫病死亡率2.1%,牛死亡率0.5%,马死亡率0.8%,羊死亡率0.56%,鸡死亡率3.7%,均控制在省市规定的指标之内,确保全县畜牧业健康发展。

【抓好市场监管工作】 2009年,畜牧局抓好市场监管工作。一是抓好生猪屠宰及市场肉食检疫工作。全年检疫生猪5 216头,检出病害猪91头;检疫上市猪肉肌体4 917头,检出病害肉31头,对检出的病害肉均进行高温无害化处理。二是抓好产地检疫工作。共检疫生猪19 016头,牛1 396头,羊2 437头,禽149 882只,出县境动物检疫生猪2 130头,牛244头,羊702只,禽15 640只。加强产地检疫申报制度工作,完成全县13个动物检疫报检点申报工作,省动物卫生监督所已批复。三是抓好兽药、饲料专项整治工作。全县出动执法人员343人次,检查兽药、饲料经营户及畜禽养殖大户432户次,签订《兽药、饲料质量安全承诺书》75份,印发《禁用兽药有哪些》宣传资料300份,没收假劣兽药17品种132盒价值358元、假劣饲料10个品种13包价值2 370元、假劣饲料添加剂7品种631小包价值715元。四是抓好动物标识及疫病可追溯体系建设。3月培训信息操作员24人,全县配戴动物二维码耳标5万余套,其中生猪4.5万余套,牛、羊0.5万套。五是抓好活禽经营市场专项整治。检查家禽经营乡镇集市21个次,检查家禽交易摊点106个次,涉及家禽交易数量(主指鸡苗)2万余只;对县城8家宰鸡店进行全面检查。六是抓好养殖大户的监管工作。对牛存栏20头以上,猪存栏50头以上,羊存栏100只以上,禽存笼1 000只以上的养殖大户,加强养殖档案、标识佩戴、防疫条件审核、消毒和无害化处理、用药记录、饲料情况等方面进行监督和管理。

【落实扶持政策】 2009年,畜牧局认真落实扶持政策。一是兑现能繁母猪补贴。根据《关于做好鲁甸县2008年度能繁母猪补贴工作实施方案》,按每头能繁母猪补贴100元的标准,全县补贴能繁母猪28 486头,发放补贴资金284.86万元,受益农户18 151户72 634人。二是做好能繁母猪保险。1月15日启动,23日完成任务,签单保险能繁母猪17 192头。10月31日,能繁母猪报告死亡661头,人保财险鲁甸支公司理赔531头,理赔金额42.42万元。三是抓好畜牧滚动发展基金使用。县财政累计投入122万元建立畜牧业滚动发展基金。

【抓好项目申报和实施】 2009年,畜牧局抓好项目申报和实施工作。一是项目申报。年内争取到中央、省畜牧兽医专项扶持资金1 064.45万元。其中实施中央财政支持现代农业发展生猪产业项目资金400万元,生猪标准化规模养殖场(小区)建设项目60万元,第三批扩大内需动物防疫体系建设项目建设中央预算内投资96万元,巩固退耕还林成果后续产业养殖业项目上级投资19.2万元,石漠化综合治理草食畜牧业项目110万元,肉牛养殖小区示范建设资金20万元;中央省市2008年度能繁母猪补贴284万元,能繁母猪保险75.25万元。二是项目实施。年内,第三批扩大内需动物防疫体系建设项目,计划总投资94.68万元,其中中央预算内投资83.4万元,地方投资11.28万元。建设6个乡镇畜牧兽医站,开工5个乡镇,茨院、龙树、龙头山3个乡镇站已竣工,新街、乐红正在建设,完成投资45.77万元。2008年度石漠化综合治理草食畜牧业项目完成草场建设120公顷,其中人工种草53.33公顷,草地改良66.67公顷。项目涉及江底乡坡脚村和火德红乡鹊落村12个村民小组农户424户1 757人。通过项目建设,新增牛853头,羊482只。2009年度石漠化综合治理草食畜牧业项目已启动。巩固退耕还林成果后续产业养殖业建设项目完成建设羊棚厩1 200平方米、配套建设青贮窖400立方米、配套建设饲料地13.33公顷。涉及农户30户143人。项目实施后增加出栏羊412只,年收入21.1万元。生猪标准化规模养殖场建设项目,分别在茨院、火德红、水磨、梭山4个乡镇,扶持6户生猪标准化规模养殖场建设,完成项目总投资282.15万元,其中国家扶持投资60万元,完成猪舍标准化改造16 600平方米、沼气及污水处理175立方米和水、电路、防疫等配套设施建设。通过项目建设,新增能繁母猪存栏186头,年出售仔猪增加3 300头,生猪出栏增加800头,新增产值320万元,获利110万元。带动182户养殖大户发展生猪养殖。

【畜牧科技推广】 2009年,全县有牛冻精改良站点14个,引进西门塔尔、安格斯、短角牛、么拉水牛等优良品种牛细管冻精,完成改良配种8 863头(其中黄牛8 746头、水牛117头),比上年增加709头,累计受胎7 295头,受胎黄牛82.4%,产犊6 514头,全县牛冻精改良覆盖率80%,比上年提高5%。引进优良大约克种公猪16头,建改良站点131个,其中人工授精改良站点15个,改良配种44 674窝,,人工授精25 456窝,比上年增加1 777窝;其中人工授精改良配种563窝。推广配(混)饲料4 287吨,青绿多汁饲料种植10 055.33公顷,其中农田种草537.67公顷,青贮饲料17 944吨,氨化饲料2 410吨。

【队伍建设】 2009年,畜牧局加强队伍建设。一是组织机关全体党员及干部60余人深入开展学习实践科学发展观活动,达到统一认识,转变作风,提升畜牧业科学发展水平的目的。二是推进机关作风建设,建立服务承诺制、首问责任制、限时办结制和行政问责"四项制度";机关作风明显好转。三是认真推行阳光政府四项制度及通报工作情况,公开重要事项,听证鲁甸县实施中央财政支持现代农业发展生猪产业项目。四是开展党风廉政建设和献爱心活动,组织动员广大党员、干部职工踊跃捐资助学,筹资5 300元。向挂钩帮扶贫困村新街村杨家湾子组35户困难村民送上875千克大米、175千克食油和3 500元现金。

(庄连伟)

林 业

【机构人员】 2009年末,县林业局内设办公室、森林资源管理站、种苗站、林木种苗质量监督检验站、森防站、退耕办、农村能源站、森林防火办、国营林场、森林公安局、野生动植物保护办、财务室等13个内设机构。2009年6月,全县12个乡镇林业站全部上划,由县林业局统一管理,全系统有干部职工219人,其中行政人员40人(干部33人,工人7人),事业人员179人(专业技术人员134人,管理人员5人,工人40人)。专业技术人员中有工程师68名,助理工程师63名,技术员3人。9月1日,鲁甸县森林公安分局升格为正科级单位,更名为鲁甸县森林公安局。

局 长

朱宗能 男 汉族 鲁甸人

党组书记

郑凤兰 女 汉族 鲁甸人

副 局 长

陈明柱 男 汉族 鲁甸人

刘安学 男 汉族 鲁甸人

王孝勇 男 汉族 鲁甸人

森林防火专职副指挥长

张 熠 男 回族 鲁甸人

森林公安局局长

谭德坤 男 汉族 鲁甸人

森林公安局政委

朱宗能 男 汉族 鲁甸人

森林公安局副局长

阮殿恩 男 回族 鲁甸人 2009年11月任

【集体林权制度主体改革工作强势推进】 2009年,县林业局把深化集体林权制度主体改革工作作为重中之重的工作,坚持"高位推动、强势推进、重心下移、打牢基础”的工作思路，由3名副局长和森林防火专职副指挥长带队，加强领导，依法依规推进改革工作。6月底，主体改革工作基本完成，全县完成林地确权3.59万宗4.81万公顷，涉及12个乡镇80个村1 407个村民小组5.08万户23.95万人；受理纠纷95件，成功调处92件，调处成功率96.84%；建立林改档案3 027卷34 217件，档案管理合格率91.62%。7月3～9日，通过市林改领导小组检查验收，综合评分为96.25分，评定为优秀等级。10月，根据省、市林改领导小组扩大会议要求，召开“回头看”会议，安排部署，严格按照省林改检查验收“九个指标”、“五个不验收”和《云南省深化集体林权制度改革领导小组办公室关于切实做好深化集体林权制度主体改革整改完善相关工作的通知》要求，全力开展“回头看”工作，12月5日全面完成，全县应纳入主体改革林地面积5.05万公顷（公益林4.29万公顷，商品林0.76万公顷），完成林地确权面积4.81万公顷（公益林4.12万公顷，商品林0.69万公顷），林地面积确权率95.32%，均山到户面积4.81万公顷（公益林均山到户面积4.12万公顷，商品林均山到户面积0.69万公顷），均山到户率95.32%（公益林均山到户率96.14%，商品林均山到户率90.69%），在原36.15%的基础上提高59.17个百分点。进一步对整个林改主体改革工作成果资料进行全面、认真、细致审核复查，确保全部成果资料准确无误后打印发放林权证。

【林产业快速发展】 2009年，县林业局根据县委、县政府委提出的“十一五”期间全县发展核桃5.33万公顷、花椒1.33万公顷，实现林产业6.67万公顷的目标和10月23日全县农业产业结构调整暨新能源建设现场会上提出“高质量、高标准打造20片，每片333.33公顷以上核桃示范样板和10片，每片333.33公顷以上花椒示范样板”的要求，按照县委七届七次全会提出“2009年要完成种植核桃1.33万公顷、花椒0.33万公顷”的工作任务，全力开展林产业发展工作。一是通过租地等方式培育优质核桃种苗350万株（优质核桃实生苗250万株，嫁接苗80万株，弱苗培壮20万株），74.8万元购保水剂11吨，地膜145.34万张，早计划、早落实种苗保障工作；二是深入开展核桃、花椒田间管理，科学定干整形、科学施肥、抚育等方面的技术培训，投入资金62.96万元，购复合肥130吨、尿素45吨，无偿提供给基地农户抚育施肥，全力确保核桃、花椒产业发展出成果、见实效；三是指导建立各级林产业协会17个（乡镇核桃产业协会10个，村核桃产业协会1个，乡镇花椒产业协会5个，村花椒产业协会1个），建立健全林产业发展基层服务体系；四是抓住种植节令，下派工作组指导核桃、花椒种植工作，完成花椒种植0.40万公顷，超任务完成0.07万公顷，完成核桃种植1.33万公顷（主要受持续干旱天气影响），完成333.33公顷以上连片样板建设8片，完成县四套班子样板林建设0.8万公顷，全县花椒种植面积达1.03万公顷（其中产前期0.73万公顷，初产期0.07万公顷，盛产期0.23万公顷），核桃种植面积达4万公顷（其中产前期3.74万公顷，初产期0.10万公顷，盛产期0.17万公顷）。

【有效遏制森林火灾】 2009年，县林业局坚持“预防为主，积极消灭”的方针，加强领导，强化宣传，狠抓责任落实，层层签订责任状，投入森林防火宣传费2万元，在街头、重点林区悬挂森林防火宣传标语103条，书写永久性、半永久性标语162条，发放《森林防火户主通知书》4万余份，张贴《森林防火通告》1 000份，向全县移动、联通手机用户普发森林防火短信10万条，组建义务扑火队伍101支。切实加强火源监督，严格落实重点林区、重点部位和入山道口管护责任，做到人员到位，责任到人，分片包干，死看硬守，最大限度地遏制森林火灾的高发势头，确保全年无重特大森林火灾发生。

【森林资源管理明显加强】 2009年，县林业局继续落实“三基”工程，始终保持严打高压态势，全力确保森林资源安全。年内，接警128起，处警128起，立刑事案件1件（已破）；立案林业行政案件22件，查处22件，处理违法人员36人，收缴罚款2.21万元，收缴木材26.3立方米，赔偿林木损失1.4万元，责令补种树木14人，严厉打击各种破坏森林资源的违法犯罪行为，有效保护全县森林资源和野生动植物资源安全；严格森林采伐指标管理，市级下达全县森林采伐指标1.71万立方米（非商品材1.53万立方米，商品材0.18万立方米），年内完成采伐指标114立方米，全部为农民自用材。积极做好城市生活垃圾处理场、黑石河张家湾电站、陡滩口电站、溪洛渡电站淹没区、宣威至昭通500千伏变电站建设征占用林地核实、上报等工作，全力确保林区和谐稳定。

【造林绿化工作成效显著】 2009年，县林业局按照全县林业工作会议提出建设“生态鲁甸”的决定，全力开展各项造林绿化工程，成绩显著。一是完成天保工程建设0.60万公顷（其中中央扩大内需新增年度天保工程封山育林0.27万公顷、人工造林0.1万公顷，2008年下达2009年实施天保工程封山育林0.13万公顷、人工造林0.1万公顷），通过国家林业局专项督查。二是完成退耕还林巩固成果专项规划设计工作，配合财政部门完成退耕还林政策补助兑现1 102.43万元，对历年实施退耕还林进行全面补植补造，共补植补造各类树种300.2万株（其中核桃28万株、板栗21.5万株、大红泡73万株、青椒8.1万株、刺槐69.6万株，华山松100万株）；2004年度实施退耕还林到期经济林顺利通过国家林业局阶段性重点核查验收组的核查验收，顺延一个补助兑现周期（5年）。三是完成2008年追加农村能源沼气池建设任务430口，完成2009年省级下达农村能源沼气池建设任务622口，节柴改灶2 122眼，组建农村能源技术服务队3支。四是完成义务植树101万株。五是完成石漠化综合治理试点项目防护林建设181.61公顷，经济林343.6公顷，通过国家发改委专项督查活动。六是全力开展城镇面山绿化美化、小寨集镇新区绿化、小寨中学校园绿化、渔洞水库南干渠延长线（田合至赵家海）绿化、龙树河堤生物治理等工作。其中城镇面山绿化美化租用挖机3台打塘，1台装载机修路拉水，投入3 866个工日，赊购苗木17 188株（雪松10 300株，桦木323株，侧柏6 565株）；小寨集镇新区绿化投入48个工日，完成丛竹栽植128丛；小寨中学校园绿化投入经费2.4万元，栽植各类苗木1 173株（金叶女贞球50株，桂花25株，龙爪槐42株，雪松14株，小叶女贞球28株，塔柏14株，小叶女贞1 000株）；渔洞水库南干渠延长线（田合至赵家海）绿化投入700个工日，反复进行6次补植，使用保水剂150千克，薄膜20筒，栽植刺槐44万株；龙树河堤生物治理投入542个工日，连续3次补植，栽植刺槐16.26万株。七是积极开展文屏山公园周边绿化规划调查工作。八是做好县城文化广场和新老城区绿化和管护工作，及时进行鲜花更换和行道树、灌木补植补造，进一步提升城市品位。3月6～23日，历年造林绿化工作通过全省造林绿化检查组的检查，被评为“2009年度全省绿化模范县”。

【有效控制森林病虫害】 2009年，县林业局及时开展森林病虫害防治工作，森林病虫害得到有效控制。全县林业有害生物发生面积0.35万公顷，无公害防治面积0.34万公顷，无公害防治率达96.77%，成灾面积0公顷，成灾率为0；产地检疫种苗面积14公顷，调运检疫苗木96.23万株，木材500立方米。应施调查监测面积27.99万公顷，调查监测面积27.30万公顷，监测覆盖率97.55%。

【种苗生产成果丰硕】 2009年，县林业局坚持核桃良种选优、良种认定长抓不懈，在第一批确定60株优树基础上又选出47株核桃优良单株，全县核桃优树达107株；独立申报鲁甸大泡、大麻两个核桃品系通过省级良种认定，与省林科院合作申报乌蒙16号、19号两个核桃品系良种认定，4个核桃品系良种认定工作已顺利通过；在原有26公顷采穗圃基础上，新建核桃采穗圃44.67公顷，核桃采穗圃面积达70.67公顷（其中乡土树种核桃采穗圃47.33公顷，云新系列核桃采穗圃23.33公顷），有23.33公顷被认定为省级良种采穗圃；积极申报26.67公顷优质乌蒙核桃良种繁育基地建设项目，已通过省级评审，正向国家林业局申报，争取项目。

【全面完成乡镇林业站本底调查工作】 2009年，县林业局按照文件要求，成立领导组，认真组织专人深入全县12个乡镇林业站，完成乡镇林业站本底调查工作，进一步摸清乡镇林业站家底。

【全力做好项目资金争取工作】 2009年，县林业局全力做好林产业、林业科技、基础设施建设等项目的申报工作，向省、市林业主管部门规划申报各类林业项目22个，编制完成0.67万公顷国家重点公益林生态效益补偿实施方案和1万公顷省级公益林生态效益补偿实施方案。

【全力开展抗灾救灾工作】 2009年，全县林业生产受到冰凌灾害和持续干旱等众多困难的考验。11月17～21日，鲁甸遭受历史罕见的冰凌灾害，气温急剧下降，造成全县大面积林木、工程项目和核桃苗圃严重受灾，全县受灾林木28.92万株，各项林业工程受灾面积0.11万公顷，核桃苗圃苗木受灾

4.67公顷10万株,经济损失3 906万元。11月后,受局部地区气候影响,全县总降水量仅为15.4毫米,干旱形势非常严峻,造成核桃、花椒等各种林木受灾3.8万公顷,成灾1.63万公顷,直接经济损失3 035.8万元,县林业局及时向县委、县政府和上级林业主管部门报告灾情,组织人员深入乡镇进行灾情调查,采取各种措施开展抗灾救灾工作。

【挂钩帮扶】 2009年,县林业局安排专人深入挂钩帮扶的梭山乡埂底村,参与计划生育、新农村建设等各项工作;抽调专人到黄角树电站移民安置办和昭巧公路鲁甸段建设办配合开展工作;投入资金4 000元,开展小寨整乡推进挂钩农户帮扶工作。

(县林业局工作总结)

水 利

【机构人员】 2009年,县水利局内设办公室、计划财务股、水利股、水土保持股、防汛抗旱股,有行政人员17人,下设事业单位水利水电勘测设计队、水利管理站、水政监察大队、水土保持委员会办公室、河道管理站、渔洞水库鲁甸灌区管理站、桃源水库管理所、砚池山水库管理所、猫鼻子水库管理所。有事业人员52人;12个乡镇管理站,有职工62人。

局　长

周明卉　女　汉族　鲁甸人

党组书记

张昌舜　男　汉族　鲁甸人　2009年11月任

副局长

铁发猛　男　回族　鲁甸人

王定基　男　汉族　鲁甸人

何开阳　男　汉族　鲁甸人

【概　述】 2009年,全县水利工程启动实施月亮湾中型水库前期工作1件;完成大岩脚、猫鼻子、南筐、尹家海子、大埝塘、六块田、龙潭上7座病险水库大坝安全鉴定及大岩脚、猫鼻子水库除险加固上报工作;续建完成秧田冲、砚池山、李家龙潭、燕麦地病险水库除险加固项目4座;新建管引工程71件,水窖2 836件,解决3.91万人和2.36万头牲畜饮水安全问题;完成铁厂小流域、龙头山小流域、江底石漠化治理项目3件;完成小寨乡整乡推进跨河交通桥1座,取水坝1座,橡胶止水坝1座及集镇景观水体配套水利设施项目建设;启动大型灌区渠道项目建设1件,完成土主寺河治理2千米。新增灌溉面积0.04万公顷,改善灌溉面积0.14万公顷,完成中低改43.33公顷;维修昭鲁河、小寨河、龙泉河11.34千米,治理水土流失面积32.5平方千米;完成水库蓄水2 150万立方米;完成市水利局下达10万元水资源费征收任务,完成省市政府安排的全县农村小型水利工程管理体制改革工作试点及摸底调查工作。全县耕地有效灌溉率由2008年的21.72%提高到23.12%。全年完成水利固定资产投资5 863.66万元,是市下达任务的110%,县下达任务的104.5%。

【饮水安全工程】 2009年,县水利局实施农村饮水安全项目工程4批,新建管引和水窖工程2 907件,其中管引工程71件,水窖工程2 836件,总投资1 933.83万元(其中中央1 373.94万元,省配套177.66万元,市县及群众自筹382.23万元),解决7.91万人和4.36万头牲畜的饮水安全问题。

【水保项目】 2009年,县水利局完成铁厂、龙头山营盘小流域治理项目及江底石漠化综合治理项目3件,治理水土流失面积32.5平方千米,总投资384.83万元。

【中小河流治理项目】 2009年,县水利局启动完成昭鲁河土主寺河段及安阁片区沟渠治理项目,总投资410万元,加固堤防2千米,防洪保护人口3.5万人。

【病险水库除险加固续建项目】 2009年,砚池山、李家龙潭、秧田冲、燕麦地4座病险水库除险加固项目2008年开工,2009年全面完工,完成投资1 850万元,完成土石方等工程量13.16万方,金属结构安装12.5吨。

【大面农田水利建设项目】 2009年,县水利局完成渔洞水库南干渠鲁甸分干渠27千米,南干渠板板房支渠道10.5千米,其他各类小型渠道41.85千米清淤工作,其中桃源河1.5千米、鲁甸河9.5千米、龙树河8.7千米,确保春灌需要和安全防汛。完成水毁修复工程3处,加固河堤11.34千米,主要为龙泉河与小寨河。修复水毁工程55处,加固河堤7千米。自筹资金53万元,群众投工投劳131万个。

【昭鲁大型灌区(鲁甸灌片)项目建设】 2009年,昭鲁大型灌区(鲁甸灌片)第一期续建配套与节水改造项目,计划续建配套小寨支渠12.51千米,配套工程渠系建筑物114座(涵洞36座,溢洪口12座,分水口12座,人行桥54座)。总投资1 998.13万元,其中中央投资1 600万元,省级配套200万元,市县配套200万元。工程于2009年11月11日开工建设。

【以工代赈项目】 2009年,全县以工代赈小型水利基础设施建设项目概算总投资260.27万元,计划在火德红南筐村新建渠道10千米,公路桥2座,农用桥5座,背水桥15座,人行桥30座,涵洞8座。2009年11月13日开工,完工后将新增灌溉面积360公顷,保护耕地面积720公顷。

【水保项目】 2009年,全县水保项目主要有渔洞水资源保护项目,概算总投资144.5万元,市级投资,计划新建9道拦沙坝,2片试验性湿地,每片2公顷,6块宣传牌。工程已启动实施。江底石漠化综合治理工程,安排在江底乡箐脚、大水井、江底、洗羊塘、水塘5个村实施,概算总投资128万元,计划新建谷坊4座,拦砂坝4道,小水窖173个,200立方米水池15个,100立方米水池20个,完工后可解决173户700余人及400余头牲畜饮水困难,新增灌溉面积90公顷。2009年11月25日启动实施。

【省级水利专项贷款干支渠防渗项目】 2009年,省级水利专项贷款干支渠防渗项目计划对猫鼻子水库东干渠防渗处理21千米,新增灌溉面积0.08万公顷,总投资700万元,项目规划报告已上报。根据省水利厅、发改委关于第一批省级水利专项贷款投资计划安排,首批安排鲁甸150万元投资,计划防渗渠道15千米,11月12日启动实施。小寨集镇景观用水项目,总投资260万元,清淤维修小寨河道350米,新建跨河交通桥1座、橡胶止水坝1座;完成集镇景观水体配套设施建设。

【加强渔洞水库径流区饮用水源保护】 2009年,县水利局认真贯彻落实市、县水资源保护工作会议精神,将重点饮用水源保护工作纳入全县水利工作重要议事日程,成立由水政监察大队、水保股、河道管理站等股室人员组成专项检查组,3月下旬对龙树、新街、水磨3个乡镇(渔洞水库径流区)内的采石、采砂、采矿、工程建设项目等方面清理和整顿,查处非法采选矿和向河道内投放弃土、垃圾等污染水源的行为。共清理违规砂石料厂2个,建设项目1个,责令限期补办水保手续,落实水保措施,已整改落实。同时,加大宣传力度,提高群众节约用水、保护水资源、水环境意识,以3月22日“世界水日”、“中国水周”、普法宣传活动为契机,组织水政监察大队、防洪办、水保办、河道管理站等股室开展以“落实科学发展观,节约保护水资源”为主题宣传活动。采取悬挂宣传标语、张贴宣传画、发放宣传资料及通过电视广播等方式宣传。共书写和悬挂宣传标语17条、张贴宣传画60幅,发放法律、法规及“旱地龙”科技宣传资料7 000余份。其中龙树河流域书写永久性标语8条,发放宣传资料2 000份,受宣传达2 500人,宣传《水法》、《防洪法》、《水土保持法》、《云南省昭通渔洞水库保护条例》等相关法律、法规,使广大人民群众充分认识到节约、保护水资源的重要性和必要性。

【农村小型水利工程产权制度改革】 2009年,县水利局根据《云南省人民政府关于农村小型水利工程管理体制改革意见的通知》和《昭通市人民政府关于农村小型水利工程管理体制改革意见的通知》精神,启动前期摸底调查工作。经调查核实,全县纳入改革的小型水利工程共23 793件,其中小塘坝15座,小水池209件,小水窖23 346件,1立方米流量以下灌溉渠道39件,小型排涝泵站11座,乡镇、村集镇供水工程14件,农村集中供水工程159件。

【狠抓作风建设】 2009年,县水利局根据省政府行政负责人问责制、首问责任制、服务承诺制和限时办结制等4项制度,进一步规范行政行为,加强作风建设,牢固树立科学发展观和正确的政绩观,把维护好、实现好、发展好广大人民群众的根本利益作为工作的出发点和落脚点,把工作的着力点转到谋发展、促改革上,切实抓好水利工程建设与管理,树立全心全意为人民服务的良好形象。工作中,严格上下班、请销假等考勤制度,明确各股室岗位职责,建立完善阳光政府四项制度建设,加强股室及环境卫生整治。

(县水利局工作总结)

农业综合开发

【机构人员】 2009年,县农业综合开发办内设项目股、综合股、财务股3个股。有工作人员人8人。

主 任

李仁麟 男 汉族 鲁甸人

副主任

马永坤 男 回族 鲁甸人

【圆满完成建设项目】 2009年,县农开办按时按质完成2008年度土地治理渔洞灌区中低产田改造项目和渔洞灌区自然灾害损毁修复项目的开发和修复任务,涉及中低产田改造0.07万公顷。一是完成渔洞灌区中低产田改造项目计划0.06万公顷,完成投资750.08万元,建成拦河坝3座,渠道10.8千米,小型蓄水工程202座,埋设管道13千米,改良土壤0.02万公顷,建机耕路10千米,修通环砚池山水库机耕路;完成农机具配套15套台和一池三改100户,实施良种桑树种植及养蚕技术推广33.33公顷和花椒保健栽培示范233.33公顷。二是完成渔洞灌区自然灾害损毁修复项目计划任务,完成投资76万元,修复小型蓄排水工程30座。8月中旬顺利通过省、市农业开发办检查验收。2009年度项目申报涉及土地治理和产业化经营两大类项目。土地治理中低产田改造项目主要涉及文屏镇、小寨乡、桃源乡0.05万公顷,投资800万元,其中财政投资668万元。国家重点产业化经营项目扶持县长城建安工程有限公司2万头生猪出栏标准化养殖项目,总投资1 600万元,申请财政补贴150万元。申报项目通过国家农发办审核,获国家重点产业化项目扶持。

【推进新农村建设】 2009年,县农开办在抓好上级批复的主要建设工作的同时,积极与"一事一议"和相关部门进行项目或资金整合,有效推进全县新农村建设。一是投资22.8万元与"一事一议"整合资金建设月牙井机耕路802.1米;建设聂家沟蓄水能力200立方米龙潭1座,岩洞蓄水能力700立方米龙潭1座,解决1 240户4 960人生产饮用水问题。二是投资71.94万元完成管道埋设13 440米,解决文屏、小寨1 862户8 379人生活饮用水问题。三是完成小寨乡大坪村坝塘片区218户1 090间房屋瓦顶改造。四是筹资26万元配合规格化间套种省级高产创建样板建设,修复长山寨老沟渠3千米,清淤水池25座,采购生物有机肥27吨交农业局配合样板项目建设。

【加强宣传工作】 2009年,县农开办通过有线电视渠道向社会发布农业综合开发项目申报、工程招标、工程建设和领导调研等信息,并及时向《昭通日报》和县财政局报送工作信息及工作通讯9期,其中1期关于农业综合开发促进现代农业发展取得成效的专题报道发表在11月20日昭通日报。

【农业基础设施建设得到明显改善】 2009年,县项目区水利设施配套不完善,原有水利设施年久失修,严重制约农业生产发展。通过调研,采取因地制宜、分类规划、人性化设计等方法实施集中连片、规模开发,各项目区农业基础设施明显改善,初步达到集约化、标准化、产业化、水利化、机械化、科技化发展要求,文屏镇马鹿沟等项目区已成为全县现代农业的示范工程。

【提高农业技术科技含量】 2009年,县农开办把握良种推广和科技扶持这个关键,集中实施土壤改良200公顷和科技示范推广266.67公顷,有效提高示范区农业科技含量。

【产业优势得到进一步加强】 2009年,县农开办申报重点产业化2万头生猪出栏标准化养殖项目得到国家批准立项扶持。项目进入建设阶段,项目实施后,将有效推动全县生猪养殖产业的快速、健康发展,项目建设按照"企业+协会+农户"运作模式,创新扶持思路,带动农民增收致富。

【探索现代农业示范建设成效明显】 2009年,县农开办通过2008年度土地治理项目实施,项目区实现年新增粮食总产量60万千克,新增蔬菜160万千克,农民纯收入增加总额达540万元。与非项目区相比,项目区公顷增粮食达825千克,折合人民币公顷增收18 675元;每公顷增产蔬菜2 610千克,折合人民币公顷增收2 085元;其他农产品每公顷比非项目区增产870千克。文屏镇项目区苹果种植面积增加到80公顷,实施老果园改造20余公顷,基本实现优质品种覆盖率90%的目标。特别是砚池山苹果协会在现代农业建设探索中取得成效。年内,协会组织流转2公顷土地种植大甜辣椒,收获鲜辣椒56 296千克，公顷产量28 147.5千克，协会与收购商按合同规定价2.6元/千克交售，公顷销售收入73 200元，实现销售收入14.64万元。每公顷辣椒生产成本需要7 650元，除去生产成本和采收期间工时等费用，参与土地流转的群众每公顷土地分得红利2.16万元。辣椒成熟采收期间，当地群众组织采收队给协会打工，参与辣椒采收，采收工人工时费平均每人每天110元。实现协会、经销商、群众三者互利共赢的可观效益。

（县农开办工作总结）

工矿业乡镇企业

工业园区管委会

【机构人员】 2009年12月25日，昭通市鲁甸工业园区管委会挂牌成立，为副处级单位。根据鲁机编文件，机构性质为行政，核定编制24名，其中工勤人员编制3名。内设综合办、建设办、规划办、招商办4个科室，下设环保分局、安监分局、国土分局、公安分局等4个派出机构。园区管委会有干部职工9名。

党委书记

余朝明　男　汉族　鲁甸人　2009年8月任

主　任

马　良　男　回族　鲁甸人　2009年8月任

副主任

张国泽　男　汉族　鲁甸人　2009年11月任

项目规划办副主任

蒋开谋　男　汉族　鲁甸人　2009年11月任

项目招商办副主任

聂诗海　男　汉族　鲁甸人　2009年11月任

【园区管委会挂牌成立】 2009年12月25日，鲁甸工业园区管委会在县财政局大院内举行成立暨挂牌授印仪式，市经委副主任张林、县委书记江先奎、县人民政府县长保剑及县四套班子领导、县直有关部门的负责人及各企业的厂长、经理100余人出席仪式。

【园区简介】 2009年，鲁甸工业园区占地13.33平方千米，园区是市政府确定的市级重点工业园区，布局以县城为轴心的一园两区（鲁甸工业园区；茨院工业片区和桃源工业片区）布局，形成两翼齐飞之势。茨院工业片区占地7.29平方千米，桃源工业片区占地6.04平方千米。园区发展以“五大重点产业”，即：能源、矿冶、化工、建材和农特产品加工业，以“强、大、精”发展和“生态化”可持续发展。全县有工业企业55户，规模以上13户，实现工业总产值15.6亿元，同比增长34.8%；园区内工业企业全年完成总产值6.6亿元，增加值1.92亿元，占全县工业总产值的42%；初步形成以矿冶、重化工、建材、农特产品加工为主体的产业集群。加快“矿电结合”步伐，积极培育和壮大化工、能源、建材、矿冶和农特产品加工产业，加快转变经济发展方式，增强工业经济的稳定性和协调性，促进工业经济可持续发展。

【茨院工业片区】 2009年，茨院工业片区规划占地7.29平方千米，属鲁甸工业园区综合性工业片区，主导产业以矿冶、化工及配套加工业、农特产品加工业、手工制作业为主，交通优势明显。2011年6月“昭鲁快捷通道”全线贯通后距昭通市仅11千米。茨院工业片区控制性详细规划工作于2009年8月通过市级评审，园区环境影响评价工作于12月通过市级评审。建成茨院工业片区110kv变电站1座。入园企业主要有：昊龙集团年产60万吨水泥厂、昊龙集团兴煜公司、昆华化工、云南理世实业有限公司、云香食品有限公司、鑫辉农产品开发有限公司、云南宏盛铁塔有限公司、同鑫桐油有限责任公司、茨院五金厂等13户企业。

【桃源工业片区】 2009年，桃源工业片区总规划占地面积6.04平方千米，属鲁甸工业园区综合性工业片区，主导产业以化工、新型建材、电石、电子科技、矿冶及下游产业配套生产业为主。距昆水高速路入口16千米，交通优势明显，园区内水电路全部到位，场地基本实现“三通一平”。可研、总规修编工作2009年9月完成，县城至桃源工业片区7千米道路完工，基础设施建设累计完成3 000万元。入园企业有：云南万隆化工（年产20万吨硫酸厂、20万吨锌锫烧、年产20万吨磷酸氢钙项目）、云南合力编织袋有限公司（年产2亿条编织袋）、昭通亿城建材有限公司等7户企业。

（聂诗海）

工　业

【工业发展概况】 2009年，全县工业固定资产投资完成17 372万元，占市下达15 000万元目标任务的115.8%；占县下达24 510万元目标任务的70.9%。全县规模以上12户工业企业，实现增加值44 984万元，同比增长8.8%，占市政府责任目标56 000万元的80.3%；完成主营业务收入72 812万元，同比下降23.5%，占市政府责任目标125 000万元的58.3%；完成利税总额12 523万元，同比增长23.4%，占市政府责任目标20 000万元的62.6%；实现利润3 862万元，同比增长272.8%，占市责任目标9 500万元的40.6%。亏损企业3户，亏损额4 324万元，其中兴煜公司亏损2 044万元、红石岩电站亏损2 114万元、八宝矿业亏损166万元。

（县经贸局工作总结）

电　力

【机构人员】 2009年，鲁甸供电有限责任公司下设办公室、党群工作部、人事部、财经部、生产技术部、规划建设部、安监室、电力营销部、调度室9个职能管理部门。下属5个供电所、5座35千伏变电站；另有1个股份制独立核算企业鲁甸三鸣联发有限责任公司，1个多经公司昱新电能有限责任公司。有员工351名，其中在职274名，内退37名，退休40名。具有专业技术职称56名，其中中级职称8名，助工、助师、员级职称48名。

公司董事长

宋德计　男　汉族　永善人

公司总经理、总支书记

桂　星　男　回族　鲁甸人

副总经理

黄世平　男　汉族　永善人

吴　勇　男　汉族　鲁甸人

党总支副书记

张永华　男　汉族　镇雄人

工会主席

何开东　男　汉族　鲁甸人

总经理助理

杨朝伟　男　回族　鲁甸人　2007年8月任

【生产经营工作】 2009年，鲁甸供电公司完成供电量17 701.36万千瓦时，同比下降13.92%；完成售电量16 676.44万千瓦时，下降12.17%；综合线损率5.79%，下降24.53%；电费回收率104.6%，下降2.57个百分点；销售收入8 332.84万元，下降15.83%；实现利润总额197.62万元；上交税金721.2万元，上升4.07%；综合电压合格率90.70%，上升1%；综合供电可靠率96.67%，上升0.602个百分点。

【安全生产工作】 2009年，鲁甸供电公司始终把安全生产作为企业生存的首要工作，牢固树立安全意识。一是认真组织学习省公司、昭通供电局2009年安全生产工作会议精神及安全生产百日隐患排查治理等文件精神，组织学习和分析省公司、昭通供电局2009年事故快报，结合实际，制定防范措施，确保全年安全生产工作有序开展。二是组织召开2009年安全生产工作会议。与各生产部门签订安全生产目标管理责任书。三是修订《风险抵押金实施细则》，按照五项基础管理达标要求开展工作；同时，继续开展风险抵押金制。四是认真抓好施工现场安全管理工作，确保各项工程的顺利开展。五是认真做好安全人员培训工作。六是抓好春秋季安全大检查工作，对存在问题及时反馈并下发整改通知书。七是认真组织全体干部员工参加百分制安规考试。参考287人，42人不合格，合格率87%，对不合格人员进行再培训、补考，最后合格率100%。八是进一步抓好“两票”管理工作。全年执行两票1 910份，合格1 865份，不合格45份，合格率97.70%。全年除冰凌灾害造成35kV、10kV输电线路倒杆12处、断线26处，变台受损4台次，输电线路一类障碍10次外，未发生人身重伤事故及死亡事故、负同等及以上责任生产性交通事故、直接经济损失3万元及以上一般火灾事故、恶性误操作事故、一般电气误操作事故、外来施工单位造成的恶性误操作事故、电气误操作事故及其他有责任的电网、设备事故和违反调度纪律造成恶劣影响的事件。

【营销工作】 2009年，鲁甸供电公司营销工作紧紧围绕年初签订的生产目标开展工作。一是按照省公司和昭通供电局安排，组织完成“营销标准化”本地化修编工作。二是组织召开公司2009年营销工作会议，安排部署2009年营销工作。三是组织对辖区内配电变压器清理工作，完成相关台账整理、更新、完善工作，进一步明确专变产权归属。四是根据昭通供电局“营销信息一体化”上线工作要求，完成新系统数据录入、核对、试算费工作，对业扩、收费环节操作员进行培训。五是公司监察审计室开展电费和客户停电管理专项稽查等活动，对各供电所和客户中心行风纠风和供电服务、电费电价执行情况进行检查，发现问题当场下发整改通知书，责令整改。六是积极开展用电宣传工作，先后在新街乡和梭山乡开展“安全用电”等活动，发放宣传资料6 000余份。七是组织召开年度行风监督委员会暨客户关系委员会，加强客户联系与沟通，促进公司营销工作，对改进服务模式起到良好推动作用。八是制定国庆保供电方案和紧急预案等，圆满完成国庆期间保供电工作。

【电网建设】 2009年，全县国债第一批投资计划300万元，涉及新街乡酒房村，架设10kV线路7.76km，400V及以下线路23.1km，安装10kV变台8台，容量840kVA，改造户表850户。已竣工投入使用。新增中央预算内投资800万元，涉及龙树乡塘房村和新街乡新街村，架设10kV线路26.51km，400V及以下线路110.09km，安装10kV配电变台32台，容量3 395kVA，改造户表3 171户。已竣工投入使用。第三批扩大内需中央预算内投资1 500万元，涉及小寨乡小寨村、梨园村、大坪村、赵家海村，架设10kV线路64.06km，400V及以下线路247.64km，10kV配电变台60台，容量6 645kVA，改造户表4 822户。已架设10kV线路57.81km，400V及以下线路200.77km，安装10kV变台17台，户表改造1 838户。无电人口通电工程总投资380万元，涉及江底乡坡脚村、洗洋塘村，架设10kV线路总长18.92km，400V及以下线路66.37km，安装10kV变台16台，总容量1 450kVA，户表改造1 413户，已竣工投入使用。35kV水磨至新街输电线路，投资450万元；35kV龙头山至铁厂输电线路，投资540万元，两条输电线路已完工。

【供电所工程】 2009年，铁厂供电所总投资99万元，新街供电所总投资91万元，两所于8月动工。

【打击涉电违法犯罪工作】 2009年，鲁甸供电公司加强打击涉电违法犯罪工作，加大宣传教育力度。综治维稳宣传月活动和安全宣传月活动中，先后开展12次涉电法律法规宣传，发放安全用电知识小册子1.8万本，张贴《电力设备保护条例宣传画》2 100张，张贴县公安局、供电公司《通告》570张，发放《电力设施保护条例》宣传扑克1 000余副，与101户废旧金属收购业主签订《鲁甸县公安局禁止收购电力废旧金属责任状》。通过宣传，有效遏制涉电违法犯罪案件发生，为全县工农业正常提供良好的用电环境。

【学习实践科学发展观活动】 2009年3月，鲁甸供电公司开展深入学习实践科学发展观活动，严格按照省公司和昭通供电局的安排和部署，紧紧围绕“党员干部受教育、科学发展上水平、人民群众得实惠”的总体要求。一是成立领导机构和工作机构。公司成立以总支书记为组长，总支副书记为副组长，其他领导班子为成员的活动领导小组，办公室下设综合组、督导组和新闻组3个工作组，负责全面工作。二是组织召开全体党员和班组长以上人员参加的动员大会，达到广泛宣传，全体动员的效果。三是制定《活动方案》、《推进计划》和领导班子调研方案，严格按照活动方案和推进计划完成每项任务。四是认真完成“四个一”活动。3月27日，公司党总支邀请县委党校校长到公司进行科学发展观专题辅导讲座，进一步提高广大党员对科学发展观新的认识与理解。五是认真组织解放思想大讨论活动，使全体党员干部达到思想上大提升、作风上大转变、工作上大进步。六是深入基层开展调研工作。公司领导班子和各支部领导深入到各站、所及部分村组调研，查找存在问题和困难。通过调研，有的问题得到及时解决，对难以解决的问题，经认真仔细研究，逐一加以解决。根据调研方案，公司领导班子和部室主任认真写出调研报告。七是认真抓好整改落实阶段各项工作。

【工会共青团工作】 2009年，供电公司加强工会共青团工作。一是完成工会换届选举工作，组织召开二届一次职工代表大会。二是深入开展学习实践科学发展观活动，以学习促进工会工作。三是加大开展文体活动的力度，丰富职工业余文化生活。积极组织参加昭通供电局举办的“五一”系列活动，“电网杯”职工篮球赛和“乒乓球擂台赛”活动中，分别取得第三名的好成绩。开展庆祝国庆60周年系列活动，举办“庆祝建国60周年系列活动”暨鲁甸供电公司二届一次职工运动会。团支部组织青年团员深入乡镇村组进行“安全用电、科学用电、节约用电”为主题的宣传活动，发放各类宣传资料。5月，开展主题为“倡导绿色生活、拒绝白色污染”“5·4”团日系列活动。

【党建和精神文明工作】 2009年，鲁甸供电公司党建工作以党的十七大精神和“三个代表”重要思想为指导，深入开展学习实践科学发展观、深入贯彻学习网省公司、昭通供电局工作会议精神。规范和完善党组织制度建设，修订《党建责任制考核实施办法》、《党建责任制考核评分标准》、《党建质量管理(三级)分解目标》等党建工作制度。有序规范支部活动，把支部工作纳入规范化、制度化轨道。加大外宣力度，营造良好的舆论环境和氛围。全年在各类媒体发布信息110余篇，在公司办公自动化上发表内宣信息83篇。设计制作反映公司发展和改革的纪录片。通过考察，发展预备党员4名，5名预备党员按期转正。对基层干部德、能、勤、绩、廉方面民主测评，发放民主测评表132份，收回124份，作废7份，弃权1份，收到意见和建议5条。

（鲁甸供电公司工作总结）

乡镇企业

【机构人员】 2009年，县乡镇企业局内设办公室、项目规划股、计划会统股，有职工10人。

局　长

雷文武　男　汉族　鲁甸人

副局长

马胜彪　男　回族　鲁甸人

【乡镇企业经济趋稳回升】 2009年，全县有乡镇企业3 818个，从业人员10 333人，占农村劳动力的4.84%；全县乡镇企业累计增加值6.824亿元，比上年增长15%；营业收入21.741亿元，增长59%；现价总产值22.569亿元，增长41%。实现利润2.82亿元，增长224%；上缴税金1.2亿元，增长11%。全县乡镇企业完成水泥51万吨，比上年增长46%；砖1 866万匹，增长24%；锌精矿7.51万吨，增长615%；土豆片2 930吨，增长25%；磷肥6万吨，增长50%；新增发电量31 186万度。全县乡镇企业完成固定资产投资5亿元，比上年增长127%。

【非公经济各项指标大幅增长】 2009年，全县完成非公经济增加值9.7亿元，比上年增长23.1%，占全县生产总值的51.4%；企业户数211户（个体工商户3 607户），比上年增长43%；从业人员10 333人，增长32%；注册资本金5.95亿元，增长28%；上缴税金1.22亿元，减少11%；社会消费品零售额3.62亿元，增长21.5%。

【认真搞好调查研究】 2009年，县乡镇企业局先后陪同市政府调研组、市政协调研组对非公经济、中小企业、乡镇企业、工业经济等进行检查调研，就发展现状、存在问题、金融危机带来的影响作认真的介绍和汇报，就进一步加快发展提出建议和意见。认真组织和推荐企业参加各种评选表彰活动，提升鲁甸企业和企业家形象。年内，推荐昊龙集团公司及董事长马永升为“云南70名非公企业创业之星、70名非公企业公益之星”，受到省委省政府表彰。

【认真做好宣传工作】 2009年，县乡镇企业局利用各种形式宣传非公经济、乡镇企业经济发展情况和典型，向外宣传展示鲁甸企业的新形象。年内，有2篇稿件被《昭通工业》采用，“鲁甸县非公经济发展思路及对策建议”在2月县七届政协二次会议上作大会发言。

【挂钩扶贫工作】 2009年，乡企局机关主要领导及干部职工先后4次深入挂钩村，与村两委座谈、了解“三农”情况、计生情况、群众生活情况、社会治安情况，共同出主意想办法促发展，尽全力支持两个挂钩村工作经费各8 000元，较好地完成各项工作任务。

（县乡企局工作总结）

交通 邮电

交 通

【机构人员】 2009年,县交通局内设办公室、运输安全股、计划统计股、政策法规股、工程建设股、公路规划设计室、路政大队、地方海事处。下辖县地方公路管理段,上级直管单位运政管理所。有职工67人,其中退离休22人,大专20人,中专16人。

局 长

杨贵勇 男 汉族 鲁甸人 2009年11月止

陈富华 男 汉族 鲁甸人 2009年11月任

党组书记

马洪对 男 回族 鲁甸人

副 局 长

李 灿 男 回族 鲁甸人

杨大润 男 汉族 镇雄人 2009年11月止

阮殿用 男 回族 鲁甸人 2009年11月止

赵 勇 男 汉族 鲁甸人

县地方公路管理段段长

张 焜 男 汉族 鲁甸人 2009年11月任

【油路工程】 2009年,县交通局强势推进农村公路建设。一是沙乐公路,全长32千米,路面工程计划投资2 853万元。完成路基32千米,路缘32千米,基本完成路基调形;完成级配层29.3千米,水稳层29.3千米,沥青层中粒式4cm25.6千米,细粒式2.5cm25.6千米,水泥路面0.4千米,完成投资1 900万元,累计完成投资3 500万元,完成计划投资的122.68%。二是鲁江公路,全长45千米,计划投资3 464万元。完成路基45千米,路缘45千米;完成路面级配层25千米,水稳层11.7千米,沥青层3.3千米,水泥路面8.4千米,水泥预制块已备约150万块,完成投资2 350万元,累计完成4 150万元,完成计划投资的119.8%。三是鲁铅油路大修工程项目下达第一批计划18千米,第二批计划6千米,两批共24千米,计划投资198万元。完成投资195万元,累计完成投资205万元,完成计划投资的103.54%;第三批沙坝至天生桥,全长11.5千米,计划投资680万元,完成投资660万元,占计划投资的97.06%。四是龙梭公路,全长56千米,下达计划45.9千米,计划总投资5 200万元,中央投资1 836万元,省补资金459万元,市补资金459万元,差的资金地方财政配套解决。工程累计完成路面复测28千米,支砌路缘12千米,路基开挖土石方基本完成,3个备料场建设完工投入使用,备料2万立方米,挡墙1 200立方米,累计完成投资3 050万元,占计划投资的58.65%。

【通达工程】 2009年,县交通局下达计划16条120千米,计划总投资2 347.7万元,中央资金1 865万元。完成投资2 346万元,占下达计划的99.93%。一是桃源水库至岔冲5.5千米,计划总投资230万元,泥结碎石路面,路基开挖土石方基本完工,完成投资200万元。二是瓦窑口子至岩洞2.3千米,泥结碎石路面,完成主体工程,计划总投资41万元,累计完成投资34万元。三是下野石至上野石1.1千米,计划投资20万元,泥结碎石路面,完成主体工程,累计完成投资16万元。四是田合至马鞍山4.0千米,计划投资100万元,泥结碎石路面,路基完成3千米,完成投资80万元。五是西门垭口至月亮湾5.0千米,计划投资90万元,泥结碎石路面,路基完成5千米,累计完成投资90万元。六是气象站至岔湾4.0千米,计划投资100万元,泥结碎石路面,路基完成4千米,累计完成投资100万元。七是坡脚至洗羊塘9.9千米,计划投资178万元,泥结碎石路面,已完工,累计完成投资178万元。八是一级站至光明12.4千米,计划投资223万元,泥结碎石路面,已完工,累计完成投资230万元。九是古迹垭口至红布29.2千米,计划投资526万元,泥结碎石路面,完成主体工程,累计完成投资500万元。十是凉山河垭口至滴水10.4千米,计划投资187万元,泥结碎石路面,完成主体工程,累计完成投资188万元。十一是阮家院子至拖姑村委会1.1千米,计划总投资20万元,水泥混凝土路面,完成主体工程,累计完成投资41万元。十二是茨院11组至桃源7.6千米,计划投资137万元,泥结碎石路面,完成主体工程,累计完成投资200万元。十三是茨院街至铁家塆4.1千米,计划投资74万元,泥结碎石路面,路基工程完工，累计完成投资64万元。十四是火德红至李家山9.3千米，计划投资167万元，泥结碎石路面，主体工程已完工，累计完成投资170万元。十五是葫芦桥至营盘村委会8.1（拟报4.1）千米，计划投资74万元，泥结碎石路面，已完成主体工程，累计完成投资75万元。十六是石板板至转山包10千米，计划投资180万元，泥结碎石路面，已完工，完成投资180万元。

【小寨整乡推进交通项目建设】 2009年，县交通局根据《小寨整乡推进交通项目建设规划》，重点维修改造沙坝至天生桥公路13千米，光明参观点进场公路4千米和部分村组公路，计划投资1 498万元（含新增人行桥20万元），完成投资1 267.62万元，占计划的86.94%。

【自筹交通项目】 2009年，县交通局自筹交通项目5个63.2千米，完成投资641万元。一是梭山至荒田30.5千米，计划投资458万元，泥结碎石路面，完成路基30.5千米，泥结碎石路面29千米，累计完成投资454万元。二是光明至鹊落10千米，计划投资100万元，泥结碎石路面，完成主体工程，累计完成投资102万元，年内完成投资12万元。三是查店子至西瓜地8千米，计划投资80万元，泥结碎石路面，完成路基6.5千米，年内完成投资65万元。四是戚家闸至铁家塆12千米，计划投资446万元，累计完成475万元，年内完成投资95万元。五是世纪大道延长线2.7千米，计划投资5 580万元，年内完成投资15万元。

【乡镇客运站点建设】 2009年，小寨客运站计划投资74万元，完成投资74万元，占计划的100%。梭山和乐红两个客运站未启动，桃源和新街两个客运站正争取列项。

【配合开展昭巧公路鲁甸段建设】 2009年，昭巧二级路在鲁甸境内44千米，县交通局除配合做好各项准备工作外。一是设置综合协调办公室，主要领导牵头，抽调精干力量参加并配合设计单位搞好线路选线、踏勘等工作。二是对征地、拆迁、维稳保通等工作尽早宣传发动，确保征地拆迁等工作顺利进行。三是配合环评部门开展环评工作，配合水保部门开展水土保持评定工作，为昭巧公路顺利推进做好前期各项准备工作；四是提前完成昭巧公路鲁甸段测绘放线工作。五是落实昭巧公路建设管理处办公地点，已投入使用。

【运政管理工作】 2009年，县交通局抓好运政管理工作。一是对重点区域专门整治，妥善处理群众投诉、举报事件，圆满完成春运、五四、十一节假日客运工作。二是认真开展节假日道路运输安全专项检查，加强对客运企业、客运车辆、客运站场源头管理，督促道路客运企业加强驾乘人员安全职业教育。节假日期间未发生重大安全事故。三是按照“路、站、运、安一体化”工作要求，积极推广丘北经验，推进农村客运网络化建设。全县91辆中班车、110辆微型车全部统一纳入农村客运公司经营和管理，实行公司化运作。四是理顺驾培市场，进一步规范从业资格证基础工作、档案管理、办事程序、收费标准，建立健全驾校内部管理和规章制度。

【路政管理工作】 2009年，县交通局加强路政管理工作。一是坚持宣传教育为主，处罚为辅原则，按照年初确定的工作目标，积极开展路政管理工作。充分运用公路法律法规保护路产路权，加强公路建筑控制区管理，狠抓超限运输现场管理和源头管理。二是圆满完成辖区路段沿线公路法律法规宣传工作，出动执法人员200人次，执法车辆78台次，发放宣传单9 400份，书写墙体标语1 680平方米，接受宣传2万余人。三是维护路产路权，上路巡查600余人次，上路车辆200余次，清除路障223余次，制止红线控制违法临时建房56起、乱堆乱放210处，开展治理公路“三乱”，明查暗访25次，路政处理案件2起，参与清理塌方10处，协助清扫路面800多平方米。

【养护管理工作】 2009年，县交通局坚持“建设是发展、养护管理也是发展，而且是可持续发展”的观念，强化以人为本、服务至上理念，围绕“畅、安、舒、美”目标，增强公路通行能力、应急能力和服务能力。突出抓好日常全面养护、大中修、水毁预防和抢修工作，全面提升公路通行能力，重点县道优良率达84.58%，乡道优良率54.2%，村道优良率43.06%。全年油路大中修工程完成挖出旧路面12 002.29立方米，软土地基处治8 205.94立方米，铺设集配碎石底基层51 130.09平方米，铺设集配碎石基层62 283.22平方米,铺设透油层15 852.88平方米,铺设沥青混凝土15 797.25平方米;清理边沟52 316米,铲路肩42 305平方米,填补坑塘3 452平方米,清理涵洞7道,清塌方25 679立方米,修复浆砌挡土墙2 113.84立方米,有效保证公路畅通。

【安全生产管理工作】 2009年,县交通局开展安全科普知识宣传,召开"安全生产培训会"3场次,参培510人次。6月14日,利用安全宣传咨询日,大力宣传"安全生产月"活动,悬挂安全生产横幅标语3幅,出动宣传车20车次,发放宣传资料6 200份,图片展览4副88张,报纸138份,张贴标语1 120条,手机短息20条,播放语音录像2 210场次,新闻媒体宣传3场次。认真开展打击"黑车"等非法从事出租汽车经营专项治理活动。出动360人次,检查车辆3 600辆次,查扣非法从事客货物运输经营63辆、无从业资格证人员18人,暂扣违法违规车辆50辆,有效遏制非法营运势头,维护县客运市场秩序和社会治安稳定,"打黑"行动取得初步成效。将公路建设施工、水陆交通安全和综合治理列人重要议事日程,制定年度安全工作责任制,层层签订安全生产责任制书,坚持节假日轮流值班制度,经常深入在建工程现场、车站、渡口安全检查,对查找出的问题及时整改,确保在建工程和辖区内公路、水上及站场安全。一是采取公司内部管理检查和客运车辆在途检查。二是对进站车辆和驾驶人员资质管理排查。三是全面落实GPS车辆运营系统监控平台管理。四是运政部门按照"三关一监督"和"三不进站、五不出站"安全管理原则,对客运企业排查,完善"一车、一人、一档"基础档案管理工作。

【加大反腐倡廉工作力度】 2009年,县交通局党组把党风廉政建设和反腐倡廉工作作为高危行业的头等大事,按照中央、省、市、县纪检监察会议和文件要求,强化组织领导,加强干部职工教育,提高干部职工拒腐防变能力,消除交通高危行业易发腐败的温床。

【开展机关作风建设活动】 2009年,县交通局开展机关作风建设活动。一是加强组织领导,成立以党组书记任组长,分管副局长任副组长的机关作风建设领导组。二是制定工作实施方案下发各股室,明确指导思想、主要内容和基本方法、步骤。活动中,解决部分干部职工中存在上班纪律不严、随意性大和工作作风不实的问题。工作中,接待群众来访20多起,发放宣传册1 000多份,参加省、市组织的各种培训2次,参考28人,合格率100%。

【开展学习实践科学发展观活动】 2009年,县交通局开展学习实践科学发展观活动。一是按照县委学习实践科学发展观活动安排部署,结合《鲁甸县开展第二批深入学习实践科学发展观活动实施方案》,制定《鲁甸县交通局开展第二批深入学习实践科学发展观活动实施方案》,成立以局长任组长,党组书记和副局长任副组长的深入学习实践科学发展观活动领导小组,开展学习实践活动。二是严格按照方案的时间要求,分阶段、步骤开展学习实践活动。第一阶段开好动员会,认真督促落实党员干部写好读书笔记和撰写心得体会文章,收到读书笔记26本,心得体会26篇。第二阶段广泛征求乡镇和各部门的意见建议,写出检查分析报告,在全局党员干部中召开民主生活会,提出整改措施,确保整改效果。第三阶段作认真总结,促进各项工作开展。

(县交通局工作总结)

邮 政

【机构人员】 2009年,县邮政局辖14个分支机构。即龙头山、龙树邮政支局,桃源、大水井、火德红、小寨、乐红、水磨、梭山邮政所和茨院、江底、翠屏、铁厂、新街邮政代办所,县局设局长办、综合部、市场部,生产班组有邮政组、综合营业部、文屏东路支行、文屏储蓄所、茨院储蓄所5个。从业人员由合同工、劳务工组成,其中合同制工人21人,劳务工43人,内退职工4人,退休职工27人。

局长、党支部书记

文泽久 男 汉族 昭阳区人

【超额完成经营任务】 2009年,邮政局完成255.44万元,完成市局下达241.90万元的105.60%。超计划5.6个百分点,超计划绝对值13.54万元。

【函件业务稳定发展】 2009年,邮政局函件类业务发展稳定。邮政贺卡项目10月启动,细分市场和客户,"举全局之力,凝全员之智",充分激发广大员工积极性，创新营销模式，重点公关大客户，全县贺卡收入突破 11 万元。销售科学发展观答题卡 9 000 枚，销售金额 2.25 万元。函件类业务累计完成 19.83 万，完成年计划的 88.15%，与上年相比，增加 4 万元。电子商务和代理业务健康快速发展，实现收入 12.7 万元，除代理票务外，其他业务均以双倍比例增长。邮政储蓄短信业务发展突出，速递短信 4 月 15 日开办，网点开办率达 100%，航空票务 4 月启动电子化网点销售机票业务，实现收入 1 155 元。彩票业务以农村为突破口，实现收入 3 996 元，代收移动话费 5 个网点，为全市网点最少的县局，但收费达 83.55 万元，代理手续费 2.17 万元，全市排名第五位。集邮业务亮点突出，新邮预订超额完成目标任务，实现新邮预订金 15 万元；开发《老师您好》、《我与祖国共成长》、《爱相随》等专题项目 86 个客户 344 版，实现收入 10 320 元；中秋邮品营销项目销售 500 枚，完成市局下达的计划任务。圆满实现报刊大收订计划目标，加强与宣传部门沟通协调，对外合作，实现报刊大收订流转额 131 万元，超额完成指令性计划 3 个百分点。

【速递类业务发展迅速】 2009 年，县邮政局思乡月营销再创佳绩，全体职工热情高昂，短时间内较好完成市局下达的收入计划任务，实现收入 11 万元，取得较好成绩，同时涌现出一批优秀的营销能手，有 3 名职工获得市局奖励。

【金融类业务继续盘大规模】 2009 年，县邮政局在金融危机等不利因素影响下，制定考核办法，充分调动职工积极性，重点业务较上年同期相比有较大增长。实现收入 120.58 万元，超额完成市局下达 117.5 万元的计划任务，同比增幅 13.04%，增长绝对值 13.91 万元。

【各项工作稳步推进】 2009 年 4 月，县邮政局开展第二批深入学习实践科学发展观活动，成立学习实践活动领导小组，按照学习实践活动实施方案，完成实践活动的各项“规定动作”，撰写学习心得体会，圆满完成学习实践活动。按照省局对人事档案管理要求，通过两个多月的努力，对邮政局员工历年的人事档案进行清理归档，为人力资源管理工作提供良好平台。为提升业务窗口服务质量和服务水平，年初制定纪律考核规章制度，对窗口从业人员进行岗位练兵，提高窗口从业人员的综合素质。对未取得技能鉴定资格证的营业员、投递员集中学习培训，在 2010 年内完成全部鉴定工作。扎实开展综治维稳工作、信访工作及安全保卫工作，围绕年初与县综治办签定的责任书，狠抓综治维稳工作。全年没有发生一起资金和人员安全事故、无涉黑涉毒人员。经考核，得 94 分的好成绩。

【扶贫工作】 2009 年，县邮政局领导带队，到挂钩扶贫点实地调研，加强与村干部沟通、了解，为农户送去党的方针政策。帮助解决部分办公经费，改善村委会办公条件。年内，县邮政局申报“省级文明”单位，并顺利通过验收。

（陈大娇）

电 信

【机构人员】 2009 年，县电信分公司内设综合管理部、市场部、维护安装部 3 个部室及综合营业组、综合机务组、社区营销组、缆线维护安装 4 个班组。辖 16 个农话接入网点（营业部）。有在职员工 26 人，招聘工 1 人，离退休员工 28 人，退养 11 人，劳务派遣工 8 人，农村统包员 13 人。

经 理

李昌和 男 汉族 昭阳区人

副经理

祝 捷 男 汉族 昆明人 2009 年 5 月任

【业务收入完成情况】 2009 年，县电信分公司累计完成收入 896.74 万元，超计划 3.79%，绝对值 29 万元。

【主要业务】 2009 年，县电信分公司普通固话发展 890 户，拆机 742 户累计净增 148 户；宽带发展 1 138 户，拆机 280 户，累计净增 858 户；致富通发展 302 部，拆机 397 户，累计净增 -95；小灵通发展 88 户，拆机 382 户，累计净增 -294；CDMA 手机发展 3 524 户，拆机 293 户，累计净增 3 231 户，3G 无线宽带发展 133 户，拆机 9 户，累计净增 124 户。家庭客户品牌 e 家签约累计净增计划 551 户，实际净增完成 703 户，完成率 127.59%，全市排名第四。商务领航提前 1 个月完成任务，任务完成率 328%；风险管控跨越 10 月综合欠费率 5.72%，小于市公司 6% 的指标，全市排名第四。待列账回收率

12.74%。致富通预存完成率41.53%，全市排名第三。转型跨越实现拓展，签定并实施完成“鲁甸平安城市监控系统”、“昊龙大厦综合智能布线系统”、“县人民医院智能系统”。C网增值业务转型，利用天翼对讲功能开发“鲁甸县警民联动系统”，中央、省、市各级媒体广泛报道，起到以点带面的效果。与县烟草公司达成“鲁甸县烟草智能系统”合作意向，向太阳湖小区推荐“智能小区”实施意见。12月，得到市公司成本激励2.6万元。

【双基管理】 2009年，县电信分公司建立和完善机房制度，主要有在县城机房出台班组长职责、值班人员职责、交接班制度、值班制度、包机责任制度、入室登记制度、安全生产管理办法、保密制度、值班人员岗位职责。在农村机房完善外包员职责、入室登记制度、安全生产管理办法、保密制度、外包员考核办法。完善部分应急预案流程，有设备障碍处理流程图和机房灭火流程图等。逐步完善设备电路资料档案记录。主要有机房巡视记录、油机试启动记录、各专业作业计划、数据备份、资料更新记录，在农村接入点机房完善中继方式图、机房平面图、交直流供电系统图(含地线)、设备基础数据记录、统包员工作日志、设备巡视与拨打测试记录、蓄电池组测试记录、硬件电路板更换记录、障碍处理记录表、MDF配线资料、油料领用与使用情况记录、发电记录。

【财务工作】 2009年，县电信分公司加强会计基础工作、成本费用管理。一是认真执行《会计法》，按市公司要求，规范财务软件使用、规范记账凭证编制，严格对原始凭证的合理性进行审核，建立会计档案管理等。对所有成本费用按部门、项目归集分类上报，月底将共同费用分摊结转，体现部门效益，严格将各项成本费用管控在市公司预算内。二是实行严格费用预算管理，使公司有限的资源发挥最大效益。网络部83.82%，市场部58.08%，综合部67.98%，完成全年平均预算69.96%。市场部费用较2007年同期有所增长，主要是对公司“商务领航、我的E家、尊享E8、”等品牌业务的推广做了大量的宣传，增加营销成本。三是严格执行节能降耗相关措施，网络部、综合部成本较上年同期有所下降，对动力费、电费、修理费、工时费建立完善有效的管理制度，强化各项费用真实性管理，节约了成本。综合部对车辆实行了油单制用油、招待费做到了除业务用餐在外招待客户，其他接待在公司食堂用餐，大大的减少了招待费的开支。按规定时间编制市公司需要的各种类型的报表，及时申报各项税金，在省公司内部审计中积极配合相关人员工作。

【农村业务外包工作】 2009年，县电信分公司坚定不移地贯彻落实市公司各项措施，及早对各统包员进行讲解，领会省市公司精神，按市公司时间要求平稳实现农村业务外包工作。

【内强素质 外塑形象】 2009年，县电信分公司按市公司要求，把经营维护和“内强素质、外塑形象”工作有机结合，统一安排推进。一是认真理解市公司工作要求，动员广大干部员工开展大讨论，准确查找鲁甸公司“毛病”。对电缆进线室进行彻底整治、搭建电缆简易库房、整治所有农村机房配线架、完成大部分乡镇营业网点电信形象标识建设。二是员工对“内强素质、外塑形象”工作的理解和认识，县公司按市公司要求，及时组织讨论。通过思想沟通交流，员工逐步对内强素质外塑形象工作达到了发自内心的理解和支持。三是“内强素质、外塑形象”工作不断细化、制度化、标准化。四是“内强素质、外塑形象”促进县公司经营维护工作迅速发展。使得客户经理在外与客户沟通交流更有利，发展业务和欠费追缴工作比以前更好开展。五是“内强素质、外塑形象”得到省市公司各级领导的关心、帮助、指导。年内，省公司总经理赵俊达、省公司财务部总经理普燕玲、市公司总经理徐素等领导现场指导，使得工作能顺利开展。六是抓实安全生产和保密工作。定期开展员工安全生产和保密教育培训工作，与员工签订安全生产责任书、保密责任书。电缆防盗工作采取灵活多样的方式，干部员工分组设防，防止公司财产损失。未发生安全事故。

（县电信分公司工作总结）

移动通信

【机构人员】 2008年，县移动分公司内下设营业厅、集客组、渠道组和网络组。有员工32人。

经　理

陈智敏　女　汉族　昭阳区人　2009年11月止

王鹏飞　男　汉族　鲁甸人　2009年11月任

经理助理

李绍玲 女 白族 鲁甸人

【主要经营指标完成情况】 2009年，县移动分公司净增客户2万户，与上年累计净增客户数1.1万户相比，净增客户数累计增长55%；移动客户8.5万户，与上年末客户6万户相比，用户规模年内增长41.6%，完成年计划的103%，普及率22.5%。全年业务收入完成4 000万，完成年计划进度的87.5%。

【网站建设维护工作】 2009年，县移动分公司完成新建站45个，其中宏站33个，微站12个，全部开通，全县在网基站达133个，其中直放站2个，村委会网络覆盖达100%，移动信号覆盖各乡镇和大部分村及公路沿线。网络维护做好网络优化，督促两家代维公司做好日常维护管理工作和安全检查。年初冰冻抢险出车30余次，出动50余人次，及时排除通讯故障，保证基站正常运行。

【市场营销】 2009年，县移动分公司按照中国移动集团公司及云南省公司要求，开展"便捷服务、满意100"活动，推行6项便捷服务举措。分别为"资费套餐量身优选"、"异地交费随时随地"、"电子渠道以指代步"、"积分兑换足不出户"、"G3业务无障碍办理"、"垃圾信息自主屏蔽"。通过服务措施，客户享受到更加方便、更加快捷的移动通信服务。年内，针对不同客户的消费习惯和类型，开展预存话费送手机、加油卡、话费、购物券等营销活动；针对节假日开展"刮刮卡"、"金秋感师恩，存话费送话费"、"情暖中秋，同享华诞"等营销活动，增添节日气氛；面向农村客户开展"预存话费送农资物品"、"手机下乡"等实惠老百姓的营销活动；针对学生用户开展"打多少送多少"、"校园迎新"系列等营销活动；实实在在回馈广大中国移动客户。3.15期间，开展客户投诉处理工作，加强对投诉热点、焦点问题的解决；5月16、17日，在文化广场开展鲁甸移动"2009年5.17电信日"宣传活动。开展以"助力平安鲁甸建设，与您共筑和谐社会"为主题的"爱心保险"活动，只要是鲁甸移动客户，都购买并办理1份中国人寿保险公司鲁甸分公司承保的人身意外事故伤残和意外医疗保险，根据品牌和入网时间，保额分别在5 000～50 000元之间。11月1日起，客户直拨国际长途执行一费制计费，客户直拨国际及台港澳长途时，不再加收本地基本通话费或漫游费。强化"电子渠道"推广，通过网上营业厅、电话营业厅、短信营业厅、手机营业厅、掌上营业厅功能的不断强化，优质服务和业务遍及全县乡镇、村和大部分自然村。

【强化管理】 2009年，县移动分公司为实现企业价值和员工价值同步提升，全面推行绩效管理和考核，公平、公正、客观评价员工，加强团队协作精神。以"平安移动"为核心，重视安全生产，强化员工安全责任意识，全年未发生重大安全事故。

（鲁甸移动分公司工作总结）

联 通

【机构人员】 2009年，中国联合网络通信有限公司鲁甸县分公司有员工8人。下设综合部、营销服务部。

总经理

郭兴吉 男 汉族 鲁甸人 2009年1月任

【经营概况】 2009年，鲁甸分公司营业收入180万元。有合作营业厅9家，IP超市4家，收入较上年下降。全年无重大安全事故，无重大通信及信息安全事故、故障，无恶性负面曝光事件和重大服务事故，无违反内控制度或执行存在重大缺陷，无违法、违纪、违规案件，无违反通信主管部门有关规定；物资管理规定无严重问题；关键支撑系统信息数据管理工作无严重问题。

【加强思想工作】 2009年，鲁甸分公司辞职2人，在岗员工思想情绪波动较大，公司利用学习、做业务等活动进行稳定，通过各种方式将员工的思想集中统一，组织学习相关文件，让员工认清形势，以发展公司为荣、为已任，通过公司发展提高个人待遇，实现自身价值。

【做好代销商工作】 2009年，鲁甸分公司遵照市公司策略，全力推进代销商发展、管理工作，新建小寨、月亮湾、铁厂业务代办点，建新街、照壁、火德红、江底、县城西门业务代办点和小广场超然合作营业厅，逐步实现全县各乡镇设立服务网点。组织人员对网点按机站分布情况专门维护、管理、引导，帮助发展业务，在集镇发展零散代销点（户），达到每站设点服务的目标。

【提高服务形象】 2009年,鲁甸分公司树立"公司即家,我为我家"的思想理念,通过学习提高员工业务素质。针对员工业务不熟、人员不足的实际,按照公司要求强化营业厅管理,努力提高服务形象。

【全力发展市场、维系用户】 2009年,鲁甸分公司市场发展走入低谷,采取从乡村入手,通过回访、沟通稳定用户,利用亲情、人情、热情、诚挚的服务感情稳定、发展用户,建好联盟商家。年内,全面贯彻市分市场策略,全面实施SIM卡批销、资费套餐调整、"真情在沃"回馈活动,与卓联公司合作在县城小广场和茨院乡开展"预存话费送手机(礼品)"促销活动、积分送礼活动、家电下乡活动、预存话费送保险、5.17电信日等市场促销、客户维系活动。

【搞好基站建设】 2009年,鲁甸分公司数据专管人员两度辞职换人,岗位空缺。县分公司仍协助市分建维部做好大坪子、县城9个3G(其中7个新建)基站建设协调工作,做好2009年度基站执照检审工作和清查核实工作,通过分片分人及时反馈基站运行状况工作,确保网络运行支撑。

【做好客户维系工作】 2009年,鲁甸分公司按照市公司安排,确定1名专职人员按时发放客户会员卡,定期、不定期电话、上门对集团用户(特别是高端用户)进行回访。回访中,向用户宣传新政策,演示新业务,促销新方案,认真听取、收集用户意见、建议,帮助用户解决各种业务难题,拓宽沟通面。专人每月按时向集团、用户收取付费,确保公司收入及时入账。专人负责将集团核心资料录入系统,并作好集团关键人回访工作,确保用户满意度85%以上和中、高端用户保有率70%以上目标的实现。

【加强内部管理】 2009年,鲁甸分公司在市分公司帮助下,进行财务清理、核查工作,保证财务工作正常运行。工作中,严格执行财务制度,确保资金安全。成立安全生产领导小组,专人专职,杜绝安全隐患,顺利通过安全生产检查,确保安全性。加强内部考勤、考核管理。利用周会及时组织员工学习文件,贯彻政策、策略,按时与员工签订劳动合同,用公司制度管理员工,规范员工行为。

(鲁甸联通分公司工作总结)

发改　建设　环保

发 改

【机构人员】 2009年,县发改局内设办公室、综合股、农村经济发展股、工交商贸股、社会股、环境资源股、西开办、地区经济发展股、能源股、价格收费管理股、价格监督检查所、价格认证中心12个职能股室。加挂县国防动员委员会经济动员办公室。有干部职工27人,退休2人。

党组副书记、局长

代建敏　男　回族　浙江镇海人

党组书记、副局长

何　帆　男　汉族　昭阳区人

副局长

马殿补　男　回族　鲁甸人

李玉碧　男　汉族　鲁甸人

陈智平　男　汉族　鲁甸人

【加强对经济运行形势分析】 2009年,县发改局认真组织编写《鲁甸县2008年国民经济和社会发展计划执行情况与2009年国民经济和社会发展计划》,并在县人代会上审议通过。报告对2008年国民经济和社会发展计划执行情况作了系统、客观、科学的分析,根据县委七届七次全体会议精神和做好2009年经济工作的总体要求,提出全县国民经济和社会发展的主要目标是:全县生产总值实现18.9亿元,增长12%;全社会固定资产投资完成15.1亿元,增长20%;地方财政一般预算收入完成1.08亿元,增长15%;社会消费品零售总额完成4亿元,增长12%;城镇居民人均可支配收入达到10 875元,增长10%;农民人均纯收入达到2 290元,增长15%;城镇登记失业率控制在4.5%以内;人口自然增长率控制在8.5‰以内;万元GDP能耗下降3.9%。

【资金争取情况】 2009年,县发改局争取到上级扩大内需投资项目19个，下达资金计划16 763.05万元，其中中央资金13 885.80万元，省配套资金2 667.25万元。分别是：龙树至梭山农村公路改造2 295万元，县人民医院综合楼建设2 250万元，城市生活垃圾处理工程1 875万元，城市污水处理及配套管网建设1 491万元，中西部地区农网完善工程610万元，廉租住房建设842万元，农村饮水安全1 645.77万元，职中建设300万元，农村能源建设1 066.65万元，猫鼻子水库东干渠防渗工程543.05万元，新街、梭山、龙头山、龙树、桃源5个乡（镇）卫生院建设项目372万元，县城供水工程860万元，高稳产农田建设项目100万元，天然林保护工程970.7万元，水土保持项目105万元，动物防疫站体系建设项目95.88万元，梭山中坝片区农村小型基础设施建设项目215万元，石漠化综合治理工程项目886万元，桃源、小寨、水磨等8乡镇文化站建设项目240万元。另有8个非中央扩大内需项目，总投资6 196万元，分别是：南筐片区小型基础设施建设项目466万元，检察院建设项目中央补助资金100万元，公安基础设施建设项目（看守所）中央补助资金100万元，公安基础设施建设项目（派出所）中央补助资金48.2万元，基层司法所建设项目中央补助资金15.8万元，基层人民法庭建设项目中央补助资金66万元，滴水海子水库建设1 000万元，教育“普九”基础设施建设项目4 400万元。年内，鲁甸被列为全省新增4个长江上中游水土保持重点防治工程项目县之一，2009年计划投资500万元，2010年计划投资1 000万元，主要用于文屏山公园和小寨乡小流域治理。

【项目上报情况】 2009年，县发改局编制上报2009、2010年项目114个，计划总投资315 426.3万元。其中2009年项目48个，计划总投资69 072.97万元，2010年项目66个，计划总投资246 413.3万元。2009年项目：龙树至新街15千米油路建设项目，计划投资1 305.65万元；小寨至铁厂31千米油路建项目，计划投资2 614.8万元；县公安局综合业务用房建设项目，计划投资1 689.29万元；公安局行政拘留所建设项目，计划投资392.75万元；云香三条流水线生产贴息项目；理世公司土豆片和牛肉制品生产贴息项目；5 000平方米廉租房建设项目，计划投资600万元；龙乐线（龙头山变－乐红变）输变电线路工程，计划投资391万元；35kV桃源、小寨输变电工程，计划投资2 066万元；农村电网完善工程，计划投资2 191.21万元；县城电网新区人工湖片区电缆工程，计划投资714.5万元；无电地区电力建设工程，计划投资2 147万元；石漠化综合治理项目，计划投资660万元；农村安全饮水项目，计划投资1 250万元；400口农村沼气池，计划投资600万元；龙树片区中型灌区项目，计划投资2 298万元；下官山水库建设，计划投资9 065万元；生猪标准化规模养殖场（小区）建设项目，计划投资282万元；天然林资源保护工程公益林建设项目，计划投资1 547万元；巩固退耕还林成果项目，计划投资556万元；林业产业特色经济林基地建设项目，计划投资8 000万元；小流域综合治理项目，计划投资230万元；巩固退耕还林成果基本口粮田建设，计划投资235万元；卫生监督所建设项目，计划投资272万元；桃源乡中心卫生院建设项目，计划投资408万元；县妇幼保健站建设项目，计划投资407万元；社区卫生服务中心业务用房建设及设备配置项目，计划投资372万元；中小校舍维修改造项目，计划投资1 500万元；第二期农村寄宿制学校建设项目，计划投资10 000万元；特殊学校建设项目，计划投资860万元；县中心敬老院建设项目，计划投资420万元；殡仪馆建设项目，计划投资1 200万元；农村劳动力转移培训中心，计划投资745万元；农村无线数字广播电视覆盖工程，计划投资385万元；计生服务所建设项目，计划投资90万元；小寨乡梨园安置工程，计划投资275万元；水磨镇营地安置工程，计划投资275万元；火德红瓦窑坡易地搬迁项目，计划投资495万元；新街片区小流域治理工程，计划投资483万元；图书馆建设项目，计划投资360万元；城市生活垃圾处理工程，计划投资3 410.94万元；县城供水水源工程，计划投资3 750.18万元；龙头山人饮工程，计划投资1 330万元；检察技侦综合楼项目，计划投资745万元；茨院、龙头山法庭建设项目，计划投资120万元；龙树，桃源司法所建设项目，计划投资35.8万元；看守所建设项目，计划投资1 562.85万元；水磨、龙头山、梭山派出所建设项目，计划投资736万元。

【加快推进投融资体制改革】 2009年，县发改局按照省市部署和要求，在国家宏观调控下更好地发挥市场机制对经济活动的调节作用，确立企业投资主体地位，规范政府投资行为，逐步建立投资主体自主决策、银行独立审贷、融资方式多样、中介服务规范、宏观调控有效的新型投融资体制,把投资宏观管理重点转到优化投资结构和产业结构,搞好重大项目布局,防止重复建设,提高投资效益上来。进一步缩小投资审批范围,对企业使用非政府投资建设符合国家产业政策、非重大项目和非限制类项目逐步实行登记、备案制。对必须经行政审批的投资项目减少审批环节,规范审批程序,设定审批时限,提高审批效率和透明度。建立政府投资项目后评价制度和监督机制,完善投资审批责任制。共审批基建计划39个,总投资12 395.12万元,立项5个,计划投资13 987.14万元;办理工业备案项目9个,总投资32 477万元。

【认真研究国家产业政策】 2009年,县发改局围绕国家产业政策和投资导向,积极搞好调查研究,做好项目筛选和储备工作,树立“大项目带动大建设,大建设带动大发展,抓项目就是抓投资”的理念,重点做好项目储备工作。以能源、矿业、交通、水利为重点,兼顾农业和社会事业发展,形成一批具有较高质量和发展潜力的项目,适时上报争取立项投资建设。进一步强化项目前期工作,积极帮助业主申报项目,争取早备案、早核准、早开工建设,努力扩大固定资产投资。年内,从原储备127个项目中筛选出项目53个作为2010年重点争取项目,总投资203 301.68万元,其中能源项目4个,总投资30 032.9万元;交通项目5个,总投资107 015万元;农、林、水项目20个,总投资39 814万元;城镇基础设施类项目8个,总投资7 002.38万元;社会事业类项目16个,总投资19 437.4万元。

【全力抓好固定资产投资工作】 2009年,县发改局根据全市固定资产投资工作会议精神,为确保市政府下达全县固定资产完成投资15.1亿元,同比增长15.69%,力争完成投资15.6亿元,同比增长19.52%的任务目标。多次与各部门、各行业、业主对接确认,经过认真清理分析和全方位的盘算,确定2009年确保目标任务完成的重点支撑项目96个,计划投资156 907万元。其中在建项目28个,计划投资74 376万元;新开工项目68个,计划投资82 531万元;能源项目7个,计划投资50 270万元;工业项目14个,计划投资24 510万元;交通项目7个,计划投资11 206万元;农林水及扶贫项目30个,计划投资15 851万元;城镇基础设施项目22个,计划投资38 525万元;社会事业14个,计划投资11 545万元;其他项目2个,计划投资5 000万元。年末,全县完成固定资产投资15.7亿元,完成目标任务15.1亿元的100.6%。其中能源项目完成5.2亿元,完成计划的103.6%;工业项目完成2.54亿元,完成计划的103.8%;交通项目完成1.13亿元,完成计划的101%;城镇基础设施项目完成3.8亿元,完成计划的101%;农林水及扶贫项目完成1.74亿元,完成计划的108.5%;社会事业项目完成1.28亿元,完成计划的110.6%。

【全力做好招商引资工作】 2009年,县发改局及时了解投资政策和导向,减化项目审批程序,制定优惠政策,对投资前景好的项目,积极提供信息服务。在昆明第17届进出口商品交易会上成功签约项目5个,协议为29.22亿元。分别是:总投资16亿元的拖麻铝土矿综合开发项目;总投资3亿元的太阳湖综合开发项目;总投资2 200万元的油菜基地建设及精深加工项目;总投资3.5亿元的县城配套工程综合开发利用项目;总投资6.5亿元的镁、银多金属资源综合开发利用项目。

【物价工作】 2009年,县发改局充分发挥价格工作职能,加强价格基础工作,提高依法行政水平,大力整顿和规范价格收费秩序,全力以赴开展煤炭价格、涉农价格、药品和医疗服务价格、教育收费等专项检查和市场明码标价检查工作,积极应对价格异常波动情况,实行价格监测制度。

【价格检查】 2009年,县发改局加强价格检查工作。一是春运期间对全县客运票价进行价格监督及检查,确保全县客运价格稳定。二是春节期间对全县各大超市及农贸市场进行明码标价检查。三是参与县医保中心组织的全县医保年检,重点检查乡镇8个卫生院及县城县医院、中医院、防疫站、保健院。四是涉农收费检查。通过对民政局、环保局、工商局、畜牧局、建设局等单位收费情况进行检查,重点检查涉及农民生产、生活的各类收费,各单位对减免的收费已停止收费,没有乱收费、提高标准收费、自立收费项目情况。五是对医疗机构进行服务和机械辅助治疗收费专项检查。六是充分发挥“12358”价格举报电话的作用,加大“12358”价格举报电话的宣传,安排专人值班,密切关注市场供求和价格变化,对可能引发价格异常波动苗头性问题采取应对措施,及时上报相关情况。

【收费管理】 2009年,县发改局加强收费管理。一是认真贯彻落实上级价格政策,建立以市场为主导的化肥价格机制、清开灵等药品最高零售价格、2009年春季中小学教材零售价格、成品油价格、取消客运附加费及实施油运价格联动、调整二氧化硫和化学需氧量排污费征收标准和新增医疗服务项目试行价格等进行贯彻落实。二是切实加强价格监测调查和预警预报工作。对粮油副食品及燃料等价格进行监测,并实行周报,加强价格监测调查巡视,及时掌握市场价格动态,为上级价格决策提供依据。三是切实规范收费行为,巩固扩大"清费、治乱、减负"成果,按照国家和省的统一部署,全面开展《收费许可证》2008年度年审工作。全县审验行政事业性收费单位50个,年审率100%。行政事业性收费项目(发生收费的项目)61个,其中行政性收费项目有41个,事业性收费项目有20个。收费总额为2 890.37万元,其中行政性收费1 342.5万元,事业性收费1 547.87万元。行政事业性收费总额占全县财政收入的31%。在行政事业性收费中,涉企收费34个,涉企收费额1 911.5万元。审核收费许可证正本50个,副本96个。注销收费许可证6个,其中正本3个,副本3个。年审仍纳入收费许可证管理的服务性收费单位17个,收费项目2个,收费金额为1 303.4万元。四是清理规范行业协会、中介组织服务收费。开展清理规范行业协会、中介组织服务收费的工作。第一阶段各单位的自查整改已结束。年内,围绕"保持经济社会平稳较快发展"的首要任务和将价格总水平调控在5%以内的目标,认真贯彻落实国家和省价格调控措施,继续完善农产品和涉农政策,加大清费治乱力度,继续做好涉及民生价格、收费工作和规范行业协会、中介组织服务收费的行为。五是积极筹备启动城市供水价格调整相关工作。

【价格认证】 2009年,县发改局受理委托业务144件,出据价格鉴定结论书144件。全部及时办理,并客观、公正、有效作出价格鉴定,极大方便办案机关,提高办案效率。涉案标的主要涉及相机、摩托车、车辆、牲畜、手机、建筑材料、森林、磨辊、奶粉、茶叶、轮胎、保险柜、手表等,价格鉴定金额103.40万元。

【为非公经济发展提供服务】 2009年,县发改局对企业发展中出现的难点、疑点问题进行咨询,积极协助企业完善有关项目环评、市场预测、规划、土地征用等前期工作,帮助民营企业多渠道向上级报项目、争资金、为企业把好脉,消除民营企业在鲁甸安家落户的后顾之忧。编制完成《鲁甸县工业园区循环经济试点实施方案》,上报省市发改委。编制完成《鲁甸县高稳产田改造项目实施方案》、《鲁甸县岩溶地区石漠化综合治理试点县实施方案》。组织评审通过《鲁甸县商泰公司6万吨/年萤石矿选矿项目》。

【开展学习实践科学发展观活动】 2009年,县发改局召开党员干部职工大会,传达县委学习实践科学发展观文件和会议精神,党组周密部署,支部精心组织,党员积极参与,完成规定课目、安排自选课目,全局党员干部加深对科学发展观的深刻理解和准确把握,做到在解放思想中统一认识,圆满完成县委制定的一、二、三阶段的规定要求和目标任务。完善整改措施,进行回头看。召开专题学习会12次,学习时间18小时左右。同时,加强个人自学能力,每个党员撰写不少于2 000字的学习心得体会,做到集中学习与个人自学相结合;学习文件精神与思考实际问题、心得体会相结合;学习讨论与集中交流相结合。通过学习讨论,全体党员干部进一步深化对科学发展观内涵、精神实质和根本要求的理解,统一思想,形成共识。重点调查研究编写《2009年一季度全县经济和投资运行分析报告》,《牛栏江流域水电电站建设防洪报告》,《工业经济发展现状情况报告》、《循环经济运行现状报告》。召开4场调研分析会、座谈会。形成有价值、可操作的调研成果报告4篇。通过学习和实践科学发展观活动和"阳光政府"四项制度的实施,机关作风明显好转,从抓内务、抓卫生、规范个人着装和言行举止做起,树立新的工作理念,推动着全局学习实践活动向更深更高层次发展。干部职工执行力明显增强,完成相关材料报送和学习、召开专题民主生活会、组织干部、职工评议,写出领导班子分析检查报告1份,领导写出民主生活会发言提纲4份。发出学习实践科学发展观活动征求意见建议函45份,收回32份,得到征求意见建议21条，发出领导班子分析检查报告民主评议表24份，收到24份，满意率98%。召开党组和干部职工会议4次。领导班子分析检查报告4议其稿。参加学习市科学发展观答题卡29张。参加县科学发展观办公室发关于开展“我为鲁甸科学发展献计献策”意见表29份。向各单位、企业和单位干部、职工发出“鲁甸县发改局科学发展观活动群众满意度测评函”76份，收回75份，满意率99%。建立相关档案和痕迹资料管理。严格按照行政问责等“四项制度”实施办法，认真查找不足，对查找出的问题制定整改措施，进行公示，接受全县广大干部群众监督。强势推进实施机关作风建设年活动，大力整顿工作作风和工作纪律，加强机关日常管理，狠抓爱国卫生、行政执法、社会治安综合治理、安全生产、禁毒宣传、信息报送等工作。通过努力，获省文明委审核通过省级“文明单位”。2008年行政事业性收费与年审工作荣获省级“先进集体”称号，价格管理工作中荣获市级“先进集体”称号，县党风廉政建设工作被评为优秀单位。工会工作被县总工会授予“模范职工之家”荣誉称号，人口与计划生育工作被县委、县政府评为“先进集体”，庆祝中华人民共和国成立60周年演讲比赛获得组织奖。

【积极开展党风廉政教育】 2009年，县发改局层层签订党风廉政建设责任制，制定和完善一系列管理制度，制度建设进一步规范，加强自身建设，提高队伍素质，调动干部职工的积极性。加强干部职工政治思想、业务知识和职业道德及勤政廉政教育工作，提高干部职工的综合素质和增强反腐倡廉意识。把党风廉政建设工作纳入发改工作重点，促进部门工作协调发展，有效改进全局工作作风。

【挂钩扶贫】 2009年，县发改局挂钩扶贫茨院乡葫芦口村，局领导带领党员干部多次深入葫芦口村，帮助搞好春耕备耕工作，争取排涝沟建设项目实施。从单位抽调1名职工长期进驻葫芦口村，制定发展思路、村规民约和年度工作规划，建立一对一帮扶对象和制度。通过努力，争取到投资219万元的马厂圩土地整理项目，5月实施，项目规模为333.33公顷高稳产田建设，建设工期90天，已完工，完成沟带路1 592.7米，新增耕地2.47公顷，新增水产养殖面积4.67公顷。原有的低洼、冷浸田地改造为旱涝保收的高稳产农田，原比较低洼的水草塘改造为水产养殖地，促进当地人口、资源和环境的协调发展，增加有效耕地面积，提高耕地质量和产出率，为经济发展注入新鲜活力，增强农业发展后劲。每年可增产粮食14.8万千克，增加净产值32.57万元；增加水产品2.2万千克，增加产值23.1万元。茨院乡2个村300户1 500人受益。春节期间，每位职工捐资200元，看望25户贫困户，解决村委会办公经费2万元。

（县发改局工作总结）

建　设

【机构人员】 2009年，县建设局内设村镇建设办公室、局办公室、建管股、城建股、规划股、城监队、人事股、质安站、房管所、建筑设计室、规划设计室、环卫站、给排水公司、房改办。有正式职工77人。

局　长

高爱国　男　汉族　鲁甸人

党组书记、副局长

铁发平　男　回族　鲁甸人

副局长

马兴伟　男　回族　鲁甸人

李怀清　男　汉族　鲁甸人

【开展学习实践科学发展观活动】 2009年，县建设局根据县委关于深入学习实践科学发展观活动的要求和部署，4月8日正式展开，8月31日结束。活动分三个阶段进行。第一阶段为学习调研阶段，4月8日到5月1日，主要是成立领导机构、制定工作方案、广泛动员部署、积极组织学习、开展专题调研工作；第二阶段为分析检查阶段，5月1日到6月30日，主要是召开座谈会、广泛征求意见、召开专题民主生活会和组织生活会，形成分析检查报告；第三阶段为整改落实阶段，7月1日到8月31日，主要是制定整改方案、解决突出问题、组织群众评认真总结测评。学习实践活动中，严格按照县委学习实践科学发展观领导组办公室的工作安排和要求，做到“高标准完成规定动作，努力创新自选动作，联系实际推进城乡建设工作”。

【城镇规划设计】 2009年，县建设局加强县城规划建设工作。一是在规划管理方面：办理老城区“两证一书”手续45家，拆除重建放线25家，办理二期开发“两证一书”手续453家，小宗用地建房放线8家、行政单位建房放线3家。二是集镇建设方面：3月完成文屏山地形测图任务，5～7月完成世纪大道测量设计工作，8月完成江底集镇规划调整设计工作。严把“一书两证”关，全年发放《选址意见书》28份，用地5.2万平方米，其中公建项目24份；《建设工程规划许可证》147份，用地面积17.8万平方米，其中公建项目24份。完成廉租住房施工图基础更改及预算编制、小寨乡大坪村施工图设计及预算编制、县一中教师周转房施工图设计及预算编制、药监局职工宿舍施工图设计、水厂职工宿舍施工图设计、职业中学教学楼方案图设计、茨院乡农贸市场规划图、世纪大道沿长线牌坊方案图设计、桃源文化站、小寨文化站等8个文化站设计，其中6个文化站套用图，参与县城新区二期开发方案图设计，各乡镇村级活动场所施工图设计，总面积约2万平方米，设计收入10万元。

【招标投标管理】 2009年，县建设局依据《招标投标法》和《云南省建筑市场管理条例》等法律法规，按照《云南省房屋建筑和市政基础设施工程量清单评标办法》规定，坚持公平、公正、公开原则，完成县公安局综合业务用房、县农业局仓库及职工住宅综合楼、县国有资产投资有限公司办公楼等23个工程的招标投标管理工作，总投资10 982.65万元，建筑面积98 560平方米，招投标工程均由业主委托招标投标代理公司组织，在纪委监察、工商及公证处等部门监督下进行，招标投标按法定程序操作，做到公开、公平、公正。

【建筑管理】 2009年，县建设局对全县5家施工企业的资质、《安全生产许可证》、项目经理资格证、企业三类人员的各种证件进行年检、换证等工作。对全县在建工程多次安全检查，对施工现场不符合安全生产要求的，下发整改通知书并督促整改。经过检查，消除安全隐患，安全事故得到控制。按照市建设局要求，协助市设计管理科编制全年6期价格信息，两月一期，为鲁甸建设工程预、结算提供不可缺少的依据。

【施工许可管理】 2009年，县建设局按照建筑工程《施工许可证》管理办法，对各个工程基建手续核查，符合规定后办理施工许可手续，全年办理县人民医院门诊综合楼、县一中学生公寓等25个工程建筑施工许可证。

【安全监督】 2009年，县建设局贯彻“安全第一、预防为主”的工作方针，全面落实中央、省、市、县关于建筑安全生产专项整治的要求，组织人员对全县建筑市场按整治的时间和进度进行全面检查，检查中，按年初签订的安全生产目标管理责任状和2009年专项整治方案和措施，对应督促检查，对工作落实不到位的，整改不力的，立即责令停工整顿。1月初，分别与县属6家施工企业及驻鲁施工的各施工单位和各施工企业签订安全生产责任状。制定建筑施工安全专项整治方案。在相关部门的协助配合下，集中解决建筑施工安全生产中存在的共性问题，提高建筑施工安全生产的总体水平。全面推行建筑施工安全质量标准化，加强安全生产教育培训，建立和完善安全生产制度及落实安全生产责任，保证各项整治措施得到落实。

【房管工作】 2009年，县建设局发换《房屋产权证》452户，进行他项权利登记360户，办理产权转移登记48户，房屋安全鉴定4宗，积极做好住房贷款催收工作，完成廉租住房建设申报工作及建设任务。参与校舍安全排查工作，完成房地产统计上报、廉租住房上报。

【县城供排水工作】 2009年，县城供水水源工程，公司自筹资金，完成部分供水设施改造及县城区管网DN200管道6千米，投资400万元。桃源乡铁家湾农村供水工程完工，总投资135万元，完成主管160～110管1 950米，支管75～25管14 980米。认真履行职责，保障县城区供水，完成县城区供水2 091 295吨，收入410万元。完成新安装用水户280户，水表改造到户400户，管道维修32 000米；完成下水沟道排污清淤10 657米，吸污车清运污泥4 065吨，排污420万吨。县城污水项目工程完成新城区一期污水管网铺设14.11千米，新城区二期10.5千米，完成投资548.1785万元。

【综合整治市容】 2009年，县建设局对占道经营的小百货、门外店、各种修理、饮食、水果、蔬菜等违反市容市貌、环境卫生管理的行为进行整治。整治中，罚款9 450元、200余人次。收取占道费22 460

元；清理广告贴、横幅 500 多条，清除有损市容市貌的彩条、绳子 20 余根，规范小吃摊点 27 处，清理出售蔬菜流动摊点 1 万余个。对规划区进行不定时巡查，下发建筑施工停工通知 41 个，拆除违章建筑 30 起，进行建筑放线 30 余次。

【重点工程建设】 2009 年，县建设局狠抓重点工程建设。一是县城新区二期开发（湖滨小区）道路基础设施计划投资 3 000 万元，已完成回填土、平整地基、水电设施及景观河道支砌等基础性工程，完成投资 1 600 万元。二是文屏山森林公园建设。计划投资 2 000 万元，完成地形图测量、规划设计第三次方案修改，正进行进一步规划设计。三是选择小寨、桃源、茨院、火德红、江底 5 个乡集镇建设，每个集镇县级补助 50 万元，小寨乡集镇拉动资金 1 000 万元，其余每个集镇拉动资金达 150 万元以上，用于集镇建设。总投资为 1 800 万元。

【县城污水处理厂及配套管网工程】 2009 年，县城污水处理厂及配套管网工程主要内容及规模为：新建污水处理厂 1 座（处理能力近期 1.5 万吨/日，建设地点茨院乡），包括污水一级、二级处理构筑物及附属机修、仓库及综合楼等建筑物；污水处理厂配套管网内径 300～1 500 总长 68.70 千米，其中老城区改造管网内径 800～1 500 长 16.84 千米；新建污水管内径 300～1 200 长 51.86 千米。工程初步设计概算为 8 415.66 万元。到位工程建设上级补助资金 1 530 万元。已完成可研、环评、地勘、初步设计、施工图设计、审查、进场道路建设、征地等前期准备工作，其中污水处理厂厂房部分于 9 月 21 日与云南省水务公司签订 BOT 协议，水务公司为承建和经营管理单位，已进入招投标程序；管网部分由县给排水公司承建，已进入招投标程序。

【垃圾处理场工程】 县城生活垃圾处理工程位于文屏山西北坡小寨乡赵家海村，主要由垃圾收运系统、填埋场工程、渗滤液处理工程、管理区工程等组成。设计日均处理垃圾 60 吨，填埋场库容 58.77 万立方米，服务年限 20 年，总投资 3 410.94 万元。2009 年，到位上级补助资金 1 770 万元。完成可研、环评、地勘、初步设计、施工图设计、审查、进场道路建设、征地等前期工作，已进入招投标程序。

【农村民居地震安全工程】 2009 年，县建设局组织开展全县农村危房调查。2008 年底，全县有农村住房 94 109 户 157 463 间 568.8 万平方米，其中砖混结构 9 717 间 37.07 万平方米，砖木结构 13 015 间 29.64 万平方米，土坯房（含夯土墙）131 775 间 492.34 万平方米，木楞房 272 间 0.58 万平方米，茅草房、叉叉房 2 684 间 9.17 万平方米。达到抗震设防标准的完好房 14 397 间 49.02 万平方米，不抗震或有危险点的可居住房 37 491 间 111.49 万平方米，局部危房 34 928 间 119.39 万平方米，整体危房 67 973 间 276.18 万平方米，受自然灾害威胁需要搬迁重建的住房 2 674 间 12.72 万平方米。按照市政府下达计划任务，全县需完成 2008 年第二批农村民居地震安全工程建设重建任务 400 户，省级补助资金 200 万元，涉及两个乡两个自然村。其中桃源乡箐门村鸭子塘自然村重建任务 200 户，省级补助资金 100 万元；小寨乡大坪村板栗园自然村重建任务 200 户，省级补助资金 100 万元。完成备料与基础开挖 243 户，完成主体建设 134 户。2009 年，全县需完成农村民居地震安全工程建设 1 080 户，其中重建 390 户，加固 690 户；补助资金 528 万元。项目涉及小寨乡赵家海、大寨、梨园，龙头山镇龙井、沿河、沙坝、光明、八宝、龙泉和桃源乡箐门 10 个村。其中小寨乡 529 户，补助资金 216.6 万元，配合消除茅草房 174 户；龙头山镇 491 户，补助资金 253.4 万元，配合消除茅草房 249 户；桃源乡 60 户，补助资金 60 万元。完成备料与基础开挖 93 户，主体建设 132 户，加固完成 412 户，重建完成 320 户。其中配合消除茅草房进行主体建设 19 户，建设完成 404 户。

【廉租住房建设】 2009 年，全县计划建设廉租住房 300 套，建筑面积 1.5 万平方米，其中 204 套 1.02 万平方米作为教师廉租住房，由县教育局组织实施；96 套 4 800 平方米作为城市低收入廉租住房，由县建设局组织实施，已完成招投标，正施工建设。

【打造务实高效机关】 2009 年，县建设局加强党风廉政建设。严格按照党风廉政建设责任工作要点，落实、配齐、配强局班子成员，完善机关考勤制度、管理制度、财务制度、政务公开制度，提倡“三快一提高”，即快办理、快审批、快落实，提高工作效率。加强干部队伍建设，加强素质教育，坚持廉洁高效，确保建设队伍达到高效、廉洁、精干。年内，开展综治维稳和平安创建工作。一是根据县委、县政府创建“平安鲁甸”工作部署,抓好“平安工地”创建工作,维护社会稳定,创建综治合格单位;二是抓好建筑企业管理;三是采取措施,防止建设领域拖欠工程款和农民工工资,有效地维护施工企业和农民工的合法权益。四是积极做好矛盾排查及信访工作,把矛盾解决在源头和萌芽状态,做到事事有着落,件件有回音。

(县建设局工作总结)

环 保

【机构人员】 2009 年,县环保局内设办公室、污染治理股、自然生态保护股、环境监察执法大队,人事部门核定编制 14 人,环境监察大队 7 人(参公)。全局有干部职工 14 人,其中局长 1 人,副局长 2 人,科员 4 人,事业人员 4 人,工勤人员 3 人;借调 4 人(监察大队),借调人员中科员 2 人、工人 1 人、事业人员 1 人。

局 长

虎尊营 男 回族 鲁甸人

副局长

饶绍伦 男 汉族 鲁甸人

何术民 男 汉族 鲁甸人

【加大环境执法力度】 2009 年,县环保局对县内重点企业进行现场环境监察。对群众反映强烈的违法排污企业开展现场调查和集中整治,向市环保局报送调查处理意见。对 2 家有环境保护违法行为的排污企业进行查处,下达整治通知书,并督促整改落实。年内,按照市环保局下达的工作任务和年初制定的工作计划,组织各股队室,对有可能危害群众身心健康和正常生活饮用水源污染、烟尘污染、农村畜禽养殖污染及违法建设项目问题等进行拉网式排查摸底,分别造册登记,汇总归类,逐一清理整顿。出动执法人员 242 人次,检查企业 15 家,其中选矿 4 家、化工 2 家、砖厂 2 家、冶炼 1 家、水泥厂 2 家、其他企业 4 家。

【依法征收排污费】 2009 年,县环保局严格执行《排污费征收使用管理条例》,按照《条例》规定的征收范围、权限、时限和程序征收排污费。认真做好排污申报登记和核定工作,通过排污申报核定,对辖区内污染源全面模底调查,准确全面掌握污染源和污染物排放的种类、数量等情况。根据规定,开展排污企业排污费征收工作。完成市环保局下达 40 万元征收任务。

【开展饮用水源保护区专项整治】 2009 年,县环保局加强饮用水水源保护,确保全县人民饮用水安全,组织执法人员对饮用水源保护区进行全面检查。对上年饮用水源保护区专项整治进行“回头看”,深入开展饮用水源保护区集中整治。年内,重点检查 2007 年以来集中式饮用水源地专项整治各项措施落实情况,集中式饮用水源地内违法建设项目取缔关闭措施落实情况。对新、扩、改建的违法建设项目坚决落实取缔关闭措施,严格执行有关环保法律法规,取缔饮用水源地内污水排放口,清除违规建设企业、垃圾堆放场、畜禽养殖场。对不能满足水质要求的集中式饮用水源地制定整改方案,加大整治力度,保证达到水质要求。经排查,全县饮用水源地没有排放工业废水企业,无规模化畜禽养殖场,无严重污染水源项目和超标排污企业。完成对县城饮用水源气象路深井水水源地的划定、规划工作,方圆 50 米范围内划定为一级保护区,保护区总面积为 0.03 平方千米。定期对水质监测,确保饮用水源安全。

【环境信访工作】 2009 年,县环保局重视环境污染投诉,热情接待来信来访者,做到有投诉就及时有效处理,有提案就必须回复的原则。监察大队建立严格的信访登记、承办、反馈制度,确保信访事件件件有落实,事事有回复,化解一切因为环境污染纠纷事件引起的不稳定因素。累计接待群众来访 5 批,来信 1 封,来电 17 起,全部作了答复、办结。

【加大中高考期间环境噪声监管力度】 2009 年,中、高考期间,县环保局在县城区广告栏、学校周围、建筑施工地、娱乐场所旁张贴县政府《关于加强城市环境噪声污染监督管理的通告》75 份,对产生噪声的单位发放宣传资料 56 余份。加大现场巡查力度,对屡教不改的违规者,按照《行政处罚法》的规定,依法采取证据先行登记保存、罚款等措施。中高考期间出动环境执法人员 82 人次,检查噪声源 12 家。为中、高考学生营造了一个宁静的休息、学习环境,受到考生及社会各界的好评。

【开展环保专项行动】 2009年,县环保局根据县人民政府《2009年环保专项行动实施方案》,结合“七彩云南·鲁甸保护行动”开展工作。对辖区内矿山采选企业弃渣场、尾矿库运行状况、管理情况、环境措施落实情况、环保事故应急预案制定情况等进行全面检查,对存在环境安全隐患的企业责令落实各项整改措施,杜绝环境污染事故发生。整治饮用水源保护区内环境安全污染和隐患,进一步做好渔洞水库径流区内环境保护工作。5月9~11日,按市县政府要求,市县环保局联合水磨镇、龙树乡、新街乡党委、政府共同对渔洞水库径流区内厂矿企业、农村集镇面源污染地进行全面排查和监察。重点对龙树乡打砂石场排查整治,督促业主按规定完善环评等手续,打击私挖乱采现象。挂牌督办:龙头山水都矿业有限责任公司日采选300吨原矿建设项目,督促环保设施正常运行和尽快办理探矿项目环境影响评价报批手续;昆华化工有限公司重点监管;督促云南昊龙实业乐红宏鑫采选厂加快新建尾矿库建设进度。年内,出动执法人员现场监察116人次,其中对饮用水源地实地监察31人次,公路、水电环境监察19人次,厂矿企业环境监察37人次,三同时监察29人次。

【深入推进工业污染防治】 2009年,县环保局按照“不欠新账,多还老账”的原则,加大污染源头控制、污染治理和落后产能淘汰力度,确保实现工业污染减排目标。一是严格建设项目环境管理,严把建设项目环保准入关,杜绝重污染、难治理项目。加强“三同时”项目监管,确保“三同时”项目全面处于受控状态。二是强化重点企业、重点行业、重点地区污染治理,提高达标排放水平,确保达标排放。

【深化排污许可和环境统计工作】 2009年,县环保局把全县重点污染企业纳入环境统计,全县企事业单位11家,持排污许可证企业9家,新办证2家,排污许可证年检率100%。

【推进清洁生产和循环经济】 2009年,县环保局按照“减量化、再生产、资源化”原则,积极引导企业开展清洁生产,发展循环经济,火德红选厂清洁生产已通过省市环保部门审核验收,有效利用资源,降低和削减污染物排放量。

【严把环境准入关】 2009年,县环保局把贯彻实施《环境影响评价法》和《建设项目管理条例》、落实“三同时”管理制度作为环保管理的重要内容,严把建设项目环保准入关,注重从源头上预防环境污染与生态破坏,严格环境准入制度,落实“环保第一审批权”。对符合国家产业政策的项目,一律绿灯放行;对有一定污染的项目,在选址、生产工艺等方面一律严格把关,严禁国家淘汰项目落户鲁甸。全年审批环境影响登记表95份,组织评审环境影响报告表2份,参与市环保局评审项目1个。

【做好项目服务工作】 2009年,县环保局坚持“为发展出力、为环保尽责、为社会服务”的方针,认真做好项目服务工作。对符合国家产业政策、选址合理的项目,在办理环保手续时一律简化办事程序,缩短项目审批时间,让服务对象和投资者满意。对由省、市环保局审批的建设项目,派专人与上级环保部门沟通、协调项目审批事宜,及时提供优质服务,保证项目顺利实施。

【突出抓好清洁生产】 2009年,县环保局严格执行“十一五”清洁生产规划和清洁生产审核管理办法,对一些企业实行强制性清洁生产,协同经贸部门抓清洁生产工作,抓好示范、以点带面,年初所确定的清洁生产示范企业火德红选厂于5月14日通过省环保厅验收。

【开展环境保护法律法规宣传教育】 2009年,县环保局采取多种形式,利用各种场合开展环境保护法律法规宣传活动。一是利用科技宣传周,通过展板、发放宣传材料、接待群众咨询等形式,广泛宣传《中华人民共和国环境保护法》等法律法规,发放宣传材料1 000余份。二是隆重纪念“六·五”世界环境日宣传活动。“六·五”当天,分管领导在鲁甸电视台发表宣传动员讲话,组织宣传展板,发放环保宣传资料,组织“喜相逢老年艺术团”到龙树河流域乡镇,以文艺演出形式宣传,大造声势,动员广大群众积极参与环境保护工作,提高群众环保意识,为环境保护法律法规贯彻执行打下良好基础。

【积极申报环保项目】 2009年,县环保局邀请省环境科学院专家到鲁甸,对农村环境综合整治实地调查研究。经过论证,省环科院编制《牛头寨村村落环境综合整治设计方案》、《鸭子塘村村落环境综合整治实施方案》，两个项目投入850多万元进行整治，两个方案经市环保局转报省环保厅评审。水磨、新街两个垃圾处理场经县政府与市环保局签订建设协议，由市环保局出资，县政府监督建设，总投资100万元，两个垃圾处理场12月竣工投入使用。

【妥善处置昆华化工厂污染事故】 2009年4月25日，昆华化工厂部分生产废水未经处理直接外排至沿闸村1～5组农户秧苗田，造成5.33公顷秧苗不同程度污染，有的秧苗已枯死，涉及400户53.33公顷大田水稻移栽。事故发生后，县环保局及时与相关部门人员到实地查看，第一时间商请市环境监测站现场取样化验分析，化验分析结果为：氟化物超标，酸化现象明显，水质不满足《农田水质灌溉标准》。下发《停产整改通知》，并督促整改完善治理设施。

（县环保局工作总结）

贸 易

供销商业

【机构人员】 2009年，县供销社机关有干部职工30人，其中离休2人，退休19人，在职人员9人，其中8名公务员，1名工勤人员。

主 任

蒋 明 男 汉族 鲁甸人

副主任

马吉党 男 回族 威宁人 2009年11月止

邱家荣 男 汉族 鲁甸人

马殿稳 男 回族 鲁甸人 2009年11月任

【积极开展企业改制扫尾工作】 2009年，县供销社采取有力措施，在机关人员少，事务多，工作经费紧缺的情况下，一岗多责，抽调精干人员深入基层社和公司妥善处理职工关心的历史遗留问题，督促企业完善相关手续。全系统14户企业，完成小寨、龙头山、乐红、龙树、水磨、大水井、火德红7个基层社和供销商场、日杂公司、土产公司3个社属企业改制工作；其余2个基社和1个公司正在扫尾之中。

【发展“两社一会”工作】 2009年，县供销社深入贯彻落实《中共昭通市委、昭通市人民政府关于深化供销合作社改革发展的意见》和《中共鲁甸县委鲁甸县人民政府关于深化供销合作社改革发展的意见》，县社领导率机关业务人员深入基层调查调研，积极组织、引导种植大户、营销大户发展“两社一会”，构建农村现代流通网络。年内，发展“两社一会”31个，其中专业合作社17个（其中县级专业合作社示范点2个，即：县供销社利民蔬菜专业合作社、小寨红梨专业合作社）、综合服务社13个、行业协会1个，超额完成11个。协调、联合相关部门采取多种形式深入乡村动员、组织种植大户、营销大户、村组干部开展“农产品经纪人”培训，共培训450人次，其中参与职业资格考试100人，取得职业资格证84人。

【加强督促指导、协调服务工作】 2009年，县供销社针对金融危机对商品流通的影响，充分发挥指导、协调、服务职能，组织、指导农资有限责任公司、专业合作社、综合服务社、协会开展农业生产资料供应、农副产品购销和工业品供应工作。全系统实现商品购进总额13 471万元，较上年同期9 974万元增长35.1%；商品销售总额16 431万元，较上年同期10 472万元增长56.9%，与经营目标任务总额12 000万元相比，超额完成4 431万元；实现经营利润48万元，与县政府下达的利润目标35万元相比，超额完成13万元；农用物资供应量15 227吨，与县政府下达化肥销售14 500吨任务相比，超额完成727吨。

【开展专项资金扶持项目申报工作】 2009年，县供销社加强与相关部门沟通联系，主动向相关部门申报专项资金扶持项目。先后向省市有关部门申报“县农资配送中心”、“县农资批发市场”、“农产品交易市场”、“农产品冷链建设”专项资金扶持项目。

【开展加强机关作风建设年活动和学习实践科学发展观活动】 2009年，县供销社深入开展以“严明纪律、服务基层、联系群众、优化环境、促进发展”为主题的机关作风建设年活动和学习实践科学发展观活动,创建学习型、高效型、服务型、和谐型、创新型、廉洁型机关,努力造就一支政治强、业务精、作风正、服务优、效率高的机关干部队伍,把机关建设成为人民群众满意、充满活力的机关。按照机关作风建设活动和学习实践科学发展观活动的要求,成立以县社党政一把手负总责的机关作风建设和学习实践科学发展观活动领导小组,安排部署,制定实施方案,掀起机关作风建设年活动和深入开展学习实践科学发展观活动新高潮。

【挂钩帮扶工作】 2009 年,县供销社按照县委、县政府挂钩帮扶的文件和会议精神,在人员少、改制时间紧、任务重、经费不足的情况下,县社领导班子多次率机关各股室人员到板板房村开展挂钩帮扶调研工作。在全面掌握基本情况后,采取6项帮扶措施。一是协助村两委理清发展思路,明确工作重点,全面推进工作,努力完成各项工作任务。二是积极协调,争取财政、水利、农开办、发改、农业等部门帮助解决板板房村群众关心的问题。三是根据板板房村的产业优势和特点,组织引导种植、养殖大户和经营能手发展“两社一会”,提高农民的组织化程度。四是县社机关在职人员与贫困户结成一对一帮扶对子,帮助出主意,想办法,寻找致富路。五是协调、联合有关部门组织开展农产品经纪人培训,发展乡村流通队伍。六是千方百计筹集资金,帮助村两委解决部分工作经费。在扶“五老”解“两难”活动中,为挂钩帮扶村组“老优扶对象”赠送价值3 000元的沙发、电视、电视接收机及电视柜等生活用品,解决生活中的不便和困难。

【圆满完成樱桃节期间樱桃供应】 2009 年,县供销社抓好樱桃节期间的樱桃供应工作,把能否圆满完成这项工作作为检验县社机关干部职工贯彻落实四项制度和机关作风建设及践行科学发展观的标准。以“鲁甸樱桃供应为主,周边樱桃补充为辅,正确引导,多方参与”的原则,采取多种措施,认真开展工作。一是县社机关细化工作目标责任,分组负责,责任到人。二是深入小寨,进村入户调查了解樱桃产量及日常供应量,制定工作方案,有序开展工作。三是加大宣传动员力度,积极引导樱桃种植户参与供应工作。四是从周边地区组织部分品质优良的樱桃作为市场补充,最大限度地满足客人需求。五是统一市场,规范管理,为客人提供优质服务。六是加强与小寨乡党委、政府及相关部门沟通与联系,促进工作开展。较好地完成县委、县政府安排的樱桃供应任务,确保樱桃节期间樱桃供应不脱销、不断销,让客人品尝到鲁甸优质樱桃,赢得客人好评,树立良好的对内对外形象。

(县供销社工作总结)

粮油经营

【机购人员】 2009 年,县粮食局内设办公室、调控股、政策法规监督检查股、储备股;有在职干部职工6人,退休职工22人。下辖1个企业,有合同制职工21人。

局 长

陈智平 男 汉族 鲁甸人

副局长

高开万 男 汉族 鲁甸人

饶智旭 男 汉族 鲁甸人

【开展学习实践科学发展观活动和机关作风建设年活动】 2009 年,县粮食局按照县委统一安排和部署,开展学习实践科学发展观活动和机关作风建设年活动。为实现“党员干部受教育,科学发展上水平”和“改进机关作风、提高工作效率、树立良好形象”的目标,围绕一个中心(确保围绕全县粮食安全为中心),实现三个确保(确保全县粮油市场有效供应、全县粮油价格基本稳定、全县粮食质量安全),增强四种意识(增强政治意识,带头践行科学发展观;增强创新意识,带头解放思想;增强服务意识,带头深入基层;增强责任意识,带头扎实工作),抓好五项工作(抓好粮食队伍建设工作、依法管粮工作、粮食购销协作工作、粮食市场粮食供给工作、国有粮食企业提质增效工作)。对照县委实施方案,召开会议研究,制定县粮食局《机关作风建设年活动实施方案》和《深入学习实践科学发展观活动实施方案》。活动中,实现两个活动有机结合,共同落实,共同推进的良好局面。通过学习实践、调查研究、征求意见、召开座谈会、自我剖析、分析检查等阶段,两个活动取得实质性成果。全局干部政治理论素质得到提升,科学发展、服务基层的意识和做好粮食工作的责任感、使命感进一步增强,工作能力、水平和办事效率大幅提高,工作作风明显改善,存在问题被查找出来，工作思路进一步理顺，发展方向和目标进一步明确。

【加强清仓查库工作领导】 2009年，国务院和省政府清仓查库工作动员电视电话会议后，县政府成立以县委常委、常务副县长张登敏任组长，县政府办主任、县粮食局长任副组长，县发改局、监察局、财政局、统计局、农业局、审计局、质监局主要领导为成员的粮食清仓查库工作领导组。一是召集领导组成员单位研究制定下发《鲁甸县人民政府办公室关于印发鲁甸县2009年粮食清仓查库工作实施方案的通知》。二是按照县组织自查、市组织普查、省组织复查和国家组织抽查等4个阶段进行的总体要求。领导组成员单位抽调精干力量，明确分工，落实责任，确保各项清查措施真正落到实处。清查组抽调21人，配备车4辆，4月1日到各储粮点，开展清查工作。严格按照粮食库存检查的具体办法和规定，按照“有仓必到、有粮必查、有账必核、查必彻底”的原则组织检查，通过努力，圆满完成各项检查工作任务。

【做好粮食行政执法工作】 2009年，县粮食局严格依法行政，做好粮食行政执法工作。一是大力宣传《粮食流通管理条例》，通过书写标语，发放宣传单等形式，在全县范围内大力宣传，做到皆知尽知，努力扩大宣传面，全年书写宣传标语150余条，发放宣传资料5 000余份。二是按照《条例》有关规定，加强粮食经营行为监管，完成全县2家粮食购销企业《粮食收购许可证》年审工作。三是按照《条例》和县食品安全委员会成员单位，配合县发改、技监、工商、食品安全等部门对粮食经营者的粮食收购资格、购销活动、粮食质量、粮食食品卫生及军粮供应企业执行军供粮政策、重大节假日等进行综合性执法监督检查。配合执法部门对全县粮食市场进行全面清理整顿和监督管理。3月10～15日，对全县粮食企业、个体工商户经营情况进行执法检查，检查品种7类、成品粮38.5万千克，其中粳米32万千克、籼米1.83万千克，面粉3.23万千克，糯米1.44万千克。检查油脂18 470千克，其中菜籽油15 110千克，大豆油480千克，精炼油180千克。4月25～30日，在全县范围内开展一次粮食食品安全专项监督检查活动。重点是县城集贸市场、放心粮油店、街道粮油销售店（铺）及大型超市。对象是米、面、食用油是否有产品质量检验报告单，是否符合食用标准，经营场所是否卫生。检查中，采用“问、查、看”方法，对米、面、油进行认真检查。检查粮油经营户14户，检查成品粮208 990千克，其中粳米163 250千克、籼米20 000千克、面粉2 500千克、面条740千克；检查油脂10 534千克，其中菜籽油9 070千克，大豆油1 460千克；中秋、国庆期间共出动车辆4车次，检查人员20人次。检查成品粮388.25吨，其中粳米198.25吨、籼米186吨、糯米4吨，面粉69.1吨，面条0.9吨，玉米872吨。检查油脂15.36吨，油菜籽11吨。所检查粮油品质良好、卫生、安全，符合口粮用粮标准。

【认真落实粮食行政首长负责制】 2009年，市政府下达粮食收购任务400万千克，销售400万千克，实现利润5万元。为完成任务，县粮食局认真履行职责，加强对全社会粮食流通的监管和统计工作，建立和完善粮食安全预警制度，加强县内粮食需求、库存、价格及相关事项的实时监测和动态分析。一是抓好县内粮源，敞开收购农民余粮。同时，积极主动与县外、省外，尤其是湖北、湖南等产粮地区的粮食收储企业建立稳定的粮食购销协作关系，与县外、省外产粮地区粮食购销企业建立粮食购销协作伙伴单位6家，确保全县所需粮源可及时从县外购入。二是按照市场主体多元化发展要求，通过积极扶持多种粮油经营主体，依法开展粮油购销经营活动，不断拓展全县粮油供应渠道，基本建立粮油供应多渠道、多成分、多元化保障体系。全县有从事粮油购销经营企业（连锁超市）和个体工商户144家，为满足市场需求，保证特殊情况下市场粮油有效供给。全年完成粮食收购409.8万千克，销售499.1万千克，利润5.6万元。

【做好军粮供应工作】 2009年，县粮食局把做好军粮供应工作作为促进军政军民团结的一项政治任务。一是严格遵守“军粮供应服务公约”，对所供部队粮油，坚持执行“一批、一检、一报告”制度，做到让部队满意，政府放心。二是服务上视部队官兵为亲人，在军粮供应站设置部队官兵购粮休息室、活动室，做到部队官兵到站“问一声好、让一个座、倒一杯茶”，免费提供装粮用具，帮助装粮上车，讲解储粮、保粮知识。三是为部队免费送粮服务。四是积极开展双拥共建活动，定期不定期走访慰问部队,让部队对军粮供应工作提出宝贵意见和建议,军粮供应工作受到县内驻军部队的一致好评。

【认真做好粮食应急准备】 2009年,县粮食局认真做好粮食应急准备。一是为县委政府出谋划策,主动及时调集大米35万千克,玉米150万千克,应对突发事件粮食应急准备。二是配合民政部门对全县12个乡镇发放救灾粮26.5万千克。三是确保全县粮油市场供应。年初,沉着应对粮油价格上涨和食用油及猪肉食品价格上涨,及时向上级业务主管部门汇报,与上级保持高度一致,公司各粮点全天24小时收集全县各集市粮油价格行情,一天一报,随时掌握全县粮食市场粮油价格动态,采取积极措施,适时监控,迅速组织粮油调运,确保市场粮源充足和粮食市场稳定。

【挂钩帮扶工作】 2009年,县粮食局为完成挂钩扶贫和协助指导任务,局领导班子多次深入挂钩点文屏镇岩洞村,与乡村干部研究挂钩帮扶、计划生育、春耕生产、社会治安综合治理等工作。一是帮助村两委理清新农村建设发展思路,制定帮建工作措施,提出"利用区位优势,加大招商引资,发展路边经济,最大限度增加农民收入"的工作思路。二是送政策,组织局机关党员深入村组、田间地头,宣传国家粮油收购政策及2009年粮食最低收购保护价政策。三是充分发挥粮食部门信息资源丰富的特点,及时把有价值的市场信息提供给广大农户。四是送服务,向广大农民群众宣传农村社会保障、新型农村合作医疗等党的各项惠民政策,接受农民群众民间储粮咨询150多人次。五是协助村委会搞好深入学习实践科学发展观活动,拨给村两委2万元工作经费。挂钩帮扶工作,得到县委政府充分肯定,年内,县粮食局被评为人口与计划生育工作先进集体。

(县粮食局工作总结)

烟草经营

【机构人员】 2009年,昭通市烟草公司鲁甸县分公司、县烟草专卖局内设综合办公室、财务科、卷烟销售科、专卖管理科、烟叶管理科、纪检安保科5科1室;下设文屏、桃源、米家坶、茨院、大水塘、大水井、火德红、小寨、龙头山、翠屏、乐红、梭山12个烟叶工作站和文屏卷烟片区、小寨卷烟片区、龙树卷烟片区3个访送中心和文屏片区、小寨片区、龙树片区3个专卖管理所。有职工199人,在岗职工146人,退休职工41人,内部退养12人。

经 理

孔令能 男 汉族 鲁甸人

副经理

马 波 男 回族 昭阳区人

窦仕平 男 汉族 鲁甸人

专卖局长

孔令能 男 汉族 鲁甸人

副局长

蒋世顺 男 汉族 昭阳区人 2009年1月止

马 波 男 回族 昭阳区人 2009年1月任

耿 彬 男 汉族 昭阳区人 2009年1月任

【烤烟生产】 2009年,全县9个乡镇、51个村、493个村民小组、6 708户烟农与烟草分公司签定烤烟种植收购合同面积3 546.67公顷,合同任务902.5万千克(其中指令性烟叶收购任务825万千克,合同内丰产烟叶收购任务77.5万千克),占市级下达任务的100%。户均种植规模0.53公顷,与上年相比减少7个村、392个村民小组、3 298户烟农,户均种植面积增加0.12公顷,烤烟生产种植布局进一步优化。年内,圆满完成825万千克指令性收购任务,其中上等烟47.02%,中等烟35.28%,下等烟17.7%;实现收购总值12,169.80万元,均价14.75元/千克;10月16日,圆满完成77.5万千克合同内丰产收购任务,其中上等烟25.43%,中等烟56.85%,下等烟17.72%;收购总值1 039.28万元,均价13.41元/千克。累计收购烟叶902.5万千克,均价14.64元/千克,其中上等烟45.16%,中等烟37.13%,下等烟17.7%。

【育苗工作取得历史性突破】 2009年,鲁甸分公司抓住上年冰凌雪灾上级捐赠救灾资金的有利时机,修建烤烟育苗大棚2群9 000平方米、小拱棚7 000个,保证供苗3 633.33公顷,改变了全县烤烟育苗设施落后局面。2月10日,播种工作全面结束,播种面积8.5万平方米,集中在78个育苗点,平均每个育苗点供苗46.67公顷,实现100%集中拱棚漂浮育苗和商品化供苗。

【烤烟规模化、规范化种植水平显著提升】 2009

年，县分公司全面实现规模化集中节令预整地和移栽，按照“拉绳定位、施足底肥、起垄高度25公分以上”的要求进行提前预整地，5月10日前集中时间规范移栽结束，比上年提前10～15天。移栽后，加大防雹减灾、防病治虫、锄草排涝、揭膜培土和封顶打杈等田间管理工作力度，确保全县烤烟生产个体壮、整体旺，创造全县烤烟丰产历史最高水平。

【烤烟生产创新组织模式有较大进展】 2009年，县分公司在文屏、桃源、小寨、龙头山、江底5个乡镇探索创新烤烟生产组织方式，在农民自愿的基础上，采取租赁、合作、转包等方式，鼓励和发展坝区3.33公顷以上、山区2公顷以上的烤烟种植大户39户、流转土地200公顷，为推进全县农村土地合理流转作出积极有效尝试。

【收购秩序、收购环境创历史最好水平】 2009年，县分公司对烤烟收购政策调整幅度大、标准高、要求严的实际，加强烤烟收购工作领导，统一思想，严格执行“三条红线”和预警线控制政策，按照“坚持国标，靠线起步，平稳收购、一收到底”的烟叶收购指导思想开展收购工作，10月16日，收购任务全面完成，确保烟农丰产增收，确保社会稳定。收购工作中通过加大执纪、执法工作力度，创造鲁甸烤烟收购秩序最好、环境最好、规范程度最高的历史记录，树立鲁甸烤烟收购新形象。

【基础设施建设顺利】 2009年，县分公司全面完成投资4 286.53万元的2008年新增现代烟草农业示范区项目及900座小改密烤房建设任务，顺利通过省、市检查验收；2009年度桃源乡大水塘机耕路工程和文屏镇马鹿沟干渠工程，11月20日全面完工；投资8 417.92万元的新增2009年现代烟草农业示范区小寨白草坪至龙头山光明延伸段项目已全面启动建设。

【加强内部管理】 2009年，县分公司进一步加强内部管理，规范业务运行，出台《关于印发卷烟物流配送实施方案的通知》、《卷烟片区中心、物流配送分中心管理考核办法》、《关于下发〈鲁甸县卷烟品牌统一投放工作实施方案（试行）〉的通知》、《关于重申卷烟规范经营相关规定的通知》等文件，对规范经营、货源投放、资金管理、客户服务、物流配送及仓储管理等业务工作流程和岗位职责作严格规定。

【加强客户经营指导】 2009年，县分公司针对客户分布零散、综合素质、经营能力、规模参差不齐，获利水平普遍较低的实际，结合市局（公司）6月1日启动卷烟统一投放工作，组织对客户经营能力，经营状况、规模、经营环境、消费群体等基础信息作全面摸底调查，对部分客户组别作了相应调整，使客户实际经营情况与组别相适应。订货中，随时追踪客户订货情况，帮助客户分析市场走势，了解消费者吸食习惯，指导客户合理订货、合理保组别，逐步提高客户获利水平，客户订货成功率明显提高。

【加强品牌培育】 2009年，县分公司按照品牌培育规划要求，加强对重点骨干品牌的维护和省外品牌的宣传、培育和推广。全县上市重点骨干品牌49个（省内品牌34个、省外品牌15个），到10月31日，共销售重点骨干品牌6 322.3箱（省内品牌销售5 703.576箱、省外品牌销售618.724箱），占总销量65.43%；培育上市省外新品牌11个，淘汰退出市场2个。

【加强资金监管】 2009年，县分公司加强资金安全回笼工作，多管齐下，确保资金安全。一是加强职工思想教育，完善制度，加大内部监管力度，财务、销售部门对资金回笼随时追踪监督，发现赊销、拖欠货款苗头，及时督促整改，不留隐患。二是访、送全面分离，物流配送工作统一运行管理，在规定时间内送货到户，完成客户验货确认、现金结算客户货款回收等手续，保证物流配送工作及时快捷、规范有序，资金及时安全回笼。三是动员具备条件的客户办理电子结算手续，提高电子结算率，减小资金风险。年内，新办理电子结算户46户，电子结算客户达365户（其中城区186户、农村179户），综合电子结算率36.7%，进一步提高电子结算率，最大限度降低资金风险。

【加强培训工作】 2009年，县分公司多次召开卷烟专题会议，以会代培，向市场经理、客户经理传达上级公司会议精神，组织学习相关文件，不断提高职工实际工作能力。3月5日与红塔集团联系，组织“新势力”品牌促销培训，参培人员24人；5月26日组织卷烟品牌统一投放工作培训，参培人员 16 人；选送 4 人参加职业技能培训考试、1 人参加督察考评员培训、9 人参加卷烟营销理论知识培训；9 月 22～28日，组织商品营销 7 人进行职业技能培训学习、统一考试，参加培训考试人员。通过培训，拓宽营销人员理论知识面，提高营销人员实际工作能力和水平。5 月 21～31 日，对零售客户宣传培训，覆盖面达 100%，使客户全面了解统一投放工作的目的和意义，熟悉掌握货源投放、品牌积分、客户组别升降等相关内容和流程，按照新一轮投放模式调整卷烟经营思路，提高自身经营能力和获利水平。

【强化专销联动】 2009 年，县分公司加强专销工作联系，召开专销联席会议。3 月，专卖部门换、办证工作，专销部门联合对客户基本情况摸底调查，对符合条件、想经营卷烟的零售户，积极收集客户资料，帮助办理零售许可证和入网订货相关手续，提高零售客户占有比例，逐步消除网络盲区。年内，新办证客户 95 户（其中城镇 47 户，农村 48 户），入网销售客户 995 户，入网率 100%，零售客户占人口比例 2.42‰，其中城镇客户 202 户，占人口比例 7.65‰，农村客户 793 户，占人口比例 2.06‰。

【完成销售指标】 2009 年，县分公司电话订货 112 次，订货成功 46 127 人次；销售卷烟 11 602.636 箱，占市公司下达 11 600 箱的 100.02%，实现不含税毛利额 3 477.82 万元，占市公司下达 2 750 万元的 126.47%，综合毛利率 25.72%。全年销售卷烟 11 602.636 箱，其中销售一类卷烟 386.6 箱、二类卷烟 2 015.9 箱、省外卷烟 2 097.4 箱，实现毛利 3 500 万元，综合毛利率 25.8%。

【完成换发烟草专卖零售许可证工作】 2009 年，县分公司按照省、市局统一部署和要求，2008 年 12 月 24 日至 2009 年 3 月 26 日，历时 3 月时间，圆满完成换证工作。全县持有烟草专卖零售许可证 938 本，换发许可证 900 本（集体 10 本、个体 890 本），占 95.95%；新换证 57 本，全县有烟草专卖零售许可证 957 本。

【大力宣传学习烟草专卖法】 2009 年，县分公司大力宣传学习烟草专卖法。一是 3 月 15 日，县政府主办，县工商局承办，在县城文化广场开展“3.15 国际消费者权益日”宣传咨询服务和执法活动，县烟草专卖局参与活动，出动宣传车 2 辆、宣传人员 15 人、发放宣传资料 600 余份、设立咨询服务台 1 个、展示真假卷烟品牌 9 个、现场接受消费者咨询服务和解答 350 余人次。二是认真贯彻落实国家局“加强专卖管理队伍建设，提高专卖管理人员素质”，先后 3 次 4 人参加省烟草专卖局组织的烟草专卖管理人员岗位技能业务培训，取得烟草专卖管理岗位技能初级鉴定和中级鉴定。三是采取自学和集中学习相结合方式，全面掌握熟悉烟草专卖信息系统，确保烟草专卖管理信息系统正常运行。

【加强“两烟”打假打私工作】 2009 年，市烟草专卖管理及“两烟”打假打私工作会议后，县委、县政府及时召开专题会议研究，4 月 30 日，召开全县烟草专卖管理及“两烟”打假打私工作会议，传达贯彻市政府会议精神，总结全县 2008 年“两烟”打假打私工作，安排部署 2009 年工作。兑现 2008 年“两烟”打假打私工作目标责任制奖；县政府与各乡镇签订《2009 年烟草专卖管理及“两烟”打假打私目标责任书》；下发县人民政府《关于调整鲁甸县烟草专卖管理及“两烟”打假打私工作领导组成员的通知》及《“两烟”打假打私工作目标责任制考核办法》；举行销毁假冒卷烟仪式，共销毁假冒商标卷烟金沙江、红梅（顺）、红山茶、红河等 30 个品牌 389 件，总价值约 40 万元，在市烟草专卖局、市恒信公证处及社会各界人士的监督下，依法公开销毁。

【加强烟草专卖内部监督管理】 2009 年，县分公司有效推进全县烟草专卖内部监督管理，出台《鲁甸县烟草专卖局 2009 年内部专卖监督管理工作计划和实施方案》、《鲁甸县烟草专卖局 2009 年卷烟销售过程监督检查工作流程》、《鲁甸县烟草专卖局烤烟生产、收购工作日常内部监督管理工作流程》等相关制度。

【开展卷烟市场清理整顿】 2009 年，县公司开展两次卷烟市场清理整顿和“风暴十号”“十一号、十二号”专项行动，出动执法人员 634 人次，车辆 149 台次，检查经营户 2 366 户，查获涉烟案件 105 起，查获各类品牌卷烟红梅（春）、红梅（顺）、红山茶等 17 个品牌 9 831.96 条，涉案金额 42 万余元，收缴罚没款 123 273.00 元。通过市场清理整顿和“风暴十号、十一号、十二号”专项行动工作，严厉打击涉烟违法行为，保持卷烟市场高压态势，为专卖管理工作提供良好的市场秩序和有效的市场信息。

【烤烟收购执法工作】 2009年，县分公司设立烤烟收购执法宣传点8个，抽调执法人员86人，应急人员90人，查获各类涉烟案件24起，其中办结烤烟案件15起，征收烟叶19 508.7千克，涉案金额29万余元，处以当事人罚款8万余元；办结卷烟案件6起，查获真品卷烟3 335条，涉案金额21.57万元，处以当事人罚款6.5万元；公安部门立案3起，查获假冒卷烟金丝猴品牌104件5 200条；真品卷烟紫云、玉溪、红塔山(1956、100)4个品牌1 832条；无证运输烟叶8 065千克。通过案件查处，达到“震慑烟贩，鼓舞士气，维护秩序，保证收购”的良好效果，全县烤烟收购工作顺利开展，圆满完成市政府下达的烟叶收购任务。年内，分公司查办各类涉烟案件173起(已办理一般案件44起，简易案件129起)，依法没收假冒商标卷烟红梅、红山茶、红河、月兔、金沙江等17个品牌23.81万支；非烟202.98万支，收缴罚没款18.02万元。公安部门立案3起，查获假冒卷烟金丝猴品牌104件5 200条；无证运输烟叶8 065千克。

【综合管理】 2009年，县分公司围绕“烟叶防过热、卷烟上水平、税利保增长”的目标任务，以树立“节奏要快、标准要高、工作要实、状态要好”的“四要”良好作风为载体，以创建“严格规范、富有效率、充满活力”的鲁甸烟草活动和深入学习实践科学发展观活动为契机，着力打牢发展基础，转变发展方式，推进综合管理和精神文明建设有序、有效开展。一是深入学习实践科学发展观，推进“四要”良好作风建设。二是将党风廉政建设工作贯穿各项工作中，与各部门签订党风廉政建设责任制书，开展廉政承诺活动，签订《廉洁从业承诺书》；开展预防职务犯罪宣传教育活动和党风廉政建设及安全生产警示教育活动，党员干部筑牢拒腐防变思想道德防线。三是全面启动ISO9001全面质量管理体系，更加规范了企业的管理，并取得了很好成绩。四是实行亲情化管理，加强职工队伍建设。五是积极开展各种健康、文明文体活动，丰富职工业余文化生活。

(鲁甸分公司工作总结)

财税 金融 保险

财 政

【机构人员】 2009年，县财政局设办公室、预算股、国库股、综合股、教科文股、行政政法股、涉外金融股、社保股、企业股、会计股、农业股、经济建设股、票据中心、法制税政监督检查股、国资股、会计函授站和12个乡镇财政所。挂靠财政局的有：县政府农业综合改革领导组办公室、县政府农业综合开发办公室、县政府采购中心、会计局、非税收入管理局、国有资产投资经营有限公司。财政系统有职工82人，其中局机关45人，财政所37人；公务员43人，事业人员16人，工勤人员22人。

局 长

马 良 男 回族 鲁甸人

党组书记

杨 斌 男 汉族 永善人 2009年11月任

副 局 长

李仁麟 男 汉族 鲁甸人 兼农开办主任

马 灿 男 回族 鲁甸人 兼采购中心主任

游朝斌 男 汉族 鲁甸人 兼综改办主任

吕明良 男 汉族 鲁甸人 2009年8月止

马 伦 男 回族 鲁甸人 2009年11月任

非税收入管理局局长

房 斌 男 汉族 鲁甸人

会计局局长

吴 雄 男 汉族 鲁甸人

国有资产投资经营有限公司经理

冯昌山 男 回族 鲁甸人 2009年月3月止

马 梅 女 回族 鲁甸人 2009年月3月任

【全面完成财政收入目标任务】 2009年，全县完成净上划中央两税7 603万元，其中增值税7 601万元，比上年决算7 735万元减少134万元，下降1.7%；消费税2万元，比上年增加1万元。地方财政一般预算收入首次冲破亿元大关，完成10 886万元,比年初预算10 831万元增加55万元,增长0.5%,比上年决算9 418万元增加1 468万元,增长15%。主要收入情况:增值税入地方25%部分完成2 415万元,比上年2 578万元减收163万元,下降6.3%;营业税累计完成1 825万元,比上年1 638万元增收187万元,增长11.4%;企业所得税累计完成779万元,比上年601万元增收178万元,增长29.6%;个人所得税累计完成146万元,比上年151万元减收5万元,下降3.3%;资源税完成1 195万元,比上年914万元增收281万元,增长30.7%;城市维护建设税完成367万元,比上年332万元增收35万元,增长10.5%;房产税累计完成51万元,比上年31万元增收20万元,增长64.5%;印花税完成55万元,比上年70万元减收15万元,下降21.4%;城镇土地使用税完成48万元,比上年62万元减收14万元,下降22.6%;车船使用税完成86万元,比上年70万元增收16万元,增长22.9%;烟叶税完成2 721万元,比上年1 882万元增收839万元,增长44.6%;耕地占用税完成193万元,比上年83万元增收110万元,增长132.5%;契税完成132万元,比上年126万元增收6万元,增长4.8%;行政性收费收入完成49万元,比上年34万元增收15万元,增长44.1%;罚没收入完成336万元,比上年365万元减收29万元,下降7.95%;专项收入完成336万元,与上年持平,国有资源有偿使用收入完成34万元;其他收入118万元。基金收入完成2 628万元,比上年686万元,增收1 942万元,增长2.83倍。

【完成财政支出】 2009年,地方一般预算支出累计完成87 938万元。完成年初预算61 386万元的143.3%;比上年同期66 271万元增支21 667万元,增长32.7%。其中人员经费支出29 845万元,专款兑现37 802万元。基金预算支出3 532万元,完成年初预算3 083万元的114.6%,比上年1 021万元增支2 511万元,增长245.9%。

【财政改革工作】 2009年,县财政局根据省、市深化地方国库集中收付制度改革的统一要求和部署,积极开展国库改革工作,在上年启动29个单位改革基础上,1月启动第三批21个单位改革,将新批准独立核算的工商联、统战部等单位纳入改革范围。完成县本级61个预算单位国库集中支付制度改革,改革面占县直预算单位的100%,圆满完成改革任务。在简化财政资金拨付环节、提高资金使用效益、增强预算执行透明度等方面取得良好效果,财政资金宏观调控能力较大提高。根据省市财政要求,全省范围全面启动部门预算改革,10月正式启动部门预算编制改革,出台《鲁甸县深化部门预算改革实施方案》,进一步规范部门预算编制制度,财政预算管理工作步入新起点,财政职能逐步转化为服务于社会基础教育、公共基础设施建设,促进公平分配、维护社会稳定、保证政权建设、国家安全等社会公共领域,财政资金分配的公开、公平、公正性不断完善,全县财政管理改革工作迈入全新局面。根据《云南省人民政府关于深化乡镇财政预算管理方式改革的意见》和《云南省乡镇财政预算管理方式改革实施细则》精神,在“乡镇资金所有权、使用权和财务审批权不变,债权债务主体不变,独立核算责任主体不变”的前提下,按照“财力和事权相统一”的原则,制定全县统一、规范的改革方案,作为缓解县乡财政困难,完善县乡财政管理体制的突破口,已进入实施阶段。改革主要内容:把乡镇作为县级财政的一级预算单位、乡镇财政收支全部纳入县级统一管理,打破长期由乡镇自主核算的分散管理模式形成的财权分配格局,依照积极稳妥、简明规范的方式,进一步调整和完善县乡财政管理体制,加大对困难乡镇的扶持力度。

【农村综合改革】 2009年,县财政局继续深化乡镇机构改革和农村义务教育管理体制改革,建立健全农民负担监督管理机制,建立全面新型农村合作医疗制度,完善农民最低生活保障制度。全面推进村级公益事业建设一事一议财政奖补工作。全县完成村级公益事业建设一事一议财政奖补项目163个,包括村内户外道路建设、小型农田水利建设、人畜饮水、环卫设施、文化体育设施、桥涵修建等。项目覆盖12个乡镇57个村委会和1个居委会,完成投资1 798.33万元。11月批复实施奖补项目69个,总投资1 522.6万元,通过省市验收。

【政府采购工作】 2009年,县财政局认真贯彻执行《政府采购法》和全国财政工作会议精神,坚持“公开、公平、公正”原则,围绕促进党风廉政建设、节约财政资金两个中心,巩固和发展已取得的改革成果,努力推进政府采购工作。县政府采购中心把制度化建设作为工作重点,积极推进政府采购,使用各类资金采购项目19项(次),采购预算1 410万元,采购金额1 280万元,节约资金130万元,资金节约率达9.2%。

【财政支农工作开展较好】 2009年,上级和本级财政拨入支农资金12 346万元,拨付11 079.5万元,占拨入资金的90%。一是财政惠农直补资金4 446.9万元,其中退耕还林补助1 601.34万元,良种补贴363.5万元,综合直补资金1 680.2万元,油菜补贴22万元,能繁母猪补贴284.86万元,烟肥补贴495万元。二是专项支农资金5 365.6万元,其中农业868.1万元,林业1 277.2万元,水利444.3万元,畜牧583.5万元,其他2 192.5万元。三是财政扶贫资金2 533.5万元,已安排使用1 267万元,其中水利局以工代赈200万元,小寨乡、龙头山镇整乡推进306万元,乡镇整村推进456万元,易地扶贫88万元,茅草房改造35万元,扶贫贷款贴息78万元,劳动力转移培训资金104万元。

【确保社会保障工作开展】 2009年,全县发放社会保障资金19 948万元。其中社会保障和就业11 325万元,医疗保障8 367万元,地震灾后恢复重建256万元。保障全县社保基金运行正常。全年企业养老保险基金收入1 331万元,支出1 467万元,其中上解支出800万元;失业保险基金收入115万元,上解支出115万元;城镇职工医疗保险基金收入1 754万元,支出1 218万元;企业工伤保险基金收入50万元,上解支出50万元;企业生育保险基金收入25万元,上解支出25万元;新农合基金收入3 159万元,支出3 139万元;大病补助医疗保险基金收入130万元,上解支出130万元。

【教科文事业支出增加】 2009年,全县教科文事业支出增加,共支出28 154万元。一是教育支出26 211万元,其中农村义务教育阶段贫困学生生活补助1 284.98万元,补助贫困学生38 918人,农村义务教育阶段提高农村中小学公用经费保障水平资金2 895.76万元,中小学校校舍安全建设工程资金1 958万元,农村义务教育化解债务1 239万元。支持未“普九”县农村义务教育寄宿制学校建设资金4 400万元。二是计生支出1 128万元,其中社会抚养费征收389.9万元,返还389.9万元。三是广电支出162万元。四是科技支出164万元。五是文体支出439万元。六是党校支出50万元。

【加大基础设施建设投入】 2009年,县财政局加大经费投入,加强资金管理,严把工程质量,提高资金使用效率和项目的社会效益。累计投入资金32 617.24万元开展保障性安居工程、农村民生工程、农村基础设施、社会事业发展、节能减排和生态建设工程等各类基础设施建设。一是抓住机遇,向上争取扩大内需资金22 777.91万元,其中中央资金12 183.41万元,省级资金2 519.25万元,市级资金611.89万元,县级配套3 874.86万元(县级财政预算安排432.86万元,国资公司贷款3 142万元,采取BOT模式融资300万元),其他投资3 588.5万元。二是发放综合直补资金1 680万元。受益全县81 015户农户,372 121人,户均获得补贴207元,人均领取补贴45.15元。3月19日开始兑付到农户手中。三是发放2009年石油提价补贴资金20.51万元。具体补贴石油价格改革对林业(营造、管护、育苗、育种面积47 084.67公顷)补贴2.76万元;对农村道路客运(座位数1 198座,58户)补贴15.6万元;对出租车(20自然台)补贴2.15万元。4月底全部兑付到补贴对象手中。四是完成国债资金投资1 636万元(投资356万元修建新街等4所中学食堂及新街中学宿舍楼,投资1 280万元沙乐公路建设,正在建设)。五是及时兑付大中型水库移民后扶资金68.98万元,解决1 533人水库移民基本生活问题。六是民居地震安全工程完成投资530万元,全县1 090户农户改善居住环境。七是农村危房改造工程,投资920万元(县级配套20万元)农村危房改造工程启动,资金全部拨付有关乡镇。八是交通通达工程项目投资2 625万元。九是投资574.33万元梭山乡土地治理项目,已完工。十是矿产资源有偿使用费项目投资948.51万元。十一是小型病险水库加固投资498万元。十二是地方公检法司等基础设施建设338万元。

【开展汽车家电下乡补贴工作】 2009年,县财政局收到市财政局预拨补贴资金658万元,兑出补贴资金564.2万元,九类家电下乡产品中只有空调没有补贴兑付发生,累计销售家电补贴产品1 889件、282.3万元,补贴资金36.6万元。销售补贴微型客车470辆、1 770.4万元,补贴资金175.4万元;销售补贴轻型载货车 268 辆、1 515.3 万元,补贴资金 114.5 万元;销售补贴摩托车 4 561 辆、1 853.0 万元,补贴资金 237.7 万元;拉动消费 5 421 万元。通过补贴,激发广大农户购买家电及汽车摩托车的热情,乡村面貌明显改善。

【开展党风廉政建设、学习实践科学发展观、阳光政府四项制度工作】 2009 年,县委与县财政局党组签订《鲁甸县 2009 年县直部门党风廉政建设责任书》,县政府与县财政局签订《鲁甸县人民政府与各行政执法主体执法责任状》、《鲁甸县政府部门机关作风建设目标责任书》,县直属党委与财政局党总支签订《鲁甸县直属党委 2009 年党风廉政建设责任书》。财政局党组高度重视,对各项工作任务认真分解细化,逐层签订责任状,确保工作任务落实,适时检查落实,各项责任状考核与个人考核和股室考核相结合。一是开展党风廉政建设和反腐败工作。从思想上提高开展党风廉政建设和反腐败工作重要性认识;加强宣传教育,健全完善机构,明确专人负责宣传教育工作,形成主要领导负总责,分管领导具体抓,业务股室协调负责日常工作;强化廉洁自律,定期召开民主生活会、党组会议和支部会;强化制度建设,注重实效、推行效能建设;建立财政部门惩治和预防腐败体系,全面落实"收支两条线"规定,开展各项财政改革;搞好财政监督,保障资金安全,促进廉政勤政。11 月 19 日,县纪委检查组通过听汇报、座谈、查看资料等形式对党风廉政建设工作进行检查,给予充分肯定。二是深入开展学习实践科学发展观活动。按照中央和省、市、县委统一部署和要求,财政局开展学习实践科学发展观活动。3 月开始,8 月基本完成。严格按照县委、县政府统一部署和要求,精心组织,周密部署,扎实推进,较好地完成学习实践活动学习调研、分析检查、整改落实三个阶段各项规定动作。活动期间,组织党员领导干部深入基层,深入群众,开展广泛调研活动。全局先后派出 4 个调研组,访问农户和村组 160 余人次,召开座谈会 18 个,收集意见建议 100 余条,形成调研报告 8 篇,其中局长马良的《关于切实加强财政资金监管的思考》发表于《调研报告汇编》一书中。三是贯彻实施阳光政府四项制度。3 月 31 日启动,领导重视到位,工作措施到位,各项工作进展顺利,取得阶段性成效。4 月 10 日,成立实施阳光政府四项制度领导组,下设办公室。5 月 1 日开通96128政务信息查询专线电话,办公室 1 名职工兼任政务信息联络员。开通政务信息网上查询系统,确定 1 名职工为专职信息发布员。同时,认真实施重点工作通报制度,办好县财政局网站、县财政局政府信息公开网站、县财政局橱窗"两网一橱窗"。

【加强财政监督检查工作】 2009 年,县财政局组织开展多项监督检查工作。一是对扩大内需专项资金进行检查,主要检查专项资金使用是否规范,是否做到专款专用,有没有挤占和挪用现象。二是对县交通局 2008 年度会计信息质量及执行《会计法》、《行政事业单位会计制度》、《财政违法行为处罚条例》等情况进行检查。三是对乡镇财政资金安全进行检查,做到边检查边整改,各财政所严格按照要求对资金进行全面规范管理,确保财政所资金运行安全可靠,尽快提高会计管理水平。

【挂钩扶贫工作】 2009 年,县财政局认真开展挂钩扶贫工作。年初,市、县财政局干部职工一行 30 多人到挂钩扶贫点水磨镇嵩坪村看望慰问困难群众,发放 2.5 万元慰问金及大米、食用油、被褥、衣物等。局党组领导多次到江底乡坡脚村及小寨乡大坪村等地进行扶贫调研及帮扶工作。

【切实做好会计管理和培训工作】 2009 年,县财政局切实做好会计管理和培训工作。根据《会计法》、《云南省会计管理条例》、《从业资格证管理办法》要求,做好注册会计师考试报名工作。对 558 人会计人员进行继续教育培训,对 11 家企业进行全面资产清理。认真组织村集体经济会计制度和会计电算化培。全面推行村级委托代理服务,组织 12 个乡镇财政所和经管站所长、会计、出纳 67 人,进行为期一周的村集体经济会计制度和用友财务软件培训,全体人员考试合格,实际操作技能提高。

(马　杰)

国　税

【机构人员】 2009 年,县国税局内设办公室、税政股、收入核算股、政策法规股、征管股、人事教育股、监察室、办税服厅 8 个机构。直属机构 1 个(稽查局)。事业单位 1 个(信息中心)。派出机构 1 个(文屏税务分局)。另设机关党务办公室。有干部职工88人,其中在职52人,离退休36人。在职干部职工中有党员35人,大专以上学历33人,中专学历4人,高中以下5人。

局 长

王天平 男 汉族 鲁甸人

副局长

耿 松 男 汉族 鲁甸人

马仲昆 男 回族 鲁甸人

阮拥军 男 回族 鲁甸 2009年11月任

纪检组长

刘鹏翥 男 汉族 鲁甸人

【开展深入学习实践科学发展观活动】 2009年,县国税局加大政治业务培训力度。一是制定县国税局党组《关于深入学习实践科学发展观活动实施意见》和《开展深入学习实践科学发展观活动实施方案》,根据上级规定时段,制定学习活动日程安排表,学习实践活动有条不紊地进行。二是坚持集中学习与自学相结合,加大集中学习辅导力度,丰富参学人员的理论知识。集中全体参学人员辅导3次,分别对《毛泽东、邓小平、江泽民论科学发展观》、《科学发展观重要论述摘编》的14个章节;两次指定22个自学篇目,通过检查,绝大部分党员干部按计划开展自学,撰写了心得体会和读书笔记,班子成员落实率100%。三是进一步巩固和拓展学习实践科学发展观活动成果,根据县委学习实践科学发展观领导小组通知要求,结合工作实际,4月28日,认真组织副科级领导干部(实职),到县委学习实践科学发展观领导小组指定考点,参加县委统一组织的集中考试。5月19日,党组书记、局长王天平参加学习实践科学发展观活动领导干部演讲比赛,其他实职副科级领导到演讲会现场听演讲。四是认真践行学习实践科学发展观活动,用先进的理论武装国税干部职工头脑,指导国税工作。认真贯彻落实"党员干部受教育、科学发展上水平、人民群众得实惠"及"巩固和拓展实践成果"的总要求,局党组响应县委学习实践科学发展观领导小组办公室号召,深入挂钩扶贫点火德红乡李家山村,认真实践科学发展观,认真查看李家山村民人畜饮水设施、通村公路、照明设施、桥梁修建等情况,积极为村民想办法、出主意。与相关有关部门协调,单位出资5 000余元,解决人畜饮水工程,改善通村公路路面情况等,进一步改善村民居住和生活环境。五是推进学习实践科学发展观活动深入开展,促进国税队伍建设,提升国税形象,推动全局工作有序开展。紧密结合国税工作实际,在大厅设立学习实践科学发展观活动纳谏信箱,广泛征求群众和纳税人意见和建议,受到纳税人的一致好评。六是贯彻落实全市增值税政策调整布置工作会议精神,充分做好增值税政策调整准备工作,帮助企业及时理解运用增值税转型政策。1月15日,开办"增值税转型培训班",确保新政策得到及时贯彻落实。七是加强大企业税收精细化、科学化管理力度,努力提升大企业税收管理水平,结合大企业税收管理工作实际,根据干部自身知识结构情况,积极采取4个结合的学习方式,因材施教,大力提高税干综合业务素质,促进大企业管理工作跃上新台阶。

【开展税收宣传活动】 2009年,县国税局提前安排、周密部署,扎实开展税收宣传活动。一是加大税收宣传力度和报道力度,扎实开展第18个税收宣传月活动。严格按照"税收·发展·民生"的宣传主题要求,认真落实"一个统领三个结合"的宣传思路,以学习实践科学发展观为统领,以开展新农村建设、家电下乡活动、税务稽查专项检查、旅游宣传等作为宣传载体,扎实开展第18个税收宣传月活动。在宣传中学习,在宣传中实践,不断创新宣传方式,以群众和纳税人喜闻乐见的方式,扩大宣传影响力和覆盖面,增强税收宣传影响力,实现普及国家税收法律知识,增强纳税人的纳税意识,实现营造和谐税收征纳环境的宣传目的。税收宣传月活动与新农村建设相结合。挑选业务骨干参加县政府组织的新农村建设活动,活动中积极宣传"社会主义税收,取之于民,用之于民"的税收本质,以农民生活中的鲜活例子进行税收宣传;税收宣传月活动与家电下乡相结合,税收宣传月活动与专项稽查相结合。通过努力,实现以宣传促管理,以管理突破收入。4月,全县组织入库税款3 682万元,其中增值税2 595万元,储蓄存款个人利息所得税入库13万元,企业所得税入库865万元,车辆购置税入库209万元。坚持集中宣传与日常宣传相结合,多形式、多渠道扎实开展日常税收政策宣传工作。

【充分发挥稽查职能作用】 2009年,县国税局充分发挥稽查职能作用,加大整顿和规范市场秩序力度,提高纳税人税法认知度和遵从度,税收征纳环境明显改善。全年检查15户,其中企业10户,个体工商户5户。查有问题15户,查补税款675 208.48元,加收滞纳金64 504.69元,罚款37 746.95元,共查补总额为777 460.12元。已全额入库,入库率100%,处罚率5.59%,查实率100%。其中企业自查补缴683 101.01元。比上年增长3 036.86%;检查纳税户147户,发现问题户147户,查补收入82.11万元。加大普通发票使用管理、检查力度及加强对纳税户日常管理工作力度。促使纳税人按时限自觉办理涉税事项。通过税收专项检查,建立健全"以查促管、以管促查"长效机制,有效遏止涉税案件发生,夯实征管基础。

【区域税收专项整治】 2009年,县国税局把全县普通发票使用检查列入县级专项检查,对全县4户有疑点的普通发票使用个体户进行专项检查,4户个体户在发票使用上不同程度存在问题,其中4户定性为发票违法,已全部结案,共追缴税款1 721.04元,滞纳金140.95元,罚款6 398.2元,合计8 260.19元。

【大型企业集团专项检查】 2009年,县国税局根据市国税局通知,对鲁甸供电有限责任公司专项检查。5月11日发出自查通知,企业6月15日自查结束,自查查补税款8 485.22元,滞纳金2 214.64元,共10 699.86元。通过检查,查补税款653.85元,加收滞纳金192.23元,加处罚款653.85元,合计1 499.93元。

【分级分类稽查工作】 2009年,县国税局完成市国税局安排分类稽查2户,共查补税款590 712.62元,加处罚款3 346.15元,加收滞纳金48 641.68元,共642 700.45元,其中企业自查补缴总额638 889.42元。

【打击发票犯罪活动】 2009年,县国税局开展打击发票违法犯罪活动,县国、地税及公安3部门共收缴白纸发票25份。在普通发票专项检查中,查处发票违法案件5件,其中收缴假发票33份;查补税款3 266.01元、罚款7 172.49元、滞纳金265.92元,合计10 704.42元,实现维护国家税收征管秩序,促进依法诚信纳税,进一步规范全县经济秩序。

【发放职工住房补贴】 2009年,县国税局贯彻落实上级关于发放职工住房补贴通知精神,组织相关部门人员和离退休职工,认真学习《昭通市政府关于印发〈昭通市市级机关事业单位职工住房货币化补贴支付办法(暂行)〉的通知》、《昭通市市级机关事业单位住房货币化补贴工作领导小组办公室关于印发〈昭通市市级机关事业单位职工住房补贴实施细则〉的通知》等文件,了解和掌握相关规定。通过广泛宣传,召开专题会议研究、安排和部署职工住房补贴发放工作,严格按照程序,开展职工住房补贴发放工作。全局干部职工(含离退休人员)住房补贴发放工作基本结束,共发放住房补贴429.67万元。

【实施阳光政府四项制度】 2009年,县国税局采取4条措施实施阳光政府四项制度。一是成立由局长任组长的实施阳光政府四项制度领导小组,为实施阳光政府四项制度奠定组织基础。二是加大培训学习力度,积极参加县政府组织的政府信息公开、重大事项决策听证、政府信息网络查询(FAQ)、96128政府信息查询等专题培训,提高业务水平和工作质量。三是制定实施方案,确保实施阳光政府四项制度有序开展。四是认真开展政府信息公开工作,及时更新信息,确保公众和纳税人了解和掌握国家税收政策。按照县政府网管中心要求,及时进行网络模块创建和各项初始化设置,及时将国家颁布的税收政策和工作情况进行公开,努力提高信息公开工作质量。

【开展税收执法考核】 2009年,县国税局结合机构改革,对税收执法考核领导小组进行调整,切实加强组织领导,全面提高考核质量和效率,加大税收执法管理信息系统操作人员培训力度,促进操作人员尽快熟悉系统操作,准确掌握各项考核指标及考核标准,减少和防止执法过错产生;加强执法过错情况日常监控,坚持过错情况日报告制度,努力提高执法准确率;进一步规范申辩调整渠道,杜绝个人向上级请示申辩调整,规定一旦产生过错行为,必须由本部门负责人向法规部门提交,再由法规部门逐级向上级申请申辩调整,努力强化操作人员责任意识;严格执行考核措施,认真兑现考核结果。根据上级考核情况,结合系统业务流程和系统记载情况,坚持按月考核,按季度兑现,对相关责任人进行惩罚。6月税收执法考核中，有2名操作人员因产生执法过错，分别经济惩罚100元和200元，在全局引起强烈反响。

【机构改革工作圆满完成】 2009年9月6日，县国税局专题学习市国税局机构改革方案，成立县国家税务局机构改革领导小组，设办公室在人事教育股。9月11日，召开全体职工动员大会，选准配强中层骨干。根据市国税局核准中层干部控编数，本着“健全机构，严格控制职数”的指导思想，采取群众推荐，党组考察任命的形式，新增配5名股长、副股长，副股级以上人员达20人，比机构改革前增加25%，采取双向选择方式进行人员配置。在选准配强骨干基础上，一般职位配置，采用双向选择方式，按实有人数设置54个岗位，经双向选择，1人没有选取择到岗位，县局安排临时工作，待遇按《鲁甸县国家税务局机构改革方案实施细则》执行，在确定岗位之前，扣除责任制奖金和职位补贴；机构改革后，内设机构8个（办公室、税政股、收入核算股、政策法规股、征管股、人事教育股、监察室、办税服厅）。直属机构1个（稽查局）。事业单位1个（信息中心）。派出机构1个（文屏税务分局）。另设机关党务办公室。

（县国税局工作总结）

地 税

【机构人员】 2009年，县地税局下设4个分局，1个稽查局，9个股室（办公室、计统股、监察室、人教股、法规股、税政股、征管股、规费股、党支部办）；有干部职工68人。

局 长

陈艳明 女 汉族 昭阳区人

副局长

耿 瑶 女 汉族 昭阳区人

潘 俊 男 回族 昭阳区人 2008年12月任

纪检组长

周纪春 男 汉族 威信人

【地方税费收入持续稳定增长】 2009年，县地税局紧紧围绕组织收入这个中心，多次召开会议，专题研究全县税收和收入形势，努力克服金融危机对全县经济发展产生的影响及执行地方税收优惠政策等减收因素的不利影响，把组织收入作为第一要务和最大的政治任务加以落实。通过认真调研，科学分析，准确把握经济税源状况，正确处理收入级次与目标任务的关系，认真落实组织收入措施和办法，确保税费收入按时、按进度均衡入库，实现地方税费收入继续保持良好稳定增长目标。全县地税系统累计完成地方税收入9 232.3万元，完成年计划9 220万元的100.13%，比上年7 625万元增收1 607.3万元，增长21.8%，其中省级收入275.1万元，为年计划275万元的100.04%，比上年387.4万元减收112.4万元，下降28.99%；市级收入100万元，为全年计划100万元的100%，比上年125.1万元，减收25.1万元，下降20.06%；县级收入8 857.2万元，完成全年计划8 845万元的100.14%，比上年7 112.5万元增收1 744.7万元，增长24.53%；县级收入中，本级收入7 367.9万元，完成全年计划7 300万元的100.93%，比上年5 881万元增收1 486.9万元，增长25.28%。组织各项社会保险费收入3 232.3万元，同比增收432.3万元，增长15.44%；工会经费及建会筹备金153.1万元；征收散装水泥专项资金62.06万元，同比增收23.62万元，增长61.44%；累计入库残疾人保障金26.23万元，同比减收0.8万元，降低3.14%；地方教育费附加135.2万元，同比减收4.8万元，下降3.43%。

【加强依法治税】 2009年，县地税局根据省、市地税局部署要求，以规范执法、依法治税作为税收工作灵魂，严格执行各项税收政策。一是认真贯彻落实《责任制考核实施办法》，建立健全各项工作制度，提高考核质量，补充完善税收执法及行政管理责任制考核评议工作，按时汇总上报，严格按照考核条款进行责任追究，确保“推执”工作有条不紊进行。12月，全系统参加考核人次累计达803人次，考核被扣分741人次，累计扣分918分，涉及岗位62个，较好解决“疏于管理，淡化责任”问题，强化税收执法权和行政管理权的监督和管理。二是充分发挥税务稽查作用，认真搞好税收专项检查。贯彻落实《国家税务总局关于开展2009年税收专项检查工作的通知》精神，县局成立税收专项检查工作领导小组，抽调征管、税政等股室人员组成办公室。具体对建筑安装业、南方电网公司、鲁甸三鸣联发有限责任公司、县农村信用合作联社、县长城建安工程有限公司、县建业工程有限责任公司等进行税收专项检查，对欠缴社保险费情况、代开发票、自印发票等进行清理检查。同时,加强与国税、公安、工商、审计等部门协作配合,把税收日常稽查、专项稽查和专案稽查有机地结合起来,加大专项检查和专项整治工作力度。8月,与县国税局、公安经侦大队开展一次大规模严厉打击制、贩、使用假发票犯罪行为联合行动。对虚开货物运输发票和制售假发票等涉税违法犯罪进行专项整治,坚决打击各类涉税违法活动,整顿和规范地方税收秩序。10月,共查补入库各项税费85.33万元,其中营业税3.29万元、城建税0.29万元、教育费附加0.17万元、个人所得税77.9万元、城镇土地使用税0.77万元、车船税0.12万元、印花税0.33万元、房产税1.76万元、契税0.37元、地方教育附加0.06元、滞纳金0.15万元、罚款0.12万元。三是正确贯彻落实各项税收政策。切实落实各项税收优惠政策,县地税局成立减免税审批领导组,加强减免税调研,按照《昭通市地方税务局关于下岗失业人员从事个体经营税收征收管理试行办法》,切实贯彻落实下岗失业人员再就业从事个体经营的各项地方税收优惠政策,有效防止利用税收优惠政策偷、逃、骗取国家税款,维护好良好的税收征管秩序。分管领导牵头,协调相关部门,税收、征管、基层分局严格把关,对申请人提出的请求和各种证件进行审核,按程序审核后符合规定的方可享受税收优惠政策。四是抓好征管基础工作提升征管质量。采取措施和办法,全面抓好各项税收征管基础工作。以大集中系统上线为契机,组织对全县税源情况进行大规模、全方位、高质量清查活动,采取双保险措施,确保征管基础资料高质量及零差错。数据大集中系统3月1日顺利上线。根据数据大集中系统运行需要,加强各股、室、分局间资料传递、信息交流,增强相互间的配合、协作、支持,定期召开征管联系工作会议,及时了解掌握征管工作中出现的新情况和急需解决的问题,增强工作主动性。五是加强税源管理,增强大局意识和忧患意识,加强税收分析与预测,围绕全年收入目标,召开收入预测分析会,深入分析税源增减变动、重点行业发展趋势、重点企业经营状况和国家宏观政策调整情况。4月,重点对县境内耕地占用情况、建筑安装业、牛栏江流域电站等行业全面摸底调查。明确税收管理员工作职责,提高税收管理员的主动性和积极性,结合营业税起征点调整,做好税收定额调整工作。通过加强税收经济分析工作,科学分析税源结构,增强纳税户户籍管理,不断夯实税源基础,完善征管基础资料,建立健全税收征管台账,做到税源清、家底明。六是强化经常性税收宣传工作。围绕“税收·发展·民生”这一宣传主题,按照总局、省局、市局的统一部署,紧扣主题,注重实效,开展“六进”送税法活动,增强公民依法诚信纳税意识,扩大地方税收工作社会影响。全局开展宣传活动7次,累计发放宣传资料6 000余份,受理并答复纳税人咨询300余件。通过全方位、多形式开展税收宣传活动,对营造良好税收法治环境,加强地方税收征管和组织收入入库起到积极作用。

【加大教育培训】 2009年,县地税局按照省局、市局部署和要求,强化干部职工教育培训,专门成立培训领导组,开展培训工作,制定鲁甸县地方税务局《2009年教育培训计划》、《2009年思想政治工作计划》、《2009年党组中心组理论学习计划》、《2009年度政治业务学习计划》、《关于开展深入学习实践科学发展观活动的实施意见》等各项工作计划,教育培训工作组织措施到位、计划落实到位、经费保障有力,确保干部教育培训工作落到实处,取得实效。县局党组按照党组中心组理论学习要求,开展“学习实践科学发展观”、“学习胡锦涛总书记在十七届三中全会上的讲话”、“加强机关作风建设践行学习实践科学发展观”为主要内容的党组中心组理论学习和讨论,努力提高领导班子的理论素养和工作能力,用科学发展观统领地税工作全局。

【优化纳税服务】 2009年,县地税局以开展优秀办税服务厅创建活动为契机,与实施两个“四项制度”相结合,落实各项服务制度,优化地方税收软环境。加强税收法律法规和政策咨询辅导,完善纳税信用等级评定管理,建立纳税信用激励和动态管理机制。建立纳税服务质量考评机制,开展纳税人满意度调查。探索提供个性化纳税服务,建立纳税提醒工作机制,利用手机短信、电话语音提示、电视媒体公告等方式,提醒纳税人如期履行纳税义务。数据大集中系统上线运行后,在法定权限内合理优化工作流程,简化报表资料,系统能够自动生成的数据和报表,不要求纳税人和基层分局报送,通过内网邮箱或公文处理系统报送文件资料,除存档文件外,不再报送纸质资料,降低税收成本,提高办税效率。加强与县总工会协作配合,抓好工会经费代征工作，协调解决代征工作中出现的新情况、新问题，理顺和规范代征工作。

【贯彻落实两个“四项制度”】 2009年，县地税局推行责任政府“四项制度”和“阳光政府”四项制度，把两个“四项制度”作为重点工作。根据省局和市局总体部署和要求，在责任政府“四项制度”取得成效基础上，总结成果，吸取经验，把落实“阳光政府”四项制度作为加强机关建设、提升税收服务水平的核心内容，按照“创新方法、突出特色、抓出亮点、务求实效”的基本思路，积极开展“阳光政府”四项制度各项工作，成立领导组和办公室，综合负责落实“阳光政府”四项制度、学习实践科学发展观活动、地税文化建设等综合类工作，确保各项工作都顺利推进。抽调专人按照阳光政府四项制度部署要求，定期报送相关资料、公示重要事项、通报重点工作、负责政务信息查询，安排专人负责接听解答96128热线咨询电话。抓好公文质量，提高办文效率。通过对办公室政务人员办公自动化系统、《国家行政机关公文处理办法》、《全国税务机关公文处理实施办法》和公文写作知识培训，增强办文人员素质，机关办文工作质量和效率明显提高。做好信息、简报工作，促进地税工作顺利开展。年内，报送简报43条、信息40期48条。狠抓制度建设，强化经费管理，严格执行厉行节约8项规定。严格按《值班工作制度》，执行24小时值班制，保障机关各项工作正常运转和财物、机要公文、信息网络的安全。严格执行《鲁甸县地方税务局建设节约型机关实施办法》，从节约用电、用纸、用水、用油等方面制定约束措施，规范车辆、经费管理。加强资产管理，逐一粘贴固定资产卡片，全面摸清家底，真实完整地反映单位资产及财务状况。加强社会治安综合治理、信访暨预防和处置群体性事件工作，围绕“抓管理，促和谐”工作思路，建立和谐的内外环境。建立健全工作制度，层层签订目标责任书，把综治工作列入全局目标管理责任制考核，参与社会治安群防群治工作，自觉维护系统安全和做好社会稳定工作。机关后勤管理工作效率明显提高，坚持办公室为领导服务、为机关服务、为基层服务的宗旨，管好固定资产，用好行政经费，处理好行政事务，主动做好服务工作。圆满完成会议会务服务工作和对内对外、对上对下接待工作，树立鲁甸地税的良好形象。

【狠抓党风廉政建设工作】 2009年，县地税局重视党风廉政建设和反腐败工作，充分发挥纪检监察的职能作用。一是抓好责任制落实，推动党风廉政建设和反腐败斗争深入开展，与市局和县直属党委签订《党风廉政建设责任书》，并分解落实，做到责任制责任目标、责任人员、责任追究明确。层层分解到单位和领导干部个人，签订责任书。确保党风廉政建设责任制落到实处，取得实效。二是认真开展党风廉政教育活动，以党风廉政教育活动为中心，提高领导班子执政能力，筑牢干部职工思想防线，预防职务犯罪，加强宗旨意识教育，引导税务干部树立“聚财为国、执法为民”的税务工作宗旨观。三是认真执行廉洁自律各项规定，规范领导干部从政行为，按照“为民、务实、清廉”要求，加强党员领导干部理想信念教育和党的纪律教育，抓好领导干部履行党风廉政建设责任制、重大事项报告、礼品登记、收入申报、各级纪检组负责人同下级地税机关主要负责人的谈话和述职述廉等制度的落实，切实加强领导干部廉洁自律建设。四是开展机关作风建设年活动和民主评议政风行风工作。根据《鲁甸县机关作风建设年活动实施方案》和《2009年民主评议政风行风工作的实施办法》要求，局党组召开专题办公会，研究部署机关作风建设年活动和民主评议政风行风工作，成立活动领导小组及办公室，制定实施方案，明确活动的主要内容和方法步骤，广大地税干部职工进一步提高认识，统一思想，积极主动参与和推动本单位政风行风建设工作。围绕“为地税工作又好又快发展谏言献策”，广泛征求干部职工及广大纳税人的意见和建议，共征得意见和建议26条，发征求意见函、表31份，收回31份；发政风行风评议调查表18份，收回18份，满意率100%。五是认真开展廉政文化建设活动。围绕学习贯彻十七大精神，在反腐倡廉教育内容、形式上进一步拓展，把廉政文化建设溶入地税文化建设，以办好《廉政专刊》为切入点，推动地税文化建设。

【学习实践科学发展观活动】 2009年，县地税局围绕服务科学发展、共建和谐税收这一主题，着力转变不适应、不符合科学发展要求的思想观念，以科学发展观为指导，以构建和谐地税、特色文化为导向的地税特色物质文化、特色行为文化、特色制度文化、特色廉政文化，设立文化墙、创建地税文化展板，提升地税文化软实力，用共同的精神和理念来凝聚人心，达到提高干部队伍素质、激发工作活力、增强敬业精神、弘扬优良作风、构建和谐环境的目的。年初，采取“分组牵头轮流负责制”形式，组建6个业务学习小组，轮流以“搞活动，促学习”为宗旨，每月组织2次政治理论学习和2次实践活动，理论学习和开展实践活动相结合，以自学、听讲座、看视频、搞活动等形式，开展形式多样、内容丰富的业务学习活动，组织全局职工认真学习中央、国务院、省委、省政府及市委、市政府的方针政策。4月起，分别以“税收宣传”、“科学发展”、“文明创建”为主题，开展“税收六进活动”、“文艺汇演活动”、“税收业务知识竞赛活动”、“未成年人教育活动”、“我为地税发展献一策大讨论活动”、“科学发展观辩论赛”、“庆祝新中国成立60周年红色歌舞大赛”等文化活动和政治理论学习。把理论学习与文体活动融为一体，把队伍素质建设同理论实践融为一体，形成地税文化建设月月有专题、周周有内容、人人齐参与的良好格局。年内，根据县委要求，开展学习实践科学发展观活动，副科级以上实职领导8人参加学习实践科学发展观活动考试，利用每周五下午政治业务学习时间，组织全局干部职工68人参加学习科学发展观文件，组织“大集中系统”培训工作，在市局集中培训基础上，县局集中培训，理论讲解和上机实际操作相结合，进行为期20天培训；9月，组织县局成立以来规模最大、培训人次最多、辐射面最广的业务培训。聘请昭通市永信会计事务所会计师对全局干部职工、全县行政事业单位及企业办税人员，分3期240人税收业务培训。通过和谐地税文化建设，各项工作走上制度化、规范化、科学化管理轨道，推动各项工作健康发展，为地税事业发展打下坚实基础。

（县地税局工作总结）

人民银行

【机构人员】 2009年，人行鲁甸县支行内设综合管理股、基础业务股、监察室“两股一室”。有职工17人，其中中共党员10人，大学本科13人。退休职工1人。

党组书记、行长

孙万忠　男　汉族　镇雄人

党组成员、副行长、纪检组长、工会主席

邓黎明　男　汉族　镇雄人

【贯彻落实适度宽松的货币政策】 2009年，县人行按照中央“保增长、扩内需、调结构”，执行适度宽松货币政策的总体要求，加强对适度宽松货币政策实施效应跟踪，及时了解掌握政策实施过程中出现的新情况和新问题，下发《鲁甸县2009年信贷工作指导意见》，按季召开金融联席会议；按照上级部门和县委政府支持“三农”、重点项目、中小企业、改善民生贷款的信贷要求，合理确定贷款投向，积极支持地方经济发展。年末，全县金融机构人民币各项存款余额146 861万元，比年初增加41 048万元，增长38.79%；各项贷款余额101 405万元，比年初增加25 487万元，增长33.57%，高于全市平均增长速度3.02个百分点，较年初制定的信贷增量计划超额13.57%，超额10 487万元。一是保障支农资金，农业贷款大幅增长。全年累计向信用社发放支农再贷款4 400万元，6月成功兑付信用社央行票据1 000万元，解决信用社资金不足困难，农村信用社和农业银行积极组织资金，为春耕生产、花椒种植和加工、烤烟种植等提供信贷资金支持。全年农业贷款余额33 014万元，比年初增11 388万元，增长52.31%。为发展地方经济作出积极贡献。二是积极支持中小企业发展，工业贷款增速明显。积极引导商业银行和农村信用社加大对中小企业信贷资金投入，对农副产品深加工、水电开发、建筑建材、化肥生产、养殖等中小企业发放贷款，至12月末，全县工业贷款余额31 810万元，比年初增长7 450万元，增长30.58%。三是拉动内需、促进消费，个人消费贷款有较大增长。农村信用社发放职工消费贷款11 726万元、农业银行发放职工消费贷款1 108万元，代理委托发放住房公积金贷款7 286万元。四是积极落实国家财政扶贫贴息政策。至12月，累计发放扶贫贴息贷款3 314万元，其中发放下岗失业人员再就业贷款553万元，发放小额扶贫贴息贷款2 216.5万元，发放“贷免扶补”贷款544.5万元。

【做好金融稳定工作】 2009年，县人行做好金融稳定工作。一是加强窗口指导，督促各金融机构执行货币信贷政策，按时上报各类监测报告和报表。制定《2009年鲁甸县信贷指导意见》，加大信贷投入，优化信贷结构，推进金融生态环境建设，保持信贷总量合理增长，支持鲁甸经济健康发展。二是加强存款准备金工作管理。按月向中支报送《法人机构流动性情况监测表》,及时掌握地方法人金融机构流动变化情况。三是加强利率管理和指导工作。严格利率管理,及时转发有关利率调整文件,通知各金融机构严格按照文件要求执行,按时上报地方性金融机构人民币贷款利率报告表。四是做好农村信用社票据兑付后的各项监测工作。五是按月对法人金融机构进行风险监测分析,按季上报金融风险监测表,并写出监测报告,切实做好金融稳定工作,努力防范和化解金融风险,确保鲁甸金融平安。

【做好调查统计工作】 2009 年是数据集中系统正式上线的第一年,加强对统计数据核对,制定岗位职责,明确岗位分工,为全年金融统计工作打基础。一是认真执行 2009 年金融统计制度,提高金融统计数据质量。准确、及时、完整向上级行、当地党委政府及相关部门提供金融统计相关数据,完成上级行安排的重点调研课题。二是做好新金融统计系统数据核对工作。加强对数据集中后运行跟踪监测和调查,及时反馈并解决数据集中系统运行存在问题,为新老系统平稳运行打下基础。三是了解和掌握经济金融发展动态,认真分析,及时上报。四是按时完成专题调研。

【加强银行结算账户管理】 2009 年,县人行加强人民币银行结算账户开、销户审查审核和档案管理工作,办理账户开户 397 户,其中基本存款账户 112 户、一般存款账户 1 户、专用存款账户 277 户、临时存款账户 7 户。办理单位销户 296 户,其中基本存款账户 76 户,专用存款账户 214 户,一般存款账户 1 户,临时存款账户 5 户。各单位银行账户资料,按照一户一档标准建立档案,全部归档管理,符合相关管理规定。二是开展账户年检工作,2009 年是人民币银行结算账户第一年检,工作量大,通过各金融机构通力合作,完成全县 237 个账户年检工作,并上报各阶段总结报告及报表。三是对农村信用合作联社所辖营业部、桃源信用社、文屏信用社 3 个网点和县农行所辖银都支行网点 4 个营业网点的人民币银行结算账户年检、账户开立、账户使用情况和账户管理系统、联网核查系统管理情况等实施现场检查。对专用账户未经人行审批取现和汇缴(罚没)收入违规取现问题和违规开立、使用账户两家金融机构按照处罚程序处罚 3.5 万元。

【做好支付结算工作】 2009 年,县人行做好支付结算工作。一是大力宣传支付结算业务,通过挂布标、发放宣传资料等形式宣传,使广大群众了解现代化支付系统信息,接受先进结算工具,提高生活质量。二是确保支行中央银行会计集中核算系统(ABS)运转正常,资金汇划渠道畅通。执行《支付结算办法》和其他支付结算制度,业务操作准确、规范,全年无资金风险事故发生。

【加强国库管理工作】 2009 年,县人行严格执行《国库管理规定》、《国库会计核算业务操作规程》等规定,杜绝"一手清"现象,更正业务坚持"谁的差错谁更正"原则,加强风险管理,确保资金安全。每日根据交换税票、拨款凭证,当日记账,按时上报通讯文件,做到日清月结。确保预算收入报解、库款支拨及时、准确。正确办理内部往来业务。正确使用会计科目和账户,账务、报表正确无误。严格按照退库有关规定,办理预算收入退库。加强对账管理,坚持按月与征收机关、上级国库部门、本级财政部门对账,保障国库资金的安全。全年完成各级预算收入 27 698 万元(含退库数),同比增长 11.57%,其中中央级预算收入 11 924 万元,同比增加 925 万元,增长 8.41%;省(市)级预算收入 2 022 万元,同比减少 825 万元,下降 28.99%;市级预算收入 238 万元,同比增加 91 万元,增长 62.43%;县级预算收入 13 514 万元,同比增加 2 680 万元,增长 24.74%。

【加强征信管理】 2009 年,县人行加强征信管理。一是营造良好社会信用环境,加强征信系统基本信息登录质量检查,督促各金融机构严格执行有关规定,做好企业信息真实性及准确性审核,提高数据信息质量。二是注重征信知识宣传,建立征信宣传长效机制,拓宽企业征信信息征集面,推进和深化征信市场建设,完善中小企业信用体系建设工作联动机制,为信用体系建设打下良好基础。三是按照行政许可有关要求,做好贷款卡发放。四是加强贷款卡管理,对 2009 年前发放的贷款卡年审,对企业、事业单位所报资料认真核实,全年对企业贷款卡年审 18 户,年检合格率 100%。

【加强现金管理和反假人民币宣传】 2009 年,县人行加强现金管理和反假人民币宣传。一是关注现金流通状况，加强协调沟通，提高流通现金成新率。二是加强反洗钱工作，督促金融机构认真履行内控制度建设、反洗钱培训、客户身份识别、大额交易和可疑交易报告、客户身份资料和交易记录保存等义务，定期不定期对金融机构执行反洗钱法律制度状况和反洗钱日常工作监测评估，发挥非现场监管预警作用。三是制定金融机构反假货币工作管理及质量评价暂行办法，开展反假货币工作质量考评，建立2家金融机构和农村信用社作为人民币流通状况监测网点，积极开展反假人民币宣传。

【做好科技工作】　2009年，县人行科技人员认真履行职责，严格执行《计算机安全管理责任制》、《计算机安全管理办法》等制度，加强计算机安全管理，确保计算机精算业务应用系统及网络系统安全运行，完成各系统推广运用。在人行系统科技工作考核为第一名。

【做好政务公开工作】　2009年，县人行贯彻《中华人民共和国政府信息公开条例》，把政务公开作为日常性、持久性工作，重视依申请公开和公开与保密的关系。以县政府门户网站为平台，对支行行政许可、行政流程、办事指南、执法监督等行政执法内容归集和梳理，以条例的形式进行政务公开，实施行政权力阳光操作，以此为契机，推进依法行政工作的实施，提升基层央行公信力。

【加强内部管理】　2009年，县人行梳理制度，查找管理薄弱环节，提出管理措施，强化业务管理责任，规范业务操作程序。一是结合案件专项治理活动，自查自纠，梳理排查存在问题，整改涉及要害岗位管理、会计核算及票据交换、国库、货币发行、安全保卫、信息系统安全等16个存在问题，提出整改措施。二是修订完善制度，进行业务规范化管理。三是贴近业务开展监督工作，以要害岗位人员管理和内部控制管理为重点，监督检查业务股室制度执行到位，风险控制管理到位，切实防范风险事故。四是严格财务管理，强化内部监督。支行紧紧围绕“艰苦奋斗、勤俭办行”的财务工作方针，进一步修订、完善费用报销、财务管理等规章制度，加强财务管理，完善财产物资领用登记，做到经费使用月初有计划，月中有监督，月末有汇报，使财务管理不断走向正规化、制度化，确保财务经费安全与节约使用。

【信息调研工作有新突破】　2009年，县人行重视信息调研工作，提高信息调研质量，制定信息调研工作计划，成立重大课题及信息调研课题组，对信息调研任务分解落实，职工年内不少于1篇信息，中层干部不少于1篇调研文章，完成情况纳入职工和股室年度目标考核。全年编发《金融调研》4期，《金融信息》24期，《货信信息》7期，《纪检信息》4篇，《党建信息》18篇、《工会信息》23篇，圆满完成中支工会和宣传部下达的上报数量，其中调研被中支转发2篇，工会、党建信息被中支采用21篇，被成都分行网站采用14篇。上报信息调研数量和质量在上年基础上有大幅度进步和提高。

【加强组织人事和职工队伍建设】　2009年，县人行加强组织人事和职工队伍建设。一是组织人事工作岗位职责及人员落实。按时按质完成组织人事日常基础工作。人事劳资报表、统筹报表保持高质量，做到材料报送及资金汇划准确及时；报表、材料完整、规范、质量高；统一工资报表、统一工资项目、统一福利标准的劳资“三统一”，严格做到政策、纪律执行到位。组织人事工作考核为第一名。二是加强编制外用工和要害岗位人员管理。认真贯彻落实《劳动合同法》及总行有关规定，做到规范使用编制外用工。三是加强要害岗位人员教育、管理、监督工作，强化管理意识和责任意识，落实要害岗位人员考核措施，强化要害部门和要害岗位风险防范。四是深入开展“创先争优”评选表彰工作。全体职工开展读好一本书(《好人好事好心态》)活动，全体职工撰写学习心德，党组班子成员完成理论调研文章。积极开展向王瑛和先进人物学习和开展社会主义荣辱观教育，开展社会公德、职业道德和家庭美德教育，开展“创建学习型组织、争做知识型职工”活动。

【加强安全保卫工作】　2009年，县人行加强安全保卫工作。一是严格执行值班和安全管理等制度。二是对保卫人员进行设备和有关计算机操作技能培训，保卫人员对监控设备懂性能、会使用、会维护。三是建立突发事件总体应急预案及处置群体性上访事件应急预案、消防安全应急预案等系列应急操作制度，提高处置突发事件能力。四是对印章、密级文件、消防设备等开展经常性安全检查，消除安全隐患。五是开展“平安金融”创建活动，印发《2009年度“平安金融”创建活动实施意见》，明确指导思想、创建目标、工作标准和措施要求，形成人人参与平安建设、上下联动共创平安的良好局面，确保全县金融部门无外抢内盗、无火灾事故、无诈骗案件、无刑事案件、无治安案件发生。安全保卫工作被县委表彰为“2009年度社会治安综合治理先进单位”。

【加强精神文明和党风廉政建设】 2009年，县人行加强精神文明和党风廉政建设。一是加强精神文明建设。把精神文明建设作为构建和谐支行，提升履职工作水平，促进支行全面发展的一项长期工作，制定规划、落实目标。制定年度创建规划，力争创建中支级文明单位。把精神文明建设和文明单位创建工作与开展“艰苦奋斗、廉洁为公”、“立党为公、执政为民”主题教育活动和“构建学习型组织、争创学习型员工”活动有机结构，以构建和谐支行为目标，推动和促进支行精神文明建设，丰富创建内容，夯实创建基础，提升员工整体认同感和方向感。围绕中心工作和履行央行职责促进精神文明建设。加强班子和队伍建设，履行职责，全面完成各项目标任务。创建中，坚持“重在建设，重视过程，注重实效”的方针，不搞形式，不走过场，不搭花架子，把文明单位创建重点放在软件建设上，把创建工作落实到职责履行上，工作目标任务完成上，职工思想稳定上，职工精神面貌提升上，促进和谐支行建设。二是加强党风廉政建设。抓“龙头”，强化党风廉政建设和反腐败抓源头工作责任和任务分解落实。抓“源头”，制定完善人事权、财权、监管权限管理制度。抓“苗头”，加强职工教育、学习和管理。坚持“一岗双责”，做到业务工作和党风廉政建设两不误、两促进、两发展。主要领导、分管领导按季对分管股室的党风廉政建设责任制落实和内部控制管理监督检查，按年度对股室党风廉政工作进行考评。全年支行干部职工无违法违纪行为和违反廉洁自律行为。

（吴 俭）

农业银行

【机构人员】 2009年，农业银行鲁甸县支行内设综合管理部、财会运营部、客户部3个，下设支行营业室、银都支行两个对外营业机构，有在职在岗员工46人。

行　　长

　　李国云　男　汉族　永善人

副 行 长

　　孔令梅　女　回族　鲁甸人

　　铁发涛　男　回族　鲁甸人

行长助理

　　王世建　男　汉族　绥江人　2009年5月任

【业务经营成果显著】 2009年，县农行各项存款余额为65 090万元，较上年末49 662万元增15 427万元，其中对公存款余款34 743万元，较上年末24 339万元增10 404万元；储蓄存款余额30 347万元，较上年末25 323万元增5 023万元。银行卡存款余额12 114万元，较上年末9 470万元增2 643万元。按上年末存款余额为考核基数，各项存款增15 427万元，完成计划增长6 000万元的257.1%。其中对公存款增9 889万元，完成计划1 000万元的988.9%；储蓄存款较上年末增5 023万元，完成计划5 000万元的100.46%。各项贷款余额为44 427万元，较上年末36 901万元增7 526万元。公司类贷款增8 760万元，完成计划15 000万元的58.4%；个人贷款计划1 500万元，同比降1 234万元，未完成计划任务。不良贷款余额7 000万元，不良贷款占比为15.76%。年末存贷比为68.25%，较上年末74.3%降6.05个百分点。收息率6.19%，较上年6.57%降0.38%；付息率1.22%较上年1.75%降0.53%。

【完成账面利润】 2009年，县农行实现各项收入3 915万元，支出3 533万元，收支相抵账面利润382万元，减计提资产减值准备1 273万元，利润完成1 655万元，拨备后利润（拨备63万元）1 592万元。完成市分行下达计划盈余1 440万元。无消化历史包袱。

【业务费用使用情况】 2009年，县农行总费用支出884万元（不含折旧和手续费支出），其中人员费用602万元，管理费用282万元，比上年同期增189万元。折旧费支出59万元，较上年同期增4万元，原因是新购置机器设备和固定资产评估增值增加折旧支出。全年表内应收利息余额8万元，利息收回率99%；实现有效收入2 947万元，中间业务收入

150 万元,完成年计划 260 万元的 57.7%;收回不良贷款本息 99.6 万元,其中本金 76.5 万元,利息 23.1 万元,完成市分行下达 475 万元的 20.9%;现金备付率考核按年日平均 495 万元,未超分行 500 万元计划,缴存央行超额准备金分行计划 350 万元,实际按年日平均 323 万元,控制在计划内。

【银行卡业务营销】 2009 年,县农行完成贷记卡 484 张,占市分行下达 172 张的 281%;惠农卡 3 592 张,占市分行下达 4 200 张的 85.52%。签订安装 POS 商户协议 39 户,占市分行下达 6 户的 650%;收付易安装商户协议 6 户,占市分行下达 4 户的 150%;个人网上银行 658 个,占市分行下达 380 个的 173.15%;企业网银 12 个,占计划任务 10 个的 120%;完成第三方存管 347 个,占市分行下达 70 个的 495.7%。

【加强营销服务拓展存款市场】 2009 年,县农行加强营销服务,拓展存款市场,计划早下达,措施早落实。1 月 4 日,召开行务会研究安排全年经营管理工作,制定工作要点和措施办法,把各项任务分解下达各部门及营业机构,制定考核措施。统一思想,落实行动,努力营销,把握发展机遇,做大做强经营规模。积极开展"迎新春"优质服务竞赛活动,成立领导组及办公室,有组织、有计划开展以"大行德广、伴您成长、金钥匙春天行动"为主题宣传活动,采取挂标语、走访大客户、回馈客户抽奖、换新钱等形式多样宣传,巩固和提升农行社会美誉度,展示农行企业形象。充分听取客户意见和建议。由于宣传到位,全行上下努力,县农行获省分行 2009 年春天行动优秀支行。树立"存款立行"思想,多渠道拓展存款,坚持贯彻"三全"(全年抓、全员抓、全面抓)营销方针,按年初制定的存款考核措施,由管理部(室)挂钩营业机构考核,按月兑现。由于措施得力,留住老客户,发展新客户,存款稳步增长。大力拓展黄金客户,拓展战略重点客户与战略重点业务,巩固与扩大客户领域与城镇储蓄市场,做实做细,对行业性、集团性、系统性客户实施具体服务,建立大客户台账,实施差别服务。为全年完成各项任务目标打下坚实基础。

【强化信贷管理】 2009 年,县农行严格执行信贷制度,强化基础管理,信贷管理工作在制度化、规范化、精细化、程序化方面有质的飞跃。加强信贷业务全程规范操作,加大到期贷款收回率。推进"惠农卡"发卡、授信及用信。全年信贷工作重点是服务三农,清收盘活不良资产,大力发展县域内昊龙、民爆、云香、恒达等高端客户。做好惠农卡发放及"转账贷物"工作。为做好转账贷物工作,支行班子积极协调,多方联系,在时间紧、任务重情况下,经市分行协调,得到 4 个县 23 个信贷人员支持,顺利完成 3 个乡镇 4 个烟叶站点转账贷物工作。全年发放惠农卡贷款 213.6 万元,收回 123.3 万元,年末个人贷款余额为 3 307 万元。

【严格控制费用支出】 2009 年,县农行强化财务核算,严格控制费用支出。一是严格执行费用专户管理,严格执行"一个户、一本账、一支笔"审批制度,从严控制费用支出,树立成本核算观念。按照市分行费用管理办法进行核算,出台《费用管理办法》及《办公用品领用办法》,并严格实施。二是做好会计信息统计工作,充分利用 FARS 系统信息资源,正确反映经营成果,以扎实推进财务集中为契机,进一步加强财务统筹,提高财务资源配置与使用效益,杜绝浪费现象,加强资金计划与利率管理,提高资金管理效益。三是严肃财经纪律,规范财会行为,加强事后监督,加强内控制度建设,认真做好资金调拨工作和中心金库管理。根据总行内部审计相关要求,配合总行审计人员查依据、翻资料,圆满完成内部审计工作。

【深化分配制度改革】 2009 年,县农行加强人事教育工作,深化分配制度改革。一是加强精神文明建设,充分发挥工会、女工委等群团组织的作用,出台《鲁甸支行员工关爱慰问制度》,定期或不定期组织员工开展形式多样的户外文体活动,组织员工及离退休职工体检。坚持定期召开行务会,每季度组织一次中心学习,每月组织全行员工学习,营业机构每月组织一次学习,增强广大干部员工的活力和凝聚力,切实转变工作作风。按照市行关于开展以"自信自强,提升自我"为主题的职业道德学习活动通知要求,组织全行员工开展 1 个月职业道德学习活动,认真开展批评与自我批评及南部片区交流活动,采取多种方式的存在风险点查找工作,按季认真开好内控分析会,存在问题明确责任人,限期整改,得到市分行认可及表扬。二是制定综合考核办法，推进劳资分配改革，年初制定《农行鲁甸县支行岗位、绩效工资考核分配办法》，将员工的绩效工资与业务量、业绩挂钩，按照技能测试成绩测算技能工资，出台《鲁甸县支行岗位绩效工资考核实施办法》，做好岗位绩效、工效、工资考核兑现工作，组织开展每年的员工技能测试工作。三是加强文秘、档案管理和宣传报导工作，建立电子化管理，规范各种自行文文体和处理办法，建立档案管理和查阅制度，按规定清理归并各类文书、会计等综合档案，对所有档案进行认真清理检查。四是加强车辆管理，做好全行后勤服务工作，保证全行工作正常运行，加强办公用品和低耗品管理，做好各种会议和内外工作交流，检查接待及食堂管理等工作。

【充分发挥监督保障职能作用】 2009年，县农行狠抓员工队伍素质教育，促进两个文明健康发展，认真开展行业作风建设，把党风廉政建设与业务工作相结合，抓制度建设，促进业务健康发展。一是认真贯彻党的十七届三中全会精神，组织全行员工参与职业道德教育学习活动，推动反腐败抓源头工作，加大反腐败治本力度，与员工签订防范案件承诺书，引导广大员工牢固树立"合规操作是岗位工作的第一要义"理念。结合案件专项治理要求，深入开展反商业贿赂治理活动。从源头上防止各类案件和腐败行为发生。二是加强纪检、监察、保卫工作制度建设，签订党风廉政建设、安全保卫、防范经济案件、刑事案件等责任书，充分发挥职能监管作用，做好安全防范工作，狠抓防范措施落实，层层签订落实防范责任制，做好现金守押工作，严格执行守库、押运制度，加大排查和休假轮岗制度。7月，通过"三定两聘"，岗位轮换及近亲属回避制度得到落实，有效整合现有人力资源，最大限度激发员工工作积极性。为保障各项制度顺利执行，对违规的2人员给予纪律处分。认真排查各类重点岗位、重点人员，实行经常性检查监督，加强金库安全管理，严格执行枪支管理规定，防范于未然，预防和杜绝各类治安案件和经济刑事案件发生。

（县农行工作总结）

信用联社

【机构人员】 2009年，县农村信用联社内设综合部、会计信息部、信贷业务部、审计监察部、风险管理部、安全保卫部6个业务部门，下设13个营业网点，分布全县8乡3镇，有在职职工114名。

理事长

杨 舜 男 汉族 昭阳区人

监事长

余泽云 男 汉族 鲁甸人

副主任

何 林 男 汉族 昭阳区人 主持工作

马邦龙 男 汉族 镇雄人

【指标完成较好】 2009年，县农村信用联社各项存款余额71 285万元，较年初增加22 627万元，超年度计划13 727万元，完成全年任务的254.24%；各项贷款余额56 978万元，较年初增长17 963万元，增长率46%，其中农业贷款余额32 779万元，占贷款总额的58%，较年初增长9 981万元；各项贷款累计发放42 655万元，其中发放涉农贷款25 614万元，占累计发放数的60%；累计收回各项贷款24 692万元；不良贷款按五级分类划分余额4 511万元，较年初绝对额净下降715万元，超任务数多下降545万元，不良贷款占比为7.92%；实现各项营业收入4 793万元，同比增长1 332万元，增长率38%，完成当年计划任务的126%，其中利息收入4 398万元，同比增长1 189万元，金融机构往来收入192万元，同比增长65万元；各项支出4 470万元，比上年同期增加1 211万元；全县信用社在增提拨备1 302万元前提下实现利润总额323万元，超计划数123万元，比上年同期增盈122万元，完成计划的161.5%。新增股金47万元，余额1 329万元；全年安全无事故。

【确保各项经营指标全面完成】 2009年，县农村信用联社按照省联社工作会议精神，明确全县农村信用社的指导思想和经营目标："以十七届三中全会精神为指导，深入贯彻落实科学发展观，紧紧围绕省联社提出的'十六条'措施和'服务创优工程'工作要求，切实转变观念，牢控农村市场，竞争城区市场，以规范操作流程和制度落实为重点，加强制度建设，严格内部管理，提高制度执行力，提升服务质量与水平，提高经营效益，确保央行票据顺利兑付，为县域经济发展作出应有的贡献"。与各信用社签订2009年度党风廉政建设责任书、联保责任书、信贷管理责任书、安全保卫责任书、不良贷款清收责任书及枪支弹药管理责任书。

【各项业务稳健快速发展】 2009年，县农村信用联社将资金组织工作作为基础工作，牢固树立“存款立社，资金是生存之本、效益之源”的指导思想，采取有力措施，保证存款稳步快速增长。一是结合“服务创优工程”的开展，加强对外宣传和柜面服务。采取电视、悬挂宣传标语等形式广泛宣传，树立良好信用社社会形象，成立“服务创优工程”检查小组，对全县信用社柜面服务进行有力监督和指导，使柜面服务有质的提高，促进存款增长。二是开展电话预约，送存、取款上门活动，提供结算、汇兑、代收代付、代发工资、代理惠农一折通等服务，提高存款市场份额。三是打好对公存款攻坚战。县联社领导和各基层社领导班子划定攻关部门，明确目标，带头抓公存。使一批黄金大客户、大块资金落户信用社。全县农村信用社上下克服全县存款总量增幅缓慢和由于股市、基金、房产等投资回暖给资金组织工作带来诸多不利因素，认真抓好阶段性考核，全县存款持续增长。年底各项存款余额71 285万元，创农村信用社存款历史新高。

【准确把握市场定位】 2009年，县农村信用联社按照“服务三农、支持地方中小企业”的市场定位，统一思想，提高认识，继续完善支农服务功能，提高服务质量，加大调整信贷结构力度，坚持“调整结构、区别对待、有保有压”的信贷政策，支持地方经济发展，确保全县信贷规模的快速增长和信贷资金的安全。

【做好支农工作】 2009年，县农村信用联社为切实认真贯彻落实好省联社“十六条”措施，重视支农工作。一是做好农户小额贷款授信和投放工作。充分发挥农村信用社点多面广、农村市场较熟悉的优势，积极对优质农户信贷支持。注重抓质量，稳步推进小额农贷发放工作，确保春耕生产信贷投入。二是以简化贷款手续为核心，创新方式，在全县推广农户小额贷款、农户联保贷款。三是大力改进信贷服务质量。在坚持信贷授权审批程序和规定前提下，简化手续，提高办贷效率，保证农户所需小额贷款足额到位。四是做好“家电下乡”活动金融服务工作，对购买家电的农民和经营“家电下乡”的商业流通企业，按省联社规定给予信贷支持。促进扩大内需政策落实和改善广大农民生活质量。五是推行新的信贷业务品种，满足不同群体客户需求，开办农户小额信用贷款、农户小额扶贫贴息贷款、返乡农民工创业贷款、农村党员带头致富贷款等信贷品种，对农村个体工商户开办小额流动资金信用贷款和担保(保证、抵押、质押)贷款，对企业下岗职工自谋职业者开办下岗职工小额担保贷款等，改变过去信贷品种单一格局。六是加大特色农业、种养殖业信贷支持力度，扶持农村特色经济，完善支农服务功能。年底，全县信用社农业贷款余额32 779万元，占贷款总额的58%，占全县所有金融机构涉农贷款的99%；累计发放涉农贷款25 614万元，占各项贷款累计发放数的60%，切实充分发挥信用社联系农民的纽带作用。

【支持县域企业】 2009年，县农村信用联社加快支持县域重点骨干企业发展。一是主动征求县委、县政府意见，共同确定支持对象，对有发展前景的特色经济、产业化龙头企业、骨干企业，给予信贷支持。二是择优对中小企业客户信贷投入。把符合国家产业结构调整要求、国家政策重点支持发展有效益、有市场、有信誉的中小企业作为重点支持对象进行营销。三是对发展前景的大企业形成长期稳定合作关系，积极提供授信和信贷支持。四是对产品需求面广、市场竞争能力强、成长性好的中小企业提供资金支持。做好企业信贷支持的同时，坚持“有保有压”，对国家产业政策限制发展或准备淘汰行业和产能过剩、技术落后的企业，限制或停止发放贷款，确保宏观调控政策落实到位，增强信贷资金流动性、安全性和效益性。保证“三农”信贷资金基础上，组织好财政贴息扶贫贷款发放工作。年底，全县累计发放财政扶贫贴息贷款3 314万元。“贷免扶补”创业促进就业小额贷款工作启动以来，经过努力，办理“贷免扶补”贷款109笔，金额545万元；下岗失业人员贷款115笔，金额553万元。得到社会各界好评。

【服务创优工程】 2009年，省联社继“金农网工程”和“双基本建设工程”后，又推出“服务创优工程”。县联社围绕加强软环境建设，大力倡导“诚信服务、合作共赢”的经营理念，全面提升服务质量。初步形成“机关为基层服务、后台为前台服务、领导为员工服务、员工为客户服务”的良性局面。聘请相关专业人员对全体员工分三期进行员工仪表、服务礼仪、服务语言和服务技能的培训。通过培训，全县“服务创优工程”发展良好，全体员工作风焕然一新，服务质量明显提高，有力地促进各项业务发展。

【央行票据兑付圆满成功】 2009年，县农村信用联社一季度末专项央行票据兑付指标完全达标。在此基础上，向人民银行提取央行票据兑付申请成功。6月4日，央行票据资金成功兑付到位。这是全县农村信用社继完成增资扩股、实现统一法人社成功之后，全县信合事业改革发展的又一里程碑，实现全县信合优化资产质量，增强经营实力，标志着全县历经3年改革取得阶段性胜利，标志着全县信合事业历经发展上一个新台阶。

【加强网络建设】 2009年，省联社在全省推广信贷系统上线工作，要求6月底全面完成。县农村信用联社上线领导组统一指令，明确时间、任务、目的、要求，克服系统复杂性高、操作难度大、时间要求紧等难题，通过精心组织和全体员工两个多月辛勤工作，实现各项操作及系统上线一次成功。使全县农村信用社信贷业务步入电子化、网络化时代，实现资源共享、科学管理、高效运行，为进一步加强全县农村信用社信贷管理提供有力的科技支撑。

【增收节支工作】 2009年，县农村信用联社坚持以“效益、安全、规范、服务”为原则，加强预算管理和费用管理，尤其是对业务招待费用实行总量控制和低值易耗品申报制度，完善会计监督制约机制，有效控制业务费用开支，提高全县信用社会计核算质量。一是严格执行按季结息制度，确保应收利息足额到位。二是严格不生息资产管理。核定各信用社库存，压缩不合理资金占用。三是对各信用社业务招待费用实行半年度总量控制，杜绝乱列支现象，有效控制经营成本。

【加强创新服务产品推广】 2009年，县农村信用联社认真落实国家金融服务“三农”政策，在“金碧”借记卡基础上，为广大农户定做“金碧惠农卡”。并开展大量宣传工作，通过热情、细致、耐心地为广大农民讲解“金碧惠农卡”的功能及用途，开办仅两个多月，按照发卡要求，对142位客户进行授信，授信额度达208万元，发放授信贷款208万元。极大地推动“金碧惠农卡”发行工作。

【实现安全经营】 2009年，县农村信用联社出台一系列内控管理制度，先后对13个营业网点的会计出纳、信贷、计算机网络管理、安全保卫等进行6次全面检查，遏制、纠正违规操作，维护制度的严肃性，确保全县安全经营无事故。一是由会计、信贷、稽核、安全保卫部门牵头的检查小组对全县营业网点的账务管理、信贷操作流程、安全保卫、内控管理等工作进行认真细致检查。通过检查，共处罚违纪、违规当事人79人次，处罚金17 107元，把隐患消除在萌芽状态，保障制度落实，推动信用社各项工作顺利开展，杜绝经济案件和安全事故发生。二是按照检查出现的问题，认真落实整改。4月8～30日，省联社昭通办事处对全社进行“计算机网络与内部风险控制专项稽核审计”现场检查，重点检查全县信用社经营决策及综合管理内部控制，双基工程、现金管理、计算机安全管理、安全保卫等，对检查中存在的问题整改，并形成报告上报省联社昭通办事处；5月5～20日，中国银行业监督管理委员会昭通监管分局对全县信用社进行“重点业务风险检查”，通过检查，对出现风险点、风险情况和信贷制度执行情况不足提出宝贵意见。8月11～25日，省联社昭通办事处对全县进行“内控制度执行情况”现场检查，重点检查全县信用社会计出纳管理、金库管理、信贷管理、枪弹管理、网点安防管理、守押管理等执行情况。检查中指出内控制度执行中出现问题，对存在问题进行逐一整改，并成立督查小组深入网点对整改情况进行督促落实，通过层层抓落实，整改工作取得较好效果。

（县信用联社工作总结）

住房公积金管理

【机构人员】 2009年，住房公积金管理中心鲁甸办事处有在职职工5人，其中正式职工3人。

主　任

唐友琦　女　汉族　巧家人

【强化住房公积金归集管理】 2009年，办事处把扩大住房公积金覆盖面和归集正常化作为全年工作的重中之重，对缴存基数、缴存比例严格按有关文件要求进行认真细致审核、报批，保证基数准确。狠抓住房公积金归集，得到县委、县政府大力支持，认真执行省建设厅批复，2009年1月起，职工个人住房公积金缴存比例和县级财政配额缴存比例提高到10%，壮大住房基金储备实力；住房公积金归集正常化，实现单位不拖缴、财政不欠配，财政拨款单位实现100%建立住房公积金制度。

【归集额突破5 000万元】 2009年，办事处共发展归集住房公积金单位123个，建立公积金制度的8 343人，其中本级行政事业单位101个，职工7 313人，上划单位和国有企业22个，职工1 030人。年内，市下达归集住房公积金2 880万元，实际归集5 158万元，占全年计划的179%，创历史新高。年底，住房公积金余额1.49亿元。

【提高职工个人缴交比例和财政配额】 2009年，根据昭房管委文件精神，11月初，县政府决定将地方行政、事业单位职工个人住房公积金缴存比例和县级财政配额缴存比例从2009年1月起执行的6%提高到10%。在时间紧、任务重的情况下，办事处认真组织，积极协调，完成行政、事业单位补缴住房公积金的工作，补缴工作涉及单位101个，补缴人数7 313人，补缴金额1 600余万元。

【开展住房公积金基数调整工作】 2009年5月，办事处按市中心通知，对各单位住房公积金基数进行调整，为核实各单位缴存人数、缴存比例、缴存金额，对全部缴交单位进行认真审核，完成各单位住房公积金基数调整工作，7月起，执行新住房公积金缴存基数。9月，开展教育系统教师增资部分公积金补缴工作，10月完成，补缴单位27个，补缴人数3 795人，补缴金额372万元。

【财政配额提前两个月到位】 2009年，办事处加强与财政部门沟通协调，达成共识，县财政局每月拨100万元到办事处作为财政配额，到10月，全年6%财政配额部分拨到住房公积金专户，11月底，县财政又将调整提高4%的财政配额部分拨到住房公积金专户，全年财政配额达1 983万元。办事处及时将财政配额部分全部配到职工个人账户，做到不拖欠滞留职工住房公积金。

【缴存单位按时缴交个人住房公积金】 2009年，办事处加大宣传力度，调动广大缴存人的积极性和维权意识，监督单位缴交公积金，收到了较好的效果。通过宣传协调，直属单位和企业单位基本做到按月汇缴，财政拨款单位做到提前汇缴。

【住房公积金提取规范化】 2009年，办事处根据《昭通市住房公积金提取暂行办法》规定，对符合提取条件的，决不刁难，完善手续后依法提取；对不符合提取条件的，坚持原则，耐心解释，杜绝人情提取，违规套取。全年提取人数232人382万元，其中退休及其他提取36人72.5万元，购建房提取71人117.6万元，提取住房公积金偿还贷款91人145.6万元，户口迁出提取10人9.3万元，与单位解除劳动合同提取3人4.96万元，处置住房公积金还贷3人4.98万元，患重大疾病支取1人0.91万元。提取住房公积金占当年归集额的7.4%。

【强化个人住房贷款管理】 2009年，办事处强化住房公积金个人住房贷款管理。一是积极稳妥发放住房公积金个人住房贷款。完成住房公积金个人住房贷款317户3 269.6万元，占市中心下达2 304万元的142%，超额完成965.6万元。累计发放贷款1 711户9 742万元，贷款余额6 563万元。二是继续推行《代扣代还贷款本息协议》和《扣款授权书》制度。以贷促收，对新申请住房公积金个人住房贷款的借款人，由单位对获得贷款的职工（包括以前获得贷款的职工）进行代扣代还贷款本息，要求单位督促有逾期借款人先归还逾期贷款，才发放其他借款人的贷款。年底，有76个单位与办事处签订《代扣代还贷款本息协议》和《扣款授权书》，降低逾期贷款取得良好效果。三是加强个人住房逾期贷款催缴工作。对个人逾期贷款由贷款管理员进行电话催收，要求在规定时间内偿还贷款，属于企业单位和省市直管部门的借款人，请求单位协助催收和上门催收；属于财政拨款单位的借款人，每月提供逾期人员名单到财政局，县财政局在拨付工资时直接代扣代缴。年内，县财政代扣职工个人住房贷款197万元、2 464人次。四是逾期贷款和贷款不良率继续下降，创历史最低。至年底，总违约户数21户，其中1～3期21户、3期以上0户，总违约户与上年同期相比减少128户，其中1～3期减少125户，3期以上减少3户。贷款不良率为0，创历史最低水平。五是确保公积金个人住房贷款“贷得出去，收得回来”。严把贷款发放关，坚持未建立住房公积金制度单位的职工不贷，无抵押物不贷，无还款能力不贷。加强贷款管理工作“事前调查、事中审查、事后检查”的三查工作，坚决杜绝人情贷款、违规贷款的发生，保证住房公积金资金安全。健全住房公积金个人贷款贷前、贷中和贷后“三查”风险防范体系。确保住房公积金个人住房贷款“贷得出去，收得回来”。年内，收回贷款本息1 408万元，其中本金1 194万元，利息214万元。

【降低住房公积金管理成本】 2009年，办事处建立健全内部管理制度。财务管理上，按照市中心有关财务管理制度规定，严格执行报账规定，紧缩开支，厉行节约，严格费用开支，努力降低住房公积金管理成本。

（鲁甸办事处工作总结）

财产保险

【机构人员】 2009年，中国人民财产保险股份有限公司鲁甸县公司内设经理室、财务室、营业室。有职工4人。

经　理

吴　荣　男　汉族　鲁甸人

副经理

张世云　男　汉族　鲁甸人

【任务完成较好】 2009年，县财产保险公司任固目标为实现保费收入720万元，经理室根据实际，早落实，早安排，将新增保费任务落实到每位员工，经过努力和艰辛工作，11月25日，每位职工完成全年任务，共收入保费7 447 349元，其中机动车辆交强险保费2 950 536元，机动车商业险保费2 097 673元，企业财产险保费360 000元，两险保费535 778元，贷运险保费77 900元，责任险保费63 455元，农房火灾险保费235 263元，能繁母猪保险保费1 126 740元。提前实现目标任务。年内，处理各险种赔案2 580件，支付赔款4 060 214元，其中机动车辆险980件，支付赔款2 859 910元，能繁母猪保险770件，支付赔款754 100元，农房火灾保险77件，农房火灾保险赔款67 480元，学平险753件，赔付378 724元；简单赔付率55%。

【巩固支柱性业务】 2009年，县财产保险公司收机动车辆保险费5 048 213元。按时续保县烟草公司360 000元企财险；签订全县能繁母猪保险，收保险费1 126 740元。

【开拓保险市场新领域】 2009年，县财产保险公司加大意外责任险力度，将两险任务以目标责任书形式明确到职工，以每月扣取风险金作为完成任务的措施。县政府以出台《关于加强农村房屋火灾保险工作的通知》，成立农村农房火灾保险工作领导组。8月15日，全县各农房保险签单工作全面结束，共收入保费235 263元。

【公示服务承诺】 2009年，县财产保险公司向社会各界和广大客户公示服务承诺：5 000元以下的赔款，单证齐备2个工作日可将赔款兑现给保户，5 000元～1万元赔款，单证齐备3个工作日可将赔款兑现给保户，1～4万元赔款，单证齐备5个工作日可将赔款兑现给保户，4～10万元赔款，单证齐备7个工作日可将赔款兑现给保户，10～15万元赔款，单证齐备10个工作日可将赔款兑现给保户，15万元以上赔款，单证齐备15个工作日可将赔款兑现给保户。加大对能繁母猪和农房火灾现场查勘力度，只要接到报案，无论多远，查勘人员都要前往出险地认真负责查勘，提升服务质量，赢得市场。

【落实内部规章制度】 2009年，县财产保险公司坚持“一把手”负责制，发扬大局意识、责任意识和内控合规意识，加强内控制度，严格执行“六条禁令”，全面杜绝账外账和小金库等违规现象的发生，加强保费和赔款管控，严格执行上级公司各项规章制度，在购买办公用品等财物时，都必须2人参与3人签字方可报销，重大开支集体讨论决定，加强劳动纪律和工作纪律，实行按时上下班和请销假制度，现场查勘和定损中，始终坚持双人查勘双人定损原则，年内，公司未出现违纪、违规和违法事件。

（县财产保险公司工作总结）

人寿保险

【机构人员】 2009年，中国人寿鲁甸支公司内设经理室、客户服务中心、团险销售部、个险销售部、县域保险部、银行保险部。有职工4人，保险营销员38人。

经　　理

曾　昆　男　汉族　昭阳区人

经理助理

张春波　男　汉族　昭阳区人

【创建保险先进村】 2009年,鲁甸支公司为进一步完善全县城乡社会保障体系,把保险作为社会经济的"助推器"和社会的"稳定器",扩大全县农村居民保险覆盖面。以服务"三农"建设,健全农村社会保障体系为目标,在鲁甸创建首个"保险先进村",增强广大农村居民保险意识,提高农村居民人身保障水平,解决农村居民在养老、医疗、重大疾病、意外伤害等方面后顾之忧。

【全力推进业务发展】 2009年,鲁甸支公司坚持内强管理抓发展,外树形象抓服务。各项工作抓早抓紧抓实,推动公司管理迈上新台阶,业务发展实现新突破。全年实现总保费收入310.17万元,同比增长26.85%;期交保费87.42万元,同比增长53.45%;短险保费25.89万元,同比增长28.41%;续期保费收入134.87万元,同比增长28%;趸交保费收入76万元,同比增长5.24%。公司整体业务有新突破。

【树立服务理念】 2009年,鲁甸支公司牢固树立为营销伙伴服务、为业务发展服务、为客户服务、为社会服务的理念,通过"微笑服务",积极主动沟通协调,以客户满意为工作目的,解决客户后顾之忧。用"真心"、"爱心"和"恒心"服务好广大客户,做到热情接待、细心答询、主动服务,严格按理赔时效考核,在第一时间把赔款送到客户手中,为公司树立良好形象。

【夯实团队基础】 2009年,鲁甸支公司围绕"个险队伍就是核心队伍,期交业务就是核心业务"的精神,在增员中发展,在发展中增员,甩掉全市业务发展倒数第一名的帽子。年内,个险在册销售队伍从16人增加到38人,奠定业务快速发展的坚实基础。高度重视营销队伍建设,加大培训力度,更新队伍观念,坚持定期召开司务会,邀请营销主管、营销伙伴代表参会,积极采纳合理建议。同时,严格遵守《营销员管理办法》,理顺和维护营销员关系,充分调动各级主管的能动性,营造和谐团队气氛,夯实团队基础建设。同时,建立完善公司管理制度,以制度管人、管事。致力于公司的规范化、制度化建设。

【加强廉政建设】 2009年,鲁甸支公司加强廉政建设,恪守"清清白白做官,兢兢业业做事,老老实实做人"的信条,始终坚持从自身抓起,凡是要求别人做到的公司管理人员首先做到,凡是要求别人不做的,公司管理人员首先不做。始终把"上级满意,客户满意,员工满意"作为检验部门经理工作的尺度和标准,树立公司正气。经常对员工进行教育管理;坚持民主集中制原则,做到重大事项,经司务会讨论决定,不搞个人代替集体,坚持按规范办事,不滥用职权。

(中国人寿鲁甸支公司工作总结)

经济管理

经贸工作

【机构人员】 2009年,县经贸局内设办公室、综合股、工业发展股、市场贸易股4个股室,另设县企业改革办、县成品油市场整顿办、县整规办、县盐务管理办、县节约能源办公室。有在职职工22人。

党委书记

杨贵勇 男 汉族 鲁甸人 2009年10月任

局 长

余朝坤 男 汉族 鲁甸人

副 局 长

钟世宪 男 汉族 鲁甸人

王云江 男 满族 河北人

孙吉明 男 汉族 鲁甸人

纪委书记

施华楠 女 汉族 鲁甸人 2009年10月止

刘 毅 男 汉族 鲁甸人 2009年10月任

【工业经济指标完成情况】 2009年,县经贸局将工业经济发展、节能目标分解到各重点企业,与规模以上企业负责人签订目标责任书,要求全年完成工业增加值56 000万元,主营业务收入125 000万元、利税总额20 000万元、利润总额9 500万元,工业固定资产投资 1 500 万元(不含水电类)。万元GDP 能耗下降3%。年末,全县完成工业总产值156 106 万元,完成增加值 63 816 万元,同比增长34.8%,其中规模以上企业实现工业总产值141 037万元,增长32.8%,规模以下企业实现工业总产值15 069 万元,增长75.7%。

【贯彻落实工业经济工作会议精神】 2009 年,县经贸局认真贯彻落实省、市、县新型工业化发展大会精神,强势推进鲁甸新型工业化进程。县委、县政府先后召开加快推进新型工业化发展大会和新型工业化推进会,安排部署全年工作任务,县政府与各企业签订工业经济发展目标责任书。着力营造工业经济发展的良好氛围,把资源优势转化为经济优势,走出一条鲁甸特色的新型工业化道路。

【狠抓重大工业项目建设】 2009 年,县经贸局进一步推进重点工业项目建设工作,强化前期、在建、新开工、竣工投产四个环节跟踪问效,掌握项目进展情况,及时协调解决出现的问题,加大工业项目投资力度,确保工业投资比重大幅提高。昊龙公司20万吨硫化锌焙烧制酸项目,一期10万吨主体设备安装工程结束,正在做管线连接、电仪表安装,设备保温、防腐等工程;昊龙公司20万吨氢钙项目,土建工程启动;理世第二条生产线技改项目9月中旬调试成功,正式投入生产;云香瓜子生产线技改项目,厂房建设及设备安装结束,正在做原材料储备及投产前准备工作;昊龙公司20万吨重钙正开展项目前期工作,已备案;昊龙公司60万吨电石,已获省发改委批复,环评大纲通过评审。

【抓好节能降耗工作】 2009 年,县经贸局督促企业加强内部管理,建立健全节能降耗规则制度,全面加强节能管理工作。一是规范能源统计工作。针对存在问题,指导、督促企业严格按能源统计原则做好煤炭、电力等能源消费统计工作,强化协调配合,增强工作合力,完善相关配套政策措施,建立和完善科学节能工作管理体系。二是严格对重点用能企业进行重点监控。对能耗不降反升或超限额用能单位及时查找原因。三是做好淘汰落后产能中央财政奖励资金使用情况专项核查工作。年末,全县规模以上企业综合能耗 66 021.25 吨标煤,比上年 58 685.72 吨标煤,增长 12.5%;万元产值能耗0.468 吨标煤,比上年下降 7.14%;万元增加值能耗1.098 吨标煤,下降 3.26%。

【加强中小企业扶持】 2009 年,县经贸局积极向省工信委、市经委上报企业技术改造资金、非公经济发展专项资金、新型工业化发展专项资金的扶持,组织县给排水有限公司、云香有限责任公司、工业园区软环境建设资金申报工作,争取到腾池园有限公司贴息资金 30 万元,给排水公司贴息资金 50万元。

【稳步推进工业园区建设】 2009 年,鲁甸工业园区由"一园两区"组成,即:茨院工业片区和桃源工业片区。园区总规划面积 13.33 平方千米,其中茨院工业片区规划面积 7.29 平方千米,桃源工业片区规划面积 6.04 平方千米;片区"三通一平"等基础设施建设基本完成,新增桃源工业片区,可研、总规修编工作 9 月完成,茨院工业片区控制性详细规划工作 8 月通过市级评审,园区环境影响评价工作 9 月正式开展,12 月份评审。园区经济指标完成情况:园区有工业企业 15 户,其中规模以上企业 4 户。完成工业总产值 6.6 亿元,规模以上企业完成工业总产值 6.25 亿元,增加值 1.8 亿元。

【企业改革工作】 2009 年,县经贸局妥善处理一批企业改革遗留问题,完成农机公司改革工作;县供销社所属农资公司改革工作基本结束;解决改制企业 11 位退伍伤残军人上访问题;办理改制企业 367名退休人员医疗保险手续,占全部退休人数 398 人的 97%。启动清真食品厂改革。

【市场贸易工作】 2009 年,县经贸局加强市场贸易工作。一是加强盐业市场整治。通过学校和"五下乡"等活动发放各种宣传资料 2.7 万余份。全县销售合格碘盐 1 311.3 吨,与上年相比增长 145%;完成计划销售的 81%。对全县盐业市场进行专项整顿,累计检查集贸市场 50 个,经营户 1 260 户,学校食堂 10 个,机关食堂 6 个,餐馆 86 个,凉粉摊及小吃店 145 个,农家乐 3 个,生产企业和小作坊 13 个;抽查农户食用盐 500 余户,查获 10 千克装翻包盐1.8 吨,50 千克装散盐 100 千克,0.5 千克装无碘盐3 袋,0.5 千克装过期盐 10 件 200 千克;在水磨、火德红等集市发现 10 千克翻包盐在市场上销售。食盐专项整治中，对食盐市场抽查，结果表明：凉粉摊及小吃店食用合格碘盐率98%，农户食用合格碘盐率97%，生产企业和小作坊使用合格碘盐率100%。根据县卫生局6月碘盐监测报告，全县合格碘盐食用率98%，合格碘盐覆盖率98.3%。二是开展家电下乡工作。3月20日，正式启动家电下乡工作，通过启动议式和“五下乡”活动发放宣传资料2.7万余份。年末，全县备案登记销售网点45家，销售家电下乡产品57 143 637元，其中汽车544辆24 965 761元，摩托车3 540辆15 065 579元，冰箱353台779 529元，彩电295台410 288元，手机10部7 689元，洗衣机427台404 306元，计算机1台3 498元，热水器43个98 258元，微波炉1个898元，电磁炉18个7 831元。兑现补贴4 406 348.73元。家电下乡工作中，打击取缔违法违规经销商4户。三是加强成品油市场监管。3月，对全县社会加油站《成品油零售经营批准证书》进行初检，报请市商务局年检。受商务局委托，对“新街鹏飞加油站”进行验收，报请市局上报省商务厅核发“成品油零售经营许可证书”。燃油税改革后，全县成品油市场运行平稳，未出现波动。四是开展农村集贸市场建设工作。4月，组织火德红、小寨、桃源、茨院4个乡农村集贸市场申报工作；8月，接市商务局通知，小寨农贸市场列入2009年农贸市场和农产品批发市场建设改造项目，完成地面平整和农贸市场总体规划及工程施工图纸设计。农村集贸市场建设工作稳步推进，建成大棚1个（长110米，宽12米，面积1 320平方米）、固定摊位20个、临时摊位20个；门面15个，按6×8米规格建设；完成档墙240米、排水沟300米、公厕1个；地面硬化4 000平方米。完成征地及回填土工程，投资13万元。完成240米档墙建设工程，投资17万元。与江西省群力钢结构工程有限公司签订大棚施工合同，工程总价226 400元。与合作开发商签订农贸市场合作开发协议。五是“万村千乡市场工程”工作。4月，经考察推荐“鲁甸隆盛商贸有限公司”为新增万村千乡市场工程承办企业。8月，“鲁甸隆盛商贸有限公司”被明确为全县“万村千乡”市场工程承办企业，同时下达15个农家店建设指标，农家店和配送中心建设改造结束，并悬挂“万村千乡”市场工程标识招牌和工作指南，已上报市局请求验收。六是积极筹备“昆交会”参展备展工作。组织企业积极备展，通过努力，昆交会签约项目4个，一是与湖南长沙同鑫农产品开发有限公司签订投资2 200万元《鲁甸县油菜基地建设及精深加工项目》协议；二是与云南省城市建设投资有限公司签订投资65 000万元《鲁甸县镁、银多金属资源综合开发利用项目》协议；三是与云南省城市建设投资有限公司签订投资35 000万元《鲁甸县县城配套工程综合开发利用项目》协议；四是与广东湛江盛林房地产开发有限公司签订投资30 000万元《鲁甸太阳湖综合开发项目》协议；昊龙公司展示企业发展状况，理世公司噜咪啦土豆片当场销售5.15万元。七是积极组织参与昭通首届十大名菜评选工作。4月28日，市政府邀请国家及省级有关美食专家，在昭通评选“首届昭通十大名菜”，各县根据本地特色，组织1~2道菜参与评选，鲁甸组织“乌蒙烤羊和一气冲天”参与评选，经过激烈角逐，“乌蒙烤羊”获“首届昭通十大名菜”之一。八是对外贸易工作成果显著。完成社会消费品零售额4.39亿元，比上年3.63亿元增长20.94%。年末，全县对外出口完成63万美元（同鑫农产品开发有限公司），进口完成41万美元（理世公司），占市政府下达20万美元的525%。九是加强生猪屠宰场日常监管。屠宰工作有序运行。

【推行挂钩联系制度】 2009年，县经贸局对工业经济发展目标实行县级领导和相关部门负责人挂钩联系奖惩制度，做到任务不减，目标不变，人人肩上有责任，个个身上有指标，横向到底，纵向到边。从1~12月，县处级领导挂钩企业每月交纳风险金2 000元，挂钩部门负责人每月交纳风险金1 500元，风险金每月交纳1次，年底对照目标任务进行考核。

【保护企业发展】 2009年，县经贸局采取措施保护企业发展。一是对12户规模以上工业企业实行挂牌保护制度。二是建立工业企业发展专项资金。2009年起，每年安排不少于300万元工业发展专项资金，并纳入财政预算。三是建立工业企业评议政府制度。每年底，由县纪委、县新型工业化领导小组办公室牵头组织部分工业企业参加的对涉企收费和审批执法部门开展公开评议，以满意、基本满意、不满意三个标准评定，把企业评议政府制度纳入机关作风建设重要内容，进行年度考核。四是每年举行一次工业发展表彰会议，兑现考核、奖惩。五是抓住国家对中小企业贷款机遇，建立政府、银行、企业联席会议制度。六是积极拓宽融资担保范围，加快企业信用担保体系建设，建立企业融资平台，为中小企业贷款创造条件。

【强化工业经济运行监测分析工作】 2009年，县经贸局强化经济运行情况监测报告制度。加强对重点产品和企业生产、销售、库存、资金运行、要素供给、产能状况、设备运行、项目投资等情况监测。针对工业运行中存在困难和问题。指定专人按时报送《昭通市工业经济发展指标月报表》、《昭通市重大工业在建项目季报表》和《昭通市重点工业企业监测主要指标月报表》，强化监测力度，每月1次小分析，每季度1次重点分析。

（县经贸局工作总结）

统 计

【机构人员】 2009年，县统计局内设办公室、国民经济综合核算股、农业及农村经济统计股、工业交通固定资产统计股、贸易外经人口和社会科技股、地方统计调查队；下设12个乡镇统计站。县人民政府在县统计局设普查办。全县系统有干部职工41人，其中县局在职职工20人，离退休职工3人，乡镇统计站18人。

局 长

雷选金 男 汉族 鲁甸人

副局长

王咏宇 男 汉族 鲁甸人 2009年11月止

李才雄 男 回族 鲁甸人

【深入开展学习实践科学发展观活动】 2009年，县统计局成立学习实践科学发展观活动领导小组及办公室，制定《深入学习实践科学发展观活动实施方案》，按照学习内容要求，编印《深入学习实践科学发展观活动学习资料》，发送参学对象，人手一册，对学习资料进行全面学习和重点学习，明确任务，量化指标。学习调研阶段，认真组织开展“六个一”活动，创新学习形式，全局党员干部进一步学习理论，提高认识，统一思想，转变观念。分析检查阶段，结合单位实际，广泛征求群众意见，认真撰写领导班子及成员分析检查报告，召开专题民主生活会和组织生活会，认真查找问题、分析原因、明确方向，对查找出的问题进行认真整改落实。学习实践活动中，坚持时间服从质量、进度服从任务、形式服从内容，确保活动深入开展，有力地促进统计工作开展。

【机关作风建设活动取得实效】 2009年，县统计局按照县委统一部署，3月19日，召开副科级以上干部职工会议，传达贯彻全县“机关作风建设年”活动精神，学习县委、县政府领导关于“开展机关作风建设年”活动的讲话，成立领导组，制定实施方案和时间安排表。3月26日，召开全局“机关作风建设年”活动动员大会。按照学习时间安排表，采取集中学习和自学方式，学习党的十七届三中全会、省委八届六次全会、市委二届八次全会和县委七届七次全会精神及上级统计部门和县委政府的重要会议精神。加强学习《公务员法》、“一章四条例”（《党章》、《党员权利保障条例》、《党内监督条例》、《行政机关公务员处分条例》、《党员纪律处分条例》）和“四项制度”（行政问责制、服务承诺制、首问责任制和限时办结制），机关作风建设年活动各项工作全面落实。活动中，坚持自查自纠与督促检查相结合，围绕“六个着力”、“六查”，以开展“九个一”活动为载体，组织干部职工查找领导班子和自己在学习、纪律、执行力、党性意识、宗旨观念淡薄、行为规范6个方面存在的问题，深刻剖析思想原因，做到征求意见“广”、查找问题“准”、对照剖析“深”、即查即改“实”。

【积极做好综治维稳工作】 2009年，县统计局根据县委办公室、县政府办公室《鲁甸县2009年综治维稳宣传月活动方案》要求，经局长办公会研究决定，成立综治宣传月活动领导小组，将综治宣传月活动摆上重要日程，明确主管领导为第一责任人，分管领导直接抓，形成齐抓共管，人人有责的综治维稳工作体系，并纳入年度目标管理。根据《宣传月活动方案》，明确指导思想，确定主要内容，积极开展综治维稳宣传月活动。同时，根据县综治委、县委组织部下发《关于建立党政领导班子、领导干部综治维稳工作政绩考核评价档案的通知》要求，建立单位主要领导及分管领导社会治安综合治理维护稳定工作实绩档案。积极组织单位妇女参与县妇联、县总工会为纪念“三八”国际劳动妇女节99周年活动，组织干部职工参加“三八”节法律知识竞赛，2名职工参加“平安鲁甸、和谐鲁甸、文化鲁甸”演讲比赛，组织全局干部职工对挂钩村进行“一对一”帮扶活动,开展捐资助学活动,增强全局干部职工集体意识。组织职工到广场文化中心剧场观看优秀教育影片《真水无香》、《女检察官》、《马背上的法庭》、《五月的声音》等,对广大干部职工进行警示教育,全局广大干部职工法制观念和自觉守法护法意识进一步加强。国庆节期间,组织职工参加庆国庆60周年活动,成立国庆节期间综治维稳领导小组,保证各项工作顺利开展,综治维稳工作取得成果。

【认真落实阳光政府四项制度】 2009年,县统计局根据县政府《关于成立鲁甸县实施阳光政府四项制度领导组和明确工作职责的通知》精神,成立实施阳光政府四项制度领导小组,制定实施方案,认真落实阳光政府四项制度工作,利用网络和编印月度、季度分析材料,积极向县委、县政府和社会公众通报全县国民经济运行情况。

【树立工业发展理念】 2009年,县统计局认真贯彻落实科学发展观,牢固树立“没有工业大发展、就没有鲁甸大发展”、“鲁甸的发展在工业,希望也在工业”的观念,为工业企业提供满意服务。根据县纠风办《2009年民主评议政风行风工作的实施办法》要求,成立统计局民主评议政风行风工作领导小组,积极为全县工业大发展铺路搭桥。

【加强党风廉政建设】 2009年,县统计局加强党风廉政建设工作,调整充实党风廉政建设责任制工作领导小组,明确由“一把手”负总责、负全责,注重抓好班子成员,达到思想高度统一,明确责任目标。层层签订《党风廉政建设责任书》,对照责任制自查自纠,分半年和年终写出落实责任制情况专题报告,党风廉政建设工作成为既是“一把手”的事,也是班子成员每个人的事,做到人人有职责、个个有指标、年初有布置、年中有检查、年底有考核,形成上下联动,齐抓共管的工作机制和工作氛围。年内,全局未发生一起违纪、违法行为,未出现举报、投诉等问题,顺利通过县委党风廉政建设责任制考核小组考核。

【做好第二次全国经济普查工作和第六次全国人口普查的各项准备工作】 2009年,县统计局按照《全国经济普查条例》和国家普查制度规定做好普查工作。一是国务院决定开展第二次全国经济普查。2008年,完成全县领导机构组建、经费预算,完善普查机构内部职责,分工明确,责任到位,建立部门联系制度,明确联系人,做到组织机构、经费、人员和办公条件四落实,组织业务人员参加省市两级培训,召开全县经普工作会议和单位清查摸底业务培训。顺利完成小区划分、小区地图绘制、“地毯式”清查摸底,入户登记等工作。2009年主要进入普查表填报及数据处理阶段,结合工商部门年检收集整理资料,以强化数据质量为中心,严格把好审核和录入关口,统一清查、摸底,将普查资料逐级审核、上报、验收,认真做好普查资料填报及数据处理工作。经过努力,普查资料填报全部录入完毕,分期分批逐级审核、上报、验收,完成事后数据质量抽查,普查数据汇总、质量评估县内全部完成,达到相关要求,县经普办被表彰为全省先进集体。二是进行第六次全国人口普查前期准备工作。成立县级领导组。

【做好常规统计工作】 2009年,县统计局按照省、市统计调查工作会议精神,组织局、队、站干部传达学习,要求专业人员做好统计月报、季报,完善专业统计数据采集、整理、评估制度及专业统计数据质量控制办法,做好以GDP为龙头的各项统计数据质量控制工作,加大专业统计报表审核力度。一是培训统计人员,做好新老口径指标衔接。年内,安排18人到省、市参加各项专业知识培训,提高统计人员服务水平。按照省、市统计报表制度,认真开展专业调查和数据收集,加强数据分析和评估。二是对涉及GDP、农民人均纯收入等主要经济指标认真测算,分析经济增长的有利因素和不利条件,力求各项资料客观真实地反映全县经济的状况。三是认真开展统计从业资格换证、统计人员岗位培训和统计专业技术资格考试考务宣传报名工作。根据《云南省统计局关于全省统计从业资格认定工作相关问题的通知》文件要求,要求各乡镇、县直行政事业单位、企业等相关单位及个人进行统计从业资格证换证工作,共换证57人。县统计局下发《关于印发2009年全县统计人员岗位培训工作安排的通知》,9月8~19日,对全县从事统计工作的人员进行岗位培训,26人参加培训,9月20日组织考试。有14人报名参加初级职称培训,14人报名参加中级职称培训,10月25日组织参加全国统一考试。

四是加强和规范部门统计工作。要求部门在向上级主管部门上报统计资料前，与统计局沟通交流，确保上报资料与提供给上级主管部门的资料相一致，逐步建立政府综合统计与部门统计信息共享平台，提高统计工作效率。五是加强统计法制建设。开展经常性统计普法宣传和统计执法检查。把落实《统计违法违纪行为处分规定》作为重要举措贯穿统计工作中，增强纪律意识、风险意识和自律意识。六是提升统计服务水平。充分利用统计资源，实行月度统计分析报告制度，开展季度分析交流活动，提高统计保障能力，将分析信息工作纳入年度工作考评，提升统计服务水平。按时完成2008年统计年报和2009年月报、季报和半年报等工作，及时发布全县2008年度国民经济和社会发展统计公报和2009年前三季度国民经济运行情况。

【加快统计体制改革步伐】 2009年，县统计局根据《鲁甸县乡镇统计体制改革和组建县级地方统计调查队的实施方案》，进一步加快统计体制改革。一是人员基本到位。经多方努力，地方统计调查队组建完毕，核编人员7人全部到岗；乡镇统计站工作人员核编26人，到岗18人（2009年招聘到岗6人）。二是办公设备基本到位。调查队设在局机关，电脑全部配齐，12个乡镇，11个乡镇有独立办公室，电脑、档案柜全部配齐，为全县统计工作实现办公自动化创造有利条件。三是加强统计规范化建设。3月19日，办公会议讨论通过，将《鲁甸县乡镇统计站工作管理制度》（试行）印发乡镇统计站，从机构设置、人员配备、制度建设、服务能力等方面明确乡镇统计基层基础建设目标；从设立统计台账、规范统计报表、加强数据审核、建立投资项目准入制度等方面提升统计基础工作。进一步修改完善《鲁甸县统计局内部管理制度》，加强各项工作管理。四是认真组织新进人员学习有关调查专业知识，熟悉调查业务，加大培训力度，加快基层统计调查建设步伐。

【加强部门政府信息公开工作】 2009年，县统计局加强部门政府信息公开工作，发送大量统计资料和信息到政府信息公开网站和市统计内网，保证全县各项工作开展；认真做好统计信息服务，为县委、县政府及相关部门提供详实准确的统计数据、分析报告和统计信息，为县委、县政府决策提供高效统计服务。加强宏观经济运行态势和各项改革进程跟踪分析，搞好经济发展走势预测，密切关注经济活动中出现的新情况、新问题，及时写出分析文章提供给县委、县政府决策参考。按月发送国内生产总值、农业、工业、固定资产投资、国内贸易、财政、金融、税务、劳动工资等国民经济主要指标；编印《2008年鲁甸县领导干部手册》300册，筹备第二次农业普查资料编印和第二次全国经济普查资料开发应用。

【认真开展抽样调查工作】 2009年，县统计局采取措施，开展农民工抽样调查工作。根据《昭通市统计局、国家统计局昭通调查队关于开展农民工监测调查工作的通知》精神，县统计局地方调查队在昭通调查队农民工摸底调查组第一组指导下，2月11～12日分三组对农村户调查点农民工摸底调查。一是提高认识，统一思想。二是精心组织，密切配合，按照国家统计局《中国农民工监测调查方案》要求，调查抽中的调查对象点多面广，工作量大，任务繁重，昭通调查队、县统计局地方调查队、人力资源办、各乡镇密切配合，按照调查方案开展农民工监测调查工作。三是认真抓好各项基础工作，从调查培训入手，确保源头数据真实、客观、准确。四是安排专人负责农民工监测调查的收集、汇总和上报。

【积极参加人口出生率抽样调查】 2009年，县统计局按照《昭通市人民政府办公室关于印发昭通市人口出生率抽样调查方案的通知》要求，根据市统计局统一安排部署，抽调4名业务骨干到彝良县开展2009年度全市人口出生率抽样调查工作。采取现场入户登记方式进行，时点为9月30日24时，时期为2008年10月至2009年9月，现场登记时间为10月15～22日。调查中，调查人员按照方案，严格实施，坚持摸实情、说实话、报实数，同时注意保密，牢固树立质量第一观念，圆满完成调查工作，确保数据质量。

【做好人口“三项调查”和城乡划分清查工作】 2009年，县统计局根据国家决定每年在全国范围内开展以人口变动、劳动力调查和安全感调查为主的“三项”调查工作的要求，加大宣传力度，抽专业人员具体负责调查，进村入户做好摸底调查和现场登记工作及正式入户调查工作，按时完成各项调查任务。城乡划分清查是准确评价全国城镇化水平、合理规划城乡布局、统筹城乡发展的一项重要基础性工作。时点是2009年10月31日,时间紧迫,工作量大,协调难度大,技术要求高,任务十分繁重,是第六次全国人口普查基础性准备工作,县统计局相关股室和人员对全县清查工作内容、范围、时间及上报要求等作具体部署。业务人员并就城乡划分办法、城乡划分代码编制规则及清查工作步骤进行业务培训,明确专人、明确责任,以民政部门批准的行政区划依据,加强数据审核,确保清查工作高质量完成。

【开展乡村领导班子和领导干部群众公信度调查工作】 2009年,县统计局根据省市乡村领导班子和领导干部群众公信度调查工作会议精神,与县委组织部积极配合,采取措施,精心实施。一是积极汇报,争取支持。省市召开会议后,及时向分管统计工作的副县长和县委组织部长汇报,保障公信度调查顺利实施。二是制定方案,明确责任。制定《鲁甸县乡、村领导班子和领导干部群众公信度调查工作实施方案》,明确调查目的、测评范围、调查时间、实施步骤等内容,划分组织、统计及被调查乡镇职责。成立领导机构,明确责任,确保调查开展。三是做好培训,打牢基础。11月18日,召开全县乡村领导班子和领导干部群众公信度调查暨业务培训会。四是做好人员保障,确保按时按质完成。抽调10人分4个组对抽中的4个乡级和12个村级领导班子和领导干部群众公信度展开调查,县人大派代表对整个调查活动进行监督,被调查乡镇司法助理员、民政助理员、农技人员和被调查村委会文书等参与调查工作。调查表全部上报,调查工作全面完成。年内,开展规模以下工业企业和个体工业、畜禽监测、个体私营经济等抽样调查工作。对全县500万元以上(供电有限责任公司、昆华化工厂、理世食品厂、昊龙有限责任公司乐红铅锌采选厂、龙头山水都矿业有限责任公司等12家工业企业)适时监测,按月上报统计数据,对工业生产情况认真分析,加强个体私营经济调查和研究。

【挂钩扶贫工作】 2009年,县统计局按照县委、县政府安排部署,1月16日,在局长雷选金带领下,携带米、清油、棉被等慰问品,深入挂钩联系村黄泥寨走访慰问困难群众,给困难群众送去党的温暖和关怀,送去统计局全体干部职工的问候和祝福。一是了解黄泥寨村两委情况和全村基本情况。二是山林、土地、劳动力等资源情况,山、水、林、田、路整治情况,土地流转和林权改革情况。三是黄泥寨小学、村卫生所等社会事业建设情况,农民工返乡情况。四是基础设施建设情况。五是村风民风建设情况。六是了解黄泥寨村建设规划、产业发展规划和社会事业发展规划情况。掌握了制约黄梨寨村发展的"瓶颈",人民群众生活贫困,农业产业化进程艰难。走访中得知,村民陈仁发老人生活困难,房屋已由老龄委等部门帮助修好,但家里没有生活设施,购买电视机及接收设备一套和厨房用具送到老人家中,让老人能安度晚年。统计局20名干部职工与20户贫困村民进行一对一帮扶,为挂钩户每户送去100元生产垫本。

(县统计局工作总结)

审 计

【机构人员】 2009年,县审计局内设办公室、财政行政事业审计股、外资金融经济贸易审计股、农业与资源环保审计股、固定资产投资审计股、经济责任审计股。有干部职工9人。

局 长

王 燕 汉族 鲁甸人 2009年11月止

副局长

潘 俊 回族 昭阳区人 2009年11月任（主持工作）

米高林 回族 鲁甸人

夏文标 汉族 鲁甸人 2009年11月止

马 茜 回族 鲁甸人 2009年11月任

【概 述】 2009年,县审计局完成28个审计项目,其中预算执行9项,专项资金16项(投资项目竣工决算审计3项),领导干部经济责任审计3项,被审计单位16家,查出管理不规范金额1 307万元;专项资金审计16项,审计资金总额6 726万元。通过审计,出具审计报告28篇,提出审计建议49条,被采纳49条。审计工作在维护财经秩序,加强廉政建设,促进依法行政,保障全县政治经济和社会事业健康发展、构建和谐社会等方面发挥建设性作用。

【审计任务完成较好】 2009年,上级下达县审计局审计项目11项,其中预算执行审计2项、预算执行单位审计3项、地税系统财务收支审计1项、教育危房改造审计1项、养老保险基金审计1项、投资项目竣工决算审计1项、扩大内需项目跟踪审计1项、预算执行审计综合报告1项。年底,全县完成审计项目28项,其中市局下达11项(除教育危房改造资金审计由市局组织完成),全部在规定时限内按质完成,完成率100%。抽调1名审计骨干参加省审计厅全省2008年财政支农专项资金审计。完成县领导交办审计项目和县级指导性项目16项,涉及希望小学项目资金、现代烟草农业示范资金、劳动力培训资金、大学生助学基金、农业综合开发资金审计等13项、投资项目竣工决算审计3项;完成领导干部经济责任审计3项。每月按时完成上报扩大内需项目跟踪审计及校舍安全工程审计调查情况等。按时按质完成年度项目计划,无行政复议案件发生,按时报送统计资料等。

【开展科学发展观学习实践活动】 2009年,县审计局按照县委统一安排,分阶段分环节开展学习实践科学发展观活动。活动中,明确目标任务,提高思想认识,与机关作风建设年活动相结合,与审计工作相结合,做到学习、工作两手抓、两不误。通过活动,广大审计干部真正领会科学发展观的精神实质和科学内涵,充分把握科学发展与审计工作的密切联系和内在规律;把科学发展观的要求转化为贯彻落实审计工作发展正确思路、领导审计工作科学发展的实际能力、促进审计工作科学发展制度措施,推动审计事业又好又快发展。

【实施“云审工程”】 2009年,县审计局认真贯彻《云南省人民政府关于加强基层审计工作的意见》精神,全面落实和实施云南审计发展工程(简称“云审工程”)建设。2009~2012年,全省审计机关基本实现审计队伍职业化、机关建设标准化、制度规范体系化、基础设施现代化。按照省市基层审计工作会议要求,县局党组及时向县政府领导汇报,县人民政府有偿划拨0.25公顷土地解决县审计局办公楼建设用地。成立“云审工程”建设工作小组,加强工程建设工作领导,编制上报县审计局《关于实施“云审工程”建设规划》,为云审工程建设打基础。

【认真落实党风廉政、精神文明建设】 2009年,县审计局加强党风廉政建设责任制,贯彻执行党中央《关于建立健全教育、制度、监督并重的惩治和预防腐败体系实施纲要》和中纪委《关于严格禁止利用职务上的便利谋取不正当利益的若干规定》及审计工作纪律等。开展精神文明创建活动,按照市局、县文明委要求,集中力量,加大精神文明创建活动力度,加强创建活动台账管理和痕迹资料整理,营造文明创建氛围等,为申报市级文明单位和开展创建文明行业打基础,迎接市、县文明办检查验收;组织干部职工开展健康向上的文体活动,积极参加扶贫济困捐款、义务教育捐资助学、义务献血、大学生助学捐款等社会公益活动。通过多种形式的创建活动,经市文明委考核评选,7月再次获市级文明单位称号。继续开展扶贫帮困活动,3月9日,局领导深入挂钩村走访慰问困难群众,指导春耕生产等项工作。

【贯彻实施阳光政府四项制度】 2009年,县审计局贯彻实施阳光政府四项制度,组织干部职工认真学习,成立实施阳光政府“四项制度”领导组,派人参加县政府组织的业务培训学习,认真做好重点工作通报上报工作和政务信息查询基础工作。加强自身建设,转变工作作风,提高工作效率和服务水平,提高政府机关的执行力和公信力。

【加强审计人员培训】 2009年,县审计局按照市局安排,11月14~20日,全局干部职工分两期参加OA系统(审计管理系统)培训学习;11月23~27日,审计人员参加审计署计算机中心举办的全国AO系统(现场审计实施系统)认证考试培训学习。通过学习,审计人员掌握审计办公流程和提高现场审计应用水平。

(胡昌荣)

农经管理

【机构人员】 2009年,县乡经管站内设综合办、经营管理办、调查统计办、减轻农民负担办公室。有干部职工42人,县经管站有14人,乡镇经管站有28人。高级农业经济师有1人,农业经济师有8人,助理农业经济师有18人,职员有11人,工人有4人。

站 长

马光曙 男 回族 鲁甸人 2009年4月止

符宗欣 男 汉族 鲁甸人 2009年4月任

副站长

符宗欣　男　汉族　鲁甸人　2009年4月止
马光曙　男　回族　鲁甸人　2009年4月任
李明君　男　回族　鲁甸人
杨　琳　女　汉族　鲁甸人　2009年5月任

【强化学习培训】　2009年,县经管站强化学习培训,提高干部职工思想政治业务水平。一是加强思想政治理论学习。3月起,组织县站干部职工深入开展学习实践科学发展观活动。通过学习,开展农经专题调研活动,查找存在问题,分析原因,明确努力方向,基本实现3个转变,即:思想意识、工作能力、团结协作得到转变。二是加强业务理论、业务技能学习培训。借开展村级会计委托代理工作之机,组织全县经管站职工及有关人员开展一星期业务理论和技能学习培训;组织14人参加市站培训。派出人员参加省级组织的农民专业合作组织建设培训,村级会计委托代理服务培训。组织学习《农民专业合作社法》、《农村土地承包法》及司法解释、《农村土地承包经营纠纷调解仲裁法》、《云南省农村土地承包条例》、《中共云南省委、云南省人民政府关于开展发展壮大集体经济的意见》、《云南省人民政府关于加快发展全省农民专业合作组织的意见》、《中共中央国务院关于推进社会主义新农村建设的若干意见》等法律、法规和政策,共培训200余人次,发放学习资料350份。通过学习,提高农经干部及有关人员的整体素质,为开展各项工作奠定良好基础。

【理顺农经管理体制】　2009年,县乡经管站借农技推广体制改革之机,把农经干部人权、财权收归县级主管部门管理,理顺管理体制,做到农经工作有人做、有人管。

【加强农民负担监督管理】　2009年,县经管站做好"一事一议"筹资筹劳监督管理工作。严格按照《鲁甸县村内兴办集体公益事业筹资筹劳实施办法》规定,全县村级公益事业建设一事一议筹资筹劳财政奖补项目73个,其中道路项目54个,农田水利建设项目3个,人畜饮水项目10个,文化体育设施项目2个,人行桥建设项目4个。项目覆盖12个乡镇51个村委会81个自然村,筹资涉及自然村48个,筹劳涉及自然村51个;筹资涉及人口3.7681万人、劳动力2.8528万个。项目投入1 461.72万元,其中村民筹资50.53万元,筹料折资45.27万元,社会各种捐资及赞助39.89万元,乡政府投入28.42万元,其他投入53.71万元,筹劳28.638万个(筹劳折资544.16万元),财政奖补资金699.74万元。受益农户0.8076万户3.4935万人。项目包括村容村貌整治项目4个,项目议事程序合法,筹资没超过限额标准,经严格审查,每个劳动力每年筹劳数量没有超10个标准工日,每个标准工作日价格没有超40元,符合有关政策规定。少数项目筹劳虽然超过规定标准,通过民主议事后,村民自愿跨年度筹资筹劳。通过实施一事一议财政奖补,建设农村公益事业收到良好效果,形成村村谋发展,户户搞建设的喜人局面,有力地促进全县经济社会发展和社会主义新农村建设。

【落实各项惠农补贴政策】　2009年,省下达全县各项政府补贴补偿10 193.7255万元,农业四项补贴2 077.4196万元,其中种粮直接补贴313.5万元,种粮补贴面积2.54万公顷,比上年增加1.2万公顷。退耕还林补贴1 214.0837万元,其他补贴6 902.2222万元(主要是指困难学生补贴、两免一补、农资综合直补、良种补贴、烤烟补贴、低保、油菜补贴、救济救灾、优抚、农机补贴、大病医疗报销、农户异地搬迁补助、计划生育补助、家电下乡补贴等)。各项补贴全部用"一折通"发放到农户手中,没有截留、挪用和克扣涉农补贴现象发生。

【执行农村义务教育免费政策】　2009年,全县执行农村义务教育阶段中小学收费"一费制"政策,按《云南省发展和改革委员会、云南省财政厅、云南省教育厅关于全省农村义务教育阶段中小学收费问题的通知》规定收费,普遍实行亮证收费。全县九年义务教育阶段全部实行零收费。非免费教科书费由学校统一代收,学生保险由学生和家长自愿投保。农民建房收费、生产生活用水收费情况。均按照相关政策规定执行,做到执法有依据,收费有规定。

【加强农业承包合同管理】　2009年,全县有承包经营户73 188户,家庭承包土地面积18 730公顷。承包土地流转面积1 967.73公顷,其中转包面积490公顷,出租1 097.67公顷,互换109.27公顷,转让

3.33 公顷,其他方式 267.47 公顷。流入种田大户 46.67 公顷,占流转面积的 2.4%;流入合作社 123.33 公顷,占 6.3%;流入企业的 3.33 公顷,占 0.2%;农户间自发流转面积 1 841.07 公顷,占 93.5%。乡村组织提供信息流转面积 126.67 公顷,占 6.5%,农户流转土地面积主要源于承包耕地 1 810.6 公顷,占 92%;非承包耕地面积 157.13 公顷,占 8%。流转土地主要用于农业生产 1 964.4 公顷,用于非农业生产 3.33 公顷,土地流转促进农业规模化、产业化的发展,农民增收。

【排查化解土地承包纠纷情况】 2009 年,县经管站 4 月下旬到 6 月初,对全县 12 个乡镇开展农村土地承包、农村集体资产财务管理和农民负担矛盾纠纷集中排查化解。在工作中,深入乡镇、村组、农户排查矛盾纠纷,加强对群众关注的热点问题进行监测。经排查统计,全县有土地纠纷 10 起,其中调解 7 起,正在调解 3 起。经管站协调乡镇土管所、司法所帮助调解。通过清理,解决一批历史矛盾纠纷问题,有效维护农村社会稳定。做好每月一报农村土地承包纠纷上报工作,及时掌握农村土地承包纠纷发展状况。

【开展村级会计委托代理服务工作】 2009 年,村级会计委托代理服务工作作为省委、省政府重点办理的 20 项工作之一。县经管站根据文件要求开展村级会计委托代理服务工作。一是加强组织领导。成立由县财政局长任组长,农业局长任副组长的全县村级会计委托代理服务工作实施领导小组,下设办公室于会计局,负责日常事务。二是制定开展村级会计委托代理服务工作实施方案,明确指导思想、基本原则和工作目标、委托代理服务的范围和内容及实施步骤、保障措施。三是按照实施方案开展工作。做好业务知识及操作技能培训工作。县乡组织召开 27 次 550 余人次会议。开展 13 期 200 余人次财务人员业务知识、财务软件培训。组织业务骨干 18 人参加市级举办的业务培训。做好清产核资工作。县领导组下发《关于做好农村集体经济组织清产核资工作的通知》,乡镇制定清产核资工作方案,组成人员对代理财务的村进行清产核资,对村集体财产物资、现金、存款、债权债务、承包合同等逐一清理核实,登记造册,锁定债务总额,清理结果及时向群众张榜公布,接受群众监督,确保账账、账证、账款、账实相符。张榜公布无异议后,由乡镇会计委托代理中心与村组织依法签定委托代理协议。做好会计账务设置工作,积极指导乡镇代理机构会计人员根据清产核资登记,按照《会计法》、《村集体经济组织会计制度》、《鲁甸县村级会计委托代理服务工作实施方案》的通知要求,为每个会计核算单位单独建账,设立账簿,全面核算,完整反映,认真开展代理工作。全县完成 9 乡 3 镇 4 个居民社区 80 个村民委员会、1 637 个村民小组会计委托代理。占总村民委员会、村民小组 100%。已代管集体资金 87.3 万元。做好查缺补漏、检查验收等工作。由县领导组成检查组深入乡镇检查指导,发现问题督促纠正,边查边改;检查验收采取乡镇自查、领导小组办公室巡查相结合方式,对村级会计委托代理服务工作情况进行检查验收,重点检查机构是否建立、办公场地是否落实、工作人员是否到位、委托程序是否齐备、移交手续是否合规、档案资料是否完整、岗位职责和工作流程是否上墙等。通过实行村级会计委托代理。一是提高村级会计核算质量,防止会计信息不真、数字不实等问题。二是加强会计监督,有效防止收入不入账,私设小金库,搞账外账等不良现象,确保村级集体资金安全。三是规范收支行为,通过统一制度、统一票据、统一审核、统一公开,在制度和财务收支环节上完善管理,堵塞财务漏洞,充分发挥民主理财小组和村民监督作用,农村财务管理由事后监督转变为事前、事中、事后全过程监督,有效遏制公款私存、白条抵库、贪占挪用、挥霍浪费等现象,改善党群、干群关系,促进基层党风廉政建设。

【加强内部审计监督】 2009 年,县经管站重点结合村级会计委托代理服务、对村范围内"一事一议"筹资筹劳、农民反映强烈的村集体进行专项审计。对接受政府扶持资金、实施有关经济项目的村集体经济组织,在事前、事中、事后实施全程监控,对项目资金使用和项目效益实施审计和评价。通过审计监督,维护集体资产安全,保护农民的合法权益。

【开展农民专业合作组织建设指导工作】 2009 年,县经管站开展农民专业合作组织建设指导工作。一是积极履行职责,依法指导农民专业合作社建设和发展,引导已制定章程的农民专业合作组织进一步修订完善;指导尚未制定章程的农民专业合作组织和已成立的各类农民专业合作经济组织制定组织章程和财务管理相关制度。对已经设立农民专业合作社并登记注册的，进一步规范，最大限度发挥合作组织服务能力，对没有设立农民专业合作组织，积极引导发展。二是根据市站要求，做好省级财政扶持农民专业合作组织项目挂牌情况统计，2004～2008年省级财政扶持农民专业合作组织项目4个，全部挂牌。利用县人力资源办项目对农民专业合作社成员和村集体经济成员进行培训200人。三是争取县人力资源办项目支持，充分利用培训资金，聘请专业授课教师对水磨镇“新兴马铃薯专业合作社”成员培训100人。对“龙头山镇光明村集体经济”成员培训100人。培训为期7天。主要培训马铃薯理论知识及其栽培技术、市场营销知识、品牌营销技能；花椒高产栽培技术、市场营销知识、品牌营销技能。通过培训，提高合作社成员专业栽培技术水平和市场营销能力。全县已发展种植业、养殖业、林果业等各类农民专业合作组织27个，其中专业协会10个，带动农户26 797户。指导建立17个农民专业合作社。

【指导村容村貌整治项目】 2009年，县经管站根据市经管站文件要求，选择申报实施条件相对较好，农民要求迫切，思想意识较高的10个自然村为村容村貌整治项目点，批准9个，涉及3个乡镇8个村民委员会，协调有关部门，把资金足额拨付到项目实施乡镇。9个项目实施点计划投入资金202万元，其中省级90万元，群众自筹55万元，计划群众投工投劳9 100个。完成投资163.57万元，完成计划的81%；省级投入89万元，完成计划的99%，群众筹资投物投劳折资74.57万元，其中群众自筹5.914万元，以物折资30.396万元，投劳折资38.26万元，完成计划的136%，群众投工投劳10 592个，完成116%。计划硬化连户路2.2千米，完成5.78千米，完成计划的263%，受益人口557人；计划室内外地皮硬化23 465平方米，完成23 249平方米，完成计划的99%，受益人口1 928人；计划室内外墙体抿糊、粉白97 601平方米，完成94 481平方米，完成计划的97%，受益人口2 483人。

【扎实做好村集体经济发展项目】 2009年，全县省级扶持2个集体经济发展项目均为养殖业，扶持资金20万元，自筹资金11万元，其中小寨乡赵家海村1个（赵家海村仔猪繁殖基地建设）省级扶持资金10万元，自筹资金9万元全部到位。省级扶持资金由县经管站代管，实行报账制，主要用于卫生圈改造、人工授精站基础设施建设、购买种公猪和母猪等。梭山乡挖水村1个（挖水村畜牧养殖），省级扶持资金10万元，自筹资金2万元，全部到位。省级扶持资金由县经管站代管，实行报账制，主要用于购买母牛等。一是统一思想，提高认识。组织全县农经干部和有关村干部、民主理财小组成员、村务公开监督小组成员认真学习省、市有关发展壮大农村集体经济实力的文件精神，统一思想，提高认识。二是找准优势资源，确立发展项目。三是加强对农村集体资产、财务管理和监督，定期和不定期进行财务公开，每个实施环节都有民主理财小组成员参与，保证民主理财小组成员参与决策、监督和管理。四是加强扶持农村集体经济发展项目资金监督管理，重点加强资金使用和效益监督管理、审计，确保资金专款专用，发挥效益。五是创新机制，吸纳社会资金参与发展壮大农村集体经济实力。通过项目实施，增强集体经济实力。梭山乡挖水村畜牧养殖项目建成，年内村委会已获收入4万元；小寨乡赵家海村仔猪繁殖基地项目建成，村委会年内获收入1.5万元。缓解村集体经济组织运转困难，初步解决“有人办事”、“有钱办事”问题。促进农业产业结构调整，推动农业专业化生产和规模化经营。梭山乡挖水村畜牧养殖项目和小寨乡赵家海村仔猪繁殖地建设促进畜牧业发展。对当地干部群众进行200人次科技培训；对民主理财小组成员、村务公开监督小组成员进行20人次管理方面培训；对广大群众进行选举的民主理财小组成员和村务公开监督小组成员1 500人次培训。梭山乡挖水村项目建成，吸纳剩余劳动力45人，项目区农民每年人均可增加纯收入190元。小寨乡赵家海村项目实施，吸纳剩余劳动力10人，项目区农民每年人均可增加纯收入185元。五是推动农村基层民主管理，增强广大干部群众的民主意识。

【做好农经调查统计工作】 2009年，县经管站认真做好农经调查统计工作。一是认真布点，根据经济好、中、差情况，全县设12个农村入户调查点、涉及12个乡镇26个村56个组120户调查户。二是认真做好农户记账工作。做好各月调查、登记、统计、汇总工作，做到不满报、漏报、虚报。三是做好每季度调查统计工作，准确填报农业农村经济预测分析表。

【做好农村经济统计工作】 2009年，县经管站加强农经统计信息质量评估，充分应用120户资料，分析新农村建设中的新情况、新问题，提高统计信息质量。根据市站通知要求，按时、按质、按量完成全县农村经济统计半年报、预测报及年报。同时做好每月一报的农产品价格和农业生产资料价格调查分析工作。

（县经管站工作总结）

工商行政

【机构人员】 2009年，县工商局有在职人员71名，其中公务员69名，工人2名，离退休人员33名（离休人员1人）。在职人员取得本科学历9人、专科学历51人、中专学历8人、高中及以下学历3人。在职党员46名，离退休党员20名。内设机构办公室、人事教育股、纪检监察室、法制股、企业个体注册登记管理股、公平交易股、市场监督管理股7个。派出机构文屏分局、龙树工商所、龙头山工商所、桃源工商所4个。群团组织2个（鲁甸县消费者协会、鲁甸县个体私营经济协会）；1个党总支，7个党支部（局机关支部、文屏分局、龙树工商所、龙头山工商所、桃源工商所、大水井工商所、老年支部）；工、青、妇组织健全。

局　长

米长旭　男　回族　鲁甸人

副局长

马仲列　男　回族　鲁甸人

罗伟庆　男　汉族　盐津人　2009年8月任

纪检组长

王永啟　男　汉族　鲁甸人

【法制建设】 2009年，县工商局认真开展法制宣传和法律法规培训工作，内部学习与外部宣传紧密结合。对内提高全体干部职工依法行政水平和业务素质，对外提高广大企业业主及个体工商户法律法规意识，促进依法、诚信、文明经营；全年举办8期内部人员培训，主要培训《工商行政管理机关行政处罚程序规定》两期、《一体化软件培训》、办案技巧、《新法律文书使用手册》、《工商行政管理机关行政处罚案件听证规则》、《食品安全法》及食品安全法配套规定、《防震减灾法》等，组织“计算机、注册登记、执法办案”3个能手选拔考试，完成全县市场主体培训工作，培训率70 %以上。把法律法规知识讲座、开辟宣传专栏、有线电视广播、发放知识小册子等与“六进”结合起来，扩大工商法律法规宣传面，形成良好工商服务环境和执法氛围。2月26日，联合公安局、农行在县城文化广场开展打击传销宣传活动，接受咨询100多人次，发放宣传资料800余份。结合开展“3·15”消费者权益保护日“消费与发展”为主题宣传活动及开展护农保春宣传活动。3月15日，在县城文化广场开展“识假辩假”现场咨询、讲解和大量物品展示，发放宣传资料4 000余份、宣传手册120册。年内，出宣传专栏4期，挂宣传横幅2条、标语10余条。认真开展法律进县二小、文屏镇中心小学、茨院小学、龙树小学等校及文屏清真寺、桃源民族聚集地、龙树苗族聚集地、县鸿鹄实业公司、昊龙公司等企业，以《消费者权益保护法》、《产品质量法》、《行政处罚法》、《食品安全法》及配套规定等法律法规和食品安全知识等内容为主的“法律七进”工作，发放《消费者权益保护法》和《食品安全法》知识宣传资料2 500余份，宣传达1.7万余人次。现场咨询讲解1 600余人次，发放开业登记宣传资料3 260余份，向个体工商户发放《商品零售场所塑料购物袋有偿使用管理办法》宣传资料1 000余份。办理经济执法案件174件，其中简易程序办理的96件、一般程序办理的78件。查处无照经营类案件26件、销售不合格商品类件69件、广告类案件10件、未年检案49件、不能提供检验报告案2件、不正当竞争案1件、销售数量不足案1件，案件核审通过率100%。所办行政案件，质量与上年相比有所提高，证据充分全面、引用法律法规准确无误。

【纪检监察】 2009年，县工商局健全党风廉政建设责任制，层层分解落实责任。形成党风廉政建设“一把手”负总责、班子成员各负其责、分工明确、责任具体、上下协调，党风廉政建设与行风建设齐抓并举，为各项工作开展提供纪律保障，形成齐抓共管的良好局面。一是大力推进党风廉政建设。充分发挥党风廉政建设责任制在党风廉政建设和反腐败工作中的“龙头”作用，形成纪检监察组织协调、部门各负其责、依靠群众支持和参与的反腐败领导体制和工作机制。县局党组书记与各党组成员、各工商所(分局)负责人,党组成员与各股、室负责人签定2009年党风廉政建设责任书24份。二是深入开展工商廉政文化建设。积极开展先进示范和警示教育活动,教育全局干部职工算清廉洁与腐败的政治账、经济账、家庭账、人生账,倡导"以廉为荣,以贪为耻"良好的社会风尚。三是开展基层工商所、分局向监管服务对象述职述廉工作。召开所、分局执法人员向监管服务对象代表述职述廉汇报会,邀请县人大、县政协、县监察局等部门领导、行风义务监督员、企业、个体工商户、宗教人士、消费者、相关职能部门领导等对全局机关作风进行评议、测评,满意率95%以上。四是狠抓干部职工队伍思想作风建设。以深入开展学习实践科学发展观活动为契机,营造风清气正的良好氛围,实施风险评估与管理,重视政务公开、局务公开工作,确保行政权力公开透明运行;重视信访举报工作,及时发现和纠正存在的问题和苗头。

【人事教育】 2009年,县工商局以开展解放思想大讨论为契机,狠抓思想作风建设。组织开展"解放思想、深化改革、扩大开放、科学发展"大讨论活动。制定《鲁甸县工商行政管理局解放思想大讨论活动方案》,明确指导思想、讨论主题、目标要求和方法步骤等,紧紧围绕讨论主题和讨论重点,真正做到"规定动作不走样,自选动作有创新",大讨论活动主题鲜明、宗旨明确、组织有力、措施有效。认真开展自我查找和面对面相互查找,深究阻碍解放思想根源,全局71名干部职工按照"六破六立"、"七个解决"要求,对照自身存在不足和今后努力方向撰写心得71篇。大讨论活动与落实行政问责办法等"四项制度"相结合,切实转变机关作风,提高工作效能和行政执行力和干部队伍素质。把大讨论活动与落实"四个统一",推进"四化"建设,努力实现"三个到位"和"六个好"的工作目标相结合。组织开展岗位练兵活动,提高干部队伍业务能力和业务水平,制定计算机操作能手、执法办案能手、注册登记能手培训计划,严格培训纪律,实施培训考试奖惩。在开展三个能手竞赛活动中,开展多次培训活动,1人获市级计算机操作能手第一名,推荐参加省级计算机操作能手竞赛;1人获市级执法办案能手第一名,2人分别获市级注册登记能手第一名和第三名,推荐一名参加省级注册登记能手竞赛。开展精神文明活动,组织干部职工开展"竹竿舞"、"达体舞"等文娱活动,为祖国60华诞献礼,进一步丰富干部职工文化生活;组织离退休老干部健康检查,与老干部交心谈心,从身体上、精神上、生活上关心老干部;对因病住院、生活困难、亲人去世的干部职工慰问。年内,全局干部职工缴交大学生助学基金20 230.78元、助学捐款7 400元;无偿献血2 300毫升,超额完成县政府下达指标任务1 100毫升;向扶贫挂钩的大水井村送扶贫工作经费1万元。

【信息化建设】 2009年,县工商局有干部职工71人,配备台式电脑31台,便携式手提电脑12台,激光打印机8台,针式打印机7台,数码相机1台,数码摄像机1台,扫描仪1台,传真机1台,投影仪1台;与省市连接局域网,文件资源及打印机等硬件资源共享,提高资源利用效率,实现信息传递网络化和局内办公无纸化。通过网络服务提供商(ISP)接入互联网,实现内部网和外部网畅通,为信息化建设奠定基础。一体软件各模块使用达98%,特别是注册登记、商标广告、行政执法等模块应用和熟练程度达100%,财务软件、人事管理软件等应用软件的使用,为进一步提高工作效率奠定基础。局、所两级在部分业务上实现政务信息网上传输,基本实现业务电子化。县局已开通红盾信息网站。红盾信息网有一定知名度,推出工商动态、政策法规、政务信息、队伍建设、学习园地、办事指南、资料下载、领导信箱、公众留言等栏目,同时将个私企业信用等级情况网上公示,方便社会公众免费查询,受到县委政府的充分肯定。通过内部培训,干部职工均能熟练进行计算机操作,用WPS和WORD进行文字录入、编辑和排版,用EXCELL电子表格进行制表、计算和一般统计分析,用POWPOINT进行简单课件制作,用ACCESS进行简单数据库操作,用局域网实现文件共享,在互联网上查找资料、学习新知识和一般计算机故障处理。

【个体私营经济监管】 2009年,全县有内资企业166户(含营业性)、私营企业142户,个体工商户2 530户,完成内资企业年检76户、年检中注销登记71户;私营企业年检117户;个体工商户验照率87%。

【企业注册登记管理】 2009年,全县登记内资企业122户,注册资金11 729万元,其中新设立83户;私营企业211户，注册资金55 411万元，私营企业投资人206人，雇工人数1 193人，其中新设立70户；农民专业合作社17户，注册资金15 403万元，投资人146人，其中新设立8户。全县有个体工商户3 617户，从业人员3 982人，注册资金4 200万元，其中新开业1 285户，从业人员1 321人。个私经济在国际金融危机中发展迅速，受到县委、县政府充分肯定和人民群众的广泛好评。

【公平交易】 2009年，县工商局开展以整治假冒“金沙江”牌化肥为重点，把保护生产企业利益和维护消费者合法权益相结合，加大对重点季节、重点地区、重点市场、重点品种的监管和重大案件的查处力度，认真清理规范农资经营主体资格，完善农资经营主体市场准入和退出机制；加强农资商品质量监测，及时把不合格农资商品清除出市场；积极推行种子留样备查公示制度、农资经营诚信责任制度和信用分类监管制度。督促经营者落实“两账两票、一书一卡”、“种子留样备查公示”，“农资质量监测”。对种子、化肥、农药、农机具等农用物资进行细致检查并密切跟踪。组织开展农资市场专项整治工作，查处销售过期农药77袋、过期种子102袋，没收假劣化肥18.22吨、江底水泥厂销售质量不足水泥等违法经营行为。开展“两烟”打假打私工作，积极配合烟草专卖、公安等部门严厉打击销售假冒商标卷烟行为。全年查获涉烟案件34起，查获各种品牌卷烟2 938条，涉案金额5.5万元。抽调5名执法人员参加全县烤烟收购执纪执法工作，配合烟草专卖、公安查获假烟104件，案值10万元，查获非法收购、运输烤烟案值30万元；查处利用“家电下乡”进行虚假宣传不正当竞争案件1件，罚款0.5万元。县工商局作为平安市场联创工作牵头部门，在“扫黄打非”、危险化学品、娱乐场所、卫星电视广播地面接收设施、打击非法集资等清理整治中，平安市场创建工作起到积极的主导作用。文化市场整治中，查获“口袋书”80本，淫秽光碟342碟册，取缔黑网吧3个，查处无照游戏室1个，有效地净化了文化市场。

【市场监督管理】 2009年，县工商局把流通环节食品安全监管工作作为市场监督管理工作的重中之重，以宣传贯彻《食品安全法》为契机，做好防范工作，严厉查处食品安全违法行为。大力开展节日市场整治，开展以打击流通环节违法添加非食用物质和滥用食品添加剂专项整治、成品油市场、校园周边环境市场整治、猪肉市场整治等专项检查。积极开展食品质量快速监测，强化甲型H1N1流感疫情防控工作，有力维护食品市场秩序和社会稳定。年内，在流通环节食品市场整治中，出动检查人员1 737人次，出动检查车辆108台次，检查食品经营户2 624户次，开展食品快速检测14次，查处食品经营违法案件34件，依法查处不合格食用盐2.4吨，当场依法销毁各种过期变质食品2 000余千克。积极完善食品安全“七制一卡一账制度”，辖区内食品经营户100%建立索证索票制度和进货台账制度。由公平交易股、监察室、人教股组成食品安全督查组，不定期对工商所、分局辖区内食品安全工作进行明察暗访。全年开展食品安全专项督查4次，对督查中发现的问题严格要求整改，确保辖区内产品质量和食品安全。

【商标监督管理】 2009年，县工商局把实施商标战略工作作为服务地方经济发展的一项重要工作抓好落实，积极实施“商标兴企”、“商标兴农”工程。帮助理世食品有限公司“噜咪啦”商标申报驰名商标、“昊龙”申报云南省著名商标续展、“昊龙”和“噜咪啦”申报昭通市知名商标，完成申报。年内，扶持新申请注册“云荞神”、“骡马厂”、“鑫兴园”、“三川半”（“三川半”含三个种类），共6个商标。

【广告监督管理】 2009年，县工商局加强广告市场监管，建立完善整治虚假违法广告专项行动联席会议制度、广告审查员制度、广告监管制度、广告监测工作制度、违法广告公告制度等一系列制度，加强广告行业监督与指导。规范广告经营活动，促进广告市场向诚信、有序、规范方向健康发展，保护消费者合法权益，维护社会经济秩序，充分发挥各类广告在经济发展中的作用。全县有广告经营单位12户，从业人员53人（其中管理人员18人，业务人员20人，其他人员15人），全年广告经营额15万元。全年登记户外广告45户（其中3户属2008年底报表后登记），其中医疗服务1户，食品5户，化妆品1户，家用电器7户，服装服饰4户，金融保险1户，信息服务6户，商场销售（家具、摩托等）17户，其他（如建材等）3户。户外广告经营额6万元。户外广告媒体数66个，其中展示牌21个，电子显示装置1

个，灯箱5个，交通工具17个，充气物11个，布标墙体等其他户外广告11个。全年查处广告案件8件（其中1件为2008年底报表后查办），其中虚假广告2件，非法经营广告案6件，其中2件按一般程序处罚，6件简易程序查处。罚没金额0.45万元。

【财务管理】 2009年，县工商局健全财务管理制度，完善监督制约机制，严守国家财经制度和财经纪律，加强会计监督检查，强化资金使用的监督管理；规范固定资产管理，对购置、调拨、使用、处置、报废固定资产按程序报批，坚持"一支笔签字"制度，完善手续；严格按收费许可证审定收费项目，严格执行"收支两条线"管理规定，不坐支、挪用、截留行政性收费和罚没收人。加大票据监管力度，对执收部门票据定期和不定期抽查；严格专项经费使用和管理，对基本建设、信息化建设、专项执法经费、基本装备等重大项目支出进行事前、事中、事后跟综问效和专项监督检查。

【老干工作】 2009年，县工商局把老干工作管理纳入党风廉政建设，实行局领导联系老干部制度，掌握老干部思想动态。从政治上关心，生活上帮助，工作上支持，开展工作使老干部真正体会到大家庭温暖。坚持老干部生病看望制度、春节慰问制度、工作开展情况通报制度，真正使老干部老有所为、老有所学、老有所养、老有所医、老有所教、老有所乐。

【消费者权益保护】 2009年，县工商局进一步推进和规范12315消费维权站及联络点工作，扩大消费维权网络的社会覆盖面和良好社会效应。联络点和维权站受理各类咨询，调解举报申诉17件，100%办结，为消费者挽回经济损失3万余元，切实维护消费者权益。3月15日，组织行政执法部门、消费者协会会员单位、部分有影响的工商企业在县城文化广场举办以"消费与发展"为主题的"3·15"大型宣传活动。设立咨询服务台，接受群众咨询；用流动宣传车，通过进市场、进社区、进街道、进宗教场所、进学校周边流动宣传，扩大宣传面和宣传渗透力。县政府县长保剑率县四套班子及相关部门负责人现场指导，与商品展示业主交谈，询问经营状况，鼓励业主做强做大，要求依法经营、守法经营、自觉抵制假冒伪劣。宣传活动，发放宣传资料21 500余份，受理咨询1 000余人，当场受理调解消费者投诉1件。全县建立消费者协会分会12个，12315联络站84个，消费者投诉站84个，全县12个乡镇100%建立消费者协会分会，80个村、4个居委会100%建立"两站"。

【个私协会工作】 2009年，县工商局做好个私协会工作，全面贯彻落实鼓励创业"贷免扶补"工作，鼓励和帮助有创业能力、首次创业的大学毕业生、农民工、复转军人、留学回国人员开展创业。确定4户为首次创业者"贷免扶补"工作对象，全额完成"贷免扶补"任务指标，并将20万元启动资金发到4户办理营业执照首次创业者；充分发挥个私协会作用，动员组织个私协会会员向灾区、公益事业积极捐款。年内，累计捐款2 865万元。同时，引导会员当文明市民，做文明商家。县个私协会充分发挥协会"三自"作用，开展形式多样的宣传、教育、督导工作，在政府部门与群众之间架起一座沟通的桥梁。

（何 羚）

质量技术监督

【机构人员】 2009年，县质量技术监督局内设综合办公室、质量管理股、综合业务股、特监股、稽查队5个股室。有正式职工10人。

局长、党组书记（2004年7月任）

李才金 男 回族 鲁甸人

副局长

张庭钰 男 汉族 昭阳区人

纪检组长

吴 芸 女 汉族 鲁甸人

【食品安全监管工作】 2009年，县质量技术监督局开展定期不定期巡查工作，对业主加强法律法规宣传，对群众、乡、村干部反映强烈的企业，实行突击检查，抽样送检，从源头把关，确保食品质量。在人少事多的情况下，每季度到乡镇联系一次，了解食品加工业质量状况、生产情况，对乡镇食品加工业检查、抽查、回访，节日期间，突出"节日监管工作"，实行全局执法，开展下乡打假活动，对市场进行监管，由于工作到位，巡查力度加大，确保食品安全，老百姓吃上"放心食品"。对全县12个乡镇划片管理，分片负责，责任细化到人，与职工签订监管责任书。获证食品企业4家（理世食品厂、三龙矿泉水有限公司、腾池园荞酒厂、太和酱菜厂）。组织执法人员不定期深入化验室、生产车间检查，确保产品质量。

【节日专项整治】 2009年，县质量技术监督局在元旦春节期间，出动执法人员10人次，出动执法车4辆次，检查白酒、糕点小作坊35户，超市6家。“五一”、“五四”期间，结合樱桃文化旅游节期间食品安全保障工作，深入巩固添加剂专项整治成果，对辖区内食品生产加工企业及小作坊进行巡回检查，保障节日期间食品质量安全。出动执法人员16人次，检查食品企业及小作坊55家，发出8份整改通知书。“端午节”、“六一”儿童节和中高考期间，出动执法人员12人次，车5辆次，检查食品加工作坊45家，食品经营门市15家。国庆、中秋期间，围绕开展“质量和安全年”活动，结合《食品安全法》、《食品安全法实施条例》，对辖区内食品生产加工企业和小作坊开展为期1个月的食品质量安全监管专项检查，重点检查“两节”期间的月饼、植物油、酒类等商品。出动执法人员25人次，检查食品小作坊75家。

【食品添加剂专项整治工作】 2009年，县质量技术监督局出动执法人员75人次，检查相关单位125家，签订质量安全承诺书和添加剂使用安全承诺书155份，抽样送检样品14个，其中8个合格，不合格指标主要是总酸、总酯和酒精度，规范企业1家，查处案件3起，涉及总货值6 000余元，整治重点区域6个，重点单位17家，重点产品6种。

【贯彻落实食品安全法】 2009年，县质量技术监督局贯彻落实食品安全法。一是组织领导到位。成立由局长任组长的领导小组，全面协调《食品安全法》宣贯工作。二是学习研究到位。局党组3次召开会议、局机关干部职工会议，全面学习《食品安全法》，研究部署监管和新对策。三是宣传贯彻培训到位。针对《食品安全法》条款内容，制定培训计划。组织4期12个乡镇食品分管领导、食品协管员、企业及小作坊负责人100余人培训，在质监网站、广场文化长廊开辟学习专栏，向食品生产企业及小作坊和社区群众发放《食品安全法》宣传手册100余份，广泛开展宣传活动。四是措施落实到位。与食品企业及小作坊签订责任书，强化企业食品安全主体责任意识；指导企业建立台账、管理制度等，规范企业生产行为；强化质监帮扶，帮助企业及作坊找准食品安全关键点，促进及时发现问题、分析问题、解决问题，确保安全生产。

【特种设备安全监察工作】 2009年，县质量技术监督局坚持“安全第一，预防为主”的方针。深入开展特种设备隐患治理和锅炉专项治理，突出重大节日期间安全检查。一是全县特种设备总体情况。全县有锅炉12台，已登记注册11台，各类压力容器46台；石油液化销售门市7家，均已登记，并经过检验；电梯5台，压力管道5家，厂场内机动车辆55台，已登记注册26台，注册率47%。二是元旦、春节“两节”期间，开展一次安全检查。检查起重机械、锅炉、电梯、压力容器等现场使用情况，设备使用登记及检验情况，作业人员持证上岗情况，设备日常运行、纪录情况，使用单位建立安全管理制度及实施情况等，对存在安全隐患的设备立即整改，不符合安全要求的设备不准运行，确保“两节”期间特种设备安全。三是加强6家石油液化气门市安全监察工作。要求石油液化气门市对气瓶做好登记管理，禁止使用超期未检、脱检及劣质气瓶，确保气瓶使用安全。四是加强重点工程特种设备安全监察。每月由分管领导带队，深入电站安全检查，发现问题及时下发《监察指令书》督促其整改；5月，配合相关部门深入乐红矿山、洪石岩电站、天花板电站、八宝银矿和部分乡镇进行安全大检查，对设备存在隐患的单位发出《特种设备监察指令》，限期整改，确保重大工程设备安全运行。五是突出重大节日期间安全检查。为确保“六一”儿童节、中高考及“全国安全生产月”活动期间特种设备安全。6月，对学校使用的锅炉开展一次全面检查，对存在问题分析研究，及时发出监察指令书，采取有力措施督促整改，消除隐患，确保设备安全运行。六是全年检查锅炉房30余次、电梯16台次、起重机40台次、压力容器50台，下发《特种设备安全监察指令》18份，对存在较大隐患的云兴纸厂锅炉封存。

【党风廉政建设工作】 2009年，县质量技术监督局加强党风廉政建设。一是加强领导。年初，成立党风廉政建设领导组，主要领导与各股室签订目标责任书，公布监督热线电话，建立多层次群众监督投诉网络。制定2009年度纪检监察工作要点，认真组织干部职工学习各级文件及会议精神、党风廉政法规,开展警示教育,利用反面典型案例,教育干部职工汲取深刻教训,做到警钟长鸣,教育干部职工特别是领导干部要加强自身道德修养,追求文明健康的生活方式,带头弘扬社会主义道德风尚,模范遵守法律法规和廉洁自律规定,增强自我约束能力,珍惜质监事业来之不易的大好形势,珍惜自己的工作岗位。二是认真抓好领导班子自身建设及干部队伍建设。按科学发展观要求,认真落实"八个坚持,八个反对"及公务员八条禁令和四项制度并经常对照检查,认真贯彻执行民主集中制原则,领导班子团结奋进、勤政廉洁、真抓实干,自觉接受组织和群众监督,认真组织召开领导班子民主生活会,对照《云南省领导干部廉洁自律若干规定的实施办法》检查,领导班子无违纪违法行为。在全局党员干部中深入开展11·28专题案例教育。通过学习教育,全局干部职工无违纪违法事件。三是多形式开展党风廉政建设,查找问题和不足。结合学习实践科学发展观活动,领导班子走访调研企业。四是建立学习教育月活动制度。6月起,每月1日为党风廉政建设学习教育月活动日。

【开展学习实践科学发展观活动】 2009年,县质量技术监督局按照全县第二批开展深入学习实践科学发展观活动部署要求,紧密结合实际,紧张有序、扎实有效地开展学习实践活动。一是深入开展学习调研,夯实学习实践活动的基础。二是深刻分析检查,找准突出问题,明确发展思路。三是扎实整改落实,确保出成果、见成效。

【机关作风整顿工作】 2009年,县质量技术监督局按照县委、县政府机关作风建设年活动部署,召开会议,成立机构,落实办公室人员,制定实施方案,机关作风建设年活动有计划、按步骤有序开展。活动中,深入企业,强化服务与监管。班子成员分别深入理世食品厂、昆华化工厂、腾池园荞酒厂、三龙饮用水公司、牛栏江磷肥厂、城区白酒作坊、糕点加工作坊,宣传法律法规,向企业征求服务企业、监管方面意见建议,了解企业生产经营和销售情况、存在困难,更好服务企业,检查企业生产车间生产情况、产品质量把关情况、原料购进情况情况、化验室检验情况,认真做好生产加工全程监管工作,确保辖区产品质量,食品安全。抽取白酒样品10余个送检。召开县城及茨院乡获证食品企业、加工作坊业主培训会,对《食品安全法》进行认真培训,征订《食品安全法》下发企业、加工作坊。局党组坚持把机关作风建设年活动与年度工作计划相结合,坚持把科学发展观学习实践活动与机关作风建设相结合,根据不同时期工作重点,坚持问政于民、问需于民、问计于民,认真关注民生,开展各项质监工作。县局党组决定:每月开展一次理论学习、一次业务学习,每个季度召开一次工作分析总结会,制定股室职责,确保各项工作顺利开展。

【执法打假工作取得实效】 2009年,县质量技术监督局根据省、市局安排部署,坚持把打假治劣、整顿规范市场经济秩序当作实现质监工作有为、有位的大事来抓,以打击假冒伪劣食品、农资、建材等三类重点产品作为打假工作重点,贯穿全年执法打假工作全过程。一是辖区打假责任落实到位。以食品监督为主线,落实辖区打假责任制和整顿突出质量问题为重点,对全县12个乡镇划片管理,分片负责,责任细化到人,抓好食品、农资、建材等专项整治工作。二是认真开展节假日期间食品执法检查工作,确保人民群众节日消费安全。三是切实发挥职能作用,服务新农村建设,切实维护农民利益,开展农资执法打假专项活动。对全县8个乡镇、县烟草公司经销的化肥、农药等农用物资经营单位发文,要求向县质监局提供每次进货发票、清单、质检报告,数量和销售清单,杜绝坑农害农事件发生。春季农资打假护农专项整治工作中,重点对茨院、文屏、龙树、龙头山、水磨、小寨、桃源、江底等乡镇清理整顿。加大生产源头监管,对昆华化工厂、牛栏江磷肥厂产品质量及包装袋进行检查。实施执法检查结果公开制度。四是按照国家、省、市局及县政府要求,对全县建材市场进行认真细致检查,查处砖厂3家,2家无标准生产;13家加工生产塑钢门窗无证经营,对在建工程"三材"水泥、红砖、钢材进行检查整治。五是加大建材查处力度。加强昊龙砖厂、金池砖厂、小寨页岩砖厂、普芝噜砖厂监管力度。全年出动执法人员180人次,执法车辆85辆次,抽取样品84个送检(化肥24个,11个不合格;白酒46个,10个不合格;月饼11个,4个不合格;红砖3个,1个不合格),办理案件70起(立案29起,当场处罚41起),查处假冒伪劣产品货值金额60余万元,受理群众举报投诉案8起,挽回经济损失1.5万元。

【基础业务工作扎实有效】 2009年,县质量技术监督局加强办公室工作。一是做好日常工作、当好参谋,做到上情下达、下情上报及时。二是加强学习,提高综合素质。三是认真做好档案、收发、信访、宣传报道、后勤等综合性工作。四是服务承诺定期通报工作。五是认真做好政务公开工作。在鲁甸质监门户网站上对本部门政务信息及时更新维护,全年发布各类信息60余条。基层质量技术监督管理信息系统数据库录入工作,共收集整理录入企业及小作坊基本信息100余条,对录入数据进行更新。六是保质保量完成本局综合性文字资料起草,完成各类文字资料90余份。七是全面准确上报市局科室需要的各种材料和数据。八是加强文电资料管理工作。对单位2008年文电档案清理归档,完成档案目录电子录入工作。九是承担食品相关材料上报和数据更新工作,参加食品执法检查。十是认真完成科学发展观活动、机关作风整顿、民主评议政风行风工作、综治维稳工作等材料撰写上报工作。

【开展"质量和安全年"活动】 2009年,县质量技术监督局加强质量管理工作。一是及时上报重要工业产品质量安全风险预警信息。二是开展"质量和安全年"活动工作,制定活动方案,及时上报活动进展情况、统计数据和图片资料,为迎接"质量和安全年"活动督查工作充分准备。三是企业质量档案管理工作。上半年对5家获证企业(昆华化工厂、牛栏江磷化厂、理世实业有限责任公司、腾池园有限责任公司荞酒厂、江底水泥厂)建立质量档案进行数据更新工作。11月中旬完成新系统数据录入工作。四是开展工业产品生产许可证培训工作和获证企业后续监管工作。4月底,认真组织相关企业参加省局举办的14类工业产品生产许可证省级发证实施细则培训会议。11月中旬,对获证企业巡查回访,上报巡查回访表。五是开展建筑外窗清理工作。6月中旬,上报建筑外窗清理情况。六是开展质量兴县活动工作。制定实施方案,指导企业制定"质量兴企"活动实施方案,上报工作进展情况。七是"十·一、中秋"两节期间,开展为期一个月市场整治工作。联合县工商部门对月饼等节日食品包装监督检查。八是配合市局质量科对电力公司开展质量体系认证企业监督抽查工作。

【标准化工作】 2009年,县质量技术监督认真开展标准化工作。一是开展农村饮水安全项目管材设备质量监管工作。根据文件要求,与县水利局联系,加强部门协作,确保工作顺利完成。二是开展标准化工作现状调查工作。3月,参加市局标准化现状工作视频培训会议,4月初,配合"云南省实施技术标准战略研究"课题组工作,对全县抽选的企业腾池园荞酒厂标准现状进行调查,及时上报相关报表。三是农业标准化示范区工作。4月初,配合市局考察桃源乡拖姑村肉牛养殖示范户、小寨樱桃示范园区。上报农业标准化示范区项目建设工作总结。四是"中秋、国庆"期间,开展治理商品过度包装工作。五是11月初参加省标化院举办的国家标准宣贯培训。向企业转发云南省地名标志标准。

【机构代码工作】 2009年,县质量技术监督局为机关、事业、企业办理代码证书110套,扫描110份,清理代码数据89份,年检56家,补齐电子档案7份。

【计量管理工作】 2009年,县质量技术监督局抓好民生计量工作,加强执法监督,对群众关心的集贸市场、加油站、烟叶站等计量器具开展计量监督检查。根据市局《关于对镇雄县质监局违规使用无资质人员开展计量检定情况的通报》要求,开展计量检定项目、计量标准、计量检定人员获证情况清理。组织开展"3·15"、"5·20"世界计量日宣传等活动,发放宣传单500余份。在全县开展强制检定计量器具建档工作,建立明细档案电子文档。全县有电子秤88台,台秤16台,地磅5台,加油机36台,水表6 500只,电表49 087只,医用三源50台,公路管理速度监测仪1台。配合市检测所完成全县烟叶站电子秤检定工作。对昊龙水泥厂、牛栏江磷化厂、大水井水泥厂、江底水泥厂、昆华化工厂5家企业定量包装督促抽查。"五一"期间,结合鲁甸樱桃文化旅游节"食品打假保安全"专项整治活动,对县城、小寨旅游区餐饮业、集贸市场、商店超市、加油站等集中开展计量专项监督检查工作。

【节能减排工作】 2009年,县质量技术监督局加强节能减排工作。一是认真开展计量节能服务工作。对重点企业摸底调查,建立计量档案,主要是昊龙水泥厂、江底水泥厂、昆华化工厂、理世食品厂,加强能源计量监督和服务工作,强化计量器具检定率,重点企业在用计量器具50余台件,检定率

100%。二是严格检查商品过度包装问题。根据国家质检总局《限制商品过度包装、食品和化妆品》国家标准，为2010年4月1日实施奠定基础。国庆、中秋前，组织月饼过度包装监督检查，检查城区、茨院、小寨、龙头山集镇月饼生产作坊26家，未发现月饼过度包装现象。三是强化获证企业证后监督。重点加强昊龙水泥厂高耗能产品获证企业执法检查巡查、年审等证后监管工作。同时，对江底水泥厂水泥产品抽查，对换证期间违规行为作出处理，对理世食品厂生产产品定期不定期检查。四是努力做好特种设备节能减排工作。对锅炉使用单位、设备集中场所、重点人群、宾馆、医院、设备隐患难整改企业开展《特种设备安全监察条例》及《高耗能特种设备节能监察管理办法》宣传工作。根据省局《关于做好2009年高耗能特种设备节能工作的通知》要求，督促医院、理世食品厂、颐华宾馆、云星纸厂使用锅炉单位，全面落实特种设备使用单位安全、节能责任，下发学习资料8份。

【挂钩帮扶工作】 2009年，县质量技术监督局挂钩帮扶江底乡洗羊塘村，全局在岗8人，帮扶8户贫困户。按照县委、县政府实施“百千万帮扶工程”总体部署，深入江底乡洗洋塘挂钩村帮扶工作。一是成立挂钩帮扶领导组，明确一位领导作为挂钩帮扶领导小组组长，专人负责联系挂钩扶贫工作，把挂钩帮扶工作纳入重要议程。二是春节期间，带上大米、茶叶、红糖等价值2 000余元慰问品深入挂钩村走访慰问困难群众。三是解决挂钩村扶贫帮扶工作经费5 000元。

（县质监局工作总结）

国土资源

【机构人员】 2009年，县国土资源局内设办公室、建设用地、地籍管理、法规监察、测绘规划、矿产资源管理、地质环境6股1室；辖县土地储备交易中心、土地开发整理中心两个事业单位及县国土资源执法监察大队、12个乡镇国土资源所和文屏分局。人员编制数77人，实有人数70人，借调2人，其中副科级以上领导干部9人，一般干部61人。

局 长

余朝明 男 汉族 鲁甸人

副局长

李兴凯 男 回族 鲁甸人

陈金银 男 彝族 鲁甸人

唐 军 男 汉族 鲁甸人

【严格耕地保护】 2009年，县国土资源局认真贯彻落实中央、省、市关于耕地保护的一系列方针政策，切实加强耕地保护，特别是基本农田保护工作，确保全县耕地面积不减少，质量不降低。推行行政首长负责制，把耕地保护各项责任落实到单位和个人。年内，全县划定基本农田336块、建立基本农田保护标志15块。耕地保有量保持在46 686.726公顷，全面完成上级下达45 500公顷耕地保有量任务。基本农田面积保持在33 188.4515公顷，与下达33 188.44公顷持平。

【扩大内需土地管理项目工作】 2009年，全县有8个涉及用地项目，其中6个建设项目不涉及新增用地，2个项目涉及新增用地。涉及用地但不涉及新增用地项目情况，面积1.1011公顷。一是廉租住房项目。用地0.8401公顷，2008年划拨原磷肥厂家属区国有建设用于新建廉租住房用地。二是卫生院建设项目。2008年建设龙头山镇中心卫生院、新街乡卫生院和梭山乡卫生院改扩建项目3个，3个项目建设用地0.1050公顷；2009年新增龙树卫生院改扩建项目1个，用地0.0560公顷，4个卫生院建设项目占地0.1610公顷，均在原址周围空地上完成，项目建设符合乡镇集镇建设规划，用地属国有建设用地，不涉及农用地转用和土地征收。三是县人民医院综合楼建设项目，用地0.1公顷，在原址上建设，不涉及新增用地。落实扩大内需涉及新增用地项目情况：面积4.7333公顷（耕地2.1333公顷，林地2.6000公顷）。一是县城污水处理厂及配套管网工程基础设施建设项目。项目已列入国家“十一五”规划，计划投资8 415.66万元，到位资金1 530万元。《云南省发展和改革委员会关于鲁甸县城市污水处理厂及配套管网工程可行性研究报告的批复》同意，初步设计经《云南省建设厅、云南省发展和改革委员会关于鲁甸县污水处理厂及配套管网工程初步设计的批复》通过，选址于茨院乡，拟用地2.1333公顷（耕地2.1333公顷，不占用基本农田），通过《云南省国土资源厅关于昭通市鲁甸县城市污水处理厂及配套管网工程的用地预审意见》预审。项目属省级项目，用地计划指标属省级指标，待省厅安排指标后便可报送省厅批准农用地转用。二是县城生活垃圾处理场基础设施项目。选址于小寨乡赵家海村，计划投资3 410.94万元，到位1 770万元。项目通过《云南省发展和改革委员会关于鲁甸县城市生活垃圾处理工程可行性研究报告的批复》同意，初步设计经《云南省建设厅、云南省发展和改革委员会关于鲁甸县城市生活垃圾处理工程初步设计的批复》批准。拟用地2.6公顷(林地2.6公顷)，通过《云南省国土资源厅关于昭通市鲁甸县城市生活垃圾处理工程的用地预审意见》预审。正组织林地报批及地灾、矿压、水保等用地资料。

【建设用地预审和报批】 2009年，县国土资源局加强建设用地预审和报批工作。一是完成滇能集团牛栏江天花板电站正式用地报件组织上报工作。昭通牛栏江天花板电站(鲁甸县部分)建设拟征收龙头山镇4个村民委员会10个村民小组集体土地75.6083公顷，其中农用地19.5434公顷(耕地10.5286公顷、林地9.0148公顷)，建设用地0.0693公顷，未利用地55.9956公顷；拟占用国有未利用地32.3406公顷，合计拟征(占)土地107.9489公倾。二是完成滇能集团牛栏江凉风台水电站用地初审上报预审工作。凉风台电站选址牛栏江流域，涉及龙头山镇新民、银屏两个村民委员会的新渡、西撒纳、新寨、蒋家湾、下梨坪、庙子沟、许家坪、店子上、桃花园等9个村民小组，拟占用土地135.4638公顷，其中农用地35.0102公顷(耕地19.1675公顷，不属基本农田，林地10.3911公顷，园地5.4516公顷)；建设用地0.3815公顷，未利用地100.0721公顷，其中集体未利用地56.7095公顷(荒草地54.9541公顷、裸岩石砾地1.7554公顷)，国有未利用地43.3626公顷(水域39.3893公顷、滩涂3.9733公顷)。总用地中库区淹没区119.5696公顷，大坝施工区8.7436公顷，公路7.1506公顷。三是为顺利完成县城规划区拆迁安置工作任务，积极组织“2009年度第一批次城镇建设用地”报批，上报市局，项目建设拟征收集体土地10.5648公顷，其中农用地10.5648公顷，农用地中耕地9.9675公顷，其他农用地0.5973公顷。四是完成昭巧二级公路建设用地初审。项目涉及占用县内土地198.0899公顷，其中耕地37.6738公顷(基本农田36.8772公顷)，占用原规划建设用地121.0550公顷、新增规划建设用地77.0349公顷，为昭巧二级公路建设做好用地保障前期工作。

【农用地分等定级与估价】 2009年，全县农用地分等定级与估价工作是耕地保护、确保农用地价值的一项工作。由于专业性强，技术含量高，经过多方研究比较，县国土资源局终选择技术力量雄厚、云南省第一批农用地定级与估价工作技术指导单位——云南优化不动产评估咨询有限公司作为技术协作单位，建立合作关系。农用地定级估价工作进展顺利，完成县级、市级初步审查，基本符合全县农用地分等定级与估价实际，市局转报省厅批转实施。

【土地出让工作】 2009年，县国土资源局根据《招标拍卖挂牌出让国有建设用地使用权规定》规定，挂牌出让土地4宗，其中住宅用地2宗，面积2.2公顷；商业用地2宗，面积3.9567公顷。4宗地合同约定总价款3 423万元，受让单位文山盛林房地产开发有限公司交款1 480万元，尚欠1 943万元计划于2009年12月31日前交清。

【土地划拨工作】 2009年，县国土资源局组织黑石河流域1~5级电站建设土地报批，2008年12月25日云南省国土资源厅批准农用地转用和土地征收，确定以划拨方式供地。2009年8月划拨水工建筑用地，面积9.8685公顷，符合相关规定。

【集体土地审批】 2009年，县国土资源局审批农村居民建房用地0.4039公顷，属占用原集体建设用地和未利用地建房，项目建设符合乡镇级土地利用总体规划。

【土地市场动态监测与监管系统运行正常】 2009年，县国土资源局按照上级要求，对2007年以来供应的土地全部纳入监管系统，同时完成2007~2008年数据补录和2009年供应管理。对全县国有土地供应管理具有十分重要的意义。

【实施土地整理确保占补平衡】 2009年，县国土资源局实施土地开发整理项目4个，其中国家级1个、省级1个、市级1个、县级1个，规模1 025.21公顷，投资2 099万元，全部竣工。其中验收项目1个，正在组织验收项目3个。分别为：龙树—新街土地整理项目、文屏镇马鹿沟土地开发整理项目、江底乡水塘村土地整理项目、茨院乡马厂圩土地整理项目,新增耕地202.19公顷。正向上级争取小寨—龙头山土地整理项目、桃源乡土地整理项目和江底乡土地整理项目。其中桃源乡土地整理项目和江底乡土地整理项目完成可研上报,小寨—龙头山土地整理项目正进行可研编制工作。

【强化动态监察保障依法用地】 2009年,县国土资源局强化动态监察,保障依法用地。一是加强乡镇、村组基层干部国土资源法律知识培训工作,使国土资源法律知识得到普及。二是建立公安、法院、纪检监察联合办案制度,对违法用地做到既查事又查人。三是积极向上级争取机构和人员编制,成立土地执法监察大队,加强动态巡查,对违法用地做到早预防、早发现、早制止,确保扩大内需项目用地合法合规。年内,积极做好动态巡查工作,确定动态巡查区域,分片包干、责任到人。以县城规划区和公路沿线为重点,每7天巡查一次,填写巡查日志,建立巡查台账,每月集中检查一次,发现问题按照责任状要求,对责任人处罚。全年共巡240人次,发现土地违法行为3起,面积0.076公顷,对违法行为进行制止。

【矿产资源整合】 2009年,县国土资源局为巩固扩大矿产资源整顿和规范工作成果,集中解决矿山开发布局不合理等问题,促进矿业结构调整和矿业经济增长方式转变,实现资源规模化、集约化开发,培育壮大矿业经济,早动员、早部署,开展矿产资源整合。一是加强组织领导。县政府成立矿产资源整合领导组,加强对矿产资源整合工作领导,下设办公室在县国土资源局,从相关职能部门抽调人员,组建工作班子,确保资源整合工作顺利开展。二是明确任务责任。对整合区域内资源和矿业权设置情况调查摸底,对矿种分类制定整合方案,确定整合矿山企业。明确整合范围,包括龙头山乐马厂、火德红、乐红、水磨4个重点矿区的铅、锌、银、铜、硫、铁等重点矿种。工作中,各有关职能部门各司其职,通力协作,积极稳妥推动资源整合工作。三是规范依法开展。依照相关法律法规,运用法律、经济、行政手段,充分发挥市场机制作用,维护参与整合矿业权人的合法权益。严格执行国家对有关矿产资源总量控制及产业结构调整和产业发展规划等规定,有计划分步实施。1月开始,非煤矿产资源整合已取得阶段性成效。整合前:全县设置采矿权10个(金属矿山),矿区面积55.7393平方千米;探矿权17个(金属矿山),矿区面积821.22平方千米。通过资源整合,注销采矿权证1个,矿区面积1平方千米;注销探矿权证5个,矿区面积257.79平方千米。

【矿业权管理】 2009年,县国土资源局加快矿政管理新机制建立,推进第二轮矿产资源规划修编。编制矿业权设置方案,加快建立“规划控制、计划投放、使用有偿、责权统一、合同管理”的投放机制,加大利用市场机制配置矿产资源力度。严格贯彻落实节能减排工作部署,节约集约利用矿产资源,严厉查处乱采滥挖矿产资源违法违规行为。坚持“关小建大、以大并小”的办矿原则,严格执行新建矿山企业准入条件,建立完善“依法办矿、高效办矿、和谐办矿、科学办矿”的矿产资源开发利用管理长效机制。妥善处理政府、企业、矿区群众之间的利益分配关系,体现矿产资源国家所有权人利益,保障矿产地基层政府利益,维护矿业权人合法权益和群众利益,做到开一个矿山,富一方群众,保证矿山开发,群众生活水平有提高,长远生计有保障。

【地质灾害防治】 2009年,全县辖9乡3镇,国土面积1 487平方千米,大部分为山地,地形地貌复杂。切割深,山高坡陡,地质结构脆弱、地震活动频繁;汛期雨量集中、单点性大雨、暴雨时有发生,导致辖区内地质灾害频繁发生,点多面广,严重威胁人民群众生命和财产安全。年内,发生地质灾害7起,其中滑坡2起,崩塌2起,垮塌1起。成功预报泥石流1起,避免经济损失5万元,无人员伤亡;涉及2乡2镇威胁群众53户189人,毁坏房屋2间,威胁住房44间,毁坏旱地0.93公顷。一是对全县已记载的地质灾点排查。4月初,组织人员对全县已记载的78个地质灾害隐患点逐一排查,易发点11个,涉及11个乡镇43个村民委员会77个村民小组,威胁1 822户7 826人的生命,厂矿2个,街道4条。依据排查结果,县国土资源局与各乡镇政府统一思想,坚持以“预防滑坡、泥石流为主,以预测预报为主,以灾前避让为主”的三为主方针,建立群防群测地质灾害网络点78个,安排监测经费2.75万元。二是编制《方案》。根据全县地灾隐患排查结果分析和2009年县气象局提供的降雨预测,编制《鲁甸县2009年地质灾害防治方案》,确定各乡镇灾害点责任人和监测人员，加强预测预报工作。三是选点定人明责任。对全县78个地灾隐患点选择有责任心的村组党员和干部对隐患点进行监测。采取打桩、定时用钢卷尺测量或目测，对测量数据及时上报国土所或国土资源局，对数据进行分析、比较，有异常及时报当地政府发布预警、预报。四是宣传普及地灾基本知识。“4·22”、“6·25”、“5·12”宣传日，县国土资源局与司法局、民政局、防灾局在县城小广场宣传，共发放宣传资料625份，其中《地质灾害防灾防治要诀》120份，《滑坡泥石流的预防和避险常识120份，《宣传标语》120份，《地质灾害发生前兆》120份，“工作明白卡”、避险明白卡、地灾速报卡（三卡）145份。通过宣传，提高广大人民群众地质灾害防灾减灾基本知识技能，地质灾害防灾减灾基本做到防患于未然。五是加强四项制度建设。在《方案》编制中，明确各乡镇政府主要领导或分管领导为责任人，加强群防群测网络。做好汛期地质灾害防治工作，加强汛期值班制度、险情巡检制度和灾情速报制度，执行汛期24小时专人值班制度，保证地灾联系畅通。六是地灾防治措施。主要采取简易监测措施，灾情一旦发生，立即指定避让方向、位置。

【暂缓征收矿山地质环境恢复治理保证金】　2009年，县国土资源局根据《云南省国土资源厅关于〈贯彻云南省矿山地质环境恢复治理保证金管理暂行办法〉的实施意见》，2008年启动矿山地质环境恢复治理保证金收取工作之际，因受国际金融危机的冲击，矿产品价格一直在底位徘徊，矿产企业陷入前所未有困境，执行国家、省、市下发暂缓征收矿山地质环境恢复治理保证金。

【基础管理工作】　2009年，县国土资源局加强财务管理。一是精心编报部门预算和内部收支预算。在编报上做到不少算、不漏算，积极争取财政预算内收入。强化日常支出管理。严把报销审批关、资金使用关、票据合规关，实行大额物资采购执行事前报告、事中监督制度。严格专项资金管理。严格按资金用途使用资金，做到专款专用，规范登记发证工作。办理土地登记1 271宗，其中国有土地1 243宗，集体土地28宗，抵押登记357宗，无一宗错证，土地证发放一律交窗口统一发放。二是开展测绘工作，开展《测绘法》、《测绘成果管理条例》、《云南省测绘条例》宣传活动，加强测绘工作统一监督管理。在完成县城二期开发项目、小寨整乡推进项目等勘测定界测量工作基础上，主动配合市国土资源局及局机关建设用地股、土地开发整理中心完成相关用地报批项目和土地开发整理项目的测量；完成县内控制点埋设、布点工作。年内，测量土地100多宗，面积670公顷，出图200多幅。三是二次土地调查进一步加快，完成外业调查及数据建库工作，经省二次调查办公室验收并上报国家二调办核查验收。基本农田调查中，收集整理全县基本农田划定和调整等资料，进行审查或实地核查。5月，外业调查成果（农村部分）正式通过省级验收。城镇土地数据库正在建设之中，7月完成建库上报工作，已逐级提交国家验收。门户网站进一步更新。对门户网站页面内容更新，保证各项业务工作信息第一时间在网上公开，实行建设用地报批、矿产权出让、土地整理立项的远程申报。四是土地规划修编进一步加快。完成《鲁甸县土地利用总体规划修编工作方案》，编排《鲁甸县直单位规划修编收集资料目录》，并全面收集完成。年初，在省厅招投标中心以竞争性谈判邀标方式，将土地规划修编工作交与云南理工大学土地管理学院编制，召开土地利用总体规划大纲评审会，相关单位负责人参加会议，与会者提出很多修改意见。五是政务公开进一步加大。设立党员干部监督岗，在一楼大厅将22名党员干部的姓名、相片、职务、联系方式进行公开。建立政务公开栏。公开管理事项、办事依据、办事程序、收费标准、监督电话，方便办事人员，提高办事效率。

【党风廉政建设工作】　2009年，县国土资源局按照年初签订年度党风廉政建设责任书要求，加强国土资源系统党员干部党风廉政学习，局领导班子发挥表率作用，影响和带动全局党员干部共同营造勤政廉洁、奋发向上工作环境，与各股室签订党风廉政建设目标责任书，完善各项规章制度，确保年度党风廉政建设工作的落实。

（县国土资源局工作总结）

安全监督

【机构人员】　2009年，县安全生产监督管理局内设办公室、交通消防安全监督股、矿山与职业安全监督股，有干部职工11人。

局　　长

陈兴举　男　彝族　鲁甸人

副　局　长

梁明枢　男　汉族　鲁甸人　2006年6月任

汪朝贵　男　汉族　鲁甸人　2008年12月止

周　洪　男　汉族　鲁甸人

李兴对　男　回族　鲁甸人

执法大队队长

李　坚　男　回族　鲁甸人

【安全生产运行较好】　2009年，全县发生安全生产事故1起，死亡1人，直接经济损失12.84万元，死亡人数占市政府下达控制指标数11人的9%。与上年发生安全生产事故5起，死亡6人，受伤1人，直接经济损失94.6万元同比，事故起数下降4起、下降80%，死亡人数下降5人、下降83.3%，受伤人数下降1人，下降100%，经济损失下降81.76万元、下降86.4%。

【落实安全生产监管工作】　2009年，县安监局充分发挥综合协调职能作用，狠抓全县安全生产主体责任落实。一是县委、政府召开全县安全生产工作会议两次、两次政府常务会议安委全会4次、安全生产演讲比赛1届。二是结合市政府下达全县安全生产目标任务，完善修订《鲁甸县2009年安全生产责任状》，代县政府拟定《鲁甸县预防较大以上安全生产事故百日专项整治行动实施方案》、《鲁甸县2009年非煤矿山、尾矿库、危险化学品、烟花爆竹、民用爆炸物品安全生产治理实施方案》、《鲁甸县安全生产"三项行动"实施方案》、《鲁甸县安全生产"三项建设"实施方案》等一系列文件，对全县安全生产工作进行全面具体部署，做到目标明确、职责明晰、任务具体、措施有力，确保全县安全生产各项工作顺利进行。三是督促安委会成员单位、乡镇严格执行安全生产"一岗双责"和"一票否决"制度，县安委成员单位与重点企业挂钩，构筑领导包片、干部包点的包联机制，形成一级抓一级，层层抓落实的安全生产工作目标管理体系。四是根据不同时段安全生产工作特点，采取综合检查、专项检查等形式，对全县非煤矿山、烟花爆竹、民爆器材、道路交通、消防、建筑施工、水上交通、水利、电力等行业和领域进行督查检查，建立督查、检查追踪机制和整改落实反馈机制，有效促进安全生产各项工作全面落实。五是根据县委、县政府指示，对全县乡镇、部门、单位百日专项整治、安全生产三项行动、"春节"、"五·一""十·一"等重要节假日和重大活动期间安全生产工作进行督查检查，确保安全生产形势持续稳定。

【严把节后复工验收关】　2009年，县安监局到重点企业开展春节、五一、十一、中秋节后复工验收。一是对企业生产场所、设备、设施全面检查，督促企业及时整治事故隐患，对各类设备进行调试，确保复工后安全生产无事故。二是帮助企业开展三级安全教育培训，提高员工安全意识和岗位操作技能。三是恢复生产初期，强化日常监管，督促企业安全生产管理人员做好班前检查、跟班作业和交接班检查，确保全场安全运转。四是督促从业人员严格执行行业操作规程、遵守工作纪律，禁止酒后上岗作业、疲劳作业和不按规定佩戴劳动防护用品等违纪违章现象发生。全县无一起未经复工验收擅自恢复生产或不符合条件允许生产现象发生。

【非煤矿山安全监管工作】　2009年，县安监局加强非煤矿山安全监管工作。一是针对全县非煤矿山安全生产基础条件差、管理水平低、监管难度大的实际，率先在昊龙实业集团火德红铅锌矿山推行井下和地面通信联络系统及安全教育宣誓制度，努力提高矿山企业安全保障能力。二是强制推行地下矿山机械通风。督促昊龙实业集团乐红铅锌采选有限公司按照设计要求建成机械通风网络，以矿山机械通风成功经验推动全县地下矿山机械通风进程。三是认真开展露天矿山安全专项整治，督促企业严格按照自上而下顺序施工作业，严厉打击一面墙、掏底崩落、扩壶爆破和伞檐开采等违规生产行为。按照以点代面，逐步推行的原则，积极推行露天矿山中深孔爆破。年内，昊龙实业集团水泥厂石牛口采石场成功施行中深孔凿岩爆破技术。四是积极配合县国土局开展矿产矿权整合工作，督促未取得采矿许可证企业，按要求办理安全生产许可证，对安全生产许可证到期和即将到期企业，督促办理证延期手续。全年办理延期手续7家，新办理安全生产许可证4家，办理延期2家、正在办理延期3家、变更1座。五是认真抓好非煤矿山派驻安监员制度的落实。督促乡镇人民政府认真落实《昭通市人民政府办公室关于印发昭通市对非煤矿山企业派驻安监员实施的通知》，年产3万吨地下矿山和年产6万吨露天矿山由乡镇人民政府派驻安全监管员，实行安全生产全程监管。

【尾矿库安全监管工作】 2009年，县安监局督促各尾矿库企业，加大整改资金投入（全县累计投入1 000余万元），严格按照“七个一”、“七个一律”和“一消除、四达标、三完善、四清楚”要求，按时按质按量完成尾矿库安全隐患整治工作。通过努力，全县四座尾矿库（坝）除一座正在整改，其余3座已取得安全生产许可证，各监测点符合原始标定监测记录，大坝无裂隙、无移位、无渗漏，排洪系统畅通无异常，尾矿排放符合安全要求，安全监管机构、尾矿库管理制度、应急救援预案建立健全，各项安全隐患已消除，整治工作符合相关要求。11月14日，通过省市县尾矿库专项整治检查组检查验收。

【烟花爆竹安全监管】 2009年，县安监局加强烟花爆竹安全监管工作。一是根据烟花爆竹安全监管要求，督促三级批发企业鲁甸县名泰烟花爆竹有限公司办理《烟花爆竹经营（批发许可证）》。二是加大烟花爆竹存储仓库安全基础设施建设，督促企业按设计要求，新建存储仓库，安装视频监控系统、避雷针、消防设施、防静电设施，通过安全评价。三是规范烟花爆竹经营市场，严格执行省市县三级封签管理制度。12月23日，召开全县烟花爆竹安全教育培训会。培训经营业主69人，发放经营许可证书69本，其中新办证25户、检证44户。与各经营网点负责人签订《安全销售烟花爆竹承诺书》，各经营网点限量储存，专人专柜经营，进一步规范烟花爆竹经营市场和安全管理工作。四是对零售点未售完的烟花爆竹回收管理，督促批发企业负责回收、登记、入库，杜绝私自存放烟花爆竹行为，全县回收烟花价值2 500多元，爆竹价值1 600多元。五是强化已取得烟花爆竹批发、零售资质单位和个体经营户日常检查和监管，严厉打击非法经营、储存、运输、烟花爆竹违法行为。全年出动60余人次，收缴非法烟花爆竹31件，涉及非法经营户34家，收缴“土火炮”2万余枚，有效打击非法生产经营烟花爆竹行为。

【危险化学品安全监管工作】 2009年，县安监局加强危险化学品安全监管工作。一是把全县生产、经营、使用、储存剧毒、易燃易爆等毒性和危险性较大的化工企业作为重点督管对象，督促企业加强安全隐患排查治理工作，强化化工企业重点部位、重点环节安全检查，排查出安全隐患限期整改，有效促进化工行业安全生产责任制落实。二是督促企业完成换证工作，指导和督促中石化鲁甸分公司、理世公司加油站进行安全现状评价。三是督促规模以上化工企业落实标准化建设，按市安监局要求，督促昆华化工在年底启动标准化建设。同时，督促中石化鲁甸分公司4个加油站、中石油文屏加油站、理世公司加油站、万隆化工厂和昊龙加油站做好标准化建设申报工作。四是强化危险化学品运输安全和易制毒化学品备案管理工作，建立健全易制毒化学品备案管理机制。

【民用爆炸物品安全监管】 2009年，县安监局加强民用爆炸物品安全监管工作。一是与公安等部门配合深入民用爆炸物品经营、存储、使用单位，对民用爆炸物品销售、存储、购买、运输和使用情况进行检查。督促民爆公司及时更换、补充消防器材，检修运输车辆。二是组织民爆行业管理、押运和特种作业人员参加市安监局组织的安全培训，不断提高从业人员安全意识。三是强化停产、关闭矿山企业民用爆炸物品管理工作。妥善处置关停企业遗留的爆炸物品，督促尚未生产的矿山企业，将全部民用爆炸物品移交到县民爆公司保管，确保民爆物品不流失，不发生意外事故。

【道路交通安全监管工作】 2009年，县安监局加强道路交通安全监管工作。一是加大对辖区公路、桥梁隐患排查治理力度，强化危险路段安全整治，不断完善基础设施建设。年内，采取多种形式，督促交通管理部门对县内危险路段设置交通警示标志、标牌360多块，大小水泥防护墩1 449个，减速带110条，防护墙1 414米，确保道路平安畅通。二是加大客运企业源头管理，开展严重交通违法行为专项整治活动，深入昭交集团鲁甸分公司，对客运车辆安全管理、维护保养、司乘人员安全教育等工作进行检查，指出存在问题，督促专人整改。三是与交警部门配合，加大对客车超员、超速，摩托车违法载人、驾无牌证车、无证驾驶、货运车辆违法载人、驾脱检车、驾脱保车等违法行为的宣传教育工作，减少道路交通安全事故发生。

【消防安全监管工作】 2009年,县安监局加强消防安全监管工作。一是与消防部门紧密配合,发挥部门联动作用,狠抓措施落实,大力开展火灾隐患排查整改力度。全年检查公共设施、人员密集场所140个次,有力消除火灾隐患,确保消防安全。二是根据“两节”、“两会”、“冬防、春防”工作特点,强化娱乐场所、宾馆、饭店、商场、市场、学校、医院、幼儿园、养老院等人员密集场所防火意识,形成整改火灾隐患高压态势。三是以消防平安创建工作为重点,深入开展消防安全培训,形成全社会关注支持消防工作的良好氛围,提高全民消防安全意识和自防自救能力。

【中小水电行业安全监管工作】 2009年,县安监局与水利、发改、经贸、国土、质监等部门紧密配合,强化县内中小水电行业安全监管。一是督促企业严格落实安全生产“三同时”,做到安全设施与主体工程同时设计、同时施工、同时投入生产和使用。二是加快中小水电站安全评价进程,取得中小水电站备案证明2家(7个梯级电站),正进行安全预评价4家。三是积极开展中小水电施工安全专项整治。按照水电施工安全整治标准,对牛栏江流域、黑石河流域9个在建水电站逐一检查。把各电站施工区、料场区、生活区、特别是围堰作为日常检查的重要内容。对存在度汛安全隐患的,及时给业主下达整改通知书,能及时整改的隐患立即督促整改,不能及时整改的隐患限期整改,对限期整改情况跟踪检查验收。

【开展隐患排查治理工作】 2009年,县安监局把安全生产隐患排查治理作为安全监管工作的首要任务,采取广泛排查、重点监管、集中整治方式,督促企业按时完成安全隐患整改工作。全年排查出安全隐患802条,已整改801条,整改率99.8%。其中非煤矿山排查出隐患236条,下达隐患整改指令21份,已整改隐患235条,其余1条属于未进行“三同时”审查,正在整改中;危险化学品企业排查出安全隐患27条、整改27条;烟花爆竹企业排查出安全隐患40条、整改40条;道路运输企业排查出隐患3条、整改3条;学校排查出隐患12条、整改12条;商场、市场等人员密集场所排查出隐患48条、整改48条;水库排查出隐患3条、整改3条;电力企业排查出隐患52条、整改52条;农机行业排查出隐患356条、整改356条;特种设备排查出隐患20条、整改20条;民爆器材经营企业排查出隐患5条、整改5条。

【打击违法违规生产经营行为】 2009年,县安监局打击违法违规生产经营行为。全年组织、参与安全生产执法行动47起,其中打击无证或证照不全从事建设、生产、经营44起,打击不按规定进行安全培训或无证上岗1起,其他非法违法建设、生产、经营2起;炸封非法小煤窑8口,关停非法采石厂7家、非法开采铁矿2家,规范炸药仓库27个,吊销仓库员、守护员、爆破员作业证6个,收缴炸药203千克、雷管4 000余枚、导火线500余米。

【安全生产宣传教育】 2009年,县安监局加强安全生产宣传教育。一是县安监局牵头,交警、消防配合,在县城小广场举办“3月综治维稳月”和“6月安全生产月”宣传活动。二是充分利用广播、电视、网络、手机短信、演讲比赛、简报、标语等宣传载体,向社会广泛宣传安全生产法律法规和安全生产知识。共播出电视宣传片27次,发送手机短信1 000余条,刊登简报13期,书写标语80余条,发放宣传材料38 000份,受教育16万余人。三是与县委宣传部、文体局配合,举办“保安全、提效能、促发展”安全生产演讲比赛。四是开办安全教育培训班6期,培训获证300余人。重点对新进人员和特种作业人员、安全管理人员进行培训。通过内容丰富、形式多样的宣传教育活动,增强全民安全意识,营造良好安全生产氛围。

【强化安全监管档案整编工作】 2009年,县安监局根据《安全生产监管档案管理规定》和省、市安监局要求,启动全县安全生产“一矿一档”、“一企一档”创建工作。把全县非煤矿山、危险化学品、烟花爆竹、民用爆炸器材、中小水电站纳入档案管理。提高企业档案利用效率,为安全监管工作实施提供服务保障。

【挂钩帮扶工作】 2009年,县安监局采取结对帮扶方式,从经济、信息资信入手,为挂钩帮扶村乐红乡乐红村9户贫困户脱贫致富提供帮助。局领导班子根据挂钩村经济结构单一,基础设施薄弱,贫困面大的实际。深入村组与帮扶对象座谈、交流,与企业联系，帮助剩余劳动力解决就业问题，实现劳务输出100人以上年初确定目标，为贫困农户增产增收创造条件。从有限经费中挤出1万元，帮助挂钩村改善办公条件。

（县安监局工作总结）

旅 游

【机构人员】 2009年，县旅游局内设办公室、旅游开发公司（鲁甸县樱桃文化旅游发展有限公司）。有在职人员13人，其中公司员工6人，局工作人员7人。

局 长

黄 文 男 汉族 昭阳区人 2009年4月止

马武界 男 回族 鲁甸人 2009年4月任

副局长

赛江艳 女 回族 鲁甸人

【旅游指标实现较快增长】 2009年，全县旅游总收入实现2 500万元，接待国内旅游人数30.2万人次。

【旅游项目开发建设进展顺利】 2009年，县旅游局坚持以建设优秀旅游产品为重点，以项目源建设为载体，加快旅游项目开发建设。太阳湖二期开发旅游项目发展迅速，有3个大项目顺利签约动工。湖滨小区项目预算总投资3.2亿元，前期规划已完成，正进行基础设施建设工作，建成后主要集中经营分散式餐饮、住宿及茶楼酒吧等消费娱乐服务行业，可解决600人就业；环湖高端商业区一期开发项目，预算总投资3亿元，8月已动工，2011年6月完成开发并投入使用。太阳湖体二期开发规划完成，工程建设总投资1.5亿，完成后，可让太阳湖区域水纹水路畅通、路网发达、设施完善、功能齐全；文屏山森林公园项目前期规划全面结束，计划投资1 500万元。

【旅游宣传促销成效显著】 2009年，县内编写的《李家花园》、《朱提山》、《朱提诗苑》等多种书刊，编辑制作多种旅游宣传资料。4月18日至5月8日，举办以"关注民生·实惠百姓"为主题的2009鲁甸樱桃文化旅游节，全县农业休闲观光旅游产业进一步提高。参与6月18日在重庆举办的西部旅游交易会和11月19日在昆明举办的2009中国国际旅游交易会，发放各种宣传资料2 000余份，大力推介鲁甸旅游资源，扩大鲁甸在全省乃至云贵川周边城市及国内外旅游影响力和吸引力，进一步加强鲁甸旅游宣传促销工作。

【旅游市场得到规范】 2009年，县旅游局以小寨月亮湾休闲度假区为基础，对小寨乡大平村、梨园村实地调研，在樱桃园密集区挑选5户农户扶持建设农家乐，"2009·鲁甸樱桃文化旅游节"期间，取得较好成效。7月22日，县樱桃文化旅游开发有限公司正式成立，为全县旅游业与外界建立合作平台，结束鲁甸无专业旅游服务机构的历史。

【旅游安全工作】 2009年，县旅游局借助各种载体强化旅游安全意识，推进全县旅游安全生产工作健康发展。黄金周期间，假日办工作措施得力，准备充分，在主要景区启动预测系统和有事即时上报制度，在小寨月亮湾、太阳湖、文屏山森林公园、伊斯兰风情城等重点景区准确掌握市场动态。实行24小时专人值班，专人负责。由于措施得力，在五一、十一黄金周无安全事故发生。全年对景区（点）和宾馆饭店进行不定期全面检查，对有安全隐患的基础设施提出限时整改要求。经过安全检查和清理整顿，确保全县旅游市场健康有序发展。

【旅游从业人员素质明显提高】 2009年，县旅游局为适应全县旅游市场发展需要，提高导游人员素质，大力宣传，吸引广大有志之士参加全国导游考试，对全县导游从业人员培训，有重点围绕全县旅游资源、导游员的社会角色、新形势下对导游员要求等内容进行系统培训，导游员带团技能和处理突发事件能力有很大提高。

（县旅游局工作总结）

招商（经合）

【机构人员】 2009年，县招商局（经合办）内设综合办、项目股、投资股、财会股。有干部职工7人。

副局长（副主任）

李登才 男 汉族 鲁甸人（主持工作）

赛永梅 女 回族 鲁甸人

【招商引资成效显著】 2009年，县招商局新签约项目11个，新签约项目协议总投资15.83亿元，新签约项目到位资金1.7亿元。协议总投资比上年多15 334万元。原签约在建项目到位资金28 570万元,2009年1~5月新签约项目2个,分别为《鲁甸县梭山密所萤石矿资源开发》和《鲁甸县桃源四强页岩砖厂建设》项目,协议总投资2 000万元。第17届"昆交会"上成功与云南省城市建设投资有限公司签订"鲁甸县镁、银多金属资源综合开发利用项目",协议投资6.5亿元;"鲁甸县城市配套工程综合开发项目"协议投资3.5亿元;与湖南同鑫农产品有限公司签订"鲁甸县油桐、油菜基地建设及精深加工项目",协议投资2 200万元;与广东湛江盛林房地产开发有限公司签订"鲁甸太阳湖环湖综合开发项目",作为省重点项目在广西南宁第五届"泛珠三角会"上签约,协议投资3亿元。第17届"昆交会"及第五届"泛珠三角会"上签约项目4个,协议总投资13.22亿元。9月,与昭通金穗种业有限责任公司签订《鲁甸花椒基地建设及精深加工生产》项目1个,协议投资1 500万元;10月,与青岛承旺钢铁贸易有限公司签订《鲁甸县茨院输电铁塔及钢质独管塔生产线建设项目》协议,协议投资6 000万元;与云南爱地矿业有限公司签订《鲁甸县水磨拖麻页岩资源综合开发利用项目》框架性协议,协议投资8 000万元;12月,与迪庆州德钦县昊鑫矿业开发有限公司签订《鲁甸县大水塘新型墙体材料项目》,协议投资2 600万元;与云南大通天然气有限公司签订《投资新建鲁甸县城市管道天然气工程项目》意向性协议,协议投资6 000万元。

【加强队伍建设】 2009年,县招商局全面贯彻落实党的"十七"大、十七届三中全会精神,县委七届七、八次全会精神,学习实践科学发展观,加强党风廉政建设和机关作风建设,加大招商引资工作力度,加快全县经济发展。按照省、市、县经济工作和商务工作部署要求,突出重点,强化举措,狠抓落实,促进招商引资各项工作顺利开展。不断改进机关工作作风,开展各种教育活动,提高干部职工政治理论水平,增强共产主义信念,密切党群干群关系,形成"爱岗敬业、廉洁从政、为民谋利、开拓奉献"的良好局面。全面实施"行政问责制、服务承诺制、首问责任制、限时办结制",做到"事事有回音、件件有着落"。杜绝门难进、脸难看、话难听、事难办现象。做到热情开放迎客,满意服务招商,树立良好招商队伍形象。营造"人人都是投资环境、个个都是招商形象"的良好投资氛围。开创大招商、招大商的新局面。

【加大宣传力度】 2009年,县招商局通过"鲁甸县商务之窗网站"、《招商指南》等宣传资料和新闻媒体宣传鲁甸对外投资政策、自然资源优势、区位优势、人文环境和发展思路等。从政策、思路、科技、信息上为外商提供服务,按照"市场运作、政策推动、筑巢引凤"发展思路,建立激励机制、保护机制,改进服务和监管方式,尽力提供优质便捷服务,对外来投资企业和投资项目实行联审制度。公开管理内容、审批条件、办事程序、办事人员、承诺工作时限等。

【抓好项目建设】 2009年,县招商局超前谋划产业布局,按排一批关键项目,选择产业和项目,选择投资者与合作伙伴。调整招商策略,从一般性抓招商引资转为抓产业发展、产业集聚、产业体系,从抓一般性项目转为抓战略性、支撑性、有效性项目,从抓零星项目转为抓科技型项目、人才型项目;调整招商方式,面向重点地区招商,开展产业招商、专业招商、网络招商、人才招商、科技招商。强化招商队伍专业化建设,强化"六点一线"旅游区开发建设,兴办茨院工业园区,彰显产业特色。

【抓好项目储备工作】 2009年,县招商局抓好项目储备工作。一是突出重点,加大前期工作力度,做好项目储备。对拟推介招商项目进行认真筛选,完成11个优势重点项目包装制作。二是研究市场,做好产品竞争力分析投入产出和投资回报,减少、避免重复投资和决策失误。三是结合县情,做好每一项目可行性研究。四是注重项目包装推介,创造一切条件寻求合作,加大招商引资工作力度。

【改善投资软环境】 2009年,县招商局进一步改善投资环境。一是全面贯彻落实县委七届八次全会精神,积极营造宽松的政策环境。二是对危及外来投资犯罪行为,积极协调有关部门严厉打击,让外来投资者投资放心、舒心、安心。三是全民共同营造文明的人文环境。通过多种形式教育和引导,增强广大群众开放意识、文明意识;坚持以诚招商、以情招商、以信招商,不断提高诚信度;主动、诚恳地结交省内外寻求投资的朋友,对投资者合理要求,精心安排，对投资者表态，绝不言而无信。真正做到全方位、宽领域、多层次的招商格局，让客商进得来、稳得住、能发展，达到双赢的目的。

【完善招商引资优惠政策】 2009年，县招商局按照《中共昭通市委、市人民政府关于进一步加强对外开放工作的意见》，4月，拟定组建成立"鲁甸县商务招商局"请示报告，提交县政府及县编制委员会，待批复后成立。草拟《鲁甸县招商引资优惠政策暂行规定》、《鲁甸县工业企业招商引资优惠政策》上报县政府和县工业领导组。

【"昆交会"成果丰硕】 2009年，县招商局按照县委、县政府统一部署，组织招商、发改、经贸、宣传、广电等部门及乡镇领导参加第17届"昆交会"，参加昭通市组团到广西南宁第五届泛珠三角会洽谈项目，参展团人员积极主动与广大客商接触接洽，向客商介绍鲁甸推出的项目，与客商交朋友，积极寻找项目合作的机会。昆交会取得圆满成功。在综合展位发放《招商指南》1 500余册，《招商引资项目册》600余册，《鲁甸宣传画册》500余册；"昆交会"上，签约协议总投资13.22亿元，创历史新高。商品专业展位上，昊龙公司展示各种矿产资源样品，理世公司噜咪啦系列产品进行展销，现场销售金额达51 500元。

【挂钩帮扶工作】 2009年，县招商局领导重视挂钩扶贫工作，把新农村建设列为重要工作之一，共同推进机车村新农村建设。解决机车村两委办公设施购置及工作经费1万元。为挂钩村订2010年《云南日报》、《昭通日报》各1份。协调县水利部门、财政部门解决机车村董家树林、樊家田两个村民小组人畜饮水管引工程；协调蚕桑产业办在机车村种植蚕桑20余公顷，协调有关部门为机车建沼汽池。

（县招商局工作总结）

文　化

编　辑:刘　维

2010 年 1 月 5 日,县委、县政府召开烤烟生产工作会议

（撒兰忠　摄）

教 育

【机构人员】 2009年,县教育局内设9个股室。即:办公室、人事股、教育股、教研室、计财股、招考办、职教师训股、法规监审股、电教仪器室;县人民政府在教育局设督导室、“两基”办。

局 长

马长伦 男 回族 昭阳区人

副 局 长

李明贵 男 回族 鲁甸人

刘启云 男 汉族 鲁甸人

杨成文 男 汉族 鲁甸人

唐石荣 男 汉族 鲁甸人

党委书记

张荣斌 男 汉族 鲁甸人 2009年3月止

卯时康 男 汉族 鲁甸人 2009年3月任

党委副书记

宋德华 男 汉族 鲁甸人

纪委书记

陈朝坤 男 回族 鲁甸人 2009年12月任

县人民政府教育督导室主任

李明贵 男 回族 鲁甸人

副 主 任

蔡 辉 男 汉族 鲁甸人

【全县教育概况】 2009年,全县有各级各类学校129所,其中高级完全中学2所、初级中学12所、完小112所、教学点61个,职业中学、教师进修学校和幼儿园各1所。2009年秋季学期有各级各类在校生88 484人,其中小学在校生59 822人,适龄儿童入学率98.7%,残疾儿童入学率73.8%,小学年辍学率1.5%;有初中在校生22 892人,适龄少年初中阶段入学率96.4%,残疾少年入学率78.9%,初中年辍学率2.4%,15周岁人口初等教育完成率98.6%,17周岁人口初级中等教育完成率85.3%;有高中在校生4 147人,职高生1 037人,幼儿园在园儿童586人。全县有教职工4 177人,其中小学专任教师2 578人,学历合格率99.7%;初中专任教师1 200人,学历合格率98.2%。

【办学条件】 2009年,全县各级各类学校占地83.04万平方米,校舍建筑面积36.15万平方米。其中小学校舍总面积217 707平方米,危房面积1 481平方米,危房率0.68%,小学生均占地面积达标94校,达标率83.9%,生均占地10.3平方米;初中校舍143 776平方米,无危房,初中生均占地面积达标12校,达标率85.7%,生均占地13.7平方米。小学图书配备合格92校,合格率82.1%,生均7.2册;初中图书配备合格12校,合格率85.7%,生均12.8册。小学按各类学校仪器配备标准配备合格的99校,配备率88.4%;初中按各类学校仪器配备标准配备合格11校,配备率78.6%。小学文体器材按标准配备合格102校,配备率91.1%;初中按标准配备合格12校,配备率85.7%。

【“两基”攻坚通过省政府评估验收】 2009年,全县加强“两基”攻坚强力度,成立“控辍保学”组、宣传组、校舍建设排危组、师资队伍建设组、督查组5个职能组,制定《鲁甸县“两基”工作倒计时间表》,加大宣传力度,营造攻坚氛围,狠抓“控辍保学”,提高普及程度,强化业务指导,严格规范建档,加强督查督办,严格责任追究,强化学校常规管理,加强师资队伍建设,提升办学质量,强势推进“两基”工作,全县“两基”攻坚取得丰硕成果,各项指标基本达到云南省普及九年义务教育评估验收项目指标要求,10月27日通过省政府评估验收。一是基础教育普及程度得到极大提高。适龄儿童入学率达98.7%,适龄少年初中阶段入学率96.4%,15周岁人口初等教育完成率98.6%,17周岁初级中等教育完成率85.3%。二是办学条件极大改善。全县中小学校舍面积达36.15万平方米,比“普六”验收年18.7万平方米增加17.45万平方米。三是师资队伍建设得到加强。全县小学教师比“普六”验收年增加62%,合格率99.7%,初中教师比“普六”验收年增加137%,合格率98.2%。四是教育教学质量逐年稳步提升。中考综合评定名列全市前列,高考成绩一年一个新台阶。五是扫盲工作成效显著。全县非文盲率达99.56%,比验收时96.11%提高3.45%。

【高、中考成绩突出】 2009年,全县高考报考人数1 083人,上线731人,上线率由上年的58.09%上升为67.50%,上升9.41个百分点。中考成绩名列全市第三名,600分以上考生267人,中考升学率由上年的63.81%上升为68.92%,上升5.11个百分点。

【基础设施建设】 2009年,县教育局实施校舍建设项目,改善办学条件。一是顺利完成“普九”中央资金4 400万元(县财政配套289万元)建设项目,建设12个乡镇36 891平方米初中校舍。二是顺利完成505万元农村初中校舍改造工程建设31 189平方米,建设梭山查拉、韦家渡、黑石等5所小学教学楼。三是争取项目资金2 721万元启动24所中小学(中学1所、小学23所)27 211平方米校舍安全工程建设。四是完成7所中学六配套建设。五是积极配合团县委等部门争取香港“苗圃行动”资金26万元修建转山包小学。争取省红十字会资金129万元,县政府配套9.6万元,为小寨中心小学修建1幢1 386平方米教学楼。六是启动300万元县职业中学改扩建项目建设。七是投资212.9万元完成12所乡镇中心小学、2所县直小学、2所完全中学、2所初级中学一类实验室装备。八是投资112万元完成全县中小学图书、仪器购置配备工作。九是顺利实施中小学校园网络绿色上网过滤软件安装工作。

【全面贯彻落实科学发展观】 2009年,县教育局深入学习实践科学发展观,着力转变不适应、不符合教育科学发展的思想观念,解决影响和制约教育科学发展的突出问题,把科学发展观贯彻落实到教育工作各个方面、各个领域,进一步提高教育教学质量和办学水平,为如期实现“两基”目标、办人民满意的教育创造条件。

【思想政治建设】 2009年,县教育局把加强党风廉政建设与机关作风建设、学校纪行作风建设相结合,认真开展阳光政府四项制度,构建行为规范、运转协调、公正透明、廉政高效的管理体制,各项教育工作科学发展。加强学校领导班子思想政治建设,提高领导班子能力。通过制度建设解决工作存在问题,重视教职工请销假制度、学校领导外出报告制度,进一步树立教师良好形象。

【加强师资队伍建设】 2009年,县教育局加强师资队伍建设。一是重视教师补员。做好特岗、补员和紧缺教师招聘,充实教师队伍,优化教师结构。做好教师招聘工作,年内招聘教师175人,其中紧缺教师16人,特岗教师129人,中小学、幼儿园教师补员30人。二是实施义务教育教师绩效工资。坚持“多劳多得,优质优教”、“公开、公平、公正”原则,注重教职工履行岗位职责的实际表现和贡献,做到绩效工资与教职工的工作量、岗位职责和工作质量挂钩。三是与特岗教师签订聘用合同。与2009年新招聘129名特岗教师签订《云南省“农村义务教育阶段学校教师特设岗位计划”教师聘用合同书》;做好2006年招聘的特岗教师转为地方财政编制人员工作,用人学校与2006年137名特岗教师签订事业单位聘用合同。四是完成93名教师资格认定,做好37名中学高级教师职称推荐和210名中小学中职人员推荐评审工作。四是进一步强化师资培训。认真开展新一轮民族贫困地区中小学教师综合素质培训、继续教育培训、特岗教师培训、中英西南基础教育项目教师培训等。五是狠抓师德师风建设。认真贯彻落实《中小学教师职业道德规范》和《鲁甸县教师八条纪律》,重视培养爱岗敬业、师德高尚、业务精良的优秀教师和教学骨干。六是大力表彰先进教师和优秀教育工作者。

【教学教研工作】 2009年,县教育局加强教学教研管理,狠抓课堂教学改革,坚持从严规范课堂教学管理,鼓励教师创新,促进教师自觉投身课堂教学改革,提高教师实施新课程能力和水平。搞好教育科研工作,进一步推进新课程改革。做好高中新课程改革工作,建立以课程实施为途径、以转变教学行为为手段、以解决教学问题为内容、以实现课程目标为宗旨的校本教研制度,全县普通高中新课程改革实施工作全面、稳步推进。

【规范教育收费工作】 2009年,县教育局加强教育收费管理,执行义务教育保障经费制度。一是规范教育收费管理。义务教育阶段学生实行“零收费”,严禁任何学校违规收费、补课、订教辅资料等。规范非义务教育阶段收费行为,完善教育收费公示制度,加强对学校收费管理,坚持高中“三限”政策,积极开展“教育收费规范学校”和“教育收费规范县区”创建活动。二是严格执行义务教育保障经费制度,实行“校财局管校用”财务管理体制,在县教育局成立一级教育会计核算中心和乡镇中小学二级教育核算中心,对各中小学义务教育经费核算、管理和监督。三是严格执行政府采购政策,切实提高资金的使用效率。

【安全工作】 2009年,县教育局把学校安全工作作为学校管理的头等大事。牢固树立“学校安全无小事”思想和“防患于未然”意识，进一步健全安全工作责任制，及时排除学校安全隐患，提高处理危机事件的能力水平，加强学校校舍、食品、饮用水、交通安全、消防、防汛等工作，防止发生安全事件。积极与公安、工商等部门配合，加强学校周边环境综合治理。做好禁毒防毒，开展森林防火宣传，预防艾滋病知识培训等工作。加强学校甲型 H1N1 流感防控工作，举办甲型 H1N1 流感预防培训，加大宣传力度，强化防范意识，采取防范措施，共同抗击甲型 H1N1 流感。

【德育工作】 2009 年，县教育局以新中国成立 60 周年、改革开放 30 年和中国少年先锋队建队 60 周年为契机，采取各种形式，加强中小学生思想道德教育。广泛开展爱国主义、思想信念和社会主义荣辱观教育，加强德育工作研究，努力构建中小学德育课程体系。认真抓好中小学生日常行为规范教育，改进和完善中小学生评价体系。积极推进“三生教育”，构建现代教育价值体系。狠抓民族团结教育，督促指导学校搞好民族团结教育教研工作，指导学校教师在教学中适时渗透民族团结教育内容。

【评先选优工作】 2009 年，县教育局组织评选推荐上报省级先进班集体 1 个，市级先进班集体 3 个；省级优秀班干部 1 名，市级优秀班干部 5 名，省级“三好学生”6 名，市级“三好学生”15 名。有 4 名教师被省教育厅评为优秀教师。9 月，县教育局获全市招生工作一等奖。同月，县教育局被市教育局表彰为“全市两室装备工作先进集体”。

【加快教育综合改革】 2009 年，县教育局加大教育综合改革力度。以义务教育阶段学校教师绩效工资分配为契机，深化中小学人事制度改革，激活用人机制，使全县教育人事体制改革、投入机制、师资队伍建设、教育教学质量、职业教育改革、贫困生救助机制、教育评价机制等方面取得新突破。打开职业教育发展缓慢局面，大胆创新，开创一条“不交费就上学，先挣钱后读书”的“半工半读”职业教育新举措，超额完成职高招生计划，与人事局、人力资源办以及其他省市职业学校、外省人力开发部联合办学，全县职业教育得到全面发展。扩大普通高中办学规模，突破高中教育“瓶颈”。年内，高中在校生达 4 147 人，比 2008 年增加 589 人。

【做好贫困生助学工作】 2009 年，县教育局积极做好贫困生助学工作。一是认真实施“两免一补”政策，全部免除义务教育阶段学生的杂费和教科书费，对初中、小学贫困家庭寄宿制学生发放寄宿制学生生活补助金。秋季学期发放寄宿制学生生活补助金 468.04 万元、174.45 万元，享受学生 12 481 人、6 978 人，占初中、小学生总数的 54.52%、11.66%。二是做好大学生助学工作。年内，大学生助学基金会秘书处受理 644 名大学生助学申请，其中一本 105 人，二本 266 人，一专 273 人，发放助学金 2 740 320 元。三是做好国家生源地信用助学贷款工作。办理 63 名大学生贷款手续。四是积极配合县委宣传部、总工会等部门做好“红烛工程”、“金秋助学”工程。

【招生考试工作】 2009 年，县教育局认真贯彻执行国家有关招生考试政策及上级招生部门规定，圆满完成普通高考、自学考试、计算机等级考试、英语等级考试、教师资格考试和高中毕业会考等考试工作。

【扩大普通高中办学规模】 2009 年，县教育局加强普通高中建设，扩大办学规模，提高办学水平。全县普通高中招生 1 350 人，比上年增加 17%。学年末，全县高中在校生 4 147 人，比上年增加 589 人。

【大力发展职业教育】 2009 年，县教育局深化职业教育改革，大力发展职业教育，完成 500 人职高招生计划，指导职中搞好劳动力转移培训，完成 200 人培训工作，完成 500 人“阳光工程”培训。秋季学期，全县职高生达 1 037 人。

【加强教育督导考核评估工作】 2009 年，县教育局以“两基攻坚”检查验收为契机，加强教育督导考核评估工作。一是组织开展对学校常规管理过程督导检查。制定办学水平督导规划，对评估范围与对象、指标体系、办法与程序明确要求，以创建示范学校和改造薄弱学校为重点，提升学校办学水平，促进教育均衡发展。二是加强学校领导考核。组织学校领导考核领导组深入全县各校对校领导工作实绩考核,全面考核学校领导德、能、勤、绩、廉等方面内容,提高学校领导管理水平,规范学校领导干部依法行政、依法管理能力,使全县各学校管理更加科学规范,教育事业不断发展。三是加强"两基"攻坚过程督查。对各学校落实"控辍保学"责任制、改善办学条件、维护学校治安等方面进行全面督查指导,对全县20多所中小学开展"两基"督导检查,对存在问题提出整改意见。

【积极开展新中国成立60周年庆祝活动】 2009年,县教育局积极开展新中国成立60周年庆祝活动。在局机关和部分中小学抽调人员组成歌咏团体和舞蹈团体,参加全县庆祝新中国成立60周年团体歌咏比赛和团体舞蹈比赛,对广大干部、师生进行爱国主义教育,唱响共产党好、社会主义好、伟大祖国好、各族人民好的时代主旋律,营造喜庆、热烈、祥和、团结的氛围。充分展示教育系统广大师生锐意进取、奋发有为、昂扬向上的精神风貌,进一步激发广大教职员工爱党爱国、坚持党的教育方针、推动全县教育科学发展的壮志豪情,为教育事业发展提供强大精神动力。教育系统参加歌咏比赛获一等奖,舞蹈比赛获优秀奖。

(曾 颢)

科学技术

【机构人员】 2009年,县科技局、科协有职工15人,内设办公室、企业与技术创新股、农村与社会发展股、科普部、学会部、青少部。

党组书记、局长

黄国礼 男 汉族 鲁甸人

科协主席

黄国礼 男 汉族 鲁甸人 2009年11月止

张荣斌 男 汉族 鲁甸人 2009年11月任

副局长

张建本 男 回族 鲁甸人

孟清昕 男 汉族 鲁甸人

副主席

高开强 男 汉族 昭阳区人

李才体 男 回族 鲁甸人

【新技术新品种引试、示范】 2009年,县科技局加强新品种引试、引种和示范建设工作。一是省级生物多样性示范样板建设。按照县委、县政府安排部署,协助农业局抓好省级生物多样性优化种植高产示范核心区建设工作,工作组责任到户、包干到地块,开展种植技术培训3次,参训人员500余人次,发放技术资料1 300余份。二是生猪健康养殖示范工作。市级党政"一把手"工程即生猪健康养殖示范基地建设项目实施,各级各部门积极配合长城建安畜牧业分公司开展养殖工作,公司自筹资金1 050万元,其中省科技厅120万元,市政府配套120万元,修建畜圈4 825平方米,安装场内场外红外线电子监控设备,完善饲养配套设施,一个初具规模的现代化养殖场格局已初步形成。从神农集团引进PIC父母代种母猪524头,公猪12头,通过饲养扩繁,提供商品仔猪4 164头,商品肥猪1 796头,引导全县生猪产业发展。开展生猪健康养殖技术研究,逐步摸索、探索适宜全县生猪健康养殖发展的饲养技术,母猪平均窝产仔猪11.2头,仔猪断奶成活率96.4%,仔猪7周龄达12~15千克,商品育肥猪从仔猪到商品肥猪百日增重为80千克,料重比2.8:1,效果十分明显,综合指标比原养殖技术效果高出29%左右。三是冷凉蔬菜示范种植。(1)在新街乡闪桥村石板河等3个村民小组36户开展冷凉蔬菜"中甘21号"示范种植3.33公顷,采用集中拱架育苗,2月23日全部移栽结束,5月进入销售阶段,每千克0.64元,每公顷产9万千克,价值5.76万元,扣除成本6 750元,每公顷可获纯利润50 850元。(2)夏季在龙树水系实施白菜种植66.67公顷,其中龙树20公顷、水磨13.33公顷、新街33.33公顷,长势好,每公顷产2.1万千克、每千克0.70元,每公顷产值1.47万元。(3)按照6月3日县长保剑龙树水系办公会议安排,在龙树河流域发展200公顷冷凉蔬菜,经科技、农业等部门实地规划,龙树水系适宜发展冷凉蔬菜种植333.33公顷,其中新街乡200公顷、龙树乡100公顷,水磨镇33.33公顷,今冬明春组织实施。科技局负责主抓技术指导,农业局协助支持,相关乡镇党委、政府负责群众组织宣传发动工作。四是加大马铃薯优良品种引试示范,促进马铃薯产业发展。年内,云南省科技厅立项支持理世实业有限责任公司申报的《1 666.67公顷加工型马铃薯基地及加工产业化》项目支持资金30万元。在龙树、水磨、铁厂、新街、小寨等乡镇新建1 666.67公顷马铃薯种植基地;选择高淀粉、炸片、炸条、全粉、鲜薯外销型品种:"云薯201"、"云薯101"、"爱德53"等专用品种示范,筛选、培育适宜自然条件和加工业需要的加工型新品种;按无公害生产技术规程要求对项目涉及区农户进行培训,计划培训5 000人次/年;引进最先进生产设备500千克/小时成品马铃薯片加工生产线及“石田”16头电脑多头秤、双管包装机进行生产设备升级改造,实现年产销达4 000吨“噜咪啦”系列马铃薯片。五是加大高产杂交玉米良种选育,努力扩大玉米良种鲁三3号、鲁三4号、鲁三5号种植面积,通过良种良法和技术推广,增加粮食产量。抓好玉米示范样板建设。科技局、科协在新街乡闪桥村石板河等3个村民小组36户开展3.33公顷玉米单株定向直播,其中示范引试玉米良种中玉4号、山东齐单6号、屯玉50号、豫玉23号共4个玉米良种。通过测产屯玉50号适宜当地种植,每公顷产9 465千克,增产效果明显,可逐步大面推广。六是肉牛养殖产业发展。积极引导建立茨院乡肉牛养殖协会、桃源回族乡肉牛养殖、营销、加工协会。通过协会引进新品种牛西门塔尔36头、夏洛来45头、海福特10头、短角黄牛50头、婆罗门牛20头5个品种。通过开展养殖技术研究,逐步摸索出5种牛饲养方法和生长规律,形成一套规范肉牛养殖技术,逐步培育茨院、桃源两个肉牛养殖基地,促进全县肉牛养殖产业发展。

【科技宣传与培训工作】　2009年,县科技局、科协开展科普宣传和科技培训工作,努力提高全民科学素质。一是开展农村实用技术培训36次,受训5 320人次。重点开展冷凉蔬菜示范种植、玉米单株定向直播和畜牧养殖、花椒修剪等技术培训,不同程度提高群众学科技、用科技素质,促进农村各项产业持续健康发展。二是狠抓农函大办班工作。全年开办农函大教学班2个,招收学员80名,其中冷凉蔬菜种植培训班40名,畜牧养殖班40人。三是积极开展科普知识宣传。通过科普活动,利用科技网站、科普长廊和科普示范基地,积极宣传科普知识,大力推广农村实用技术,引导农村特色产业发展。(1)“五下乡”集中示范活动。3月20～23日,县委宣传部牵头,县科技局、科协密切配合县直22家部门深入新街、梭山、龙树、水磨开展全县文化、科技、卫生、法律、家电“五下乡”集中示范活动,展出展板27块,挂图125幅,发放科技资料2 000余份,接受群众咨询500余人,4 000余人受到教育。通过“五下乡”宣传活动,增强广大人民群众对“抓科技就是抓经济,抓创新就是抓发展”观念的认识,提高全民科技意识和素质,在全县逐步形成爱科学、学科学、用科学、创新科技的良好氛围。(2)知识产权宣传周宣传活动。4月20～26日,县科技局、科协组织工商、文体等部门开展知识产权宣传周活动,以“文化、战略、发展”为主题,积极推进“尊重知识、崇尚创新、诚信守法”为核心的知识产权文化建设,推动知识产权战略实施,为建设创新型鲁甸提供知识产权支撑和保障。(3)科技活动周宣传活动。根据国家、省、市主管部门《关于举办2009年科技活动周的通知》,按照县委政府统一安排部署,5月19～26日开展科技周宣传活动,紧紧围绕以“携手建设创新型国家”这一主题,着重突出“推动自主创新、促进和谐发展”这一主线展开活动。19日,县科技局、科协牵头,市科协现场指导参与,县公安、农业、林业、水利、教育、卫生、计生、畜牧、气象、工商、妇联、县生猪产业发展协会、茨院肉牛养殖协会等20个县直部门及3个协会100余人在县城文化广场举行科技活动周集中宣传活动,发放科普资料17 600余份、手册7 450余册、展出展板110块、宣传标语6幅、发放FA新一代旱地农750包、展示科普大篷车,为群众解答技术凝难问题1 450余人次。(4)科普日宣传活动。全县“科普日”活动以“节约能源,保护生态环境,保障安全健康”为主题,县科技局、科协制定全县科普日活动方案,9月25日组织农业、林业、水利、地震、气象、文体、环保、卫生、职中、广电等19家部门80余人在文化广场集中宣传。活动发放挂图50余幅、科普资料1万余份、悬挂标语2幅、展出展板20余块。

【科技项目申报】　2009年,县科技局、科协积极做好科技项目申报工作。一是申报国家级项目2个。长城建安公司向国家科技部申报星火计划项目,即:鲁甸县乌金猪养殖示范及产业化开发项目;鲁甸县生猪产业发展协会向中科协申报科普惠农兴村计划。二是向省科技厅申报项目5项。云香公司申报“加工型核桃产业化开发示范”、科技局申报全县科技辅导员培训计划、德惠牧业公司申报“土鸡健康养殖技术研究及产业化开发示范”、理世公司申报“1 666.67公顷加工型马铃薯基地及加工产业化”项目(省厅立项支持30万元扶持建设)、县龙翔种养专业合作社申报省科技型农村经济合作组织认定和鲁甸恒达开发有限公司申报“鲁甸县蚕丝加工技术研究及产业开发”项目。三是向省科协申报项目2项。鲁甸县冷凉蔬菜种植培训惠民工程(立项支持5万元培训经费)、茨院乡沿闸村申报科普惠农兴村计划。四是向市局申报项目13项。《鲁甸县2009年度龙树河流域200公顷冷凉蔬菜基地建设项目》、《鲁甸县大樱桃采穗圃及示范园建设项目》、《鲁甸县无公害油菜科技示范园建设》、《蔬菜加工技术研究及产业化开发示范》、《2009年实施现代农业发展新品种肉牛产业项目》、《生猪、土鸡养殖项目》、《2009年扩繁加工型马铃薯新品种实施》、企业技术人员科技培训计划,火德红、江底乡政府申报乡科委服务平台建设,《鲁甸县梭山乡青花椒栽培管理培训》、《水磨镇水磨村马铃薯高产栽培示范样板》、《关于乐红乡新林村玉米套马铃薯规格化种植实施方案》。

【发展农村专业技术协会】 2009年,县科技局、科协引导地方特色产业发展,加强协会的管理工作。新发展农村专业技术协会36个,会员2 779人;其中新成立协会7个,会员345人。

【新农村建设工作】 2009年,县科技局、科协积极配合县委、县政府做好新农村建设工作。一是做好整乡推进挂钩片区工作。成立领导组,抽调2名工作队员具体负责实施。年末,完成房顶改造217户,墙体抿糊刮白187户。二是加大扶贫力度,抓好挂钩村工作。派出工作组到新街乡坪地营村调研,开展科技培训、科普宣传工作。无偿提供“会单4号”玉米良种,开展20公顷玉米单株定向直播套种马铃薯示范基地建设,帮助解决大箐点校学生课桌50套;村委会拟定14户贫困户作为科技局、科协帮扶对象,帮助解决新街坪地营村委会村级组织活动场所建设资金3万元和计生工作经费5 000元。

【专利申报及知识产权宣传活动】 2009年,县科技局、科协积极抓好专利申报及知识产权宣传普及活动。一是专利申报工作。县知识产权局积极开展知识产权保护宣传活动,协助企业和科研单位做好专利申报工作。国家知识产权局受理云南昊龙实业集团新煜冶炼有限公司研究、开发实施的“直立旋转式冷凝器巨型电炉炼锌工艺和设备”等4项专利。国家商标局受理鲁甸县陈宏恩油菜加工厂申报的宏恩牌纯天然生菜油商标。二是知识产权宣传普及。利用“五下乡”活动、全国科普宣传日、科技活动周、知识产权日期间,县科技局、科协、知识产权局牵头,县工商局、卫生局、文体局、司法局、公安局、药监局等部门及12个乡镇,大力开展以“文化、战略、发展”为主题,积极推进“尊重知识、崇尚创新、诚信守法”为核心的知识产权文化建设活动。

【青少年科技创新大赛】 2009年,第24届全国青少年科技创新大赛,县科技局、科协在教育局等7个县直部门配合下,组织4 100余名师生参加科技创新大赛活动,选送市级作品393件,其中科技教师论文1篇,学生科幻作文128篇,科幻绘画264幅。经市级评定,获科幻绘画一等奖3名、二等奖6名、三等奖31名;科幻作文三等奖14名、优秀教师2名,教师论文三等奖1名;优秀组织单位1个,获奖作品中有9幅科幻绘画被市级选送参加省级竞赛,获省级二等奖2名,三等奖2名。

【党风廉政建设】 2009年,县科技局、科协狠抓党风廉政建设,努力推行阳光政府“四项制度”,积极开展机关作风建设年活动。一是加强思想政治教育,努力搞好党风廉政建设。贯彻党风廉政建设责任制,落实云南省行政机关八项工作承诺、实施阳光政府“四项制度”,认真开展班子廉洁自律、党风廉政、党性锻炼为重点的一系列学习实践活动,努力提高领导干部队伍政治素质,严格执行“八条禁令”,严禁拖欠公款和参与赌博等违法活动,严格控制公务接待,严禁公车私用,对重大问题实行集体研究决定。二是推行阳光政府“四项制度”,努力提高政府执政能力建设。组织实施重大决策听证、重要事项公示、重点工作通报和政务信息查询制度,加快科技工作决策民主化、科学化进程。及时通报冷凉蔬菜示范种植、党政一把手工程即生猪健康养殖示范基地建设项目实施情况和小寨乡整乡推进挂钩片区工作进展情况等10件,促进各项工作开展。通过“96128”政务信息电话专线、科技网站、科普宣传长廊等设施,为公众查询政务信息提供服务。全年受理涉及服务承诺事项38件,全部答复和办理,首问首办数93件,首问首办率100%。三是加强自身建设,积极开展机关作风建设年活动。根据县委办《关于在全县开展“作风建设年”活动的实施意见》和“机关作风建设年”工作部署,认真开展机关作风建设年活动。(1)加强领导,健全机构,落实措施。成立活动工作领导小组,下设办公室,负责日常业务办理。(2)积极开展“机关作风建设改什么,我为鲁甸发展做什么”大讨论活动,领导班子和干部职工联系实际谈体会、谈认识。通过讨论,统一思想,提高认识。(3)召开民主生活会,认真开展自查自纠。5月24日,召开领导班子成员民主生活会,县作风建设督查组派人列席会议并发言,班子成员认真剖析自己,查找不足之处,单位全体干部职工本着实事求是态度,认真查摆自己工作中存在的问题,分析存在问题的原因,撰写深刻的剖析材料,进一步明确努力方向。(4)广泛征求意见建议,积极整改。向县级机关、乡镇、企业发放征求意见表98份,征询到反映机关作风存在问题8条,机关行政效能方面存在问题5条,收集到的意见及建议3条。走访基层48人次,收集到存在问题及意见22条,归纳出12条,通过分析、梳理,找到机关作风建设存在的主要问题,积极整改,促进各项工作顺利开展。

【科学发展观学习实践活动及基层组织整顿工作】 2009年,县科技局、科协根据县委安排部署,积极开展深入学习实践科学发展观活动。一是开展第二批、指导第三批科学发展观学习实践活动。科技局、科协积极开展第二批科学发展观学习实践活动,学习活动从3月中旬开始,8月结束,分3个阶段进行。成立领导组,制定实施方案。3月9日上午,召开思想动员大会,全体职工参加动员大会。局长、主席黄国礼作动员讲话,副局长孟清昕对如何开展学习实践科学发展观活动提出具体要求。4月10日,组织全体职工参加市科技局组织的科学发展观专题讲座,听取市委党校副校长、副教授李朝清科学发展观阐述。第一阶段采取集中学习、专题辅导与自学相结合的方式学习中央、省、市、县有关文件及领导讲话精神,全局干部职工共记录读书笔记14篇约1万字,认真撰写心得体会,领导班子深入新街乡冷凉蔬菜示范基地和挂钩村开展专题调研,撰写调研报告。第二阶段集中转段学习,领导班子征求全体干部职工和社会各届人士意见和建议,将征求到意见建议及时梳理反馈,领导班子撰写分析检查报告。6月3日,组织召开科学发展观专题班子民主生活会和党员组织生活会,会议紧扣“科技创新理念,服务县域经济发展”这一主题,深入查找支部和个人在贯彻落实科学发展观方面存在的突出问题及党性党风党纪方面反映强烈的突出问题,切实整改,制定整改方案,领导班子认真总结修正分析检查报告,积极组织群众对分析检查报告进行评议。通过活动,进一步统一思想,提高认识,促进科技工作顺利开展。年内,积极指导开展第三批科学发展观学习实践活动。县委抽调局长黄国礼任梭山乡、水磨镇指导组组长,按照各阶段目标任务,积极开展科学发展观学习实践活动。二是基层组织整顿工作。按照县委安排部署,梭山乡基层组织建设整顿工作组由局长黄国礼任组长,7月16日到梭山乡,深入9个村,采取座谈、个别走访、听取汇报和查看资料等方式对梭山乡基层组织建设情况调查摸底,总结成绩和查找不足,按照开展农村基层组织整顿实施意见,分阶段整顿。通过基层组织建设整顿,增强梭山乡基层党组织战斗力和凝集力,促进各项事业发展。

【领导检查】 2009年9月14日,云南省科技厅厅长龙江带领厅机关处室负责人,在昭通市委常委、宣传部长陆琴雯,市政府副市长文雅芹,市科技局长吴学志、副局长黄剑镖、毕世贵,县委书记江先奎、县长保剑等陪同下,到文屏镇砚池山长山寨生物多样性优化种植高产示范区省级样板和理世实业有限责任公司检查工作。县长保剑重点就产业结构调整情况、市级党政“一把手”科技工程、省级示范样板建设、县科技局开展冷凉蔬菜示范种植等情况作全面汇报。通过检查,龙厅长对鲁甸科技工作充分肯定,要求鲁甸要加大产业结构调整,以“公司+基地+农户”的模式发展壮大地方特色产业。

【争取项目】 2009年10月26日,县委书记江先奎,县委常委、副县长铁朝曙带领县科技局长黄国礼、副局长张建本等到省科技厅向龙江厅长汇报全县科技工作情况,重点汇报长城建安工程有限公司申报的鲁甸县乌金猪健康养殖示范及产业化开发、云香有限责任公司申报的加工型核桃产业化开发示范、理世实业有限责任公司申报的加工型马铃薯基地建设及深加工和恒达开发有限公司申报的蚕桑养殖示范基地建设及蚕丝被加工开发和青花椒示范基地建设及产业化开发5个项目情况。

(县科技局工作总结)

地方志

【机构人员】 2009年,县地方志办公室有干部职工

5人,其中借调2人;6月,根据省人事厅文件精神,实行参公管理;年末,有公务员2人,专业职称3人,其中正高职1人。

主 任

晏 权 男 汉族 鲁甸人

副主任

田朝华 男 汉族 鲁甸人

【加强政治理论学习】 2009年,县志办通过开展学习实践科学发展观活动和机关作风建设及党风廉政建设工作,政治理论水平有所提升,业务理论和编纂能力有所提高,全体职工长期坚持自学,把学习放在首位,并正确处理好工作与学习的关系。4月27日,主任、副主任与县人事和劳动社会保障局领导一行到梭山乡密所村调研。在与村干部了解基本情况后,深入苗族村寨蚂蟥沟、二道沟、袁家屋基等村寨调研改革开放三十年苗寨山乡的巨大变化、辉煌成就,完成调研文章"改革开放三十载,苗寨山乡换新颜"4 600字。5月21~30日,主任参加县委组织的"学习浙江民营经济培训班"赴浙江、江苏、上海实地学习考察,完成考察文章3 100字。通过学习、考察,领导班子在思想上、政治上、行动上自觉与党中央保持高度一致,思想进一步提高,用正确的指导思想指导修志编鉴工作,用正确的世界观、价值观、人生观武装头脑,并用以统一思想、科学发展、与时俱进、凝聚人心、形成合力,在续修县志、编辑年鉴过程中,全面领会十七大会议精神,高举中国特色社会主义伟大旗帜,贯彻"三个代表"重要思想,用科学发展观、建立社会主义和谐社会的要求指导修志编鉴,所编的志书、年鉴与时俱进,符合改革开放的需要,反映这个伟大变革时代的特色和主旋律,达到资政、存史、教化的功能。

【努力提高编纂业务水平】 2009年,是续修县志的关键年。县志办采取措施,努力提高编纂业务水平。一是努力学习方志理论,积极学习先进地区的好做法和好经验。4月2~3日,派人参加市志办组织的《昭通市志》评审会(提交文章"凝心聚力修良志,精雕细磨出佳作"4 400字);8月27~30日,派人参加省志办在怒江州兰坪召开的全省第二轮地方志编修经验交流会暨《兰坪县志》评审会(向大会汇报鲁甸修志情况和提交"传承历史文化,志林又添奇葩"一文共9 600字);9月2~4日,派人参加《大关县志》评审会(提交"浅评大关县志·人物部类的编写"4 000字)。先后派人到上海、山东省志办和广西桂林、深圳、珠海、广州等地考察学习。年内接待原省人大常委会副主任、省地方志编委副主任吴光范一行,省志办主任李一是一行,省志办副主任李成鼎一行,省年鉴编辑部主任普永宏一行及保山、西畴、大关等志办领导、同行和德宏民族出版社的领导,并进行广泛交流。通过学习考察和交流,开拓视野,启迪思维,学到经验。在认真研究地情、掌握资料的基础上,综合提炼,全面、客观、准确反映地情,所编的志书、年鉴才能把握主线,点明特点,反映变化,才能有血有肉,见树见林。二是对收集到的信息资料进行归类、分析、对比、研究,掌握动态资料,静态分析,编辑《资料长编》,厚积薄发,统计数字多用表格,文表相符,文表结合,融为一体。三是重点放在民族民间民俗文化和人们的思想观念的转变、公民文明程度的提高等深层次的内容,突出主题信息,强化社会、文化方面的著述性。四是在记述改革开放成果的同时,应重点记述改革成果与全县各族人民共享的事例。五是续志应精炼文字,增强可读性。六是要处理好首部县志与续志的关系,处理好年鉴与续志的关系,在继承的基础上创新。七是在选择图片时,把握一个"新"字。八是搞好印刷装帧设计,实现一个"精"字,只有"精编精制",才能被社会广泛接受和喜爱,才能发挥续修志书、年鉴的社会效益最大化。这些措施,得到上级领导和同行的广泛肯定和赞誉。

【年鉴编辑】 2009年,《鲁甸年鉴》自1995年创刊以来,在全体编辑人员的共同努力下,至2009年共编辑出版发行12卷,总字数达958.6万字。4月完成2008年版年鉴出版发行,12月完成2009年版年鉴出版发行,比往年提前近一年时间,创编年鉴以来的最好成绩。2008年版年鉴获云南省第八届年鉴优秀成果评选综合一等奖,2007年版年鉴获框架设计奖,1人获优秀主编、2人获优秀编辑荣誉称号。

【县志续修】 2009年,县志办积极开展县志续修工作,加强修志人员的政治思想和方志理论学习,提高素质。适时安排学习内容和主题,开展应用性和针对性较强的讨论,进一步提高修志人员的政治和业务水平。全体修志人员加班加点,牺牲星期日和节假日,以高度敬业的精神,以对历史、对鲁甸、对社会负责的态度,淡泊名利,甘愿坐冷板凳,不计个人得失,辛苦、清苦、艰苦(三苦),积极努力工作。年底,全县承担第二轮修志任务的县级部门85家(乡镇12家除外),有10家县直单位成立专业志编纂领导组,74家确定专人进行资料收集和整理。57个部门完成资料收集,共190万字,占65.9%;加已有的年鉴资料和农业、财政、少数民族、交通志等资料,有资料1 000万余字,占主体资料的90%以上。完成大事记、卷一自然地理、卷二政区人口、卷三体制改革、卷四基础设施、卷二十文化体育、卷二十二民族宗教、卷二十三民政等部分的《资料长编》(162.3万字)编辑工作。完成大事记撰稿10余万字,主体资料完成90%以上,续修工作正稳步推进。

【特约撰稿任务】 2009年,县志办在搞好自身业务工作的同时,积极完成上级或相关部门约请或安排的特约撰稿任务。6月,晏权完成《云南年鉴》、《云南小康年鉴》鲁甸条目1万字,饶利琼完成《昭通市年鉴》鲁甸条目2.6万字;7月晏权完成市政协《风雨同舟》—昭通市纪念人民政协成立60周年征文"岁月如歌60年"鲁甸县政协工作回顾一文(6 100字),8月完成《中国少数民族大辞典》(彝族卷)鲁甸条目的撰稿3.2万余字;向县政协《鲁甸文史资料》第五辑投稿3篇5.7万余字。10～12月完成《鲁甸文史资料—鲁甸六十年大事记(专辑)》一书(36.6万字)的撰稿、编辑。3月,晏权个人专著《志鉴春秋》获昭通市第四届社会科学优秀成果三等奖,得到市政府表彰。

【管好用活有限的经费】 2009年,县志办单位人少、事多、经费少、业务单一,涉及经费的项目主要有年鉴出版印刷、车辆用油和修理、日常办公等,制定规章,按制度办事,洽谈、签订合同前,召开办公会议确定基本原则、具体指标和费用总价等,统一口径;签订合同时,有两个以上人员参加,公开洽谈;合同签订后,召开办公会议,向全体职工通报情况。通过努力,圆满完成2008、2009年版年鉴的出版印刷,均以较低的费用,完成高质量的印刷,得到省、市志办领导、同行和县委、县政府及县直各部门的肯定和好评,取得明显的社会效益。车辆管理上,实行专人管理,车辆修理按县政府采购中心的规定办理,业务用车节约为上,年度预算从未超支。县志办经费由县政府办财务室代管,没有独立的账务。管理上,坚持原则,严格把关,厉行节约,杜绝不合理开支。由于加强管理,县志办经费开支清楚,无违规行为。

【开展学习实践科学发展观活动】 2009年4月9日,县志办按照县委安排,认真开展学习实践科学发展观活动,召开深入学习实践科学发展观动员会。县委第四检查组组长铁发平一行3人到会指导。县志办副主任田朝华主持,县志办主任、党支部书记晏权作动员讲话。4月27日,主任、副主任与县人事和劳动社会保障局副局长何珺及梭山乡党委书记罗俊林一行到梭山乡密所村调研。在与村干部了解基本情况后,深入苗族村寨蚂蟥沟、二道沟、袁家屋基等村寨,调研改革开放三十年苗寨山乡的巨大变化、辉煌成就。5月8日,聘请党校副校长李勤民老师作"谈谈科学发展观"专题报告。在报告中,李老师通过大量引用中国古代思想家朱熹、老子、荀子等先贤的思想,结合毛泽东、邓小平、江泽民对科学发展的重要论述和"科学发展观"内涵、有关哲学理论,对"科学发展观"作全面、深入剖析和诠释。6月24日,召开学习实践科学发展观领导班子专题民主生活会,围绕"提高科学管理水平,服务社会大众,促进鲁甸方志事业全面协调可持续发展"中心主题,深入分析存在问题并寻求破解难题的思路和方法。全体班子成员、党员干部和群众代表参加会议,县委学习实践科学发展观活动第四检查指导组、县纪委第四纪工委领导、县委组织部有关人员参加会议。学习实践科学发展观活动中,结合机关作风建设,突出解放思想、坚定信念;突出改革创新、服务大局;着力解决职工的思想认识、工作效能、编辑能力方面的突出问题;着力解决工作制度、工作作风、工作纪律、工作实效等方面的问题,实现观念更新、能力加强、作风转变、制度健全、能力提升,努力达到思想认识有新提升、解决实际问题有新实效、修志编鉴有新突破、服务能力有新进步、机关形象有新改进,学习实践活动取得实实在在的成效。按照有什么问题就解决什么问题的要求,抓住主要问题,围绕"提升理论水平、促进修志编鉴"主题组织学习、开展讨论、查摆问题、落实整改,突出实践特色,解决突出问题,着力解决职工的思想认识、工作态度、编辑能力方面的突出问题;着力解决工作制度、工作作风、工作纪律、工作实效等方面的问题,最终应达到提高一个认识,编好两本书，搞好三个调研，完善四个责任制，达到五个目的(12345)。即：提高对科学发展观重要性的认识；编好续修《鲁甸县志》和《鲁甸年鉴》；调研如何写好新中国成立60周年鲁甸发展的巨大变化，如何记述改革开放30周年鲁甸的辉煌成就，文化鲁甸的内涵和外延是什么；完善主编、副主编、编辑和分部类联系责任制；达到党员干部和全体职工受到一次深刻的教育，全体人员的政治素质有明显提高，修志人员的方志理论有明显进步，志书、年鉴的编辑质量有明显提升，县志办全体人员的工作状态、精神面貌有新气象。用科学发展观理念加强县志办自身建设，结合作风建设年、党风建设活动，加强党性修养和作风建设。针对县志办思想观念还不够新、解放思想还不够深、理论学习还不够宽、治学风气还不够谨、编纂水平还不够高、工作作风还不够实、工作纪律还不够严等实际。提出"建立一支开拓创新、作风优良、素质过硬、治学严谨、勤政高效的修志编鉴队伍"的目标，通过开展学习实践活动，切实提升政治理论水平，提高业务理论和编纂能力，全体人员的工作状态、精神面貌有新气象，机关形象有新改进，努力把科学发展观的要求转化为实际的修志编鉴能力。

【创办《鲁甸方志信息》】 2009年4月10日，县志办在开展学习实践科学发展观活动中，提出加强信息宣传工作。决定创办《鲁甸方志信息》，不定期发行，为鼓励职工积极撰写信息，每期奖励20元，市志办、县委、县政府转发奖励40元，市委、市政府、省志办转发奖励60元，可累计相加奖励。至12月25日，全年撰写信息15期。

【上级领导调研】 2009年9月8日，云南省志办副主任李成鼎、州市指导室主任姜定忠一行，在昭通市志办主任范孝懿、副主任聂顺荣、《昭通市志》主编王文福、昭阳区志办主任张宁等的陪同下到鲁甸，对第二轮地方志编修工作进行调研。县政府副调研员曹继友、县政协副主席丁世章和县志办全体人员参与汇报会。晏权向李副主任一行汇报第二轮县志编修工作进度、工作方法、存在问题和下步打算。李副主任对鲁甸工作表示满意。10月22日，云南省志办主任李一是、省志办主任助理袁丽萍、杨宏，保山市志办主任蒋国安一行7人，在昭通市志办副主任聂顺荣、《昭通市志》主编王文福、昭阳区志办主任张宁等陪同下到鲁甸，对第二轮地方志编修工作进行调研。县委常委、宣传部长庄清海，县人大常委会副主任王天鹏和县志办全体人员参加调研座谈汇报会。庄部长、王副主任作了讲话，李主任对鲁甸的修志工作表示满意。在县人大常委会副主任王天鹏和相关人员陪同下，参观考察太阳湖、崇文阁、文化广场和县城新区。对鲁甸的发展表示肯定和赞誉。10月24日，云南省人大常委会原副主任、省志编委副主任吴光范，省志办主任助理郭刚、省志办副调研员温益群、云南大学教授赵翠兰一行6人，在昭通市志办主任范孝懿等陪同下到鲁甸，对金沙江流域进行考察，对第二轮地方志编修工作进行调研。县政府县长保剑，县委常委、副县长铁朝曙陪同考察调研，并介绍鲁甸县情和发展思路及有关历史文化方面的情况。吴副主任一行对鲁甸的发展表示肯定，对鲁甸的做法表示赞赏，对鲁甸的修志工作表示放心。在县委常委、副县长铁朝曙和相关人员的陪同下，参观考察了太阳湖、文化广场和县城新区。

（晏 权）

防震减灾

【机构人员】 2009年，县防震减灾局内设办公室、监测预报站、震害防御站，有干部职工8人。

局 长

李 松 男 汉族 昭阳区人

【加强地震监测预报工作】 2009年，县防震减灾局加强地震监测预报工作，确保观测数据连续、准确、可靠，加强仪器管理和维护，发现问题及时处理，监测仪器全天候正常运转。监测中，严格按照要求和操作规程，每天专人负责按时取样观测，上报当天资料，每月按时寄送观测数据及记录本。加强震情监视工作，本着内紧外松原则，加强日常震情监视，增强震情观念，24小时值班，落实各种宏微观异常，及时分析处理上报。做到远近结合，宏微观结合，综合分析，发现问题及时分析研究，进行震情会商。4月9日，根据县内及周边地区前兆数据异常及地震活动性提出震情分析意见，并以震情分析(2009)第1期上报。9月21日，根据震情形势召开震情会商会，提出分析意见以震情分析(2009)第2期上报。

【提升公众防震减灾意识】 2009 年,县防震减灾局强化宣传工作,提升公众防震减灾意识。一是根据新修订《防震减灾法》、县委普法办公室联合发《关于开展 <防震减灾法> 宣传活动的通知》要求,开展宣传活动,认真落实"五五"普法、"三五"依法治县规划,集中开展防震减灾法宣传教育活动,在全县掀起学习贯彻落实《防震减灾法》新高潮。二是5月12日,县防震减灾局联合民政、司法、国土资源、宣传部等5家在县城中心小广场上开展"防灾减灾日"宣传活动。发放《防震减灾法》、《地震知识问答》、《防震避震常识》等2 000份,制作科普报及宣传材料5 000份,展板20块,布标8幅。张贴"让我们的生活更加安全"、"中小学防灾教育"、"农村城市防灾教育"挂图30张,分发乡镇10套330张。民政、司法、宣传、国土部门工作人员参与发放防震减灾宣传材料。司法局利用广播车播放"防震减灾法"录音。通过宣传,增强广大群众防灾减灾意识。三是利用"科技宣传周"进行防震减灾科普知识宣传,发放《地震知识问答》、《防震避震常识》、《防震减灾法》2 000份,宣传材料2 000份,制作展板20块。四是利用电视媒体强化宣传。通过文化广场电视大屏幕播放防震减灾专题片和地震知识宣传片。

【做好建设工程抗震设防工作】 2009 年,县防震减灾局坚持依法行政,在政府网上公开防震减灾法律法规主要工作内容。公示执法依据、内容、程序、标准,执法人员做到持证上岗,亮证执法。加强建设工程抗震设防管理工作,每一件建设工程按照法定程序审查、备案、登记、核准,及时上报县级行政机关服务承诺落实情况报表。全年办理81项新建建设工程抗震设防要求确认手续。大力推进农村地震安全民居工程,为农村居民提供技术标准和技术方案,督促落实,使农村建筑达到抗震设防要求,具备基本抗震能力,确保农村民居实现安居。

【完善地震应急指挥中心建设】 2009 年,县防震减灾局进一步完善地震应急指挥中心建设,做好相关数据、信息收集、整理和录入,发挥应有功效,在第一时间获取灾情信息,做到灾难现场应急指挥和后方应急联动,为决策部门高效、有序组织指挥防灾救灾提供可靠的技术支撑和保障。

【申报"云南省防震减灾科普示范学校"】 2009 年,县防震减灾局按省防震减灾局文件要求,积极申报县一中为"云南省防震减灾科普示范学校"。以此增强学校师生的地震科学知识、防震知识、自救互救能力,通过一个学生传布一个家庭,使防震减灾科普知识得到广泛宣传,深入人心。

【加强机关作风建设工作】 2009 年,县防震减灾局按照县委关于加强和改进机关作风建设的决定和实施意见,认真组织开展加强机关作风建设活动。一是坚持每日考勤签到和值班纪律及请销假制度。狠抓政治理论和业务知识学习,做到学习经常化、制度化。二是坚持集中学习与个人自学相结合,学习政治理论和业务知识相结合,理论学习与工作实践相结合,以学习统一思想,以学习促进工作。通过活动,全局干部职工思想得到统一,责任感、使命感和紧迫感、工作积极性、主动性和创造性得到加强,工作作风得到转变。

【开展深入学习实践科学发展观活动】 2009 年,县防震减灾局根据县委深入学习实践科学发展观活动安排和部署,认真制定实施方案,按照方案严格落实学习实践活动每一个环节,确保学习实践活动扎实深入开展。全局干部职工把学习活动与业务工作紧密结合,用科学发展观指导防震减灾工作,妥善安排时间,统筹规划,正确处理好学习实践活动与本职工作的关系。做到工作与学习实践活动"两不误"。

【开展"阳光政府"四项制度】 2009 年,云南省人民政府决定3月1日在全省实施"阳光政府"四项制度。县防震减灾局安排人员参加培训,建立开通96128政务信息查询专线及政务信息网络查询系统,为公众查询防震减灾政务信息提供服务,促进政务信息公开,推进政务信息共享,便于广大群众及时获取政务信息,充分发挥防震减灾政务信息对人民群众生产、生活和经济社会活动的服务作用。

【深入挂钩扶贫点桃源拖姑村调研】 2009 年,县防震减灾局安照县委安排,深入挂钩扶贫点桃源乡拖姑村调研,了解全村基本情况、生产状况、工作动态及困难,帮助村委会发展经济献计献策,帮助解决村委会5 000元工作经费。

【开展中小学校舍安全工程建设工作】 2009年，县防震减灾局作为全县中小学校舍安全工程建设工作领导组成员之一，积极开展校舍安全工程建设工作。参与学校场址排查鉴定并出具报告，审查和指导项目建设的防震和地质灾害预防等工作，参与工程管理及验收。

【组织人员到汶川地震灾区科学考察】 2009年6月1日，按市局关于组织全市防震减灾系统领导和专业技术员到汶川地震灾区进行地震考察的通知精神，鲁甸安排3名专业技术人员参与全市考察组到汶川进行考察活动，编写考察报告报县委、县政府及市地震局。通过考察，增强全县抗震设防、灾后重建和地震应急指挥能力。

【2009年地震震情】 2009年，全县发生2.0级以上地震5次。

附：

鲁甸县2009年≥2.0级地震目录

序号	发震日期	发震时间	北纬	东经	地点	震级
1	1月27日	04时21分52秒	27°12′	103°38′	鲁甸	2.9
2	2月15日	05时05分10秒	27°21′	103°14′	鲁甸	2.4
3	3月2日	18时04分50秒	27°11	103°19	鲁甸	2.3
4	3月25	12时15分23秒	27°11′	103°38′	鲁甸	2.1
5	4月6日	01时53分40秒	27°11′	103°34′	鲁甸	2.0

注：目录资料来源于昭通市防震减灾局速报目录

（赵泽莲）

档 案

【机构人员】 2009年，县档案局内设办公室（含信息管理中心）、业务指导中心、库房管理利用中心（含现行公开文件查阅利用中心）。有干部职工7人，其中副研究馆员2人，助理馆员2人，高级工2人。6月18日，云南省人力资源和社会保障厅以云人社发〔2009〕139号《关于昭通市运政管理处等46个单位参照公务员法管理的通知》，批准县档案局参照执行国家公务员法管理，明确1人为副科级，3人为科员。年末，设有办公室（含信息管理中心）、业务指导股、库房管理股（含现行公开文件查阅利用中心）。

局 长

邓益虎 男 汉族 鲁甸人

副局长

蔡 华 女 回族 鲁甸人

【加强对外交流与学习】 2009年2月27日至3月3日，县档案局长邓益虎、副局长蔡华带领业务股和库房管理股一行5人，到昭阳、彝良、大关和盐津县档案局交流学习。主要参观县城风貌、档案馆库房、办公室、查阅室及信息化建设，查看民国档案抢救、婚姻档案、退伍军人档案、农业人口独生子女等民生档案，针对业务指导、库房管理、信息化建设、星级评审和行政执法等问题进行座谈，互相学习，取长补短。4月16日，邀请昭阳区、大关县档案局领导和工作人员到鲁甸，就档案管理工作传经送宝。参观档案库房、图书资料室、办公室、现行公开文件查阅利用中心。召开座谈会，就“星级”评审、服务利用、业务指导、信息化建设等方面进行交流。

【省市领导检查指导】 2009年3月8日上午，云南省档案局检查组一行4人在局长黄凤平带领下到鲁甸检查指导工作。在市档案局长易正春、副局长孔庆梅、县委常委、宣传部长庄清海，县政协副主席丁世章等陪同下抽查县检察院、人事局档案室建设和县档案馆档案管理、重点档案抢救、档案信息化建设等工作。听取庄部长《关注民生、强化服务，全力做好鲁甸档案工作》和县档案局的汇报。黄局长认为县委、县政府对档案工作高度重视，部门认识到位，县档案部门认真履行职责，在宣传、开展档案室星级创建、稳步推进档案信息化建设等方面取得显著成绩。对鲁甸下步工作提出五点要求:一是提前规划、设计好新馆建设。二是要紧紧围绕县委、县政府中心工作,抓好重点档案和民生档案服务工作。三是纵深推进信息化建设,做好档案开发编研工作,婚姻、学生就业、林改、知青等档案要实现网上查询。四是要加强档案队伍建设,争取解决参公管理问题。五是希望县委、县政府一如既往重视档案工作。4月15日,省档案局检查组一行5人在副局长张文芝带领下到鲁甸检查指导工作。在市档案局长易正春、副局长孔庆梅,县委常委、副县长铁朝曙等陪同下,重点查看县档案馆档案存放情况、馆藏档案数量、馆库温湿度变化、档案安全、档案信息化建设、重点档案抢救和新馆立项等问题。

【加大培训力度】 2009年4月6日,县档案局组织部分县直机关、乡镇档案人员15人到昆明参加省档案局举办的档案专业基础知识培训班学习。

【县职中档案工作规范管理达三星级标准】 2009年4月9日,县档案局根据县职业技术高级中学请求验收的申请,县档案星级评审领导组一行3人对县职中档案工作规范管理星级目标工作进行现场验收,县教育局、县城6所中小学校、县职中负责人、档案员23人参加验收会议。验收组听取档案建设情况汇报后,对县职中档案台账、检索目录、信息化建设、家庭建档、库房档案业务建设、硬件设施、编研材料等方面检查评审、量化打分123分,县职中档案工作规范管理通过三星级验收。会上,县教育局副局长唐石荣安排部署各中小学校档案工作规范管理星级目标工作。

【县疾控中心档案工作规范管理达四星级标准】 2009年5月15日,县档案局根据县疾病预防控制中心请求验收申请,县档案星级评审领导组一行3人对县疾控中心档案工作规范管理星级目标工作进行现场验收,县卫生局、县医院、中医院、保健站、药监所负责人,档案员24人参加验收会议,验收组通过量化打分,县疾控中心档案工作规范管理得分136分,达四星级标准。当场宣布考评结论,颁发牌匾、证书。会上,卫生局要求档案规范管理未达标单位,要作专题研究,早安排、早动手,力争在12月县级医疗单位全部通过评审验收。11月6日,县卫生监督所档案室通过四星级验收。县档案颁发四星级档案室牌匾、证书。

【扶贫献爱心】 2009年6月11日,县档案局积极响应中国扶贫基金会和中国邮政向四川地震灾区学生捐款购买“爱心包裹”的号召,组织全体干部职工捐款700元购买7个“爱心包裹”。7月31日,全体干部职工响应县委、县政府号召,捐资助学800元。10月23日,向扶贫挂钩点新街乡闪桥村委会赠送电脑、复印机、席梦思床及床上用品。改善基层组织建设办公条件。

【初评昊龙集团公司档案工作创星工作】 2009年6月19日,市档案局长易正春、副局长孔庆梅,市档案馆副馆长陈光德一行6人,对昊龙集团公司档案工作规范管理创星进行初评。听取综合股情况汇报后,到档案室对统计台账、信息化建设、基础业务荣誉陈列、硬件设施、安全保管、提供利用、编研等方面认真检查、提问。初验组充分肯定昊龙集团公司领导对档案工作的重视,成立领导组、明确专兼职档案人员,建立档案管理规章制度,拟定分类大纲,编写全宗指南,完成室藏档案目录录入和重要全文转入扫描,档案管理纳入公司年度工作计划,保障档案工作经费。反馈会上,易局长对昊龙集团档案管理工作成绩作了肯定。8月14日,通过市档案局五星级验收。

【指导县幼儿园开展档案规范化管理工作】 2009年9月10日,县档案局配合县幼儿园对档案规范化管理工作进行指导,帮助成立档案清理鉴定领导组,购置档案卷盒、归档章等装具,安装档案管理软件;抽调4名老师对1981年幼儿园成立20年的各类文件材料、教学档案进行彻底清理、鉴定、整理、归档。完成文书档案、教学档案、教师业务档案收集整理归档,组卷128盒;档案目录著录、科技档案、会计档案、声像档案、家庭档案清理归类编目工作同时进行、有序开展。

【县档案馆征集到陆良马族谱《家史》】 2009年10月8日,县档案局征集到一本陆良马族谱《家史》,由县档案馆收藏。陆良马族谱《家史》是一部促进民族历史文化发展的重要史书。记载陆良马姓家族270余年,13代支系的历史变迁。《家史》征集进馆,既丰富馆藏,又为维护地方民族团结保存重要史料。

【全县机关、企事业单位、乡镇及村委会(社区)全部通过星级评审验收】 2009年10月26日至2010年1月6日,全县档案星级评审领导组对县民政局、教育局、粮食局和建设局4个单位档案室建设星级目标管理进行评审验收。至此,全县72个党政机关、企事业单位12个乡镇及84个村(社区)档案室建设星级评审验收工作全面完成。全县验收177家单位,其中五星级3家、四星级50家、三星级44家(4个村、社区),二星级24家,一星级56家。

【档案业务指导工作】 2009年,县档案局先后到乡镇指导林改档案归档196盒7 184件,新农村建设档案68盒3 175件,到县计生局指导归档并接收农业人口独生子女档案83盒1 560件,到民政局指导归档婚姻档案144盒5 897件,退伍军人档案526盒5 253件;到县林改办指导归档林改档案3 027盒34 217件,这些档案全部著录完毕,“回头看”结束后,全部接收进馆。

【档案行政执法检查】 2009年,县档案局根据《云南省委办公厅、云南省人民政府办公厅转发<省档案局关于加强档案安全工作意见>的通知》、《昭通市档案局关于印发<昭通市2009年档案行政执法检查实施方案>的文件通知》文件要求,及时向县政府分管副县长汇报,县政府决定成立档案行政执法检查领导组,县政府副县长赵萍任组长,县政府办副主任、档案局局长邓益虎任副组长。县档案局认真制定《鲁甸县2009年档案行政执法检查实施方案》。7月3日,县政府以《鲁甸县政府办公室关于印发鲁甸县档案行政执法检查方案》文件下发到各单位贯彻执行。

【清理接收改制企业档案】 2009年,县档案局加强改制企业档案清理接收工作。8月25日,县档案局同县经贸局档案清理鉴定销毁领导组8人,对食品公司档案清理、鉴定、归档,对保管期限已满的会计档案凭证、账簿、月季报表、销售票据造册登记,按要求报县经贸局档案鉴定销毁领导组组长批准后现场销毁。永久、长期保存的会计档案、基建档案、实物档案、荣誉档案由县经贸局规范整理后移交县档案馆保存,其他长期保存的会计档案由县经贸局档案室保管。

【开展学校、医院档案工作规范管理创星活动】 2009年,县档案局把创星级工作深入到学校、医院。年末,县职业技术高级中学、疾病预防控制中心、卫生局卫生监督所、教师进修学校4家通过验收,共指导整理归档1 341盒7 606件。县一中、二中、一小、二小、幼儿园、县医院、农业综合改革办等单位档案基础业务工作全面铺开。

【加强档案信息化建设】 2009年,县档案局加强档案信息化建设。全县机关单位基本安装使用档案管理软件,对档案进行条目录入和部分电子文件原文转存。全县各单位档案员对室藏档案进行录入,目录数据录入总数10.9万条,居全市县区之首。年末,完成档案录入及全文数字化30.5万条,为全县文档一体化数据库建立打下坚实基础

【开展家庭建档工作】 2009年,县档案局(馆)在率先做好自身家庭建档基础上,开展档案星级评定单位进行家庭建档工作,完成1 952户4 880人家庭档案验收。

【对外服务工作】 2009年,县档案局(馆)结合阳光政府四项制度贯彻落实,把创建文明窗口服务重点放在档案查询、咨询和利用工作上,积极、主动、文明、周到、热情接待来访者和查档者,除在档案利用中开展咨询外,在办公室、业务指导中心、现行文件查阅利用中心设立档案业务咨询应答人,采取电话、信函、预约上门、网上办公等形式,解答咨询人的问题,帮助解决档案事务中的难题,受到社会各界好评。全年接待查阅者278人次,提供档案资料1 365卷(册),复制档案1 725页26万字,解决疑难问题21个,基本满足社会各方面对档案的利用需求,为乡镇、机关、企事业单位和驻鲁单位制定重大计划、决策重大项目建设、举办重大活动、处理疑难问题提供详实档案信息,发挥档案参谋作用。

【完成新馆建设规划编制立项工作】 2009年,县档案局完成新馆建设规划编制立项工作。由于原有档案馆面积小、功能不全,不符合档案馆建设要求,严重制约鲁甸档案管理水平的提高。县档案局抓住国家支持西部地区档案馆建设的有利时机,做好规划、立项、选址设计等前期工作,建设与鲁甸经济发展相适应,能够体现公共性、服务性、文化性、标

志性、富有现代气息的综合档案馆。县档案局领导多次到省档案局、省发改委、市档案局争取立项工作，已批准立项，确定鲁甸县档案馆为全国第一批县级综合档案馆建设工作项目试点县。

【特色网站建立工作】 2009年，县档案局把信息化建设作为办公机制一大变革来抓，实现档案信息化管理利用。狠抓档案信息化建设，创建方便快捷查阅的公开信息网；建设和完善“鲁甸县档案信息网”，实现与省市档案信息网和县政务信息网络联网，实现馆藏历史档案、部分现行档案和现行公开文件目录网上查询。

【昊龙集团档案工作规范管理通过市级五星级验收】 2009年8月14日，云南昊龙实业集团有限公司档案室通过昭通市档案局五星级验收，成为云南省首个民营企业五星级档案室。昭通市档案局局长易正春、鲁甸县政府副县长赵萍代表省档案局向公司颁发了五星级档案室牌证。昊龙实业集团公司投入15万元资金购置档案管理软件、22组铁皮档案柜、防磁柜、扫描仪、数码照相机、温湿度计、灭火器等硬件设备。抽调10多人集中整理近1年时间，整理完成公司成立10年的各种档案764卷，其中文书档案247卷10 694件，基建项目档案385卷3 313件，设备仪器档案110卷2 214件，业务档案8卷61件，生产经营类档案9卷268件，实物档案5卷133件，照片377张，光碟127张，图书资料92册。著录文件级目录16 752条，876份2 000多页全文数字化，其中文书档案658份、基建档案114份、实物档案107份、光盘127张，实现计算机检索。档案门类齐全，有文书档案、基建档案、设备仪器档案、生产经营档案、人事档案、实物档案等，制定档案管理制度，落实到位，取得实效。有档案室指南、大事记、组织机构沿革、利用效果汇编、产品介绍、信息化建设规划等专题材料21万字。家庭建档工作宣传到位、取得实效，总公司35名职工全部建立家庭档案、建档率100%。年内，公司获市政府“全市档案工作先进集体”称号。

（阮金署）

气 象

【机构人员】 2009年，县气象局内设天气预报服务股、人工降雨防雹办公室、防雷减灾办公室、财务股5个股室，有干部职工8人。

局 长

马光芬 女 回族 鲁甸人

副局长

月光亮 男 汉族 四川邻水人 2009年11月任

【科学发展观学习活动】 2009年，县气象局按照县委、市局党组安排部署，深入开展学习实践科学发展观活动。4月10日，召开学习实践科学发展观活动动员大会，成立领导小组，紧紧围绕“党员干部受教育、科学发展上水平、人民群众得实惠”的总要求，以“提升发展信心、提升发展能力、提升发展水平”为主线，联系鲁甸气象事业改革发展和领导班子建设实际，进一步解放思想、实事求是、改革创新，把全体干部职工的积极性引导到科学发展上来，把科学发展观贯彻落实到气象事业发展的各个方面，为实现鲁甸富民强县新跨越做出新贡献。活动中，以“推动气象事业发展，构建和谐科学发展”为主题；以深入学习调研，推动思想解放为基础；以破解发展难题，实施“科学发展在鲁甸”为重点；以创人民满意的气象事业为目标。通过抓学习“人员、时间、内容、效果”四落实，把学习引向深入。按时上报各阶段工作总结和情况，制作学习实践科学发展观活动简报15期，按要求完成各项任务。通过活动，全局广大干部职工的责任意识、忧患意识、发展意识明显增强，思发展、谋发展、加快发展的愿望更加迫切。结合实际，全局干部职工认为：必须牢固树立服务意识，努力在现代气象业务体系建设和服务能力提升上取得新突破；坚持需求牵引、服务引领，努力在气象科技服务上取得新突破；发挥部门体制优势，在发展地方气象事业上取得新突破；必须加快解决职工群众最关心、最急需的问题，努力在解决民生问题上取得新突破；必须加快台站基础设施建设，努力在台站综合改善上取得新突破。

【天气预报服务】 2009年，县气象局全力以赴做好气象服务工作，为党政领导提供决策依据。一是决策气象服务精细化、服务跟进式，切实做好政府防灾减灾气象参谋。按照省、市气象工作会议精神和汛期前工作安排，严格按照“预报及时准确，服务优质高效”原则，做到早准备、早部署、早落实，坚持防汛抗旱两手抓，以高度的责任心和严谨的工作作风，认真做好每一次重大灾害性、关键性、转折性天气过程预报服务工作。特别将汛期气象服务和新中国成立60周年庆祝活动"两条线"协调，做到两不误、两促进，充分发挥汛期气象服务作用。二是每次天气过程来临前，积极组织会商，将预报结果及时主动上报县委、县政府及相关部门。在重大灾害性过程发生时，密切实时监测，及时发送实况和防御建议信息。全年为县委、县政府及相关部门制作并报送《农业气象专题服务》4期、《雨情简报》12期、《人工增雨防雹简报》5期、《专题预报服务》12期、《重要天气消息》9期，发布气象灾害预警信号18次，其中大风预警信号15次，暴雨预警信号2次，道路结冰预警信号1次。二是气象信息传输更快、辐射更广，切实做好各项公众服务工作。通过努力，做到气象预报服务的及时性和准确性。气象信息传播中，气象短信平台（满意通）发挥重要作用，遇有大的降水、灾害性及转折性天气过程，及时通过发送手机短信，加强信息上传下递，实现信息共享，确保领导在第一时间对天气过程做出反应，及时防御突发性天气带来的灾害。通过电子邮箱、传真、电话辅助方式及时将决策气象服务信息、预警信号等及时上报各级领导和通知广大人民群众。三是灾情收集上报主动及时高效。安排专人，按照国家气象局《气象灾情收集上报调查评估试行规定的通知》精神，以职能部门气象灾害收集作为重要信息来源，与民政、防汛、农业等单位及乡镇合作，通过电话问询和深入基层调查，利用防雹炮点、雨量站点附近人员为气象灾害情报员，建立灾情热线电话，将全年汛期灾情，收集整理上报，确保灾害名称、影响范围、经济损失、内容等事项在第一时间内上报国家、省、市气象局有关部门。按月通过NOTES网络上报市局月汇总和逐月的灾情报告。

【提高专业人员业务水平】 2009年，县气象局以提升气象队伍专业知识水平和实际工作能力为目标，积极开展测报业务学习，确保气象基础业务质量不断提高。切实抓好各项业务工作制度和技术规范的落实，全局上下狠抓业务质量，明确细化业务人员职责。做好仪器设备维护工作，加强传输网络维护，保证网络畅通及各时次正点报传输及时率。开展业务技术学习，强化业务人员学习制度，注重理论学习与实践操作的结合，结合季节转换对各种天气现象进行加深学习。针对上级业务需求，对增加观测和发报任务深入学习。按照市局《关于转发《关于增加降雪加密观测和电缆积冰观测任务的通知》的函》，学习上级部门新业务，圆满完成上级目标任务。

【加强气象业务现代化建设】 2009年，县气象局加快气象业务现代化建设。一是初步建成乡镇区域自动气象监测网络。年末，完成新街、梭山、江底、水磨镇自动气象站选址、经纬度测量、海拔高度测量，经安装调试，运行正常，与原有的自动气象站形成乡镇区域自动气象监测网络，为气象服务精细化提供保障。二是农村气象综合信息服务系统建设取得成效。全县农村人口多，农业比重大，干旱、洪涝、暴雨、冰雹、大风、低温冷害、雷电等气象灾害频发，农业受天气气候影响最为直接，农民靠天吃饭的现状还未得到根本扭转。为认真贯彻落实《国务院办公厅关于进一步加强气象灾害防御工作的意见》、《中共云南省委贯彻<中共中央关于推进农村改革发展若干重大问题的决定>的实施意见》、《昭通市人民政府办公室关于加快农村气象综合信息服务系统建设的通知》精神，积极对乡镇需安装气象综合信息电子显示屏地点进行初选研究，积极与上级部门沟通，及时完成系统安装可行性方案，与厂家就相关技术细节达成一致，力争2010年在经费到位情况下，将乡镇农村气象综合信息服务系统的建设全面完成。

【人影工作】 2009年，县气象局人工影响天气工作取得显著成效。全县开展人工影响天气主要有人工防雹和人工增雨。人工防雹工作，在市人影中心帮助下，县级人影指挥平台建成投入使用，夏季全县出现极多强对流天气，大风、冰雹、暴雨等灾害天气对全县烤烟生产带来极大影响，为减少损失，保障安全，多方筹措资金，保障作业用弹，狠抓安全管理，杜绝安全事故。

【防雷科技服务工作】 2009年，县气象局加大防雷科技服务和气象手机短信服务力度。为进一步贯彻落实《国务院办公厅进一步做好防雷减灾工作的通知》精神，加强全县雷电灾害防御工作，规范全县新建、改扩建的建（构）筑物避雷装置设计安装，达到国家防雷安全规范规定安全标准，保护人民生命财产安全，根据《气象法》、《防雷减灾管理办法》和

《防雷装置设计审核和竣工验收规定》要求，积极开展防雷减灾科技服务工作，对县内新建、改扩建的建（构）筑物加大防雷装置图纸审核，对已有防雷装置进行性能检测，排除安全隐患；对全县矿山炸药库、加油站、烟草站等易燃易爆场所，化工厂、水泥厂、电站、金融、证券等企业，单位办公楼、通讯设施、电子系统等建筑物和办公设施，学校、商场、医院、集镇等人员聚集场所进行检测。加强预报准确率，强化预报发布管理，加大预报在手机短信服务中对群众生产生活指导作用。

【加强队伍建设】 2009年，县气象局加强领导班子思想政治建设，抓好党风廉政建设和反腐败工作。一是认真学习贯彻党的十七大精神，以科学发展观为指导，围绕部门中心工作，进一步增强领导干部抓好党风廉政建设责任感，切实履行"一岗双责"，促进各项工作落实。二是紧紧围绕"加强党性修养，大力树立和弘扬良好作风"宣传活动为主题，认真抓好"党风廉政宣传教育月"活动，深入开展反腐倡廉宣传教育。依靠和发动广大干部职工开展形式多样的廉政文化活动，推进气象廉政文化建设，促进领导干部做到"为民、务实、清廉"。4月25日，参加县委组织副科级以上学习实践科学发展观活动考试。三是加强组织领导，认真落实党风廉政建设责任制。坚持一把手负总责，做好任务分解落实、日常监督检查、年终考核奖惩，确保各项工作落到实处，取得实效。四是提高纪检监察员业务素质。五是强化财务监管，深化和完善局务公开。严肃财经纪律，强化财务监管，有效防范违纪违法行为发生。切实做好"三人决策小组"民主决策管理监督工作，建立和完善科学、高效、民主决策机制，有效避免因决策失误给事业发展造成不必要损失，促进气象事业又好又快发展。

【气象探测环境保护】 2009年，县气象局加大宣传力度，切实保护气象探测环境。由于县城新区建设步伐加快，为避免气象探测环境遭到破坏，及时向建设部门做好观测场环境备案工作，与新区建设指挥部门沟通，做到既不影响新区建设又不影响气象探测环境。

【实施阳光政府四项制度】 2009年，县气象局根据《云南省人民政府办公厅关于在全省县以上行政机关实施阳光政府四项制度工作督查的通知》精神和县政府推行阳光政府四项制度领导小组统一部署，成立领导小组，建立健全工作机制。切实加强对重大决策听证、重要事项公示、重点工作通报和政务信息查询工作组织领导，建立"96128"政务信息查询专线和联络员队伍，抽派熟悉业务及政策的工作人员兼职专线联络员。

（县气象局工作总结）

文化体育

【机构人员】 2009年，县文体局下设办公室、文化稽查队、体育股、文化艺术股、文化市场管理股5个行政机构，下设文化馆、文管所、图书馆、少体校4个事业机构，有职工39人。6月成立艺术团，有人员30人，其中男11人，女19人。全系统共69人。

局　长

杨永华　男　彝族　鲁甸人　2009年11月止
罗发洪　男　汉族　鲁甸人　2009年11月任

党组书记

洪林昌　男　汉族　鲁甸人

副局长

王长明　男　回旋　昭阳区人　2009年11月止
顾若荣　男　回族　鲁甸人
马梦麟　男　回族　鲁甸人
杨晓燕　女　汉族　鲁甸人　2009年4月任

【群众文化活动】 2009年，县文体局根据县委、县政府统一安排，参加春节团拜会演出和全市春节联欢会文艺演出。春节期间，组织焰火晚会，燃放礼炮209枚，组织舞龙舞狮贺新春、广场游园、崇文阁猜谜等活动。活跃节日气氛，让广大群众过一个欢乐祥和春节。"两会"召开期间，举办专场文艺晚会，受到与会代表和领导一致好评。3月20日，参与全县举行科技、文化、卫生、法制、家电"五下乡"活动，到梭山、水磨、龙树、新街等乡镇演出4场次，观众近万人。3月22日，举办改革开放30周年老年文体活动，活动以健身操柔力球比赛和文艺节目比赛方式进行。全县12个乡镇及县老年文艺队21个代表队参加，比赛分3场。3月25日晚，获奖单位汇报演出。3月27日，参与县政法委、县委宣传部、县广电局主办鲁甸县2009年综治维稳宣传月——"平安鲁甸、和谐鲁甸、文化鲁甸"演讲比赛活动，直属单位40余人参赛，经过激烈逐角，县交警队干警马玉环获一等奖。活动旨在宣传"创建平安、人人参与;构建和谐,人人共享;维护稳定,人人有责"的综治维稳宣传主题。年内,还成功举办"希望的田野"—鲁甸县樱桃文化旅游节、红色歌舞大赛、国庆60周年文艺演出及苗族花山节、彝族火把节、回族古尔邦节重大活动。参与组织安全生产知识演讲比赛、金话筒主持人大赛、民族健身操比赛、红歌大赛等。办民族健身操培训班1期,24家单位参加学员48人。为老年艺术团编排节目《红色娘子军》、泰迪球健身操到昭通参加比赛。11月,组织"119消防日"专题文艺晚会、长城建安杯运动会开幕式及闭幕式演出。文艺辅导人员到县医院辅导节目50个,出版科普宣传专栏3期。

【广场健身操活动】 2009年,县文体局积极搞好全民健身活动。5月起,每晚7:30分专人在文化广场组织全民健操活动,内容有健身操、彝族达体舞等,即娱乐又锻炼身体,深受大家喜爱。广大市民、机关工作者都踊跃参加。

【申报非物质文化遗产】 2009年,县文体局积极申报第二批省级保护名录项目—《拖姑村山根脚回族传统文化保护区》,完成文本梳理,拍摄专题片《梆格声回荡的村庄》,为17分钟,已向市级申报。

【摄影工作】 2009年,县文体局举办摄影基础知识培训班1期,参训人员76人。参与组织、服务各类文体活动43次,完成新闻图片专题报道14期,拍摄图片资料7 700余幅。参与大型活动和会议摄影、宣传报道工作。被"昭通日报"、"云南民族时报"、"云南信息报"、《鲁甸年鉴》、《鲁甸县文史资料》等书籍、报刊发表,收录图片320余幅。6月,参加全市书法、美术、摄影作品展。精心组织,认真筛选,从1 000余件送展作品中选出书法作品30件、摄影作品32件、美术作品20件参展。市委宣传部、市文联和县委政府有关领导,昭通市文化界知名人士和专家出席开展仪式。为期一周展出时间,观众3 000余人次。经专家组认真评选20幅作品参加全市展览,收录昭通市优秀书法、美术摄影集中。《昭通日报》、《昭通电视台》、《鲁甸电视台》、《云南鲁甸》信息网对展览进行宣传报道。11月,县内摄影爱好者作品在中国摄影家艺术协会主办的"中国影像·庆祝中华人民共和国建国六十周年全国影像大赛"中,作品《山里人家》荣获二等奖;3月,昭通市摄影家协会主办"辉煌三十年—摄影者镜头中的昭通"中,作品《广场之夜》荣获优秀作品奖。

【文化市场管理】 2009年,县文体局加强全县文化市场管理,本着"一手抓繁荣,一手抓管理"的原则。加强对网吧、游戏室管理。"两节"、"两会"期间,联合公安、工商、消防等单位对全县文化市场清理整顿,做到校园周边无网吧、电子游戏室等娱乐场所;乡镇文化市场和县城无黑网吧和黑游戏室。加强文化市场经营户统计管理,全县有文化市场经营户82家,其中网吧、电脑屋9家,图书、报刊出租零售门市11家,摄影7家,艺术培训类2家,音像制品出租、零售12家,打字、复印10家,印刷业1家,台球娱乐6家,歌舞厅、OK厅10家,录像放影1家,美术装璜5家,电子游戏室8家。查获并收缴非法盗版、不健康光碟147盘(盒),收缴盗版书刊63册,收缴非法复印小学生试卷726张。强制取缔黑网吧1家,对违规经营的9家网吧进行处罚。全年出动人次360余人次、车辆70余车次,罚没收款6 100元。除日常稽查、检查文化市场外,配合公安、工商、卫生等部门联合行动,圆满完成任务,为全县文化市场健康有序发展和全县社会综治维稳作出贡献。

【创建平安文化】 2009年,县文体把创建平安文化市场作为创建"平安鲁甸"的一个重要组成部分,成功举办樱桃文化旅游节、三大少数民族节日、国庆系列活动,没有出现安全问题。加强内保工作,无新增吸毒人员、无越级上访人员。加强行政执法力度,年度行政执法档案评比中获B级标准。

【文物普查】 2009年,县文体局继续进行第三次文物普查田野调查,4月下旬开始,11月底完成第二阶段田野调查工作,对全县12个乡镇进行文物普查登记,调查发现不可移动文物61处(古遗址6处,古建筑9处,古墓葬22处,石刻10处,近现代建筑11处,其他3处),其中新发现47处,复查14处,登记消失文物6处。按要求填写登记表、采集GPS相关数据、拍摄数码照片,采集数据录入电脑。在普查中,发现一些私人收存的文物并拍照登记。火德红乡南筐村夏家湾组王顺成家存放3块贡匾,据说有150多年,是用香樟木雕刻的天地菩萨;水磨镇水磨村大水塘组普廷文家存放彝文大通书1部和毕摩法器1套;龙树乡龙树村15组姜寿华家存放古字1幅,据说是龙云手写签名。全县第三次全国文物普查启动率100%,覆盖率100%,完成率100%。对已普查登记项目数据整理、录入、汇总及档案制作正有序进行。

【图书管理】 2009年,县文体局对图书重新按照中图法第四版分类法要求和标准进行标引和编目。经下架、分类、盖馆藏章、登记、写卡、贴标签、重新上架、查重、排目录柜等近10道工序,完成图书医药类900册、农业类1 160册、军事类100册、经济类438册、宗教哲学类601册、社会科学类120册、政治法律类1 245册,近5 000册,已全部完成,供读者借阅。订阅杂志97份,报纸5份,维持图书馆工作正常开展。对2008年报刊杂志进行下架整理,订阅2010年杂志113份。全年办理《借书证》35个,图书借阅流通13 339人次,13 575册次。阅览室流通人次6 924人次,流通册次12 893册次。全年图书馆接待读者20 263人次,图书总流通册次26 468册次,启动古籍普查,整理出150册鲁甸地方文献。成功成立砚池文明新村、茨院街道办事处等9个农家书屋。

【体育工作】 2009年,县文体局继续贯彻执行《体育法》、《中共中央关于加强青少年体育增强青少年体质的意见》和《全民健身计划纲要》,积极开展青少年体育训练和群众性体育活动。开展广场全民健身、老年人地掷球、气排球、门球等比赛活动。1月中旬,组织运动员参加全市中小学生乒乓球运动会,女子儿童组获第一名。3月底,举办老年人柔力球比赛和庆祝改革开放30年文艺调演。参与教育局对全县各中学体育考试,全部完成。完成茨院板板房村、火德红农民健身工程安装。组队参加全市职工篮球运动会、"理世杯"老年运动会。8月,组队代表云南省参加全国老年人门球比赛,获第六名。成功组织规模最大、规格最高的"长城建安杯"篮球运动会。全市老年体育工作会议在鲁甸召开,为大会搞好各项服务工作。

【组建文化艺术团】 2009年,县文体局根据县委决定精神,顺利组建鲁甸县文化艺术团。制定《鲁甸县宣传文化工作人员招聘方案》,县委成立领导组和纪委、组织、人事、宣传、文化、教育等部门领导参与的"鲁甸县宣传文化工作人员招聘工作领导组"。3月20日至3月27日在鲁甸电视台发布公告。3月22日至4月5日报名,报名人数86人,其中男性26人、女性60人。4月10日,市县专家组成评委初试,参试人员63人,其中男性20人、女性43人。选择41人经公示后4月28日复试,复试人员41人,其中男性15人、女性26人。通过对声乐、舞蹈、表演能力、模仿能力等综合考核,按分数选择前30人进行政审、体检、公示等,符合招聘条件,招聘录用30人,其中男11人、女19人。6月1日开始上班。

【其他工作】 2009年,县文体局根据县委、县政府和上级部门要求,积极完成工作。一是积极申报,争取乡镇文化站建设项目,年内完成桃源、新街、水磨8个乡镇文化站建设,2010年初投入使用。完成8个文化站评估定级工作,组织12个乡镇文化站站长到省参加培训。二是根据县委统一安排和部署,抽调1人到茨院任新农村建设指导员,通过多种渠道,招商引资5 500万元到工业园区,与南方电网有限公司合作加工钢架,解决50千伏输电线路。个人捐资5 000元解决挂钩点田合村办公设备。三是加强外宣工作,业务人员写信息、通讯等在市级刊物发表30余条,在各种刊物发表收录图片300余幅,参与文联编辑《朱提山》4期,编辑出版《朱提诗苑》(卷二)2 000册,为"文化鲁甸"建设起到推动作用。四是加强干部职工理论学习,以机关建设年为契机,学习实践科学发展观为动力。整顿机关工作作风,制定一系列制度、方案等。使干部职工的思想行动统一到县委七届七次全会精神上来,推动文体工作全面发展。

(丁永曜)

广播电视

【机构人员】 2009年,县广播电视局内设办公室、新闻中心、总编室、记者部、广告部、事业部、地面卫星站7个部室。有工作人员34人(借调4人),其中专业技术人员20人。

局　长

马真贤　男　回族　昭阳区人　2009年11月止

党组书记

云　鹏　男　回族　鲁甸人　2009年3月止

副 局 长

云　鹏　男　回族　鲁甸人　2009年3月止

邓先武 男 汉族 鲁甸人

马光敏 男 回族 鲁甸人 2009年11月主持工作

【概 况】 2009年,县广电局深入学习实践科学发展观,围绕县委、县政府战略思想和重大决策,稳步提高新闻宣传水平,加快事业建设步伐,不断提升广电部门形象,扎实推进广播电视事业发展。全年完成《鲁甸新闻》播发稿件(含专题节目)223期1 650条,比上年增加750条,打造各类通知公告210条;外宣上传新闻稿件296条,其中省电视台播出17条,市电视台播出233条,市电台播出122条。昭通市首届政府新闻奖评选会在威信县召开,鲁甸选送《改革开放30年,鲁甸城建谱新篇》、《鲁甸县电力照亮全县人民生活好光景》、《爱心救助张昌德》、《大山深处响起广播声》、《青花椒成为龙头山镇群众的"摇钱树"》、《87名职高学生技能竞赛显身手》等优秀新闻作品分别获得专题片、系列报道、长短消息二、三等奖;在云南广播电视奖首届县(市、区)优秀广播电视节目评选会上,鲁甸选送《梆格声回荡的村庄》荣获二等奖、《看着图纸建新村》荣获三等奖。圆满完成2009年鲁甸樱桃文化旅游节、职中汇报演出、庆六一儿童、新中国成立60年周年、长城建安杯篮球赛开闭幕式、古尔邦等大型文艺晚会现场直播;完成县级扶贫、林产业、水利等专题片和《两基》专题片摄录制作工作。

【对内宣传工作】 2009年,县广电局新闻宣传工作紧紧围绕县委、县政府工作大局,坚持把新闻宣传、典型带动作为突出舆论主导和监督作用的主渠道,强化协调、精心策划、建立健全制度、重点突破,为全县经济社会又好又快发展营造良好的舆论氛围。在自办电视节目《鲁甸新闻》上开办《深入学习实践科学发展观》、《新中国成立60周年》、《生活百味》、专题片《两基》等栏目,各栏目通过采编人员努力及通讯员大力支持,栏目运行平稳,内容翔实、丰富。准确采写时政新闻。记者、编辑在采编时政新闻稿件中,坚持做到深入解事件发生背景,紧密联系相关资讯,认真领会工作意图,严格把好宣传尺度,高度注重新闻时效,确保新闻事实、把握准确,政策精神解读严谨,动态信息传递及时。针对各时期宣传重点,先后围绕县人大政协"两会"精神、深入学习实践科学发展观活动等方面工作开辟多个专栏,受到广大观众好评。围绕全县经济社会发展实际,全体采编人员坚持从大局着眼,由小处人手,针对全县在突出增投资、重三农、保民生、强工业、促消费、保稳定等各项重点工作中取得的突出成绩,采取多形式、多角度深入宣传报道。把办好社会新闻作为反映群众呼声,提升《今日朱提》在群众中的影响,把新闻关注点投射到生活琐事,百姓烦事,身边趣事上,取得良好的社会效果。

【对外宣传工作】 2009年,县广电局积极拓展新闻报道空间,创新新闻报道形式,采取措施狠抓外宣工作。一是注重加强选题策划,做到策划在前、落实到位、展开有序、效果明显,组织记者采访大批有分量的稿件,确保在昭通电视台和云南电视台的用稿数量和质量。二是加强与上级台沟通和联系,对外宣传统筹协调沟通联络工作更加合理。三是量化工作目标,严格考核管理,积极整合新闻稿件传送到省、市台。同时,继续对上稿目标具体量化考核。12月1日起,严格要求每位采编播人员每月必须完成外宣任务和市台用稿任务,按照《鲁甸县广播电视局新闻部考核奖惩制度》,实行在省、市台上稿奖励制度,分档次、等级奖励,极大地激发记者向省、市台的投稿热情。

【加大投入更新设备】 2009年,县广电局积极筹措资金,加大投入,改造更新设备。投入资金26.8万元更新摄、编、播设备,在全县首次采用无线数字移动传输设备现场直播。为新闻采访提供便捷条件,极大提高《鲁甸新闻》的摄、编、播质量。

【"村村通"工程】 2009年,县广电局加快村村通建设步伐,成效显著。按照国家下达云南年度建设计划,昭通市第一期2008年20户以上已通电自然村广播电视村村通直播卫星覆盖工程建设任务数为4 580个村,鲁甸是项目实施县之一,经实地规划落实涉及10个乡镇124个自然村1 704户。工程于6月20日前全面安装调试完成,9月中旬接受省级考核验收,被评定为全市优秀等次。

【电视数字化工作】 2009年,县广电局加强对县广播电视转播维护工作,更新改造电子管等设备,提高差转设施安全运行率,确保中央一套、中央七套电视和中央人民广播电台一套开路节目正常播出和农村无线数字电视覆盖节目开路发射。投资6.8万元新购地方节目数字化设备,有效推进全县有线数字电视整体转换工程顺利进行,改造后的有线数字电视收视效果良好,受到好评。

【小寨乡电视传输光缆架设工程】 2009年,县广电局配合县委、县政府做好小寨整乡推进工作。整乡推进广播电视发展项目规划资金120万元,通过从鲁甸网络公司有线数字电视发射机房架设信号传输光缆至小寨乡广播电视机房,采用无线覆盖方式,解决小寨乡广播电视无线数字发射铁塔周边2 000户广播电视用户的收听、收看难问题。工程基础设施建设竣工,待小寨乡农村电网改造工程电力传输线路通达后投入使用。

【农村省级广播电视节目无线覆盖工程】 2009年,县广电局根据《昭通市广播电视局关于按时完成农村省级广播电视节目无线覆盖工程建设任务的通知》要求,8月10日前完成云南人民广播电台第一套、云南电视第一套节目在县城及周边地区调频覆盖工程,工程由省财政投资21.384万元实施。

【行业执法】 2009年,县广电局充分发挥部门依法行政职能,认真学习贯彻《行政许可法》、《物权法》,在政府信息公开门户网站大力宣传贯彻《国家广播电视条例》和《云南省广播电视管理条例》,通过学习,全县广播电视管理步入法制化轨道。一是加强执法队伍建设。组织县网络公司、局属事业部工作人员以会代训方式,系统地学习广电部门相关法律、法规。二是进一步加强广播电视地面卫星接收设施管理。会同公安、工商等部门紧密协作对地面卫星接收设施经营行为认真清理和专项整治,规划布局阳光电器等3家广播电视地面卫星接收设施销售网点,监管工作逐步走向规范。根据《广播电视管理条例》和《广播电视地面卫星接收设施管理规定》规定及市委书记夜礼斌等领导批示精神,按照县委政法委员会安排部署,开展非法销售、安装和使用卫星地面接收设施专项清理整治行动。共出动执法人员90人次,车辆18台次;检查市场16个,经营商户60家,依法暂扣违反规定销售的10口"小锅盖"和2台卫星接收机,整项工作有序开展。三是建立健全安全播出管理制度,狠抓安全优质播出工作。严格执行24小时值班制度,坚持经常化、制度化,建立网络安全应急机制,重要关键时期,采取增加值班、值机人员,领导带头值班等措施,确保有线电视网络万无一失;落实上级关于广电网络安全通知,发现隐患立即排除,确保全县网络安全实现"零插播"、"零中断"。对广播电视广告播放规范管理。全年无广告滥播、乱放现象。

【开展学习实践科学发展观活动】 2009年,县广电局开展深入学习实践科学发展观活动,经过周密部署,认真组织,狠抓落实,全体党员干部职工积极参与,在加强自身学习的同时,全局利用电视台播放《践行科学发展观,实现鲁甸新跨越》专题节目。

【党风廉政建设】 2009年,县广电局扎实推进党风廉政建设和反腐败工作,以邓小平理论、"三个代表"重要思想和科学发展观为指导,深入学习贯彻中纪委七次全会、市县纪委工作会议精神,围绕全局工作大局,坚持标本兼治、综合治理、惩防并举、注重预防的方针,把党风廉政建设和反腐败工作推向深入。一是严格落实党风廉政建设责任制。明确责任主体,责任范围,构建"一把手"负总责,齐抓共管局面。二是积极开展反腐倡廉教育,筑牢廉洁自律思想道德基础。突出队伍思想作风、学风、工作作风和干部生活作风的教育。三是强化监督制约。着力抓好政务公开制度,丰富公开形式,最大限度地满足群众的知情权,方便群众监督。四是加强队伍建设,提高工作水平。积极参加各级各类学习培训,提高履职能力和水平。开展学习交流,扎实推进党风廉政建设和反腐败工作。

(县广电局工作总结)

图书发行

【机构人员】 2009年,县新华书店内设经理室、办公室、财务室、教材发行组、门市部。有职工13人。

经　理

杨昌春　男　白族　鲁甸人

副经理

赵雁鸿　男　彝族　彝良人

【全面完成各项任务】 2009年,县新华书店累计购进1 492 901册、12 027 614元,实现销售1 491 658册、12 264 245.35万元,销售利润2 206 450.34元,实现利润1 015 985.81元,完成周转次数6.01次,人均创劳动效率998 333元。

【队伍建设】 2009年,县新华书店加强职工队伍思想政治工作,严格管理,加强纪律约束,提高工作效率。一是搞好职工队伍团结,加强领导班子团结合作,单位内各项重大事务都通过集体研究决策。二是定时召开办公会议,组织学习有关政策,加强职工队伍政治思想工作,提高自身业务水平,更好服务教育、服务社会,提升新华书店社会形象。三是劳动纪律方面,采取统一办公形式,互相监督,严格实行考勤制度,坚决执行各种规章制度。

【做好教材、教辅征订发行工作】 2009年,县新华书店提高服务质量,做好教材、教辅征订发行工作。一是教材、教辅征订发行努力扩大宣传力度,巩固店教关系,稳定原有发行品种数量,年内两季征订发行中,品种、数量未出现下滑,逐步开发新品种。二是坚持优质服务,保证"课前到书,优质服务",教材分发期间,为方便学校取书,负责教材分发的职工,不分星期天、节假日、上下班时间,随叫随到。开学后及时收集学校教材使用情况,对学校剩余的教材及时收退回书店调剂,需要追加教材的想办法调进供应,发现有印刷质量问题尽力调换,为全县中小学校追加、退回调剂教材金额2万元以上。三是利用稳定的店教关系,与县教育局就规范教辅发行工作达成一致,杜绝了非法教辅资料进入校园,全县教辅统一由新华书店征订发行,为发行任务完成提供保障。四是搞好货款回收工作,店领导班子带领职工下乡催款,并积极主动与县教育局协调,应收账款回收迅速,杜绝以往学校占用书店资金现象。全年春秋两季教材应收教材款回收率达92%。

【服务全县中心工作】 2009年,县新华书店按照县委政府安排挂钩梭山乡妥乐村,积极组织参与扶贫、抗旱、计划生育等各项工作,按要求完成任务,得到相关部门肯定。同时响应县委政府号召,积极捐资助教,全年为教育及相关部门捐资捐物4万余元。

(县新华书店工作总结)

县一中

【机构人员】 2009年,县第一中学有教职工165人,其中专任教师146人,高级职称34人,中级职称52人。有教学班50个,其中高中32个班2 452人;初中18个班1 552人。在校生4 004人。

校　长

　　刘平苍　男　汉族　鲁甸人

党支部书记

　　柏文刚　男　汉族　鲁甸人

副　校　长

　　李吉合　男　汉族　鲁甸人

　　马玉书　男　回族　鲁甸人

办公室主任

　　武孔文　男　汉族　鲁甸人

【思想政治工作】 2009年,县一中按照"教书育人、管理育人、服务育人"的总要求,抓好全校教师思想政治工作。一是领导重视,措施得力。学期初成立德育工作领导小组,制定德育工作计划,做到分工具体,职责明确,使德育工作做到有组织、有计划、有目的的开展。二是加强教师职业道德建设。制定《教职工教学常规管理办法》,中层以上领导干部立足本职,每天落实"五个一",即:对分管工作转一转、听一听、问一问、想一想、学一学。学校行政领导努力做到沉得下、摸得准、提得出、抓得实,使学校领导班子做到以正确的思想引导人,以高尚的人格熏陶人,以实际行动带动人。继续开展"立师德、树师表、铸师魂"、"做让人民满意的教师"活动,引导教职工树立正确的人生观、价值观,身心健康地投身紧张的教学活动中,互学互帮互进,扬文明校风、创文明和谐校园。通过教育活动,每一位教师都能正确对待荣誉、地位和各种物质利益,既有脚踏实地、乐于奉献的工作态度,又有淡泊明志、甘为人梯的精神境界;既能刻苦研究学问,积极探索,大胆实践,推进教研、教改步伐,又能树立廉洁从教形象,切实减轻学生家长经济负担和学生课业负担。三是常规德育工作中,以每周升旗仪式、班团会课、黑板报、永久性标语、校园广播等形式向学生进行德育教育。以"日查周评月小结"为手段,检查各班纪律、卫生、两操、黑板报、学生仪表仪容,做到量化评比,把评比结果作为班主任工作和教师的考核依据。教师在学科课堂教学中,适时渗透法律、法规及民族文化精髓,中国历史兴衰历程,国家对吸毒、贩毒、种毒、制毒严厉制裁等知识,学生受到良好德育教育。四是经常组织形式多样、全方位的德育教育活动。继续开展"争当文明学生、争创文明班级”双争活动。团委、学生会组织，继续设置“文明监督岗”充分发挥学生管理学生的积极因素，努力创建“平安校园”。充分利用学校校园广播窗口优势，及时宣传国内外重大时事，表扬学校经常发生的好人好事。

【“两基”攻坚】 2009年，县一中切实贯彻落实“两基”工作复查验收有关文件和会议精神，着力打好“两基”迎“省检”攻坚战，全校把“两基”工作作为规范教学常规、提高教学质量、改善办学条件、提高师资水平的出发点和落脚点。严格按照县“两基”办要求开展工作。年末，辍学率2.01%，呈逐年下降态势。10月，顺利通过省政府验收。

【教学管理】 2009年，县一中始终遵循教学规律，加强常规管理。以教学为中心、管理为根本，抓好学校教学工作。实行量化管理，科学评价教师各项工作，从备课、课堂教学、早操、课间操、早晚自习辅导、作业（检测）批改、教学成绩、教育效果、课外辅导、工作量、民意测验、出勤奖惩、发表论文、后进生转化等方面对教师全面考核，逐项评分，得出教师定量考核总分，作为教师晋升工资、评优的依据。通过考核，提高教师工作积极性，为提高教学质量打下坚实基础。一是规范课堂教学，提高课堂效益。出台教学、教研激励制度。按照《中学教学常规管理示范学校评估标准》，建立健全备课、上课、辅导作业批改、命题、制卷、监考、阅卷、讲评等环节教学常规检查管理制度，确保教学常规管理过程连续、严谨、扎实、科学、规范，激发教师工作积极性和创造性。二是认真抓好毕业年级工作。学期伊始分别召开初三、高三工作会议，分析、探讨、交流提高毕业年级教育教学质量方略及实施办法，按计划逐步推进复习功课层次。及时搜集、整理中考、高考复习、应考信息，反馈初三、高三课任老师。按时完成毕业生学籍档案填写和整理工作。加大招生宣传力度，提高生源质量。三是教学上，总体目标是：实现教学过程从“以教师为主”到“以学生为主”转变，构建“教学自主学习和谐模式”。确立学生主体地位，以学促教，使学生自主学习能力和创新意识得到充分培养和发挥。

【素质教育工作】 2009年，县一中把素质教育作为教育工作中心任务。成立素质教育工作领导小组，做到年初有计划，年终有总结。严格按照学期初制定的计划开展工作，成立学科兴趣小组，开展活动，学生在活动中获得真知，德、智、体、美全面和谐发展。

【平安校园创建工作】 2009年，县一中为建立一个安全、良好的育人环境，增强学生遵守社会公德、遵纪守法意识。一是提高认识，加强领导。成立“平安校园”工作领导小组，签订治安综合治理责任状，落实领导责任，明确工作任务，制定考核制度。二是组织全校教师传达学习县教育局平安校园文件精神及有关教育、教学法规和综治工作方针、政策，使学校做到依法治教，教师依法执教。三是课堂教学中，教师渗透有关交通安全、消防安全、食品安全等法律知识教育，组织学生学习和签订《安全教育责任书》。四是德育工作中，通过国旗下的讲话、开展主题班会或讨论会方式，结合案例对学生进行安全教育，让学生树立遵纪守法、安全第一观念。向学生宣传校园安全、交通安全、食品安全知识，通过多渠道宣传教育，增强全校师生自我保护安全防范意识。五是“安全第一，从我做起；安全第一，从小事做起，给危险挂上红灯！”为让全体师生度过每个“安全、健康、愉快、有益”的周末。每个周末放学前，组织学习安全知识，既保护自己，又让家长放心。六是要求全体师生周末期间，自觉遵守公民道德，做遵守公民道德的模范，崇尚科学、破除迷信、勤俭节约；树立科学的世界观、人生观；大力倡导“爱国守法、明礼诚信、团结友善、勤俭自强、敬业奉献”的基本道德规范；学会尊重人、理解人、关心人；增强礼仪、礼节、礼貌意识，不断提高自身道德修养；要规范行为习惯，培养良好道德品质和文明行为。

【财务工作】 2009年，县一中严格财经纪律，坚持收支两条线政策，实行“一票三签字”制度，开源节流，吸引企业垫资，控制学校开支，用好每一笔资金。

【后勤管理工作】 2009年，县一中强化后勤管理，提高服务质量。一是按照学校指示精神，搞好财务管理，确保后勤工作坚实有力，为学校各项工作完成提供保障。二是校产管理上，严格按照物资签领制度，控制学校财产流失。三配合学校政教处抓好住校学生管理，学期初，安排教师挂靠管理学生寝室，把学生寝室日常管理纳入教师年终考核的一项指标。四是学期初成立食品安全工作领导小组，加强对食堂工作指导和协调。把好食品准入关，杜绝食品安全事故发生。全年组织3次餐饮人员食品安全培训，不定期征求师生对学校食堂评议，确保师生饮食安全。

【招生工作】 2009年，县一中高考报考人数494人，录取420人，其中一本2人，二本53人，三本66人，专科299人，上线率85%；中考报考人数365人，上线215人，其中录取昭一中20人，民中13人，区一中18人，上线率58.9%；初高中招新生1 080人，其中高一780人，初一300人。

（县一中工作总结）

县二中

【机构人员】 2009年，县第二中学内设办公室、教导处、政教处和总务处。有教职工153人，其中高级教师32人，中学一级教师64人；有33个班级，其中高中班14个，初中班19个，有初、高中学生2 930人。

校　长

　　张向隐　男　汉族　昭阳区人

副校长

　　饶应康　男　汉族　鲁甸人

　　刘平文　男　汉族　鲁甸人

　　马荣平　男　回族　鲁甸人

党支部书记

　　周磊生　男　壮族　江苏人　2009年4月止

　　李阳明　男　汉族　鲁甸人　2009年4月任

副书记

　　闻显荣　男　汉族　鲁甸人

　　张荣弘　男　汉族　鲁甸人　2009年4月任

【教师队伍建设】 2009年，鲁二中为全面提高教师队伍整体素质，提出以“常规为先导、改革为动力、质量为目标”，以青年教师为主体、老带新管理为模式。一是建立健全校园教职工管理机构。学校设立办公室、教导处、政教处和总务处4个并行办公室，处室主任分别主持工作。教师思想动态、人事关系由办公室全面管理；教导处则负责常规管理，包括教师教学计划、常规教学检查、教学业务管理、教学成果资料汇总等工作；政教处负责班主任和学生管理等各项事宜；后勤事务教学环境、办公设备、生活所需等归总务全权负责。各行政处室各司其职，责任明确，协同配合，相得益彰。二是建立教师评估考核机制，“以高尚的师德回报社会”。学校出台《教职工职业道德条例》、《班主任工作条例》等考核措施。每周二政治学习，开展“争创文明处室，争当文明教工”文明积分竞赛活动，将教师理论学习、文明用语、参加集体活动，考核评估范畴，与集体挂钩，作为评优评模、先进集体评选的重要依据。教职工管理工作，建立准确快捷的反馈评估系统。形成教师常规管理和教学方法同步进行，互相促进，效果良好。三是抓教研、促教改，全面提高教师教育素质水平。

【课程改革工作】 2009年，县二中积极推进基础教育课程改革工作。一是提高认识，加强培训，促进教育教学转变。按照上级要求，派教师参加上级教研部门组织的学习和培训，邀请上级教研员和有关专家学者到校作辅导报告，不参加培训不得上岗。组织教师到省上参加学习培训，学校多次组织任课教师进行有关理论学习，使课改工作深入人心，促进教学形式改变，促进教师教育教学思想改变，使教师从传统的“传道、授业、解惑”角色向教育教学活动研究者角色转换。二是建立教师培训制度，保证课改深入开展。日常教学中，学校推出各种教研课、公开课，给老师提供展示能力和水平平台。

【安全工作】 2009年，鲁二中加强学校安全工作，消除各种安全隐患。一是思想重视，责任明确，措施得力。全校教师树立“安全至上”、“安全责任重于泰山”的思想，严防死守，层层落实，责任到人。专人负责协调统筹全校师生安全、起草并落实各项安全措施、召开师生安全工作会议及安全常识培训工作、对安全工作层层分解，做到时时、处处、事事有人负责，保证安全工作万无一失，杜绝安全事故。完善《班主任安全工作责任书》、《科任教师安全工作责任书》等。提高全校教职工安全工作认识，做到责任明确、措施落实。二是“防”字当头，防患于未然。校领导定时与班主任沟通，班主任与学生沟通。对各种安全隐患做到早发现、早解决。加强安全硬件设施管理。对消防栓、应急灯、灭火器、实验室、食堂、图书室、体育场地、会议室、教室、上下楼梯指示牌和班级学生分流指示标志等，定期检查、及时更换。实行安全月报制，每周一小报，每月一总报。班主任将各时期安全工作情况及时向学校及上级主管部门汇报。各班指派副班长兼安全信息员，每月向班主任上报月安全报表。三是宣讲并举，从思想上提高安全意识，消除安全隐患。学校邀请县司法局专家作法制知识宣传讲座，召开安全教育主题班会课。政教处统一印发安全教育资料，班主任宣讲，让学生讨论，以提高学生意识。利用黑板报、宣传栏等形式，全方位宣传安全知识。积极做好卫生知识宣传教育，使学生养成良好的个人卫生习惯，对校园定期消毒清洗，防止细菌滋生。四是家校联系，群防群治。定期召开家长会，对家长进行安全教育，要求家长认真督促检查子女的安全工作，把安全工作做到校外。

【教育教学管理】 2009年，县二中认真贯彻《教育法》、《教师法》，《职业道德法》及上级有关规定和精神，把教学质量作为学校生命线，加强常规管理，推进素质教育，全面提升教育教学质量。一是遵循教育教学规律，全面落实“以人为本”思想，依法维护和保障师生权益，落实教师主人翁地位，教学方面注重学生健康发展，因材施教，培养学生德、智、体、美、劳等全面发展。二是狠抓毕业班教学工作，成立毕业班领导组，召开毕业班班主任及科任教师工作会议，研究讨论提高毕业班成绩，加强毕业班教育教学工作管理。通过全校师生努力，高中考成绩稳步提升。高考成绩上线率65%以上，全县文、理科状元出自二中。三是重视教师综合素质和能力水平提高，加强校本培训，制定激励措施，鼓励教师提升学历层次和知识面。定时、不定时举办教研课、公开课活动，教师之间多互相交流、互相学习，互相提高。

【德育工作】 2009年，县二中把德育工作作为重点。在思想政治，法律法规、安全意识、心里健康、禁毒防艾等方面全面教育。进一步完善德育管理制度，通过班会、校会、上法制课、黑板报等多种形式促进学生在德、智、体、美、劳等方面发展。

【财务工作】 2009年，县二中严格财务制度，加强财务管理，实行校务公开。一是坚持收入和支出两条线，实行“一票三签字”制度，开源节流，控制学校每一笔公共开支，用好每一笔公共资金。二是严格按照国家有关收费制度、收费标准收取相关费用。三是对初中学生“两免一补经费”按相关文件精神和要求落实，班主任把关造册，学校审核公示后执行。

【基础设施建设】 2009年，县二中加大基础设施建设，多方式、多渠道筹措资金，完善办学条件，改善教学、育人环境。一是解决图书馆和阅览室建设场地问题。将食堂改造成图书馆，空间、位置、环境非常理想。新食堂竣工后对老食堂改造。二是改造学校运动场地。三是争取教师周转房建设。

【招生工作】 2009年，县二中高考报考人数342人，上线203人，录取一本2人，二本9人，专科156人，上线率59.36%；中考报考人数574人，高中录取467人，升学率81.4%，市一中录取25人，市民中录取6人；600分以上65人，高中录取分数线400分；招新生425人，小学升初中招新生660人。

（县二中工作总结）

县职中

【机构人员】 2009年，县职业中学内设校长办、副校长办、党支部、行政办、招生办、就业指导办、教务处，政教处、工会、团委、学生会等机构。有教职工66人，其中工勤人员7人。

校　　长

石安政　男　汉族　鲁甸人

党支部书记

马三军　男　回族　鲁甸人　2009年4月任

副 校 长

马三军　男　回族　鲁甸人　2009年4月止

赵吉忠　男　汉族　鲁甸人

王高云　男　汉族　鲁甸人

何　佩　男　汉族　鲁甸人

【教育教学工作】 2009年，县职中采取一系列措施，提高教育教学水平。一是注重提高教师业务素质和技能水平。3～8月，先后派出王婧到北京大学昌平校区进修学习“TIP英语”1个月，沈勇到上海电子信息学院进修“电子电工”技能培训半个月，康绍林到黑龙江哈尔滨工业大学华德学院进修“焊接”技能培训两个月。学校行政会议研究决定利用周末召集教师进行“校本培训”,50岁以下男教师及45岁以下女教师必须参加。(1)推选优秀教师上示范课;(2)选定内容,由相同学科教师集体备课、上公开课;(3)进行评课。通过授课、听课、评课提高教师教学水平。二是加强教研活动。三是加强检查督促工作。教学过程中,学校严格要求科任教师认真做好“六环”教学工作,严格按照规章制度管理,各部门责任明确,层层落实。专人负责检查督促工作,对上课教师备课、批改作业、辅导学生、考核等情况做好详细记录。教职员工出勤有专门考勤人员作考勤记录。行政领导必须将当天带班情况如实详细记录。记录结果成为每位教职员工年终考核的依据。也成为学校评优、推优、教职员工晋级的重要依据。通过全校师生努力,取得较好教学成绩。学校2000年开办初中,所招学生素质偏低,一半以上是录取分数限以下学生,高分几乎没有,通过努力,每届学生毕业均取得好成绩。2008年中考,单科成绩:体育获全县第二名,化学、地理获全县第三名,总成绩获全县中考成绩进步奖第二名。2009年中考,全校118名参加,其中1人以647分成绩考入市一中重点班,3人被昭通民族中学录取,2人被昭通实验中学录取,51人分别被县一中、二中和文屏镇中学录取。职高教学中,本着教育学生“要做事,先做人”的原则,鼓励有上进心、文化基础好的学生参加“三校生”考试,发挥特长,收到较好效果。有2名学生考入昭通师专艺术系,1名学生考入昆明职业学校机械自动化专业班。

【德育工作】 2009年,县职中把德育工作作为重点工作之一。充分发挥党支部、政教处、团支部、工会、校团委及学生会等部门作用,从思想政治、法律法规、安全意识、心理健康、民族团结、禁毒防毒等方面全面教育学生。对教职工进行阶段性、周期性、长期性师德师风、职业道德教育,提高教职工道德品质。对学生则通过班会、校会、文体活动、技能竞赛、在国旗下演讲、上法制课、思想品德课、黑板报评比、卫生评比、班上组织朗诵、演讲等活动,进行良好行为习惯养成教育、爱国主义教育、感恩教育、爱心教育等,让学生在德、智、体、美、劳等方面全面发展,形成良好的学风和校风。确立“为学生未来负责、为学生发展奠基”的办学宗旨;凝练“坦坦荡荡做人、兢兢业业工作、刻苦努力学习、报效祖国人民”的校训;形成“文明、团结、求实、创新”的校风,“严谨、科学、育人”的教风、“尊师、勤学、主动、活泼”的学风,为国家培养更多优秀人才奠定坚实基础。一是由此取得好成绩先后获“全国德育教育管理先进学校”称号;市级职业教育工作考核“二等奖”。校团委被团县委表彰为“五四红旗团委”、校工会被县总工会表彰为“职工之家”、学校被县委县政府表彰为职业教育“先进集体”、被昭通市委市人民政府命名为“文明单位”。计算机四班被市教育局表彰为2008~2009学年度“先进班集体”。二是县委、县政府组织迎国庆60华诞系列活动中,在首届金话筒主持人大赛中,教师马贤陆获“优秀奖”;本土歌手擂台赛中,普靖莹获“一等奖”,戈启华获“三等奖”;演讲比赛中,马贤陆获“二等奖”,沙萍获“优秀奖”,学生熊林甜获“三等奖”。

【招生工作】 2009年,县职中招生工作在质和量上取得新突破。市教育局下达招生任务500人,完成511人。在校就读的职高生在完成理论教学的同时,外出6个月实习期间,可挣到6 000~1 500元不等的工资。按培养目标要求,学校每年约400~800人外出实习,按每人每月1 000元计算,每年可为农村家庭创收1 000万元。“学校”工学结合,半工半读的办学模式得到上级部门的充分肯定,被云南省多家媒体报道,称鲁甸职中这一模式“开了云南职教之先河”。学校采取“低进高出,高进优出”的教学原则,通过3年的实践锻炼和学习,95%以上学生找到满意工作,5%的学生考取高一级学校。

【安全保卫工作】 2009年,县职中强化安全保卫工作。坚持平时教育与重点教育相结合,对刚入校的一年级新生进行重点教育,做到宣教结合,教管结合,加强全校值班值宿管理,与学生日常管理结合,认真做好全校安全防火工作,对学生宿舍、计算机教室、电子电工实训室等重要部门定期巡查,排除各种隐患,坚决杜绝恶性事故发生,确保学校各项工作的顺利开展。

【卫生工作】 2009年,县职中重视学生身心健康,严格食堂、小卖部食品安全管理和环境卫生维护工作。在校团委及学生会的努力及检查督促下,已形成“一日三扫”的良好习惯;食品从业人员定时体检,持健康证营业,杜绝向学生出售腐烂、变质、过期的食品。年内没有发生安全事故,为全校师生提供一个良好安全的工作和学习环境。

【财务管理】 2009年,县职中严格财务制度,加强财务管理,实行财务校务公开。一是认真贯彻落实《校务公开实施意见》,严格实行校务公开制度,由总务、工会及党支部负责,通过文件、会议、张贴等形式按学期公开学校政务、各项收费制度、收费标准及经费收支等情况。二是严格财务制度,各项经费收支合理,没有挪用、挤占现象。初中学生"两免一补的经费",严格按相关文件精神和要求落实到位,符合享受补助的学生名册学校审核,经公示无异议,再由学生签字领取补助费。

【改善办学条件】 2009年,县职中加强学校基础设施建设。经多方争取,获得2009年国家扩大内需建设项目资金300万元。经市、县相关部门领导研究决定,在职中新征地建教学楼1幢,投入建设资金480万元。项目资金300万元,县财政解决120万元,学校自筹60万元。建设用地由县林业局沿学校围墙往西门垭口方向划拨0.67公顷,工程年初筹建,9月完善建设手续,11月施工建设。

【档案管理】 2009年,县职中继续完善档案管理制度,自2008年5月开展档案工作规范管理星级建设工作以来,在县档案局指导下,经档案整理人员的努力,已将各类档案资料进行清理、鉴定、分类、立卷归档,整理1985～2008年文书档案36盒1 731件,1993～2003年基建档1盒,1985～2008年文书档案36卷,照片档案1盒,光盘2张,印章1枚。建立健全档案工作各项规章制度,成立档案管理专门机构,落实人员,购置档案管理所需的电脑、档案管理软件、打印机、铁皮档案柜、灭火器、数码照相机等设施设备,积极开展档案信息化建设,完成1985～2008年文书档案文件级目录著录1 731条。开展家庭档案建档工作,建档率80%。按照《云南省企业科技事业单位档案工作规范管理验收办法》,认真对照评分标准进行自评打分,得总分124分。4月9日,通过县档案专家组验收,达"三星级"标准,成为县教育系统内第一家档案达星级管理的单位。

【校史编纂工作】 2009年,县职中开始校史编纂,学校行政会议研究,决定组织学校部分领导及教职工收集整理材料,组织校史编纂工作。聘请鲁一中李崇云指导,编写职中发展史。经过1年准备,校史编写初稿已基本完成。

【农村劳动力转移培训工作】 2009年,县职中认真贯彻省、市、县文件精神,积极配合县人力资源开发办做好农村劳动力转移培训。成立领导组,下设培训办公室;深入宣传,利用节假日组织教职工深入村组,用展板和讲解的办法宣传相关政策及宗旨,通过有线电视播放短片和文字宣传,上课期间制作宣传单,通过1 000余名在校学生向家长和亲戚朋友宣传,组织人员走村入户宣传。通过学校"一村一名大学生"(80名村干部在读)宣传。对每一期培训,开班前认真研究,拟定培训计划,准备培训设备和培训材料。培训中,做好两卡一表填写和台账建立,注重学员技能培训、职业道德和维权培训,与8家企业合作,建立劳动力转移培训实训基地,增加学员实训时间,保证培训质量。结合农村和学校特点,采取灵活多样的培训模式。根据不同季节,不同专业,开办白班、午班、夜班培训;根据农业生产特点,采取送教下乡,把培训点设在村上。农闲时集中培训,农忙时自学,把集中培训1～3个月延长到3～6个月分阶段完成。严格按省市文件组织培训,把好培训质量关,坚决遵守培训合格1人,转移安置1人的要求,不培训输送童工;通过培训后,掌握一门专业技能,从事非农工作,脱贫致富。做好就业安置工作,派教师长驻广东、福建等经济发达地区,开辟就业市场;与中介机构加强合作,保证农民工转移安置。做好农民工维权服务和稳定工作,对输出农民工进行不少于3个月跟踪维权服务,最大限度地保障农民工合法权益和生命财产安全。年末,完成技能型培训任务469人,其中缝纫工60人,餐饮工37人,砌筑工72人,电工300人,全部安置就业。引导性培训858人,其中电焊工162人,十字绣255人,餐饮工84人,砌筑工179人,缝纫工158人,电工20人。取得优异成绩,得到副省长孔垂柱一行的好评。

【成人教育】 2009年,县职中利用学校现有条件创收。一是开办专科"一村一名大学生"两个班85人,汉语言文学专业两个班80人。二是和楚雄师院联合开办函授专科班15人、本科班152人。

【毕业生就业安置】 2009年,县职中职高毕业生,通过军训、法律知识、职业道德等多方面教育培训,使他们懂得爱岗敬业、遵纪守法、感恩、关爱他人、回报社会、与人沟通、勤俭节约,成为社会的有用人才的好学生。在世界金融危机冲击下,毕业生仍受多家工厂和企业的青睐,就业率达100%,甚至供不应求。

(县职中工作总结)

县教师进修学校

【机构人员】 2009年,县教师进修学校有教职工20人,其中中专高级讲师3人,中专讲师9人,中专助理讲师3人,中专教员1人,高级工人4人。

校　　长

　　刘利忠　男　汉族　宣威人

党支部书记

　　马敏龙　男　回族　昭阳区人

副 校 长

　　马运君　男　回族　鲁甸人

　　李才相　男　回族　鲁甸人

【行政管理】 2009年,县教师进修学校党政领导思路清晰,目标明确,规划学校近期及中长期教育教学培训发展规划,根据上级主管部门培训要求,对年度工作适时调整。工作中,实行校长负责,积极发挥党组织核心作用。工作部门有计划目标及规章制度,分工明确,各尽其责。随着新课程标准逐步实施,把握教育教学新动态,教学人员根据具体实际和学科特点,选择适宜的课题研究,搞好调研。协助配合教育局教研室、师训股送教下乡,开展教研活动,随堂点评、指导,促进全县教育教学开展,服务全县基础教育工作。

【德育工作】 2009年,县教师进修学校加强学校德育工作,抓好教师队伍思想建设。根据德育工作5项内容,结合学校特点,在德育工作领导组领导下,全面开展德育工作,认真学习贯彻党的十七大和十七届三、四中全会精神,利用政治学习和教研组活动,开展师德师风学习活动,充分调动教职工和参训教师学习和工作积极性,树立良好的教师职业道德形象,深入贯彻落实科学发展观,切实转变工作作风,增强责任意识和主人翁意识,树立为基层服务,为学校服务的思想,各项培训工作顺利开展,为学校建设和发展献计献策发挥重要作用。

【教育教学管理】 2009年,县教师进修学校有计划、有目标开展教育教学管理,取得较好成效。课内外教学活动强调关注学生(员)的发展,每周二下午坚持政治业务学习,每位教师认真做笔记。教研组有计划和总结,对教师学习课、公开课有记录材料。按照骨干教师培训要求,开展骨干教师远程教育培训,有年度、学期工作计划和总结,计算机教室使用率高,教职工借阅相当数量图书资料,对提高培训质量有较大帮助。

【后勤管理工作】 2009年,县教师进修学校后勤管理做到制度化、公开化。财务管理严格按财务制度明确分工,财产登记专人管理,资产明晰,严格按国家会计制度记账、算账、报账,各种凭证、账簿、报表等列入档案管理。

【校园管理】 2009年,县教师进修学校加强校园管理,力求服务于教学,为教师和学员提供舒适环境。学校统筹安排专项资金,用于增添教学辅助设备,净化、绿化、美化校园环境,增强学校资金使用效益,有效地推动学校各项工作顺利开展。

【依法治教工作】 2009年,县教师进修学校坚持依法治教取得显著成效。进修学校属非义务教育学校,涉及各种培训工作,收费及资金管理按照上级教育部门要求,在公示栏公示,严格收支两条线,定期或不定期对收支情况公示公告,接受民主监督,增强学校资金管理透明度,聘请学校法制副校长开展培训专题讲座。

【加强队伍建设】 2009年,县教师进修学校加强教师队伍建设,改变行业作风。利用政治学习和各种培训活动,对教师进行行业行风、职业道德教育,全面动员全体教师投入继续教育各层次的培训活动,重视对年青教师的帮助与培养。各项培训工作有效顺利开展。

【校园安全管理】 2009年,县教师进修学校加强学校安全管理,巩固和加强"平安校园"创建成果。始终把安全管理工作作为一项长期工作,强化安全意识,完善安全措施,消除安全隐患,积极创建巩固"平安校园、和谐校园",进一步加强学校内部安全管理和校园周边环境整治,加强全体教职工思想政治工作,确保学校正常教育教学秩序,为参训教师提供创造良好的校园环境。学校安全工作有领导组,建立安全工作责任制度,建立值班和安全保卫制度,定期不定期对各种隐患进行排查。

【教师培训工作】 2009年,县教师进修学校培训工作取得较好成绩。一是根据省、市继教中心通知精神,开展春季、秋季两次继续教育培训,完成中学(幼儿园)教师Ⅰ类报考1 415人次,Ⅱ类报考43人次,把相关名册上报市继教中心安排到昭通培训。小学教师Ⅰ类报考2 441人次,Ⅱ类报考0人次,“Ⅰ”、“Ⅱ”类培训累计开班50余班次。其中送教下乡培训19个班,集中培训30余班。根据报考情况和乡校教师实际,选派教师分别送教下乡和集中县城培训,完成各科报考培训任务,成效显著。二是根据“中英项目”办通知安排,县级专家组教学人员分期分批分别到省项目办接受产出二、产出五教师培训。回来后,分别在文屏镇、水磨镇、龙头山镇、龙树乡中心校、县职业技术学校开展全县参与式教学暑期全员培训,培训中小学教师1 429人,其中小学教师1 099人,中学教师330人。三是根据上级文件精神,4~7月,5~8月,分别举办第七期、第八期小学校长岗位培训工作。由于各乡校“两基”、“普九”验收,时间紧、任务重,采取集中学习、分散自学和再集中学习形式开展培训工作,经过严格考试考核,132名小学校长通过考试考核,取得合格证书。四是按照教育局安排,积极配合,分组分片到全县各中小学校检查、指导民族贫困地区综合素质“第三专题”、“第四专题”报告册学习填写要求及基层学校考评情况。经考核组认真按照考评标准,综合评定,完成6 183本《发展报告册》审核工作。五是利用中小学教师研修网进行“全国校园安全工程骨干教师”远程培训,培训中小学校长、骨干教师100名。配合省继教中心开展“云南省第二期农村中小学骨干教师”第二、三阶段远程学习和跟踪指导管理,对17名教师网上学习和校本研修指导工作正在进行。六是举办第五期新教师岗前培训,全县72人参加培训。

【档案管理】 2009年,县教师进修学校加强档案建设,争创四星级标准。1998年学校被县档案局评定为县级一级标准。4月,学校请县档案局派员指导,按新档案星级标准,对1998年前归档和之后产生的档案进行清理、分类、整理和归档,利用9~11月时间,全校教职工齐上阵,整理完善档案199卷,其中文书31卷、学籍94卷、教师业务档案31卷、家庭档案16卷、财务档案14卷、照片档案43盒千余张、光碟光盘50盒、机录条目3 807条。

(县教师进修学校工作总结)

卫 生

【机构人员】 2009年,县卫生局内设党委办、局办公室、人事教育股、医政中医法制股、疾控股、规划财务股、基妇股、基建股;县人民政府在卫生局下设红十字办公室、爱卫办、合管办、防艾办。有工作人员30人。辖县直医疗卫生单位5个,乡级医疗单位13个,社区卫生服务中心1个。

局　长

马　龙　男　回族　鲁甸人

副局长

陈　敏　男　汉族　鲁甸人

陈大星　男　汉族　鲁甸人　2009年11月止

李兴旭　男　回族　鲁甸人

吴　献　女　汉族　鲁甸人

党委书记

陈　敏　男　汉族　鲁甸人　2009年11月止

王　燕　女　汉族　鲁甸人　2009年11月任

纪委书记

徐嘉伟　男　汉族　鲁甸人　2009年11月任

【概　况】 2009年,全县设卫生行政机关1个,全民医疗卫生机构19个,其中县直医疗卫生单位5个,乡镇卫生院13个,社区卫生服务中心1个。全县有在岗职工575人,其中行政、后勤人员13人,医疗卫生单位在岗职工562人。人员结构:公务员及参公管理23人,卫生专业技术人员480人,事业工勤人员42人,其他技术人员30人。职称结构:卫生专业技术人员中正高职1人、副高职20人、中职142人、初职(师)166人、初职(士)141人、未定级10人;其他卫技人员副高职1人、中职1人、初职(师)11人、初职(士)17人;事业工勤人员结构:高级工32人、中级工9人、初级工1人。学历结构:大学本科77人,专科217人,中专243人,高中及其以下38人。每千人口有卫生专业技术人员1.18人。全民医疗卫生机构设病床459张,每千人口有病床1.12张;全县设村卫生所(社区卫生服务站)84个,在岗乡村医生333人,其中女村医184人,有中专学历297人。

【卫生管理工作进一步加强】 2009年,县卫生局严格管理,狠抓监督落实,全县卫生行政管理工作进一步加强和规范。一是根据卫生工作方针、政策和卫生法律、法规,围绕县委、县政府中心工作,认真贯彻落实各项卫生工作。二是召开全县卫生工作会议,认真贯彻落实全市卫生工作会议精神,以市政府与县政府、市卫生局与县卫生局签定的目标责任书为重点,制定卫生工作目标责任书,将各项卫生工作任务、指标下达各医疗卫生机构。三是认真开展第二、第三批学习实践科学发展观活动,加强政治思想、精神文明、行业作风、农村卫生、财务、疾病预防控制、妇幼保健、行政执法、医疗市场整顿、医疗护理、人才培养、基础设施、新型农村合作医疗等卫生工作管理。四是加强新型农村合作医疗、财务的监督检查和卫生监督执法,规范医疗服务行为。五是建立健全规章制度,开展机关作风建设,强化劳动纪律,加大纪检监察力度,维护良好医疗秩序。六是继续开展"医院管理年"活动,健全以医疗质量、安全、服务、费用为核心的业务管理制度,完善院务公开制度和财务内控制度,规范医疗行为,建立医院科学管理长效机制,实现医院管理科学化、法制化、标准化,医院管理水平明显提高。七是深入开展以"持续改进质量,保障医疗安全"为主题的医疗质量万里行活动。加强医务人员"三基三严"培训,提高业务技能,认真排查各种安全隐患和各个薄弱环节,落实责任,消除隐患,认真贯彻落实相关法律法规和规章制度,做好医疗技术临床应用管理,提高医疗质量,保障医疗安全。八是推进医院治安综合治理工作,建立和谐医患关系,维护人民群众就医安全,构建和谐社会,县医院、中医院认真开展"平安医院"创建活动,通过创建活动,医院内部治安案件、安全隐患有效控制,矛盾纠纷明显减少,医疗秩序正常。

【深入推进医药卫生体制改革】 2009年,县卫生局按照中共中央、国务院关于深化医药卫生体制改革的意见,认真组织学习,加强管理、督导和培训,努力提高医疗服务质量和规范医疗服务行为。一是认真组织学习,深入掌握和了解深化医药卫生体制改革的意义及要求。二是积极推进卫生基础设施建设,加强硬件设施投入,改善医疗卫生条件。按照医药卫生体制改革要求,抓住扩大内需机遇,争取基础设施建设投入,改善医疗卫生条件,加强项目建设监督管理,保证项目建设质量和进度。三是加强财务监管,提高发展能力。严格贯彻执行《会计法》、《事业单位会计准则》、《医院会计制度》和《医院财务制度》,制定医疗卫生单位财务管理规定,加强医疗卫生单位财务管理工作。四是加强业务培训,努力提升医疗服务水平和质量。五是加强卫生监督服务,扩大卫生监督面。全县每个乡镇成立卫生监督站,加强卫生监督执法工作。六是加强公共卫生服务,扩大计划免疫,有效预防和控制传染性疾病。加强公共卫生服务,落实疾病预防控制、妇幼保健工作措施,工作责任到乡、村及个人,切实加强公共卫生服务能力,有效预防和控制传染性疾病。

【党风、行风建设进一步加强】 2009年,县卫生局加大纪检监察力度,抓好教育、监督、管理制度落实和开展机关作风建设,全系统党风廉政建设和行业作风建设得到进一步加强。一是与各单位签订《党风廉政建设责任书》,安排部署党风廉政建设工作。各单位每月组织1次以上学习,以职业道德教育、爱国主义教育,党风廉政建设、荣辱观、相关法律法规等为主要内容,牢固树立全心全意为人民服务的理念。二是严格执行国家各项法律、法规政策和卫生局制定的各项工作职责、制度。坚持政务公开、廉政执法,遵循"政事分开、分类指导、依法推进"的方针,加强"行业作风"监督举报箱、举报电话管理,加大违法违纪问题查处力度。深入开展医药购销领域中商业贿赂专项整治活动,加强医疗机构管理,严厉打击在药品、设备、耗材采购活动中和工程建设中,以各种名义收受财物和回扣的行为。严格按照行政许可范围进行卫生行政执法,严格遵守国家的各项法律、法规。三是开展机关作风建设,加强劳动纪律和规范服务行为。

【基础设施建设投入进一步加大】 2009年,县卫生局积极抓住国家扩大内需机遇,加强卫生基础设施建设和建设项目监督管理,保证项目建设质量和进度,基础设施明显改善,为新型农村合作医疗开展提供良好的医疗环境。一是县医院住院楼建设,计划规模5 515.5平方米,总投资942.1万元,其中中央投入882.1万元,省级投入60万元,2008年11月开工建设,完成主体工程建设,正进行装修,完成投资830万元。县人民医院门诊、医技楼,计划建筑规模5 742.59平方米,投入1 177万元,其中中央投入1 007万元,省级投入170万元,2009年6月开工建设,完成主体工程建设,正进行装修,完成投资570万元。二是新街乡卫生院门诊综合楼建设,计划建设规模594平方米,投资54万元,其中中央投入40万元,省级投入8万元,其他6万元,2008年11月开工建设,已建设完成,完成投资54万元。三是龙头山镇卫生院住院楼建设,计划建设规模1 375.15平方米,投资154万元,其中中央投入45万元,省级投入9万元,红十字会捐赠100万元,2009年4月开工建设,已建设完成,完成投资154万元。四是梭山乡卫生院住院楼建设,计划建设规模1 033.55平方米,投资104万元,其中中央投入87万元,省级投入17万元,2009年4月开工建设,已建设完成,完成投资104万元。五是龙树乡卫生院住院楼建设,计划建设规模400平方米,投资56万元,其中中央投入45万元,省级投入3万元,其他8万元,2009年4月开工建设,完成主体工程建设,正进行装修,完成投资40万元。六是桃源乡卫生院住院楼建设,计划建设规模915平方米,投资107万元,其中中央投入100万元,省级投入7万元,2009年10月开工建设,正进行基础建设,完成投资7万元。

【医疗服务能力进一步提高】 2009年,县卫生局加强职工思想政治工作和职业道德教育及业务培训,提高医疗护理技能和服务能力。全县医疗服务质量和服务水平得到提高和进步。全民医疗机构完成门诊诊疗341 991人次,比上年272 030人次增长25.71%,其中县人民医院126 000人次,占总人次的36.84%;县中医院86 785人次,占25.38%;县保健院4 107人次,占1.20%;13个乡镇卫生院125 099人次,占36.58%。全民医疗机构完成住院治疗36 647人次,比上年24 949人次上升46.89%,其中县人民医院9 100人次,占总人次的24.83%;县中医院3 258人次,占8.89%;县保健院831人次,占2.27%;13个乡镇卫生院23 458人次,占64.01%。全县全民医疗机构完成总业务收入4 690.9万元,比上年3 165.63万元增长48.18%,其中县人民医院1 988万元,占总收入的42.38%;县中医院800万元,占17.05%;13个乡镇卫生院1 902.9万元,占40.57%。

【继续开展"医院管理年"活动】 2009年,县卫生局继续开展"医院管理年"活动,进一步健全以医疗质量、安全、服务、费用为核心的业务管理制度,完善院务公开制度和财务内控制度,规范医疗行为,建立医院科学管理长效机制,实现医院管理科学化、法制化、标准化,医院管理水平明显提高。开展以"持续改进质量,保障医疗安全"为主题的医疗质量万里行活动。加强医务人员"三基三严"培训,提高业务技能,认真排查各种安全隐患和各个薄弱环节,落实责任,消除隐患,认真贯彻落实各种相关法律法规和规章制度,做好医疗技术临床应用管理,提高医疗质量,保障医疗安全。

【继续实施万名医师支援农村卫生工程】 2009年,县卫生局继续实施"万名医师支援农村卫生工程"。一是昆医附一院派出第五批医疗队在县人民医院开展支援工作。医疗队积极努力开展医疗服务和培训工作,为全县人才培养、业务技能、服务质量提高起到积极作用。二是县医院、中医院派出第五批支援农村医疗队15人,分别到水磨、龙树、桃源、江底、龙头山卫生院支援卫生工作。通过医疗队的支援,乡镇卫生院服务能力得到较大提高。

【积极开展"平安医院"创建活动】 2009年,县卫生局为推进医院治安综合治理工作,建立和谐医患关系,维护人民群众就医安全,构建和谐社会,组织县医院、中医院认真开展"平安医院"创建活动。一是制定方案,建立完善组织机构。二是切实加强医院管理,妥善处理矛盾纠纷,严厉打击破坏医疗秩序、危害医患关系的违法犯罪行为。三是建立平安医院建设长效机制,确保医院正常医疗秩序。通过活动,医院内部治安案件、安全隐患得到有效控制,矛盾纠纷明显减少,医疗秩序正常。

【认真开展深入学习实践科学发展观活动】 2009年,县卫生局按照县委关于深入学习实践科学发展观活动要求,高度重视,精心组织,理论与实践相结合,广泛深入地开展学习实践活动。同时,加强对乡镇卫生院第三批学习实践科学发展观活动检查指导工作。通过开展学习、调研、业务培训、认真分析存在问题和解决问题,进一步提高卫生干部队伍的政治素质、理论水平、业务能力和综合素质。一是建立健全组织机构,制定学习实践方案,细化流程,使各阶段活动方法、内容、措施及要求清晰明了,确保学习实践活动顺利开展。二是认真组织学习《毛泽东、邓小平、江泽民论科学发展观》、《科学发展观重要论述摘编》和县委七届七次会议精神,认真贯彻落实和掌握科学发展观的精神实质。举办动员大会、专题培训会、研讨会、交流会、领导小组会议、中心学习组会议9次,受训人员1 000余人次。三是理论与实践相结合,开展卫生管理、医疗服务、疾病预防控制、妇幼保健、新型农村合作医疗、中医中药和食品、公共场所、医疗机构卫生监督和爱国卫生8个调研课题的调研活动,了解掌握全县卫生工作现状。四是分析检查卫生工作,找出存在问题,制定整改措施,促进全县卫生事业快速发展。五认真指导乡镇卫生院开展第三批学习实践科学发展观活动。六是加强业务培训,努力提升医疗服务水平和质量。拟定乡镇卫生院人员培训计划,开展医疗文书书写和护理规范培训,共培训110人。

【疾病预防控制工作进一步加强】 2009年,县卫生局认真贯彻落实《传染病防治法》,坚持重点疾病重点防治、重点人群重点保护、重点地区重点预防的原则,全面加强传染病、地方病防治,对重点非典型肺炎、人禽流感、鼠疫、霍乱、疟疾、结核、艾滋病等主动监测,开展扩大计划免疫工作。通过疾病预防控制工作深入开展和各项防控工作的认真落实,有效保障全县人民群众的身体健康和生命安全,传染病防控工作得到进一步加强。年内,全县无重大传染病疫情暴发流行。全县报告乙类传染病16种发病485例,报告发病率为118.29/10万,死亡2例,死亡率为0.41/10万,其中肠道传染病3种88例,占传染病构成的18.14%;呼吸道传染病4种195例,占构成比的40.21%;其他途径传播9种202例,占构成比的41.65%。AFP病例管理:发现报告AFP病例4例,已按国家要求采样送云南省疾控中心检验,排除脊灰病例。计划免疫:全县运转扩大免疫疫苗11轮次,建卡6 085人。除麻腮风三联疫苗接种率95.11%、24小时内乙肝疫苗接种率67.81%外,其余各种疫苗接种率均达98%以上。结核病防治:接诊结核病可疑患者875人,确诊病人160人,纳入项目管理151人。初治涂阳病人99人,复治涂阳病人5人,初治涂阴36人。地方病防治:一是碘盐监测:对全县居民食用盐实施半定量和定量监测,共检测1 560户,采集样品1 560份,销售点盐样56份,经检测,各项指标均达到碘缺乏病消除标准。二是鼠疫监测:全年捕鼠243只,采集鼠血227份,通过细菌学、血清学试验、蚤培养检验,检测结果全部为阴性。三是地氟病防治:年内,上级给予地氟病防治项目任务改炉1万套,成立地方病防治项目领导组、项目办公室、召标领导组、技术指导组等。确定改炉除氟项目乡村,制定全县地氟病防治项目实施方案、技术方案及健康教育实施方案。按时完成改炉任务。麻风病防治:全年新发麻风病9例,均按要求进行治疗。狂犬病防治:根据狂犬病流行趋势,组织各医疗卫生单位采取多形式的预防狂犬病知识宣传,开展狂犬病疫苗储备,保证被狗咬伤人员伤口及时处理及狂犬病疫苗预防接种,加强疫情监测,多次召开狂犬病疫情分析会议,及时向政府提出建议及措施应对狂犬病疫情。年内,全县被犬咬伤接种狂犬疫苗2 621人。现储备狂犬疫苗220人份,保证犬伤人员接种和各乡镇需用疫苗的及时供给。甲型H1N1流感防控工作:成立卫生系统甲型H1N1流感防控工作领导小组,编制甲型H1N1流感防控医疗应急预案,成立工作应急队伍。各医疗卫生单位分别成立甲型H1N1流感防控组织和防控应急工作预案,设立发热门诊及隔离病房,落实传染病预检分诊制度,组织机构健全,开展全员培训。加大对甲型H1N1流感防控疫情检测,实行日报告、零报告制度。结合县情和各医疗卫生单位工作职能,储备部分应急物资及药品,基本能满足临床用药需要。二是积极组织开展甲型H1N1流感疫苗接种,接种医务人员、教师、公安、交通及政府部门等一线人员9 389人份。无疫苗接种异常反应发生。三是全县共发生甲型H1N1流感1例,经积极隔离治疗,治愈出院,无重症和死亡病例,无新发病例。

【艾滋病防治工作有效开展】 2009年,县卫生局认真贯彻落实《艾滋病防治条例》,加强艾滋病防治工作,有效预防和控制艾滋病传播和蔓延,救治艾滋病病毒感染者和艾滋病病人,保障人民群众身体健康和生命安全,维护社会稳定。在县委、县政府领导及市艾滋病防治委员会指导下,艾滋病防治工作进一步加强。制定工作方案,明确工作责任和目标任务，利用中英艾滋病防治项目自愿咨询检测、美沙酮维持治疗门诊、规范性病服务门诊、清洁针具交换、抗病毒治疗、妇女健康中心服务平台扎实有效开展工作，县项目办与各服务平台签订工作目标协议，定期督导。督导中，对存在问题和工作薄弱环节认真分析，提出改进意见，督促落实。全年接受咨询检测945人，咨询检测发现9例艾滋病病毒感染者。到监管场所检测500人，发现16例艾滋病病毒感染者。艾滋病病毒感染者随访104人，CD4细胞检测43人。开展艾滋病抗病毒治疗39人；美沙酮门诊收治366人，其中年内收治64人，年末实际服药维持人数271人，维持治疗率84.8%；设10个清洁针具交换点，累计交换1 183人，发放清洁针具92 645具，回收污染针具88 421具，针具回收率达95.44%，其中年内接受清洁针具交换人数473人，发放清洁针具22 500支，回收污染针具22 040支，回收率97.95%。

【妇幼保健工作】 2009年，全县妇幼保健工作主要是加强对妇女儿童管理和救助，降低孕产妇死亡率和婴幼儿死亡率，大力宣传妇幼保健知识，认真做好初级卫生保健工作。按照"降消"项目要求开展工作。进一步明确职责，强化管理，加大宣传力度，提高系统管理质量，扩大系统管理范围，注重高危孕产妇筛查与管理。一是全县出生5 771人，活产5 761人，死胎死产10人。孕产妇建卡5 663人，建卡率98.64%，孕产妇系统管理5 572人，管理率96.72%，接受一次以上保健服务5 658人，保健覆盖率98.21%。新法接生5 713人，新法接生率99.16%。住院分娩4 957人，住院分娩率86%。二是全年无孕产妇死亡，无新生儿破伤风发病。三是筛出高危孕产妇1 193人，筛查率20.78%；管理1 193人，管理率100%。高危孕产妇住院分娩1 176人，高危住院分娩率98.57%。抢救危急孕产妇35人，抢救成功35人，抢救成功率100%。抢救危急儿童45人，抢救成功43人，抢救成功率95.5%。四是5岁以下儿童死亡监测，全县婴儿死亡93人，死亡率16.14‰，其中新生儿死亡52人，死亡率9.02‰；5岁以下儿童死亡126人，死亡率21.87‰。五是全年全县对贫困孕产妇实施减免报账3 218人，减免金额1 168 318.21元。

【卫生监督执法】 2009年，全县卫生监督执法工作，严格按照各种卫生法律法规实施医疗卫生监督执法，有效促进各种医疗行为、食品经营许可、学校卫生、公共卫生、医疗市场等行为和操作规范，有效维护医疗卫生市场正常秩序，保障人民就医安全。一是认真开展打击非法行医活动，清理整顿医疗市场，维护人民群众就医安全和正常医疗秩序，共监督检查全民医疗机构及营利性医疗机构165个次。执法中，对存在问题的医疗机构下发限期整改监督意见书，要求整改。打击非法行医24起，没收违法行医药品、器械价值1.8万元，没收违法所得975.5元，处罚款8 590.5元。二是食品卫生监督管理。检查餐饮经营户1 356户次，检查公共场所126户次。三是生活饮用水卫生监督管理，保证生活饮用水安全，共监督检查生活饮用水单位40户次。四是化妆品卫生管理。对化妆品品名、产地、厂名、批号或代号、生产日期、保质期、成分等进行监督检查13户次，未发现不合格产品。五是职业卫生监督管理。对全县开展放射的13家医疗机构监督管理，健康体检建档23人。六是受理食品卫生许可办理1 804户，公共场所卫生许可86户，医疗卫生许可134户。七是加大医疗、食品从业人员相关卫生知识和法律法规培训，分别举办餐饮业、副食品业、食品生产加工业、公共场所从业户、个体诊所、学校医务室等从业人员进行卫生知识和相关法律法规培训1期，培训人员1 961人次。

【无偿献血工作】 2009年，县卫生局贯彻落实《献血法》及云南省《实施意见》，确保医疗临床用血安全，成立"鲁甸县无偿献血领导小组"，进一步加强血液管理工作，完成献血84 800毫升，超市政府下达的75 000毫升任务。全县临床用血单位无自采自用血液现象，无用血事故发生。

【新型农村合作医疗工作稳步推进】 2009年，县卫生局加强医疗护理质量和服务能力管理，加强财务及各项卫生工作监督，为新型农村合作医疗提供更好的服务，进一步缓解老百姓"看病难、看病贵"问题和减轻老百姓医疗负担。为提高群众参合率，县卫生局加大宣传力度，在各级部门和乡镇大力支持下，2009年参合人数达345 004人，参合率90.36%。全县新农合减免933 870人次，其中门诊减免890 176人次；住院减免43 694人次，受益率270.68%。共减免资金31 896 666.48元，其中门诊

7 930 648.44 元,占减免资金的 24.86%;住院减免 23 966 018.04 元,占减免资金的 75.14%。资金使用率达 92.45%。一是制定和完善财务管理制度,加强财务监管,规范医疗卫生单位财务管理工作,确保新型农村合作医疗资金安全运行和医疗卫生单位财务规范。二是加强新型农村合作医疗资金监管。保证新农合资金运行安全性和真实性,县合管办以不定期方式对新农合工作进行督查,对各定点医疗机构监督检查,抽查处方 11 500 余份,病历 2 500 余份,走访和抽查 2 200 名就诊患者,对存在问题的医疗机构作出相关处理,对桃源乡卫生院进行督查通报。对县医院、中医院、保健院药品进购环节检查,对没有认真执行药品"统一采购"单位批评教育。按照省、市要求,全县新型农村合作医疗定点医疗机构全面实行药品配送,实现县、乡、村三级同药同价。配送药品范围按照《鲁甸县新型农村合作医疗定点医疗机构药品配送种类及范围》统一配送。5 月,调整药品配送目录。药品配送量占新型农村合作医疗定点医疗机构全年药品使用量的 75%以上,新型农村合作医疗规定目录内用药达 98%。完成 2010 年新型农村合作医疗参合人数 367 970 人,个人筹资 6 541 320 元,参合率 95.55%。

【健康教育力度进一步加大】 2009 年,县卫生局采取电视、宣传单、黑板报等措施,对艾滋病、妇幼保健、甲型 H1N1 流感、新型农村合作医疗等相关卫生知识和法律法规进行宣传,提高社会知晓率和预防能力。年内,开展各种知识宣传活动 17 次,发放各种宣传资料 20 余万份,接受咨询 2.6 万余人次。

【爱国卫生运动得到进一步加强】 2009 年,县卫生局巩固甲级卫生县城创建成果,结合实际,突出重点,广泛宣传动员,采取有力措施,以巩固甲级卫生县城为中心,创建卫生乡镇和卫生单位为载体,全面开展爱国卫生活动,甲级卫生县城创建成果得到巩固,爱国卫生工作全面推进。一是集中宣传活动。4 月,县爱卫办牵头,卫生、科技、食药监、广电等部门在县城小广场开展一次爱国卫生宣传咨询活动,发放宣传册 1.6 万余份。二是开展社区宣传活动。文屏镇组织 4 个社区在小区和住户集中区开展以健康教育和宣传社区环境卫生管理为主要内容的宣传活动。三是开展媒体宣传活动。电视台每月播出 1 条以上反映爱国卫生活动的新闻,开设《卫生与健康》栏目,广泛宣传。四是开展科普长廊宣传活动。一是文屏镇(社区)加大力度做好"门前三包、门内达标"工作,落实楼道、小区内外、城乡结合部环境卫生责任制。坚持周末卫生大扫除,开展卫生检查评比,开展卫生小区、卫生楼道、卫生家庭、卫生单位评比活动。二是建设部门严格要求环卫工人对城区内街道进行全日制保洁,保证街道清洁卫生。三是卫生、建设、工商、文屏镇等部门加大对城区重点行业和农贸市场环境卫生治理工作,对存在问题的单位和个人限期整改。四是县城管、公安(交警)、交通(运管)、工商等职能部门密切配合,在爱国卫生月活动期间,集中开展县城乱停乱放、乱扔乱倒整治工作,清除占道经营 6 处、乱涂乱写 60 张。五是全县参加爱国卫生月活动 3.1 万人次,出动车辆 50 辆次,清理垃圾 180 余吨,清理污水沟 2 101 米,清理卫生死角 1 个,治理背街背巷 5 个。在城区大力开展春季灭鼠工作,文屏镇 4 个社区居民在技术人员指导下,按时灭鼠;县建设局保洁人员积极参与,对死亡鼠及时填埋处理,确保死鼠不污染环境。春季灭鼠投放毒饵 0.5 吨。爱国卫生月活动期间,县爱卫会定期检查和不定期检查相结合,对各单位、村有通知检查 1 次,随时抽查 4 次,对措施不力、进展缓慢、工作任务完成不好的乡镇和部门通报批评。在爱卫会指导下,各乡镇建立定期卫生检查评比奖惩制度,全县形成县爱卫会每季检查 1 次,乡镇每月检查 1 次的卫生检查制度。

(刘德昌)

食品药品监督

【机构人员】 2009 年,县食品药品监督管理局内设办公室、药品市场稽查科、食品安全协调与监察科、党支部。有干部职工 11 人。

党组书记、局长

阮金银 男 回族 鲁甸人

副 局 长

刘凤权 男 汉族 鲁甸人

纪 检 组 长

罗洪坤 男 汉族 鲁甸人

【各项工作完成较好】 2009 年,县食品药品监督管理局层层分解目标任务,落实责任到人,确保各项工作任务完成。全市食品药品安全监管工作会后,及时召开会议传达,认真对照县委政府工作目标责任制和与市局签订的《2009 年党风廉政建设责任书》进行细化分解到具体科、室,落实责任人和协办人,做到目标、任务、责任三落实。制定《2009 年食品药品安全监管工作要点》和《2009 年全局工作要点》,采取措施,对目标任务定期检查,督促落实,发现问题及时解决。局党组多次召开专题会议,反复对目标任务研究分析,跟踪了解各项工作完成情况。采取自查方式,认真总结和分析工作中存在的困难和问题,科学制定阶段工作计划和措施,全局上下进一步统一思想,深化认识,确保各项工作目标任务圆满完成。

【政治思想建设】 2009 年,县食品药品监督管理局狠抓机关作风和思想建设,全面提高队伍整体素质。围绕打造"学习型、服务型、创新型"机关,狠抓"学风、党风、作风"建设。一是制定理论中心学习计划,狠抓干部职工理论学习。学习内容上,除按计划学习党的基本理论外,本着"用什么学什么,缺什么补什么"原则,适时安排内容和主题,开展创建学习型机关活动,每周一职工会上认真组织学习《药品管理法》、《食品安全法》等法律法规和业务知识,结合案件执法文书填写,开展应用性和针对性较强的讨论,提高执法人员执法水平。全年组织业务法规学习 25 次,专题学习 7 次,党纪政纪法规学习 3 次。二是结合市局《2009 年党风廉政建设责任书》内容,制定措施,明确纪检组长抓落实,强化党风廉政建设。严格执行《八条禁令》、省局《十不准》、市局《五不准》及"四大纪律"、"八项要求"等廉洁自律各项规定,落实责任追究制,建立健全教育制度监督体系;坚持民主议事制度、重大事项报告和述廉制度,建立和完善领导干部廉政档案。对按一般程序办理的案件,都要进行合议、集体讨论、按程序办理,其他重大行政事务和财务开支由局党组会讨论通过。全年召开班子民主生活会 2 次,支部民主生活会 4 次。三是狠抓制度落实,健全和完善单位内部各项规章制度,用制度管人、管事的良好氛围。重点实施阳光政府四项制度,继续深化落实行政问责办法四项制度,按照重大决策听证、重要事项公示、重点工作通报和政务信息查询阳光政府四项制度要求,认真制定方案和工作计划表、开通专线查询电话,把"四项制度"落实到日常工作中,不断强化干部职工责任意识、服务意识和公仆意识,改进机关作风,加强内部管理,提高工作效能。从制度上、措施上确保"四项制度"贯彻落实,有效杜绝"吃、拿、卡、要"现象发生和"门难进、脸难看、事难办"等不良作风,塑造良好的食药监形象,认真开展执法卷宗评查、行政审批项目清理自查自纠,查找和纠正工作中存在的问题和不足,提高群众的满意度;通过政府信息网站向社会公开部门职能职责、服务承诺、办事指南和办事程序,更好地服务企业和地方经济,服务于群众。四是认真开展机关作风建设年活动。按照县委开展机关作风建设年活动精神,成立机关作风建设年活动领导小组,制定实施方案,召开全局干部职工动员大会,对照活动方案实施,全面完成学习动员、对照检查和整改落实阶段全部内容。通过开展活动,对进一步转变机关作风,提高工作效率,起到明显促进作用。五是深入开展学习实践科学发展活动。成立学习实践活动领导小组,研究制定实施方案,确定"大力实践科学监管理念,保障人民群众饮食用药安全"为实践载体。把开展学习实践活动与机关作风建设年活动结合,围绕党员干部受教育、科学发展上水平、人民群众得实惠的总体要求,着力转变不适应、不符合科学发展、科学监管要求的思想观念,着力解决影响和制约食品药品监管事业科学发展的突出问题及党员干部党性党风党纪方面群众反映强烈的问题,着力建立有利于科学发展、科学监管的机制制度,增强党员干部队伍的科学监管意识、党性意识、大局意识和纪律意识,提高党员干部驾驭工作、解决问题的能力。六是严格执行《昭通市食品药品监督管理局贯彻执行党政机关厉行节约若干问题的实施方案》,结合实际,制定《鲁甸县食品药品监督管理局贯彻执行党政机关厉行节约若干问题的实施办法》。

【药械监管工作】 2009 年,县食品药品监督管理局全面提升药品医疗器械监管工作水平。一是狠抓行政执法工作,进一步整顿和规范农村药械市场秩序。把监管重点放到农村,继续保持打假高压态势,严厉打击制售假劣药品、医疗器械等违法犯罪行为。年内,派出执法车辆 500 多台次,执法人员 1 900 多人次,对全县 203 家涉药单位进行拉网式监督检查,覆盖面 100%,有的检查 8 次以上,立案查处药品案件 40 件,结案 40 件,涉案金额 10.56 万余元,没收假劣药械货值金额 1.4 万元,处罚没款

4.03万元；落实稽查通报任务12个；开展药品抽验145批次，检出不合格药品4批次，其中配合快检车抽验80批次，监督抽验50批次，专项抽检15批次；对药品经营企业和药品使用单位下发整改通知书36份，取缔无证经营药品7家。二是加强特殊药品监管和禁毒防艾工作。成立禁毒防艾工作领导小组，定期召开会议，研究部署与检查全县6家特殊药品使用单位，对麻醉药品、精神药品、易制毒特殊化学药品管理监管工作。特殊药品每季度检查1次，美沙酮门诊每两月检查1次，加大对二类精神药品监管力度。全县没有经过审批的合法特殊药品经营企业。加强特殊药品使用监管，未发现违法使用现象，对管理不规范单位及时责令改正，未形成流弊。三是继续开展“两网”建设，完善药品市场供应。加强农村药品“两网”和“万村千乡”试点工程，积极探索两网建设与新型农村合作医疗相结合新思路、新办法。完善药品供应网络，利用新农合药品招标采购渠道，保障农村药品供应。加大监督网建设力度，建立103人组成的县乡村三级农村药品监督网，加强药品供应网点监督检查。乡镇成立药品监督领导小组，分管领导为乡镇药品协管员，村委会主任为村级药品信息员，确保农村药品质量安全。全县建立药品供应点69个，其中“万村千乡”结合点2个，完善药品市场供应，方便群众用药需求。四是推进规范药房建设，提高药剂管理水平。加强同卫生、医保部门协作，相关部门支持和积极参与，促进医疗机构用药质量和安全管理，稳步推进村级医疗机构规范药房建设工作。完成医疗机构规范药房达标验收36家，其中县级5家，乡级13家，村级18家。五是加大GSP认证复查工作力度，规范药品经营企业质量管理。加强《药品经营质量管理规范》(GSP)认证后监督检查，突出对药品经营企业超方式、超范围经营，挂靠经营、出租转让许可证等问题进行重点监督检查。全年受理新办药店3家，办理药店1家，指导规范9家药店全部通过GSP认证检查。针对全县部分企业GSP认证已到期，或将要到期情况，对GSP重新认证工作进行全面部署。六是继续推进信用体系建设，强化行业自律意识。规范药械市场经营秩序，加强对67家药品经营零售企业诚信体系建设步伐，取得较好成效。通过典型引导企业规范经营，建档案，促进诚信管理系统化，加强监督，公开诚信经营情况，适时公布经营企业违规经营情况和假劣药品查处情况。七是切实加强“三项监测”工作，确保完成监测指标。建立和完善重大突发药品安全事件、麻精药品管理突发事件应急机制，提高突发药品安全事件应急处置能力，把突发药品安全事件对公众伤害和对社会影响降到最低程度。加强与县卫生、计生部门协作沟通，加强三项监测信息收集、整理和上报工作。全年上报药物滥用监测报表133份，上报药品不良反应监测报表56份，上报医疗器械不良反应监测报表6份，上报宫内节育环不良事件监测报表110份。八是狠抓甲型H1N1流感防控工作。按照县甲型H1N1流感防控工作方案，成立领导小组，制定工作方案，积极开展H1N1流感病毒知识宣传，加强信息收集、整理和上报，加大医疗机构防控疫苗及治疗储备药物监管力度。九是抓实专项整治工作，确保药械市场安全。按照国家、省、市局文件要求，结合“清明、五一、端午、中秋、十一”期间药械市场专项监督检查，先后7次开展非药品冒充药品专项行动、医疗器械专项检查、特殊药品专项检查、安全生产隐患排查治理专项清查、计划生育药械市场专项整治行动等工作。

【食品安全监管】 2009年，县食品药品监督管理局履行食品安全综合监管职能，保障食品安全。一是履行食品安全综合监管职能，全面落实食品安全目标责任制。3月31日，召开全县食品药品监管工作视频会议，传达全市食品药品安全监管工作会议精神，认真总结和分析全县食品药品监管工作取得的成绩和面临的形势和困难，全面部署2009年全县食品药品监管工作任务，与12个乡镇和8个县直部门签定《2009年食品药品安全工作目标责任书》，将各个环节食品药品安全监管工作纳入政府工作目标责任制管理。二是强化部门协作，加大监管力度，确保食品安全工作取得实效。充分发挥政府“抓手”作用，向12个乡镇人民政府、县食品安全委员会成员单位下发《食品安全整顿工作方案》、《2009年食品药品安全监管工作要点》、《关于加强人感染猪流感(甲型H1N1流感)防控工作的紧急通知》、《关于进一步加强食品安全工作的通知》、《关于做好“端午节”、“六一儿童节”和中高考期间食品安全保障工作的通知》和《学校及周边食品安全专项整治工作方案》，要求12个乡镇人民政府、卫生、工商、农业、质监、粮食、畜牧等监管职能部门按照县委、县政府统一安排部署，围绕食品安全整治目标要求，重点开展食品安全生产专项整治和食品市场稽查，重点整治学校食堂及周边小吃摊点、农村、城乡及儿童食品市场、农产品源头、食品生产加工环节、市场流通环节、餐饮消费环节。每天报告甲型H1N1流感日报告，做到重大紧急事件2小时内及时报告，每周星期一定期上报食品安全整顿工作和食品专项整治信息。节庆活动期间，加大食品市场整治力度，保证全县人民饮食安全，营造良好食品安全平安县。三是切实加强重大节日和活动期间食品药品市场整治工作。确保元旦、春节、樱桃文化旅游节、五·一节、端午节、六一儿童节、中高考和国庆、中秋节期间公众饮食健康和用药安全，积极配合工商、卫生、质监、农业、畜牧、粮食、公安、教育等部门按照《鲁甸县2009年食品药品安全监管工作要点》和《鲁甸食品安全整顿工作方案》，采取日常监管与专项检查相结合，各司其职，联合行动，以粮、肉、蔬菜、酒类、水果、豆制品、奶制品、水产品、饮料、保健食品、儿童食品、药品、医疗器械及节日期间公众消费较多的食品为重点品种，以旅游景点、农村和城乡结合部为重点区域，以农贸市场、食品超市、举办婚宴、会议的大中型餐饮服务业、无证照小作坊和"黑窝点"为重点整治单位，抽调业务骨干和执法人员在全县加大城乡日用品市场、生活必须品市场、餐饮业及粮食和肉食品市场监督和检查工作力度，有效地确保节日期间全县食品药品市场稳定和居民消费安全，确保无重特大食品药品安全事故发生，营造欢庆祥和节日气氛。节日期间，组织开展联合执法检查5次，出动执法人员206人次，执法车辆43辆次，分别对13个市场1个景点447户食品生产经营户和97家涉药单位进行检查。同时，积极配合相关部门参与商贸饮食文化城打造、巩固和规范管理工作及"两基"验收工作，举办和完成鲁甸樱桃文化旅游节和"两基"验收工作。四是认真开展"3·15消费日"、"4·7爱国卫生日"宣传活动。配合县工商、经贸、卫生、消协、广电等部门，采取展示假劣食品、药品、医疗器械，发放宣传资料，设立咨询台方式，派出工作人员10人在县城文化广场开展"3·15消费与发展"和"4·7爱国卫生日"宣传活动。展示假劣药品、医疗器械50多个品种，发放药品、医疗器械、《食品安全知识进校园、社区、农村宣传册子》、食品及食品添加剂综合宣传资料4 000余份，接待咨询群众1 500余人次。现场对文屏镇内村级医疗机构人员25人进行培训。五是全面完成打击违法添加非食用物质和滥用食品添加剂专项整治工作。充分发挥县政府专项整治领导组办公室作用，制定整治工作方案，召开成员单位联系会议，明确各阶段整治目标任务和措施，组织工商、卫生、质监、经贸、粮食、农业、畜牧等部门，对全县内超市、副食品店、餐饮业、食品生产加工小作坊、农贸市场及粮食、油、面等食品批发和销售市场开展集中整治行动。在各职能部门共同努力下，圆满完成4个月整治工作任务，实现全县食品市场秩序明显好转，确保公众饮食健康和生命安全，通过市政府考核验收，得到市政府考核验收组充分肯定和高度评价。整治行动中，全县累计出动执法人员1 137人次，车辆251台次，检查食品生产、加工、经营消费单位1 138户次，整治重点地区27个次，重点单位38户次，重点产品33种次；没收国家禁止使用高剧毒农药2种21瓶(甲胺磷，氧化乐果)，无标签农药200余瓶，价值4 000多元；没收过期饲料、兽药22品种，价值1 300多元；没收假劣食品78种次，价值4 000多元；查处案件11起，涉案金额2.7万元；签定"禁止使用非食用物质和滥用食品添加剂承诺书"及"食品安全承诺书"575份；培训食品从业人员900多人次；规范食品生产企业1户，糕点加工户17户，小白酒加工作坊84户，餐饮经营户372户，副食品经营户317户。六是全面完成学校及周边食品安全专项整治工作。制定整治工作方案，召开成员单位联系会议3次，明确3个阶段整治目标任务和措施，组织工商、卫生、质监、经贸、粮食、农业、教育等部门，开展校园安全秩序专项整治，全面清缴流失社会的毒鼠强等禁用剧毒物品。在各职能部门的共同努力下，圆满完成1个月整治工作，有效保证学校及周边地区食品安全，巩固产品质量与食品安全专项整治取得成果。整治行动中，全县累计出动执法人员588人次，车辆116台次，检查食品生产、加工、经营消费单位577户次，学校146所，餐饮经营户372户，整治重点地区21个次、重点单位28户次、重点产品33种次，没收过期变质食品96包(盒)，学校食堂及周边地区食品摊贩原料采购未按规定索证品种数24户，实施量化管理食堂及餐饮单位数84户；培训《食品安全法》225余人次，签订食品质量安全和食品添加剂安全承诺书；检查食品加工作坊75户，抽检样品28个，其中月饼11个样品、4个不合格，白酒17个正在检验中，市政供水学校数17户，学校食堂及周边摊贩73户，抽检城区餐饮单位、学校食堂餐具93户288个样品。七是全面学习贯彻落实《食品安全法》及实施条例。严格按照省、市及县关于做好学习贯彻食品安全法文件要求，制定学习贯彻《食品安全法》及实施条例实施方案，下发乡镇和县食品安全委员会成员单位。召开全体职工会议，每周星期一学习《食品安全法》，征订《食品安全法》读本50本。召开联席会议1次，学习培训《食品安全法》；各监管职能部门在县文化广场开展1次食品安全法集中宣传，乡镇利用赶集天集中宣传。把《食品安全法》制作成20盒音像制品、1万小册子发放到乡镇、村委会、中小学进行宣传，使《食品安全法》宣传知识"进农村、进校园"。八是加强农村家庭自办宴席监管工作。乡镇及有关部门认真按照《昭通市农村家庭自办宴席监督管理暂行办法》，积极推进农村家庭自办宴席申报备案监管工作，加强农村红白喜事集中用餐厨师培训工作。九是开展食品安全整顿工作。根据省、市政府食品安全两年整顿工作方案要求，制定《全县食品安全整顿工作方案》(2009～2010年)，组织食安委成员单位启动整顿工作，召开部门联席会议研究部署阶段整治措施和听取部门整顿工作进展情况汇报，整顿取得初步成效。

【公众维权宣传】 2009年，县食品药品监督管理局切实做好3月综治维稳宣传月活动。一是营造"创建平安人人参与，构建和谐人人共享，维护稳定人人有责"的社会环境，确保社会持续和谐稳定，防止食品药品安全事故发生，维护和实现好人民群众利益。成立综治维稳及平安创建工作领导组，制定工作方案，积极参加综治维稳宣传月活动3次，悬挂食品药品宣传横幅标语4条。二是多种形式宣传食品药品安全知识。利用电视、报纸、广播、司法宣传巡回车、电子政务平台等多种媒介，广泛宣传食品药品知识、食品药品法律法规、消费警示、《食品安全知识进校园、社区、农村宣传册子》、食品及食品添加剂、《食品安全法》等内容，配合司法部门把《食品安全法》纳人"五五"普法宣传，提高人民群众食品安全意识和维权意识。在县文化广场科普宣传栏，发布3期冬、春、夏三季食品安全预警信息及药品知识，1期防范和减少亚硝酸盐毒鼠强高毒农药中毒事件发生的预警信息、2期减少和预防野生菌中毒事件发生预警信息及甲型H1N1流感宣传教育知识。县政府副县长发表专项整治电视讲话1期，利用电视媒体向全县人民滚动播出食品药品安全知识小标语18期次。

【扶贫挂钩工作】 2009年，县食品药品监督管理局认真做好扶贫挂钩点工作，下派新农村建设指导员1人，深入梭山乡查拉村与乡村干部共同研究全村农业农村工作发展思路，扎实开展各项工作，投入扶贫资金5 000元。

（县食品药品监督管理局工作总结）

县人民医院

【机构人员】 2009年，县人民医院有行政科室11个，业务科室23个，行政业务辅助组织22个，党委1个，党支部4个，工会、妇委会、团委各1个。医院党政领导4人，其中党委书记1人，院长1人，副院长3人。全年调入15人，调出2人，退休2人，退休病故1人。有职工总数280人，其中在职职工202人，离退休78人。在职职工中专业技术人员183人(副高职12人，中职82人，初职89人)，技术工人19人。全院总资产2 809万元，其中固定资产1 966万元，流动资产843万元。

院　长

陈　敏　男　汉族　鲁甸人

党委书记

杨　平　男　汉族　永善人

副 院 长

杨　平　男　汉族　永善人

刘世友　男　汉族　鲁甸人

岳　昱　女　汉族　昭阳区人

【主要指标任务完成较好】 2009年，县人民医院主要指标任务完成较好。诊疗情况：全年总诊疗病人12.3万余人次(其中门诊病人109 772人次，急诊病人7 056人次，健康检查6 528人次)，比上年同期增长1.5万余人次，增长率14.6%。收住院病人9 354人次，比上年同期增长12.2%。病床使用率80.9%，住院病人平均住院6天。全院书写住院病历8 206份，护理病历3 584份，留观病历3 748份，分娩引产病历1 092份。入院与出院、术前与术后、临床与病理诊断符合率95%以上。全院完成手术3 608例，比上年同期增长9.7%。完成室内手术1 214例，科室小手术1 654例，计划生育手术740例(女扎69例，放环180例，取环231例，其他260

例)。传染病管理:严格按照《传染病防治法》、《传染病防治法实施办法》、《医院感染管理规范》等法律法规要求,认真做好传染病管理与诊治。每天收集传染病报告卡,按时进行网络直报,共报出传染病370例,无传染病漏报。每天监测不明原因肺炎病例、人禽流感、麻疹、脊髓灰质炎病例,实行日报告及零报告制度,经监测无上述病例。5月开始监测甲型H1N1流感病例,收治1例甲型H1N1流感确诊病例,11月6日治愈出院。全年艾滋病监测1 979人,报告艾滋病例1例。艾滋病抗病毒治疗37人,在治32人,转出2人,死亡3人。严格按上级要求对艾滋病人进行常规检测、CD4细胞检测、病毒裁量检测,及时随访病人,病人依从性好,治疗效果良好。对腹泻病人大便进行Ⅱ号病监测,监测143例,无Ⅱ号病报告。对新生儿接种卡介苗和乙肝疫苗分别为1 487人,对全院250名医务人员接种甲型H1N1流感疫苗。感染管理:认真贯彻落实相关法律法规,严格遵循医院相关规章制度,做好感染管理。消毒剂及一次性使用无菌医疗用品专人负责采购、验收、保管,用后按要求消毒、毁形、无害化处理。严格执行一人一针一管一灭菌,执行率100%。定期对使用中的消毒液进行浓度监测和微生物监测,监测合格率100%。每月对治疗室、换药室、处置室、临产室、手术室、供应室无菌间等进行空气监测,共170项,合格项160,超标10项,合格率94.12%。每月对消毒灭菌物品作微生物监测,共82项,合格82项,合格率100%。医疗废物严格按照《医疗废物管理实施方案》处理、并记录在案。每月填写院内感染管理月报表,年内未发生院内感染流行或爆发。对全院职工进行“医院感染管理知识及技能、手足口病防控知识及技能、甲型H1N1流感防控知识及技能”强化培训,经考试和考核全部合格。突发公共卫生事件处置:全年就治中毒患者117人,其中农药中毒69人,食物中毒30人,煤气中毒18人;治愈出院117人。全年到交通事故现场紧急就治伤员4人,到卫生院紧急就治食物中毒患者2人,到卫生院指导诊治季节性流感病人1次,到卫生院接诊甲型H1N1流感确诊患者1次。急诊急救:出诊院前急救519次,派出医护人员和驾驶员1 566人次,抢救交通事故、意外伤亡、食物中毒、危急孕产妇等各类急危重病人582人次。完成院内急诊急救和危重病人抢救1 489人次。会诊特殊、危重病例9例。转送伤病员到上级医院治疗305人次。安全用血:认真贯彻执行《献血法》、《医疗机构临床用血管理办法(试行)》、《临床输血技术规范》等法律法规,坚持安全、科学、合理用血。全年急救输血89人次,使用少白细胞红细胞悬液209u、血浆20 650ml,成分输血100%,未出现因输血引起的疾病,未出现输血差错和纠纷。指导基层:派出9名医务人员到水磨、龙树、桃源卫生院指导卫生院管理和业务工作。社会医学服务:派出医护人员到乡镇卫生院会诊、抢救、指导、义诊和巡回医疗214人次630个工作日,救治和义诊病人7 500余人次。为公、检、法、交警、保险部门办案提供病员病历资料复印件及伤情证明128人次。办理麻醉药品使用卡18人次。科教工作:接收医学院校实习生11人,卫生院、计生服务站等选派进修临床医疗、护理、医技进修生21人。临床科室圆满完成带教任务,受到实习生和进修生好评。对10位村卫生室新录用人员进行岗前实践技能培训,圆满完成培训任务。派出11位医技人员到省市级医疗单位进修,派出48人次参加市县级短期技术培训,达到培养要求,回医院开展工作。举办31个专题学术讲座,共126学时,听讲人3 300人次,提高医务人员业务素质。全年全院职工撰写学术论文15篇,分别发表于国家、省、市、县级刊物上,开展新项目16项,提高医疗质量,更好地满足病人需求。护理工作:严格执行每月1次护理质量大检查和每周2次护理夜间查房制度。对护士长每月进行1次管理培训和反馈护理质量检查信息,对存在问题制定整改措施,及时整改。每季度组织1次全院范围内不同形式的护理技能及护理基础知识培训,提高护理人员技术水平。通过执行各种护理制度和措施确保护理安全,提高护理质量。全年护理14万人次,护理操作合格率95.4%,基础护理合格率95%,常规消毒合格率100%,急救药品完好率100%,一人一针一管一灭菌执行率100%,五种护理表格书写合格率94.9%,院内治疗期褥疮发生率为零,护理事故发生率为零。药事管理:加强药品管理和用药监督,做到管好药、用好药。严格按照《药品管理法》、《麻醉药品及精神药品管理规定》、《处方管理办法》及《抗菌药物临床应用之道原则》等法律法规要求管好药、用好药。每月进行1次处方检查,指导临床合理使用抗生素。坚持执行药物不良反应及医疗器械不良事件报告制度。过期失效药品统一集中销毁,经药监局多次检查未发现过期药品。严格执行药品采购制度，保证药品质量。严格执行药品逐级审批跟标采购制度和新农合药品招标采购统一配送制度，杜绝不合格药品入院，确保药品质量。经药监局多次检查未发现不合格药品。认真执行药品价格相关规定，确保药价合法合理。药品价格严格按《云南省药品价格指南》及相关文件管理，经物价局多次检查未发现药品价格违规问题。

【甲型 H1N1 流感防治工作】 2009 年，县人民医院领导重视甲型 H1N1 流感防治工作，严抓落实各项具体措施。根据卫生部、省卫生厅、市卫生局、县委政府关于防治甲型 H1N1 流感指示精神和技术规范要求，成立领导小组，制定《甲型 H1N1 流感防治工作应急预案》、防治工作制度、防治诊疗方案、发热病人就诊处理程序，储备防护物品、药品及器械，多次召开专题会议研究部署甲型 H1N1 流感防治工作，狠抓措施落实。对全院医务人员开展甲型 H1N1 流感病原学、流行病学、临床诊疗方案、医学观察、消毒隔离、卫生人员三级防护措施等教育培训，组织 3 个甲型 H1N1 流感防治工作队进行专职教育培训和模拟演练。每天关注全国甲型 H1N1 流感疫情发展态势及最新诊疗资料，及时修订医院甲型 H1N1 流感防治相关内容，组织相关人员对新内容进行学习和培训，甲型 H1N1 流感防治工作取得好成绩。10 月 30 日至 11 月 4 日，对全院 250 名医务人员进行甲型 H1N1 流感疫苗接种，接种期间未发生疫苗不良反应事件。共收治隔离 3 例甲型 H1N1 流感疑似病例，专家组和疾病预防控制中心排除 2 例，确诊 1 例。11 月 6 日，确诊患者治愈出院。

【“新农合”工作】 2009 年，县人民医院重视“新农合”工作，成立“新农合”管理办公室，专人管理“新农合”工作。在门诊设立导医台，配备导医人员，开展导诊咨询，热情主动为参合农民服务。全年收治新农合病人 40 078 人次，费用总额 1 373.5 万元，补偿总额 696.2 万元，补偿比例为 50.83%。门诊病人 28 598 人次，门诊医疗费用 176.6 万元，门诊减免总金额 37.7 万元，门诊补偿比例为 21.34%。住院病人 11 480 人次，住院医疗费用 1 196.9 万元，住院减免总金额 658.5 万元，住院补偿比例为 55.02%。

【计划生育工作】 2009 年，县人民医院认真抓好计划生育工作。全年完成计划生育手术 740 例，其中女扎 69 例，放环 180 例，取环 231 例，其他 260 例。督促全院已婚育龄女职工进行医学监测。全年进行 4 次查环，171 位已婚育龄女职工，无超怀、超生、私自取环现象发生。帮助和指导挂钩点龙树乡塘房村计划生育工作。

【医院管理年活动】 2009 年，县人民医院认真开展“以病人为中心，提高医疗服务质量，办人民满意医院”为主题的医院管理年活动。并以此为契机，全面推动医院各项工作。坚持每月“四大检查”，向社会公开承诺服务“三项制度”，落实省政府“八条禁令”、医院“十二个不准”，认真开展“五个转变”活动和“感动病员”活动，做好“十个主动服务”，重新梳理医院各项规章制度，进一步健全以医疗质量、安全、服务、费用为核心的业务管理制度，完善院务公开制度和财务内控制度，规范医疗行为，建立科学管理长效机制，实现医院管理科学化、法制化、标准化，管理水平明显提高。强化医务人员“三基三严”技能培训，严格要求医务人员认真做好“三查七对”工作。在提升医疗质量和技术水平的同时，加强医务人员的道德修养、政治教育和法制教育，组织医务人员学习医学心理学和医患沟通艺术，牢固树立“以病人为中心”，一切以方便病人、服务病人为出发点，以惠民便民为归宿，全心全意为病人服务的思想和意识，使医疗行为科学化、合理化、合法化、人性化。通过开展“医院管理年”活动，医院管理水平明显提高，医疗行为更加科学化、合理化、合法化、规范化、人性化，优化服务流程，改善服务环境，加强医患沟通，有效控制医疗费用，不断提高医疗服务质量和水平，确保医疗安全，使医疗服务更加贴近群众、贴近社会。

【医疗质量万里行活动】 2009 年，县人民医院深入开展以“持续改进质量，保障医疗安全”为主题的医疗质量万里行活动，提高医疗质量，保障医疗安全。进行多层次多形式宣传教育，强化医务人员医疗质量和安全意识。加强医务人员“三基三严”培训，提高业务技能。认真排查各种安全隐患和各个薄弱环节，落实责任，消除隐患，加强薄弱环节。认真贯彻落实相关法律法规和规章制度，做好医疗技术临床应用管理，促进临床合理用药，加强实验室生物安全、质量控制和管理，采取有效措施保证临床用血安全、防控医院感染、提高病历质量。积极参加全市综合医院病历质量检查与评比活动，取得优良成绩。年内，市卫生局“医疗质量万里行”活动督导检查专家组和“2009年云南省医疗质量万里行—血液安全督导检查”组到院检查，专家组充分肯定取得的成绩，对存在问题提出意见和建议。根据检查反馈信息制定整改措施，对存在问题认真整改，向市县卫生局上报整改情况。

【万名医师支援农村卫生工程】 2009年，昆明医学院第一附属医院响应卫生部、国家中医药管理局“万名医师支援农村卫生工程”的号召，按照云南省卫生厅要求，年内派出第五批医疗队到县人民医院工作。医疗队在医院工作期间，积极参与医院业务技术工作，有针对性地为全院医护人员开展专题讲座、三基理论和技能培训，提高医务人员业务素质；积极开展各项有效临床工作，帮助相关科室诊治病人，组织疑难病历和死亡病历讨论，多次到达院前急救现场处置和接送危重病人，提高相关医务人员综合素质；医疗队积极参与医院管理年活动，协助医院和卫生局对卫生院医疗和护理质量进行考评和指导。

【“平安医院”创建活动】 2009年，县人民医院根据县委、县政府关于深入开展“平安鲁甸”创建活动一系列指示精神，认真贯彻落实卫生部等7部委《关于开展创建“平安医院”活动意见》和县综治委《关于开展争创省级平安先进县活动实施意见》，成立“平安医院”创建活动领导小组，制定《创建“平安医院”活动实施方案》、《群体性事件和突发事件应急预案》、《消防和应急疏散预案》，与县公安局建立“双向绿色通道”，形成平安医院建设长效机制。通过深入开展“平安医院”创建活动，全面推进医院治安防控体系建设，形成各科室、部门齐抓共管，协调建设平安医院的新局面，在治安安全、防火安全、医疗安全等方面取得明显实效。医务人员牢固树立医疗安全观，增强法制意识；有效维护广大人民群众的就医权和医务人员的合法权益；院内治安事件、医患纠纷和安全隐患明显减少，无刑事案件、重大治安案件、重大消防安全责任事故、重大医疗事故和群体性事件发生，创造安全有序的诊疗环境，医患关系更加和谐，医院呈现出和谐发展的良好势头。

【学习实践科学发展观活动】 2009年，县人民医院根据县委、县政府关于学习实践科学发展观活动指示精神，结合作风建设年活动、医院管理年活动及平安医院创建活动，认真开展以党员和领导干部为重点，全院职工参加深入学习实践科学发展观活动。4月开始，8月结束，历时5个月。围绕“以病人为中心、科学发展、和谐发展、提高医疗服务质量、办人民满意医院”主题，制定《学习实践科学发展观活动实施方案》，医院领导撰写《有效实施新型农村合作医疗是解决农民看病贵的重要途径》调研报告和《加强医德医风建设，严格依法行医，保障医疗安全》典型案例分析报告。分析查找贯彻落实科学发展观存在的问题，撰写《贯彻落实科学发展观分析报告》，根据群众评议意见，修改完善。医院集中力量解决影响和制约医院可持续发展的突出问题。通过召开会议，全面分析总结学习实践科学发展观活动，形成总结报告，对巩固和扩大整改成果工作作出具体安排。通过活动，诊疗病人明显上升，病床使用率明显增加，医疗收入稳步上升，医疗人均费用和药品收入比率明显下降。实现医院管理科学化、法制化、标准化。健全以医疗质量、安全、服务、费用为核心的业务管理制度，完善院务公开制度和财务内控制度、医院发展方案和“医院整体发展有定位，科室发展有特色，个人发展有专长”的办院方案。改善医疗条件，提高医务人员业务水平、政治素质、法制素质、道德修养和医患沟通能力，为伤病员提供更优质医疗服务。

【精神文明建设】 2009年，县人民医院全面深入推进精神文明建设，在巩固中提高，在创新中发展，取得丰硕成果。1月被中央精神文明建设委员会表彰为“第二届全国文明单位”。思想教育方面，组织医务工作者系统学习邓小平理论、“三个代表”重要思想、十七大和十七届四中全会精神，深入学习实践科学发展观，充分认识公立医院的公益性质和社会效益优先原则，围绕“以病人为中心，提高医疗服务质量，优化服务流程，使医疗服务更加贴近群众、贴近社会”开展思想教育。每位医务人员精神面貌焕然一新，改善服务态度，对病人热心、耐心、细心、有爱心，受到病人及家属赞誉。法制教育方面，组织医务工作者重点深入学习相关法律、法规、规章和规范，规范医疗行为，提高医务人员法制素质，增强医务人员的法制意识和自我保护意识，做到医疗行为规范化、合法化，有效防范医疗纠纷发生。医患沟通方面，组织医务工作者学习医学心理学和医患沟通艺术，每位医务人员掌握与患者沟通技巧，高效建立与患者交心的桥梁。高效的医患沟通使医患间问题在沟通中化解，避免医疗纠纷发生。医德医风方面，深入开展作风建设年活动，制定《实施方案》，认真贯彻执行中纪委《八条规定》、云南省《公务员八条禁令》、县卫生局《卫生工作者十六条禁令》及医院“十二个不准”，向社会公开“四承诺”、“五优先”，聘请7名行业作风监督员进行监督，定期开启意见箱、意见簿，收集病人意见和建议，对存在问题及时整改。切实改进工作作风，提高办事效率，树立良好外部形象。牢固树立社会主义荣辱观，增强公仆意识和节俭意识，更自学地遵守各项规章制度。文化建设方面，开展形式多样、内容丰富的宣传活动，及时宣传党的路线、方针、政策、法律、法规、安全知识、健康教育、新知识、新疗法等内容。坚持出版《医院工作简报》(月刊)和医院信息。

【支农工作】 2009年，县人民医院响应县委、县政府号召，到挂钩点龙树乡塘房村开展扶贫工作，向龙树乡党委政府、塘房村委会解决计划生育工作经费2.5万元，捐赠高压灭菌锅1个，输液架10个，药柜1个，价值2 000余元，捐赠被套、绒毯等价值3 000余元物品给特困户。

【安全保卫工作】 2009年，县人民医院认真做好安全保卫工作，加强安全管理，做到警钟长鸣，维护医院安定。制定《创建“平安医院”活动实施方案》、《群体性事件和突发事件应急预案》和《消防和应急疏散预案》，建立县医院与县公安局间“双向绿色通道”，与科室签订《消防安全责任书》。每月进行1次消防安全工作检查，检查结果与奖惩挂钩。保卫科加强院内白昼巡逻力度和交通秩序整顿，盗窃案件明显减少，车辆乱停乱放现象明显改善。

【爱国卫生工作】 2009年，县人民医院采取有力措施保持医院环境卫生，保证饮水、饮食卫生与安全。推行周三卫生突击日活动，严格执行检查奖惩制度；定期灭蝇、灭鼠等灭害工作。实行2次供水，对储水池和水塔进行封闭式管理，每半年清洗1次。宣传食品卫生与安全，对食堂从业人员进行食品卫生与安全教育，定期对食堂从业人员作健康体检，食堂卫生严格按“五·四”标准执行。

【工青妇工作】 2009年，县人民医院开展和参与各种活动，增进友谊，促进团结协作，弘扬集体主义和爱国主义精神。组织开展“3·8”妇女节，全院妇女职工邀请县妇联在砚池山“竹园山庄”举办“3·8”妇女节活动。“5·1”“5·4”“5·12”之际，成功举办“廉医诚信为民，和谐医患关系”为主题系列活动。在国庆60周年之际，组织职工参加以卫生系统为单位的国庆系列活动(百人大合唱、达体舞、竹杆舞、篮球赛)。妇委会为全院各科室订阅1份《婚姻与家庭》杂志。扶贫捐款2.94万元，助学捐款2万元，互助捐款1.128万元。全年看望生病职工40余人次，退休老职工80余人次，吊唁逝世职工2人次，职工父母逝世9人次。

【基础设施建设】 2009年，县人民医院认真实施农村卫生服务体系建设项目(新住院大楼建设工程)和国家扩大内需县级医院标准化建设项目(急诊门诊医技大楼建设工程)，争取到国债资金2 500万元。两个项目建筑总面积11 291平方米，其中住院大楼5 515.5平方米，急诊医技楼5 775.6平方米。两大楼主体工程完工，正进行配套设施建设和装修。力争2010年9月前竣工。

【人事工作】 2009年，县人民医院转正定级助师13人，初晋初1人(计算机)，调入中职1人、助师5人、员士9人，技术工人中晋高4人。调出中职1人、助师1人，退休正高1人、中职1人。正常加薪195人，晋职增资5人，学历增资5人，转正定级增资13人，增加临时性补贴280人，年终一次性奖金202人，失业保险202人，残疾人保险金2人。职称外语12人，计算机模块16人，专业技术职务1人，执业医师19人，五·五普法202人，素质教育183人。

(刘其维)

中医院

【机构人员】 2009年，县中医院有职工104人，其中在职职工89人，退休15人；年内新招聘大学生4人。在职人员中卫技人员79人，大专以上学历53人占65%，中专18人占22%。有正高职1人，副高职6人，中职31人，初职43人，医院占地面积4 666

平方米，建筑面积 7 500 平方米，固定资产 1 000 余万元，医院设置病床 156 张，开放病床 100 张，设内儿、外、妇、急诊 4 个病区，开设骨伤科、针灸推拿、痔瘘中医专科，设有肝病、慢性支气管炎、脾胃病等 10 个专病。医院为“二级乙等”中医医院，属云南省中医医疗集团医院。院长由县政府任命，副院长由县卫生局任命。

院 长

陈旺昌 男 汉族 鲁甸人

副院长

艾正海 男 汉族 鲁甸人

陈朝秀 女 汉族 鲁甸人

【医疗业务工作】 2009 年，县中医院狠抓业务内涵建设，注重智力投资，人才培养。医院整体业务水平、服务质量明显提高。建立健全各项规章制度，以医务科、护理部为核心建立健全院科两级医疗质控网，对医护人员各项医疗操作严格考核，对医疗、护理病历、处方等医疗文书，逐月质量考核，严格执行质量监控标准，促进医疗服务质量提高，杜绝医疗事故发生。把专科（专病）建设工作实行目标管理，做到“院有专科，科有专病，人有专长”，以专科专病建设为先导，突出中医特色，把专科专病人才培养放到医院建设的重要位置，建立中医骨伤科、中医痔瘘科、针灸推拿科等专科，开设病毒性肝炎、慢性支气管炎、风湿性关节炎、慢性胃炎等 10 个专病，强化专科专病建设，为医院发展和建设带来生机和活力。通过狠抓业务内涵建设，提高医疗服务质量，扩大医疗服务项目，圆满完成各项业务技术及经济指标。全年完成门诊人数 86 785 人次，住院人数 3 258 人次，完成各类手术 336 台，业务总收入 800 万元。

【科教工作】 2009 年，县中医院坚持科技兴院，加大科技投入力度，引进先进新技术，加强人才培养，重视业务建设，不断提高医院整体实力，采取“送出去、请进来”的办法，多渠道人才培养，临床科室医生分批分期选送省内外进修学习。同时，请市医院高资历、经验丰富的专家到院进行业务指导，讲解疑难问题，传授新的医学知识，提高理论水平和专业技能，以适应医院中远期发展需要。年初拟定年度人才培养计划并组织实施，选派 8 人到省人民医院、昆医附一院进修学习，短期以会代训各种业务培训 40 余人次。鼓励职工自学成才，支持职工参加昆明医学院、云南中医学院举办的成人大中专班学习并完成学业，提升医院学历结构。发挥中医优势，积极开展临床进修、实习带教工作。全年接收乡镇卫生院、卫校中医专业和中医乡村医生 22 名实习生、进修生临床实习，并安排 10 场专题讲座。全年引进新技术、开展项目 3 项，提升医院服务能力。在国家级刊物发表学术论文 3 篇，市级报刊发表政工文章 2 篇。

【卫生改革】 2009 年，县中医院深化人事制度改革，全面推行院长负责制，中层干部实行竞聘上岗，职工实行“优化组合”，双向选择科室聘用，严格执行劳动聘用合同，对聘用人员严格考核，加强管理，充分调动广大员工的积极性。积极推进分配制度改革，推行科室成本核算，继续实行“效益工资”，浮动管理，实施“绩效工资”新型分配制度，激发广大员工的工作热情及工作效率。不断完善病人选择医生和住院费用一日清单制改革工作，促进和谐医患关系，病人对医院的信任度及满意度大大提高。积极参加全县新农合药品集中招标采购，降低药品价格，购进药品渠道正规、药品质量保障。

【医院管理】 2009 年，县中医院医开展医院管理年活动。一是成立新一轮活动领导组及质量控制组织。二是制定实施方案，并进一步完善预案及组织演练。三是进一步完善有关组织和制度，特别是有关医疗质量和医疗安全监控组织和制度。四是根据卫生部文件规定和昭通市安排完成在院注册的 42 名执业医师（含助理医师）和龙头山片区 4 个卫生院及龙头山健民诊所、鲁甸县曾春秀牙科诊所等 23 名执业医师（含助理医师）考核工作。65 名被考核执业（含助理）医师全部合格。五是精选《法律法规，医院规章制度》汇编成册，下发全院学习使用；8 月初收集整理编辑《宪法及卫生管理法律法规（汇编）》下发各科学习使用，全书收集法规文件 19 部 270 余页。六是制定“三基”培训计划并严格实施，组织全院临床医师进行徒手心肺复苏及诊断能力、治疗能力、病程观察能力、应急处理能力考核，合格率 100%。采取精简、高效、务实的工作作风管理医院，逐步使医院步入科学化、规范化的医院管理轨道。

【传染病管理】 2009年,县中医院加强传染病管理和突发公共卫生事件应急处理工作。传染病管理上,认真贯彻传染病疫情报告制度,坚持首诊负责制,严把报告质量关,坚持奖惩措施,加强“非典”、“禽流感”和AFP病例和甲型H1N1流感临床监测及“手足口病”零报告制度,5月1日至8月3日,坚持每日向疾控中心上报“手足口病”、甲型H1N1流感病例监测疫情。8月4日后,根据疾控中心通知改为周报,9月17日恢复月报并加传真报告,11月23日起对发热病人接诊工作实行周报制。全年发现上报乙、丙类传染病7种83例,其中乙类传染病例5种70例,分别为肝炎34例(其中甲肝6例、乙肝26例、丙肝1例、未分型1例)、肺结核16例(全部转诊)、菌痢13例、梅毒6例、伤寒1例;丙类传染病2种13例,其中流行性腮腺炎10例,其它感染性腹泻3例。上报83例乙、丙类传染病中,无院内死亡病例报告。

【预防接种工作】 2009年,县中医院加强预防接种工作。全年妇产科出生新生儿484人,乙型疫苗接种464人,卡介苗接种454人。10月23~25日,完成全院职工115人甲型H1N1流感疫苗接种任务。加强艾滋病、禽流感知识培训,加大宣传力度,按时完成广场和院内健康宣传任务。在世界卫生日、糖尿病日、爱牙日及艾滋病日之际,印制卫生宣传资料300份余分发给就诊群众进行宣传,并利用电子显示屏进行健康教育。4月30日,省卫生厅甲型H1N1流感防控工作视频会议后,参会人员及时向领导汇报,从网上搜寻卫生部4月29日发布的《人感染猪流感诊疗方案(2009版)》,下载印发各科学习使用。5月6、7日,进行首轮全员培训;第二版,第三版诊疗方案出台后,又反复组织培训,每次培训均在晚上进行。组织全院职工参加卫生厅组织的防控甲型H1N1流感网上培训。组建发热门诊、隔离病房,进行药品、器材、防护用品准备。特别是第三版诊疗方案出台后,全院集中培训,安排科室再次培训。制定防治预案,成立领导组、治疗组、疫情监控组、消毒管理组、后勤保障组等组织开展工作。经监测,尚未发现甲型H1N1流感病例。

【新农合工作】 2009年,县中医院为开展好新型农村合作医疗工作,精心组织、周密布置、严格实施、制定《鲁甸县中医院新型农村合作医疗实施细则》下发各科执行,及时发现和解决新农合工作中出现的矛盾和问题,纠正各种偏差,保证新农合工作正常运行和健康发展,全年接诊、收治新农合病人35 734人次,减免金额236万元,为减轻农民负担,缓解农民“看病贵”做出积极努力,广大农民真正体会到党和政府的关怀和社会主义大家庭的温暖。

【中医药和中医专科建设工作】 2009年,县中医院加强中医药和中医专科建设工作。完成中医门诊32 115人次(含针灸科1 849人次),较上年同期31 538人次上升557人次,增长率1.83%,住院病人中开展中西医结合治疗,达到优势互补,取长补短的目的,提高疾病治疗效果。派出专业技术人员指导乡村开展中医药工作,协助卫生局做好新聘中医乡村医生方案制定、培训、考试考核等工作,接收新聘乡村医生20名及昭通卫校中医毕业生实习工作,组织10场专题讲座,为促进全县中医药事业发展做出积极努力。中医骨伤科建设项目初见成效,骨伤门诊人次稳步上升,全年骨伤门诊人次744人,较上年同期698人次增长6.59%,重大骨伤手术(股骨骨折、肱骨骨折)105台,较上年同期94台增长11.7%。重大骨折采取西医内固定为主,辅以中药内服、外用。一般骨折以中医夹板外固定为主,辅以中药外敷、口服。通过中西医结合,克服单一中医或西医治疗的缺陷和不足,骨折对位准确,缩短病程,减轻病人痛苦和经济负担。中药房建设成绩明显,工作台面、药品柜、架规范整齐,保管贮藏,保证防潮防蛀效果,特别是开展中药配方颗粒临床应用,由于疗效肯定,服用方便,深受广大患者欢迎。

【行风建设】 2009年,县中医院认真贯彻上级部门关于开展行风建设精神,加强行风建设组织领导和管理,深入开展以医德医风为主要内容的行业作风建设。把行风、精神文明建设作为各项工作的重点,成立行风建设领导组,实行专人负责,行政、工会、妇委会等齐抓共管,制定行风建设计划和实施办法及民主评议行风实施方案,组织职工学习行风建设检查标准。通过召开职工大会、板报、墙报等、形式,使行风建设经常化、制度化。为接受社会各界监督,设立意见箱,接受群众监督,聘请社会监督员,对医院行风建设、医德医风进行监督、评议。按时召开座谈会,听取就医患者对医院的意见和建议并及时进行整改。开展治理医药购销领域和医疗活动中商业贿赂及不正之风工作。实施“四项制度”,推动政风行风建设,提高工作效率和服务质量,增强医疗服务能力和水平,树立“以人为本”服务理念,促进医院全面发展,组织科主任学习行政问责、服务承诺、首问责任、限时办结四项制度。

【机关作风建设】 2009年,县中医院根据县委、县政府机关作风建设年活动要求,成立领导组,制定方案,召开全院职工大会广泛动员,召开职能科室会议,研究部署机关作风建设活动,明确提出服务目标,开展下乡调研、下科室调研、访贫问苦、送温暖等活动。通过学习和实践,机关作风和医院医疗作风明显转变,初步形成临床一线和医技科室及行政职能科室良好互动的局面。7月13日,县机关作风建设年活动督导组到医院中期督导,通过听取汇报、查阅资料、走访调查后认为:县中医院机关作风建设年活动领导重视,方法正确,措施得力,活动有声有色,特别是“九个一”活动一件一件落实,在全县做得比较好,整个活动既按县委、政府要求完成“规定动作”,又结合部门实际增加“自选动作”取得良好社会效果。

【科学发展观活动】 2009年,县中医院按照县委、县政府和卫生局党委统一部署,认真开展深入学习实践科学发展观活动。4月8日,全体党员干部参加卫生局召开的动员大会后,医院党支部积极行动,精心组织,周密安排,做到工作学习两促进、两不误,成立领导组,制定实施方案和活动日程,提出“深入实践科学发展观,着力打造一流中医院”实践载体,使学习实践活动成为推动医院科学发展的强大动力。活动中,分别采取医院组织统一学,科室组织集体学和个人利用业余时间自学等学习形式,党员和科室领导普遍通读《毛泽东、邓小平、江泽民论科学发展观》、《科学发展观重要论述》和县委政府的其他文件,结合卫生部门实际,增加学习《中共中央、国务院关于深化医药卫生体制改革的意见》等,院领导及支部开展骨伤科建设调研活动,到茨院乡田合村开展主题实践活动等。通过学习和调研,反复征求意见,认真查找制约医院发展的问题并形成《贯彻落实科学发展观分析检查报告》,制定整改方案。由于工作踏实,措施有力,活动取得良好效果。通过学习实践活动,广大党员干部对贯彻落实科学发展观有更深刻认识,对“党员干部受教育,科学发展上水平,人民群众得实惠”的目标有更深刻的理解,经满意度测评,总体评价“满意”和“比较满意”的占97.6%。

【精神文明建设】 2009年,县中医院重视精神文明创建工作,成立创建精神文明单位领导小组,精神文明建设注重落实,注重实效。建立职工医德医风教育、职业道德教育、行风建设档案,每年度将考试考评成绩记入个人档案,作为评选先进、晋升、聘任的重要依据。本着以病人为中心,坚持“宾馆式的医院,宾馆式的服务”,积极开展优质人文医疗服务,全面推进医院建设和发展。积极开展全员、全程、全方位优质服务活动,制定优质服务、创建文明先进科室实施意见。开展“病人选择医生”活动,全面实施优质服务,创建文明先进科室活动。成立文化建设领导组,组织医院人员排练文艺舞蹈节目参加县委组织的“国庆60周年文艺汇演”,抽调人员参加卫生局组织的舞蹈队排练和歌咏比赛及“长城建安杯”篮球运动会。制定医院精神、建院理念、办院方向、服务承诺、服务宗旨等文化内涵建设,使每位职工耳熟能详,文化建设迈上新台阶。

【支援农村卫生】 2009年,县中医院根据万名医师支援农村卫生工作要求,抽调6名医疗技术骨干,组成2个下乡工作小组,分别支援龙头山、江底卫生院。完成卫生局组织的义诊、宣传咨询活动,完成县委、县政府重大活动现场医疗救护任务,开展义务献血宣传,完成义务献血任务,加强临床用血管理,提倡成份输血。全年输血35人次、115袋,所用血液全部来自昭通市血库,无自采供血情况。坚持对茨院乡田和村“三农”挂钩帮扶工作,取得明显效果。继续开展“平安医院”建设,完成各类健康体检4 000余人次。年内,上报药物不良反应事件14起,医疗器械不良反应事件3起。

(县中医院工作总结)

爱国卫生

【机构人员】 2009年,县爱卫办有工作人员2人。与县卫生局合署办公。

主 任

李娅萍 女 汉族 盐津人 2009年11月止

马玲芬 女 回族 鲁甸人 2009年11月任

副主任

周景能　男　汉族　鲁甸人

【爱国卫生月活动】　2009年,县爱卫办积极开展爱国卫生月活动。一是以巩固云南省甲级卫生县城为中心,以创建卫生乡镇和卫生单位为载体,抓好爱国卫生月活动,全县卫生工作迈上新台阶。二是加强文屏镇社区“门前三包、门内达标”工作,落实楼道、小区内外、城乡结合部环境卫生责任制。坚持周末卫生大扫除,开展卫生检查评比,开展卫生小区、卫生楼道、卫生家庭、卫生单位评比活动。建设部门严格要求广大环卫工人对城区街道进行全日制保洁。4月活动月参加活动3.1万人次,出动车辆50辆次,日清理垃圾180余吨,清理污水沟2 101米,清理卫生死角1个,治理背街背巷5个。三是加大城区重点行业和农贸市场环境卫生治理工作。文屏镇、卫生监督所、建设局、工商局开展西门农贸市场整治,把东门农贸市场改建为饮食服务城,做到各种商品、食品经营有序,摊点设立合理。卫生部门重点对城区餐馆和“五小店”集中整治,对问题严重的单位和个人要及时曝光并限期整改,共抽查181个单位,查处不合格单位0个,销毁不合格食品0千克。县城管、公安(交警)、交通(运管)、工商等职能部门密切配合,爱卫月活动期间,集中开展县城环境综合整治,重点治理乱停乱放、乱扔乱倒,清除占道经营6处、乱涂乱写60张。

【健康宣传教育】　2009年,县爱卫办积极开展健康宣传教育。把健康教育工作纳入爱国卫生发展规划,乡镇、部门成立健康教育领导小组,配备专(兼)职工作人员。利用电视、黑板报、宣传栏、小册子等形式对市民进行健康教育和科普宣传。在文化广场、社区和辖区单位设立宣传窗口、黑板报专栏,每季度定期更换一次宣传内容,年内累计出刊900多期。县医院和中医院把健康教育列入病区常规工作,运用专栏、健康教育处方和健康教育咨询等形式开展健康教育。同时,积极向社区群众开展健康教育活动,累计发放《城镇居民健康读本》和各种宣传资料8万余份。县教育局和各学校把健康教育列入教育工作计划,做到教材落实、教师到位、课时保证,严格按照《学校健康教育评价方案》开展学校健康教育评价工作。在中学、职业学校开设健康教育和有关知识讲座,城区中、小学健康教育开课率100%。新闻媒体开辟专栏刊登卫生知识宣传稿件,组织机关、企事业单位参加全国禁烟大赛。客运站公共场所设置健康教育宣传栏,向群众宣传公共卫生、公共场所禁烟、卫生防病、改变陋习等知识。通过开展健康教育活动,市民思想道德修养、科学教育水平和健康教育意识明显提高。

【农村改水改厕】　2009年,县爱卫办把农村改水改厕工作与社会主义新农村建设相结合。全年农村改水总投资1 000余万元,其中国家投资920万元,地方政府投资40余万元,群众集资40万元。完成农村改水31 200件,受益19.35万人,改水普及率68%;农村改厕625户,总投资30万元,国家投资25万元,地方政府投资2.5万元,农户集资2.5万元。完成农村改厕5.1万户,沼气池式0.98万座,三格化粪池式0.4万座。改厕普及率61.7%。通过改水改厕,改善部分农村生活饮水条件,控制肠道传染病暴发流行。

【县城灭鼠工作】　2009年,县爱卫办在县城灭鼠工作上做到思想、认识、管理、资金三到位,责任明确。春秋两次灭鼠,发放鼠药1 400千克,发放2 300户。两次灭鼠工作均采用粉迹法和鼠笼灭鼠法进行考核。通过考核,灭鼠工作达灭鼠先进县城标准。

【环境保护】　2009年,县爱卫办狠抓环境保护,提高环境质量。开展可吸入颗粒物、饮用水水质、区域环境噪声、工业企业废水废气排放、工业固体废物处理利用、危险废物集中处理等监测工作。可吸入颗粒物年日平均值每平方米0.053毫克,城区环境噪声平均值49.6分贝,烟尘控制区覆盖率100%、工业企业废水排放达标率92%、废气排放达标率均达91%,工业固体废物处理利用率80.32%;环境保护投资指数1.89%,城市环境污染得到最大限度控制,年内从未发生过特大环境污染与破坏事故。

【巩固甲级卫生县城成果】　2009年,县爱卫办协同成员单位巩固甲级卫生县城成果。2008年10月,鲁甸县城被省第八次县城卫生检查团评为云南省甲级卫生县城。为巩固云南省甲级卫生县城成果,协同成员单位认真开展各项工作,做到步调一致,认识统一，全面完成爱卫各项目标和任务。

【节假日卫生检查活动】 2009年，县爱卫办开展节日期间卫生大检查活动。元旦、国庆60周年，组织爱卫成员单位负责人对县城机关、企事业单位、学校进行卫生抽查，邀请县广电局记者宣传报道。通过卫生大检查，县城内乱停乱放、乱扔乱倒、占道经营、乱涂乱写、乱放犬只等违规现象得到遏制。街道卫生状况明显改善，摆摊布局更加合理，车辆更干净整洁。

【农村卫生整治】 2009年，县爱卫办加强乡镇卫生、农村卫生整治。组织乡镇（村）以创建卫生乡镇（村）为载体，进一步完善卫生基础设施，集中开展一次环境卫生专项整治，确保乡镇街道和重要通道规范有序，基本做到无偏棚和占道经营，改善乡镇环境卫生面貌。每个乡镇建立1～2个垃圾转运点，居民住宅区设置固定垃圾收集点。农村卫生以抓好公路沿线村、农户环境卫生为重点，以新农村建设为统揽，按照村容整洁要求，针对薄弱环节，开展村容环境治脏工作。一是围绕修路、建池和改水、改厕、改圈、改灶、改厨为重点，加强农村基础设施建设。二是从改变农村卫生习惯入手，治理随意乱倒、乱堆放垃圾行为，在农户较集中地方建垃圾池或焚烧池，对农户生活垃圾实行集中处理或就地挖坑填埋与焚烧。三是不断美化生活环境，做到农具柴草堆放整洁、畜禽饲养规范，庭院硬化、绿化、美化。

（县爱卫办工作总结）

社　会

编　辑:李峻峰

2009 年 11 月 23 日,全县 2010 年人口和计划生育工作会议召开

（丁世新　摄）

扶贫开发

【机构人员】 2009年,县扶贫办内设综合股、项目股、小额信贷股、易地股、计财股、社会帮扶股。有工作人民员19人

主　　任

　　黄延安　男　汉族　鲁甸人

党组书记

　　张才品　男　回族　鲁甸人

副 主 任

　　张才品　男　回族　鲁甸人

　　蒋仕和　男　汉族　鲁甸人

　　马贤斌　男　回族　鲁甸人

　　丁世泽　男　回族　鲁甸人　2009年3月止

　　杨　智　男　汉族　鲁甸人　2009年3月任

扶贫基金会秘书长

　　刘阳成　男　汉族　鲁甸人

【整乡推进工作】 2009年2月,小寨乡被列为全省扶贫开发整乡推进试点,各级领导高度重视,从市、县相关部门和小寨乡抽调23名业务骨干组成规划编制组,深入小寨乡实地踏勘,按照市委、市政府提出的“瞄准最贫困群体,走产业化扶贫之路”的扶贫思路,紧紧围绕“大力发展基础产业、加强基础设施建设、提高农民基本素质、完善基本保障体系和抓好基层队伍建设”的总体要求,对小寨乡认真调查,找出发展中存在的困难和问题,分析发展潜力,提出发展思路和目标,确定发展重点,编制完成《昭通市鲁甸县小寨乡整乡推进扶贫开发规划》。3月23日通过县级评审,4月2日通过省级评审。项目规划投资6 100万元(其中省级财政扶贫资金600万元,市县财政补助和部门整合资金4 280万元,群众投工投劳折资1 220万元),一次规划,分两年实施。主要以产业发展、基础设施建设、社会事业、生态能源、科技培训推广和农村基层组织建设为主。全年完成投资6 100万元,各项工程已进入扫尾阶段。全面实施“资源大整合、社会大参与、群众大发动、连片大开发”战略,突出瞄准最贫困群众,走产业化扶贫之路,以“五基”为重点,以“八通八有”为抓手,强势推进整乡推进工作。按照“统一规划,捆绑使用,渠道不乱,各负其责,各记其功,对口验收”原则,着力强化基础设施建设,改善发展条件。在省级补助600万元,市级补助400万元基础上,县财政安排200万元,整合项目资金4 900万元,共6 100万元,其中2009年投入4 800万元。基本实现所有村委会通公路、通水、通电、通广播电视、通移动电话,100%自然村通简易公路,60%自然村通安全卫生饮用水,100%自然村农户通电;村委会有安全实用的办公房、支部活动室、卫生室、文化室,80%农户住上安全实用安居房,60%农户户均有1口沼气池或节能灶,80%农户有1个小水窖或小水池,人均有0.05公顷高稳产农田地,人均有0.3公顷经济林果或经济作物,年人均有1.5头商品畜出售,户均有1个以上劳动力输出的目标。全乡农民人均纯收入达3 204元,增长29.98%,高出全县平均水平868元,高出全市平均水平749元。

【整村推进】 2009年,县扶贫办实施46个整村推进项目,投入扶贫资金690万元,主要用于房屋改造、基本农田建设、村内道路硬化、人畜饮水、沼气池建设、改厕、改厩和发展种养业等。项目覆盖12个乡镇46个自然村,受益3 043户12 958人。已完成45个,1个正在实施中。

【易地开发】 2009年,县扶贫办实施700人350万元县内易地安置项目。其中水磨镇150人75万元,小寨乡100人50万元,龙头山镇100人50万元,江底乡150人75万元,新街乡100人50万元,火德红乡100人50万元。完成总工程量60%,完成投资210万元。所有项目2010年6月底全面完成。项目建设内容包括安居工程、通电工程、能源建设、基本农田建设、人畜饮水工程、通路工程、小型农田水利设施、科技培训等。

【产业扶贫】 2009年,县扶贫办投入专项产业发展资金155万元,主要涉及花椒、樱桃、核桃、马铃薯、魔芋种植和生猪养殖等,项目全部实施完成。

【茅草房消除工作】 2009年,县扶贫办计划用3年时间,消除全县贫困户居住茅草房,共4 051户15 537人,居住面积141 543平方米。年内,整合各部门消茅资金723.2万元,已消除1 793户茅草房,完成年度消茅任务。

【增加小额信贷投入】 2009年,县扶贫办积极协调金融部门,加大贷款帮扶力度,创新小额信贷扶贫

机制，把小额信贷与农村产业结构调整、农业产业化经营和其他扶贫措施相结合，主要投向种植业、养殖业和农特产品加工业。年内，协调发放小额扶贫贴息贷款3 500万元，贴息资金175万元，在上年基础上翻一翻。县委、县政府帮助解决群众贴息48万元，使贴息贷款变成无息贷款，优惠贫困群众，促进贫困群众收入增加，农产品加工业得到更好扶持。

【开展劳务输出工作】 2009年，县扶贫办认真开展劳务输出工作，共培训农村劳动力2万余人，转移输出就业1万余人，全县累计转移务工人员11万余人，实现纯收入达3.98亿元。完成年度任务。

【全面开展“百千万帮扶工程”】 2009年，县扶贫办抓住中央和省、市有关部门挂钩扶贫的有利时机，积极争取更多关心和支持，解决脱贫致富中的突出问题，争取社会各界对贫困群体的关注和帮助，县直各挂钩部门充分发挥部门优势，多渠道筹集资金、引进技术和人才，为贫困群众办实事、办好事，动真情、扶真贫，形成全社会关心支持扶贫开发工作的良好氛围。各挂钩单位在实施“百千万帮扶工程”中，挂钩帮扶到村2 963人次1 560天，其中厅级干部8人次8天、处级干部126人次85天、科级及以下2 943人次1 501天；投入帮扶资金1 459.02万元，其中直接投入资金300万元，协调引进资金1 000万元，物资折价139.02万元，帮困基金20万元，上大小项目34个；结对帮扶参与1 240人，帮扶1 199户；修善学校4所，解决饮水困难5 070人，安装管线30千米，修善公路16.5千米；帮扶种植业10公顷，经济林果36.7公顷，帮扶养殖牲畜1 900头；举办培训50期6 215人次，劳务输出500人次，资助学生120人。

（赵 悟）

计划生育

【机构人员】 2009年，县人口和计划生育局内设办公室、宣传法规股、科技统计股、财会内审股、流动人口管理办公室、计生协会、人口和计划生育服务中心。有工作人员16人，服务站27人，计划生育协会3人。12个乡镇设计生办和计划生育服务所。有工作人员97人。

局 长

李章恒 男 回族 鲁甸人

副局长

秦绍春 男 汉族 鲁甸人

徐可新 男 汉族 鲁甸人

冯忠梅 女 汉族 鲁甸人

县计生服务中心主任

保文祥 男 回族 鲁甸人 2009年12月止

朱昌丽 女 汉族 鲁甸人 2009年4月任

【工作完成情况】 2009年，全县完成施行一孩放环2 661例，占市下达任务数的120.95%；施行结扎4 712例，其中二孩结扎2 842例，分别占市下达任务数的147.25%和151.98%；实施医学监护3次，平均监护面95.93%；实施补救措施1 065例；征收社会抚养费363.46万元，占市下达任务数的191.29%；县财政投入432万元，占市下达投入数的308.57%；计划外多孩出生157人，比市下达控制数少293人，占控制数的34.89%；办理农业人口独生子女证241户，占市下达任务数的301.25%。在9个村创新人口和计划生育工作新机制，比市下达创建数多7个，占创建数的450%。

【完善财政投入保障机制】 2009年，县财政预算投入432万元用于计生工作，并将征收的363万元社会抚养费10%用于计划生育服务站、所建设，其余90%全部返还乡镇用于开展计划生育工作。在不断加大投入的同时，有力地保障各项扶助政策全面落实。

【医学监护措施有力】 2009年，县计生局坚持一放、二扎、医学监护、补救措施落实和社会抚养费征收工作方针不动摇，通过各项手术措施落实和社会抚养费征收，使计划外生育特别是违法多孩生育大幅度下降。深入全县12个乡镇68个村开展督促检查和工作指导，实现工作前移，到村督查指导面占全县84个村（居）委会的80.95%，使问题在一线发现，工作在一线落实，增强工作针对性和实效性。

【重点整治工作】 2009年，县计生局按照分类指导原则，强势推进全县工作，对后进地方依法重点整治。在龙头山镇、梭山乡、龙树乡党委、政府、县人口计生局及公安机关努力下，龙头山镇沙坝村、西屏村、翠屏村向阳坡、银屏村马家坪，梭山乡黑寨村、挖水村，龙树乡龙树村等难点地方工作得到根本治理，为全县人口和计划生育工作整体推进奠定新的坚实基础，彻底扫清工作障碍。

【加强自身建设】 2009年，县计生局为解决服务站、所业务用房不足的问题，新建桃源、梭山、乐红3个服务所，对县服务站全面改造。医务人员不足问题上，继缺岗招聘后，县委、县政府安排50个事业岗位，专门招聘医务人员为主的专业技术人员。加强机关作风整顿和基层组织建设，着力从服务能力上下功夫，确保全县1万余例手术安全，未发生大小手术事故和计划生育手术并发症。

【宣传教育工作】 2009年，县计生局加大《人口与计划生育法》、《云南省人口与计划生育条例》等法规宣传。制作《实施意见》12幅，发放预防艾滋病知识6万份、出生缺陷干预知识6万份，计划生育法律法规及政策宣传单2万份。在县城文化广场宣传橱窗张贴宣传专栏12期，宣传现行生育政策、优生优育、避孕节育知识，撰写《人口与计划生育信息》26期。

【严肃查处违法生育案件】 2009年，县计生局与纪检监察机关密切配合，加大对党员和国家公职人员违法生育行为的查处力度，强化党员和国家公职人员在计划生育中的模范作用。年内，严肃查处2名村干部违法生育案件，勒令引咎辞职，落实手术并足额征收社会抚养费，在群众中产生良好效果。政法各部门从重从快对暴力阻碍计划生育工作违法犯罪行为进行打击，对计划生育工作健康发展起到积极促进作用。

【流动人口管理】 2009年，县计生局认真落实流动人口管理全省"一盘棋"工作要求，把计划生育与户口管理、惠农政策、扶贫开发、民政救助等相结合，各乡镇抓住流动人口返乡的有利时机，积极落实各项节育措施，主动加强与县外合作，流出人口计划生育管理收到实效，督促流出已婚育龄妇女寄回医学监护证明681张，一孩放环证明137张，返乡落实结扎手术83例，对返乡超生户征收社会抚养费52.35万元。利用流动人口信息服务平台受理来件2 137件，将流入人口上网提交28人。

【队伍建设】 2009年，县委在两个民族乡和4个重点乡镇增设1名专管人口和计划生育工作的副乡镇长；乡镇计生办主任将按副科级干部选配。为解决管理与服务人员不足问题，一次性解决计生队伍事业编制50名；为稳定计生宣传员队伍，除按村委会副职增加待遇外，县、乡所属事业单位每年招考工作人员，安排2个岗位，面向连续3年考核为优秀的村(居)计生宣传员。

(沈远东)

人事和劳动社会保障

【机构人员】 2009年，县人事和劳动社会保障局内设办公室、法规政策监督股、人事劳动争议仲裁办公室、劳动监察大队、公务员管理股、科技干部管理股、调配与军转安置股、工资福利与退休股、社会保险事业管理局、医疗保险基金管理中心、劳动就业服务局，机构编制办公室与人事劳动社会保障局合署办公。有在职干部职工49人。

局　　长
　　饶智祥　男　汉族　鲁甸人
副 局 长
　　卯时康　男　汉族　鲁甸人　2008年12月止
　　何　珺　男　汉族　鲁甸人
　　王咏宇　男　汉族　鲁甸人　2009年11月任
机构编制委员会办公室主任
　　卯时康　男　汉族　鲁甸人　2008年12月止
　　饶智祥　男　汉族　鲁甸人　2008年12月任
编办副主任
　　邹嘉振　男　汉族　鲁甸人
就业服务局局长
　　李艳琼　女　回族　鲁甸人
劳动保障监察大队队长
　　余　江　男　回族　鲁甸人
社保局局长
　　姜　燕　女　汉族　昭通人
医保中心主任
　　李　龙　男　汉族　鲁甸人

【强化公务员队伍建设】 2009年，县人劳局依照《公务员法》，按照"一年入轨，三年建制，五年完善"的要求，积极做好公务员考核、登记、录用和素质教育等工作。全县1 132人参加公务员考核，其中科级以上实职领导337人试行民主测评、民意调查、定量分值评定。非领导职务805人,科员341人、试用期38人,全部人员按相关文件要求严格考核通过。根据《公务员法》和相关文件精神,对2006、2007年全县新录用公务员、原参照公务员管理单位人员及新批准参照管理单位人员,共登记146人。按照公务员招考要求,申报计划,经组织报名,全县招录公务员21人(乡镇10人,公安8人,森林公安1人,村干部招录公务员2人)。为进一步提高公务员素质,针对政府口开展986人《危机管理理论与实务》培训与考试,完成在职干部本科学历变更200人,专科学历变更103人,中专学历变更3人。

【规范科技干部管理】 2009年,县人劳局加强科技干部管理,重点承担事业人员招聘和企事业专业技术人才培养,为全县社会事业和经济发展提供可持续人才保证。招聘工作,严格执行凡进必考政策规定,全年完成教育类招聘紧缺教师15人,特岗教师129人,转正录用"三支一扶"支教服务期满教师2人,办理"三支一扶"录用10人;招聘卫生紧缺岗位工作人员10人,计生紧缺岗位工作人员4人;计划招聘补员教师30人,非教育类工作人员招聘补员105人,完成报名考试工作,正办理审核录聘工作。加强企事业单位专业技术人才培养,组织相关专业技术人才对《突发事件应对法》和《危机管理》培训报名及考试,全县5 223人参加,对未取得《继续教育登记证书》的116人补办相关证书,办理《专业技术人员聘任证书》157人。完成高职、中职、初职专业技术职务岗位设置,认真审核上报高职、中职专业技术人员评审材料。通过评审。全县取得高职专业技术职务任职资格42人,中职专业技术职务任职资格296人,初级专业技术职务任职资格660人。为进一步规范事业单位岗位管理,拟定全县事业单位岗位设置管理实施方案。

【政府机构改革工作】 2009年,县人劳局认真做好调研,为新一轮政府机构改革做好前期准备工作,保证县政府机构改革顺利进行。根据省委、省政府关于做好州(市)、县(区)政府机构改革指示精神和《中共云南省委、省政府关于州市县政府机构改革的实施意见》要求,这次改革意义重大、涉及面广,县编办积极做好机构改革前期调研工作,为政府当好参谋,通过6个多月工作和努力,结合县情,提出《鲁甸县政府机构改革实施方案》,报县委、县政府审核,已上报市委、市政府审批。

【机构编制管理工作】 2009年,县编办针对各部门要求调整内设机构、成立事业单位、机构更名、增挂牌子、增加编制、增加职数等情况,严格按照要求,增加编制单位均从严控制,个别新批准成立全额拨款的事业单位明确提出,按从本系统内连人带编抽调的原则,有效控制在职人数的增长,减轻财政负担;根据上级文件要求,县编制办对全县已登记的118个事业单位法人按计划、有步骤完成年度检验工作,受理变更登记7个单位。及时对已登记的事业单位法人登记单机版录入材料进行认真清理上传,为事业单位网上登记管理工作奠定坚实基础。县编办建立法人登记档案库,做到一个单位一本册,保证法人登记档案的健全性和事业单位在线登记管理工作顺利进行。调配工作严格坚持原则,全年办理调动手续408人(其中干部调动385人,工人调动23人;调出县外21人,县外调入25人)。

【工资管理工作】 2009年,县人劳局加快推进机构编制实名制工作,完善和规范机构编制管理,较好地管好全县机构编制和人员管理,切实做到实名制管理,认真做好工资基金审批工作。每月15日前,审批工资时严格把关,逐一核对,实行工资基金管理手册,工资基金管理台账,建立和完善各单位实有人员名册,并如实登记各单位实有在职人数台账,杜绝套用财政资金现象。对调出、调入人员及时在台账台上注销、登记。加强全县退休人员管理,建立登记、注销统计台账。同时,严格执行工资福利相关政策,完成各项工资业务常规审批工作,正常晋升工资5 185人,工资调偏224人,职务工资晋升716人,重新确定薪级工资32人,卫生系统信息采集560人,教育系统信息采集4 130人,审批农林水上划工资一线浮动416人、一线浮动转固定30人,教龄津贴445人,警衔津贴55人,检察官、法官津贴5人,卫生防疫津贴5人,学历津贴236人,增加离休人员护理费25人,转正定级工资审批113人,办理行政事业单位退休人员20人,行政事业单位遗嘱生活补贴18人,护理费审批50人,建房费审批10人。审批完成义务教育以外和除参照公务员管理的事业在职工作人员1 635人临时性生活补贴,退休人员346人临时性生活补贴。按照省市要求,完成义务教育学校在职教师4 134人和退休教师348人绩效工资兑现工作。

【维护劳动者合法权益】 2009年,县人劳局认真开展劳动保障法律法规宣传和贯彻落实。重点是《劳动法》、《劳动合同法》、《争议仲裁法》等法律法规宣传活动,积极组织开展全县清理整顿人力资源市场秩序、禁止使用童工、执行最低工资标准、拖欠农民工工资、劳动合同签订、社会保险扩面等专项执法检查工作。劳动保障巡察用人单位108户、涉及劳动者4 041人;审查各类用人单位书面材料268户,涉及劳动者13 725人,年审合格率71%,下发执法文书255份,处罚单位5户、处罚款3.4万元;为依法保障农民工、临时工和外出务工人员合法权益,积极与县建设局、纪委监察局等部门协调配合,建立预存农民工工资保障金制度,开设预存农民工工资保障金专户;受理拖欠农民工工资投诉(举报)案件10件,办结10件,支付拖欠农民工工资涉及劳动者429人308.6万元;认真贯彻《劳动合同法》,新签劳动用工合同640人,签订率97.1%;办理用工登记证131户,涉及劳动者8 757人;受理工伤认定案件21件21人(其中行政事业单位6件6人,私营企业13件13人,其他2件2人),现场调解2件2人,赔偿金额2.2万元。协助市工伤认定科工伤案件调查取证43件;组织开展人力资源市场清理专项行动检查活动6次,检查用人单位218户、涉及劳动者9 875人,出动检查人员131人次;下发整改文件71份,受理人事劳动争议仲裁案件15件15人,(其中调解赔偿案件7件7人,赔偿金额36.3万元,工资合同纠纷5件5人,补交养老保险金1件1人),2件2人正在办理中。社会保险扩面工作取得成绩。全年新增社会保险参保人数2 809人(其中养老保险300人,医疗保险1 149人、工伤保伤1 000人、生育保险60人、失业保险300人)

【劳动保障所建设】 2009年,县人劳局重视乡镇(街道)劳动保障所能力建设,深入乡镇了解调查劳动保障所建设情况,将上级劳动部门配备专用车辆和办公设施及时配发12个乡镇和4个社区劳动保障所,使劳动保障所交通工具、办公设施等进一步充实,连通乡镇、社区劳动保障域网,网络覆盖率100%。派专业人员到站所业务指导,积极组织站所工作人员参加各级举办的业务培训、考试,培训人员的基本情况在人劳局备案,为乡镇劳动保障所能力建设提供人才保证。

【开展劳动就业再就业工作】 2009年,县人劳局认真贯彻落实"劳动者自主择业、市场调节就业和政府促进就业"的方针,努力开发就业岗位,准确掌握辖区内失业人员情况,积极为失业人员提供免费职业指导和职业介绍服务,落实城镇下岗职工再就业435人;落实有关政策,帮助扶持困难企业规范裁员行为,保持就业稳定,稳定困难企业就业岗位350人;通过对零就业家庭实施就业援助和开发公益性岗位,实现就业困难人员再就业393人。对"4050"人员和零就业家庭开发公益岗位100人,实行养老保险补贴,促进灵活就业326人,开发保安岗位、城市环卫工人、文化广场、太阳湖清扫工实施就业援助314人,提供事业单位招聘岗位164人,提供公务员招聘岗位21人,提供特岗教师岗位119人,企业吸收安置479人,通过创业培训实施小额贷款扶持109人,下岗失业小额贷款扶持95人,招聘大学生村官62人,通过措施,实现城镇新增就业1 789人,城镇年未登记失业人数420人,切实把城镇登记失业率控制在4.5%以内。加大创业培训工作力度,聘请江城培训站对全县下岗失业人员、大中专未就业毕业生、农民工等开展三期创业培训,共培训369人,全部取得《创业培训合格证书》。向县委、县政府及上级主管部门争取各类创业贷款资金,对取得证书的下岗失业人员给予创业贴息贷款,贷款95人457万元。加强"贷免扶补"工作,使符合"贷免扶补"贷款人员早日实现创业。全县有215人提出创业申请,140人参加创业培训,110人通过审核向信用联社推荐,共发放创业小额贴息贷款550万元,县团委45户完成贷款225万元,完成任务100%;县妇联5户完成贷款25万元,完成任务数的100%;工商联5户完成贷款25万元,完成任务100%;工会6户完成贷款30万元,完成任务100%;个私协4户完成贷款20万元,完成任务100%;就业经办机构推荐发放45户完成贷款225万元,完成任务100%。成功实现创业127人,为19位创业人配备导师,创业人员尽快实现创业,带动就业;积极开展就业、工人技术等级、农村劳动力培训和农村劳动力转移工作。全年培训1.33万人(其中技能培训7 800人、引导性培训5 200人)。组织全县机关事业单位技术工人等级培训,初、中、高级培训68人,新增技师7人。配合协调县人力办和各乡镇多方联系，累计转移外出务工10.49万人。落实兑现2008年符合享受养老保险补贴条件的326人53.53万元养老保险补贴，2009年符合享受养老保险补贴条件的300余人，70万元，对100个公益性岗位下岗再就业人员，兑现公益性岗位补贴30万元，对稳定企业现有就业岗位起到促进作用。

【社会保险稳步推进】 2009年，县人劳局加大宣传力度，稳步推进社会各项保险工作。一是社会医疗保险。全县参加基本医疗保险10 673人，完成下达任务数12 424人的85.91%（其中在职8 785人，退休人数1 888人），共征收医疗保险费1 454万元，其中统筹基金收入786万元，个人账户基金收入668万元。核销基本医疗保险住院报账624人次，申报住院医疗费417.17万元，统筹基金支付308.85万元，统筹支付比例65.55%；支付个人账户75 992人次，支付资金665万元。全年医疗保险基金累计结余3 097.7万元，其中统筹基金累计结余2 267.73万元，个人账户基金累计结余824.97万元，全县实现“收支平衡、略有结余”的基金管理目标。全县有离休干部51人，核销离休人员医药费130.79万元；二等乙级伤残军人27人，核销医药费20.15万元。参加大病补充医疗保险职工人9 883人，收大病补充医疗保险费96万元，支付医疗费22.40万元。

二是工伤和生育保险。2009年，全县参加企业工伤保险职工2 332人，完成下达任务6 000人的38.87%，其中农民工参加工伤保险1 677人，完成下达任务3 000人的55.90%。收缴工伤保险费32.97万元。发生工伤事故3人，赔付资金68.25万元；全年支付行政事业单位工伤医疗费用13万元。参加企业生育保险职工816人，收缴生育保险费18.25万元，有2人生育，支付生育保险费1.66万元；城镇职工参加生育保险7 319人，完成下达任务4 561人的160.47%，支付行政事业单位女职工47人生育医疗费7.16万元。

三是城镇居民基本医疗保险。年内，城镇居民参保3 353人，完成下达目标9 371人的35.78%，其中学生参保566人，学生低保对象参保57人，城镇居民成年人参保215人，城市低保对象参保1 993人，低收入老年人参保155人，重度残疾参保24人，其他未成年人参保343人。

四是养老保险。年内，参加养老保险3 100人，完成下达任务3 082人的100.58%（企业参保2 540人，完成下达任务2 530人的100.3%，个体和自谋职业参保560人），收缴养老保险基金900万元。完成社区管理服务率92%。全县有离退休人员550人，全年发放养老金662.13万元，确保离退休人员基本养老工作有序开展。

五是失业保险。年内，失业保险参保人数6 380人，完成下达6 000目标任务的106.33%，收缴失业保险基金109万元，支付失业保险生活补助5人，共6 314元，减轻企业负担，稳定企业就业岗位，维护社会稳定。

【统筹基金专项检查】 2009年，县人劳局牵头，卫生局、发改局、药监局等部门组成检查组，对17家定点医疗机构和6家定点药店进行年检。检查工作以突击检查、调查、走访为主，以报销票据和处方、病历、检查、化验及治疗单据为依据，与计算机监控相结合，确定购药记录检查定点药店费用的真实性，全年对定点医疗机构和定点药店检查8次，涉及256人。

【积极参与挂钩帮扶工作】 2009年，县人劳局深入挂钩帮扶村梭山乡密所村开展调研，了解群众生产生活和村委会办公情况及学校环境与教学等情况。召开村组干部会议，听取村组干部对村发展的意见和建议，帮助帮扶村制定发展规划和年度计划，派1名懂农业生产技术的职工常驻挂钩帮扶村，解决农业生产存在的技术问题。同时，筹措8 000元帮扶资金，用于帮助困难学生上学，改善村委会办公条等。

【队伍建设】 2009年，县人劳局把机关作风建设、党风廉政建设和学习践活科学发展观活动有机结合，使部门和干部队伍建设工作取得实效。一是完善车辆使用制度、上下班签到制度、各种会议制度、学习制度、上班工作等制度，提高干部职工的服务态度和工作效率，树立良好机关形象。二是把自身建设与阳光政府四项工作相结合，广泛征求行风监督员和社会各界的意见和建议，对存在问题的股室明确责任，立即整改，对存在问题的个人及时教育帮助、纠正，切实做到让意见人满意，让问题得到解决。三是自身建设与具体工作相结合，坚持正确的业绩观，做到矛盾不遮掩，问题不护短。四是有针对性地提出意见和建议，认真整改，对意见整改情况及时反馈，把整改过程向上级主管部门汇报，变压力为动力，推动各项业务工作稳步开展。

（汪 丹）

农村人力资源开发

【机构人员】 2009年，县农村人力资源开发办公室内设综合股、宣传培训股、财务股、技能鉴定站。有工作人员7人。

主 任

戚发孝 男 回族 鲁甸人

副主任

曾明沿 男 汉族 昭阳区人 2009年11月止

马彦俊 男 回族 鲁甸人

阮殿庚 男 回族 鲁甸人 2009年11月任

【农村人力资源概况】 2009年，县农村人力资源开发办就全县农村人力资源情况展开调查，全县有41.8万人，其中农业人口39.6万人，占总人口的94%，有农村劳动力21.3万人，其中富余劳动力12万人，占劳动力资源的56%，每年新增劳动力约0.5万人。有贫困人口13.2万人，占劳动力资源的62%。富余劳动力中小学以下文化占72%以上。丰富的人力资源为发展劳务经济提供重要保障。在国际经融危机冲击中，全县经受严峻务工就业形势考验，实现全县累计转移务工人员首次突破11万人，劳务经济指标再创新高。

【有序转移】 2009年，县农村人力资源开发办转移输出务工人员11.06万人，与上年同比增加0.8万人，增长8个百分点，在总量扩大基础上，劳务开发结构发生明显变化。从劳动力流向看，省外转移6.75万人，省内县外转移2.22万人，县内就地就近转移2.09万人，转移输出结构（省外:省内县外:县内）由上年的61:28:11变为61:20:19。从有序转移程度看，有序转移8.16万人，有序化转移程度从上年的65%增至74%，同比增长9个百分点，农村劳动力转移输出有序化程度明显提高。

【劳务收入明显增加】 2009年，县农村人力资源开发办对劳务收入情况进行全面统计，全县务工总收入实现8.39亿元，比上年增长0.73亿元，增幅达9.5%，超县下达目标任务0.49亿元；全县务工净收入实现4.09亿元，比上年增长0.41亿元，增幅达11.1%，超县下达目标任务0.19亿元，农民人均务工净收入1 048元，比上年956元增加92元，增幅达9.6%；农民人均务工净收入占农民人均纯收入44.4%。农村人力资源开发由数量型向质量型转变，县域劳务经济质量明显提高。

【劳务培训】 2009年，县农村人力资源开发办培训农村劳动力20 571人，超县下达目标任务71人，其中务工引导性培训13 015人，基本技能培训7 556人，获证4 531人。基本技能培训获证率60%。务工人员技能水平不断提高，就业竞争能力不断增强。

【加强人力资源管理工作】 2009年，县农村人力资源开发办采取措施开展人力资源工作。一是加强领导，落实目标责任。把农村人力资源开发工作纳入年度目标责任考核，县政府与县农村人力资源开发办和乡镇签订目标责任书，明确职责任务，召开会议，专题研究返乡农民工再就业问题，出台《鼓励创业促进返乡农民工再就业的工作意见》等返乡农民工就业优惠政策；把2009年目标任务分解，任务落实到人，与乡镇工作站、培训基地分别签订目标责任书，层层落实职责；在乡村建立信息员制度，负责信息发布、宣传动员，组织农村富余劳动力参加培训转移。根据农村劳动力培训转移需要，成立农村劳动力职业技能鉴定站，发展培训基地6家，加强农村劳动力转移培训力度。二是积极宣传培训，着力开发劳务市场。年初，县农村人力资源开发办在全县12个乡镇宣传培训，发放“春节慰问信”、“务工服务卡”和“招工信息”等宣传资料3.16万份，接受咨询2.4万余人次；春节前召开返乡农民工代表慰问座谈会，邀请10余家部门领导和2家培训基地负责人与农民工代表座谈、交流，了解返乡农民工就业意愿，为农民工再就业工作提供决策依据；3月初，县农村人力资源开发办与福建省泉州市惠安县劳动和社会保障局联系，组成劳务考察组到惠安县进行劳务考察，获得大量用工订单；选派骨干人员通过跨区域劳务合作与洽谈，多方收集劳务订单，与广东、福建、山东、江苏、浙江等省15家用工企业签订劳务订单，收集3 000个就业岗位，在县电视台滚动播出向社会发布务工信息；4月初，对福建泉州远宏实业有限公司、龙豪服饰有限公司、安盈轻工有限公司、金科服饰有限公司和广州东莞龙华胜鞋业有限公司、旭日玩具厂、台升家俱厂等20余家用工企业进行考察、洽谈,开发近2万个用工岗位;下半年,借护送务工人员到厂就业之机,陆续对务工输入地辐射的周边地区进行考察、洽谈,广泛收集务工信息。全年开发就业岗位3万余个。三是强化培训,提高就业能力。利用春节劳务下乡宣传之机,在乡镇对有意愿外出务工人员进行集中培训,共培训2 100人次;以贫困地区农村劳动力转移培训、基地培训、务工人员夜校培训、整乡推进农村劳动力转移培训等项目为依托,在县内积极开展务工引导性、新型农村妇女、农村实用技术、务工基本技能等培训,长期开设十字绣技术、电焊工、砌筑工、缝纫工、制瓦工、沼气工、林果蔬菜栽培、农机操作手、拖拉机驾驶员、农村经纪人等近20余个工种技能培训班,坚持理论知识培训与实践操作培训有机结合、统一考试与技能证书申办配套进行,进一步提升务工人员技能水平,增强就业竞争能力。四是加强组织转移,促进就业。1月底,在茨院乡成功举办全县"返乡农民工再就业欢送仪式"劳务宣传活动,为分批次外出的500余名务工人员举行隆重的欢送仪式,增强返乡农民工外出务工信心;积极参加上级组织的劳务输出活动。在9、10月,连续两次参加市委、市政府在全市县区范围内组织举办的"庆祝祖国60华诞—滇深劳务合作昭通务工人员欢送仪式",培训近400名鲁甸籍务工人员,并参加组织转移,转移人数占全市参加活动总数的半数以上;强化就近培训就地转移;加强宣传组织,保证平均每月2次以上规模组织务工人员输出就业。五是加强维权保护,促进稳定就业。积极与有条件的用工企业进行协商,开办单列回族食堂20余个,解除县内回族农民工外出务工后顾之忧;逐步在农民工集中的城市进一步设立联络(站)点,负责农民工跟踪管理、维权服务等工作;聘请云南砚池律师事务所为农民工维权服务,提供法律援助;与公安、法院、劳动保障、工会、妇联等部门配合,保护农民工合法权益。

【加强再就业工作】 2009年,全县出现返乡农民工4.14万人,其中受国际金融危机影响失业返乡1.53万人,占返乡总数37%。县委、县政府及时制定出台《关于加大扶持返乡农民工创业促进就业的意见》文件,支持返乡农民工创业促进就业。同时,返乡农民工再就业工作得到县政协的关注,被列为2009年县政协提案办理之一。县农村人力资源开发办采取有效措施:一是印制《鲁甸县务工人员返乡情况统计表》,2008年12月起组织专门力量,在全县12个乡镇实行返乡农民工监测10天一报的"旬报制度",及时掌握返乡农民工动态信息,组织召开返乡农民工代表座谈会,根据返乡农民工就业意愿和需求,制定工作措施,形成县、乡、村三级联动工作格局。二是多次选派骨干人员到广东、福建、山东、江苏、浙江等省实地考察、签订劳务订单,把收集到的就业岗位信息制成招工简章在鲁甸电视台滚动播出,向社会广泛发布务工信息。累计开发省内外用工岗位3万余个,解决务工就业岗位短缺的问题。三是根据劳务市场需求,开设十字绣、砌筑、钢筋、电焊、电子电工等多种专业技能培训。同时,创新培训方式,邀请用工方直接参与现场培训,做到长期开班、长期培训,培训一批、转移一批。共培训返乡务工人员6 272人,经培训转移5 806人。四是加强有序输出与务工能人带动转移相结合,促进再就业。年初,举办返乡农民工再就业欢送仪式,增强返乡农民工外出务工的信心和决心;做好安抚工作,加强远程救助。开发劳务市场同时,在务工就业地进一步做好农民工思想稳定工作,消除恐慌心理,对自发外出到务工地找不到岗位的务工人员实施远程救助、异地安置就业600余人。五是认真贯彻中央、省、市有关文件精神,落实农民工创业优惠政策,协同有关部门帮助返乡农民工申办扶持创业贴息贷款,鼓励返乡农民工创业101人,带动就业560余人。六是强化服务,促进就业稳定。为外出务工农民提供免费转移并派专人护送到厂安置就业,逐步在全县农民工集中的广东、福建、浙江等省设立联络(站)点,负责农民工跟踪管理、维权服务等工作。聘请律师为农民工维权,提供法律援助,与工会、妇联、劳保等部门配合,加强返乡农民工培训和各种合法权益保护。通过各种有效措施,全年4.14万返乡农民工实现再就业,被县政协表彰为"提案承办先进单位"。

【开展务工人员夜校培训】 2009年,县农村人力资源开发办积极争取,茨院乡被确定为全市11个务工人员夜校培训实施乡镇之一。4月,开始实施,认真做到10个到位:一是职责明确到位,做到层层落实;二是分工合作到位,形成合力;三是补助资金到位,保证培训顺利进行；四是教师到位，确保培训有序开展；五是培训教材到位，做到参训农民人手一册；六是培训到位，做到因人施教，因需施教，对不同年龄层次、不同文化水平、不同需求的农民采取不同的培训方式和内容；七是培训耗材到位，提高培训效果；八是教学设备到位，保证培训质量；九是订单到位，确保转移有岗；十是输出就业到位，确保农民增收。年内，全面超额完成任务，培训 97 期 4 827 人，完成任务 4 820 人的 100.1%。其中开展引导性培训 1 155 人，电焊工、制瓦工、砌筑工、沼气工、农村经纪人等务工技能培训 2 316 人，获取技能证书 470 人，占技能培训人数的 20.3%，新型妇女培训 120 人，生猪养殖、肉牛育肥、林果栽培、蚕桑种养、渔业养殖、玉米制种、蔬菜种植等农村实用技术培训 1 236 人。培训后，新增就业人员 4 827 人，转移就业率 86.5%。通过务工人员夜校培训项目实施，带动茨院乡年务工总收入 8 928 万元，纯收入 4 356 万元，占全乡农村经济总收入的 58%，务工纯收入比上年 3 561 万元年增加 795 万元，农业人口人均增加 295 元。

【“整乡推进”劳动力转移培训】 2009 年，县农村人力资源开发办根据小寨整乡推进建设要求，贴近农村、贴近农民、贴近技能需求，制定《小寨乡“整乡推进”农村劳动力转移培训实施方案》，整合资金 22 万元在小寨培训 1 100 人、整合资金 10 万元在龙头山镇培训 500 人。5 月 6 日实施，7 月底圆满完成 1 600 人转移培训任务，惠及贫困农民 1 600 户 5 000 余人。发放培训教材、务工知识读本、宣传资料和招工简章等 7 000 册(份)；发放泥刀、灰铲、灰板、抿子、施工安全帽等实训工具 1 600 套 8 000 余件，就地就近转移就业 1 523 人，人均月工资 1 000 元以上，实现月务工收入 150 余万元，循环投入整乡推进房屋改造和基础设施建设。通过培训，部分受训人员组建施工队 10 个，在乡内从事屋顶改造工作，每人每天可挣 50～60 元，月工资 1 500 元以上，每个施工队每天可完成 3～4 户屋顶改造，10 个施工队每天完成近 30 户民房屋顶改造工作。

【实施转移培训项目】 2009 年，县农村人力资源开发办实施转移培训项目。一是全面落实 2008 年度云南省贫困地区劳动力转移培训项目实施方案，以市场需求为导向，提高农民就业能力为前提，转移就业为目的，以订单方式培训为主开展项目工作。至 2009 年 8 月，全面完成转移培训任务并通过县级检查验收。共培训农村劳动力 85 期 7 050 人(其中获技能证 466 人)，完成任务 7 000 人的 100.7%，转移 6 989 人，转移率 99%。通过项目实施，人均月工资 950 元以上，按人均务工半年以上计，获务工总收入 4 018 万元，惠及 6 000 余户、贫困户 2.4 万余人贫困人口。加强监督指导，抓好示范基地转移培训。示范基地转移培训项目 2008 年 8 月启动实施(为跨年度实施项目)，至 2009 年 8 月，全面完成转移培训任务并通过县级检查验收，共培训农村劳动力 400 人，占任务数 400 人的 100%，获技能证 382 人，获证率 95.5%，转移就业 400 人，转移率 100%。二是抓好 2009 年省级农村劳动力转移培训。项目自 2009 年 8 月开始实施至 12 月完成，共培训农村劳动力 32 期 4 000 人(其中务工引导性培训 535 人，务工基本技能培训 2 865 人，获技能证 1 078 人，基本技能培训获证率 38%，农村特色产业经营培训 600 人)，转移 4 000 人，转移率 100%，其中省外转移 960 人，县内就地就近转移 3 040 人。通过项目带动，转移就业人员人均月工资 1 200 元以上，按人均务工半年以上计，获务工总收入 2 880 万元，惠及农户 3 600 余户 1.4 万余人，效果明显。

【加强农特产业技术和农村服务业技能培训】 2009 年，县农村人力资源开发办以贫困地区农村劳动力转移培训项目为依托，以农民增收为目标，强化技能培训为重点，增加就业为核心，结合农民实际需要，围绕县内民生工程、基础建设、生态环境项目和优势特色产业发展，着重抓好特色种植、养殖、农产品加工、农村服务业等农村实用技术培训。一是结合龙树片区冷凉蔬菜产业发展需要，在龙树、新街、水磨 3 个乡镇开展冷凉蔬菜种植技术培训 350 人。培训后，就地转移从事农特产业生产。二是结合龙头山片区经济林果产业发展，在龙头山等乡镇开展花椒、苹果等特色产业培训 683 人。三是结合县内畜牧养殖、蚕桑种植等产业发展，在茨院等乡镇开展蚕桑种植、玉米制种、渔业、肉牛、生猪等养殖技术培训 1 085 人。四是在各乡镇开展农村经纪人、沼气工、农机操作手、拖拉机驾驶员等农村服务业技能培训 365 人。经培训后，就地转移从事农特产业生产和农村服务行业，提高农畜产品质量，为农民持续增收创造条件。

【做好全省春耕生产参观点筹备工作】 2009年2月,县农村人力资源开发办作为全省农村劳动力转移就业工作现场参观点筹备工作牵头单位,在县委、县政府支持指导下,协同有关部门认真做好参观场地设置、学员组织和培训转移、展区和展室布置等筹备,组织250余名务工人员参加培训转移,成功接待全省及各州市领导现场参观指导,为全县农村劳动力转移培训工作积累宝贵经验,圆满完成"现场参观点"筹备迎检工作。

(县农村人力资源开发办工作总结)

民族宗教

【机构人员】 2009年,县民族宗教事务局内设办公室、民族股、宗教股。有工作人员14人,其中工人1人,借调3人。

党组书记

马曙光 男 回族 鲁甸人 2009年3月止

局 长

白金孝 男 回族 鲁甸人

副局长

戚发迅 男 回族 鲁甸人 2008年11月止

张德喜 男 彝族 鲁甸人

张兴轩 男 苗族 鲁甸人

马 访 男 回族 昭阳区人

【制定民族地区经济社会发展五年规划】 2009年,县民宗局贯彻省市相关领导讲话精神,进一步探索散居民族地区经济社会发展途径,根据市民委安排,对全县散居民族地区经济社会发展进行调研和规划,找出民族地区发展的不足,对民族地区基础设施、教育、文化和卫生等经济社会发展进行规划。通过县政府批准,形成《鲁甸县人民政府办公室关于散居民族地区经济社会发展五年规划》文件,为全县少数民族及民族地区经济社会发展从政策上给予保障。

【召开经济社会发展现场办公会】 2009年,县民宗局认真贯彻落实党的民族政策,进一步深化民族团结教育工作,推进少数民族地区经济社会发展,切实落实县委、县政府《关于进一步加强民族工作,加快少数民族地区经济社会发展的意见》。11月5日,县委、县政府在桃源乡召开"民族乡镇经济社会发展现场办公会"。县委常委、县政府副县长铁朝曙对民宗局调研撰写的《鲁甸县民族地区经济社会发展调研报告》向大会作了通报,会议决定在4个民族工作重点乡镇投入1 023万元解决民族地区存在问题。一是解决新农村建设资金245万元。二是一事一议项目资金289万元。三是农村危房改造资金408万元。四是村级活动场所建设资金81万元。五是从2010年起,桃源回族乡和茨院回族乡每年分别解决50万元改善街道建设经费,连续3年。六是12个民族村每年解决10万元发展资金,连续3年。七是小寨乡、龙头山镇、龙树乡、水磨镇各解决1名民宗助理员,待遇与村干部一致。会议成功召开。

【挂钩村帮扶工作】 2009年,县民宗局多次到挂钩点梭山乡挖水村,认真调查研究,从项目和人力、物力及经济等方面对挖水村帮扶。一是为挖水村解决2万元工作经费。二是按照每户补助4 000元方式为挖水村15户茅草房进行改造,完成投入使用。三是帮助挖水村修建一条乡村道路。四是选送2名彝族同胞到永善培训学习彝族文化知识,彝族文化得到进一步挖掘、巩固和传承。

【认真落实好项目申报工作】 2009年,县民宗局向上级主管部门申报涉及人畜饮水工程、民族团结示范点建设、民族文化室建设、乡村公路建设等13个项目,进一步改善全县少数民族地区基础设施建设落后的现状及民族团结起到良好促进作用。

【积极抓好民族教育工作】 2009年,县民宗局贯彻落实党的民族教育政策,积极帮助少数民族学生完成学业。一是积极筹措经费,从民族工作机动经费中挤出部分资金,继续为县一中初、高中民族班学生每人每月(1年按照10个月计算)发放50元生活补助费,2009年春秋两学期发放民族班学生生活补助10万元。生活补助费的发放,缓解学生经济压力,为完成学业提供一定保障。二是配合教育部门完成县一中民族初、高中部民族学生及省、市民族学校及中专学校民族生招生工作任务;配合昭通师专完成县内少数民族高中考生报考昭通师专民族预科班报名工作。三是在上级给予一定资金资助贫困学生基础上,送出35名少数民族学生到省民族中专、省商务工程信息学校、昭通卫校等6所中专就读。四是科学合理制定民族地区教育事业发展措施。9月,县民宗局、教育局配合市民委、市教育局及云南民族大学民族教育专家、教授对全县民族教育发展现状及存在困难和问题进行调研，特别对2个民族乡、12个民族村的民族教育情况作详细调查了解。为今后民族教育发展提供科学合理的决策依据。

【建设民族团结示范村】 2009年，县民宗局积极争取省、市资金支持，在茨院乡启动建设“葫芦口村马厂自然村民族团结示范村”，全县民族团结进步进一步加强，产业进一步发展。民族工作在“共同团结奋斗，共同繁荣发展”主题指导下，通过强化措施，加大民族地区投入，增加农民收入，加快民族地区社会事业发展，提高少数民族人口素质，少数民族地区社会风气与经济发展环境极大改善，民族宗教活动有序开展，营造民族团结进步的良好氛围。2009年，县委再次被国务院表彰为“民族团结进步模范集体”。

【加强清真食品管理】 2009年，县民宗局落实党的民族政策，尊重少数民族的生活习惯，推进境内清真饮食规范化管理工作，对全县清真食品实行不定期检查清理，杜绝假冒清真食品出现，促进全县清真食品规范化管理。

【开展《宗教事务条例》实施情况调研】 2009年，县民宗局组织人员对《宗教事务条例》落实情况和民间宗教信仰情况进行全面调研。采取深入宗教活动场所和向有关部门了解的方式进行。贯彻《宗教事务条例》中存在道教、佛教教职人员资格难以认定，佛教教职人员接班人缺乏，未经批准建设民族宗教信仰活动场所数量多、规模大等情况存在。针对问题，建议县委、县政府采取措施加以取缔或给予依法登记，达到规范管理的目的，维护《宗教事务条例》的权威性。

【做好民族宗教矛盾纠纷调解工作】 2009年，县民宗局促进社会和谐，主动深入信教群众中排查矛盾，发现问题及时解决，把各种矛盾纠纷调处工作做深、做细、做实，从源头上控制矛盾纠纷和信访问题的产生，避免信教群众因矛盾纠纷赴省进京上访事件的发生，实现年内全县民族宗教矛盾纠纷和上访事件为“零”的良好局面。

【开展“平安宗教活动场所”创建活动】 2009年，县民宗局以维护社会稳定，构建宗教和谐，实现创建“平安鲁甸”为目标，在县综治办的指导下，认真贯彻落实《2009年社会治安综合治理、维护社会稳定目标管理责任书》，制定措施，按照“保稳定、创平安、促发展”的工作目标要求，深化创建“平安宗教活动场所”活动。组织协调成员单位召开创建“平安宗教活动场所”会议，与乡镇民宗办签订创建“平安宗教活动场所”责任书，分解任务，明确责任，为依法管理宗教活动场所，促进宗教文明和精神文明建设，充分发挥宗教的积极作用打下良好基础。确保全县86所宗教活动场所各项活动正常有序开展，为“平安鲁甸”建设及各项社会事业发展创造良好社会氛围。

【认真落实宗教人士生活补助】 2009年，县民宗局制定《鲁甸县宗教人士生活补助管理实施办法》，县委、县政府批准，4月1日实施。解决86所依法登记的宗教活动场所教长、主持每人每月250元生活补助，伊协工作经费每年3万元，伊协副会长没有固定收入的5人每人每月500元，伊协副秘书长没有固定收入的2人每人每月300元，市级人大代表和政协委员6人每人每月200元，考入政府认可的经学院5人，每人每月150元，合计全年解决宗教人士生活补助及伊协工作经费34.66万元。县委、县政府同意，县人事和劳动社会保障局、财政局、民族宗教事务局联合发文，对全县原有的8位民族宗教助理员基本补贴标准从原执行每月470元提高到600元，月增资130元。

【做好朝觐工作】 2009年，县民宗局积极宣传有关朝觐规定，要求各朝觐人员必须按照政府统一组织进行朝觐，杜绝零散朝觐，全面推动伊斯兰教朝觐工作有序开展。为朝觐人员提供朝觐服务平台，做好朝觐咨询服务及无偿报名等服务工作，全年为27位朝觐人员完成朝觐报名和朝觐培训。

【加强机关自身建设】 2009年，县民宗局重视机关自身建设，采取措施，强化管理。一是以“严明纪律、服务基层、联系群众、优化环境、促进发展”为主题，解决部门和干部中存在的“学习不够、纪律不严、执行不力、党性不强、宗旨观念淡薄、形象不好”等突出问题，在局机关开展“机关作风建设年”活动。通过活动，单位工作透明度进一步增强，工作作风切实转变，机关效能进一步加强，机关勤政廉政公众形象进一步提升。二是4月起，根据县委《关于开展深入学习实践科学发展观活动的实施意见》、关于印发《鲁甸县关于开展第二批深入学习实践科学发展观活动的实施方案》的通知等文件精神，按照县委深入学习实践科学发展观活动领导小组办公室统一部署，紧紧围绕“党员干部受教育、科学发展上水平、人民群众得实惠”总体要求和3个阶段11个环节的工作步骤，结合民族宗教工作实际，扎实开展学习实践活动。通过活动，全体党员干部职工思想进一步解放，科学发展根基进一步加强，体制机制进一步健全完善，进一步形成民族宗教工作合力。三是启动“阳光政府四项制度”工作，成立领导组，加强领导，明确责任，各项工作措施到位，及时向有关部门上报各项重大决策听证重要事项、公示重点工作、通报计划及具体内容，开通96128政务信息查询专线电话（0870－8121535），专人负责接听，为群众提供信息查询服务。利用政府信息公开网站平台，及时对外发布“阳光政府四项制度”有关信息及重要事项公示，为群众提供民族宗教工作重大项目进展情况、党风廉政建设、机构设置、部门职能、办事程序、政策法规等政务信息咨询服务内容，保障人民群众知情权、参与权、表达权和监督权，进一步树立县民宗部门对外形象。

【开展春节慰问活动】　2009年春节前夕，县民宗局组织干部职工分片深入少数民族村寨和宗教活动场所慰问民族宗教人士。春节期间，慰问民族上层人士53人，宗教活动场所教长和管委会主任172人，其他信教贫困农户和贫困少数民族50人。9月中旬，伊斯兰教节日—斋月之际，对全县84所清真寺教长进行节日慰问。

【举办第三届《古兰经》诵读比赛】　2009年3月30日，全县第三届《古兰经》诵读比赛在岩洞清真寺举行，全县清真寺教长、部分群众1 000余人到场聆听。《古兰经》诵读比赛成功举办，对提高学员诵读水平起到积极促进作用。同时，为伊斯兰教文化在县内传承、发扬及信教群众爱国爱教、各宗教活动场所依法开展宗教活动起到促进作用。

【召开宗教人士培训会议】　2009年5月20日，昭通市委统战部、市民宗局、市精神文明办共同承办“昭通市2009年宗教人士培训班暨文明宗教活动场所交流会”在桃源乡龙头山清真寺召开。市佛、道、伊斯兰、基督教和天主教5大宗教团体人士200多人参加培训和交流。参会人员对文屏清真寺、桃源龙头山清真寺和道教玄天观等“文明宗教活动场所”进行参观学习。培训和交流会成功召开，为昭通市宗教教职人员和宗教团体相互尊重、互相交流学习、共同繁荣、共同进步提供平台。同时，为全市宗教和谐工作创造良好政治氛围和宗教氛围，为全市宗教和谐打下良好基础。

【办好三大节日，推动民族文化发展】　2009年5月28日，全县苗族“花山节”在水磨镇水磨村火烧寨举行，水磨镇及周边乡镇苗族同胞和其他民族群众2 000余人参加活动，市、县民宗局、县伊协和各学会领导参加活动。8月14日，彝族“火把节”文艺演出在县城文化广场会务中心举行，晚上在文化广场举行篝火晚会；12月1日，穆斯林同胞“古尔邦节”在县城文化广场会务中心举行，市民宗局领导、县四套班子及部门领导到会参加活动并讲话。民族节日活动中，各族同胞载歌载舞，欢天喜地，各民族群众互相交流，互相学习，互相庆祝。举办三大民族节日，达到贯彻党的民族政策，加强民族团结教育，推进民族关系和谐，实现民族大团结。

【开展少数民族人才调查】　2009年6～7月，县民宗局根据市民宗局安排，对全县少数民族各类人才进行全面调研。通过调查：全县有公务员1 207名、事业人员5 355名、工勤人员983名，其中回族1 327人，彝族135人，苗族43人，白族76人，其他少数民族17人；有检察官25人，少数民族5人，其中回族3人，彝族2人；有法官41人，少数民族11人，其中回族10人，彝族1人；有警官232人，少数民族56人，其中回族48人，彝族7人，苗族1人；有司法调解员30人，少数民族9人，其中回族7人，彝族1人，布依族1人。

【发展民族文化】　2009年7～8月，县民宗局以科学发展观为统领，对桃源回族乡拖姑村拖姑清真寺自然村回族特色村寨进行调研，以省级重点文物保护单位拖姑清真寺为代表，以伊斯兰文化旅游专线为依托，对拖姑清真寺自然村的传统民居、传统饮食文化、民族宗教节日、婚礼习俗进行保护和发展规划，推进当地物质文化与非物质文化保护和发展。着力把拖姑清真寺自然村打造成为全县伊斯兰文化旅游专线上的一个极富回族民族特色村寨的旅游点，使拖姑清真寺自然村物质文化与非物质文化得到进一步保护和传承。

【举办少数民族干部培训会】 2009年10月28日，县委组织部、县民宗局联合在县委党校举办"鲁甸县2009年少数民族干部培训会议"，对全县40多个部门及乡镇回、彝、苗、壮、布依族等115名少数民族实职副科级和少数民族后备干部进行相关法律法规培训。通过培训，少数民族干部的工作责任感和使命感进一步增强，工作能力进一步提高。

【召开禁毒防艾工作会议】 2009年11月25日，县民宗局、县伊协在民宗局四楼会议室召开全县伊斯兰教界禁毒防艾工作培训会，全县各乡镇分管民族宗教工作的领导及有关部门负责人和84所清真寺座寺阿訇及管委会主任200多人参加培训。县政协、政法委、统战部和民宗局、卫生局等部门领导到会并讲话。中英防艾办，省、市、县伊协会长、副会长分别从宗教信仰角度对参训人员作禁毒防艾培训。通过培训，广大穆斯林群众对禁毒防艾的重要性和毒品对人类的危害性认识进一步提高。

（县民宗局工作总结）

民 政

【机构人员】 2009年，县民政局内设办公室、救灾救济股、低保股、优抚安置股、区划地名股、社会事务股、民间组织股、侨务办、老龄办。有工作人员21人。

局 长

晏正权 男 汉族 鲁甸人 2009年11月止

马真贤 男 回族 昭阳区人 2009年11月任

党组书记

陈 伟 男 汉族 鲁甸人

副局长

袁 荣 男 汉族 鲁甸人

马二军 男 回族 鲁甸人

康远朝 男 汉族 鲁甸人

蔡 敏 男 回族 鲁甸人

【强化民生救助体系】 2009年，县民政局进一步完善民生救助体系，城乡低保进一步规范管理。全县新增城市低保对象1 441户1 741人、农村低保对象1 000人。年内，全县保障城市低保对象3 719户6 420人，全年支出城市低保金870.37万元，春节期间发放一次性困难补贴72.375万元，春节慰问金25.13万元。全县保障农村低保18 037户30 431人，全年支出低保金2 155.032万元，春节期间发放一次性生活补贴294.31万元；五保供养对象1 561户1 980人，供养标准每人每月100元，全年发放五保供养资金237.60万元，春节期间发放一次性生活补贴人均100元，共19万元；五保集中供养对象新增15人，集中供养人数95人。同时，县城中心敬老院建设工作稳步推进，项目建设地点为文屏镇大坪农场，占地面积0.48公顷，建筑面积4 013平方米，预计总投资450万元，内设居住楼、医疗保健室、活动室、餐厅等，建成后可容纳200位老年人居住。7月动工，已完成主体工程，完成投资350万元。城乡医疗救助取得实效。全县有4.20万余人次获得城乡医疗救助，全年支出救助资金271.82万元，其中资助城镇居民参加医疗保险9 016人，支出资金55.3万元；资助农村困难群众参加新型农村合作医疗31 411人，支出资金62.82万元；城乡大病救助550余人次，支出资金153.7万元；救助各类临时性困难群众3 397人次，支出救助资金67.48万元，其中救助城市困难群众373人次，支出13.68万元；救助农村困难群众1 814人次，支出38.34万元；救助上访及流浪乞讨人员1 210人次，支出15.46万元。年内，认真开展调查摸底，统计上报临时困难群众1 929户2 000人；精减退职人员及老干部，生活补助在原有基础上每人每月提高60元，全县有精减退职人员112人，全年发放生活补助费23.4万元，其中提标增补5万元。全县老干部121人，每人每月提高补助50元，全年发放生活补助金28.2万元，其中提标增补4.2万元。

【救灾救济工作】 2009年，全县相继遭受干旱、低温冷冻、风雹、洪涝、滑坡和冰凌雪灾等自然灾害，给人民群众带来较大损失。全县12个乡镇57个村720个组29.27万人次遭受不同程度损失，需救济人口4.2万人，因灾伤病人口1 200人，紧急转移安置126人，直接经济损失16 871.9万元，其中农业损失12 184.8万元，基础设施损失433.7万元，公益设施损失 38.7 万元，家庭财产损失 4 214.7 万元。抗灾救济工作中，县民政局筹措资金 193.5 万元(其中发放大米 6.5 万千克，菜油 6 150 升)，发放棉被 560 床，慰问困难群众 2.6 万人，下拔春荒救济款 64 万元，其中口粮救济款 41 万元，衣被款 10.5 万元，治病款 12.5 万元。抗旱防汛期间，下拨救灾款 79 万元，解决 1.3 万人生活困难，确保困难群众有房住、有衣穿、有饭吃。做好紧急救灾物资调拨准备，共储备棉被 1 200 床、军大衣 500 件、三色布 100 卷。

【优抚安置工作】 2009 年，县民政局认真落实优抚政策，全年发放抚恤补助经费 512.6 万元，其中发放 1 180 人"两参"人员生活补助支出 184 万元，为 7 名残疾军人(含警察)进行换证、补证、新评和提升等级，为 5 名残疾军人配发轮椅；组织 12 名退伍军人参加职业技术培训，对符合安置条件的 5 名退伍军人进行工作安置，8 名退伍军人实行自谋职业安置，发放一次性安置费 30.17 万元；发放"春节"、"八一"节期间拥军优属慰问金 27.6 万元，慰问优抚对象 1 533 人。

【提高村两委补贴待遇】 2009 年，县民政局根据基层政权建设工作会议精神，从 1 月起，任村党支部书记(主任)"一肩挑"的基本补贴提高到 800 元，不是"一肩挑"的提高到 700 元，副支书(副主任)600 元；居委会党支部书记(主任)提高到 800 元，副支书(副主任)提高到 700 元；原未享受待遇的"两委"委员每人每月基本补贴 100 元；小组长(含社区居民小组长)基本补贴提高到 100 元；两委成员兼村、居民小组长的基本补贴合并计算。

【加强社会事务管理】 2009 年，县民政局依法办理结婚姻登记 3 169 对(其中结婚登记 2 880 对、补办 289 对)，离婚登记 124 对；依法办理收养登记 10 件；救助省内、外过往、上访及流浪乞讨人员 1 210 人次，支出救助资金 15.46 万元，其中省内救助 860 人，跨省救助 350 人；"微笑列车"资助治疗 5 例贫困家庭唇腭裂儿童，资助 5 名孤儿到北京民政干部管理学院读书，"义肢助残活动"资助 6 人到昆接假肢，收治民政对象精神病人 130 人，录入孤残儿童信息 1 300 多人；销售福利彩票 372 万余元。加大殡葬改革宣传力度，认真落实市委常委会和县委政府专题殡葬改革工作会议精神，联合林业、国土等部门共同研究选址规划工作，拟定殡葬改革实施方案，划定火化区域。

【民间组织监管工作】 2009 年，县民政局重点抓好行业协会、农村专业经济协会和公益性民间组织培育工作。新发展社团组织 9 个，其中农村专业经济协会 4 个，各类民间组织 56 个，其中民办企业 2 个，加大监管力度，完成社会团体和民办企业 43 个单位的年检，停止征收社会团体、民办企业单位、基金会等成立登记、变更登记、注销登记费。

【地名区划工作】 2009 年，县民政局加强行政区域界线管理，巩固勘界成果，圆满完成"鲁巧线"78.408 千米、"鲁会线"25 千米、"昭鲁线"184.756 千米行政区域界线联检，对县城新区 25 条街道、路、巷命名，安装标志牌。

【加强老龄工作】 2009 年，县民政局向全县 80 周岁以上老年人 3 173 人发放健康补贴 44.4 万元，免费为 60 岁以上老年人 1 159 人办理老年优待证；认真开展扶"五老"解"两难"活动，投入 8 万元为 3 户特困老年人新建住房，投入 3.6 万元解决 120 位老年人就医问题；成功举办理世公司捐资的"理世杯"老年人体育运动会和各类老年文艺活动。

【综治、信访等工作稳步推进】 2009 年，县民政局认真贯彻落实"阳光政府四项制度"，通过政务公开信息网对重点工作进行公示和通报，认真办理"96128"政务信息电话专线，方便群众办事；强化民政信息报送，按时完成人大代表建议 1 件；认真抓好社会治安综合治理、禁毒防艾工作，积极参与属地整体联动防范，分解细化责任。全年无重大治安案件发生；高度重视信访工作，做到来信必复，来访必接，全年接待来信来访 1 369 件次，其中群众来访 1 361 人次、来信 8 件次。

【学习实践科学发展观活动】 2009 年，县民政局按照县委统一部署，围绕"党员干部受教育、科学发展上水平、人民群众得实惠"要求，结合民政部门实际，突出为民特色，统一思想，提高认识，深入开展学习实践科学发展观活动，形成专题调研报告 1 份，重点解决 3 个涉及民生问题。

【作风建设】 2009年,县民政局开展机关作风建设年活动。以"严明纪律、服务基层、联系群众、优化环境、促进发展"为主题,以建设学习型、服务型、创新型、效能型、和谐型、廉政型机关为目标,通过学习,开展班子与干部职工交心谈心、沟通思想、查摆问题等活动,促进机关干部作风进一步转变;激励党员发挥先锋模范作用,坚定中国特色社会主义信念,立足民政本职,勤奋工作,使干部职工进一步适应新时期民政工作需要;认真落实党风廉政建设责任制,把各项任务分解到党组成员和业务股室,实行责任目标管理,形成层层有人管、事事有人落实的工作格局。认真落实民主集中制,在人事、财务、资金分配、工程招投标、物资采购等重大事项上坚持集体决策,提高决策透明度。

(石 磊)

老龄工作

【机构人员】 2009年,县老龄委办公室有工作人员5人。

老龄委主任

高核巧 女 回族 鲁甸人

常务副主任

晏正权 男 汉族 鲁甸人 2009年11月止

马真贤 男 回族 昭阳区人 2009年11月任

副 主 任

熊高富 男 汉族 鲁甸人

孙选翠 女 汉族 昭阳区人

办公室主任

晏正权 男 汉族 鲁甸人 2009年11月止

马真贤 男 回族 昭阳区人 2009年11月任

副 主 任

熊高富 男 汉族 鲁甸人

孙选翠 女 汉族 昭阳区人

【春节慰问】 2009年春节期间,县四套班子主要领导带领老龄委及相关部门人员,深入乡镇、村看望慰问百岁老人2名,高龄特困老人40名,送去1.1万元慰问金及棉被等春节慰问品。

【县老龄工作会议召开】 2009年3月10日,县老龄工作会议召开,会议由县委常委、县政府副县长铁朝署主持,各乡镇分管领导、乡镇老龄办主任和老龄委26家成员单位80余人参加。会议总结工作,安排部署2009年工作。县人民政府与老龄委26家成员单位和12个乡镇签订《2009年老龄工作目标管理责任制》,对老龄工作突出的7家单位和7个先进个人进行表彰。

【贯彻落实《云南省老年人权益保障条例》】 2009年,县老龄委认真贯彻《中华人民共和国老年人权益保障法》和《云南省老年人权益保障条例》及《鲁甸县老年权益保障条例实施意见》,维护老年人依法享有合法权益,让广大老年人充分享受法律和政策赋予的各项优惠政策。年内免费为60周岁以上老年人办理《老年优待证》1 159本。同时,建立健全老年人维权网络,完善工作维权协调机制,建立老年人来信来访登记制度,接待来访12件,其中要求解决老年补助4件,赡养纠纷4件,财产纠纷2件,其他纠纷2件。通过努力,全年未发生重大侵犯老年人合法权益案件。

【扶"五老"解"两难"工作】 2009年,县老龄委在扶"五老"解"两难"(老英模、老党员、老优抚对象、老支边教师、老乡干部,住房难、治病难)活动中,争取资金8万元,解决3户住房难的特困老人,受到挂钩帮扶单位大力支持,民政局、粮食局、农业局、供销社等挂钩帮扶单位为3户特困老人购买沙发、电视机及配套设施。

【调查核实80周岁以上老人保健补助名单】 2009年,县委、县政府重视全县80周岁以上老人保健补助和长寿补助,制定10条优惠实施意见,在上年发放基础上,进一步核实保健补助名单,对年满100周岁以上"寿星老人"给予长寿补助,每人每月200元;对90~99周岁老年人每人每月给予保健补助30元,对无职无业无任何经济收入年满80周岁以上老年人给予健康补助,每人每月10元。全县有80周岁以上老年人3 173人,发放资金44.4万元。已兑现完毕;90周岁以上老年人,全部纳入最低生活保障范围。

【开展助医活动】 2009年,县老龄委在省、市老年福利发展基金会帮助下,积极开展助医活动,对全县240名特困老人实施助医,投入助医费7.2万元。

【举办培训班】 2009年3月31日,县老龄委在老体协活动中心二楼举行老年大学《电脑》培训班，历时一星期，80余名老年人参加培训。教育局给予大力支持，赠送电脑1台，作为巩固复习之用。县一中无偿提供学习教具教材和教室，派出授课老师，认真耐心地讲理论课，讲实际操作，热情服务。通过培训，使老年学员初步了解电脑基本知识和简单操作。

【老年体育工作】 2009年，全县老年体育工作本着“巩固城市、发展农村、重在基层、面向全体”的老年体育工作方针，以科学发展观为指导，全面推广和普及科学健身知识，认真办好每两月一次的老年运动会。4月，县建业有限责任公司出资6万元举办老年运动会。9月，理世实业有限责任公司为庆祝新中国诞辰60周年，捐资10万余元举办“理世杯”老年人体育运动会。5月17～27日，组队代表昭通市出席在丽江市举办的全省柔力球比赛，获组织奖。7月20～25日，派员参加在昆明市举办的第一届全国老年人体育健身大会柔力球交流活动。10月8～12日，参加昭通市庆祝新中国成立60周年全市老年人运动会，组队参加7个项目比赛，运动员46人。地掷球获第三名，老年排球获第四名，柔力球、健身操分别获优秀奖。

【文艺活动】 2009年1月26～28日，县老龄委组织老体协各文艺团在县城文化广场举行为期三天“贺新春、迎华诞，歌唱改革开放30周年”春节系列联欢活动，万余名群众观看演出。3月24～28日，文屏镇协调，县荣昌建筑有限责任公司、长城建安公司、江山建筑公司、云香食品有限责任公司、民爆器材公司等出资4.5万元，在县城举行歌唱改革开放30年文艺调演。全县24支老年文艺团队参加演出活动。9月11～13日，组织71位老年人参加县委、县政府主办的庆祝新中国成立60周年歌咏比赛、少数民族舞蹈比赛，分获特别奖。

（*县老龄委工作总结*）

移民开发

【机构人员】 2009年4月10日，县人民政府研究成立县移民开发领导小组。下设县移民开发办公室。年末，内设综合股、后扶安置股、规划管理股和计财股。有人员10人。

移民开发办主任

马曙光 男 回族 鲁甸人 2009年4月任副主任

武靖江 男 汉族 鲁甸人 2009年4月任

【县移民开发领导小组成立】 2009年4月10日，县人民政府研究成立县移民开发领导小组。县政府县长保剑任组长，县委常委、常务副县长张登敏任常务副组长，县委常委、副县长铁朝曙，县人大常委会副主任何顺德，县政府副县长、公安局局长王文生，县政协副主席马永升、县政府副调研员曹继友任副组长，县政府办、政法委、发展局、财政局、教育局、国土局、民政局、信访局、司法局、经贸局、水利局、监察局、审计局、交通局、统计局、环保局、农业局、建设局、林业局、扶贫办、移民开发办等部门为成员单位。领导组下设办公室在县移民开发办，马曙光任办公室主任，武靖江任副主任，工作人员从相关部门和乡镇抽调，负责处理日常事务。

【完成金沙江流域溪洛渡电站实物核查工作】 2009年5月15日，县移民开发办按照市政府督办通知要求，根据溪洛渡电站实物核查工作计划，为使实物指标调查工作顺利开展，组织召开县、乡、村、组人员参加的金沙江溪洛渡水电站鲁甸库区实物指标调查复核工作动员暨培训会议。5月18日，三峡公司、成都勘测设计院、昆明勘测设计院、县、乡抽调人员组成联合调查组进驻梭山乡，正式启动房屋及附属设施、土地、零星林木调查复核，在联合调查工作组努力下，完成实物指标外业调查、土地分解到户、初步成果张榜公示、内业整理汇总及成果确定等工作。

【牛栏江流域黄角树电站实物核查工作】 黄角树电站位于金沙江一级支流牛栏江河口以上7.5千米处。2007年3月5日，经省发改委核准，总装机容量为24万千瓦，总投资181 241万元，总工期46个月，预计2010年10月底截流，2012年年底实现第一台机组发电。据2008年3月对电站实物指标初步调查，共涉及2个乡3个村8个组65户392人。由于黄角树电站原移民安置规划与已完成实物调查及其他方面数据实际相差较为突出，存在很多问题。县移民开发办根据市移民局2009年8月29日召开业主、巧家县、鲁甸县等领导和相关部门参加的协调会议精神要求，业主委托昆明设计院对原移民安置规划进行补充完善，待移民安置规划补充报告完成和批准后，将对原实物调查结果核实核定，开展移民意愿调查、移民身份界定和移民安置总体规划方案等工作。

【牛栏江流域天花板水电站工作进展较快】 天花板电站位于龙头山镇西屏村。2004年开始建设，总装机18万千瓦，概算投资12亿元，电站坝址位于西屏村天花板。电站进场公路从天生桥至天花板坝址处全长15千米，经龙头山镇八宝、龙井、西屏和银屏4个村，移民安置点已建设完工，搬迁安置工作全面完成，共建成两个移民安置点，安置搬迁移民26户139人。县移民开发办根据新的《昭通市中小型水电工程建设征地移民前期及竣工验收工作管理办法》规定要求，指导帮助业主和龙头山镇完善和整理好所需材料及相关手续，确保2009年10月实现第一台机组发电。

【开展移民后扶工作】 2009年，县移民开发办在原制定的《鲁甸县大中型水库库区和移民安置区基础设施建设及经济发展修编规划》基础上，制定上报《鲁甸县库区和移民安置区2009年度基础设施建设和经济发展实施方案》，方案涉及安居房改造、人畜饮水工程、公路建设、能源建设、广播电视设施、培训等6个项目，计划总投资147.17万元，主要安排在茨院、龙树、龙头山、桃源、新街等移民比较集中的乡镇实施，重点解决与水库移民相关的基础设施、温饱和生产生活问题。通过加强移民安置区基础设施建设，为移民经济发展奠定基础，使移民逐步融入当地社会发展，与安置区群众共同致富奔小康，使移民人均收入达到或超过当地农村平均水平。

【加强移民资金管理】 2009年，县移民开发办加强与县财政部门和审计部门沟通协作，后扶直补资金管理进一步规范。后扶直补资金发放4个环节和细节管理，严格按照财政部门、审计部门及《云南省大中型水库移民后期扶持资金管理暂行办法》执行，即：县财政→移民管理部门账户→乡镇财政所→金融部门→移民个人账户（存折）。环环紧扣，层层落实，各个环节资料齐全，确保资金管理100%符合规定，强化移民资金管理使用，完善移民资金安全运行监督机制。

【开展移民“按月核减”工作】 2009年，县移民开发办按照移民动态管理工作要求，对登记在册的水库移民实行动态管理，严格开展水库移民“按月核减”工作。乡镇、村、组分级管理，自下而上，每月准确上报移民核减人员及直补人数，以移民登记表为依据，建立独立账户和个人信息平台。年末，全县登记在册后扶移民1 533人。

【及时足额兑付移民后扶直补资金】 2009年，县移民开发办及时足额兑付移民后扶直补资金。每人每年按600元扶持标准，以“直补到人”扶持方式，发放2009年移民直补资金689 850元（含2008年第四季度），资金发放率100%。待发2009年第三季度移民直补资金229 950元。

【完成小型水库相关数据的统计核实工作】 2009年，县移民开发办根据省、市安排和要求，完成对辖区内已建和在建库容量在10万立方米以上1 000万立方米以下的小型水利和总装机小于5万千瓦的小型水电工程情况及农村移民情况核查统计上报工作，为解决小型水库移民安置区生产生活条件及基础设施薄弱突出问题提供重要依据，为下步规划工作夯实基础。

【维护移民区社会稳定】 2009年，县移民开发办根据水库移民情况复杂、各种各样问题很多。绝大部分水库移民及群众对政策不完全了解和掌握，及少数别有用心的人利用其机会蓄意闹事。采取一系列措施和办法，做好社会稳定工作。一是加大移民政策法规宣传力度，让国家移民政策法规做到家喻户晓。二是帮助移民群众解决实际困难和问题。年内，多方争取资金1万元，帮助文屏镇联合办事处老湾坡集中安置6户移民，解决移民群众多年未解决的人畜饮水困难；投资6万元，帮助桃源乡箐门村集中安置9户移民群众，解决道路和院坝硬化，进一步密切与移民群众的关系。对非农移民户，能纳入低保的尽力纳入低保；水库淹没区和原住农民实行项目扶持，帮助解决生产生活困难。

（晏 权）

人　物

编　辑：刘　维

2010 年 1 月 19 日，县委、县政府召开固定资产投资工作会议

（撤兰忠　摄）

职称人物

一、高级职称人物

职务名称	姓名	性别	民族	籍贯	资格认定机构	评定时间
中学高级教师	马敏山	男	回族	鲁甸	云南省高级教师评委会	2009.7.18
中学高级教师	吴忠秀	女	汉族	鲁甸	云南省高级教师评委会	2009.7.18
中学高级教师	祖秋黎	女	汉族	鲁甸	云南省高级教师评委会	2009.7.18
中学高级教师	蔡茂荣	男	汉族	鲁甸	云南省高级教师评委会	2009.7.18
中学高级教师	陈学早	男	回族	鲁甸	云南省高级教师评委会	2009.7.18
中学高级教师	蒋会清	女	汉族	鲁甸	云南省高级教师评委会	2009.7.18
中学高级教师	李燕斌	男	回族	鲁甸	云南省高级教师评委会	2009.7.18
中学高级教师	张才领	女	回族	鲁甸	云南省高级教师评委会	2009.7.18
中学高级教师	陈维亮	男	汉族	鲁甸	云南省高级教师评委会	2009.7.18
中学高级教师	杜永发	男	汉族	鲁甸	云南省高级教师评委会	2009.7.18
中学高级教师	高怀波	女	汉族	鲁甸	云南省高级教师评委会	2009.7.18
中学高级教师	马翠华	女	回族	鲁甸	云南省高级教师评委会	2009.7.18
中学高级教师	肖建贵	男	汉族	鲁甸	云南省高级教师评委会	2009.7.18
中学高级教师	邹光志	男	汉族	鲁甸	云南省高级教师评委会	2009.7.18
中学高级教师	杨国庆	男	汉族	鲁甸	云南省高级教师评委会	2009.7.18
中学高级教师	马林志	男	回族	鲁甸	云南省高级教师评委会	2009.7.18
中学高级教师	张国兴	男	汉族	鲁甸	云南省高级教师评委会	2009.7.18
中学高级教师	曹顺银	男	汉族	鲁甸	云南省高级教师评委会	2009.7.18
中学高级教师	陈千里	男	汉族	鲁甸	云南省高级教师评委会	2009.7.18
中学高级教师	叶洪武	男	汉族	鲁甸	云南省高级教师评委会	2009.7.18
中学高级教师	崔国保	男	汉族	鲁甸	云南省高级教师评委会	2009.7.18
中学高级教师	石　烁	男	汉族	鲁甸	云南省高级教师评委会	2009.7.18
中学高级教师	舒朝文	男	汉族	鲁甸	云南省高级教师评委会	2009.7.18
中学高级教师	闫浩刚	男	汉族	鲁甸	云南省高级教师评委会	2009.7.18
中学高级教师	高怀云	男	汉族	鲁甸	云南省高级教师评委会	2009.7.18
中学高级教师	孔祥旦	男	回族	鲁甸	云南省高级教师评委会	2009.7.18
中学高级教师	孔祥任	男	回族	鲁甸	云南省高级教师评委会	2009.7.18

续 表

职务名称	姓名	性别	民族	籍贯	资格认定机构	评定时间
中学高级教师	马玉斋	男	回族	鲁甸	云南省高级教师评委会	2009.7.18
中学高级教师	马　智	男	回族	鲁甸	云南省高级教师评委会	2009.7.18
中学高级教师	蔡国崇	男	汉族	鲁甸	云南省高级教师评委会	2009.7.18
中学高级教师	陈正会	女	汉族	鲁甸	云南省高级教师评委会	2009.7.18
中学高级教师	桂　萍	女	回族	鲁甸	云南省高级教师评委会	2009.7.18
中学高级教师	李才军	男	回族	鲁甸	云南省高级教师评委会	2009.7.18
中学高级教师	张连顺	男	汉族	鲁甸	云南省高级教师评委会	2009.7.18
中学高级教师	陆文德	男	汉族	鲁甸	云南省高级教师评委会	2009.7.18
中学高级教师	涂云深	男	汉族	鲁甸	云南省高级教师评委会	2009.7.18
副研究馆员	蔡　华	男	汉族	鲁甸	云南省档案专业副研究馆员评委会	2009.10.27
副编审	饶利琼	女	汉族	鲁甸	云南省出版专业编审副编审评委会	2009.12.03
高级会计师	张　剑	女	汉族	鲁甸	云南省会计专业高级会计师评委会	2009.12.20
高级农艺师	刘自贵	男	汉族	鲁甸	云南省高级农艺师评委会	2009.9.17
高级农艺师	冯玉党	男	汉族	鲁甸	云南省高级农艺师评委会	2009.9.17
高级农艺师	方宗华	男	汉族	鲁甸	云南省高级农艺师评委会	2009.9.17
高级农艺师	何　梅	女	汉族	鲁甸	云南省高级农艺师评委会	2009.9.17
高级畜牧师	刘顺存	男	汉族	鲁甸	云南省高级畜牧兽医师评委会	2009.10.22
高级兽医师	罗桂花	女	汉族	鲁甸	云南省高级畜牧兽医师评委会	2009.10.22

二、中级职称

职务名称	姓名	性别	民族	籍贯	资格认定机构	评定时间
农艺师	吴荣琼	女	汉族	鲁甸	市农业中级职务评委会	2009.6.20
农艺师	王家法	男	汉族	鲁甸	市农业中级职务评委会	2009.6.20
农艺师	徐家贵	男	汉族	鲁甸	市农业中级职务评委会	2009.6.20
农艺师	田春艳	女	汉族	鲁甸	市农业中级职务评委会	2009.6.20
农艺师	张仕贤	男	汉族	鲁甸	市农业中级职务评委会	2009.6.20
农艺师	丁　奎	男	汉族	鲁甸	市农业中级职务评委会	2009.6.20
农艺师	罗　鹏	男	汉族	鲁甸	市农业中级职务评委会	2009.6.20
畜牧师	陶　琳	女	汉族	鲁甸	市农业中级职务评委会	2009.6.20
兽医师	彭　明	男	汉族	鲁甸	市农业中级职务评委会	2009.6.20

续　表

职务名称	姓名	性别	民族	籍贯	资格认定机构	评定时间
畜牧师	李世友	男	汉族	鲁甸	市农业中级职务评委会	2009.6.20
畜牧师	刘天明	男	汉族	鲁甸	市农业中级职务评委会	2009.6.20
兽医师	李仁鹏	男	汉族	鲁甸	市农业中级职务评委会	2009.6.20
畜牧师	李万高	男	回族	鲁甸	市农业中级职务评委会	2009.6.20
兽医师	冯长云	女	汉族	鲁甸	市农业中级职务评委会	2009.6.20
畜牧师	张　祥	男	汉族	鲁甸	市农业中级职务评委会	2009.6.20
记　者	邱家鹿	女	汉族	鲁甸	市新闻专业中级职务评委会	2009.6.08
主治医师	贾成文	男	汉族	镇雄	全国卫生专业资格考试	2009.5
主治医师	胡顺秋	女	汉族	鲁甸	全国卫生专业资格考试	2009.5
主管检验师	刘绪刚	男	汉族	永善	全国卫生专业资格考试	2009.5
主管药剂师	马淑萍	女	回族	鲁甸	全国卫生专业资格考试	2009.5
主管护师	马富丽	女	回族	鲁甸	全国卫生专业资格考试	2009.5
主管护师	付业凤	女	汉族	镇雄	全国卫生专业资格考试	2009.5
主管护师	李　妮	女	汉族	鲁甸	全国卫生专业资格考试	2009.5
主管护师	张登磊	女	汉族	鲁甸	全国卫生专业资格考试	2009.5
主管护师	戚云梅	女	回族	鲁甸	全国卫生专业资格考试	2009.5
主管护师	戚丽叶	女	回族	鲁甸	全国卫生专业资格考试	2009.5
主管护师	何钦贞	女	汉族	鲁甸	全国卫生专业资格考试	2009.5
主管护师	卢华会	女	汉族	鲁甸	全国卫生专业资格考试	2009.5
主管护师	王　宇	女	汉族	鲁甸	全国卫生专业资格考试	2009.5
主管护师	马玉凤	女	回族	鲁甸	全国卫生专业资格考试	2009.5
主治医师	陈昌洪	男	汉族	鲁甸	全国卫生专业资格考试	2009.5
讲　师	马敏龙	男	回族	昭阳区	市中级专业技术职务评委会	2009.4.25
中学一级教师	孔德金	男	彝族	鲁甸	市中学中级职务评委会	2009.10.17
中学一级教师	卢启贵	男	彝族	鲁甸	市中学中级职务评委会	2009.10.17
中学一级教师	唐　艳	女	汉族	鲁甸	市中学中级职务评委会	2009.10.17
中学一级教师	李雪莲	女	汉族	鲁甸	市中学中级职务评委会	2009.10.17
中学一级教师	薛顺荣	男	汉族	鲁甸	市中学中级职务评委会	2009.10.17
中学一级教师	张　旺	男	汉族	鲁甸	市中学中级职务评委会	2009.10.17
中学一级教师	罗昌文	男	汉族	鲁甸	市中学中级职务评委会	2009.10.17
中学一级教师	陶国虎	男	回族	鲁甸	市中学中级职务评委会	2009.10.17
中学一级教师	铁光富	男	回族	鲁甸	市中学中级职务评委会	2009.10.17

续 表

职务名称	姓名	性别	民族	籍贯	资格认定机构	评定时间
中学一级教师	王慧萍	女	汉族	鲁甸	市中学中级职务评委会	2009.10.17
中学一级教师	马仲国	男	回族	鲁甸	市中学中级职务评委会	2009.10.17
中学一级教师	戚文刚	男	回族	鲁甸	市中学中级职务评委会	2009.10.17
中学一级教师	王　威	男	汉族	鲁甸	市中学中级职务评委会	2009.10.17
中学一级教师	王寅生	男	汉族	鲁甸	市中学中级职务评委会	2009.10.17
中学一级教师	王万兴	男	汉族	鲁甸	市中学中级职务评委会	2009.10.17
中学一级教师	李明响	男	回族	鲁甸	市中学中级职务评委会	2009.10.17
中学一级教师	马光毕	男	回族	鲁甸	市中学中级职务评委会	2009.10.17
中学一级教师	赵庆慧	女	汉族	鲁甸	市中学中级职务评委会	2009.10.17
中学一级教师	王　敏	女	汉族	鲁甸	市中学中级职务评委会	2009.10.17
中学一级教师	刘云会	女	彝族	鲁甸	市中学中级职务评委会	2009.10.17
中学一级教师	孟兴琼	女	汉族	鲁甸	市中学中级职务评委会	2009.10.17
中学一级教师	周乐超	男	汉族	鲁甸	市中学中级职务评委会	2009.10.17
中学一级教师	马永前	男	回族	鲁甸	市中学中级职务评委会	2009.10.17
中学一级教师	李　旭	男	汉族	鲁甸	市中学中级职务评委会	2009.10.17
中学一级教师	周　辉	女	汉族	鲁甸	市中学中级职务评委会	2009.10.17
中学一级教师	刘启艳	女	汉族	鲁甸	市中学中级职务评委会	2009.10.17
中学一级教师	纳　芳	女	回族	鲁甸	市中学中级职务评委会	2009.10.17
中学一级教师	崔洪波	女	汉族	鲁甸	市中学中级职务评委会	2009.10.17
中学一级教师	翟　松	男	汉族	鲁甸	市中学中级职务评委会	2009.10.17
中学一级教师	桂龙向	男	回族	鲁甸	市中学中级职务评委会	2009.10.17
中学一级教师	周洪梅	女	汉族	鲁甸	市中学中级职务评委会	2009.10.17
中学一级教师	孟会成	男	汉族	鲁甸	市中学中级职务评委会	2009.10.17
中学一级教师	周星保	男	汉族	鲁甸	市中学中级职务评委会	2009.10.17
中学一级教师	张永成	男	汉族	鲁甸	市中学中级职务评委会	2009.10.17
中学一级教师	张　焘	男	回族	鲁甸	市中学中级职务评委会	2009.10.17
中学一级教师	邱海渊	男	汉族	鲁甸	市中学中级职务评委会	2009.10.17
中学一级教师	戈立武	男	汉族	鲁甸	市中学中级职务评委会	2009.10.17
中学一级教师	赵　瑜	女	汉族	鲁甸	市中学中级职务评委会	2009.10.17
中学一级教师	马仲凡	男	回族	鲁甸	市中学中级职务评委会	2009.10.17
小学高级教师	丁世怀	男	汉族	鲁甸	市小学中级职务评委会	2009.11.15
小学高级教师	刘建洪	男	苗族	鲁甸	市小学中级职务评委会	2009.11.15

续 表

职务名称	姓名	性别	民族	籍贯	资格认定机构	评定时间
小学高级教师	杨发才	男	汉族	鲁甸	市小学中级职务评委会	2009.11.15
小学高级教师	张正美	女	汉族	鲁甸	市小学中级职务评委会	2009.11.15
小学高级教师	李贤贵	男	汉族	鲁甸	市小学中级职务评委会	2009.11.15
小学高级教师	李世良	男	汉族	鲁甸	市小学中级职务评委会	2009.11.15
小学高级教师	宋 玲	女	汉族	鲁甸	市小学中级职务评委会	2009.11.15
小学高级教师	孙成国	男	汉族	鲁甸	市小学中级职务评委会	2009.11.15
小学高级教师	朱违星	男	汉族	鲁甸	市小学中级职务评委会	2009.11.15
小学高级教师	安昭文	男	彝族	鲁甸	市小学中级职务评委会	2009.11.15
小学高级教师	徐 建	男	汉族	鲁甸	市小学中级职务评委会	2009.11.15
小学高级教师	马国英	女	回族	鲁甸	市小学中级职务评委会	2009.11.15
小学高级教师	高翠华	女	汉族	鲁甸	市小学中级职务评委会	2009.11.15
小学高级教师	铁雪梅	女	回族	鲁甸	市小学中级职务评委会	2009.11.15
小学高级教师	舒 靖	女	汉族	鲁甸	市小学中级职务评委会	2009.11.15
小学高级教师	吴仕凤	女	汉族	鲁甸	市小学中级职务评委会	2009.11.15
小学高级教师	聂翠玉	女	汉族	鲁甸	市小学中级职务评委会	2009.11.15
小学高级教师	马旭梅	女	回族	鲁甸	市小学中级职务评委会	2009.11.15
小学高级教师	阮怡馨	女	回族	鲁甸	市小学中级职务评委会	2009.11.15
小学高级教师	马 平	男	回族	鲁甸	市小学中级职务评委会	2009.11.15
小学高级教师	毛天才	男	汉族	鲁甸	市小学中级职务评委会	2009.11.15
小学高级教师	马光梅	女	回族	鲁甸	市小学中级职务评委会	2009.11.15
小学高级教师	马颖丽	女	回族	鲁甸	市小学中级职务评委会	2009.11.15
小学高级教师	马昌荣	男	回族	鲁甸	市小学中级职务评委会	2009.11.15
小学高级教师	马丽云	女	回族	鲁甸	市小学中级职务评委会	2009.11.15
小学高级教师	罗晓兰	女	汉族	鲁甸	市小学中级职务评委会	2009.11.15
小学高级教师	张德乾	男	汉族	鲁甸	市小学中级职务评委会	2009.11.15
小学高级教师	宋登合	男	汉族	鲁甸	市小学中级职务评委会	2009.11.15
小学高级教师	刘竹会	女	回族	鲁甸	市小学中级职务评委会	2009.11.15
小学高级教师	马光升	男	回族	鲁甸	市小学中级职务评委会	2009.11.15
小学高级教师	马 渊	男	回族	鲁甸	市小学中级职务评委会	2009.11.15
小学高级教师	马 韬	男	回族	鲁甸	市小学中级职务评委会	2009.11.15
小学高级教师	孔令荣	男	汉族	鲁甸	市小学中级职务评委会	2009.11.15
小学高级教师	马本丽	女	回族	鲁甸	市小学中级职务评委会	2009.11.15

续 表

职务名称	姓名	性别	民族	籍贯	资格认定机构	评定时间
小学高级教师	马开银	男	回族	鲁甸	市小学中级职务评委会	2009.11.15
小学高级教师	马巧英	女	回族	鲁甸	市小学中级职务评委会	2009.11.15
小学高级教师	李娱苾	女	回族	鲁甸	市小学中级职务评委会	2009.11.15
小学高级教师	刘　玲	女	回族	鲁甸	市小学中级职务评委会	2009.11.15
小学高级教师	马波琼	女	回族	鲁甸	市小学中级职务评委会	2009.11.15
小学高级教师	匡　琼	女	汉族	鲁甸	市小学中级职务评委会	2009.11.15
小学高级教师	陈恩府	男	汉族	鲁甸	市小学中级职务评委会	2009.11.15
小学高级教师	张正权	男	汉族	鲁甸	市小学中级职务评委会	2009.11.15
小学高级教师	吕兴周	男	汉族	鲁甸	市小学中级职务评委会	2009.11.15
小学高级教师	冯玉参	男	回族	鲁甸	市小学中级职务评委会	2009.11.15
小学高级教师	任天顺	男	汉族	鲁甸	市小学中级职务评委会	2009.11.15
小学高级教师	张声玲	女	汉族	鲁甸	市小学中级职务评委会	2009.11.15
小学高级教师	张　浩	男	汉族	鲁甸	市小学中级职务评委会	2009.11.15
小学高级教师	刘富平	男	汉族	鲁甸	市小学中级职务评委会	2009.11.15
小学高级教师	钟昌艳	女	汉族	鲁甸	市小学中级职务评委会	2009.11.15
小学高级教师	钟　毅	男	汉族	鲁甸	市小学中级职务评委会	2009.11.15
小学高级教师	曾居层	女	汉族	鲁甸	市小学中级职务评委会	2009.11.15
小学高级教师	陈　敏	女	汉族	鲁甸	市小学中级职务评委会	2009.11.15
小学高级教师	张进萍	女	汉族	鲁甸	市小学中级职务评委会	2009.11.15
小学高级教师	罗　斌	男	汉族	鲁甸	市小学中级职务评委会	2009.11.15
小学高级教师	王　方	男	回族	鲁甸	市小学中级职务评委会	2009.11.15
小学高级教师	赵　琼	女	汉族	鲁甸	市小学中级职务评委会	2009.11.15
小学高级教师	周朝贵	男	汉族	鲁甸	市小学中级职务评委会	2009.11.15
小学高级教师	代文艳	女	汉族	鲁甸	市小学中级职务评委会	2009.11.15
小学高级教师	丁正月	女	回族	鲁甸	市小学中级职务评委会	2009.11.15
小学高级教师	杨　琴	女	汉族	鲁甸	市小学中级职务评委会	2009.11.15
小学高级教师	罗顺兰	女	汉族	鲁甸	市小学中级职务评委会	2009.11.15
小学高级教师	付君德	男	汉族	鲁甸	市小学中级职务评委会	2009.11.15
小学高级教师	李洪梅	女	汉族	鲁甸	市小学中级职务评委会	2009.11.15
小学高级教师	赵　鹏	男	汉族	鲁甸	市小学中级职务评委会	2009.11.15
小学高级教师	马永慧	女	回族	鲁甸	市小学中级职务评委会	2009.11.15
小学高级教师	杨平松	男	汉族	鲁甸	市小学中级职务评委会	2009.11.15

续 表

职务名称	姓名	性别	民族	籍贯	资格认定机构	评定时间
小学高级教师	路 程	男	汉族	鲁甸	市小学中级职务评委会	2009.11.15
小学高级教师	王 嵘	男	汉族	鲁甸	市小学中级职务评委会	2009.11.15
小学高级教师	李 进	男	汉族	鲁甸	市小学中级职务评委会	2009.11.15
小学高级教师	刘福欣	男	汉族	鲁甸	市小学中级职务评委会	2009.11.15
小学高级教师	张雪松	男	汉族	鲁甸	市小学中级职务评委会	2009.11.15
小学高级教师	马秀芬	女	回族	鲁甸	市小学中级职务评委会	2009.11.15
小学高级教师	赵 炜	女	汉族	鲁甸	市小学中级职务评委会	2009.11.15
小学高级教师	马祥艳	女	回族	鲁甸	市小学中级职务评委会	2009.11.15
小学高级教师	李智海	男	回族	鲁甸	市小学中级职务评委会	2009.11.15
小学高级教师	赵炳帆	男	汉族	鲁甸	市小学中级职务评委会	2009.11.15
小学高级教师	孔丽琼	女	回族	鲁甸	市小学中级职务评委会	2009.11.15
小学高级教师	马艳梅	女	回族	鲁甸	市小学中级职务评委会	2009.11.15
小学高级教师	陈武荣	男	汉族	鲁甸	市小学中级职务评委会	2009.11.15
小学高级教师	吕金德	男	汉族	鲁甸	市小学中级职务评委会	2009.11.15
小学高级教师	李 燕	女	汉族	鲁甸	市小学中级职务评委会	2009.11.15
小学高级教师	浦 信	男	汉族	鲁甸	市小学中级职务评委会	2009.11.15
小学高级教师	陈 坤	男	汉族	鲁甸	市小学中级职务评委会	2009.11.15
小学高级教师	戈应翠	女	汉族	鲁甸	市小学中级职务评委会	2009.11.15
小学高级教师	范国雄	男	汉族	鲁甸	市小学中级职务评委会	2009.11.15
小学高级教师	卯 莉	女	汉族	鲁甸	市小学中级职务评委会	2009.11.15
小学高级教师	李秋怡	女	汉族	鲁甸	市小学中级职务评委会	2009.11.15
小学高级教师	田朝花	女	汉族	鲁甸	市小学中级职务评委会	2009.11.15
小学高级教师	缪腾荣	男	汉族	鲁甸	市小学中级职务评委会	2009.11.15
小学高级教师	邓健鸿	男	汉族	鲁甸	市小学中级职务评委会	2009.11.15
小学高级教师	李章梅	女	汉族	鲁甸	市小学中级职务评委会	2009.11.15
小学高级教师	黄秀聪	男	汉族	鲁甸	市小学中级职务评委会	2009.11.15
小学高级教师	张旭芬	女	回族	鲁甸	市小学中级职务评委会	2009.11.15
小学高级教师	陈 迪	女	汉族	鲁甸	市小学中级职务评委会	2009.11.15
小学高级教师	马旭波	男	回族	鲁甸	市小学中级职务评委会	2009.11.15
小学高级教师	段世坤	男	回族	鲁甸	市小学中级职务评委会	2009.11.15
小学高级教师	虎良俊	男	回族	鲁甸	市小学中级职务评委会	2009.11.15
小学高级教师	杨德艳	女	汉族	鲁甸	市小学中级职务评委会	2009.11.15

续 表

职务名称	姓名	性别	民族	籍贯	资格认定机构	评定时间
小学高级教师	铁锐翔	男	回族	鲁甸	市小学中级职务评委会	2009.11.15
小学高级教师	周连蕊	女	汉族	鲁甸	市小学中级职务评委会	2009.11.15
小学高级教师	马 霞	女	回族	鲁甸	市小学中级职务评委会	2009.11.15
小学高级教师	阮艳梅	女	回族	鲁甸	市小学中级职务评委会	2009.11.15
小学高级教师	康绍勇	男	汉族	鲁甸	市小学中级职务评委会	2009.11.15
小学高级教师	李访菊	女	回族	鲁甸	市小学中级职务评委会	2009.11.15
小学高级教师	马殿操	男	回族	鲁甸	市小学中级职务评委会	2009.11.15
小学高级教师	孔祥表	男	回族	鲁甸	市小学中级职务评委会	2009.11.15
小学高级教师	杨 政	男	汉族	鲁甸	市小学中级职务评委会	2009.11.15
小学高级教师	冯忠仓	男	汉族	鲁甸	市小学中级职务评委会	2009.11.15
小学高级教师	阮 义	男	回族	鲁甸	市小学中级职务评委会	2009.11.15
小学高级教师	马玉院	男	回族	鲁甸	市小学中级职务评委会	2009.11.15
小学高级教师	戚祥珍	女	回族	鲁甸	市小学中级职务评委会	2009.11.15
小学高级教师	马举崇	男	回族	鲁甸	市小学中级职务评委会	2009.11.15
小学高级教师	杜向祥	男	汉族	鲁甸	市小学中级职务评委会	2009.11.15
小学高级教师	万 贤	男	汉族	鲁甸	市小学中级职务评委会	2009.11.15
小学高级教师	宋 涛	男	汉族	鲁甸	市小学中级职务评委会	2009.11.15
小学高级教师	张 烨	男	汉族	鲁甸	市小学中级职务评委会	2009.11.15
小学高级教师	张 静	女	汉族	鲁甸	市小学中级职务评委会	2009.11.15
小学高级教师	张 俊	男	汉族	鲁甸	市小学中级职务评委会	2009.11.15
小学高级教师	付胜礼	女	汉族	鲁甸	市小学中级职务评委会	2009.11.15
小学高级教师	杨 磊	男	汉族	鲁甸	市小学中级职务评委会	2009.11.15
小学高级教师	马祥珍	女	回族	鲁甸	市小学中级职务评委会	2009.11.15
小学高级教师	马永雪	女	回族	鲁甸	市小学中级职务评委会	2009.11.15
小学高级教师	李祝琼	女	回族	鲁甸	市小学中级职务评委会	2009.11.15
小学高级教师	肖 淑	女	汉族	鲁甸	市小学中级职务评委会	2009.11.15
小学高级教师	汤科权	男	汉族	鲁甸	市小学中级职务评委会	2009.11.15
小学高级教师	王启鹏	男	汉族	鲁甸	市小学中级职务评委会	2009.11.15
小学高级教师	王光友	男	苗族	鲁甸	市小学中级职务评委会	2009.11.15
小学高级教师	周启飞	男	汉族	鲁甸	市小学中级职务评委会	2009.11.15
小学高级教师	沈态宽	男	汉族	鲁甸	市小学中级职务评委会	2009.11.15
小学高级教师	李万明	男	汉族	鲁甸	市小学中级职务评委会	2009.11.15

续 表

职务名称	姓名	性别	民族	籍贯	资格认定机构	评定时间
小学高级教师	储清毅	男	汉族	鲁甸	市小学中级职务评委会	2009.11.15
小学高级教师	陈　跃	男	彝族	鲁甸	市小学中级职务评委会	2009.11.15
小学高级教师	苟元金	女	回族	鲁甸	市小学中级职务评委会	2009.11.15
小学高级教师	何兴武	男	汉族	鲁甸	市小学中级职务评委会	2009.11.15
小学高级教师	保佳勇	男	回族	鲁甸	市小学中级职务评委会	2009.11.15
小学高级教师	崔鹏程	男	汉族	鲁甸	市小学中级职务评委会	2009.11.15
小学高级教师	夏宗海	男	汉族	鲁甸	市小学中级职务评委会	2009.11.15
小学高级教师	陆　骏	男	汉族	鲁甸	市小学中级职务评委会	2009.11.15
小学高级教师	邵发勇	男	汉族	鲁甸	市小学中级职务评委会	2009.11.15
小学高级教师	石芝富	男	汉族	鲁甸	市小学中级职务评委会	2009.11.15
小学高级教师	周祥铭	男	汉族	鲁甸	市小学中级职务评委会	2009.11.15
小学高级教师	聂德俊	男	汉族	鲁甸	市小学中级职务评委会	2009.11.15
小学高级教师	曾庆才	男	汉族	鲁甸	市小学中级职务评委会	2009.11.15
小学高级教师	廖旺琴	女	汉族	鲁甸	市小学中级职务评委会	2009.11.15
小学高级教师	孙兴鹏	男	汉族	鲁甸	市小学中级职务评委会	2009.11.15
小学高级教师	张仕春	男	汉族	鲁甸	市小学中级职务评委会	2009.11.15
小学高级教师	冯　印	男	汉族	鲁甸	市小学中级职务评委会	2009.11.15
小学高级教师	卢敢高	男	彝族	鲁甸	市小学中级职务评委会	2009.11.15
小学高级教师	樊　荣	男	汉族	鲁甸	市小学中级职务评委会	2009.11.15
小学高级教师	孔祥海	男	彝族	鲁甸	市小学中级职务评委会	2009.11.15
小学高级教师	蔡　涛	男	汉族	鲁甸	市小学中级职务评委会	2009.11.15
小学高级教师	蔡志睿	男	汉族	鲁甸	市小学中级职务评委会	2009.11.15
工程师	刘　明	男	汉族	鲁甸	市工程中级职务评委会	2009.10.14
工程师	顾若锋	男	汉族	鲁甸	市工程中级职务评委会	2009.10.14
工程师	阮忠彦	男	汉族	鲁甸	市工程中级职务评委会	2009.10.14
工程师	周　剑	男	汉族	鲁甸	市工程中级职务评委会	2009.10.14
工程师	顾旭昌	男	汉族	鲁甸	市工程中级职务评委会	2009.10.14
工程师	姚祥华	男	汉族	鲁甸	市工程中级职务评委会	2009.10.14
工程师	王　鑫	男	汉族	鲁甸	市工程中级职务评委会	2009.10.14
工程师	李　林	男	回族	鲁甸	市工程中级职务评委会	2009.10.14
工程师	周景涛	男	汉族	鲁甸	市工程中级职务评委会	2009.10.14
工程师	武翠波	女	汉族	鲁甸	市工程中级职务评委会	2009.10.14

续　表

职务名称	姓名	性别	民族	籍贯	资格认定机构	评定时间
工程师	戚悦兰	女	回族	鲁甸	市工程中级职务评委会	2009.10.14
工程师	邵发兰	女	汉族	鲁甸	市工程中级职务评委会	2009.10.14
工程师	卯　潜	男	汉族	鲁甸	市工程中级职务评委会	2009.10.14
工程师	陈　勋	男	汉族	鲁甸	市工程中级职务评委会	2009.10.14
工程师	李健华	男	汉族	鲁甸	市工程中级职务评委会	2009.10.14
工程师	陈　梅	女	汉族	鲁甸	市工程中级职务评委会	2009.10.14

（刘　维　王　辉）

表彰人物(已知)

赵　林　县广电局干部,2009 年 1 月获“全国孝亲敬老之星”称号。

赵炳选　龙树乡党委副书记,2009 年 1 月获“全国孝亲敬老之星”称号。

高核巧　女,回族,县老龄委主任,2009 年 8 月被中国老年人体育协会表彰为“全民健身与奥运同行,全国亿万老年人健步走向北京奥运会”活动先进个人。

石安政　县职业技术中学校长,2009 年 12 月获中国教育学会、教育管理分会“2009 全国学校德育管理先进个人”荣誉称号。同月,获“全国德育管理科研优秀成果奖”。

王高云　县职业技术中学副校长,2009 年 12 月论文荣获“全国德育管理科研优秀成果奖”。

戈立斌　县职业技术中学教师,2009 年 12 月论文获“全国德育管理科研优秀成果奖”。

江先奎　县委书记,2009 年 2 月,被云南省政府授予“全省抗灾救灾先进个人”称号。

罗　琼　女,县老龄委干部,2009 年 1 月被省政府表彰为“老龄工作先进个人”。

李　斌　回族,理世实业公司总经理,2009 年 2 月,获云南省第一届“云南青年创业省长”提名奖。

朱宗能　县林业局长,2009 年 1 月被云南省绿化委员会表彰为绿化先进个人。

石安政　县职业技术中学校长,2009 年 2 月被省公安厅表彰为云南省企业事业单位“先进个人”。10 月,被云南省教育厅授予“云南省中等职业学校杰出校长”称号。

李才雄　回族,县统计局副局长,2009 年 2 月被云南省统计局、省人事厅表彰为 2004 ~ 2008 年云南省统计系统先进个人。

李赛先　县局交通警察大队大队长。2009 年 2 月被云南省公安厅交警总队表彰为全省公安交警系统“十大”优秀大队长。

邵聪璧　县交通警察大队干警,2009 年 2 月被云南省公安厅交警总队表彰 2009 年春运道路交通安全管理工作先进个人。

戈启华　县职业技术中学教师,2009 年 9 月被云南省教育厅、省人力资源和社会保障厅授予“云南省优秀教师”称号。

宋　玲　江底中心小学教师,2009 年 9 月被云南省教育厅、省人力资源和社会保障厅授予“云南省优秀教师”称号。

陈正权　水磨中心小学教师,2009 年 9 月被云南省教育厅、省人力资源和社会保障厅授予“云南省优秀教师”称号。

邵　挺　龙树中学教师,2009 年 9 月被云南省教育厅、省人力资源和社会保障厅授予“云南省优秀教师”称号。

晏 权 县地方志办公室主任，2009年11月获云南省年鉴研究会优秀主编奖。

田朝华 县地方志办公室副主任，2009年11月获云南省年鉴研究会优秀编辑奖。

饶利琼 女，县地方志办编辑，2009年11月获云南省年鉴研究会优秀编辑奖。

张才福 县发展计划局职工，2009年12月被云南省文明办授予“省级道德模范”称号。

施国华 县公安局经侦大队副大队长，2009年12月被云南省公安厅表彰为“打击假币犯罪09行动先进个人”。

李勤民 县委党校副校长，2009年10月被云南省委党校函授学院表彰为2008～2009年度优秀教师。11月被云南省领导科学决策研究会表彰为优秀工作者，论文《关于鲁甸构建和谐社会的理性思考》获“二等奖”。

周云燕 女，县委党校教师，2009年10月被云南省党校函授学院表彰为2008～2009年度优秀教师。

赵 勇 县委党校教师，2009年10月被云南省党校函授学院表彰为2008～2009年度优秀学员。

李 辉 县委党校教师，2009年10月被云南省党校函授学院表彰为2008～2009年度优秀学员。

李晓林 县消防大队大队长，2010年2月被云南省消防总队表彰为“安全双百日竞赛”活动先进个人、“优秀消防卫士”。

孙安发 县消防大队教导员，2010年2月被云南省消防总队表彰为“安全双百日竞赛”活动先进个人。

轩 颖 女，县农行职工，2010年2月被农行云南省分行表彰为2009年度业务能手。

祖正芬 女，县农行支行职工，2010年2月被农行云南省分行表彰为2009年度岗位标兵。

罗泽翠 女，万豪酒楼董事长，2010年3月被云南省妇联表彰为“巾帼建功”标兵。

晏 权 县志办主任、编审，个人专著《志鉴春秋》，2009年3月获昭通市政府社会科学成果三等奖。

蔡寿义 （沈沉）回族，县委办副主任、县委督察室主任，作品《写给小缘》，2009年3月获昭通市政府第四届文学艺术优秀成果诗歌类二等奖。

铁朝曙 回族，县委常委、副县长，2010年2月获昭通市委、市人民政府“全市民族团结进步模范个人”荣誉称号。

卢 敏 女，彝族，县政协副主席、统战部长，2010年2月获昭通市委、市政府“全市民族团结进步模范个人”荣誉称号。

李兴达 回族，文屏镇党委书记，2010年2月获昭通市委、市政府“全市民族团结进步模范个人”荣誉称号。

纳才相 回族，水磨镇党委书记，2010年2月获昭通市委、市政府“全市民族团结进步模范个人”荣誉称号。

马凤华 回族，桃源回族乡党委书记，2010年2月获昭通市委、市政府“全市民族团结进步模范个人”荣誉称号。

朱文华 苗族，小寨乡副乡长，2010年2月获昭通市委、市政府“全市民族团结进步模范个人”荣誉称号。

赛福波 回族，县伊协会会长，2010年2月获昭通市委、市政府“全市民族团结进步模范个人”荣誉称号。

卢加明 彝族，梭山乡挖水村总支书记、主任，2010年2月获昭通市委、市政府“全市民族团结进步模范个人”荣誉称号。

唐家文 玄天观道长，2010年2月获昭通市委、市政府“全市民族团结进步模范个人”荣誉称号。

陈艳明 女，县地方税务局长、党组书记，2010年2月获昭通市委、市政府“全市民族团结进步模范个人”荣誉称号。

赵升文 县农业局职工，2010年2月被昭通市政府授予“先进个人”称号。

申时贤 县农业局职工，2010年2月被昭通市政府授予“先进个人”称号。

刘国斌 县农业局职工，2010年2月被昭通市政府授予“先进个人”称号。

田丽华 县农业局职工，2010年2月被昭通市政府授予“先进个人”称号。

孔令猛 回族，县农机管理中心主任、高级工程师，2010年2月获昭通市政府国家补贴农机具推广一等奖。

李兴伟 回族,县种籽站站长、农艺师,2010年2月获昭通市政府296万亩杂交玉米良种推广二等奖。

蒋德庆 县农技中心主任、高级农艺师,2010年2月获昭通市政府粮食规格化间套作技术推广一等奖。

胡兴祥 县农技中心高级农艺师,2010年2月获昭通市政府粮食规格化间套作技术推广一等奖。

徐家琼 女,县农技中心经作站站长、高级农艺师,2010年2月获昭通市政府粮食规格化间套作技术推广一等奖。

赵 静 女,农业局农艺师,2010年2月获昭通市政府粮食规格化间套作技术推广一等奖。

赵庆英 女,县农业局农艺师,2010年2月获昭通市政府粮食规格化间套作技术推广一等奖。

臧尔汉 县农业局种籽站站长、科教股股长、高级农艺师,2010年2月获昭通市政府粮食规格化间套作技术推广一等奖。

马姝梅 女,县农业局农艺师,2010年2月获昭通市政府粮食规格化间套作技术推广一等奖。

马 琼 女,回族,县农业局助理农艺师,2010年2月获昭通市政府粮食规格化间套作技术推广一等奖。

铁发升 回族,农业局市场信息股股长、农艺师,2010年2月获昭通市政府粮食规格化间套作技术推广一等奖。

唐高忠 县农技中心农艺师,2010年2月获昭通市政府粮食规格化间套作技术推广一等奖。

周 剑 女,县农技中心农艺师,2010年2月获昭通市政府粮食规格化间套作技术推广一等奖。

马玉山 回族,桃源农技站站长、助理农艺师,2010年2月获昭通市政府粮食规格化间套作技术推广一等奖。

庄清恒 茨院农技站站长、农艺师,2010年2月获昭通市政府粮食规格化间套作技术推广一等奖。

何孝勇 江底农技站站长、农艺师,2010年2月获昭通市政府粮食规格化间套作技术推广一等奖。

缪方云 县农业局助理农艺师,2010年2月获昭通市政府粮食规格化间套作技术推广一等奖。

易祥华 县农技中心副主任、高级农艺师,2010年2月获昭通市政府马铃薯高产创建示范三等奖。

刘 飞 县农业局农艺师,2010年2月获昭通市政府马铃薯高产创建示范三等奖。

桂龙慈 县农业局办公室副主任、农艺师,2010年2月获昭通市政府马铃薯高产创建示范三等奖。

李明凤 女,县农业局农艺师,2010年2月获昭通市政府马铃薯高产创建示范三等奖。

马光体 回族,水磨农技站站长、助理农艺师,2010年2月获昭通市政府马铃薯高产创建示范三等奖。

饶丽萍 女,县农业局农艺师,2010年2月获昭通市政府马铃薯高产创建示范三等奖。

蒋 波 县农业局助理农艺师,2010年2月获昭通市政府马铃薯高产创建示范三等奖。

赵 斌 县农业局技术员,2010年2月获昭通市政府农村沼气建设三等奖。

李 靖 回族,龙树农技站助理农艺师,2010年2月获昭通市政府农村沼气建设三等奖。

杨 丽 女,县农业局助理农艺师,2010年2月获昭通市政府农村沼气建设三等奖。

蔡 艳 女,县农业局农艺师,2010年2月获昭通市政府农村沼气建设三等奖。

谢 斌 龙头山农技站助理农艺师,2010年2月获昭通市政府农村沼气建设三等奖。

万玉贵 县农业局农艺师,2010年2月获昭通市政府农村沼气建设三等奖。

吕兴琼 女,农业局高级畜牧师,2010年2月获昭通市政府农村沼气建设三等奖。

陈必春 县畜牧兽医局干部,2010年2月获2009年度昭通市政府农业科技工作先进个人奖。

陈太瑜 县畜牧兽医局干部,2010年2月获2009年度昭通市政府农业科技工作先进个人奖。

崔艳文 县畜牧兽医局干部,2010年2月获2009年度昭通市政府农业科技工作先进个人奖。

宋诗睿 县畜牧兽医局畜牧兽医站站长,2010年2月获2009年度昭通市政府黄牛冻精技术推广三等奖。

储丽萍　县畜牧兽医局干部，2010年2月获2009年度昭通市政府黄牛冻精技术推广三等奖。

胡林美　县畜牧兽医局干部，2010年2月获2009年度昭通市政府黄牛冻精技术推广三等奖。

张启刚　县畜牧兽医局江底畜牧兽医站长，2010年2月获2009年度昭通市政府黄牛冻精技术推广三等奖。

邓程义　县畜牧兽医局水磨畜牧兽医站干部，2010年2月获2009年度昭通市政府黄牛冻精技术推广三等奖。

郑宜兴　县畜牧兽医局桃源畜牧兽医站长，2010年2月获2009年度昭通市政府黄牛冻精技术推广三等奖。

李世凡　县畜牧兽医局龙树畜牧兽医站干部，2010年2月获2009年度昭通市政府黄牛冻精技术推广三等奖。

平开俊　县畜牧兽医局干部，2010年2月获2009年度昭通市政府农业技术推广畜牧产业扶贫二等奖。

赵升毕　县畜牧兽医局干部，2010年2月获2009年度昭通市政府农业技术推广畜牧产业扶贫二等奖。

赵世清　县畜牧兽医局干部，2010年2月获2009年度昭通市政府农业技术推广畜牧产业扶贫二等奖。

陈春慧　县畜牧兽医局干部，2010年2月获2009年度昭通市政府农业技术推广畜牧产业扶贫二等奖。

李　超　县畜牧兽医局干部，2010年2月获2009年度昭通市政府农业技术推广畜牧产业扶贫二等奖。

卯升荣　县畜牧兽医局小寨畜牧兽医站站长2010年2月获昭通市政府农业技术推广畜牧产业扶贫二等奖。

袁　赟　县畜牧兽医局小寨畜牧兽医站干部，2010年2月获昭通市政府农业技术推广畜牧产业扶贫二等奖。

郑　松　县畜牧兽医局小寨畜牧兽医站干部，2010年2月获昭通市政府农业技术推广畜牧产业扶贫二等奖。

田茂云　县畜牧兽医局小寨畜牧兽医站干部，2010年2月获昭通市政府农业技术推广畜牧产业扶贫二等奖。

周　明　县畜牧兽医局龙头山畜牧兽医站干部，2010年2月获昭通市政府农业技术推广畜牧产业扶贫二等奖。

张玉前　县委政法委副书记、信访局长，2010年3月被昭通市委、市政府表彰为2009年度信访工作先进个人。

邓益虎　县档案局局长、政府办副主任，2010年3月被昭通市政府授予"全市档案工作先进个人"荣誉称号。

陈家秀　县人民检察院职工，2010年3月被昭通市政府授予"全市档案工作先进个人"荣誉称号。

雷　俊　女，县移动公司职工，2009年3月被昭通市妇联表彰为"巾帼建功"标兵。

王国会　女，文屏镇农村妇女，2009年3月被昭通市妇联表彰为"双学双比"活动女能手。

杨朝清　女，小寨乡大坪村妇代会主任，2009年3月被昭通市妇联表彰为"双学双比"活动女能手。

翟思秀　女，江底乡农村妇女，2009年3月被昭通市妇联表彰为"双学双比"活动女能手。

董鹏飞　女，县委办机关妇委会主任，2009年3月被昭通市妇联表彰为"五好文明家庭"示范户。

陈泰力　女，茨院乡农村妇女，2009年3月被昭通市妇联表彰为"平安家庭"示范户。

马菊玲　女，回族，桃源乡农村妇女，2009年3月被昭通市妇联表彰为"平安家庭"示范户。

高核巧　女，回族，2009年8月被昭通市文体局、市老年人体育协会表彰为老年人体育工作先进个人。

马清玉　回族，桃源乡副乡长，2009年8月被昭通市文体局、市老年人体育协会表彰为老年人体育工作先进个人。

马玲芬　女，回族，茨院乡副乡长，2009处8月被昭通市文体局、市老年人体育协会表彰为老年人体育工作先进个人。

马　平　回族，县公安局政委，2009年8月被昭通市文体局、市老年人体育协会表彰为老年人体育工作先进个人。

董瑞武　鲁甸建业建筑公司经理，2009年8月被昭通市文体局、市老年人体育协会表彰为老年人体育工作先进个人。

陈光昭 县老体协气排球协会主席,2009年8月被昭通市文体局、市老年人体育协会表彰为老年人体育工作先进个人。

吴荣祥 文屏镇民富社区主任,2009年8月被昭通市文体局、市老年人体育协会表彰为老年人体育工作先进个人。

杨永华 彝族,县文体局局长,2009年8月被昭通市文体局、市老年人体育协会表彰为老年人体育工作先进个人。

柯廷忠 小寨乡老体协主席,2009年8月被昭通市文体局、市老年人体育协会表彰为老年人体育工作先进个人。

马玉元 回族,茨院乡葫芦口村村民,2009年8月被昭通市文体局、市老年人体育协会表彰为老年人体育工作先进个人、"全民健身与奥运同行、昭通市十万老年人健步走向北京奥运会"活动先进个人。

王朝鸿 龙头山镇人大主席,2009年8月被昭通市文体局、市老年人体育协会表彰为"全民健身与奥运同行、昭通市十万老年人健步走向北京奥运会"活动先进个人。

蔡寿义 (沈沉)回族,县委办副主任、县委督察室主任,作品《出生地》2009年12月获昭通市人民广播电台、市文联"昭通文学广播传媒年度奖"诗歌类三等奖。

王天礼 县法院执行局干警,2010年1月被昭通市中级人民法院表彰为"十佳干警"。

温灿林 县法院执行局副局长,2010年1月被昭通市中级人民法院表彰为"十佳执行员"。

王 鑫 县法院诉讼调处中心干警,2010年1月被昭通市中级人民法院表彰为"十佳调解能手"。

耿 松 县国税局职工,2010年1月被昭通市国家税务局表彰为2009年度优秀公务员。2009年12月被昭通市国家税务局记三等功一次。

龚朝学 县国税局职工,2010年1月被昭通市国家税务局表彰为2009年度优秀公务员。

罗世德 县国税局职工,2010年1月被昭通市国家税务局表彰为2009年度优秀公务员。

陈大龙 县国税局职工,2010年1月被昭通市国家税务局表彰为2009年度优秀公务员。

肖 艳 县国税局职工,2010年1月被昭通市国家税务局表彰为2009年度优秀公务员。

王 雄 县国税局职工,2010年1月被昭通市国家税务局表彰为2009年度优秀公务员。

马彦平 县国税局职工,2010年1月被昭通市国家税务局表彰为2009年度优秀公务员。

马兴旺 回族,文屏派出所民警,2010年2月被昭通市公安局授予"优秀社区民警"荣誉称号,记个人三等功一次。

李赛先 县交警大队队长,2010年2月被昭通市公安局授予"优秀社区民警"荣誉称号,记个人三等功一次。

梁 道 县交警大队大水塘中队队长,2010年2月被昭通市公安局授予"优秀社区民警"荣誉称号,记个人三等功一次。

李仁华 乐红派出所所长,2010年2月被昭通市公安局授予"优秀社区民警"荣誉称号,记个人三等功一次。

王崇龙 县公安局民警,2010年2月被昭通市公安局授予"优秀社区民警"荣誉称号,记个人三等功一次。

符 勇 文屏派出所民警,2010年2月获昭通市公安局个人嘉奖一次。

李 杰 县公安局民警,2010年2月获昭通市公安局个人嘉奖一次。

胡轩耀 县公安局民警,2010年2月获昭通市公安局个人嘉奖一次。

汪振禄 县交警大队民警,2010年2月获昭通市公安局个人嘉奖一次。

李春林 文屏派出所民警,2010年2月获昭通市公安局个人嘉奖一次。

张 银 县法院党支部副书记,2010年2月被昭通市中级人民法院、市妇联表彰为"巾帼建功标兵"。

李晓林 县消防大队大队长,2010年2月被昭通消防支队表彰为"军政好主官"。

孙安发 县消防大队教导员,2010年2月被昭通消防支队表彰为"军政好主官"。

杨德明 县农行职工,2010年2月被农行昭通市分行表彰为2009年度突出贡献个人奖。

窦仕林 县农行职工,2010年2月被农行昭通市分行表彰为2009年度先进个人。

卯志强 县农行职工,2010年2月被农行昭通市分行表彰为2009年度先进个人。

马永田 回族，县农行职工，2010年2月被农行昭通市分行表彰为2009年度先进个人。

张世睿 县农行职工，2010年2月被农行昭通市分行表彰为2009年度先进个人。

徐 稳 县农行职工，2010年2月被农行昭通市分行表彰为2009年度先进个人。

刘阳普 县农行职工，2010年2月被农行昭通市分行表彰为2009年度先进个人。

罗祥凤 县农行职工，2010年2月被农行昭通市分行表彰为2009年度先进个人。

周廷学 农行鲁甸县支行职工，2010年2月被农行昭通市分行表彰为2009年度先进个人。

马慧英 回族，县人行职工，2010年2月被人行昭通市中心支行表彰为2007～2009年巾帼建功标兵。

解开存 县人行职工，2010年2月被人行昭通市中心支行表彰为2007～2008年文明家庭。

邓黎明 县人行副行长，2010年2月被人行昭通市中心支行表彰为2009年度优秀共产党员。

马二军 回族，县民政局副局长，2010年3月被昭通市法院表彰为集中清理执行积案活动先进个人。

张荣成 县发展计划局收费管理股股长，2010年3月被昭通市发改委表彰为2009年价格管理先进个人。同月，被市发改委表彰为收费年审工作先进个人。

张才福 县发展计划局职工，2010年3月被昭通市文明办授予“市级道德模范”称号。

（刘 维）

乡镇概览

编　辑：晏　权

2010年2月27日，县委农村工作会议在县城广场会务中心召开

（撒兰忠　摄）

文屏镇

2009年末，辖文昌宫、民富、石桥、保健4个居民社区和安阁、砚池山、联合、马鹿沟、岩洞、普芝噜6个村民委员会，139个村民小组。有20 895户61 625人，其中女性30 410人，非农业人口17 747人，农村劳动力21 048人；有少数民族24 670人，占总人口的40.03%，其中回族23 720人，彝族721人，苗族75人，白族58人，壮族34人，布依族22人，满族7人，蒙古族6人，傣族5人，藏族3人，拉祜族2人，普米族2人，哈尼族2人，傈僳族1人，佤族1人，其他11人；年内出生1 521人，死亡173人。全镇总面积85.31平方千米，每平方千米722人。

有耕地面积2 370公顷，其中水田423公顷，25度以上坡耕地41公顷。全年农作物总播种面积6 068公顷，其中粮食作物播种面积3 199公顷，总产15 382吨，其中稻谷422公顷，总产3 325吨；种植烤烟592公顷，总产1 615吨；种植蔬菜1 636公顷，总产24 422吨。年末有果园面积302公顷，其中苹果园210公顷，梨园71公顷，桃园19公顷；年产水果4 098吨，其中苹果3 868吨，梨178吨，桃50吨，葡萄1.5吨；年产核桃8.6吨，板栗1.8吨，花椒3.1吨；伐木136立方米，伐竹37万根。全年大牲畜出栏2 107头，产肉314.4吨，存栏4 018头，其中牛4 006头，马12匹；生猪出栏14 488头，产肉1 504.7吨，存栏15 811头；羊出栏655只，产肉10吨，存栏1 582只，产毛1.6吨；家禽出栏12.9万只，产肉142.2吨，存栏13万只，产禽蛋213.5吨；兔子出栏298只，存栏120只；肉类总产量2 043.2吨。

农村经济总收入19 456万元，其中农业收入11 782万元，工业收入1 059万元，建筑业收入1 590万元，第三产业收入5 025万元。净收入13 529万元，农民外出劳务收入532万元，可分配净收入14 061万元，农民人均2 634元。年末，全镇实现村社通自来水、电话和汽车、电视。

【工作概况】 2009年，文屏镇坚持以人为本，切实保障和改善民生，促进社会和谐稳定，团结带领全镇各族人民积极应对国际金融危机影响，及时妥善解决发展中出现的各种矛盾和问题，以科学发展观为指导，牢牢把握“提速增效、加快发展”这一主题，化压力为动力，变挑战为机遇，攻坚克难，顽强拼搏，全镇经济社会发展水平进一步提高，发展活力进一步提升，发展后劲进一步增强，全镇经济社会发展取得新成绩。全镇国民生产总值达43 588万元，比上年增长14%。农民人均纯收入增长15%。一、二、三产业总产值比上年分别增长19%、7%、19%，三产结构为62.2∶15.9∶21.8。地方财政完成一般预算收入410万元，比上年增长8%；地方财政一般预算支出891万元，比上年增长0.9%。固定资产投资完成2 900万元，比上年增长7.4%；人口自然增长率8.48‰。全镇呈现出经济发展，政治稳定，社会进步，民族团结的良好局面。

一、产业结构调整力度加大，优质产业步伐明显加快

2009年，全镇紧紧围绕调整产业结构，实现农业增效、农民增收，全面整合区域要素，稳步实施、合理规划布局经济区，提高农业综合生产能力，大力发展特色产业。粮食总产量稳步增长，在提高单产，稳定粮食总产的前提下，大力推广发展优质良种，以样板示范带动大面生产。全年粮食产量达1 538万千克，比上年增长7.7%，人均有粮296.72千克，比上年增加16.72千克。特别是抓住省委书记和省长在镇内创建示范样板的机遇，举全镇之力创办砚池山村长山寨生物多样性优化种植高产示范区省级样板，成功创建玉米套种大豆核心示范样板6.67公顷、玉米套种马铃薯核心示范样板6.67公顷、展示样板160.67公顷，省委、省政府领导和专家学者多次实地检查。烤烟支柱产业不断巩固。坚持“双控”政策不动摇，狠抓“三大措施”落实，坚持“数质”并举，确保总量，提高质量，强化措施，狠抓节令，增加效益。全年规划种植烤烟556.67公顷，完成收购146.14万千克。在巩固发展粮烟产业的同时，马铃薯、蔬菜、核桃、向日葵、苹果等优势特色产业发展步伐明显加快。以云香瓜子厂恢复生产为契机，在联合、砚池山、普芝噜村建立向日葵样板示范基地66.67公顷。启动实施“万亩核桃林计划”，全年新植优质核桃1 000公顷。全镇农村经济总收入达19 456万元，比上年增长12.7%。

二、新农村建设力度加大，城乡基础设施逐步完善

2009年，结合农业综合开发，通过小城镇及配套设施建设、实施人畜饮水工程等，不断增加农业基础设施建设投入，农田水利基础建设进一步加

强，农业生产条件进一步改善，为现代农业可持续发展奠定扎实基础。全年规划、立项小型水利工程5件，投入资金300万元，新建水窖215口、水池25个，蓄水1.1万立方米，有效解决500户群众的人畜饮水问题；新建渠道12千米、涵洞20座，埋设引水管道10千米；新增灌溉面积200公顷、改善灌溉面积266.67公顷；建成机耕路8千米。通过项目实施，加快农田标准化建设步伐，提高农村抗灾减灾能力。同时，抓住统筹城乡发展这个核心，新农村建设有新突破。一是以示范建设为带动，以砚池新村、鸣楼新村的成功经验为蓝本，依托地理位置优势，按照“一村一品”的总要求，投资200万元，在砚池山大坪村实施新农村建设，统筹城乡发展，努力建设富裕文明、和谐安康的社会主义新农村。二是以县城新区二次创业建设为突破口，以基础设施建设为重点，加快旧村改造步伐，建设新型村镇。认真做好“一事一议”项目的梳理、上报工作，县城周边道路得以硬化，自来水得以解决。以农村环境整治为重点，塑造新风貌。本着“新起点、新环境、新风貌”原则，继续实施村容、村貌环境整治。做好村庄“硬化、绿化、净化、亮化、美化”，彻底改变村庄脏乱差现象。突出抓好安阁村鸣楼、砚池山大坪、联合小婆树3个村“五化”典型，改善农村卫生条件和人居环境。大力实施乡村公路硬化改造和村组道路延伸工程，新建或改造各类乡村公路、村组道路200千米，全镇公路网络逐步形成。

三、精神文明建设力度加大，社会事业发展全面推进

一是精神文明建设有新成效。2009年，深入贯彻落实《公民道德建设实施纲要》，精神文明创建活动收效良好。文明村(社区)、无毒社区、敬老先进社区和五好家庭等创建活动深入开展。

二是教育事业全面发展。2009年，教育基础设施明显改善，教学质量和水平稳步提升，“控辍保学”成效显著，“两免一补”政策全面落实。适龄儿童入学率稳定在98.8%以上，初中毛入学率在96.1%以上，小学、初中在校生辍学率分别控制在1.2%、2.4%。“两基”工作顺利通过省政府验收。

三是科技工作有新起色。2009年，紧紧围绕服务“三农”，科技推广和新品种、新技术引试、示范等成效明显，苹果种植、畜种改良、烤烟漂浮育苗、动植物疫病防治等农村实用技术广泛普及。全年组织科技培训40场次，培训3 000人次。示范推广阿单11、宣黄单5号、东单2 324、安玉12等杂交玉米良种733.33公顷，实现玉米全部地膜覆盖栽培，推广脱毒马铃薯栽培133.33公顷。科技对经济发展的贡献率提高到40%。

四是文化体育有新发展。2009年，群众文化生活不断丰富，全民健身运动深入开展，农村文艺队、老年体育协会等组织逐步健全，并发展壮大。积极参与“全民健身与时代同行”、新农村文艺调演、纪念改革开放30周年等群众文化活动，农村文化生活丰富活跃。

五是卫生工作有新突破。2009年，积极参与省级甲级卫生县城创建工作。疾病预防控制、突发公共卫生事件医疗救治和妇幼保健体系逐步建立，每个年龄段麻疹疫苗强化免疫接种率95%以上。新型农村合作医疗制度稳步推进，参合农民39 464人，参合率94.2%。筹集资金389 040元，累计门诊减免10.72万人次89.1万元，住院减免280人次39.94万元。群众看病难、看病贵的问题得到缓解。

六是人口和计划生育工作有新局面。全年实施结扎手术708例，完成率138.28%。征收社会抚养费74.68万元，完成率309.08%。全镇人口出生率13.1‰，自然增长率8.48‰，计划生育率85.84%。超额完成上级下达的各项指标任务，在全县计生工作中名列第一名。

七是武装、民兵预备役工作有新进展。2009年，顺利完成22名征兵工作任务。进一步加强民兵预备役队伍素质建设和训练工作，12名民兵被县人武部抽到县常驻民兵应急分队。广大民兵队伍在应急抢险、治安巡防、烤烟收购等工作中的作用日益突显。

四、民主法制建设力度加大，社会保持持续稳定

2009年，全镇深入开展社会治安综合治理，高度重视“严打”整治工作，对治安混乱的村落、路段、场所深入整治，侦破了一批群众反响强烈的刑事案件，有力地震慑了犯罪分子。坚持“预防为主、打防结合”方针，在全镇筑牢社会治安、综合治理防控体系，深入排查调处各类社会矛盾纠纷，不断深化“平安镇”创建工作，全力维护社会稳定。全年接处警685起，出动警车7 675车次，警力59 661人次。立刑事案件104件，破案60件，破案率58%，协外破案18件。受理治安行政案件109件，查处率100%。可防性案件发案105件，破73件，破案率70%。大

力开展以“城区防范盗窃机动车,农村防范盗窃大牲畜”为重点的“防范100天·平安过两节”专项行动,查验机动车300余辆,走访群众200余户,发放温馨提示安全宣传册1 000余份。坚持“四禁并举、堵源截流”的禁毒方针,加大法制宣传力度,重打击、强戒吸、抓禁种,树立常抓不懈的思想意识,广泛发动社会力量,推动禁毒工作向纵深发展。把信访工作列入党风廉政建设的重要内容,成立领导组,设立信访接待室,安排专人24小时值班,及时办理群众来访问题。全年接待群众来信来访149件300人次,办理落实122件。扎实推进“平安文屏”建设,以开展平安村(社区)创建活动为主线,全面落实社会治安综合治理各项措施,推进“五五普法”、“三五依法治镇”进程,建好石桥、联合、岩洞、普芝噜4个平安创建示范点。坚持专项斗争和重点治理相结合,严厉打击以毒品犯罪、“两抢一盗”等多发性犯罪为重点的各类犯违法罪活动。确保刑事发案增幅低于近3年的平均增幅,破案率高于近3年的平均值,治安案件查处率不低于95%,人民群众安全感满意度达到96%的目标。进一步整合综治办、司法所、调解委、矛盾调处中心“四位一体”的工作力量,完善镇综治维稳中心、村(社区)综治维稳站建设。加强基层队伍建设,配齐配强“治安观察员”、“中心户长”和人民调解员,动员和组织广大群众建立各种形式的联防队伍,开展治安巡逻,群防群治。加大安全生产力度。以采沙采石场、道路交通、消防、易燃易爆品等为重点,认真落实安全生产责任制,加大安全隐患排查治理力度,强化监督管理,严格“一岗双责”和“一票否决”制度。全镇共开展执法行动7次,查处无证或证照不全从事建设、生产经营的13起,查处不按规定期限整治重大隐患的4起,不按规定进行安全培训或无证上岗6起。排查治理企业156家,排查出一般隐患36项,完成整改36项,整改率100%。开展安全宣传教育活动12次,参训2 360人,安全生产新闻报道2篇。

五、改善民生力度加大,扶贫和人力资源开发成效显著

2009年,坚持以民为本,严格落实各项惠农补助政策,共兑付粮食直补、退耕还林、综合直补等惠农补助资金120万元。低收入群众救助比例大幅提高。最低生活保障扩面工作扎实有效,全镇有城镇低保救助对象3 583人,农村低保救助对象2 909人、农村五保供养166人,全年发放救助资金577.148万元。通过新农村建设、整村推进、农业综合开发等项目顺利实施和“普九”、合作医疗的深入开展,人民群众的衣、食、住、行和接受教育、享受医疗保健的条件不断改善。同时,以贫困村为主战场,集中力量,整合资金,加大投入,继续实施整村推进、安居温饱、重点扶持村、产业扶贫、小额信贷等项目,全年发放小额信贷资金705万元。按照新的贫困标准,在做好贫困人口统计工作的基础上,积极探索财政扶贫资金滚动发展的路子,进一步实施好“百千万帮扶工程”,建立脱贫致富长效机制,着力增强贫困村(社区)发展能力,落实加强农村教育、卫生、文化建设等措施,解决农村缺医少药、贫困家庭学生上学难和农村文化生活单一的问题。加强对农业人口职业技能培训,把农村劳务输出作为“一把手”工程,以市场需求为导向,走政府引导、市场调节、农民自主择业的路子,推动农村劳动力多渠道、大规模转移就业,增加农民劳务收入。全年培训农村劳动力1 850人,新增劳动力转移就业9 200人,实现工资性收入8 182万元,纯收入3 625万元。

六、党的建设力度加大,党群关系进一步密切

2009年,按照云南省委提出的“个人形象一面旗、工作热情一团火、谋事布局一盘棋”要求,全面加强党的建设,推进理论学习制度化、规范化,以科学发展观为主要内容的学习实践不断深入,党员干部整体素质明显提高。镇党委切实履行领导全镇党风廉政建设和反腐败斗争的职责,严格执行领导干部廉洁自律的各项规定和党风廉政建设目标责任制,领导干部的从政行为进一步规范,廉洁自律意识明显增强。积极做好党员发展工作,年内培养入党积极分子65名,发展党员36名,党员队伍不断壮大。

【领导干部】

党委书记

李兴达　男　回族　鲁甸人

副 书 记

李善云　男　汉族　鲁甸人

孔祥明　男　回族　鲁甸人

张兴轩　男　苗族　鲁甸人　2009年2月任

（兼社会主义新农村建设工作队队长）

纪委书记

戚文林　男　回族　鲁甸人

人大主席

张家荣 男 汉族 鲁甸人

镇　长

李善云 男 汉族 鲁甸人

副镇长

王小虎 男 汉族 鲁甸人
马　肖 男 回族 鲁甸人
周　健 男 汉族 鲁甸人
赖廷乾 男 汉族 鲁甸人
陈　凯 男 汉族 四川人 （兼派出所长） 2009年3月止
顾　超 男 汉族 鲁甸人 （兼派出所长） 2009年3月任
杨远宽 男 回族 巧家人 （挂职） 2009年11月止
蒋开谋 男 汉族 鲁甸人 （挂职） 2009年11月止
卯昌晟 男 汉族 鲁甸人 （挂职）
张　黎 男 汉族 鲁甸人 （挂职）
李贵俊 男 汉族 鲁甸人 （挂职）

龙头山镇

2009年末，辖龙泉、沿河、沙坝、光明、营盘、八宝、龙井、翠屏、新民、银屏、西屏11个村民委员会，246个村民小组。有13 297户52 739人，其中女性24 696人，非农业人口998人，农村劳动力27 494人；有少数民族2 336人，占总人口的4.43%，其中彝族1 202人，回族476人，布依族305人，苗族184人，壮族145人，白族11人，哈尼族4人，水族3人，瑶族1人，傣族1人，傈僳族1人，蒙古族1人，其他2人；年内出生1 254人，死亡210人。全乡总面积212.13平方千米，每平方千米249人。

有耕地面积4 023公顷，其中水田146.6公顷，25度以上陡坡耕地164公顷。全年农作物总播种面积5 515.6公顷，其中粮食作物播种面积4 328公顷，总产16 503吨，其中稻谷34公顷，总产171吨；种植花生75公顷，总产56吨；种植烤烟293公顷，总产600.5吨；种植蔬菜556公顷，总产7 302吨。年末有果园38.9公顷，其中苹果园12公顷，梨园7.7公顷，柑桔园4.4公顷，桃园14.8公顷；年产水果672吨，其中苹果101.5吨，梨379吨，柑桔17.9吨，桃87吨，柿子63吨，樱桃23.6吨；产生漆4.4吨，油桐籽46.8吨，核桃290.9吨，板栗38吨，花椒456吨；伐木10立方米，伐竹1万根。全年大牲畜出栏1 010头，产肉143吨，存栏9 431头，其中牛8 196头，马1 011匹，驴212匹，骡12匹；生猪出栏25 762头，产肉2 541吨，存栏33 162头；羊出栏2 969只，产肉56吨，存栏6 445只，产羊毛1.5吨；家禽出栏34 479只，产肉71吨，存栏57 096只，产禽蛋155吨；产蜂蜜1.23吨；产蚕茧3.75吨；肉类总产量2 813吨。

农村经济总收入15 557万元，其中农业收入14 808万元，工业收入53万元，建筑业收入95.4万元，第三产业收入600.3万元；净收入8 790.3万元，农民外出劳务收入2 560万元，可分配净收入11 350.3万元，农民人均2 233元。年末，有11个村通电和汽车，4个村通自来水，移动通信覆盖全镇。

【工作概况】 2009年，龙头山镇党委、政府以贯彻落实党的十七大、十七届三中全会精神，以“三个代表”重要思想为指导，深入学习实践科学发展观，全面贯彻县委七届七次、八次全会精神，以解放思想为突破口，以又好又快发展为主题，以富民强镇为目标，全力推进农业产业化、新型工业化和镇村一体化三大进程，巩固培育林果、畜牧、蔬菜、烤烟四大产业，扎实抓好基础设施建设、镇村集镇发展、重点工矿企业服务、教育卫生和计划生育、扶贫和新农村建设、生态环境、社会稳定七项重点工作。全镇呈现出工业发展势头强劲，农业特色产业不断壮大，社会大局平安稳定，经济社会又好又快发展的良好局面。全镇实现粮食总产量、人均有粮分别比上年增长7%和10%；农村经济总收入、农民人均纯收入分别比上年增长15%和45%；人口自然增长率控制在8.5‰以内。

一、农业农村工作持续健康发展

一是农业工作稳步推进。2009年，龙头山镇围绕“农民人均纯收入增长15%以上，粮食产量增长7%以上”的目标，高度重视农业农村工作，成立领导机构，制定实施方案，引导群众走“科学种植，示范带动”的路子，积极组织农机农技站技术人员到村组提供技术服务，圆满完成全镇粮食种植任务。

二是巩固培育烤烟产业。全年完成烟苗移栽323.3公顷，收购烟叶49.75万千克，均价14.4元/千克；完成小改密烤房建设63座。

三是林业生产迅速发展。按照“集中连片布局、规模化种植、规范化管理”的要求，在全镇11个村完成青椒种植任务866.7公顷，2 000公顷核桃种植工作进入移栽阶段。办理《林木采伐许可证》7本，采伐林木12立方米。完成深化集体林权制度改革，界定林地3 087宗，确权7 551.8公顷，进入“回头看”工作阶段。

四是畜牧业稳健发展。全年实现畜产品产量2 643.1吨，完成黄牛冻精改良280头，杂交改良3 921窝，其中生猪人工授精2 810窝，更新良种母猪81头，推广饲草农田40公顷；常规免疫90%以上，强制免疫100%。实现畜牧业生产总值3 978.5万元，同比增长17%。

五是扶贫工作进展顺利。抓住光明村被确定为全省产业扶贫参观点的机遇，抓好沿河、沙坝、光明、龙井4个片区整村推进项目建设，完成工程总量的97%；“百千万帮扶工程”成效显著，争取基础设施项目4个，投入资金19.06万元，有效解决2 450户1.1万人的生产生活困难，结对帮扶299户1 345人；发放小额信贷资金83万元，积极鼓励农民进行产业发展。

六是劳务输出成效明显。在全镇范围内开展500人次的农村贫困劳动力技能培训，组织转移输出850名农村富余劳动力，累计转移输出9 545人次，占任务数的97.40%，实现务工工资性收入2 500余万元，劳务经济得到进一步提升。

二、搞好工矿企业协调服务工作，推动工业迅速发展

2009年，认真搞好镇内工矿企业、重大项目建设与群众之间的协调工作。尤其是搞好天花板电站、八宝银矿等企业移民搬迁、土地征收、纠纷排查调处及各项协调工作，为工矿企业解决生产中遇到的困难，努力营造良好的工矿企业发展外部环境，加快新型工业化进程。年内，天花板电站移民搬迁工作进展顺利，已搬迁22家，剩余4家待房屋竣工后便搬迁结束，第一批八宝老君山35户移民搬迁工作已基本完成，即将启动第二批移民搬迁工作；天花板电站建设进展顺利，各工矿企业运转正常。按照“公司+基地+农户”的农业产业化发展模式，以“三益”公司为代表的农特产品加工企业，切实搞好农特产品深加工。昭巧二级公路征地拆迁和昭鲁大型灌区龙头山镇段两大项目进展顺利，已完成涉及6个村征地工作和青苗丈量、树木清点、归类登记、房屋定性和丈量登记工作，完成数据录入和补偿资金预算工作。

三、基础设施逐步完善，群众生产生活条件得到改善

2009年，镇内沙乐段柏油公路全面通车，35KV变电站建设进入基础设施建设工作；投资210.8万元新建营盘新发村—柴山、沙坝欧家老包—威宁寨—老棚子—火德红鹊落村弯刀砍小学、新民抱垴—水井湾等村组公路19条90.7千米，有效解决9个村41个村民小组1 743户7 002人“出行难”问题；新建水窖221口，沼气池2 162口，管引3条13千米，灌沟清淤13条39千米；龙头山卫生院综合楼、龙泉中学寄宿制学生宿舍建成并投入使用。

四、着力解决民生问题，社会事业全面发展

一是认真落实国家惠农政策。2009年，发放粮食综合直补、良种补助、能繁母猪补助317.66万元。

二是教育文化事业蓬勃发展。镇党委、政府高度重视“两基”攻坚工作，举全镇之力，采取“4+1”（即：一名镇干部、一名村干部、一名小组长、一名教师”挂钩一名辍学生）等措施狠抓“控辍保学”工作，实现“普九”目标；认真执行“两免一补”和帮扶政策。全年发放各种补助金167万元，投入帮扶资金1.975万元，帮扶学生244人；学校“六配套”设施配备逐步完善；狠抓教育教学质量，强化师德师风教育，加大中小学教师奖励和培训力度，从镇财政中拿出8 000元奖励年度优秀教师。抓好自然村广播“村村通”工程建设。沿河、沙坝、光明3个村16自然村210户“村村通”工程安装投入使用；沿河村农家书屋建成并向村民开放，镇文化站正在建设之中。

三是计生工作不断加强。2009年，本着“承认历史不埋怨，立足现实抓突破”的态度，针对全镇计划生育工作基础差、区域发展不平衡、难点死角较多的实际，进一步统一思想，凝聚力量，突出抓紧抓好“放、扎、查、补、征”等重点工作，认真落实计划生育控导结合机制，严格实行计划生育工作“一把手”责任，深入推进“一杆子”工作法、目标考核制度和“黄牌警告，一票否决”制度，成功整治3个重点村，强势突破全镇计划生育工作死角、难点，进一步在全镇营造良好的计划生育工作氛围，推动全镇计划生育工作均衡发展。2008年10月1日至2009年9月30日，完成五术1 113例，比上年同期931例增加182例，完成结扎628例，占县下达任务的117.8%；完成二孩结扎348例，占任务的118.4%；完成一孩放环330例，占任务的111.9%；年内医学

监护对象3 666人，大面开展医学监护3次，征收社会抚养费30.45万元，占任务的121.8%，计划生育率83.07%；办理农业人口独生子女证23户，占任务数的104.5%。卫生工作进一步加强。2010年新型农村合作医疗制度顺利实施，参合率95%以上；2009年门诊减免96 879人次，住院减免4 042人次，补偿238.51万元。城镇居民医疗保险试点工作顺利开展，参保109户。医疗护理、防疫保健、食药品安全工作进一步加强。

四是民政、老龄工作成效明显。2009年，申报在病医疗救助65户，发放各类补助金、救济金386.095万元；办理《结婚登记证》420本。做好80周岁以上老年人保健补助工作，发放补助金额3.684万元。

五是其他社会事业全面推进。工、青、妇、残疾人工作不断加强。镇民兵应急分队成功组建，圆满完成2009年征兵工作。切实做好国土资源管理工作，加大非煤矿山安全管理和地质灾害监测工作。

五、政法综治工作进一步加强，社会保持平安稳定

2009年，坚持以“稳定压倒一切”的工作思路，深入推进和巩固平安创建成果，加强政法综治队伍建设，加大普法和宣法工作力度，强化治安信息网络建设，努力排查社会矛盾。切实抓好无毒镇巩固工作，深入开展“大接访、大下访”活动，妥善处置信访问题，高度重视民族宗教工作，严厉打击各类违法犯罪活动。年内，接警158起，处警158起，其中立刑事案件30件，破28件，刑事拘留34人，逮捕29人，取保候审3名，监视居住1名；捣毁盗牛团伙1个和1个涉恶团伙；立治安案件42件，查处42件，查处率100%；行政拘留22名，救助服务16起，其他27起，抓获网上在逃人员4人，组织开展1次声势浩大的案情通报会；调处信访案件5起，解决群众关心的难点热点问题2件，调处及时率100%；受理矛盾纠纷案件257件(含村级调解126件)，调处255件，调处率为99.2%，最大限度的化解社会矛盾，有力维护社会稳定。

六、以开展机关作风建设活动年为契机，不断加强执政能力

2009年，切实加强党组织建设，不断加强党员队伍的素质教育，提高党员干部的服务水平。党员干部思想明显提高，为民服务意识不断增强。机关作风建设成效明显，抓住机关建设活动年机遇，开展机关作风建设活动，加强机关作风建设，工作中严格执行各项工作纪律，不断提高镇党委、政府的执行能力，强化机关干部党性修养，认真践行“一线工作法”，严格规范各站、所、院、办、学校行为，深入贯彻落实“阳光政府四项制度”，推进全镇经济社会各项工作正常开展。

【领导干部】

党委书记

刘德美　男　汉族　鲁甸人　2009年3月止
施华松　男　汉族　鲁甸人　2009年3月任

副书记

张纪平　女　汉族　鲁甸人　2009年3月止
李亚明　男　汉族　河南人　(挂职)
李昌甫　男　汉族　鲁甸人
李兴旭　男　回族　鲁甸人　2009年2月任
(兼社会主义新农村建设工作队队长)
陈国勇　男　汉族　鲁甸人　2009年3月任

人大主席

王朝鸿　男　汉族　鲁甸人

纪委书记

余振辉　男　汉族　鲁甸人　2009年11月任

镇长

张纪平　女　汉族　鲁甸人　2009年3月止
陈国勇　男　汉族　鲁甸人　2009年3月任

副镇长

余振辉　男　汉族　鲁甸人　2009年11月止
蒋德劲　男　汉族　鲁甸人
李仲宪　男　汉族　鲁甸人
方宗富　男　汉族　鲁甸人　(兼派出所长)
李春雄　男　汉族　鲁甸人　2009年11月任
姒清政　男　汉族　鲁甸人　(挂职)
邹光晟　男　汉族　鲁甸人　(挂职)
孔淑红　女　回族　鲁甸人　(挂职)

水磨镇

2009年末，辖水磨、新棚、拖麻、岩头、黑鲁、铁厂、黄泥寨、嵩屏、营地、滴水10个村民委员会，169个村民小组。有9 957户39 094人，其中女性18 243人，非农业人口727人，农村劳动力21 785人；有少数民族2 500人，占总人口的6.39%，其中彝族1 394人，苗族1 088人，回族17人，壮族1人；年内出生796人，死亡173人。全乡总面积268.62

平方千米,每平方千米146人。

有耕地面积6 117公顷,其中水田177公顷。全年农作物总播种面积6 727公顷,其中粮食作物播种面积5 328公顷,总产19 498吨,其中稻谷165公顷,总产608吨;种植油菜籽555公顷,总产839吨;种植烤烟1公顷,总产2.6吨;种植苏籽10公顷,总产8.4吨;种植蔬菜608公顷,总产9 073吨;种植魔芋32.5公顷,总产65.4吨;种植药材(天麻)100公顷。年末有果园133.5公顷,其中苹果园20.3公顷,梨园100.5公顷,桃园12公顷;年产水果580吨,其中苹果70.9吨,梨407.3吨,桃101.8吨,樱桃0.3吨;产核桃37.3吨,板栗2.6吨,花椒1吨,松籽0.6吨;伐木205立方米,伐竹15万根。全年大牲畜出栏1 224头,产肉166吨,存栏12 820头,其中牛8 982头,马3 657匹,骡181匹;生猪出栏31 186头,产肉3 110吨,存栏40 659头;羊出栏6 430只,产肉113吨,存栏13 414只,产毛18吨;家禽出栏15 724只,产肉23吨,存栏65 197只,产禽蛋197.3吨;肉类总产量3 412.5吨。

农村经济总收入7 570.2万元,其中农业收入6 617.2万元,工业收入79万元,建筑业收入113万元,第三产业收入761万元;净收入4 923.2万元,农民外出劳务收入3 100.6万元,可分配净收入8 023.8万元,农民人均2 098元。年末,全乡有10个村通电和汽车,有4个村通自来水。

【工作概况】 2009年,水磨镇党委、政府坚持以邓小平理论和“三个代表”重要思想为指导,以贯彻落实科学发展观为统揽,围绕县委、县政府部署的目标任务,紧紧抓住区位优势、气候优势,团结奋进,开拓创新,积极工作,较好地完成各项工作任务,有效推动全镇经济社会全面发展。

一、党建工作进一步加强

2009年,镇党委紧紧围绕“党员干部受教育,科学发展上水平,人民群众得实惠”的总体要求,认真抓好科学发展观学习教育活动,组织全镇1个党委、10个党总支、53个支部、842名党员学习,完成学习调研阶段内容。学习中始终做到“组织保障到位、学习氛围到位、学习深度到位、调查研究到位”。确保学习活动取得实实在在的效果。按照“坚持标准、保证质量、成熟一个、发展一个”的要求,认真抓好组织发展工作。全年发展党员40名。认真落实党风廉政责任制,重点抓好党员干部的教育管理,使之勤政廉政、廉洁自律。通过送学上门、节日慰问等活动,认真做好老党员关爱工作。全年看望老党员30名,发放老党员关爱资金7 080元。

二、农业产业结构调整步伐加快

一是结合实际,优化产业布局。根据各村的地域和气候环境进行优化布局。在高寒冷凉山区推广夏播油菜种植,在高寒山区及二半山区创建马铃薯种薯扩繁及加工型商品薯基地,力争3~5年全面完成全镇马铃薯品种的更换;沿龙树河区域进行冷凉型蔬菜的示范种植;在海拔较低的岩头、营地村进行核桃示范种植;全镇大力推广生猪人工受精及黄牛冻精改良技术。

二是以农民增收为核心,认真抓好粮食生产。2009年,完成农作物种植5 567公顷,其中粮食种植4 900公顷,玉米1 373公顷、水稻173公顷、马铃薯2 467公顷,其他作物887公顷,经济作物油菜种植667公顷。完成大面示范样板2 117公顷,其中核心区样板203公顷。在营地、岩头、嵩屏、黄泥寨村种植晚秋作物小豌67公顷,其他村种植秋冬蔬菜27公顷,种植饲用萝卜833公顷。

三是林业、新能源建设稳步推进。2009年,全镇林权制度改革“回头看”工作全面铺开;在铁厂、营地、黑鲁、嵩屏、岩头、黄泥寨、新棚村种植核桃500公顷,其中示范样板100公顷。抓好能源建设工作。在黑鲁、新棚、铁厂、水磨村新建沼气池300口。

四是大力发展畜牧产业。2009年,开展品种改良、规模饲养、市场拓展等工作,在新棚村大垴包实施生猪养殖示范小区建设;大力推广生猪人工授精、黄牛冻精改良技术和“熟改生”科学饲养技术,狠抓春秋两防工作,进一步发展壮大畜牧业,力争3年内把水磨建成高寒山区畜牧培育和输送基地,实现养殖业生产由数量型向优质高效型转变。

五是抓好劳务输出。2009年,加强劳务信息建设,拓宽信息服务渠道,对回乡创业人员开展分类指导、择业培训、引导就业等工作,扶持外出务工“能手”回乡创业,促进农民和返乡民工转移就业,确保农民稳定增收,全镇外出务工人数1万余人。

六是产业协会稳步推进。2009年,水磨镇有油菜种植协会、蔬菜协会、马铃薯协会、畜牧养殖协会4个民间组织。通过以合作社、协会为依托,辐射带动全镇产业发展。年内,种植冷凉型蔬菜16.67公顷,投入基础设施建设及科技经费8万元,培训人员

1 000余人次，印发技术资料500份，实现总产量750吨，收入45万元，项目区菜农人均收入1 800元。主要辐射铁厂、水磨、新棚等村。积极探索土地流转机制，鼓励和引导土地向种植大户和专业能人集中，逐步培育规模种植。

三、集镇建设进展顺利

水磨镇采取"以地生财、以财建镇"方法，于2007年5月正式启动集镇一期工程开发建设。至2009年，完成土地征用及场地平整2.8公顷，土方回填碾压19 895平方米，换土回填土石方量23 681立方米。防洪排水沟建设完成沟长900米，断面0.6米×0.6米，浆砌石方量1 460立方米；完成长510米、宽15米的道路路面硬化工程，长290米、宽6米的步行街硬化工程。完成司法所砖混结构二层办公用房，建筑面积222.5平方米，投入使用；信用社砖混结构四层办公用房，建筑面积708平方米，投入使用；供电所砖混结构三层办公用房，建筑面积768平方米，主体工程即将完成；文化站建设完成地基平整工作。门面建设正在进行，主体工程接近尾声。

四、社会事业全面发展

一是新农村建设力度加大，成效明显。水磨镇地处高寒冷凉山区，是一个以传统种养殖业为主的农业大镇，全镇基本无财政收入。2009年，争取大小项目12个，项目资金525万元。实施整村推进点4个，分别为：嵩屏村三棵树、梁梁上村民小组实施民居地震工程70户304人、新棚村花烘园村民小组45户178人、拖麻村小拖麻村民小组43户185人；投入建设资金51万元，在营地村大梨树实施易地搬迁23户100人，县内易地安置项目全面完工，通过市县验收；争取资金30万元，在嵩屏实施民居地震安全工程建设，受益户60户，市县新农办投资20万元对嵩屏村小寨自然村68户进行村容村貌整治；全年水磨镇新农村建设与"一事一议"财政奖补项目相结合，争取项目11个，资金63万元，涉及5个村32个村民小组的道路交通、人畜饮水、环境整治等基础设施建设项目，已全面完成。争取省计生委、市扶贫办和县政府投资30万元，在新棚村大塆包村民小组进行市级示范新农村建设，省计生委投资10万元，在新农村示范点建立生猪养殖基地。在铁厂村实施国债易地项目建设，投资249万元新建安居房110套，通水、通电、通路等项目工程全面完工，待验收。市县扶贫办投资12万元，在铁厂村苗族聚居点实施20户基础设施建设和环境整治及活动场所建设。

二是教育"两基"工作取得成效。全镇有初级中学1所、中心校1所、村完小11所、点校9所，有教学班115个，在校学生6 726人，其中小学5 418人，初中1 308人；有专任教师312名，其中小学235名，中学77名，全镇适龄儿童4 514人，适龄少年2 280人。按照市、县"两基"会议精神，结合实际，专题研究，认真部署，把"两基"攻坚作为党政"一把手"工程，抓紧抓好，调整充实领导组，制定"两基"攻坚措施，分别与各村两委、中小学签订"两基"攻坚目标责任书，明确职责，落实到人，坚持"软件从严、硬件从实"的工作原则，结合《云南省"两基"督导评估手册》，明确专人，规范"两基"档案管理，各项资料齐备，顺利通过省市县三级复核评估验收。

三是卫生工作全面推进。2009年，新农合筹资、甲型H1N1防控、新农合信息采集录入等工作进展顺利。镇、村、组狠抓新农合筹资，信息采集录入工作全面完成，甲型H1N1流感得到有效防控，学校坚持每天对学生实行晨检、定期对教室、宿舍、食堂消毒，没有出现甲型H1N1流感患者。

四是计划生育工作稳步推进。2009年，对计生工作全面整改，创新机制，加强对薄弱环节补救工作。坚持一把手负总责、亲自抓的原则，确保各项任务全面完成。健全镇、村、组三级管理网络；完善镇政府、镇直各单位、各村委会三层负责体系。全面实行目标管理责任制，层层签订目标责任书，形成一把手亲自抓、分管领导具体抓、一级抓一级、层层负责的管理机制。全镇完成结扎253例，占任务的111.2%；二扎148例，占任务的112.98%；一孩放环212例，占任务的108.72%；实施补救措施53例；完成社会抚养费征收33万元，占任务的194.12%；完成独生子女办证20本，占任务的100%；全镇应监护对象788人，实施监护742人次，监护面达94.15%。

五、社会治安综合治理成效明显

2009年，全镇建立四级联防网络体系，"打、防、控、管"相结合，重点建立中心户长体制，实行联户联防，建立有效的治安动态信息网络。实行分片包干负责制，对矿山、电站等安全生产重点单位进行防范；结合"大接访、大下访"活动及时调解矛盾纠纷，深入排查治安隐患，确保"小事不出村、大事不出镇"。全镇立行政案件46起（含治安案件35起、交通案件11起),查处46起,查处率100%;立刑事案件10件,破获8件;调解处理群众矛盾纠纷215件,调处成功210件,调处成功率95%。全镇各类案件发案率明显下降,呈现出平安、和谐新局面。

六、坚定不移地抓好渔洞水库水资源保护

2009年,结合渔洞水库水资源大整治活动,成立专门治理领导小组,具体负责综合整治任务,采取召开村民会议、村民代表会议等形式,加大对水库水资源保护的宣传力度。实施工程治理,减少生活垃圾和农业面源污染。争取资金249万元,在新集镇建设110户498人的集中安置点;投入资金33万元,在新棚村大垴包村民小组对45户191人房屋和周边环境进行美化;投资15万元,在铁厂村下寨村民小组对20户90人苗族居住环境进行改厕、改厩、改灶(三改);投入资金15万元,在新棚村花烘园实施整村推进工程;投入资金115万元,对铁厂村小河边河沟进行小流域治理。通过项目工程实施,减少污染源。实施生物治理工程,有效遏制水土流失。对龙树河堤两岸进行生物工程治理,对部分沙沟进行建拦沙工程治理;在黑鲁、新棚、铁厂3个村新造林201.3公顷华山松;投入资金40万元,种植澳洲青苹果33.3公顷;投资5万元,种植厚朴33.3公顷。建立长效机制,加强集镇镇容环境卫生治理。制定《水磨镇集镇镇容和环境卫生管理办法》,实行集镇机关、站所、住户门前卫生"三包"责任制;指定集镇卫生专职管理人员,做到垃圾统一运走填埋,不让垃圾进入河道。

七、着力转变政府职能,认真为群众办实事

2009年,水磨镇按照建设行为规范、运转协调、行业透明、廉洁高效政府的要求,加强政府及各站所、学校、村委会廉政勤政建设。加强依法行政,强化执法监督,严格行政责任,确保政令畅通。深入基层,深入实际调查研究,体察民情,集中民智,珍惜民力,努力践行"权为民所用、情为民所系、利为民所谋"的要求,认真为基层办实事、办好事,转变政府职能,强化行政监督,全面推行政务和村务公开,自觉接受人民群众监督。通过落实"四项制度",纠正部门和行业不正之风,严肃查处各类违法违纪案件。加强政风建设,严格执行云南省行政问责办法及服务承诺制、首问负责制、限时办结制等"四项制度",认真实行阳光政府,重大事项进行通报和公示,规范从政行为,形成廉洁勤政、奋发向上的良好局面。

【领导干部】

党委书记

纳才相　男　回族　鲁甸人

副 书 记

杨家强　男　汉族　鲁甸人

孔　杰　男　回族　鲁甸人　2009年11月止

张庭钰　男　汉族　鲁甸人　(兼社会主义新农村建设工作队队长)2009年2月止

宋德华　男　汉族　鲁甸人　2009年2月任(兼社会主义新农村建设工作队队长)

王天能　男　汉族　鲁甸人　2009年11月任

纪委书记

宋正昌　男　汉族　鲁甸人

人大主席

郑华远　男　汉族　鲁甸人

镇　　长

杨家强　男　汉族　鲁甸人

副 镇 长

毛维才　男　汉族　鲁甸人

王天能　男　汉族　鲁甸人　2009年11月止

胡轩曜　男　汉族　鲁甸人　(兼派出所长)

王永琼　女　汉族　鲁甸人　(挂职)

戚文波　男　回族　鲁甸人　(挂职)

陆　玲　女　汉族　鲁甸人　(挂职)2009年11月止

桃源回族乡

2009年末,辖桃源、箐门、拖姑、铁家塆、大水塘5个村民委员会,109个村民小组。有9 633户38 256人,其中女性18 912人,非农业人口1 008人,农村劳动力21 680人;有回族36 057人,彝族56人,苗族3人,白族3人,傣族2人,哈尼族1人;少数民族共36 122人,占总人口的94.41%。年内出生1 131人,死亡150人。总面积60.37平方千米,每平方千米634人。

有耕地面积2 214公顷,其中水田276公顷。全年农作物总播种面积4 067公顷,其中粮食作物播种面积2 246公顷,总产10 487吨,其中稻谷276公顷,总产1 842吨;种植烤烟1 393公顷,总产3 867吨;种植蔬菜155公顷,总产2 007吨;有果园46公顷,其中苹果园22.7公顷,梨园15公顷,桃园5.3公顷,猕猴桃园3公顷;年产水果712吨,其中苹果338.6吨,梨226吨,桃88.8吨,猕猴桃58.6

吨;产核桃8.5吨,花椒2.7吨;伐木307立方米,伐竹11万根。全年大牲畜出栏9 518头,产肉1 130吨,存栏17 516头,其中牛17 433头,马83匹;生猪出栏1 918头,产肉183吨,存栏1 767头;羊出栏1 974只,产肉36.6吨,存栏2 777只,产毛7.1吨;家禽出栏90 789只,产肉127吨,存栏84 203只,产禽蛋208吨;兔子出栏196只,产肉0.3吨,存栏588只;肉类总产量1 478吨。

农村经济总收入10 326万元,其中农业收入9 044万元,工业收入225万元,建筑业收入59万元,第三产业收入998万元;净收入7 263万元,农民外出劳务收入3 651万元,可分配净收入10 915万元,农民人均2 810元。农民人均有粮266千克。年末,实现村村通汽车和电,2个村通自来水,广播电视、移动通信覆盖全境。

【工作概况】 2009年,桃源回族乡党委、政府以"三个代表"重要思想和党的十七届三中、四中全会精神为指导,全面贯彻落实省委八届六次、七次全会、市委二届九次全会和县委七届七次、八次全会精神,以开展机关作风建设年和农村基层组织整顿年活动为契机,认真学习实践科学发展观活动,牢固树立发展是执政兴乡的第一要务的思想,坚持以经济建设为中心,坚持以人为本、转变发展观念、创新发展模式、提高发展质量,建设社会主义新农村。坚定不移地贯彻执行县委"以发展保稳定,以稳定促发展"的工作方针,团结带领全乡党员干部和广大人民群众,振奋精神,扎实工作,锐意进取,开拓创新,不断推进桃源经济社会协调、健康、持续、快速发展,全乡呈现出经济发展、社会稳定、民族团结、人民生活水平明显提高的良好局面。

一、党建活力全面增强,为人民服务的能力不断提高

2009年,桃源乡紧紧围绕"提高党的执政能力建设"这一主题,认真开展深入学习实践科学发展观活动,不断深化农村改革发展,以开展基层组织整顿年活动为契机,切实增强基层组织的凝聚力和战斗力,抓实抓好党的各项建设。

一是切实抓好全乡机关作风建设,推动科学发展观的贯彻落实,确保全乡经济社会各项事业健康发展。乡、村成立领导组和工作机构,明确责任,制定实施方案。组织全乡干部职工学习《公务员法》、"一章四条例"(《党章》、《党员权利保障条例》、《党内监督条例》、《行政机关公务员处分条例》、《党员纪律处分条例》)、"四项制度"、《村民委员会组织法》等知识,并分别进行自查自纠和督促检查,取得成效。

二是深入开展基层组织整顿年活动,切实增强基层组织的凝聚力和战斗力。按照县委《关于开展农村基层组织整顿年活动的实施意见》的要求,召开会议,认真分析全乡农村基层组织现状,制定实施方案,高标准,严要求,强措施,重责任,认真开展农村基层组织整顿工作。实施乡级领导班子联系挂村责任制,在挂钩联系村办好1个党建示范点,5个驻村工作组全力协助挂钩村搞好调查摸底工作,进一步掌握基层组织现状,理清思路,找准党组织和党员队伍存在的突出问题。有效提高班子的整体素质,确保整顿活动扎实开展,取得实效,达到预期目标。

三是强化领导班子和党员干部队伍建设。建立健全各项规章制度,以构建"学习型机关"、"学习型干部"活动为载体,切实加强对乡、村干部的教育培训工作。年内,乡党委班子集体学习8次,以党总支为单位开展党员活动11次,其中理论知识培训5次,党员经常性教育得到全面加强。

四是积极探索新时期基层党建工作。深入贯彻落实基层党建制度,积极探索党的建设新途径,强化对流动党员的管理,密切党员和广大群众的联系。畅通群众表达渠道,实行政务公开、村务公开,逐步推行党务公开,推广村民一事一议等制度,方便群众反映情况,发表意见,对群众反映强烈的事项及时进行处理。按照"坚持标准,保证质量,改善结构,慎重发展"的党员发展"十六"字方针要求,严把党员入口关,落实发展党员工作责任制,做好发展党员工作。全乡新增入党申请人24名,入党积极分子20名,新发展党员19名。

五是加强党风廉政建设。根据中纪委、省市纪委有关会议和县纪委七届三次会议精神,深入开展党风廉政建设和反腐败斗争工作,乡纪委把与县纪委签订的党风廉政建设目标责任书认真分解,与5个村总支及涉农站所党总支签订目标责任书,结合机关作风建设年和农村基层组织整顿年活动的开展,党政班子成员做到"自励、自重、自省",认真抓好治理商业贿赂、公务用车等自检自查工作,坚决纠正损害群众利益的不正之风,党风廉政建设和反腐败斗争取得新成效。

六是不断探索经验，促进党建工作健康发展。乡党委做了大量工作，取得一定成绩，积累一些经验。只有坚持党的领导，以科学发展观为指导，抓好党的建设，才是各项事业永葆生机、取得胜利的保障；只有坚持解放思想、实事求是，不唯上，而是唯实、唯真，才是解决问题的根本；只有坚持以经济建设为中心，把“发展才是硬道理”贯穿于各项工作始终，才能推动全乡经济社会的持续发展；只有坚持以市场为导向，重视“三农”工作，大力调整农村产业结构，培植特色支柱产业，才能实现农业增产、农民增收的目标；只有坚持物质文明、精神文明和政治文明同步发展，勤政和廉政两手抓、两手都要硬，才会促进全乡政治、经济、文化等各项社会事业健康发展。

二、经济建设稳步发展，经济指标有序推进

2009 年，乡党委、政府始终把经济建设置于中心地位，坚持打基础、调结构、建支柱、增效益的方针，结合实际，走加强基础、发挥优势、调整结构、依靠科技加快发展的路子，采取措施，以巩固烤烟支柱产业为重点，发展壮大畜牧、果蔬产业，加大农村剩余劳动力培训力度，扩大劳务输出，有力地促进地方经济的发展。

一是烤烟生产水平不断提高。把烤烟生产作为增加乡级财政收入和增加农民收入的一项重要事项抓紧抓实，严格按照“育苗是基础，烘烤是关键，分级出效益”的原则，抢抓节令，强化中耕管理，烟叶长势良好。全乡完成烤烟种植 1 393.3 公顷，改造普通标准小型密集烤房 301 间；完成指令性烟叶收购计划 367 万千克，均价 14.94 元/千克，完成合同内丰产烟叶收购任务 38.88 万千克，实现烤烟产值 6 436.5 万元，比上年 5 419 万元增 1 017.5 万元，再创历史新高。

二是粮食生产稳步发展。全年完成玉米播种 881 公顷，马铃薯播种 339.3 公顷，水稻移栽 276.2 公顷，其他粮食作物完成 507.3 公顷。全乡粮食作物种植 2 003.6 公顷，实现粮食产量 9 886.3 吨，比上年增加 657.3 吨，增长 7.28%。

三是样板引路取得实效。在大水塘村、桃源村、箐门村分别完成玉米单株定向密植样板，玉米、马铃薯套种样板和马铃薯样板各 6.7 公顷，以 20 公顷中心样板辐射带动 666.7 公顷粮食样板种植；在拖姑村完成 3.33 公顷订单农业蔬菜示范种植。

四是农业疫情得到有效防治。乡农技站负责对全乡 80 公顷小秧稻瘟病进行有效防治，确保大田移栽秧苗供给充足；对 213.3 公顷小秧稻飞虱进行防治，确保粮食增产。

五是严格落实各项惠农政策，调动农民生产积极性。全乡发放母猪补贴 3.15 万元、农机补贴 30 万元、各项林业补贴 141 万元、粮食补贴和农资综合补贴 3 391.1789 万元、家电下乡补贴 74.4 万元，核实绿肥、水果豌豆、晚秋蔬菜等种植面积 444.5 公顷。

六是抓紧农村能源建设不放松，国债沼气建设项目进度快。2009 年，认真做好老沼气池使用跟踪问效工作，提高使用率。安排专人指导 167 口沼气池建设项目，确保质量。实施沼气池建设 649 口，各项工作进度较快。

七是劳务输出工作成绩显著，劳动服务保障工作有序开展。乡党委、政府把劳务输出作为扩大农民就业和增加农民收入的重要措施，加大农民工培训力度，建立劳动服务保障体系，做好劳动服务保障工作，努力把人口资源优势转化为经济优势，实现劳务经济长足发展。全乡新增转移农村剩余劳动力 2 961 人，累计转移 10 336 人，实现务工收入 8 310 万元，务工纯收入达 3 860 万元。

八是畜牧业发展态势良好。2009 年，乡党委、政府充分发挥回族群众养牛经验丰富的优势，依托桃源肉牛交易市场，采取措施，培育发展畜牧产业。发展以拖姑村为中心，辐射带动周边村组的肉牛标准化养殖示范户 53 户，培植壮大金牛牧业有限公司和鑫源畜牧业有限公司，逐步实现产、供、销“一条龙”。全乡实现年销售特色牛干巴 312 吨，销售收入 1 560 万元。完成黄牛冻精改良 1 616 头，实现畜牧业产值 2 038 万元。

九是林业工作进展顺利。全乡林业产值达 269.6 万元，促进农民人均纯收入增加 10.3 元。完成 291.76 公顷退耕还林补植补造工作，其中核桃苗补植 2 万株，花椒苗补植 15 万株。完成集体林权制度改革 1 812 户 717.53 公顷，宗地数 2 172 宗，其中公益林面积 219.08 公顷，商品林面积 498.46 公顷。完成核桃产业种植 1 200 公顷。

十是高标准推进农田水利基本建设，提高农业综合生产能力。2009 年，加强农业水利设施建设，统筹安排，成立农田水利基础设施管护领导组，建立长效工作机制，加强对乡境内水利工程的管理和辖区内在建水利工程的协调领导，确保各项水利工程按时按质完成。配合县水利局完成大水塘村6个组的人畜引水管道安装工程，解决1 600人和500余头大牲畜饮水困难问题；配合县水厂完成铁家塆村人畜饮水工程，解决1 285户5 378人和765头大牲畜饮水困难问题。组织5 000余人对桃源村、铁家塆村、拖姑村所辖河道进行清淤，完成土方量1.5万立方米，确保河道排水畅通，满足春耕用水需求。实行汛期河道、灌渠分片负责制，加强水利工程管护工作，确保全乡范围内河道、灌渠水利工程安全度汛和人民群众生命财产安全。全面完成桃源水库和秧田冲水库除险加固工程。

三、社会各项事业蓬勃发展

一是"两基"工作强势推进。全乡有中学1所，完小10所。2009年，进一步贯彻落实《云南省基础教育振兴行动计划》，严格执行国家义务教育"三免费"政策，在校生全部免除教科书费。认真开展成人教育，加大农村实用技术培训力度，巩固扫盲成果。全面发展繁荣农村文化，增强农村文化氛围。教育事业得到健康发展，10月27日，"两基"工作顺利通过省政府评估验收。

二是计生、卫生基础工作得到加强。2009年，抓紧抓实计生、医疗卫生保健工作，有效控制人口增长，提高服务质量，不断提升人民群众的身体素质和生活水平。始终坚持巩固"三为主"，推进"三结合"，积极贯彻"奖、优、免、补"政策，加大宣传和执法力度，有效控制人口增长，提高人口素质，认真落实计生工作责任制，积极推进计生工作创新开展。全乡有常住人口32 137人，常住人口中出生人口425人，出生率13.37‰；死亡人口121人，死亡率3.81‰；人口自然增长率9.56‰。有已婚育龄妇女4 748人，落实避孕节育措施3 956人，综合节育率83.32%；三术人数3 928人，三术率82.73%；落实绝育人数2 970人，绝育率62.55%。完成男女结扎622例，占任务289例的119.38%，其中二扎221例，占任务181例的122.1%；实施补救措施56例，完成一孩放环220例，占任务198例的111.11%。办理农业人口独生子女证17户，占任务14户的121.43%，征收社会抚养费24.48万元，占任务20万元的122.4%。年内，积极开展医疗卫生保健工作。坚持改善医疗环境和提高服务质量，扎实开展妇幼保健和防疫工作，强调服务至上观念和加强对药品市场监管力度，卫生系统服务质量有所提升，经济效益明显改观。高度重视预防艾滋病、禽流感等疫病的防治宣传工作。深入开展环境卫生整治活动，环境卫生有所改善。积极开展新型农村合作医疗基金收缴宣传发动工作，切实加强领导。全乡门诊补偿59 067人次，补偿金额45.34万元，住院补偿3 539人次，补偿296.91万元。

三是民政、扶贫工作成效显著。2009年，全面实施农村居民最低生活保障，开展好民政工作和扶贫工作，认真抓好社会保障体系建设。发放救济款3万元，救济粮1.5万千克；发放优抚金212人39.6万元，城市居民低保补助249人37.7万元，农村低保补助2 651人190万元，五保供养308人36.9万元；春节慰问2 106户36.18万元，发放老年人健康补助351人5万元。扶贫工作成效显著。全乡累计发放小额信贷2 840万元，收回贷款890万元；按期足额发放90户268人移民后期扶持金4.02万元；安置渔洞水库淹没区最后9户移民到箐门村渔场安家落户，及时落实移民土地、户口迁移、移民子女上学和相关移民扶持政策等问题，彻底解决部分移民长期上访的问题，确保社会稳定；在桃源村扶持培养10万元以上苹果种植大户1户，在拖姑村扶持培养10万元以上肉牛养殖大户2户。

四、全力维护社会稳定，深化"平安创建"工作

一是刑事、治安案件发案率得到有效控制。2009年，派出所受理刑事案件22起，破13起，破案率59%。抓获刑事犯罪嫌疑人14人、网上在逃人员2人，抓获违法人员21人。受理治安案件21起，查处21起，查处率100%，受理数同比上升250%。全乡无一起命案发生。

二是抓实禁毒重点整治工作。自2000年桃源乡被省公安厅列为挂牌督办的毒品重点整治地区后，桃源乡历届党委、政府高度重视、认真分析毒情，坚持"四禁并举、堵源截流"的禁毒方针，加大法制宣传力度、重打击、强戒吸、抓禁种，树立常抓不懈的思想意识，广泛发动社会力量，推动禁毒工作向纵深发展，禁毒工作取得明显成效，年内摘掉"毒品重点整治地区"牌子。2005年开展"平安桃源"创建工作以来，共查破毒品犯罪案件3件，缴获毒品海洛因103.46克，打击处理毒品犯罪分子3名；收戒吸毒人员222人次，吸毒人员从1999年625名下降到110名；人民群众防毒意识不断提高，私种罂粟现象彻底肃清。

三是信访工作稳步推进。2009年，把信访工作列入党风廉政建设的重要内容，成立领导组，设立

信访接待室，安排专人24小时值班，现场办结群众来访问题，不能现场办结的责成村“两委”、驻村工作组限时办结，做到小事不出村，大事不出乡，把矛盾化解在基层，有效遏制重复访、越级访、集体访事件的发生。信访问题办结率97%，信访案件结案率100%，按期结案率100%，重复信访率为零。年内，全乡受理各类纠纷152起，调处151起，调成率99%。

四是注重安全生产工作，保障民众生命财产安全。2009年，是“安全生产年”，乡党委、政府采取措施，制定实施方案，落实安全工作职责，实施安全监督管理，做到群防群治，万无一失，有效遏制重特大安全事故发生，保障人民群众生命财产安全。年内，签订安全生产责任状20份，加强对矿山生产、道路交通、职业和消防的安全管理；与辖区内客运车辆签订《交通安全保证书》23份，建立机动车辆登记台账，严格车辆运输管理；加强对危险化学品、烟花爆竹的规范经营管理，重点清理、整顿和规范建筑市场；认真开展安全检查、督促整改火灾隐患，加强消防工作领导，坚决遏制重特大火灾事故尤其是群死群伤恶性火灾事故的发生。

五、促进民族团结，维护社会稳定

2009年，全面加强民族团结和社会稳定工作，做到民族团结，社会和谐。全乡有清真寺36所，信教群众多。乡党委、政府以《民族乡工作条例》和《云南省民族工作条例》为指导，经常开展党的民族、宗教政策和法律法规、科普知识宣传活动，加大宗教活动场所管理力度，每年召开1～2次阿訇、乡佬座谈会，充分发挥阿訇、乡佬的作用，把党和国家的方针政策、法律法规向广大信教群众宣传，有效防止因民族问题引发大规模的群体性事件。

【领导干部】

党委书记

马凤华　男　回族　昭阳区人

副书记

孔令欢　男　回族　鲁甸人

戚祥辉　男　回族　鲁甸人

李章凡　男　回族　鲁甸人　（兼社会主义新农村建设工作队队长）2009年2月止

丁开毅　男　回族　鲁甸人　2009年2月任（兼社会主义新农村建设工作队队长）

纪委书记

冯怀林　男　回族　鲁甸人

人大主席

马健飞　男　回族　鲁甸人

副主席

戚祥林　男　回族　鲁甸人

乡长

孔令欢　男　回族　鲁甸人

副乡长

陈朝坤　男　回族　鲁甸人　2009年11月止

马云辉　男　彝族　鲁甸人

马敏军　男　回族　鲁甸人　（兼派出所所长）

马清义　男　回族　鲁甸人

马贤荣　男　回族　鲁甸人　（挂职）

马良金　男　回族　鲁甸人　（挂职）

马吉灿　男　回族　鲁甸人　（挂职）

茨院回族乡

2009年末，辖葫芦口、沿闸、茨院、田合、板板房5个村民委员会，69个村民小组。有7 904户27 563人，其中女性13 703人，非农业人口2 390人，农村劳动力14 247人；有少数民族7 682人，占总人口的27.87%；其中回族7 324人，彝族333人，苗族14人，壮族6人，傣族3人，白族2人；年内出生427人，死亡28人，总面积42.51平方千米，每平方千米648人。

有耕地面积1 521公顷，其中水田364公顷。全年农作物总播种面积2 242公顷，其中粮食作物播种面积1 618公顷，总产7 624吨，其中稻谷364公顷，总产2 197吨；种植烤烟347公顷，总产853吨；种植蔬菜277公顷，总产3 668吨；有果园104.3公顷，其中苹果园58公顷，梨园42公顷，桃园3公顷，葡萄园1.3公顷；年产水果453吨，其中苹果396吨，梨48.7吨，桃6.5吨；年产核桃1吨，板栗1.1吨，花椒1.5吨。全年大牲畜出栏1 529头，产肉195吨，存栏3 962头，其中牛3 886头，马76匹；生猪出栏9 166头，产肉897吨，存栏10 696头；羊出栏922只，产肉17吨，存栏1 729只，产毛1.1吨；家禽出栏17 741只，产肉42吨，存栏17 589只，产禽蛋35.8吨；产蚕茧1.2吨，肉类总产量1 150吨。

农村经济总收入6 378万元，其中农业收入4 288万元，工业收入216万元，建筑业收入930万元，第三产业收入944万元；净收入4 891万元，农民外出劳务收入2 557万元，可分配净收入7 448

万元,农民人均2 828元。年末,全乡村村通电和汽车、自来水,移动通信和广播电视覆盖全境。

【工作概况】 2009年,茨院乡认真贯彻落实中央、省、市县农业农村工作会议精神,千方百计增加农民收入,以稳定粮食生产,促进结构调整,为农民创收提供有力保障。

一、"三农"工作

一是计生工作。全乡完成男女结扎272例,占县下达任务237例的114.77%;其中二孩结扎153例,占任务数137例的111.68%;完成一孩放环190例,占任务172例的110.46%;完成独生子女办证10本,占任务的100%;完成社会抚养费征收17万元,占任务15万元的113.33%;开展医学监护3次,每次监护面达92%以上。

二是畜牧工作。2009年,全乡畜牧业产值4 068万元,畜禽存栏牛5 120头、生猪11 960头(其中能繁母猪1 896头),出栏牛2 890头、生猪15 126头。春秋两季防疫,全乡注射牛炭疽2 160头、猪瘟苗18 473头、W病苗9 600头。培训村兽医和养殖户3期,发放培训资料1 200余份,参加培训人数达600余人次。全乡拥有50头以上养殖规模的(猪、牛、羊)大户12户,养禽1 000只以上大户4户,有畜牧科技示范基地3个(赵泽会肉牛养殖基地、王天宏生猪养殖基地、黄健荣特种野猪养殖基地);落实农田种草13.3公顷。有生猪养殖专业合作社1个、肉牛养殖协会1个。

三是劳务输出。通过积极争取,茨院乡被确定为2009年全市11个务工人员夜校培训实施乡镇之一,是市政府2009年承诺办理的8件惠民实事之一。全年培训97期4 827人,完成任务数4 820人的100.1%,其中引导性培训1 155人,占任务数2 300人的50.2%;务工技能培训2 202人,占任务数1 600人的137.6%;获取技能证书470人,占技能培训人数的21.3%;妇女培训120人,占任务数270人的44.4%;农村实用技术培训1 236人,占任务数650人次的190.2%。经培训后新增就业人员4 827人(其中务工就业4 177,从事农业产业650人)转移就业率达96.5%。

二、工业发展进展较大

2009年,引进资金200余万元建成瑞鑫页岩砖厂,投资200万元建设腾池园有限责任公司已投产。

三、教育卫生工作

一是教育工作。2009年,切实把"两免一补"政策落到实处,全乡在校生3 700人,全部免除学杂费;春秋季学期发放寄宿制学生生活补贴2 150人次,发放金额966 250元,其中中学发放806 250元、小学16万元。成立"普九"攻坚工作领导小组,下派工作人员深入村组摸底调查,做到家底清、情况明。投资360万元修建的2 860平方米学生宿舍和600平方米食堂完工投入使用。年末,顺利通过省级验收。

二是卫生工作。2009年,不断健全卫生工作体系,创新工作机制,降低孕产妇死亡和基本消除新生儿破伤风。全年"五苗"覆盖率98.1%;"新农合"全年门诊就医54 883人次、门诊总费用129万元、减免费用49.8万元;住院就医4 333人次、住院费用总额384.2万元、补偿金额201.7万元。2010年"新农合"筹资51万元,筹资率104.6%,其中含流动人口筹资23 140元。

四、加强民主法制建设,社会更加稳定和谐

一是安全生产。年初,乡政府与辖区内企业、厂、场、站所、村签定安全生产责任状。本着"发现要早,整改要实"的原则,组织派出所、安监站、国土所等部门开展17次专项安全大检查,下发停业整顿通知书3家,避免安全事故发生,推动平安创建工作。

二是社会治安。以"平安乡"试点示范乡为依托,大力开展"平安茨院"创建活动,巩固"四五、五五"普法成果,促进依法治乡步伐。年内,全乡排查民间矛盾纠纷189件,受理189件,调处187件,调成率98%;派出所接警108件,处警108起,其中立刑事案件21件,破案16件,破案率76%;立行政案件41件,查处41件,查处率100%。

三是民主法治建设不断加强。通过扎实开展"四五"和"五五"普法教育,广大群众法制观念不断增强,领导干部依法行政能力有新提高。3月24日,组织开展一次大型普法依法治理及综治宣传活动,采取广播、悬挂宣传标语、宣传图片、图片展板展示、农机实物展示、现场咨询解答、发放宣传资料等形式,为进一步推进平安茨院建设营造良好社会氛围。

五、抓好党建工作

2009年,茨院乡坚持"围绕经济抓党建,抓好党建促发展"的思路,扎实搞好"学决定、找差距、添措施、促发展"主题实践活动,将主题实践活动同解决突出问题、转变全乡干部作风相结合,促进各项工作的开展。

一是加强机关作风建设,树立政府良好形象。年初,乡政府制定机关工作制度,严格绩效考核奖惩,改进工作作风,创新工作方式方法,切实解决政府机关效能中存在的突出问题,使政府机关及工作人员在履行职责和改革创新上有新突破,在服务质量和办事效率上有新改进,在人民群众对政府机关工作的满意度上有新提高。努力打造学习型政府,切实提高政府工作人员的服务水平和科学文化素质。加大行政效能督查力度,建立投诉机制和责任追究制度,坚决杜绝推卸责任、办事拖拉、不作为等现象,使各项工作落到实处。

二是实行"两个强化",为党风廉政建设工作提供强有力的组织保证。强化领导,成立党风廉政建设领导小组,乡政府与5个村、计划生育工作站、土管、民政、派出所、司法所,财政所等13个乡直部门签订《党风廉政建设目标责任书》,明确党风廉政建设中的责任,层层落实党风廉政建设责任制,做到一级抓一级,层层抓落实。强化教育,增强党员干部自律意识。以宣传党纪党规为重点,坚持每月的第一个星期一上午组织全体副职及挂钩村工作组小队长交流汇报工作情况,传达上级的路线、方针、政策和党纪党规。做到五个强化:强化决策过程监督,坚持重大问题集体研究决策;强化干部工作监督,坚持党管干部原则,干部推选严格程序,重德才、重政绩、重公论,并注意在党委讨论决定前征求纪委意见;强化对领导廉洁自律的监督,坚持领导干部定期"述廉"、"评廉";强化事先、事中、事后监督,坚持抓早、抓小、抓苗头,开展定期"廉政谈话",落实个人重大问题报告制度,实行领导干部离任审计等;强化群众监督,坚持"政务、村务公开",拓宽民主监督渠道,重视群众来信来访。通过完善监督机制,从源头上预防和治理腐败。

【领导干部】

党委书记

马殿省　男　回族　鲁甸人

副书记

马　国　男　回族　鲁甸人

马玲芬　女　回族　鲁甸人　2009年11月止

王富荣　男　汉族　鲁甸人　2009年11月任

马义俊　男　回族　鲁甸人　2009年2月任

（兼社会主义新农村建设工作队队长）

纪委书记

姚祥书　男　汉族　鲁甸人

人大主席

赵洪石　男　汉族　鲁甸人

副主席

陆　敏　女　汉族　鲁甸人

乡　长

马　国　男　回族　鲁甸人

副乡长

马旭东　男　回族　鲁甸人

王光怀　男　汉族　鲁甸人

钱文学　男　汉族　鲁甸人

王崇龙　男　汉族　昭阳区人　（兼派出所所长）

马永清　男　回族　鲁甸人　（挂职）

张才虎　男　回族　鲁甸人　（挂职）

2009年3月止

保德富　男　回族　鲁甸人　（挂职）

小寨乡

2009年末,辖小寨、大坪、梨园、赵家海4个村民委员会,107个村民小组。有5 745户21 718人,其中女性10 341人,非农业人口396人,农村劳动力13 889人;有少数民族584人,占总人口的2.69%,其中彝族272人,回族210人,布依族71人,壮族26人,苗族2人,傈僳族1人,纳西族1人,满族1人;年内出生467人,死亡52人;总面积96.92平方千米,每平方千米224人。

有耕地面积1 860公顷,其中水田103公顷,全年农作物总播种面积3 412公顷,其中粮食作物播种面积2 073公顷,总产8 590吨,其中稻谷108公顷,总产847吨;种植向日葵9.9公顷,总产26.5吨;种植烤烟500公顷,总产1 084吨;种植蔬菜421公顷,总产6 505吨;有蔬菜大棚18个,面积4.6公顷;种植瓜果39.7公顷,总产1 049吨;种植魔芋23公顷,总产142吨。年末有果园217.5公顷,其中苹果园20公顷,梨园70公顷,桃园28公顷,樱桃园56.4公顷,葡萄园43.1公顷;年产水果1 434吨,其中苹果300吨,梨729吨,桃189吨,樱桃155吨,柿子5.7吨;产油桐籽18.5吨,核桃159吨,板栗21吨,花椒11吨;伐竹230根。全年大牲畜出栏734头,产肉100吨,存栏5 106头,其中牛4 686头,马410匹,驴10匹;生猪出栏13 874头,产肉1 259

吨,存栏17 950头;羊出栏2 312只,产肉45吨,存栏5 565只;家禽出栏41 237只,产肉74吨,存栏40 387只,产禽蛋75吨;产蚕茧21.2吨;肉类总产量1 478吨。

农村经济总收入8 162万元,其中农业收入6 043万元,工业收入103万元,建筑业收入69万元,第三产业收入1 947万元。纯收入5 088万元,农民外出劳务收入1 329万元,可分配净收入6 417万元,农民人均3 004元。年末,全乡实现村村通汽车、通电和自来水,移动电话覆盖全境,昭通至巧家柏油公路沟通3个村,月亮湾休闲旅游项目,游览休闲者甚多。

【工作概况】 2009年,小寨乡以邓小平理论、"三个代表"重要思想和"十七大"精神为指导,深入学习贯彻落实科学发展观,紧紧围绕"富民强乡谋出路,跨越发展奔小康"这一目标,按照"三带一纵横"规划发展。抓住战略机遇期,全心全意谋发展,为小寨乡经济社会跨越式发展努力奋斗。

一、农业农村工作完成较好

一是粮食生产。2009年,全乡粮食播种面积2 259.6公顷,玉米示范样板建设333.33公顷,马铃薯示范样板133.33公顷,蔬菜种植449.6公顷,样板80公顷。发放各种支农惠农资金120.5万元,促进农民人均纯收入增加20元。全乡完成测土配方施肥220公顷,推广杂交玉米良种1 000公顷,地膜覆盖栽培玉米533.33公顷,单株定向密植规范栽培766.67公顷,水稻宽窄行条栽153.33公顷,旱育稀植66.67公顷,推广脱毒马铃薯种植333.33公顷。全乡成立樱桃种植、养猪等各类产业协会6个,扶持培育科技示范户、种养业大户10户。种子供应1 435吨,其中玉米30吨,马铃薯1 405吨;农膜19吨,化肥2 850吨。全乡沼汽池建设任务1 400口,建设完成1 458口。秋冬农业开发种植569.33公顷,分别为绿肥268.67公顷,马铃薯40公顷,大豌豆30公顷,小豌豆72公顷,蚕豆56.67公顷,水果豌豆67.33公顷,甘蓝4公顷,大蒜8公顷,小麦22.67公顷。

二是烤烟生产、收购工作。2009年,全乡烤烟种植436公顷,样板种植133.33公顷,每村33.33公顷,密植小烤房建设任务200间,完成205间。收购烟叶105万千克,综合均价14.4元/千克,实现烤烟产值1 512万元。

三是畜牧业工作。2009年,完成黄牛冻改415头,占118%;猪人工受精1 221窝,占111%;引进新良种猪95头,占105%;农田种草42公顷,占125%;全年畜牧业生产总值2 510万元,占101.2%。全乡畜牧业生产水平有明显提高,畜产品有显著增加,畜牧产值增速较快,促进农民人均纯收入增加100元。春、秋两防注射疫苗工作中,严格按照"村不漏组、组不漏户、户不漏畜、畜不漏针"的要求和"以防促检、预防为主"的方针,严格执行强制免疫,按规定程序操作,打好两针一标,全年生猪免疫猪瘟29 660头和W病32 021头,免疫牛W病8 301头,羊W病10 030只,禽流感72 208羽和鸡新城疫免疫达67 020羽,疫病普查猪、牛、羊、禽达209 625头(只)。年内,对活畜交易市场和兽药饲料进行清理整顿,严格执法程序,对外来贩运仔猪的车辆进行"三证"检查工作,检疫员衔天坚持早起,定时开展集市检疫,对集市以外的生猪产品经营户实行报检制,加强巡查,及时扣押和销毁不合格生猪产品。全年检疫生猪308头,无害化处理水质产品2起,销毁猪肉35千克,确保上市生猪产品质量安全。及时足额发放能繁母猪补贴资金1 150头,能繁母猪保险做到应保尽保,全乡投保1 158头。发展养殖大户20户,对积极发展养殖业的,每户养1头母猪,统一进行人工受精。

四是林业工作。2009年,在乡深化集体林权制度改革领导组的领导下,落实责任,大力宣传林业改革政策,规范操作,依法改革,全面完成集体林权制度改革任务,深入村组了解掌握符合区域实际的配套改革措施办法。成立森林防火领导组,负责协调、宣传森林防火工作,落实人员,明确责任,加强对护林人员的管理,辖区内没有发生火灾事故。加强对天然林工程保护及退耕还林补植补造工作,全乡补植补造75.28公顷。全乡计划种植核桃1 400公顷,花椒333.3公顷。完成核桃种植200余公顷,打塘、移栽等工作正紧张有序进行。花椒种植全面完成。核桃、板栗、樱桃、红梨等林果产业促进农民人均纯收入增加100元。

五是水利工作。2009年,加强水利工程的管理和在建水利工程的协调领导,做到责任到人,措施到位,工作到位,确保工程按时按质按量完成。加强对辖区内河道、渠道等水利工程的管护,杜绝人为的破坏。组建由武装部长为队长的民兵应急分队,健全完善抗旱防洪应急预案,明确人员责任,做好抗旱防洪准备工作，提高防洪应急管理能力，坚持“预防为主，防重于抗，抗重于救”的方针，切实抓好防汛抗旱工作。冬春修工作完成新修沟渠 8 千米，维修 12 千米；新修乡村公路 90 千米，维修 225 千米；完成计划修建的水窖 280 个，水池 63 个。完成人畜饮水工程建设 2 件，分别建在小寨村鹦哥嘴和大坪村鲁家村组，受益农户 62 户，256 人。

六是农村人力资源开发工作。2009 年，乡政府成立农村人力资源开发领导组，确定专职人员，存档信息员，建立完善农村人力资源台账，组织宣传发动外出务工及培训。全乡有外出务工人员 5 447 人。在 4 个村劳动力转移技能引导性培训 7 期 1 400 余人，就地转移劳动力 300 余人，技能培训 5 000 余人次。人力资源开发实现工资性收入 6 000 万元，促进人均纯收入增加 60 元以上。

七是小额信贷工作。2009 年，为更好地促进全乡整乡推进工作，解决部分困难群众筹资困难，各村、各工作组大力宣传小额信贷工作，工作人员担保群众贷款，完成小额信贷资金 660 余万元。

二、整乡推进工作

一是产业发展工作。2009 年，计划种植樱桃 110 公顷，实际完成 110 公顷，完成计划的 100%。露地蔬菜计划种植 200 公顷，实际完成 186.67 公顷，占 93.3%；绿肥计划 267.67 公顷，完成 266.67 公顷；蚕豆计划 53.3 公顷，完成 53.3 公顷；豌豆计划 132.6 公顷，完成 132.6 公顷；小麦计划 22.7 公顷，完成 22.7 公顷；冬早马铃薯计划种植 30 公顷，完成 30 公顷。花椒计划种植 66.67 公顷，实际种植 333.33 公顷，完成计划的 500%，成活率 75%。核桃计划种植 1 400 公顷，完成 10 公顷，完成打塘 133.33 公顷。枇杷计划种植 6.67 公顷，完成 9.2 公顷，完成种植的 138%。养殖业散户养殖扶持完成前期准备工作，进入扶持阶段；扶持大户养殖计划扶持 10 户，完成 10 户；计划在核心区扶持 104 户生猪养殖示范户，圈舍新建 28 间，改造 76 间，生猪养殖场正启动建设。中央现代农业生猪养殖户 80 户，总投资 400 万元，建设完成 19 户，改造即将启动。在 4 个村扶持 80 户生猪养殖示范户，对安居房改造范围外的 3 500 户农户，每户配发仔猪 1 头。赵家海完成 200 户仔猪配发。大坪生猪标准化养殖场完成征地 0.8 公顷，完成地面平整、土方回填、围墙支砌，正在进行圈舍修建，总投资 85 万元，完成投资 40 万元。

二是基础设施建设。2009 年，计划新修公路 12 条 73.5 千米，完成大坪村尖山营公路 1 条 10 千米，完成计划的 13%；高压、低压通电工程计划立杆 4 856 杆，完成 3 669 杆，完成 80%；挂线完成 5%；变压器安装即将启动。计划新建人畜饮水管道 17.3 千米，完成 12.17 千米，其中大坪村管引完成 9.6 千米，完成 70%；集镇水体工程完成计划的 95%，核心区公路桥完成总工程量的 20%。安居工程计划改造 1 924 户，完成 1 520 户，完成 79%；计划改造房顶 78 738 平方米，完成 77 000 平方米，完成 97.7%；室内外墙体抿糊刮白计划改造 442 667 平方米，完成 345 280 平方米，完成 78%；室内外地皮计划改造 21 500 平方米，完成 15 265 平方米，完成 71%；村内主干道硬化村民一事一议财政奖补项目，涉及道路硬化、公路桥建设，总投资 80 万元，工程已启动。村内小路硬化即将启动。集镇建设，占地 2.13 公顷，完成回填土方、挡墙、景观水体、民居房新建 54 套；农贸市场征地 0.43 公顷，完成征地和土地平整，完成投资 300 万元以上。

三是社会事业建设。启动大坪村办公用房建设，完成主体工程的 95%；广播电视计划 1 000 台，完成 150 台，完成 15%；小寨村完小新建，计划投资 108 万元，完成前期简易房拆除和征地工作。乡文化站建设总投资 50 万元，完成基础部分；乡村客运站投资 47 万元，完成总投资的 80%。

四是生态能源建设。计划新建沼气池 1 440 口，完成 1 458 口，完成计划的 101.25%，大坪村完成改厨 88 户，改厕 60 户，改厩 38 户。

五是科技培训与推广、劳务输出。计划培训种植、养殖 100 期 1 万人次，完成核桃、花椒、蔬菜、枇杷种植培训 60 次 7 000 人次，完成 70%；计划劳务输出培训 20 期 1 100 人次，完成培训 14 次 1 100 人次，完成 100%。

六是致富党支部创建。计划创建 1 个，完成 90%。

三、社会事业全面进步

一是人口与计划生育工作再上新台阶。2009 年，全乡人口出生率 14.51%，计划生育率 86.90%，人口自然增长率 7.73%。完成“五术”531 例，“三术”445 例，结扎 255 例，其中二孩结扎 170 例，分别占任务的 136.36% 和 138.21%；完成一孩放环 188 例，占任务的 125.33%。完成独生子女办证 11 户，占任务的 110%，实施医学监护 3 次，平均监护

96.22%;征收社会抚养费42.95万元,占任务的357.92%,征收计划生育管理费2.15万元。

二是教育"两基"工作圆满验收。2009年,小寨中学建成投入使用,"两基"攻坚工作通过省政府验收。全乡有中学1所,中心校1所,村完小4所,村辖完小2所,校点3个,有教职工178名,其中中学30名,小学148名。全乡适龄儿童2 268名,入学率98.8%,小学在校学生2 734名。

三是卫生事业健康发展。2009年,坚持把卫生民生工程作为卫生部门的头等大事,实行目标管理,明确责任,分级负责,落实任务,强化保障措施,加强督查指导,保质保量地完成新型农村合作医疗全覆盖,完成2010年新农合筹资,比例为93.58%。加强重大疾病防治工作,完善重大疾病防控体系和突发公共卫生事件应急机制,加强对严重威胁人民群众健康的传染病、慢性病等疾病的预防控制和监测;进一步落实艾滋病、结核病等重大疾病防治措施,有效控制疫病流行和传播。抓好农村卫生监管网络建设,进一步提高应对突发公共卫生事件处置能力,建立食品卫生长效监管机制,加强健康促进与教育,深入开展爱国卫生运动,大力促进环境卫生、食品卫生、职业卫生和学校卫生工作。深入开展打击非法行医专项整治活动,切实加强村卫生所工作,加强乡村医生的培训力度,提高乡村医生业务水平,强化乡村医生管理,提高农村卫生服务整体水平。加强妇幼卫生工作,大力推进"降消"项目,全面提高孕产妇和儿童保健覆盖率,扩大新生儿疾病筛查面,提高婚前医学检查率,强化出生缺陷干预措施,进一步降低出生缺陷发生率和孕产妇、婴幼儿死亡率。

四是民政工作稳步发展。2009年,全乡发放春荒救济粮1.25万千克,救济缺粮户266户758人。发放五保供养资金和五保供养春节慰问金6.94万元,民政定补人员资金75 462元,部分军队退役人员资金和退伍军人春节慰问金110 760元,城市低保金和城市低保春节慰问金114 064元,农村低保春节慰问金和农村低保补助金发放55.04万元,社会救助金发放42 992元。全乡发放各类资金963 078元。

五是集镇建设全面启动。2009年,为把小寨乡集镇规划建设成独具特色的水果之乡旅游集镇,乡党委、政府成立集镇开发建设领导组,下设征地及群众协调、宣传策划、群众补偿性门面划拨、建设管理、绿化保障施工、秩序维护、监管督促7个职能小组。通过标语、会议、宣传册等多种有效渠道,广泛宣传集镇建设政策,取得良好效果。在集镇建设中坚持严格把关,落实安全责任,一手抓质量,一手抓速度。集镇建设工作正加紧建设。

四、"平安"创建、安全生产和社会维稳工作扎实有效

2009年,组织乡派出所、安监站等工作人员,采取日常检查、督促整改及宣传教育为主的方式。对重点单位、涉爆单位、行业场所、娱乐场所、出租房屋等签订《安全责任书》,责任落实到人,进行安全检查,督促整改。参加市场集中清理整治,规范烟花爆竹销售点,通过安全措施的落实,有效控制各行各业、重点涉爆单位安全事故的发生。加强消防宣传,定期或不定期对辖区各村委会、学校、重点单位、重点区域进行检查,控制和减少各类火灾事故发生。加大对道路交通安全管理,对全乡车辆和驾驶员登记落实,组织乡派出所上路检查和道路交通安全法宣传。强化安全生产工作责任感和使命感,抓住机遇,从基础工作做起,切实做到四个转变,即:转变观念、转变工作重心、转变工作方法、转变工作作风。为小寨营造一个"经济发展、政治稳定、社会进步、人民安居乐业"的良好社会环境。坚持抓基层、打基础,全面贯彻依法治国基本方略,紧紧围绕"坚持高标准、全面上水平"的工作思路,充分发挥司法行政职能,为构建和谐社会,维护社会稳定,推进依法治乡提供优质高效的法律服务和法律保障。全乡"五五"普法和人民调解工作深入推进,调解矛盾纠纷27件,调解成功27件,调成率100%,防止民间矛盾纠纷转化为刑事案件2件,法律非诉讼案件代理4件,法律咨询30次。

五、加强机关作风建设,打造服务型政府

2009年,小寨作为全县学习科学发展观活动的试点乡,紧紧围绕省委提出的"三个一"要求,狠抓机关作风建设,全力打造服务型、效能型政府。乡党委、政府切实改进作风会风,深入推行"一线工作法",领导干部带头进村入户,了解村情民意,倾听群众呼声,关心群众疾苦,因地制宜开展工作;规范公务接待,接待上级统一在乡政府食堂进餐,到农户家中就餐一律付费;全乡干部职工牢固树立"权为民所用、情为民所系、利为民所谋"的宗旨意识,把群众高兴不高兴、满意不满意作为工作的试金石,为群众办实事、办好事、解难事;带领干部职工到一线开展调查研究,对群众反映强烈的热点难点

问题，及时"会诊"，能解决的及时答复，暂不能解决的耐心疏导；结合学习科学发展观活动的开展，乡党委、政府把"老老实实的思想作风、扎扎实实的工作作风、朴朴实实的生活作风"作为加强干部队伍建设的坐标，健全完善《机关工作制度》、《上下班考勤制度》、《学习制度》、《请假制度》、《后勤工作制度》等规章制度，主要领导对制度落实情况适时进行抽查，极大地增强干部职工的纪律意识和工作责任心，有力地推进全乡各项工作顺利开展。

六、加强基层组织整顿工作

2009年，全乡高度重视基层组织整顿工作，把基层组织建设整顿工作与学习党的十七届四中全会精神相结合，切实改进和加强党风、作风、学风，认真学习胡锦涛总书记的讲话精神，结合实际，与深入学习实践第三批科学发展观活动相结合，用科学发展观指导基层组织建设，巩固活动成果，建立健全保持共产党员先进性长效机制，提高基层党组织和党员队伍的凝聚力和战斗力，努力建设一支能充分发挥先锋模范作用的党员队伍。通过整顿，基层力量得到巩固与加强，以"严明纪律、服务基层、联系基层、优化环境、促进发展"为主题，把干部职工建成管理科学、办事高效、清政廉明的队伍。

【小寨整乡推进工作成效显著】 2009年，小寨乡被列为昭通市整乡推进试点乡。全面实施"资源大整合、社会大参与、群众大发动、连片大开发"战略，突出瞄准最贫困群众，走产业化扶贫之路，以"五基"为重点，以"八通八有"为抓手，强势推进整乡推进工作。按照"统一规划，捆绑使用，渠道不乱，各负其责，各记其功，对口验收"原则，着力强化基础设施建设，改善发展条件。在省级补助600万元，市级补助400万元基础上，县财政安排200万元，整合项目资金4 900万元，共6 100万元，其中2009年投入4 800万元。基本实现所有村委会通公路、通水、通电、通广播电视、通移动电话，100%自然村通简易公路，60%自然村通安全卫生饮用水，100%自然村农户通电；村委会有安全实用的办公房、支部活动室、卫生室、文化室，80%农户住上安全实用安居房，60%农户户均有1口沼气池或节能灶，80%农户有1个小水窖或小水池，人均有0.05公顷高稳产农田地，人均有0.3公顷经济林果或经济作物，年人均有1.5头商品畜出售，户均有1个以上劳动力输出的目标。全乡农民人均纯收入达3 204元，增长29.98%，高出全县平均水平868元，高出全市平均水平749元。

【领导干部】

党委书记

保　江　男　回族　鲁甸人

副书记

李　非　男　汉族　鲁甸人

施华松　男　汉族　鲁甸人　2009年3月止

蔡　明　男　汉族　鲁甸人　2009年3月任

杜永贵　男　汉族　山西和顺人　2009年2月任（兼社会主义新农村建设工作队队长）

纪委书记

温连福　男　汉族　鲁甸人　2009年3月止

人大主席

陈富荣　男　汉族　鲁甸人

乡　长

施华松　男　汉族　鲁甸人　2009年3月止

蔡　明　男　汉族　鲁甸人　2009年3月任

副乡长

朱文华　男　苗族　鲁甸人

徐安忠　男　汉族　宣威人

祖万党　男　汉族　鲁甸人　（兼派出所长）

彭　卫　男　汉族　鲁甸人　2009年11月任

戈应万　男　汉族　鲁甸人　（挂职）

王永和　男　汉族　鲁甸人　（挂职）

李昌荣　女　汉族　鲁甸人　（挂职）

江底乡

2009年末，辖大水井、仙人洞、坡脚、箐脚、洗羊塘、水塘、江底7个村民委员会，111个村民小组。有6 878户28 950人，其中女性13 725人，非农业人口422人，农村劳动力16 455人；有少数民族3 413人，占总人口的11.79%，其中回族2 024人，彝族1 209人，苗族162人，哈尼族10人，白族2人，拉祜族2人，瑶族1人，满族1人，布依族1人，傈僳族1人；年内出生735人，死亡62人。全乡总面积141.42平方千米，每平方千米205人。

有耕地面积2 372公顷，25度以上陡坡耕地7.5公顷。全年农作物总播种面积4 053公顷，其中粮食作物播种面积2 963公顷，总产10 908吨；种植花生77公顷，总产148吨；种植向日葵6公顷，总产20吨；种植烤烟311公顷，总产639吨；种植蔬菜

432公顷,总产5 589吨。年末有果园15.4公顷,其中苹果园14.6公顷,梨园0.2公顷,桃园0.2公顷,葡萄园0.13公顷;年产水果53.6吨,苹果52吨,樱桃1吨;产油桐籽105.9吨,核桃241吨,板栗8.2吨,花椒11.8吨,松籽2.8吨;伐竹8万根。全年大牲畜出栏2 297头,产肉275吨,存栏8 300头,其中牛8 267头,马13匹,驴20匹;生猪出栏13 331头,产肉1 213吨,存栏18 635头;羊出栏3 058只,产肉61吨,存栏7 128只,产毛4.5吨;家禽出栏35 513只,产肉52吨,存栏43 772只,产禽蛋52.9吨;产蜂蜜0.8吨,产蚕茧17.3吨;肉类总产量1 601吨。

全年农村经济总收入5 546万元,其中农业收入4 558万元,工业收入415万元,建筑业收入67万元,第三产业收入506万元;净收入4 020万元,农民外出劳务收入2 271万元,可分配净收入6 291万元,农民人均2 276元。年末,全乡7个村通电和汽车,3个村通自来水,移动通信覆盖6个村。

【工作概况】 2009年,江底乡以“三个代表”重要思想为指导,全面贯彻落实党的十七大和十七届三中、四中全会、县委七届七次全会、八次全会和县委农业农村工作会议精神。践行科学发展观,把发展作为第一要务,以“打基础、抓产业、保稳定、保民生、促发展”为目标,坚持“立党为公,执政为民”,进一步解放思想,艰苦创业,扎实工作,领导全乡干部群众与时俱进,开拓创新,团结一致,真抓实干,圆满完成各项工作任务,全乡经济建设、社会各项事业和基层组织建设得到持续、健康、全面、协调发展。

江底乡地处“两省三县五个乡镇”交界处,213国道和昭待高速路从境内穿过。旅游业前景广阔,有反映不同历史文化和经济发展水平的“江底四桥”,有亟待开发的大黑山独特风景区,仙人洞、阴洞钟乳石等自然旅游资源。畜牧业占全乡农村经济总收入的32%;石料资源居全县之首,是重要的建材供应基地。经济作物有核桃、板栗、花椒、石榴、葡萄、蚕桑等,核桃、花椒产业发展壮大。水泥厂、磷化厂、桐油厂等非公企业迅猛发展。

一、农业农村工作成效显著

一是农业种植发展势态良好。2009年,加强农作物种植管理规范化和科学化工作,提高粮食单产,不断加大农业新技术推广服务,创办乡级样板67公顷、村级样板333公顷,分布7个村,以样板辐射带动全乡粮食增产,为实现农民增收打下坚实基础。圆满完成213公顷烤烟种植任务,收购55万千克(县下达计划数50万千克),每千克烟叶均价为14.5元,实现烤烟经济总收入799万元,人均烤烟收入278元;新建60间小改密烤房,提高烟叶烘烤质量;扶持种烟大户4户,带动全乡烤烟种植积极性。

二是畜牧业工作取得丰硕成果。2009年,以提高畜牧业综合生产能力为核心,全年扶持年收入5万元以上生猪养殖大户3户,以牲畜品种改良和动物防疫体系建设为抓手,积极抓好饲、草料种植等工作,加快传统畜牧业向现代畜牧业转变,促进畜牧业又好又快发展。实现畜牧业产值2 784万元。全年完成黄牛冻精改良655头,完成100.7%(任务数650头);引进种公猪5头,生猪改良1 450窝,其中生猪人工授精1 229窝,完成102.4%(任务数1 200窝);更新良种母猪113头,完成113%(任务数100头);改良羊1 058只;完成农田种草76.7公顷,完成191.6%(任务数40公顷),补植补种20公顷,共96.7公顷;种植绿肥、萝卜、白菜等320公顷;青贮饲料2 100吨,氨化饲料65吨,混配料推广260吨。春、秋防疫注射猪疫苗31 621头、猪蓝耳病苗34 785头、付伤寒苗3 094头、炭疽苗11 709头(只)、W疫苗62 445头(只)、新城疫苗74 675羽,D病苗82 060羽(其中猪瘟、新城疫免疫密度达90.5%;W病、D病、猪蓝耳病免疫密度达100%)。加强人畜共患的甲型H1N1流感防控工作,张贴宣传标语1 000余份,畜牧兽医站职工和各村兽医室人员分片负责,落实到人,全年监测,做到早发现、快行动、严处理,把损失降到最低范围,控制到最小。安排专人负责辖区内市场检疫和兽药、饲料经营户的清查,共检验白条猪230头、鲜猪肉23吨,查出过期饲料4件200多千克,过期添加剂10余个品种785包,过期兽药12个品种78盒。总价值2 000余元,全部依法收缴并销毁。1月23日,乡政府代全乡养殖户对1 391头能繁母猪向保险公司投保,年内死亡50头,理赔49头。5月,帮助养殖户申请到9万元养殖贴息贷款。

三是巩固林业工作。2009年,重视产业结构调整,积极推进核桃、花椒、蚕桑、油桃等特色产业发展,采取措施,引进优良品种,结合实际制定农民增收计划。巩固林业工作,加大宣传力度,禁防森林火灾。成立森林防护领导小组,各站所、学校、村民委员会为成员单位,负责处理林业宣传及防护工作。全年书写护林防火标语240余条,发放护林防火通知书15 000余份,张贴政府公告200余份,做到宣传到位,杜绝森林火灾事故发生。全乡完成以核桃、板栗等苗木为主的补植补种333公顷;全乡种植核桃5 533公顷、花椒333公顷、桑树300公顷,发展蚕桑幼园套种花生生物多样性示范园20公顷,养蚕110张,总收入13.2万元。

四是基础设施建设扎实推进。2009年,公路建设有较大进展,大水井景风垭口至仙人洞村委会乡村公路改造完成,鲁江公路改造工程正在建设。水利基础设施建设完成大坪坝塘、中寨坝塘维修,投入使用。全年完成937口水窖。2008~2009年下达900口沼气池建设任务,实际完成1 105口,受益群众800余户,为新农村建设打下良好基础。坡脚村无电人口通电电网改造工程解决713户3 056人用电贵用电难问题。认真开展新农村建设,着重以村容村貌整治为工作切入点,以潘寨商贸经济小康示范村为重点,结合市委、市政府打造昆水公路沿线新农村建设长廊工作思路,全力以赴做好新农村建设工作,打造"昭通南大门"。整个昆水公路沿线新农村建设呈现出"远看白房子,近看新村子,深入是新院子"的良好效果。

五是农村人力资源开发。2009年,多渠道转移农民就业,大力发展务工经济;加强农村剩余劳动力转移培训;通过老体协、计生宣传员、村组干部和党员等宣传法律法规、先进文化和农村实用技术等。全年累计转移劳动力800人,培训农村劳动力200人次。邀请人力资源办和县劳动就业局等部门开展家庭教育、外出务工技能、法律维权常识等内容的"培养新型农村妇女"系列知识培训。发放城镇居民医疗保险宣传资料600份,《外出务工手册》270余本。

二、社会事业协调发展

一是扶贫攻坚工作全面落实。以带领群众脱贫致富为目标,多方争取扶贫项目,严格惠农资金发放程序,加大帮扶力度,改善群众生产生活条件。2009年,发放综合直补资金144.112万元、良种补贴资金27.10万元、退耕还林粮食折现和教育、卫生补贴291.5767万元、油菜补贴6万元,均通过"一折通"发放到5 938户农民手中。家电下乡、汽车下乡和摩托车下乡3项补贴金额398 886.94元,拉动地方消费3 681 648元。新型农村合作医疗共减免费用596 973.9元,门诊21 900人次,住院622人次,总受益群众22 522人次。11月,组织全乡各站所成员、各卫生所工作人员、大学生村官、村两委班子成员等117人,分村入户采集新农合家庭及成员的基本信息,涉及7个村111个组6 252户27 000余人(包括外出务工人员),为新农合正常运作打下坚实基础。全乡小额贴息贷款发放计划174万元,完成150.8万元,其中种植业45万元,养殖业105.8万元,覆盖7个村64个组164户群众受益。全乡实施整村推进项目3个,在昆水公路沿线江底村郑家坪子,打造新农村亮点,重点扶持8户,辐射带动59户,村内建有农家乐、庭院、上百年的仙人掌林,新建厕所20间、沼气20口,改造畜厩20间,瓦屋面改造1 033平方米,新建道路3.2千米,户间道路硬化2 349米,房屋室内外抿糊刷白16 786平方米,改造卫生院坝1 425平方米,各项工程全面完工。坡脚村山尾巴石水井、大水井村树窝、仙人洞村仙人洞、洗羊塘村红梁、江底村郑家坪子、洗羊塘村彭家梁子和箐脚村高笕槽等7个项目,于11月5日纳入全县第一批实施的村级公益事业建设一事一议财政奖补项目,中央和省级参政奖补63万元。项目覆盖6个村7个点769户3 385人受益,正实施建设中。

二是积极开展社会保障工作。加大力度抓好农村居民低保工作,做到应保尽保,落实好农村低保、老年人优抚政策、农村"五保"人员救助,认真做好残疾人补贴发放工作,建立完善救助基金管理体系,加大对特殊困难群体的救助。全乡五保户216户228人,发放27.36万元供养金,每人每月100元,保障农村五保户生活不低于当地人均生活水平。认真做好第二代残疾证的换发工作,全年全乡办证及换证252人;县残联下达白内障复明手术任务13例,完成28例,完成任务数的215.38%;统计上报残疾人住房情况57户,其中无房产10户、危房产38户、茅草房8户、杈杈房1户;11月,推荐3名18~30周岁残疾人参加县残联举办的就业理发技术培训;7个村挂上"村残协"牌子。

三是教育事业取得长足进步。2009年,全乡"两基"指标情况完成良好,顺利通过省市验收。小学适龄儿童入学率98.1%,在校生3 758人;初中入学率96.2%,在校生1 884人;小学辍学率1.6%,中学2.6%;残疾儿童17人入学12人,入学率70.6%;残疾少年15人入学10人,入学率66.7%;

15、17 岁人口完学率分别为 98.6%、89.7%；全年扫除青壮年文盲 146 人，文盲率降至 2.9%，其中 15 周岁人口文盲率为 0。认真落实国家“两免一补”优惠政策，对边远村寨弱势群体实行帮扶，切实解决学生“考得上、读不起”或中途辍学的实际问题。

四是人口和计划生育工作扎实推进。2009 年，按照县下达的任务目标，加大计生政策宣传力度，完善人口信息化管理，落实计生奖励扶助政策。2008 年 10 月到 2009 年 9 月，全乡总人口 28 644 人，其中流出人口 6 305 人，占总人口的 22.01%；常住人口 22 339 人，占总人口的 77.99%，人口自然增长率 8.2‰。常住人口出生率 12.85‰，目标责任 14‰；全乡常住人口出生 283 人，计划内出生 236 人，计划生育率为 83.39%，目标责任为 80%。违法生育多孩控制在 24 人以内，其中常住人口违法生育多孩 12 人。全乡完成五术 620 例，其中完成结扎 358 例，二孩结扎 166 例，分别完成县下达任务的 128.78% 和 105.06%；完成一孩放环 187 例，完成 116.88%；落实补救措施 75 例。完成三次医学监护，第三次医学监护率 96.32%；征收社会抚养费 22.508 万元，完成任务的 132.40%。全乡常住已婚育龄妇女 3 566 人，落实避孕措施 3 139 人，综合节育率 88.03%，其中无孩妇女 130 人，占常住已婚育龄妇女总数的 3.65%；生育一孩妇女 543 人，占 15.23%；放环 420 人，一孩放环率 77.35%；生育一孩妇女无措施 64 人，无措施率 11.79%；生育二孩妇女 700 人，占 19.63%，结扎 499 人，结扎率 71.29%；生育二孩妇女无措施 24 人，无措施率 3.43%；生育多孩妇女 2 193 人，占 61.50%，结扎 1 644 人，结扎率 74.97%；生育多孩妇女无措施 19 人，无措施率 0.86%。

五是医疗卫生工作有新突破。全乡有 8 个非营利性医疗机构覆盖，其中乡卫生院 1 个、村卫生所 7 所，卫生院医务人员 17 人、乡村医生 27 人（女医生 14 人），会接生女医生各村均有 1 ~ 2 名。新农合门诊补偿 38.23 万元，住院补偿 97.45 万元，资金使用率 38.9%。通过努力，完成 2010 年新农合筹资工作。全面完成乡集镇饮食服务行业相关人员健康体检。加大重点人群疾病预防工作，全年严密监测辖区内传染病疫情动态，并及时上报，有效控制和提高传染病的发生和疫情的警觉性。儿童计划免疫工作，基础免疫接种上卡介苗、“脊髓灰质炎”疫苗、麻疹疫苗、百白破三联、乙肝疫苗、流脑疫苗、乙脑疫苗等接种 5 624 人（其中不计算 1 人接种多类疫苗的儿童数）。麻风疫苗接种 247 人，麻腮疫苗接种 259 人，流脑 A + C 疫苗 261 人，甲肝疫苗接种 194 人，确保青少年儿童健康成长。

三、加强精神文明建设

2009 年，乡党委政府把精神文明建设作为重要工作来抓。大力倡导“爱国守法、明礼诚信、团结友善、勤俭自强、敬业奉献”的基本道德准则，增强群众文明意识、发展意识。利用“七一”、“国庆”等重大节日开展丰富多彩的文体活动，丰富群众文化生活。以“文明”创建为突破口，抓好群众性精神文明建设。认真做好文明单位、村组复评检查工作。做好十星级文明户参评工作。发挥老年体育协会作用，积极组织群众开展公民道德、文明礼仪、科普教育和群众性体育健身活动，倡导新的生活方式，丰富群众文化生活。以村老体协为龙头，组织参加县老龄委举办的气排球比赛；老年协会成员谱写并自编自唱《唱唱咱江底好地方》。

四、加强综治工作领导，有力维护社会稳定

2009 年，全乡刑事发案率比上年有所下降，破案率比上年有较大提高，在安全生产、道路交通、信访工作等方面无一起重大案件发生。达到纠纷减少、案件下降、事故控制、秩序良好、法律普及、民族团结、社会稳定、经济发展、群众满意。进一步修订考评、奖惩制度，建立健全综治规章制度，召集 7 个村、11 个企事业单位主要负责人签订《社会治安综合治理目标责任书》，任务落实到人，责任明确到人。年内，派出所立刑事案件 9 起，破案 6 起；查处行政案件 47 件，抓获犯罪嫌疑人 7 名，起诉 5 名，逮捕 2 名；司法所调处 26 件，调成功 25 件，调处成功率 95%，其中法律援助 2 件，解答法律咨询 96 人次，办理证件 17 件；征地拆迁、补偿等方面纠纷 3 件；林权纠纷 15 件；各种社会矛盾及时调处，得到人民群众一致好评。在全乡范围内张贴宣传字画等宣传交通安全法、禁毒法、治安管理处罚法、保卫组织条例等法律法规，形成全民学法、知法、守法的氛围。举行法律宣传 9 次，张贴宣传画 92 张，发放宣传资料 2 300 份，出动警车 10 辆次、警力 25 人次，受教育人员 6 000 余人。乡信访办认真接待群众来信来访，每月疏理一次，分门类别把各类诉求分解到对口部门处理；加大对非煤矿山及企业安全生产的重点整治；对交通乱点及危险路段重点整治。全年没有发生一起到市上昆进京案件，各厂矿未出安全生产事故。全乡有机动车115辆,驾驶员180人,查验机动车570辆次,出动警车200辆次,出动警力400余人次,通过全体民警的努力,在辖区范围内未出现群死群伤的交通事故。

五、抓好龙头企业发展

2009年,抓好乡镇企业发展。江底水泥厂年收入1 375万元,上缴税收136万元;磷肥化公司实现利润170万元,突破3万吨以上;同鑫农产品开发有限公司年产桐油600吨,年出口创汇80万美元,是昭通第二家出口创汇企业,实现60万美元创汇,对江底、火德红、梭山等干热河谷地区油桐产业有积极带动作用。

六、新集镇建设成效明显

2009年,成立新集镇建设领导组,新集镇建设初具规模,把江底集镇定位为休闲旅游、周边农特产品集散、货物仓储、中转、配送、包装的旅游精品小集镇。工程分为三期:建设工期3~5年,2009年为一期,在完善原有建设的同时,先建设"一主三侧";2010年为第二期,建设街道为"一横两纵"和一个小型广场,三条街道全长560米,广场6 500平方米,完成土方回填、换土、平整压实工程。

七、重视党建工作和基层组织整顿

一是加强党风廉政建设。2009年,乡党委以邓小平理论和"三个代表"重要思想为指导,深入学习贯彻落实科学发展观,坚持党要管党,从严治党的方针,始终把党风廉政建设和反腐败斗争作为提高党的执政能力、巩固党的执政地位的一项重大政治任务抓紧抓实。加强乡党委自身建设,进一步加强农村党支部建设。把党建工作任务、质量标准、完成指标落实到每个班子成员,实行党委委员联系党建工作制度,定期听取汇报,进行检查,做到年初有计划、有布置,半年有检查,年终有总结、有评比、有典型,决不让党建工作在一片"落实"声中"落空"。全乡有党员539名,其中妇女党员58名,少数民族党员80人,487名为农村党员。第三批学习实践科学发展观活动中,全乡党员干部及群众积极参与,认真学习贯彻落实,圆满完成学习调研阶段各项工作,顺利转入分析检查阶段。

二是加强机关作风建设。2009年,乡党委、政府把转变领导干部作风作为首要任务,按照机关作风建设活动要求,进一步严肃机关工作纪律,强化机关效能建设。结合学习科学发展观活动,开展"讲党性、重品行、抓落实、促发展"为主题的作风建设教育活动。加强内部管理,提高工作透明度和行政效率,在工作中做到在感情上贴近群众,在行动上深入群众,真诚倾听群众呼声,真实反映群众愿望,切实为人民群众办好事、办实事。建立健全干部管理制度,严格加强干部管理,做到用制度管人,用工作实绩选人。建立党建工作长效机制。坚持建、管、用相结合,加强村级组织活动场所建设,较好地发挥村级组织活动场所的作用。年内,争取上级资金51万元,乡配套20万元,新建坡脚、大水井、江底3个村标准党员活动室。

【领导干部】

党委书记
　余玖龙　男　汉族　鲁甸人　2009年3月止
　刘德美　男　汉族　鲁甸人　2009年3月任

副书记
　冯　靖　男　回族　鲁甸人　2009年3月止
　虎　洪　男　回族　鲁甸人　2009年3月止
　焦焕存　女　汉族　陆良人　2009年3月任
　李雪川　男　汉族　鲁甸人　(兼社会主义新农村建设工作队队长)2009年2月止
　段世忠　男　回族　鲁甸人　2009年2月任(兼社会主义新农村建设工作队队长)
　饶智忠　男　汉族　鲁甸人　2009年3月任

纪委书记
　李才智　男　回族　鲁甸人

人大主席
　卯昌武　男　汉族　鲁甸人　2009年3月止
　虎　洪　男　回族　鲁甸人　2009年3月任

乡　长
　冯　靖　男　回族　鲁甸人　2009年3月止
　焦焕存　女　汉族　陆良人　2009年3月任

副乡长
　段世杰　男　回族　鲁甸人　2009年3月止
　张　虎　男　汉族　鲁甸人
　郑其晖　男　汉族　鲁甸人　2009年11月止
　邹　鸿　男　汉族　鲁甸人　(兼派出所长)2009年3月止
　熊美华　男　汉族　鲁甸人　(兼派出所长)2009年3月任
　周承兴　男　汉族　鲁甸人　2009年3月止
　王文杰　男　汉族　永善人　2009年11月任
　康　宁　男　汉族　鲁甸人　(挂职)

李 云 男 汉族 昭阳区人 （挂职）2009年11月止

祝 琼 女 汉族 鲁甸人 （挂职）2009年11月止

火德红乡

2009年末，辖火德红、鹊落、李家山、银厂、南筐、机车6个村民委员会，107个村民小组。有5 253户20 513人，其中女性9 523人，非农业人口317人，农村劳动力10 983人；有少数民族411人，占总人口的2%，其中彝族244人，壮族126人，回族28人，蒙古族5人，布依族5人，藏族1人，傈僳族1人，其他1人；年内出生512人，死亡63人。全乡总面积90.93平方千米，每平方千米226人。

有耕地面积2 070公顷，其中水田100公顷，25度以上陡坡耕地187公顷。全年农作物总播种面积2 428公顷，其中粮食作物播种面积1 582公顷，总产6 684吨，其中稻谷87公顷，总产581吨；种植花生24公顷，总产63.8吨；产向日葵6.5吨；种植烤烟120公顷，总产227吨；种植蔬菜304公顷，总产3 855吨。年末有果园22.5公顷，其中苹果园6.9公顷，梨园4.8公顷，柑桔园3公顷，桃园7.8公顷；年产水果92吨，其中苹果9.7吨，梨22.4吨，柑桔9.9吨，桃33.4吨，樱桃14.2吨，柿子1.5吨；年产油桐籽55.7吨，核桃79.5吨，花椒1.7吨，板栗2.6吨；伐木89立方米，伐竹21万根。全年大牲畜出栏486头，产肉56.3吨，存栏4 497头，其中牛3 529头，马221匹，驴281匹，骡466匹；生猪出栏8 443头，产肉785吨，存栏13 906头；羊出栏887只，产肉17吨，存栏1 978只；家禽出栏13 451只，产肉20吨，存栏22 127只，产禽蛋34吨；肉类总产量879吨。

全年农村经济总收入4 014万元，其中农业收入3 550万元，工业收入50万元，建筑业收入40万元，第三产业收入374万元；净收入2 614万元，农民外出劳务收入1 540万元，可分配净收入4 154万元，农民人均2 117元。年末，有6个村通电和汽车及电话，2个村通自来水。

【工作概况】 2009年，火德红乡党委、政府认真组织开展全乡学习实践科学发展观活动，紧紧围绕县委七届七次、八次全会及县委农业农村工作确定的“粮食增产、农业增效、农民增收”的目标；以服务“三农”、实现“三增”为出发点和落脚点，以提质增效为中心，以结构调整为主线，以打造“民富、村美、和谐”社会主义新农村建设为目标，全面完成目标任务。

一、农业农村工作

一是农业生产。全乡完成种植面积2 070公顷，完成测土配方施肥1 833公顷，杂交玉米良种种植任务700公顷，完成700公顷（示范样板267公顷），地膜任务600公顷，完成600公顷；单株定向密植规范化栽培任务600公顷，完成600公顷；育苗移栽333公顷，湿直播267公顷；马铃薯种植任务373公顷，完成473公顷（示范样板233公顷），其中脱毒马铃薯360公顷，占总面积的26.7%；蔬菜167公顷（示范样板37公顷）；水稻种植97公顷，水稻宽窄行条栽97公顷。发放农药158千克，供应马铃薯种子1 550吨、玉米21吨，农膜24.5吨，化肥2 850吨。

二是林业生产。全乡有林业用地4 500公顷，其中国有林610公顷，集体林3 889公顷，森林覆盖率41.72%。2009年种植花椒1 067公顷，核桃1 467公顷。集体林权改革结束，顺利通过市县政府验收。加强森林防火及林业资源管护工作，充分发挥基层林业站、村两委的主体作用。年内，全乡没发生一起森林火灾，没出现毁林事件。

三是畜牧业生产。2009年，全乡畜牧业发展呈上升趋势，完成黄牛冻精改良124头；注射猪瘟疫苗10 857头，仔猪副伤寒疫苗10 690头，猪口蹄疫疫苗13 980头，牛炭疽疫苗3 261头，牛口蹄疫疫苗3 780头；鸡注射禽流感疫苗22 280羽。发展规模养猪3户，养牛1户，养鸡1户，养野鸡1户。

四是能源建设。2009年，全乡沼气建设任务1 200口，完成1 830口。

五是石漠化治理。2009年，有效治理水土流失，争取石漠化治理项目67公顷。全面完成，其中种草20公顷，草场改良47公顷。

六是集镇管理和建设。2009年，成立乡集镇街道办，明确专人负责，聘请专人打扫，租1辆拖拉机清运垃圾。集镇卫生“脏、乱、差”现象有明显改善。修建排水沟650米，街面硬化1 100平方米，硬化集镇新区街道1 500平方米，种植绿化树150株，栽竹子1 200平方米，修建集镇门面31间。

七是民政、扶贫工作。2009年，认真落实各项社会惠农资金，特殊优扶对象19人，资金54 188

元;发放五保供养对象131人,资金157 200元;低保户742户1 377人,发放资金991 440元;城镇低保户60户63人,发放资金114 672元;两参人员53人,发放资金82 680元;发放大米1.25万千克;救灾款5万元。解决受灾群众1 247户3 996人次。

八是烤烟生产。2009年,全面完成县政府下达的烤烟种植面积117公顷,完成30万千克烤烟收购任务。

九是社会主义新农村建设工作。2009年,以李家山村红石岩民小组集镇建设为示范样板,全面推进社会主义新农村建设步伐。完成"一事一议"道路硬化、人畜饮水、横渡牛栏江钢索桥3个项目。

十是劳务输出。2009年,全乡外出务工人员8 210人,实现劳务经济收入9 852万元。

二、社会事业工作

一是教育工作。2009年,坚持把教育摆在优先发展的战略地位,全面推行素质教育,确保"两基"攻坚工作成果巩固提高,中、小学校入学率达98%以上,辍学率控制在2%以内,初中毛入学率95%以上,辍学率控制在3%以内,15周岁人口初等教育完成率在95%以上,17周岁初等教育完成率80%以上,青少年脱盲人员复盲率控制在5%以下,严格按照评估验收标准,高度重视、通力协作,采取强有力措施确保适龄人口入学就读,将入学率和辍学率控制在指标范围内。辍学学生返校95人,返校率98.6%。加大扶贫助学工作力度,建立并用好中小学生"两免一补"资金。10月,全乡"两基"攻坚工作顺利通过省政府评估验收。

二是人口与计划生育工作。2009年,坚定不移地推进人口与计划生育工作。把人口和计划生育工作作为全乡的中心工作,狠抓一放二扎、医学监护、奖优免补、社会抚养费征收等措施落实,加强流动人口计划生育管理,着力提高计划生育率,促进计划生育工作再上新台阶。强化计划生育工作"一把手"责任制,重视计划生育基层基础工作,完善计划生育宣传管理体制,改善计生工作条件,提高技术服务水平。全乡一放任务95例,完成98例;二孩结扎任务72例,完成79例;多孩控制任务67例,完成77例,医学监护面94.93%,计划生育率85.16%;人口出生率13.49‰;社会抚养费征收任务11万元,完成60.28万元。

三是卫生工作。2009年,全乡新农合应参合19 731人,实参合17 757人,参合率95.86%。全年补偿2 934人次,累计减免资金300余万元。进一步加强妇幼保健、疾病控制和传染病预防等工作,降低孕产妇死亡率和消除新生儿破伤风;加大食品、药品监管力度。加强对手足口病、甲型HINI流感病等传染性疾病防疫和宣传工作,防治传染病发生;开展爱国卫生运动,以新农村建设重点村和卫生整治重点村为中心,开展不同形式的卫生大扫除活动,清理垃圾死角,不断改善群众的居住环境。完成新建5个村卫生室。

四是"一事一议"财政奖补项目。2008年组织实施"一事一议"财政奖补项目15件,群众筹资8.5万元,捐资9.2万元,投劳折资6.3万元,财政奖补75.5万元。完成李家山村道路硬化1条,长200米,宽8米。新修公路7条(其中银厂村3条14千米,南筐村4条15千米)总长29千米。管引6件(火德红村3件,李家山村、南筐村、机车村各1件)。

五是文化站办公楼建设顺利推进。2009年,争取上级资金30万元,修建文化站办公楼,占地380平方米(共2层),设有活动场所、会议室、展览室、书画室、资料室、办公室、音控室等。基础工程建设完成,转入主体工程建设。

六是全民健身活动广场建成并投入使用。2009年,争取云南省扶贫基金会捐资8万元,昭通市文体局8万元,社会各界人士捐资4万余元,修建全民健身活动广场,占地1 200平方米,设有单杠、双杠、人形天梯等17项健身设备。

七是南筐村级活动场所顺利开工。2009年,争取市县两级配套资金各5万元,乡财政配套5万元,共15万元,修建南筐村级活动场所,占地300平方米,已开工建设。

三、社会治安综合治理工作

一是落实行政一把手责任制。坚持"安全第一,预防为主"方针,积极开展安全生产专项整治工作,在全乡6个村、107个村民小组、乡直站所及驻火单位,开展"查隐患,抓整改,防反弹"活动,重点对学校、道路交通、地质灾害等进行专项治理。制定安全生产各项制度和预警机制,完善地质灾害防御和防汛预案,层层签订责任书,对地质灾害发生地段落实监测人员。

二是把维稳工作作为全乡的中心工作。落实责任,按照属地管理原则落实责任制,召开全乡社会治安综合治理及矛盾纠纷排查专题会议,加强和完善各项规章制度，建立健全村级治保调解组织，形成乡村两级治安网络。

三是全年调解民事纠纷46起，妥善处理纠纷57起，没有发生重大刑事案件和群体性上访事件。

四是积极开展创建活动。开展全乡禁止毒品和反对邪教专项活动，积极开展民主法制示范村建设。全乡6个村申报平安村，107个村民小组申报平安小组。

四、基层组织建设

一是加强领导，明确责任。结合基层组织整顿年，年初与各村总支、机关、各支部签订机关作风建设责任书，成立机关作风建设和基层组织整顿领导小组，派出指导组对7个党总支指导，取得实效。

二是学习领会县委七届七次全会、农业农村工作暨党建工作会议精神。组织全体乡村干部开展学习县委七届七次、八次会议精神，搞好科学发展观学习实践活动。通过学习，统一干部思想，鼓足干劲，推动工作。实现"领导干部受教育、科学发展上水平、人民群众得实惠"

【领导干部】

党委书记

马运伟　男　回族　鲁甸人

副 书 记

夏举崇　男　汉族　鲁甸人

邓绪江　男　汉族　鲁甸人

马永峰　男　回族　鲁甸人　2009年2月任（兼社会主义新农村建设工作队队长）

纪委书记

孟兴辉　男　汉族　鲁甸人

人大主席

周　静　男　汉族　鲁甸人

乡　　长

夏举崇　男　汉族　鲁甸人

副 乡 长

王富荣　男　汉族　鲁甸人　2009年11月止

邵聪文　男　汉族　鲁甸人

王维春　男　汉族　宣威人

李仲兵　男　汉族　鲁甸人　（兼派出所长）2009年11月止

阮金泳　男　汉族　鲁甸人　（挂职）

陈家勇　男　汉族　鲁甸人　（挂职）

铁金朗　男　回族　鲁甸人　（挂职）

龙 树 乡

2009年末，辖龙树、新乐、照壁、塘房4个村民委员会，114个村民小组。有9 584户39 826人，其中女性19 001人，非农业人口1 098人，农村劳动力21 135人；有少数民族1 777人，占总人口的4.46%，其中彝族907人，回族636人，苗族208人，白族3人，壮族2人，满族2人，布依族2人，哈尼族1人，傣族1人，其他15人；年内出生707人，死亡58人。全乡总面积112.31平方千米，每平方千米350人。

有耕地面积3 135公顷，其中水田592公顷；25度以上陡坡耕地33.3公顷。全年农作物总播种面积4 470公顷，其中粮食作物播种3 662公顷，总产12 836吨，其中稻谷545公顷，总产1 349吨；种植苏籽7.5公顷，总产5.5吨；种植蔬菜649.6公顷，总产11 316吨。年产水果6.4吨，其中苹果0.7吨，梨3.3吨，桃2.4吨；产核桃12吨，板栗2.3吨，花椒1.4吨；伐木1 434立方米。全年大牲畜出栏430头，产肉46.4吨，存栏4 592头，其中牛3 393头，马1 120匹，骡79匹；生猪出栏27 032头，产肉2 167吨，存栏25 080头；羊出栏1 324只，产肉23.5吨，存栏4 450只，产毛11.2吨；家禽出栏16 502只，产肉27吨，存栏32 666只，产禽蛋123.8吨；其中鸭出栏2 404只，产肉4.3吨，存栏6 416只；鹅出栏1 106只，产肉2吨，存栏2 609只；肉类总产量2 264吨。

农村经济总收入7 420万元，其中农业收入5 565万元，工业收入295万元，建筑业收入306万元，第三产业收入1 254万元；净收入4 823万元，农民外出劳务收入3 031万元，可分配净收入7 854万元，农民人均2 084元。年末，有4个村通电和汽车，4个村通自来水，移动通信覆盖全境。

【工作概况】 2009年，龙树乡党委、政府以"三个代表"重要思想和科学发展观为指导，认真贯彻落实党的十七届三中、四中全会和省、市、县有关会议精神，紧紧围绕促进农业增产、农民增收、农村经济社会全面协调发展的总体目标，坚定不移地实施产业强乡、科技兴乡战略，积极推进养殖业、种植业发展进程，扎扎实实地开展各项工作，实现经济社会跨越式发展。圆满完成县委、县政府下达的经济社会发展目标任务。

一、农业农村工作情况

一是农业工作。2009年,全乡种植玉米马铃薯二套二核心样板34.2公顷,示范样板每村67公顷,涉及4个村20个村民小组。马铃薯播种1 407公顷(其中套种1 267公顷,净种140公顷),玉米播种1 267公顷(套种),水稻育秧57公顷,大田移栽535公顷。蔬菜示范样板67公顷。秋冬作物373公顷。完成测土配方施肥2 873公顷,其中龙树村1 000公顷,新乐村867公顷,照壁村420公顷,塘房村587公顷。推广以昭阳5号,会单4号为主栽品种,示范推广阿单11,宣黄单5号,东单2 324,安玉12等杂交玉米良种1 267公顷,实现玉米全部地膜覆盖栽培,推广脱毒马铃薯栽培1 233公顷。实现马铃薯比上年增加464.4吨,增长10.8%,增收37.15万元;玉米比上年增加489.6吨,增长11.3%,增收88.13万元;水稻比上年增加319吨,增长11.2%,增收63.8万元。完成冷凉蔬菜等3 000吨,增收230万元。全年实现种植业增收419.08万元,增长19.22%,人均纯收入增加112元。

二是畜牧业工作。2009年,重点发展年出栏150头以上养猪大户10户。扶持生猪养殖户4户,扶持肉牛养殖户1户,每户扶持3万元无息滚动发展资金。种植一年生多花特高黑麦草77公顷,分布在4个村1 128户;推广生猪饲料熟喂改生喂,加大动物疾病防控工作力度,重大动物防疫密度达100%,牲畜病死率控制在猪2.5%,羊2%,牛1.5%和家禽8%以下,超额完成县政府下达的科技指标,促进全乡畜牧养殖的健康发展。年内,完成生猪改良2 975窝,其中人工授精1 845窝;完成羊改良810窝,牛冻精改良146头。畜牧业产值3 078万元,增加600万元,增长24.21%,实现人均增收160.38元。

三是林业工作。2009年,重点搞好全乡389.4公顷退耕还林工程补植补造和抚育工作,与各村签订《龙树乡2009年退耕还林补植补造及抚育管理目标责任书》和《龙树乡林业站2009年目标管理责任状》。经检查验收,合格面积317.7公顷。加强森林防火宣传,成立森林防火工作领导组,制定《龙树乡森林防火应急预案》,组建龙树乡森林防火应急分队和各村森林防火应急分队。通过努力,全乡没有发生一起火灾。实现林业收入119万元,比上年增加9万元,增长12.7%,人均增加2.4元。

四是水利工作。2009年,成立防汛抗旱工作领导组。乡长负总责,分管副乡长、水管站长为第二责任人,分片包干,责任到人。组织群众完成乡内防洪排涝沟的修复、清淤,指定人员负责二道桥水库和小海子水库监控。加强防洪法律、法规的宣传,对114个村民小组长进行防洪法律、法规培训,由村民小组长逐户宣传,防止河道、厂矿、砂石厂、公路等防洪违法事件发生。成立由村民小组长组成的114人防汛抗旱应急队。落实汛期值班、通讯、交通等措施。各村储备编制袋、麻袋、木桩、锄头、手推车、抽水机、发电机等防汛物资。制定《龙树乡防汛应急预案》,建立从4月20日至9月30日由班子领导带班的24小时值班制度,确保度汛安全。

五是扶贫工作。2009年,完成龙树集镇延长线280米街道硬化,组织维修塘房村道公路6.2千米,保证电网改造顺利实施和春耕备耕道路畅通。完成扶贫办批准实施的照壁村第3村民小组整村推进工程。昆明医学院第二附属医院扶贫资金建成的塘房村卫生室投入使用。市、县卫生局、红十字会资金建设照壁村卫生室投入使用,启动建设新乐村卫生室。全乡小额信贷100万元指标全面完成。申报一事一议项目争取财政奖补资金45万元,涉及两条村内道路硬化,两座人行桥建设。已正启动建设。塘房村电网改造基本完成,实现1 930户9 774人照明。按农网改造前电价1.2元与改造后0.483元折价计算,每度电可节约0.717元。以平均月用电25度每户计算,塘房村净增值10.38万元,实现改造户人均增收10.6元。

六是农村人力资源开发工作。2009年,抓好农村富余劳动力转移就业工作。召开专门会议,组织技能培训3期培训1 500人次,全年外出务工在上年基础上增加2 100人。全乡输出富余劳力12 000多人,有序输出7 000余人,务工稳定率90%。根据经管站省基点10户调查,全年外出务工纯收入3 553.8万元,实现人均增收62元。

二、社会各项事业工作

一是教育工作。2009年,加大教育工作领导力度,把“两基”工作作为重要工作,加大控辍保学力度,确保适龄儿童少年进得来、留得住、学得好,动员返校学生395名,其中初中348名,小学47名,入学率达“两基”验收标准。加强基础设施建设,提高办学条件,龙树中学新建教学楼1栋,学生宿舍楼1栋,食堂1栋。中心校新建120平方米保卫科用房,新街子小学硬化地皮,新建小河边小学围墙,拆除古寨小学1 400平方米、中心校1 615平方米、小河边小学470平方米的D级危房，龙树中心校2 080平方米综合楼和古寨小学1 695平方米教学楼正在建设。贯彻“两免一补”政策，小学发放贫困生生活补助费329 500元。中学发放贫困生生活补助费935 625元。狠抓教育教学工作，提高教育质量。龙树中学中考中600分以上28人，录取昭一中11人，综合评比全县第三名，上升奖第一名，各单科包揽第一、二名。

二是人口与计划生育工作。2008年10月1日至2009年9月30日，龙树乡常住人口出生346人，出生率10‰，同比下降4.1个千分点；自然增长率8.2‰，同比下降1.26个千分点；计划内出生280人，计划生育率80.92%，同比上升6.27个百分点，比县政府下达的75%高5.92个百分点；违法多孩生育36人。常住人口出生率比县下达的指标少14人，违法多孩生育数分别比县下达的40人少生4人；施行手术640例，完成结扎335例，同比增加49例。完成一孩放环181例，同比增加26例。实施医学监护3次，监护面94.6%；施行补救措施63例。多孩结扎率76.5%，同比上升4.27个百分点；二孩结扎率69.8%，同比上升13.67个百分点；一孩放环率69.3%，同比上升11.26个百分点。征收社会抚养费20.4万元，同比增加9.6万元，占县下达任务的127.5%。认真贯彻落实农业人口独生子女及两女结扎户奖励政策，加大奖惩力度，兑现各类奖励资金1.8万元，让自觉实行计划生育的家庭真正得到实惠，以控为主、控导结合的工作机制逐步形成。全乡人口与计划生育工作列全县第四位。

三是卫生工作。2009年，加强医疗护理工作，选派3人到市、县医院进修。全年完成门诊人次46 580人次，业务收入2 304 213.49元。多方争取资金，投入46万元新建卫生院住院楼，自筹资金10万元进行医疗环境和基础工程修建，改善医疗卫生条件。疾病预防控制和妇幼保健工作有所提高，孕产妇管理率93.9%，保健覆盖率95.7%，住院分娩率87.3%。新生婴儿100%建卡和接种各种疫苗。卫生事业健康发展，建立健全卫生体系，狠抓突发公共事件应急处理工作，新型农村合作医疗工作有序开展，卫生体制改革得到加强。

四是民政工作。2007年首次落实农村低保2 699人，2008年扩面250人，2009年全乡享受农村低保2 949人，其中龙树村401户765人，提标后季度发放资金114 750元；新乐村407户782人，提标后季度发放资金117 300元；塘房村273户776人，提标后季度发放资金116 400元；照壁村320户626人，提标后季度发放资金93 900元。

五是文化工作。2009年，建成龙树村、照壁村两个农家书屋。文化站建设已启动。

三、渔洞水库水资源保护工作

一是乡党委、政府重视《云南省昭通渔洞水库保护条例》宣传，充分利用市渔洞水库管理局发放的宣传画报，多渠道进行宣传，发放宣传画报近4万份，宣传教育达5万余人次。利用赶集天加大对《云南省昭通渔洞水库保护条例》宣传力度，全年宣传16次，累计宣传1.5万人次。司法所利用“五五普法”契机，将《云南省昭通渔洞水库保护条例》宣传到各家各户。通过中小学宣传《云南省昭通渔洞水库保护条例》，班主任每个学期带领学生学习1次《云南省昭通渔洞水库保护条例》，出1期水资源保护方面的黑板报，写1篇水资源保护方面的文章。春耕备耕期间，驻村工作组及农业技术员深入田间地角指导农业生产，在流域内大力推广生态农业和生态养殖工程，改善农业生态环境，充分利用农家肥，指导农民科学使用化肥和低毒、高效的农药，减少农药及化肥的使用量，使水体在流入水库前达到逐级治理的目的。

二是龙树乡垃圾处理场验收后，乡成立由龙树村民委员会主任任站长的环卫站，环卫站设立会计1人、出纳1人（由龙树村民委员会人员兼任），驾驶员1人，清洁工5人。制定《龙树乡集镇垃圾处理管理规定》、《龙树乡集镇环境卫生管理规定（修订）》。创造了一个环境优美、卫生洁净的居住环境，切实保护龙树河水体质量。

三是成立龙树径流区河段管理执法大队。对于在径流区内填塞生活垃圾、死牲畜、建筑垃圾致使河面受阻的，依法责令追究，保持河面畅通。

四是申报拦沙坝及照壁村湿地保护工程。9月，积极申报财神庙等10条沙沟拦沙坝工程和照壁村石龙河、木瓜冲小河、大海子湿地保护工程及塘房小学简易垃圾堆放点工程。

四、产业结构调整

一是蔬菜种植。县委、县政府高度重视龙树乡冷凉蔬菜产业发展，召开现场办公会议，要求以“粮”“猪”产业为基础，大力推进蔬菜种植，持续提高农民收入。乡党委、政府成立蔬菜种植工作领导组，明确职责，确保工作顺利开展，成立龙树乡蔬菜种植协会。全乡蔬菜种植品种为大蒜、白菜、花菜、萝卜、大葱等，规模连片种植87公顷，其中龙树村20公顷，以大蒜、白菜为主，龙树清真寺后蔬菜科技示范样板4公顷，蒋家塆2.7公顷，石山嘴13.3公顷；新乐村16.7公顷，集中在周家坟，以白菜、花菜为主；照壁村46.7公顷，单家地6.7公顷，以白菜、花菜为主，小河边学校背后33.3公顷，以萝卜为主，周家大沟规划6.7公顷大葱移栽育苗；塘房村22组3.3公顷，以白菜为主。全乡分散零星种植33.3公顷。部分蔬菜已大量上市，售出白菜2 100吨左右，收入168万元，萝卜365吨；收入9.13万元；花菜110吨，收入17.6万元。

二是玉米制种。2009年，在新乐村和照壁村建立各试种33.3公顷玉米制种基地，以调整产业结构促增收。由于部分籽种出问题，气候影响，部分农户田间管理不当等原因，造成制种减产，增收效果不明显。

五、综治维稳、安全生产工作

一是强化安全稳定工作领导，明确工作责任，落实过硬措施，狠抓安全稳定工作，做到警钟长鸣、常抓不懈。全乡无一例重大安全事故发生，确保人民群众的生命财产安全和社会稳定。切实加强校园安全领导和校园周边环境治理工作。认真开展综合性大检查，彻底消除安全隐患。建立应急机制，制定应急预案，实行24小时值班制度，加大对重点部位和时段巡逻力度。认真开展“国庆安保工作”和“干部下访活动”。继续将首问责任制、限时办结制、责任追究制和服务承诺制放在首位，凡是在接待群众来信来访时严格执行一问告知制度，将所有办理程序告知群众，减少中间环节，缩短办结时限。全年接群众来信来访案件3件，处理3件，受理市县长热线2件，回复2件，做到事事有回音、件件有着落，将矛盾解决在最基层，消灭在萌芽状态。继续推进整体联动防范工程，搞好义务巡逻，震慑打击各类违法犯罪分子，全乡人民的安全得到保障，群众对治安保卫工作满足率97%以上。乡、村人民调解委员会排查各类矛盾纠纷147件，其中婚姻家庭、邻里纠纷27件、土地承包纠纷51件、劳资纠纷35件、土地矿产山林权属纠纷26件、拆迁安置引发的纠纷8件。调处成功率100%。

二是民主法制建设进一步加强。乡人大主席团始终把握人大工作的正确政治方向，以“四个文明”协调发展为目标。全年办理乡人大代表议案、建设、批评意见12件，回复率100%。认真贯彻落实《行政许可法》等法律、法规。严格依法办事，积极推进政务公开，提高政府工作的透明度和工作效率，加强政府法制工作，维护社会公平、公正。认真搞好“五五”普法的宣传教育活动，强化社会治安综合治理，努力打造“平安龙树”。

六、党建、作风整顿、基层组织整顿工作

一是坚持抓好党建工作，加强机关效能建设。充分发挥党支部的战斗堡垒作用，“双带”示范户带动作用，全面推进新农村建设，使全乡农村面貌发生显著变化，改善农村生产生活条件，增加农民收入，推动农村经济健康发展。全年发展党员24名，入党积极分子28名。

二是抓好机关作风建设。紧紧围绕以查找问题为中心，采取多形式、多渠道、多层次广泛征求意见，全面查找问题；设立专门接待室、征求意见箱、热线电话；找准整改方向和具体措施，增强八种意识，狠抓源头治理，搞好制度建设，用制度管事管人，实行公开承诺，接受大众监督，紧贴重点工作，在推动完成目标任务上下功夫。加强学习，巩固成果，形成长效机制；加强干部教育，转变工作作风，提升机关效能，严格实施“三项制度”，全面推进机关效能建设，转变服务态度，切实为民办好事办实事。财政支出一支笔审批，统筹兼顾、量入为出，严格控制生活招待费、差旅费、生活费、水电费、租车费等各项支出。

三是加强政府自身建设，提高自身素质。全面推行政务阳光工程，增强政府工作透明度和公众参与度。坚持执政为民理念，做到关注民生、权为民用、利为民谋、情为民系，努力为民多办实事。加强政府机关职工职业道德教育，牢固树立群众观念和服务意识，不断提高服务水平和工作效率。推进廉政建设，规范政府机关工作人员行政行为，努力建设一支依法行政、廉洁从政、廉洁奉公的干部队伍。推进政府信息公开，将各类政务信息公布上网，主动接受群众监督。

【领导干部】

党委书记

马　奇　男　回族　鲁甸人

副 书 记

赵炳选　男　汉族　鲁甸人

谭云武　男　汉族　鲁甸人

郭元礼　男　汉族　鲁甸人　2009年2月任

（兼社会主义新农村建设工作队队长）

纪委书记

袁发友　男　汉族　鲁甸人

人大主席

廖国祥　男　汉族　鲁甸人

乡　　长

谭云武　男　汉族　鲁甸人

副 乡 长

武靖江　男　汉族　鲁甸人　2009年3月止

雷　旭　男　汉族　鲁甸人　2009年3月止

马真健　男　回族　鲁甸人

周　刚　男　汉族　鲁甸人　2009年3月任

刘顺彪　男　汉族　鲁甸人　（兼派出所长）2009年3月止

张昭峰　男　汉族　鲁甸人　（兼派出所长）2009年3月任

窦孝麟　男　汉族　鲁甸人　（挂职）

赵家壁　男　汉族　鲁甸人　（挂职）

阮江月　女　回族　鲁甸人　（挂职）

新街乡

2009年末，辖新街、酒房、闪桥、转山包、坪地营5个村民委员会，94个村民小组。有4 821户19 911人，其中女性9 152人，非农业人口697人，农村劳动力11 959人；有少数民族534人，占总人口的2.68%，其中彝族479人，苗族41人，回族6人，水族3人，满族2人，其他3人。年内出生358人，死亡53人。全乡总面积113.1平方千米，每平方千米176人。

有耕地面积1 964公顷，其中水田100公顷，25度以上陡坡耕地202公顷。全年农作物总播种面积2 479公顷，其中粮食作物播种面积2 080公顷，总产6 659吨，其中稻谷66.7公顷，总产205吨；种植蔬菜132公顷，总产1 412吨。年末有果园1.4公顷，其中苹果园0.3公顷，梨园0.6公顷，桃园0.5公顷；年产水果3.9吨，其中苹果0.8吨，梨1.8吨，桃1.3吨；年产核桃1.05吨，板栗0.85吨，花椒0.88吨；伐木220立方米，伐竹6万根。全年大牲畜出栏918头，产肉96.5吨，存栏5 684头，其中牛3 300头，马2 360匹，驴14匹，骡10匹；生猪出栏24 750头，产肉2 090吨，存栏22 578头；羊出栏2 513只，产肉44.8吨，存栏4 515只，产毛9.5吨；家禽出栏14 027只，产肉20吨，存栏17 167只，产禽蛋35.5吨，其中鸭出栏90只，存栏5 750只；肉类总产量2 251吨。

农村经济总收入3 951万元，其中农业收入3 608万元，工业收入38万元，建筑业收入15万元，第三产业收入290万元；净收入2 531万元，农民外出劳务收入1 507万元，可分配净收入4 038万元，农民人均2 165元。年末，实现村村通汽车和通电，4个村通自来水，移动通信覆盖全乡。

【工作概况】　2009年，新街乡党委、政府坚持以邓小平理论和“三个代表”重要思想为指导，以贯彻落实科学发展观为统揽，围绕县委部署的目标任务，抓住区位优势、气候优势，培育新兴产业（冷凉蔬菜基地建设），壮大优势传统产业，围绕年初制定的各项工作目标，团结奋进，开拓创新，积极工作，较好地完成和超额完成各项工作任务，有效推动经济社会全面发展，全乡三个文明建设取得新成效。

一、调结构、抓产业、促增收

2009年，新街乡紧紧围绕“以地增粮，种草养畜，强势推进冷凉无公害蔬菜基地建设”为目标，强化支农惠农政策的落实，大力促进农业稳定发展，农民持续增产增收，实现粮食总产6 519吨，比上年5 868吨增加651吨，人均有粮350千克，同比增长11%；全乡经济总收入5 567万元，同比增长22%，农民人均纯收入2 165元，比上年1 804元增加361元，同比增长20%。

一是依靠科技措施，全力抓好粮食生产。2009年，全乡完成粮食种植面积2 133.33公顷，其中玉米种植800公顷；抓住市级吨粮样板建设机遇，大力推广科技措施、技物配套、良种良法，完成玉米样板600公顷，实现“二套二”杂交种，地膜覆盖、湿直播、配方施肥五个统一；马铃薯种植1 066.67公顷，样板333.33公顷，推广脱毒马铃薯533.33公顷，加工型马铃薯爱德53号33.33公顷；完成水稻种植66.67公顷，荞荞麦200公顷；完成宣黄单七号玉米亲本扩繁13.33公顷；在各种作物上配方施肥206.67公顷。

二是做强做大传统优势畜牧产业。2009年，围绕生猪基地建设目标，以良种扩繁工程为重点，大力推广熟改生科学饲养，加大春秋两防力度，重点扶持养殖大户，带动散养户共同致富。全乡存栏能繁母猪3 768头，能繁母羊3 593只，完成冻精改良牛860头，生猪人工受精2 000窝，更新良种母猪120头。积极探索土地合理流转，建设生猪养殖示范小区，在新街村小河边7、8、9村民小组投资150万元，覆盖150户养殖户。全乡发展养殖规模100头以上大户3户，养殖规模50头以上大户11户。在转山包村建立牧区式养殖，引进兴发养殖场1个，租地140公顷，种草66.67公顷，新建圈舍22间，发展黄牛175头，半细毛羊220只。进一步扩大酒房村仔猪基地建设规模，为全乡甚至周边村组生猪养殖户提供优良仔猪。加大对散养户培训指导，实行熟改生科学饲养，加强春秋两防。加大蔬菜基地建设，在酒房村种植黑麦草20公顷，转山包村26.67公顷。全乡1 678头母猪加入保险，发放补贴资金16.78万元。

三是强势推进冷凉无公害蔬菜基地建设。2009年，结合新街实际，充分发挥气候、土地、水资源、市场等优势，加大无公害蔬菜基地建设，做强做大蔬菜产业，实行订单农业，走“公司+基地+协会(农户)”的发展模式。去冬今春，全乡种植蔬菜莲花白33.33公顷。分布在酒房、新街、闪桥3个村，主要在沿龙树河流域选用优良杂交种中甘21号，实行统一规划，合理布局，集中连片，规格化种植。实行套种和净种相结合，加强技术指导、中耕管理和病虫害防治，加强对全国蔬菜市场行情了解，促进生产和销售。平均公顷产48 750千克，全乡33.33公顷莲花白总产1 625吨，每千克按0.60元计算，总产值达97.5万元，每公顷产值2.93万元，除生产成本(种籽、地膜、化肥、农药及工时)450元，每公顷纯收入2.25万元。农民增加了收入，又保护渔洞水库径流区水质，经济效益、社会效益和生态效益明显。11月中旬，统一规划，合理布局。全乡蔬菜规划种植在酒房、新街、闪桥和坪地营4个村，计划种植200公顷，其中样板种植100公顷(酒房、闪桥各50公顷)。抓好生产环节，确保种植规范。加强宣传力度，做好培训工作。在样板核心区打破地域界限，争取耕地机械操作。统一订购籽种，按2~3个播期，相对集中，统一育苗。规范化种植，达到统一行向、统一规格，统一管理。构建营销网络，定单出售。协调好大户、散户，构建一个便捷顺畅可信的销售网络，达到统一定单出售，确保蔬菜种植经济收入。

四是扶贫工作。2009年，按照“抓两头、促中间”的工作思路，完成新街村上大地、单家河坝和闪桥村钟家营3个自然村整村推进项目，总投资45万元，已完工。县内易地安置项目投资50万元，实施转山包长箐易地安置项目，完成总工程量的80%以上。新农村建设点定在酒房村5组，结合昭大旅游专线打造，改造人居环境30户，重点打造15户。小额信贷发放47.8万元，用于扶持养殖业发展。启动“一事一议”项目4个点，财政奖补22万元。

五是劳务输出工作。2009年，加大劳动培训力度，全年培训农村劳动力900余人，累计转移劳动力5 250人，实现务工工资性收入3 700万元以上，纯收入2 000万元以上。加强农村技能培训，全年举办6次1 200余人参加的种养业技能培训，邀请县级专家讲课，现场指导，提高农户种养水平。

二、强基础，增强发展后劲

一是公路建设。在全力协助昭大公路建设的同时，新修村组公路15千米，改造村组公路11千米，切实解决群众进出难、运输难的交通实际问题，覆盖4个村15个村民小组，受益610户2 985人。

二是电力建设。加大电力设施改造。新街、酒房两村投资400余万元中西部农网改造工程结束，9月上旬通电，35千伏变电站竣工。

三是水利建设。酒房村1、2、3、4村民小组涉及132户，投资30万元的人畜饮水工程已结束，投入使用，坪地营村人饮安全工程即将启动。

四是村级活动场所建设。闪桥村级活动场所、坪地营村级活动场所正在建设中。垃圾处理场建设完工投入使用。

三、以打造精品乡镇为载体，逐步完善集镇建设

2009年，新街乡坚持“富规划、穷建设”原则，高起点、高标准规划“三横四纵”集镇发展总体蓝图。抓住昭大旅游专线打造和大山包自然保护区景前区开发机遇，采取“以地生财，以财建镇”方针，积极争取支持，因地制宜，量力而行地逐步抓好集镇建设；围绕县委政府“六有目标”，一条长500米，宽22米的中心大街和“二横二纵”“井”字形新格局已形成，有一个规范有序市场、一个卫生机关食堂、一家特色餐馆、一个整洁接待室和一个方便公厕。为打造精品旅游小集镇奠定良好基础。

四、以改善民生为出发点和落脚点，促进社会事业全面发展

一是加快文化基础设施建设。2009年，深入实

施乡村综合文化站、乡村文化活动室、农家书屋等农村文化惠民工程，抓好自然村广播电视“村村通”工程建设。完成安装卫星接收设备200套，总投资5.6万元，农户自筹2万元。同时，做好第三次文物普查准备工作；进一步扩大农村最低生活保障范围，及时按补助标准兑付。落实调解治保员、民宗助理员、协警员、专职消防员、乡村医生待遇。加强做好救灾救济工作，促进社会和谐稳定。

二是以“两基“工作为重点，优先抓好教育工作。全乡上下狠抓控辍保学，严格落实“两线”承包，三方负责的工作机制，初中毛入学率96.3%，适龄儿童入学率达98.8%，加强相关表册建立和完善，顺利通过省政府及市政府验收。以“两基”验收为契机，加强学校硬件设施建设。投资200余万元的中学学生宿舍、食堂竣工，投入50万元的围墙、大门建设结束，大门外200多米路面已铺垫使用，学生宿舍正在建设；投资150万元的转山包村完小教学楼完工。加强小学校舍排危工作，全乡有危房8 458平方米，已排除1 836平方米，争取上级支持，尽快全部解除。新街中心小学、酒房和坪地营3处教学楼正在规划中，土地征用工作完成。“两免一补”政策全面落实。全年小学免除书费21.97万元，学生享受各种补助22.9万元；中学免除书费18.69万元，学生享受各种补助24.56万元。

三是重视和关心弱势群体和困难群众的生产生活。2009年，切实抓好农村低保、“五保”、农村合作医疗、城乡医疗救助、计划生育家庭奖励扶助、贫困重度残疾人救助等民生工程的巩固提高。解决各种困难户930户4 300人的救济粮2.15万千克；发放五保供养、低保户156人140 408元，农村低保1 566人469 800元，城市低保190人193 560元。全年发放救灾衣服14 500件，特困救助129人。发放计划生育教育奖学金43人5 700元，农业人口独生子女保健费107人16 400元，农业人口养老生活补助30人19 500元

五、以“两生”工作为基础，大力推进可持续发展

一是人口与计划生育工作取得新突破。2009年，全乡人口出生率11.64‰，自然增长率4.94‰，计划生育率88.64%。全面落实人口和计划生育目标责任制，全乡常住已婚育龄妇女1 616人，落实避孕措施1 496人，综合节育率92.58%。完成五术283例，其中男女结扎完成144例，占任务123例的117.1%；二孩结扎完成73例，占任务69例的105.7%；一孩放环完成97例；完成农业人口独生子女办证5本，社会抚养费征收13.28万元，占任务7万元的189.7%；完成医学监护3次，共查1 578人次，应查人数558人，三查率94%；办理出生证132本，流动人口婚育证164本。加大宣传力度，改变广大干部群众的生育观念；进一步摸清家底，完善台账，达到账实相符，账账相应，台账准确、可信、可靠、可用。围绕二孩结扎、计划生育率和人口出生率为中心，狠抓“一放二扎”，做到应术尽术；医学监护育龄对象，落实补救措施，强势推进社会抚养费的征收，利用经济杠杆，规范计生工作；严格落实责任，副科级干部挂钩到村、站所职工挂钩到村民小组，严格实行“一票否决”制；计生工作与社会事业、惠农政策、扶贫项目、民政救助密切挂钩，创建新的长效管理机制；加大督促检查力度，杜绝弄虚作假。

二是医疗条件全面改善。2009年，乡卫生院业务用房、闪桥村、坪地营村卫生室完工投入使用。进一步深化医药卫生体制改革，建立健全农村三级医疗卫生服务网络，健全完善新型农村合作医疗制度，切实做好突发公共事件应急医疗救治、重大传染病防控、食品药品监督管理等工作，不断改善医疗卫生条件，切实缓解农村群众看病难、看病贵问题。2009年，全乡参合人数16 289人，参合率88%，报账减免70.8万元。

六、深化集体林权制度改革，林业工作成效明显

2009年，全乡落实森林管护面积5 864公顷，其中退耕还林荒山266.74公顷，退耕地442.05公顷。2008年经有关部门检查不合格面积227.8公顷，通过认真研究地块位置、研究树种，对高二半山区退耕地进行树种更换，已补植补造结束。兑现农户退耕还林各项补助172万元。全面完成深化集体林权制度改革主体任务，通过市级检查验收。机构、人员、经费、宣传、认识、措施、责任加强，正加紧回头看工作，完善相关要求。完成回头看工作2 907宗地，总计面积1 838公顷。种植核桃200公顷，分布在闪桥、坪地营村。

七、以构建和谐新街为目标，推进加快民主法制建设进程

一是加强民主法制建设。2009年，认真实施“五五”普法和“三五”依法治乡规划，积极创建“民主法治村”，加快推进普法和依法治理进程。依法

执政水平明显提高,民族宗教工作得到加强,推进和规范政务公开、村务公开,加强群众来信来访工作,信访积案、疑案得到妥善处理,有效化解各类矛盾,严厉打击各类刑事犯罪和经济犯罪,确保全乡社会稳定。年内,召开专题会议3次,干部职工大会2次。3月综治宣传月期间,法制宣传教育6次,受教育8 500余人,解答法律咨询140人次,派出所、司法所分别到学校开展法制讲课1次。发放《农民工维权法律知识手册》、《农民法律知识读本》等有关法律法规的读本。

二是加强矛盾纠纷排查调处工作。2009年,全面落实信访工作责任制,推进党政领导干部大接访、大下访活动深入开展,依法解决信访反映的各类问题。建立人民调解、行政调解和司法调解3种调解手段相互衔接配合的大调解工作体系,完善和规范矛盾纠纷排查调处工作机制、工作制度和工作网络。坚持"一把手"亲自接访、下访原则。乡四套班子领导深入挂钩联系村,督促指导村开展接访、下访活动,对挂钩村发生的信访稳定问题包案负责,上下联动,责任捆绑。以"民警大走访"和"开展社会治安综合整治专项行动"为契机,每月不低于3次对全乡矛盾纠纷展开大排查大调解活动。通过排查受理各类纠纷27件,其中5件法律援助案件,调解成功27件,调成率100%,挽回经济损失10万余元,避免经济损失10万余元,防止民转刑1件,一批影响社会和谐稳定发展的社会热点矛盾纠纷得以化解,有效遏制矛盾纠纷激化和群体性事件发生,为建设和谐新街奠定坚实基础。认真指导人民调解委员会工作,明确5个村5个专职调解员,并解决一定工资待遇,加大人民调解工作力量。司法所对5个村人民调解员按一式六表调解程序,进行讲解,对调解技巧和方法加以指导,5个村调解委员会受理各类矛盾纠纷76件,调解成功75件,调成率99%,做到"小纠纷不出组,大纠纷不出村"。

三是扎实推进"平安新街"创建。2009年,深入开展命案侦破、打黑除恶、"两抢一盗"、毒品犯罪等专项行动,开展新一轮禁毒防艾人民战争,强化社会治安综合治理,积极预防和妥善处置群体事件、突发事件,努力营造和谐稳定的社会环境。保持高压态势,加强刑事案件侦破,加大治安案件查处力度。全乡立刑事案件4件,侦破4件,协助县公安局协破6件;立治安案件24件,查处21件。按照县委政府总体部署,结合实际,进一步明确"平安创建"工作总体思路、任务、职责,把综治维稳工作纳入年度工作计划,调整充实综治维稳领导机构,乡级以党委书记为主任,乡长和副书记为副主任,派出所、司法所等站所负责人为成员的维稳中心,村级以村总支书记为主任,总支副书记为副主任,村副主任和派出所、司法所干警相配套组成成员的维稳站,设立相应办公室。按照"谁主管谁负责"原则,细化分解目标任务,实行党、政一把手包片,副书记、副乡长包村,机关干部职工、村"两委"干部包组的"三级"稳定责任制。乡与5个村、各站所签订综治维稳、安全生产、信访工作等责任书,明确综治工作责任。各村贯彻"管好自己的人,看好自己的门"的思想,及时化解不稳定因素,成立调解委员会,把工作细化到村组和个人。

七、扎实抓好深入学习实践科学发展观活动

一是开展"基层组织建设整顿年"活动。以"建强班子、增强活力、提升素质、完善机制、建好阵地"为主题,切实解决好有人管事、有钱办事和有章理事的问题,真正达到推动先进、提升中间、整顿后进的目的。通过活动,成效明显,提高了积极性,推动学习和工作,增强凝聚力、战斗力和号召力。全乡有党委1个,总支5个,支部3个,有党员369名,农村党员303名。培养入党积极分子100余名,新发展党员24名。

二是加强领导班子和干部队伍建设。不断提高领导班子依法执政、科学执政、民主执政能力,深化干部人事制度改革,加大干部教育、培训力度,优化领导班子和干部队伍结构;深入开展"三级联创"、"五个一"等活动,加强党的基层组织建设,增强基层党组织的凝聚力、战斗力。

三是加强党建工作。2009年是机关作风整改年,坚持廉洁从政,提高行政执法力度。增强政府抓廉政建设的责任意识,以制度建设为重点,加强权力制约、资金监管和从政行为规范,重点加强对土地使用、工程承包、政府采购、产权交易等领域的监管,抓好治理商业贿赂和纠风工作,努力从源头上预防和治理腐败。严肃查处各类违法违纪案件,有贪必反、有腐必惩、有乱必治。深入贯彻《公务员法》,加强公务员队伍建设和管理,逐步建立务实、便民、高效、廉洁的新型政府。牢固树立艰苦奋斗和勤俭节约的优良传统,保持高尚的精神追求和健康的生活情趣,使广大干部职工的精力都集中到谋发展、议发展上,切实抓好各项工作的开展。

【领导干部】

党委书记

吴 焜 男 汉族 鲁甸人

副书记

翟汉忠 男 汉族 鲁甸人

黄国云 男 汉族 鲁甸人

马 京 男 回族 鲁甸人 （兼社会主义新农村建设工作队队长）2009年2月止

铁发前 男 回族 鲁甸人 2009年2月任（兼社会主义新农村建设工作队队长）

纪委书记

罗洪仲 男 汉族 鲁甸人 2009年11月止

人大主席

沈 剑 男 汉族 鲁甸人

乡 长

翟汉忠 男 汉族 鲁甸人

副乡长

陶正勇 男 汉族 鲁甸人

阮殿维 男 回族 鲁甸人

聂 鑫 男 汉族 鲁甸人

涂祖海 男 汉族 鲁甸人 （兼派出所长）2009年3月止

丁 勇 男 汉族 鲁甸人 （挂职）

陈 武 男 彝族 镇雄人 （挂职）

陈兴虎 男 彝族 鲁甸人 （挂职）

乐红乡

2009年末，辖官寨、乐红、施初、对竹、新林、红布、利外、关溜8个村民委员会，190个村民小组。有8 339户34 605人，其中女性15 578人，非农业人口456人，农村劳动力17 208人；有少数民族1 223人，占总人口的3.53%；其中彝族860人，苗族296人，布依族36人，壮族25人，回族5人，白族1人。年内出生453人，死亡41人。全乡总面积127.18平方千米，每平方千米272人。

有耕地面积2 331公顷，其中水田23公顷，25度以上陡坡耕地189公顷。全年农作物总播种面积2 922公顷，其中粮食作物播种面积2 543公顷，总产10 336吨，其中稻谷22.6公顷，总产145吨；种植烤烟100公顷，总产279吨；种植甘蔗2.7公顷，总产60吨；魔芋6.4公顷，总产29.4吨；种植蔬菜194公顷，总产2 665吨。年末有果园75.4公顷，其中苹果园18.4公顷，梨园17.4公顷，柑桔园24.4公顷，香蕉园15公顷；年产水果162.5吨，其中苹果44.5吨，梨30吨，柑桔30吨，香蕉3.5吨，桃15吨，柿子11.2吨，樱桃27.6吨；产油桐籽198吨，核桃290吨，板栗15.8吨，花椒13.6吨；伐木48立方米，伐竹63万根。全年大牲畜出栏607头，产肉49.6吨，存栏8 743头，其中牛4 250头，马4 493匹；生猪出栏19 330头，产肉1 615吨，存栏20 010头；羊出栏5 370只，产肉115.9吨，存栏5 229只；家禽出栏34 800只，产肉45.4吨，存栏31 210只，产禽蛋93.6吨；肉类总产量1 826吨。

农村经济总收入7 200万元，其中农业收入6 509万元，工业收入112万元，建筑业收入90万元，第三产业收入489万元；净收入5 037万元，农民外出劳务收入1 932万元，可分配净收入6 969万元，农民人均2 068元。年末，有8个村通电和汽车及电话，4个村通自来水。

【工作概况】 2009年，乐红乡党委、政府以“三个代表”重要思想、党的十七大和十七届三中、四中全会精神为指导，认真贯彻中央和省、市、县农业农村工作会议及县委七届七次、八次全会精神，牢固树立和认真落实科学发展观，以中央“拉动内需、保增长”政策为契机，以又好又快发展为主题，以产业结构调整为突破口，以科技示范带动为主要措施，以农业增效、农民增收为目的，认真落实一系列支农、强农政策，充分调动广大群众的积极性和主动性，带领全乡广大干部群众，与时俱进，开拓创新，真抓实干，各项工作取得可喜成绩，同比农业增长2.1%，林业增长15%，畜牧业增长16.5%，农民务工人均净收入增长45元，政府转移收入（含国家政策性补贴）增收53元；财产性收入增加5元。粮食总产增长7.4%。全乡呈现经济稳步发展，社会平安和谐的良好局面。

一、加强领导，落实责任，完善奖惩激励机制

一是切实加强农业农村工作领导。2009年，乡党委、政府出台《关于进一步推进农业增效、农民增收、农村改革发展意见》，制定和完善《乐红乡农民三年增收计划》，成立春耕生产工作领导小组和办公室及《乐红乡村干部考核办法》等指导性文件，加强对农业农村工作的组织、领导和协调工作。3月26日，召开党政班子领导、各村“两委”及乡直各站所人员100余人参加的全乡农业农村经济工作会议，与各村签订《乐红乡2009年农业农村工作目标

责任状》，建立健全奖惩激励机制，做到目标任务到村，责任考核到人。

二是认真落实各项支农惠农政策。2009年，积极组织协调发放支农贷款，及时兑现粮食直补、良种补贴和退耕还林补助，确保栽种时满栽满插和必须的投入。全年发放支农贷款300余万元（其中小额信贷98万元），发放各项涉农补贴资金136.48万元（其中粮食直补112.13万元，粮种补贴24.35万元）；办理汽车、摩托车及家电下乡补助21.2万元（微型客车19辆，补贴64 788元；轻型货车9辆，补贴42 520元；摩托车177辆，补贴95 540.77元；家电类17台，补贴9 287.46元）。完成粮食种植面积2 440公顷（水稻60公顷，玉米1 044公顷，马铃薯553.33公顷，红薯220.6公顷，豆类495.4公顷，其他作物66.67公顷），占下达指标任务的100.5%。其中建设玉米丰产示范样板203.33公顷，马铃薯示范样板140公顷，蔬菜示范样板13.33公顷；推广单株定向密植杂交玉米1 044公顷，地膜覆盖栽培玉米673.33公顷，脱毒马铃薯553.33公顷，杂交水稻种植60公顷。完成夏收作物种植833.33公顷，其中小麦546.67公顷，蚕豆66.67公顷，豌豆93.33公顷，杂粮126.67公顷；完成冬旱作物种植166.67公顷，其中蔬菜133.33公顷，马铃薯20公顷，玉米13.33公顷。圆满完成13.5万千克烟叶收购任务。

三是实施"双十百千"工程。2009年，坚持把畜牧业发展作为农民增收的"重头戏"来抓，成立专门领导班子，采取一系列扶持措施，扶持年收入5万元以上的科技示范养殖户58户、年收入10万元以上的6户。全年实现肉蛋总产量1 919.65吨，畜牧业生产总值2 664.9万元，同比增长16.5%。能繁母猪保险1 155头，理赔5.1万元。

四是依托林权制度改革，抓好林业产业。2009年，以加强领导、加大宣传、完善措施，确保机构人员、经费、宣传、认识、措施、责任、后勤保障"七到位"，成立领导组，按照"明晰产权、减轻税费、放活经营、规范流转"要求，切实开展全乡林权制度改革工作。以"调优"、"调特"的思路，把核桃、花椒种植作为产业结构调整主线，狠抓前期种植和后续抚育管理。年内，种植333.33公顷花椒，1 400公顷核桃种植工作全面铺开。狠抓示范样板和科技培训，在新林村办乡级核桃示范样板基地120公顷，聘请专家现场培训。群众积极性前所未有，科技意识和管理水平明显提高，基本形成春夏种粮，秋冬种果的良好习惯。

五是加大基础设施建设力度。2009年，充分利用"一事一议"财政奖补政策及国家"拉动内需、保增长"的重大机遇，充分调动群众积极性，大力开展乡村公路、村组公路及水利设施建设，投资58万元新建6条村组公路，总长21千米，解决部分群众出行难问题，方便群众生产生活；新建管引12条35千米，解决24个村民小组6 670人饮水问题。加大原有水利设施维护，确保长期受益；争取上级支持立项建设利外、新林两村村级活动场所。

六是加大扶贫力度。2009年，争取县民宗局和挂钩扶贫部门支持，消除茅草房290户；投资30万元完成毛家山、姜棚子两个自然村整村推进项目，惠及55户232人。

七是加大富余劳动力培训转移力度。2009年，积极组织农村劳动力参加"阳光工程"务工培训，努力转移农村富余劳动力。培训务工人员6期2 000余人次，其中技能性培训638人次（省级技能十字绣培训1期141人），累计转移务工人员7 728人次，实现工资性收入6 106万元，劳务经济大幅度提升。开展法律咨询服务，保障外出务工人员的合法权益。

八是加强乡镇六有建设。2009年，采取分工负责，项目、任务、责任到人，层层抓落实，项项有人管，件件有实效。乡集镇实现有一条硬化的整洁街道，一个干净卫生的公厕、一个规范有序的市场、一个整洁的内部接待室、一个洁净方便的机关食堂、一家特色餐馆的"六有"目标。

二、做好协调服务，实现工业经济稳步增长

2009年，乡党委、政府牢固树立"工业兴县、工业富民强乡"的理念，明确生产企业在资源利用、环境保护、可持续发展、安全生产、维护群众利益中的主体责任，组建专项工作协调领导组深入矿区调研和协调工作，切实解决矿区和谐发展中所遇到的困难和问题。构建和谐党群、干群和矿群关系，确保矿区人民利益和企业正常的生产生活秩序。各项生产指标超额完成县委、政府下达的任务，工业经济得以平稳较快增长。

三、加强民主法制，全力维护乐红社会稳定

一是开展"五五"普法工作。深入村、组及中、小学校开展学法、用法教育活动18次，受教育1.9万余人。

二是建立健全社会治安综合治理各项制度。

层层签订责任书，定期分析排查矛盾纠纷，及时做好调处工作，建立和完善调处矛盾纠纷台账。全年排查出各类矛盾纠纷114件，调处114件，调处率100%，调处成功112件，成功率98%；防“民”转“刑”7件20人，防“民”转“治”23件68人，减少民事诉讼61件156人，为涉诉群众节约诉讼成本70余万元；承办县法律援助机构指派的法律援助案件15件。

三是深入开展“安全生产年”活动。2009年，坚持“安全第一，预防为主，综合治理”工作方针，牢固树立“安全发展”理念，切实抓好安全生产执法行动、安全生产治理行动、安全生产宣传教育行动，认真落实安全生产责任制，强化隐患排查治理，突出矿山、选厂、道路交通安全等重点行业、领域的安全监管工作。乡政府与各主体单位签订安全生产责任书，安排1名副乡长专门负责矿山、选厂、道路交通安全等重点行业、领域的安全监管与协调工作；派1名专职安监员常驻矿区，加强对矿区生产日常监督管理；认真开展安全生产宣传，抽调专人、派出专车深入重点场所、重点部位及学校发放安全生产宣传单2.3万余份，进一步增强全民安全意识；每月安排各企事业单位、村委会自查，节日期间由乡主要领导和分管领导带队进行拉网式安全大检查，对检查出的问题及时整改。全年无安全事故。

四、全面加强和改进党的建设，执政能力不断提高

一是狠抓党委班子自身建设。乡党委坚持中心组学习制度，主要学习邓小平理论、十七届三中、四中全会、省委八届六次全会、市委二届八次全会和县委七届七次、八次全会精神、各种法律法规及先进典型。通过集中学习与自学相结合，提高领导班子成员的政策水平、理论水平和履职能力。

二是着力发展一批文化素质高、政策理论强、能带领群众致富的农村党员。年内，发展党员32名（有8名是致富能手）、培养入党积极分子45名。新党员中，女性7名，少数民族1名，大专文化5名，高中文化2名，初中文化10名，小学文化15名；加强流动党员管理。

三是在全乡范围内开展以“严明纪律、服务基层、联系群众、优化环境、促进发展”为主题的机关作风整顿活动。着力解决站、所和乡村干部中存在的学习不够、纪律不严、执行不力、党性不强、宗旨观念淡薄、形象不好等突出问题。通过机关作风整顿活动的有效开展，真正把各机关队伍建设成为一支改革创新、真才实学、真抓实干、公正廉洁的干部队伍。

四是深入开展学习实践科学发展观活动。乡党委采取措施、周密部署、积极开展活动。通过学习讨论，党员干部加深对科学发展观的理解，通过走访调研及帮助群众解决实际困难，领导班子成员形成专题调研报告，有效教育、引导广大党员干部积极有序地参与学习实践活动，形成推动科学发展的强大合力。乡村两级结合实际，想群众之所想，急群众之所急，为群众办实事20余件，达到干部受教育，群众得实惠的目的。

五是召开党政领导班子民主生活会，对照保持共产党员先进性具体要求，联系思想和工作业绩，认真开展批评与自我批评，着重检查工作作风、生活作风、人生观、价值观、政绩观等方面存在的突出问题，深刻剖析思想根源，制定整改措施，明确努力方向。

六是加强党风廉政建设，坚持反腐败斗争。2009年，查处违纪违法案件2件、举报失实案件1件，给群众一个明白，还干部一个清白，起到查处1件震慑一方的效果。

五、社会事业健康发展

一是积极协调配合完成县级民兵常驻应急分队组建工作，管好、用好驻乡应急民兵，真正达到平时服务、急时应急、战时应战的目的。全面完成上级下达的征兵工作任务。

二是及时准确查报各类灾情，扎实开展拥军优属。低保工作实行规范化、制度化管理，按照程序对部分低保对象调整，对不符合条件的人员取消，在2008年基础上争取850名低保名额，帮助矿区搬迁群众解决生活困难问题。年内，发放农村低保274.6万元，发放救济粮5 000千克，发放救济款8万元；组织27名白内障患者参加市残联举办的“天诺基金会”复明工程活动，7名白内障患者重见光明。

三是加大教育“两基”攻坚工作力度。从“统一思想，深化认识；健全机构，强化领导；深入宣传，营造氛围；整合资源，提高教育教学水平；多方筹资，改善办学条件；调查研究，总结发展”多个层面构建工作平台，完善机制，落实责任，依法“控辍保学”；加大基础设施建设力度，改善教育教学环境，新建中学教学楼、综合楼、学生宿舍、食堂、大门、围墙，

中心校教学楼、大门、围墙及红布等5个村完小教学楼；加强师资队伍建设，优化教师队伍结构；强化内部管理，提高教育教学质量。年内，中学有4名学生考取昭通市一中；小升初考试成绩跨入全县中上水平，全乡教育教学质量稳步提升。“普九”工作顺利通过省级评估验收。

四是继续加强对卫生工作领导。加强卫生行业系统行风建设和精神文明建设，强化内部管理，抓紧、抓好、抓实卫生工作。全年运转疫苗10轮，建卡413人，3个月至1岁组接种百白破616人，7岁组接种百白破638人；甲型H1N1疫苗接种85人次；筛查结核病人20人，管理4人；培训村医4次；有孕妇427人，其中产妇396人，出生396人，活产396人，孕产妇管理率97.48%；接受一次以上保健服务427人，保健覆盖率100%；新法接生（含住院分娩）394人，新法接生率99.24%；住院分娩303人，住院分娩率76.32%；筛查出高危孕产妇151人，管理率达100%，其中高危产妇134人，住院分娩129人，高危住院分娩率96.26%；有7岁以下儿童4 698人，其中接受一次以上体检4 287人，3岁以下儿童1 786人，接受系统管理1 493人，系统管理率达90.60%；5岁以下高危儿筛查277人，管理277人，管理率100%，出生缺陷为零，无死亡现象。参合人员就诊65 416人次，减免费用1 142 074.52元，其中门诊就诊63 194人次，减免607 925.66元；住院2 222人次（包括县外），减免534 148.86元；积极争取26.5万元医疗设备改善卫生院和8个村卫生室办公条件和医务设施；完成新农合筹资65.348万元，参合率达96.28%。

五是紧紧围绕控制人口过快增长，提高计划生育率，优化人口结构，认真贯彻落实“一法三规一条例”和“三为主”的计生工作方针，进一步深化综合改革，加快建立和完善“依法管理、村民自治、优质服务、政策推动、综合治理”的工作新机制。强化责任，狠抓落实，确保计生工作取得实效。年度出生率12.24‰，计划生育率85.38%，自然增长率5.45‰；违法多孩生育占应控制数的34.48%。完成一孩放环216例，占任务的110.77%；完成结扎286例，占任务的108.75%，其中二孩结扎190例，占任务的106.74%；征收社会抚养费17.07万元，占任务的100.41%；实施医学监护3次，监护面90%以上。

六是认真接待，及时处理群众来信来访事件。全年接待来访群众900余人次，查办上级转办、交办信访件11件，结案11件，结案率100%。

【领导干部】

党委书记

晏银林　男　汉族　巧家人

副书记

马敏桥　男　回族　昭阳区人

陈国勇　男　汉族　鲁甸人　2009年3月止

马殿考　男　回族　鲁甸人　（兼社会主义新农村建设工作队队长）2009年2月止

周　洪　男　汉族　鲁甸人　2009年2月任（兼社会主义新农村建设工作队队长）

王明鸿　男　汉族　鲁甸人　2009年11月任

纪委书记

王朝学　男　汉族　鲁甸人

人大主席

李太富　男　汉族　鲁甸人

乡　长

马敏桥　男　回族　昭阳区人

副乡长

王明鸿　男　汉族　鲁甸人　2009年11月止

马殿稳　男　回族　鲁甸人　2009年11月止

冯双虎　男　回族　鲁甸人

李仁华　男　汉族　鲁甸人　（兼派出所长）

蔡寿玺　男　回族　鲁甸人　（挂职）

戚悦兰　女　回族　鲁甸人　（挂职）

罗昌武　男　汉族　鲁甸人　（挂职）

梭山乡

2009年末，辖梭山、黑石、查拉、密所、挖水、黑寨、妥乐、埂底、甘田9个村民委员会，181个村民小组。有8 358户33 826人，其中女性16 099人，非农业人口845人，农村劳动力15 460人；有少数民族3 046人，占总人口的9.0%；其中彝族2 562人，苗族450人，壮族14人，布依族8人，回族5人，白族4人，哈尼族1人，其他2人。年内出生1 118人，死亡147人。全乡总面积136.2平方千米，每平方千米248人。

有耕地面积2 225公顷，其中水田10公顷；25度以上陡坡耕地544公顷。全年农作物总播种面积3 228公顷，其中粮食作物播种面积2 600公顷，总产11 863吨，其中稻谷37公顷，总产283.6吨；种植甘蔗9.3公顷，总产526.5吨；种植向日葵2公顷，总产7.5吨，种植烤烟66.7公顷，总产209吨；种植蔬菜362公顷，总产4 538.8吨；种植草莓6.7公顷，总产5.2吨；种植魔芋252.4公顷，总产255吨；年末有果园面积81.2公顷，其中苹果园2.7公顷，梨园26.3公顷，柑桔园47.2公顷，香蕉园5公顷；年产水果188.3吨，其中苹果5.5吨，梨24.4吨，柑桔145.6吨，樱桃7.2吨，香蕉4.5吨，葡萄1.1吨；产油桐籽175吨，核桃28.8吨，板栗1.5吨，生漆0.15吨，花椒224吨；伐竹76万根。全年大牲畜出栏242头，产肉28.4吨，存栏3 207头，其中牛2 112头，马721匹，驴175匹，骡199匹；生猪出栏16 160头，产肉1 616吨，存栏17 680头；羊出栏3 386只，产肉72.8吨，存栏7 150只，产毛2.5吨；家禽出栏16 873只，产肉25吨，存栏15 609只，产禽蛋16.6吨；兔出栏299只，产肉0.2吨，存栏380只；肉类总产量1 742.5吨。

农村经济总收入6 922万元，其中农业收入5 520万元，工业收入149万元，建筑业收入188万元，第三产业收入1 065万元；净收入4 492万元，农民外出劳务收入2 503万元，可分配净收入6 995万元，农民人均2 260元。年末，有9个村通电和汽车及电话，9个村通自来水。

【工作概况】 2009年，梭山乡紧紧围绕县委、县政府提出的“三个”增长的指标，早安排、早部署，以示范样板种植和培育养殖大户为带动，确保“三个”增长目标顺利实现。

一、农业农村工作

2009年，完成粮食种植2 693.3公顷，实现粮食产量比上年增加755吨，增长7.19%；实现农民人均纯收入比上年增加295元，完成农民人均纯收入增长15%以上的目标。通过种植业（不含烤烟）增收137万元，促进农民人均纯收入增加44元。畜牧业产值达1 990万元，同比增长16%，农民人均纯收入增加60元；累计转移农村劳动力7 700余人，实现人均工资性收入增加56元；林产业产值突破1 802万元，农民人均纯收入增加75元。年内，加大产业发展力度，成立乡产业发展办公室，抽调专人负责产业发展工作，加快产业发展的步伐。全乡完成花椒种植800公顷，累计种植达2 866.7公顷；完成核桃打塘209.3公顷，其中样板打塘31公顷。

二、基础设施建设不断加强

2009年，多方争取资金，新修挖水至查拉村公路投资125万元，全长78千米，4月启动，8月竣工。成功申报黑石村店子自然村村组公路建设“一事一议”项目，筹备工作完成，动工建设。年内，完成人畜饮水工程3件，总投资110万元，解决780户3 876口人饮水困难；启动农田水利工程1件，中坝自然村国债资金项目，总投资235万元，11月动工建设，2010年3月完工。工程完工后将解决项目区166.67公顷灌溉问题和3 000余人饮水困难，将带动项目区产业发展，促进农业增效，农民增收。完成查拉小学教学楼821平方米、黑石小学教学楼817.6平方米、垮塘小学教学楼507平方米、梭山中学综合楼1 474平方米、学生宿舍2 139平方米、学生食堂476平方米工程建设，极大地改善教学环境。

三、计划生育工作

2009年，全乡完成五术465例，其中三术350例，一孩放环81例，占任务185的43.8%；完成结扎270例，占任务360例的75%，其中二孩结扎139例，占任务177例的78.5%；完成多孩结扎141例，占任务183例的77%；采取补救措施18例。开展医学监护1次，应监护对象1 714人，实际监护1 200人次，完成社会抚养费征收10.4万元，占任务16万元的65%；办理农业人口独生子女父母光荣证4本，占任务16本的25%。

四、卫生工作

2009年，卫生基础设施进一步改善。争取建设资金20万元，新建村卫生室4个。新农合运行顺利。全年实现减免报销“新农合”40 609人次，减免资金458 641.19元，其中门诊减免40 388人次326 546.04元；住院减免221人次132 095.87元，参合群众真正得到实惠。全乡筹集2010年新农合参合款434 840元，筹资进度占总筹资额的67.66%。卫生防疫工作得到加强。全年接种各类疫苗12 130例，其中流脑接种91例，乙肝接种2 875例，百白破接种1 436例，卡介接种362例，麻疹疫苗接种7 285例，免疫接种密度96%。认真开展甲型H1N1防控工作。通过加强领导、发动宣传、强化监测等措施，确保全乡境内无一甲型H1N1病例发生。

五、教育“两基”工作

2009年，乡党委、政府高度重视“两基”工作，成立“两基”攻坚工作领导组和“两基”整改工作领导组，狠抓控辍保学，加快危房改造力度，“两基”工作顺利通过省政府验收。

六、机关作风建设和基层组织整顿年活动深入开展

2009年，全乡开展机关作风建设年活动和农村基层组织整顿年活动，认真研究部署两项活动，成立领导组，制定实施方案，召开动员大会，落实各站所、各部门和村“两委”班子责任，成立督查小组，对部分工作不力，做事拖沓的工作人员进行严肃处理（停发1名村主任工资，解聘两名计生宣传员）。通过开展机关作风建设和基层组织整顿，全乡干部职工工作作风、思想作风等有明显转变。

七、开展学习实践科学发展观活动

2009年，第三批学习实践科学发展观活动开展以来，乡党委、政府成立领导组，制定实施方案，确保学习活动取得实效。第一阶段圆满结束，进入第二阶段。

八、重点工程建设协调有序开展

2009年，乡党委、政府成立重点工程建设协调领导组，抽调专人负责协调工作。加大油路建设协调力度，确保工程顺利进行。全力以赴，积极、及时做好黄角树电站建设协调工作。

九、乡镇“六有”建设加快

2009年，乡党委、政府高度重视集镇“六有”建设，抓住油路建设机遇，加快集镇建设步伐，对集镇进行“三化”改造，集镇改造完工。极大地提升对外形象，有力地推动全乡经济社会发展。

十、维稳工作扎实开展

2009年，坚持“严打”方针，根据上级统一部署，结合乡情，围绕“三基”工程建设，坚持专项斗争和重点治理相结合，保持高压态势，狠狠打击各类违法犯罪活动，严厉打击强奸、绑架、放火、劫持等暴力性犯罪，派出所共接警62起，出动警车485余辆次，警力1 069人次；立刑事案件5件，破5件；受理治安行政案件43件，查处43件。受理调处各类矛盾纠纷81件，调成81件，调解率100%。按照“禁吸、禁种、禁制、禁贩”四禁并举的方针，制定工作方案，深入各村宣传毒品的危害，特别是在禁种、禁吸方面，全民动员，加大力度，年内无新增吸毒人员，坚决杜绝各村毒品原植物种植，进一步巩固“无毒乡镇”创建成果。年内，深入开展安全生产工作。乡党委、政府多次组织乡派出所、司法所对所有炸药仓库（黑石河电站、黄角树电站炸药仓库）进行安全大检查，发现隐患，立即整改。对易燃易爆物品、管制刀具、枪支弹药进行专项排查。与各站所、村两委签订责任状，村两委又与各村民小组签订责任状，村民小组与各农户逐级签订，层层落实，确保全年无重特大安全生产事故发生。

【领导干部】

党委书记

罗俊林　男　彝族　鲁甸人

副 书 记

张　坤　男　汉族　镇雄人　2009年3月止
吕明良　男　汉族　鲁甸人　2009年3月任
孙兴权　男　汉族　鲁甸人　2009年11月止
刘　荣　男　汉族　鲁甸人　2009年2月任
（兼社会主义新农村建设工作队队长）
李仲兵　男　汉族　鲁甸人　2009年11月任

纪委书记

李文章　男　汉族　鲁甸人

人大主席

张汉忠　男　汉族　鲁甸人

乡　　长

张　坤　男　汉族　镇雄人　2009年3月止
吕明良　男　汉族　鲁甸人　2009年3月任

副 乡 长

彭　亮　男　汉族　鲁甸人
郑其宪　男　汉族　鲁甸人　2009年3月止
太永江　男　汉族　陆良人　2009年11月止
张仕斌　男　汉族　鲁甸人　（兼派出所长）2009年11月止
马仲文　男　回族　鲁甸人　（挂职）
柏文华　男　汉族　鲁甸人　（挂职）
朱文武　男　汉族　鲁甸人　（挂职）
盈　萍　女　汉族　盐津人　（挂职）

（各乡镇工作总结及有关资料）

索 引

说 明

一、本索引采用主题分析法编制。索引范围为全书各部类条目。各部门的“机构人员”的具体内容未做索引。

二、本索引按主题词首字汉语拼音音序(同音字按音调)排列,若首字拼音相同则按第二字音序排序,以此类推。

三、索引款目由主题词加修饰词或说明词组成,并采取主题词在前,修饰词、说明词是对主题词内容的限定,以逗号或括号与主题词相区别,索引款目后的阿拉伯数字表示该主题内容在本书中的页码;a、b 表示在该页码的栏别(从左至右)。

四、同一主题词的不同内容采取“附见”或“参见”的形式标示。在主题词下退一字各占一行分别排列的款目为“附见”;索引款目后标有两个以上页码的为该主题词的“参见”。

五、凡部类、栏目名称直接用作索引款目的以黑体字标引。

A

B

C

D

E

F

G

K

L

Q

R

X

Y

Z

非音序

图书在版编目(CIP)数据

鲁甸年鉴2010/鲁甸县年鉴编纂委员会　编
—潞西:德宏民族出版社,2010.10
ISBN　978-7-80750-377-4

Ⅰ.①鲁…　Ⅱ.①鲁…Ⅲ.①鲁甸县-2010-年鉴　Ⅳ.①Z527.44

中国版本图书馆CIP数据核字(2010)第195949号

书　　名	鲁甸年鉴(2010)		
作　　者	鲁甸县年鉴编纂委员会　编		
出版·发行	德宏民族出版社	责任编辑	排　英
社　　址	潞西市勇罕街1号	责任校对	刀继维
邮　　编	678400	封面设计	晏　权
电　　话	0692-2124877　2112886	制　　版	云南佳信达印务有限公司
网　　址	www.dmpress.cn	印　　刷	深圳市佳信达印务有限公司
开　　本	16	版　　次	2010年10月第1版
印　　张	31	印　　次	2010年10月第1次
字　　数	960千字	印　　数	1-1000册
ISBN 978-7-80750-377-4/Z·129		定　　价	168.00元